베스트셀러
1위
산출근거 후면표기

CBT
온라인 문제집
제공

HUMAN RESOURCES DEVELOPMENT SERVICE OF KOREA
HRDK
한국산업인력공단

이렇게
기막힌
적중률

기본서

★
**최신
개정판**

수험서 34,000원

13000

9 788931 467109
ISBN 978-89-314-6710-9

컬러리스트
기사·산업기사 **필기**
1권 · 이론서 김선미, 한명숙 공저

독학 최적화
철저한 기출문제 분석을 통한
핵심 이론 구성

실전 학습
최신 기출문제 &
과년도 기출문제 PDF

CBT 온라인 문제집
스마트폰과 PC에서
언제 어디서나 스터디

한국소비자만족지수
5년 연속 **1위**

수험생 무료 혜택!
🔍 이기적 스터디 카페

YoungJin.com Y.
영진닷컴

저자의 말

현대사회는 제4차 산업혁명의 물결에 따라 매우 복잡하고 다양한 형태로 진화하고 있습니다. 국가와 기업은 이러한 거대한 사회적, 문화적인 변화에 발맞춰 기존과는 다른 새로운 기준과 패러다임으로 발전을 모색하고 있습니다.

인공지능(AI)로 대표되는 제4차 산업혁명이 가져올 변화는 그 누구도 쉽사리 예측할 수 없지만, 많은 전문가는 기존의 수많은 직업이 사라질 위기에 처해 있다고 예측합니다. 그러나 AI가 대체하지 못하는 인간의 몇 가지 능력 중 '창의력'은 인간의 고유한 능력으로 인식되고 있는데, 예술·디자인 분야는 본질적으로 창의력에 기반을 둔 영역이며, 그중 색채를 전문적으로 다루는 컬러리스트는 예술·디자인 분야의 중심에 서 있습니다. 컬러리스트가 미래사회의 유망한 직종이 될 것이라는 사회 전반의 인식은 아마도 이러한 맥락과 맞닿아 있을 것입니다.

기업은 상품의 부가가치와 산업경쟁력을 높여주는 색채디자인에 관한 관심과 함께 디자인 인재 육성 등 투자를 확대하고 있습니다. 컬러리스트는 현명한 소비자의 다양한 디자인 욕구와 욕망을 충족시켜 줄 수 있는 제품과 상품에 있어 없어서는 안 될 핵심인력으로 자리매김하고 있습니다. 더욱이 대량생산에서 소비자 맞춤형 서비스로 변화될 미래사회에서 컬러리스트에 대한 수요는 더욱 커질 것으로 예측됩니다.

이번에 새롭게 발간하는 『이기적 컬러리스트기사·산업기사 필기 기본서』에서는 현대사회가 요구하고 있는 우수한 컬러리스트가 되기 위한 기본지식을 더욱 쉽고 효율적이며 체계적으로 학습할 수 있도록 하는데 주안점을 두었습니다. 이론과 기출문제와의 연계성을 높이고 편집의 가독성을 강화하여 내용을 이해하기 쉽게 구성하는 등 수험자의 입장을 충실히 반영하였습니다. 수험자 여러분들의 합격과 함께 색채디자인에 관심이 많은 비전공자도 색채디자인의 기본개념을 쌓는 데 도움이 되기를 바랍니다.

아무쪼록 컬러리스트가 기업의 핵심자원 또는 미래사회의 주역으로서 국가와 기업경쟁력 향상에 더 많은 역할을 담당할 수 있도록 본 수험서가 가이드북으로써 기여하기를 기대합니다.

저자 일동

구매자 혜택 BIG 5

 CBT 온라인 문제집

실제 시험장처럼 PC로 시험에 응시해 보세요(모바일로도 응시 가능합니다!).
하나하나 풀다 보면 실력이 쑥쑥 올라가는 것을 확인할 수 있습니다.

 선앤미 컬러리스트

'선앤미 컬러리스트'를 검색해 보세요. 저자가 운영하는 컬러리스트 카페입니다.
저자 직강을 들을 수 있는 컬러리스트 실기 전문학원도 방문해 보세요.
* 선앤미 컬러리스트 : cafe.naver.com/colorsun

 실기 스터디

필기 합격 후 실기가 걱정이라면?
필기는 영진닷컴으로, 실기는 선앤미 컬러리스트 실기 스터디로 끝내보세요.
저자가 직접 운영하는 실기 스터디가 운영 중입니다.

 자료실

책으로는 모자라다! 자료를 더 원하는 수험생을 위해 준비했습니다.
이기적 홈페이지에서 추가 기출문제 14회를 다운로드받으세요.
* 암호 : 컬러는이기적

 정오표

이미 출간된 도서에는 오류가 있을 수 있습니다.
출간 후 발견되는 오류는 정오표를 확인해 주세요.
* 도서의 오류는 교환, 환불의 사유에 해당하지 않습니다.

이기적 200% 활용 가이드

출제 빈도

각 SECTION을 상, 중, 하 등급으로 나누었습니다.

진짜 중요해

출제 경향을 파악하여 꼭 알아야 할 부분은 밑줄로 표시하였습니다.

기적의 Tip

출제 경향이나 학습 노하우를 알려주는 기막히게 잘 맞는 내용들을 제시하였습니다.

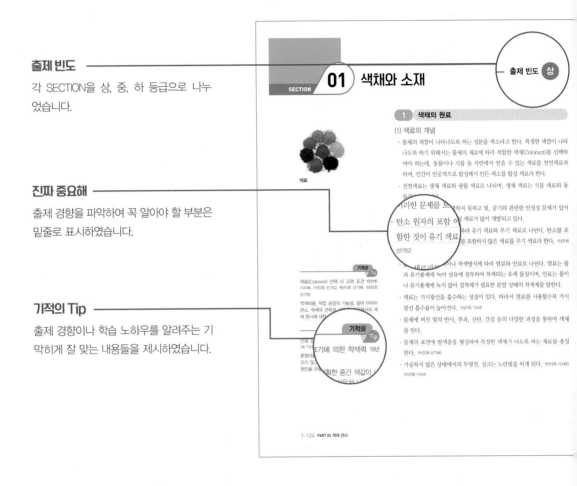

예상문제

이론을 반영한 예상문제를 수록하여 어떤 유형에도 대비가 가능하도록 하였습니다.

기출문제

실제 시행된 기출문제를 수록하였습니다. 철저한 분석을 담은 해설은 수험생 여러분의 독학을 확실하게 도와드립니다.

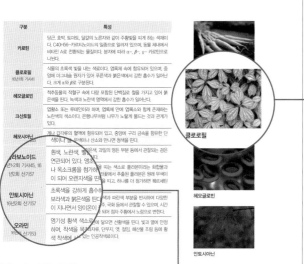

구분	특성
카로틴	당근, 호박, 토마토, 달걀의 노른자와 같이 주황빛을 띠게 하는 색채이다. C40H56-카로티노이드의 일종으로 알려져 있으며, 동물 체내에서 비타민 A로 전환되는 물질이다. 분자에 따라 α-, β-, γ- 카로틴으로 나뉜다.
클로로필 16년1회 기사4	식물의 초록색 빛을 내는 색료이다. 엽록체 속에 함유되어 있으며, 중앙에 마그네슘 원자가 있어 푸른색과 붉은색에 강한 흡수가 일어난다. 크게 α와 β로 구분된다.
헤모글로빈	척추동물의 적혈구 속에 다량 포함된 단백질로 철을 가지고 있어 붉은색을 띤다. 녹색과 노란색 영역에서 강한 흡수가 일어난다.
크산토필	엽록소 또는 루테인이라 하며, 엽록체 안에 엽록소와 함께 존재하는 노란색의 색소이다. 은행나무처럼 나무가 노랗게 물드는 것과 관계가 있다.
헤모시아닌	게나 갑각류의 혈액에 함유되어 있고, 중앙에 구리 금속을 함유한 단색이나 공기 중에서 산소와 만나면 청색을 띤다.
플라보노이드 15년2회 기사45, 16년2회 신기57	흰색, 노란색, 빨강 등 과일의 엷은 부분 등에서 관찰되는 검은 연관되어 있다. 영록소나 옥소크롬을 첨가하여 꽃에서 추출된 플라본은 원래 무색이 되어 오렌지색을 띠고, 하나를 더 첨가하면 케르세틴
안토시아닌 16년2회 신기57	초록색을 강하게 흡수하여 보라색과 붉은색을 띤다. 파란색 부분을 반사하여 다양한 이 지나면서 양이온이 되어 점차 주황색으로 변한다.
오라민 16년1회 신기53	염기성 황색 색소로에 달으면 선황색을 띤다. 빛과 열에 안정하며, 착색을 목재자류, 단무지, 엿, 철임, 해산물 조림 등에 황색 착색에 있는 인공착색료이다.

클로로필

헤모글로빈

안토시아닌

(2) 염료, 안료의 분류와 특성

1) 염료

① 염료의 개념 및 특징

- 물과 대부분의 유기용제에 녹아 섬유에 침투되어 착색되는 유색 물질을 말한다. 좋은 염료로서 기능하기 위해서는 염료 분자가 직물에 잘 흡착되어 세탁 시 씻겨 내려가지 않아야 하고, 외부의 빛에 안정적이어야 한다. 16년3회 신기55, 15년3회 신기45
- 염료가 잘 용해되고 분말의 염료에 먼지가 없어야 효율적 염색이 가능하다. 액체 용액의 경우 오랜 기간 저장해도 변하지 않아야 한다. 19년3회 기사89, 19년2회 기사46

사진으로 쉽게 이해하기

내용을 좀 더 이해하기 쉽도록 추가적인 설명과 사진을 덧붙였습니다.

표로 정리하기

잘 외워지지 않는 내용을 쉽게 익힐 수 있도록 보기 좋게 표로 정리하였습니다.

추가 기출문제 PDF

책에 실린 것만으로 부족하다면 바로 다운로드해 풀어볼 수 있는 추가 기출문제까지 섭렵해 보세요!

INDEX

궁금한 부분을 빨리 찾을 수 있도록 이론서 맨 뒤에 인덱스를 수록하였습니다.

차례

CBT 시험 가이드

CBT 시험 가이드

CBT란 Computer Based Test의 약자로, 종이 시험 대신 컴퓨터로 문제를 푸는 시험 방식을 말합니다. 직접 체험을 원하는 수험생은 한국산업인력공단 홈페이지 큐넷(Q-net)을 방문하거나, 본 도서의 QR코드를 통해 자격검정 CBT 웹 체험 프로그램을 이용하실 수 있습니다.

* CBT 온라인 문제집 체험(cbt.youngjin.com)

01 좌석 번호 확인

수험자 접속 대기 화면에서 본인의 좌석 번호를 확인합니다.

02 수험자 정보 확인

시험 감독관이 수험자의 신분을 확인하는 단계입니다. 신분 확인이 끝나면 시험이 시작됩니다.

03 안내 사항

시험 안내 사항을 확인하고, 다음을 클릭합니다.

04 유의사항

시험과 관련된 유의사항을 확인합니다.

05 문제풀이 메뉴 설명

시험을 볼 때 필요한 메뉴에 대한 설명입니다.

06 문제풀이 연습

시험 보기 전, 연습을 해 보는 단계입니다. 직접 시험 메뉴
화면을 클릭하며, CBT가 어떻게 진행되는지 확인 합니다.

07 시험 준비 완료

문제풀이 연습을 모두 마친 후 [시험 준비 완료] 버튼을 클
릭하면 시험 감독관의 지시에 따라 시험이 시작됩니다.

08 시험 시작

시험이 시작되었습니다. 수험자분들은 제한 시간에 맞추
어 문제풀이를 시작합니다.

09 답안 제출

시험을 완료하면 [답안제출] 버튼을 클릭합니다. 답안을
수정하고 싶으면 [아니오] 버튼을 클릭합니다.

10 답안 제출 최종 확인

완벽히 시험 문제 풀이가 끝났다면 [예] 버튼을 클릭하여
최종 제출합니다.

11 합격 발표

CBT 시험이 모두 종료되면, 바로 합격/불합격 여부를 확
인할 수 있습니다.

시험의 모든 것

01 필기 응시 자격 조건

남녀노소 누구나 응시 가능

02 필기 원서 접수하기

- q-net.or.kr에서 접수
- 검정 수수료 : 19,400원

03 필기 시험

- 신분증과 수험표 지참
- 100점 만점에 과목당 40점 이상, 전과목 평균 60점 이상
- 시험은 컴퓨터로만 진행되는 CBT(Computer Based Test) 형식으로 진행됨

04 필기 합격자 발표

q-net.or.kr에서 합격자 발표

05 시험 안내

개요

- 자격명 : 컬러리스트 산업기사/기사
- 영문명 : Industrial Engineer Colorist/Engineer Colorist
- 관련 부처 : 산업통상자원부
- 시행 기관 : 한국산업인력공단

검정 방법

- 산업기사
  - 필기 : 객관식 4지 택일형, 과목당 20문항(과목당 30분)
  - 실기 : 작업형(약 5시간)
    * 시험1 : 1과제–3속성 테스트, 2과제–색채재현 및 보정(2시간 30분)
      시험2 : 감성배색(2시간 30분)
- 기사
  - 필기 : 객관식 4지 택일형, 과목당 20문항(과목당 30분)
  - 실기 : 작업형(약 6시간)
    * 시험 1 : 1과제–3속성 테스트, 2과제–색채재현 및 보정(2시간)
      시험 2 : 3과제–감성배색(1시간 20분)
      시험 3 : 4과제–색채계획 및 디자인(2시간20분)

시험 일정

- 한국산업인력공단 국가자격 종목별 상세정보 확인

시험 과목

- 산업기사
  - 필기 : 1. 색채 심리, 2. 색채 디자인, 3. 색채관리, 4. 색채 지각의 이해, 5. 색채 체계의 이해
  - 실기 : 색채계획 실무
- 기사
  - 필기 : 1. 색채 심리 · 마케팅, 2. 색채 디자인, 3. 색채관리, 4. 색채 지각론, 5. 색채 체계론
  - 실기 : 색채계획 실무

합격 기준

- 필기 : 100점을 만점으로 하여 과목당 40점 이상, 전과목 평균 60점 이상
- 실기 : 100점을 만점으로 하여 60점 이상

컬러리스트 산업기사

- 적용 기간 : 2022. 1. 1 ~ 2025. 12. 31
- 필기 검정 : 객관식 | 문제수 : 100 | 시험시간 : 2시간 30분

필기과목명	출제문제수	주요항목	세부항목	세세항목
색채 심리	20	1. 색채 심리	1) 색채의 정서적 반응	① 색채와 심리 ② 색채의 일반적 반응 ③ 색채와 공감각(촉각, 미각 ,후각, 청각, 시각)
			2) 색채의 연상, 상징	① 색채의 연상 ② 색채의 상징
			3) 색채와 문화	① 색채와 자연환경(지역색, 풍토색) ② 색채와 인문환경(의미와 상징) ③ 색채 선호의 원리와 유형
			4) 색채의 기능	① 색채의 기능 ② 안전과 색채 ③ 색채 치료
		2. 색채 마케팅	1) 색채 마케팅의 개념	① 마케팅의 이해 ② 소비자 행동 ③ 색채 마케팅의 기능 ④ 색채 마케팅 전략
색채 디자인	20	1. 디자인 일반	1) 디자인 개요	① 디자인의 정의 및 목적 ② 디자인의 방법 ③ 디자인 용어
			2) 디자인사	① 근대디자인사 ② 현대디자인사
			3) 디자인 성격	① 디자인의 요소 및 원리 ② 디자인의 조건(합목적성, 경제성, 심미성 등) ③ 기타 디자인(유니버설 디자인, 그린 디자인 등)
		2. 색채 디자인 실무	1) 디자인 영역별 색채계획	① 색채계획의 목적과 정의 ② 색채계획 및 디자인의 프로세스
			2) 디자인 영역별 색채계획	① 환경 디자인　　⑥ 제품 디자인 ② 실내 디자인　　⑦ 멀티미디어 디자인 ③ 패션 디자인　　⑧ 공공 디자인 ④ 미용 디자인　　⑨ 기타 디자인 ⑤ 시각 디자인

필기과목명	출제문제수	주요항목	세부항목	세세항목
색채관리	20	1. 색채와 소재	1) 색채의 원료	① 염료, 안료의 분류와 특성 ② 특수 색료 ③ 색채와 소재의 관계 ④ 도료와 잉크
			2) 소재	① 금속 소재　④ 목재 및 종이 소재 ② 직물 소재　⑤ 기타 특수 소재 ③ 플라스틱 소재
		2. 측색	1) 색채 측정기	① 색채 측정기의 용도 및 종류, 특성 ② 색채 측정기의 구조 및 사용법
			2) 측색	① 측색 원리와 조건 ② 측색 방법 ③ 측색 데이터 종류와 표기법 ④ 색차 관리
		3. 색채와 조명	1) 광원의 이해	① 표준광원의 종류 및 특징 ② 조명 방식 ③ 색채와 조명의 관계
			2) 육안 검색	① 육안 검색 방법
		4. 디지털 색채	1) 디지털 색채 기초	① 디지털 색채의 이해 ② 디지털 색채 체계 ③ 디지털 색채 관련 용어 및 기능
			2) 디지털 색채 시스템 및 관리	① 입출력 시스템 ② 디스플레이 시스템 ③ 디지털 색채 조절 ④ 디지털 색채 관리(Color Gamut Mapping)
		5. 조색	1) 조색 기초	① 조색의 개요
			2) 조색 방법	① CCM(Computer Color Matching) ② 컬러런트(Colorant) ③ 육안 조색 ④ 색역(Color Gamut)
		6. 색채품질 관리 규정	1) 색에 관한 용어	① 측광, 측색, 시각에 관한 용어 ② 기타 색에 관한 용어
			2) 색채품질 관리 규정	① KS 색채품질관리 규정 ② ISO-CIE 색채품질관리 규정
색채 지각의 이해	20	1. 색지각의 원리	1) 빛과 색	① 빛과 색 ② 광원색과 물체색 ③ 색채 현상

필기과목명	출제문제수	주요항목	세부항목	세세항목
			2) 색채 지각	① 눈의 구조와 특성 ② 색채자극과 인간의 반응 ③ 색채 지각설
	20	2. 색의 혼합	1) 색의 혼합	① 색채 혼합의 원리 ② 가법 혼색 ③ 감법혼색 ④ 중간 혼색(병치 혼색, 회전 혼색 등) ⑤ 기타 혼색 기법
		3. 색채의 감각	1) 색채의 지각적 특성	① 색의 대비　　③ 색의 잔상 ② 색의 동화　　④ 기타 지각적 특성
			2) 색채 지각과 감정 효과	① 온도감, 중량감, 경연감 ② 진출, 후퇴, 팽창, 수축 ③ 주목성, 시인성 ④ 기타 감정 효과
색채 체계의 이해	20	1. 색채 체계	1) 색채의 표준화	① 색채 표준의 개념 및 조건 ② 현색계 · 혼색계
			2) CIE 시스템	① CIE 색채 규정 ② CIE 색체계(XYZ, Yxy, L*a*b* 색체계 등)
			3) 먼셀 색체계	① 먼셀 색체계의 구조와 속성 ② 먼셀 색체계의 활용 및 조화
			4) NCS (Natural Color System)	① NCS의 구조, 속성 ② NCS의 활용 및 조화
			5) 기타 색체계	① 오스트발트 색체계　　④ RAL 색체계 ② PCCS 색체계　　⑤ 기타 색체계 ③ DIN 색체계
		2. 색명	1) 색명 체계	① 색명에 의한 분류 ② 색명법(KS, ISCC-NIST) ③ 한국의 전통색
		3. 색채 조화 및 배색	1) 색채 조화론	① 색채 조화의 목적 ② 전통적 조화론(쉐뷰럴, 저드, 파버 비렌, 요하네스 이텐)
			2) 배색 효과	① 배색의 분리 효과　　④ 반복 배색의 효과 ② 강조색 배색의 효과　　⑤ 기타 배색 효과 ③ 연속 배색의 효과

컬러리스트 기사

- 적용 기간 : 2022. 1. 1 ~ 2025. 12. 31
- 필기 검정 : 객관식 | 문제수 : 100 | 시험시간 : 2시간 30분

필기과목명	출제문제수	주요항목	세부항목	세세항목
색채 심리 · 마케팅	20	1. 색채 심리	1) 색채의 정서적 반응	① 색채와 심리 ② 색채의 일반적 반응 ③ 색채와 공감각(촉각, 미각, 후각, 청각, 시각) ④ 색채 연상과 상징
			2) 색채와 문화	① 색채 문화사 ② 색채와 자연환경(지역색, 풍토색) ③ 색채와 인문환경(의미와 상징) ④ 색채 선호의 원리와 유형
			3) 색채의 기능	① 색채의 기능 ② 안전과 색채 ③ 색채 치료
		2. 색채 마케팅	1) 색채 마케팅의 개념	① 마케팅의 이해 ② 색채 마케팅의 기능
			2) 색채 시장 조사	① 색채 시장 조사 기법 ② 설문 작성 및 수행 ③ 정보 및 유행색 수집
			3) 소비자 행동	① 소비자 욕구 및 행동 분석　③ 정보 분석 및 처리 ② 생활 유형　　　　　　　④ 소비자 의사결정
			4) 색채 마케팅 전략	① 시장 세분화 전략　　　③ 색채 포지셔닝 ② 브랜드 색채 전략　　　④ 색채 Life Cycle
색채 디자인		1. 디자인 일반	1) 디자인 개요	① 디자인의 정의 및 목적 ② 디자인의 방법 ③ 디자인 용어
			2) 디자인사	① 조형예술사 ② 디자인사(근대, 현대)
			3) 디자인 성격	① 디자인의 요소 및 원리 ② 시지각적 특징 ③ 디자인의 조건(합목적성, 경제성, 심미성 등) ④ 기타 디자인(유니버설 디자인, 그린 디자인 등)
		2. 색채 디자인 실무	1) 색채 계획	① 색채 계획의 목적과 정의 ② 색채 계획 및 디자인의 프로세스 ③ 색채 디자인의 평가 ④ 매체의 종류 및 전략

필기과목명	출제문제수	주요항목	세부항목	세세항목	
			2) 디자인 영역별 색채 계획	① 환경 디자인 ② 패션 디자인 ③ 시각 디자인 ④ 멀티미디어 디자인 ⑤ 기타 디자인	⑥ 실내 디자인 ⑦ 미용 디자인 ⑧ 제품 디자인 ⑨ 공공 디자인
색채관리	20	1. 색채와 소재	1) 색채의 원료	① 염료, 안료의 분류와 특성 ② 색채와 소재와의 관계	③ 특수재료 ④ 도료와 잉크
			2) 소재의 이해	① 금속 소재 ② 플라스틱 소재 ③ 기타 특수 소재	④ 직물 소재 ⑤ 목재 및 종이 소재
			3) 표면처리	① 재질 및 광택	② 표면처리 기술
		2. 측색	1) 색채 측정기	① 색채 측정기의 용도 및 종류, 특성 ② 색채 측정기의 구조 및 사용법	
			2) 측색	① 측색 원리와 조건 ② 측색 데이터 종류와 표기법 ③ 색차 관리	④ 측색 방법 ⑤ 색채 표준과 소급성
		3. 색채와 조명	1) 광원의 이해와 활용	① 표준 광원의 종류 및 특징 ② 조명 방식 ③ 색채와 조명과의 관계	
			2) 육안 검색	① 육안 검색 방법	
		4. 디지털 색채	1) 디지털 색채의 기초	① 디지털 색채의 정의 및 특징 ② 디지털 색채 체계 ③ 디지털 색채 관련 용어 및 기능	
			2) 디지털 색채 시스템 및 관리	① 입출력 시스템 ② 디스플레이 시스템 ③ 디지털 색채 조절 ④ 디지털 색채 관리(Color Gamut Mapping)	
		5. 조색	1) 조색 기초	① 조색의 개요	
			2) 조색 방법	① CCM ② 육안 조색	③ 조색제(Colorant) ④ 색역(Color Gamut)
		6. 색채품질 관리 규정	1) 색에 관한 용어	① 측광, 측색, 시각에 관한 용어 ② 기타 색에 관한 용어	
			2) 색채품질관리 규정	① KS 색채품질관리 규정 ② ISO-CIE 색채품질관리 규정	

필기과목명	출제문제수	주요항목	세부항목	세세항목
색채 지각론	20	1. 색지각의 원리	1) 빛과 색	① 색의 정의　③ 광원색과 물체색 ② 색채 현상　④ 색의 분류
			2) 색채 지각	① 눈의 구조와 특성 ② 색채 자극과 인간 반응 ③ 색채 지각설
		2. 색의 혼합	1) 혼색	① 색채 혼합의 원리 ② 가법 혼색 ③ 감법 혼색 ④ 중간 혼색(병치 혼색, 회전 혼색 등) ⑤ 기타 혼색 기법
		3. 색채의 감각	1) 색채의 지각적 특성	① 색의 대비　③ 색의 잔상 ② 색의 동화　④ 기타 지각적 특성
			2) 색채 지각과 감정 효과	① 온도감, 중량감, 경연감 ② 진출, 후퇴, 팽창, 수축 ③ 주목성, 시인성 ④ 기타 감정 효과
색채 체계론	20	1. 색채 체계	1) 색채의 표준화	① 색채 표준의 개념 및 발전 ② 현색계, 혼색계 ③ 색채 표준의 조건 및 속성
			2) CIE(국제조명위원회) 시스템	① CIE 색채 규정 ② CIE 색체계(XYZ, Yxy, L*a*b* 색체계 등)
			3) 먼셀 색체계	① 먼셀 색체계의 구조, 속성 ② 먼셀 색체계의 활용 및 조화
			4) NCS	① NCS의 구조, 속성 ② NCS의 활용 및 조화
			5) 기타 색체계	① 오스트발트 색체계　④ PCCS 색체계 ② DIN 색체계　⑤ RAL 색체계 ③ 기타 색체계
		2. 색명	1) 색명 체계	① 색명에 의한 분류　② 색명법(KS, ISCC-NIST)
		3. 한국의 전통색	1) 한국의 전통색	① 정색과 간색　② 한국의 전통색명
		4. 색채 조화 이론	1) 색채 조화	① 색채 조화와 배색
			2) 색채 조화론	① 쉐브럴의 조화론　④ 요하네스 이텐의 조화론 ② 저드의 조화론　⑤ 기타 색채 조화론 ③ 파버 비렌의 조화론

COLORIST

과목 소개 색채로 인해 드러나고, 색채를 인지하는 인간의 심리를 파헤치는 분야
이다. 색채 이미지의 연구, 색채 조화의 원리, 색채 계획의 문제 등에
적용되고 특히 색채를 이용해 소비자의 구매 욕구를 높이는 등 마케팅
활용에 중대한 역할을 한다.

출제 빈도

SECTION 01 중		40%
SECTION 02 상		60%

PART 01

색채 심리·마케팅

SECTION **01** 색채 심리

색의 심리 작용

기적의
Tip

주관적 색채 경험의 예
벤함은 흑백으로 그려진 팽이를 돌릴 때 다
양한 유채색을 경험하였다.
방송 주파수가 없는 TV 채널에서 연한 유채
색이 보이는 현상을 경험하게 된다.

기억색과 현상색

1 색채의 정서적 반응

(1) 색채와 심리 19년2회 기사1, 19년2회 산기66, 18년2회 기사18, 18년2회 산기8

- 우리는 어떤 색을 마주할 때 종종 특별한 자극을 받아 마음이 차분해지거나 흥분을 하고, 특정 상황이나 사물을 연상하는 등 심리적인 반응을 일으킨다.
- 색채 경험은 객관적으로 동일한 상황에 놓여 있더라도 각 개인의 축적된 경험과 주위 환경에 따라 다르게 지각된다.
- 색채 지각은 형태, 위치, 크기, 재질, 빛의 각도와 반사 등에 따라 달라지기도 하지만, 개인적 심리 상태인 감정, 취미, 연상, 선호도, 환경적 · 지역적 특색에 따라 결과가 다르게 나타나기도 한다.
- 색채의 심리적 작용은 외적 판단에 따른 영향과 색채의 심미적 효과로 구분할 수 있다. 외적 판단 효과로는 색지각과 함께 영향을 주는 온도감, 무게감, 크기감, 거리감 등의 심리적 작용을 들 수 있으며, 심미적 효과로는 색을 통해 전달될 수 있는 색채의 조화와 기호 및 선호도, 감정 효과 등을 들 수 있다.

1) 주관적 색채 경험(Subjective Color)

- 주관색은 우리 눈의 생리적 작용과 관련하여 지각되는 색을 말한다.
- 우리의 눈은 깨어 있을 때 끊임없이 깜박이는 동작을 하는데 이러한 생리적인 작용으로 '페흐너 효과'를 발견하였다.
- 독일의 정신물리학자 페흐너(G.T.Fechner)가 원판을 반으로 나눠 각각 흰색과 검은색으로 칠한 후 빠르게 회전시켰을 때 유채색이 느껴지는 현상을 경험하여 명명한 것이다.
- 쉼 없이 자발적으로 움직이는 우리의 눈을 빠르게 회전하는 원판이 자극함으로써 주관적인 색채 경험을 일으키게 된다는 것이다. 15년3회 산기20

2) 기억색(Memorial Color) 18년2회 산기20, 18년2회 기사17, 16년3회 산기6

보통 '바나나'를 '노란색'이라고 말하는데 노란색은 우리가 본 많은 바나나의 표면색 중 하나에 불과하다. 이처럼 대상의 표면색에 대해 무의식적 추론을 통해 결정되는 색채를 기억색이라고 한다. **예** 나뭇잎-초록색, 사과-빨간색

3) 현상색(Appearance Color)

현상색이란 기억색과는 다르게 실제로 보이는 색이다. 즉 노란 바나나를 실제로 빛에 반사하여 우리 눈에 보이는 색은 칙칙한 초록색이 가미된 노란색일 수 있다.

4) 색의 항상성(Color Constancy)

색의 항상성은 우리 망막에 미치는 빛 자극의 물리적 특성이 변하더라도 대상 물체의 색채가 변하지 않고 그대로 유지된다고 지각하는 것으로, 조명 조건을 바꿔 빛 자극을 다르게 하더라도 변하지 않는 색채 감각을 말한다.

5) 착시(Illusion) 19년3회 산기4, 19년2회 산기4, 17년3회 기사27

- 대상을 물리적 실제와 다르게 지각하는 경우를 착시라고 한다.
- 착시는 대상의 물리적 조건이 동일할 때 누구나 경험하게 되는 지각 현상이다. 예 대비 현상❶과 잔상 현상❷

(2) 색의 일반적 반응 18년1회 산기8

- 프랭크 H. 만케(Frank H. Mahnke)는 외부 세계에서 받은 자극은 내면세계인 심리의 반응과 연관이 있으므로 우리가 색을 경험하도록 한다고 보았다. 자극 일부는 의식적인 수준에서, 다른 일부는 무의식적인 수준에서 작용한다고 주장하였다.
- 그는 저서 『색채, 환경, 그리고 인간의 반응』에서 색채를 인식하고 달성하는 과정에서 관찰되는 색채 관찰자의 반응을 6단계의 색경험 피라미드로 설명하였다.

1) 1단계 : 생물학적 반응

- 식물과 동물의 생명을 지속시켜 주기 위해 물려받은 진화의 산물로, 직접적인 빛의 영향은 눈과 피부를 통해 전달된다.
- 식물은 열매가 익거나 성장할 때 색으로 알리고, 곤충이나 동물은 자기방어 수단으로 보호색, 위장색 등을 활용한다.

2) 2단계 : 집단 무의식

- 인류 체험의 기억들이 무의식 상태에 기록된 것으로, 경험을 통해 각인된 색채에 대한 기억이 유전적으로 내재되어 있는 초기 감정이다.

❶ 대비 현상

배경과 주위에 있는 색의 영향으로 색의 성질이 변화되어 보이는 현상이다. 대비 현상은 대부분 순간적으로 일어나며, 시간이 경과함에 따라 그 정도가 약해진다. 색의 대비는 대비 방법에 따라 2개의 색을 동시에 볼 때 일어나는 동시 대비와 시간적 차이에 의해 일어나는 계시 대비로 나눌 수 있다.

❷ 잔상 현상

어떤 색을 응시한 후 망막의 피로 현상으로 어떤 자극을 받았을 경우 원자극을 없애도 색의 감각이 계속해서 남아 있거나 반대의 상이 남아 있는 현상이다. 잔상은 짧은 시간에 이루어지며 정의 잔상(양의 잔상)과 부의 잔상(음의 잔상)으로 나눌 수 있다.

3) 3단계 : 의식적 상징화(연상)

- 어떤 대상과 색을 연결해 상상하고 그것을 상징시켜 표현하는 것으로, 색의 연상을 이용한 디자인을 동일한 문화권을 가진 일정 지역 내에서 공유하게 되면, 의식적 상징화가 일치되는 것을 발견할 수 있다.
- 색채 연상은 지역적·인종적으로 특성화되기도 하여 문화나 건축 양식에 있어 공감대를 얻기도 한다.

4) 4단계 : 문화적 영향과 매너리즘

- 특정한 단체나 문화권이 오랜 시간 경험이나 체험을 통해 얻은 그들만의 독특한 문화와 조화를 이루는 특정색을 갖게 되어, 특정색이 상징화되는 것을 의미한다.
- 종교적인 상징색이나 전통적인 문화색 등이 이에 속한다.

5) 5단계 : 시대사조 및 패션 스타일의 영향

- 유행색은 직접 보고 느끼는, 가장 가까이 있는 색이다.
- 시대가 변함에 따라 유행색과 선호하는 색채는 계속 변하기 때문에 시대사조에 따른 색채의 변천을 파악하면 역사적 연대를 추정할 수 있다.

6) 6단계 : 개인적 관계

- 개인적 취향이 우선되는 색으로, 객관적이기보다는 개인의 취향, 기호에 좌우된다.
- 색채의 반응 중에서 가장 상위에 속한다.

(3) 색채와 공감각 18년3회 기사3, 18년3회 기사11, 18년1회 산기18

- 핑크색을 보고 달콤한 딸기 우유를 떠올리거나, 라벤더 꽃 사진을 보고 향긋한 향을 느끼기도 한다. 이렇게 색채와 인간의 다른 감각 간의 교류 현상으로 메시지와 의미를 전달하는 특성을 가진 것을 공감각이라고 한다.
- 색채는 시각 현상이며, 색에 기반한 감각의 공유 현상이다.
- 색채와 소리, 색채와 맛, 색채와 향기, 색채와 촉감 등과 같은 현상을 나타내며 뇌에서 인식된다.

1) 색채와 청각 19년3회 산기15, 19년2회 산기2, 19년1회 기사3, 18년2회 기사10, 18년2회 기사15

- 뉴턴(Newton)은 색채와 소리의 조화를 발견한 대표적인 사람이다. 그는 분광 실험을 통해 '빨강-도, 주황-레, 노랑-미, 녹색-파, 파랑-솔, 남색-라, 보라-시'와 같이 7가지 색을 7음계와 연계시켰다.

기적의 Tip

음계와 색 18년3회 산기4, 18년1회 산기11, 17년1회 기사7

- 높은 음 – 밝고 강한 채도의 색(고명도, 고채도)
- 낮은 음 – 어두운색(저채도, 저명도)
- 예리한 음 – 순색에 가까운 밝고 선명한 색(노랑 느낌의 빨강, 순색)
- 탁음 – 둔한 색, 낮은 채도의 색(저채도)

- 카스텔(Castel)은 색과 음악과의 관계에 관한 연구에서 음계와 색을 연결하여 C는 청색, D는 녹색, E는 노랑, G는 빨강, A는 보라 등으로 연계하였다.
- 서양화가 몬드리안은 색채와 음악을 이용한 작품을 발표하였는데 〈브로드웨이 부기우기〉는 노랑, 빨강, 청색, 밝은 회색을 사용하여 뉴욕의 브로드웨이가 전하는 생생하고 역동적인 움직임을 표현하여, 시각과 청각의 조화를 통한 색채 언어의 가능성을 시사해 주었다. 그러나 이러한 색채와 음악을 일치시키기 위한 노력이 있었음에도 공통의 이론으로는 발전되지 못했다.

몬드리안의 〈브로드웨이 부기우기〉

2) 색채와 시각 19년3회 기사2, 18년1회 산기14, 17년1회 기사14, 16년2회 산기9

- 색채와 모양에 대한 공감각적 연구를 통해 색채와 모양의 조화로운 관계성을 추구한 사람으로는 요하네스 이텐(Johannes Itten), 파버 비렌(Faber Birren), 칸딘스키(Kandinsky), 베버와 페흐너(Weber & Fechner)가 있다.
- 노랑을 생명력이 강하고 명시도가 높은 색으로 정의하면서 날카롭고 뾰족한 모양을 연상시키는 색채로 표현, 빨강은 묵직한 무게감과 안정감이 있는 색으로 정의하면서 정사각형으로 설명, 주황은 긴장감을 주는 색으로 정의하면서 직사각형으로 표현, 녹색은 원만함을 나타내며 육각형으로, 파랑은 유동성을 가진 색으로 정의하면서 원으로 설명하였다.

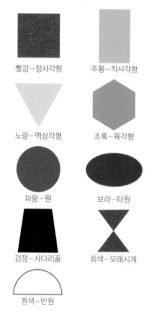

빨강-정사각형 　 주황-직사각형

노랑-역삼각형 　 초록-육각형

파랑-원 　 보라-타원

검정-사다리꼴 　 회색-모래시계

흰색-반원

색채와 모양 19년3회 기사4, 19년2회 기사1, 18년3회 산기17, 17년3회 기사, 17년1회 산기10

3) 색채와 미각 19년2회 기사1, 19년3회 기사4, 18년3회 산기17, 17년1회 산기10, 17년3회 기사1

- 색은 식욕을 자극하여 식욕을 증진시키거나 감퇴시키는 역할을 한다.
- 색에 따라서 맛을 느끼기도 하는데 일반적으로 빨강, 오렌지색, 주황과 같은 난색계열은 식욕을 돋우고 파랑과 같은 한색계열은 식욕을 감퇴시킨다. 이것은 색채가 미각의 감정을 수반하기 때문이다.
- 프랑스 색채 연구가인 모리스 데리베레(Maurice Deribere)가 맛에 대한 색채와 관련된 설문조사를 실시한 결과는 다음과 같다.

단맛	Red		Pink	
짠맛	Blue-Green		Gray	White
신맛	Yellow		Yellow-Green	
쓴맛	Olive Green		Brown-Maroon	

색채와 미각

4) 색채와 후각 19년2회 기사10

코코아 색

- 색채는 직접적 혹은 간접적으로 후각을 자극해 냄새와 향기를 느끼게 한다.
- 주황은 톡 쏘는 듯한 냄새이고, 고명도·고채도의 순색은 향기롭게 느껴진다. 저명도·저채도의 난색계열은 나쁜 냄새, 코코아 색이나 포도주 색은 진한 냄새를 느끼게 한다.
- 모리스 데리베레가 색과 향의 상관 관계에 대해 설문조사한 결과는 아래와 같다.

장뇌(Camphor) 향	White		Light Yellow
머스크(Musk) 향	Golden Yellow		Red-Brown
꽃(Floral) 향	Rose		
민트(Mint) 향	Green		
에테르(Ethereal) 향	White		Light Blue

5) 색채와 촉각 19년3회 산기16, 18년3회 산기8, 17년1회 산기18

- 색채로 촉각적 느낌을 전달할 수 있다.
- 명도가 높은 색은 부드러운 느낌을 주며, 저채도의 어두운색은 단단하고 딱딱한 느낌을 준다.
- 빨강, 주황과 같은 난색계열은 메마른 건조한 느낌을 주며, 파랑, 청록과 같은 한색계열은 습하고 촉촉한 느낌을 준다.

윤택감	짙은 톤의 색
경질감	은회색, 한색계열의 회색 기미
조면감	어두운 회색 톤
유연감	따뜻하고 가벼운 톤
점착감	짙은 중성 난색, 올리브 계통의 색

(4) 색의 연상과 상징

1) 색의 연상 19년3회 산기2, 19년3회 기사18, 19년2회 산기6, 18년3회 기사19, 18년2회 기사16, 17년3회 산기20, 17년2회 산기4

- 색의 연상은 색의 자극을 통해 관계있는 사물이나 느낌, 분위기를 떠올리는 것이다.
- 빨간색을 보면 불을 연상하거나 따뜻함을 느끼고, 파란색을 보면 바다를 연상하거나 차가움을 느끼며 하늘의 이미지를 떠올리기도 하는 것처럼 색채를 통하여 다른 사물이나 이미지를 연상하게 하는 것을 색채 연상이라고 한다.

- 사람에 따라 좋아하는 색과 싫어하는 색이 있으며 성별적 요인, 연령별 요인, 지역적 요인, 시대적 요인, 개인적 요인의 영향 등이 색에 대한 고정관념의 주된 원인으로 작용한다.
- 색채에 대한 심리적 현상은 어린 시절에는 구체적인 사물이나 자연현상과 연관되는 경우가 많지만 점차 성인이 되면서 보다 광범위하게 추상적, 사회적 연상 경향을 보인다.

색과 구체적/추상적 연상 19년3회 산기10, 18년3회 기사17, 18년2회 기사20, 18년2회 기사17, 18년1회 기사6, 17년2회 산기14, 17년2회 기사8, 17년1회 산기13

	구체적 연상	추상적 연상
빨강	우체국, 불, 피, 태양	열, 위험, 분노, 열정, 일출, 자극, 능동적, 화려, 십자가
주황	오렌지, 귤, 감	원기, 적극, 희열, 풍부
노랑	개나리, 병아리, 레몬	경고, 유쾌, 떠들썩, 가치, 팽창, 희망, 광명
연두	잔디, 새싹	초여름, 어린이, 친애, 젊음, 신선
초록	초원, 풀, 산, 자연	평화, 고요, 나뭇잎, 소박, 안식, 피로 회복, 안전, 평화, 여름
파랑	아침, 바다, 하늘	차가움, 시원함, 추위, 무서움, 봉사, 우울, 명상, 냉정, 심원, 성실, 영원, 적십자
남색	도라지꽃	천사, 숭고, 영원, 신비, 정화, 살균, 출산, 신비
보라	제비꽃, 포도	외로움, 고귀, 슬픔에 잠긴, 그림자, 부드러움, 창조, 예술, 우아, 신비, 신앙, 향수, 겸손, 기억, 인내, 절대적 지배력, 힘
자주	가지, 포도	애정, 성적, 코스모스, 창조
하양	눈, 백지, 설탕, 의사, 병원	청결, 소박, 순수, 순결, 공간적 밝음, 솔직, 유령, 텅 빈, 추운, 영적인
회색	구름, 쥐, 재	겸손, 우울, 점잖음, 무기력, 중성, 고독, 소극적, 고상
검정	밤, 장례식, 연탄, 숯	밤, 부정, 죄, 허무, 죽음, 장례식, 암흑, 절망

① 빨강(Red)

빨강 이미지

- 빨강은 생명의 색으로 활력, 흥분, 정열, 감동을 연상시킨다. 빨간색을 바라보고 있으면 원기가 생겨나기 때문에 에너지의 색, 건강색이라고도 한다.
- 빨강은 인간적이며 가장 따뜻한 느낌을 연상시키는 색이면서 동시에 공포심과 무절제한 열정, 욕정, 분노의 느낌을 연상시키므로 자극적, 정열, 흥분, 애정, 위험, 피, 분노, 열, 저녁노을 등의 이미지를 갖는다. 때문에 빨간색을 좋아하는 대부분의 사람은 의욕적, 외향적, 적극적이며 호기심이 강하다.
- 빨강은 분홍과 배색 되면 순수하게 보이고 보라와 배색 되면 유혹적으로 느껴진다. 또한, 검정과 배색되면 강하고 부정적, 공격적인 느낌을 준다.

노랑 이미지

초록 이미지

파랑 이미지

② **노랑(Yellow)** 18년2회 산기20

- 노랑은 희망, 유쾌, 햇빛, 리듬감, 젊음, 행복, 경쾌함 등의 느낌을 준다.

- 노랑을 좋아하는 사람은 대체로 외향적이고 활기차며, 유머 감각과 창의력이 뛰어난 경우가 많다. 이러한 분석은 빨강, 주황, 노랑과 같은 난색계열이 사람의 감정을 흥분시키고 고양한다는 사실과 연관 지을 수 있다.

- 노랑은 따뜻하고 생기 넘치는 색으로 태양의 이미지를 암시하며, 특유의 활동성과 쾌활한 이미지로 인해 어린아이들을 연상시킨다.

- 햇빛, 황금, 해바라기, 레몬, 자몽 같은 감귤류를 연상케 하는 노랑은 봄날의 햇살 같은 에너지를 넘치게 하는 색이다.

③ **초록(Green)** 18년2회 산기5

- 봄에 솟아나는 풀잎과 새싹의 연두색에서부터 늦여름 무성한 숲속의 진초록에 이르기까지 초록은 자연의 색이고, 조용하고 평온한 휴식을 주는 색이다.

- 이기심, 질투, 게으름을 대표하는 색이기도 하며, 무겁고 어두운 느낌의 초록은 사람을 우울하게 하고 허약하게도 할 수 있다.

- 초록은 평화, 상쾌, 희망, 휴식, 안전, 안정, 안식, 평정, 지성, 소박, 건실, 엽록소, 비상구 등의 이미지를 연상케 한다.

④ **파랑(Blue)** 19년3회 기사5, 18년2회 기사14

- 파랑은 물, 하늘의 색으로 맑고 순수하고 청량한 이미지를 갖고 있으며, 우울함, 신비로운 느낌을 준다.

- 12세기 유럽에서는 성모마리아의 옷을 파란색으로 나타냄으로써 신성함을 상징하였다.

- 파랑은 화를 잘 내거나 신경질적인 사람들의 마음을 안정시켜 주는 색이다. 또한 편한 분위기에 휩싸여 있는 애정적인 색으로써 황량하고 무정한 일상생활로부터 도피시켜 주기도 하고, 성인들에게 어린 시절의 추억을 되살려 주기도 한다.

- 파랑을 좋아하는 사람은 내향적이며 감수성이 예민하다. 파랑은 젊음, 차가움, 명상, 성실, 영원, 신뢰감, 보수적, 차분함, 바다, 호수 등의 이미지를 연상시킨다.

⑤ 보라(Purple)

- 보라는 신의 색이라 하여 영적인 것을 나타내며 마음 깊은 곳의 억압된 감정과 연관성이 있는 신비한 느낌을 주는 색이다.

- 고귀하고 장중한 느낌을 주기도 하는데, 보라를 좋아하는 사람은 감수성이 풍부하고 섬세하며, 직관력이 뛰어나 예술가 기질을 가진 사람이 많다. 보라는 창조, 우아, 고독, 신비, 공포, 추함, 예술, 공허, 신앙, 위험 등의 이미지를 연상시킨다.

- 보라는 은색과 배색되면 자유분방하고 인위적인 느낌을 주며, 주황과 배색되면 독창적, 파격적으로 보이고, 검정과 배색되면 마술적인 느낌을 준다.

보라 이미지

⑥ 하양(White)

- 하양은 빛의 상징이다. 낮과 밤을 구분하기 위해 처음으로 생긴 색이다.

- 순수, 신성, 청초, 청결, 결백을 상징하고, 타협을 허락하지 않으며 침범할 수 없는 기품을 가진 색이다.

- 하양은 한색❶ 계통과 배색하면 이지적이고 시원하고 상쾌한 느낌을 주고, 난색❷ 계통과 배색하면 활기차고 명랑한 느낌을 준다.

- 금색, 파랑과 배색하면 이상적이고 고귀한 느낌을 주고 회색과 배색하면 객관적, 노랑과 배색하면 가벼운 느낌, 분홍과 배색하면 조용한 느낌을 준다. 패션에서 하양은 엘리트와 웨딩드레스의 순결함을 상징한다.

하양 이미지

❶ 한색 19년2회 기사12
차가운 느낌을 주는 파란색 계통(파랑, 청록, 남색)의 색을 말한다. 시원하며 차분함과 안정감을 느끼게 하는 색이다.

❷ 난색 19년2회 기사7
따뜻한 느낌을 주는 색으로 빨강, 주황, 노랑 계열을 말한다. 온도감이 따뜻하고 활동적이며 흥분하게 되는 색이다.

❸ 분광
빛이 파장의 차이에 따라 여러 가지 색의 띠로 나누어지는 것을 말한다.

⑦ 검정(Black)

- 검정은 물감이나 색으로서 빛이 없음을 나타내며, 최소한의 분광❸을 흡수한다.

- 색채 중에서 명도가 가장 낮아 무겁고 엄숙하며 심원한 깊이감을 주고 부정, 죄, 압박감, 공포, 불길, 침묵, 죽음 등을 연상시킨다. 검은 옷은 피부를 통해 빠져나가는 체내 독소의 정상적 방출을 방해하여 우울증을 불러일으키고 검정은 사람들의 범죄 성향을 최대로 악화시킨다고 알려져 있다.

- 검정에 회색과 파랑을 배색하면 각지고 단단한 느낌, 은색과 흰색에 배색하면 우아한 느낌, 금색이나 빨강과 함께 있으면 힘이 있어 보인다.

- 검정은 보수를 뜻하는데, 기독교 성직자들의 옷이 검정인 이유도 여기에 있다. 패션에서 검정은 우아함을 상징하기도 한다.

검정 이미지

❶ 메타포(Metaphor)

어떤 것을 머릿속에 떠올릴 때 느껴지는 느낌을 말한다.

2) 색의 상징

- 색의 상징이란 하나의 색을 보았을 때 특정한 형상이나 뜻이 느껴지는 것으로, 색채는 인간의 풍부한 감성을 대변하는 대표적 시각언어이다.
- 사물을 전달하는 매개적 작용을 하는 하나의 심벌이나 기호로 볼 수 있다. 국가, 지역, 문화권, 사회적 특성에 따라 같은 색을 사용하더라도 그 의미가 다르게 받아들여질 수 있다.
- 디자인 분야에서 기업 이미지, 제품 이미지 등을 효과적으로 나타내는 수단으로 사용되고 있어 기업 이미지를 구축하기 위해서는 색채계획을 가장 먼저 고려해야 한다.

2 색채와 문화

(1) 색채문화사

- 색채의 발달은 인지의 발달을 의미한다. 문화와 문명이 발달할수록 인간이 접할 수 있는 색깔이 다양해지고 언어를 색으로 표현하려는 언중 의식은 새로운 단어를 창조하고 기존에 사용하고 있는 언어의 기능을 새롭게 변화시키고 있다. 따라서 색채어의 발달도 다양해진다.
- 인류 학자 베를린과 카이(Berlin & Kay)의 1969년 연구에 따르면 문화가 발달할수록 '흰색, 검정 → 빨강 → 노랑, 녹색 → 파랑, 갈색 → 보라, 핑크, 오렌지, 회색'으로 색 이름의 진화과정을 보인다.
- 색채는 모든 문화권에서 종교, 전통의식, 예술 등에서 상징과 메타포(Met-aphor)❶의 역할을 담당하고 지속적인 진화와 발전을 거듭하고 있다.

(2) 색채와 자연환경

- 색채는 각 나라・지역마다 고유 색채의 특징을 가지는데 특정한 지역・나라의 특색 있는 색을 지역색 또는 풍토색이라고 한다. 이는 한 지역의 정체성을 대변한다.
- 특정 지역의 자연환경과 자연스럽게 어울리고 선호되는 색채로 국가나 지방의 특성과 이미지를 부각한다.
- 인간에게 관계되는 환경, 경관 색채와 의미가 같고, 역사성과 인문환경의 영향으로 지역색이 형성되며 자연과 친화된 환경일수록 풍토성은 더욱 강해진다.

1) 지역색(Local Color) 19년1회 기사11, 18년3회 기사8, 18년3회 기사7, 18년2회 기사7, 18년2회 기사15

- 프랑스의 장 필립 랑크로(Jean Philippe Lenclos)는 수십 년에 걸친 여행과 현장 분석, 체계적인 조사를 통해 다양한 주거지의 색채 범위를 살펴보고, 지형, 기후, 빛, 사회문화적 관습, 지역 전통, 건축 기술과 같은 여러 요소가 각 나라와 각 지방의 풍경마다 서로 다른 건축적 개성과 특징적인 색채를 부여한다는 '색채 지리학'의 개념을 발전시켰다.

- 지역 특유의 토양색이나 하늘색, 혹은 생태계가 구성하는 자연환경의 배색에 그 지역 역사와 문화가 더해지면 지역색이 된다. 예를 들어 월드컵에서 그리스나 이탈리아 같은 지중해 연안 국가들은 기본적으로 흰색과 푸른색의 배색을 선호한다. 늘 지중해의 푸른 바다와 푸른 하늘을 접하며 살기 때문이다.

- 대표적으로 지역색 이미지가 강한 곳은 시드니를 비롯한 항구 도시들의 백색, 런던 템즈 강변의 갈색, 독일 라인강변의 붉은 지붕색, 스위스 주택의 연한 살구색, 우리나라 하회 마을의 지붕과 토담색 등이 있다.

한국의 지역색

2) 풍토색 18년1회 기사16

- 풍토는 자연과 인간의 생활이 어우러져 형성된 특유한 토지의 성질로, 인간에게 인식되고 생활 · 문화 · 산업에 영향을 끼쳐 경작되고 변화되는 자연을 말한다.

- 풍토색은 토지의 상태, 지질, 기후가 반영된 색이며, 일광은 그 토지의 위도(緯度)[1]와 큰 관계가 있다. 태양광선은 백색광(白色光)이지만, 위도에 따라 다소 색온도가 달라지므로 같은 색이라 할지라도 북극의 풍토, 지중해의 풍토, 사막의 풍토와 같이 지역의 자연환경에 영향을 받는 색채 경향을 풍토색이라고 한다.

(3) 색채와 인문환경

하나의 색을 보았을 때 우리가 속해 있는 문화, 종교, 사상 등 지역적인 특수성에 따라 특정한 형상 또는 뜻으로 색이 상징되므로 색채의 의미가 다르게 적용될 수 있다.

인도 라자스탄의 풍토색

[1] 위도(緯度)

경도와 함께 지구상에 있는 어떤 지점에서의 위치를 나타내기 위하여 만든 좌표이다.

❶ 복식

옷과 장신구를 아울러 이르는 말이다.

기적의 Tip

국기의 색채 19년2회 기사13, 18년3회 산기3

국기의 색채는 국제 언어로 인지되는 색채이며, 민족적 색채로 인지되기도 한다. 대표적으로 사용되는 색채의 이미지는 다음과 같다.

• 빨강 – 혁명, 유혈, 용기
• 파랑 – 평등과 자유
• 노랑 – 광물, 금, 비옥
• 검정 – 주권, 대지, 근면
• 흰색 – 결백, 순결

1) 종교별 상징색

• 불교는 황금색과 노란색, 기독교는 빨간색이나 청색, 천주교는 흰색이나 검정, 힌두교는 노란색, 이슬람교는 초록색을 사용한다.

• 이집트에서는 태양을 상징하는 노란색, 황금색 또는 빨간색이 종교적으로 신성시한 색채로 사용되었고, 특히 고대 그리스에서는 노란색이나 황금색이 아테네 신을 상징하였다.

• 신성시한 존재는 보통 채도가 높은 빨강, 노랑, 황금색과 같은 색으로 표현했다.

2) 신분 및 계급의 상징색

• 대부분의 나라에서는 계급과 신분을 나타내기 위해 복식에 색채를 사용하였다. 중국 청나라 황제는 노란색, 재상의 관모와 단추는 빨간색, 6급 관리의 관모와 단추는 금색 등으로 계급에 따라 복식의 색채를 달리했고, 영국 귀족은 금색의 복식을 착용했다.

• 우리나라도 계급에 따라 왕족은 금색, 정 1 · 2 · 3품은 홍색, 종 3 · 4 · 5 · 6품은 파란색, 7 · 8품은 초록색, 법사는 검은색, 훈련원은 노란색 등 품계에 따라 복식의 색채를 구분했다.

3) 국기의 상징색

• 문화가 갖는 역사 또는 삶의 방식에 따라 색채가 전하는 메시지와 상징이 달라지는데, 각 민족의 상징적 특징을 색채로 표현해 주는 대표적인 것이 바로 국기색이다. 국기색을 통해 각 국가의 이미지가 창출되고 정체성이 확립되며 민족의 화합과 단결심을 유도할 수 있다.

• 우리나라 태극기의 바탕색인 하양은 백의민족, 순수함, 깨끗함을 상징하고 태극 문양의 파랑과 빨강은 음과 양의 상호작용을 통한 우주 만물이 생성하고 발전하는 대자연의 영원한 진리를 형상화한 것이다.

• 미국의 성조기에서 빨강은 용기와 혁명성, 하양은 순결함, 파랑은 정직과 평화를 각각 나타낸다.

4) 오륜기의 상징색 17년3회 산기15, 17년1회 산기2

• 근대 올림픽을 상징하는 오륜기는 5대양을 표현한 것으로 국경을 초월하는 것을 뜻하는 흰색 바탕에 위쪽은 파랑, 검정, 빨강의 3개의 원이 있고, 아래쪽은 노랑과 초록의 2개의 원이 서로 엮여 있다.

- 파랑은 유럽, 검정은 아프리카, 빨강은 아메리카, 노랑은 아시아, 초록은 오세아니아를 상징하며 올림픽 정신으로 하나가 됨을 나타낸다.

오륜기

5) 기타 사회문화와 색채의 의미 18년3회 산기3

- 각 지역의 사회문화에 따라 색채가 상징하거나 내포하고 있는 의미는 다양하게 해석된다. 예를 들어 노랑은 동양에서는 신성한 색채, 미국에서는 겁쟁이나 배신자, 말레이시아, 시리아, 태국, 아일랜드, 브라질 등에서는 혐오색으로 인식한다. 검정도 서양에서는 장례식을 의미하지만, 동양에서는 하양이 장례식을 의미한다. 또한, 더운 지방에서는 난색을 선호하는 반면 추운 지방에서는 한색을 선호한다.
- 나라별로는 라틴계는 난색, 북구계의 북유럽계는 한색을 선호하고, 중국은 붉은색, 일본은 흰색, 네덜란드는 오렌지색을 선호한다.
- 사상별로는 사회주의 국가는 붉은색, 민주주의 국가는 푸른색을 선호하며 상징한다. 환경적인 의미로는 초록은 번영의 색, 황색은 대지와 태양의 색, 청색은 하늘과 바다의 색을 의미한다.

6) 국가별 선호색 및 혐오색 18년3회 산기7, 17년2회 산기19, 17년2회 기사5, 17년1회 산기14

	선호국	혐오국
백색	한국, 이스라엘, 스위스, 그리스, 멕시코, 일본	중국, 인도, 아일랜드, 동남아
적색	한국, 중국, 인도, 태국, 스위스, 덴마크, 루마니아, 필리핀, 멕시코, 아르헨티나	독일, 아일랜드, 나이지리아
분홍	프랑스	-
황색	스웨덴	말레이시아, 시리아, 태국, 미국, 파키스탄, 아일랜드, 브라질
초록	한국, 말레이시아, 인도, 이라크, 필리핀, 파키스탄, 아일랜드, 이집트, 멕시코	프랑스, 홍콩, 불가리아
청색	한국, 이스라엘, 시리아, 그리스, 스웨덴, 프랑스(소년), 벨기에, 네덜란드(여성)	중국, 이라크, 터키, 독일(검은색과 녹청색 셔츠와 붉은 넥타이를 싫어함)
보라	-	브라질(비애, 죽음), 페루
회색	-	나카라과
흑색	-	중국, 태국, 이라크, 스위스, 독일 등 모든 크리스트교 국가, 미국

색채 선호의 예

귀여운 이미지의 뉴 비틀(New Beetle) 자동차
에 파란색을 적용하는 것은 젊은이의 취향(선
호)에 맞게 라이프스타일을 반영하여 색채를
선택한 것이다.

(4) 색채 선호의 원리와 유형

1) 색채 선호의 원리 19년2회 산기8, 19년2회 산기16, 19년1회 기사9, 18년3회 기사19

- 색채 선호는 개인별, 연령별, 지역적·문화적 영향 및 구체적 대상에 따라 차이가 있으나 일반적으로 공통된 감성을 갖기도 한다.
- 문화권의 영향을 받은 대부분 국가에서는 성인의 절반 이상이 청색을 가장 많이 선호하는 색으로 꼽고 있다. 이렇듯 세계 공통의 선호 특성 때문에 '청색의 민주화(Blue Civilization)'라는 말까지 나오게 되었으며 청색은 전 세계적으로 가장 선호도가 높은 색이기도 하다.
- 유행의 변천에는 반드시 색채의 변화도 함께하며, 특히 색채는 상품 판매에 가장 강력한 자극의 하나로 제품의 색채 선호는 신소재, 디자인, 유행에 따라 끊임없이 변화한다.

2) 대상별 색채 선호 유형 19년3회 산기14, 18년2회 기사9, 17년3회 기사9, 17년2회 산기2, 17년2회 기사19, 17년1회 산기7, 17년1회 산기6

- 대상별 색채 선호의 유형을 살펴보면 동일한 제품이라도 성별과 연령별 집단에 따라 선호색이 다르다.
- 남성은 어두운 톤의 청색, 갈색, 회색을 선호하고 여성은 파스텔 톤의 밝고 연한 색을 선호하며 남성보다 다양한 색을 선호한다. 연령에 따라서는 생후 6개월부터 원색을 구별할 수 있으며, 연령이 낮을수록 장파장에 반응한다.
- 어린이는 고명도의 색, 유채색, 단순한 원색계열과 밝은 톤을 좋아하고 성인이 되면서 파랑, 녹색과 같은 단파장 색채를 좋아하는 경우가 많다. 또한, 교양과 소득에 따라 색채 선호는 다르며 세월에 따라 변화한다.

3) 기후에 따른 색채 선호 19년3회 산기6, 18년3회 기사2

- 날씨가 흐린 지역에서는 단파장의 색과 채도가 낮은 회색을 선호한다. 건물의 외관 색채는 청색이나 회색, 초록 등을 선호하며 실내의 색으로는 노란색, 핑크색, 장미색 등의 난색을 사용한다.
- 일조량이 많은 지역은 장파장의 색과 선명한 색을 좋아한다. 건물의 외관 색채는 노란색, 장미색 등의 밝은 색채를 사용하나 실내의 색으로는 블루나 그린계열의 한색을 선호한다.
- 북구지역은 한색계통을 좋아하며 특히 에메랄드 그린, 스카이 블루 등의 파스텔계열을 선호하고, 라틴계인 이탈리아, 스페인 등에서는 풍부한 일조량으로 빨강, 주황, 노랑의 선명한 난색계통을 좋아한다.

4) 색채 선호도 조사 방법

- 색채의 선호와 조화를 예전에는 1차원적으로 취급했으나 현대에는 상호 관련하에 다원적으로 보는 경향이 많아지고 있다.
- SD법(Semantic Differential Method)을 이용하여 그 관련을 파악하려는 시도가 이루어지고 있다. 결국 조화감이란 선호, 자연의 미, 안정 등의 감정이 수반되는데, 특히 선호의 감정과 조화감은 서로의 관계가 깊어 조화를 이루는 것은 선호의 대상이 된다고 볼 수 있다.

① SD법(Semantic Differential Method, 언어 척도법, 의미 분화법, 의미 미분법)
19년3회 기사16

1959년 미국의 심리학자 오스굿(Osgood)에 의해 고안된 색채 이미지에 관한 연구법으로, 조사 대상자의 주관적인 의미를 객관적으로 평가할 수 있는 이미지의 수량적 척도화 방법이다. SD 조사는 디자인과 관련된 이미지어들을 추출한 다음 형용사의 반대어 쌍(좋다-나쁘다, 크다-작다, 빠르다-느리다)으로 척도를 만들어 피험자에게 평가하게 한다. 세밀한 차이가 필요할 경우 7단계 평가를 수량적 척도화하여 조사하고, 두 쌍의 형용사를 축으로 하는 직교 좌표계 속에 나타난 색의 분포를 통해 그 특성을 분석하여 색채의 의미 공간과 배색의 이미지 공간에서 추출할 수 있다. 복잡하고 파악하기 어려운 현상들을 다차원적인 의미 공간에서 대상을 비교할 수 있어 색채뿐만 아니라 여러 이미지 조사 방법으로 널리 쓰이고 있다.

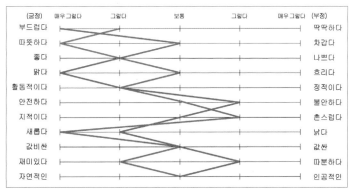

SD 조사의 예

색채 심리 검사(컬러 피라미드 테스트)
막스 러셔 등은 인간의 심리를 더 깊게 이해하기 위해 색채를 이용한 시스템인 색채 심리 검사를 개발하였다. 그 중 컬러 피라미드 테스트는 컬러칩 배열의 사용 색 빈도와 배열 형식에 따라 자아기능, 감수성, 정서적 성숙도, 내향적 · 외향적 성격, 정서적 안정감 등을 진단한다.
- **빨강** : 충동적인 감정
- **파랑** : 감정 통제
- **보라** : 불안과 긴장의 지표
- **녹색** : 정서의 조절 및 감수성의 지표

차크라(Chakra)는 사람의 신체 여러 곳에 있는 정신적 힘의 중심점을 말한다. 약 8만 8천 개의 차크라가 있는데 이 가운데 6개의 중요한 차크라가 척수를 따라 위치하고 두개골 최상부에 있는 차크라가 가장 중요하다. 녹색은 인체의 차크라 영역으로 심장부를 나타내며 사랑을 의미한다. 빨간색은 물라다라 차크라 영역으로 수슘나관의 기저에 있고, 항문 부위로 주황색은 스와디스타나 차크라 영역으로, 전립선과 연결되어 있다. 보라색은 사라스라라 차크라 영역으로 가장 높은 차크라이며 정수리에 위치한다.

기적의 Tip

색채 조절의 목적
- 마음의 안정
- 눈의 피로 회복
- 일의 능률 향상

기적의 Tip

색채 조절의 예
주변에 옅은 색이나 공통성이 많은 배색은 피로를 덜어 준다.

(1) 색채의 기능

각 색채가 갖는 기능과 중요성 때문에 우리는 색채를 그 사용 목적에 맞게 사용해야 한다. 이러한 기능적 측면을 가진 색채는 마케팅이나 광고에서뿐만 아니라 산업 현장에서도 적극적으로 사용되고 있다.

1) 색채 조절(Color Conditioning) 19년2회 기사8, 19년1회 기사8, 19년1회 기사2, 18년2회 산기17, 18년2회 산기17, 17년3회 기사12, 17년3회 기사13

- 미국의 뒤퐁(Dupont)사에서 1930년대에 처음으로 사용한 말로, 색채의 심리적 · 생리적 · 물리적인 효과를 응용하여 쾌적하고 능률적인 공간과 가장 좋은 생활환경 등을 만들어 내도록 색채의 기능을 활용하는 것이다.
- 색채 조절은 심리학, 생리학, 조명학, 미학 등에 근거를 두고 색을 과학적으로 선택하여 계획적인 색채를 사용하는 것이므로, 미적 효과(조형적 아름다움)나 광고 효과를 겨냥하여 감각적으로 배색하는 장식과는 다르다.
- 개인의 취향에 따라 색채를 선택하는 것이 아니므로 객관적이고 합리적인 색채 선택이 필요하다.

2) 색채 조절의 효과 및 능률 19년3회 산기1, 19년3회 기사19, 18년1회 기사2, 17년2회 산기2, 17년2회 산기4, 17년1회 산기5

색채 조절의 효과로써 색채를 기능적이고 합리적으로 사용하여 얻을 수 있는 결과는 다음과 같다.

- 조명의 효율이 높다.
- 과학적인 색채계획으로 인해 자연스럽게 일할 기분이 생겨난다.
- 신체의 피로, 특히 눈의 피로를 막는다.
- 주의력과 집중력을 향상시켜 일의 능률을 높인다.
- 안전색채를 사용함으로써 안전이 유지되며 사고와 재해가 줄어든다.
- 정리정돈과 질서 있는 분위기를 연출시켜 생활 의욕을 고취해 준다.

(2) 안전과 색채

색의 연상과 상징 등을 이용해 사업장이나 교통 보안 시설의 재해 방지 및 구급 체제를 위한 시설에 색채를 사용하는 것이다. 전국적으로 공통되는 것이어야 하므로 그 색채와 도형을 산업 안전표지에 관한 규칙(1981. 6. 17 노동부령 2호)으로 정하고 눈에 잘 띄는 안전색채를 사용한다.

1) 안전색채 규정

① 산업안전보건법 제12조

산업안전표지는 재해 방지 대책의 보조 수단이다. 색채는 눈에 잘 띄는 안전색채를 사용했으며, 출입금지 · 금연 등의 금지 표기 8종류, 인화성 물질 · 독극물 경고 등의 경고 표지 15종류, 보안경 착용 · 안전모 착용 등의 지시 표지 9종류, 녹십자 표지 · 비상구 등의 안내 표지 7종류가 있다.

② 한국산업규격 KS A 3501   19년3회 산기5, 19년2회 산기3, 18년3회 산기14, 18년3회 산기20

한국산업규격 KS A 3501에 적용 범위와 빨강, 주황, 노랑, 녹색, 파랑, 보라, 흰색, 검정의 8가지 색채 규정이 있다.

	색채 규정
빨강	금지, 정지, 소화 설비, 고도의 위험, 화약류의 표시
주황	위험, 항해 항공의 보안 시설, 구명보트, 구명대
노랑	경고, 주의, 장애물, 위험물, 감전 경고
녹색	안전, 안내, 유도, 진행, 비상구, 위생, 보호, 피난소, 구급 장비, 의약품, 차량의 통행
파랑	특정 행위의 지시, 사실의 고지, 의무적 행동, 수리 중, 요주의
보라	방사능과 관계된 표지, 방사능 위험물의 경고표시, 작업실, 저장시설
흰색	문자, 파란색이나 녹색의 보조색, 통행로, 정돈, 청결, 방향 지시
검정	문자, 빨간색이나 노란색에 대한 보조색

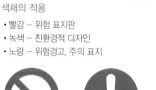

금지 표지   의무 행동 표지

방사능 표지   안전 표지

위험 표지   주의 표지

2) 안전표지(Safety Sign)

색과 모양의 조합으로 일반적인 안전상의 내용을 전하고, 또한 그림 기호 및 문자를 부가하여 특정한 안전상 내용을 전하는 표지를 말한다. 안전뿐만 아니라 위험이나 주의 사항을 신속하게 알려 사고를 방지하는 데 목적이 있다.

난색계열 공간

한색계열 공간

(3) 색채 치료(Color Therapy)

1) 색채 치료의 정의 18년1회 기사1, 17년1회 산기4

- 색채 치료는 고유한 파장과 진동수를 가진 에너지의 형태인 색채 처방과 반응을 연구한 것으로, 색채를 이용하여 환자에게 물리적·정신적인 영향을 주어 환자의 건강을 호전시키려는 방법을 말한다.
- 질병을 국소적으로 보지 않고 전체적으로 자연 치유력을 높이는 보완 치료법이며, 과학적인 현대의학의 장점을 살리는 동시에 자연적인 면역력을 증가시키기 위한 것이다.
- 색채 치료는 벽, 옷, 생필품 등 물체색을 비롯하여 광원색 모두 사용된다. 색채 치료의 대표적인 기본 색채로는 빨강과 파랑이 있다. 빨강과 같이 난색계열이 적용된 방은 환자의 심장 박동을 빠르게 하고 맥박을 증가시키며 활동성을 높인다. 반면 파랑과 같이 한색계열이 적용된 방은 심장 박동을 감소시키고 차분한 마음을 갖게 한다.
- 치료 방법으로는 환자가 의식적으로 색을 보게 하는 방법과 색채 고유의 파장 특성으로 물리적인 영향을 가하는 방법 등이 있다. 오늘날 색채 치료는 현대의학에서 대체요법 등으로 활용성이 증가하고 있다.

2) 색채별 치료 효과 18년2회 기사2, 17년2회 기사16, 17년1회 기사19

	색채 규정
빨강	근육계 영향, 혈액 순환 자극, 적혈구 강화, 혈압 상승
주황	소화계 영향, 체액 분비, 성적 감각 자극, 식욕 촉진
노랑	피로 회복, 신경계 강화, 맑은 정신
녹색	신체적 균형, 교감 신경 계통 영향, 피로 회복, 해독
파랑	진정 효과, 호흡계, 정맥계 영향, 자율 신경계 조절 효과
청록	강장제, 면역 성분 강화, 눈의 피로 회복
남색	살균, 구토와 치통 완화
보라	불면증 치료, 신진대사의 균형, 두뇌와 신경계

SECTION 02 색채 마케팅

1 색채 마케팅의 개념

(1) 마케팅의 이해

1) 마케팅의 정의 18년3회 기사15, 18년2회 기사8, 17년1회 산기1, 17년1회 기사18, 15년2회 기사18, 15년1회 기사18

- 미국마케팅협회(America Marketing Association)에 따르면 마케팅은 개인 또는 조직의 목표를 충족시키는 교환이 이루어지도록 아이디어, 제품, 서비스, 가격결정, 촉진, 유통까지 계획하고 실천하는 모든 과정이다.
- 마케팅의 변함없는 주체인 기업과 소비자 사이에서 산업제품이 생산자로부터 소비자에게 전달되는 모든 과정으로 현재의 마케팅은 대량생산과 함께 발생했다.
- 제품, 서비스를 효율적으로 많이 판매하기 위해 소비자 심리 분석 후 판촉 활동을 펼치는 것이다.
- 모든 제품의 판매 촉진을 위한 마케팅이 가능한 이유는 인간의 욕구가 다양하기 때문이다.

2) 마케팅 핵심 개념과 순환 고리 19년2회 기사14

욕구 → 필요 → 수요 → 제품 → 교환 → 거래 → 시장 → 욕구

(2) 마케팅 4대 구성요소 16년2회 기사12, 16년1회 기사11

1) 4P & 마케팅 믹스(Marketing Mix) 19년3회 기사15, 19년2회 기사9, 19년1회 기사12, 17년3회 기사6, 16년2회 산기5, 15년3회 산기16, 15년3회 기사9, 15년1회 기사7

마케팅 구성요소는 다음과 같이 4가지이며, 약자 4P로 표기된다. 제품(Product), 가격(Price), 유통(Place), 촉진(Promotion) 총 4가지 구성 요소가 4P에 해당되며, 이를 조합하여 기업이 표적시장에서 판매를 촉진시키고 최대의 세일즈 목표를 달성하게 하는 것이 마케팅 믹스이다.

- 제품 : 마케팅 구성 요소 중 가장 핵심요소로 물건뿐만 아니라 서비스, 아이디어, 브랜드, 포장, 디자인 등이 포함된다.

기적의 Tip

전통적/현대적 마케팅 개념

전통적 마케팅 15년2회 기사7
대량판매, 이윤추구, 판매촉진을 중시

현대적 마케팅 19년3회 기사10
소비자 중심, 고객만족, 품질 서비스 등 중시 추세

마케팅 개념 변천 단계 18년1회 기사10, 17년3회 산기10, 16년3회 기사14
생산지향→ 제품지향→ 판매지향→ 소비자지향→ 사회지향마케팅(1990년대 이후)

기적의 Tip

마케팅 구성요소 4C 20년3회 산기18

4P는 판매자의 관점이며, 4C는 소비자 관점에서의 마케팅 구성요소이다.
- 고객(Customer)
- 비용(Cost)
- 편의(Convenience)
- 의사소통(Communication)

- 마케팅 정보 시스템은 마케팅과 관련된 필요한 정보를 수집하고 분석하여 마케팅 의사결정자에게 적시에 제공하는 시스템이다.
- 마케팅 정보 시스템은 ① 내부 정보 시스템 ② 마케팅 의사결정 지원 시스템 ③ 고객정보 마케팅 인텔리전트 시스템 혹은 조직 특성 세분화(기업의 의사결정에 영향을 미칠 수 있는 기업 관련 마케팅 정보를 수집) ④ 마케팅 조사 시스템이 있다.

- **가격** : 소비자 선택 즉, 구매에 가장 큰 영향을 주는 중요한 요인이다.
- **유통** : 제품이 판매되고 소비되는 장소, 경로이다.
- **촉진** : 소비자에게 판매하고 소비하도록 하기 위한 모든 활동이다. 광고, 대인판매, 직접판매, PR, 판촉, 홍보 등이 촉진 수단이 된다. 17년1회 산기3

(3) 마케팅 전략(Marketing Strategy)

1) 마케팅 전략 수립의 과정 15년3회 기사11

- 마케팅의 궁극적인 목표는 기업 이윤의 극대화이며, 이를 위해 기업은 소비자의 요구와 만족을 충족시켜야 한다. 마케팅 전략은 이러한 마케팅 목표 달성을 위한 최적의 실천전략을 말한다. 마케팅 전략 수립은 ① 상황분석→ ② 목표설정→ ③ 전략수립→ ④ 일정계획→ ⑤ 실행이라는 5단계의 과정으로 진행된다.

  - **상황분석** : 경쟁사 브랜드 매출 및 제품디자인 마케팅 전략의 변화 추이를 파악하여 포지셔닝 분석
  - **목표설정** : 시장의 수요측정, 기존 전략의 평가, 새로운 목표에 대한 평가, 글로벌 마켓에 출시하게 될 상품일 경우 전 세계 공통적인 색채 환경을 사전에 조사
  - **전략수립** : 자사 브랜드를 중심으로 사회, 문화, 소비자의 라이프스타일 등의 동향을 파악하고 키워드를 도출하며 이미지 매핑하는 단계 21년1회 기사1
  - **실행계획** : 과거 몇 시즌 동안 나타났던 디자인 트렌드의 변화 추이를 분석하여 미래에 나타나게 될 트렌드를 예측하는 단계

2) 마케팅 전략의 종류 20년1·2회 산기3, 17년3회 기사7, 16년1회 기사20, 15년3회 산기12

- 마케팅 전략은 크게 ① 통합적 전략, ② 직감적 전략, ③ 분석적 전략이 있다.
- 통합적 전략은 오프라인 매장의 색채계획을 온라인상의 웹사이트에도 연계·적용함으로써 소비자와의 유대감을 형성해 가며 시장 점유를 강화해 나가는 전략을 말한다. 직감적 전략은 유능한 기업의 경영자의 역량을 기반으로 하는 단기적이고 즉흥적인 해결 방식의 전략이며, 분석적 전략은 전문가를 기업 경영에 참여시킴으로써 문제를 세밀하게 관찰하고 분석하여 체계적인 해법을 강구하는 전략을 말한다.

(4) 색채 마케팅의 기능

1) 색채 마케팅이란? 19년3회 산기7, 19년3회 산기20, 17년2회 기사12, 16년2회 기사8

- 1920년 미국의 파커 만년필은 립스틱을 연상하는 빨간색 만년필을 출시하여 매출이 증대되고 그 계기로 컬러 마케팅이 시작된다.
- 우리나라는 1990년대부터 컬러 마케팅이 도입되면서 기업의 제품 판매 경쟁이 본격화된다.
- 컬러의 심미적 요소를 활용하여 소비자에게 상품이나 서비스를 효과적으로 홍보하고 소비 심리를 자극시켜 판매 효율을 증진시키는 마케팅 기법으로 색을 과학적, 심리적으로 이용하여 구매를 유도하는 기업 경영전략이다.
- 현대의 컬러 마케팅은 제품, 광고, 식음료 등 전 분야로 확대되고 있는 중이며, 차별화된 색상으로 평준화된 디자인의 한계를 극복하고 있다.
- 색채 마케팅에서는 색상과 톤의 두 요소를 이용하여 체계화된 색채 시스템과 변화하는 시장의 색채를 분석, 종합하는 방법을 대표적으로 사용한다. 19년3회 산기20

기적의 Tip

경기가 둔화되면 실용적이고 경제적인 색채가 선호되며, 경제 상황이 좋을 때 다양한 색상과 톤의 색채를 선호한다. 17년1회 기사3

2) 색채 마케팅의 역할 20년1·2회 기사13, 20년3회 기사14, 19년3회 기사14, 18년2회 기사20, 18년1회 기사19, 16년3회 기사18, 16년2회 산기11

- 고객 만족과 경쟁력 강화
- 브랜드 또는 제품에 특별한 이미지를 창출하여 기업의 인지도 상승
- 브랜드 가치 상승, 기업의 이미지 통합(아이덴티티)으로 경쟁 제품과 차별화
- 상품의 소비 유도로 기업의 판매 촉진과 수익 증대에 기여
- 신제품 개발 및 개선
- 품질향상과 정서 순화

3) 색채 마케팅 전략에 영향을 미치는 요인 20년1·2회 산기1, 19년2회 산기9, 16년2회 산기14

- 인구 통계적·경제적 환경 20년3회 기사11, 20년4회 기사2, 19년3회 산기13, 18년1회 기사3, 17년2회 산기17, 기사3, 15년1회
  - 소비자의 연령, 거주지역별 인구, 학력과 소득, 라이프스타일 등 다양한 인구 통계학적 정보와 함께 전반적인 산업 성장 상황, 경기 흐름 등 시대별 경제상황을 감안하여 색채 마케팅 전략을 수립하는 것이 중요하다.

- 기술적 · 자연적 환경 (환경문제와 환경운동의 영향) 21년3회 기사5, 20년3회 기사11
  - 디지털 사회의 기술 진보와 포스트모더니즘의 복잡 다양한 시대상황에 맞춰 자연주의 색채와 테크노 색채를 혼합시킨 색채 마케팅이 활성화되고 있으며, 환경보호 및 인간존중 사상이 확대되면서 제품, 매장, 홈페이지 등에 특정 색채 중심의 그린마케팅이 각광받고 있다.
- 사회 · 문화적 환경 (라이프스타일)
  - 직장과 생활의 균형(워라밸), 주말 · 저녁 등 여가시간의 활용 등 시시각각 변화하는 다양한 형태의 가치관 및 생활패턴 또한 색채 마케팅 전략 수립 시 반영해야 할 요소이다.

4) 색채 마케팅 관리 과정 19년1회 기사5, 18년3회 산기16

- ① 목표 설정(기대 효과) → ② 예산, 일정 등 계획수립 → ③ 조직 구성 → ④ 시장 조사 및 분석 → ⑤ 시장 타깃 설정, 수요 예측 등 표적시장 선정 → ⑥ 맞춤형 색채 마케팅 개발 → ⑦ 프레젠테이션 → ⑧ 시장테스트 및 수정 · 보완 → ⑨ 제품 등에 색채 마케팅 적용 → ⑩ 색채 마케팅 관리 및 평가 순으로 이루어진다.

즉, 색채정보화(시대 동향 파악, 자사 및 경쟁사 색채 조사 및 분석, 관련 분야 조사, 소비자 선호색 및 경향 조사)→ 색채기획(타깃 설정, 색채 콘셉트 및 이미지 설정, 색채 포지셔닝 설정, 네이밍 및 패키징)→ 판매 촉진 전략(가격설정, 홍보전략 구축, 유통망 설정)→ 정보망구축(단계별 전략 점검, 피드백, 색채 DB화)의 순서라고 할 수 있다.

5) 색채 마케팅 전략 과정의 변화 18년2회 산기18

시대상이 반영되면서 대량(매스) 마케팅 → 표적 마케팅 → 세분화 마케팅 → 맞춤 마케팅 형태로 변화되었다.

2 색채 시장 조사

(1) 색채 시장 조사 기법

1) 색채 시장 조사

① 색채 시장 조사의 정의 및 특징 17년2회 산기5

- 색채 시장(기호) 조사란 어떤 대상물의 색채분포나 경향, 소비자의 라이프 스타일, 소비자의 생활에서 일관된 색채에 대한 기호나 선호 이미지, 생활 지역에 대한 주관적인 자료 등을 조사하는 것을 의미한다.
- 조사과정에서 상품의 생산, 판매과정 및 마케팅과 관련한 전반적인 자료를 계통적으로 조사·분석하여 과학적으로 수행하는 활동이다. 색채 시장 조사 기법의 분야로는 시장 분석, 시장 실사, 시장 실험이 있다.

2) 색채 시장 조사 과정

1. 콘셉트 선정·확인	자사의 조사대상 고객을 선정하고 콘셉트를 설정·확인
2. 조사방향 결정 21년1회 기사6	조사 분야와 조사 방법을 선택, 선정하여 조사를 위한 컬러코드를 선정한다.
3. 정보 수집	조사방법에 따라 조사대상, 장소, 시기를 설정하고 샘플 및 필요한 기기를 준비한다.
4. 정보의 취사선택	정보를 수집·분석·평가하여 불필요한 자료를 제거한다.
5. 정보의 분류	정보를 색상별, 타깃별, 지역별 등 항목별로 분류 정리한다.
6. 정보의 분석 및 활용	분류된 정보의 분석결과를 기업의 상품기획, 영업부문 등 차기 계획에 활용한다.

(2) 설문 작성 및 수행

1) 설문조사 개념과 특징

① 설문조사의 정의

설문조사는 설문지를 통해 응답자가 답하게 하여 조사하는 방법으로, 응답된 통계나 평균값 등을 통해 아이디어 등을 도출하는 데 활용된다. 다른 말로 '앙케트'라고도 한다.

② **조사자 사전교육** 19년2회 기사18, 15년2회 기사20

조사자의 사전 교육을 통해 면접과정의 지침과 조사의 취지와 표본 선정방법에 대해 이해할 수 있어야 한다. 참가자의 응답에 영향을 주지 않도록 중립적이고 객관적인 태도를 유지해야 한다.

③ **설문지 구성요소**

설문지는 표지, 응답자 선별 질문, 본 질문, 배경질문 순으로 구성한다.

④ **설문지 질문 유형 및 배열 원칙** 20년1·2회 기사17, 19년3회 기사6, 19년2회 기사3, 18년3회 기사20, 16년3회 기사9

- 설문지 첫머리에는 조사의 취지 및 안내글을 배치하고 개인적인 신분을 나타내는 성별, 연령, 소득, 종교 등의 인구사회학적 질문은 설문지 끝에 배치한다.
- 질문은 개방형 질문과 폐쇄형 질문으로 나눈다.
- 개방형 질문은 응답자가 자신의 생각을 자유롭게 응답할 수 있도록 하는 질문이다.
- 폐쇄형 질문은 두 개 이상의 응답 중에 하나를 응답하도록 하는 질문이다.
- 질문은 개방형에서 폐쇄형 순으로, 즉 전반적인 질문에서 구체적인 질문 순으로 배치하여 응답자의 반응을 유도한다.
- 심층면접법으로 설문을 할 때는 폐쇄형 설문이 좋다.
- 각각의 질문에서는 하나의 내용만을 구체화해야 하며, 전문지식을 요구하거나 특정 견해 및 특정 행위를 유도하는 질문은 피해야 한다.

⑤ **설문지 길이**

- 조사 내용에 따라 설문지의 길이가 다를 수 있으나, 응답자가 집중하여 성실하게 응답할 있도록 길이를 조절하는 것이 좋다.
- 전화조사는 대면조사보다는 설문이 짧아야 하며, 대면조사의 경우 지나가는 사람을 대상으로 하는 조사의 설문지는 가정 방문 설문지보다 짧은 것이 좋다.

2) 설문 조사 방법 19년2회 기사15

① **개별 면접조사** 21년3회 기사9, 17년3회 기사9, 16년3회 기사10

- 응답자와 면접을 통해 조사하는 방법으로 심층적이고 복잡한 정보를 수집할 수 있는 데 반해 조사의 비용과 시간이 많이 소요된다.

- 조사자와 참여자 간의 관계 형성이 쉽다.
- 표본의 대표성이 잘 드러나는 조사방법이다.

② 전화조사

- 신속하고 즉각적인 응답반응을 파악할 수 있고 비용이 저렴하다.
- 재통화를 통한 높은 응답률이 장점이나, 응답에 비협조적일 수 있다.
- 조사 시간이 짧아 복잡한 조사가 어려운 단점이 있다.

③ 우편조사

- 우편으로 설문지를 발송하여 응답할 수 있도록 하고 응답한 설문지를 우편으로 되돌려 받는 방식이다.
- 최소의 인원과 저비용으로도 조사할 수 있으며 넓은 지역의 많은 사람으로부터 응답을 받을 수 있으나, 회수율과 신뢰성이 떨어지고 복잡한 조사는 어렵다는 특징이 있다.

(3) 정보 및 유행색 수집

1) 색채 정보 수집 방법 21년2회 기사10, 20년3회 산기10

① 실험 연구법

- 주로 실험연구에서 사용되는 수집방법으로, 조사연구법 또는 관찰법이라고도 한다.
- 비교를 통한 정보의 수집이 필요할 때 사용하는 방법으로, 한 변수가 다른 변수에 주는 영향을 관찰하고 어떤 대상의 특성, 상태 등을 관찰하여 자료를 수집한다.
- 관찰자의 주관이 개입되는 것을 방지하기 위해 면접 등과 함께 사용하기도 한다.

② 서베이 조사법 20년3회 기사19, 17년1회 기사15, 16년2회 기사3

- 마케팅 조사 중 가장 많이 이용되는 방법이다.
- 시장의 전반적인 상황과 기업의 마케팅 전략 수립과 관련한 전반적인 기본 자료 수집이 목적이다.
- 소비자의 제품 구매 등에 대해 조사원이 직접 거리나 가정을 방문하여 질의 응답, 설문조사를 통해 정보를 수집한다.

③ 패널 조사법

동일한 패널(조사대상)에 대하여 복수의 시점에 동일한 질문을 하여 패널의 의견이 어떻게 변화하였는지를 조사하는 방법으로, 색견본을 직접 제시하거나 신제품 출시 전에 주로 실시함으로써 여론의 변동 상황을 파악하는 방법이다.

④ 현장 관찰법 21년1회 기사9, 17년3회 기사18, 15년1회 산기17

- 조사자가 현장에서 소비자의 행동을 직접 관찰하여 정보를 수집하는 방법으로, 특정지역 유동인구의 분석, 시청률 등을 조사하는 데 활용된다.
- 특정 색채의 기호도를 조사하는 데 적절하다.
- 직접 관찰을 통해 정확한 정보를 수집할 수 있다는 장점이 있으나, 정보 수집 과정에서 시간과 비용이 많이 소요되며 관찰 대상자가 관찰을 의식해 평소와는 다른 반응을 보이기도 하는 단점이 있다.

⑤ 질문지법

설문지를 이용하여 개인적 성향을 파악하는 데 주로 사용하며 시간, 비용의 효율성이 높으나, 응답지 회수율이 낮고 문맹자는 대상이 되지 못하는 특징이 있다.

⑥ 포커스 그룹 조사법 18년1회 산기13

소수의 그룹 대상(6~10명)으로 진행자가 특정주제에 대해 지속적인 인터뷰로 진행하는 조사 방식이다.

⑦ 표본(연구) 조사법 21년3회 기사10, 21년2회 기사7, 19년1회 기사7, 18년3회 산기8, 16년3회 산기15, 16년3회 기사5, 16년1회 산기11, 15년3회 산기17, 15년2회 기사16, 15년1회 산기9

- 색채 정보 수집 방법 중 가장 많이 사용하는 조사법이다. 조사 대상의 집단 가운데 일부분을 무작위 추출하고 그 결과를 토대로 집단 전체를 집계하는 방법이다.
- 일반적으로 큰 표본이 작은 표본보다 정확도가 더 높으나, 수집과정에서 시간과 비용이 증가한다.
- 조사 대상의 속성이 복잡 다양해 모든 특성을 고려한 표본 선정은 어려우므로 표본은 무작위로 추출하며 표본 선정은 올바르고 정확하며 편차가 없는 방식으로 한다.
- 표본선정은 연구자가 대규모의 모집단에서 소규모의 표본을 뽑아야 한다.
- 표본은 모집단을 모두 포괄할 목록을 반드시 가지고 있어야 한다.
- 전문성이 부족한 연구자들은 선행연구의 표본 크기를 고려하여 사례 수를 결정한다.

- 적정표본의 크기는 조사대상의 변수도, 연구자의 감내가 가능한 허용 오차의 크기 및 허용 오차 범위 내의 오차가 반영된 조사 결과의 확률을 고려하여 결정해야 한다. 16년2회 산기15
- 표본조사법은 확률적 표본 추출과 비확률적 표본 추출로 나뉜다.

확률 표본 추출

단순 무작위 표본 추출법	무작위 추출법 가운데 가장 원형적인 방법으로, 모집단의 모든 구성원이 뽑힐 확률을 동등하게 하는 방법이다. 크기가 n인 모집단에서 조사자의 주관적 판단을 배제한 상태에서 조사자 임의로 추출하게 되므로, 샘플링카드와 난수표를 사용한다.
무작위 추출법 19년1회 산기14, 18년2회 기사6, 16년3회 기사4	임의 추출 또는 랜덤 샘플링(추출법)이라고도 한다. 조사대상 전체를 조사하지 않고 일부분을 조사하여 전체를 추정하는 조사법이다.
층화 표본 추출법 20년1·2회 기사9, 18년1회 기사15, 16년2회 기사13	모집단을 여러 하위 집단(각각을 '층'이라 칭함)으로 나누고, 각 층을 모집단으로 간주하여 미리 할당된 수에 따라 각 층에서 표본을 추출한다. 이 때 층마다 별개의 추출법을 써도 상관없다. 최후에 얻은 자료를 정리하고 이를 토대로 모집단에 대해 추출을 한다. 소비자의 지역적 특성에 따른 소비자의 자동차 색채선호 특성 등을 조사할 때 쓰인다.
군집(집락) 표본 추출법 21년3회 기사8, 21년2회 기사16, 20년3회 기사7, 17년3회 기사16, 15년1회 기사15	표본 추출 시 모집단을 하위 집단으로 구획하여 하위 집단을 뽑는다. 모집단을 모두 포괄하는 목록을 가지고 체계적으로 선정해야 한다. 편의가 없는 조사가 되기 위해서는 표본을 무작위로 뽑아야 한다.
계통 추출법 (등간격 추출법) 20년1·2회 산기5, 16년1회 산기20	일정간격으로 10명 또는 5명마다 조사하는 방법이 있으며, 교통량 조사에서 주로 사용된다. 표본을 미리 정해진 조건에 의해 뽑는 방법으로 모집단의 변화하는 양이 자연적 질서로 놓여 있을 때 한 표본만을 난수표 등으로 결정한 후 나머지는 등간격에 의해 추출하는 방법이다. (예) 백화점 출구에서 20대를 대상으로 하는 새로운 화장품 개발을 위한 조사로 가장 적합한 표본집단 선정법이다.
다단 추출법 15년3회 기사17	모집단의 크기가 비교적 커 고비용이 예상될 경우에 실시한다. 전국 규모의 세대별 특성을 조사 시, 1차로 작은 구성단위(시·읍·면)를 추출하고, 그 중에서 몇 세대 일부를 다시 추출하는 2단 추출법 등이 해당된다. 비용은 절약될 수 있지만 조사 신뢰도는 무작위추출의 경우보다 낮다.

비확률 표본 추출

편의 표본 추출법	연구자가 접근 가능하고 이용이 편리한 표본을 선정하는 방법으로, 탐색단계의 사전 조사에 이용된다. 모집단의 대표성이 약한 단점이 있다.
판단 표본 추출법	조사자가 표본에 대해 잘 알고 있어 모집단의 특성을 잘 반영하는 특정 집단을 표본으로 추출하는 방법이다.
할당 표본 추출법	1단계로 연구대상의 카테고리나 할당량 등 분류기준에 의해 표본을 구분하고, 2단계로 각 집단별로 표본을 추출하는 방법이다.

2) 색채 정보 분석

① 산술 평균

수리통계학의 평균 계산법으로, n개 변수의 산술 평균은 변수들의 총합을 변수 개수 n으로 나눈 값이다.

② 중앙값

통계 집단의 변량을 크기 순서로 정렬하였을 때 중앙에 위치한 값이다.

③ 최빈값

주어진 값 중에서 가장 자주 관측되고 나오는 값이다.

④ 산포도

자료가 분산되어 있는 상황을 나타내는 수의 값으로서, 변량과 분포가 주어졌을 때 변량이 분포의 중심값에서 흩어져 있는 정도를 뜻한다.

⑤ 표준 편차

통계 집단 단위의 계량적 특성 값에 대한 산포도를 나타내는 도수 특성 값을 뜻한다. 표준편차가 0일 때는 관측 값이 모두 동일함을 의미하고, 표준 편차가 클수록 평균으로부터 떨어진 관측 값이 많이 있다.

⑥ 상관관계 분석

각 변수들 간의 관련성을 분석하여 어느 정도의 관련성, 신빙성이 있는지를 살펴보는 분석 방법이다.

⑦ 교차 분석

교차분석은 2개 또는 그 이상의 범주의 변인들에 근거한 케이스들의 중복된 빈도 분포를 생산하는 과정에서 적용되는 통계 기법으로, 케이스들의 교차 빈도에 대한 기술 통계량을 제공해 주며 통계적 유의성을 검증해 주는 통계 분석 기법이다.

⑧ 빈도 분석

표본의 인구통계학적 특성을 분석할 때 많이 사용되며, 원자료 변수들의 빈도, 분포도 등 변수의 특성을 파악하는 분석방법이다.

3) 색채 정보 분석방법 16년1회 기사19

① 심층 면접법

장시간 동안 응답자와 일대일 심층 면접을 통해 특정 주제에 대해 응답자가 자유롭게 자신의 태도나 행동, 관심에 대해 이야기하게 함으로써 응답자 내면의 마음을 파악하는 조사방법이다.

② 언어 연상법

직접적으로 파악하기 힘든 응답자의 내재된 의미를 응답자가 연상한 언어들에 대한 분석을 통해 파악하는 방법이다.

③ 의미미분법, 의미분화법(SD법)조사 21년3회 기사4, 21년1회 기사2, 20년1·2회 기사19, 19년3회 기사16, 19년1회 기사13, 18년2회 산기2, 18년2회 기사3, 18년1회 기사12, 17년3회 산기11, 17년1회 기사6, 17년1회 기사13, 16년3회 기사7, 16년2회 산기4, 16년2회 기사11, 16년1회 기사12, 16년1회 산기9, 15년3회 산기1, 15년2회 기사12, 15년1회 산기5, 15년1회 산기15

기적의 Tip

SD법 의미 요인분석(대표적 3가지 구성 요인) 21년3회 기사2, 20년4회 기사16, 18년2회 기사1, 15년1회 기사16

평가요인: 좋다~나쁘다, 아름답다~추하다
역능차원: 크다~작다, 강한~약한
활동차원: 빠르다~느리다, 능동적인~수동적인

- 미국의 심리학자 찰스 오스굿이 개발하였으며 정서적, 주관적인 색채 이미지를 정량적·객관적으로 측정할 때 사용된다. 반대되는 의미의 형용사를 서로 짝지어 상대적인 비교 평가가 가능하다. 예를 들어 '크다–작다', '가볍다–무겁다', '좋다–나쁘다', '여성적인–남성적인', '화려한–수수한' 등의 형용사를 5~7단계의 거리척도로 사용하며 연상법과 면접법이 있다.

- '어떤 개념의 이미지를 측정할 것인가'로부터 시작되며, 복잡하고 다양한 여러 현상을 수치적 데이터로 산출할 수 있어 정서적 색채 이미지를 정량적으로 객관화하여 측정할 수 있으므로 제품, 색상, 음향, 감촉 등 여러 가지 정서적 의미를 느낄 수 있는 자극이라면 모두 SD법의 개념으로 사용이 가능하다.

- 단색체계에 대한 상대적인 비교 평가가 가능하며 색채 기획이나 디자인 과정에서 이미지의 위치를 찾을 수 있다.

- 분석으로 만들어지는 이미지 프로필은 각 평가 대상마다 각각의 평정척도에 대한 평가 평균값을 구해 값을 선으로 연결한 것이다.

- 설문대상의 수를 증가시킬수록 정확도는 높아진다.

- 대상 이미지가 친숙할수록 정확한 결과를 얻을 수 있다.

- 색채의 의미 공간(형용사 척도)을 효율적으로 정의하기 위해서는 그 공간을 대표하는 차원의 수를 최소화해야 한다. 16년3회 산기9

④ **SWOT 분석** 21년2회 기사14, 19년3회 기사1, 16년1회 기사16, 15년2회 기사6

- 기업의 내·외부 환경 분석을 통해 강점(Strength)과 약점(Weakness), 기회(Opportunity)와 위협(Threat) 요인을 규정하고 이를 바탕으로 마케팅 전략을 수립하는 기법이다.
- 미국의 경영컨설턴트 알버트 험프리에 의해 개발되었다.
- 강점과 약점은 기업의 내부환경을 분석하여 파악하고, 기회와 위협은 기업을 둘러싼 외부환경을 분석하여 찾아냄으로써 기회는 활용, 위협은 억제 또는 회피, 강점은 최대한 이용, 약점은 보완한다는 것이 SWOT 전략의 핵심이다.
- 학자에 따라서 외부환경을 강조한다는 점에서 위협, 기회, 약점, 강점을 TOWS라 부르기도 한다.

전략	내용
SO전략(강점-기회 전략)	시장의 기회를 활용하기 위해 강점을 사용하는 전략
ST전략(강점-위협 전략) 16년2회 기사20, 15년2회 기사6	시장의 위협을 회피하기 위해 강점을 사용하는 전략
WO전략(약점-기회 전략)	약점을 극복함으로써 시장의 기회를 활용하는 전략
WT전략(약점-위협 전략)	시장의 위협을 회피하고 약점을 최소화하는 전략

4) 유행색

① 유행색의 개념

유행색은 색채전문가 또는 전문기관에서 일정기간, 계절 동안 특별히 사람들이 선호할 것으로 예측하는 색을 말한다.

② 유행색의 심리적 발생 요인 20년4회 기사11, 15년2회 기사3

인간의 다양한 욕구, 즉 새로운 색으로 변화를 주고 싶은 '변화 욕구', 다른 사람과 비슷한 색을 공유하고 싶은 '동조화 욕구', 다른 사람보다 앞서 가고 싶어하는 '개별화 욕구' 등이 있다.

③ 유행색의 특성 20년1·2회 기사7, 19년3회 기사9, 19년2회 산기14, 18년3회 산기13, 18년1회 기사18, 17년2회 산기15,17년2회 기사15, 16년2회 산기1,16년1회 산기4, 15년3회 기사6, 15년1회 산기3

유행색은 일정기간을 가지고 주기적으로 반복되는 특성이 있으며, 어떤 계절이나 일정기간 동안 특별히 많은 사람들이 선호하여 착용하는 색이다. 특정한 사회적, 경제적 사건이 있을 때, 예외적인 색이 유행하기도 한다. 1963년에 설립된 '국제유행색협회(INTER-COLOR)'에서 보통 2년 정도 전에 S/S, F/W 두

분기로 유행색을 분석해 제안하며 매년 6월과 12월에 인터컬러 회의를 개최한다. 유행색에 가장 민감한 품목은 패션용품이다.

④ 유행색 전문 정보기관

우리나라는 (재)한국 컬러 & 패션 트랜드 센터, 일본은 JAFCA, 미국은 C.M.G, 이탈리아는 INTER-COS, INTER-COLOR(국제유행색협회) 등이 있다.

⑤ 선호색에 영향을 미치는 요인 19년3회 산기8, 19년2회 산기17, 19년2회 기사5, 18년3회 기사18, 16년1회 산기6

연령, 기후, 소득, 교육수준에 영향을 많이 받으며 이외에도 성별, 지역, 문화 등에 따라 색채선호도가 다르며 선호되는 색채는 고정된 것이 아니다.

⑥ 상품의 유행 기간과 관련된 용어

- 플로프(Flop) : 제품의 수명이 오래가지 않고 도입기에서 끝나는 유행이다.
- 패드(Fad) : 단시간에 나타났다가 사라지는 짧은 주기의 유행이다. 특정 하위 문화 집단 내에서만 유행하는 특성이 있다. 예 2002년 월드컵 기간 동안 유행했던 빨간색 티셔츠 21년3회 기사38, 21년1회 기사20, 18년1회 기사6
- 붐(Boom) : 갑자기 급속도로 전파되는 유행이다.
- 크레이즈(Craze) : 지속적인 유행으로 생활의 패턴, 양식, 사고 등을 이끌어 가는 현상이다.
- 트렌드(Trend) : 유행의 경향, 흐름을 말하는 것으로 어느 특정부분의 유행을 말한다.
- 유행(Fashion) : '~풍', '~식'으로 쓰이며, 일정한 주기를 가지고 있는 유행스타일을 말한다.
- 클래식(Classic) : 시간적 제한 없이 유행을 타지 않아 지속적으로 받아들여지는 스타일을 말한다.

3 소비자 행동

(1) 소비자 욕구 및 행동분석

1) 소비자 욕구

- 소비자 욕구 파악은 현재 시장에서의 변화를 소비자 관점에서 이해하는 것이 가장 중요하다.

기적의 Tip

매슬로우의 욕구단계 21년1회 기사8, 20년3회 기사4, 19년3회 기사8, 19년1회 산기11, 18년1회 기사20, 17년3회 기사11, 17년1회 기사9, 15년2회 산기6

1단계 : 생리적 욕구(배고픔, 갈증, 원초적 욕구)
2단계 : 안전 욕구(위험, 보호, 안전)
3단계 : 사회적 욕구(소속감, 사랑)
4단계 : 존경 욕구(자존심, 인식, 지위)
5단계 : 자아실현 욕구(자아개발 실현)

- 소비자 욕구는 매우 다양하므로 매슬로우의 인간 욕구 5단계 이론을 통해 기본적인 욕구부터 상위 단계로 점차 만족하려는 욕구가 무엇인지 파악할 수 있다.

2) 소비자 행동분석

- 소비자에 대한 이해도를 높이고 기업이 소비자를 대상으로 효율적인 마케팅 활동을 하기 위해서 개발된 것으로 '소비자의 행동에 영향을 끼치는 요인은 무엇인지?' 혹은 '같은 마케팅 자극을 받지만 왜 소비자 반응은 각기 다른 것인지?' 등에 대한 내용을 담고 있다.
- 하워드 쉐드 모형이 소비자 행동분석을 가장 대표하는 모형으로 시간의 경과에 따라 소비자의 상품 선택 행위 또는 상표 선호를 설명한 모형이다. 변수로 투입변수, 내생변수, 외생변수, 산출변수 4가지가 있다.

3) 소비자 행동 요인 20년4회 기사6, 20년1·2회 기사5, 19년2회 기사19, 15년1회 기사12

소비자 행동에 영향을 미칠 수 있는 외적, 환경적 요인으로서 사회적, 문화적 요인과 내적, 개성적인 요인으로서 개인적, 심리적 요인으로 구분이 가능하다.

① 사회적 요인

- **준거집단** : 개인의 태도나 의견, 가치관, 의사결정, 행동 등에 영향을 미치는 집단이다. 한 가지 목적을 가지고 모이는 회원 집단으로 자신의 의사나 행동에 큰 영향을 미친다. 20년4회 기사19, 15년2회 기사2
- **대면집단** : 개인의 구매 행동에 가장 밀접한 영향을 미치는 중요한 집단이다. 가족, 친구, 이웃, 직장동료 등 접촉빈도가 가장 높고 가장 밀접한 영향을 주는 집단이다. 제품과 색채 선택에 가장 많은 영향을 준다. 19년1회 산기10, 18년2회 산기10

② 문화적 요인 18년3회 기사5

- **사회계층** : 신념, 태도, 가치관 등이 유사한 수준의 집단으로 상품선택에 대한 정보나 영향력이 크다.
- **하위문화** : 종교, 지식, 도덕, 법률, 생활습관, 사고방식 등 사회의 구성원으로서의 집단이다. 상당한 규모로 특정 제품에 대한 하위시장을 형성한다.

③ 개인적 요인

- **나이, 생활주기** : 소비자의 나이와 가족생활 주기도 소비에 영향을 준다.
- **직업, 경제적 상황** : 직업은 교육, 소득, 사회계층을 결정짓는 요소로 소비에 영향을 미친다.
- **개성, 자아개념** : 개성에 따라 상품, 상표 선택과 상관관계가 있다.

④ **심리적 요인** 17년3회 기사7, 17년3회 기사10, 17년2회 기사1, 15년1회 기사10

- **지각** : 감각기관을 통해 관념과 연결되는 심리적 과정이다.
- **동기유발** : 어떠한 행동을 일으키게 하여 목표를 추구한다.
- **학습** : 배워서 익히는 경험으로 다양한 경험 반복으로 이루어진다.
- **신념과 태도** : 사람들이 가지고 있는 감정, 행동경향, 평가를 나타낸다.

(2) 생활 유형

1) 소비자 생활 유형(Life Style) 측정 21년3회 기사16, 21년2회 기사5, 19년1회 기사15, 18년1회 기사7, 8, 17년2회 기사9, 16년2회 기사9

라이프스타일은 개인의 동기, 시간, 사전학습, 재화, 사회계층 등 여러 가지를 고려한 개성과 가치를 반영하여 세상을 살아가는 방식이다. 즉 소비자가 어떤 방식으로 시간과 재화를 사용하면서 세상을 살아가는가에 대한 선택을 의미한다. 가족 수, 지역, 생활주기, 소득, 직장 등을 바탕으로 다양한 라이프스타일이 존재한다. 소비자 생활 유형을 측정하는 목적으로는 소비자의 가치관, 소비형태, 행동특성을 조사하여 색채 마케팅에 더 나은 기준을 삼기 위함이다.

① AIO 측정법(사이코그래픽스 Psychographics) 21년3회 기사11, 20년4회 기사2, 16년1회 기사14, 15년3회 기사4

활동(Activity), 관심(Interest), 의견(Opinion)을 기준으로 구분하여 측정한다. 연령, 성별, 소득 직업 등이 동일한 집단의 사람이라도 심리적 특성이 서로 다름을 기초로 시장을 나누는 방식이다. 심리 도법 혹은 사이코그래픽스라고도 불리며 소비자가 어떻게 시간을 보내고, 어떤 일을 중요하게 생각하며, 어떤 견해를 갖고 있는지를 척도로 수치화하는 것이다. 이 측정 방식은 시장에 대해 풍부한 정보를 주는 장점이 있지만 세분화의 경계가 모호하여 측정이 어렵다는 단점도 있다.

② VALS 측정법 21년1회 기사13, 18년2회 기사19

Value and Life Style을 뜻하며 소비자의 유형을 욕구 지향적, 외부 지향적, 내부 지향적인 분류로 구분하여 생활 유형을 측정하는 방법이다.

- **욕구 지향적 집단** : 생존자형, 생계유지형
- **외부 지향적 집단** : 소속지향형, 경쟁지향형, 성취자형(시상에서 가장 높은 비중을 차지하며 타인을 의식하여 구매하는 소비자) 21년3회 기사7, 18년2회 기사12

기적의 Tip

소비자 생활유형에 따른 색채 반응 유형

1. 컬러 포워드형
색에 민감하고 최신 유행색에 민감하여 감각적이고 디자인보다는 화려한 색에 관심이 많아 원하는 색채가 출시되면 큰 비용을 지불하고 구매하는 유형이다.

2. 컬러 프루던트형
유행색에 관심은 있으나 신중하게 색을 선택하고 실용적인 디자인을 선택하는 합리적인 유형이다.

3. 컬러 로열형 17년2회 기사4
개성이 뚜렷하여 항상 동일한 색을 선택하는 변화에 대한 거부감을 가지는 유형으로 최신 유행에 흔들리지 않고 충동구매가 없는 보수적인 중년 남성에서 나타나는 유형이다.

- 내부 지향적 집단 : 개인주의형, 경험지향형, 사회사업가형
- 통합적 집단 : 종합형(극히 소수인 인구의 2%를 차지하며, 내부 지향적인 면과 외부 지향적인 면을 두루 갖춘 균형을 이루고 성숙한 소비자)

2) 소비자 유형과 특징 19년2회 기사4, 17년1회 기사2, 16년3회 기사13

- **관습적 집단** : 유명 특정상품에 대한 선호도가 높고 반복적 습관적으로 구매하는 집단이다.
- **감성적 집단** : 유행에 민감하고 개성이 뚜렷한 제품 구매도가 높은 집단이다.
- **합리적 집단** : 구매동기가 합리적인 집단이다.
- **유동적 집단** : 충동구매가 강한 집단이다.
- **가격 중심 집단** : 가격이 저렴한 경제적 측면만을 고려하는 집단이다.
- **신소비 집단** : 젊은 층이 속하며 뚜렷한 구매 형태가 없는 집단이다.

3) 소비자 구매심리 과정(AIDMA 아이드마 법칙) 20년4회 기사17, 20년3회 기사10, 20년 1·2회 기사3, 19년1회 기사10, 18년1회 기사11, 17년3회 산기18, 17년1회 기사16, 16년3회 기사15

- 판매 촉진과 효과적인 광고 집행을 위해 소비자의 구매심리 과정을 파악할 수 있는 방법이다.
- **구매심리 과정 순서** : 주의(Attention) → 관심(Interest) → 욕구(Desire) → 기억(Memory) → 행동(Action)
  - **주의** : 신제품 출시로 소비자 관심을 끌기 위해 제품의 우수성, 디자인, 서비스로 주목을 끈다.
  - **관심** : 타사 제품과 차별화로 소비자 흥미를 유도한다.
  - **욕구** : 제품 구입으로 발생하는 이익, 편리함으로 구매 욕구가 생기는 단계이다.
  - **기억** : 제품의 광고, 정보 등을 통해 소비자가 기억하고 구매를 결정하는 단계이다.
  - **행동** : 소비자가 직접 제품을 구입하는 행동이 이루어지는 단계이다.

4) 소비자 신제품 심리적 수용 과정 16년2회 기사19

인지→ 관심→ 평가→ 사용→ 수용

5) 소비자 구매 의사 결정 20년3회 기사15, 19년2회 기사16, 16년1회 기사3, 15년2회 기사17

- 소비자 구매 의사 결정은 소비자의 직업, 교육수준, 연령, 성별, 제품 구매 여부, 사용경험, 소득, 사회계층, 기호 등에 따라 다르며, 기초로 구매 욕구를 느낄 때 아래와 같은 과정을 통해 이루어진다.
- 구매 의사 결정 순서 : 문제인식 → 정보탐색 → 대안평가 → 구매 → 구매 후 평가

기적의 Tip

인지 부조화 18년2회 기사7, 15년2회 기사11

구매 후 행동에 대하여 '잘못된 구매가 아닐까?' 하는 의구심이 드는 것으로 실제 제품 구매 후 기대치에 못 미쳐 만족하지 못할 때 구매 당시의 확신과 심리적 부조화 현상이 일어나는 것을 뜻한다.

---

4 색채 마케팅

(1) 시장 세분화 전략

1) 시장 세분화 정의와 조건 20년3회 기사3, 18년2회 기사11, 17년3회 기사5, 15년3회 기사10

- 시장 세분화란 시장을 상이한 제품을 필요로 하는 독특한 구매집단으로 분할하는 방법이며 소비자의 수요층을 일정 기준에 따라 분할하는 마케팅 전략이다.
- 시장 세분화의 조건으로는 측정 가능성, 실행 가능성, 접근 가능성이 있다.

2) 시장 세분화의 이점 20년1·2회 기사4, 18년3회 기사17, 16년1회 기사10

소비자의 욕구와 필요를 쉽게 찾아 ① 시장 기회를 보다 쉽게 찾아낼 수 있고, ② 마케팅 믹스를 보다 효과적으로 조합하여 시장에서 경쟁상 우위를 차지할 수 있으며, ③ 시장 수용의 변화에 보다 능동적이고 신속하게 대응할 수 있다.

3) 시장 세분화 기준 21년3회 기사20, 21년2회 기사19, 21년1회 기사16, 20년4회 기사16, 20년3회 기사5, 19년3회 기사3, 19년2회 기사20, 18년3회 기사13, 18년2회 기사5, 18년1회 기사5, 17년2회 기사14, 16년3회 기사16

- **지리적 변수** : 지역, 도시규모, 기후, 인구밀도, 지형적 특성 등
- **인구학적 변수** : 연령, 성별, 직업, 소득, 교육수준, 종교, 가족규모 등
- **심리적 욕구 변수** : 사회계층, 개성, 생활양식 등
- **행동 분석적 변수** : 구매동기, 브랜드 충성도, 사용경험, 경제성, 품질 등

4) 시장 세분화 전략 방법 17년2회 기사3

- 시장 세분화 전략은 하위문화의 소비 시장 분석, 선호 제품에 대한 탐색, 선호 집단에 대한 분석이 이루어져야 한다. 아래 마케팅 변화 과정을 통해 시장 세분화 전략 방법이 어떻게 이루어지는지 알 수 있다.

기적의 Tip

마케팅 변화 과정 21년2회 기사1

대량마케팅 → 제품(다양화) 마케팅 → 표적 마케팅 → 개인 맞춤 마케팅

① 대량 마케팅

- 시장 세분화를 하지 않고 전체 시장에 대해 한 가지 마케팅 믹스만 제공하는 것이다.
- 생산, 유통, 광고, 재고관리 등 비용 절감이 가능하다.
- 대량생산, 대량유통, 대량판매를 하는 마케팅이다.

② 제품 마케팅

제품의 품질, 서비스, 구매자 중심의 시장, 상호만족으로 고객 성향에 맞춘 다양화 마케팅이라고 부르기도 한다.

기적의
Tip

소구점 17년1회 기사8
색채 마케팅에서 표적 고객에게 광고를 통해 가장 내세우고자 하는 제품의 특징을 의미하는 용어

③ **표적 마케팅(3단계)** 21년1회 기사5, 20년4회 기사14, 19년1회 기사14, 18년3회 산기9, 17년1회 기사1, 16년2회 기사18

소품종 대량생산에서 다품종 소량생산 체제로 변하면서 최근 시장은 표적 마케팅이 각광받고 있다.

- **1단계 시장 세분화** : 세분화된 시장 중에서 수요층별로 분할하여 집중 마케팅을 하는 것을 말한다.
- **2단계 시장 표적화** : 여러 세분화된 시장 중에서 기업이 특정한 하나 또는 그 이상의 세분화된 시장을 선정하는 과정을 말한다. 16년1회 기사9
- **3단계 시장의 위치선정** : 타사 제품과 차별화할 수 있는 마케팅 믹스를 개발하는 단계이다.

(2) 브랜드 색채 전략

색채를 이용하여 좋은 브랜드 이미지를 강화하고 소비자로 하여금 구매 의욕을 불러일으킬 수 있도록 한다. 제품의 기능만이 제품 선택에 기준이 되었던 과거와는 달리 현대의 소비자들은 제품의 색채와 디자인까지 고려하여 제품을 선택하기 때문이다.

1) 브랜드의 정의

브랜드란, 기업이나 회사가 자사의 제품 또는 서비스를 타사와 구별하기 위해 사용하는 명칭, 디자인, 상징, 용어, 컬러 등을 의미한다.

'코카콜라'사의 브랜드 아이덴티티

'애플'사의 브랜드 아이덴티티

① 브랜드 아이덴티티(Brand Identity) 19년1회 기사19, 18년3회 기사7, 17년3회 기사14, 17년1회 산기12

브랜드 이미지 통합화를 의미하며 BI라고 표현한다. 기업과 상품을 소비자에게 확실히 인식시켜 치열한 경쟁에서 차별적 우위를 선점할 수 있도록 고객에게 신뢰감을 주고 우리 기업만의 독창적인 색채를 활용하여 선호도를 높인다. 시대 흐름에 따라 시장 세분화와 고객 욕구를 충족시킬 수 있어야 한다. 예로 코카콜라의 빨강과 물결 무늬, 애플사의 일곱 빛깔 무지개 사과와 단색 사과, 맥도날드의 빨강 바탕에 노랑 M 심벌 등이 있으며 어디서나 인식이 잘되고 단순 명료한 느낌으로 가독성 있게 표현되는 것이 좋다.

② 기업 이미지 통합 전략(Corporate Image Identity Program) 21년1회 기사10, 19년3회 산기11, 19년3회 기사10, 19년1회 기사9, 16년2회 기사4, 16년2회 기사2, 16년1회 산기10

- 통일된 기업 이미지, 기업문화, 미래의 모습과 전략 등을 일컫는 용어로 CIP 혹은 CI라고 표현한다.

- CIP의 역할은 기업의 비전을 바탕으로 기업 이미지를 통일시켜 특히 외적으로 우리 기업을 타 기업과 식별, 기업 이미지 통일, 잠재 고객 확보, 경쟁 우위 확보를 들 수 있으며 내적으로는 기업이 추구하는 비지니스 철학과 정체성을 함께 공유하고 인식하여 경영 이념 확립, 기업에 대한 애사심 고취, 업무 능률 향상을 색채연상 및 상징을 통해 극대화할 수 있다.

- CI의 3대 기본 요소는 심리 통일, 시각 이미지 통일, 행동 양식 통일로 정리할 수 있고 CI 시각적 요소는 심볼 마크, 심벌 컬러, 로고 타입, 시그니처 등으로 구성된다.

2) 브랜드 관리과정 20년3회 기사3, 19년1회 산기13

① 브랜드 설정, 인지도 향상

브랜드 아이덴티티 전략, 브랜드 차별화 전략

② 브랜드 이미지 구축

브랜드의 긍정적 이미지를 구축을 위한 브랜드 포지셔닝

③ 브랜드 충성도 확립

브랜드 충성도

④ 브랜드 파워

매출과 이익의 증대, 지속적이고 차별화된 보너스 제공

기적의 Tip

브랜드 마크

기호나 도형, 색채, 디자인 또는 그래픽적 요소의 결합체, 시각적으로 형상화된 표시이다.

(3) 색채 포지셔닝

1) 포지셔닝 정의 21년2회 기사11, 18년1회 산기20, 15년1회 산기2

포지셔닝이란 제품이나 브랜드를 소비자들 마음속에 유리한 위치를 차지하게 만드는 과정을 말한다. 이는 소비자들이 가지고 있는 제품의 인지도와 상표에 대한 이미지가 타 상품과 차별화된 상태를 말한다. 이는 마케팅 전략 개발의 기준이 되며 특정 제품에 대한 구매 정도를 파악할 수 있으므로 시장에서 제품의 위치를 분석하고 선점하는 것은 매우 중요한 일이다.

2) 색채 포지셔닝 21년3회 기사37, 19년2회 기사11, 19년1회 기사16, 18년2회 기사4, 16년3회 기사8, 16년 1회 기사5, 15년3회 기사7

색채를 이용한 제품에 대한 소비자의 인지도를 제품의 위치나 시장 상황에서 차지하고 있는 자사의 전략적 제품의 위치를 말한다. 이는 타사와 차별화하여 새로운 기회를 포착할 수 있도록 도와주는 마케팅 기법으로 소비자들은 특정 제품의 포지셔닝을 이해하면 구매로 이어진다. 이는 가격, 인상, 감성, 지각 등 복합적으로 영향을 미쳐 형성된다.

(4) 색채 수명 주기

1) 제품 수명 주기 20년3회 기사17, 18년3회 산기1, 15년1회 기사6

제품 수명 주기는 하나의 제품이 시장에 도입되어 개발, 생산, 폐기되기까지의 과정을 말한다. 제품의 수명은 제품의 성격과 유형에 따라 다르지만, 일반적으로 도입기, 성장기, 성숙기, 쇠퇴기 4단계 과정으로 나눌 수 있다.

① 도입기

아이디어, 광고 홍보, 상품화 단계로 신제품이 시장에 진출하는 시기로 수익성이 낮다.

② 성장기 21년2회 기사2, 20년1·2회 기사11, 18년3회 기사6, 16년1회 기사3

- 해당 제품의 색채 등을 다양화하면서 생산비용이 증가하지만, 제품의 인지도, 판매량, 매출도 함께 증가하는 시기이다.
- 유사제품이 등장하고 시장이 확대되는 시기로 브랜드의 우수성을 알리고 대형시장에 침투해야 한다.

③ **성숙기** 20년4회 기사18, 19년2회 기사6, 18년1회 기사4, 17년3회 기사15, 17년2회 산기8, 17년2회 기사11, 15년3회 기사13

- 생산 비용은 상대적으로 줄어들고 매출이 상한선까지 올라가는 시기로 이익이 최대로 증대되고 동시에 하강하기 시작하는 시기이다.
- 기업 간의 치열한 경쟁으로 가격, 광고, 유치경쟁이 치열한 시기로 세분화된 시장에 맞는 색채의 세분화, 차별화된 마케팅, 광고 전략이 필요하다.

④ **쇠퇴기** 19년3회 기사2

매출과 생산비용이 모두 하락하고 새로운 상품으로 대체되거나 소멸한다. 새로운 대처 방안을 모색해야 한다.

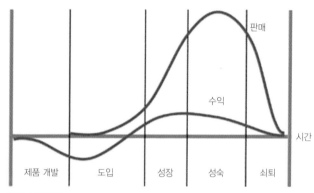

제품 수명 주기

01 색채의 공감각에 대한 설명 중 **틀린** 것은?

① 색의 농담과 색조에서 색의 촉감을 느낄 수 있다.

❷ 소리의 높고 낮음은 색의 채도에 의해 가장 잘 표현된다.

③ 색의 감각은 미각, 후각, 청각, 촉각 등과 함께 뇌에서 인식된다.

④ 어둡고 칙칙한 계통의 색에서는 한약을 달일 때와 같은 짙은 냄새가 난다.

소리의 높낮이에 가장 큰 영향을 주는 것은 명도이다.

02 색채와 모양을 설명한 것 중 옳지 <u>않은</u> 것은?

① 노랑은 명시도가 높은 색이기 때문에 뾰족하고 날카로운 느낌을 준다.

② 노랑은 세속적이기보다 영적인 느낌을 주기 때문에 삼각형과 역삼각형을 연상시킨다.

❸ 노랑은 밝고 부드러운 색이기 때문에 원을 연상시킨다.

④ 빨강은 눈길을 강하게 끌면서 단단하고 견고한 느낌을 주기 때문에 사각형이 연상된다.

노랑은 삼각형 또는 역삼각형을 연상시키며, 파랑은 원, 구를 연상시킨다.

03 다음의 (   ) 안에 공통적으로 들어갈 용어는?

> (   )(이)란 소비자가 어떤 방식으로 시간과 재화를 사용하면서 세상을 살아가는가에 대한 선택을 의미한다. (   )에 따라서 소비자들은 내추럴(Natural), 댄디(Dandy), 엘레강트(Elegant) 등의 용어로 구분되기도 한다.

① 소비 유형

② 소비자 행동

❸ 라이프스타일

④ 문화체험

개인이나 가족의 가치관 때문에 나타나는 고유하고 특징적인 생활양식을 말한다. 1963년 미국 마케팅학회에서 파생되어 소비자 행동 연구 및 마케팅 분야에서 중요한 분석 대상이 되었다.

04 우리가 흔히 '사과'라는 사물의 색을 '빨간색'이라고 말하는 것은 대상의 표면색에 대한 무의식적 추론에 의한 것이다. 이러한 색을 무슨 색이라고 하는가?

❶ 기억색

② 지시색

③ 주관색

④ 지각색

대상의 표면색에 대한 무의식적 추론에 의해 결정되는 색을 기억색(Memory Color)이라고 한다.

05 색채의 감정 효과에 대한 설명으로 <u>틀린</u> 것은?

❶ 색의 중량감은 색상에 따라 가장 크게 좌우된다.

② 작업 능률과 관계있는 것은 색채 조절로 색의 여러 가지 감정 효과 등이 연관되어 있다.

③ 초록색, 보라색 등은 따뜻함이나 차가움을 느끼지 않는 중성색이다.

④ 저명도, 고채도의 색은 딱딱한 느낌을 준다.

색의 중량감은 명도에 따라 가장 크게 좌우된다. 고명도의 색은 가볍게, 저명도의 색은 무겁게 느껴진다.

06 귀여운 이미지의 뉴 비틀(New Beetle) 자동차에 파란색을 적용하는 것은 무엇을 의미하는가?

① 지역적 특성을 반영한 색채

❷ 라이프스타일을 반영한 선호 색채

③ 사회적 특성을 고려한 표준색

④ 상징적인 의미의 색채

뉴 비틀(New Beetle) 자동차에 파란색을 적용하는 것은 젊은이의 취향(선호)에 맞게 라이프스타일을 반영하여 색채를 선택한 것이다.

07 다음 색채 조절에 있어서 심리 효과에 대한 설명 중 <u>틀린</u> 것은?

① 색채의 감정적인 효과에 의해 한색계로 도색을 하면 심리적으로 시원하게 느껴진다.

❷ 큰 기계 부위의 아랫부분은 밝게 하고 윗부분은 어두운색으로 해야 안정감이 있다.

③ 눈에 띄어야 할 부분은 진출색으로 하여 안전을 도모한다.

④ 고채도의 색은 화사하고 저채도의 색은 수수하므로 이를 이용하고 적용한다.

큰 기계 부위의 아랫부분은 어둡게 하고, 윗부분은 밝은 색으로 해야 안정감이 있다.

08 색채의 시간성과 속도감을 이용한 색채계획에 있어서 <u>틀린</u> 것은?

❶ 오랜 시간 기다려야 하는 대합실에 적합한 색채는 지루함이 느껴지지 않는 난색계의 색을 적용한다.

② 손님의 회전율이 빨라야 할 패스트푸드 매장에서는 난색계의 색을 적용한다.

③ 고채도의 난색계 색상이 한색계보다 속도감이 빠르게 느껴지므로 스포츠카의 외장색으로 좋다.

④ 사무실에 적합한 색채로는 한색계의 색상을 적용한다.

오랜 시간 기다려야 하는 대합실에 적합한 색채는 지루함이 느껴지지 않는 한색계의 색을 적용한다. 한색계열은 시간이 짧게 느껴지고, 난색계열은 시간이 길게 느껴진다.

09 색채와 후각에 대한 설명으로 옳은 것은?

① 순색과 고명도, 고채도의 색은 쓴 냄새가 느껴진다.

② 명도와 채도가 낮은 난색계열의 색은 향기로운 냄새를 느끼게 한다.

❸ 우리는 생활 주변의 물건이나 음식의 색에서 냄새를 느끼기도 한다.

④ 딥(Deep) 톤은 얕은 냄새를 느끼게 한다.

---

10 지구촌의 각 지역과 민족의 색채 선호가 틀린 것은?

① 라틴계 민족들은 선명한 난색계통의 의복이나 일상용품을 좋아한다.

② 피부가 희고 머리칼은 금발이며 눈은 파란 북유럽계의 민족은 한색계통을 좋아한다.

❸ 태양광선의 강도가 높은 곳에서는 시원한 파란색에 대한 감각이 발달하며 선호한다.

④ 백야 지역에서는 인간의 녹색 시각이 우월하며 한색계통을 좋아한다.

일조량이 풍부하고 따뜻한 지역의 스페인 또는 라틴아메리카 사람들은 머리카락 색과 눈동자 색이 검정이나 흑갈색의 민족으로, 고채도의 난색계열 색상을 선호한다.

11 마케팅 전략은 크게 통합적 전략, 분석적 전략 그리고 무엇으로 구분되는가?

① 감각적 전략

② 전통적 전략

❸ 직감적 전략

④ 이미지 전략

마케팅 전략은 크게 통합적 전략, 분석적 전략, 직감적 전략으로 나뉜다.
- **통합적 전략** : 오프라인 매장의 색채계획을 온라인상의 웹사이트에도 연계 · 적용함으로 소비자와의 유대감을 형성해 가며 시장 점유를 강화해나가는 전략
- **분석적 전략** : 전문가를 기업 경영에 참여시킴으로써 문제를 세밀하게 관찰하고 분석하여 체계적인 해법을 강구하는 전략
- **직감적 전략** : 유능한 기업 경영자의 역량을 기반으로 하는 단기적이고 즉흥적인 해결 방식의 전략

12 마케팅에 대한 설명으로 <u>틀린</u> 것은?

① 현재의 마케팅은 대량생산과 함께 발생했다.

② 수요, 공급의 법칙에 따라 물건을 사용 가능하게 한다.

③ 산업 제품이 생산자로부터 소비자까지 전달되는 모든 과정과 관련된다.

❹ 시대에 따른 유행이나 스타일과는 관계가 없다.

마케팅은 시대, 유행에 따라 변화해야만, 소비자의 구매 욕구를 지속해서 자극할 수 있다.

13 마케팅 믹스에 대한 설명이 <u>틀린</u> 것은?

① 마케팅의 4P는 Product(제품), Price(가격), Place(유통), Promotion(촉진)이다.

② 제품에 대한 수요에 영향을 주기 위해 기업이 시장에서 자극요소로 활용할 수 있는 모든 수단을 활용하는 것이다.

③ 기업이 원하는 표적 시장을 통하여 원하는 결과를 얻을 수 있도록 사용하는 통제 가능한 마케팅 변수의 총집합을 말한다.

❹ 4P 요소 중 제품은 포장, 가격은 가격조정, 촉진은 서비스, 유통은 물류관리를 포함한다.

마케팅 믹스 4P 요소는 제품, 가격, 촉진, 유통이 있다.

• **제품** : 물건, 포장, 서비스, 아이디어
• **가격** : 가격조정
• **촉진** : 광고, 홍보, PR, 인적 판매
• **유통** : 물류 관리

14 제품의 수명 주기에 따른 마케팅 믹스 전략에 대한 설명이 <u>틀린</u> 것은?

① 도입기 : 기초적인 제품을 원가 가산 가격으로 선택적 유통을 실시하며, 제품 인지도 향상을 위한 광고를 실시한다.

❷ 성장기 : 서비스나 보증제와 같은 방법으로 제품을 확대하고 시장침투 가격으로 선택적 유통을 실시하며, 시장 내 지명도 향상과 관심 형성을 위한 광고를 한다.

③ 성숙기 : 상품과 모델을 다양화하며 경쟁 대응 가격으로 집약적 유통을 실시하고, 브랜드와 혜택의 차이를 강조한 광고를 한다.

④ 쇠퇴기 : 취약 제품은 폐기하며 가격 인하를 하고 선택적 유통으로 수익성이 적은 유통망은 폐쇄하며, 충성도가 강한 고객 유치를 위한 광고를 한다.

제품 수명 주기 중 성장기에는 해당 제품의 색채 등을 다양화하면서 생산비용이 증가하지만, 제품의 인지도, 판매량, 매출도 함께 증가하는 시기이다. 또한, 유사 제품이 등장하고 시장이 확대되는 시기로 브랜드의 우수성을 알리고 대형시장에 침투해야 한다.

15 마케팅에서 시장 세분화의 기준 중 인구통계학적 속성과 관련이 <u>없는</u> 것은?

① 시장을 세분화할 수 있는 정보 제공

② 소비자의 연령, 거주지역, 성별, 라이프스타일, 학력, 소득 차이 등 정보 제공

③ 소비자 계층을 묘사하는 데 효과적인 정보 제공

❹ 물가지수 정보 제공

- **지리적 변수** : 지역, 도시 규모, 기후, 인구밀도, 지형적 특성 등
- **인구학적 변수** : 연령, 성별, 직업, 소득, 교육수준, 종교, 가족 규모 등
- **심리적 욕구 변수** : 사회계층, 개성, 생활양식 등
- **행동 분석적 변수** : 구매동기, 브랜드 충성도, 사용 경험, 경제성, 품질 등

오답피하기
물가지수는 시장 세분화 기준 자체와 거리가 멀다.

16 색채 시장조사 방법 중 설문지 작성에 관한 내용으로 <u>잘못된</u> 것은?

① 설문지 문항 중 폐쇄형은 두 개 이상의 응답 가운데 하나를 선택하도록 하는 것이다.

② 설문지 첫머리에는 조사의 취지 및 안내글을 배치하고 쉽게 응답할 수 있는 질문을 먼저한다.

❸ 각 질문에 여러 개의 내용을 복합적으로 구성한다.

④ 심층 면접법으로 설문을 할 때는 폐쇄형 설문이 좋다.

각 질문에는 하나의 내용만을 구체화해야 하며, 전문지식을 요구하거나 특정 견해 및 특정 행위를 유도하는 질문은 피해야 한다.

17 가장 많이 사용되는 조사법으로 표적집단의 선호색, 컬러이미지 등을 조사할 때 주로 사용하는 색채 정보수집 방법은?

① 임의추출법   ❷ 표본조사법

③ 현장관찰법   ④ 문헌조사법

색채 정보수집 방법 중 가장 많이 사용하는 조사법이다. 표본은 무작위로 추출하며 표본 선정은 올바르고 정확하며 편차가 없는 방식으로 한다.

18 기업의 외ㆍ내부 환경을 분석하여 마케팅 전략을 수립하는 SWOT 분석과정에 해당하지 <u>않는</u> 것은?

① 기회   ② 위협

③ 약점   ❹ 경쟁

SWOT 분석은 기업의 내ㆍ외부 환경 분석을 통해 강점(Strength), 약점(Weakness), 기회(Opportunity), 위협(Threat) 요인을 규정하고 이를 바탕으로 마케팅 전략을 수립하는 기법이다.

19 다음에서 설명하는 표본추출방법은?

n개의 샘플링 단위의 가능한 조합의 각각이 뽑힐 확률이 특정 값을 갖도록 하는 방법으로 임의 추출 또는 무작위 추출이라고도 하며, 조사 대상을 전체를 조사하는 대신 일부분을 조사함으로써 전체를 추량하는 조사 방법이다.

① 층화 샘플링　　　　　　　　　　　❷ 랜덤 샘플링
③ 2단계 샘플링　　　　　　　　　　　④ 군집 샘플링

임의 추출 또는 무작위 추출과 같은 말로 랜덤 샘플링(추출법)이라고 하며 확률 표본 추출 방법 중 하나로 조사 대상 전체를 조사하지 않고 일부를 조사하여 전체를 추정하는 조사법이다.

20 지역적인 특성에 따른 소비자의 자동차 색채 선호 특성을 조사하고자 한다. 가장 적합한 표본 추출방법은?

① 단순 무작위 추출법　　　　　　　　② 체계적 표본 추출법
❸ 층화 표본 추출법　　　　　　　　　④ 군집 표본 추출법

모집단을 여러 하위 집단(층)으로 나누고, 미리 할당된 수에 따라 각 집단에서 표본을 추출한다. 이때 집단마다 별개의 추출법을 써도 상관없다. 최후에 얻은 자료를 정리하고 이를 토대로 모집단에 대해 추측하며 주로 지역적 특성에 따른 소비자의 자동차 색채선호 특성을 조사할 때 쓰인다.

21 SD법 조사에 대한 설명으로 틀린 것은?

① 찰스 오스굿(Charles Egerton Osgood)이 개발하였다.
❷ 형용사 척도에 대한 답변은 보통 4~6단계로 결정된다.
③ 색채 이미지를 정량적, 객관적으로 측정할 때 사용된다.
④ 이미지 프로필과 이미지맵으로 결과를 볼 수 있다.

SD법 조사는 형용사를 5~7단계의 거리 척도로 사용한다.

22 색채 시장조사의 과정 중 거시적 환경을 조사할 때 중요한 내용 중 하나가 유행색에 대한 수집과 분석이다. 유행색에 대한 설명으로 틀린 것은?

① 유행색은 어떤 일정 기간 특별히 많은 사람이 선호하여 사용하는 색이다.
❷ 패션산업에서는 실 시즌의 약 1년 전에 유행예측색이 제안되고 있다.
③ 유행색에 가장 민감한 품목은 패션 용품이다.
④ 유행색은 시즌 정기적으로 유행색을 발표하는 색채 전문기관에 의해 예측되는 색이다.

패션산업에서는 실 시즌의 약 2년 정도 전에 유행색을 분석하여 제안한다.

23 매슬로우(Maslow)의 인간의 욕구 단계에 관한 설명으로 틀린 것은?

① 자아실현 욕구 – 자아개발 실현

② 생리적 욕구 – 배고픔, 갈증

③ 안전 욕구 – 안전, 보호

❹ 사회적 욕구 – 자존심, 지위, 인식

매슬로우의 욕구단계
• 1단계 : 생리적 욕구(배고픔, 갈증, 원초적 욕구)
• 2단계 : 안전 욕구(위험, 보호, 안전)
• 3단계 : 사회적 욕구(소속감, 사랑)
• 4단계 : 존경 욕구(자존심, 인식, 지위)
• 5단계 : 자아실현 욕구(자아개발 실현)

24 소비자 행동에 영향을 미치는 요인 중 심리적 요인에 속하는 것은?

① 문화, 하위문화, 사회계층

❷ 동기, 지각, 학습

③ 라이프스타일, 나이, 직업

④ 가족, 대면집단, 준거집단

소비자 행동 요인
• 사회적 요인 : 준거집단, 대면집단
• 문화적 요인 : 사회계층(신념, 태도, 가치관), 하위문화(종교, 지식, 도덕, 법률, 생활습관, 사고방식)
• 개인적 요인 : 나이, 생활주기, 직업, 경제적 상황, 개성, 자아개념
• 심리적 요인 : 지각, 동기유발, 학습, 신념과 태도

25 마케팅에서 소비자 생활유형(Life Style)을 조사하는 목적이 아닌 것은?

① 소비자의 가치관 조사

❷ 소비자의 선호색 조사

③ 소비자의 소비형태 조사

④ 소비자의 행동특성 조사

소비자 생활유형을 측정하는 목적은 소비자의 가치관, 소비형태, 행동특성을 조사하여 색채 마케팅에 더 나은 기준을 삼기 위함이다.

26 소비자 구매심리 과정을 파악할 수 있는 AIDMA에 속하지 않는 것은?

① Attention

② Interest

❸ Design

④ Memory

소비자 구매심리 과정(AIDMA법칙)
주의(Attention) → 관심(Interest) → 욕구(Desire) → 기억(Memory) → 행동(Action)

27 색채 기호 조사분석을 위한 시장분화의 방법에 대한 설명으로 **틀린** 것은?

① 인구학적 세분화 : 연령, 성별, 직업 등으로 구분

② 지리적 세분화 : 지역, 도시 크기, 인구밀도 등으로 구분

③ 문화적 세분화 : 문화, 종교, 사회계층 등으로 구분

❹ 행동분석적 세분화 : 사용 경험, 소득, 가격 민감도 등으로 구분

행동분석적 변수
구매동기, 브랜드 충성도, 사용 경험, 경제성, 품질 등

28 다품종 소량생산 체제로 변화되는 최근의 시장은 표적 마케팅을 지향한다. 표적 마케팅은 세 단계를 거쳐 이루어지는데 다음 중 그 과정으로 옳은 것은?

① 시장 표적화 → 시장 세분화 → 시장의 위치선정

② 시장의 위치선정 → 시장 표적화 → 시장 세분화

❸ 시장 세분화 → 시장 표적화 → 시장의 위치선정

④ 틈새 시장분석 → 시장 세분화 → 시장의 위치선정

소품종 대량생산에서 다품종 소량생산 체제로 변하면서 최근 시장은 표적 마케팅이 주목받고 있다. 표적 마케팅은 다음과 같이 3단계로 이루어진다.
시장 세분화 → 시장 표적화 → 시장의 위치선정

29 세계적으로 잘 알려진 음료 회사인 코카콜라는 모든 제품과 회사의 표시 등을 빨간색으로 통일하고 있다. 이러한 것은 기업이 무엇을 위해 실시하는 전략인가?

① 색채를 이용한 제품의 포지셔닝　　　　　② 색채를 이용한 스타일링

③ 색채를 이용한 소비자 조사　　　　　　　❹ 색채를 이용한 브랜드 아이덴티티

브랜드 아이덴티티란 브랜드 이미지 통합화를 의미하며 BI라고 표현한다. 기업과 상품을 소비자에게 확실히 인식시켜 치열한 경쟁에서 차별적 우위를 선점할 수 있도록 고객에게 신뢰감을 주고 우리 기업만의 독창적인 색채를 활용하여 선호도를 높인다. 시대 흐름에 따라 시장 세분화와 고객 욕구를 충족시킬 수 있어야 한다.

30 색채 마케팅 중 제품 포지셔닝(Positioning)에 대한 설명 중 **틀린** 것은?

❶ 소비자들은 특정 제품의 포지셔닝을 이해하면 구매를 망설이게 된다.

② 경쟁적인 우위를 확보할 수 있는 적절한 이점을 선정한다.

③ 모든 잠재적인 경쟁적 이점을 확인한다.

④ 자사의 포지셔닝 콘셉트를 효과적으로 실행하여야 한다.

소비자들은 특정 제품의 포지셔닝을 이해하면 구매로 이어진다. 이는 가격, 인상, 감성, 지각 등 복합적으로 영향을 미쳐 형성된다.

COLORIST

디자인의 기초를 이해하여 인테리어, 환경, 제품 등에 적용될 색채에
대하여 작업을 계획하고 진행하는 일련의 과정이다. 제품의 경우 유행
색, 소비자 타깃, 제품 특성, 색채 선호도 등을 반영하여 부가 가치를
상승시키는 데에 컬러 디자인의 비중이 크다.

출제 빈도

| SECTION 01 | 상 | | 60% |
| SECTION 02 | 중 | | 40% |

PART 02

색채 디자인

SECTION **01** 디자인 일반

1 디자인 개요

(1) 디자인 정의 및 목적

1) 디자인 어원과 정의 21년1회 기사35, 19년2회 산기25, 19년1회 산기39, 19년1회 기사34, 18년3회 산기36, 18년2회 산기37, 18년2회 기사28, 18년1회 기사22, 17년2회 산기23, 17년2회 기사34, 15년2회 산기32, 15년2회 기사36, 15년1회 기사32

① 디자인의 어원

- **프랑스어** : 데셍이며 목적이나 계획을 의미한다.
- **라틴어** : 데시그나레이며 '지시한다', '계획을 세운다', '스케치를 한다'를 의미한다.
- **이탈리아어** : 디세뇨이며 '목적한다'를 의미한다.

② 디자인의 정의

디자인이란 계획, 설계를 통해 인간생활의 목적에 맞고 실용적이면서 미적인 조형 활동을 계획하는 것과 그 계획을 실현하는 과정 및 결과이다. 또한, 사회적인 가치와 효용적인 가치를 고려해야 하는 사회적인 창조 활동이다. 디자인은 산업 시대 이후 근대사회가 형성시킨 근대적 개념으로 여러 가지 물질 문화적인 측면에서 생활의 문제를 해결하는 일이고, 생활의 예술이며 커뮤니케이션의 수단이다. 미지의 세계로부터 새로운 가치를 추구하는 것과 어떤 구상이나 주어진 작업계획을 조형적으로 구체화하는 과정 즉, 의장, 도안, 밑그림 혹은 계획, 설계, 구상, 지시하다, 성취하다, 표현하다 등의 넓은 의미의 조형 활동 역시 디자인이다.

2) 디자인 목적 20년4회 기사32, 20년1·2회 기사28, 20년1·2회 기사40, 18년3회 기사29, 18년2회 기사39, 18년1회 산기35, 18년1회 기사34, 18년1회 기사21, 17년3회 기사36, 17년1회 기사32, 16년3회 산기33, 16년3회 기사23, 16년1회 산기28

① 의미

디자인의 목적은 형태미(심미성)와 기능미(기능성)의 합일로 미적인 아름다움인 심미성과 실용적인 기능성이 통합되어 인간의 근본적인 삶을 더욱 윤택하고 편리하게 하는 것이다. 디자인은 사용하기 쉽고, 편리하며, 아름다운 생활환경을 창조하는 조형 행위이며, 특정 문제를 목적으로, 이의 실천을 위한 일련의 행위 개념이다.

② **루이스 설리번(Louis Sulivan)** 20년4회 기사37, 19년3회 기사34, 19년1회 산기21, 17년1회 산기38, 17년2회 산기35, 15년1회 기사37

"형태는 기능을 따른다."라고 하여 기능성을 주장한 미국의 근대건축가이다. 기능에 충실하고 기능이 만족스러울 때 저절로 형태가 아름답다는 뜻으로 해석할 수 있다.

③ **빅터 파파넥(Victor Papanek)** 20년1·2회 기사27, 19년3회 기사34, 19년2회 기사21, 18년2회 산기26, 17년3회 산기23, 17년3회 기사40, 17년1회 산기36, 15년3회 산기22, 15년3회 기사28

"디자인은 가장 강력한 도구이며, 그것을 통하여 인간은 다른 도구와 환경을 구체화한다." "디자인은 의미 있는 질서를 만드는 노력이다."라고 하여 형태와 기능의 조화를 포괄하는 개념의 복합기능 6가지를 연결해 설명하였다. 그 기능이 바로 방법, 용도, 필요성, 텔레시스, 연상, 미학이다.

- **방법(Method)** : 재료, 도구, 공정의 상호작용
- **용도(Use)** : 용도에 적합한 도구 사용
- **필요성(Need)** : 일시적 유행에 좌우되지 않고 경제적, 심리적, 정신적, 기술적, 지적 요구가 복합된 디자인이 필요 17년2회 기사40, 15년2회 기사24
- **텔레시스, 목적지향성(Telesis)** : 특수한 목적 달성하기 위해 자연과 사회의 변천작용에 대한 계획적이고 의도적인 이용 21년2회 기사38, 20년4회 기사29, 17년2회 산기25
- **연상(Association)** : 인간의 마음속에 자리 잡은 충동과 욕망의 관계 19년2회 산기22
- **미학(Aesthetics)** : 디자이너가 가지고 있는 가장 중요한 것으로 형태나 색채를 실체화하여 흥미와 감동을 유발하는 의미 있는 실체로 만드는 것

(2) 디자인 방법

1) 디자인 과정(Design Process) 18년3회 산기27, 18년2회 산기29, 17년2회 산기25, 15년2회 산기22

- 디자인 제작의 순서를 종합하여 일컫는 말이다. 크게 아이디어 전개 → 디자인도면 작성 → 렌더링 → 목업제작 순으로 이루어지며, 계획→ 조사→ 분석→ 전개(종합)→ 결정(평가) 단계를 거친다.
- 효과적인 디자인 실행을 위해서는 욕구, 조형, 재료, 기술 및 홍보 과정을 거치게 된다.

① 욕구과정(기획 단계)

- 색채 디자인의 대상 기획

- 시장조사

- 소비자조사

시방서 20년3회 기사25, 15년2회 산기21

설계도 보완을 위해 작업 순서와 그 방법, 마감 정도, 제품규격, 품질 등을 명시하는 것을 말한다.

② 조형과정(디자인 단계) 20년3회 산기32, 17년3회 산기39

- 사용자 필요성에 의해 디자인을 생각, 재료나 제작 방법 등 시각화

- 색채분석 및 색채계획서 작성

- 주조색, 보조색, 강조색 결정

③ 재료 과정(과학적이고 합리적인 단계) 19년2회 산기39

- 생산을 위한 재질의 검토와 단가, 재료의 특성을 시험하고 적용

- 제품 계열별 분류 및 체계화

④ 기술과정(생산 단계)

- 시제품 제작

- 평가 및 품평회 실시

- 생산

⑤ 홍보과정(홍보 단계)

광고, 홍보

2) 아이디어 발상법 19년1회 기사27

① 브레인스토밍(Brainstorming)

- 1941년 미국 광고 회사 사장인 알렉스 오스번(Alex. F. Osborn)이 회의 방식에 도입한 아이디어 기법으로 하나의 주제에 관하여 사소한 아이디어라도 공유하며 자유분방한 아이디어 생산을 도모한다.

- 타인의 아이디어를 비판하지 않고 서로의 아이디어를 확장해 나가며 다양성을 추구하므로 많은 양의 아이디어 양산이 가능하며 기존 정보 및 아이디어를 조합시켜 새로운 아이디어 양산이 가능하다. 20년1·2회 산기38, 16년2회 산기24

② 시네틱스(Synetics) 21년3회 기사24, 19년2회 기사40, 19년1회 기사39, 18년3회 산기37, 18년2회 산기21, 17년3회 산기22

- 1944년 미국의 윌리엄 고든(William Edwin Gordon)이 개발한 아이디어 발상법으로 전문가 집단을 조직하여 해결방안을 도출하는 방식이다.

- 서로 관련이 없어 보이는 것을 결부시키거나 합성하여 새로운 것을 도출해

내며 문제를 보는 관점을 완전히 달리하여 여기서 연상되는 점과 관련성을
찾아 아이디어를 발상하는 방식이다.

③ 체크리스트법(Checklist Method)

- 문제를 해결해야 할 부분에 대하여 여러 방법론을 정해 놓고 다각적인 사고를 통해 체크해 가면서 새로운 아이디어를 구상하는 방법이다.
- 목록을 미리 정해 놓고 질문을 하나씩 사용하여 문제 결과를 정리하는 것이 좋다.

④ 마인드맵(Mind Map)

- 마음속에 지도를 그리듯 이미지화하여 생각을 연계하는 방법을 말한다.
- 1960년대 영국의 토니 부잔(Tony Buzan)이 고안한 학습법으로 부호, 그림, 상징물, 핵심단어 등을 활용하여 지도를 그리는 것처럼 학습하는 아이디어 발상법이다.

⑤ 고든법(Gordon Method)

- 미국의 고든(Wiliam J. Gordon)에 의해 고안된 아이디어 발상법이다.
- 브레인스토밍과 마찬가지로 집단적으로 발상을 전개한다.
- 브레인스토밍에서는 하나의 주제를 구체적으로 좁히면서 아이디어를 발상하지만 고든법은 반대로 문제를 구상화시켜서 무엇이 진정한 문제인지를 모른다는 상태에서 출발하여 구성원들에게 그것에 관련된 정보를 탐색하게 한다.
- 발상의 방향과 키워드만 제시하고 주제와 전혀 관계없는 사실로부터 발상을 시작해서 문제 해결로 접근하는 기발한 아이디어 발상을 유도하는 방법이다.

⑥ NM법

- 아이디어 발상법 중 하나로 대상과 비슷한 것을 찾아내 그것을 힌트로 새로운 아이디어를 생각하는 방법이다. 일본의 나카야마 마사카즈가 자신의 이름을 따서 NM법이라고 지은 방법이다.
- 연상을 위한 키워드를 정하고 직결되는 단어를 도출하여 질문을 던져 가면서 콘셉트를 형성하는 방법이다.

⑦ 입출력법(Input-Output)

출발점과 도달점을 미리 결정해 놓고, 그 사이에 제한 조건을 두면서 아이디어를 얻는 발상법이다.

⑧ 결점 열거법 19년3회 기사32

제품의 단점을 열거함으로써 단점을 개선할 수 있는 아이디어를 얻는 방법이다.

(3) 디자인 용어

1) 일러스트레이션(Illustration) 17년1회 산기31

일러스트 혹은 삽화라고도 불리며 주제를 명확하게 시각화하여 의미, 뜻을 전달하거나 내용의 이해를 돕기 위해 제작된 말하는 그림으로 도형, 도표, 사진, 회화 등 문자 이외의 요소를 뜻하며 목적미술의 개념이라 할 수 있다.

일러스트레이션

2) 프로타주(Frottage) 15년3회 기사38

프랑스어로 '프로테', '문지르다, 마찰하다' 라는 뜻으로 일명 탁본이라고 하며 요철이 있는 표면인 바위, 나무의 거친 면, 나뭇잎 등 위에 종이를 대고 연필로 문질러 얻는 질감효과를 나타내는 기법이다.

3) 콜라주(Collage)

본래 '풀칠, 바르기'를 의미하는데 화면에 인쇄물, 천, 쇠붙이, 나무조각, 모래 등 다양한 이미지를 붙여 재구성하는 회화 기법 혹은 그러한 기법으로 제작되는 회화를 가리킨다.

콜라주

4) 데칼코마니(Decalcomanie)

비흡수성 소재, 유리판, 아트지 등에 물감을 칠하고 다른 종이를 덮어 위에서 누르거나 문지른 다음 떼어내면 우연히도 대칭을 이루어 환상적인 흥미를 불러일으킬 수 있는 디자인 표현기법이다.

5) 액션 페인팅(Action painting)

제2차 세계대전 이후 뉴욕을 중심으로 일어난 전위적 회화, 회화기법이다. 캔버스에 점착성 안료를 떨어뜨리거나 뿌리는 즉흥적인 행동으로 제작하는 것으로 그린다는 의미보다는 표현하는 기법이다. 묘사된 결과보다 작품을 제작하는 행위에서 예술적 가치를 찾으려 하였다.

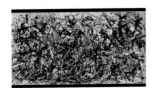
잭슨폴록 Convergence, 1952

6) 디자인 경영 18년2회 산기30

서비스의 질적 수준과 생산성을 제고할 수 있도록 해주는 지식체계이다. 디자인 관리라고도 부르며, 1990년대 들어서면서부터 세계적으로 가장 빈번하게 사용되는 디자인 용어 중 하나이다. 경영 목표의 달성에 기여함으로써 대중의 생활 복리를 증진해 주는 것이 궁극적인 목적이다.

7) 프레젠테이션(Presentation) 20년3회 산기31, 15년1회 산기37

디자이너는 문제를 풀어나가는 과정에서 단계별로 고객에게 디자이너의 의도를 전해야 한다. 프레젠테이션은 단계별 결과에 대한 고객의 이해를 돕기 위해 언어적, 시각적 방법으로 이루어진다.

8) 홀로그램(Hologram)

3차원 영상으로 된 입체사진으로 쉽게 2차원 영상을 3차원 입체 영상처럼 볼 수 있는 그림이다. 주변에서 가장 쉽게 볼 수 있는 지폐, 신용카드 위조 방지를 위해 흔히 사용된다.

다이어그램

기적의 Tip

비언어적 기호의 3가지 유형 19년3회 기사25
사물적 표현, 추상적 표현, 추상적 상징

9) 다이어그램 15년3회 산기29

단순한 점이나 선, 기호를 사용하여 어떤 현상의 상호관계나 과정, 구조 등을 도해하거나, 사물의 대체적인 형태와 여러 부분의 관계를 쉽게 이해할 수 있도록 윤곽과 전반적인 구도를 제시하는 설명적인 그림이다.

10) 픽토그램 19년3회 산기22, 19년2회 산기40, 17년3회 산기33, 17년2회 산기29, 17년1회 산기34, 15년3회 산기36

국제적인 행사 등에 사용하기 위해 제작된 문자를 대신하는 그림문자로서, 언어를 초월해서 직감으로 이해할 수 있도록 한 그래픽 심벌 디자인이다.

픽토그램

2 디자인사

(1) 조형예술사

1) 원시미술

- 번식과 풍요를 기원하는 주술적, 종교적 신앙이 기초가 되었다.
- 최초의 벽화는 남프랑스에서 발견된 라스코 동굴 벽화이다.
- 라스코 동굴 벽화는 들소, 말, 사슴, 염소 등이 그려져 있으며 천연 광물질에서 얻은 적갈색, 백색, 황토색, 검정색 등 주로 4가지 색상으로 묘사되어 있다.
- 빌렌도르프의 비너스는 여성의 인체를 다소 과장되게 표현하여 출산을 상징하는 원시적 주술적 의미를 담고 있다.

원시미술-라스코 동굴 벽화

원시미술-빌렌도르프의 비너스

이집트-파피루스

2) 이집트 양식(Egyptian)

- 태양신을 숭배하고 현세와 내세의 삶이 이어진다고 믿었다.
- 영혼 불멸을 믿었던 이집트인들은 사후에도 지상에서의 행복을 누릴 수 있도록 무덤에 온갖 사치품을 함께 묻었던 특징이 있다.
- 무덤 벽면에 그려진 벽화, 상형 문자들도 죽은 자의 일상을 상세히 묘사했다.
- 이집트 종이와 비슷한 파피루스의 개발로 죽음과 신앙에 관한 내용을 남겼다.
- 거대한 이집트 건축물과 예술품들은 파라오 영혼의 영원한 영광을 위해 존재하였다.
- 초상화나 조각상의 인체 중 눈과 어깨는 정면, 머리, 팔, 다리는 측면으로 그림을 나타내었다.
- 이집트 색채는 나일강 유역의 비옥한 토양의 영향을 받아 식물과 동물의 뼈에서 추출하여 다양하게 사용하였다.
- 인류 최초의 화장법으로 아이라인과 눈썹 등을 검정색 혹은 진한 흑갈색인 콜을 사용하여 진하게 표현하였는데 이는 주술적인 의미로 해석된다.

그리스-페르테논신전

3) 그리스 양식(Greek)

- 서양문화의 모체이자 인간의 존엄성을 중요시하였다.
- 신전과 예술품에서 아름다움과 이상적인 비례 '황금분할'이라는 비례법을 적용하였다. 20년3회 기사39, 16년2회 기사33
- 단순하면서도 격조 있는 장엄함으로 대리석 색을 연상하는 제한된 색채 그리고 자연의 색이 주를 이루었다.

로마-폼페이 벽화

4) 로마 양식(Roman)

- 그리스 미술에 영향을 받았지만 보다 실용적, 현실적이며 헬레니즘 문화를 발전시켰다.
- 폼페이 벽화는 프레스코 및 모자이크 벽화로 헬레니즘 시대의 정신을 반영하고 있다.
- 오늘날 서양 건축의 기반이 된 아치, 궁륭, 돔 등을 개발하였으며 콘크리트로 만들어 최초로 사용하였다.
- 대표 건축물로 콜로세움 원형 경기장이 있으며 세계에서 가장 많은 관객을 수용할 수 있어 매우 효율적인 설계로 잘 알려져 있으며 오늘날 스타디움 디자인에도 많은 영향을 끼치고 있다.

로마-콜로세움

5) 중세 양식(Middle Age) 20년3회 산기25, 18년2회 산기25, 15년2회 산기31

- 로마 제국 멸망 후 5~15세기에 이르는 약 1000년 동안의 기간이다.
- 모든 가치와 철학은 인간 중심이 아닌 신을 중심으로 기독교적 가치가 절대
  적이었던 시기로 인간성에 대한 이해나 개성의 창조력은 뒤떨어졌다.
- 사실적인 재현이 철저히 배제되어 정확성이 무시되고 창조적, 실험적 분위
  기와는 거리가 멀었다.
- 이상적인 기독교인 상, 종교적 감성이 건축에 반영되어 외부는 소박하지만,
  내부에는 스테인드글라스, 모자이크, 프레스코의 화려한 효과(성령, 천국을
  상징하는 환상적인 시각효과 연출)를 중시하였다.
- 중세 양식을 대표하는 고딕 양식에서는 건축양식의 수직적 상승감이 두드러
  지고 대성당의 첨탑과 아치 그리고 스테인드글라스가 특징이다. 16년2회 산기27
- 중세시대의 색채는 계급, 신분의 위계에 따라 결정되었다. 18년3회 산기34

중세-쾰른 대성당(고딕 양식)

중세-유스티니아누스 황제와 수행자들
(모자이크 기법)

6) 르네상스 양식(Renaissance)

- 15세기 이탈리아를 중심으로 일어난 문예부흥운동으로 고대 그리스와 로마
  미술을 부활, 재생시켜 신(神)중심이 아닌 인간성의 회복과 자연주의적 세
  계관이 다시 깨어난 시기이다.
- 합리적이고 과학적인 사고와 해부학이 발전하였다.
- 일반인의 초상화가 등장하고 색채가 풍부해졌으며 투시도법에 따른 원근법
  이 적용되어 사실적이고 입체적인 표현이 가능하게 되었다.
- 차분하고 가라앉은 색조와 함께 사실적 명암법인 스푸마토 기법이 주로 사
  용되었다.
- 예술가의 지위가 상승하였으며, 르네상스 3대 거장인 레오나르도 다빈치,
  미켈란젤로, 라파엘로가 탄생하였다.

르네상스-〈모나리자〉, 레오나르도 다빈치

르네상스-〈최후의 만찬〉, 레오나르도
다빈치

7) 바로크 양식(Baroque)

- 바로크란 '비뚤어진 진주'라는 뜻으로 허세가 있고 지나치게 과장되어 있다
  는 부정적인 표현이다.
- 17~18세기에 유행한 양식으로 역동적이며 남성적인 성향으로 어둠의 대비
  를 극대화시켰다.
- 건축은 베르사이유 궁전과 같이 화려하고 과장된 표면 장식이 특징이다.
- 감정적이고 역동적이며 화려한 의상을 선보였다. 20년4회 기사25
- 유명 작가로는 루벤스, 렘브란트가 있다.

바로크-〈진주 귀걸이를 한 소녀〉, 요하네
스 페르메이르

로코코-퐁파두르 후작 부인의 초상

신고전주의-프시케와 에로스

낭만주의-〈민중을 이끄는 자유의 여신〉,
들라크루아

미술공예운동-〈Fruit or Pomegranate〉,
윌리엄 모리스

8) 로코코 양식(Rococo)

- 로코코란 조개 무늬 장식을 말하는 '로카유'에서 유래되었다.
- 17~18세기까지 르네상스 이후 기독교 예술에 대한 반발로 프랑스에서 유행한 화려하고 사치스러운 장식과 색채가 특징이다.
- 호화로운 장식, 정밀한 조각 등 여성적이며 감각적인 특징을 지닌다.
- 로코코 예술은 무능한 귀족 계급만큼 비실용적이었다.
- 밝은 색조가 주로 사용되었으며 여성적인 핑크색이 대표색이다.

9) 신고전주의(Neo-Classicism)

- 18세기 말 프랑스를 중심으로 유럽에서 발전한 미술 사조이다.
- 로코코의 지나친 화려함, 장식성에 식상해져 고대 그리스 로마 문화의 고전적 예술로 되돌아가려는 경향을 일컫는다.
- 단순하고 섬세한 선, 균형 잡힌 인체 구도를 사용하였다.
- 후에는 형식주의에 빠져 개성을 잃어버리면서 낭만주의와 대립하게 된다.

10) 낭만주의

- 개인의 주관과 개성을 자유롭게 표출하였으며 무한의 세계를 동경하며 현실을 초월한 풍부한 상상력을 표현하였다.
- 감동이 있고 역동적인 구도 표현과 대담한 색채 그리고 강렬한 붓 터치가 특징이다.

(2) 디자인사(근대, 현대)

1) 미술공예운동(Arts and Crafts Movement) 21년1회 기사36, 20년4회 기사24, 20년3회 기사30, 19년1회 산기29, 18년3회 기사26, 18년2회 산기34, 16년3회 산기37, 16년2회 산기27, 15년3회 기사21, 15년1회 기사36

- 근대디자인사에서 가장 먼저 19세기 후반 영국에서 '윌리엄 모리스'와 '존 러스킨'을 중심으로 일어난 수공예 미술운동이다.
- '산업 없는 생활은 죄악이고, 미술 없는 산업은 야만이다.'라는 19세기 심미적 이상주의 사상에 뿌리를 두고 있다.
- 18세기 영국을 중심으로 일어난 산업혁명의 대량생산으로 인한 생산품의 질적 하락과 예술성 저하로 윌리엄 모리스가 주축이 된 미술공예운동이다.
19년3회 산기26, 19년2회 기사32, 18년3회 기사30, 17년3회 기사22

- 윌리엄 모리스는 예술의 민주화와 생활화를 주장하였고 근대디자인의 이념적 기초를 마련했다. 18년1회 기사37, 16년1회 산기24
- 이후에 유럽전역에 영향을 주었으며 프랑스 아르누보 양식을 창출시켰고 식물 문양을 응용한 유기적이고 선적인 형태가 사용되었다.
- 윌리엄 모리스는 중세 역사와 고딕 예술양식에 관심이 많았다. 21년3회 기사23, 18년3회 산기23, 15년3회 산기38, 15년2회 기사30
- 기계생산을 부정하고 사회주의 이념을 표방하였으며 수공예의 부활을 강조하여 공예를 높은 수준의 예술로 여기며 사회개혁운동을 전개시켰다.
- 중세 사회처럼 예술 활동과 노동을 일치시켜 이상 사회를 만들어 보려 하였으나 순수한 인간의 노동력만으로 디자인하고자 했던 모리스의 작업은 과거로 회귀하는 듯한 시대착오적인 기계의 부정이라는 한계와 모순 때문에 많은 사람의 공감은 받지 못했다.

미술공예운동-〈Snakeshead printed textile〉, 윌리엄 모리스

2) 사실주의(Realism) 18년3회 산기34, 15년2회 산기28

- 19세기 중반에서 후반에 걸쳐 프랑스를 중심으로 낭만주의와 이상주의에 대한 반동으로 전개된 미술 사조이다.
- 배경으로는 부르주아의 대두, 과학의 발전, 기독교의 권위 추락 등과 밀접한 관련이 있다.
- 자연 과학의 발달과 함께 실증주의를 바탕으로 사실적 묘사를 통해 있는 그대로를 표현하여, 현실 그대로의 일상생활을 주제로 삼아 사람들의 생활 모습, 평범한 것, 꼭 아름답지 않은 것도 현실에 있는 그대로를 표현했다.
- 사실주의 화가들의 작품은 어둡고 무거운 톤의 색채가 주를 이룬다.

사실주의-이삭 줍는 사람들, 밀레

3) 인상주의(Impressionism) 17년2회 기사30

- 19세기 후반부터 20세기 초 프랑스에서 일어난 회화 운동으로 단순히 재현만이 아닌 개인의 시각, 경험을 중요시하여 표현하였다.
- 시시각각 변화하는 색채로 주로 야외에서 작업하면서 자연을 묘사하고 작은 붓으로 여러 색을 지어내듯 표현하여 혼색의 효과를 나타내었다.
- 회화에 있어서 색채를 소재가 아닌 주제의 직접적인 표현으로 삼았다.
- 병치 혼색의 개념을 소개한 슈브뢸, 루드의 영향을 받아 점묘법을 이용한 그림을 그리기도 하였다.
- 인상파로는 모네, 르누아르, 고갱, 바지유, 카유보트, 카셋, 세잔, 드가, 기요밍, 마네, 피사로, 시슬레 등이 있다.

인상주의-〈무용실〉, 에드가 드가

인상주의-〈수련〉, 클로드 모네

아르누보-〈카사밀라〉, 안토니오 가우디

아르누보-〈황도12궁〉, 알폰스 무하

4) 아르누보(Art Nouveau) <small>21년1회 기사34, 20년1·2회 기사26, 19년3회 산기25, 19년2회 산기33, 19년2회 기사25, 18년1회 산기32, 17년3회 산기29, 17년1회 기사34, 16년3회 기사35, 16년2회 기사36, 16년2회 기사 23, 15년3회 산기32, 15년1회 산기24</small>

- 새로운 예술이란 뜻으로 1890년부터 1910년까지의 장식예술 및 조형예술로 서 프랑스 파리를 중심으로 일어났던 심미주의적인 경향의 미술사조이다.
- 아르누보는 미술상 새무엘 빙(S. Bing)이 파리에 연 가게 명칭에서 유래했다.
- 자연물의 유기적 곡선 형태를 빌려 건축의 외관이나 가구, 조명, 실내 장식, 회화, 포스터 등을 장식할 때 사용되었으며 비대칭, 곡선, 연속성의 형태적 특성을 지닌다.
- 철이나 콘크리트 재료를 적극적으로 이용했다.
- 직선적 아르누보는 오스트리아 빈을 중심으로 발전하였으며 오스트리아에 서는 빈 분리파라 불렸다.
- 기능주의적 사상이나 합리성 추구 경향이 적었기에 근대 디자인으로 이행하 지 못했다.
- 프랑스에서는 '기마르 양식', 독일에서는 '유겐트 양식', 이탈리아에서는 '리 버티 양식'이라고 부르고, 오스트리아에서는 빈 분리파라 불렸다.
- 색채는 인상주의의 영향으로 환하고 연한 파스텔 톤의 부드러운 색조와 섬 세한 분위기가 특징이다.
- 대표적 작가로는 오스트리아 출신이며 유겐트 양식의 대표 화가인 '구스타 프 클림트'와 아르누보 양식에서 가장 독창적이고 화려한 장식을 사용한 스 페인 건축가 '안토니오 가우디', 그리고 '알폰스 무하', '빅토르 오르타'가 있 다. 특히 구스타프 클림트의 경우 관능적인 여성 이미지와 황금빛, 윤곽선 이 강조된 얼굴, 모자이크 풍의 장식성과 평면성이 강한 문양을 창조한 화 가로 잘 알려져 있다.

5) 분리파(Secession) <small>16년3회 산기30, 16년1회 산기32</small>

- 시세션이라고 불리며 오스트리아에서 일어난 새로운 조형운동으로 권위적이 고 세속적인 과거의 모든 양식으로부터 분리를 주장하며 자신들의 작품에 고 유 이름을 새겨 넣어 생산된 제품의 품질과 디자인에 신뢰성을 부여하였다.
- 대표적 작가로는 구스타프 클림트, 요세프 호프만이 있다.

6) 만국박람회(International Exposition) <small>15년1회 산기31</small>

- 1851년 런던에서 개최된 만국박람회는 전 세계 산업을 한자리에 모아 성공 적으로 마무리가 되어 현대디자인의 발전에까지 영향을 미쳤다.

만국박람회-수정궁

- 조셉 팩스톤의 수정궁이라는 주 전시관 건물은 규격 사이즈의 주철 골조와 유리판을 사용하여 조립식 공법으로 단기간 조립되어 박람회 후 해체되었다.

7) 독일공작연맹(Deutscher Werkbund) 21년1회 기사32, 20년3회 산기26, 19년2회 산기 35, 17년3회 산기24, 17년3회 기사30, 16년1회 산기21

- 1907년 독일 건축가인 헤르만 무테지우스를 중심으로 결성되어 예술가, 건축가뿐만 아니라 공업이나 상업에 종사하는 다양한 직업군의 전문가들이 협력하여 만든 디자인 진흥 단체이다.
- 우수한 미적 기준을 표준화하여 대량생산하고, 수출을 통해 독일의 국부 증대를 목표로 하였다.
- 합리적이고 단순한 디자인을 추구하였으며 미술과 산업의 협력으로 공업 제품의 질을 높이고 규격화를 실현하여 대량생산을 통해 모던 디자인, 디자인 근대화 탄생의 발판을 마련하였다. 18년2회 기사40, 16년2회 기사23
- 1910년 이후에는 오스트리아, 스위스, 스웨덴, 영국 등에서도 조직이 결성되었으며, 1939년 나치에 의해 해산되었고, 1950년 재건되어 바우하우스를 창립하는 데 큰 역할을 하였다.

독일공작연맹-〈Vier Tee und Wasserkessel〉, 피터 베렌스

독일공작연맹-1914 쾰른 전시회 포스터

8) 미래주의 21년3회 기사39, 20년4회 기사21, 19년2회 산기27, 18년2회 산기33, 18년2회 기사37, 17년2회 기사 23, 16년2회 기사38

- 20세기 초 이탈리아에서 일어난 전위예술운동으로 기존의 낡은 예술을 모두 부정하고 기계가 지닌 차갑고 역동적이며 다이내믹한 미를 창조할 것을 주장하며, 주로 하이테크 소재로 색채를 표현한 예술사조이다.
- 스피드감이나 운동감을 표현하기 위해 시간의 요소를 도입하려고 시도하였다.
- 대표작가는 보치오니, 필리포 토마소 마리네티, 카를로 카라이다.

9) 야수파 19년3회 기사24, 17년3회 기사29, 16년3회 산기30

- '포비즘'이라고도 하며, 20세기 초 프랑스에서 시작된 혁신적인 회화운동이다.
- 빨강, 노랑, 파랑 등 원색적이고 강렬한 색채로 대담하고 거칠며 자유로운 화풍이 특징이다.
- 색채를 표현의 도구뿐만 아니라 주제로도 사용하였다.
- 대표 화가로 앙리 마티스, 알베르 마르케, 루오, 블라맹크 등이 있다.

야수파-〈모자를 쓴 여인〉, 앙리 마티스

야수파-〈붉은 방〉, 앙리 마티스

큐비즘—〈게르니카〉, 파블로 피카소

모더니즘—〈롱샹성당〉, 르 코르뷔지에

구성주의—〈Fasciculus'Proun Vrashchenia〉, 엘 리시츠키

10) 큐비즘 <small>21년1회 기사36, 19년2회 기사35, 18년3회 산기34, 18년1회 산기24, 17년1회 산기26, 16년3회 산기30</small>

- '입체파'라고도 불리며, 사물의 존재를 2차원의 공간에 3차원적인 입체감으로 표현하려고 했던 사조이다.

- 큐비즘 입체주의 화가들은 자연적 형태는 기하학적인 동일체의 방향으로 단순화시키거나 세련되게 할 수도 있다고 하였다.

- 난색계통 등 다채로운 색상의 강렬한 대비를 사용한 개성 넘치는 예술운동으로, 20세기 초 야수파와 함께 중요한 예술 운동 중 하나이다.

- 원근법의 기본원리가 적용되지 않고 2차원의 화면에 동일한 사물의 윗면, 정면, 측면 등을 함께 보여 주는 등 형태의 극단적 해체와 단순화, 추상화가 큰 특징이다.

- 대표 화가로 죠르쥬 브라크, 파블로 피카소가 있다.

11) 모더니즘

- 모더니즘이란 산업화, 도시화에 따라 등장한 새로운 문화운동으로, 물체의 형태는 그 역할과 기능에 의해 결정되어야 한다는 사고에 따라 형태와 기능의 합일적 결합을 이상으로 하는 사상이다. <small>20년4회 기사36, 20년1·2회 산기30</small>

- 단순하고 명쾌한 기능미를 강조하는 직선을 중요시하며, 새로움 자체를 절대적인 것으로 삼는 경향이 있어 과거와는 근본적으로 다른 스타일과 방식을 강조하는 경향이 있다.

- 20세기 초 현대 디자인은 기능주의를 사상적 배경으로 하며, 서유럽 독일공작연맹 단체의 디자인에서의 규격화 또는 근대화가 모더니즘 확산의 원동력이 되었다. <small>19년3회 산기39, 16년1회 기사27</small>

- 대표적인 건축가 르 꼬르뷔지에는 '집은 인간이 살기 위한 기계'라고 하며 인간을 위한 인체공학적 특성을 반영하여 만든 건축공간의 기준 척도로 모듈을 사용하였고, 공간절약형 주거 건축법 등 다양한 이론을 정립하였다. <small>21년2회 기사39, 19년2회 기사29, 16년2회 산기20, 15년2회 기사40</small>

- 모더니즘은 대표색으로 무채색인 검정색, 하얀색이 주목을 받았다. <small>18년2회 산기38</small>

12) 구성주의 <small>17년3회 산기28, 17년3회 산기34, 17년2회 산기22</small>

- 제1차 세계대전을 전후로 러시아 모스크바를 중심으로 일어난 추상주의 예술운동으로 산업주의와 집단주의에 입각한 사회성을 추구하였으며, 입체파나 미래파의 기계적 개념과 추상적 조형을 주요 원리로 삼아 일어난 아방가르드 운동의 하나이다.

- 현대의 기술적 원리에 따라 실제 생산물을 생산하는 것을 목표로 하였다.
- 금속, 유리, 공업 재료를 과감하고 자유롭게 활용하였으며, 사물의 묘사나 재현을 거부하고, 기하학적 질서와 합리적 배열, 패턴을 강조하였다.
- 엘 리시츠키는 새로운 기하학적 회화 스타일을 구축한 인물로 '프라운'이라는 대표적인 조형 언어를 창조하였다. 17년1회 기사36
- 대표 작가로 카사밀 말레비치가 있다. 16년2회 기사38
- 세잔은 인상주의 대표작가이지만 입체파, 미래파, 신조형주의, 구성주의, 절대주의에 많은 영향을 주었다. 또한 그는 구성주의에 대하여 다음과 같이 말했다. "나는 창조적인 활동을 자유로운 표현이라고 생각한다. 그리고 자유로운 표현이란 어떠한 물음도 제기되지 않는 활동을 말한다." 20년3회 기사29

13) 절대주의 18년2회 기사38, 16년2회 산기31

절대주의-〈검은 사각형〉, 카지미르 말레비치

- '지상주의'라고도 하며 러시아 혁명 후 구성주의와 함께 일어난 전위 미술의 하나로, 러시아의 화가 말레비치 중심으로 시작된 기하학적 추상주의의 한 흐름이다.
- 회화에서 재현성을 거부하고 단순한 구성을 통해 순수 감성을 추구하였다.
- 대표 화가인 말레비치는 순수 감성의 절대적 우위를 강조하며 기하학적인 질서를 사용하여 높은 정신세계를 표현하고자 하였다.

14) 아방가르드 18년1회 산기24

- 프랑스어로 '선두', '선구'라는 뜻으로, 프랑스 군사용어로 주력부대의 전위대를 뜻한다.
- 인습적인 전통과 권위에 대한 반항으로 진보적이고 혁명적인 예술정신을 추구하는 예술운동이다.
- 그 시대의 유행색보다 앞선 색채를 사용하였다.

15) 다다이즘 19년1회 기사37, 18년1회 산기24

다다이즘-〈샘〉, 마르셀 뒤샹

- '다다'란 프랑스어로 어린이들이 타고 노는 '목마' 또는 '뜻이 없는 옹알이'를 가리키는 말로, 이는 '무의미함'을 의미한다.
- 제1차 세계대전 이후 기존의 예술형식과 부르주아 사상 등 사회체제 자체에 반기를 들고 자유로운 예술, 파격적인 변화를 지향했다.
- 주로 칙칙하고 어두운 색조가 많고, 화려한 색채와 어두운 색채를 동시에 사용하는 것이 특징이다.
- 콜라주와 인쇄매체 등 자유로운 회화 양식을 사용하였다.

데스틸-〈빨강, 파랑, 노랑의 구성〉, 몬드리안

16) 데스틸(De Stijl) 21년3회 기사33, 21년2회 기사38, 21년1회 기사36, 18년3회 산기34, 18년3회 기사32, 18년1회 산기24, 17년3회 산기34, 17년3회 기사26, 17년2회 기사38, 17년1회 산기26, 16년3회 산기30, 15년1회 산기33

- 데스틸은 제1차 세계대전 중 네덜란드에서 발생한 신조형주의 운동으로, 개성을 배제하는 주지주의적 유럽 추상미술의 지도적 역할을 했다. 입체파와 추상주의를 중심으로 제작된 잡지의 이름에서 유래하였고, 검정, 회색, 하양과 작은 면적의 빨강, 노랑, 파랑의 순수한 원색으로 표현한 디자인 사조이다.
- 화면의 정확한 수평 · 수직 분할, 공간적 질서 속에 색 면의 위치와 배분, 3원색과 무채색을 이용한 단순한 구성이 특징이다.
- 대표적 예술가는 몬드리안, 테오 반 데스부르크가 있으며, 몬드리안은 강한 원색 대비를 통해 화면의 비례를 강조하였고, 바우하우스와 국제주의 양식에 많은 영향을 주었다.

아르데코-〈바람의 정신〉, 르네 랄리크

17) 아르데코(Art Deco) 19년2회 기사35, 15년1회 산기33

- 1925년 파리에서 개최된 현대 장식 미술, 산업 미술 국제전에서 유래되었고 장식미술을 뜻한다.
- 아르누보를 이어 1920~1930년대 프랑스 파리 중심의 장식 미술 양식이다.
- 직선적, 기하학적인 형태와 패턴이 특징이며 모더니즘과 장식 미술의 결합체이다.
- 아르데코 디자인은 국가별, 작가별로 다양한 특성이 있지만, 대표적인 배색은 검정, 회색, 초록색의 조합이며 여기에 갈색, 크림색, 주황의 조합도 일반적이다.
- 대표작가로는 폴로, 르그랑, 카상드르가 있다.

바우하우스-〈포토그램〉, 모홀리 나기

바우하우스

18) 바우하우스(Bauhaus) 20년3회 기사22, 20년3회 기사38, 19년3회 기사22, 18년3회 기사23, 18년2회 산기35, 17년3회 기사31, 17년2회 산기39, 17년2회 기사21, 17년1회 산기26, 16년3회 기사21, 16년1회 기사33, 15년3회 기사25, 15년1회 기사38

- 독일 공작연맹의 이념을 계승하여 발터 그로피우스를 초대학장으로 하여 1919년 독일의 바이마르 공화국 시절 설립된 미술공예학교이다. 오늘날 디자인 교육원리를 확립하였으며, 1923년 이후는 기계공업과 연계를 통한 예술과의 통합이 강조되었다. 그리고 1933년 마지막 학장 미스 반 델 로에를 끝으로 나치에 의해 강제 폐교되었다. 20년1·2회 기사30, 20년1·2회 기사31

- 완벽한 건축물이 모든 시각 예술의 궁극적인 목표라 선언하고 예술창작과 공학기술을 통합하고자 주장한 새로운 예술교육기관이며 연구소였으며 공방교육을 통해 미적조형과 제작기술을 동시에 가르쳤다.
- 마이어는 예술은 집단 사회의 모든 사람이 쉽게 이해할 수 있어야 한다고 주장하였다.
- 데사우(Dessau)시의 바우하우스는 수공 생산에서 대량생산용의 원형 제작이라는 일종의 생산 시험소로 전환되었다.
- 과거 문화에 연루되지 않고 고루한 것을 과감하게 타파하기 위해 새로운 예비교육 – 공작교육 – 형태교육 등을 실시하였다. 16년3회 산기23
- 예술가의 가치 있는 도구로써 기계를 적극적으로 활용하였으며 인간이 기계에 의해 노예화되는 것을 막고 기계의 장점은 취하고 결점은 제거하려 하였다. 21년3회 기사28
- 제품의 대량생산을 위해 굿 디자인의 개념을 설정하였으며 현대건축, 회화, 조각, 디자인 운동에 영향을 주었다.
- 바우하우스에 지대한 영향을 끼친 20세기 초 미술운동은 구성주의, 표현주의, 데스틸 등이 있다. 18년1회 기사28
- 대표인물로는 색채학을 중점적으로 기초조형을 교육했던 요하네스 이텐이 있고, 포토그램과 포토몽타쥬 등을 교육한 1937년 미국 시카고의 디자인 대학인 뉴 바우하우스의 교수가 된 모홀리 나기, 바우하우스 출신으로 울름디자인 대학을 설립한 막스 빌 등이 있다. 21년2회 기사33, 19년3회 기사30, 19년1회 기사23, 16년2회 기사40, 15년3회 산기34, 15년2회 산기33

19) 초현실주의

- 앙드레 브로통이 '초현실주의 선언'을 발간한 1924년부터 제2차 세계대전이 발발하기 전까지 약 20년간 프랑스를 중심으로 일어났던 예술운동이다.
- 초현실주의는 말 그대로 현실을 초월한 미술을 의미하는데, 현실에 존재하지 않는 것과 무의식, 꿈의 세계 등을 표현하고자 하였다.
- 우연적인 효과를 주는 콜라주와 오브제 같은 표현방식을 따르기도 했다.

초현실주의–기억의 지속, 살바도르 달리

20) 키네틱 아트

'움직이는 예술'을 뜻하며, 키네틱 아트는 움직임을 표현하는 모든 작품을 통틀어 말하는 용어이다. 칼더의 모빌, 팅겔 리가 고안한 보터 장치가 있다.

키네틱 아트–〈모빌〉, 알렉산더 칼더

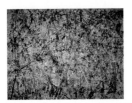

추상 표현주의-〈Number1〉, 잭슨폴록

21) 추상 표현주의

- 제2차 세계대전 후 1950년대 미국에서 전성기를 맞이하여 전 세계에 영향을 끼친 추상회화를 말하며, 뉴욕을 세계예술의 중심지로 만든 계기가 되었다.
- 미국의 액션페인팅, 올오버 페인팅(화면 전체에 물감을 흩뿌림), 다초점 등에서 추상 표현주의의 특징이 나타난다.
- 칸딘스키는 강한 원색 대비, 단순한 명도 대비를 이용한 작품을 다수 남겼다.
- 대표적 화가는 잭슨 폴록, 드 쿠닝, 바넷 뉴먼 등이 있다.

미니멀리즘-〈숭고한 영웅〉, 바넷 뉴먼

22) 미니멀리즘 19년1회 산기40, 19년1회 기사36, 16년3회 산기29, 15년2회 산기29

- '최소한의(극소의) 예술'이라고 하며, 1960년대 후반부터 두드러지게 나타난 미국의 미술동향이다.
- 예술가의 개인적 감성과 표현을 극도로 억제하여 대상의 색채, 형태 등을 극도로 단순화하고 불필요한 요소들은 제거함으로써 대상의 핵심 본질만을 표현하고자 하였다.
- 순수한 색조 대비와 개성 없는 색채, 강철 등의 공업 재료의 사용이 특징이며 원형과 정육면체 등 단순한 기하학적 형태가 많이 사용된다.
- 대표적 작가는 로버트 라우센버그, 버넷 뉴먼, 도널드 주드 등이 있다.

팝아트-〈음 어쩌면〉, 로이 리히텐슈타인

팝아트-〈캠벨수프캔〉, 앤디워홀

23) 팝아트 21년2회 기사25, 19년2회 산기32, 19년1회 산기37, 18년3회 산기25, 18년1회 산기37, 18년1회 기사29, 17년3회 산기34, 17년2회 산기37, 16년3회 기사28, 16년1회 산기29, 16년1회 기사25

- '파퓰러 아트(대중 예술)'의 줄인 말이며, 1960년대 미국 뉴욕을 중심으로 등장하였으며, 추상 표현주의 등 엘리트 문화를 반대하며 대중적 이미지를 차용하여 유희적이고 소비사회, 물질주의 문화에 대한 비판을 제시하였다.
- 매스미디어와 광고 등에 등장하는 상업적이고 대중적인 시각이미지를 적극적으로 수용하고자 하였으며 형상의 복제, 표현기법의 보편화, 역동적인 속도, 개방성과 낙관적인 분위기 등이 특징이다.
- 기능을 단순화하고 의미를 부여하였다.
- 전체적으로 어두운 톤 위에 혼란한 강조색을 사용하였다. 21년3회 기사25, 20년1·2회 산기31, 16년3회 기사24
- 대표적 화가는 앤디 워홀(마릴린 먼로, 미키마우스와 같은 대중적 이미지를 실크스크린 기법을 구사하여 원색적으로 표현), 리히텐슈타인(만화 이미지 확대), 올덴버그(사물을 삼차원으로 표현) 등이 있다.

24) 옵아트(옵티컬 아트, Optical Art) 21년2회 기사25, 20년3회 산기21, 20년1·2회 산기28, 18년1회 산기31, 17년3회 산기34, 17년1회 기사23, 16년1회 기사40

옵아트-〈얼룩말〉, 빅토르 바자렐리

- '옵티컬 아트'의 줄임말이며, 1960년대 미국을 중심으로 일어났던 추상미술의 한 방향이다.
- 색조의 강한 대비감, 선의 구성과 운동, 색의 진출과 후퇴 등 광학적 효과를 활용하여 색채의 시지각 원리에 근거를 두고 시각적 환영과 지각, 착시 효과 등 심리적 효과를 적극적으로 활용하여 새로운 이미지를 표현하였다.
- 명암대비가 있는 자극적인 색채를 선택하여 색면의 대비나 선의 구성으로 발생하는 운동성이 우리 눈에 주는 착시현상을 극대화하는 것이 특징이다.
- 팝아트가 상업성, 옵아트는 순수한 시각적 예술을 추구하였다.
- 대표 화가로는 빅토르 바자렐리, 브릿짓 라일러 등이 있다.

25) 포스트모더니즘 19년2회 기사27, 18년1회 기사35, 15년1회 산기33, 15년1회 산기28

- '모더니즘 이후', '탈 모더니즘'이라는 뜻으로, 시간이 흐를수록 추상화되어 고급미술로 인식되던 모더니즘과, 사물을 실감나게 그리면 저급 미술로 취급되던 당시 문화에 대한 반성으로 1960년대에 부상한 미술운동이다.
- 근대디자인을 탈피하고자 하였으며, 기능주의를 반대하며 20세기 후반에 인간의 정서적, 유희적 본성을 중시한 디자인 사조로 역사와 전통의 중요성을 재인식하고 적극 도입하여 과거로의 복귀와 디자인에서의 의미를 추구하였다.
- 절충주의, 맥락주의, 은유와 상징 등이 특징이며, 개성, 자율성, 다양성을 추구하여 모더니즘의 단순미를 비판하며 예술과 공예, 디자인 간의 장르의 벽을 허물고자 하였다.

플럭서스-요노요코(전위예술가)

- '형태는 재미를 따른다'라는 정신 아래 유머, 위트, 장식성을 회복하려고 노력하였다.
- 대표적인 건축물은 스페인 빌보오 지역에 있는 구겐하임 미술관이 있다.
- 무채색에 가까운 파스텔 색조, 살구색, 올리브 그린이 색채 특징이다.

26) 플럭서스 21년1회 기사39, 19년1회 기사28, 16년1회 기사25

- 라틴어로 '변화', '흐름,' '움직임'이라는 뜻으로 1960년대 초부터 1970년대에 걸쳐 독일 중심으로 일어난 극단적인 반예술적 전위예술 운동이다.
- 다양한 재료를 혼합하여 많은 미술 형식을 동시에 표현하여 마치 조화를 이루지 못하는 듯 하게 보이면서도 회화적이고 개방적인 경향을 보였다.

플럭서스 선언문

- 부르주아적 성향을 거부하였으며, 아방가르드적 문화와 함께 음악, 무대예술, 시 등 다양한 장르를 융합한 통합예술을 추구하였다.
- 전반적으로 불안한 느낌의 회색조, 붉은 색, 어두운 톤이 주를 이룬다.

27) 페미니즘

페미니즘-〈가시목걸이를 한 자화상〉, 프리다 칼로

- 여성의 여러 법적, 사회적 권리를 확장하여 남성과의 평등을 추구하고자 했던 여성해방 운동으로, 여성에게 남성과 동등한 교육기회와 시민권 등을 부여함으로써 여성의 종속성을 거부하고자 하였다.
- 대표적 화가로 프리다 칼로, 신디 셔면 등이 있다.

28) 멤피스 20년3회 기사33, 19년3회 산기23, 17년1회 산기22, 16년3회 기사25

멤피스의 수집품

- 1981년 이탈리아 산업디자이너들이 결성한 진보적인 디자인 그룹으로 당시 모더니즘의 기능주의, 상업화된 디자인의 획일적이고 인위적인 시각 표현을 탈피하고자 하였고, 콜라주나 다른 요소들의 조합 또는 현대생활에서 경험되는 단편적인 경험의 조각이나 가치에 관한 것들에 대한 관심을 가졌다.
- 팝아트 운동 등에 영감을 받아 라미테이트, 합판, 플라스틱 등 다양한 소재를 사용하여 화려한 장식과 과감한 다색 배합과 유희성을 바탕으로 낙천적이고 자유분방한 실험적 디자인을 추구하였다.
- 이들의 작품은 전통적인 공예상점에서 비싼 가격에 팔리는 한정된 수량의 제품을 생산하는 한계를 벗어나진 못했다.
- 기하학적 형태의 활용과 위트가 넘치는 개성적인 표현으로 포스트모더니즘에 영향을 주었다.

29) 해체주의 16년3회 산기29

- 1980년대 등장하였으며 개성과 다양성을 추구한 포스트모더니즘의 연속 선상에 있는 미술주의이다. 모더니즘의 획일적인 디자인을 비판하며, 역동적인 조형과 확장을 위한 발전적 해체를 추구하였다.
- 분석적 형태의 강조를 위한 분리 채색이 특징이다.
- 대표적 건물로 조르주 퐁피두 센터와 스페인에 있는 리스칼 호텔 등이 있다.

30) 키치 21년3회 기사26, 21년1회 기사36, 16년2회 기사28

키치-〈튤립의 부케〉, 제프 쿤스

- 키치는 사전적으로 '저속한', '대중 취미의', '대상을 모방하다'라는 다양한 뜻이 있으며, '낡은 가구를 모아 새로운 가구를 만든다'라는 뜻으로 저속한 모방예술을 의미한다.

- 1972년부터 유행하기 시작하였으며 예술사조라기보다는 예술의 수용방식을 뜻하는 말이다.
- 표면적으로는 예술품이지만 미적 수준에서는 누구나 이해 가능한 저급한 그림 등을 지칭한다.
- 키치는 신구 문화가 동시에 존재하는 '혼재', 연예인의 옷과 액세서리 등이 유행하는 '모방', 변화하는 사회에 대한 보상심리의 '향수' 등으로 표현되는 특징이 있다. 15년3회 산기33

31) 비디오아트

TV 수상기 등 비디오 장비 수십~수백 대를 이용하여 전시하는 현대예술의 한 경향으로 백남준의 설치 비디오 중심의 비디오아트가 유명하다.

비디오아트-〈비디오타워 다다익선〉, 백남준

3 디자인 성격

(1) 디자인의 요소 및 원리

1) 디자인의 요소 20년1·2회 기사38, 18년2회 산기24, 18년2회 기사34, 18년1회 산기25, 16년2회 기사39, 15년2회 기사31

디자인 요소는 크게 형태, 색채, 질감으로 나눈다. 인간의 감각적 자극의 순서는 색채 → 형태 → 질감 순이라 할 수 있다.

① 형태

- 형 : 형은 단순한 윤곽이지만, 형태는 일정한 크기, 색, 질감을 가진 모양으로, 이념적 형태와 현실적 형태로 구분된다. 이념적 형태는 점, 선, 면, 입체 등 기하학적인 순수 형태를 말하며, 현실적 형태는 자연 형태와 인위적 형태를 말한다. 20년3회 기사40, 20년3회 산기38, 18년1회 기사25, 17년3회 산기40, 16년1회 산기22, 15년3회 기사22

- 점 : 점은 크기, 길이나 면적을 가지고 있지 않고 위치만 가지고 있는, 형태의 가장 기본 단위를 말한다. 직선 및 평면과 함께 고전적 기하학을 구성하는 개념이다. 점은 공간의 위치를 나타내며 점이 확대되면 면이 되며, 원형이나 정다각형이 축소되면 점이 된다. 17년3회 기사24, 17년2회 기사32

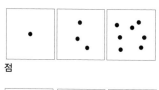

점

- 선 : 선은 점이 이동한 자취 및 궤적을 말한다. 선은 길이와 위치, 넓이를 가지고 있으며 두 점을 연결해 준나. 크게 직선(수직선, 사선, 지그재그선), 곡선(원, 타원, 와선 등)으로 나뉜다. 선은 폭이 넓어지면 면이 되고, 굵기를

선

늘리면 공간 또는 입체가 된다. 따라서 선은 방향이나 굵기, 모양 등에 의해 다양한 시각적 느낌을 만들어 낼 수 있다.

- 선의 동작 특성에 영향을 끼치는 것은 점의 운동속도, 깊이, 방향, 강약 등이다. 직선이 가늘면 예리하고 가벼운 표정을 가진다. 직선은 단순, 남성적, 명확, 확실하며 정적인 느낌이다. 21년1회 기사30, 19년2회 산기38, 17년3회 기사24, 16년3회 산기25, 15년2회 산기37

- 곡선은 점의 방향이 끊임없이 변할 때 곡선이 생긴다. 곡선은 우아, 매력, 모호, 유연, 복잡함의 상징이다. 포물선은 속도감, 쌍곡선은 균형미를 연출한다. 17년1회 산기24

- 기하곡선은 이지적 이미지를 상징하고, 자유곡선은 분방함과 풍부한 감정을 나타낸다. 19년3회 산기27

- **면** : 면은 선분과 선분을 이어 만든 2차원적인 평면으로 모든 방향으로 펼쳐진 무한히 넓은 영역을 의미하며, 길이와 폭, 위치, 방향을 가지고 두께는 없다. 공간을 구성하는 단위이며, 공간 효과, 형태를 나타내는 데 매우 중요한 요소이다. 면의 종류에는 직선적인 면, 기하학적인 면, 유기적인 면, 평면과 곡면이 있다.

  - 소극적인 면은 점의 밀집, 선의 집합으로 성립되고, 적극적인 면의 형성은 점의 확대, 선의 이동, 너비의 확대와 관련있다. 20년1·2회 기사25, 18년3회 기사36, 18년1회 산기40, 17년3회 기사24, 16년2회 산기34, 16년1회 기사29, 15년3회 산기25

- **입체** : 입체는 3차원적인 개념으로 면이 이동한 자취로서 여러 개의 평면이나 곡면으로 둘러싸인 형상을 말한다. 길이, 너비, 깊이, 형태와 공간, 표면, 방위, 위치 등을 가지며 디자인 조형 요소 중 물체가 점유하는 공간이다. 21년1회 기사25, 17년3회 기사24, 17년2회 기사32, 15년1회 산기21

입체

  - 적극적 입체는 확실히 지각되는 형, 현실적 형을 말한다.

  - 순수입체는 모든 입체들의 기본요소가 되는 구, 원통 육면체 등 단순한 형이다.

  - 두 면과 각도를 가진 방향으로 이동하거나 면의 회전에 의해서 생긴다.

② 색채

- 색채는 형태와 질감과 함께 시각효과를 주는 중요한 요소이다. 색의 3요소는 색상, 명도, 채도이며 색지각의 3요소는 빛, 물체, 관찰자이다.

- 재료 선택 시 색채에 영향을 주는 가장 큰 요소는 빛이다. 16년3회 기사29

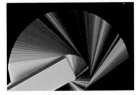

색채

③ 질감 19년2회 산기30, 16년3회 기사27, 15년3회 산기21

- 질감이란 눈으로 지각되는 시각적인 재질감과 손으로 만져 느껴지는 촉각적인 느낌을 말한다. 질감은 색채와 조명이 함께 고려되었을 때 효과가 크게 나타난다.

- 재료, 조직의 정밀도, 질량도, 건습도, 빛의 반사도 등에 따라 시각적 감지 효과가 달라진다.

- 손으로 그리거나 우연적인 형은 자연적인 질감이 된다. 그 예로 나뭇결무늬, 동물털, 손으로 그린 것 등이 있다.
- 기계적인 질감은 사진의 망점이나 인쇄상의 스크린 톤, 텔레비전 주사선 등에서 찾을 수 있다. 21년3회 기사32, 16년3회 기사27

2) 디자인의 원리

디자인의 원리는 조화, 리듬(율동, 반복, 점증, 점이), 강조, 균형, 비례, 창조성 등이 있다. 15년1회 기사40

① **조화** 21년2회 기사26, 17년2회 산기38, 17년2회 기사29
- 공간, 색채, 재질 등 두 개 이상의 성질이 다른 요소들이 혼합되어 전체적으로 어울리는 느낌을 주는 미적 현상을 말한다.
- 디자인의 조화는 여러 요소의 통일과 변화의 정확한 배합과 균형에서 온다.
- 유사, 대비, 균일, 강화와 관련 있는 디자인의 조형 원리이다.

② **율동(리듬)** 20년1·2회 산기29, 21년2회 기사35, 19년2회 기사22, 17년1회 기사31, 17년3회 기사32, 16년2회 기사30
- 그리스어 'rheo(흐르다)'에서 유래한 말로 반복, 방사(중심부에서 밖으로 퍼져나감), 점진 등 연속적으로 되풀이되어 규칙적인 반복을 만들어 내는 요소와 운동감을 말한다.
- 음악, 무용, 영화 등의 예술에서도 중요한 원리가 된다.

③ **강조** 19년1회 산기26, 17년1회 산기35, 16년3회 산기38, 15년1회 산기36
- 주위를 환기할 때, 단조로움을 덜거나 규칙성을 깨뜨릴 때, 관심의 초점을 만들거나 움직이는 효과와 흥분을 만들 때 이용하면 효과적이다.
- 어떤 특정 부분에 변화, 불규칙성 등 반복의 근거를 두고 다른 재료들과 대비를 이루기도 하는 등, 의도적으로 배치하여 강하게 돋보이게 하는 것을 말한다.

④ **균형** 19년3회 기사34, 19년3회 산기33, 18년3회 기사34, 17년3회 기사35, 15년3회 기사24
- 좌우대칭으로 균등하게 분배되어 안정되어 있는 상태를 말한다. 힘의 균형 상태에 따라 대칭적 균형과 비대칭적 균형, 주도와 종속으로 나뉘며, 비대칭균형은 물리적으로는 불균형이나 시각적 균형을 이루는 것을 말한다.
- 부분과 부분 혹은 부분과 전체 사이에 시각적인 안정감이 보일 때 균형이 이루어진다. 난조롭고 정지된 느낌을 깨뜨리기 위하여 의도적으로 불균형을 구성할 때도 있다.

〈항구〉, 클로드 로랭

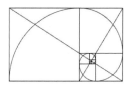

황금비례

- 시각적인 수단들의 변화는 구성의 무게, 크기, 위치의 요인들을 포함한다.
- 방사형 대칭 균형이란 한 점 위에서 일정한 각도로 회전시켰을 때 생기는 균형의 종류이다.

⑤ **비례** 21년2회 기사29, 19년2회 산기23, 19년1회 산기36, 17년1회 산기35, 15년3회 기사33, 15년2회 산기36, 15년2회 기사22

- 전체와 부분, 또는 부분과 부분 등 면적과 길이의 관계를 일정한 비율로 나타낸 것이다. 가장 이상적인 비례로 여겨지고 있는 '황금분할'은 1:1.618의 비율을 가진다. 이 밖에도 등차수열(1:4:7:10…), 등비수열(1:2:4:8:16…) 등이 있다.
- 객관적 질서와 과학적 근거를 명확하게 드러내는 구성형식이다.
- 구체적인 구성형식이며, 보는 사람의 감정에 직접적으로 호소하는 힘을 가지고 있다.
- 황금비는 어떤 선을 2등분하여 작은 부분과 큰 부분의 비를, 큰 부분과 전체의 비와 같게 한 분할이다.
- 비례를 구성에 이용하여 훌륭한 형태를 만든 밀로의 비너스, 파르테논 신전, 프랑스 클로드 로랭의 '항구'라는 작품을 예로 들 수 있다.
- 비례는 기능과도 밀접하여, 자연 가운데 훌륭한 기능이 있는 것은 좋은 비례 양식을 가진다. 20년1·2회 기사33

⑥ **창조성** 17년2회 산기40

대상을 연속적으로 전개해 이미지를 만드는 디자인 조형 원리이다.

(2) 시지각적 특징

1) 형태 지각 심리(게슈탈트 법칙) 21년3회 기사40, 20년4회 기사35, 19년3회 산기36, 19년3회 기사35, 18년3회 기사28, 18년1회 기사27, 17년1회 산기37, 17년1회 기사22, 16년1회 기사34, 15년3회 산기28

'게슈탈트'란 독일어로 '형태', '형상'을 의미한다. 게슈탈트 법칙은 게슈탈트 심리학파가 제시한 심리학 용어로 형태를 지각하는 법칙을 말한다. 막스 베르트하이머가 1923년에 제기한 이론이며 이후 여러 사람에 의해 발전되었다.

① 근접의 법칙

사람이 사물을 인지할 때, 가까이에 있는 물체들을 하나의 묶음으로 인지한다는 법칙이다.

근접의 법칙

② 유사의 법칙 17년2회 기사27

형태, 색채 등에 유사성이 있는 요소들이 그렇지 않은 것들보다 더 눈에 잘 띄는 법칙이다.

③ 폐쇄의 법칙 19년2회 기사24, 19년1회 기사21, 18년3회 산기39, 18년3회 기사21, 18년2회 기사21, 15년3회 기사31

기존 지식을 바탕으로 부분이 연결되어 있지 않아도 완성해 인지한다는 법칙이다.

④ 대칭의 법칙

대칭의 이미지들은 떨어져 있어도 한 그룹으로 인식하게 된다는 법칙이다.

⑤ 연속의 법칙 19년1회 산기25

각 요소들이 같은 방향으로 운동을 계속하는 경향이 있을 때 이것이 하나의 배열단위로 보이는 법칙이다.

2) 착시

- 시각적 착각을 말하며 실제 대상과 다르게 인식되는 현상을 의미한다. 착시의 종류로 길이의 착시, 방향의 착시, 크기의 착시, 면적의 착시, 거리의 착시, 배열의 착시, 바탕과 도형의 반전(루빈스의 컵) 등이 있다. 길이는 같은데 방향성이 다른 표시로 인해 길이가 달라 보이는 경우가 길이의 착시라고 한다. 19년1회 기사25, 17년3회 기사28, 16년2회 산기30
- 큰 원에 둘러싸인 중심의 원과 작은 원에 둘러싸인 중심의 원이 동일한 크기지만 다르게 보이는 이유는 크기의 착시 때문이다. 19년3회 기사37
- 도형과 바탕의 반전에 관한 설명 중 바탕이 되기 쉬운 영역은, 폭이 일정한 영역보다 폭이 불규칙한 영역이다. 19년1회 기사32, 15년1회 기사39

(3) 디자인의 조건 18년2회 기사26, 17년1회 기사35

1) 합목적성 20년4회 기사34, 19년2회 산기37, 17년3회 산기27, 17년2회 기사35, 17년1회 기사24, 16년2회 기사31, 16년1회 산기39, 15년2회 기사29

- 의도하는 작품을 실용상의 목적과 용도, 효용성에 맞게 디자인하는 것을 말한다. 객관적이고 합리적이며 과학적인 접근이 요구된다.
- 미적 조형과 기능, 실용성 사이에서 균형을 이루어야 한다.
- 소비자의 요구사항과 디자이너로서의 전문적인 의견을 적절히 조율해야 한다.

유사의 법칙

폐쇄의 법칙

대칭의 법칙

연속의 법칙

길이의 착시

방향의 착시

크기의 착시

바탕과 도형의 착시

2) 경제성 20년1·2회 산기34, 19년2회 산기29, 17년2회 산기31

최소한의 비용과 노력으로 최대의 효과를 얻고자 하는 경제학적 원칙을 디자인에도 적용한 원칙이다. 가격 경쟁력을 결정하는 요소이다. 예를 들어 제품의 색채를 통일시켜 대량생산하는 것과 관계가 깊다.

3) 심미성 19년3회 기사33, 19년2회 기사39, 17년3회 산기30, 16년1회 기사37, 15년1회 기사31

- 합목적성, 실용성과는 대립하는 개념으로 색채, 형태 등 조화와 아름다움에 대한 추구를 의미한다. 주관적인 평가이므로 개인의 성향, 나이, 성별과 사회나 문화에 따라 다르다.
- 디자인에서 드러나는 스타일(양식), 유행, 민족성, 시대성, 개성 등이 복합적으로 반영된 것이다.

4) 독창성 20년4회 기사22, 20년1·2회 산기33, 19년1회 산기33, 16년1회 산기38

- 다른 사람과는 다른 새롭고 창의적인 감각으로 새로운 것을 창조하는 것을 말한다. 기능이나 대중성보다는 차별화에 중점에 두고 최종적으로 생명을 불어넣는 디자인 조건이다.
- 디자이너의 창조성은 주어진 정보와 새로운 지식과 경험을 바탕으로 상상력을 결합해 새로운 디자인을 개발하는 것이다.
- 자연적, 인공적 원형 시대 양식에서 새로운 정신을 찾아 시대에 맞는 디자인을 찾는 것이 훌륭한 디자인이다.

5) 문화성 21년2회 기사23, 21년1회 기사38, 19년2회 산기29, 17년3회 기사38, 17년1회 기사33

- 지역의 고유의 민족적, 지리적, 토속적 환경이 생활습관, 전통과 결합되면서 여러 대(代)를 거쳐 형태의 세련미와 사용상의 개선이 이루어지며 나타나게 된 인간 중심의 디자인을 말한다. 버내큘러 디자인, 에스닉 디자인, 엔틱 디자인이 문화성과 관련된 디자인 방법이다.
- 오늘날은 세계화와 지역화라는 동시 발생적인 상황 앞에 사람에게 세계인으로서의 위상과 개별화에 대한 가치 인식을 동시에 요구한다. 이는 문화성의 특수가치에 대한 비중이 높아가고 있음을 보인다. 16년1회 산기27

6) 지역성

마을, 도시 등 한 지역의 고유한 특징과 성격을 말한다. 지역적 라이프스타일과 문화양식에 따라 독특한 디자인 경향이 발달한다.

7) 친환경성 20년4회 기사40, 19년3회 기사23, 18년3회 산기22, 18년3회 기사38, 18년3회 기사25, 18년2회 산기22, 16년3회 산기22, 16년3회 기사26, 16년1회 기사31, 15년2회 기사34

'친자연성'과 같은 의미로 쓰인다. 환경오염으로 인한 생태계 파괴에서 벗어나 생태학적으로 건강하고 유기적으로 전체에 통합되는 인간 환경의 구축을 목표로 자연과 조화롭게 공생 및 상생의 관계를 유지할 수 있도록 디자인하는 것을 말한다. 환경친화적 디자인, 재활용. 재사용을 위한 리사이클링 디자인, 에너지 절약형 디자인 등이 있다.

(4) 기타 디자인

1) 유니버설 디자인

① 의미

미국의 로널드 메이스가 주장한 '모두를 위한 디자인'을 의미하며, 성별, 연령, 국적, 문화적 배경, 장애 등과 관계없이 모든 사람이 손쉽게 사용할 수 있는 안전하고 편리하도록 설계한 '보편적 디자인', '범용 디자인', '인본주의적 디자인'을 말한다. 18년1회 산기38, 18년1회 기사33

② 유니버설 디자인 7대 원칙 18년3회 산기31, 17년1회 기사21, 16년3회 기사32, 16년1회 기사28, 15년1회 산기32

1. 공평한 사용

누구나 차별 없이 최대한 공평하게 사용할 수 있도록 설계해야 한다.

2. 사용의 융통성 18년3회 기사35

제품과 디자인에 대하여 사람마다 자기 나름대로 사용 방법을 선택할 수 있도록 하여 여러 사람에게 무리 없이 사용될 수 있어야 한다.

3. 단순하고 직관적인 사용

사용자 수준과 상관없이 쉽게 사용할 수 있도록 설계해야 한다.

4. 정보 이용의 용이성

정보구조가 간단하여 효과적으로 전달될 수 있게 설계해야 한다.

5. 오류에 대한 관용

위험과 오류가 최소화될 수 있는 방향으로 설계해야 한다.

6. 적은 물리적 노력

사용자의 피로감을 최소화할 수 있도록 설계해야 한다.

사용자의 관점에서 배려한 제품

사용상의 융통성과 접근성을 강조한 제품

7. 접근과 사용을 위한 공간

다양한 신체조건과 자세를 고려하여 적합한 크기와 공간을 제공할 수 있도록 설계해야 한다.

2) 지속가능한 디자인 21년3회 기사34, 20년3회 기사32, 17년3회 기사23, 16년3회 산기21

자연이 먼저 보존되고 인간과 환경이 조화되는 개발을 의미한다. 디자인의 전 과정에서 환경적, 경제적, 사회적 영향을 고려한 미래지향적 디자인이다.

3) 업–사이클 디자인

재활용품을 활용한 디자인을 말한다.

4) 리–디자인 21년1회 기사31, 19년3회 산기40, 17년1회 산기25, 15년3회 산기23

기존 제품의 한계가 나타났을 때, 기존 제품의 재료나 기능 또는 형태를 개량하고 조형성을 개선하는 디자인이다.

5) 그린 디자인 19년2회 기사28, 15년1회 산기22

그린 디자인

환경오염 문제를 고려하여 건강하고 조화로운 환경을 추구하는 디자인이다. 디자인 과정에서 재활용, 재사용, 절약, 제품수명 연장 등이 고려되며, 에너지와 자원의 효율성을 높인다.

6) 에코 디자인 19년3회 산기37, 17년1회 산기27, 15년3회 기사27

환경 친화의 적절한 조화를 이루는 디자인으로, 환경파괴를 최소화하기 위해 유해물질을 사용하지 않으면서 제품의 기능성과 품질은 높이려는 것이다. 환경과 인간을 고려한 자연주의 디자인이며 환경오염 방지를 위한 디자인, 생산, 품질, 환경, 포장, 폐기, 설계 등의 총체적 과정의 친환경 디자인을 말한다.

SECTION **02** 색채 디자인 실무

---

1 색채계획

(1) 색채계획의 목적과 정의

1) 색채계획(Color Planning)의 정의와 목적 19년3회 산기29, 16년1회 산기26

- 색에 기초를 둔 디자인을 말하며, 실용성과 심미성을 바탕으로 디자인 요소를 고려한 아름다운 배색 효과를 얻도록 계획하는 것을 의미한다.

- 색채계획은 1950년대 미국에서 보급되었다. 과학 기술의 발전에 따른 생산 방식의 공업화로 색채의 생리적 효과를 활용한 색채조절에 의한 디자인 방식이 주목받기 시작하였으며, 인공적인 착색 재료와 착색 기술이 발달하면서, 자유롭게 색의 표현이 가능하게 되고, 소재나 제품에 착색이 일반화되면서 색채계획이 발달하게 되었다. 18년3회 산기32

- 색채계획의 효과로 제품의 차별화, 제품 이미지 상승효과, 주변환경과 조화로운 도시경관 조성 및 심리적 쾌적성 증진, 지역 특성에 맞는 통합 계획으로 이미지 향상, 작업 능률 향상, 피로도 경감, 안전색채 사용으로 사고나 재해 감소, 유지관리 비용 절감 등이 있다. 19년2회 산기28, 19년1회 기사29, 18년2회 기사29, 18년1회 산기23, 18년1회 기사24, 17년2회 산기30, 17년2회 산기24, 16년2회 기사21

- 철저한 시장 조사를 통해 분석하고 시장 포지셔닝에 의한 색채계획으로 고객에게 우호적이고 강력한 인상을 심어야 한다.

- 색채계획 시 가장 중요한 부분은 색채 목적을 정확히 인식하고 시장조사와 색채 심리, 색채 전달 계획을 세워 디자인을 적용해야 한다. 20년3회 산기37

- 색채 적용 시 대상을 검토할 때는 대상과 보는 사람과의 거리감, 대상의 움직임 유무, 개인용과 공동 사용을 구분하는 공공성의 정도 등을 고려해야 한다.

- 색채계획 과정은 일반적으로 1. (색채의 목적)색채 환경 분석 → 2. 색채 심리 분석 → 3. 색채 전달 계획 → 4. 색채 디자인 적용의 단계로 이루어진다. 20년3회 산기36, 17년3회 산기37, 15년2회 산기26, 15년2회 기사32

컬러 이미지 스케일(Image Scale) 20년3회
기사28, 19년2회 산기34, 16년3회 기사40

색채계획 시, 색채가 주는 정서적 감성을 객관적이고 논리적으로 판단할 수 있도록 언어로 표현한 좌표계로 디자인 방법론으로 활용하기 위해 개발된 것을 말한다.

| **색채 시장 조사 및 환경 분석 단계**
(색채 변별 능력 및 조사 능력, 자료 수집 능력) | 18년3회 산기21,
15년3회 산기39,
15년3회 기사35 |

↓

| **색채 심리 분석 단계**
(색채 구성 능력과 심리 조사 능력) | |

↓

| **색채 전달 계획 단계**
(컬러 이미지 계획 능력과 컬러 컨설턴트의 능력) | 19년1회 산기38 |

↓

| **디자인 적용 단계**
(색채 규격과 컬러 매뉴얼 작성 단계로 디렉션의 능력이 필요) | |

(2) 색채계획 및 디자인의 프로세스

색채계획은 디자인 대상에 따라 조금씩 다를 수 있지만, 일반적인 색채계획은 계획 → 조사 → 분석 → 종합 → 평가로 이루어진다. 혹은 조사 및 기획 → 색채계획 및 설계 → 색채관리의 3단계로 구분하기도 한다. 19년1회 산기27, 16년2회 산기37

1) 조사 및 기획

• 색채 디자인 대상의 형태나 재료, 작업 일정 확인, 시장·소비자·현장 조사, 측색 조사, 문헌 조사, 앙케트 조사 및 분석을 하여 이것을 바탕으로 콘셉트를 잡고 이미지 키워드를 추출한다. 19년2회 기사26, 19년1회 산기30, 17년2회 산기33, 16년3회 산기8, 16년2회 기사29, 15년1회 기사27

• 조사항목은 환경요소, 시설요소, 인간 요소로 나눌 수 있다. 17년1회 기사27

2) 색채계획 및 설계

색채계획하고자 하는 구간의 조건, 주변과의 조화 등 체크리스트 작성 후 조사, 색견본 수집 및 주조색, 보조색, 강조색의 결정 및 배색, 입체모형이나 컴퓨터 그래픽을 이용하여 컬러 시뮬레이션 실시 후 계획안을 결정한다. 20년1·2회 산기23, 19년3회 기사26, 18년3회 기사33, 17년3회 기사33, 17년1회 산기23, 15년3회 기사29

3) 색채관리

색견본 승인, 생산관리할 시공사 선정, 시공 감리 및 색채관리를 한다.

① 패션디자인 17년1회 산기36, 15년1회 산기39

트렌드를 바탕으로 시장 정보, 소비자 정보를 바탕으로 계절과 주제에 맞는 색채정보를 분석하고 디자인한 후 평가한다.

색채 정보 분석 단계 (시장 정보, 소비자 정보, 유형 정보, 색채계획서 작성)	19년3회 산기38, 19년2회 산기24, 18년2회 산기25

↓

색채 디자인 단계 (이미지맵 작성, 주조색, 보조색, 강조색 결정, 소재 및 재질 결정, 배색 디자인, 아이템별 색채 전개)	20년1·2회 기사32, 19년2회 산기31

↓

평가 단계 (샘플 제작, 소재 품평회, 생산지시서 작성)

② **제품디자인** 15년2회 산기30

전체적인 이미지를 설정하고 주조색 선정 후 시장의 경향, 소비자 선호도를 고려하며, 합목적성, 경쟁상품과의 차별화, 광고 디자인, 패키지 디자인, 매장의 디스플레이까지 모든 과정에서 색채가 일관적으로 연관되도록 계획한다.

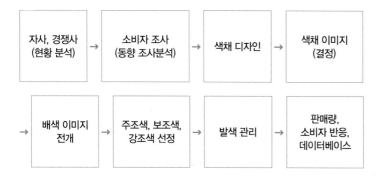

③ **실내디자인**

실내디자인 과정은 크게 기획설계 → 기본설계 → 실시설계 → 공사설계로 이루어지며, 구체적인 과정은 다음과 같이 진행된다.

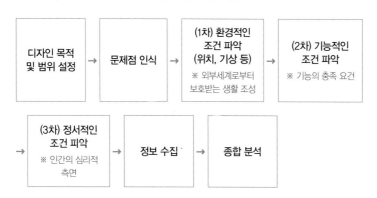

④ **색채계획 배색 구성요소** 19년3회 기사21, 18년1회 산기27, 18년2회 산기32, 15년3회 산기26

1. 주조색 19년3회 산기24, 18년2회 기사35

주조색은 전체의 60~70%를 차지하는 가장 넓은 면을 차지하여 전체적인 색채 효과를 좌우하는 색이다. 주조색은 인테리어, 제품, 미용, 패션 등 분야별로 선정방법이 다를 수 있고 목적과 대상, 재료 등을 종합적으로 고려하여 선정하여야 한다.

2. 보조색 18년3회 기사22, 17년2회 기사22, 17년1회 기사26

주조색 다음으로 넓은 공간을 차지(전체 면적의 20~25%)하여 주조색과 색상이나 톤의 차를 작거나 유사하게 하면 통일감 있는 조화를 이룰 수 있다.

3. 강조색 21년3회 기사36, 21년1회 기사28, 17년1회 기사39, 16년3회 산기27

디자인 대상에 액센트를 주어 신선한 느낌을 만들고 전체적인 변화를 주기 위한 색으로, 명도나 채도에 변화를 주거나 주조색과 보조색을 비교하여 대비적인 색상을 사용하는 방법을 사용한다. 강조색은 전체 배색에 활력을 주는 포인트 같은 색으로 전체 분량의 5~10% 범위에서 사용된다.

⑤ **굿 디자인 정의 및 요건**

굿 디자인 로고

- 좋은 디자인(굿 디자인)은 주어진 노력과 경비를 고려하여 최소의 경비로 최대의 효과를 얻을 수 있는 디자인을 말하며, 전문성을 갖고 창의적이고 독창적 디자인이 되도록 해야 한다.

- 제2차 세계대전 이후 대량생산에 의한 품질향상을 위해 만들어진 개념으로, 매년 산업디자인진흥법에 의거하여 상품의 외관, 기능, 재료, 경제성 등을 종합적으로 심사하여 디자인의 우수성이 인정된 상품에 GD 마크를 부여하고 있으며, 굿 디자인의 기준은 나라마다 상이하나, 독창성, 기능성(합목적성), 경제성, 심미성 등이 있다. 19년3회 산기21, 19년3회 기사38, 19년1회 산기23, 19년1회 기사24, 18년3회 기사39, 18년2회 산기36, 18년1회 산기36, 17년2회 산기37, 17년1회 산기32, 16년2회 기사27, 16년1회 산기25, 16년1회 기사22, 15년3회 산기30, 15년1회 산기35

- 굿 디자인 운동의 근본적인 배경을 "제품의 선택이 곧 생활양식의 선택"이라고 주장한 사람은 그레고르 파울손(Gregor Paulsson)이다. 19년1회 산기28

굿 디자인의 요건

독창성 21년3회 기사31, 20년3회 기사23	창조적이며 개성을 추구하는 디자인
기능성(합목적성)	실제 목적에 합당한 역할과 작용을 할 수 있도록 하는 디자인을 한다.
경제성 17년3회 기사21	최소한의 재물, 자원, 노력, 시간을 투자하여 최상의 디자인을 한다.
심미성	아름다움을 느끼는 미적 의식으로 주관적, 감성적인 특성이 있다.

(3) 매체의 종류 및 전략

1) 매체의 특성

- 매체는 보통 광고내용을 소비자에게 전달하는 광고매체(신문, 잡지 등 인쇄매체 / TV, 라디오 등 전파매체 / 간판 등 장소매체)와 대중에게 대량으로 정보를 전달하는 대중매체(신문, 인터넷, 라디오, TV 등)로 구분된다.
- 광고매체 선택 시에는 매체의 특징과 광고 메시지, 비용과 시장의 잠재성, 경쟁과 판매 촉진 전략 등을 고려해야 한다. 16년3회 기사36
- 최근 TV 등 매체 광고는 기업 중심의 주입식 광고에서 유머와 친근감을 중심으로 한 소비자 친화적인 광고로 변화하고 있다.

기적의 Tip

전통적 4대 매체 20년4회 기사23
신문, 라디오, 잡지, TV 광고

2) 매체의 종류

① **신문** 21년2회 기사40, 19년3회 기사29, 15년3회 기사37

- 신문은 구독자 중 대부분이 정기 구독자로 광고의 안정성이 높고 지역별 광고 전략도 가능하며, 여론형성에 끼치는 영향이 크고 신뢰도가 높다는 장점이 있으며, 광고주의 계획에 따라 광고의 집행이 가능하다.
- 광고의 수명이 짧고, 특정한 소비자에게만 광고를 도달시키는 선별적 능력은 약한 단점이 있다.

신문

② **TV 방송 채널** 19년3회 기사36

- 전국 광고가 가능하여 광고의 도달 범위가 넓고 특정 지역 등 대상으로 선별적 전달도 가능하다. TV의 특성상 시청각적인 표현이 가능하므로 광고효과가 높다.
- 메시지의 반복이나 집중공략이 가능하다.
- 짧은 광고는 내용 회상이 어렵고 수명이 짧은 단점이 있으며, TV 광고는 다른 매체보다 광고 규제가 엄격한 편이다.
- 소구력이 강하며 즉효성이 있으나 오락적으로 흐를 수 있다.
- 반복효과가 크나 총체적 비용이 많이 든다.

③ **잡지** 15년2회 기사26, 18년3회 기사37

- 명확한 독자층이 있어 고객 선별성이 높아 특정계층 대상으로 광고할 수 있고, 매체의 생명이 길며, 자세한 내용 전달이 가능해 주목률이 높고 설득력이 강하다. 따라서 비교적 광고비가 저렴한 편이고, 회람률이 높아 많은 독지 대상으로 광고할 수 있으며 한 번의 광고로 전국에 배포되는 특징이 있다.

잡지

- 제작 기간이 걸려 신속하고 빠른 정보 전달이 어렵고 광고 지면이 많아 가독성 및 열독률이 떨어질 수 있으며 특정 지역에 대한 광고는 어렵다는 단점이 있다.

④ 포스터

포스터

- 포스터는 지면 등에 광고내용을 한눈에 알아볼 수 있도록 표현하는 광고 매체다. 16세기 인쇄술이 보급되면서 대량 복제가 가능해진 이후 현재까지 보편적인 광고매체로 활용되고 있다.
- 사회 캠페인 매체로서 목적하는 바에 따라 대중을 설득하거나 통일된 행동을 유도하는 포스터를 공공 캠페인 포스터라고 한다. 17년3회 기사26

포스터

3) 매체의 전략

① 광고의 집행 단계

광고의 집행은 다음과 같다. 상황 분석 → 광고 기본 전략 수립 → 크리에이티브 전략 수립 → 매체 전략 수립 → 효과 측정 및 평가 18년2회 기사22

② 광고매체 전략 수립 시 고려요소

- 광고 목표와 타깃, 크리에이티비티 효과를 종합적으로 고려하여 광고매체를 선정해야 한다.
- 짧은 시간 안에 판매 촉진 및 기업홍보가 가능하도록 과학적으로 계획하고 진실하며 창조적인 표현을 고려해야 하며, 광고 자체의 작품성보다는 구매를 유발할 수 있도록 인지도 제고 및 제품 신뢰도 향상에 주력해야 한다. 19년1회 기사40, 18년3회 기사27
- 가급적 1년 연중 고르게 판매가 이뤄질 수 있도록 고려하여야 한다.

4) 광고매체의 종류

① 티저(Teaser) 광고 18년2회 산기20, 18년1회 기사32, 16년3회 산기36

소비자에게 메시지 내용을 전부 보여 주지 않고 후속 광고에 대한 궁금증이나 호기심을 유발하며 조금씩 단계별로 메시지를 노출하는 광고이다.

② DM(Direct Mail) 광고 18년1회 기사31, 15년2회 기사28

- 우편이나 이메일을 통한 팸플릿, 브로슈어, 카탈로그 등을 활용한 직접 광고의 하나로 광범위한 광고가 가능하다.
- 소구 대상이 명확하며, 소비자와의 관계 유지를 통해 집중적이고 지속적인 판매가 가능하다. 16년3회 기사37
- 예상 고객을 수집, 관리하기 어려워 주목성이 떨어질 수 있다.

③ P.O.P(Point Of Purchase) 광고 21년2회 기사27, 20년3회 산기34, 20년1·2회 산기36

P.O.P는 '구매 시점'을 뜻하며, POP는 광고 상품이 소비자에 의하여 최종적으로 구입되는 판매 현장인 소매상의 상점이나 그 주위에서 이루어지는 일체의 광고, 옥외의 간판, 포스터, 상점 내의 진열장이나 천장 선반 따위에 달린 페넌트 따위가 모두 포함되는 상업적 디스플레이에 활용된다.

④ SP(Sales Promotion) 광고 21년3회 기사21, 17년2회 기사33

옥외광고, 전단 등 제품의 판매 촉진을 위한 모든 광고, 홍보 활동을 뜻하는 것으로 단기적인 프로모션 활동을 의미한다. 4대 매체(TV, 라디오, 신문, 잡지)를 통한 쿠폰 광고, 프리미엄 및 이벤트 광고를 비롯하여 4대 매체를 제외한 전단, 옥외광고, 교통 광고 등을 포함한 광고이다.

⑤ 팁온(Tip-on) 광고

서비스 판촉을 위해 브로슈어, 메뉴 등 어떤 광고물에 끼워 놓거나 붙여놓는 작은 인쇄물을 말한다. DM의 카피 부분에 제품의 견본을 붙이거나 흑백 광고에 색종이를 붙여 소비자의 관심을 유도하는 것이 그 예이다.

⑥ 스폿(Spot) 광고 15년2회 기사38

라디오나 TV 광고에서 프로그램과 프로그램 사이에 들어가는 짧은 광고이다.

⑦ 패러디 광고

원작품 일부를 차용하거나 풍자해 새로운 메시지를 만들어 표현하는 광고이다.

⑧ 블록 광고

TV 프로그램과 프로그램 사이에 삽입되어 나오는 광고로, 대상 지역을 여러 지역으로 하여 블록 시장(지역 시장)을 대상으로 하는 광고를 말한다.

5) 광고의 효과 평가

기업의 색채계획에 따라 광고의 목적 및 의도가 타깃에게 잘 전달되었는지를 판단하는 과정으로, 성격에 맞게 다양한 소비자 테스트 등을 거쳐 평가한다.

(1) 환경디자인

1) 환경디자인의 색채계획

- 환경디자인이란 인간을 둘러싼 복합적인 환경 전반을 정돈되고 쾌적하게 창출해 나가는 디자인을 의미한다. 17년2회 산기36
- 작게는 거실, 주방과 같은 사적 공간에서부터 공원, 도로, 시민 광장 등의 공적 공간, 더 크게는 우주의 모든 공간까지를 포괄하는 개념이다.
- 개인의 취향보다는 사회 공동체의 편리성, 경제성, 기능성, 안정성을 고려한 합리적 계획이 되도록 해야 하며, 최근에는 자원 절약과 재사용이 가능하도록 하는 에코로지컬 디자인 개념으로까지 발전하고 있다.
- 주변 환경과 조화롭고, 목적과 기능에 부합하며, 지역적 특성을 반영해야 하며, 4계절 변화에 적합한 색채계획을 고려해야 한다. 19년3회 산기32, 18년3회 산기30
- 환경 색채계획의 결과가 가장 오래 지속하고 사후 관리가 가장 중요한 영역이다. 18년3회 산기33

환경 색채 디자인의 과정

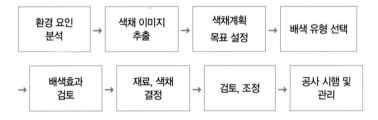

2) 환경디자인의 유형별 색채계획 15년1회 기사23

① 도시경관 디자인

강, 바다, 산, 흙, 돌 등 자연적 요소와 콘크리트, 철재 등 인공적 요소를 종합적으로 파악하여 균형적이고 조화로우며 쾌적한 경관 이미지를 구현하는 색채계획이다. 경관 디자인을 통해 지역적 특성을 살릴 수 있으며, 경관은 시간적, 공간적 연속성으로 파악해야 한다. 또한 색채 디자인 계획 수립 시 원경(멀리 보이는 경치), 중경(중간 정도의 경치), 근경(가까이 보이는 경치) 등 전체 환경과의 조화를 이룰 수 있도록 해야 한다. 18년3회 기사31, 15년1회 기사25

도시경관

② **건축디자인** 19년3회 기사20, 18년1회 산기30, 16년2회 기사26, 16년2회 기사22, 16년1회 산기35, 15년2회 산기24

건축디자인

- 건축은 인간의 삶의 공간으로, 쾌적하고 안전한 기능성과 함께 공간 자체가 하나의 예술품으로 인식되는 공간 예술이다.
- 색채계획 시 사용 조건의 적합성, 기능성, 조형성, 주위환경, 기후, 온도, 광선, 위치 등 주변 여건뿐만 아니라 공익성, 환경색(자연색)으로서 배경적인 역할 등을 종합적으로 고려하여 건축물 목적에 맞도록 해야 한다.
- 건축물은 한 번 건축되면 오랫동안 유지되는 만큼 사후 관리가 매우 중요한 분야이다.
- 건축디자인의 일반적인 프로세스는 기획 → 기본계획 → 기본설계 → 실시 설계 → 감리로 이루어진다. 18년2회 기사23

③ **조경디자인**

조경디자인은 넓은 의미에서 도시경관 색채를 말하며, 도시 내 시설물, 보도, 광장 등 실외 디자인에 적용되는 색채를 의미한다. 도시와 자연과의 균형을 지키는 데 필요한 디자인이다.

조경디자인

④ **랜드마크** 19년2회 산기36

특정 지역 또는 도시의 이미지를 식별할 수 있는 대표적인 건물 또는 시설을 말한다. 주로 산, 고층 빌딩, 타워, 역사적 의미가 있는 기념물 등이 랜드마크로 인식되며, 우리나라의 경우 남산타워, 숭례문 등이 해당한다.

랜드마크

(2) 실내디자인

1) 실내디자인 색채계획

- 실내디자인은 건물의 기능과 용도에 대한 고려와 함께 미의 조화가 이루어지도록 디자인하는 것을 말한다. 근대 이전까지는 내부 생활공간을 장식하는 인테리어의 의미가 있는 반면, 20세기에 들어오면서 코디네이터, 전시 디자인 개념이 도입되는 등 기능과 미의 조화가 함께 이루어져야 한다는 인식이 널리 퍼졌으며 건축물의 실내를 구조의 주체와 일치시켜 내장한다는 의미를 지닌다. 또한 생활 주거 환경의 모든 요소로 영역이 확대되고 있다. 20년4회 기사31, 15년1회 산기27
- 선박, 자동차, 기차, 여객기 등이 운송기기 내부를 다루는 특별한 영역도 포함된다.

- 실내디자인 색채계획 시 환경친화적 조건(건강에 해가 되지 않는 환경친화적 소재, 재료 선택 등), 심리적 조건(색 면의 비례, 심미적인 부분, 색의 다양성 등), 기능적 조건(적합한 조도, 적당한 휘도, 조명색 등)을 모두 고려하여야 한다. 19년1회 산기31

2) 실내디자인 고려요소

사무공간

주거공간

- 실내디자인의 공간별로 살펴보면, 주거공간(주택 등), 상업공간(마트, 커피숍 등), 전시공간(박람회 등), 사무공간(회사, 은행 등), 교육공간(학교, 도서관), 교통공간(자동차, 선박 등) 등이 있으며, 각각의 성격과 콘셉트에 맞게 디자인을 고려하여야 한다.
- 실내에서 천장, 벽, 바닥 순으로 명도를 어둡게 적용하여 안정감을 높일 수 있으며, 천정은 아주 연한 색이나 하얀색이 좋다. 실내가 좁은 경우 저명도의 한색을 이용하면 벽이 뒤로 후퇴되어 가는 느낌이 들어 넓은 느낌을 줄 수 있다. 17년3회 산기35, 15년3회 기사36

3) 실내디자인 색채계획 예시

- 식욕을 촉진하는 색상으로는 난색계열(주황, 노랑)을 사용한다. 20년3회 산기33, 17년1회 산기21
- 사무실의 주조색은 안정감 있는 색채를 사용하고, 벽면이나 가구 색채가 휘도 대비가 작아지도록 한다.
- 병원 수술실의 벽면은 수술 중 잔상현상을 피하기 위해 청록색, 초록색을 적용한다. 19년1회 기사30
- 공장의 기계류는 안전에 유의할 수 있도록 위험, 주의를 연상케 하는 안전색채인 원색을 사용한다. 18년1회 산기28
- 판매장의 조명계획으로 강렬한 단일 광원을 써서 빛을 집중시키는 것보다, 여러 개의 작은 광원으로 나누어 분산시키는 것이 효과적이다. 15년1회 기사26
- 교도소는 베이지, 크림색, 파랑과 초록색을 적용하여 분열적인 행동을 억제하는 데 효과적이다. 17년3회 기사25

(3) 패션디자인

패션디자인

1) 패션디자인 색채계획

- 패션은 일정 기간에 다수의 사람에게 수용되는 지배적인 스타일을 의미한다. 패션디자인은 사회 문화적 영향과 소비자의 욕구에 따라 항상 변화한다. 따라서 패션디자인은 제품수명 주기가 가장 짧은 품목에 속한다. 17년3회 산기38, 17년2회 산기26

- 패션디자인의 요소로는 선, 색채, 재질, 디테일(세부장식), 실루엣(의복의 윤곽선) 등이 있으며, 패션디자인 원리로는 균형(대칭 요소), 강조(색의 대비 등), 비례(면적), 반복, 집중, 교차 등이 있는데 색채계획 수립 시 다양한 요소와 원리를 조화롭게 고려하여야 한다. 18년3회 기사40, 18년1회 산기33

- 의복의 균형은 디자인 요소들의 시각적 무게감으로 이루어진다. 17년1회 산기40

- 강조는 보는 사람의 시선을 끄는 흥미로운 부분이 있을 때 느껴진다.

- 비례는 디자인 내에서 부분들 간의 상대적인 크기 관계를 의미한다.

- 리듬은 공통요소가 연속되어 만들어지는 율동감이다. 18년2회 산기22

- 색채계획은 소비자의 라이프스타일 조사를 통한 욕구 파악, 유행색 파악, 시장 분석, 성별과 연령대 등 다양한 요소를 고려하여 수립한다.

2) 유행색(Trend Color) 20년1·2회 기사22, 18년1회 기사30

- 유행색은 어느 계절이나 일정기간 동안 주기적으로 반복되며 다수의 사람이 선호하는 색을 말한다. 또한, 기업, 단체 등에서 사람들이 선호할 것이라고 예측하는 예상색을 의미하기도 한다.

- 1963년도 설립된 '국제유행색협회'는 매년 2회 협의회를 개최하여 2년 후의 색채방향(S/S 봄·여름, F/W 가을·겨울)을 분석하여 유행색을 제안하고 있다. 제안된 유행색은 약 24개월 전 각 국가별 색채예측을 시작으로, 소재전시회(약 12개월 전) → 박람회(약 6개월 전)를 거쳐 본 시즌에 소비자에 전달되어 판매되는 과정을 거친다. 따라서 유행색이 제시되는 시점과 실제 소비자들이 착용하는 시기에는 차이가 있으며, 보통 2년 정도 앞서 유행색이 예측된다.

- 패션 유행색 변화는 계절에 의한 영향이 가장 크다.

- 패션 유행색은 다른 분야에 비해 비교적 빠르게 변한다. 15년1회 기사29

- 유행색의 색채계획은 과거에서 현재까지의 유행색 사이클을 조사하며, 현재 시장에서 주요군을 이루고 있는 색과 각 색의 분포도를 조사한다. 컬러 코디네이션을 통해 결정된 색과 함께 색의 이미지를 통일시킨다. 21년2회 기사28, 15년1회 기사30

3) 패션스타일에 따른 색채계획

① 클래식 스타일

시대를 초월한 보편성으로 고전적, 전통적, 보수적인 스타일이다. 주로 다크브라운, 다크 그린, 와인, 무채색 등을 사용하여 격조 높은 이미지를 표현한다.

② 페미닌 · 로맨틱 스타일 18년1회 기사23, 15년3회 기사40

- 페미닌 스타일은 단정하며 정숙한 소녀감성, 여성스러움을 강조하는 스타일이다. 부드러운 느낌의 파스텔 톤과 밝고 따뜻한 색상을 주로 사용한다.
- 로맨틱 스타일은 달콤하고 리본 장식이나 레이스를 이용한 사랑스러운 스타일이며 분홍, 노랑, 보라, 파랑을 사용하여 귀엽고 낭만적인 느낌을 표현한다.

③ 액티브 · 스포티브 스타일

건강하고 활동적이면서도 편안함을 강조하는 스타일이다. 스포츠웨어 등 편안함과 활력을 부각할 수 있도록 컬러풀하고 경쾌한 색상을 사용한다.

④ 모던 스타일

현대적 · 도시적이며 이지적이고 단순한 감각의 스타일이다. 색의 대비감을 주는 색채를 주로 사용한다.

⑤ 소피스티케이티드 스타일 21년2회 기사34, 17년2회 기사25

어른스럽고 도시적이며 세련된 감각을 중요시 여기며 지성과 교양을 겸비한 전문직 여성의 패션스타일을 대표하는 이미지이다.

⑥ 엘레강스 스타일

품위 있고 균형이 강조되는 스타일로 페일 톤, 라이트 톤 등 우아한 느낌을 주는 색채를 사용한다.

⑦ 아방가르드 스타일

기존의 관념을 거부하고 새로운 창조를 위한 실험적 성격이 강한 스타일이다. 검정과 원색을 주로 사용한다.

⑧ 샤넬라인

프랑스 디자이너 샤넬이 많이 디자인한 스타일로, 무릎 아래 5~10cm 스커트
길이가 특징이다. 유행에 민감하지 않은 스타일이다.

4) 패션디자인의 변천사 및 특징 17년1회 산기28, 15년2회 기사25

① 1900년대

아르누보의 영향을 많이 받아 S-curve 실루엣 등 신체의 곡선을 강조한 부드
럽고 여성적인 스타일이 유행하였으며, 환상적인 분위기의 연한 파스텔톤이 널
리 퍼졌다.

1900년대
패션스타일

② 1910년대

오리엔탈리즘의 영향을 받아 밝고 선명한 색조의 오렌지, 노랑, 청록 등이 주조
색으로 많이 사용되었다. 여성의 사회적 진출과 함께 아르데코의 영향으로 치
마 길이가 짧고 실용적인 기능을 강조한 로우 웨이스트의 직선형 실루엣이 유
행하였다. 제1차 세계대전 중에는 어두운색이 유행하기도 했다.

1910년대
패션스타일

③ 1920년대

인공 합성염료가 발달하면서 자유롭고 인공적이며 주관적인 색이 사용되었고
흑색, 원색 및 금속의 광택이 등장한 시기이다. 스커트 길이는 짧아지고 소년같
은 보이시 스타일과 가르손느(자유롭고 젊은 여성) 스타일이 유행하는 등 물질
적 번영으로 인한 소비와 쾌락주의적 스타일이 유행하였다.

1920년대
패션스타일

④ 1930년대 21년1회 기사22, 19년2회 기사30

미국의 경제 대공황 등 혼돈의 시기로 패션과 인테리어 분야에서 흰색이 대유
행한 후 점차 유채색이 유행하였고, 의류산업에서 지퍼가 발명된 시기이다. 어
려운 경제 상황 속에서 녹청색, 커피색 등이 많이 사용되었다. 현실 도피처로
영화가 각광받으면서 이브닝드레스같은 롱 앤 슬림 스타일이 유행하였다.

1930년대
패션스타일

⑤ 1940년대

제2차 세계대전으로 직물과 염료가 부족해지면서 엷고 흐린 색채와 차분한 색
조가 계속되었다. 1940년대 초반에는 군복이 전 세계적으로 유행하였으며 검
정, 카키, 올리브색 등이 많이 사용되었다. 이후 크리스찬 디올이 뉴룩(New
Look)을 발표하면서 여성미를 강조한 분홍, 옅은 파랑, 회색 등 은은한 색채가
많이 사용되었다.

1940년대
패션스타일

1950년대
패션스타일

1960년대 패션스타일

1970년대 패션스타일

1980년대 패션스타일

⑥ 1950년대

제2차 세계대전이 끝나 사회가 안정을 되찾으면서 부드러운 파스텔 색조가 등장하였다. 텔레비전과 영화 등 대중 매체가 발달하였고 나일론이나 스타킹과 같은 합성섬유가 등장하면서 패션 혁명을 일으킨 시기이다. 베이비핑크, 채도가 낮은 하늘색, 다양한 톤의 빨강색이 유행하였다.

⑦ 1960년대

• 대중문화가 급속하게 발달한 영 패션(Young Fashion)의 시대로 선명하고 강렬한 색조 중심의 팝아트와 옵아트가 패션에 큰 영향을 끼쳤다. 팝아트의 색조가 사이키델릭의 영향을 받으며 명도 채도가 높은 현란한 색채로 변화하기도 했다. 미니스커트가 대중에게 선풍적인 인기를 누렸으며 미국의 케네디 대통령과 영부인인 재클린, 밴드 비틀즈가 대중문화의 아이콘으로 자리매김했다.

• 1960년대에는 사회적 기술로서의 디자인이 특징적이다. 16년2회 산기40

⑧ 1970년대

석유 파동과 달러 쇼크 등 경기 침체를 겪은 시기로, 브라운과 크림색 중심의 네츄럴 룩, 레이어드 룩(옷을 여러 겹으로 겹침), 에스닉 룩(민족 의상) 등이 유행하였다. 젊은 층에 청바지가 인기를 끌며 선명한 빨강, 파랑이 유행하였다.

⑨ 1980년대

이란과 이라크의 전쟁으로 인한 에너지 파동으로 세계 경제 침체가 계속된 시기로, 일본 경제가 크게 성장하며 저패니즈 룩, 남성과 여성을 초월한 앤드로지너스 룩이 유행하며 흰색, 검정의 무채색 등 어두운 색채가 유행하였다.

⑩ 1990년대

퍼스널 컴퓨터가 일반화되며 개인적인 라이프스타일이 심화된 시기로, 미니멀리즘 패션이 사회 전반에 영향을 미치며 흰색, 카키, 베이지, 회색, 검정 등의 색채가 유행되었다. 힙합 룩, 그런지 룩, 히피 룩, 리사이클 패션과 같은 새로운 패션이 등장한 시기였다.

⑪ 21세기

사회가 다원화되면서 유행 패션을 정의하기가 어렵다. 인터넷의 전 세계화로 패션 블로그, 쇼핑몰 등이 급속도로 발전하면서 사람들의 성향에 따라 다양한 패션이 소비되고 있다.

(4) 미용디자인(Beauty Design)

1) 미용디자인의 색채계획 수립

미용디자인은 인체의 아름다움을 표현하는 디자인으로 대상의 특징을 분석하여 개인의 미적 요구와 시대적 유행, 보건위생상의 안전과 기능성, 사회활동에 도움이 되어야 함 등을 종합적으로 고려한 색채를 계획한다. 미용디자인의 범위는 일반적으로 헤어스타일, 메이크업, 네일케어, 스킨케어 등이다. 외적 표현수단으로서의 퍼스널 컬러는 매우 중요한 미용디자인의 한 부분이다. 21년1회 기사40, 19년2회 기사34, 18년2회 산기23, 16년3회 기사33, 16년1회 기사32.

2) 미용디자인의 과정

① 소재 분석	미용디자인할 신체의 일부분을 분석하는 과정으로 두상의 형태, 피부, 눈동자, 모발의 굵기 · 색 등에 대한 개인차 고려 필요
② 구상	고객의 직업, 장소, 시간 등 미용의 목적을 파악한 후 고객의 선호색 등 의견을 고려하여 결정
③ 디자인의 실행	디자인 실행 과정에서 고객의 안전과 위생상 문제 고려
④ 보정	고객 만족도를 확인 후 보정작업 실시

3) 헤어 염색 디자인 색채계획

① 모발의 구조

헤어 미용디자인

* 모발은 케라틴 단백질로 구성되어 있으며, 모발의 단면을 기준으로 표피층(가장 바깥), 피질층(그 안쪽, 수분이 70%), 수질층(모발의 중심부, 공기 함유)으로 구성된다.
* 모발의 구조 중 염색 시 염모제가 침투하여 모발에 색상을 입히는 부분은 모발의 75%를 차지하며 멜라닌 색소가 존재하는 피질층이다. 16년2회 산기29

② 멜라닌 색소의 종류

인간의 피부와 모발의 색 등을 결정하는 멜라닌 색소는 유멜라닌 색소와 페오멜라닌 색소로 나뉜다.

– 유멜라닌 : 모발의 어두운색을 결정하는 알갱이 형태의 과립성 색소로, 동양인에게 많다.
– 페오멜라닌 : 모발의 옅은 색을 결정하는 확산성 색소로, 서양인에게 많다.

기적의 Tip

피부 색소 21년2회 기사21
• 헤모글로빈 – 붉은색
• 카로틴 – 황색
• 멜라닌 – 갈색

③ 염색의 과정

- 염료의 종류와 모발의 특성을 파악
- 현재 모발에서 어떤 색으로 할 것인지 결정하여 염모제를 선정
- 염모제는 한 번 적용하면 빼기가 어려워 원하는 색상이 나오지 않을 때에는 보색 작용을 활용하여 재염색

4) 메이크업디자인 색채계획

① 메이크업의 정의 및 색채계획

메이크업디자인

- 메이크업은 일반적으로 화장품이나 도구를 사용하여 신체의 장점을 부각하고 단점은 수정 및 보완하여 개성적인 아름다움을 표현하는 미적 행위이다. 16년1회 기사21
- 화장에 대한 최초 기록은 고대 이집트 시대에 남아 있다.
- 눈이 커 보이는 아이 메이크업을 원한다면 한 가지 컬러를 정하고 비슷한 톤의 다른 컬러를 그러데이션하는 것이 무난하다.
- 활동적이고 경쾌한 이미지를 표현하려면 선명하고 밝은 원색을 사용한다.
- 동일 톤의 배색은 침착하고 일관성 있는 통일된 이미지를 준다. 15년1회 기사28

② 메이크업의 표현 요소 16년1회 기사23, 15년2회 기사33

- 메이크업, 의상, 헤어스타일과의 조화를 통해 개성을 부각하고 상황에 따른 메시지를 전달하는 역할을 한다.
- 형(선 : 눈썹, 입술 라인 등 / 면 : 아이섀도, 입술 면)
- 질감(포인트 메이크업과 조화를 이루며 효과를 상승시키고 전체의 이미지에 영향을 미치게 된다.)

③ 메이크업의 3대 관찰요소

배분(이목구비의 비율), 배치(얼굴형), 입체(코, 볼 등 입체 부위 관찰) 21년1회 기사33, 15년3회 산기31

④ 메이크업의 균형

좌우대칭의 균형, 색의 균형, 부분과 전체와의 균형 15년3회 산기35

⑤ 네일아트

손톱과 발톱에 관한 관리를 말한다. 손톱, 발톱의 아름다움 추구와 함께 건강함과 청결을 유지하는 역할을 한다.

5) 퍼스널 색채계획

① 퍼스널 컬러의 개념 19년3회 기사37, 18년3회 산기4, 18년2회 산기31

- 퍼스널 컬러는 타고난 개인의 신체 컬러를 말하며, 이 진단을 기반으로 의복, 메이크업, 액세서리 등 최상의 외모 연출과 이미지 메이킹을 가능하게 한다.
- 개인이 가진 피부, 모발, 눈동자 등의 고유 신체색을 파악하여 개성을 부각하는 것을 말한다.
- 자연광이나 자연광과 비슷한 조명 아래에서 메이크업 하지 않은 상태에서 진단한다.
- 흰 천으로 머리와 의상의 색을 가리고 실시하며, 봄, 여름, 가을, 겨울의 각 계절 색상의 천을 대어 보아 얼굴색의 변화를 관찰한다.

② 사계절 이미지

개인의 신체색 유형은 일반적으로 4계절 타입으로 분류할 수 있다. 독일의 요하네스 이텐이 4계절 이론을 제시하기도 했다.

봄 타입 18년1회 산기26	화사하고 경쾌한 이미지. 피부색이 상아색이거나 우윳빛을 띠며 볼에서 산홋빛 붉은 기를 느낄 수 있고 볼이 쉽게 빨개지는 얼굴 타입은 밝은색의 이미지를 주는 금발, 샴페인 색, 황금색을 띤 갈색 등이 잘 어울리며 무겁고 칙칙한 색상은 피하는 것이 바람직하다.
여름 타입	차가운 색으로 블루 베이스, 회갈색 눈동자에 모발색은 건조하다. 회색을 띤 블론드, 쥐색을 띤 블론드와 갈색, 푸른색을 띠는 회색 등 차가운 색 계열이 잘 어울리며 부드러운 파스텔톤이 잘 어울린다.
가을 타입	황색 색조에 봄 색상보다 진한 편. 갈색 머리에 부드러운 눈빛, 황금블론드, 담갈색, 스트로베리, 붉은색 등 주로 따뜻한 난색계열의 색이 어울린다.
겨울 타입	차가운 인상. 검은 머리에 검은 눈동자, 파랑을 띤 검정(블루 블랙), 회색을 띤 갈색, 청색을 띤 자주색 등 차가운 색상이 어울린다.

※ 피부의 색은 혈관 속의 헤모글로빈(붉은색), 멜라닌(갈색), 카로틴(황색)의 양에 의해 결정된다. 16년1회 기사38

(5) 시각디자인

1) 시각디자인의 개념 18년2회 기사30, 17년2회 산기28, 16년2회 기사35, 15년2회 기사35

시각디자인은 시각 매체(상징, 기호 등)를 통해 필요한 메시지나 정보를 전달하며 커뮤니케이션 역할을 하는 디자인을 말한다. 시각디자인은 일차적으로 시각적 흥미를 불러일으킬 필요가 있으며 시각디자인 매체는 인쇄 매체에서 점차 영상 매체로 확대되고 있다. 포스터, 잡지 같은 인쇄물에서부터 기업 이미지 통합 전략(C.I.P), 교통 표지 같은 공공목적의 디자인까지 포함한다.

2) 시각디자인의 요소

① 이미지

형태의 가장 작은 요소인 점, 여러 점이 모여 만들어진 선, 여러 선이 모여 만들어진 면을 토대로 형태를 구성하여 이미지를 표현한다.

② 색채

색채를 통해 상징성과 의미, 감정을 전달한다.

③ 타이포그래피 20년4회 기사39, 20년1·2회 산기27, 18년1회 산기39, 16년2회 기사34

- 활자 또는 활판에 의한 인쇄술을 가리키는 말로 오늘날에는 주로 글자와 관련된 디자인을 말한다.
- 글자체, 글자 크기, 글자 간격, 인쇄면적, 여백 등을 조절하여 전체적으로 읽기에 편하도록 구성하는 표현 기술을 말한다.
- 포스터, 아이덴티티 디자인, 편집 디자인, 홈페이지 디자인 등 시각 디자인에 활용된다.

기적의 Tip

명시도 19년1회 기사22

교통 표시판에 검정색과 노란색을 사용하여 멀리서도 한눈에 잘 보일 수 있도록 고려함

3) 시각디자인의 기능 21년1회 기사26, 19년3회 기사28, 15년1회 기사21

지시적 기능	화살표, 교통 표지, 신호, 문자, 도표, 활자 등
설득적 기능	애니메이션, 포스터, 잡지 광고, 신문 광고 등
상징적 기능	심볼마크, 일러스트레이션, 패턴 등
기록적 기능	영화, 사진, TV, 인터넷 등

4) 시각디자인의 분야

① 포장디자인 19년3회 산기35, 16년2회 산기33

패키지디자인이라 하며, 제품을 넣는 용기의 기능적, 미적 향상을 목적으로 하는 시각디자인 분야로 소비자에게 구매 의욕을 증가시키며 상품을 안전하고 편리하게 운반할 수 있도록 하는 입체디자인이다. 소비자로 하여금 충동 구매가 유발되도록 시선을 끌어야 한다.

시각디자인(포장)

② 환경 그래픽디자인 20년3회 산기30, 15년1회 기사22

* 환경을 구성하는 여러 요소의 상관성 속에서 하나의 질서와 조화를 추구하는 디자인이다.
* 환경 그래픽디자인의 종류에는 ① 옥외광고 디자인(네온사인, 애드벌룬 등) ② 교통 광고 디자인(대중교통 수단의 내외부의 광고물) ③ 슈퍼그래픽디자인(건물의 외벽, 아파트 등 대형 벽면에 그린 그림으로 크기 제한에서 자유롭고, 짧은 시간 내 적은 비용으로 환경개선이 가능)이 있다. 21년3회 기사30, 19년1회 기사33, 18년3회 산기24, 18년2회 기사33, 18년2회 기사36

환경 그래픽(타임스퀘어)

③ 그래픽디자인

포스터, 신문 및 잡지의 광고, 카탈로그 등 각종 인쇄매체를 통해 평면 위에서 행하는 시각디자인이다. 상업디자인 중 평면적 특징이 가장 두드러지게 나타난다.

④ 아이덴티티디자인

* 기업이나, 기관 등 대상의 이미지를 일관성 있게 관리하기 위해 만들어진 디자인으로, 기업의 이미지와 관련된 CIP(기업 이미지 통합 정책)와 상품의 이미지와 관련된 BI(Brand Identity)가 있다.
* CI의 3대 기본요소는 시각 이미지 통일(Visual Identity), 심리 통일(Mind Identity), 행동 양식 통일(Behavior Identity)이다. 19년1회 기사38

기적의 Tip

무아레 18년3회 산기28, 15년3회 기사23

인쇄 시에 핀트가 맞지 않아 점들이 뭉쳐진 형태로 나타나는 스크린 인쇄법에서의 인쇄 실수를 가리키는 용어로 '눈의 아른거림 현상, 간섭무늬, 물결무늬, 격자무늬'라고도 한다.

기적의 Tip

C.I.P 20년1·2회 기사23, 20년3회 산기40, 18년1회 산기34

로고, 심벌, 시그니처, 캐릭터뿐 아니라 명함 등의 서식류와 외부적으로 보이는 사인 시스템에서 기업의 이미지를 일관성 있게 관리하는 것이다.

Brand 17년1회 기사30, 16년3회 산기34

하나의 상품이 특정 제조업체의 제품임을 나타내는 심벌마크, 명칭, 회사명, 디자인을 총괄하는 의미로서 흔히 상품명이라고 불린다.

그래픽 심볼

일러스트레이션

기적의 Tip

2차원 디자인 종류 17년3회 산기25, 15년1회 산기38

편집디자인, 일러스트레이션, 그래픽디자인, 심벌디자인, 타이포그래피, 지도 및 통계 도표 등

3차원 디자인 종류 15년3회 기사34

포장디자인, POP디자인, 가구디자인, 윈도우 디스플레이 등

캘리그라피

기적의 Tip

POP 디자인(Point Of Purchase) 20년3회 산기34, 20년1, 2회 산기36

POP는 광고 상품이 소비자에 의하여 최종적으로 구입되는 판매 현장인 소매상의 상점이나 그 주위에서 이루어지는 일체의 광고, 옥외의 간판, 포스트패널, 상점 내의 진열장이나 천장 선반 따위에 달린 페넌트 따위가 모두 포함되는 상업적 디스플레이에 활용된다.

⑤ **그래픽 심볼**

학습이나 훈련 없이 누구나가 의미를 파악할 수 있도록 하는 시각적 기호이다. 그래픽 심볼의 종류에는 문화와 언어를 초월하여 직관적으로 이해할 수 있도록 한 그림문자인 '픽토그램'과 상징적 도형이나 정해진 기호를 조합시켜 보다 시각적으로 나타내는 '아이소타이프' 등이 있다.

⑥ **컴퓨터 그래픽**

컴퓨터를 사용하여 만들어진 모든 시각적 대상을 말한다. 육안으로 보이지 않는 현상과 현실에서 만들어 낼 수 없는 사물이나 현상을 시각적으로 구현할 수 있고, 컴퓨터의 특성상 정보의 기억, 수정, 재사용이 용이하며 자유롭고 다양한 색채표현 및 이미지 변환 등이 가능하다.

⑦ **일러스트레이션** 21년3회 기사29, 16년1회 산기31

회화, 사진, 도표, 도형 등 문자 이외의 그림 요소를 말하며 신문, 잡지의 기사나 책 내용의 이해를 돕기 위해 구체적인 그림으로 표현하는 것을 말한다. 주제를 명확하게 시각화하는 것으로 커뮤니케이션 언어로서 독자적인 장르이다.

⑧ **광고디자인**

- 기업의 제품 판매를 촉진하기 위한 시각디자인이다.
- 상품의 특성을 분명히 하고 구매 충동을 유발하는 색채의 적용이 필요하다. 17년3회 기사39

⑨ **캘리그라피** 19년2회 산기21, 16년1회 산기40

- '손으로 그린 문자'라는 뜻. 일반적으로 손으로 쓴 아름다운 글자체를 말하며 문자의 선, 균형미 등 조형적 요소와 개성과 우연성을 가미하고 있는 개념이다.
- P. 술라주, H. 아르퉁, J 플록 등 1950년대 표현주의 화가들에게서 캘리그라피를 이용한 추상화가 성행하였다.
- 필기체, 필적, 서법 등의 뜻으로, 좁게는 서예를 말하며 넓게는 활자 이외의 서체를 뜻하는 말이다.

(6) 제품디자인

1) 제품디자인의 개념 20년4회 기사26, 20년3회 기사26, 18년2회 기사27, 17년2회 산기31, 16년3회 산기39, 15년2회 산기35

* 제품디자인은 인간의 생활에 필요한 도구를 만드는 디자인으로, 새로운 제품의 아이디어 개발 단계에서부터 최종 생산 단계까지 제품의 색채계획은 실용성, 심미성, 조형성, 경제성의 가치를 반영할 수 있도록 해야 한다. 소비자의 라이프스타일과 선호도뿐만 아니라 사용상의 편리함, 유지관리의 용이함을 먼저 고려해야 한다.

제품디자인

제품디자인

2) 제품디자인의 과정

계획 → 조사 → 분석 → 종합 → 평가 순으로 이루어진다. 20년3회 산기24, 16년2회 산기39

기적의 Tip

드로잉의 주요 역할 19년3회 산기30
아이디어 전개, 형태 정리, 프레젠테이션

1. 계획(기획) 및 콘셉트 수립 17년1회 산기29	• 개발 기획과 콘셉트를 수립하고, 주조색, 보조색 등 색채를 결정 • 자사와 경쟁사 및 소비자 분석 등 시장조사
2. 아이디어 스케치	여러 아이디어에 대한 표현기법 및 디자인 도면 작성
3. 렌더링 17년1회 산기33, 16년2회 기사25	완성될 제품 예상도로서 실물의 형태나 색채 및 재질감을 실물과 같이 충실하게 3차원으로 표현
4. 목업(Mock-up) 20년1·2회 산기40	정확한 검토를 위해 실물과 유사하게 제작하는 모형
5. 모델링 19년1회 산기34, 15년1회 산기26	• 실제 생산제품을 3차원적 입체로 표현 • 색채계획 및 디자인 프로세스에서 계획된 색채로 착색한 모형이나 시뮬레이션을 통해 의뢰인과 검토하는 과정 　－ 러프모델 : 초기 발상 단계 　－ 프레젠테이션 모델 : 품평할 목적으로 제작되는 것으로 실제 제품에 가깝게 만드는 단계 　－ 프로토타입 모델 : 최종 디자인이 결정된 후 완성단계에서 만드는 모델
6. 최종 평가	분석결과를 체계적으로 정리하여 개발 여부를 최종적으로 평가
7. 상품화	제품을 제조하는 단계

(7) 멀티미디어 디자인

1) 멀티미디어 디자인의 개념 및 특징 20년4회 기사33, 20년1·2회 기사37, 20년4회 기사30, 16년 2회 산기36

멀티미디어는 '다중 매체'라는 의미로, 일반적으로 음성, 문자, 그림, 동영상 등하나 이상의 미디어 요소들을 동시에 제공하는 미디어를 의미한다. 또한 이러한 미디어를 저장하고 재생하는 CD-ROM, 인터넷(월드 와이드 웹)을 의미하기도 한다. 다양한 형식의 정보를 이용하여 안내시스템, 인터넷을 통한 사이버강의 등에서 활용되고 있다.

멀티미디어의 특징

1. 쌍방향	정보를 일방적으로 전달하는 대중 매체와는 달리 멀티미디어는 오디오, 음성, 문자, 동영상, 그림 등 하나 이상의 미디어들을 정보 수신자의 의견까지 쌍방향으로 제공한다. 20년3회 기사31
2. 사용자 경험 중시	항해, 상호작용성, 사용자 인터페이스, 정보설계 등 사용자 편의성을 극대화하는 사용자 경험이 중시된다. 17년1회 기사38, 15년2회 산기27
3. 사용자 중심	사용자의 편의성과 인터페이스 등 사용자의 경험 측면이 중요시되고 디자인의 가치 기준이 사용자 중심으로 변한다.

(8) 공공디자인

1) 공공디자인의 개념

• 공공디자인은 공립학교, 공립병원, 도로, 공원, 각종 후생시설 등 국민 생활의 복지 증진을 위해 국가나 지자체가 제작·설치하는 공간과 관련된 디자인을 말한다. 공공디자인은 도시의 이미지를 결정짓고 도시민의 삶의 질을 높이는 역할을 한다. 15년3회 산기40

• 색채 디자인 계획 수립 시, 공공성의 정도와 면적효과, 대상과 보는 사람과의 거리감, 조명조건 등 전체적인 조화를 고려해야 하며 기능성, 안전성, 식별성도 함께 고려해야 한다. 또한, 유행에 민감한 색채보다는 지속적인 유지가 가능한 색채를 선택하는 것이 바람직하다. 21년1회 기사29, 20년1·2회 기사36, 18년 1회 산기29, 18년3회 산기38, 17년1회 기사28, 15년3회 기사30

2) 스트리트 퍼니처 19년3회 산기28, 18년3회 산기24, 18년1회 기사40, 16년2회 산기23

'스트리트 퍼니처'는 '거리의 가구'라는 의미로 테마공원, 도로, 버스 정류장, 보도블록, 우체통, 광장 등 시민의 편의성을 향상하기 위한 모든 종류의 공공 시설물을 말하며 도시의 표정을 결정하는 중요한 요소이다. 거리 시설물 디자인시 편리성, 경제성, 안전성 등을 고려해야 한다.

기적의 Tip

디지털 컨버전스(Digital Convergence) 19년1회 산기35, 16년3회 기사22, 15년1회 산기30

휴대전화를 중심으로 새로 등장한 기술 현상이다. 여러 가지 디지털 기술이 하나의 제품 안에 통합되는 현상을 말한다.

도시계획(공공디자인)

도서관(공공디자인)

스트리트 퍼니처(버스 정거장)

스트리트 퍼니처(공원 벤치)

(9) 기타 디자인

1) 산업디자인 19년3회 기사39

- 산업디자인은 과학 기술과 예술을 통합한 영역으로 인간 생활의 질적 향상을 위한 문화 창조 활동의 일환이다. '공업디자인'이라고도 한다. 19년3회 기사39
- 대량생산 시스템에 의해 제작된 각종 공업 및 산업 생산품의 색채, 형태 등에 대한 미적 · 조형적인 디자인을 의미한다.
- 미국의 공업디자인은 '노만 벨 게데스'의 유선형 이론에 영향을 받아 자동차, 기관차 등 교통수단뿐만 아니라 냉장고, 라디오 등 각종 일상 생활용품에 유선형 디자인을 적용 · 개발하였다.
- 산업디자인에 있어 기능성의 4가지 조건으로 물리적 기능, 생리적 기능, 심리적 기능, 사회적 기능이 있다. 19년1회 산기22

2) 편집디자인

- 편집디자인은 신문, 잡지, 서적 등의 출판물에 대해 글자, 사진, 일러스트레이션을 활용하여 보기 좋게 시각화하고 인쇄, 제본 방식 등을 결정하는 포괄적 디자인 행위를 의미한다.
- 편집디자인의 구성요소는 플래닝, 타이포그래피, 레이아웃, 여백 등이 있다.

3) 디스플레이 디자인 20년1·2회 산기36

- 디스플레이 디자인은 전시 작품, 용품을 일정한 콘셉트와 목적에 따라 배치, 연출, 구성하는 것을 말한다. 적절한 디스플레이로 소비자의 시선을 유도할 수 있어야 한다.
- 디스플레이의 구성요소로는 장소, 시간, 상품, 고객이 있다.

4) 감성디자인 20년3회 산기29, 15년2회 산기38

감성디자인은 제품의 구매동기나 사용 시 주위의 분위기, 특별한 추억 등을 중요하게 고려하여 소비자의 감성적 욕구와 개개인의 주관적 가치를 충족시키는 디자인을 말한다.

5) 무대디자인

- 무대디자인은 무대 장치물, 조명 등을 무대 공간에 배치, 연출, 구성하는 디자인을 말한다.
- 극장에서 무대 장치 및 조명 등을 관객에게 보이지 않게 하려고 무대와 객석과의 경계에 사진틀 모양의 장식프레임을 설치하는 것을 '프로시니엄 아치'라고 한다.

기적의 Tip

레이아웃 20년3회 산기22, 17년1회 산기39
시각적 소재를 효과적으로 구성, 배치해야 하며, 전체적으로 통일과 조화를 고려하여, 가독성 있게 표현해야 한다.

기적의 Tip

스토리보드 16년3회 산기40

만화영화 제작 시 기획 단계에서 2차원적 작업으로 전체적인 구성을 잡고 그리는 과정

6) 애니메이션

- 우리나라에서 만화영화로 불리며, 움직이지 않는 물체를 움직이는 것처럼 보이게 만드는 기술이다. 현재 만화영화뿐만 아니라 다양한 분야에 적용되고 있으며 컴퓨터 애니메이션, 투광 애니메이션, 셀 애니매이션 등으로 분류된다. 영상을 만들기 전에 작품의 중요한 흐름을 시각적으로 그려 연속적으로 묘사한 것을 '스토리보드'라고 한다.
- 셀 애니메이션은 투명한 셀로판지 위에 그려진 여러 장의 그림을 겹쳐 카메라로 촬영하여 캐릭터를 움직이게 만드는 방식이다. 동영상 효과를 내기 위하여 1초에 24장의 서로 다른 그림을 연속시킨 것으로 디즈니의 미키마우스, 백설공주, 미야자키 하야오의 토토로 등이 대표적 예이다.
- 투광 애니메이션은 검은 종이 뒤에 빛을 비추어 절단된 틈으로 새어 나오는 빛을 한 컷씩 촬영하여 만드는 방식이다. 18년3회 산기29

7) 바이오닉 디자인 15년3회 기사26

자연계에 존재하는 생물의 운동 메커니즘을 모방하거나 응용하여 인공물의 디자인이나 신소재를 만들어 보려는 디자인, 인위적 환경형성에 이용하는 디자인을 의미한다. 항공기 동체에 균열이 발생했을 때 조기 발견할 수 있도록 하고 균열 부분을 스스로 복원할 수 있는 능력을 갖추게 하는 디자인이 한 예이다.

8) 아이덴티티 디자인 15년1회 산기29, 15년2회 산기39

- 기업이나, 기관 등 대상의 이미지를 일관성 있게 관리하기 위해 만들어진 디자인으로, 기업의 이미지와 관련된 CIP(기업 이미지 통합 정책)와 상품의 이미지와 관련된 BI(Brand Identity)가 있다.
- CIP 또는 CI의 구성요소는 심볼 마크, 로고 타입, 시그니처, 전용 컬러이다. 16년2회 산기38, 16년2회 기사37
- CI 색채계획 시 기업 이념, 이미지의 일관성, 소재 적용의 용이성 등을 고려하여 타사와 차별화한다. 19년3기사31, 19년1회 산기32

9) 얼터너티브 디자인 16년1회 산기33

인간의 진정한 행복을 추구하기 위한 디자인으로, 공업화와 대량생산에 의한 현대 산업사회에서 기존의 사회적 환경을 개선하려는 디자인이다.

10) 혁신디자인 18년2회 산기27

새로운 형태와 기능을 창조하는 경우로 디자인 개념, 디자이너의 자질과 능력, 시스템, 팀워크 등이 핵심이 되는 신제품 개발 유형의 디자인이다.

11) 인터랙티브 아트(대화형 디자인) 19년2회 기사23, 16년3회 기사39

'미디어 아트'라고도 한다. 인간이 제품이나 서비스를 사용하면서 상호 간 작용을 용이하게 하는 디자인이다. 정보를 한 방향에서가 아닌 리얼타임으로 주고 받는 것을 말한다.

12) 사용자 경험 디자인. UX 디자인(User Experience Design) 19년1회 기사 26, 17년2회 기사26

사용자가 제품, 서비스 또는 시스템을 사용하거나 체험하는 데 있어 제품과의 상호작용을 디자인의 주요소로 고려하여 디자인하는 것을 말한다.

13) 사용자 인터페이스 디자인. UI 디자인(User Interface Design) 20년3회 기사35, 19년1회 기사31, 19년2회 기사33, 18년1회 기사38

사용자와 디지털 디바이스 두 개체 간의 효과적으로 커뮤니케이션할 수 있도록 사용자 편의성의 극대화를 궁극적 목표로 디자인하는 분야를 말한다.

14) 버내큘러 디자인 19년3회 기사36, 18년3회 산기26

한 지역의 지리적, 풍토적 자연환경과 인종적인 배경 아래서 토착민들의 일상적인 생활습관과 자연적인 욕구에 의해 이루어진 토속적인 양식 디자인을 말한다. 유기적인 조형과 실용적인 문제 해결이라는 측면에서 오늘날의 디자인에 시사하는 바가 크다. 우리나라의 흙 건축물 등이 이에 해당한다.

15) 파사드 디자인 17년1회 기사25

파사드는 건축물의 주 출입구가 있는 정면부를 의미하며, 정면부 공간을 독자적으로 디자인하는 것을 파사드 디자인이라고 한다. Exterior Design(실외 인테리어)에 속한다.

16) 크래프트 디자인 21년3회 기사35, 18년2회 기사24

- 손으로 직접 제작하는, 수공예(핸디 크래프트) 제품의 디자인을 말한다.
- 수공의 장점을 살리되, 예술작품처럼 한 점만을 제작하는 것이 아니라 어느 정도의 양산이 가능하도록 설계, 제작하는 생활 조형 디자인의 총칭을 의미한다.

01 라틴어의 디자인(Design) 어원으로 '지시하다', '계획하다', '스케치를 한다'의 의미를 가진 용어는?

① 데셍(Dessin)

② 데세뇨(Disegno)

❸ 데시그나레(Designare)

④ 플레이닝(Planning)

- **라틴어** : 데시그나레(지시하다, 계획하다, 스케치한다.)
- **프랑스어** : 데셍(목적, 계획)
- **이탈리아어** : 세뇨(목적한다)

02 다음 중 디자인의 개념으로 가장 옳은 것은?

① 미적, 독창적 가치를 추구하는 것이다.

② 유행에 따른 미를 추구하는 것이다.

③ 경제적, 실용적 가치를 추구하는 것이다.

❹ 미적, 실용적 가치를 계획하고 표현하는 것이다.

디자인은 보다 사용하기 쉽고, 편리하며, 아름다운 생활환경을 창조하는 조형 행위이며, 특정 문제에 대한 목적을 마음에 두고, 이의 실천을 위하여 세우는 일련의 행위 개념이다. 디자인은 형태의 미(심미성)와 기능의 미(기능성)의 합일이다. 미적인 아름다운 심미성과 실용적인 기능성이 통합되어 인간의 근본적인 삶을 더욱 윤택하고 편리하게 하는 것이다.

03 빅터 파파넥(Victor Papanek)이 말한 디자인의 복합기능으로 틀린 것은?

① 재료, 도구를 타당성 있게 사용하는 것

❷ 일시적 유행과 세태에 민감한 변화

③ 용도에 적합해야 한다는 것은 디자인의 기본적 전제이다.

④ 재료를 다루는 작업과정을 합리적 또는 효과적으로 습득하는 것은 최상의 디자인 방법이다.

빅터 파파넥은 형태와 기능의 조화를 포괄하는 개념의 복합기능 6가지를 연결해 설명하였다. 그 기능이 바로 방법, 용도, 필요성, 텔레시스, 연상, 미학이다. 그중 필요성은 일시적 유행에 좌우되지 않고 경제적, 심리적, 정신적, 기술적, 지적 요구가 복합된 디자인이 필요하다는 것을 말한다.

- **방법(Method)** : 재료, 도구, 공정의 상호작용을 말한다.
- **용도(Use)** : 용도에 적합한 도구 사용을 말한다.
- **필요성(Need)** : 일시적 유행에 좌우되지 않고 경제적, 심리적, 정신적, 기술적, 지적 요구가 복합된 디자인이 필요하다는 것을 말한다.
- **텔레시스(Telesis)** : 특수한 목적 달성하기 위해 자연과 사회의 변천작용에 대한 계획적이고 의도적인 이용을 말한다.
- **연상(Association)** : 인간의 마음속에 자리 잡은 충동과 욕망의 관계를 말한다.
- **미학(Aesthetics)** : 디자이너가 가시고 있는 가장 중요한 것으로 형태나 색채를 실체화하여 흥미와 감동을 유발하는 의미 있는 실체로 만드는 것을 말한다.

04 다음 디자인 과정의 순서가 옳게 나열된 것은?

① 분석   ② 계획   ③ 조사   ④ 평가   ⑤ 종합

① ① → ② → ③ → ④ → ⑤

❷ ② → ③ → ① → ⑤ → ④

③ ③ → ① → ② → ⑤ → ④

④ ③ → ① → ② → ④ → ⑤

디자인 과정이란 디자인 제작의 순서를 종합하여 일컫는 말이다. 크게 '아이디어 전개 → 디자인도면 작성 → 렌더링 → 목업제작' 순으로 이루어지며, '계획→ 조사→ 분석→ 전개(종합)→ 결정(평가)' 단계를 거친다.

05 서로 관련 없는 요소 간의 결합을 의미하는 그리스어에서 유래한 것으로, 문제를 보는 관점을 완전히 달리하여 여기서 연상되는 점과 관련성을 찾아 아이디어를 발상하는 방식은?

❶ 시네틱스법

② 마인드맵법

③ 체크리스트법

④ 브레인스토밍법

아이디어 발상법으로 브레인스토밍법, 시네틱스법, 체크리스트법, 마인드맵법, 고든법, NM법, 입출력법이 있다.

06 19세기 미술공예운동(Art and Craft Movement)이 일어나게 된 근본 원인은?

① 미술과 공예작품의 가격이 급격하게 하락하였기 때문에

② 미술가와 공예가의 사회적 위상을 제고시키기 위해

③ 미술작품과 공예작품을 구별하기 위해

❹ 기계로 생산된 제품의 질이 현저하게 낮아졌기 때문에

미술공예운동은 18세기 영국을 중심으로 일어난 산업혁명의 대량생산으로 인한 생산품의 질적 하락과 예술성 저하로 윌리엄 모리스가 주축이 된 미술공예운동이다.

07 다음 중 아르누보에 대한 설명으로 옳은 것만 고른 것은?

@ 이탈리아 북부 공업도시 밀라노를 중심으로 일어났다.
ⓑ 인간성 회복을 위한 노력이었다.
ⓒ 철이나 콘크리트 재료를 적극적으로 이용했다.
ⓓ 윌리엄 모리스가 대표적 인물이다.
ⓔ 오스트리아에서는 빈 분리파라 불렸다.

① @, ⓔ
② ⓑ, ⓓ
③ ⓒ, ⓓ
❹ ⓒ, ⓔ

아르누보란 새로운 예술이란 뜻으로 1890년부터 1910년까지의 장식예술 및 조형예술로서 프랑스 파리를 중심으로 일어나던 심미주의적인 경향의 미술사조이다. 자연물의 유기적 곡선 형태를 빌려 건축의 외관이나 가구, 조명, 실내 장식, 회화, 포스터 등을 장식할 때 사용되었다. 철이나 콘크리트 재료를 적극적으로 이용했으며 오스트리아에서는 빈 분리파라 불렸다. 기능주의적 사상이나 합리성 추구 경향이 적었기에 근대디자인으로 이행하지 못했다. 색채는 인상주의의 영향으로 환하고 연한 파스텔 톤의 부드러운 색조와 섬세한 분위기가 특징이다.

08 산업이나 공예, 예술, 상업이 잘 협동하여 만든 디자인 진흥 단체로 우수한 미적 기준을 표준화하여 대량생산하고 수출을 통해 독일의 국부 증대를 목표로 한 디자인 사조는?

① 구성주의
② 바우하우스
❸ 독일공작연맹
④ 미술공예운동

독일공작연맹은 1907년 독일 건축가인 헤르만 무테지우스를 중심으로 결성되어 예술가, 건축가뿐만 아니라 공업이나 상업에 종사하는 다양한 직업군의 전문가들이 협력하여 만든 디자인 진흥 단체이다. 합리적이고 단순한 디자인을 추구하였으며 미술과 산업의 협력으로 공업 제품의 질을 높이고 규격화를 실현하여 대량생산에 의한 양을 긍정하여 모던디자인, 디자인 근대화 탄생의 발판을 마련하였다.

09 디자인 사조와 관련된 작가 또는 작품과의 연결이 <u>틀린</u> 것은?

① 아르누보 – 빅토르 오르타(Victor Horta)
② 데스틸 – 빨강, 파랑, 노랑의 구성
❸ 큐비즘 – 카사밀 말레비치(K. Malevich)
④ 아르데코 – 카상드르(Cassandre)

큐비즘 대표작가는 죠르쥬 브라크, 파블로 피카소이다. 카사밀 말레비치는 구성주의 대표작가이다.

10 다음 중 디자인 사조와 색채 사용의 연결이 <u>틀린</u> 것은?

① 옵아트 – 명암대비가 있는 자극적인 색채 선택
② 포스트모더니즘 – 무채색에 가까운 파스텔 색조, 살구색, 올리브 그린
③ 아르데코 – 초록색, 검정, 회색, 갈색의 배색
❹ 데스틸 – 금속, 유리, 공업 재료를 자유롭게 활용하고, 기하학적 질서, 합리적 배열 강조

데스틸은 제1차 세계대전 중 네덜란드에서 발생한 신조형주의 운동으로, 개성을 배제하는 주지주의적 유럽 추상미술의 지도적 역할을 했던 양식이며, 색채의 선택은 검정, 회색, 하양과 작은 면적의 빨강, 노랑, 파랑의 순수한 원색으로 표현한 디자인 사조이다.

* **구성주의** : 금속, 유리, 공업 재료를 과감하게 받아들여 자유롭게 활용하였으며, 사물의 묘사나 재현을 거부하고, 기하학적 질서와 합리적 배열, 패턴을 강조하였다.

11 바우하우스에 대한 설명으로 틀린 것은?

① 예술창작과 공학기술을 통합하고자 주장한 새로운 예술교육기관이며 연구소였다.

❷ 다품종 소량생산과 단순하고 합리적인 양식 등 디자인의 근대화를 추구하였다.

③ 바이마르의 바우하우스 기초조형교육의 중심적인 인물은 요하네스 이텐이다.

④ 현대건축, 회화, 조각, 디자인 운동에 영향을 주었다.

• 독일 공작연맹의 이념을 계승하여 발터 그로피우스를 초대학장으로 하여 1919년 독일의 바이마르 공화국 시절 설립된 미술공예학교이자 오늘날 디자인 교육원리를 확립하였다.
• 예술가의 가치 있는 도구로서 기계를 적극적으로 활용하였다.
• 인간이 기계에 의해 노예화되는 것을 막고 기계의 장점은 취하면서도 결점은 제거하려 하였다.
• 제품의 대량생산을 위해 굿 디자인의 개념을 설정하였으며 현대건축, 회화, 조각, 디자인 운동에 영향을 주었다.

12 팝아트에 관한 설명 중 틀린 것은?

① 1960년대 뉴욕을 중심으로 전개된 대중 예술이다.

② 엘리트 문화를 반대하며 대중적 이미지를 차용하고 유희적이며 물질주의 문화를 비판하였다.

❸ 인간의 시지각 원리에 근거한 것이다.

④ 전체적으로 어두운 톤 위에 혼란한 강조색을 사용하였다.

인간의 시지각 원리에 근거를 두고 시각적 환영과 지각, 착시 효과 등 심리적 효과를 적극적으로 활용하여 새로운 이미지를 표현한 양식의 미술운동은 옵아트이다.

13 디자인의 조형적 기본요소가 아닌 것은?

① 형태

❷ 재료

③ 색채

④ 질감

디자인 요소는 크게 형태 색채, 질감으로 나눈다. 인간의 감각적 자극의 순서는 색채 → 형태 → 재질감 순이라 할 수 있다.

14 디자인을 구성하는 형태의 기본요소로 짝지어진 것은?

① 형, 색, 재질감, 빛

❷ 점, 선, 면, 입체

③ 통일, 변화, 조화, 균형

④ 유사, 대비, 균일, 강화

• 형태의 기본요소 : 점, 선, 면, 입체
• 디자인 조형요소 : 형, 색, 재질감, 빛
• 디자인 원리 : 통일, 변화, 조화, 균형

15 디자인 조형 요소에서 선에 대한 설명으로 틀린 것은?

① 점의 속도, 깊이, 강약, 방향 등은 선의 동적 특성에 영향을 끼친다.

❷ 쌍곡선은 속도감을 주고, 포물선은 균형미를 연출한다.

③ 직선이 가늘면 예리하고 가벼운 표정을 가진다.

④ 기하 곡선은 이지적 이미지를 상징하고, 자유 곡선은 분방함과 풍부한 감정을 나타낸다.

포물선은 속도감, 쌍곡선은 균형미를 연출한다.

16 면의 형성 중 적극적인 면(Positive-plane)과 관련이 없는 것은?

① 선의 이동
② 점의 확대
③ 너비의 확대
❹ 선의 집합

면은 선분과 선분을 이어 만든 2차원적인 평면으로 모든 방향으로 펼쳐진 무한히 넓은 영역을 의미하며, 길이와 폭, 위치, 방향을 가지고 두께는 없다. 공간을 구성하는 단위이며, 공간 효과, 형태를 나타내는 데 매우 중요한 요소이다.

오답피하기

면의 형성 중 적극적인 면과 관련 있는 것은 점의 확대, 선의 이동, 너비의 확대가 있다.

17 그리스어인 rheo(흐르다)에서 나온 말로, 유사한 요소가 반복 배열되어 연속할 때 생겨나는 것으로서 음악, 무용, 영화 등의 예술에서도 중요한 원리가 되는 것은?

❶ 리듬
② 균형
③ 강조
④ 조화

그리스어 'Rheo(흐르다)'에서 유래한 말로 반복, 방사(중심부에서 밖으로 퍼져나감), 점진 등 연속적으로 되풀이되어 규칙적인 반복을 만들어 내는 요소와 운동감을 말한다.

18 비례에 대한 설명이 틀린 것은?

① 비례를 구성에 이용하여 훌륭한 형태를 만드는 예로는 밀로의 비너스, 파르테논 신전 등이 있다.

② 황금비는 어떤 선을 이등분하여 작은 부분과 큰 부분의 비를, 큰 부분과 전체의 비와 같게 한 분할이다.

❸ 등차수열은 1:2:4:8:16…… 과 같이 이웃하는 두 항의 비가 일정한 수열에 의한 비례이다.

④ 비례는 기능과도 밀접하여, 자연 가운데 훌륭한 기능이 있는 것의 형태는 좋은 비례 양식을 가진다.

등차수열이란 각 항이 그 앞의 항에 일정한 수를 더한 것으로 이루어진 수열을 말한다. 등비수열이란 각 항이 그 앞의 항에 일정한 수를 곱한 것으로 이루어진 수열을 말한다. 예로 1:4:7:10……. 은 등차수열, 1:2:4:8:16……. 은 등비수열이다.

19 독일 베르트하이버(Wertheimer)가 중심이 된 게슈탈트(Gestalt) 심리학파가 제시한 그루핑 법칙이 아닌 것은?

① 근접요인

② 폐쇄요인

③ 유사요인

❹ 비대칭요인

'게슈탈트'란 독일어로 '형태', '형상'을 의미한다. 게슈탈트 법칙은 게슈탈트 심리학파가 제시한 심리학 용어로 형태를 지각하는 법칙을 말한다. 게슈탈트 법칙은 총 5가지로 근접요인, 유사요인, 폐쇄요인, 대칭요인, 연속요인으로 나뉜다.

---

20 보기의 (　　)에 적합한 디자인조건에 적합한 용어는?

> 오늘날은 정보 시대로서 사람들에게 세계인으로의 위상과 개별화에 대한 가치 인식을 동시에 요구, 이는 세계화(Globalization)와 지역화 (Localization)라는 동시 발생적인 상황 앞에 (　　)의 특수가치에 대한 비중이 높아지고 있음을 인식시킨다.

① 전통성

❷ 문화성

③ 지속가능성

④ 친자연성

지역의 고유의 민족적, 지리적, 토속적 환경이 생활습관, 전통과 결합하면서 여러 대(代)를 거쳐 형태의 세련미와 사용상의 개선이 이루어지며 나타나게 된 인간 중심의 디자인을 말한다. 버내큘러 디자인, 에스닉 디자인, 엔틱 디자인이 문화성과 관련된 디자인 방법이다.

---

21 저탄소 그린디자인의 요소로 가장 거리가 <u>먼</u> 것은?

❶ 인간 친화적 디자인

② 에너지 절감 디자인

③ 재활용 디자인

④ 자연통풍 디자인

그린디자인이란 친자연성과 같은 의미로 쓰인다. 생태학적으로 건강하고 유기적으로 전체에 통합되는 인간환경의 구축을 목표로 자연과 조화롭게 공생 및 상생의 관계를 유지할 수 있도록 디자인하는 것을 말한다. 그린디자인 요소로는 환경친화적 디자인, 재활용, 재사용을 위한 리사이클링 디자인, 에너지 절약형 디자인 등이 있다.

---

22 모두를 위한 디자인으로써 성별, 연령, 국적, 문화적 배경, 장애 등과 관계없이 누구나 손쉽게 사용할 수 있는 제품 및 사용 환경을 만드는 디자인 분야는?

① 컨버전스(Convergence) 디자인

❷ 유니버설(Universal) 디자인

③ 멀티미디어(Multimedia) 디자인

④ 인터렉션(Interaction) 디자인

유니버설 디자인 7대 원칙

1. 공평한 사용
2. 사용의 융통성
3. 단순하고 직관적인 사용
4. 정보 이용의 용이성
5. 오류에 대한 관용
6. 적은 물리직 노력
7. 접근과 사용을 위한 공간

23 색채계획의 목적 및 효과에 대한 설명으로 <u>틀린</u> 것은?

① 질서를 부여하고 통합한다.

② 소재감을 강조하거나 완화한다.

❸ 인상과 개성을 부여하지 않는다.

④ 피로도가 경감되고, 작업 능률이 향상된다.

디자인에 인상과 개성을 부여하는 것 역시 색채계획의 효과이다.

24 색채계획 과정에서 색채 변별 능력, 색채조사 능력, 자료 수집 능력은 어느 단계에서 요구되는가?

❶ 색채 환경 분석 단계

② 색채 심리 분석 단계

③ 색채 전달 계획 단계

④ 디자인 적용 단계

패션디자인 색채계획 과정은 1. 색채 환경 분석 2. 색채 심리 분석 3. 색채 전달 계획 4. 색채 디자인 적용의 단계로 이루어진다.

1. **색채 시장조사 및 환경 분석 단계** : 색채 변별 능력 및 조사 능력, 자료 수집 능력

2. **색채 심리 분석 단계** : 색채 구성 능력과 심리 조사 능력

3. **색채 전달 계획 단계** : 컬러 이미지 계획 능력과 컬러 컨설턴트의 능력

4. **디자인 적용 단계** : 색채 규격과 컬러 매뉴얼 작성 단계로 디렉션의 능력이 필요하다.

25 색채계획의 과정에서 현장, 측색 조사는 어느 단계에서 요구되는가?

❶ 조사기획 단계

② 색채계획 단계

③ 색채관리 단계

④ 색채 디자인 단계

일반적인 색채계획 과정은 1. 조사 및 기획 2. 색채계획 및 설계 3. 색채관리의 3단계로 이루어진다.

1. **조사 및 기획** : 시장과 소비자 조사와 현장, 측색 조사, 문헌 조사, 앙케트 조사 및 분석

2. **색채계획 및 설계** : 체크리스트 작성 후 조사, 색견본 수집 및 주조색, 보조색, 강조색의 결정 및 배색, 입체모형이나 컴퓨터 그래픽을 이용하여 컬러 시뮬레이션 실시 후 계획안을 결정

3. **색채관리** : 색견본 승인, 생산 관리할 시공사 선정, 시공 감리 및 색채관리

26 굿 디자인(Good Design)과 거리가 <u>먼</u> 것은?

① 매년 굿 디자인을 선정하여 GD 마크를 부여한다.

② 굿 디자인 요건으로 기능성, 심미성, 독창성, 경제성 등이 있다.

③ 국가마다 굿 디자인의 기준이 상이하다.

❹ 선정 대상 품목을 제품, 융합콘텐츠 부분으로 제한한다.

굿 디자인은 분야에 제한 없이 매년 산업디자인진흥법에 의거하여 상품의 외관, 기능, 재료, 경제성 등을 종합적으로 심사하여 디자인의 우수성이 인정된 상품에 GD 마크를 부여한다.

27 패션디자인의 원리에 대한 설명 중 **틀린** 것은?

① 균형 : 시각의 무게감에 의한 심리적인 요인으로 균형을 보완, 변화시키기 위해 세부장식, 액세서리를 이용한다.

❷ 색채 : 사람들이 가장 먼저 지각하고 느낌을 표현할 수 있어 소비자의 구매 결정에 큰 영향을 미친다.

③ 강조 : 강조점의 선택은 꼭 필요한 곳에 두며 체형상 가려야 할 부위는 되도록 벗어난 곳에 둔다.

④ 리듬 : 규칙적인 반복 또는 점진적인 변화가 있으며 디자인 요소들의 반복에 의해 표현된다.

• 패션디자인 원리 : 균형, 리듬, 강조, 비례
• 패션디자인 요소 : 선, 색채, 재질, 실루엣, 디테일, 트리밍, 소재, 무늬

28 의상디자인의 발달과정에서 시대별로 나타난 색채 사용의 특성 중 타당하지 <u>않은</u> 것은?

① 1900년대에는 아르누보의 영향을 많이 받아 부드럽고 여성적인 스타일이 유행하고, 연한 파스텔톤이 널리 퍼졌다.

② 1930년대에는 미국의 경제 대공황 등 혼돈의 시기로 어려운 경제 상황 속에서 녹청색, 커피색 등이 많이 사용되었다.

❸ 1960년대에는 팝아트의 영향으로 블루진과 자연 색조인 파랑, 녹색이 유행하였다.

④ 1980년대에는 재패니즈 룩, 남성과 여성을 초월한 앤드로지너스 룩으로 검정, 흰색, 어두운색이 유행하였다.

1960년대의 의상디자인은 대중문화가 급속하게 발달한 영 패션(Young Fashion)의 시대로 선명하고 강렬한 색조 중심의 팝아트와 옵아트가 패션에 큰 영향을 끼쳤다. 팝아트의 색조가 사이키델릭의 영향을 받으며 명채도가 높은 현란한 색채로 변화하기도 했다.

29 표현기법 중 완성될 제품에 대한 예상도로서 실물의 형태나 색채 및 재질감을 실물과 같이 충실하게 표현하는 것을 의미하는 것은?

❶ 렌더링
② 투시도
③ 모델링
④ 스크래치 스케치

• 렌더링 : 완성될 제품 예상도로서 실물의 형태나 색채 및 재질감을 실물과 같이 충실하게 3차원으로 표현하는 것
• 모델링 : 색채계획 및 디자인 프로세스에서 계획된 색채로 착색한 모형이나 시뮬레이션을 통해 의뢰인과 검토하는 과정

30 보기의 ( )안에 공통적으로 들어갈 내용은?

 ─ 휴대전화를 중심으로 새로 등장한 기술 현상이 ( )이다.
 ─ 여러 가지 디지털 기술이 하나의 제품 안에 통합되는 현상을 ( )라고 한다.

① 인터렉션 디자인
❷ 디지털 컨버전스
③ 위지윅
④ 쌍방향 커뮤니케이션

디지털 컨버전스의 가장 대표적인 예로 스마트폰을 들 수 있다. 전화 기능 외에 디지털 카메라, MP3, 방송, 금융 기능까지 갖춘 기기의 기술을 말한다.

COLORIST

과목 소개 색채가 인간의 심리나 생리에 미치는 영향을 활용하여 색채를 인위적으로 조절하는 것이다. 천장과 벽, 마루에서부터 세부 사무 집기나 기계 장치에 이르기까지 광범위하게 심신의 건강 유지, 작업 능률의 유지, 위험방지 등에 이용된다.

출제 빈도

SECTION 01	상	30%
SECTION 02	하	10%
SECTION 03	중	20%
SECTION 04	하	10%
SECTION 05	상	30%

PART 03

색채관리

SECTION 01 색채와 소재

색료

1 색채의 원료

(1) 색료의 개념

- 물체의 색깔이 나타나도록 하는 성분을 색소라고 한다. 특정한 색깔이 나타나도록 하기 위해서는 물체의 재료에 따라 적합한 색재(Colorant)를 선택하여야 하는데, 동물이나 식물 등 자연에서 얻을 수 있는 색료를 천연색료라 하며, 인간이 인공적으로 합성해서 만든 색소를 합성 색료라 한다.

- 천연색료는 생채 색료와 광물 색료로 나뉘며, 생채 색료는 식물 색료와 동물색료로 나뉜다.

- 천연색료는 색깔이 선명하지 못하고 빛, 공기와 관련한 안정성 문제가 있어 이러한 문제를 보완한 합성 색료가 많이 개발되고 있다.

- 탄소 원자의 포함 여부에 따라 유기 색료와 무기 색료로 나뉜다. 탄소를 포함한 것이 유기 색료, 탄소를 포함하지 않은 색료를 무기 색료라 한다. 15년1회 산기52

- 같은 색료라도 염색이나 착색방식에 따라 염료와 안료로 나뉜다. 염료는 물과 유기용제에 녹아 섬유에 침투하여 착색되는 유색 물질이며, 안료는 물이나 유기용제에 녹지 않아 접착제가 필요한 분말 상태의 착색제를 말한다.

- 색료는 가시광선을 흡수하는 성질이 있다. 따라서 염료를 사용할수록 가시광선 흡수율이 높아진다. 15년1회 기사41

- 물체에 비친 빛의 반사, 투과, 산란, 간섭 등의 다양한 과정을 통하여 색채를 띤다.

- 물체의 표면에 발색층을 형성하여 특정한 색채가 나도록 하는 재료를 총칭한다. 15년2회 산기46

- 가공하지 않은 상태에서의 무명천, 실크는 노란빛을 띠게 된다. 16년3회 기사60, 15년1회 기사41

기적의 Tip

색료(Colorant) 선택 시 고려 조건 19년1회 기사46, 17년2회 산기52, 16년3회 산기46, 15년2회 산기50

착색비용, 작업 공정의 가능성, 컬러 어피어런스, 착색의 견뢰성, 다양한 광원에서의 색채 현시에 대한 고려

기적의 Tip

안료 입자, 형태, 크기에 의한 착색력 19년1회 기사57

혼합비율이 동일해도 정확한 중간 색값이 나오지 않고 색도가 한쪽으로 치우쳐 나타나는 원인을 규명하기 위한 안료 검사 항목이다.

	특성
카로틴	당근, 호박, 토마토, 달걀의 노른자와 같이 주황빛을 띠게 하는 색재이다. C40H56-카르티노이드의 일종으로 알려져 있으며, 동물 체내에서 비타민 A로 전환되는 물질이다. 분자에 따라 α-, β-, γ- 카로틴으로 나뉜다.
클로로필 16년1회 기사41	식물의 초록색 빛을 내는 색료이다. 엽록체 속에 함유되어 있으며, 중앙에 마그네슘 원자가 있어 푸른색과 붉은색에서 강한 흡수가 일어난다. 크게 α와 β로 구분된다.
헤모글로빈	척추동물의 적혈구 속에 다량 포함된 단백질로 철을 가지고 있어 붉은색을 띤다. 녹색과 노란색 영역에서 강한 흡수가 일어난다.
크산토필	엽황소 또는 루테인이라 하며, 엽록체 안에 엽록소와 함께 존재하는 노란색의 색소이다. 은행나무처럼 나무가 노랗게 물드는 것과 관계가 있다.
헤모시아닌	게나 갑각류의 혈액에 함유되어 있고, 중앙에 구리 금속을 함유한 단백질 색소이다. 무색이나 산소와 만나면 청색을 띤다.
멜라닌 17년1회 산기53	머리카락이나 피부의 검은색, 과일의 멍든 부분 등에서 관찰되는 검은색이나 갈색을 띠는 색소이다.
플라보노이드 20년1·2회 기사45, 16 년2회 산기57	흰색, 노란색, 빨간색, 파란색을 띠는 색소로 플라본이라는 화합물과 연관되어 있다. 앵초꽃 또는 나라꽃에서 추출된 플라본은 원래 무색이나 옥소크롬을 첨가하면 노란색을 띠고, 하나를 더 첨가하면 쿼르세틴이 되어 오렌지색을 띤다.
안토시아닌 16년2회 산기57	초록색을 강하게 흡수하고 빨간색과 파란색 부분을 반사하여 다양한 보라색과 붉은색을 띤다. 적포도주, 국화 등에서 관찰할 수 있으며, 시간이 지나면서 양이온이 폴리머화 되어 점차 주황에서 노랑으로 변한다.
오라민 16년2회 산기53	염기성 황색 색소로, 자외선에 닿으면 선황색을 띤다. 빛과 열에 안정하며, 착색을 목적으로 과자류, 단무지, 엿, 절임, 해산물 조림 등에 황색 착색에 사용되고 있는 인공착색료이다.

카로틴

클로로필

헤모글로빈

안토시아닌

(2) 염료, 안료의 분류와 특성

1) 염료

① 염료의 개념 및 특징

- 물과 대부분의 유기용제에 녹아 섬유에 침투되어 착색되는 유색 물질을 말한다. 좋은 염료로서 기능하기 위해서는 염료 분자가 직물에 잘 흡착되어 세탁 시 씻겨 내려가지 않아야 하고, 외부의 빛에 안정적이어야 한다. 16년3회 산기55, 15년3회 산기45

- 염료가 잘 용해되고 분말의 염료에 먼지가 없어야 효율적 염색이 가능하다. 액체 용액의 경우 오랜 기간 저장해도 변하지 않아야 한다. 19년3회 기사59, 15년2회 기사46

• 인류가 발견한 가장 오래된 염료는 인디고(파란색)로, 주로 인도의 벵갈, 인도네시아의 자바 등지에서 자라는 토종 식물에서 얻어진다. 1856년 19세기 영국의 퍼킨이 콜타르에서 모베인(보라색) 합성에 성공하면서 최초의 인공(합성)염료로 인디고가 청바지의 남색으로 널리 쓰이게 된다. 20년1·2회 산기|50, 19년1회 산기|48, 17년2회 산기|50, 17년1회 기사|57, 16년2회 산기|57, 16년1회 산기|47, 15년3회 산기|45, 15년2회 산기|47, 15년1회 산기|52

② **염료의 종류**

• 염료는 크게 천연염료, 합성염료로 나뉜다. 천연염료는 식물, 동물, 광물염료로 나뉘며, 합성염료는 직접염료, 산성염료, 염기성염료, 형광염료 등 수십 종류가 있다. 17년1회 기사|54, 15년1회 기사|49

• 천연염료는 자연에서 얻어지는 재료를 바탕으로 만들어진 염료를 말하며 천연염료끼리 서로 섞어 가공하거나 특징을 교합하여 사용하기도 한다.

• 합성염료는 인간이 인공적으로 합성하여 만든 염료를 말하며, 명칭은 일반적으로 제조회사에 의한 종별 관칭, 색상, 부호 세 부분으로 이루어진다. 합성염료는 천연염료보다 가격이 저렴하고 색상이 다양하며 사용이 간단한 장점이 있다. 16년2회 산기|45, 15년3회 기사|60

천연염료의 종류 17년3회 산기|43

	색상	재료
식물성 염료	자색, 홍색	홍화, 소목, 꼭두서니, 다목, 오미자, 자초
	황색	치자, 울금, 황련, 괴화 20년1·2회 기사|58, 19년1회 기사|53, 17년1회 기사|43, 15년2회 기사|60
	갈색	감나무
	청색	쪽(인디고)
	옥색	쥐똥나무
동물성 염료 20년3회 산기|51	진홍색	패자
	갈색, 적색	세피아, 오배자
	적색	코치닐 19년1회 산기|51
광물성 염료	진한 남색	군청
	진한 초록색	녹청
	붉고 푸른빛	대자석
	진홍색	진사
	홍색	계관석
	담청색	청금석

기적의 Tip

홍화염료 19년2회 산기|53
우리나라 전통 천연염료 중 하나로 방충성이 있으며, 이 즙을 피부에 칠하면 세포에 산소 공급이 촉진되어 혈액 순환을 좋게 하는 치료제로도 알려져 있다.

치자염료 19년1회 기사|53
황색으로 염색되는 직접염료로 9월에 열매를 채취하여 볕에 말려 사용하고, 종이나 직물의 염색 및 식용색소로도 사용되는 천연염료이다.

합성염료의 종류 16년3회 기사42, 16년2회 기사49

	특성
직접염료 **(마, 면, 레이온)** 16년3회 기사42, 15년1회 기사53	분말 상태로 찬물이나 더운물에 잘 용해되고 혼색이 자유로워 마, 면 등 셀룰로오스계 섬유 및 단백질 섬유 염색에 손쉽게 사용할 수 있으나, 세탁이나 햇빛에 약해 탈색되기 쉽다.
산성염료 **(견, 나일론, 양모)** 19년1회 산기52	산성의 염욕에서만 염색되며 양모, 견, 나일론 등 폴리아미드계 섬유에는 잘 염색되나, 식물성 셀룰로오스계 섬유에는 염착력이 좋지 않다. 색상이 선명하고 햇빛에는 강하지만 세탁에 약하다.
염기성염료 **(아크릴)** 20년4회 기사49	가장 오래된 합성염료이다. 양이온으로 되어 있어 카티온(Cation) 염료라고도 한다. 색이 선명하고 물에 잘 용해되어 착색력이 좋으나 햇빛, 세탁, 알칼리에 약한 성질이 있다.
반응성염료	염료 분자와 섬유 분자의 화학적 결합으로 염색되므로 색상이 선명하고 일광 및 세탁에 잘 견딘다.
건염염료 **(배트염료, 환원염료)**	알칼리 환원제를 첨가하여 식물성 셀룰로오스 섬유 염색에 적합하며 동물성 섬유에도 많이 사용된다. 소금이나 황산소다를 첨가하여 염색시키고 무명, 면, 마 등의 식물성 섬유의 염색에 좋다. 일광, 세탁에 대한 견뢰도가 매우 뛰어나다.
형광염료 21년3회 기사58, 18년3회 산기48, 17년1회 산기49	형광을 발하는 염료(형광표백제)이다. 종이, 합성수지, 펄프, 양모 등을 더욱 희어 보이게 하려고 사용하며 한도량을 넘으면 백색도가 줄고 청색이 되어 버리는 염료이다.
안료수지염료	엄밀히 말해 염료는 아니며 결합력이 없는 안료를 합성수지와 섞어 열을 가해 안료가 섬유에 고착되는 방식의 염색 재료이다.

③ **식용염료** 20년1·2회 산기57, 16년3회 산기43

• 천연색소, 인공색소 모두 사용될 수 있다.

• 식용색소에서 가장 중요한 조건은 유독성이 없어야 한다는 점이다.

• 현재 우리나라에서는 과일주스, 고춧가루, 마가린에서 사용이 금지되어 있다.

• 미량의 색료만 첨가하는 것이 보통이며 품목별 g/kg 단위로 사용기준을 정하여 관리되고 있다.

④ **견뢰도**

• 견뢰도란 염색물이 햇빛, 습도, 온도, 세탁 등에 얼마나 견디는가를 평가하는 척도를 말한다.

• 염색물이 자외선(자연광)에 의해 변색 및 탈색되는 정도를 일광 견뢰도라고 한다. 염색의 농도가 진할수록 일광 견뢰도는 증가하는 등 염의 농도에 따라 견뢰도의 차이가 있다. 16년2회 산기55

기적의 Tip

색조 15년2회 산기49

'색조 = 명도 + 채도'의 개념이다.

- 천연염료는 대부분 견뢰도가 낮고, 색조가 선명하진 않지만 우아하고 부드럽다. 15년2회 산기47

- 한국 산업 규격에서 규정한 시험방법에는 크세논 아크법, 주광법, 카본 아크법이 있다.

2) 안료

① 안료의 개념과 특징

- 안료는 물 및 대부분 유기용지에 녹지 않는 분말상의 불용성 착색제를 말한다. 안료는 소재에 대한 표면 친화력이 없으며, 별도의 접착제가 필요하다. 전색제와 섞어서 도료, 인쇄잉크, 그림물감 등에 사용된다. 안료를 사용한 색재료의 예로 유성페인트, 수성페인트, 자동차 코팅 등이 있다. 17년1회 기사48

- 안료는 구석기시대의 동굴벽화에서부터 사용된 오래된 색재로, 산화철, 산화망간, 목탄과 같은 무기안료와 동물의 피와 같은 유기안료까지 여러 가지의 안료가 있다. 15년1회 산기52, 15년2회 산기47

- 도료의 기본 구성 요소 중 다양한 색채를 표현할 수 있는 성분이 안료이다. 16년2회 산기41

- 염료와는 다르게 불투명한 성질을 띤다. 염료는 별도의 접착제를 사용하지 않으나, 안료는 접착제나 경화제를 사용하여 흡착시키는 특징이 있다.

- 안료는 표면을 덮어 보이지 않게 하는 성질인 은폐력이 크다. 16년3회 산기41, 17년3회 기사51

- 투명도는 색료와 수지의 굴절률의 차이가 작을수록 높다. 21년1회 기사51

- 안료 입자 크기에 따라 굴절률, 도료의 점도, 도료의 불투명도에 영향을 미친다. 17년2회 산기42

② 안료의 종류

안료는 크게 탄소의 유무에 따라 탄소를 포함하지 않은 무기안료와 탄소를 포함하는 유기안료로 나뉜다. 무기안료는 주사, 석청, 석록 등 천연 무기안료와 화학적인 합성과정을 거쳐 만든 아연, 철, 구리 등의 금속 화합물인 합성 무기안료가 있다. 유기안료는 동물성 유기안료(인디언 옐로, 세피아), 식물성 유기안료, 합성 유기안료로 나뉜다.

기적의 Tip

안료의 검사 항목 17년2회 기사44

- 색채 편차와 내광성
- 은폐력과 착색력
- 흡유율과 흡수율

기적의 Tip

무기안료 색 19년2회 기사41

- 백색 안료 : 산화아연, 산화티탄, 연백
- 녹색 안료 : 에메랄드녹, 산화크로뮴녹
- 청색 안료 : 프러시안 블루, 코발트청
- 황색 안료 : 황연, 황토, 카드뮴옐로
- 적색 안료 : 벵갈라, 버밀리온

안료의 종류 및 특징 21년2회 기사56, 19년3회 기사45, 17년2회 기사49, 17년2회 기사53

무기안료(탄소 X)	유기안료(탄소 O) 21년3회 기사49, 20년3회 기사45, 19년2회 기사59, 18년3회 기사60, 16년3회 기사52
• 천연광물성 안료(코발트계, 카드뮴계) • 탄소 이외의 원소로 이루어지거나 탄소를 함유하는 화합물 중 비교적 간단한 것을 총칭(일산화탄소 CO, 시안화칼륨 KCN 등) • 인류가 사용한 가장 오래된 색재로서 불에 타지 않는 성질(불연성) • 내광성, 내열성, 내후성 등이 우수 • 백색 무기안료가 다른 안료와 혼합 시 은폐력이 높음 17년1회 기사52 • 색채가 선명하지 않으며, 무겁고 불투명 18년3회 산기42 • 가격이 저렴하여 도료, 인쇄잉크, 크레용, 고무, 건축재료로 쓰임 18년3회 산기51	• 탄소가 중심 원소이거나 탄소가 많이 들어간 분자들을 총칭 • 불에 타는 성질이 있음(가연성) • 물에 녹는 레이크(Lake) 안료와 물에 녹지 않는 금속 화합물 형태로 구분 • 색상이 선명하고(채도가 높고) 착색력이 높음 • 유기용제에 녹아 색이 번지는 단점이 있으며 내광성, 내열성, 내후성이 낮음 • 종류가 많아 다양한 색상의 재현이 가능 • 인쇄잉크, 도료, 플라스틱 착색, 섬유수지 날염 등으로 나뉨

무기안료

유기안료

③ **염료와 안료 비교** 21년1회 기사60, 20년4회 기사57, 20년3회 산기55, 19년3회 기사50, 19년2회 산기55, 19년2회 산기44, 19년1회 산기60, 19년1회 기사45, 18년2회 기사53, 18년1회 산기43, 17년3회 산기50, 17년3회 기사53, 17년3회 기사50, 17년1회 산기45, 16년2회 기사33, 16년1회 기사55, 15년3회 기사41

염료	안료
• 수용성이다. • 투명도가 높다. • 유기물이다. • 표면에 친화력이 있어 고착제(접착제)를 사용하지 않는다. • 착색 시 친화력의 강도에 따라 드러나는 색채의 농도가 다르다. • 은폐력이 적다. • 직물, 피혁, 잉크, 종이, 목재, 식품 등 염색에 쓰인다. • 수지 내부로 용해되어 투명한 혼합물이 된다.	• 비수용성이다. • 불투명하다. • 무기물이다. • 소재에 대한 친화력이 없어 고착제(접착제)를 사용한다. • 은폐력이 높다. • 플라스틱, 고무, 유성 페인트에 쓰인다. • 수지에 용해되지 않고 빛을 산란시킨다.

(3) 색채와 소재의 관계

1) 소재의 물리적 특성

- 물체가 고유의 색을 띠게 되는 가장 중요한 원인은 가시광선이다. 각각의 물체는 원자와 분자가 서로 다른 전자회로의 방식을 가지고 있는데, 외부에서 입사하는 가시광선을 선택적으로 흡수하고 반사함으로써 고유의 색을 띠게 된다. 각각의 물체가 원자와 분자의 전자회로의 방식이 달라 분광 반사율이 다르므로 물체마다 서로 다른 고유의 색을 가지게 되는 것이다. 19년3회 기사49

- 물질이 다르거나 색상이 달라지면 분광 반사율 특성도 변화하게 되어 같은 색이라도 조명의 빛이 변한다면 분광의 분포가 달라지게 되며, 같은 종류의 광원이라도 조명방식의 차이에 의해 영향을 받기도 한다.

- 화염테스트 색의 경우, 나트륨은 노란색, 리튬은 주황색, 루비디움은 빨강~자주색, 칼슘은 오렌지~빨간색으로 나타난다. 불활성 기체의 경우, 헬륨은 노란색, 아르곤은 옅은 파란색, 네온은 핑크~빨간색으로 나타난다. 15년1회 산기53

- 전자들은 에너지 효율이 낮은 기저 상태(Ground State)일 때 빛 에너지를 흡수하며, 에너지 효율이 높은 여기 상태(Excited State)일 때 에너지를 방출하게 되는데, 식물이나 동물에서 관찰되는 다양한 색은 기저 상태와 여기 상태의 반복을 통해 나타난다.

(4) 특수재료

1) 형광염료

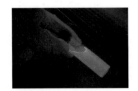

형광염료

- 형광염료는 자외선이나 가시광선에 의해 형광을 발광하는 염료이다. 형광물질은 자외선과 같은 짧은 파장의 빛은 흡수하고 긴 파장의 빛은 복사하는 특성이 있어 반사율이 높아 밝은 느낌을 주게 된다. 17년3회 산기48

- 종이, 합성수지, 펄프, 양모 등을 더욱 희게 보이게 하려고 형광 증백제를 첨가하여 사용하며 한도량을 넘으면 백색도가 줄고 청색도가 증가하는 염료이다. 형광 증백제의 화학적 성분은 주로 이미다졸, 스틸벤, 쿠마린 유도체 등이며 따라서 소량만 사용해야 하는 염료이다. 16년2회 산기45

- 수용성이며 반짝거리는 착색이 가능하다.

2) 진주광택안료 21년2회 기사44, 16년2회 기사57

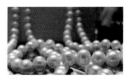

진주광택안료

- 진주광택안료는 천연 진주나 전복의 껍데기 안쪽 등의 무지갯빛 광채를 띤 특수한 광 간섭 효과가 있는 안료이다. 1960년대 개발된 이산화티탄 코팅 운모는 현재까지 진주 광택 안료의 주류로 사용되고 있다.
- 물고기의 비늘은 진주광택색료와 유사한 유기 화합물 간섭 안료의 예이다.
- 높은 굴절률과 얇은 두께, 부드러운 표면 등이 특징이며 조명이 바뀌면 색상도 달라지는 성질이 있다.
- 색채 특성의 측정을 위해 다중각 측정법(Multi Angle)을 이용한다. 18년2회 산기41

3) 시온안료 20년3회 산기48, 15년2회 산기60

시온안료 제품

- 시온안료는 온도에 따라 색상이 변하는 안료이다. 온도가 높아져 기준온도에 도달하였다가 온도가 다시 내려가면 원래의 색깔로 되돌아가느냐의 여부에 따라 가역성(원색 복귀), 비가역성(복귀되지 않음) 안료로 분류된다.
- 가역성은 반복 사용이 가능하여 컵, 온도계, 판촉물 등 일상용품 등에 사용되며, 비가역성은 일회성으로 전기, 전자 공정 등 주로 산업 분야에서 사용된다.

(5) 도료

1) 도료의 특징

- 도료는 페인트나 에나멜과 같이 물질의 표면에 칠해 물체의 표면을 보호하고 외관을 아름답게 하는 유동성 물질의 총칭을 말한다.
- 현대에 들어서는 대량생산 기술의 발전과 알키드 수지도료와 같은 합성수지의 발전으로 철재나 목재의 부식을 막고 광택이나 다양한 색채를 표현할 수 있는 새롭고 우수한 도료가 생산되고 있다.

도료 페인트

2) 도료의 구성

기적의 Tip

도장 18년3회 산기44
도료를 물체에 칠하여 도막을 만드는 작업

- 도료를 구성하는 4대 기본 성분은 안료(착색), 수지(도막 형성), 용제(점도), 첨가제(기능향상)이다. 18년2회 산기43, 15년3회 기사46
- 전색제는 비히클(Vehicle)이라고도 하며, 고체 성분의 안료를 대상 물체의 도장면에 밀착시켜 피막 형성을 용이하세 하는 액체 성분을 말한다. 전색제의 종류는 건성유, 보일유, 합성수지(페놀 수지, 요소 수지, 멜라민 수지 등)가 있다. 20년4회 기사41, 18년2회 기사46, 16년3회 산기56

- 건조제는 도료가 칠해진 얇은 막이 빨리 건조되도록 하는 납, 망간 등의 산화물을 말한다.
- 첨가제는 도료의 성질을 사용 목적에 맞도록 조정하는 성분이다.

3) 도료의 종류 16년1회 산기49

① 천연수지 도료 21년1회 기사53, 17년3회 산기51, 17년3회 기사48, 17년2회 산기44

- 자연에서 얻은 성분으로 생산되는 도료이다. 옻, 유성페인트, 유성 에나멜, 캐슈계 도료, 주정 도료 등의 액체 종류와 셸락, 코펄 등의 고체 종류가 대표적이다.
- 용제가 적게 들고, 우아하고 부드러우며 깊이 있는 광택을 표현할 수 있다.
- 캐슈계 도료는 비교적 저렴하다.
- 주정 에나멜은 수지를 알코올에 용해하여 안료를 가한다.
- 유성 에나멜은 보일유를 전색제로 하는 도료이다.

② 합성수지 도료 20년3회 기사55, 18년2회 산기49, 17년1회 산기46

- 합성수지 도료는 비닐이나 아크릴, 실리콘, 우레탄, 고무 등의 성분으로 구성된 내알칼리성 도료로, 콘크리트나 모르타르의 마무리 도료에 주로 사용된다. 18년2회 산기49
- 도막 형성 주요소로 셀룰로스 유도체를 사용한 도료의 총칭이다.
- 부착성, 휨성, 내후성의 향상을 위하여 알키드수지, 아크릴수지 등과 함께 혼합하여 사용된다.
- 도료 중에 가장 종류가 많으며 에멀전수지 도료, 알키드수지 도료, 불소수지 도료 등이 있다. 17년1회 기사54
- 유성 도료보다 강하고 내성이 뛰어난 도막을 형성한다.
- 화기에 민감하고 광택을 얻기 힘든 결점이 있다.

③ 수성 도료

- 도료를 쉽게 칠할 수 있도록 안료에 수용성의 유기질 전색제(카세인, 석고 등)를 배합한 도료이다.
- 물을 사용하여 경제적이고, 취급이 간단하며 발화성이 낮아 안전하다.
- 최근 다양한 수성 도료가 개발되어 사용되고 있으며 에멀전 도료와 수용성 베이킹수지 도료가 대표적이다.

(6) 잉크

1) 잉크의 특징

- 종이나 목재 등의 표면에 원하는 글이나 그림 등을 표현할 때 사용되는 액체를 말한다.
- 잉크의 종류에는 필기용 잉크와 함께 안료와 전색제를 섞은 액체상태의 인쇄하기 쉬운 상태로 만든 인쇄잉크가 있다. 18년1회 산기48
- 인쇄잉크로 사용되는 안료는 벤지딘 옐로, 프탈로시아닌 블루, 카본 블랙 등이 있다. 18년3회 기사49
- 인쇄잉크에는 시안, 마젠타, 노랑, 검정의 4가지 잉크와 레귤러 잉크 혹은 별색 잉크(지정색) 등이 있다. 16년1회 산기42

2) 인쇄의 방법

평판 인쇄	• 물과 기름의 반발 원리를 이용한 인쇄방식으로 판의 표면에 명확한 높낮이가 없이 화선부에는 유성 잉크만 묻게 하고, 비화선부에는 수분만 받아들이도록 하는 인쇄방법이다. • **오프셋 인쇄(Offset Printing)** 16년1회 산기57 가장 대표적인 인쇄방법으로 인쇄판에 직접 용지를 대고 인쇄를 하지 않고, 고무 블랭킷에 오프셋 윤전 잉크를 묻힌 다음 종이를 블랭킷을 통과시켜 인쇄하는 방식이다. 윤전 인쇄기를 사용하며 인쇄의 선명도가 뛰어나다. 금속 평판 인쇄는 대부분 오프셋에 의해 인쇄된다. • **석판화** 잉크가 스며들지 않는 판(돌, 유리 등)에 그림을 그려 찍어내는 판화를 말한다. 사실적이고 회화적인 표현이 가능하다. 평판화라고도 한다.
볼록 인쇄	• 최초의 인쇄방법으로, 인쇄판 중 볼록하게 튀어나온 부분에 잉크를 묻혀 인쇄하는 방법이다. • 목판, 활판, 고무판 등을 사용하며 인쇄물이 선명하고 강한 느낌을 준다.
오목 인쇄 21년3회 기사48, 20년1·2회 기사57	• 인쇄판이 오목하게 패인 부분에 잉크를 묻혀 인쇄하는 방법이다. 사진 인쇄에 적합하며, 그라비어(Gravure) 인쇄라고도 한다. • 인쇄 품질이 높아 포장, 건재 인쇄 등에 널리 사용되며, 판의 제작비가 비싸 적은 양의 인쇄에는 적절하지 않다.
공판 인쇄 19년1회 산기46	• 미세한 구멍을 뚫어 물감이 새어 나오게 하여 구멍의 모양대로 인쇄하는 방법이다. • 실크 스크린, 등사판 인쇄 등이 있다. • 좌우가 바뀌는 판화와 달리 공판화는 좌우가 동일하다.

인쇄잉크

수성 그라비어 잉크 16년1회 산기53
인쇄에 따른 환경오염을 줄이기 위해 고안된 잉크이다.

프탈로시아닌(유기 화합물) 19년1회 기사52, 19년2회 기사56

포르피린과 유사한 구조로 된 유기 화합물로 안정성이 높고 색조가 강하여 초록, 청색계열 유기염료, 유기안료에 많이 사용되는 색료이다.

(1) 금속 소재

1) 개념 및 특징

금속 소재

- 금속이란 자연계에 존재하는 원소 중 금, 은, 철, 스테인리스, 알루미늄, 티타늄과 같이 특유한 광택이 있고 열과 전기를 잘 전도하며 상온에서 고체인 물질을 총칭하는 물질을 의미한다.
- 금속은 가시광선을 선택적으로 흡수하여 고유의 색을 내는 일반 색료와는 달리 전자의 가장 높은 에너지 준위가 연속적으로 띠를 이루어 색을 내게 된다.
- 외부에서 들어오는 빛의 파장과 관계없이 전자가 여기(Excited State) 되고 다시 기저 상태(Ground State)로 되돌아가기 때문에 금속광택을 만들어낸다.
- 금은 노랑, 은은 하얀빛, 구리는 붉은빛을 띤다.
- 알루미늄은 다른 금속에 비해 파장과 관계없이 반사율이 높아 거울로 많이 사용된다. 19년2회 산기|54, 19년1회 산기|44

2) 도금 20년3회 기사41, 16년1회 기사56

금속이나 비금속의 겉에 금이나 은 등 다른 금속을 얇게 입히는 것을 말하며, 처리방법의 종류에는 전기도금(전기분해의 원리 이용), 무전해도금(화학변화를 이용), 용융도금(녹는점이 낮은 금속 제품을 넣는 방식), 화학 증착(휘발성 금속염을 증발시켜 화학반응을 이용) 등이 있다.

(2) 직물(Woven Fabrics) 소재

1) 개념 및 특징

직물 소재

- 직물은 씨실(위사)과 날실(경사)을 아래위로 교차하여 엮어 만든 천 또는 옷감을 의미한다.
- 직물은 보온, 흡습, 탄력 등의 기능성과 함께 아름다움도 함께 갖추어야 하는 특성의 소재로 염직 기술이나 가공 기술이 발전되면서 다양한 직물이 생산되고 있다.

2) 직물의 종류 17년3회 기사59

천연섬유	식물성 섬유	식물의 종자, 줄기, 잎 등에서 얻은 섬유로 천연 고분자(셀룰로스)로 이루어진 섬유이다. **- 면** : 목화에서 뽑은 실로 만든 직물. 견이나 마에 비해 광택이 적으나 흡수성, 염색성이 뛰어나고 부드럽고 시원하며 세탁에 잘 견딘다. **- 마** : 아마, 대마와 같은 식물 섬유에서 추출. 신축성이 적고 뻣뻣하여 스스로 형태감을 유지하여 수분의 흡수와 건조가 빨라 여름옷에 많이 사용한다.
	동물성 섬유	**- 견** : 누에고치에서 뽑은 동물성 섬유로 부드럽고 광택이 있으며 따뜻한 느낌의 소재이다. 구김이 잘 가지 않고 염색성이 우수하다. 자외선에 의해 누렇게 변하는 성질(황화현상)이 심하다는 단점이 있다. 20년1·2회 산기45, 15년3회 산기41 **- 모(울)** : 양의 털에서 추출하여 섬유 중 흡습성이 가장 높으며 보온성이 좋다. 열이나 압력에도 형체를 유지하는 특징이 있다.
	광물성 섬유	광물에서 얻어지는 섬유로써 석면이 대표적이다.
인조섬유 (화학섬유)	합성섬유	석유, 석탄, 천연가스 등을 원료로 하여 화학적으로 합성한 고분자 섬유이다. 나일론은 1935년 미국의 화학자 캐러더스가 만든 최초의 합성섬유로, 이외에도 폴리에스테르, 아크릴, 폴리프로필렌, 폴리우레탄 등이 있다.
	재생섬유 17년3회 기사59	목재 · 펄프 따위의 섬유소나 단백질 · 천연고무 · 키틴 따위를 약품에 녹여 섬유 상태로 뽑아낸 다음, 약물로 처리하여 굳힌 화학섬유이다. **- 셀룰로스계 재생섬유** : 비스코스 레이온, 구리암모늄 레이온, 아세테이트, 리오셀, 대나무 섬유, 큐프라 등이 있다. **- 단백질계 재생섬유** : 카제인, 콩섬유 등이 있다.

플라스틱 소재

열가소성 플라스틱 15년2회 기사54
근접성, 침투성, 착색성은 좋으나 은폐성은
좋지 않다.

(3) 플라스틱 소재

1) 개념과 특징

- 플라스틱은 열이나 압력으로 소성변형을 시켜 성형할 수 있는 고분자 화합물을 의미하며 오늘날에는 유기합성 고분자 물질인 합성수지를 일컫는 말이다.
- 플라스틱의 종류는 일반적으로 가열에 의한 성질에 따라 분류된다. 즉, 열가소성 수지(열을 가하여 재가공이 가능하며, 화학적 변화가 일어나지 않고 냉각하면 원래 상태로 복귀)와 열경화성 수지(열을 가한 후 재가공 불가)가 있다. 15년3회 산기54, 15년2회 기사53
- 플라스틱 착색이나 색을 재현할 경우 무기안료보다는 유기안료를 사용하는 것이 좋다. 18년3회 기사, 44, 15년1회 산기52
- 플라스틱은 전기, 기계, 건축 등 대부분의 산업과 일상생활에서 광범위하게 이용되고 있다.

2) 플라스틱 장점과 단점

① 장점

- 대량생산이 가능하고 가격이 저렴하다.
- 광택이 좋고 다양한 색상의 착색이 가능하여 고운 색채를 낼 수 있다.
- 가볍고 성형이 자유롭다.
- 투명도가 높고 굴절률이 낮아 유리, 도자기, 목재 등의 대체품으로 사용된다. 15년3회 산기54, 15년3회 기사42
- 전기절연성이 우수하다.
- 내수성, 내투습성이 우수하고 산·알칼리 등에 부식이 잘 안 된다.

② 단점

- 자외선에 약하며 변색되기 쉽다. 19년3회 기사51
- 환경호르몬이 발생한다.
- 정전기가 일어나기 쉽다.
- 온도와 압력에 변형이 일어나고 흠집이 발생하며 깨지기 쉽다.
- 수명이 영구적이어서 폐기가 어려워 환경문제를 야기한다.

(4) 목재 및 종이 소재

1) 개념과 특징

목재 소재

- 목재는 인간에게 시각적, 촉각적으로 가장 직접적인 접촉이 이루어지는 천연 자원 중 하나이다.
- 목재는 자연 친화적이고 고급스러운 재료로서 건축, 가구, 종이 제작 및 공예와 제품의 소재로도 사용되는 등 용도가 매우 광범위하다.
- 목재로 사용되는 나무는 침엽수와 활엽수가 있다. 침엽수는 소나무, 전나무, 잣나무 등이 있으며 질감과 가공성이 뛰어나 건축재료로 많이 쓰인다. 활엽수는 오동나무, 단풍나무, 뽕나무 등이 있으며 단단하여 장식재나 가구재로 많이 사용된다.

2) 목재 및 종이 장점과 단점

① 장점

다른 소재들보다 가볍고 가공성이 좋으며 열전도율이 낮아 보온, 방한에 우수하다. 온도에 대한 신축이 적고 충격과 진동의 흡수성이 좋고, 가격이 비교적 저렴한 편이다.

② 단점

수분에 의한 변형이 크며, 목재의 방향에 따라 강도가 다르고 크기 제한이 있어 큰 재료를 얻기 어렵다. 벌레나 세균에 취약해 이를 보완하는 가공처리가 필요하다.

(5) 기타 특수 소재

유리는 규사, 탄산나트륨 등을 고온으로 녹인 후 냉각시켜 고체화한 투명도가 높은 물체이다. 부식이 되지 않고 광택이 좋아 다양한 산업제품으로 쓰이고 있다. 투명유리는 장식용, 식기류, 스테인드글라스, 보호 안경 등 용도로 쓰이고 있으며, 불투명 유리는 조명용, 건축용 등 다양한 용도로 활용되고 있다.

유리 소재

딱딱한 재질

부드러운 재질

광택

3 표면 처리

(1) 재질 및 광택

1) 재질

재질이란 목재, 유리, 종이, 금속, 플라스틱 등과 같이 재료가 가지는 성질과 특성을 의미한다. 동일한 물질이라도 가공하는 방법에 따라 재질감을 다르게 표현할 수 있다.

2) 광택

- 광택은 빛의 반사로 물체의 표면에서 반짝거리는 현상을 의미한다. 종이, 법랑, 플라스틱, 섬유 등과 같은 물질들은 재질과 특성에 따라 광택도가 서로 다르며, 보는 방향에 따라 질감의 차이를 표현할 수 있다.

- 광택도는 물체 표면의 정반사광의 강도 또는 표면에 비치는 상의 선명함 등을 1차원적인 수치로 표시하는 방법을 말한다. 광택도를 표현하는 방법은 물체표면의 빛을 반사하는 성질의 도출방법에 따라 아래와 같이 분류한다. 15년3회 기사45

- 표면 정반사 성분은 투과하는 빛의 굴절각이 클수록 커진다. 19년1회 산기59

- 광택도는 100을 기준으로 0은 완전무광택, 30~40은 반광택, 50~70은 고광택, 70~100이면 완전광택으로 분류한다. 18년1회 기사54, 18년1회 기사54

- 광택이 가장 강한 재질은 알루미늄이다. 18년1회 산기46

변각 광택도 15년3회 산기47	빛을 측정하는 각도를 달리하여 분광 반사율의 차이를 측정하는 방법이다. 예 금속감이 없는 솔리드그레이와 알루미늄 판상 입자가 섞인 도장된 메탈릭 실버의 광택을 측정하기 가장 좋은 방법이다.
선명도 광택도	물체표면에 여러 도형을 비춰 나타난 도형의 선명도로 측정하는 방법이다.
경면 광택도 21년3회 기사46, 21년1회 기사48, 16년1회 기사42	물체를 거울 면에 비춰보며 측정하는 방법이다. ① 85도 경면 광택도 : 종이, 섬유 등 광택이 거의 없는 대상 ② 60도 경면 광택도 : 광택 범위가 넓은 범위를 측정하는 경우 ③ 45도 경면 광택도 : 도장면, 타일, 법랑 등 일반 대상물 ④ 20도 경면 광택도 : 도장면, 금속면 등 비교적 광택도가 높은 물체끼리 비교
대비 광택도	두 개의 다른 조건에서 측정한 반사 광속을 비교하여 나타내는 방법

색의 측정

1 색채 측정기

(1) 색채 측정기의 용도 및 종류, 특성

1) 색채 측정기 <small>21년3회 기사56, 17년1회 기사45</small>

- 색채 측정기는 색채계, 또는 측색계라고도 불리는 측색기이다. 즉, 어떤 대상의 색을 색채 측정기를 활용하여 색상, 명도, 채도를 측정할 수 있다. 또한, 측색을 통해 색채를 객관적으로 규명하여 색을 관리하고, 소통할 수 있다. 색을 정확히 알 수 있고, 정확하게 전달할 수 있으며, 정확하게 재현이 가능해진다. <small>19년3회 기사58, 19년1회 산기41, 18년1회 기사50, 15년2회 기사42, 15년1회 산기51</small>

- CIE에서 광원과 물체의 반사각도, 그리고 관찰자의 조건을 표준화하였다.

- 색채 측정기는 크게 두 가지 종류로 필터식 색채계와 분광식 색채계로 구분할 수 있다. <small>17년3회 산기44</small>

- 목적에 따라 RGB, CMYK를 측정하는 측정기도 있다.

① 필터식 측색기(필터식 색채계) <small>16년3회 산기49, 16년2회 기사48, 15년3회 기사50, 15년3회 산기49, 15년1회 기사56</small>

- 세 개의 색필터와 광검출기를 사용하여 3자극치(CIE XYZ) 값을 측정하고, 색좌표를 산출하는 방식의 측색기이다.

- '3자극치 직독식 광원 색채계', '색차계'라고도 부른다.

- 필터와 센서가 일체화되어 X,Y,Z 자극치를 읽어낸다.

- 측정이 간편하고 구조가 간단하여 크기도 작고 값이 저렴한 장비로서 현장에서의 색채관리, 휴대용(이동형 색채계) 등으로 많이 활용된다.

- 단, 분광식 색채계보다 정확도와 정밀도가 떨어지며, 색료 변화에 따른 대응이 불가능하다.

- 정해진 표준광원에서 색차값만 측정이 가능하다.

② 분광식 측색기(분광광도계) <small>19년1회 산기50, 19년1회 기사60, 17년1회 기사48, 16년1회 기사51</small>

- 정밀한 색채의 측정장치로 물체의 분광 반사율, 분광 투과율 등을 파장의 함수로 측정하는 계측기, 측색기이다. <small>21년2회 기사59, 20년4회 기사53, 20년3회 기사51, 20년1·2회 산기41, 19년1회 산기60, 18년2회 산기54, 18년2회 기사57</small>

필터식 색채계

분광광도계

- 색좌표의 차이로 지정되는 색차보다 더욱 정밀한 색차관리가 필요할 때 분광식 측색기를 사용한다. 16년3회 기사58
- 단 한 번의 컬러 측정으로 표준광 조건에서 CIE LAB값을 얻을 수 있는 장비이다. 18년2회 기사45
- 가시광선 영역의 분광 반사율을 측정한 후 색좌표를 계산하므로 다양한 광원과 시야의 색채값을 동시에 산출할 수 있다. 15년2회 기사48, 17년1회 기사49
- 광원의 변화에 따른 등색성 문제(조건등색), 색료 변화에 따른 색재현의 문제점 해결이 가능하다. 16년1회 기사60
- XYZ, L*a*b*, L*c*,h*, Hunter L*a*b*, Munsell 등 다양한 표색계 데이터를 표시할 수 있다. 16년3회 기사51, 15년2회 기사49
- 색채 측정은 380~780nm의 가시광선 영역을 5nm 또는 10nm 간격으로 측정하도록 설계되어 있다.

기적의 Tip

파장의 단위 19년1회 산기53
nm(나노미터), Å(옴스트롱), μm(마이크로미터)

- 분광광도계 파장은 불확도 1nm 이내의 정확도를 유지해야 한다. 19년3회 산기50, 19년1회 산기50, 18년1회 기사46
- 분광 반사율 또는 분광 투과율의 측정 불확도는 최대치의 0.5% 이내에서, 재현성은 0.2% 이내로 한다. 19년3회 기사55, 17년3회 산기41, 16년3회 기사49
- 컴퓨터 자동배색장치(Computer Color Matching system; CCM)에서 색채값을 산출할 때 활용된다. 16년2회 기사48
- 빛 측정은 분광광도계보다는 분광복사계를 사용한다. 18년3회 기사45

③ 분광 반사율 21년3회 기사51, 19년2회 기사49, 17년2회 기사52, 17년1회 기사51

- 물체의 색이 표면에 반사되는 빛의 파장별 분광 분포에 따라 여러 색으로 정의되며, 조명에 따라 다른 분광 반사율을 나타낸다.
- 분광 반사율로 인해 물체의 색을 가장 정확하게 계산할 수 있다.
- 동일한 색임에도 형광등 아래에서 볼 때와 백열등 아래에서 볼 때 각기 다른 색으로 보이는 이유가 분광 분포가 다르기 때문이다. 15년3회 기사56
- 반사율은 시료색의 특성에 따라 다른데 밝은색이 반사율이 높고, 채도가 높을수록 분광 반사율의 파장별 차이가 크다.
- 컴퓨터 자동배색장치를 사용할 때는 분광 반사율로 측정하는 것이 필수이다.
- 형광을 포함한 분광 반사율을 측정하는 방법은 필터감소법, 이중 모드법, 이중 모노크로메이터법, 폴리크로메틱 방식이 있다. 19년2회 기사60

- 절대분광 반사율 계산식은 R(λ)= S(λ) x B(λ) x W(λ)이다. R(λ)은 시료의 절대분광 반사율, S(λ)는 시료의 측정 시그널, B(λ)는 흑체의 분광 방사 휘도, W(λ)는 백색표준의 절대분광 반사율값을 뜻한다. 21년2회 기사52, 15년3회 기사58

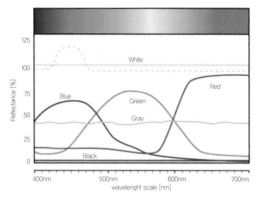

분광 반사율

2) 기타 측색기 특성

① 스펙트로포토미터(Spectrophotometer) 20년1·2회 기사53, 17년3회 기사49

- 분광식 측색기로 3자극치와 분광데이터 표기를 통해 정확한 색채 값 산출이 가능하며, 물체색, 투명색의 측정이 가능하여 표준광원의 변환도 가능하다.
- 측색기 중 가장 정확도 급수가 높고, 조건등색의 표현이 가능하다.

② 덴시토미터(Densitometer)

CMYK 전용 인쇄전용 필름 강도 측정과 인쇄 교정물 강도 측정 테스터에 사용한다.

③ 크로마미터(Chroma meter)

광원 측정용 측색기로 3자극치 측정 방식이며, 조도와 색온도 측정이 가능하다.

④ 글로스미터(Gloss meter)

광택 측정기로 광택을 수치화해서 표현한다.

⑤ 컬러리미터(Colorimeter)

- 3자극치 필터 측색기로, 색차를 계산하기 위해 사용한다.
- 물체색과 투명색 측정이 가능하고 표준광원의 설정이 가능하지만, 조건등색의 표현은 불가능하다.

뉴턴 15년1회 산기56
프리즘을 사용한 빛 스펙트럼 실험으로 광학의 기초 측색학을 만든 인물이다.

(2) 색채 측정기의 구조 및 사용법

1) 필터식 측색기 구조

- 광학기계로 분광 분포를 구하고 계산하는 절차 없이 색을 직접 측정하는 방법으로 시료대, 전산 장치, 광검출기, 텅스텐램프로 구성된다.
- 광원은 주로 백열전구를 사용하고, 유리 필터 F와 조합하여 표준광원 C 또는 표준광원 D_{65}의 조명을 사용한다.
- 필터식 색차계 내부 구조

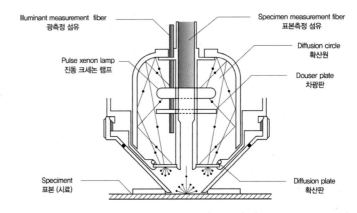

① 시료대	시료가 직접 놓이는 곳으로 빛이 잘 조사될 수 있도록 광원을 설치하고 반사광을 모으는 장치이다.
② 광검출기와 필터	광원으로 시료를 비추면 반사광이 3개의 필터를 통과한다.
③ 전산 장치	색채 측정 장치에서 측색 신호를 처리하여 색채 값을 산출하는 장치이다.
④ 전류계	수광기에 비친 빛은 광검출기에서 전기적 신호로 변환되어 전류계를 통해 3자극치의 값이 산출된다.

2) 분광식 측색기 구조(분광광도계)

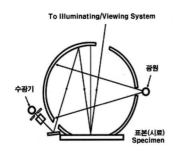

분광 측색계 내부 구조

- 광원, 시료대, 광검출기, 신호처리 장치, 분광 장치 및 적분구로 구성된다.

19년2회 기사53, 18년2회 기사59, 15년3회 산기56, 15년2회 산기59

- 분광식 측색기에 사용되는 광원은 연색성이 좋은 텅스텐램프를 사용한다.
- 눈과 흡사한 가시광선 영역을 측정하고 가시광선에서 근적외선까지 측정할 수 있는 '실리콘 포토다이오드' 광원을 사용하기도 한다.

- 분광식 측색기는 형광색 측정이 불가능하다. 따라서 형광이 들어 있는 색채를 측색할 경우 후방분광 방식의 분광 색채계를 사용하는 것이 좋다. 그 외 정밀한 측정은 전방분광 방식을 사용하는 것이 효과적이다. 19년2회 산기47, 16년2회 산기54

- 검사 방식에는 SCI와 SCE 방식이 있다. SCI 방식은 표면에서 반사되는 거울 반사광을 포함하여 검사하는 경우를 뜻하고, SCE 방식은 거울 반사광을 제외하고 검사하는 경우를 뜻한다.

① 시료대	광원과 시료를 장착하고 반사광을 모으는 장치이다.
② 광원	적외선을 측정할 수 있는 연색성이 좋은 텅스텐할로겐램프를 사용한다.
③ 집광렌즈	측정된 데이터를 관찰하는 우리 눈과 같은 역할을 한다.
④ 분광기 19년2회 기사43	회절격자, 프리즘, 간섭 필터를 이용한다.
⑤ 적분구 21년3회 기사56, 16년3회 산기44	반사율이 높은 물질로 백색 코팅되어 있고, 공 모양으로 속이 비어있다. 내부로 들어온 빛을 고르게 반사하는 확산광으로 이루어지며 내부의 휘도는 어느 각도에서든지 일정하다. 시료 표면에서 반사되는 빛을 모두 포획하여 고른 조도로 분포되게 하는 것으로 적분구 방식에는 싱글빔 방식과 더블빔 방식이 있다.
⑥ 분광 장치	시료대 전후에 빛을 각 파장별로 나누어 분광 강도 값을 산출할 수 있도록 하는 장치로 정밀한 색채 측정과 자동 배색 장치에 이용한다.

2 측색

(1) 측색 원리와 조건

- 측색이란 색채를 물리적으로 측정하여 수치로 나타내는 것을 말한다. 제품의 색이 의도한 대로 표현되었는지, 색차가 허용 범위 안에 있는지 등을 파악하는 데 필요한 작업이다. 20년3회 산기57

- 측색 방법에는 측색기를 활용하는 방법과 육안으로 비교하는 방법이 있다.

- 색채계를 사용하여 측정된 색채값이 실제로 눈에 보이는 색채와 차이가 있는 원인으로는 표면 반사 성분, 음영, 투명성 등이 있다. 16년1회 산기48

- 정확한 색채 측정을 위해서는 필터식과 분광식 모두 색채 측정의 기준이 되는 백색 기준물(백색 교정판)을 철저하게 관리해야 할 필요가 있다. 측색 전에는 백색, 검은색, 교정판 즉, 백색 기준물을 먼저 측정하여 기기를 고정한 다음 측정해야 한다. 백색 기준물에 대해서는 충격, 마찰, 광조사, 온도, 습도 등의 영향을 받지 않아야 하며, 오염된 경우에는 세척, 재연마 등의 방법

기적의 Tip

형광 물체색 측정 방법 18년2회 기사53, 18년1회 기사57

- 시료면 조명광에 사용되는 측정원 광원은 그 상대 분광 분포가 측색용 광의 상대 분광 분포와 어느 정도 근사한 광원으로 한다.
- 조명 및 수광의 기하학적 조건은 원칙적으로 45° 조명 및 0° 수광 또는 0° 조명 및 45° 수광을 따른다.
- 분광 측색 방법에서는 단색광 조명 또는 분광 관측에서 유효 파장폭 및 측정 파장 간격은 원칙적으로 5nm 또는 10nm로 한다.
- 측정용 광원은 380nm~780nm의 파장 전 역에는 복사가 있고 300nm 미만인 파장역에는 복사가 없는 것이 필요하다.
- 표준 백색판은 시료면 조명광으로 조명했을 때 형광을 발하지 않아야 한다.
- 형광성 물체에서는 전체 분광복사 휘도율 값이 1을 초과하는 수가 많으므로, 분광 측광기는 측광 눈금의 범위가 충분히 넓은 것이어야 한다.

기적의 Tip

편색판정 16년3회 산기59, 16년1회 산기46

측색의 오차판정 중 기준색과 변화색을 놓고 색상, 채도의 변화를 파악하여 어느 쪽으로 변화하였는지를 판단하는 방법이다.

기적의 Tip

백색도 18년3회 산기54, 18년2회 산기56, 17년3회 기사44, 15년1회 산기59

- 흰색이라 인정되는 표면색의 흰 정도를 측정하고 관리하기 위한 것이다.
- 백색도는 지수 및 틴트(흰색에 유채색이 혼합된 정도) 지수에 의해 표시된다.
- 완전한 반사체의 경우 틴트 지수는 100이다.
- 완전한 반사체의 경우 백색도 지수가 100이다.
- 백색에서 멀어짐에 따라 백색도의 수치가 낮아진다.
- 백색도는 D_{65}광원에서 정의되고 있다.

으로 오염을 제거하고 원래의 값을 재현할 수 있어야 한다. 정기적인 교정을 받고, 백색 기준물의 분광 반사율도 국제 측정의 표준과 일치되도록 0.9 이상으로, 파장 380~780nm에 걸쳐 거의 일정해야 한다. 20년4회 기사46, 18년3회 산기59, 17년2회 기사50, 17년1회 산기43, 15년1회 산기47, 15년1회 기사45

- 색채 측정 시 시료의 색소가 완전히 건조되고 안정화된 후에 착색면을 측정한다. 섬유물의 경우 빛이 투과하지 않도록 충분한 두께로 겹쳐서 측정해야 하며, 페인트의 색채를 측정하는 경우 색을 띤 물체의 상태로 만들어야 하고, 시료의 표면은 오염되지 않게 손대지 않도록 주의한다. 20년3회 산기45, 19년 2회 기사57

1) 시야각의 지각 효과

- 시야란 눈을 움직이지 않은 채 어떤 특정한 지점을 보았을 때 볼 수 있는 범위를 말한다.
- '중심 시야'는 사물을 바라볼 때 시야가 작아 망막의 시세포인 추상체만이 반응하여 사물이 선명하고 어둡게 보이는 것을 말하고, '주변 시야'는 시야가 넓어 간상체까지 영향을 받아 사물이 밝게 보이는 것을 말한다.
- 국제조명위원회(CIE)에서는 2°시야와 10°시야 두 가지를 정의하고 있는데, 현재는 1964년도 채택한 등색 함수에 기초한 3색 표시계인 색 표시계 $X_{10}Y_{10}Z_{10}$(10°시야)를 표준으로 사용한다. 2°시야에서 10°시야로 넓어지면 명도는 높아지고, 채도는 낮게 느껴진다. 18년2회 산기42, 15년2회 기사44
- 등색 함수 종류는 XYZ 색 표시계 또는 X_{10} Y_{10} Z_{10} 색 표시계가 있다. 19년2회 산기56
- 2°시야는 300mm 관찰 거리에서 관측창 치수 약 11×11mm가 권장되고, 10°시야는 500mm 관찰 거리에서 약 관측창 치수는 87×87mm가 권장된다. 18년3회 기사55

(2) 측색 데이터 종류와 표기법

1) 색채 측정 조건

① 조명과 수광 조건(1986년 CIE 추천방식) 20년3회 기사49

- 정확한 색 측정과 관리를 위해 CIE에서는 1986년 조명과 측색의 조건을 규정하여 발표하였다. 사선(/) 앞에는 조명의 각도를, 사선(/) 뒤에는 관찰 각도를 나타내며, 이를 색채 측정 결과에 반드시 첨부해야 하는 필수조건으로 명시하였다.

- '0'으로 표기된 각도는 Normal의 약자로 직각 90°로 환산한 것으로 보아야 하며, 'd'는 diffuse의 약자로서 분산 조명을 의미한다.

> ① 0/45 : 수직 방향에서 조명을 비추고 45° 각도에서 관찰한다.
> ② 45/0 : 45° 방향에서 조명을 비추고 90°에서 수직으로 관찰한다.
> ③ 0/d : 90° 수직 방향에서 조명을 비추고 분산 조명을 평균값으로 관측한다.
> ④ d/0 : 분산 조명을 조사하고, 90° 수직으로 반사된 조명을 관측한다.

(a) 0/45

(b) 45/0

② 조명과 수광 조건(2004년 CIE 추천방식) 18년2회 산기|50

2004년 CIE는 아래와 같이 조명과 관찰 각도에 따른 방법론을 6개의 확산 방식 및 4개의 지향성 기하 방식으로 나누어 새롭게 발표하였다.

확산 기하 방식(6개)

① 확산:8°(di:8°), 정반사 성분 포함 방식 18년3회 기사50	적분구를 사용하여 모든 방향으로 확산 빛을 비추고 광검출기를 8° 기울여서 측정하는 방식으로 정반사 성분을 포함하는 방식이다.
② 확산:8°(de:8°), 정반사 성분 제외 방식 16년1회 산기55	적분구를 사용하여 모든 방향으로 확산 빛을 비추고 광검출기를 8° 기울여서 측정하되 정반사 성분을 제외하는 방식이다.
③ 8°:확산(8°:di), 정반사 성분 포함 방식	di : 8°와는 빛의 진행 방향이 반대인 방식으로, 8°기울여 빛을 비추고 모든 방향으로 확산된 빛을 모아 측정하고 정반사 성분을 포함하는 방식이다.
④ 8°:확산(8°:de), 정반사 성분 제외 방식 19년1회 산기58, 18년1회 기사59	de : 8°와는 빛의 진행 방향이 반대인 방식으로, 8°기울여 빛을 비추고 모든 방향으로 확산된 빛을 모아 측정하되 정반사 성분을 제외하는 방식이다.
⑤ 확산:확산 방식(d:d) 17년1회 산기57	빛을 비추는 방식은 di : 8°와 일치하지만, 광검출기를 적분구면을 향하게 하여 반사된 빛을 측정하는 방식이다.
⑥ 확산:0°방식(d:0°) 18년1회 산기|50, 17년2회 산기54	적분구 내부에 빛을 확산 조명으로 비추고 광검출기를 90° 수직에서 관측하는 방식으로 정반사 성분이 완벽히 제거되는 방식이다.

(c) 0/diffuse

(d) diffuse/0

조명과 수광 조건

지향성 기하 방식(4개)

① 45°환상:0° 방식(45°a:0°) 15년1회 기사46	물체에 45°각도로 고리 모양으로 빛을 비추고 90°수직 방향으로 반사율을 측정하는 방식이다.
② 0°:45°환상 방식(0°:45°a)	0°수직 방향으로 빛을 비추고 45°각도로 빛을 고리 모양으로 모아 측정하는 방식이다.
③ 45°지향성:0° 방식(45°x:0°)	빛을 45°에서 비추고 90° 수직 방향에서 반사율을 측정하는 방식이다.
④ 0°:45°지향성 방식(0°:45°x)	적분구 내부에 빛을 90° 수직 방향으로 비추고 광검출기를 45°에서 관측하는 방식이다.

③ 측색 결과 필수 첨부 사항 20년3회 기사50, 19년3회 기사46, 18년3회 산기41, 15년3회 산기55, 15년2회 산기45, 15년1회 산기48, 15년1회 기사54

측색을 완료한 다음에는 반드시 다음의 사항을 명기하여야 한다.

> • 조명과 수광 조건 등 색채 측정 방식(45/0, 0/d 등)
> • 표준광원의 종류(백열등, 형광등, LED 등)
> • 광원이 재현하는 색온도 및 광원의 조도(lx)
> • 조명환경 및 표준 관측자의 시야각(CIE Yxy 1931년 2° 시야 또는 CIE Yxy 1964년 10° 시야)
> • 등색함수의 종류
> • 측정에 사용한 기기명

기적의 Tip

국제조명위원회(CIE) 20년4회 기사42, 19년3회 기사53, 19년2회 산기59, 19년1회 산기57, 15년2회 산기58

- 1931년 빛의 속성을 정량적으로 정하고 표준 관찰자와 관찰 각도 등의 기준을 정하여 색채를 좀 더 정확하게 관리하고 설계할 수 있도록 하였다.
- CIE 표색계는 빛을 이용한 색매칭 실험을 기초로 한다.
- 사람의 시각 시스템이 특정색에 반응하는가를 기술한 삼자극치 계산법을 정립하였다.
- 색 비교와 연구를 위한 표준광 데이터를 정립하였다.
- CIE에서 규정한 측색용 표준광으로 A, C, D_{65}가 있고, 보조 표준광으로는 D_{50}, D_{55}, D_{75}, B가 있다.

④ 측색 시 측정값에 영향을 미치는 요소 19년1회 산기43, 17년3회 산기58, 16년2회 기사51

- 광원의 상대분광 분포
- 시료의 분광 확산 반사율
- 관측자의 색채시감효율
- 조명 방식
- 색채의 재질감
- 면적 효과

(3) 색채 표준과 소급성

- 색채 표준과 소급성이란 CIE가 제정한 기준에 맞춰 한국 KS 표준 전반을 교정하여 현실에서의 실제 기기를 국가 측정 표준과의 오차범위를 줄여 사용하도록 하는 것을 말한다. 즉 측정 기기에 대한 주기적인 교정 실시 등 정밀도와 정확도를 지속적으로 유지함으로써 측정기기에 대한 국가 측정 표준과의 소급성을 유지하도록 하는 것을 의미한다.

- 정확도를 높이기 위해 백색 기준물을 사용하게 되는데, 백색 기준물의 색이 바뀌면 물체의 정확한 측정이 어려우므로 정기적으로 교정받는 것이 좋다. 백색 기준물은 일반적으로 산화마그네슘으로 만들어진 백색 세라믹 타일을 가장 많이 사용한다.

- 백색 표준판도 마찬가지로 측색기의 측정값을 보증하기 위해 측정 기준 인정 물질(CRM)로 정기적 교정을 받아야 한다.

- 필터식 색채계는 색좌표를 기준으로 하여 백색 기준물을 측정하고, 분광식 색채계는 백색 기준물의 분광 반사율을 기준으로 하여 측정하게 된다. 이 경우 백색 기준물의 분광 반사율은 절대 반사율 척도로 교정되어 있고, 분광 색채계의 측정방식이 0/d SCI라면 백색 기준물의 교정 성적도 0/d SCI 방식으로 교정하는 것을 원칙으로 한다. 18년1회 산기53

(4) 색차관리

1) 색채 오차 보정

- 색채 오차 보정은 주로 CIE LAB의 L*a*b* 색표계나 CIE LUV, CIE LCh(L : 명도, C : 채도, h : 색상)좌표, CIE 2000, 아담스 니커슨 색차식을 주로 사용한다. 19년1회 산기50, 18년3회 산기55, 17년2회 산기45, 16년2회 산기48
- 가장 일반적으로 물체의 색을 나타내는 데 사용되는 색표계는 인간의 시감과 색감의 차이를 균등하게 만들어 놓은 색공간인 L*a*b* 색표계이다. 15년3회 산기53
- 색채 오차 보정은 a*, b*를 보정하여 색상과 포화도를 보정 후, 무채색의 L*값으로 조정하는 단계를 거친다. 특히 세 가지 값 중에 인간의 시감은 명도 값인 L* 값에 가장 민감하게 반응한다.
- L*가 커질수록 명도가 높아지며, a*와 b*의 절대값이 클수록 채도가 높아짐을 의미한다. a*가 +는 Red, -는 Green의 대응 관계 색상으로 나타낸다. b*는 +가 Yellow, -는 Blue로, a*와 마찬가지로 대응 관계의 색상으로 나타낸다. 19년3회 기사48, 19년2회 산기42, 19년2회 기사50, 19년1회 기사55, 18년2회 산기55, 16년2회 산기47, 15년1회 산기55
- a*, b*의 경우 평균 10 이내에서는 정밀보정이 가능하고 10~30에서는 일반보정이 가능하나, 30 이상에서는 보정이 상당히 어려워 주의가 필요하다.
- ISO에서 규정한 색채 오차의 시각적인 영향의 요소는 광원에 따른 차이, 크기에 따른 차이, 방향에 따른 차이가 있다. 18년1회 산기56

2) CIE L*a*b* 색공간

- CIE L*a*b* 색공간은 색차 계산이 이루어지는 색공간이다.

  색채 보정 공식 21년3회 기사53, 18년3회 산기47, 18년3회 기사52, 15년3회 산기59

$$\Delta E^*ab = \sqrt{(\Delta L^*)^2 + (\Delta a^*)^2 + (\Delta b^*)^2}$$
$$= \sqrt{(L_1^* - L_2^*)^2 + (a_1^* - a_2^*)^2 + (b_1^* - b_2^*)^2}$$
$$= \left[(\Delta L^*)^2 + (\Delta a^*)^2 + (\Delta b^*)^2\right]^{\frac{1}{2}}$$

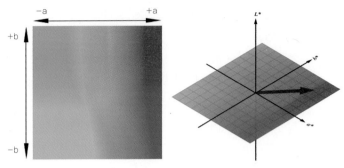

CIE L*a*b* 색공간

ΔE*00 색차식 20년4회 기사51, 17년2회 산기I56
산업현장에서 색차 평가를 바탕으로 인지적
인 색차의 명도, 채도, 색상 의존성과 색상과
채도의 상호간섭을 통한 색상 의존도를 평가
하여 발전시킨 색차식이다.

3) 색채 오차 범위

- 색채 오차 표기로 사용되는 것은 'ΔE*ab'와 색차식의 약호인 'CMC'와 'CIE 2000' 등이 있다. CIE에서 1976년 색채 오차 범위를 $\Delta E^*ab \leq 0.5$로 권장하였으나, 2004년 가장 최근에 표준 색차식으로 지정되고 개선된 CIE DE2000 색차식에서는 색채 오차범위를 $\Delta E^* < 5.0$ 이하의 미세한 색차로 권장하고 있다. 18년2회 산기57, 16년2회 산기I59, 16년1회 기사52, 15년2회 산기52

- 측색기는 색을 인지할 때 그 간격이 균일하지만 사람은 색을 구분할 때 인지하는 세밀도가 각각 다르다. 이를 보정하기 위해 사용하게 된 보정 색차식(CIE 2000, CMC, FMC-2)에서는 색상, 명도, 채도에 따라 다른 보정 함수를 추가하여 시관측과의 불일치를 개선하게 되었다. 17년2회 기사48, 16년3회 기사45

SECTION 03 색채와 조명

1 광원의 이해와 활용

(1) 광원의 이해

- 광원이란 빛을 발하는 물체의 총칭을 의미하며 크게 자연광원과 인공광원으로 구분된다. 조명의 분광 분포에 따라 물체에서 반사되는 분광 분포가 달라져 물체의 색은 조명에 따라 다르게 보이게 되는 것처럼 광원의 특성을 이해하는 것이 중요하다.

- 광원의 색상은 파장의 구성에 따라 다르게 보인다. 삼원색이 동일한 비율로 섞여 있는 경우 백색광을 나타내며, 색의 균형 비율이 깨질 경우 특정한 색상이 두드러지게 나타난다.

(2) 표준광원의 종류 및 특징

1) 자연 광원

가장 대표적인 자연 광원은 태양 광원이다. 태양 광원은 광선이 약 50%, 적외선(장파장)이 약 45%, 자외선(단파장)이 약 5%로 구성되어 있다. 17년1회 산기42

2) 백열등 19년2회 산기41

- 에디슨에 의해 개발된 오렌지빛 조명으로, 진공의 유리구 안에 필라멘트를 넣고 전기로 높은 온도로 필라멘트를 가열함으로써 가시광선(빛)을 낸다. 색온도는 약 3,000K이며 적외선 영역에 가까운 장파장이 많다.

- 일반 가정이나 따뜻한 분위기가 필요한 공간에서 많이 사용되며, 수명이 짧고 전력효율이 낮은 단점이 있다. 유리구의 색과 디자인에 따라 주광색 전구, 색전구 등이 있다.

3) 할로겐 전구(텅스텐 할로겐 전구)

- 백열전구의 일종으로, 유리 전구 안에 질소, 브롬 등의 불활성 가스와 할로겐 물질이 포함된 전구이다.

- 필라멘트의 수명이 백열등보다 길고, 연색성이 좋아 백열등에 비해 밝은 빛을 내어 전시물의 조명과 인테리어 조명으로 매우 적합하다. 15년2회 산기53

4) 형광등 21년3회 기사42

- 형광등은 저압의 수은 방전으로 발생한 자외선을 유리관 안쪽에 코팅된 형광물질에 의해 가시광선으로 변환시켜 빛을 내는 방식의 광원이다. 형광물질의 종류에 따라 다양한 색을 만들어 낼 수 있다.
- 삼파장 형광등은 빛의 3원색인 Red, Green, Blue 빛을 적절하게 분포시켜 기존 형광등의 푸른빛 색감을 조정하여 백색도를 높인 등이다.
- 수명이 길고, 전력효율이 높아 거실과 침실 등에 많이 사용된다.
- 눈에는 백색으로 보이는 빛이 필름에서는 청록색으로 보이는 특징이 있다.
- 텅스텐등은 백열등의 필라멘트에 더 많은 전류를 흐르게 한 램프이다.
- 일반 작업의 경우 그림자를 피하기 위해 백열등보다 형광등을 많이 사용한다. 17년3회 기사52

5) 메탈할라이드 램프 18년2회 산기51

고압 수은 램프에 금속 할로겐 화합물 등을 첨가하여 만든 고압수은등으로, 전력효율과 연색성이 높고, 가시광선 내의 분광 분포가 넓어 주차장, 공장 등 실내조명으로 많이 사용된다.

6) 크세논(Xenon)램프

- 크세논램프는 다양한 광원 중 가장 자연광에 가까운 광원으로, 전기적인 가스 방전의 방식으로 빛을 내는 광원이다.
- 형광성이 있는 색채 조색 시 분광 분포가 유사한 크세논램프로 조명하여 측정한다. 18년3회 기사58, 15년3회 기사54

7) LED(Light Emitting Diode)

- '발광다이오드'라고도 하며, 갈륨비소 등의 화합물에 전압을 가해 빛을 내는 반도체 조명이다.
- 자외선에 민감한 문화재나 예술작품, 열조사를 꺼리는 물건, 디스플레이, 도로조명, 대형 전광판 등에 많이 사용된다.
- 에너지 효율이 높고 빛이 밝으며, 환경오염 물질을 방출하지 않는 장점이 있으나 생산원가가 비싸고 열에 약하다는 단점이 있다.

8) 고압방전등 17년2회 기사58, 15년3회 산기43

HID 램프라고 하며, 고압수은등, 메탈할라이드등, 고압나트륨등의 총칭이다. 전력효율이 높고 고출력과 배광 제어가 비교적 용이해 건물의 외벽이나 경기장, 분수 조명 등으로 많이 사용된다.

9) 저압방전등

주광색등 6500K는 실제색에 가까워 상점과 의류점 등에 적합하고, 온백색 형광등 3000K는 고급매장, 세미나실 등 안락한 분위기 연출이 필요한 곳에 많이 사용된다.

10) OLED(Organic Light Emitting Diode) 20년4회 기사48, 20년3회 산기56, 15년2회 기사55

- '유기발광다이오드'라고도 하며, 형광성 유기 화합물에 전류를 흘려 빛을 내는 자체발광 현상을 이용한 광원으로 백라이트(후광 장치) 사용이 필요 없다.
- 넓은 시야각과 빠른 응답속도가 특징이며, 화면에 잔상이 거의 남지 않는 평판 디스플레이다.
- OLED 디스플레이는 가법혼색의 원리가 적용되는 장치로 RGB 색상으로 구현된다.

CIE 표준광원(CIE에서 규정한 인공광원) 18년3회 기사59, 18년2회 산기44

표준광원 A 19년3회 산기44, 19년3회 기사57, 18년2회 기사43, 16년3회 산기48, 16년2회 산기44, 15년1회 산기57	상관 색온도 2856K가 되도록 한 텅스텐전구의 광원. 백열전구로 조명되는 물체색을 표시할 때 사용하는 광원으로 완전 방사체광을 보조 표준광으로 사용할 수 있다.
표준광원 B	상관 색온도 4874K의 직사 태양광과 비슷한 광원
표준광원 C	상관 색온도 6774K 정도의 주광(북위 40도 지역의 흐린 날 오후 2시경 북쪽 창문을 통해서 들어오는 자연스러운 주광)
표준광원 D65	표준광 C와의 비교로 색온도를 맞춘 임의의 주광을 말한다. D_{50}, D_{55}, D_{65}, D_{70}, D_{75}가 있으며 D_{65} 및 기타 표준광 D에 대한 인공광원은 확정되어 있지 않다.

* 표준광은 실재하는 광원과 일치하지 않을 수 있다. 표준광은 CIE에 의해 규정된 조명의 이론적 스펙트럼 데이터를 말한다. 표준광 D_{65}는 상관 색온도가 약 6500K인 CIE 주광이다.

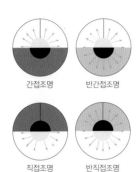

간접조명   반간접조명

직접조명   반직접조명

조명방식의 종류

글레어(Glare) 15년1회 산기60
조명디자인에 있어서 광원에 의한 눈부심을
나타내는 용어

(3) 조명방식

1) 직접조명 17년1회 산기51

반사갓을 사용하여 광원의 빛을 모아 빛의 90% 이상이 직접 작업면에 조사하는 방식으로, 에너지 효율이 높으나 눈부심이 있을 수 있고 균등한 조도 분포를 얻기 힘들며 그림자가 생기기 쉽다.

2) 반직접조명 21년3회 기사57, 19년1회 기사59, 18년2회 산기45, 17년3회 산기56

반투명의 유리나 플라스틱을 사용하여 광원의 60~90%가 사물에 직접 조사되고, 나머지는 천장이나 벽으로 조사되도록 하는 조명방식이다. 약간의 그림자와 눈부심이 발생한다.

3) 간접조명 20년1·2회 산기51, 18년1회 산기60

빛의 90% 이상을 천장이나 벽에 부딪혀 확산된 반사광으로 빛을 이용하는 방식이다. 직접 조명보다는 밝기가 약하고 조명효율이 떨어지나, 눈부심이 적고 그림자가 없어 차분하고 온화한 분위기 연출이 가능하다. 15년1회 산기41

4) 반간접조명 20년4회 기사54

반직접조명과 반대로, 광원 빛의 10~40%가 사물에 직접 조사되고, 나머지는 천장이나 벽으로 조사하는 방식이다. 그늘짐이 부드럽고 눈부심도 적다.

5) 전반확산조명

확산성 덮개를 사용하여 모든 방향으로 빛이 은은하게 퍼져 확산되도록 하는 방식으로, 직접광과 반사에 의한 확산광 모두 적정하게 얻어져 입체감이 있고 눈부심이 거의 없다.

(4) 색채와 조명과의 관계

1) 색온도(Color Temperature) 20년1·2회 산기59, 19년1회 산기56, 18년1회 기사42, 17년3회 산기49, 15년2회 기사47

- 색온도는 빛의 특성을 나타내는 수단으로 빛의 색(색상)을 온도로 나타내는 방법을 말한다. 단위는 절대온도(K, 캘빈온도)를 사용하고, K는 섭씨온도(℃)에 273.15를 더하면 된다. 즉, −273.15℃가 절대온도(K) 0이다.
- 색온도는 실제 온도가 아닌 흑체(Black Body)의 온도를 말하기 때문에 색온도가 광원의 실제 온도와 반드시 일치하지는 않는다. 흑체란 에너지를 반사 없이 모두 흡수하는 이론적인 물체로, 태양과 같이 외부의 에너지를 흡수하여

색온도

에너지 상태가 포화하면 전자파의 방사가 생긴다는 이론으로 가정한 물체인데, 흑체의 온도가 낮을 때에는 붉은빛을 띠며 온도가 올라갈수록 노란색이되었다가 푸른빛이 도는 흰색이 된다.

- 흑체, 백열등처럼 자체가 뜨거워져 빛을 내는 열광원은 '색온도'로 구분하고, 형광등과 같이 방전으로 빛을 내는 등 열광원이 아닌 경우는 '상관 색온도'로 구분한다.
- 흑체는 온도에 의해 분광 분포가 결정되므로 광원색을 온도로 수치화할 수 있다.
- 국제조명위원회에서 흑체의 각각의 온도에서의 색도를 나타내는 점을 연결한 곡선을 '흑체 궤적'이라고 한다.
- 정확한 색 평가를 위한 색온도는 5000K~6500K 광원이 권장되며, 그래픽 인쇄물의 정확한 색 평가를 위해 권장되는 조명의 색온도는 5000K~5500K 광원 D$_{50}$ 연색 지수 90 이상의 조명을 사용해야 청색 기미, 노란 기미를 최대한 줄일 수 있다. 16년2회 기사|54

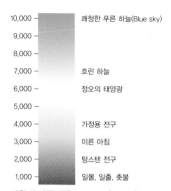

광원에 따른 색온도 – 단위(K,캘빈)

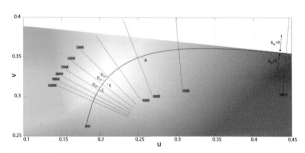

상관 색온도

자연 광원과 인공 광원의 상관색 온도 및 광원색 19년1회 산기|51, 15년3회 기사|43

자연 광원			인공 광원		
광원 구분	색온도	광원색	광원 구분	색온도	광원색
태양(일출, 일몰) 15년3회 산기|46	2000K	적색	촛불	2000K	적색
태양(정오)	5000K	백색	백열등	3000K	전구색
맑고 깨끗한 하늘 18년1회 산기|42, 15년1회 기사|47	12000K	주광색	주광색 형광등	6500K	주광색
약간 구름 낀 하늘	8000K	주광색	백색 형광등	4500K	백색
얇고 고르게 구름 낀 하늘 18년3회 산기|45	6500K	주광색	온백색 형광등	3000K	온백색

기적의 Tip

상관 색온도와 광원색 16년3회 산기|52
- 상관 색온도는 색도 다이어그램의 등색온도선에서 구할 수 있다.
- 모든 6500K 광원은 표준광 D$_{65}$ 분광 분포를 가진다.

2) 색온도 보정 필터 17년3회 산기46

- 컬러 필름의 색온도와 광원의 색온도 차이가 큰 경우 교정하기 위해 변환용 필터인 Color Conversion Filter를 사용한다. 일반적으로 필름은 5500K 정도의 daylight, 3400K 정도의 텅스텐 타입A, 3200K 정도의 텅스텐 타입B로 나뉘어 제조된다. 색온도 밸런스가 맞지 않으면 기존과 다르게 사진이나 영상 결과물이 청색 혹은 주황빛을 띠게 되므로 색온도 보정 필터로 보정 작업을 한다.
- 색온도 보정 필터에는 색온도를 내리는 엠버계와 색온도를 올리는 블루계가 있다.
- 필터 중 흐린 날씨용, 응달용을 엠버계라고 하며, 아침 저녁용, 사진 전구용, 섬광 전구용을 블루계라고 한다.
- 필터는 사용하는 필름과 촬영하는 광원의 색온도에 따라 구분해서 사용한다.

3) 연색성(Color Rendering) 21년2회 기사48, 21년2회 기사51, 20년3회 기사60, 20년1·2회 기사56, 19년1회 산기47, 18년3회 산기43, 18년2회 기사58, 16년3회 기사48, 16년1회 기사43

정육점의 연색성

수족관의 연색성

- 연색성이란 광원에 따라 물체의 색이 달라지는 효과를 의미하며, 물체의 색 인식에 영향을 준 광원의 특성을 말한다.
- 연색성이 생기는 까닭은 광원마다 방사하는 빛의 파장분포가 달라 동일 물체로부터 반사되는 빛의 파장분포가 달라지기 때문이다.
- 정육점에서의 붉은 조명과 횟집 수족관에서의 푸른 조명 등은 물체의 색상을 보다 강하게 연출하도록 하는 '연색성'을 이용한 예로써 이처럼 광원의 연색성을 사용하면 보다 효과적으로 색채를 연출할 수 있다.
- 옷이나 신발은 주광색 조명, 전시장과 매장은 온백색 조명, 보석이나 꽃은 할로겐이나 고압 수은 램프가 효과적이다.

연색성 등급

순위	등급	연색 지수
1	1A	90~100
2	1B	80~89
3	2A	70~79
4	2B	60~69
5	3	40~59

4) 연색지수(CRI, Color Rendering Index) 20년3회 산기46, 20년3회 기사52, 20년1·2회 산기54, 19년1회 기사42, 18년1회 기사56, 17년3회 기사56, 17년2회 산기43, 17년1회 기사55, 16년3회 산기54, 16년3회 기사50, 15년1회 기사55

- '연색 지수'는 시험(인공) 광원이 기준광과 어느 정도 비슷하게 물체색을 보여 주는가를 표시하는 지수로, 시험 광원이 얼마나 기준광과 비슷하게 조사되는가를 나타낸다. 연색 지수 100에 가까울수록 색이 자연스럽게 보인다. 광원의 연색 지수가 90 이상이면 연색성이 좋다고 평가된다.
- 연색 지수를 구하기 위해 사용되는 시험색은 스펙트럼 반사율을 아는 물체색이다.

- 광원의 연색성을 나타내는 것을 목적으로 한 지수이다.
- 연색 평가 지수는 Ra로 표기한다.
- 평균 연색 평가 지수는 규정된 8종류의 시험색에 대한 특수 연색 평가 지수의 평균값에 해당하는 연색 평가 지수이다.
- 특수 연색 평가 지수는 규정된 시험색의 각각에 대하여 기준광으로 조명하였을 때와 시료 광원으로 조명하였을 때의 색차를 바탕으로 광원의 연색성을 평가한 지수이다.
- 연색 지수 Ra는 정해진 샘플 8색*에 대해 시험 광원 아래에서 본 경우와 기준 광원 아래에서 본 경우의 색의 차이의 평균치로 측정된다.

  * 8색 : 7.5R6/4, 5Y6/4, 5G6/4, 2.5G6/6, 10BG6/4, 5PB6/8, 2.5P6/8, 10P6/8

- 기준 광원은 흑체를 기준으로 한 3000K, 주광을 기준으로 한 6000K의 2가지가 있다. 예를 들어, 온도 3000K인 백열등에 대해서는 3000K 흑체를 기준 광원으로 사용한다.

5) 광측정 17년3회 기사46

- 인간의 눈을 기준으로 물체의 광도를 측정하는 방법은 전광속, 광도, 휘도, 조도 등이 있다. 19년1회 기사54, 17년1회 산기56

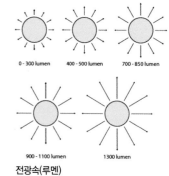

전광속(루멘)

	의미	단위
전광속	광원이 방사하는 총 에너지량이다.	루멘(lm) 19년3회 기사52
광도	광원이 일정한 방향으로 방사하는 에너지량으로, 단위 입체각으로 각 1루멘의 에너지를 방사하는 광원의 광도가 1칸델라이다.	칸델라(cd)
휘도	광원이 단위면적당 입체각으로 복사하는 밝기 또는 반사면의 밝기를 의미하며. 단위면적당 1cd의 광도가 측정된 경우 1cd/m²라고 한다.	칸델라/제곱미터 (cd/m²) 혹은 니트(nt) 19년2회 산기58, 18년3회 산기53, 17년1회 기사42, 16년1회 산기44
조도	광원이 단위면적에 입사하는 에너지로, 1m²에 1루멘의 광속이 입사된 경우 1lx라고 한다.	럭스(lx)

조도(럭스)

- 일상생활에 적합한 조도는 장소와 때에 따라 다르다.

유형별 조도 15년3회 산기48

유형	조도(lx)
맑은 날의 보름달 밤	0.2
사무실 비상계단	60~100
거실	100~200
식탁 위	200~500
일반사무실	500~750
독서실	500~1,000
정밀 작업실	1,000
초정밀 작업실	1,500~3,000
맑은 날 사무실 창가	5,000
맑은 날 옥외	100,000

육안으로 색을 비교할 경우 조건등색검사기 등을 이용한 검사를 권장하는 연령의 관찰자는 40대 이상으로, 시각의 민감도가 20대~30대보다 떨어지기 때문이다. 장년층일수록 초록, 파란색에 대한 민감도가 현저하게 떨어진다.

2 육안 검색

(1) 육안 검색 방법

1) 의미

- 육안 검색 또는 측색은 시료의 색을 육안으로 검색하는 것을 말한다. 따라서 정량적이지 않고 주관적인 색채검사이다. 육안 검색의 방법은 표준색표집에서 시료의 색과 가장 유사한 색을 찾는 방법과 표준광원, 표준 환경하에서 시료색과 기준색을 비교하는 방법이 있다.

- 육안 검색 시 색채에 가장 큰 영향을 끼치는 요인은 광원의 연색 지수이므로, 광원이 무엇인가를 잘 고려해야 하며, 색상의 속성상 색채가 고채도로 갈수록 검색 조건이 엄격해진다. 19년1회 산기|54, 15년2회 산기|57

2) 육안 검색 후 표기 방법 19년1회 기사|49, 15년2회 기사|50

육안 검사 후에는 반드시 광원의 종류(백열등, 형광등, LED 등), 광원 색온도(6500K, D_{65}, D_{70} 등), 작업의 조도(1000lx, 2000lx), 조명 환경(N5의 작업면, N7 광원 부스), 색채 측정 방식, 각도(0/d, 45/0), 표준 관측자(CIE 1931년 2°시야) 기타 특이사항(재질, 광택 등) 등을 표기해야 한다.

3) 육안 검색의 조건 21년3회 기사|41, 60, 21년1회 기사|41, 45, 20년1·2회 기사|55, 산기|47, 19년3회 산기|54, 19년2회 산기|52, 19년1회 산기|55, 19년1회 기사|50, 18년3회 산기|50, 18년3회 기사|58, 18년3회 기사|47, 18년2회 기사|47, 18년1회 산기|52, 18년1회 기사|53, 17년3회 산기|60, 17년2회 기사|56, 17년2회 기사|55, 17년1회 산기|55, 17년1회 기사|44, 16년3회 산기|57, 16년2회 기사|59, 16년2회 기사|54, 16년1회 산기|60, 16년1회 기사|54, 16년1회 기사|47, 16년1회 기사|44, 15년3회 기사|59, 15년3회 기사|55, 15년3회 기사|54

측정 광원	- D_{65} 광원을 기준으로 한다. - 측정 조도는 원칙적으로 1,000lx 이상(인간의 원추 세포는 100cd/m² 이상에서 정상적으로 활동하므로 조도가 1,000lx 정도는 되어야 함) 다만, 먼셀 명도 3 이하의 어두운색 검색 시 2000lx 이상 4000lx에 가까운 조도가 적합하다. - 자연주광에서의 색 비교 시 적어도 2000lx의 조도가 되어야 한다. - 조명의 균제도는 0.8(80%) 이상이 바람직함 - 관찰 시야는 2°시야로 규정함 - CIE에서 규정한 측색용 기준광. CIE 표준광에는 표준광 A, D_{65}가 있고, D_{50}, D_{55}, D_{75}를 비롯한 주광, 그리고 기타의 광 B와 F8이 있다.
측정각	- 광원을 0°로 설정 시 측정각을 45~90°로 설정함 - 90°일 경우 관찰하는 물체의 표면이 45°가 되도록 함 - 물체색(관찰색)은 일정한 거리(500mm)를 유지하고, 비교하는 색은 동일한 평면에 놓아 인접하게 배열함

측정 환경	– 직사광선을 피하고 커튼, 유리창 등의 투과색을 사용 금지한다. – 검사대는 N5, 주변 환경은 N7이 바람직하며 작업면의 크기는 최소 300~400mm 이상 필요함 – 환경색에 영향을 받지 않아야 함 – 자연광은 일출 후 3시간부터 일몰 3시간 전까지 검사하고, 직사광선을 피한 북쪽 하늘 주광을 사용함 – 의복, 마스크 색상은 검정, 회색, 흰색의 무채색이 바람직함
관찰자의 조건	– 안경을 착용할 경우 무색의 투명한 렌즈의 안경을 사용함 – 관찰자는 색약과 색각에 있어 정상적이어야 하며, 젊은 연령의 관찰자 등 수정체 혼탁이 없고 색의 비교에 숙련된 관찰자를 추천함
주의 사항	– 관찰자는 선명한 색의 옷 착용을 금지하고, 여러 색을 측색할 경우 눈의 피로도를 줄이기 위해 계속 검사를 자제하고 휴식을 취하는 것이 바람직함 – 몇 분간 무채색에 순응한 상태에서 색을 관찰하는 것이 바람직함 – 높은 채도의 색 검사 후 낮은 채도의 색채검사 자제(선명한 색을 검사한 뒤에는 연한 색 또는 보색의 조색 및 관찰을 자제한다.) – 강한 색을 검사한 후에는 R, G, B 세 종류의 감도 밸런스가 깨지지 않도록 잠시 회색을 응시하거나 눈을 감고, 잔상이 사라질 때까지 기다릴 필요가 있다.
참고사항	– 시감 측색의 표기는 KS(한국산업표준)의 먼셀 기호로 표시한다. – 색 관측함은 5~8 사이의 회색을 이용하며, 크기는 약 2인치 정도의 크기가 적절함 – 관측함의 (내벽은 무광택, 명도 $L^*=50$) 정도의 회색이 적합하다. – 밝은색을 비교하는 경우는 휘도 대비를 최소화하기 위해 명도 $L^*=65$ 또는 그것보다 높은 명도의 무채색으로 한다. – 어두운색을 비교하는 경우, 명도 $L^*=25$의 광택 없는 검은색으로 한다. – 비교의 정밀도를 향상하기 위해 시료색의 위치를 바꿔 가며 비교할 수 있다. – 색채 비교 시 두 색편의 크기는 2×2inch 이상으로 하고, 작은 시편 크기에 맞춰 마스크를 만들어 가리며, 이 경우 마스크 색채는 관측한 내벽 색채와 일치하게 한다.

북창 주광 21년3회 기사43, 19년2회 산기48, 15년 3회 산기51

표면색의 색 맞춤에 쓰이는 자연의 주광, 일출 3시간 후에서 일몰 3시간 전까지의 태양광 직사를 피한 북쪽 창문을 통해서 들어오는 햇빛

4) 인공 주광 D50을 이용한 색 비교 21년2회 기사49, 19년2회 기사46, 19년2회 기사58, 19년1회 기사41

• 인쇄물, 사진 등의 표면색을 비교하는 경우 사용한다.

• 주광 D50과 상대 분광 분포에 근사하는 상용광원 D50을 사용한다.

• 상용광원 D50은 가시 조건 등색지수 B 등급 이상의 성능을 충족시켜야 한다.

• 상용광원 D50은 특수 연색 평가수 85 이상, 평균 연색 평가수 95 이상의 성능을 충족시켜야 한다.

• 자외부의 복사에 의해 생기는 형광을 포함하지 않는 표면색을 비교하는 경우 상용광원 D50은 청광 조건 등 등색지수 MI$_{uv}$의 성능 수준을 충족시키지 않아도 된다.

SECTION 04 디지털 색채

디지털 색채 기본색

1 디지털 색채의 기초

(1) 디지털 색채의 정의 16년1회 산기50

- 디지털 색채란 0과 1 두 가지의 전자적 부호로 데이터를 생성, 저장, 처리, 출력, 전송하는 디지털 전자 기술로 재현된 색채를 말한다. 이와 반대되는 개념으로서 아날로그 색채는 물감, 페인트, 크레파스, 염료 등을 활용하는 색채를 말한다. 15년3회 산기52
- 디지털 방식은 숫자와 숫자가 서로 단절되어 불연속적인 값으로 표현되며 0과 1이 연속되는 하나의 배열로 표현된다. 이 점이 전류와 전압 등 물리량이 연속적으로 변화하여 기복을 나타내는 아날로그 방식과 다른 차이점이다.
- 디지털 방식은 아날로그 방식에 비해 빠르고 정확하여 대량 작업에 유리하다.
- 디지털 색채는 크게 RGB를 이용한 색채 영상을 디스플레이하는 것과 CMYK를 이용하여 프린트하는 두 가지가 있다.
- 디지털 색채의 기본색은 Red, Green, Blue이다. 15년1회 산기44

(2) 디지털 색채의 특징

1) 비트(Bit) 17년1회 기사60

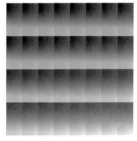

비트

- 컴퓨터 데이터의 최소단위이며, 0 또는 1의 2진수 값(흑, 백)으로 표현된다. 8개의 비트가 모이면 바이트(Byte)가 된다. 19년2회 산기50
- 비트의 수가 커지면 커질수록 조합할 수 있는 색의 수도 많아진다.
- 인간의 색채 식별력을 고려하여 가장 많은 컬러를 재현할 수 있는 비트 체계는 채널당 16비트 체계이다. 17년2회 산기60
- 컬러 채널당 8bit를 사용하는 경우 각 채널당 256단계, 10bit를 사용하는 경우 각 채널당 1024단계의 계조가 표현된다. 21년2회 기사47, 19년2회 기사51
- RGB를 채널당 8bit로 사용하는 경우 $2^8 \times 2^8 \times 2^8$ = 약 1,600만 컬러의 표현이 가능하다. 20년4회 기사47

	표현색 개수
1bit	2색(White, Black)
2bit	4색(2의 제곱)
4bit	16색(2의 4제곱)
8bit	256색(2의 8제곱)
16bit	65,536색(2의 16제곱)
24bit	16,777,216색(2의 24제곱)
32bit	4,292,967,296색(2의 32제곱) 8bit RGB 3개의 채널이 CMYK 4개의 알파 채널로 변환되고 분해방식이 달라짐
48bit	281,474,976,710,656색(2의 48제곱) 48bit는 RGB에서 16bit로 저장

2) 비트맵 이미지 15년2회 산기55

- 비트맵 이미지는 화소(Pixel)로 구성되어 있으며, 화소는 모니터에서 격자나 그리드상에 놓여 디지털 이미지를 구성하는 최소한의 단위이다.
- 픽셀 개수에 따라 이미지의 선명도와 용량이 달라진다.

3) 벡터 방식 이미지 19년1회 기사48, 17년3회 산기42

- 베지어 곡선(x, y좌표)을 이용하여 2차원이나 3차원 공간에서 점과 점을 연결하여 선을 만들고 선과 선을 이용하여 도형을 만드는 방식이다.
- 이미지가 아무리 확대하거나 축소되어도 계단 현상과 같은 앨리어싱 (Aliasing)이 생기지 않아 이미지 정보가 그대로 보존되며, 이미지 용량이 적어 컴퓨터 게임이나 애니메이션 색채 영상을 만드는 데 용이하다.

4) 해상도

- 해상도는 그래픽 이미지의 선명도를 말한다.

해상도 단위

ppi(pixel per inch) 18년1회 기사47, 16년2회 기사60	– 1인치당 몇 개의 픽셀로 이루어져 있는지의 단위이다. – WQHD 급 스마트폰의 경우 400~500 수준의 ppi를 가진다. – 2.15인치 FHD 디스플레이의 경우 약 102ppi 수준이다. – 모니터 디스플레이에서 ppi는 스크린의 크기와 관계가 있다.
dpi(dot per inch) 20년1·2회 기사48, 18년 1회 산기49, 16년3회 산기 42, 16년1회 기사49, 15년 2회 산기43	– 1인치당 몇 개의 점(dot)으로 이루어져 있는지의 단위를 주로 사용한다. – 프린터의 해상도로 가장 일반적으로 사용되는 단위이다.

- HD 해상도는 1,280×720, Full HD 해상도는 1920×1080다. 17년1회 기사60

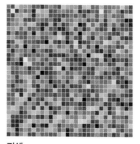

픽셀

기적의 Tip

선명도 17년1회 기사47

시료면이 유채색을 포함한 것으로 보이는 정도와 관련된 시감각의 속성

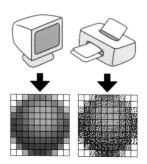

해상도

• 픽셀 수가 많을수록 해상도가 높고, 깨끗하며 선명한 이미지를 표현할 수 있으나, 많은 메모리를 필요로 해서 적절한 해상도를 사용하는 것이 바람직하다. 16년3회 산기47

• 모니터가 커질수록 해상도의 선명도는 낮아지며, 최고 해상도(1280×1024)의 디스플레이 시스템은 그보다 낮은 해상도를 지원한다.

• 그래픽 카드, 모니터의 픽셀 수 및 컬러 심도, 운영체제에 따라 해상도 및 표현할 수 있는 색채의 수가 결정된다. 19년1회 기사47, 17년1회 산기41

5) 16진수법에 의한 표시법

• 000000 : Black

• FFFFFF : White

• FF0000 : Red + 00FF00 : Green → FFFF00 : Yellow

• 00FF00 : Green + 0000FF : Blue → 00FFFF : Cyan

• FF0000 : Red + 0000FF : Blue → FF00FF : Magenta 20년1·2회 기사60, 16년1회 기사60

(3) 디지털 색채 체계

1) 디바이스 독립 색체계(Device Independent Color System)

• 인간의 시감으로 지각할 수 있는 모든 색의 영역을 사용하여 정의될 수 있는 색채 공간을 말하며, 일반적으로는 1931년 CIE에서 발표한 3자극치 함수인 XYZ를 일컫는 색공간이다.

• CIE의 XYZ 색채 공간은 CIE RGB 색체계 음수(−)의 문제점을 해결하기 위해 개발된 색체계로 디지털 색채 디바이스들 사이에서 색채정보를 전달하는 매개 역할을 한다. 15년1회 산기43

• PCS(Profile Connection Space), 즉 프로파일 연결 공간 체계는 LAB나 XYZ 대표적인 디바이스 독립적 색체계 시스템을 사용한다. 17년2회 기사59

① LAB 색체계 15년3회 기사49

• L*a*b* 색체계는 CIE(국제조명위원회)에서 1976년 추천한 색체계로, 모든 분야에서 물체의 색을 나타내는 데 사용되는 빛을 기반으로 한 색광 혼합을 기본으로 하는 표색계이다.

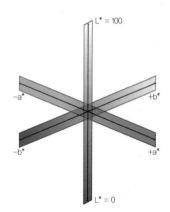

Lab 컬러 모델

- 명도를 나타내는 L*은 100단위의 정수로 표현하거나 256으로 나눈 소수점 체계가 이용된다. a*와 b*는 색상과 채도를 의미하고, a는 빨강과 초록 색상과 함께 채도를 포함한 값이며, b*는 노랑과 파랑의 색상과 함께 채도를 나타내는 값이다.

2) 디바이스 종속(의존적) 색체계(Device Dependent Color System)
19년1회 기사44

- 디지털 카메라, 스캐너, 모니터, 휴대전화 등 디바이스의 특성에 따라 각각의 색체계와 색공간을 사용하는 것을 말한다. 같은 사진이라도 컴퓨터 모니터에서 볼 때와 OLED TV에서 볼 때가 다른 색감으로 보이는 경우가 그 예이다.

- 디바이스 종속 색체계는 디바이스 간 색채 호환성이 없고, 동일한 제조사라도 각 모델 및 생산 시점에 따라 다른 색체계로 재현되며, 기종이 다른 제품의 경우 같은 정보를 가지고도 서로 다르게 출력되는 문제점이 있다. 이러한 문제점 보완을 위해서는 디바이스 독립 색체계를 연계하여 색 보정용 캘리브레이션 기기나 전문 프로그램을 이용함으로써 색상 차이를 조정하여야 한다.

- 대표적인 기기 종속적 색공간은 RGB 색체계, CMY 색체계, HSV 색체계, HLS 색체계, YCbCr 등이 있다. 19년2회 산기45, 16년2회 산기60, 16년1회 산기51, 15년1회 기사59

① RGB 색체계 19년3회 산기47, 19년1회 산기49, 17년1회 산기54, 15년3회 기사49, 15년1회 산기42, 15년1회 기사50

RGB 컬러 모델

- RGB 색체계는 세 가지 색광의 혼합으로 이루어지는 체계로, 가법혼색 방법에 따라 정육면체의 공간 내에서 모든 색채가 정의되는 체계를 의미한다. RGB 형식은 색광을 혼합해 이루어지므로 2차 색이 원색보다 밝아지게 되는 특징이 있다. RGB 형식은 컴퓨터 모니터와 스크린, 디지털카메라, 스캐너와 같이 빛의 원리로 색채를 구현하는 입출력 디바이스의 색체계로 사용된다.

- R, G, B 좌표측을 중심으로 3개의 좌표로 표현한다. 예를 들어 빨강(R)은 (255, 0, 0), 초록(G)은 (0, 255, 0), 파랑(B)은 (0, 0, 255)로 표현되고, 빨강과 파랑의 혼합인 마젠타는 (255, 0, 255), 초록과 파랑의 혼합인 시안은 (0, 255, 255)로 표현되며, 빨강과 초록의 혼합인 노랑은 (255, 255, 0), 모든 색을 섞은 하양은 (255, 255, 255), 출력값이 없을 경우에는 검정(0, 0, 0)으로 표현된다. 20년1·2회 산기53

- 24비트 색채 보드의 경우 구현할 수 있는 색채의 수는 2의 24제곱으로 총 16,777,216 종류가 된다.
- 디지털 색채 시스템 중 가장 안정적이며 널리 쓰인다.

② CMY 색체계 19년2회 산기49, 16년2회 기사44, 16년1회 기사45, 15년3회 기사49, 15년2회 기사56

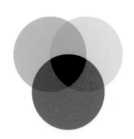

CMY 컬러 모델

- CMY 색체계는 감법혼색의 원리에 의해 정육면체 공간 내에서 모든 색채가 정의되는 체계를 의미하며, 컬러 프린터, 오프셋 인쇄기 등 주로 출력과 관련된 장치에 활용된다. RGB와 같이 3개의 좌표로 표현되며 시안(Cyan), 마젠타(Magenta), 옐로우(Yellow) 3원색을 이용한 감법혼합으로 이루어진다.
- 두 종류의 감법 원색을 혼합 시 하나의 가법 원색을 생성하게 된다. 예를 들면, 시안과 마젠타를 혼합하면 시안은 마젠타의 레드를 흡수하게 되고, 마젠타는 시안의 녹색을 흡수하여 파랑을 만들게 된다.
- 시안은 (1, 0, 0), 마젠타는 (0, 1, 0), 옐로우는 (0, 0, 1), 흰색은 (0, 0, 0), 검은색은 (1, 1, 1)로 출력된다. 마젠타와 노랑의 혼합인 빨강은 (0, 1, 1), 마젠타와 시안의 혼합인 파랑은 (1, 1, 0), 시안과 노랑의 혼합인 초록은 (1, 0, 1)로 표현된다. 20년3회 산기53, 17년1회 산기60, 16년3회 산기53

③ HSV(B) 색체계

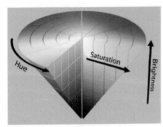

HSB 컬러 모델

- HSV 색체계는 먼셀의 기본 색상인 색상(H), 명도(V), 채도(S)를 중심으로 구성한 색채 모형이다. 명도 대신 밝기(Brightness)를 써서 HSB라고도 하며, 명도(Lightnees)를 사용하여 HSL이라고 표현하기도 한다. 21년1회 기사58, 15년2회 산기56
- H모드(색상)는 0~360°의 각도 값 범위를 가지며, S(채도)는 색채의 농도 또는 순수한 정도로 0%는 흰색을 의미하고, 100%는 흰색을 포함하지 않는 순수한 색을 의미한다. V 또는 B(명도)는 색상의 밝기 또는 색채에 포함된 검은색의 양을 의미한다. 명도가 0%인 색상은 완전한 검은색이다. 20년1, 2회 산기50, 17년1회 기사50, 15년3회 기사49

(4) 디지털 색채 용어 및 기능

① JPEG(Joint Photographic Coding Experts Group) 19년2회 산기60, 19년1회 기사51

- 사진 등 정지그림을 통신환경에서 사용하기 위해 이미지 저장 시 손실 압축 방법으로 파일을 저장하는 포맷이다.
- 사진 전문가들이 만든 파일 형식으로 컬러 이미지 손상을 최소화하며 압축할 수 있다.

- 색조, 파일의 크기 등 조절이 가능하며 압축률은 좋지만 이미지가 손상될 수 있는 단점이 있다.
- 8bit, sRGB 색공간의 데이터를 저장한다.

② BMP(Bit Map Protocol)

마이크로소프트사에서 윈도 사용자들을 위해 개발한 그래픽 파일 형식으로 1:1의 정사각형 픽셀로 이루어져 있다. 다른 파일 형식에 비해 파일 크기가 크고, 확대 및 축소 시 이미지 손상으로 픽셀 수에 따라 계단 현상을 발생하는 단점이 있다.

③ GIF(Graphic Interchange Format)

미국의 컴포서브사가 개발한 이미지 파일 형식으로, 이미지 전송 속도를 높이기 위해 만들어졌다. JPEG보다 압축률은 낮지만, 애니메이션 기능 등 지원으로 다양한 효과를 얻을 수 있으며 이미지의 손상이 적은 장점이 있다.

④ PNG(Portable Network Graphic) 20년1·2회 산기55, 18년3회 기사46, 17년1회 기사44, 16년1회 산기56

JPEG와 GIF의 장점을 합쳐 놓은 파일 형식으로 GIF보다 압축률이 높고, 알파 채널, 트루컬러 지원, 비손실 압축을 사용하여 이미지 변형 없이 웹상에 그대로 표현할 수 있으며, 16bit 심도, 압축 등 조건을 모두 만족하는 파일 형식으로 날카로운 경계가 있는 그림에 효과적이다.

⑤ PDF(Portable Document Format)

미국 어도비사에서 만든 아크로뱃 문서 파일형식이다. 대부분의 운영체제에서 읽기 및 인쇄가 가능하며 글꼴, 이미지, 그래픽 등이 그대로 유지되고, 보안성이 높은 장점이 있다.

⑥ TIFF(Tagged Image File Format)

호환성이 뛰어나 매킨토시와 IBM PC에서 공통으로 사용할 수 있는 최초의 파일 포맷이다. 무손실 압축 방식인 LZW 압축 방식을 채택하고 있다.

⑦ EPS(Encapsulated Post Script)

미국 어도비사에서 개발한 그래픽 파일 방식으로 일러스트레이션이나 퀵 등의 프로그램에서 많이 이용되고 있다.

⑧ PSD(Photoshop Document)

포토샵 프로그램의 전용 파일 포맷 방식으로 이미지의 압축률이 높다.

이미지 파일 형식

(5) 컬러 세팅

① 감마(Gamma) 조정 18년3회 산기46, 16년2회 기사42

- 감마는 디지털 색채의 강도를 표시하며 모니터 전체의 밝기(명도)와 직접적인 관계를 맺는다. 단위는 1.0~2.6을 사용하는데, 수치가 높을수록 기준점이 어두워진다.
- 감마 값의 조정을 통해 이미지의 밝기나 어두운 정도를 조정함으로써 동일한 그림 파일을 여러 모니터에서 동일하게 재현할 수 있다.
- 감마가 낮은 영상은 감마가 높은 영상에 비해 중간 톤의 상대적 밝기가 더 낮아 전체적으로 밝게 보인다.
- 감마 곡선은 입력신호가 0부터 255까지 증가할 때 최대 휘도를 1로 규격화하여 상대적인 휘도 변화를 나타낸다.
- 일반적인 컴퓨터 모니터의 디스플레이는 2~3의 감마를 나타내지만 1.8의 감마를 사용하는 경우도 있다.
- CRT 모니터의 출력 휘도가 입력 RGB 값의 크기와 비례하지 않아서 발생한 색의 왜곡을 보정하기 위한 방법이다.

② 화이트 포인트

- 모니터 상에서 낮은 색온도는 노란 색상, 높은 색온도는 푸른색으로 표시되는데, 모니터와 소프트웨어의 기준 백색을 정하는 것을 말한다.
- CIE Yxy 색표계의 Yxy좌표를 이용하여 색온도를 만들고, RGB 모니터의 색과 소프트웨어 색의 기준을 정하기 위해 R, G, B 각각의 값을 정하게 된다.

③ 앨리어싱(Aliasing)

비트맵으로 이루어진 이미지의 곡선, 사선 부분 등 윤곽선이 매끄럽지 못하고 계단식으로 울퉁불퉁하게 처리되는 현상을 말하며, 주로 저해상도의 이미지에서 나타난다.

④ 안티 앨리어싱(Anti Aliasing)

이미지의 질을 높이기 위해 곡선, 사선의 경계 부분에 중간 톤의 픽셀을 추가함으로써 자연스럽게 처리되도록 하는 것을 말한다.

⑤ 인터폴레이션(보간법, Interpolation)

포토샵 등의 영상, 색채 프로그램에서 작은 그림을 확대할 때 발생하는 계단 현상을 방지하기 위해 이미지에 픽셀들을 추가하여 리샘플링하는 것을 말한다. 과도하게 하면 이미지의 경계와 초점이 흐려지는 결과가 초래된다.

⑥ 블러링(Blurring)

영상의 세세한 부분을 제거함으로써 화상이 선명하지 않고 초점을 흐리게 하거나 배경을 어둡게 하는 것을 말한다. 마스크의 값이 크면 클수록 블러링의 효과는 커지게 되며 계산시간도 증가하게 된다.

⑦ GCR(Gray Component Removal) 20년4회 기사45, 16년1회 기사48

회색 요소 교체라고도 한다. 회색 부분을 인쇄할 경우 CMY 잉크를 사용하지 않고 검정 잉크로 표현함으로써 잉크를 절약할 수 있다.

⑧ UCR(Under Color Removal)

주로 흑백톤 조절에 사용된다.

⑨ 슈퍼샘플링(Supersampling)

안티 앨리어싱 기술의 하나로, 울퉁불퉁한 화소 모서리를 없애는 과정이다. 컴퓨터 게임 또는 영상을 만들어 내는 다른 프로그램들이 표현하는 영상을 부드럽게 하는 방식이기도 하다.

⑩ 샤프닝

블러링과 반대 개념으로 영상의 세세한 부분을 더욱 강조하는 효과를 보게 하는 것이다. 두 지점이 만나는 경계 부분을 분리하여 대비 효과를 증대시킬 필요가 있을 경우나 영상이 모호할 경우 사용된다.

⑪ 미디언 필터링(Median Filtering)

주어진 마스크 영역의 값들을 크기 순서대로 정렬한 후 주위 픽셀의 중앙값으로 대체하는 것을 말한다. 전송되는 도중 잡음과 섞이거나 시스템의 다른 요소에 의해 왜곡될 수 있는 경우에 사용된다.

⑫ 저주파 필터링(Low-pass Filtering)

저주파를 보존하면서 고주파를 여과시키는 디지털 필터를 의미한다. 저주파 필터는 영상을 부드럽게 만들거나 흐리게 만든다.

⑬ 하프톤(Halftone)

• 프린터에서 사용하는 계조(그러데이션) 표현 방법이다. 15년1회 기사5, 15년1회 기사12
• 사진이나 그림 등의 이미지나 인쇄물 등에서 밝은 부분과 어두운 부분의 중간조 회색 부분에 적당한 크기와 농도를 지닌 작은 점들로 명암의 미묘한 변화를 만드는 표현 방법이다. 20년1·2회 산기48

(1) 입력 시스템 20년3회 기사56, 20년1·2회 산기56, 15년1회 기사43

입력 시스템은 컴퓨터와 전자 장비 간에 정보를 입력할 수 있도록 해주는 디바이스를 말한다. 즉, 사물이나 이미지를 디지털 정보로 바꾸는 장치를 말한다. 대표적으로 디지털 캠코더, 디지털카메라, 스캐너 등이 있다. 이와 같이 입력장치는 RGB를 기본색으로 사용한다.

1) 디지털카메라 21년2회 기사43

- 디지털 방식으로 촬영하여 카메라에 내장된 메모리 카드에 픽셀, 화소 단위로 저장하는 형식으로, 필름이 필요 없어 비용이 절감된다. 16년3회 산기58
- 디지털 컬러 사진 이미지 센서의 원본 컬러는 RAW 파일로 저장할 수 있다.
- RAW 이미지의 컬러는 10~14비트 수준의 고비트로 저장된다.
- RAW 이미지의 색역은 가시영역의 크기와 같다.

2) 전하 결합 소자(CCD : Charge—Coupled Device) 19년3회 산기48, 18년1회 산기51, 17년3회 산기45, 15년3회 산기60

빛을 전하로 변환시켜 화상을 얻어내는 센서로 필름 카메라의 필름에 해당하는 부분이다. 디지털카메라나 스캐너에서 디지털 이미지를 캡처하기 위해 사용하는 감광성 마이크로칩을 나타내는 용어로 디지털 입력장치의 이미지 센서로 사용된다.

3) A/D 컨버터(Analog to Digital Converter)

아날로그 신호를 디지털 이미지로 변환하는 장치 또는 도구이다.

4) 스캐너(Scanner)

- 전하결합소자(CCD)를 이용하여 사진, 로고, 일러스트 등 아날로그 이미지 정보를 읽어 들여 컴퓨터에서 편집이 가능한 디지털 파일로 저장하는 장치이다. 스캐너의 종류로는 평판 스캐너, 드럼 스캐너가 있다. 17년2회 산기59
- 평판 스캐너는 이미지나 문자 자료를 컴퓨터가 처리할 수 있는 형태로 정보를 변환하여 입력할 수 있는 장치이다. 16년3회 산기58

5) 필름 레코더(Film Recorder)

필름에서 컴퓨터 그래픽 작업 후에 다시 필름에 레코딩하는 것을 말한다.

6) 디지타이저(Digitizer)

아날로그 데이터 좌표를 판독하여 컴퓨터에 디지털 형식으로 설계도면이나 도형을 입력하는 데 사용하는 입력장치다. 직사각형의 넓은 평면 모양의 장치, 태블릿(Tablet)을 의미하기도 한다.

(2) 출력 시스템 20년1·2회 기사46, 19년1회 산기58, 16년1회 기사57

1) 모니터

① 영상 출력(CRT : Cathode-Ray Tube) 모니터

진공 속의 음극에서 방출되는 전자를 이용하여 만든 영상장치로, 음극선관 또는 브라운관이라고도 한다. 뒷부분에 전자관으로 빛을 내는 부분이 있어 볼록한 모양을 가진다.

CRT 모니터

② LCD(Liquid Crystal Display) 모니터 18년3회 기사48, 18년2회 산기60, 16년2회 산기43, 16년2회 기사52, 16년1회 기사57

- 액정 디스플레이 또는 액정표시장치라고 하며, 인가전압에 따른 액정 투과도 변화를 이용하여 시각 정보로 변환시키는 전자 소자이다. CRT와 다르게 자기 발광성이 없어 후광(백라이트)이 필요하다는 단점은 있으나, 소비전력이 적고 휴대가 간편하여 컴퓨터, 노트북의 내장 디스플레이, 손목시계 등 휴대용 장치로 많이 활용된다.

LCD 모니터

- 백색 LED 방식은 상대적으로 좁은 색역을 재현하며, RGB LED 방식은 상대적으로 넓은 색역을 재현할 수 있다.
- 디스플레이의 재현 색역은 백라이트의 성능에 영향을 받는다.
- 냉음극관(CCFL) 방식은 광색역을 재현할 수 있다.
- LCD 모니터는 시야각 문제가 발생할 수 있으며, 각 픽셀은 가법혼색 원리로 RGB모드를 이용하여 컬러를 재현한다.
- 시간이 지날수록 재현 컬러와 밝기가 변한다.

③ PDP(Plasma Display Panel) 모니터

PDP 모니터는 이온화된 기체인 플라스마의 전기 방전을 이용한 영상 출력 장치이다. LCD보다 색상표현 능력이 우수하고 응답속도가 빠르나, LCD보다 소비전력이 높은 편이며 수명이 짧다는 단점이 있다.

④ 광색역 모니터 16년3회 기사57

- 일반적인 모니터는 sRGB의 공간을 발광하고 재현하지만 광색역 모니터는 sRGB 색공간보다 넓은 색역을 재현한다.
- 운영체제에 광색역 모니터 프로파일을 등록해야 정확한 색채 재현이 가능하다.
- 좁은 색역의 컬러 콘텐츠는 정상적으로 재현할 수 없다.

2) 프린터

① 잉크젯 프린터(Ink-jet Printer)

- 잉크를 가는 노즐에서 분사하여 종이에 문자나 그림을 만들어 내는 프린터 기기이다. 소음이 적고 다양한 컬러를 표현할 수 있으나 인쇄속도가 느린 편이다.
- 디지털 컬러 프린터의 인쇄방식은 병치혼색과 감법혼색이 복합적으로 이루어지며 하프토닝 방식으로 인쇄한다.
- 컴퓨터 모니터는 가법혼색 원리로 RGB를 사용하고 프린터는 감법혼색 원리로 CMYK를 사용하기 때문에 색채를 구현하는 데 근본적인 차이가 있어 프린터 출력물의 색역은 디스플레이 화면의 색역과 일치하지 않는다. 18년1회 산기47, 17년3회 산기55, 17년1회 기사58, 16년1회 기사46, 15년3회 산기50, 15년3회 기사47
- 컬러 잉크젯 프린터의 재현 색상에 영향을 미치는 것은 프린터 드라이버의 설정, 용지의 종류, 잉크의 종류 등이 있다. 20년4회 기사43, 18년2회 기사58

② 프린터 프로파일링 시 유의사항 20년3회 기사46, 16년3회 기사47, 16년2회 기사41

- 프린터 드라이버에서의 올바른 매체 설정
- 잉크젯 인쇄물의 적정한 컬러 안정화 시간 확보
- 프린터 드라이버에서의 색상처리 기능 해제
- 프린터 드라이버의 매체 설정은 사용하는 잉크의 양, 검정 비율 등에 영향을 준다.
- 프로파일 생성 시 사용한 드라이버의 설정은 이후 출력 시 동일한 설정으로 유지해야 한다.

③ 레이저 프린터(Laser Printer)

복사기와 같이 가루 상태의 잉크와 레이저 광선을 이용한 전자 복사방식의 프린터이다. 인쇄속도가 빠르고 해상도가 높아 사무용으로 많이 쓰인다.

3) 그래픽 카드

컴퓨터의 색채 영상을 모니터에서 필요한 전자 신호로 변환시켜 주는 출력장치, 즉 컬러 정보 디스플레이를 재현 시 컬러 프로파일이 적용되는 장치이다. 그래픽 카드의 성능에 따라 해상도, 표현 색채 수 등이 달라진다. 19년1회 기사47, 16년2회 산기51

(3) 디지털 색채관리 시스템

입출력시스템들은 각 장치의 특성 및 설정값에 따라 색이 다르게 보이는 경우가 있는데, 이러한 경우 체중계에서의 영점 설정 기능과 같이 색온도, 감마 등을 조절하여 일정한 상태로 유지될 수 있도록 할 필요가 있다.

1) 모니터 캘리브레이션(Monitor Calibration) 19년1회 산기45, 18년3회 산기52

- 모니터 캘리브레이션이란 모니터의 휘도가 입력에 비례하지 않는 것을 보정하기 위한 것으로, 모니터의 버튼을 이용하여 화면의 크기, 밝기, 색상 등을 조절한다.

- 모니터 캘리브레이션 작업은 수동이므로 자동밝기 조정 기능은 수동작업 후 활성화하는 것이 좋다.

- 모니터의 색온도는 6500K와 9300K 두 종류인데, 9300K로 설정하면 화면이 청색조를 띠고 6500K로 설정하면 자연에 가까운 색으로 구현된다. 20년1·2회 기사49

- 색온도가 높아짐에 따라 빨강으로부터 주황, 노랑, 흰색, 하늘색, 청색의 순으로 변한다. 15년3회 기사52, 15년1회 산기46

- 모니터의 검은색과 흰색의 조정을 위해서는 RGB 값을 조정하면 되는데, R=0, G=0, B=0으로 설정하면 전체 화면이 검은색으로 되고, 모두 255로 설정하면 출력이 최대가 되어 전체 화면이 하얀색이 된다. 18년2회 산기47

2) 디바이스 특성화

'디바이스 특성화'란 서로 다른 색역을 가진 색체계들을 디바이스 독립 색체계인 XYZ 색공간과 원활하게 호환될 수 있도록 연결해 주는 작업을 말한다.

① 스캐너와 디지털카메라의 특성화

스캐너와 디지털카메라의 입력, 조정, 출력 시 서로 기준을 조정해 주는 샘플 컬러 패치로 국제 표준 기구 ISO가 지정한 차트는 IT8이다. 이 차트는 CIE L*a*b* 색채 공간에서 색상, 명도, 채도를 대표할 수 있도록 균일하게 분포되어 있다. 이 차트가 없을 때는 맥베스 컬러 차트(Macbeth ColorChecker Chart)를 사용할 수 있다. 19년3회 산기43

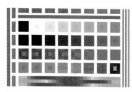
모니터 조정

프로파일링(Profiling) 17년1회 산기52
디지털 색채를 처리하는 장치의 컬러재현 특성을 기록하는 과정

ISO(International Standard Organization) 17년1회 산기59

Rec. 709와 Rec. 2020 등 방송 통신에서 재현되는 색역 등의 표준을 제정한 국제기구이다.

ISO 3664 컬러 관측 기준 21년1회 기사52, 16년3회 기사46

- 분광 분포는 CIE 표준광 D50을 기준으로 한다.
- 반사물에 대한 균일도는 60% 이상, 1200 lUX 이상이어야 한다.
- 투사체에 대한 균일도는 75% 이상, 1270 cd/이상이어야 한다.
- 10%에서 60% 사이의 반사율을 가진 무채색 무광 배경이 요구된다.

② CMY 색체계를 활용하는 디바이스 특성화

디지털카메라, 컬러스캐너, 모니터 등 빛의 3원색 RGB의 가법혼색으로 재현하는 디바이스와는 달리, 컬러 프린터는 잉크 3원색 시안(Cyan), 마젠타(Magenta), 옐로우(Yellow)의 감법혼색으로 색을 재현하는 장치인데, ISO는 컬러 프린터의 특성화 과정에서 ISO 12642 표준 샘플 차트를 국제 표준으로 사용하도록 지정하였다. 17년2회 산기55, 17년1회 산기44, 16년3회 산기42, 16년2회 산기42, 15년3회 기사51

3) 국제색채협의회(ICC : International Color Consortium) 18년3회 산기49, 17 년3회 산기52, 16년3회 산기51, 16년3회 기사53

디지털 영상색채의 호환성 즉, 색 관리 시스템의 표준화를 목적으로 8개 회사인 어도비, 마이크로소프트, 아그파, 코닥 등이 설립한 색채표준, 운영체제와 소프트웨어의 범용적인 컬러 관리 시스템을 만들 목적으로 설립된 국제 단체이다(ISO 15076-1 표준과 동일하다.).

4) ICC Profile 19년2회 기사42, 17년2회 기사42, 16년3회 기사53, 16년2회 산기58, 16년2회 기사53, 15년 2회 기사43

ICC 로고

- 하드웨어 장치의 색상재현영역이 기술되어 있는 것으로 장치 간 컬러 관리가 이루어진다.
- RGB 이미지를 프린터 프로파일로 변환하면 중간에 CIE YxyLAB 색공간을 거치게 된다.
- ICC 기준을 따르는 장치 프로파일은 운영체제나 애플리케이션과 관계없이 범용적으로 사용할 수 있지만 모든 운영체제와 애플리케이션에서 지원하는 것은 아니다.
- ICC의 디지털 색채관리 기준은 ISO 15076-1:2010 국제 표준으로 정의되어 있다.
- 다이내믹 레인지, 색역, 톤응답특성 등 정보를 담고 있다.

(4) 디지털 색채 조절

1) 색역(Color Gamut) 21년2회 기사57, 19년3회 산기42, 19년3회 기사54, 19년2회 기사44, 18년2회 기 사50, 15년3회 기사53, 15년1회 산기58, 15년1회 기사58

- 색역(색영역)이란 색을 생성할 수 있는 디바이스에서 표현 및 생산이 가능한 색의 전체 범위를 Yxy체계를 이용하여 표현한 것을 말한다. 주어진 색 공간이나 특정한 장치에 제한을 받게 되면 이것이 색역이 된다.

- 발색 영역의 외각을 구축하는 색료는 채도가 높은 원색이 된다.

- 분광궤적은 단색광들에 의하여 최대한으로 구현되는 색채의 영역이다.

- MacAdam 영역은 중간 명도(=50)에서 색채의 이론상 한계는 감소한다.

- Pointer 영역은 실제로 존재하는 색료에 의하여 중명도의 색역이 감소한다.

- 고명도는 색역이 확장되고, 저명도는 색역이 축소된다.

- 채도가 높은 원색을 사용해야 색역이 넓어진다.

- 주어진 명도에서 가능한 색역, 표면 반사에 의한 어두운색의 한계, 경제성에 의한 한계가 색역을 축소할 수 있다.

- 디스플레이가 표현 가능한 색의 수와 색역의 넓이는 정비례하지 않는다.

2) 색공간 색역 범위 21년3회 기사47, 19년3회 기사47, 18년3회 기사43

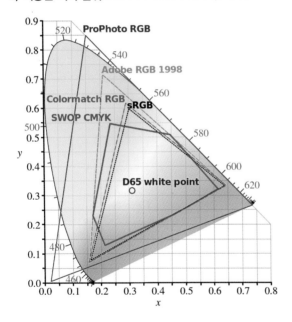

3) 가법혼색의 주색 19년3회 기사54, 17년2회 기사41

'가법혼색의 주색'은 캄캄한 어둠 속에서 색채를 띤 빛이 더해지면 더해질수록 백색광이 되는 광원의 혼색이나, 컴퓨터 모니터, 텔레비전 혼색에 쓰인다. 즉, 파랑은 400nm, 초록은 500nm, 빨강은 600nm 이후의 빛을 내는데, 가법혼색의 경우 각 주색의 파장 영역이 좁으면 좁을수록 색역이 확장된다.

sRGB 색공간 21년3회 기사50, 18년3회 기사41, 17년3회 기사42

- 1996년 MS사, HP사가 협력하여 만든 모니터, 프린터, 인터넷에 사용할 목적으로 개발된 색공간이다. 8비트 이미지 색공간으로 국제적으로 통용되는 기본적인 색공간이다.
- BT.709와 동일한 RGB 색좌표를 갖는다.
- 국제 전자기술위원회(IEC: International Electrotechnical Commission)에 의해 표준화되었다.
- 좁은 색공간과 Cyan, Green의 색 손실이 커 CMYK 출력의 컬러를 충분히 재현할 수 없어서 이를 보완하기 위해 Adobe사에서 Adobe RGB 색공간을 만들었다.

기적의 Tip

RGB 색공간의 톤 재현 특성 20년3회 기사57

- Rec.709(HDTV) 영상을 시청하기 위한 기준 디스플레이는 감마 2.4를 톤 재현 특성으로 사용한다.
- DCI-P3는 감마 2.6을 기준 톤 재현 특성으로 사용한다.
- ProPhotoRGB 색공간은 감마 1.8을 기준 톤 재현 특성으로 사용한다.
- sRGB 색공간은 감마 2.2를 기준 톤 재현 특성으로 사용한다.

기적의 Tip

색영역

ProPhotoRGB >Rec.2020 > DCI-P3 > AdobeRGB >Rec.709(sRGB)

4) 감법혼색의 주색 21년2회 기사41, 60, 18년1회 기사60, 17년2회 기사41, 15년2회 기사45

'감법혼색의 주색'은 특정한 파장을 효율적으로 감소시키는 특성을 가진 색료를 의미한다. 노란색은 400~500nm의 파란색의 반사율을 집중적으로 감소시키고, 마젠타는 500~600nm의 초록색 영역의 반사율을 집중적으로 감소시키며, 시안은 600nm 이후의 빨간색 영역의 반사율을 감소시키므로 시안, 마젠타, 옐로우가 가장 넓은 색역을 차지하게 된다.

5) 색역 맵핑(Color Gamut Mapping) 21년3회 기사52, 18년1회 기사58

색역은 같은 기종의 디바이스라 하더라도 각각의 매체마다 구현에 차이가 있는데, 색역이 일치하지 않는 색채 장치 간에 색채의 구현이 효과적으로 이루어지도록 조절하는 기술을 색역 맵핑이라고 한다. 즉, 색공간을 달리하는 장치들의 색역을 조정하여 재현 가능한 색으로 변환시키는 작업으로, 입력 디바이스가 생성한 색채 영상의 색채를 출력 디바이스가 생성하는 색역 내에서 재생시키는 것을 말한다.

6) 렌더링 인텐트 21년1회 기사47, 19년3회 기사60, 18년2회 기사42, 18년1회 산기57, 17년3회 기사54, 17년2회 기사51

- 입출력 장비의 색채 구현 영역이 서로 달라 어떤 색공간의 색정보를 ICC 프로파일을 사용하여 변환할 때 사용한다.
- 백색 기준물 자체의 색이 변하면 측정값들도 직접적인 영향을 받게 된다.

① 지각 렌더링 인텐트(Perceptual Rendering Intent)

- 색역(Gamut)이 이동될 때 전체가 비례 축소되어 색의 수치는 변화하나 사람의 눈이 인식하기에는 자연스럽게 보인다. 주로 어두운 색상에 문제가 있을 때 사용 가능한 방법이다.
- 전체 색간의 관계는 유지하면서 출력 색역으로 색을 압축한다.
- 프로파일 생성 프로그램에 따라 그 효과가 다를 수 있다.

② 채도 렌더링 인텐트(Saturation Rendering Intent)

- 색상이나 명도는 변화하나 채도는 보존되는 인텐트로, 프레젠테이션 등 선명함이 중요시되는 그래픽 영역에 적합하다. 즉, 채도가 높은 색을 출력하면 채도가 높은 색으로 변환한다.
- 정확한 매칭이 필요한 단색(Solid Color) 변환에 사용된다.

③ 절대 색도계 인텐트(Absolute Colorimetric Rendering Intent)

- 색들과의 관계성보다는 정확한 색 유지를 위한 인텐트이다. White Point(모니터에서 가장 흰색이 이상적으로 보이게 맞춰진 상태)의 이동이 없으며, 소스 색공간이 목적지 색공간에 모두 포함될 때 가장 정확하게 매칭되는 인텐트이다.
- 입력의 흰색을 출력의 흰색으로 맵핑하지 않는다.

④ 상대 색도계 인텐트(Relative Rendering Intent)

- 절대 색도계 인텐트와 동일하나, White Point가 이동하면서 색이 변한다.
- 입력의 흰색을 출력의 흰색으로 맵핑하여 출력한다.

(5) 디지털 색채관리

1) 컬러 어피어런스(Color Appearance) 16년2회 기사58

- 어떤 색채가 관측자의 색채 적응조건이나, 조명, 매체, 배경색 등에 따라 다르게 보이는 현상을 의미하며, 메타메리즘(Metamerism) 현상으로 불리기도 한다. 21년1회 기사43, 20년1·2회 기사47, 19년3회 기사56, 19년2회 산기43, 18년1회 기사48, 17년2회 산기46
- 컬러 어피어런스 현상을 해결할 수 있도록 개발된 색채관리 시스템을 '컬러 어피어런스 모델(Model)'이라고 하며, 이는 관찰 변화에 따라 색채의 외관색의 속성, 명도, 채도 등을 조정하여 정확히 예측해 준다.
- CIE는 1997년 CIE CAM97s를 컬러 어피어런스 모델의 국제 표준으로 채택하였다.

컬러 어피어런스

2) 색채관리 시스템(CMS : Color Management System) 21년1회 기사57, 19년3회 산기41, 18년1회 기사43, 17년2회 산기53

- 입력출력 장치는 빛을 혼색하는가 혹은 물감이나 잉크를 혼색하는가에 따라 전혀 다른 색공간을 구현하는데, 이러한 색의 불일치를 색역 맵핑 등을 통해 해소하고자 사용하는 시스템이다.
- 다만, RGB와 CMYK은 색역이 서로 달라 완전한 등색 산출은 어렵다.
- 입력 프로파일은 출력 프로파일과 동일하게 적용되지 않는다.
- 색채변환을 위해서 항상 입력과 출력 프로파일이 필요하며, CIE XYZ 또는 CIE LAB를 PCS로 사용한다.
- 운영체제에서 특정 CMM을 선택하는 것은 가능하다.
- CIE LAB의 지각적 불균형 문제를 CMM에서 보완할 수 있다.

기적의 Tip

색채관리 20년1·2회 기사59, 16년1회 기사58
색채관리는 색채에 대한 종합적인 계획이나 관리, 목적에 맞는 색채의 개발, 측색, 조색 등을 총괄하는 의미이다.

SECTION 05 조색

1 조색 기초

(1) 조색의 개요 20년3회 산기43, 17년3회 산기54, 15년3회 산기57

- 조색은 여러 가지 색이나 빛을 혼합하여 원하는 색을 만드는 작업을 말한다. 조색을 위해서는 주어진 소재의 특성을 파악하여 알맞은 색료(Colorant)를 선정해야 하는데 색료의 가격, 다양한 조건(광원) 하에서의 색변화, 작업 공정의 가능성, 착색의 견뢰성 등을 고려하여 색료를 결정해야 한다.
- 효과적인 재현을 위해서는 표준 표본을 3회 이상 반복 측색하여 정확하게 파악해야 한다.
- 염료는 염료만으로 색채를 평가할 수 없고 염색된 상태로 평가한다.
- 조색의 종류에는 CCM(Computer Color Matching)과 육안 조색이 있다.

(2) 조색 방법

1) CCM(Computer Color Matching, 컴퓨터 자동 배색) 19년2회 산기46, 17년2회 산기41, 15년1회 산기49

① 개념 및 특징 21년3회 기사55, 21년2회 기사45, 20년3회 기사54, 19년3회 기사42, 19년2회 기사48, 19년1회 산기42, 19년1회 기사43, 18년3회 산기56, 18년2회 산기48, 18년2회 기사41, 18년1회 산기52, 18년1회 산기41, 18년1회 기사44, 17년3회 산기59, 17년3회 기사60, 16년3회 산기60, 16년3회 기사55, 16년2회 산기46, 16년1회 산기43, 15년3회 산기44, 15년1회 기사44

- CCM은 컴퓨터를 이용하여 정밀하게 조색하는 것으로, 컴퓨터 장치로 측색하여 구성된 조색제(염료, 안료, 색소 등 착색제)를 정밀한 비율로 자동 조정·공급하여 배색하는 시스템이다.
- CCM은 분광광도계와 컴퓨터의 발달로 색채 분석과 색채 배합 예측이 가능해짐에 따라 등장하게 되었으며, 조색시간을 단축할 수 있고, 소재의 변화에 따른 신속한 대처가 가능하며, 다품종 소량생산에 적합하다.
- CCM 장비를 이용한 조색 시스템에서 가장 중요한 요소는 정확한 색료 데이터베이스 구축이다.
- 각 색료들의 분광학적인 특성을 분석하여 단위 농도당 분광 반사율의 변화를 입력하고 그 색채에 대한 처방을 자동으로 산출할 수 있다. 16년2회 기사45

- 광원이 바뀌어도 분광 반사율을 기준색으로 시료색을 일치시켜 무조건 등색 (아이소머리즘) 조색을 실현할 수 있다.
- CCM은 색료의 양을 정확하게 지정할 수 있어 최소의 컬러런트로 조색함으로 원가 절감이 가능하여 경제적이며, 비숙련자도 장비 교육을 통해 조색할 수 있다. 17년2회 기사54
- 제품의 품질을 균일하게 관리하기 쉬우며 메타메리즘을 효율적으로 예측하고 미리 차단하여 색을 정확하게 재현하며 효율적인 조색제(컬러런트) 운영이 가능하다. 따라서 과학적인 염색과정 관리로 보정 계산역량이 향상되어 시험 생략 및 현장 처방이 가능한 장점이 있다. 17년1회 기사41
- CCM으로 정확한 색을 만들기 위해서는 작업 과정상 여러 요인에 의해 색채가 변할 가능성을 고려하여 발색 공정과 관련한 정확한 파악 및 철저한 관리가 선행되어야 한다. 20년4회 기사44, 18년3회 기사53, 16년2회 기사55, 15년3회 기사48
- 색료 선택, 초기 레시피 예측, 실 제작을 통한 레시피 수정의 최소한 세 개의 주요 기능을 포함해야 한다. 18년1회 기사41

② **CCM에 반드시 포함되어야 하는 요소** 16년3회 산기45

- 최적의 컬러런트 조합
- 컬러런트 데이터베이스
- 광원 메타메리즘 정도 계산

③ **쿠벨카 문크(Kubelks Munk) 이론** 20년1·2회 기사54, 19년2회 기사52, 18년1회 기사52, 17년3회 기사45, 16년1회 기사50

- CCM(컴퓨터 자동 배색)의 기본원리는 색소 단위 농도당 반사율의 변화를 연결 짓는 과정에서 쿠벨카 문크 이론을 적용한다. 쿠벨카 문크 이론은 광선이 발색층에서 확산, 투과, 흡수될 때와 일정한 두께를 가진 발색층에서 감법혼합을 하는 경우에 성립하는 원리이다. 쿠벨카 문크 이론은 3가지 부류로 나뉜다.

> **1부류 :** 투명한 플라스틱, 인쇄잉크, 완전히 불투명하지 않은 페인트 18년1회 산기44
> **2부류 :** 투명한 발색층이 불투명한 기판 위에 있을 때 사진 인화, 열증착식의 인쇄물
> **3부류 :** 옷감의 염색, 불투명 페인트나 색종이, 플라스틱 등 불투명한 발색층
> * 투명 소재는 쿠벨카 문크 이론을 적용해 혼색을 예측하기 적합하지 않다. 19년3회 기사41

- K : 흡수계수 / S : 산란계수 / R : 분광 반사율(0⟨R1≤1) = CCM과 관련된 용어 19년1회 산기52, 18년2회 산기52, 15년2회 산기48

기적의 Tip

CCM은 무조건 등색 실현이 가능하므로, 연색 지수 계산은 포함될 필요가 없다.

④ **CCM에 필요한 장치** 17년2회 기사60, 17년1회 산기50

- CCM을 위해서는 ① CCM 어플리케이터(얇은 공간을 띄운 로울러로 구성되어 색을 일정한 두께로 도막하는 데 사용), ② 컴퓨터(조색 및 측색 데이터 저장), ③ 디스펜서(구성된 원색을 정량적으로 공급하는 기계), ④ CCM 소프트웨어(측색 및 디스 펜싱 작업 수행), ⑤ 믹서(조색된 페인트나 염료를 혼색) 등이 필요하다.
- CCM 소프트웨어 기능 중 Quality Control 부분은 측색, 색소 입력, 색 교정 등의 기능을 한다.
- CCM 소프트웨어 기능 중 Formulation 부분은 컬러런트의 정보를 이용한 단가계산, 자동으로 배색하기 위한 비율을 빛의 흡수계수와 산란계수를 이용하여 계산, 색채의 시편을 측정, 오차 부분 수정 등의 기능을 한다. 20년1·2회 기사52

2) 육안 조색

① 개념 및 특징

- 육안 조색은 KS A 0065에 따라 조색자의 숙련된 기술을 토대로 색을 혼합하여 원하는 색을 만드는 작업을 말한다.
- 측색기 없이 조색할 수 있다는 장점은 있으나, 오차가 심해 정밀도가 떨어질 수 있고 메타메리즘=조건등색(분광 분포가 다른 두 색자극이 특정한 관측 조건에서 같은 색으로 보이는 현상)이 발생할 가능성도 있다. 20년3회 기사 58, 17년3회 기사47, 17년2회 산기49
- 조명의 종류와 환경, 빛의 조사 각도, 조명의 강도 등 여러 환경조건을 일정하게 유지하기 위해 색채 관측 상자 내에서 측색하는 것이 바람직하다. 16년1회 산기54
- CCM과 달리 육안 조색은 광원의 차이, 실물과 샘플의 차이, 관찰자의 차이, 채도의 차이, 색상과 방향과 정도, 명도의 차이 등에 의해 오차가 쉽게 발생할 수 있다. 15년2회 산기54

② **육안 조색의 준비** 17년1회 기사59

표준광원 20년3회 기사47, 18년2회 기사48, 17년2회 기사43, 16년1회 산기41, 15년3회 산기58, 15년3회 기사56, 15년1회 기사48	• 육안 조색 시 기준 조색 광원은 D65(상관색온도 약 6500K) 1,000lx 광원 또는 표준광원이 내장된 라이팅박스 활용 • 먼셀명도 3 이하의 어두운색 비교 시에는 2,000lx 이상 4,000lx 에 가까운 조도 밝기 필요 • 메타메리즘 방지
어플리케이터	샘플 색을 일정한 두께로 채색
스포이드	정밀한 단위의 도료나 안료 공급
믹서	도료를 완전히 혼합
은폐율지	안료 도포 후 도막 상태 검사
측색기	3자극치 L*a*b* 값을 측정하고 측정결과 색채 조사
측정지	L*a*b* 값 측정

③ **육안 조색의 조건** 20년3회 기사44, 18년1회 산기45, 17년3회 산기57, 16년1회 산기58, 15년2회 기사41, 15년1회 기사42

- 50cm 정도의 거리에서 측정각은 광원을 0°로 보았을 때 45° 또는 광원과 90°를 이루도록 한다.
- 측정 광원은 D65, 1,000lx 이상 사용, 관찰시야는 2° 시야 적용, 벽면이 먼셀 명도 N5~7(L*:45~55 무광택의 무채색) 공간의 부스 안에서 기준 색상과 시료 색상을 조색하고 비교하며, 육안 조색은 3인 이상 실시하는 것이 바람직하다.

④ **육안 조색 시 주의사항** 20년4회 기사50, 19년3회 기사45, 16년1회 산기45

- 메타메리즘으로 인한 이색을 방지하기 위해 표준광원이 필요하며 기준 조색 광원을 명기한다. 15년3회 기사44
- 색상의 방향이 달라지지 않도록 소량씩 첨가하여 조색한다.
- 조색제는 4~5가지 이내의 색을 사용해서 채도가 떨어지는 것을 방지한다.
- 조색 시, 착색 후 색상의 변화를 감안하여 혼합한다.
- 저채도를 얻기 위해서는 대비색(보색)을 사용한다.
- 눈의 피로에서 오는 영향을 막기 위해 진한 색이나 선명한 색의 검사 후에는 연한 색이나 보색, 조색 및 관찰은 피하는 것이 바람직하다.

3) 조색제(Colorant)

① 컬러 인덱스(Color Index)

- 컬러인덱스는 색채의 호환성과 통용성 확보를 위한 색료 표시기준이다. 국제적인 색료 표시기준으로 CIE 컬러 인덱스가 있다. 19년3회 산기55, 15년1회 산기50
- 여러 염료와 안료의 화학적 구조, 활용방법, 색료의 생산 회사, 견뢰성, 판매업체 등 다양한 정보를 컬러 인덱스 분류법에 따라 고유번호를 표기하여 제공하고 있다. 1924년 제1판을 출판한 이후 지속해서 개정하고 있다. 20년1·2회 산기46, 18년1회 산기58, 16년3회 산기50, 16년2회 산기52
- 컬러 인덱스 구조는 예를 들어 C.I. Vat Blue 14. C.I.698 10과 같다. 앞부분의 C.I. Vat Blue 14.는 색료 사용 용도에 따른 분류를, 뒷부분의 C.I.698 10은 화학적인 구조가 주어지는 물질 번호를 뜻한다. 20년1·2회 산기52, 17년2회 산기57

② 조건등색(메타메리즘, Metamerism) 17년1회 산기47, 15년1회 기사51, 15년1회 산기45

조건등색

- 메타메리즘은 색채의 분광 반사율 스펙트럼이 서로 다른 두 시료가 특정한 광원 아래에서 같은 색으로 보이는 경우를 말한다. 즉, 조명에 따라 두 견본이 같기도 다르게도 보인다는 뜻이다. 21년3회 기사44, 19년2회 산기51, 18년3회 기사56, 17년2회 산기47, 17년2회 기사46, 16년2회 산기49, 16년1회 산기52
- 메타메리즘은 광원의 차이에 따른 메타메리즘과 관찰자의 시야에 따른 메타메리즘으로 구분된다. 20년3회 기사43
- 메타메리즘 지수는 기준광에서 같은 색인 메타머(Metamer)가 피시험광에서 일으키는 색차로 나타내는데, 이때 CIELAB 색차식을 사용하게 된다. 표준광 A, 표준광 D_{65}, 표준광 C가 평가에 적합한 광원이다.

③ 조건등색도 평가방법 21년1회 기사49, 16년2회 기사50, 16년2회 기사56

- 조건등색도란 기준광 밑에서 등색인 조건등색쌍이 시험광 밑에서 등색으로 벗어나는 정도를 말한다.
- 조건등색지수란 조건등색쌍의 조건등색도를 표시하는 지수이다.
- 조건등색쌍의 관측자 조건등색도는 관측자 조건등색 지수에 의해 평가하고 필요에 따라 조건등색 신뢰 타원 및 조건등색 연령 지수를 보충한다.
- 2개의 시료가 기준광으로 조명되었을 때 기준 관측자 또는 연령별 평균 관측자가 조건등색쌍을 완전히 등색이 아니라고 판단하는 경우에는 시험광으로 조명되었을 때의 3자극값이 같도록 보정을 한 후, 각각의 지수를 구한다.
- 편차 기준 관측자는 관측자 조건등색 지수를 부여히는 관측자를 의미한다.
- 원칙적으로 KS C 0074에서 규정하는 표준광 D_{65}를 사용한다.

④ **무조건등색(아이소머리즘, Isomerism)** 21년2회 기사55, 21년1회 기사56, 19년3회 산기49, 18년3회 산기60, 18년2회 산기53, 16년3회 기사44, 15년2회 산기41, 15년1회 산기45

- 분광 반사율이 완전히 일치하여 어떤 조명(광원)이나 관측자에게도 항상 같은 색으로 보이는 것을 의미한다. 무조건등색은 CCM에서 발생하기 쉽고, 육안 조색의 경우에는 메타메리즘이 발생하기 쉽다.
- 조색의 궁극적인 목표는 무조건등색(아이소머리즘)이다.

⑤ **색변이 지수(CII, Color Inconsistency Index)** 20년3회 기사42, 19년2회 기사55

- 색채는 광원에 따라 변하는 것으로 보이게 되는데, 색변이 지수(CII)는 광원에 따른 색채의 불일치를 나타내는 지수를 의미한다.
- 지수가 높을수록 안정성과 선호도가 낮아 바람직한 색채로 평가될 수 없음을 의미한다.
- CII에서는 백색의 색차가 거의 느껴지지 않는다.

2 한국 산업 규격과 관련된 규격

- KS A 0011 : 물체색의 색이름 16년1회 산기59
- KS A 0012 : 광원색의 색이름
- KS A 0062 : 색의 삼속성에 의한 표시 방법(HV/C) 20년1·2회 기사51, 17년2회 산기48
- KS A 0064 : 색에 관한 용어
- KS A 0065 : 표면색의 시감 비교 방법 16년1회 기사47
- KS A 0066 : 물체색의 측정 방법
- KS C 0074 : 측색용 표준광 및 표준광원
- KS C 0114 : 물체색의 조건등색도 평가 방법 16년2회 기사56
- KS C 0075 : 광원의 연색성 평가
- KS A 3012 : 광학 용어
- KS A 3501 : 안전색 및 안전 표시

(1) 색채품질 규정

1) KS 색채품질관리 규정(색에 관한 용어 – KS A 0064)

〈측광에 관한 용어〉

번호	용어	뜻
1001	빛	(1) 시각계에 생기는 밝기 및 색의 지각 · 감각 (2) 눈에 들어와 시감각을 일으킬 수 있는 전자파, 가시광선이라고도 함 (3) 자외선부터 적외선까지의 파장 범위에 포함되는 전자파 〈 비고 〉 1. (1)의 빛은 보통 시각계에 대한 광자극의 작용에 따라 생긴다. 2. (2)의 가시광선의 파장 범위는 조건에 따라 다르다. 일반적으로는 360~400nm에서부터, 760~830nm 사이의 전자파이다.
1002	분광 밀도	파장 λ를 중심으로 하는 미분 파장 폭 내에 포함되는 복사량 X(복사속, 복사 조도, 복사 휘도 등)의 단위 파장 폭당의 비율 $X_\lambda (= \dfrac{dX}{d\lambda})$ 〈 비고 〉 특정 복사량, 예를 들면 복사속 Φ_e의 분광 광밀도는 분광 복사속이라 하고, 양의 기호 $\Phi_{e\lambda}(= \dfrac{d\Phi e}{d\lambda})$로 표시한다. 단위는 W · m^{-1} 또는 W · nm^{-1}을 사용한다.
1003	분광 분포	파장 λ의 함수로 표시한 분광 에너지의 분포 〈 비고 〉 1. 분광 조성이라고도 한다. 2. 복사량의 성질을 분명히 하기 위하여 예를 들면 복사속 Φ_e의 분광 분포는 분광 복사속 분포라 하고 양의 기호 $\Phi_{e\lambda}(\lambda)$로 표시한다. 여기에서 첨자 λ는 파장에 대한 미분계수를 나타내고 (λ)는 파장의 함수를 나타낸다.
1004	상대 분광 분포	분광 분포의 상대값 양의 기호 $S(\lambda)$ 또는 $P(\lambda)$로 표시 〈 비고 〉 혼동할 염려가 없는 경우(예를 들면, 물체의 측정, 표시에 관련하여 표준광의 상대 분광 분포를 고려하는 경우 등)에는 "상대"의 문자를 생략하고 단지 분광 분포라고 하는 것이 보통이다.
1005	비시감도	특정 측정 조건에서 파장 λ_m의 복사 휘도 $L_{\lambda m}$과 그와 동등한 밝기의 감각을 주는 파장 λ의 복사 휘도 $L\lambda$와의 비 $(\dfrac{L_{\lambda m}}{d\lambda})$이 비율을 전 가시광선 파장 영역에서 구한 함수임. 이것은 단색광에 대한 밝기 시감의 민감성을 나타내는 함수가 됨
1006	표준비시감도, 표준 분광 시감 효율 함수 21년2회 기사58	원추세포가 독자적으로 작동하는 밝은 곳(100cd/㎡ 이상)에서 보는 평균적인 비시감도로서 국제조명위원회(CIE) 및 국제도량형위원회(CIPM)에서 채택한 값. 양의 기호 $V(\lambda)$로 표시한다.
1007	휘도 (luminance) 18년2회 기사54, 17년1회 기사53	유한한 면적을 갖고 있는 발광면의 밝기를 나타내는 양이며 다음 식에 따라 정의되는 측광량 L_v $L_v = \dfrac{d^2 \Phi_v}{d\Omega \cdot dA \cdot \cos\theta}$ $d^2 \Phi_v$: 빛 통로상에 주어진 점을 포함한 미소 면적 요소 S를 통과하는 광속 중 주어진 방향을 포함하는 미분 입체각 안에 포함된 빛의 흐름 dA : 발광면 S의 면적 미분량 $d\Omega$: 입체각의 미분량 θ : 미소면 S의 법선과 주어진 방향이 이루는 각 양의 기호 L_v로 표시하고, 혼동할 염려가 없는 경우에는 L로 표시하여도 좋으며 단위는 cd · m^{-2}를 사용

〈비고〉
1. 발광면인 경우 정의 식은 다음에 따른다.

$$L_v = \frac{d l_v}{dA \cdot cos\theta}$$

여기에서 $d l_v$: 발광면의 주어진 점을 포함하는 미소 면적 요소 S의 주어진 방향에의 광도
2. 수광면인 경우 정의식은 다음에 따른다.

$$L_v = \frac{dE_v}{d\Omega}$$

여기에서 dE_v : 주어진 방향을 포함하는 미소 입체각으로부터 입사광에 의해 주어진 점에서 수광면의 조도

1008	시감 반사율	물체에서 반사하는 광속 Φ_r과 물체에 입사하는 광속 Φ_i의 비로 $\frac{\Phi_r}{\Phi_i}$ 양의 기호 ρ_v로 표시하고, 혼동할 염려가 없는 경우에는 ρ로 표시할 수도 있음
1009	시감 투과율	물체를 투과하는 광속 Φ_t와 물체에 입사하는 광속 Φ_i의 비 $\frac{\Phi_t}{\Phi_i}$ 양의 기호 τ_v로 표시하고, 혼동할 염려가 없는 경우에는 τ로 표시
1010	휘도율, 루미넌스 팩터	동일 조건으로 조명 및 관측한 물체의 휘도 L_{vs}와 완전 확산 반사면 또는 완전 확산 투과 면의 휘도 L_{vn}과의 비 $\frac{L_{vs}}{L_{vn}}$ 양의 기호 β_v로 표시하고, 혼동할 염려가 없는 경우에는 β로 표시하여도 좋음
1011	복사 휘도율, 라디안스 팩터	동일 조건으로 조명 및 관측한 물체의 복사 위도(KS C 60050-845의 3004 참조)와 L_{es}와 완전 확산 반사면 또는 완전 확산 투과면의 복사 휘도 L_{en}의 비 $\frac{L_{es}}{L_{en}}$ 양의 기호 β_e로 표시하고 혼동할 염려가 없는 경우에는 β로 표시하여도 좋음
1012	입체각 반사율 17년3회 산기47	동일 조건으로 조명하여 한정된 동일 입체각 내에 물체에서 반사하는 복사속(광속) Φ_s와 완전 확산 반사면에서 반사하는 복사속(광속) Φ_n의 비 $\frac{\Phi_s}{\Phi_n}$ 양의 기호 R_e 또는 R_v로 표시하고, 혼동할 염려가 없는 경우에는 R로 표시하여도 좋음 〈비고〉 반사 입체각이 $2\pi sr$에 근사할 때 입체각 반사율은 반사율(광속을 이용한 경우에는 시감 반사율)에 근사하고, 반사 입체각이 0에 근사할 때 입체각 반사율은 휘도율 또는 복사 휘도율에 근사한다.
1013	분광 반사율 스펙트럼 반사율 21년1회 기사50	물체에서 반사하는 파장 λ의 분광 복사속 $\Phi r\lambda$와 물체에 입사하는 파장 λ의 분광 복사속 $\Phi_{i\lambda}$의 비 $\frac{\Phi_{r\lambda}}{\Phi_{i\lambda}}$ 양의 기호 $\rho(\lambda)$로 표시
1014	분광 반사 휘도율, 스펙트럼 라디안스 팩터	동일 조건으로 조명 및 관측한 물체의 파장 λ에 있어서 분광복사 휘도 $L_{es\lambda}$와 완전 확산 반사면 또는 완전 확산 투과면의 파장 λ에 있어서 분광복사 휘도 $L_{en\lambda}$의 비 $\frac{L_{es\lambda}}{L_{en\lambda}}$ 양의 기호 $\beta(\lambda)$로 표시
1015	분광 입체각 반사율, 스펙트럼 입체각 반사율 21년1회 기사50	동일 조건으로 조명하고, 한정된 동일 입체각 내에 물체에서 반사하는 파장 λ의 분광 복사속 $\Phi_{s\lambda}$와 완전 확산 반사면에서 반사하는 파장 λ의 분광 복사속 $\Phi_{n\lambda}$의 비 $\frac{\Phi_{s\lambda}}{\Phi_{n\lambda}}$ 양의 기호 $R(\lambda)$로 표시
1016	분광 투과율 스펙트럼 투과율	물체를 투과하는 파장 λ의 분광 복사속 $\Phi_{t\lambda}$와 물체에 입사하는 파장 λ의 분광 복사속 $\Phi_{i\lambda}$의 비 $\frac{\Phi_{t\lambda}}{\Phi_{i\lambda}}$ 양의 기호 $\tau(\lambda)$로 표시
1017	완전 확산 반사면 21년1회 기사50, 19년3회 산기57	입사한 복사를 모든 방향에 동일한 복사 휘도로 반사하고, 또 분광 반사율이 1인 이상적인 면
1018	완전 확산 투과면	입사한 복사를 모든 방향에 동일한 복사 휘도로 투과하고, 또 분광 반사율이 1인 이상적인 면

〈측색에 관한 용어〉

번호	용어	뜻
2001	색, 색채 18년1회 산기54, 15년1회 기사57	(1) 색 이름(예를 들면 회색, 빨강, 연두, 연한 파랑, 갈색 등) 또는 색의 3속성으로 구분되거나 표시되는 시감각(시지각)의 특성 〈 비고 〉 색 이름은 KS A 0011에 따른다. (2) (1)에 따라 특성 지을 수 있는 지각에 따라 인식되는 물체의 시각 특성(물체색) (3) (1)에 따라 특성 지을 수 있는 지각에 따라 인식되는 빛 자체의 질적 특성(광원색) (4) (1)에 따라 특성 지을 수 있는 지각의 원인이 되는 물리 자극을 표시하는 3자극값과 같은 3가지 수치의 조합으로 표시되는 색자극의 특성(심리 물리색)
2002	색자극	눈에 들어와 유채색 또는 무채색의 감각을 일으키는 가시복사
2003	색자극 함수	색자극을 복사량의 분광 밀도에 따라 파장의 함수로 표시한 것으로 양의 기호 $\Phi_\lambda(\lambda)$로 표시
2004	상대 색자극 함수	색자극 함수의 상대 분광 분포. 양의 기호 $\Phi_\lambda(\lambda)$로 표시
2005	색자극값	3자극값에 따라 정해지는 색자극의 성질을 표시하는 양
2006	광원색 21년2회 기사46, 19년1회 기사58, 16년2회 기사46	광원에서 나오는 빛의 색. 광원색은 보통 색자극값으로 표시
2007	물체색 19년1회 기사58	빛을 반사 또는 투과하는 물체의 색. 물체색은 보통 특정 표준광에 대한 색도좌표 및 시감 반사율 등으로 표시 〈 비고 〉 영어의 Object(perceived) colour는 발광체(광원)도 포함하여 물체에 속하는 것처럼 지각되는 색을 말하고 물체색과는 대응하지 않는다.
2008	표면색 20년4회 기사58, 19년1회 기사58, 16년1회 기사53	빛을 확산 반사하는 불투명 물체의 표면에 속하는 것처럼 지각되는 색. 표면색은 보통 색상, 명도, 채도 등으로 표시
2009	개구색 18년2회 산기46	구멍을 통하여 보이는 색과 같이 빛을 발하는 물체가 무엇일까 하는 인식을 방해하는 조건에서 지각되는 색
2010	색의 표시, 표색	색을 심리적 특성 또는 심리 물리적 특성에 따라 정량적으로 표시하는 것. 혹은 구멍을 통하여 보이는 균일한 색으로 깊이감과 공간감을 특정 지을 수 없도록 지각되는 색 〈 비고 〉 심리적 특성에 따른 경우는 색상, 명도, 채도에 따르고, 심리 물리적 특성에 따른 경우는 3자극값에 따라 표시한다.
2011	색표시계	특정 기호를 이용하여 색의 표시를 명확히 하기 위한 일련의 규정 및 정의로 이루어지는 체계
2012	3색 색표시계	적당히 선정한 3가지 원자극의 가법혼색에 따라 시료의 색자극과 등색이 된다는 원리에 바탕을 두고 시료의 색자극값을 표시하는 체계
2013	측색용의 빛	상대 분광 분포에 따라 규정되어 물체색의 3자극값을 계산하는 경우에 이용하는 광(조명)

2014	(CIE)표준광
	20년3회 산기60,
	18년2회 기사56,
	17년3회 기사43,
	17년2회 기사57
		CIE에서 규정한 측색용 기준광. CIE 표준광에는 표준광 A, D₆₅가 있고, D₅₀, D₅₅, D₇₅를 비롯한 주광, 그리고 기타의 광 B와 C가 있음
		
		〈 비고 〉
		1. 표준광 A는 온도가 약 2856K인 완전 복사체가 발하는 빛이다.
		2. 표준광 D₆₅는 상관 색온도가 6500K인 CIE 주광, 기타 주광 D는 기타 상관 색온도의 CIE으로써, 표준광 D₆₅에 따른 것으로는 주광 D₅₅(상관 색온도 약 5500K), 주광 D₅₀(상관 색온도 약 5000K) 및 주광 D₇₅(상관 색온도 약 7500K)를 우선적으로 사용한다.
		3. 각 표준광은 다음과 같이 실재하는 빛의 분광 분포를 대표하는 것을 의도적으로 정한 것이다.
		  – 표준광 A : 상관 색온도가 약 2856K인 텅스텐 전구의 빛
		  – 표준광 D₆₅ : 자외역을 포함한 평균적인 주광
		  – 기타 주광 D : 자외역을 포함한 여러 가지 상태에서의 주광

2015	(CIE)
	표준광원 및 광원
		CIE 표준광 A, B 및 C광을 각각 실현하기 위하여 CIE가 규정한 인공광원
		
		〈 비고 〉
		1. 각 표준광원은 다음과 같다.
		  – 표준광원 A : 분포 온도가 약 2856K가 되도록 점등한 투명 밸브 가스가 들은 텅스텐 코일 전구
		  – 표준광원 B : 표준광원 A에 규정한 데이비스–깁슨 필터를 걸어서 상관 색온도를 4874K로 한 광원
		2. 표준광 D₆₅ 및 기타 표준광 D를 실현하는 인공광원은 아직 확정되어 있지 않다.

2016	CIE 주광 19년3회 기사44, 19년2회 산기59	많은 자연 주광의 분광 측정값에서 통계적 기법에 따라 각각의 상관 색온도에서 주광의 대표로써 CIE가 정한 분광 분포를 갖는 광(조명)으로, D₅₀, D₅₅, D₇₅가 있다.
2017	데이비스 – 깁슨 필터	데이비스(R. Davis) 및 깁슨(K. S. Gibson)에 의해 고안된 색온도 변환용 용액 필터. 표준광원 A와 조합하여 표준광원 B, C 등을 얻기 위하여 이용하는 것 〈 비고 〉 DG 필터라고도 한다.
2018	등에너지 백색광	분광 밀도가 가시 파장역에 걸쳐서 일정하게 되는 색자극. 상대 색자극 함수 $\Phi(\lambda)$는 일정함 〈 비고 〉 이것을 측색용 빛으로써 이용할 때가 있고, 그 경우에는 기호 E로 표시한다.
2019	등색	2가지 색자극이 같다고 지각하는 것 또는 같게 되도록 조절하는 것
2020	원자극	3색 표색계에서 가법혼색의 기초가 되는 3가지의 특정 색자극 〈 비고 〉 기호는 XYZ색표시계에서는 [X], [Y], [Z]를 사용하고 X₁₀Y₁₀Z₁₀색표시계에서는 [X₁₀], [Y₁₀], [Z₁₀]을 사용한다.
2021	기계 원자극	가법혼색에 바탕을 둔 시감 색채계에서 물리적으로 규정되어 있는 원자극
2022	기초 자극	특정 색자극(보통은 배색 자극), 이것에 따라 3색 표시계의 원자극 사이의 크기가 상대적으로 정해짐
2023	3자극값	3색 표시계에서 시료의 색자극과 등색이 되는 데 필요한 원자극의 양 〈 비고 〉 양 기호는 XYZ 색표시계에서는 X, Y, Z를 사용하고, X₁₀Y₁₀Z₁₀색 표시계에서는 X₁₀, Y₁₀, Z₁₀을 사용한다.
2024	스펙트럼 3자극값	복사량이 일정한 단색 복사의 3자극값
2025	등색 함수	파장의 함수로써 표시한 각 단색광의 3자극값 기여 효율을 나타낸 함수 〈 비고 〉 XYZ색 표시계에서는 $\bar{x}(\lambda)$, $\bar{y}(\lambda)$, $\bar{z}(\lambda)$를 사용하고, X₁₀Y₁₀Z₁₀색표시계에서는 $\bar{x}10(\lambda)$, $\bar{y}10(\lambda)$, $\bar{z}10(\lambda)$를 사용한다.
2026	XYZ 색표시계, CIE Yxy 1931 색표시계	CIE에서 1931년에 채택한 등색 함수 $\bar{x}(\lambda)$, $\bar{y}(\lambda)$, $\bar{z}(\lambda)$에 기초한 3색 표시계 〈 비고 〉 2도 시야 XYZ색표시계라고도 한다.

2027	$\bar{x}10(\lambda)$, $\bar{y}10(\lambda)$ 색 표색계, CIE 1946 색 표시계	CIE에서 1946년에 채택한 등색 함수 $\bar{x}10(\lambda)$, $\bar{y}10(\lambda)$, $\bar{z}10(\lambda)$에 기초한 3색 표시계 〈비고〉 10도 시야 XYZ색표시계라고도 한다.
2028	CIE 1931 측색 표준 관측자	측색상의 특성이 XYZ색표시계에서 등색 함수 $\bar{x}(\lambda)$, $\bar{y}(\lambda)$, $\bar{z}(\lambda)$와 일치하는 가상의 관측자
2029	CIE 1964 측색 보조 표준 관측자	측색상의 특성이 $X_{10}Y_{10}Z_{10}$색표시계에서 등색 함수 $\bar{x}10(\lambda)$, $\bar{y}10(\lambda)$, $\bar{z}10(\lambda)$ 과 일치하는 가상의 관측자
2030	색도	색도좌표에 따라 또는 주파장(혹은 보색 주파장)과 순도의 조합에 의해 정해지는 색자극의 심리 물리적 성질. 색상과 채도를 동시에 고려한 경우의 색지(감)각의 속성
2031	색도 좌표	3자극값의 각각의 그들의 합과의 비. 예를 들어 XYZ 색표시계에의 3자극치 X, Y, Z에서 색도 좌표 x, y, z는 다음 식에 따라 정의 $$x = \frac{X}{X+Y+Z}$$ $$y = \frac{Y}{X+Y+Z}$$ $$z = \frac{Z}{X+Y+Z} = 1-x-y$$ 〈비고〉 양의 기호는 XYZ 색표시계에서는 x, y, z를 사용하고, $X_{10}Y_{10}Z_{10}$ 색표시계에서는 X_{10}, Y_{10}, Z_{10}을 사용한다.
2032	색도 그림	색도 좌표를 평면상에 나타낸 그림. XYZ 색표 시계 및 $X_{10}Y_{10}Z_{10}$ 색표 시계에서는 원칙적으로 색도 좌표 x, y 또는 X_{10}, Y_{10}에 따른 직교 좌표를 사용하고 각각 CIE 1931 색도 그림 및 CIE 1964 색도 그림이라 함. 또, xy 색도 그림 및 $X_{10}Y_{10}$ 색도 그림이라고도 함
2033	UCS 색도 그림	색도 그림 위의 모든 개소에서 휘도가 동일한 색의 감각 차가 그림 위의 기하학적 거리에 거의 비례하도록 의도적으로 눈금을 정한 색도 그림
2034	CIE 1976 UCS 색도 그림, u'v'색도 그림 18년3회 기사51	CIE에서 1976년에 정한 UCS 색도 그림. XYZ 색표시계의 3자극치 X, Y, Z 또는 색도 좌표 x, y에서 다음 식에 따라 얻어지는 u', v'의 직교 좌표를 사용 $$u' = \frac{4X}{X+15Y+3Z} = \frac{4x}{-2x+12y+3z}$$ $$v' = \frac{9Y}{X+15Y+3Z} = \frac{9y}{-2x+12y+3z}$$ 〈비고〉 $X_{10}Y_{10}Z_{10}$색표시계에 대하여는 같은 식에 따라 얻어지는 u'_{10}, v'_{10}의 직교좌표를 사용한다.
2035	CIE 1960 UCS 색도그림, uv 색도그림 18년3회 기사51	CIE에서 1960년에 정한 UCS 색도그림. 상관 색온도를 구하기 위하여 사용하는 색도그림으로 그 색도좌표 u, v는 CIE 1976 UCS 색도그림의 좌표 u', v'와 다음의 관계가 있음 $$u = u'$$ $$v = \frac{u'}{1.5}$$
2036	단색광 자극, 스펙트럼 자극	단색광의 색 자극
2037	단색광 궤적, 스펙트럼 궤적 18년3회 산기58	각각의 파장에서 단색광 자극을 나타내는 점을 연결한 색도그림 위의 선
2038	순자주궤적, 순자주한계	가시 스펙트럼 양 끝 파장의 단색광 자극의 가법혼색을 나타내는 색도그림 위의 선

2039	단색광 색도좌표, 스펙트럼 색도좌표	단색광 자극의 색도좌표로 양의 기호 $x(\lambda)$, $y(\lambda)$, $z(\lambda)$ 등의 조합으로 표시
2040	무채색 자극	밝기 자극만이 전달되는 색자극으로 중간색 자극(Neutral Color Stimulus)이라고도 함
2041	주파장	특정 무채색 자극과 어떤 단색광 자극이 적당한 비율의 가법혼색에 의해 시료색 자극과 등색이 되는 단색광 자극의 파장. 양의 기호 λ_d로 표시. 주파장은 순도와 조합하여 시료색 자극의 색도를 나타냄 〈 비고 〉 주파장이 얻어지지 않을 때(색도 그림 위에서 시료색 자극을 나타내는 점이 순자주 궤적과 특정 무채색 자극을 나타내는 점으로 둘러싸인 3각형 내에 있는 경우)는 보색 주파장이 이를 대신한다.
2042	보색 주파장	주파장이 얻어지지 않을 때(색도 그림 위에서 시료색 자극을 나타내는 점이 순자주 궤적과 특성 무채색 자극을 나타내는 점으로 둘러싸인 3각형 내에 있는 경우) 시료색 자극에서부터 기준의 무채색 자극으로 연장 직선을 그어 단색광 궤적과 만나는 점의 파장을 취함. 이것을 보색 주파장이라 함. 양의 기호 λ_c로 표시. 보색 주파장은 순도와 조합하여 시료색 자극의 색도를 나타냄
2043	순도	특정 무채색 자극과 어떤 단색광 자극(또는 순자주 궤적 위의 색자극)을 가법 혼색하여 시료색 자극과 등색이 될 때 그 혼합 비율을 나타내는 값. 순도는 주파장(또는 보색 주파장)과 조합하여 시료색 자극의 색도를 나타냄 〈 비고 〉 가법혼색의 혼합비율 측정 방법의 종류에 따라 자극 순도, 휘도 순도 등을 구별하여 정의한다.
2044	자극 순도	xy 색도 그림, 또는 $x_{10}y_{10}$ 색도 그림에서 동일 직선상에 있는 2개의 거리의 비 $\dfrac{\overline{NC}}{\overline{ND}}$ N : 특정 무채색 자극을 나타내는 점(X_n, Y_n) C : 시료색 자극을 나타내는 점(x, y) D : 주파장에 상당하는 스펙트럼 궤적 상의 점. 또는 보색 주파장에 상당하는 순자주궤적 상의 점(x_d, y_d) 양의 기호 ρ_e 또는 ρ_{e10}으로 표시 〈 비고 〉 자극 순도 ρ_e는 다음 식으로 나타낸다. $\rho_e \dfrac{X-X_n}{X_d-X_n}$ 또는 $\rho_e \dfrac{y-y_n}{y_d-y_n}$ x 및 y의 식은 등가가 되지만 계산의 정밀도를 높이기 위하여 분모의 수치가 큰 쪽의 식을 이용한다.
2045	휘도 순도	특정 무채색 자극과 어떤 단색광 자극(또는 순자주궤적상의 색자극)을 가법 혼색하여 시료색 자극과 등색이 될 때 다음 식에 따라 정의되는 양 $\rho_c = \dfrac{L_d}{L_n+L_d}$ L_d : 단색광 자극(또는 순자주궤적상의 색자극)의 휘도 L_n : 특정 무채색 자극의 휘도 〈 비고1 〉 XYZ색 표시계에 휘도 순도 ρ_c와 자극 순도 ρ_e는 다음과 같은 관계가 있다. $\rho_c = \dfrac{P_e\, Y_d}{y}$ y_d : 단색광 자극(또는 순자주 궤적상의 색자극)의 색도좌표 y y : 시료 색자극의 색도좌표 y 〈 비고2 〉 $X_{10}Y_{10}Z_{10}$ 색표시계에서는 휘도 순도 ρ_e으로서 비고1 (식의 ρ_e, y_d 및 y를 각각 P_{c10}, Y_{d10} 및 Y_{10}으로 치환한 것을 이용하여도 좋다. 다만, 3자극값의 Y_{10}은 휘도 L에 비례하지 않으므로 본래의 휘도 순도의 정의에서 벗어난다.)
2046	완전 복사체 궤적	완전 복사체 각각의 온도에 있어서 색도를 나타내는 점을 연결한 색도그림 위의 선
2047	(CIE) 주광 궤적 19년2회 산기159	여러 가지 상관 색온도에서 CIE 주광의 색도를 나타내는 점을 연결한 색도 그림 위의 선

2048	분포 온도 18년2회 기사44, 18년1회 기사45, 16년3회 기사43	완전 복사체의 상대 분광 분포와 동등하거나 근사적으로 동등한 시료 복사의 상대 분광 분포의 1차원적 표시로서 적당한 기준(1) 아래에서 그 시료 복사에 상대 분광 분포가 가장 근사한 완전 복사체의 절대온도로 표시한 것 양의 기호 T_d로 표시하고, 단위는 K를 사용한다. 전구의 점등 전압 또는 전류 및 측정 방법을 병기한다. 예를 들면 특정 파장 $\lambda_1 = 460nm$ 및 $\lambda_2 = 660nm$에서 분광 분포 비의 대소를 판정 기준으로 사용할 것 등을 말함
2049	색온도 21년2회 기사46, 19년3회 산기56, 19년1회 기사56, 18년2회 기사44	완전 복사체의 색도와 일치하는 시료 복사의 색도의 색도 표시로, 그 완전 복사체의 절대온도로 표시한 것 양의 기호 T_C로 표시하고, 단위는 K를 사용 〈 비고 〉 시료 복사의 색도가 완전 복사체 궤적 위에 없을 때는 상관 색온도를 사용한다.
2050	상관 색온도 21년3회 기사54, 18년2회 기사44, 16년3회 기사43, 16년1회 기사53	완전 복사체의 색도와 근사하는 시료 복사의 색도 표시로 그 시료 복사에 색도가 가장 가까운 완전 복사체의 절대온도(2)로 표시한 것. 이때 사용되는 색공간은 CIE 1960 UCS(u, v)를 적용. 양의 기호 T_{cp}로 표시하고 단위는 K를 사용 시료 복사의 색도를 나타내는 점을 통하는 공인된 등색온도선의 완전 복사체 궤적과의 교점 온도로부터 구함
2051	역수 색온도	색온도의 역수. 양의 기호 Tc⁻¹로 표시하고 단위는 K⁻¹ 또는 MK⁻¹을 사용 〈 비고 〉 단위 기호 MK⁻¹은 메가켈빈이라 읽으며 이는 $10^{-6}K^{-1}$과 같다. 이 단위는 종래 미레드라 부르고 mrd의 단위 기호로 표시한 것과 같다.
2052	역수 상관 색온도 18년2회 기사44	상관 색온도의 역수. 양의 기호 Tcp⁻¹로 표시하고, 단위는 K⁻¹ 또는 MK⁻¹을 사용 〈 비고 〉 2051의 비고 참조
2053	등색온도선 20년1·2회 기사44, 15년1회 기사60	CIE 1960 UCS 색도그림 위에서 완전 복사체 궤적에 직교하는 직선 또는 이것을 다른 적당한 색도그림 위에 변환시킨 것
2054	가법혼색 16년3회 기사41	2종류 이상의 색자극이 망막의 동일 개소에 동시에 혹은 급속히 번갈아 투사하여 또는 눈으로 분해되지 않을 정도로 바꾸어 넣은 모양으로 투사하여 생기는 색자극의 혼합
2055	가법혼색의 원색	가법혼색에 이용하는 기본 색자극은 보통 빨강, 초록, 남색의 3색을 사용
2056	감법혼색 16년3회 기사41	색필터 또는 기타 흡수 매질의 중첩에 따라 다른 색이 생기는 것
2057	감법혼색의 원색 21년2회 기사42	감법혼색에 이용하는 기본 흡수 매질의 색. 보통 시안(스펙트럼의 빨강 부분 흡수), 마젠타(스펙트럼의 초록 부분 흡수), 노랑(스펙트럼의 파랑 부분 흡수)의 3색을 사용
2058	가법혼색의 보색 16년3회 기사41	가법혼색에 의해 특정 무채색 자극을 만들어 낼 수 있는 2가지 색자극
2059	감법혼색의 보색 16년3회 기사41	감법혼색에 의해 무채색을 만들어 낼 수 있는 2가지 흡수 매질의 색
2060	등색식	2가지의 색자극이 등색이 되는 것을 나타내는 대수적 또는 기하학적으로 표시한 것으로 보기를 들면 가법혼색의 결과를 나타내는 식 C[C] ≡ R[R] + G[G] + B[B] 〈 비고 〉 여기에서 기호 ≡는 "등색" 또는 "매치"라고 읽는다. 괄호를 붙이지 않은 문자 기호는 괄호를 붙인 문자 기호로 나타내는 자극의 양을 나타낸다. 예를 들어 C[C]는 자극 [C]의 C단위를 나타낸다. 기호 +는 색자극의 가법혼색을 나타내고 기호 −로 맞변에의 가법혼색을 나타낸다.
2061	조건등색, 메타메리즘	분광 분포가 다른 2가지 색자극이 특정 관측 조건에서 동등한 색으로 보이는 것 〈 비고 〉 1. 특정 관측 조건이란 관측자, 시야나 물체색인 경우에는 조명광의 분광 분포 등을 가리킨다. 2. 조건등색이 성립하는 2가지 색자극을 조건등색쌍 또는 메타머(Metamer)라 한다.

2062	색역 (Color Gamut) 21년2회 기사46, 20년3회 기사48, 17년2회 기사45	특정 조건에 따라 발색되는 모든 색을 포함하는 색도 그림, 또는 색공간 내의 영역
2063	색공간 17년3회 기사41	색의 상관성 표시에 이용하는 3차원 공간
2064	색입체	특정 색표시계에 따른 색공간에서 표면색이 점유하는 영역
2065	균등 색공간 19년2회 산기57	동일한 크기로 지각되는 색차가 공간 내의 동일한 거리와 대응하도록 의도한 색공간
2066	색차	색의 지각적인 차이를 정량적으로 표시한 것
2067	색차식 17년3회 기사41	2가지 색자극의 색차를 계산하는 식

2068	(CIE 1976) L*a*b* 색공간 CIE LAB 색공간	CIE가 1976년에 정한 균등 색공간의 하나로써 다음의 3차원 직교좌표를 이용하는 색공간 $L^*=116(\frac{Y}{Y_n})^{\frac{1}{3}}-16$ 다만, $\frac{Y}{Y_n} > (\frac{24}{116})^3$ $a^*=500[(\frac{X}{X_n})^{\frac{1}{3}}-(\frac{Y}{Y_n})^{\frac{1}{3}}]$ 다만, $\frac{X}{X_n} > (\frac{24}{116})^3$ $b^*=200[(\frac{Y}{Y_n})^{\frac{1}{3}}-(\frac{Z}{Z_n})^{\frac{1}{3}}]$ 다만, $\frac{Z}{Z_n} > (\frac{24}{116})^3$ 여기에서 $X, Y, Z : XYZ$ 색표계 또는 $X_{10}Y_{10}Z_{10}$ 색표시계의 3자극값 X_n, Y_n, Z_n : 완전 확산 반사면(PRD : Perfect Reflecting Diffuser)의 3자극값 〈 비고 〉 이 색공간을 이용한 색 표시계를 (CIE 1976) L*a*b* 색표시계, 또는 CIE LAB 색표시계라고 한다.
2069	(CIE 1976) L*u*v* 색공간, CIE LUV 색공간	CIE가 1976년에 정한 균등 색공간의 하나로 다음의 3차원 직교 좌표를 이용하는 색공간 $L^*=116(\frac{Y}{Y_n})^{\frac{1}{3}}-16$ 다만, $\frac{Y}{Y_n} > (\frac{24}{116})^3$ $u^*=13\ \ L*(u'-u'_n)$ $v^*=13\ \ L*(v'-v'_n)$ Y : 3자극치의 Y 또는 Y_{10} u', v' : CIE 1976 UCS 색도좌표 Y_n, u'_n, v'_n : 완전 확산 반사면(PRD : Perfect Reflecting Diffuser)의 Y 및 u', v' 좌표 〈 비고 〉 이 색공간을 이용한 색 표시계를 (CIE 1976) L*u*v*색표시계 또는 CIE LUV 색표시계라 한다.
2070	(CIE 1976) L*u*v* 색차, CIE LAB 색차	L*a*b* 색 표시계에서 L*a*b*의 차 ΔL^*, Δ^*a, Δb^*에 따라 정의되는 두 가지 색차로 양의 기호 ΔE^*_{ab}로 표시 $\Delta E^*_{ab}=[(\Delta L^*)^2+(\Delta a^*)^2+(\Delta b^*)^2]^{\frac{1}{2}}$
2071	(CIE 1976) L*u*v* 색차, CIE LUV 색차	L*u*v* 색 표시계에서 L^*, u^*, v^*의 차 L^*, u^*, v^*에 따라 정의되는 두 가지 색차, 양의 기호 ΔE^*_{uv}로 표시 $\Delta E^*_{uv}=[(\Delta L^*)^2+(\Delta u^*)^2+(\Delta v^*)^2]^{\frac{1}{2}}$
2072	애덤스 니커슨의 색차식	먼셀 밸류 함수를 기초로 하여 애덤스(E. Q. Adams)가 1942년에 제안한 균등 공간을 이용한 색차식. 광 C로 조명한 표면색에 대한 색차 ΔE^*_{AN}를 나타내는 다음의 식 $\Delta E^*_{AN}=40[(0.23\Delta V_Y)^2+\{\Delta(V_X-V_Y)\}^2+\{0.4\Delta(V_Z-V_Y)\}^2]^{\frac{1}{2}}$ $\Delta V_Y, \Delta(V_X-V_Y), (V_Z-V_Y)$: 두 가지 표면색의 $V_X, (V_X-V_Y), (V_Z-V_Y)$의 차 V_X, V_Y, V_Z 먼셀 밸류 함수 Y에 $1.01998\ X$, Y 및 $0.84672\ Z$를 대입하여 얻어지는 V의 수치 X, Y, Z : XYZ색표시계에서의 시료의 3자극값

2073	헌터의 색차식	광전 색채계로 직독하는 데 편리한 것으로 헌터(R. S. Hunter)가 1948년에 제안한 균등 색공간을 이용한 차식. 광 C로 조명한 표면색에 대한 색차 $\Delta E_H = [(\Delta L)^2 + (\Delta a)^2 + (\Delta b)^2]^{\frac{1}{2}}$ 임 $L = 10Y^{\frac{1}{2}}$ $a = \dfrac{17.5(1.02X-Y)}{Y^{\frac{1}{2}}}$ $a = \dfrac{7.0(Y-0.847X-Y)}{Y^{\frac{1}{2}}}$ 여기에서 X, Y, Z : XYZ색 표시계에서의 시료의 3자극값
2074	명도 지수	균등 색공간에서 명도에 대응하는 좌표 L*a*b* 색공간 및 L*u*v* 색공간에서는 L*로 정의되고, CIE 1976 명도 지수라고 함
2075	크로매틱니스 지수, 색소 지수	균등 색공간에서 등명도면 내의 위치를 나타내는 2개의 좌표. 예를 들면 CIE LAB 색 표시계에서의 좌표 a*, b* 색상과 채도로 이루어지는 색감각의 속성에 대응 〈 비고 〉 Psychometric Chromaticness란 용어는 UCS 색도 그림에서 색도 좌표를 나타내는 것이다
2076	분광 측색 방법	시료광의 상대 분광 분포 또는 시료 물체의 분광 반사율 등을 측정하고 그 값에서 계산에 의해 색자극값을 구하는 방법
2077	분광복사계 21년1회 기사42, 18년2회 기사57	복사의 분광 분포 또는 물체의 분광 입체각 반사율, 분광 투과율 등을 파장의 함수로 측정하는 계측기 〈 비고 〉 분광 측광기 중 복사의 분광적인 특성을 측정하는 계측기를 분광복사계라고도 한다.
2078	등간격 파장 방법	분광 측색 방법의 3자극값의 계산 방법의 한 가지로 분광 측정값(상대 분광 분포, 분광 입체각 반사율 등)을 등간격으로 취한 파장에 대하여 읽고, 여기에서 정해진 함수의 값을 곱하여 합하고 다시 계수를 곱하여 3자극값을 계산하는 방법
2079	선정 파장 방법	분광 측색 방법에서 3자극치의 계산 방법의 한 가지로 분광 측정값(상대 분광 분포, 분광 입체각 반사율 등)을 정해진 부등 간격의 파장에 대하여 읽고, 이것을 더하고 다시 계수를 곱하여 3자극치를 계산하는 방법
2080	자극값 직독 방법	루터의 조건을 만족하는 수광 기계의 출력으로부터 색자극값을 직독하는 방법
2081	색채계 18년2회 기사57, 17년3회 기사41	색을 표시하는 수치를 측정하는 계측기
2082	광전 색채계 20년3회 산기42, 18년2회 기사57	광전 수광기를 사용하여 종합 분광 특성(3)을 적절하게 조정한 색채계 주(3) 분광 감도 또는 그것과 조명계의 상대 분광 분포와의 곱
2083	루터의 조건	색채계의 종합 분광 특성을 CIE에서 정한 함수, 또는 1차 변환에 의해 얻어지는 세 가지 함수에 비례하게 하는 조건
2084	시감 색채계 18년2회 기사57	시감에 의해 색 자극치를 측정하는 색채계
2085	3자극 색채계	3가지 기계 원자극을 가법 혼색하여 시료색 자극과 등색이 되는 것에 의해 3자극값을 측정하는 시감 색채계
2086	연색	조명빛이 물체색을 보는 데 미치는 영향
2087	연색성 21년2회 기사46, 16년2회 기사46	광원의 고유한 연색에 대한 특성
2088	연색 평가 지수 (연색 지수)	광원의 연색성을 나타내는 것을 목적으로 한 지수로써 시료 광원 아래에서 물체의 색지각이 규정된 기준광 아래서 동일한 물체의 색지각에 합치되는 정도를 수치화한 것

번호	용어	뜻
2089	특수 연색 평가 지수 (특수 연색 지수) 17년3회 기사55	규정된 시험색의 각각에 대하여 기준광으로 조명하였을 때와 시료 광원으로 조명하였을 때의 색차를 바탕으로 광원의 연색성을 평가한 지수. 양의 기호 R_i로 표시
2090	평균 연색 평가지수 (평균 연색 지수) 17년3회 기사55	규정된 8종류의 시험색에 대한 특수 연색 평가지수의 평균치에 상당하는 연색 평가지수. 양의 기호 R_a로 표시
2091	백색도 18년2회 산기56, 18년2회 기사49, 18년1회 기사45	표면색의 흰 정도를 1차원적으로 나타낸 수치. CIE Yxy에서는 2004년 표면색의 백색도를 평가하기 위한 백색도(W, W_{10})와 틴트(T, T_{10})에 대한 공식을 추천하였음. 기준광은 CIE 표준광 D_{65}를 사용 $W=Y+800(x_n-x)+1700(y_n-y)$ $W_{10}=Y_{10}+800(x_{n10}-x_{10})+1700(y_{n10}-y_{10})$ $T_w=1000(x_n-x)+650(y_n-y)$ $T_{w10}=900(x_{n10}-x_{10})+650(y_{n10}-y_{10})$

〈시각에 관한 용어〉

번호	용어	뜻
3001	색감각	눈이 색자극을 받아 생기는 효과
3002	색지각	색감각에 기초하여 대상인 색의 상태를 아는 것
3003	밝기(시명도) (Brightness) 21년3회 기사45, 18년1회 기사45, 17년1회 기사53	광원 또는 물체표면의 명암에 관한 시지(감)각의 속성 〈비고〉 주로 관련되는 심리물리량(물리량의 선형 처리로 얻어지며 심리량에 대응하는 양)은 휘도이다.
3004	색상 19년3회 산기46	1. 빨강, 노랑, 초록, 파랑, 보라와 같은 색지(감)각의 성질을 특징짓는 색의 속성 2. 1의 속성을 연속적으로 배열하여 척도화한 수치 또는 기호
3005	명도	1. 물체표면의 상대적인 명암에 관한 색의 속성 2. 동일 조건으로 조명한 백색면을 기준으로 하여 상기 속성을 척도화한 것 〈비고〉 주로 관련되는 심리물리량은 휘도율이다
3006	채도 17년1회 산기58	물체표면의 색깔의 강도를 동일한 밝기(명도)의 무채색으로부터의 거리로 나타낸 시지(감)각의 속성, 또는 이것을 척도화한 것 〈비고〉 채도에 관련되는 용어를 CIE에서는 다음의 3단계로 분류하여 정의하고 있다. (1) Chromaticness, Colorfulness : 시료면이 유채색을 포함한 것으로 보이는 정도에 관련된 시감각의 속성이다. 채도에 관한 종래의 정의보다 직관적인 개념으로, 보기를 들면 일정한 유채색을 일정한 조명광에 의해 명시의 조건으로 조명을 변경시켜 조명하는 경우에도 저휘도로부터 눈부심을 느끼지 않는 정도의 고휘도가 됨에 따라 점차 증가하는 것과 같은 색의 "선명도"의 속성을 말한다. 선명도, 컬러풀니스(Colorfulness) 등으로 말할 때도 있다. (2) Perceived Chroma : 동일 조건으로 조명되는 배색면의 밝기와의 비로 판단되는 시료면의 Colorfulness. 채도에 대한 종래의 개념에 대응하는 개념으로 명시에 일정한 관측 조건에서는 일정한 색도 및 휘도율의 표면은 조도와 관계없이 거의 일정하게 지각되고 색도는 일정하여도 휘도율이 다른 경우에는 휘도율이 큰 표면 쪽으로 강하게 지각되는 것과 같은 물체에 속하여 보이는 그 색깔 강도의 속성을 말한다. KS A 0062에 따른 표준색표의 채도, 먼셀 크로마 등에 대응하는 속성이다. 광의의 채도와 구별할 필요가 있을 때는 지각 크로마라고 한다.

		(3) Saturation : 그 자신의 밝기와의 비로 판단되는 컬러풀니스. 채도에 대한 종래의 정의와는 상당히 다른 개념으로 명소시에 일정한 관측 조건에서는 일정한 색도의 표면은 휘도(표면색인 경우에는 휘도율 및 조도)가 다르다고 해도 거의 일정하게 지각되는 것과 같은 색깔의 강도에 관한 속성을 말한다. DIN 6164에 따른 색표집의 Sattigungsstufe에 대응하는 속성이지만 표면색보다도 유채의 발광물체 또는 조명광에 대하여 보다 명확히 지각되는 속성이다. 포화도라고 할 때가 있다.
3007	먼셀 표시계	먼셀(A.H. Munsell)의 고안에 따른 색표집에 기초하여 1943년에 미국 광학회(Optical Society of America)의 측색위원회에서 척도를 수정한 표색계. 먼셀 휴, 먼셀 밸류, 먼셀 크로마에 따라 표면색을 나타냄
3008	먼셀 휴	먼셀 색 표시계에서의 색상
3009	먼셀 밸류	먼셀 색 표시계에서의 명도
3010	먼셀 크로마	먼셀 색 표시계에서의 채도
3011	먼셀 밸류 함수	먼셀 색 표시계의 먼셀 밸류 V와 MgO 연착면에 대한 상대 휘도율 $\frac{100Y}{Y_{Mgo}}$ 와의 관계를 나타내는 식 $$\frac{100Y}{Y_{Mgo}} = 1.2219V - 0.23111V^2 + 0.23951V^3$$ $$-0.021009V^4 + 0.0008404V^5$$
3012	유채색	색상을 갖는 색
3013	무채색	색상을 갖지 않는 색으로 흰색, 회색, 검정
3014	색표	색의 표시 등을 목적으로 하는 색지, 또는 유사한 표면색에 따른 표준 시료. 특정한 기준(KS A 0062 등)에 기초하여 작성한 색표를 표준 색표라 함
3015	컬러 차트	색표를 계통적으로 배열한 것
3016	색표집 17년3회 기사41	특정한 색표기에 기초하여 컬러 차트를 편집한 것
3017	색상환	둥글게 배열한 색표에 따라 색상을 계통적으로 나타낸 컬러 차트
3018	무채색 스케일 (회색 척도)	무채색 색표에 따른 1차원적인 컬러 차트로 명도, 색차 등의 판정 기준에 쓰임
3019	명도 스케일	무채색 스케일로 색표에 따른 명도 판정의 기준이 되는 것
3020	색조, 뉘앙스	색상과 채도를 동시에 고려한 경우의 색지(감)각의 속성
3021	오스트발트 색표시계	오스트발트(W. Ostwald)가 고안한 색표시계로 색상, 백색량(W), 흑색량(S)에 따라 표면색을 나타냄. 백색량, 흑색량, 순색량(V)은 다음과 같은 관계가 있음 W + S + V = 100
3022	오스트발트 순색	오스트발트 색표시계에서 백색량 및 흑색량이 0인 색
3023	(시각계의) 순응	망막에 주는 자극의 휘도 · 색도의 변화에 따라서 시각계의 특성이 변화하는 과정, 또는 그 과정의 최종 상태로 양자를 구별하는 경우에는 각각 순응 과정, 순응 상태
3024	휘도 순응 19년1회 산기59	시각계가 시야의 휘도에 순응하는 과정 또는 순응한 상태
3025	명순응 15년2회 산기42	3cd · m^{-2} 정도 이상인 휘도의 자극에 대한 휘도 순응 명순응 상태에서는 대략 추상체만이 움직이는 것으로 보임 〈 비고 〉 어두운 곳에서 밝은 곳으로 나왔을 때 밝은 빛에 순응하게 되는 현상
3026	암순응 19년1회 산기59, 15년1회 산기45	약 0.03 cd · m^{-2} 정도 이하인 휘도의 자극에 대한 휘도 순응 암순응 상태에서는 대략 간상체만이 움직이는 것으로 보임. 밝은 곳에서 어두운 곳으로 이동 시, 어두움에 적응하는 과정 및 상태

3027	색순응 19년1회 산기59, 18년1회 기사49	명순응 상태에서 시각계가 시야의 색에 순응하는 과정, 또는 순응된 상태
3028	색채 불변성	조명 및 관측 조건이 다르더라도 주관적으로는 물체의 색이 그다지 변화되어 보이지 않는 현상
3029	명소시(주간시) 19년1회 산기59, 18년1회 기사49, 17년2회 산기58	정상의 눈으로 명순응된 시각의 상태
3030	암소시(야간시)	정상의 눈으로 암순응된 시각의 상태
3031	박명시 21년1회 기사54, 18년1회 기사49, 17년2회 산기58	명소시와 암소시의 중간 밝기에서 추상체와 간상체 양쪽이 움직이고 있는 시각의 상태
3032	푸르킨예 현상 18년1회 기사49, 15 년1회 산기45	빨강 및 파랑의 색자극을 포함하는 시야각 부분의 상대 분광 분포를 일정하게 유지하여 시야 전체의 휘도를 일정한 비율로 저하시켰을 때에 빨간색 색자극의 밝기가 파란색 색자극의 밝기에 비하여 저하되는 현상 〈 비고 〉 * 어두운 곳에서 파랑은 밝게 보이고 빨강은 어둡게 보이는 현상 * 시각이 명소시에서 암소시로 바뀌게 되면 장파장 빛에 대한 효율은 떨어지고 단파장 빛에 대한 효율은 올라가는 현상
3033	보조 시야	시감 색체계 등의 관측 시야 주위의 시야. 보통은 무채색의 빛으로, 특정 휘도를 갖도록 만듦 〈 비고 〉 표면색의 비교에서 보조 시야로써 이용하는 관측창이 뚫린 종이를 마스크라고도 한다.
3034	플리커	상이한 빛이 비교적 작은 주기로 눈에 들어오는 경우 정상적인 자극으로 느껴지지 않는 현상
3035	임계 융합, 주파수, 임계 교조수	상이한 빛이 비교적 작은 주기로 일정한 시야 안에 교체하여 나타나는 경우, 정상적인 자극으로 느껴지는 최소 주파수
3036	임계 색융합 주파수	색도의 상이한 빛이 비교적 작은 주기로 일정한 시야 속에 교체하여 나타나는 경우, 색도(크로메틱니스)의 플리커가 느껴지지 않는 최소 주파수로 일반적으로 임계 융합 주파수보다 낮은 주파수
3037	망막 조도 20년1·2회 기사50	망막상에서 조도를 등가적으로 나타내는 것으로 정한 양. 휘도 1cd/㎡의 광원을 면적 1㎟의 동공을 통하여 볼 때의 망막 조도를 단위로 하여 이것을 1트롤란드(단위 기호 Td)라 함
3038	눈부심, 글레어 15년1회 산기60	과잉의 휘도, 또는 휘도 대비 때문에 불쾌감(눈부심)이 생기거나 대상물을 지각하는 능력이 저하될 수 있는 시각의 상태
3039	(눈의) 잔상	빛의 자극(색자극)을 제거한 후에 생기는 시지(감)각
3040	색 대비	2가지 색이 서로 영향을 미쳐 그 서로 다름이 강조되어 보이는 현상으로 색상 대비, 명도 대비, 채도 대비 등
3041	동시 대비 21년1회 기사54	공간적으로 근접하여 놓인 2가지 색을 동시에 볼 때 일어나는 색 대비
3042	계시 대비	시간적으로 근접하여 나타나는 2가지 색을 차례로 볼 때 일어나는 색 대비
3043	동화 효과	한 가지 색이 다른 색에 둘러싸여 있을 때 둘러싸여 있는 색이 주위의 색과 비슷해 보이는 현상으로 이 현상은 둘러싸여 있는 색의 면적이 작을 때, 또는 둘러싸여 있는 색이 주위의 색과 유사한 것일 때 등일 경우 일어남
3044	역치	자극역과 식별역의 총칭으로 자극의 존재 또는 두 가지 자극의 차이가 지각되는가의 경계가 되는 것과 같은 자극 척도상의 값 또는 그 차이
3045	자극역 21년1회 기사54	자극의 존재가 지각되는가의 경계가 되는 자극 척도상의 값
3046	식별역	2가지 자극이 구별되어 지각되는 데 필요한 자극 척도상의 최소의 차이

3047	시인성	대상물의 존재 또는 모양의 보기 쉬움을 나타내는 정도
3048	가독성 21년1회 기사54	문자, 기호 또는 도형의 읽기 쉬움 정도
3049	수용기	빛이나 기타 자극을 받아들이는 생체의 기관
3050	자극	수용기에 주어지는 물리적인 에너지
3051	흥분	수용기에 자극이 작용하였을 때에 생기는 효과
3052	응답	생체에 자극을 줌으로써 일어나는 외계 정보의 인식, 또는 그에 따르는 행동
3053	중심시	망막의 중심 우묵부(중심에 있는 우묵한 곳으로 추상체가 밀집되어 있어 색의 식별 및 시력이 가장 좋은 부분)에서 보는 것
3054	추상체 (원추 시세포) 17년2회 산기58	망막의 시세포의 일종으로 밝은 곳에서 움직이고 색각 및 시력에 관계되는 것. 장파장(L), 중파장(M), 단파장(S)에 대응하는 세 종류의 추상체가 있음
3055	간상체 (막대 시세포) 17년2회 산기58	망막의 시세포의 일종으로 주로 어두운 곳에서 움직이고 명암 감각에만 관계되는 것
3056	위등색표 (색각 판정표)	색각 이상자가 혼동하기 쉬운 표면색을 이용하여 숫자나 문자 등의 도형을 그린 표
3057	정상 색각	색의 식별 능력이 정상인 색각
3058	이상 색각	정상 색각에 비하여 색의 식별에 이상이 있는 색각
3059	색맹 16년1회 기사53	정상 색각에 비하여 현저히 색의 식별에 이상이 있는 색각. 세 종류의 원추세포 중 한 종류가 없는 경우 발생하며 유전적인 요인이 있음
3060	색약	정도가 낮은 이상 색각. 세 종류의 원추세포 중 한 종류 이상의 세포의 특성이 정상 색각과 다른 경우 발생

〈기타 색에 관한 용어 〉

번호	용어	뜻
4001	색의 현시, 컬러 어피어런스 19년3회 기사56, 16년1회 기사53	관측자의 색채 적응조건이나 조명, 배경색의 영향에 따라 변화하는 색이 보이는 결과
4002	광택	광원으로부터 물체에 입사하는 빛이 물체의 표면에서 굴절률의 차이(밀도의 차이)에 의하여 입사광의 일부가 표면층에서 반사되는 성분. 경계면에서의 굴절률의 차이와 편광 상태에 따라 광택이 달라짐
4003	광택도 19년1회 기사58	물체표면의 광택의 정도를 일정한 굴절률을 갖는 블랙 글라스의 광택 값을 기준으로 1차원적으로 나타내는 수치
4004	텍스처	재질, 표면 구조 등에 따라 생기고, 물체표면에 관한 시지각의 속성
4005	색맞춤	반사, 투과, 발광 등에 따른 물체의 색을 목적한 색에 맞추는 것
4006	북창 주광	표면색의 색맞춤에 쓰이는 자연의 주광으로, 일출 3시간 후에서 일몰 3시간 전까지 사이의 태양광의 직사를 피한 북쪽 창에서의 햇빛을 말함
4007	허용 색차	지정된 색과 시료 색의 색차의 허용 범위
4008	그레이 스케일 (회색 척도)	변 · 퇴색 및 오염의 판정에 쓰이는 무채색 스케일
4009	색재현	다색 인쇄, 컬러 사진, 컬러 텔레비전 등에서 원색을 재현하는 것
4010	컬러 밸런스	색재현에서 각 원색상 상호 간의 균형 관계로 예를 들면 무채색이 거의 충실히 재현되어 있는 경우 컬러 밸런스가 좋다고 함
4011	색분해	다색 인쇄 등에서 원색 화상 또는 피사체에서 2가지 이상의 원색에 대한 강도를 나타내는 화상을 만드는 것
4012	크로미넌스 (Chrominance) 18년1회 기사45, 17년1회 기사53	시료색 자극의 특정 무채색 자극(백색 자극)에서의 색도차와 휘도의 곱. 주로 컬러 텔레비전에 쓰임

2) ISO- CIE Yxy 색채품질관리 규정

	정의
XYZ	색채 과학의 기초가 되는 3자극치의 실험은 1931년 미국 국제조명위원회에서 이루어졌다. 표준 관측자인 시각을 갖는 사람이 색채의 자극에 대하여 Red, Green, Blue의 감각기관으로 인식한다는 사실을 알게 되었다. 각각의 색광의 합이 표준 관측 광원인 백색광이 되도록 만든 결과를 가지고 모든 색채의 변환식은 시작됨
Yxy	위의 XYZ 색표계가 양적인 표시로 색채의 느낌을 알기 어려운 대신 밝기의 정도를 판단할 수 있다는 점에서 수식을 변환하여 얻은 색표계가 Yxy색표계. Y의 값은 앞의 XYZ의 Y의 값과 같은 반사율의 값으로 색채의 밝기를 나타냄. 빛의 색표기와 관리에 사용
L*a*b*	L*a*b*는 보다 인간의 감성에 접근하기 위하여 연구된 결과로 인간이 색채를 감지하는 Yellow~Blue, Green~Red의 반대색설에 기초한 것. 기호 중 a*는 Green~Red의 관계를, b*는 Yellow~Blue의 관계를 표시. 또 L*은 인간의 시감과 같은 명도를 나타내는 것. 이 색표계는 조색을 하거나 색채의 오차를 알기 쉬우며 색채의 변환 방향을 쉽게 짐작할 수 있어 세계적으로 가장 널리 통용됨
L*C*h* 16년3회 기사54	앞의 L*a*b* 색표계에서 먼셀 등의 현색계에서 볼 수 있는 색상환의 개념과 채도의 개념을 도입하여 조정한 것. 이 색표계에서 C*는 중심에서 해당 색채까지의 거리, 즉 채도를 의미하고, h는 색상의 종류, 즉 Hue를 의미함. 채도 $C=(\sqrt{a^{*2}+b^{*2}})$, 채도 $H=tan^{-1}\dfrac{b^*}{a^*}$
Hunter Lab	위의 L*a*b*와 같으나 Hunter에 의해서 만들어진 식
Munsell	먼셀은 미국의 미술교육가로, 그가 분류하여 표시한 기호는 현재의 색채 표시법으로 가장 널리 채택되고 있음. 모든 색채를 색상, 명도, 채도의 3가지 속성으로 분석하고, 등급을 나누어서 표시
L*u*v*	Yxy 색표계의 색차가 일정하지 않고 느낌이 정확하지 않아 계산에서 지각적 등보성을 적용하기 어려운 이유로 개발된 것이 L*u*v* 색표계. 현재 미국 등 선진국에서 공업 규격에 적용하고 있음. 여기서 보이는 L*는 반사율이 아닌 인간의 시감과 같은 명도. 즉, 단계별로 밝기를 동일하게 느낄 수 있음
CMC(l : c) (l : c는 임의)	현재 색채관리에는 L*a*b* 표색계가 많이 사용되고 있지만 여기서 얻은 색차와 실제의 인간의 시감 판정과는 반드시 일치하지는 않음. 이러한 단점을 계량하여 실제의 시감에 맞도록 한 것이 CMC 색차식. 채도항과 명도항의 가중치인 l : c 값을 새로 도입하였음. 현재 섬유 업계에서는 색채관리에 CMC(2 : l)을 가장 많이 사용
FMC-2 20년1·2회 기사43, 15년2회 기사57	맥아담(MacAdam)의 편차 타원을 정량화(수식으로 표시)하기 위해서 프릴레(Friele), 맥아담 치커링(MacAdam, Chickerin)에 의해 만들어진 색차식
BFD(l : c)	CMC 색차식과 가장 큰 차이는 색공간에서 색차 허용 타원체의 회전을 고려한 새로운 항을 추가한 것과 새로운 명도 스케일을 사용한 점. 그 결과 색차식이 매우 복잡해진 단점을 가지게 되었으나 시감 측정값과의 일치 정도는 가장 우수함
CIE 94(kL : kC : kh)	이 색차식은 CMC 색차식을 기반으로 하며, 명도차 가중 함수를 1로 고정하고 채도차 가중 함수와 색상차 가중함수를 채도항에 의존하는 일차 함수로 가정하여 식을 매우 단순화시켰음. 또한 시관측 평가에 영향을 줄 수 있는 광원, 샘플 간 간격, 바탕색 등의 다른 영향 인자들을 고려하여 명도, 채도, 색상에 인자 증가함수(Parametric Weighing Function : kL : kC : kh)를 도입하였음
LCD	이 색차식에서는 밝은색(L* > 50)에서의 명도 차 가중 함수의 명도항 의존성과 색공간, 특히 파란색 영역에서의 색차 허용 타원체의 회전 고려항을 도입하였고, 기존 데이터로 테스트하여 CIE 94식의 단순성과 유연성의 장점을 그대로 가지면서도 CMC, BDF, CIE 94 등의 색차식보다 월등하거나 혹은 비슷한 성능을 보인다고 할 수 있음
ANLAB-40	Munsell Value [(2)식]를 기준으로 하여 아담스(E. Q. Adams)가 1942년에 제안한 균등 색공간에 의거한 색차식.표준광 C로 조명한 두 개의 시료의 표면색에 대해서 색차를 부여함
백색도 (白色度, CIE 1982)	백색도(CIE, 1982에 의한 백색도)는 물체의 "白色"을 나타내는 정도, D65 광원에서 정의되며 완전 확산 반사면(이성적인 백색)을 백색도 100으로 하고, 이 이상적인 백색에서 멀어짐에 따라 백색도의 수치가 낮아짐 [정의식] $WI = Y + 800(X_n-X) + 1700(Y_n-Y)$ 2도 시야의 경우 : $T_w = 1000(X_n - X) - 650(y_n - y)$ 10도 시야의 경우 : $T_{w10} = 1000(X_{n10} - X) - 650(y_{n10} - y)$ Y : 시료의 XYZ 표색계, 또는 $X_{10}Y_{10}Z_{10}$ 표색계에 의한 삼자극치의 Y 또는 Y_{10} x, y : 시료의 xy 색도표, 또는 $x_{10}y_{10}$ 색도표에 의한 색도좌표 X_n, Y_n : 완전 확산 반사면의 xy 색도표, 또는 X_{n10}, Y_{n10}색도표에 의한 색도좌표

황색도(黃色度) (ASTM E 313)	황색도(ASTM E 313에 의한 황색도)는 백색으로부터 황 방향으로 떨어진 정도, 이상적인 백색은 황색도가 거의 0이 됨. 황색도가 증가하여 이 이상적인 방향으로부터 멀어짐에 따라 황색도의 수치가 커지게 됨. 백색으로부터 색상이 황 방향으로 떨어지고 있는 경우 황색도는 +가 되고, 색상이 청 방향으로 떨어지고 있는 경우는 −로 됨 [정의식] $YI = 100(1-B/G)$ B : 시료의 청색 반사율(=0.847 Z) G : 시료의 XYZ 표색계에 의한 3자극치의 Y와 같음 따라서 상기 식은 다음과 같이 변환할 수가 있음 $YI = 100(1-0.847 Z/Y)$ 단, Y, Z : 시료의 XYZ 표색계에 의한 3자극치 [설명] • 주파장이 570nm 이상 580nm 이하(Munsell 색상으로 말하면 근이적으로 2.5Y부터 2.5GY에 대응)의 시료에 대해서 정의되고 있음 • 황색도(ASTM E 313)는 2도 시야 C광원에서 정의되고 있음 • 조명 수광 광학계는 45도 조명 수직 수광, 0도 조명 45도 수광, 일방향 조명, 확산 수광 확산 조명, 일방향 수광이 많이 이용되고 있음 [용도] • 사용 중의 환경, 광, 열 등의 환경에 의한 시료의 퇴색 정도의 평가 • 사용 중의 환경, 광, 열등의 환경에 의한 도료, 플라스틱의 황 변화, 열화의 평가 • 염색 중의 섬유 황색 정도 평가에 사용
자극 순도	색의 단색 표시의 하나임. 색도를 색도좌표 x, y를 대신하여 주파장 λ_d 또는 보색 주파장 λ_c와 자극 순도 P_e로 나타냄 – 주파장 또는 보색 주파장에 의해서 색상이 직감적으로 이해됨 – 자극 순도(刺戟純度)에 의해서, 백색도(Neutral Point)부터 간격의 정도 추정이 가능함
Status A, Status T	ISO Status A, Status T는 ISO(International Organization for Standardization)에서 규정한 색 농도 측정 방법 – Status A : Color printer 등의 색 농도 측정 방법 – Status T : 사진 분야나 인쇄 분야 등에서 화상의 3색 분해의 Process에 사용
K/S 농도	시료와 기준의 농도를 비교하는 평가방법으로, 최대 흡수 파장의 K/S값을 비교하는 방법과 전파장의 K/S값을 비교하는 방법이 있음. 특히 염색 업계에서 사용. 또한, 페인트 조색 시 CCM에 적용
NC#	NC# 값은 변·퇴색용 Gray Scale로 표시되고 있는 평가 기준을 수식으로 표현하고 측색 데이터로부터 계산하여 평가치를 구하도록 한 것으로, 특히 염색 업계에서 이용
청색 반사율 (靑色反射率, ASTM E 313)	[설명] 청색 반사율(ASTM E 313)은 2도 시야, C광원에서 정의되고 있음 조명 수광 광학계는 45도 조명 수직수광, 0도 조명 45도 수광이 있음 [용도] 표백 후의 펄프, 종이, 섬유의 품질 평가에 사용 [인용 규격] ASTM E-313-73 「Standard Test Method for Indexes of Whiteness and Yellowness of Near-white, topaque Materials」 Z : 시료의 XYZ 표색계에 의한 3자극치의 Z B = Z 1.181 (= 0.847 Z)
ISO Brightness	Brightness는 물체의 밝기를 표현하는 정도이다. 완전 확산면(이상적인 백색)을 100으로 하고, 이상적인 백색에 비교해서 밝기가 낮아짐에 따라 Brightness의 수치가 작아짐
Opacity	불투명도(Opacity)는 종이나, 펄프 등의 불투명도를 나타내는 정도. 완전히 불투명한 물체를 100으로 하고, 물체가 투명에 접근함에 따라 불투명도가 0에 가까워짐

01 색료(Colorant) 선택 시 고려해야 할 조건이 <u>아닌</u> 것은?

① 착색의 견뢰성
② 다양한 광원에서 색채 현시에 대한 고려
❸ 기준광원 설정
④ 착색비용

색료(Colorant) 선택 시 고려되어야 할 조건은 착색의 견뢰성, 다양한 광원에서 색채 현시에 대한 고려, 착색비용, 작업 공정의 가능성, 컬러 어피어런스 등이 있다.

02 최초의 합성염료로 아닐린 설페이트를 산화시켜 얻으며 보라색 염료로 널리 쓰이는 것은?

① 산화망간
❷ 모베인(모브)
③ 옥소크롬
④ 산화철

인류가 발견한 가장 오래된 염료는 인디고(파란색)로, 주로 인도의 벵갈, 인도네시아의 자바 등지에서 자라는 토종 식물에서 얻어진다. 1856년 19세기 영국의 퍼킨이 콜타르에서 모베인(보라색) 합성에 성공하면서 최초의 인공(합성)염료로 인디고가 청바지의 남색으로 널리 쓰이게 되었다.

03 천연염료와 색이 <u>잘못</u> 짝지어진 것은?

① 코치닐 – 적색
② 자초 – 자색
③ 치자 – 황색
❹ 소목 – 청색

소목은 적색에 해당된다. 홍화, 소목, 자초, 오베자 모두 적색을 띤다.

04 염료의 종류와 그 특징의 설명이 <u>틀린</u> 것은?

① 형광염료 – 종이, 합성수지, 펄프, 양모 등을 희게 하고 한도량이 넘으면 청색으로 변한다.
② 산성염료 – 양모, 견, 나일론 등 아미드계 섬유에는 잘 염색되나, 식물성 셀룰로오스계 섬유에는 염착력이 좋지 않다.
❸ 직접염료 – 마, 면 등 셀룰로스계 섬유 및 단백질 섬유에 염색되지 않는다.
④ 염기성염료 – 양이온으로 되어 있어 카티온 염료라고 하며 색이 선명하고 물에 잘 용해되어 착색력이 좋다.

오답피하기

직접염료는 분말 상태로 찬물이나 더운물에 잘 용해되고 혼색이 자유로워 마, 면, 레이온 등 셀룰로스계 섬유 및 단백질 섬유 염색에 손쉽게 사용할 수 있으나, 세탁이나 햇빛에 약해 탈색되기 쉽다.

05 유기안료에 대한 설명이 잘못된 것은?

① 색이 선명하고 착색력이 높다.

② 종류가 많아 다양한 색상의 재현이 가능하다.

❸ 무기안료보다 일반적으로 불투명하고 내광성 및 내열성이 우수하다.

④ 인쇄, 잉크, 도료, 플라스틱 착색 등의 용도로 사용된다.

유기안료
• 탄소가 중심 원소이거나 탄소가 많이 들어간 유기 화합물을 주제로 하는 안료를 총칭한다.
• 물에 녹지 않는 금속 화합물 형태의 레이크 안료와 물에 녹지 않는 염료를 그대로 사용한 색소 안료로 크게 구별된다.

오답피하기

불투명하고 내광성 및 내열성이 우수한 것은 유기안료가 아닌 무기안료에 대한 설명이다.

06 염료와 안료를 구분하는 일반적인 기준으로 올바르지 않은 것은?

① 염료는 수용성, 안료는 비수용성이다.

❷ 안료는 1856년 영국의 퍼킨(Perkin)이 모브(Mauve)를 합성시킨 것이 처음이다.

③ 염료는 표면에 친화력이 있어 고착제가 필요 없지만, 안료는 고착제가 필요하다.

④ 염료는 수지 내부로 용해되어 투명한 혼합물이 되고, 안료는 수지에 용해되지 않고 빛을 산란시킨다.

염료
• 염료는 착색하고자 하는 매질에 용해된다.
• 염료는 1856년 영국의 퍼킨이 모브를 합성시킨 것이 처음이다.
• 투명성이 뛰어나고 유기물이며 물체와의 친화력이 있다.
• 방직계통에 많이 사용되고 잉크, 종이, 목재. 식품 등 염색에 쓰인다.
안료
• 안료는 불투명한 성질을 가지며 습기에 노출되어도 색이 잘 보존되어 건축물 외장 색채로 쓰이며 은폐력이 크다.
• 물이나 기름 또는 대부분의 유기용제에 녹지 않는다.
• 전색제를 섞어 물질 표면에 고착되도록 한다.

오답피하기

안료가 아닌 염료가 1856년 영국의 퍼킨이 모브를 합성시킨 것이 처음이다.

07 열가소성 물질이며 광택이 좋고 다양한 착색이 가능하며, 투명도가 높고 굴절률은 유리나 도자기보다 낮은 소재는 무엇인가?

❶ 플라스틱
② 알루미늄
③ 천연섬유
④ 목재

플라스틱 장점
- 대량생산이 가능하고 가격이 저렴하다.
- 가볍고 성형이 자유롭다.
- 전기절연성이 우수하다.

- 광택이 좋고 다양한 색상의 착색이 가능하여 고운 색채를 낼 수 있다.
- 투명도가 높고 굴절률 낮아 유리, 도자기, 목재 등의 대체품으로 사용된다.
- 내수성, 내투습성이 우수하고 산, 알칼리 등에 부식이 잘 안 된다.

플라스틱 단점
- 자외선에 약하며 변색되기 쉽다.
- 정전기가 일어나기 쉽다.
- 수명이 영구적이어서 폐기가 어려워 환경문제를 야기한다.

- 환경호르몬이 발생한다.
- 온도와 압력에 변형이 일어나고 흠집이 발생하며 깨지기 쉽다.

---

08 측정이 간편하고 구조가 간단하며 값이 저렴한 장비로서 현장에서의 색채관리, 이동형 색채계 등으로 많이 활용되는 색채계는?

❶ 필터식 색채계
② 분광식 색채계
③ 회전분할 색채계
④ 여과식 색채계

필터식 색채계는 세 개의 색필터와 광검출기를 사용하여 3자극치(CIE YxyXYZ) 값을 측정하고, 색좌표를 산출하는 방식의 측색기이다. '3자극치 직독식 광원 색채계', '색차계'라고도 부른다. 필터와 센서가 일체화되어 X,Y,Z 자극치를 읽어 낸다.

---

09 분광식 색채계에 대한 설명 중 **틀린** 것은?

① 분광 반사율을 측정하여 색채를 산출하는 측색기이다.
❷ 분광광도계 파장은 불확도 10nm 이내의 정확도를 유지해야 한다.
③ 색처방 산출을 위한 자동배색에 측정 데이터를 직접 활용할 수 있다.
④ 분광 반사율 또는 분광 투과율의 측정 불확도는 최대치의 0.5% 이내에서, 재현성은 0.2% 이내로 한다.

정밀한 색채의 측정장치로 물체의 분광 반사율, 분광 투과율 등을 파장의 함수로 측정하는 계측기, 측색기로 컴퓨터 자동배색장치(Computer Color Matching system; CCM)에서 색채 값을 산출할 때 활용된다.

오답피하기
분광광도계 파장은 불확도는 1nm 이내의 정확도를 유지해야 한다.

10 분광 반사율에 대한 설명으로 올바른 것은?

① 밝은색일수록 전반적으로 반사율이 낮다.

② 채도가 높은 선명한 색일수록 분광 반사율의 차이가 적고, 채도가 낮은 경우에 차이가 크게 나타난다.

③ 형광을 포함한 분광 반사율은 측정이 불가하다.

❹ 색채 시료에 입사하는 빛이 반사할 때 각 파장별로 물체의 특성에 따라 반사율이 다르기 때문에 나타난다.

분광 반사율

• 분광 반사율은 물체의 색이 표면에 반사되는 빛의 파장별 분광 분포에 따라 여러 색으로 정의되며, 조명에 따라 다른 분광 반사율을 나타낸다.
• 동일한 색임에도 형광등 아래에서 볼 때와 백열등 아래에서 볼 때 각기 다른 색으로 보이는 이유가 분광 분포가 다르기 때문이다.
• 밝은색이 반사율이 높고, 채도가 높을수록 분광 반사율의 파장별 차이가 크다.
• 형광을 포함한 분광 반사율을 측정하는 방법은 필터 감소법, 이중 모드법, 이중 모노크로메이터법, 폴리크로메틱 방식이 있다.

---

11 색 측정용 분광광도계의 기본 구성요소가 <u>아닌</u> 것은?

① 시료대

② 신호처리 장치

❸ 컬러매칭 삼중필터

④ 분광 장치 및 적분구

삼중 필터인 X, Y, Z 자극치를 읽어 내는 측색 방법은 필터식 측색 방법에 해당하며 분광광도계는 광원, 시료대, 광검출기, 신호처리 장치, 분광 장치 및 적분구로 구성된다.

---

12 모든 색채 측정의 기준이 되는 백색 교정판의 기준으로 거리가 먼 것은?

① 표면이 오염된 경우에는 세척, 재연마 등의 방법으로 오염을 제거하고 원래의 값을 재현시킬 수 있어야 한다.

② 분광 반사율은 국제 측정의 표준과 일치되도록 0.9 이상으로, 파장 380~780nm에 걸쳐 거의 일정해야 한다.

③ 백색 기준물에 대해서는 충격, 마찰, 광조사, 온도, 습도 등의 영향을 받지 않아야 한다.

❹ 균등 확산 흡수면에 가까운 확산 흡수 특성이 있고, 전면에 걸쳐 일정해야 한다.

균등 확산 흡수면이 아닌 반사면에 가까운 확산 반사 특성이 있고, 전면에 걸쳐 일정해야 한다.

13 분광광도계로 반사 물체 측정 시 기하학적 조건에 대한 설명으로 틀린 것은?

❶ 8도 : 확산, 정반사 성분제외(8°:de) – 이 배치는 di: 8°와 일치하며 다만 광의 진행이 반대이다.

② 확산/확산 배열(d:d) – 이 배치의 조명은 di: 8°와 일치하며 반사광들은 반사체의 반구면을 따라 모두 모은다.

③ 확산 : 0°배열(d:0) – 정반사 성분이 완벽히 제거되는 배치이다.

④ 45°환상/0°배열 (45°a : 0°) – 물체에 45° 각도로 고리 모양으로 빛을 비추고 90° 수직 방향으로 반사율을 측정하는 방식이다.

8도 : 확산배열, 정반사 성분제외(8°:de) – 이 배치는 di: 8°와 일치하지 않고 de : 8°와는 빛의 진행 방향이 반대인 방식으로, 8° 기울여서 빛을 비추고 모든 방향으로 확산된 빛을 모아 측정하되 정반사 성분을 제외하는 방식이다.

---

14 색채 측정 결과에 필수적으로 첨부하지 <u>않아도</u> 되는 사항은?

① 색채 측정 방식   ❷ 측정일의 온 · 습도

③ 표준 관측자의 시야각   ④ 표준광원의 종류

측색을 완료한 후 색채 측정 결과에 반드시 첨부해야 할 사항은 색채 측정 방식, 조명환경 및 표준 관측자의 시야각, 표준광원의 종류, 광원이 재현하는 색온도 및 광원의 조도, 등색함수의 종류, 측정에 사용한 기기명 등이 있다.

---

15 측색 결과 아래와 같은 결과를 얻었다면 어떤 색채의 시료로 추정되는가?

(L* = 70, a* = 85, b* = 10)

❶ 빨강   ② 노랑

③ 초록   ④ 파랑

L* : 명도값이며 100에 가까울수록 하양, 0에 가까울수록 검은색으로 표현된다.

a* : +방향은 Red, –방향은 Green을 나타낸다.

B* : +방향은 Yellow, –방향은 Blue를 나타낸다.

따라서 (L* = 70, a* = 85, b* = 10) 색은 고명도의 노랑 기미가 있는 빨간색이다.

16 상관 색온도 약 2856K가 되도록 한 텅스텐전구의 광원으로, 백열전구로 조명되는 물체색을 표시할 때 사용하는 광원은?

❶ 표준광A
② 표준광B
③ 표준광C
④ 표준광D

CIE 표준광은 CIE에서 규정한 측색용 표준광으로 A, B, C, D₆₅, D가 있다.
- **표준광A** : 색온도 2856K(백열등, 텅스텐램프)
- **표준광B** : 색온도 4774K(직사 태양광)
- **표준광C** : 색온도 6744K(북위 40도 지점 흐린 날 오후 2시경 평균적인 주광)
- **표준광D** : 색온도 6504K(일정하게 맞춰 놓은 인공광, D₅₀, D₅₅, D₆₀, D₆₅, D₇₀, D₇₅)
- 표준광 D₆₅는 상관 색온도가 약 6500K인 CIE 주광이다.

17 색온도에 관한 설명 중 **틀린** 것은?

① 모든 광원의 색이 이상적인 흑체의 발광색과 일치하지 않을 수 있으므로 색온도가 정확한 광원색을 나타내지는 못한다.
② 광원의 색온도는 시각적으로 같은 색상을 나타내는 이상적인 흑체의 절대온도(K)를 사용한다.
③ 흑체의 온도가 낮을 때는 붉은 빛을 띠며 온도가 올라갈수록 노란색이 되었다가 푸른빛이 도는 흰색이 된다.
❹ 그래픽 인쇄물의 정확한 색 평가를 위해 권장되는 조명의 색온도는 4000K이다.

(오답피하기)
그래픽 인쇄물의 정확한 색 평가를 위해 권장되는 조명의 색온도는 5000~5500K이다.

18 연색 지수에 대한 설명으로 **틀린** 것은?

❶ 연색 지수는 인공광이 자연광의 분광 분포와 일치하는 정도를 말한다.
② 연색 지수 100에 가까울수록 색이 자연스럽게 보이며 연색 지수 90 이상이면 연색성이 좋다고 평가한다.
③ 광원의 연색성을 나타내는 것을 목적으로 한 지수이다.
④ 연색 평가 지수는 Ra로 표기한다.

(오답피하기)
연색 지수는 시험(인공) 광원이 기준광과 어느 정도 비슷하게 물체색을 보여 주는가를 표시하는 지수로, 시험 광원이 얼마나 기준광과 비슷하게 조사되는가를 나타낸다.

19 육안 검색의 조건과 관계가 없는 것은?

① 먼셀 명도 3 이하의 어두운색 검색 시 2000lx 이상 4000lx에 가까운 조도가 적합하다.

② 비교하는 색은 인접하여 배열하고 동일한 평면으로 배열되도록 한다.

❸ 정밀도 향상을 위해 시료색의 위치를 바꿔 가며 비교하지 않도록 한다.

④ 선명한 색을 검사한 뒤에는 연한 색 또는 보색의 조색 및 관찰을 자제한다.

오답피하기

비교의 정밀도를 향상하기 위해 시료색의 위치를 바꿔 가며 비교할 수 있다.

20 디바이스 종속 색체계(Device Dependent Color System)은?

① LUV 색체계, ISO 색체계, CIE Yxy XYZ 색체계

② CIE XYZ 색체계, CMYK 색체계, LUV 색체계

❸ RGB 색체계, HSV 색체계, HLS 색체계

④ CIE RGB LUV 색체계, CIE XYZ 색체계, ISO 색체계

대표적인 기기 종속적 색공간은 RGB 색체계, CMY 색체계, HSV 색체계, HLS 색체계, YCbCr 등이 있다.

21 디지털 컬러 시스템에 대한 설명 중 틀린 것은?

① RGB 형식은 컴퓨터 모니터와 스크린같이 빛의 원리로 색채를 구현하는 장치에서 사용된다.

② 컬러 프린터는 시안(Cyan), 마젠타(Magenta), 옐로우(Yellow) 3원색을 이용한 감법혼합으로 이루어진다.

③ HSB 시스템에서의 색상은 일반적 색체계에서 360° 단계로 표현된다.

❹ Lab 시스템은 물감의 여러 색을 혼합하고 다시 여기에 흰색이나 검은색을 섞어 색을 만드는 전통적 혼합방식과 유사하다.

오답피하기

Lab 색체계는 CIE(국제조명위원회)에서 1976년 추천한 색체계로, 모든 분야에서 물체의 색을 나타내는 데 사용되는 빛을 기반으로 한 색광 혼합을 기본으로 하는 표색계이다.

22 RGB 이미지를 프린트하기 위해 RGB 잉크젯 프린터의 ICC 프로파일을 사용할 때 다음 중 맞는 설명은?

① RGB 이미지를 프린트하기 위해서 반드시 먼저 CMYK로 변환해야 한다.

② 정확한 변환을 위해서 포토샵 등의 이미지 편집 프로그램에서와 프린터 드라이버에서 별도로 한 번씩 변환해야 한다.

❸ RGB 이미지를 프린터 프로파일로 변환하면 중간에 CIE LAB 색공간을 거치게 된다.

④ 포토샵에서 색변환을 위해 사용하는 메뉴는 '프로파일 할당'이다.

ICC(International Color Consortium)란 디지털 영상색채의 호환성 즉, 색 관리 시스템의 표준화를 목적으로 8개 회사인 어도비, 마이크로소프트, 아그파, 코닥 등이 설립한 색채표준. 운영체제와 소프트웨어의 범용적인 컬러 관리 시스템을 만들 목적으로 설립된 국제색채협의회이다. ICC Profile은 하드웨어 장치의 색상재현영역이 기술되어 있는 것으로 장치 간 컬러 관리가 이루어진다. ICC 기준을 따르는 장치 프로파일은 운영체제나 애플리케이션과 관계없이 범용적으로 사용할 수 있지만 모든 운영체제와 애플리케이션에서 지원하는 것은 아니다. ICC의 디지털 컬러관리 기준은 ISO 15076-1:2010 국제 표준으로 정의되어 있다. 다이내믹 레인지, 색역, 톤응답 특성 등 정보를 담고 있다.

23 가법혼색 또는 감법혼색을 기반으로 하는 컬러 이미징 장비의 색재현 특성에 대한 설명으로 옳은 것은?

① 감법혼색의 경우 마젠타, 그린, 블루를 사용함으로써 넓은 색역을 구축한다.

② 가법혼색의 경우 주색의 파장 영역이 좁으면 좁을수록 색역도 같이 줄어든다.

③ 명도가 높은 원색을 사용해야 색역이 넓어진다.

❹ 감법혼색에서 원색은 특정한 파장을 효율적으로 흡수하는 특성을 가진 색료가 된다.

오답피하기

• ① : 가법혼색의 경우 마젠타, 그린, 블루를 사용함으로써 넓은 색역을 구축한다.
• ② : 가법혼색의 경우 주색의 파장 영역이 좁으면 좁을수록 색역이 확장된다.
• ③ : 채도가 높은 원색을 사용해야 색역이 넓어진다.

24 ICC 프로파일을 이용해서 어떤 색공간의 색정보를 변환시킬 때 사용되는 렌더링 인텐트(Rendering Intent)에 대한 설명 중 <u>틀린</u> 것은?

❶ 정확한 매칭이 필요한 단색 변환에는 인지적 렌더링 인텐트가 사용된다.

② 렌더링 인텐트에는 4가지가 있다.

③ 절대 색도계 렌더링 인텐트를 사용하면 화이트포인트 보상이 일어나지 않는다.

④ 입출력 장비의 색채 구현 영역이 서로 달라 어떤 색공간의 색정보를 ICC 프로파일을 사용하여 변환할 때 사용한다.

정확한 매칭이 필요한 단색 변환에는 인지적 렌더링 인텐트가 아닌 채도 인텐트를 사용한다.

25 어떤 색채가 관측자의 색채 적응 조건이나, 조명, 배경색, 재질 등의 차이에 따라 다르게 보이는 현상을 의미하며, 메타메리즘 현상으로 불리기도 하는 색의 현상은?

① 아이소머리즘   ② 조건등색

③ 컬러 세퍼레이션   ❹ 컬러 어피어런스

컬러 어피어런스 현상을 해결할 수 있도록 개발된 색채관리 시스템을 '컬러 어피어런스 모델(Model)'이라고 하며, 이는 관찰변화에 따라 색채의 외관색의 속성, 명도, 채도 등을 조정하여 정확히 예측해 준다.

26 CCM(Computer Color Matching, 컴퓨터 자동배색)의 이점이 <u>아닌</u> 것은?

① 조색 시간이 단축되고 다품종 소량생산에 적합하다.

❷ 작업 과정상 별색 공정에 대한 관리가 필요하지 않다.

③ 아이소메트릭 매칭이 가능하다.

④ 효율적인 컬러런트 운영이 가능하다.

> 오답피하기

CCM으로 정확한 색을 만들기 위해서는 작업 과정상 여러 요인에 의해 색채가 변할 가능성을 고려하여 발색 공정과 관련한 정확한 파악 및 철저한 관리가 선행되어야 한다.

27 쿠벨카 문크 이론을 적용해 혼색을 예측하기에 적합하지 <u>않은</u> 표본의 특성은?

① 불투명 소재   ❷ 투명 소재

③ 반투명 소재   ④ 불투명 받침 위의 투명 필름

쿠벨카 문크 이론

일정한 두께를 가진 발색층에서 감법혼색을 하는 경우 성립되는 자동배색장치(CCM)의 기본원리이며 쿠벨카 문크 이론이 성립되는 색채 시료는 3가지 타입이다.

• 제1부류 : 투명한 플라스틱, 인쇄잉크, 완전히 불투명하지 않은 페인트

• 제2부류 : 투명한 발색층이 불투명한 기판 위에 있을 때, 사진인화 등 열 증착식의 인쇄물에 사용

• 제3부류 : 옷감의 염색, 불투명 페인트나 플라스틱, 색종이처럼 불투명한 발색층

> 오답피하기

투명 소재는 쿠벨카 문크 이론을 적용해 혼색을 예측하기 적합하지 않다.

28 조건등색(메타메리즘, Metamerism)에 대한 설명 중 옳은 것은?

① 분광 반사율이 같은 두 견본도 다르게 보일 수 있다.

② 사람의 시감 특성과는 관련 없다.

❸ 조명에 따라 두 견본이 같기도 다르게도 보인다.

④ 서로 다른 스펙트럼을 가진 물체는 조건등색이 일어나지 않는다.

메타메리즘은 색채의 분광 반사율 스펙트럼이 서로 다른 두 시료가 특정한 광원 아래에서 같은 색으로 보이는 경우를 말한다. 즉, 조명에 따라 두 견본이 같기도 다르게도 보인다는 뜻이다. 메타메리즘은 광원의 차이에 따른 메타메리즘과 관찰자의 시야에 따른 메타메리즘으로 구분된다.

29 다음 중 아이소머리즘(Isomerism)에 대한 설명으로 옳은 것은?

① 광원이 바뀌면 색이 달라져 보이는 현상이다.

❷ 분광 반사율이 일치하여 어떠한 광원, 관측자에게도 같은 색으로 보인다.

③ 분광 반사율이 달라도 같은 색자극을 일으키는 현상을 말하며 주로 육안 조색 시 발생한다.

④ 분광 반사율이 서로 다른 두 시료가 특정한 광원 아래에서 같은 색으로 보이는 경우를 말한다.

아이소머리즘이란 분광 반사율이 완전히 일치하여 어떤 조명(광원)이나 관측자에게도 항상 같은 색으로 보이는 것을 의미한다. 무조건등색은 CCM에서 발생하기 쉽고, 육안 조색의 경우에는 메타메리즘이 발생하기 쉽다. 조색의 궁극적인 목표는 무조건등색(아이소머리즘)이다.

30 다음의 색온도와 관련된 용어 중 설명이 옳지 <u>않은</u> 것은?

① 색온도 – 완전 복사체의 색도를 그것의 절대 온도로 표시한 것

② 역수 상관 색온도 – 상관 색온도의 역수

❸ 상관 색온도 – 완전 복사체의 색도와 근사하는 시료 복사의 색도 표시로, 그 시료 복사에 색도가 가장 가까운 완전 복사체의 절대온도로 표시한 것. 이때 사용되는 색 공간은 CIE 1931 x, y를 적용한다.

④ 분포 온도 – 완전 복사체의 상대 분광 분포와 동등하거나 또는 근사적으로 동등한 시료 복사의 상대 분광 분포의 1차원적 표시로서, 그 시료 복사에 상대 분광 분포가 가장 근사한 완전 복사체의 절대온도로 표시한 것

상관 색온도
완전 복사체의 색도와 근사하는 시료 복사의 색도 표시로, 그 시료 복사에 색도가 가장 가까운 완전 복사체의 절대온도로 표시한 것. 이때 사용되는 색공간은 CIE 1931 x,y가 아니라 CIE 1960 UCS(u,v)를 적용한다.

COLORIST

출제 빈도

SECTION 01 상	55%
SECTION 02 중	25%
SECTION 03 하	20%

PART
04

색채 지각론

SECTION 01 색지각의 원리

1 빛과 색

(1) 색(Color)의 정의 18년2회 산기80, 18년1회 기사66

- 색은 사전적으로 '빛' 또는 '빛의 색(Color of Light)'이라고 정의된다.
- 색은 빛이 물체를 비추었을 때 생겨나는 반사, 흡수, 투과, 굴절, 분해 등의 과정을 통해 인간의 눈을 자극하여 생기는 물리적인 지각 현상을 말한다.
- 색과 색채를 구분하면 빛에 의해 생기는 물리적인 지각 현상을 색이라 하고, 물리적 · 생리적 · 심리적인 현상에 의해 성립되는 시감각을 색채라 한다.

1) 색의 물리적 개념 18년2회 기사68, 17년2회 산기77, 17년1회 산기66

- 색의 물리적 정의는 '색은 빛이다.'라는 정의에서 출발한다. 즉 빛의 물리적 현상으로 빛은 비교적 파장이 짧은 전자기파의 한 종류로서 에너지 전달 현상이며, 각각 파장의 길이에 따라 여러 가지 특성을 지닌 빛이 된다.
- 색은 파장이 380~780nm인 가시광선(Visible Light)을 말하며, 자외선과 적외선도 넓은 의미에서 포함한다.

2) 색지각의 3요소

색은 광원(Light Source), 눈(Subject), 물체(Object)가 서로 연계될 때 보이는 것이다. 이를 색지각의 3요소라고 하며, 이 중 한 가지라도 존재하지 않으면 색을 인식할 수 없게 된다.

① 광원(Light Source)

빛은 태양(자연광)이나 형광등, 촛불 등의 빛의 근원이 있어야 반사, 흡수 과정을 거치면서 우리 눈에 자극을 주어 색채 지각이 가능하게 된다.

② 눈(Subject)

색지각은 우리의 눈이 느끼는 시감각이므로, 물리적 에너지인 광원을 받아들여 지각할 수 있는 기관인 눈의 특성에 따라 색을 다르게 지각할 수 있다.

③ 물체(Object)

- 물체가 갖는 특성에 따라 고유의 반사율도 다른데, 물체는 그 자신에게 맞는 파장은 흡수하고 반대의 파장은 반사한다.

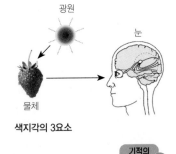

광원
눈
물체

색지각의 3요소

기적의 Tip

색수차
파장에 따른 굴절률의 차이에 의해 생기는 수차로, 색상에 따라 눈 속에서 초점이 맺히는 거리가 다른 현상을 말한다.

- 색을 지각하기 위해서는 빛 에너지가 반사, 흡수, 투과와 같은 현상을 일으킬 대상인 물체가 반드시 필요하다.

3) 빛의 스펙트럼 18년3회 기사65, 18년1회 산기61, 18년1회 기사78, 17년2회 기사71, 17년1회 기사76

- 빛이란, 눈을 자극하여 시각을 일으키는 물리적 원인이며 동시에 시지각의 내용이기도 하다.
- 빛은 전자기적 진동, 즉 전자기파의 일종으로 좁은 의미에서는 파장 영역이 약 380~780nm인 가시광선을 의미한다. 넓은 의미에서는 자외선과 적외선도 포함하기도 하며, 전자파 전체를 의미하기도 한다.

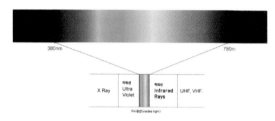

가시광선의 파장 영역

4) 빛의 본질에 대한 학설

① 입자설

- 뉴턴(Issac Newton)은 빛이 에너지의 입자로 된 흐름이며 그 입자가 눈에 들어가 색감각을 일으킨다는 광입자설을 1669년에 주장하였다.
- 뉴턴은 저서 『광학』에서 빛의 본체는 물체에서 사출된다는 미립자설을 발표하였으나, 이 이론은 빛의 간섭이나 회절 현상 등을 설명하는 데에는 한계를 갖는다. 이 학설은 파동설이 확립되기 전까지 일반화되었다.

② 파동설

1678년 호이겐스(Christian Huygens)는 빛이 매질(Medium)을 통해 전파되는 파동이라고 주장하였다. 빛은 수면의 파장과 같이 광원에서 전파된 진동파가 눈을 자극하여 색감각이 생긴다는 학설로, 당시 뉴턴의 입자설과 대립하는 학설을 내세웠다.

③ 전자기파설

- 1865년 맥스웰(Maxwell)은 전자기장의 기초 방정식인 맥스웰 방정식을 이용하여 전자기파의 선파 속도가 광속도와 같고 전자기파가 횡파라는 사실을 입증하였다.

기적의 Tip

파장의 단위

파장의 단위는 마이크로미터(µm)보다 더 작은 단위인 나노미터(nm), 옹스트롬(Å)을 사용한다. 길이 단위로 환산하면 다음과 같다.
1m=1,000mm
=1,000,000µm
=1,000,000,000nm
=10,000,000,000 Å

기적의 Tip

적외방사(Infrared Radiation)

파장 780~106nm까지의 범위의 방사이다. 일반적으로 자외선과 달라서 적외선 에너지는 파장 기준으로 평가하는 것이 아니고 어느 면에 입사하는 방사 에너지에 의해 평가한다. 적외선 가열, 적외선 사진, 적외선 건조 등에 응용된다.

- 빛은 일종의 전자기파로, 모든 전자기파의 근본 성질을 가지고 있다. 이 때문에 빛과 물질 사이 상호작용으로 발생한 전자기파의 진동 수에 따라 빛의 많은 특징이 달라진다.
- 맥스웰은 빛이 고주파의 전자기파라고 주장하였다.

④ 광양자설

1905년 아인슈타인(Albert Einstein)은 입자설과 파동설의 모순을 해결하기 위한 학설로, 빛은 광전효과로 에너지를 가진 입자이며 연속적인 파동으로써 공간에 퍼지는 것이 아니라 광전자로써 불연속적으로 진행한다는 광양자설을 발표하였다.

기적의 Tip

가시광선
- 눈으로 볼 수 있는 빛의 범위를 말한다.
- 파장의 길이에 따라 보라색에서 붉은색의 빛깔을 띤다.
- 적외선은 가시광선보다 파장이 길다.

5) 뉴턴의 분광 실험과 가시광선(Visible Light) 18년3회 기사65

- 1666년 뉴턴은 빛의 파장은 굴절하는 각도가 다르다는 성질을 발견하고, 프리즘을 이용하여 빛을 분광시켜 굴절이 작은 것부터 빨강, 주황, 노랑, 초록, 파랑, 남색, 보라의 순서로 분광되는 것을 밝혔다.
- 굴절률이 작은 장파장의 붉은색 계열부터 굴절률이 높은 단파장의 푸른빛까지 여러 가지 파장 영역으로 보이는 것을 스펙트럼(Spectrum)이라고 하며, 각 파장이 얼마의 에너지를 가지는가를 나타낸 것을 분광 분포라고 한다.

① 가시광선의 파장 영역 18년3회 기사65, 18년1회 산기61, 18년1회 기사78, 17년2회 기사65, 17년1회 기사71

- 빛은 전자파라고 불리는 에너지의 일종으로 우리 눈으로 들어와 여러 가지 색채 감각을 일으키는 에너지이다.
- 전자파는 파동의 성질을 갖고 있는데 파장 영역이 380~780nm의 부분 만이 색채 감각을 가진다고 하여 이 부분을 가시광선이라고 부른다.
- 가시광선은 크게 장파장역, 중파장역, 단파장역으로 나누어진다. 가시광선에서 380nm보다 짧은 파장 영역은 자외선 (UV) 영역이고, 780nm보다 긴 파장 영역은 적외선(IR) 영역이다. 자외선과 적외선은 인간의 눈으로 보이지 않는 영역이다.

가시광선 영역	파장	광원색	빛의 성질
장파장	620~780nm	빨강	굴절률이 작으며 산란이 어렵다.
	590~620nm	주황	
중파장	570~590nm	노랑	가장 밝게 느껴진다.
	500~570nm	초록	
단파장	450~500nm	파랑	굴절률이 크며 산란이 쉽다.
	380~450nm	보라	

② 분광 분포 곡선

- 분광 분포란 색광에 포함되어 있는 스펙트럼의 비율로써 파장별 상대치와 파장의 관계를 말한다.
- 분광률은 빛의 반사와 투과에 의한 물체색을 설명하는 데 사용되며, 이를 그래프로 나타낸 것이 분광 분포 곡선이다.

(2) 광원색과 물체색

1) 색의 물리적 분류

색의 물리적 분류로 광원색, 물체색, 투과색, 면색, 표면색 등이 있으며, 빛의 현상성을 바탕으로 독일의 심리학자이며 실험현상학의 대표적 학자인 카츠(David Katz)는 현상학적 관찰을 통해 직접 경험한 지각색을 관찰하여 분류하였다.

① 광원색(Illuminate Color)

광원이 스스로 빛을 내고 있는 동안의 색이나 자연광과 조명기구, 백열등, 형광등, 네온사인에서 볼 수 있는 광원에서 나오는 빛이 인식되는 색이다. 고유색에 영향을 주기도 하며 그 자체가 지닌 색을 광원색이라고 한다.

② 물체색(Object Color)

물체에서 반사 또는 투과하는 빛의 색으로 그 물체가 가지고 있는 것처럼 보여지는 색을 물체색이라고 한다. 대부분의 사물은 스스로 빛을 내는 것이 아니라 햇빛 따위의 빛을 받아 반사나 투과, 흡수 등에 의해서 색이 결정된다.

③ 평면색, 면색(Film Color) 17년3회 산기69, 17년2회 기사61

- 인간의 색지각에 있어서 순수하게 느끼는 감각 또는 색자극을 말한다. 색은 구체적인 표면이 없기 때문에 거리감이나 입체감이 없는 평면인 것처럼 느껴지는 색으로, 순수하게 색만을 느끼는 감각이 가능한 것이다.
- 하늘과 같이 끝없이 들어갈 것 같은 느낌의 색과 작은 구멍을 통해 색을 보는 것처럼 색채의 질감이나 환경을 제외한 상태에서 지각되는 순수한 색자극만 있는 상태이다.

④ 표면색(Surface Color)

- 물체의 표면에 속하여 물체 자체를 구성하는 것처럼 지각되는 색을 말한다.
- 반사 또는 흡수되어 보이는 물리적인 빛의 파장이 확실하게 인식되는 물체 표면의 색이다. 평면색과는 달리 거리감이 확실하게 지각되고 표면의 재질과 형태에 따라 여러 방향에서 다르게 지각되는 색이다.

기적의 Tip

절대 분광 반사율(Spectral Reflection Factor)

- 물체색이 스펙트럼 효과에 의해 빛을 반사하는 각 파장별(단색광) 세기이다. 물체의 색은 표면에서 반사되는 빛의 각 파장별 분광 분포(분광 반사율)에 따라 여러 가지 색으로 정의되며, 조명에 따라 다른 분광 반사율이 나타난다.
- 절대 분광 반사율의 계산식
  $R(\lambda) = S(\lambda) \blacktriangle B(\lambda) \blacktriangle W(\lambda)$

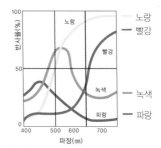

분광 분포 곡선

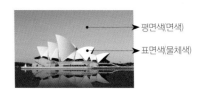

표면색과 면색

북창 주광

표면색의 색 맞춤에 쓰이는 자연의 주광이다. 표면색은 물체의 표면에서 빛이 반사되어 지각되는 색으로 보통 색상, 명도, 채도 등으로 표시한다. 표면색의 색 맞춤에 쓰이는 자연의 주광으로 일출 3시간 후에서 일몰 3시간 전까지의 태양광의 직사를 피해 북쪽 창을 통해 들어온 햇빛을 말한다.

금속색 (Metal Color)	빛 중에서 특정한 파장이 강한 반사를 통하여 지각되는 표면색으로써 금속의 표면에서 느껴지는 색 ⑩ 금속 느낌의 도료, 잉크 등
형광색 (Fluorescent Color)	형광이란, 물질이 빛의 자극으로 발광하는 현상으로, 특정한 파장이 강한 반사를 일으키는 현상을 이용한 색 ⑩ 어두운 야간에 뚜렷이 구분되어야 할 도로 표지판, 안전 표시, 작업복 등에 사용
간섭색(Interference Color) 19년3회 산기74	얇은 막에서 빛이 확산 또는 반사되어 나타나는 색 ⑩ 진주조개나 비누 거품, 수면에 뜬 기름, 전복 껍데기에서 무지개 같은 색이 나타나는 것
광원색 (Illuminate Color)	자연광과 조명 기구, 백열등, 형광등, 네온사인에서 볼 수 있는 광원에서 나오는 빛이 인식되는 색으로, 고유색에 영향을 주기도 하며 그 자체가 지닌 색

⑤ 공간색(Volume Color) 18년2회 기사68, 18년1회 산기75

· 공간색은 물체나 면의 성질이 없고 투명감을 동반하며 색 자체에 거리감과 두께감이 있어 용적색이라고도 한다.

· 3차원 공간의 부피감을 느낄 수 있는 색으로, 유리컵 속에 포도주를 담았을 때 일정한 두께가 지각되는 색을 말한다.

· 공간색은 빛을 투과시키는 물체를 빛이 통과해서 나올 때 지각되는 색이다.

⑥ 경영색, 거울색(Mirrored Color) 19년3회 기사68, 18년1회 산기70

· 완전반사에 가까운 색을 말하며, 거울과 같이 광택이 나는 불투명한 물질 표면에 나타나는 색이다.

· 거울에 비친 상을 보면서 실제와 같은 존재감을 느끼는 색으로, 어떤 물체 위에서 빛이 투과하거나 흡수되지 않고 거의 완전반사에 가까운 색이다.

⑦ 투과색(Transmission Color)

셀로판지나 색유리(스테인드글라스) 같은 물체를 투과할 때 나타나는 색이다.

⑧ 광택(Luster)

빛이 표면에서 부분적으로 반사될 때 나타나는 현상으로서 광택은 사물에 결부되어 나타나기 때문에 작열이나 광휘와 구별되며 어두운 곳에서도 지각되는 특성이 있다. 부분적인 반사광의 밝기가 그 물체의 표면색보다 밝기 때문에 그 표면의 지각을 방해하는 것처럼 느껴지기도 한다.

⑨ 광휘(Luminosity)

암실에서 반투명 유리나 종이를 안쪽에서 강한 빛으로 비추었을 때 지각되는 색으로, 같은 조명 아래에서 흰색보다 밝게 느껴지는 색을 광휘로 지각한다. 즉, 촛불이나 불꽃의 바깥면에서 느껴지는 밝고, 환한 빛을 말한다.

공간색

⑩ **작열(Glow)**

작열하는 물체는 그 표면뿐만 아니라 그 물체 내부에까지 색이 퍼진 것처럼 지각되는 것으로 태양과 같이 이글거리는 빛의 출현 방식을 작열이라고 한다.

2) 색의 인문학적 분류

색은 여러 가지 인문학적 접근법에 의해 하나의 색채계획에 있어서 여러 접근법에 의한 총체적 작업으로 이루어지게 된다.

① **물리학적 방법**

광원, 반사광, 투과광의 에너지 분포 양상과 자극 정도를 규명하는 방법이며 색지각을 규명하는 대표적인 물리적 · 광학적 방법이다.

② **생리학적 방법**

색의 자극에 따르는 신경조직, 망막, 시신경, 홍채의 조직과 기능에 관한 연구이며 눈에서 대뇌에 이르는 신경계통의 광 · 화학적 활동을 색채 연구와 접목하는 방법이다.

③ **화학적 방법**

물리적인 안료, 염료, 잉크의 화학적인 분석과 분자 구조, 색의 정착, 색료의 합성 방법과 성질에 따른 변화를 접목하는 방법이다.

④ **심리학적 방법**

색채가 인간에게 미치는 작용과 영향에 관한 연구이며, 개개인의 주관적인 감정 작용, 과거의 경험에 의한 기억, 연상 작용에 대한 색채의 반응을 연구하는 방법이다.

⑤ **심리물리학적 방법**

인간의 지각에 따르는 색지각, 색맹, 잠재의식, 환경 요소를 연구하고 색상, 명도, 채도의 3가지 기본적인 색채 반응과 빛의 물리량, 인간의 감각자극과 반응의 관계를 측색하는 방법이다.

⑥ **미학적 방법**

인간의 예술적 감성의 필수 요건인 주관적인 미적 감정이나 조형 활동으로 색채의 미적 가치를 미학적으로 해석하는 방법이다.

빛의 성질에 따른 구분
- **광원색** : 광원 또는 발광체로부터 오는 빛의 파장이다.
- **물체색** : 물리적인 물체에 반사되어 보이는 빛의 파장이다.
- **투과색** : 물체를 투과하여 보이는 빛의 파장이다.

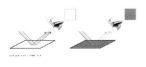

반사율에 따라 나타나는 물체색

❶ 흑체(Black Body)
입사하는 복사선을 모든 파장에 걸쳐 완전히 흡수하는 물체를 말한다.

무지개(빛의 굴절)

(3) 색채 현상

1) 색채 현상의 정의
- 색채 현상은 가시광선에 의해 나타난 결과로, 빛의 현상이라고 한다.
- 빛의 현상은 인간의 눈이 광원 또는 물체에 대한 색을 지각할 때 중요한 작용을 하는데 빛이 비칠 때 각 물체마다 어느 정도의 빛을 흡수, 반사, 투과했는지에 따라 여러 가지 색채 현상이 나타난다.

2) 색채 현상의 특성

① 빛의 반사(Reflection)
- 인간이 지각하는 빛 대부분은 물체에 의해 반사되는 것이며, 물체 표면에 비친 빛 중에서 반사되는 빛의 백분율을 반사율이라고 한다.
- 물체의 색은 표면의 반사율에 따라 결정되는데 빛이 물체에 닿아 85% 이상 반사되면 물체의 표면은 흰색을 띠며, 3% 미만 반사되면 검은색을 띠게 된다. 반면 특정 파장을 선별적으로 반사할 경우 유채색을 띠게 된다.

② 빛의 흡수(Absorption)
- 빛은 물체에 닿으면 특정 파장의 반사와 흡수 정도에 따라 색이 결정된다.
- 바나나가 노란색으로 보이는 것은 바나나가 노란색 외의 빛들은 흡수하고 노란빛만 반사하기 때문이다.
- 빛은 물체에 닿으면 일부는 흡수되어 열로 변하며, 빛을 가장 이상적으로 흡수하는 물체는 흑체(Black Body)❶이다.

③ 빛의 투과(Permeability)
- 빛을 통과시키는 물체에 빛이 닿아 그 물체를 투과한 빛의 색이 투과색이다.
- 투과색은 색을 가지고 있는 유리 또는 셀로판지, 플라스틱, 선팅, 신호등, 색안경 등에서 찾아볼 수 있다. 이런 물질에서는 빛의 흡수보다는 주로 반사와 투과가 일어나는데, 파란색의 선팅은 파란색과 관련된 파장의 범위만 투과시키고 나머지 파장은 흡수하게 된다.

④ 빛의 굴절(Refraction) 19년1회 기사76
- 빛이 다른 매질로 들어가면서 빛의 파동이 진행 방향을 바꾸는 것을 굴절이라고 하며 빛의 파장이 길면 굴절률이 낮고, 파장이 짧으면 굴절률이 높다.
- 무지개, 아지랑이, 별의 반짝임 등이 빛의 굴절에 의해서 관찰되는 것이다.

⑤ 빛의 회절(Diffraction)

- 빛의 파동이 장애물의 뒤쪽에 기하학적으로 결정된 그림자를 만들지 않고 그림자에 해당하는 부분까지 돌아 들어가는 현상을 말하며, 간섭과 산란의 두 가지 특성이 합쳐져 일어난다.
- 금속, 유리, 곤충의 날개, 예리한 칼날, 콤팩트디스크(CD), 오팔(보석)에서 빛의 산란과 회절 현상이 일어난다.

콤팩트디스크(CD)(빛의 회절)

⑥ 빛의 산란(Scattering)　19년2회 산기77, 18년1회 산기71, 17년2회 산기76

- 빛의 파동이 미립자와 충돌하여 빛의 진행 방향이 대기 중에서 여러 방향으로 분산되어 퍼져 나가는 현상이다.
- 빛이 매질에 닿아 불규칙하게 흩어져 버리는 현상으로, 태양의 빛은 대기 중의 질소나 산소 분자에 의해 산란된다.
- 새벽빛의 느낌, 낮의 태양광선, 구름, 저녁노을, 파란 하늘 등 하루의 대기 변화를 느낄 수 있는 것과 관계가 있다.

파란 하늘(빛의 산란)

⑦ 빛의 간섭(Interference)　19년1회 기사63, 17년3회 산기76

- 빛의 파동이 잠시 둘로 나누어진 후 다시 결합하는 현상으로 빛이 합쳐지는 동일점에서 빛의 진동이 중복되어 강하게 되거나 약하게 나타나는 현상이다.
- 비눗방울의 색이 무지개색으로 빛나고, 은비늘이 보는 각도에 따라서 색이 빛나 보이는 것은 빛 일부가 막의 표면에서 반사한 빛이 서로 간섭하여 색을 만들었기 때문이다.
- 나비의 날개나 공작, 벌새와 같은 새들의 깃털에 어른거리는 색들에서도 볼 수 있다.

저녁노을(빛의 산란)

기적의 Tip

빛의 성질 예
- **굴절** : 무지개, 아지랑이
- **회절** : 태양의 고리, 브로켄 현상
- **산란** : 구름, 파란 하늘, 저녁노을
- **간섭** : 비눗방울, 기름막, 곤충의 표면

(4) 색의 일반적 분류

무채색(Achromatic Color)	유채색(Chromatic Color)
• 무채색은 색이 구별되는 성질인 색상을 갖지 않으며, 밝고 어두움의 감각만 갖는다. • 색상이 전혀 섞이지 않는 색이며 채도도 존재하지 않는다. 그러므로 흰색에서 검은색 사이의 모든 색은 무채색에 속한다.	• 무채색을 제외한 모든 물체의 색으로 색상의 감각을 띠며 채도를 가지고 있는 색을 유채색이라고 한다. • 순수한 무채색 이외의 모든 색을 의미하며 색상, 명도, 채도의 3속성을 가진다.

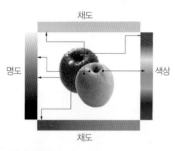

색의 3속성

기적의 Tip

인간이 지각하고 구별할 수 있는 색의 수는 약 200만 가지(색상 200가지 × 명도 500단계 × 채도 20단계)이며, 인간은 명도에 가장 민감하다.

기적의 Tip

- **명도(Value)** : 색의 중량감에 가장 큰 영향을 미친다.
- **색상(Hue)** : 온도감, 흥분과 진정에 영향을 미친다.
- **채도(Chroma)** : 색의 경연감, 화려함과 순수함에 영향을 미친다.

1) 색의 3속성 19년2회 산기 72

- 인간은 색이 가지고 있는 기본적인 성질에 따라 여러 가지 색을 지각한다.
- 색을 규정하는 지각 성질은 색상, 명도, 채도로, 색의 3속성이다.

① 색상(Hue)

- 색상은 사물을 봤을 때 각각의 색이 가지고 있는 독특한 성질이나 명칭을 말하는 것으로 대부분 색상을 통해 색을 구별한다.
- 인간은 약 200가지의 색상을 구별할 수 있다.

② 명도(Lightness/Value)

- 색의 밝고 어두운 정도를 나타내는 명암 단계를 말한다. 명도는 물체 표면의 상대적인 명암에 관한 색의 속성이며, 그레이스케일(Gray Scale)이라 한다.
- 인간은 색의 3속성 중에서 명도에 가장 민감하게 반응하며 약 500단계의 명도를 구별할 수 있다.

③ 채도(Saturation/Chroma)

- 채도는 색의 선명도를 나타내며, 색의 맑음/탁함, 색의 강/약, 순도, 포화도 등으로 다양하게 해석된다.
- 색의 강약이며 맑기이고 선명도이다. 즉, 진한 색과 연한 색, 흐린 색과 맑은 색 등은 모두 채도의 높고 낮음을 가리키는 말이다.

2 색채 지각

- 인간의 눈은 근본적으로 색을 인식하는 하나의 특별한 수용기이다.
- 인간의 수용기는 인간에게 적합하도록 자신의 생리적 특성으로 색을 인식하는데, 인식 결과는 눈에서 뇌를 거쳐 감성적 해석까지 여러 과정을 거친다.
- 색채 지각은 색이 광원에서 나와서 물체에 반사된 뒤 눈에 수용되어 뇌에 이르는 전 과정을 포함한다.
- 색채 지각은 단순히 빛의 작용과 망막의 자극으로 인해 생겨나는 물리적인 차원에만 국한되지 않으며 심리적, 생리적으로 받아들이는 과정도 모두 포함하고 있다.

(1) 눈의 구조와 특성 18년2회 산기70, 17년1회 산기74

1) 눈의 구조

- 인간의 눈은 뇌의 일부분이라고 하며 시각중추라고 한다.
- 안구는 지름 약 24mm의 구형으로 외막(Outer Coat), 중막(Middle Coat), 내막(Inner Coat)의 3층의 막과 내용물로 이루어져 있다.

외막	안구 앞쪽 1/6을 차지하는 무색투명한 각막과 뒤쪽 5/6를 차지하는 백색 불투명한 공막으로 구성된다.
중막	포도막이라 하며 뒷부분에서부터 맥락막, 모양체 그리고 앞쪽에 자리한 홍채로 이루어져 있다.
내막	안구의 가장 안쪽에 있는 투명한 막으로 망막이라 하며, 수정체, 유리체, 안방수가 있다.

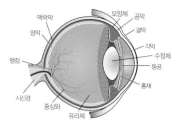

눈의 구조

빛을 지각하는 과정

인간이 광 수용기에 의해 빛을 지각하는 과정은 [빛] → [각막] → [동공] → [전안방] → [수정체] → [유리체액] → [망막] → [시신경 세포] → [뇌] 순이다.

① 각막(Cornea) 18년3회 산기79

- 빛이 눈으로 들어오는 첫 번째 관문으로, 각막의 두께는 약 1~1.2mm 정도이며, 빛은 약간의 굴절을 통해 안구로 들어가게 된다.
- 각막이 건조하게 되면 유백색을 띤다. 각막은 안구를 싸고 있는 공막의 연속이므로 안구를 보호하는 방어막의 역할을 함과 동시에 외부의 광선을 굴절시켜 망막으로 도달시키는 역할을 한다.
- 각막은 투명하므로 외부에서 홍채나 동공을 관찰할 수 있다.

② 동공(Pupil)

- 빛은 각막을 통과한 후 동공을 통해 들어오는데, 한번 들어온 빛은 다시 나가지 못한다. 빛의 양이 많을 때는 동공이 수축하고, 빛의 양이 적을 때에는 동공이 확장되어 눈으로 들어오는 빛의 양을 조절해 준다.
- 눈동자(동공)는 안구 안에 다갈색의 홍채로 둘러싸인 원형의 검은 부분이다.

③ 홍채(Iris) 18년3회 기사75, 18년1회 산기75, 17년3회 산기66

- 동공 주위에 있는 고리 모양의 막을 말한다. 홍채는 각막과 수정체 사이에 위치해 외부에서 들어오는 빛의 양을 조절하는 구실을 한다.
- 홍채 중앙에는 동공이 있고 이곳을 통해 전안방과 후안방이 이어진다. 홍채가 이완하거나 수축함에 따라 동공의 크기가 변하는데, 이에 따라서 망막에 도달하는 광선의 양이 조절된다.
- 홍채는 카메라의 조리개에 해당하며 홍채의 색은 개인별, 인종별로 멜라닌 색소의 양과 분포에 따라 달라 눈동자의 색깔이 다양하게 결정된다.

④ 수정체(Lens)

- 수정체는 홍채 바로 뒤에 위치하며 양면이 볼록한 렌즈 모양으로, 이 두께를 조절함으로써 망막 위에 상을 맺게 하는 렌즈 역할을 한다.
- 가까운 거리의 물체를 보면 수정체가 두꺼워져 상의 초점을 만들고, 멀리 있는 물체를 보면 얇게 변하여 망막 중심의 중심와에 정확히 상이 맺히게 한다.

⑤ 모양체(Ciliary body)

모양체는 맥락막의 앞쪽 끝부터 홍채근부까지 걸쳐 있는 직삼각형 모양의 조직으로 평활근과 혈관으로 수정체의 두께를 조절해 주는 근육을 말한다.

⑥ 망막(Retina) 19년3회 산기72, 18년2회 기사77

- 안구벽의 가장 안쪽에 있는 얇고 투명한 막으로써 시신경이 분포되어 있는 조직이다. 시신경 세포가 있어 가시광선의 에너지를 생체 내 사용 가능한 전기신호로 변환하는 역할을 하며, 카메라의 필름에 해당하는 부분이다.
- 망막에는 추상체와 간상체라는 두 가지의 중요한 광수 용기가 있다. 추상체(Cone)는 망막의 중심부에 모여 있으면서 색상을 구별해 주고, 간상체(Rod)는 망막의 외곽(주변)에 널리 분포해 있으면서 명암을 구별해 주기 때문에 밤하늘의 별을 볼 때 정면보다 곁눈으로 보는 것이 더 잘 보인다.

⑦ 중심와(Fovea) 19년3회 기사67, 19년2회 산기73, 18년3회 산기64

- 망막 중에서도 상이 가장 정확하게 맺히는 부분으로 노란빛을 띠어 황반(Macula)이라고도 부른다. 황반에 들어 있는 노란 색소는 빛이 시세포로 들어가기 전에 자외선을 차단하는 기능을 하는 일종의 필터 역할을 한다.
- 색각과 시력이 가장 강한 곳으로, 그 중심부를 중심와라고 한다. 눈으로 물체를 주시했을 때 중심와 위에 상이 맺히게 되는데 중심와는 형태시, 색각시, 명소시 등의 기능을 담당한다.

⑧ 유리체(Vitreous Body) 18년3회 기사64

- 안구의 3/5을 차지하는 유리체는 망막에 광선을 통과시키고, 눈의 모양을 유지하며, 망막을 눈의 벽에 밀착시키는 작용을 한다.
- 안구를 가득 채우고 있는 투명한 물질로 안압을 유지하는 기능을 한다.

⑨ 맥락막(Choroid) 19년1회 산기76

- 망막과 공막 사이의 중간 막을 말하며, 혈관이 많아 눈에 영양을 보급하는 역할을 한다.

- 안구 중막이라고도 하며, 눈으로 들어오는 광선을 차단해 망막상을 명료하게 해주는 역할을 한다. 앞부분은 홍채와 모양체에 연결되어 있다.

⑩ 맹점(Blind Spot) 18년2회 산기69, 18년1회 기사70

- 맹점은 망막의 중심와의 20도 가량 하단에 있으며 맹점을 시신경 유두라고도 부른다.
- 망막의 시세포가 물리적 정보를 뇌로 전달하기 위해 시신경 다발이 나가는 통로이기 때문에, 빛을 구분하는 시세포가 없어 상이 맺히지 않는다.

눈과 카메라의 역할

눈	카메라	역할
눈꺼풀	렌즈 뚜껑	렌즈 표면을 보호한다.
각막	본체	빛을 차단하거나 굴절시킨다.
수정체	렌즈	핀트를 조절한다.
홍채	조리개	빛의 강약에 따라 동공 크기를 조절한다(광량 조절).
망막	필름	흑백 필름은 간상체, 컬러 필름은 추상체의 역할을 한다.

2) 시세포(Visual Cell)의 종류와 기능 19년3회 기사63, 19년2회 산기63, 19년1회 기사71, 17년3회 산기78, 17년1회 기사74

- 시세포란 망막에 존재하며 빛의 자극을 받아들이는 눈의 감각 세포이다.
- 감광물질을 함유하고 있으며 빛 자극의 수용기가 되는 세포로 핵절, 내절, 외절로 구성되어 있다.
- 빛으로 되어 있는 망막 위에 맺힌 상을, 뇌에 전달하기에 적합한 전기적 신호로 변환하는 역할을 하는 것이 시세포이다.
- 시세포는 그 형상과 역할에 의해 간상체(Rod)와 추상체(Cone)로 나눈다.

① 간상세포(Rod Cell)

- 망막에 약 1억 2,000만 개 정도가 존재하며 0.1lux 이하의 어두운 빛을 감지하는 세포이며 막대 세포라고도 한다.
- 주로 명암을 판단하는 시세포로, 이 세포 속에는 로돕신(Rhodopsin)이라는 물질이 있어서 어두운 곳에서 주로 기능하며 명암을 판단한다.
- 간상세포는 원추세포에만 존재하며 시각이 가장 예민한 중심와 쪽에는 없다. 507nm의 빛에 가장 민감하며 단파장에 민감하다. 포유류는 간상체가 발달하여 어둠 속에서도 물체를 쉽게 식별한다.

간상체

간상체는 중심와로부터 20° 정도의 위치이고, 40° 정도를 벗어나면 추상체는 거의 존재하지 않아 밝기만을 감지하게 된다.

추상체의 종류

추상체에서 주로 단파장에 반응하는 S추상체를 청(靑)추상체, 중파장에 주로 반응하는 M추상체를 녹(綠)추상체, 장파장에 주로 반응하는 L추상체를 적(赤)추상체라고 부른다. 이 3종류의 추상체가 흥분하는 방식의 차이에 의해 여러 가지 색을 식별할 수 있다.

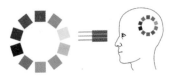

간상체의 기능

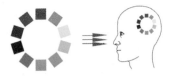

추상체의 기능

② **추상세포(Cone Cell)** 19년1회 기사71, 18년3회 산기70, 18년1회 기사75, 17년1회 기사80

- 망막에 약 650만 개가 존재하며 주로 색상을 판단하는 시세포(광수용기)이다. 삼각형으로 생겨 원뿔세포 또는 원추세포라고도 부른다.
- 해상도가 높고 주로 밝은 곳(명소시)이나 낮에 작용한다. 망막의 중심부에 밀집해 있으며 0.1lux 이상의 밝은색을 감지하는 세포로, 추상체의 시각은 555nm의 빛에 가장 민감하다.
- 정상적인 눈의 경우 추상체는 빛의 파장에 따라 다른 반응을 보이는 3가지의 추상체로 구분되는데 각각 L, M, S 추상체라 불린다.
- L은 장파장(Long Wavelength), M은 중파장(Middle Wavelength), S는 단파장(Short Wavelength)에 민감한 추상체로써 각각 558nm, 531nm, 419nm에서 가장 잘 흡수하는 세 종류로 구분되며 모두 같은 수로 분포하는 것이 아니라 40(L) : 20(M) : 1(S)의 비율로 존재한다.

③ **시감도(Luminosity Factor)** 19년2회 기사68

- 시감도는 인간이 지각할 수 있는 가시광선이 주는 밝기의 감각이 파장에 따라 달라지는 정도를 나타내는 것이다.
- 주간에 가장 밝게 느끼는 최대 시감도는 555nm의 연두색이고, 야간의 최대 시감도는 507nm의 초록색이다. 이런 최대 시감도를 표준으로 각 단색광의 파장별 시감도의 비를 비시감도라한다.

④ **시감도 곡선(Luminosity Curve)**

- 가시광선에서 인간의 눈이 감각하는 밝기의 정도를 나타내는 곡선이다.
- 인간의 눈은 빛의 밝기에 대한 감각에서 555nm의 파장인 연두색을 가장 밝게 감각하며, 이보다 파장이 증가하거나 감소하면 밝기 감각은 약해진다.
- 가로축에 빛의 파장을 표시하고 세로축에 시감도를 표시하여 그림으로 나타내면 산모양의 곡선을 얻는다. 이것이 시감도 곡선이다.

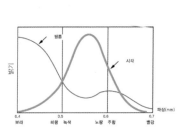

시감도 곡선

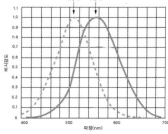

비시감도 곡선

3) 색각이상

색각은 빛의 파장 차이에 의해서 색을 분별하는 감각을 말한다. 색채 지각 요소인 추상체가 전혀 기능을 발휘하지 못하는 색맹과 추상체의 기능성 면에서 정상적인 상태보다 떨어지는 색약이 각각 다양한 형태로 일어난다.

색각이상 현상	내용
색맹(Color Blindness)	대부분 선천적이나 드물게는 망막 질환이나 시신경 질환의 경우에 나타나기도 한다. 색맹은 전색맹과 부분색맹으로 구분하며 부분색맹은 적록색맹과 청황색맹으로 나뉘고 적록색맹은 다시 적색맹과 초록색맹으로 나뉜다.
전색맹(全色盲)	추상체가 전혀 기능하지 못해 모든 색을 전혀 구별할 수 없는 색각이상자를 말하며, 명암이나 농담만을 구별할 수 있는 정도를 말한다. 색을 구별하지 못해 모두 흑백으로 보며, 정상인이 노란색을 가장 밝게 느끼는 데 비해 초록색을 가장 밝게 느끼며 적색을 어둡게 느낀다.
적록색맹(赤綠色盲)	일반적으로 적록색맹이 가장 많다. 빨간색과 초록색이 회색으로 보이는 것을 말한다.
청황색맹(靑黃色盲)	파란색과 노란색이 회색으로 보이는 것을 말한다.
색약(色弱)	채도가 낮은 경우 색채를 구별할 수 없지만, 고채도의 선명한 색채는 다소 구별할 수 있다.

4) 고령화에 따른 색각의 변화

시각 기능은 우리의 신체적 기능과 마찬가지로 나이와 함께 퇴화하거나 변화되며 여기에 질환 등이 가세하면 그 영향으로 다양한 변화가 일어날 수 있다.

색각의 변화	내용
수정체 혼탁 현상	자외선의 영향으로 인한 수정체 광선 통과의 장애로 알려져 있는데, 황갈색 필터를 끼운 것처럼 색소가 침착되는 현상으로, 전체적으로 어둡게 보이고 푸른색의 대상물이 뚜렷하게 보이지 않는다.
백내장(Cataract)	수정체의 세포가 오랜 기간에 걸쳐 자외선을 흡수하여 백탁화되며 투명성을 상실하게 되므로 광선이 잘 통과되지 않아 시력 감퇴를 일으킨다.
녹내장(Glaucoma)	안구의 안압이 높아져 시신경의 장애로 시력이 약해지는 현상으로, 안압의 정상값이 15~20mmHg인데, 그것이 병적으로 진행되게 되면 동공 안쪽이 녹색으로 보인다.
노령 감소 분열	동공의 확장이 점점 좁아지는 현상으로 어두운 곳에서 잘 보지 못하는 것이 특징이다. 동공에 관여하는 세포의 수가 감소함에 따라 반응이 느려져서 생기는 현상이다.

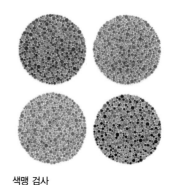

색맹 검사

색맹 검사

정상인은 6, 5, 74, 26으로 읽으며, 색맹자 또는 색약자는 부분적으로 읽을 수 있거나 전혀 읽을 수 없다.

예) 마지막에 숫자 26을 적록색맹자 중 적색맹인 사람은 6자 하나를 볼 수 있으며, 초록색맹자는 2자만 읽을 수 있다. 하지만 적록색약자 및 정상자는 두 숫자를 모두 볼 수 있다.

기적의 Tip

달토니즘(Daltonism) 색각이상 19년1회 기사66, 18년2회 기사74

- 선천색맹으로 적록색맹이며 색을 인식하는 추상체 이상으로 색의 인식이나 식별이 어려운 상태를 말한다.
- L추상체는 적색, M추상체는 녹색, S추상체는 파란색인데, 그중 L추상체와 M추상체의 이상현상이다.

(2) 색채 자극과 인간 반응

1) 순응(Adaptation)

- 색에 있어서 감수성의 변화를 순응이라고 하며, 순응은 조명의 조건에 따라 광수용기의 민감도가 변화하는 것을 말한다.
- 순응에는 명순응, 암순응, 박명시 등이 있다. 빛이 있을 때 추상체만 활동하는 시각 상태가 명소시(주간시)이며, 빛이 없을 때 간상체만 활동하는 시각 상태가 암소시(야간시)이다.

2) 명순응(Light Adaptation) 19년2회 기사68, 18년1회 산기74, 18년1회 기사62

- 어두운 곳에 있다가 밝은 곳으로 나오면 처음에는 눈이 부시다가 곧 잘 볼 수 있게 된다. 이는 민감도가 증가하는 것으로, 추상체(원추세포)의 활동으로 일어난다.
- 약 10lux 이상에서는 충분히 밝기 때문에 시세포 중 추상체의 활동이 가능하며 사물의 형태를 확실히 알 수 있는데, 이를 명소시(Photopic Vision)❶라고 하고, 암소시에서 명소시로 이동한 경우에 안정된 감수성을 회복하기까지의 순응을 명순응이라 한다.
- 명순응은 3cd/m² 정도 이상인 휘도의 자극에 대한 휘도 순응을 말한다.

3) 암순응(Dark Adaptation) 17년3회 기사80

- 명소시에서 암소시의 상태로 갑자기 변하면 처음에는 잘 보이지 않다가 시간이 흐르면 어두운 빛에 적응하게 되는데 이것을 암순응이라고 한다.
- 명순응은 1~2초 정도의 소요되는 반면 암순응은 약 30분 정도 소요된다. 10^{-2}lux 이하에서는 간상체만 활동하여 물체의 형태는 확실하지 않고 색각이 없이 명암만 구별할 수 있는 상태를 암소시(Scotopic Vision)❷라고 한다. 0.03cd/m⁻² 정도 이하인 휘도의 자극에 대한 휘도 순응을 말한다.
- 명소시에서 암소시 상태로 이동할 때 시감도가 높아져 가장 밝게 보이는 색은 파란색이다. 추상체가 활동하지 않기 때문에 색은 구별할 수 없고 명암 감각과 형체만을 식별할 수 있다.

4) 박명시(Mesopic Vision) 18년3회 기사71, 18년2회 기사64

- 박명시는 추상체와 간상체가 모두 활동하고 있어 명소시와 암소시의 중간 정도의 밝기에서 색 구분의 정확성이 떨어지는 시각 상태를 말한다.
- 날이 저물어 어두움이 시작될 때 쉽게 찾아볼 수 있으며, 명소시와 암소시의 밝기가 중간 정도이기 때문에 물체의 상이 흐리게 보인다.

❶ 명소시(Photopic Vision)
빛이 있을 때 시세포 중 색상을 구별하는 추상체가 주로 활동하는 시기의 시각 상태를 말한다. 밝은 곳에서 명암, 형태뿐만 아니라 색채까지 식별한다.

❷ 암소시(Scotopic Vision)
10^{-3}~10^{-6}cd(칸텔라) 정도의 밝기인 어두운 곳에서 우리의 눈이 암순응하는 시각의 상태로, 간상체가 주로 활동한다.

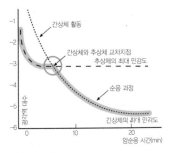

암순응 곡선

- 박명시의 최대 시감도는 555~507nm인 상태가 된다. 그러므로 박명시는 푸르킨예 현상[1]과 관련이 있다. 즉 빛이 약할 때 우리의 눈이 장파장보다 단파장의 빛에 민감해지는 현상이다.
- 황혼일 때 또는 박명시에서 가장 잘 보이는 색은 파란색이다. 약 10^{-2}~10lux 사이의 조도 레벨에서는 추상체와 간상체가 모두 활동한다.

5) 색순응(Chromatic Adaptation) 19년1회 기사74

- 색광에 대하여 눈의 감수성이 순응하는 과정 또는 그런 상태를 말하는 것으로, 오랫동안 쳐다보고 있으면 그 색에 순응되어 색의 지각이 약해진다. 때문에 조명에 의해 물체색이 바뀌어도 자신이 알고 있는 고유의 색으로 보이게 되는 현상이다.
- 빛에 따라 눈의 기능을 조절하여 환경에 적응하려는 상태로, 예를 들면 선글라스를 끼고 있으면 익숙해져서 선글라스의 색이 느껴지지 않다가 선글라스를 벗으면 다시 원래 색으로 보이는 경우이다.

6) 색의 항상성(Color Constancy) 19년3회 산기78, 19년1회 기사65, 18년1회 산기78, 18년1회 기사63, 17년1회 산기73

- 색의 항상성이란 광원의 강도나 모양, 크기, 색상이 변하여도 물체의 색을 동일하게 지각하는 현상이다. 특히 광원으로 인하여 색의 분광 반사율이 달라졌어도 동일한 색으로 인식하는 것을 말한다.
- 대상의 표면색에 대한 무의식적 추론에 의해 결정되는 색채이며, 동일한 심리적 상태이면 주변 환경이 달라져도 같은 색채로 지각하는 현상이다.

7) 색의 연색성(Color Rendering)과 조건등색(Metamerism) 18년2회 기사64

- 광원에 따라서 물체의 색감에 영향을 미치는 현상으로, 같은 물체색이라도 광원의 분광에 따라 다른 색으로 지각된다. 즉, 어떤 조명으로 보느냐에 따라 그 색감이 달라지는 현상이다.
- 연색성과 반대로 분광 분포가 서로 다른 두 가지 색이 특정한 광원 아래에서는 같은 색으로 보이는 현상을 말한다. 즉, 물리적으로는 다른 색이 시각적으로 동일한 색으로 보이는 현상이다.
- 색과 관련된 작업을 할 때 자연광과 최대한 비슷한 조건에서 시행해야 한다.

❶ 푸르킨예 현상

암순응되기 전에는 빨간색 꽃이 잘 보이다가 암순응이 되면 파란색 꽃이 더 잘 보이게 되는 것으로 광자극에 따라 활동하는 시각 기제가 바뀌는 것이다.

기적의 Tip

연색성의 예

정육점에 붉은색 조명을 하여 고기가 싱싱하게 보이게 하였다. 이것은 연색성을 고려한 것이다.

기적의 Tip

조건등색지수

$MI = (L2^* - L1^*)^2 + (a2^* - a1^*)^2 + (b2^* - b1^*)^2$ 에서 MI는 광원과 표면색 규정의 관리를 위한 규정이다.

브로커 슐처 현상

어떤 자극의 세기와 시감각의 관계에 있어 자극이 강할수록 시감각의 반응도 크고 빨라지는 현상이다. 시감각이 반응하는 속도는 색의 파장에 따라서 다른데, 장파장이 단파장보다 빨리 반응한다.

푸르킨예 현상 – 명소시

푸르킨예 현상 – 박명시

리프만 효과

8) 색채 지각 효과

① 푸르킨예 현상(Purkinje Phenomenon) 19년2회 산기62, 19년2회 기사62, 18년3회 산기78, 18년3회 기사62, 17년2회 기사76, 17년1회 기사64

- 체코의 생리학자 푸르킨예(Jan Evangelista Purkyne)가 발견하여 그의 이름을 딴 것으로 간상체와 추상체 지각의 스펙트럼 민감도가 달라 일어나는 현상이다. 명소시(주간시)에서 암소시(야간시)로 이동할 때 생기는 것으로 광수용기의 민감도에 따라 낮에는 빨간색이 잘 보이다가 밤에는 파란색이 더 잘 보이는 현상이다.
- 주위의 밝기에 따라 물체색의 명도가 달라 보이는 것으로 밝은 곳에서는 장파장 계열 색이, 어두운 곳에서는 단파장 계열 색이 상대적으로 밝게 보인다.
- 푸르킨예 현상으로 인해 색이 사라지는 순서는 빨강, 주황, 노랑, 초록, 파랑, 보라의 순이며 색이 보이는 순서는 반대가 된다. 인간의 최대 시감도는 507~555nm 사이가 되며 이 상태를 박명시라고 한다.

② 애브니 효과(Abney Effect) 19년1회 기사72, 18년1회 산기77

- 색자극의 순도(선명도)가 변하면 같은 파장의 색이라도 색의 채도가 달라지면서 색상이 다르게 보이는 현상을 애브니 효과라고 한다.
- 1910년 애브니는 단색광에 백색광을 더해 이 현상을 발견하였다.

③ 베졸드 효과(Bezold · Bruke Effect) 19년3회 기사62, 19년2회 기사73

- 베졸드 효과는 하나의 색만을 변화시키거나 더하여 양탄자 디자인 전체의 색조를 변화시킬 수 있다는 사실을 발견한 베졸드의 이름을 딴 것이다.
- 색을 직접 섞지 않고 색점을 배열함으로써 전체 색조를 변화시키는 효과이다. 색의 동화 효과, 줄눈 효과, 전파 효과와 같은 의미이며, 병치혼색을 베졸드 효과라고도 한다.
- 빛의 세기가 강해지면 색상이 같아 보이고 위치가 달라지는 현상이다. 그러나 478nm의 파랑, 503nm의 초록, 572nm의 노랑은 빛의 세기와 관계없이 일정하게 보이는 특별한 불변 색상이다.

④ 리프만 효과(Liebmann's Effect) 19년3회 기사76

- 그림과 바탕의 색이 서로 달라도 그 둘의 밝기 차이가 크지 않을 때, 그림으로 된 문자나 모양이 뚜렷하지 않게 보이는 현상이다.
- 색상의 차이가 커도 명도의 차이가 작으면 색의 차이가 쉽게 인식되지 않아 색이 희미하고 불명확하게 보이는데 이를 리프만 효과라고 한다.

⑤ 베너리 효과(Benery Effect)

흰색 배경 위에서 검정 십자형의 안쪽에 있는 회색 삼각형과 바깥쪽에 있는 회색 삼각형을 비교하면 안쪽에 배치한 회색이 더 밝게 보이고, 바깥쪽에 배치한 회색은 어둡게 보이는데 이러한 효과를 베너리 효과라고 한다.

베너리 효과

⑥ 하만 그리드 현상(Hermann Grid Illusion)

- 인접하는 두 색을 망막세포가 지각할 때 두 색의 차이가 본래보다 강조된 상태로 지각될 수 있다.
- 사각형의 블록 사이로 교차하는 지점에 하만도트라고 하는 회색 잔상이 보이며, 채도가 높은 청색에서도 회색 잔상이 보이는 현상은 명도 대비의 일종이다.

헤르만의 격자

⑦ 스티븐스 효과(Stevens Effect) 11년1회 산기76

백색 조명광 아래서 흰색, 회색, 검정의 무채색 샘플을 관찰할 때 조명광을 낮은 조도에서 점차 증가시키면, 흰색 샘플은 보다 희게, 검은색 샘플은 보다 검게 지각된다. 반면, 회색 샘플의 지각에는 거의 변화가 없다. 이 현상은 스티븐스에 의해 밝혀져 일반적으로 스티븐 효과라고 부른다.

네온컬러 효과

⑧ 네온컬러 효과(Neon Effect)

- 어느 선의 일부가 다른 색이나 밝기의 선분으로 치환되었을 때 그 색이나 밝기가 주위로 새어 나오는 것처럼 지각되는 착시 현상이다.
- 오른쪽 네온컬러 효과 그림에서 격자의 교점 부분에 다이아몬드형의 점과 같은 것이 보이는데 이런 지각 상태가 네온관의 빛을 연상시킨다고 해서 네온컬러 효과라고 한다.

기적의 Tip

에렌슈타인 효과
격자의 교점 부분에 지워진 그림을 관찰하면 교점 부분이 동그랗게 보이는 착시가 일어난다. 이는 지워진 부분을 채우려고 하는 눈의 작용에 의해 일어나며 이를 에렌슈타인 효과라고 한다.

⑨ 색음 현상(Colored Shadow Phenomenon) 19년2회 기사64, 19년1회 기사78, 18년1회 기사69, 17년3회 산기77, 17년2회 산기66, 17년1회 기사70

- 색을 띤 그림자라는 의미로, 괴테가 발견하여 괴테 현상이라고도 한다. 그는 저서 『색채론』에서 저녁 때 불타고 있는 양초를 흰 종이 위에 놓고, 석양의 방향 사이에 한 개의 연필을 세우면 석양에 비친 흰 종이 위에 떨어지는 양초에 의한 연필의 그림자는 청색으로 보인다고 하였다.
- 어떤 빛을 물체에 비추면 그 물체의 그림자가 빛의 반대 색상(보색)의 색조를 띠어 보이는 현상을 색음 현상이라고 한다.

색음 현상

⑩ 면적 효과(Area Effect) 19년2회 기사65

같은 물체를 동일한 광원에서 같은 사람이 보더라도 면적에 따라 색이 다르게 보이는 현상으로, 면적이 큰 색은 밝고, 선명하게 보이게 되며, 면적이 작은 색은 어둡고, 탁하게 보인다.

면적 효과

루빈스의 컵   길이의 착시 속도의 착시

기적의 Tip

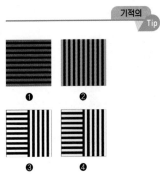

❶번 그림의 가로 줄무늬와 ❷번 그림의 세로 줄무늬를 20초씩 3~4회 번갈아 본 뒤 ❸번 그림의 흰 줄무늬를 보면 ❹번의 효과를 느낄 수 있다.

기적의 Tip

운동 잔상

동일한 방향으로 이동하는 사물을 보다가 다른 곳으로 시선을 돌리면 반대 방향으로 움직이는 느낌이 드는 것을 말한다.

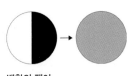

벤함의 팽이

영의 3원색   헬름홀츠의 3원색

⑪ 착시 효과(Illusion Effect)

• 사물의 크기, 형태, 빛깔 등의 객관적인 성질과 눈으로 본 성질 사이에 차이가 있는 경우, 인간의 시각에 생기는 착시 현상을 말한다.

• 착시는 색상 대비나 명도 대비의 현상과 밀접한 관계가 있으며, 같은 크기일 때 흰색 제품보다 검은색 제품이 더 작아 보인다. 착시 효과는 길이의 착시, 면적과 크기의 착시, 방향과 색상의 착시 등이 있다.

⑫ 맥컬로 효과(McCollough Effect)

• 맥컬로에 의해 발견된 효과로 대상의 위치에 따라 눈을 움직이면 잔상이 이동하여 나타나는 현상이다.

• 망막 단계에서 일어나는 현상이 아니라 대뇌에서 인지한 사물의 방향에서 일어나는 현상이다.

⑬ 페흐너 효과(Fechner's Effect) 18년2회 산기71, 17년3회 산기67

• 1838년 독일의 페흐너는 원반의 반을 흰색, 검은색으로 칠한 후 고속으로 회전시켜 파스텔 톤의 연한 유채색 영상을 경험하였는데 이를 페흐너 색채(주관색 현상)라고 하였다.

• 영국의 장난감 제조공이던 벤함(Benham)이 상품으로 개발하여 판매해 이를 혹은 벤함의 팽이(Coma)라고도 한다.

(3) 색채 지각설

1) 영·헬름홀츠의 3원색설 19년3회 산기70, 18년2회 기사76, 17년2회 산기74

• 1801년 영국의 물리학자인 영(Thomas Young)은 세 종류의 시신경 세포가 빨강, 노랑, 파랑 3개의 기본색에 대응함으로써 색지각이 일어난다고 하였는데, 이는 색광혼합의 실험 결과에서 물리적인 가산혼합의 현상에 주목한 것이다.

• 1860년 독일의 생리학자 헬름홀츠(Herman von Helmholtz)는 영이 주장한 빨강, 노랑, 파랑의 3원색을 빨강, 초록, 청자라고 주장하였으며 영의 이론을 실험적으로 정리하고 시신경과 뇌의 작용까지 보충하여 〈영·헬름홀츠의 3원색설〉을 성립하였다.

• 영·헬름홀츠의 3원색설은 세 가지(R, G, B) 시세포와 세 가지 종류의 시신경 흥분·혼합으로 색이 만들어진다는 것이다. 초록과 빨강의 시세포가 흥분하면 노랑, 빨강과 파랑의 시세포가 흥분하면 마젠타, 초록과 파랑의 시

세포가 흥분하면 시안으로 지각된다. 빨강, 초록, 파랑의 시세포가 흥분하면 흰색이나 회색으로 지각되고 흥분이 없으면 검정으로 지각된다.

- 이 학설은 빛의 원리에 의해 재현되는 색각 현상인 계시대비와 같은 색채대비와 색채 효과는 설명되지만 음성적 잔상, 색맹자의 색각 현상과 동시대비 이론은 설명하지 못하는 한계가 존재한다.

2) 헤링의 반대색설 19년3회 기사64, 18년3회 기사63, 18년2회 산기74, 18년1회 기사74

- 1872년 독일의 헤링(Ewald Hering)은 〈색채 지각에 관한 연구〉에서 기본색이 빨강, 노랑, 초록, 파랑의 4색이라고 주장했다.

- 인간의 망막에는 3개의 시세포질이 있으며, 눈에는 노랑 · 파랑 물질, 빨강 · 녹색 물질, 검정 · 하양 물질이 존재한다고 가정하고, 망막에 빛이 들어올 때 분해와 합성의 반대 반응이 동시에 일어나, 그 반응 비율에 따라 여러 가지 색이 보이게 된다는 색지각설이다.

- 노랑 · 파랑 물질, 빨강 · 초록 물질은 장파장의 빛이 들어오면 분해 작용을 일으켜 노랑이나 빨강으로 지각되며, 단파장의 빛이 들어 오면 합성 작용을 일으켜 초록과 파랑으로 지각된다. 빨강 · 초록 물질은 중파장의 빛이 들어오면 합성 작용을 일으켜 황록색으로 지각되고, 검정 · 하양 물질은 모든 파장에서 분해 작용이 일어난다. 빨강, 초록, 파랑의 자극이 동시에 생기면 합성 · 분해 작용에 의해 무채색으로 지각된다. 대응색설이라고도 하며, 1918년에 발표된 오스트발트 표색계의 바탕이 되었다.

3) 혼합설(Blending Hypothasis)

- 1964년 미국의 에드워드 맥 니콜(Edward F. Mc Nichol)의 이론으로 망막의 수용기 단계에서는 영 · 헬름홀츠의 3원색설과 일치하고, 신경계와 뇌의 단계에서는 헤링의 반대색설과 일치하는 두 가지 단계의 과정에 의해 색각이 일어난다는 학설이다.

- 혼색 및 색각이상은 영 · 헬름홀츠의 3원색설, 대비와 잔상 등의 현상은 헤링의 반대색설로 설명이 가능하며 현재의 색채 지각설의 정론이기도 하다.

SECTION

02 색의 혼합

1 혼색

(1) 색채 혼합의 원리

1) 색채 혼합의 정의

- 색채 혼합이란 서로 다른 성질의 색이 섞이는 것으로 두 개 이상의 색료나 잉크, 색광 등을 혼합하여 새로운 색을 만들어 내는 것을 말한다.
- 컬러 TV의 화상, 사진이나 인쇄물, 직물 등은 혼색의 원리를 활용한 것이다. 일반적으로 말하는 원색이란 어떠한 혼합으로도 만들어 낼 수 없는 독립된 기본색으로, 원색의 조합으로 무수히 많은 색을 만들어 낼 수 있다.
- 원색과 원색을 혼합한 것을 2차색(중간색)이라고 하며, 2차색 또는 3차색 등으로 표현된다.

2) 원색과 혼색

① 원색

빛의 3원색

- 색의 혼합에서 기본이 되는 색으로 더 이상 분해할 수 없거나 다른 색의 혼합에 의해서 만들 수 없는 기초색으로 기본색, 기준색, 표준색 등 최소한의 색을 의미한다.
- 빛(색광)의 3원색은 빨강(Red), 초록(Green), 파랑(Blue)이고, 색료(안료)의 3원색은 시안(Cyan), 마젠타 (Magenta), 노랑(Yellow)이다.

② 혼색

색료의 3원색

두 가지 이상의 색광 또는 색료의 혼합으로 새로운 색을 만들어 내는 것으로, 가법혼색과 감법혼색, 그리고 두 색을 동일하게 혼합하여 만든 2차색의 중간혼색이 있다.

3) 혼색의 종류와 방법

혼색은 물리적 혼색, 생리적 혼색의 2종류로 분류한다. 혼색의 방법으로는 크게 동시혼색과 병치혼색, 계시혼색 등으로 구분하고 있으며 혼색 결과에 따른 밝기로 분류할 때는 가산혼합과 감산혼합, 중간혼합으로 구분한다.

혼색의 분류	혼색 원리	응용
물리적 혼색	가산혼합	무대 조명, 스튜디오 조명
	감산혼합	컬러 인쇄, 컬러 사진
생리적 혼색	가산혼합	색채 지각 이론(조건등색)
	중간혼합	점묘화법(병치 혼합) 색팽이(회전 혼합)
1차색	혼합되기 전의 원색	
2차색	1차색끼리의 혼합	
3차색	2차색끼리의 혼합, 무채색에 가까움	

① 혼색의 종류 18년1회 기사73

물리적 혼색	여러 종류의 색자극을 합성(혼색)하여 스펙트럼이나 색료를 동일한 곳에 합성하는 무대 조명이나 물감 혼색을 말한다. 빛의 혼색인 가법(가산)혼색과 색료의 혼색인 감법혼색이 포함된다.
생리적 혼색	서로 다른 색자극을 공간적으로 인접시켜 혼색되어 보이는 방법을 말하며, 색점을 나열하거나 직물의 직조에서 보이는 병치혼색과 회전판을 돌려 서로 다른 자극을 계시적으로 보여주는 계시혼색(순차적 혼색)이 포함된다.

② 혼색의 방법

동시혼색	동시에 두 가지 이상의 스펙트럼이 망막의 동일한 부분에 자극되어 나타나는 색채 지각으로 동시에 어떤 색을 혼색하는 것을 의미한다.
계시혼색	동일한 지점에서 두 가지 이상의 색을 짧은 시간 동안 교대하면서 자극을 준 뒤 자극을 없애고 다른 자극을 주어 앞의 자극과 혼색되도록 하는 방법이다.
병치혼색	많은 색의 점들을 조밀하게 병치하여 서로 혼합되어 보이도록 하는 방법으로 가법혼색의 일종인 혼색이다.

(2) 가법혼색

1) 가법혼색 19년3회 기사73, 19년2회 산기80, 19년1회 산기77, 19년1회 기사70, 18년3회 산기68, 18년2회 산기77

- 혼합된 색이 명도기 혼합 이전의 평균 밍노보다 높아지는 색광의 혼합을 말한다. 두 종류 이상의 색광을 혼합할 경우 빛의 양이 증가하기 때문에 명도가 높아진다는 뜻에서 가법이나 가산이라는 단어를 사용한다.
- 색광의 3원색은 빨강(Red), 초록(Green), 파랑(Blue)이며 모두 합치면 백색광이 된다.

기적의 Tip

혼색의 종류
- **가법혼색** : 빛의 혼합 **예** 조명, 컬러 TV
- **감법혼색** : 색료의 혼합 **예** 물감, 페인트, 인쇄잉크
- **중간혼색** : 병치혼색 **예** 점묘화/회전혼색, 색팽이

기적의 Tip

가법혼색의 3원색
빨강(Red), 초록(Green), 파랑 (Blue)
감법혼색의 3원색
시안(Cyan), 마젠타(Magenta), 노랑(Yellow)

2차색

- 가법혼색의 2차색은 감법혼색의 3원색(1차색)이 된다.
- 감법혼색의 2차색은 가법혼색의 3원색(1차색)이 된다.

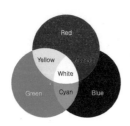

가법혼색

2) 가법혼색의 방법

동시 가법혼색	무대 조명과 같이 2개 이상의 스펙트럼을 동시에 겹쳐 합성된 결과를 지각하는 방법으로 색광을 동시에 투사하여 혼색하는 방법
계시 가법혼색 (순차 가법혼색)	색광을 빨리 교대하면서 계시적으로 혼색하는 방법
병치 가법혼색	신인상파의 점묘화, 직물의 무늬 색 모자이크, 옵아트 등이 속함 브라운관(컬러 TV)을 확대하면 착색 점의 배열이 보임

3) 가법혼색의 결과(색광의 3원색) 18년3회 기사74, 18년3회 기사63, 18년1회 기사62, 17년1회 산기67

- 빨강(Red) + 초록(Green) = 노랑(Yellow)
- 초록(Green) + 파랑(Blue) = 시안(Cyan)
- 파랑(Blue) + 빨강(Red) = 마젠타(Magenta)

(3) 감법혼색 19년3회 산기61, 19년2회 기사61, 18년2회 산기75

- 혼합된 색의 명도나 채도가 혼합 이전의 평균 명도나 채도보다 낮아지는 색료의 혼합을 말한다.
- 두 종류 이상의 색을 혼색할 경우 순색의 강도가 어두워진다는 뜻에서 감법이나 색료의 혼합이라는 단어를 사용한다.
- 색필터의 혼합에서도 감법 혼합의 원리가 적용되고, 컬러 슬라이드나 아날로그 영화필름, 색채 사진 등은 모두 이 방법의 원리가 적용된다.
- 색료의 3원색은 시안(Cyan), 마젠타(Magenta), 노랑(Yellow)이며 모두 혼합하면 검정에 가까운 색이 된다.

1) 감산혼합의 활용 17년1회 기사78, 17년1회 기사62

감산혼합은 출판이나 인쇄, 프린트 등에 적용되어 활용되고 있는데, 인쇄나 프린트는 색의 3원색인 시안(Cyan), 마젠타(Magenta), 노랑(Yellow) 잉크에 검정(Black)을 추가하여 인쇄를 출력해 출판물을 만들어 낸다. 검정을 추가하는 이유는 색료의 3원색만 섞었을 때는 완전한 검정이 나오지 않기 때문이다.

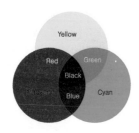

감법혼색

2) 감법혼색의 결과(색료의 3원색)

- 시안(Cyan) + 마젠타(Magenta) = 파랑(Blue)
- 마젠타(Magenta) + 노랑(Yellow) = 빨강(Red)
- 노랑(Yellow) + 시안(Cyan) = 초록(Green)

3) 색필터 실험

백색광을 색필터에 통과시킬 경우 각각의 필터는 자신의 색에 해당하는 파장 성분만을 통과시킨다.

시안(Cyan) 필터	중파장의 초록과 단파장의 파랑은 통과/장파장의 빨강은 흡수
마젠타(Magenta) 필터	장파장의 빨강과 단파장의 파랑은 통과/중파장의 초록은 흡수
노랑(Yellow) 필터	장파장의 빨강과 중파장의 초록은 통과/단파장의 파랑은 흡수

4) 감법혼색의 색필터 실험 19년1회 산기63

- 백색광을 노란 필터에 통과시키면 단파장은 흡수하고 장파장과 중파장은 통과하여 빨강과 초록이 합성되어 노랑으로 지각된다.

- 백색광을 시안필터에 통과시키면 장파장은 흡수하고 중파장과 단파장은 통과하여 초록과 파랑이 합성되어 시안으로 지각된다.

- 백색광을 마젠타 필터에 통과시키면 중파장은 흡수하고 장파장과 단파장은 통과하여 빨강과 파랑이 합성되어 마젠타로 지각된다.

- 백색광을 노란 필터와 마젠타 필터에 겹쳐서 통과시키면 노란 필터에서 단파장을 흡수하고 마젠타 필터에서 중파장을 흡수하여 장파장인 빨강만 통과하여 빨강으로 지각된다.

- 백색광을 시안 필터와 노란 필터에 겹쳐서 통과시키면 시안 필터에서 장파장을 흡수하고 노란 필터에서 단파장을 흡수하여 중파장인 초록만 통과하여 초록으로 지각된다.

- 백색광을 마젠타 필터와 시안 필터에 겹쳐서 통과시키면 마젠타 필터에서 중파장을 흡수하고 시안 필터에서 장파장을 흡수하여 단파장인 파랑만 통과하여 파랑으로 지각된다.

- 백색광을 노란 필터, 시안 필터, 마젠타 필터에 겹쳐서 통과시키면 노란 필터에서 단파장을 흡수하고 시안 필터에서 장파장을 흡수하며 마젠타 필터에서 중파장을 각각 모두 흡수하여 검정으로 지각된다.

〈그랑드 자트 섬의 일요일 오후〉, 쇠라

정지 → 회전
혼색

병치혼색의 예
여러 색의 실로 직조되어 있으나 멀리서 보면 하나의 색상처럼 보이는데, 이처럼 섬유에서 실을 짜낼 때 다른 실이 섞이는 것을 섬유에 의한 병치혼합이라고 한다.

(4) 중간혼색(회전혼색, 병치혼색) 18년3회 산기62, 18년1회 기사76, 17년2회 기사65

- 중간혼색이란 두 색 또는 그 이상의 색이 섞였을 때 눈의 착시적 혼합을 나타내는 것을 말한다.
- 중간혼색에는 인상파 화가들이 자주 사용했던 점묘화법과 같은 병치혼색이 있고, 회전 원판에 색을 칠한 다음 고속으로 회전시켜 색이 혼합된 것처럼 보이는 회전혼색이 있다.
- 혼색의 결과로 나타나는 색의 색상, 명도, 채도가 평균값이 된다.

1) 회전혼색 19년1회 산기78, 19년1회 기사73, 79, 18년3회 기사61, 18년2회 기사63, 17년3회 기사70, 17년1회 기사80

- 회전혼합은 동일 지점에서 두 가지 이상의 색자극을 반복시키는 계시혼합의 원리에 의해 색이 혼합되어 보이는 것으로 중간혼합의 일종이다.
- 혼합된 색의 색상, 명도, 채도는 평균 혼합이 되며, 회전혼색의 결과는 중간색, 중간 명도, 중간 채도가 된다. 또 보색 관계의 혼합은 회색이 된다.

2) 병치혼색 19년2회 기사76, 19년1회 기사75, 18년1회 산기65, 17년3회 기사70, 17년2회 기사70, 17년1회 기사72

- 두 개 이상의 색을 병치시켜 일정 거리에서 보면 망막상에서 혼합되어 보이는 색이다.
- 색 면적과 거리에 비례하고 색점이 작을수록 혼색되는 거리가 짧아 혼색이 잘 되어 보인다.
- 텔레비전이나 컴퓨터의 컬러 모니터, 모자이크 벽화, 직물에서의 베졸드 효과, 망점에 의한 원색 인쇄 등에 활용된다.

(5) 기타 혼색기법

1) 도료

- 물체를 장식하거나 보호하기 위해서 물체의 표면에 칠하는 현탁액❶으로써 결합제와 결합제를 부드럽게 유지하게 하는 용제가 주원료이고 색을 결정하는 것은 안료이다. 결합제는 대부분 무색 또는 무색에 가깝게 투명하므로 도료의 색은 안료에 따라 결정된다.

- 도막의 표면에는 안료가 불규칙하게 배열되어 있으므로, 도료의 혼색은 병치혼색의 상태를 나타내기 때문에 감법혼색과 중간혼색인 병치 가법혼색이 혼재된 혼색이다.

2) 인쇄잉크

- 인쇄잉크는 안료와 결합제가 주요 원료이며 가장 일반적인 인쇄 방법으로 3색의 원색 잉크를 각각의 판을 만들어 중복 인쇄로써 종이 위에 혼색하는 방법이다.

- 볼록판 인쇄와 평판 인쇄(오프셋 인쇄)는 망점을 이용하여 인쇄하는 병치혼합을 이용하지만, 그라비어 인쇄는 사진 제판에 사용하는 스크린을 이용해 판을 만드는 오목판 인쇄로 감법혼합과 병치혼합이 혼재되어 나타난다.

3) 섬유

- 섬유의 착색은 일반적으로 염색을 이용한다. 염색은 염료를 섬유에 침투하게 하거나 섬유 내부에서 화학반응을 일으켜 색을 들인다.

- 염색된 섬유는 실이 되거나 실이 된 후에 염색하기도 한다. 섬유에서 실을 엮을 때 다른 색의 실이 섞이면 섬유에 의한 병치혼색이 나타난다.

4) 플라스틱

- 플라스틱 혼색은 투명 또는 불투명에 따라 그 특성이 달라진다. 투명 플라스틱의 경우 주로 염료계의 색재에 의해 착색되며 혼색 과정은 주로 감법혼색이다.

- 불투명 플라스틱의 경우 플라스틱 자체가 산란성을 갖기 때문에 혼색 원리는 도료와 마찬가지로 중간혼색이다.

❶ 현탁액
진흙 물처럼 작은 알갱이들이 용해되지 않은 채, 액체 속에 퍼져 있는 혼합물을 의미한다.

섬유의 혼색

플라스틱의 혼색

색채의 감각

1 색채의 지각적 특성

색은 지각적 특성이 있다. 주위의 다른 색과 비교가 되거나 영향을 받아서 본래의 특성과 다르게 지각되는 현상을 크게 대비, 동화, 잔상의 효과로 구분하는데 색채 활용의 경우 이러한 색의 지각적 특성을 잘 고려하여야 한다.

(1) 색의 대비 17년 3회 기사 77

• 색의 대비는 배경과 주위에 있는 색의 영향으로 색의 성질이 변화되어 보이는 현상이다. 대비 현상은 지속적으로 이어지기보다는 대부분 순간적으로 일어나며, 시간이 지남에 따라 그 정도가 약해진다.

• 색의 대비는 대비 방법에 따라 두 개의 색을 동시에 볼 때 일어나는 동시 대비와 시간적 차이에 의해 일어나는 계시대비로 크게 나눌 수 있다.

1) 동시대비(Simultaneous Contrast)(=공간대비) 19년2회 산기67, 18년3회 기사79, 17년3회 산기74, 17년2회 산기71, 17년1회 산기78

• 인접해 있는 두 가지 이상의 색을 동시에 볼 때 일어나는 현상으로, 서로의 영향으로 인해 색이 다르게 보이는 대비 현상을 말한다.

• 시점을 한 곳에 집중시키려는 색채 지각 과정에서 일어나는 동시대비 현상은 색차가 클수록 강해지고, 색과 색 사이의 거리가 멀어질수록 약해진다. 또한, 계속해서 한 곳을 보면 눈의 피로도 때문에 대비 효과는 떨어지게 된다.

① 색상대비(Color Contrast) 19년3회 산기69, 18년3회 산기65, 18년3회 기사80, 18년2회 산기61

• 색상대비란 색상이 다른 두 색을 동시에 볼 때 각 색상의 차이가 크게 느껴지는 현상이다.

• 색상대비는 1차색끼리 잘 일어나며 2차색, 3차색이 될수록 그 대비 효과는 작아진다. 같은 주황색의 경우 빨간색 위의 주황색은 노란색 기미를 띠고, 노란색 바탕 위의 주황색은 빨간색 기미를 띤다.

동시대비

기적의 Tip

색상대비의 예
색의 상징을 극대화한 것으로, 교회나 성당의 스테인드글라스에 많이 사용되고 현대 회화에서 마티스, 피카소 등이 많이 사용하였다.

색상대비

색상의 차이와 색상 대비

② 명도대비(Luminosity Contrast) 18년2회 산기78, 18년1회 산기67, 18년1회 기사61, 17년3회 산기73, 17년2회 산기62, 17년2회 기사72, 17년1회 기사77

- 명도대비란 명도가 다른 두 색이 서로 대조가 되어 두 색 간의 명도 차가 크게 보이는 현상이다. 서로 간의 영향으로 명도가 높은 색은 더욱 밝게, 명도가 낮은 색은 더욱 어둡게 보인다.
- 농묵, 중묵, 담묵과 같은 먹의 농담 조절에 의해 변화를 주는 수묵화의 경우, 명도대비 현상을 주로 관찰할 수 있다. 명도대비는 명도의 차이가 클수록 더욱 뚜렷하며, 유채색보다 무채색에서 더욱 강하게 나타난다.
- 배경색의 명도가 낮으면 본래의 명도보다 높아 보이고, 배경색의 명도가 높으면 본래의 명도보다 낮아 보인다. 즉, 검은색 배경 위의 회색(N5)이 흰색 배경 위의 회색(N9)보다 밝아 보인다.

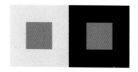

명도대비

명도의 차이에 따른 명도대비

③ 채도대비(Chromatic Contrast) 19년2회 산기70, 19년1회 기사64, 17년1회 산기71

- 채도대비란 채도가 다른 두 색이 인접해 있을 때 서로에게 영향을 주어 채도 차가 더욱 크게 일어나는 현상이다. 즉, 동일한 색일지라도 주위의 색 조건에 따라서 채도가 낮은 색은 더욱 낮게, 높은 색은 더욱 높게 보이는 것을 말하며, 채도 차가 클수록 뚜렷한 대비 현상이 나타난다.
- 채도대비는 유채색과 무채색의 대비에서 가장 뚜렷하게 일어나며, 무채색 사이에서는 일어나지 않는다. 동일한 색을 채도가 낮은 바탕에 놓았을 때는 선명해 보이고, 채도가 높은 바탕에 놓았을 때는 탁해 보인다.
- 주황색 위의 회색이 채도가 낮은 파란색 위의 회색보다 채도가 더 높아 보인다.

채도대비

무채색과 유채색의 채도대비

④ 보색대비(Complementary Contrast) 18년2회 기사74

- 보색대비란 보색 관계인 두 색을 인접시켰을 때 서로의 영향으로 본래의 색보다 채도가 높아져 색이 더욱 뚜렷해 보이는 현상을 말한다.
- 보색대비는 색의 대비 중에서 가장 강한 대비로 각각의 잔상의 색이 상대편의 색상과 같아지기 위해 서로의 채도를 높이게 되어 색상을 강조하게 되면서 나타나는 현상이다.

보색대비

색상의 차이와 보색대비

물리 보색	두 색을 섞었을 때 무채색이 되는 색을 말한다. 빛은 보색끼리의 혼합은 백색광이 되고, 색료의 혼색에서는 보색끼리의 혼합은 검정이 된다.
심리 보색	눈의 잔상에 따른 보색을 말하며, 색광의 경우 빨강의 보색은 시안, 녹색의 보색은 마젠타, 파랑의 보색은 노랑이며 서로 심리 보색 관계라고 말한다.

기적의 Tip

보색

색상환에서 가장 멀리 있는(마주 보는) 색으로 서로 혼합했을 때 무채색이 되는 두 색을 보색 관계에 있는 색이라고 한다. 보색이 되는 두 색광을 혼합하면 흰색, 물감을 혼합하면 검은색에 가까운 색이 된다.

연변대비

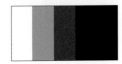

연변대비

연변대비의 예
노트르담 대성당의 스테인드글라스 제작 기법을 보면, 원색으로 이루어진 바탕 그림 사이에 검은색 띠를 두른 것을 발견하게 되는데 이는 연변대비를 약화하려는 시각적 보정 작업이다.

계시대비의 예
하얀 종이 위에 빨강의 원을 놓고 얼마 동안 보다가 그 바탕의 하얀 종이를 빨간 색으로 바꾸어 놓으면 검정의 원이 느껴진다.

한난대비

• **난색** : 빨강, 주황, 노랑 등 파장이 긴 색
• **한색** : 파랑, 남색, 청록 등 파장이 짧은 색
• **중성색** : 보라, 초록색 계통

면적대비

색의 면적 효과
• 동일한 색이라도 면적이 커지면 명도와 채도가 증가한다.
• 면적이 커질수록 색이 뚜렷해진다.

⑤ **연변대비(Edge Contrast)** 19년3회 산기67, 18년3회 산기80, 18년2회 산기79

• 연변대비란 두 색이 인접해 있을 때 서로 인접되는 부분이 경계로부터 멀리 떨어져 있는 부분보다 색상, 명도, 채도의 대비 현상이 더욱 강하게 일어나는 현상이다.
• 연변대비를 약화시키고자 할 때는 두 색 사이에 무채색 테두리를 만들면 감소시킬 수 있다.
• 명도 단계별로 색을 나열하면 명도가 높은 부분과 접하는 부분은 어둡게 보이고, 명도가 낮은 부분과 접하는 부분은 밝게 보인다.

2) 계시대비(Successive Contrast)(= 시간대비) 18년1회 산기74, 17년1회 기사75

• 계시대비란 어떤 색을 잠시 본 후 시간적인 차이를 두고 다른 색을 보았을 때, 먼저 본 색의 영향으로 나중에 본 색이 다르게 보이는 현상을 말한다.
• 일정한 색의 자극이 사라진 후에도 지속적으로 색의 자극을 느낄 때 나타난다. 채도가 매우 높은 빨강 색지를 한참 보다가 다음 순간에 초록 색지를 보면 보다 선명한 초록으로 보인다. 이것 또한 계시대비 현상으로, 색채의 음성적 잔상과 계시대비는 유사한 현상으로 취급되고 있다.

3) 기타 대비

① 한난대비(Contrast of Warm and Cool)

• 한난대비란 서로의 영향으로 한색은 더 차갑게, 난색은 더 따뜻하게 느껴지는 현상이다.
• 보라와 초록색 계통의 색은 때로는 차갑게, 때로는 따뜻하게 느껴질 수 있는 색상들을 중성색이라고 한다.

② 면적대비(Area Contrast) 19년2회 기사71, 19년1회 기사61, 18년1회 기사79

• 면적대비란 동일한 색이라도 면적이 크고 작음에 따라서 색이 다르게 보이는 현상으로, 색채의 양적대비라고도 한다. 즉, 면적이 크면 명도와 채도가 실제보다 좀 더 밝게 보이고, 면적이 작으면 명도와 채도가 실제보다 어둡고, 탁하게 보인다.
• 건축물 등의 색 지정 시 면적에 의한 영향을 충분히 고려하여 색견본을 선택해야 한다.

(2) 색의 동화

1) 동화 현상의 특성 19년3회 산기75, 18년3회 산기79, 18년2회 산기65, 18년2회 기사75, 18년1회 산기78

• 색 동화란 대비 현상과는 반대로 인접한 색의 영향을 받아 인접 색에 가까운
  색으로 보이는 현상이다.

• 동화 현상은 점이나 선의 크기와 밀접한 관계가 있으며 이와 동시에 관찰의
  거리에도 영향을 받는다. 가까이서 보면 식별이 가능한 점과 선도 일정한
  거리를 두고 보면 바탕과 점이나 선이 혼합되어 동화 현상이 일어난다.

색의 동화 대비

동화 효과

동화 효과를 전파 효과 또는 혼색 효과라고
도 하며, 줄눈과 같이 가늘게 형성되었을 때
나타난다고 해서 줄눈 효과라고도 한다. 베졸
드 효과는 대표적인 동화 현상이다.

① 베졸드 효과(Bezold Effect) 19년3회 기사62, 19년2회 산기79, 18년2회 기사75

• 베졸드 효과는 대표적인 동화 현상이다. 베졸드는 하나의 색만 변화시켜도
  양탄자 디자인의 전체 색조를 변화시킬 수 있다는 것을 발견하였다.

• 면적이 작거나 무늬가 가늘 때 생기는 효과로써 배경과 줄무늬의 색이 비슷
  할수록 그 효과가 커진다.

• 세밀한 도형 패턴에 있어서 동화 효과는 베졸드의 동화 현상이라고 불린다.

베졸드 효과

베졸드 효과의 예

회색의 배경 위에 검은색 선의 형태를 그리
면 배경색의 회색은 거무스름하게 보이고, 회
색의 배경 위에 백 색선의 형태를 그리면 배
경색은 밝게 보인다.

2) 동화 현상의 종류

① 명도 동화

회색 바탕에 검정과 흰색의 무늬가 있는 그림에서 명도의 동화가 일어나면 흰
색 무늬가 있는 바탕의 회색은 본래의 회색보다 밝아 보이고, 검정 무늬가 있는
바탕의 회색은 본래의 회색보다 어두워 보인다.

명도 동화

② 색상 동화 18년2회 기사65

빨강 바탕에 노랑과 파랑의 무늬가 있는 그림에서 색상의 동화가 일어나면 노랑
무늬가 있는 바탕의 빨강은 원래의 빨강보다 노랑을 띠고, 파랑 무늬가 있는 바
탕의 빨강은 원래의 빨강보다 파랑을 띤다. 초록 바탕에 노랑과 파랑의 무늬가
있는 그림에서 색상의 동화가 일어나면 노랑 무늬가 있는 바탕의 초록은 노랑을
띠고, 파랑 무늬가 있는 바탕의 초록은 원래의 초록보다 파랑을 띤다. 단, 초록
과 파랑처럼 색상의 관계가 가까울수록 색상의 동화 현상이 쉽게 일어난다.

색상 동화

③ 채도 동화

중채도의 빨강 바탕에 고채도의 빨강과 회색에 가까운 무늬가 있는 그림에서
채도의 동화가 일어나면, 고채도의 빨강 무늬가 있는 바탕의 빨강은 원래의 빨
강보다 선명하게 보이고, 저채도의 색의 무늬가 있는 바탕의 빨강은 원래의 빨
강보다 칙칙하게 보인다.

채도 동화

(3) 색의 잔상 _{19년2회 기사75, 19년1회 기사68, 18년2회 기사77, 17년3회 기사78, 17년2회 기사79, 17년1회 산기78}

- 잔상(After Image)이란 어떤 색을 응시한 후 망막의 피로 현상으로 어떤 자극을 받았을 경우 원 자극을 없애도 색의 감각이 계속해서 남아 있거나 반대의 상이 남아 있는 현상이다.
- 자극한 빛의 밝기와 색도, 시간, 눈의 상태에 따라 잔상 시간이 다르게 나타나며, 잔상은 짧은 시간에 이루어지고 크게 정의 잔상(양성 잔상)과 부의 잔상(음성 잔상)으로 구분된다.

1) 정의 잔상(Positive After Image) _{19년2회 산기75, 18년3회 산기72, 18년2회 기사70}

정의 잔상

- 양성 잔상이라고도 하며 망막에 색의 자극이 흥분된 상태로 지속되고, 자극이 없어져도 원래의 자극과 동일한 상이 지속해서 느껴지는 현상이다.
- 어두운 곳에서 빨간색 불을 돌리면 길고 선명한 빨간색 원이 그려지는 현상으로, 원래의 자극과 같은 색으로 느껴지지만 밝기가 감소하는 현상이다.

2) 부의 잔상(Negative After Image) _{19년3회 기사61, 72, 19년2회 산기69, 19년2회 기사63, 18년2회 산기73, 18년2회 기사67, 18년1회 산기80, 17년1회 기사65}

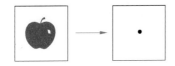

부의 잔상

- 음성 잔상이라고도 하며, 원래의 감각과 반대의 밝기나 색상을 띤 잔상으로, 자극이 사라진 뒤에도 광자극의 색상, 명도, 채도가 정반대로 느껴지는 현상이다.
- 무채색의 경우 밝기가 반대로 보이며(검정의 잔상은 흰색으로), 유채색의 경우 응시한 색과 반대색이 잔상으로 보인다.
- 수술실의 의사 가운이 초록색이나 청록색으로 사용되는 이유도 음성 잔상을 없애 수술 시 시각 피로를 줄이기 위함이다.

---

2 색채 지각과 감정 효과

우리가 색을 지각할 때 색이 수반하는 감정이 있다. 색의 3속성인 색상, 명도, 채도 등의 영향에 따라 다양한 외부의 반응과 함께 색의 경험에서 오는 심리적이거나 감정적인 효과를 느끼게 된다. 즉, 불의 빨강과 노랑은 따뜻하게 느껴지고, 물의 파랑은 차갑게 느껴지며 어두운색은 밝은색보다 후퇴하거나 무겁게 느껴진다.

(1) 색의 감정 효과 19년2회 산기66, 18년2회 산기63, 18년1회 산기79

1) 색의 온도감

- 따뜻하게 느껴지는 색을 난색(Warm Color), 차갑게 느껴지는 색을 한색 (Cool Color)이라고 한다.
- 난색은 색상환의 빨강, 주황, 노랑 등의 장파장을 가리키며, 교감신경을 자극해 생리적인 촉진 작용이나 흥분 작용을 일으킨다고 하여 흥분색이라고도 불린다. 이와는 반대로 한색은 청록, 파랑, 남색 등 단파장의 색상을 가리키며 진정색이라고도 한다.
- 초록과 보라는 중성색이라고 한다. 무채색에서는 저명도 색이 따뜻하게 느껴지고, 고명도 색은 시원하게 느껴진다.

① 난색 18년1회 산기79

- 난색은 주로 빨강 위주의 고명도, 고채도의 따뜻하게 느껴지는 색이다. 하지만 무채색에서는 저명도의 색이 더 따뜻하게 느껴진다.
- 흰색보다는 검정이 따뜻하게 느껴지는데, 이것은 모든 빛을 흡수하는 검정의 성질과 연관이 있다.
- 난색은 팽창과 진출의 느낌을 주며 심리적으로는 느슨함과 여유를 준다.

② 한색

- 한색은 주로 파랑 위주의 저명도, 저채도의 차갑게 느껴지는 색이다.
- 무채색에서는 고명도인 흰색이 더 차갑게 느껴진다.
- 한색은 수축과 후퇴의 느낌을 주며 심리적으로는 긴장감을 준다.

③ 중성색 18년3회 기사72, 18년2회 기사63, 17년2회 기사66

- 연두색, 초록색, 보라색, 자주색 등 녹색 계통이나 보라 계통처럼 난색과 한색에 속하지 않는 색을 말한다.
- 중성색은 색의 온도감에 있어서 따뜻하지도 차갑지도 않은 색이다.
- 명도가 높으면 따뜻하고 명도가 낮으면 차갑게 느껴지며, 채도가 높은 색들의 대비에서 주위에 중성색을 사용하면 색의 반발성을 막을 수 있다.

2) 색의 중량감 18년2회 산기62, 17년2회 산기72

- 색의 중량감은 동일한 형태, 동일한 크기라도 색에 따라 가벼워 보일 수도 혹은 무거워 보일 수도 있는 것을 말한다.

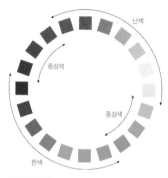

색의 온도감

색의 중량감

- 색의 3속성 중에서 명도가 중량감에 가장 큰 영향을 미친다. 명도가 높을수록 가벼워 보이며, 명도가 낮을수록 무거워 보인다. 무채색도 흰색은 가벼워 보이지만, 검은색은 무거워 보인다.
- 색상의 중량감이 무겁게 느껴지는 순서로는 검정, 파랑, 빨강, 보라, 주황, 초록, 하양의 순서이다.

3) 색의 경연감 17년1회 산기70

- 색의 경연감이란 부드럽고 딱딱한 느낌을 말한다.
- 색의 경연감은 채도와 명도에 의해 좌우되며, 부드러운 느낌은 고명도의 저채도(Pale Tone)의 난색계열이며, 딱딱한 느낌은 저명도의 고채도(Deep Tone)의 한색계열이다.
- 부드러운 색은 평온하고 안정감을 주며, 딱딱한 색은 긴장감을 준다.

(2) 색의 진출과 후퇴, 팽창과 수축, 흥분과 진정, 화려함과 소박함

1) 색의 진출과 후퇴 19년3회 산기3, 19년1회 산기80, 18년3회 산기74, 18년2회 산기67, 18년1회 기사71

- 같은 거리에 있는 물체가 색에 따라서 거리감이 느껴지기도 하는데 가깝게 보이는 색을 진출색(Advancing Color), 멀리 보이는 색을 후퇴색(Receding Color)이라고 한다.
- 난색이 한색보다, 밝은색이 어두운색보다, 채도가 높은 색이 채도가 낮은 색보다, 유채색이 무채색보다 더 진출해 보이는 효과가 있다.
- 명도나 채도가 높은 색은 망막 상에서 자극이 강하여 그 성질이 크게 퍼져 보인다. 진출색과 후퇴색이 나타나는 현상은 안구 안의 굴절률 차이에 의한 것이다.

2) 색의 팽창과 수축 19년3회 산기80, 19년2회 산기78, 17년3회 기사61

- 동일한 형태, 동일한 크기라도 색에 따라 크기가 변화하여 보이는 경우가 많다. 실제보다 크게 보이는 색을 팽창색(Expensive Color), 실제보다 작게 보이는 색을 수축색(Contractive Color)이라고 한다.
- 주로 명도의 영향을 받는데 명도가 높을수록 커 보이고 낮을수록 작아 보이는 현상이다.
- 밝은색 바탕에 어두운색 글자보다 어두운색 바탕에 밝은색 글자가 더 굵고 커 보이는 현상이다.

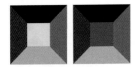

색의 진출과 후퇴

기적의 Tip

가장 후퇴되어 보이는 색의 순서
남색(명도 3, 채도 12) − 빨간색(명도 4, 채도 14) − 노란색(명도 9, 채도 14) − 주황색(명도 6, 채도 12)

기적의 Tip

• 진출색, 팽창색 : 고명도, 고채도, 난색계열
• 후퇴색, 수축색 : 저명도, 저채도, 한색계열

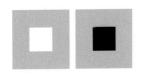

색의 팽창과 수축

기적의 Tip

팽창색이나 수축색은 절대적인 것이 아니라 2가지의 색 비교에 의해서 심리적으로 느껴지는 경우가 대부분이다.

3) 색의 흥분과 진정 19년3회 산기72, 19년1회 기사62, 19년1회 기사67

- 흥분과 진정의 감정적인 효과는 주로 색상과 관련이 있다.
- 한색계열의 저채도의 색은 심리적으로 침착되는 진정 작용을 하며 난색계열의 고채도의 색은 심리적으로 흥분감을 유도하며 맥박을 증가시킨다.
- 밝고 선명한 색은 활발한 운동감을 주며, 어둡고 저채도의 색은 차분하고 침착감을 느끼게 한다.

4) 색의 화려함과 소박함 18년3회 산기77

- 색에는 화려하게 느껴지는 색과 소박하게 느껴지는 색이 있다.
- 화려함과 소박함을 느끼는 것은 채도와 관련이 있고, 채도가 높을수록 화려하고 채도가 낮을수록 소박하게 느껴진다.

(3) 주목성과 시인성

1) 색의 주목성(Attractiveness of Color)

- 주목성은 사람들의 시선을 끄는 성질로, 시각적으로 잘 띄어 주목을 이끄는 것을 말한다.
- 빨강, 주황, 노랑과 같이 고명도, 고채도의 색이 주목성이 높으며, 무채색보다는 유채색이, 한색계보다는 난색계가, 저채도보다는 고채도가 주목성이 높다.

2) 색의 시인성(Visibility of Color) 19년2회 기사69, 19년2회 산기64, 17년1회 기사79

- 시인성이란 대상의 식별이 쉬운 성질, 물체의 색이 얼마나 뚜렷이 잘 보이는가의 정도를 말하며 명시도, 가시성이라고도 한다.
- 멀리서 확실히 잘 보이는 경우를 명시도가 높다고 하고, 잘 보이지 않는 경우를 명시도가 낮다고 표현한다.
- 색의 3속성 중에서 배경과 대상의 명도 차이가 클수록 잘 보이게 되고, 명도 차가 있으면서도 색상 차이가 크고 채도 차이가 있으면 시인성이 더 높다.

색의 흥분과 진정

색과 시간성과 속도감

- 빨간 계열의 장파장의 색은 시간이 길게 느껴지고 속도감이 빠르게 느껴진다.
- 파란 계열의 단파장의 색은 시간이 짧게 느껴지고 속도감이 느리게 느껴진다.

색의 화려함과 소박함

색의 주목성

명시성 낮음　　명시성 높음

색의 명시도

인간의 눈은 채도의 차(20단계 구분)보다 명도의 차(500단계 구분)를 더 세분되게 느끼기 때문에 같은 조건이라면 채도차보다 명도차가 클 때 명시도는 높아진다.

01 어떤 두 색이 서로 가까이 있을 때 그 경계의 부분에서 강한 색채대비가 일어나는 현상은?

① 한난대비

② 보색대비

③ 착시대비

❹ 연변대비

연변대비란 두 색이 인접해 있을 때 서로 인접하는 부분이 경계로부터 멀리 떨어져 있는 부분보다 색상. 명도, 채도의 대비 현상이 더욱 강하게 일어나는 현상이다. 명도 단계별로 색을 나열하면 명도가 높은 부분과 접하는 부분은 어둡게 보이고, 명도가 낮은 부분과 접하는 부분은 더욱 밝게 보인다.

02 색의 수축과 팽창에 대한 설명 중 <u>틀린</u> 것은?

① 따뜻한 색은 팽창색이 된다.

② 명도가 높은 색은 팽창색이 된다.

❸ 진출색은 수축색이 된다.

④ 차가운 색은 수축색이 된다.

진출색을 팽창색이라고 하며, 후퇴색이 수축색이 된다.

오답피하기

밝은색이 어두운색보다, 따뜻한 색이 차가운 색보다, 유채색이 무채색보다 팽창되어 보인다.

03 다음 색채대비 중 스테인드글라스에 많이 사용되고 현대 회화에서 마티스, 피카소 등이 많이 사용한 방법은?

❶ 색상대비

② 명도대비

③ 채도대비

④ 한난대비

색상대비란 색상이 다른 두 색을 동시에 볼 때 각 색상의 차이가 크게 느껴지는 현상이다. 교회나 성당의 스테인드글라스가 대표적이며, 입체파의 피카소도 원색을 사용한 색상대비 현상을 잘 보여 준다.

04 다음 내용 중 가장 타당성이 높은 것은?

① 저학년 아동들을 위한 놀이 공간에 밝은 회색을 사용하였다.

② 여름이 되어 실내 가구, 소파를 밝은 주황색으로 바꾸었다.

❸ 고학년 아동들을 위한 학습 공간에 연한 파란색을 사용하였다.

④ 레스토랑에 식욕을 돋우기 위해 밝은 녹색을 사용하였다.

오답피하기

• ① : 저학년 아동들을 위한 놀이 공간에 밝은 톤을 사용한다.

• ② : 여름의 실내 공간은 단파장의 파란색 계열로 바꾸어 시원한 느낌을 준다.

• ④ : 식욕을 돋우기 위해 장파장의 밝은 주황 위주로 사용하는 것이 좋다.

05 다음 중 채도대비의 특징에 관한 설명 중 잘못된 것은?

① 채도가 낮은 색은 더욱 낮게, 채도가 높은 색은 더욱 높게 보인다.

② 색상대비가 일어나지 않는 무채색의 대비에서는 채도대비가 일어나지 않는다.

③ 무채색 위의 유채색은 채도가 높아 보이고, 채도가 높은 색 위의 낮은 채도의 색은 채도가 더 낮아 보인다.

❹ 빨강의 배경에서 분홍색은 채도가 낮게 보이고, 회색의 배경에서는 채도가 낮게 보인다.

채도대비는 채도 차가 클수록 강해지기 때문에 유채색과 무채색 간에 가장 뚜렷하게 느낄 수 있다

오답피하기

유채색 간의 대비로, 색상대비에 대한 설명이다.

06 동시대비에 대한 설명 중 틀린 것은?

① 색차가 클수록 대비현상은 강해진다.

❷ 자극과 자극 사이의 거리가 가까워질수록 대비 현상은 약해진다.

③ 자극을 부여하는 크기가 작을수록 대비의 효과가 커진다.

④ 시점을 한 곳에 집중시키려는 색채 지각 과정에서 일어난다.

동시대비는 색의 차이가 클수록 대비 현상이 강해지고, 자극과 자극 사이의 거리가 멀어질수록 대비 현상은 약해진다.

07 다음 색에 관한 설명 중 맞는 것은?

① 인간의 눈은 약 200개의 색을 변별할 수 있다.

② 색의 순도를 명도라 한다.

③ 색의 밝고 어두움을 채도라 한다.

❹ 유사한 색끼리 근접하여 배열한 원을 색상환이라 한다.

오답피하기

• ① : 인간은 200단계의 색상(Hue)과 500단계의 명도, 20단계의 채도를 구별할 수 있으므로 모두 곱하면 200만 가지 정도의 색을 구별한다.

• ② : 색의 순도를 채도라 한다.

• ③ : 색의 밝고 어두움을 명도라 한다.

08 색채 지각 반응 효과에서 명시성(Legibility)에 가장 크게 영향을 미치는 속성은?

① 질감의 차이   ❷ 명도의 차이

③ 채도의 차이   ④ 색상의 차이

명시도(Legibility)

인간의 눈은 20단계이 채도와 200단계의 색상과 500단계의 명도를 구분할 수 있다. 따라서 같은 조건이라면 명도의 차이가 클 때 명시도가 높아진다.

09 다음 중 틀린 것은?

① 주목성이 높은 색이라도 주변 상황에 따라 명시도가 떨어질 수 있으므로 유의해야 한다.

❷ 주목성은 명시도와는 달리 색채 고유의 속성이므로 주변 상황에 영향을 받지 않고 늘 시선을 끄는 색상이다.

③ 고채도의 난색이 저채도의 한색보다는 주목성이 높다.

④ 빨강이나 주황 등의 원색이 주목성이 높다.

주목성

주목성은 사람들의 시선을 끄는 힘으로 고명도 · 고채도의 색이 주목성이 높으며, 주변 색상에 영향을 받는다.

10 다음 중 고층 아파트 건물의 외벽 색채를 선택하는 데 있어서 유의해야 할 점에 대한 설명 중 틀린 것은?

① 작은 샘플의 색채보다 실제로 칠해진 색채는 더욱 밝게 보인다.

❷ 실제로 칠해진 작은 샘플의 색채보다 훨씬 저채도로 느껴진다.

③ 면적대비의 원리가 적용된다.

④ 건물 주변 환경에 따라 명도나 채도 모두 다르게 느껴질 수 있다.

아파트 외벽에 실제로 칠해진 색은 작은 샘플의 색채보다 훨씬 고채도로 느껴진다.

11 색채를 지각하기 위한 감각기관으로써 눈의 구조에 대한 설명 중 틀린 것은?

❶ 각막은 눈으로 들어오는 빛의 양을 조절한다.

② 망막 상에서 상의 초점이 맺히는 부분을 '중심와'라 한다.

③ '중심와'는 약간 노란빛을 띠므로 '황반'이라고도 한다.

④ 눈에서 시신경 섬유가 나가는 부분을 '맹점'이라 한다.

각막은 빛이 굴절되도록 하는 기능을 한다. 눈으로 들어오는 빛의 양을 조절하는 것은 홍채의 역할이다.

12 분광 반사율이 다른 두 가지의 색이 특수 조명 아래서 같은 색으로 느끼는 현상은?

❶ 조건등색	② 연색성
③ 분광 반사색	④ 물체색

조건등색

조건등색은 분광 반사율이 다른 두 가지의 색이 특수 조명 아래서 같은 색으로 느끼는 현상이다. 형광등 아래에서는 똑같은 두 가지의 색이 백열등 아래에서는 다른 색으로 보이거나 백열등 아래에서는 같은 색이 햇빛에 나가면 서로 다르게 보이는 경우로 그 물체색의 분광 분포가 다르다는 것을 의미한다.

13 다음 중 푸르킨예 현상으로 옳은 것은?

① 색각이 약간 불완전한, 물체색이 변화되어 보이는 현상

❷ 주위 밝기의 변화에 따라 물체색의 명도가 변화되어 보이는 현상

③ 빛의 강도가 변해도 본래의 색이 유지되는 현상

④ 정상적인 색의 구별이 안되는 현상

푸르킨예 현상

명소시에서 암소시로 옮겨갈 때 물체색의 밝기가 변화되어 보이는 현상으로, 붉은색은 어둡고, 녹 · 청색은 밝다.

14 다음 설명 중 옳지 <u>않은</u> 것은?

① 색채 대립 세포는 한 가지 색에 대해서는 흥분하고 다른 색에 대해서는 억제 반응을 보이는 세포이다.

② 색채 대립 세포는 450nm(파랑)의 빛에 대해서는 신경 흥분이 증가하고 580nm(노랑)의 빛에 대해서는 활동이 억제되는 방식으로 반응하므로 B+Y− 세포라 한다.

③ 510nm(녹색)의 빛에 대해서는 흥분이 증가하고 660nm(빨강)에는 활동이 억제되는 G+R− 세포가 발견되었다.

❹ 이중 색채 대립 세포는 예를 들어 수용장의 〈중심 : 빨강, 주변 : 녹색〉일 때는 억제 반응을, 〈중심 : 녹색, 주변 : 빨강〉일 때는 흥분 반응을 보이는 세포를 지칭한다.

이중 색채 대립 세포

이중 색채 대립 세포는 수용장의 〈중심 : 빨강, 주변 : 녹색〉일 때는 흥분 반응을, 〈중심 : 녹색, 주변 : 빨강〉일 때는 억제 반응을 보이는 세포를 지칭한다.

15 다음 감산혼합에 대한 설명 중 옳지 <u>않은</u> 것은?

① 감산혼합은 다른 말로 색료의 혼합이라고도 한다.

② 섞어서 된 색의 명도가 섞이기 전 두 색의 평균 명도보다 낮아지는 혼합이다.

③ 그림물감 · 도료의 혼합은 감산혼합에 속하는데, 명도와 채도가 낮아진다.

❹ 색의 셀로판지를 겹쳐 놓으면 명도는 그대로이나 채도는 떨어진다.

오답피하기

감산혼합은 색을 더할수록 명도와 채도가 낮아진다. 따라서 색의 셀로판지를 겹쳐 놓으면 명도와 채도는 떨어진다.

16 회전혼합에 대한 설명으로 옳지 <u>않은</u> 것은?

① 혼합된 색의 명도는 혼합하려는 두 색의 중간 명도가 된다.

② 혼합된 색의 채도는 채도가 강한 쪽보다 약해진다.

❸ 이 혼합법은 감법혼색에 속한다.

④ 혼색의 경우 색자극은 서로 다르게 눈에 들어 온다.

오답피하기

회전혼합은 물체색을 통한 혼색이나 가법혼색의 영역에 속한다.

17 중간혼색 중 색광에 의한 병치 가법혼색을 이용한 대표적인 예는?

① 컬러 슬라이드   ② 색채 사진

❸ 컬러 텔레비전   ④ 컬러 영화 필름

오답피하기

컬러 슬라이드, 색채 사진, 컬러 영화 필름 등은 모두 감법혼합을 이용한다.

18 성냥불을 어두운 곳에서 원 모양으로 회전 시 원의 형태가 남아 있는 것처럼 느껴지는 현상은?

① 보색 잔상   ❷ 정의 잔상

③ 부의 잔상   ④ 순색 잔상

정의 잔상

자극의 이동 후에도 시신경에 그 현상이 계속 남아 있어 그 현상을 그대로 느끼는 현상이다. 따라서 성냥불을 어두운 곳에서 원 모양으로 회전 시 원의 형태가 남아 있는 것처럼 느껴지는 현상이다.

19 색의 온도감에 관한 다음의 설명 중 옳은 것은?

① 녹색, 자주는 한색이다.

② 무채색에서 낮은 명도의 색은 한색이다.

③ 자주, 주황은 중성색이다.

❹ 녹색은 중성색이고 주황색은 난색이다.

색의 온도감

색의 온도감은 색상과 명도에 영향을 받는다.(난색 : 적색, 주황색, 황색 / 한색 : 청색, 청록색, 청자색 / 중성색 : 녹색, 보라색, 황녹색)

20 다음 중 정상인의 색채 지각 요소인 추상체의 이상 유무와 관련하여 발생하는 현상은?

❶ 색맹
② 색채 지각
③ 색각 항상
④ 색순응

색맹은 색각 이상으로, 정상인의 색채 지각 요소인 추상체의 이상 유무와 이상 정도에 관계한다.

21 다음의 내용이 설명하는 것은?

부드럽고 즐거운 미적 상태를 나타낸다. 거리감, 물체감 또는 입체감은 거의 지각되지 않기 때문에 어떤 사물의 상태와는 거의 무관하므로 순수색의 감각을 가능케 한다. 하늘색, 구멍을 통해 보이는 색과 같은 것을 가리킨다.

① 표면색(Surface Color)
❷ 평면색(Film Color)
③ 공간색(Volume Color)
④ 거울색(Mirrored Color)

평면색(Film Color)
평면색은 구체적인 표면이 없으므로 거리감이나 입체감의 지각이 없으며 순수하게 색만을 느끼는 감각이 가능하다.

22 양복지와 같은 직물에서는 몇 가지 색실로 다양한 색상을 만들어 내고 있다. 이에 관련된 혼색 방법이 <u>아닌</u> 것은?

① 중간혼색
❷ 감법혼색
③ 병치혼색
④ 가법혼색

오답피하기

중간혼합의 하나인 병치혼색을 베졸드 효과라고 하며, 이는 색을 병치하였을 때 망막상에서 혼합되어 보이는 것으로 가법혼합으로도 볼 수 있다.

23 '색'과 '색채'는 거의 비슷한 개념적 의미로 사용되고 있다. 이들을 정확히 구분하여 '색'과 '색채'를 설명한 것 중 잘못된 것은?

① 빛이 우리 눈의 망막을 자극해 생겨나는 물리적 현상을 '색'이라 한다.
② 물체의 색이 눈의 망막에 의해 지각됨과 동시에 느낌이나 연상, 상징 등을 함께 경험하는 지각적 현상을 '색채'라 한다.
❸ 물체의 색은 '색채'라 하고, 연상이나 상징 등에 의해 느껴지는 것을 '색'이라 한다.
④ 빛이 물체를 비추었을 때 생겨나는 반사, 흡수, 투과 등의 과정을 통해 생기는 물리적인 지각 현상을 '색'이라고 한다.

물리적인 지각 현상에 의한 물체의 색은 '색'이라 하고, '색'에 연상이나 상징 등이 가미되어 심리적으로 느껴지는 것을 '색채'라 한다

24 다음은 물체의 색과 표면의 반사율에 관한 관계를 설명한 것이다. **틀린** 내용은? (단, 파장의 범위는 가시광선 파장의 범위이다.)

① 하얀 수정액은 반사율 85% 정도로 파장 전 범위에 걸쳐 고루 반사한다.

❷ 파란 넥타이는 중파장 범위에서 강하게 반사한다.

③ 검은 양말은 반사율 5% 정도로 파장 전 범위에 걸쳐 고루 반사한다.

④ 빨간 모자는 장파장 범위에서 강하게 반사한다.

색과 표면의 반사율

가시광선 영역의 모든 파장을 100%에 가깝게 반사하는 물체는 흰색으로, 모든 파장이 흡수될 때는 검정으로 지각된다. 회색으로 인식되는 물체는 가시광선의 각 파장이 골고루 반사되며, 반사율이 높을수록 높은 명도로, 반사율이 낮을수록 낮은 명도로 지각된다. 파란색은 단파장의 파장 범위에서 강하게 반사되며 중파장 범위에서 반사되는 것은 녹색으로 지각된다.

25 색온도에 대한 설명 중 **틀린** 것은?

① 색온도가 6500K 이상인 주광색 형광등이나 하늘과 같은 경우 시원한 느낌의 푸른 빛이 도는 흰색을 띤다.

❷ 색온도는 광원의 실제 온도를 의미한다.

③ 색온도가 3000K 이하인 백열등이나 석양 질 무렵의 하늘과 같은 경우 따뜻한 느낌의 빛을 띤다.

④ 비교적 높은 색온도는 푸른색 계열의 시원한 색에 대응된다.

색온도

색온도는 물체를 가열할 때 생기는 빛의 색에 관계된 절대온도를 말한다. 색온도의 단위는 섭씨나 화씨와는 다른 켈빈(Kelvin)을 사용한다.

26 다음 설명 중 **잘못된** 것은?

❶ 연색성이란 색의 경연감에 관한 것으로써 부드러운 느낌의 색을 의미한다.

② 밝은 곳에서 갑자기 어두운 곳으로 들어갔을 때 암순응 현상이 일어난다.

③ 터널 출입구 부분에서는 명순응, 암순응의 원리가 모두 적용된다.

④ 조명광이나 물체색을 오랫동안 보면 그 색에 순응되어 색의 지각이 약해지는 현상을 색순응이라 한다.

연색성

연색성이란 광원의 영향으로 인해 불제의 색이 달라 보이는 현상을 말한다. 광원의 종류에 따라 파장 분포가 서로 다른 특성을 나타내므로 같은 샘플이라도 다르게 느껴질 수 있다.

27 망막에서 뇌로 들어가는 시신경 다발 때문에 상이 맺히지 <u>않는</u> 부분은?

① 중심와

❷ 맹점

③ 시신경

④ 광수용기

맹점

눈에서 시신경 섬유가 나가는 부분이다. 맹점에는 광수용기가 없으므로 상이 맺히지 않는다.

28 빨간색의 사각형을 주시하다가 노랑 배경을 보면 순간적으로 어떤 색으로 보이는가?

❶ 연두 띤 노랑

② 주황 띤 노랑

③ 검정 띤 노랑

④ 보라 띤 노랑

계시대비

계시대비는 일정한 자극이 사라진 후에 지속해서 자극이 남아 다음 자극에 영향을 미치는 것을 말한다. 빨간색의 자극으로 초록의 음성 잔상이 남아 노랑 배경에 겹쳐지므로 연두색을 띤 노랑으로 보인다.

29 조명 효과에 따라 광수용기의 민감도가 변하는 것을 순응이라고 한다. 순응 효과에 대한 설명으로 옳은 것은?

① 추상체에서는 순응이 일어나지만, 간상체에서는 일어나지 않는다.

❷ 간상체와 추상체의 스펙트럼 민감도는 서로 다르다.

③ 간상체의 순응이 추상체의 순응보다 신속하다.

④ 암소시 파란색 꽃이 더 잘 보이는 것은 추상체의 작용에 의한 것이다.

오답피하기

- ① : 추상체와 간상체에서 모두 순응이 일어난다. 추상체가 밝은 빛에 순응하는 것은 명순응, 간상체가 어둠에 순응하는 것은 암순응이다.
- ③ : 간상체가 암순응하는 데 걸리는 시간은 약 15분~30분 정도, 추상체의 명순응은 0.5~1초 정도로, 추상체의 순응 속도가 빠르다.
- ④ : 암순응하고 있는 시각의 상태를 암소시라 하며, 암소시는 간상체의 작용에 의한 것이다. 밤에 빛이 없는 곳에서는 파란색 꽃이 더 잘 보이게 된다.

30 부의 잔상에 대한 설명으로 맞는 것은?

① 원자극과 같은 정도의 밝기와 같은 색의 기미를 지속하는 것

② 어두운 곳에서 빨간 성냥불을 돌리면 길고 선명한 빨간 원을 그리는 현상

③ 원자극이 선명한 파랑이면 밝은 보라색의 잔상이 보이는 것

❹ 수술 도중 피의 보색인 청록색이 어른거리는 현상

오답피하기

- ① : 망막에 주어진 색이 원래 자극과 같은 잔상으로 지속적으로 보이는 현상을 정의 잔상이라 한다.
- ② : 어두운 곳에서 횃불을 돌리면 동심원으로 보이는 현상을 정의 잔상이라 한다.
- ③ : 원자극의 반대색이나 보색이 눈에 보이는 현상을 부의 잔상이라 한다.

COLORIST

과목 소개 색채는 인간의 감성과 관련되어 있어 변화무쌍하고 주관적이므로, 색채를 정확하게 측정, 전달, 관리하기 위한 체계가 필요하다. 색채 체계론은 일정한 질서를 바탕으로 하여 모든 색을 정량적이고 객관적으로 표현하는 이론을 담았다.

출제 빈도

SECTION 01 **상**	████████████████████████	35%
SECTION 02 **하**	██████████	15%
SECTION 03 **하**	██████████	15%
SECTION 04 **상**	████████████████████████	35%

PART 05

색채 체계론

SECTION 01 색채 체계

1 색채의 표준화

(1) 색채 표준의 개념 및 발전

1) 색채 표준의 개념 19년2회 기사95, 19년1회 산기81

- 색채 표준은 색이 가지는 감성적, 생리적, 주관적인 부분을 보다 정량적으로 다루고 물리적으로 증명하여 색을 정확하게 측정, 전달, 보관, 관리 및 재현하기 위한 것이다.
- 집단과 국가 간의 색채 표기와 단위를 표준화하여 색채를 과학적이고 합리적으로 관리할 수 있는 기반을 조성하는 것을 의미한다.

2) 색채 표준의 연구와 발전

- 초기의 색채 표준 및 색채 표준의 발전은 색채 과학의 발전이며 이는 현재까지 색체계 발전을 이해하는 데 필요한 부분이다.
- 색채 이론화는 고대 그리스 철학에서 명암 또는 빛과 어둠의 대비를 인식하는 데에서 출발하였다.

① 아리스토텔레스(Aristoteles)

색의 성질에 관해 연구하고 색의 질서를 최초로 시도하였으며, 자연현상을 빨강(불), 초록(공기), 파랑(물), 노랑(흙)의 4가지로 분류하였다. 기본색은 빛과 어둠이 혼합되어 만들어진다는 이론을 펼쳤다.

② 레오나르도 다빈치(Leonardo da Vinci)

- 회화론에서 가장 기본적인 색을 흰색으로 보았으며, 기본 6색으로는 하양(빛), 노랑(흙), 초록(물), 파랑(공기), 빨강(불), 검정(어둠)으로 정하였다.
- 수평적으로 배열하여 색채 시스템을 구축하였고, 명암 대비법인 '스푸마토'를 개발하였다.

③ 뉴턴(Isaac Newton)

- 뉴턴은 1660년경 색채 체계화에 중요한 업적으로 스펙트럼에서 얻은 7가지 색(빨강, 주황, 노랑, 초록, 파랑, 남색, 보라)을 기본으로 색상환을 만들었다.

기적의 Tip

레오나르도 다빈치의 6색
하양, 노랑, 초록, 파랑, 빨강, 검정
뉴턴의 7색
빨강, 주황, 노랑, 초록, 파랑, 남색, 보라

- 뉴턴은 저서 『광학』에서 태양의 백색광을 프리즘에 통과시켜 스펙트럼 상의 단색광으로 분해하고, 다시 프리즘의 단색광을 재합성하면 원래의 백색광으로 환원된다는 것을 실험으로 증명하였다.
- 광선에는 색이 거의 없고 색의 감각을 불러일으키는 능력과 성질이 있을 뿐이라고 주장하면서 색은 물리적 존재를 넘어서 심리적 존재라고 보았다.

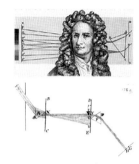

아이작 뉴턴의 프리즘 실험

④ 르 블롱과 해리스(Le Blon & Harris)

- 르 블롱은 1731년에 색소 혼합의 개념을 처음으로 사용하였다. 물감의 혼합에 있어서 3원색은 빨강, 노랑, 파랑이라고 제시하였고 이것이 3원색설의 기초가 되었다.
- 색채 3각 체계로 발전하였고 1756년 해리스에 의해 최초로 완전한 컬러 인쇄물로 된 색채 도표가 만들어졌다.

⑤ 쉐브럴과 괴테(M. E. Chevreul & J. W. von Goethe)

- 쉐브럴은 저서 『색채 조화와 대비의 원리』에서 '혼색의 법칙', '색채 조화의 원리'를 발표하였고 색의 동시대비와 계시대비를 밝혔다.
- 색상환과 3원색(빨강, 노랑, 파랑)을 통해 혼색의 결과로 색표현과 상호 보색 작용이 가능하다고 하였다.
- 괴테는 색채 현상을 밝음과 어둠의 만남, 그리고 그 경계선에서 주로 일어나는 것으로 인식하였다. 빨강, 노랑, 파랑을 연결하면 등변 삼각형이 되고, 이 색을 중간 혼합하면 주황, 초록, 남보라색이 만들어지는 또 다른 등변 삼각형의 6가지 항목으로 정리하였다.

⑥ 팔머와 영(Palmer & T. Young)

1777년 팔머는 빛의 3원색인 빨강, 노랑, 파랑으로 구성된 것을 주장하였는데, 이를 바탕으로 1802년 영은 빛의 3원색설이 인간의 눈 속에 있는 시신경 섬유에 기인한다는 색각 이론을 주장하였다.

⑦ 헬름홀츠와 맥스웰(H. Von Helmholtz & J. C. Maxwell)

- 빛의 3원색설은 헬름홀츠와 맥스웰에 의해서 구체화되었다. 헬름홀츠는 '영·헬름홀츠의 3원색설' 이론을 체계화시키고 맥스웰의 색 삼각형 개념을 발전시켰다.
- 맥스웰은 빛의 전자설과 물리 실험을 통해 빛의 3원색을 증명하였고, 색채 3각 좌표 체제를 창안하였다. 또한 '맥스웰의 원판'이라고 불리는 회전혼색을 밝혔다.

⑧ **헤링(E. Hering)** 19년3회 산기65

- 독일의 생리학자 헤링이 체계화한 심리학적 색체계로, 영과 헬름홀츠의 3원색설에 반대하며 빨강, 노랑, 초록, 파랑의 4원색설을 주장한다.
- 흰색과 검정색, 빨간색과 초록색, 노란색과 파란색의 3대 반대색군을 구성하고, 이 6색을 색의 근본색이라고 하였다. 이는 20세기 색의 시각과 색의 질서에 영향을 주었다.

(2) 현색계와 혼색계

색을 정량적으로 나타내는 색채 체계를 표색계라 한다. 색채 표색계에는 심리적이고 물리적인 색채를 표시하는 현색계와 빛에 의한 성질에 따라 색을 표시하는 혼색계로 구분된다.

1) 현색계(Color Appearance System) 19년1회 산기92, 18년2회 산기84, 18년1회 산기90, 18년1회 기사92

- 색채(물체의 색)를 순차적으로 배열하고 색입체 공간을 체계화한 것이다.
- 색표를 미리 정하여 번호와 기호를 붙이고 측색하려는 물체를 색채와 비교할 수 있도록 표준화한 체계이며, 대표적으로 먼셀 표색계와 NCS 표색계가 있다.
- 현색계는 눈에 보이는 물체색과 투과색 등이라 눈으로 비교 검색이 가능하고, 색공간에서 지각적인 색통합이 가능하여 통일된 시각적 색출현 체계이다.

① 현색계의 종류

먼셀(Munsell)의 표색계와 오스트발트(Ostwald) 색표계가 가장 대표적이고, KS(한국산업규격), NCS(스웨덴 국가표준색체계), DIN(독일공업규격), OSA/UCS(the Optical Society of America's Uniform Color Scales) 등이 있다.

② 현색계의 장단점 19년1회 기사85

장점	• 시각적으로 이해하기 쉽고 확인이 가능하며 사용이 쉽다. • 측색이 필요하지 않고 색편의 배열 및 개수를 용도에 맞게 조정할 수 있다. • 지각적으로 일정하게 배열되어 있다.
단점	• 눈의 시감을 통한 색좌표 변환, 색편 사이의 넓은 간격으로 정밀한 색좌표를 구하기 어려워 색표계의 색역(Color Gamut)을 벗어나는 샘플이 존재한다. • 광원과 같은 빛의 색표기가 어렵고 동일한 조건에서 관측해야 정확한 색좌표를 얻을 수 있다. • 변색과 오염의 정도를 파악하기 어렵고 광택, 무광택의 판을 모두 필요로 한다.

2) 혼색계(Color Mixing System) 19년3회 기사88, 19년2회 산기99, 18년2회 산기86

- 혼색계는 색광을 표시하는 표색계로, 빛의 가산 혼합 원리를 기초로 한 표색계이다. 빛의 체계를 등색 수치나 감각으로 표현한 체계로, 우리가 경험하는 모든 색에 일치하는 결과를 얻을 수 있다.
- 색을 측색기로 측정하여 어떤 파장 영역의 빛을 반사하는가에 따라 색의 특징을 판별하는 방법으로 물체의 표면색을 분광광도계를 사용하여 가시광선 범위의 각 파장마다 반사율을 분광 곡선으로 만들어 표현하는 색체계이다.

① 혼색계의 종류

CIE 표준 표색계(1931)가 가장 대표적인 혼색계이며 CIE의 XYZ, Hunter Lab, CIE의 L*a*b*(1976), CIE의 L*C*h*(1976), CIE의 L*u*v*(1976) 등이 있다.

② 혼색계의 장단점

장점	• 물리적 영향을 받지 않아 정확한 측정이 가능할 뿐만 아니라 환경을 임의로 설정하여 측정할 수 있다. • 색표계 간에 정확히 변환시킬 수 있다. • 수치로 표기되어 변색, 탈색 등의 영향이 없다. • 조색, 검사 등에 적합한 오차를 적용한다.
단점	• 수치로 구성되어 색의 감각적 느낌이 없고, 지각적 등보성이 없다. • 실제 현색계의 색표와 대조하여 차이가 많고 감각적 검사로 반드시 오차가 발생하며, 측색기가 필요하다.

(3) 색채 표준의 조건 및 속성

색채 표준은 실용성, 재현성, 국제성, 과학성, 규칙성, 기호화 등의 사항이 모두 포함되어야 한다.

- 색채의 표기는 국제적으로 통용 가능해야 한다.
- 색채 간의 지각적 등간격을 유지하여 다양한 색을 포함할 수 있어야 한다.
- 색의 3속성(색상, 명도, 채도)의 배열은 과학적 근거로 한다.
- 색표의 배열은 언제나 규칙적이어야 한다.
- 색의 배열은 하나의 과학적 규칙에 의해서 사용되어야 한다.
- 실용화시킬 수 있도록 재현 가능성, 해독 가능성, 용도 등이 고려되어야 한다.
- 색채 재현 시 특수 안료를 제외하고 일반 안료로 만들 수 있어야 한다.

2 CIE 시스템(CIE Standard Colorimetric System)

- CIE 시스템이란 1931년에 국제조명위원회(CIE)가 제정한 표준 측색 시스템으로, CIE(L*a*b*) 균등 색공간이라는 균등 색차 색도 시스템을 기초로 빛의 3원색인 R(적), G(녹), B(청)를 X, Y, Z의 양으로 나타낸다.
- 이 중에서 X와 Y를 각각 X축, Y축으로 하여 도표로 만든 것이 색도도이다. 이것을 일반적으로 XYZ 측색 시스템이라고 하는데, 색공간은 찌그러진 종과 같은 삼각형으로 되어 있으며 대략 중앙이 흰색이고 삼각형의 왼쪽에 가까워 질수록 검정이 된다.
- 이 방식에 의해 작성된 표준 색도도를 CIE 1931(x, y) 색도도라고 하며, 주로 과학 · 기술상의 목적으로 사용되며 염료나 도료 혼색의 경우에 유용하다.
- 1976년에는 지각적으로 균등한 간격을 가진 색공간을 이용한 CIE L*a*b*, CIE L*u*v*, CIE L*C*h* 표색계를 발표하였다.

(1) CIE 색채 규정

- 국제조명위원회(CIE)는 빛과 조명에 관한 과학과 기술에 대한 연구를 목적으로 하는 국제 단체이다.
- 국제적으로 토의하고 정보를 교환하며, 측정 방법을 개선하고 개발하여 국제 규격 및 각 국의 공업 규격에 대한 지침을 만들어 내는 기관이다.
- 1931년 국제조명위원회가 표준 색체계를 정의하였고 광원과 관찰자에 대한 정보를 표준화하고 표준 관찰자에 의한 관찰되는 색의 정량화를 수치화했다.

1) CIE 색도도(Chromaticity Diagram)

- 색도도는 X, Y, Z의 3가지 기본 자극치를 3각 곡선 도형으로 만들어 색의 좌표상 위치를 파악할 수 있는 색지도이다.
- 실존하는 모든 색은 색도도의 말굽형 안에 표현이 가능하며, 이를 단색광 궤적(Spectrum Locus)이라고 한다.
- 색도도 안에 있는 모든 점은 혼합색을 나타내며, 모든 색은 색도도 위의 점들로 나타낼 수 있으므로 xy 색도도라고도 한다. 순수 파장의 색은 말굽형의 바깥 둘레에 나타나며, 말굽형의 가장자리 부분은 스펙트럼의 궤적을 나타내고 가장 밑부분은 스펙트럼상에서는 나타나지 않는 자주(붉은 보라)의 주변임을 가리킨다.

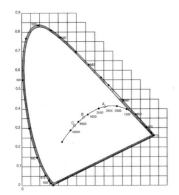

CIE 색도

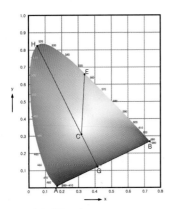

CIE 색좌표(색도도)

- 직선 부분을 순 자주 궤적(Purple Line)이라고 하며 이것을 통하여 자주는 단파장의 남보라와 장파장인 빨강의 혼색에 의해 얻어진 것임을 알 수 있다. 또한 어떤 3색으로 색을 혼색할 때의 색 재현 범위는 삼각형 넓이로써 색역(Color Gamut)이 된다.

(2) 1931년 CIE 표준 표색계 19년2회 기사94, 19년2회 산기83, 18년2회 산기82

- 1931년 국제조명위원회(CIE)에서는 빛의 3원색인 R, G, B를 이용한 빛의 혼색, 즉 가법 혼색의 원리에 의해서 심리·물리적인 빛의 혼색 실험에 기초한 색을 표시하기로 결정하였다.
- 편의상 빛의 3원색 빨강(R), 초록(G), 파랑(B)을 기준으로 변환된 것으로 X, Y, Z를 사용하는데, 이것은 3원색의 양을 표시하기 위해 3원색 대신 3자극치라는 표현을 사용하여 표시한다.
- 표준관측자인 시각을 갖는 사람이 색채의 자극에 대하여 RGB의 시감각 기관으로 인식한다는 기준을 세우고, 각 색광(R, G, B)의 합이 표준 관측 광원인 백색광과 같은 색광이 되도록 하여 나타나는 결과를 가지고 모든 색채의 변환식을 구한다.
- XYZ 색표계는 현재 모든 측색기의 기본 계산 함수로 사용되고 있는데, 수치상으로만 표시되어 색의 지각을 전혀 알 수 없는 단점이 있다.

1) XYZ 표색계 19년3회 기사89, 18년3회 기사85

- 국제조명위원회(CIE)는 RGB 색체계와 이것을 선형 변환한 XYZ 표색계를 발표하였다.
- 모든 실제 색에 대해 3자극치가 양수(+)가 되도록 하는 것과 자극치 Y가 휘도와 일치되도록 하는 것으로, 스펙트럼 3자극치에 의해 모든 색을 표시할 수 있게 되었다.
- 물체의 색을 3자극치로 표현하기 위한 데이터는 스펙트럼의 3자극치, 조명 광원의 분광 분포, 물체의 분광 반사율이다.
- 스펙트럼의 3자극치는 정해져 있고 조명 광원의 분광 분포는 표준광으로 정해져 있다. 결국 물체의 분광 반사율만 알면 그 물체 표면색의 3자극치 XYZ를 구하는 것이 가능하다. 이 3자극치(XYZ)는 먼셀치로 변환할 수 있다.

기적의 Tip

CIE 표색계의 특징
- 표준광원이 매우 중요한 비중을 가진다.
- 3자극치를 투사한다.
- RGB를 기본으로 한다.
- 실존하는 모든 색을 나타낸다.
- 색도도 내에서 세 점을 잇는 삼각형 속에는 세 점에 있는 색을 혼합하여 생기는 모든 색이 들어 있다.

헌터 랩(Hunter Lab) 색공간

우리의 눈이 색상을 표시하는 방법을 표시한다. 제품 색상을 측정하고 표시되는 상관관계의 수치 값을 제공하고, 1981년 CIE Yxy보다 시각적으로 더욱 통일된 색공간을 제공한다. 미국인 R.S. Hunter가 제창한 표색계로 주로 미국의 도장 관계에 사용되고 있으며 혼색계에 속한다.

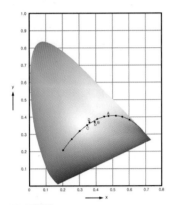

Yxy표색계

CIE L*a*b 색공간

- L*는 시감 반사율로써 0~100 정도의 반사율을 표시한다.
- a*는 색도 다이어그램으로 +a*는 빨간색, −a*는 녹색 방향을 가리킨다.
- b*는 색도 다이어그램으로 +b*는 노란색, −b*는 파란색을 가리킨다.

2) YXY 표색계 19년3회 산기83, 19년2회 산기84, 18년2회 기사83, 18년1회 산기96, 18년1회 기사90

- 양적인 표시인 XYZ 표색계로 색채의 느낌과 밝기의 정도를 판단할 수 없어서 XYZ 표색계의 수식을 변환하여 얻은 것이다.
- 매캐덤(McAdam)이 색도 다이어그램을 변형하여 제작한 것으로, XYZ의 변환 비율을 각각 x, y, z라고 할 때 Y는 반사율을 나타내고 x, y는 색상과 채도의 값으로 계산된 색도를 나타내는 좌표이다.

(3) 1976년 CIE 표준 표색계

1) 균등 색공간(Uniform Color Space) 19년1회 산기84

- 색채관리에 있어서 어떤 색과 기준이 되는 색을 비교하여 그 색 차이의 정도를 파악하는 것은 중요하다.
- CIE XYZ 색공간은 '균등 색공간'이 아니어서, CIE는 1976년 CIE LAB 색공간과 CIE LUV 색공간을 발표하였다.
- CIE XYZ 색공간을 수식적으로 변환하여 만든 색공간으로, 이 두 색공간은 색차를 계산할 때 비교적 정확한 계산이 이루어진다.
- 균등 색공간이란 '불균등 색공간'의 대립 개념이며, 불균등 색공간에서는 색상(Hue)들을 나타내는 선과 채도(Chroma)들을 나타내는 선들이 일정하지 않고 불규칙하게 배열되기 때문에 색공간에서 두 점의 거리 즉, 색의 차이를 계산하면 정확하지 않다.

2) CIE LAB(L*a*b*) 색공간 19년2회 산기94, 19년2회 기사96, 19년1회 산기90, 19년1회 기사88, 18년3회 산기84, 18년2회 산기99, 18년2회 기사90

- 미국 광학회인 OSA가 측색학적 관점에서 지각적으로 균등한 색공간을 얻을 수 있도록 수정한 수정 먼셀 표색계와 같이 1931년 발표한 색도좌표를 보면 말굽 모양의 일그러진 타원이 되는 것을 알 수 있다.
- CIE Lab 표색계에서는 L*로 명도를 표시하고, a*와 b*로 색상과 채도를 표시한다.
- L*은 밝고 어두움을 나타내고 a*와 b*는 색의 방향을 나타내는데, +a*는 빨간색(Red), −a*는 녹색(Green), +b*는 노란색(Yellow), −b*는 파란색(Blue) 방향을 표시한다.
- a*와 b*의 값이 커질수록 중앙에서 바깥쪽으로 수치가 이동하여 채도가 증가하고, a*와 b*의 값이 작을수록 중앙으로 이동하여 무채색에 가까워진다.

3) CIE LCH(L*C*h) 색공간 19년3회 산기|81, 19년3회 기사|99, 19년2회 산기|94, 18년1회 기사|99, 17년2회 산기|45

- L*a*b* 색공간에 먼셀 등의 현색계에서 볼 수 있는 색상환과 3속성(색상, 명도, 채도)의 개념을 도입하여 조정한 색공간이다.
- L*은 명도를, C*는 중심에서 특정색까지의 거리와 채도를, h는 색상의 종류를 나타낸다.
- 빨간색인 +a*를 0°로 하고 시계 반대 방향으로 회전시킨 90°는 노란색 +b*, 180°는 초록색 −a*, 270°는 파란색 −b*이다.

4) CIE LUV(L*u*v*) 색공간

- Yxy 색표계는 색차가 일정하지 않고 계산상 지각적 등보성을 적용하기 어려우므로 개발된 것이 L*u*v* 색표계이다.
- L*은 반사율이 아닌 인간의 시감과 동일한 명도이며, 단계별로 명도를 느낄 수 있다.
- u*는 노란색– 파란색 축을, v*는 빨간색– 초록색 축을 나타낸다.
- 선진국에서 산업 규격으로 널리 사용되고 있다.

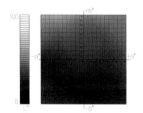

CIE L*a*b* 색공간

CIE L*a*b* 시스템

3 　먼셀 색체계(Munsell Color System)

(1) 먼셀 색체계의 구조와 속성 19년3회 기사|85, 19년3회 산기|82, 19년2회 기사|87

- 먼셀의 색체계는 1905년 미국의 화가 먼셀(Albert H. Munsell)에 의해 고안된 합리적인 표색 방법으로, 국제적으로 널리 사용되고 있는 표색계이다.
- 먼셀 표색계는 현재 우리나라의 공업 규격(KS A 0062)으로 제정되어 사용되고 있으며, 교육부 교육용 고시(제312호)로도 채택된 표색계이다.
- 먼셀은 색의 3속성인 색상(Hue), 명도(Value), 채도(Chroma)로 색을 기술하였고, 색상을 각각 빨강(R), 노랑(Y), 초록(G), 파랑(B), 보라(P)의 다섯 가지 색을 기본으로 하였다. 이것은 다시 10등분되어 100색상으로 분할된다.

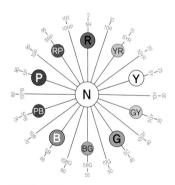

먼셀의 색상환

색상 R 부분의 확대도

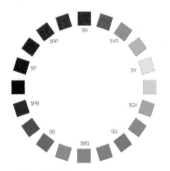

먼셀 20색상환

기적의 Tip

명도

- 빨강(R) – 4
- 주황(YR) – 6
- 노랑(Y) – 9
- 연두(GY) – 7
- 초록(G) – 5
- 청록(BG) – 5
- 파랑(B) – 4
- 남색(PB) – 3
- 보라(P) – 4
- 자주(RP) – 4

기적의 Tip

채도

- 빨강(R) – 14
- 주황(YR) – 12
- 노랑(Y) – 14
- 연두(GY) – 10
- 초록(G) – 8
- 청록(BG) – 6
- 파랑(B) – 6
- 남색(PB) – 12
- 보라(P) – 12
- 자주(RP) – 12

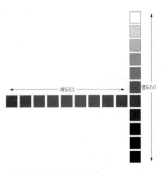

먼셀의 명도와 채도 단계

1) 먼셀의 색상(Hue) 19년2회 산기89, 18년1회 기사89

- 색상은 사물을 봤을 때 각각의 색이 가지고 있는 독특한 성질이나 명칭을 말하는 것으로 대부분 색상에 의해 색이 구별된다.
- 색상은 무채색을 제외한, 스펙트럼에서 나타나는 무지개색을 포함해서 파장의 변화에 따라 보이는 모든 색을 포함한다.
- 먼셀의 색상(H)에서는 최초의 기준으로서 빨강(R), 노랑(Y), 초록(G), 파랑(B), 보라(P)의 5색을 같은 간격으로 배치시켜 그 사이에 주황(YR), 연두(GY), 청록(BG), 남색(PB), 자주(RP)를 배치하여 10색으로 분할하고 있다. 이렇게 구성된 10색상을 10등분하여 100색상환으로 구성하였다.
- 여러 색상 중에 성질이 비슷한 것끼리 둥글게 배열하면 순환성을 가진 색상환이 된다. 각 색상에는 1~10의 번호가 붙고 5번이 색상의 대표색이 된다.

2) 먼셀의 명도(Value)

- 색을 표현할 때 색상을 배제하고 밝은색, 어두운색으로 구분하는 것이다. 명도는 물체 표면의 상대적인 명암에 관한 색의 속성을 말한다.
- 색지각에서 색이 밝고 어두운 정도를 나타내는 명암 단계를 말한다.
- 먼셀은 단계를 11단계로 구분하여 흰색을 10, 검정을 0으로 규정한다. 하지만 빛의 특성상 완전한 흰색과 검정은 존재하지 않으므로 실제로 지각되는 명도는 1.5~9.5 사이의 색이 된다.
- 명도는 색의 3속성 중에서 우리 인간에게 가장 민감하게 반응하며, 그 밝기 정도에 따라 저명도(1~3), 중명도(4~6), 고명도(7~9)로 구분한다.

3) 먼셀의 채도(Chroma) 19년1회 기사94

- 빨강, 파랑, 노랑과 같은 원색은 다른 색을 섞지 않은 순색이다. 이런 원색들은 매우 맑고 깨끗한 느낌을 주는데 이것은 채도의 영향이다.
- 채도는 색의 선명도를 말하며, 색의 맑음/탁함, 색의 강/약, 순도, 포화도 등으로 다양하게 해석된다. 순색일수록 채도가 높아지며, 무채색이나 다른 색들이 섞일수록 채도가 낮아진다.
- 순도가 높을수록 색이 강하게 느껴지는데, 먼셀은 무채색으로부터의 거리를 척도의 단위로 사용하여, 무채색을 채도가 없는 0으로 보고 채도가 가장 높은 색을 14로 규정해 2단계씩 나누어 표기하였다. 저채도 부분은 많이 사용되므로 1과 3을 추가해서 사용한다. 즉 1, 2, 3, 4, 6, 8, 10, 12, 14의 단계를 사용하며 유채색 중에서 채도가 가장 높은 색은 빨강(14)과 노랑(14)이다.

4) 먼셀 색입체 19년1회 산기|91, 18년2회 산기|81, 93, 18년1회 산기|85

- 먼셀의 색입체는 색상(H), 명도(V), 채도(C) 등 색의 3속성에 기반을 두고 여러 가지 색을 질서 정연하게 배치한 3차원의 표색 구조물이다.

- 색입체의 중심은 명도로 세로축에 배치하고, 주위의 원주 방향에 색상, 중심의 가로축에서 방사상으로 늘이는 축을 채도로 구성하였다.

- 먼셀의 색입체는 마치 나무가 성장하면서 커지는 듯한 모습을 본 따 먼셀의 색입체 컬러 트리(Munsell Color Tree)라고도 불린다.

수평단면 (등명도면, 가로단면, 횡단면)	먼셀 색입체를 수평으로 잘랐을 때, 기준이 된 가로축의 동일한 명도 내에서 색상의 차이와 채도의 차이를 볼 수 있다.
수직단면 (등색상면, 세로단면, 종단면)	먼셀 색입체를 수직으로 잘랐을 때 동일한 색상 내에서 명도의 차이와 채도의 차이를 볼 수 있다. 즉, 수직단면은 동일한 색상과 그 보색의 명도, 채도 변화를 한눈에 볼 수 있으며 가장 바깥쪽의 색이 순색이다.

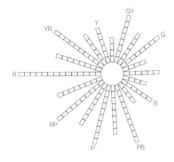

먼셀의 수평단면

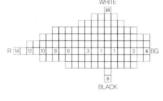

먼셀의 수직단면

먼셀 색입체(Color Solid)
색상은 원으로, 명도는 직선으로, 채도는 방사상으로 배열하는 성질을 가지고 있다.

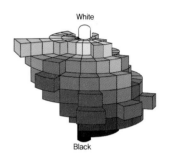

먼셀 3차원 색입체

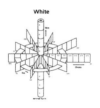

먼셀 색입체의 구성

5) 먼셀 색체계의 색 표기법 19년2회 산기|100, 19년1회 산기|83, 18년3회 산기|95, 96, 18년2회 기사|94

- 색을 먼셀 기호로 표시할 때는 색상(Hue), 명도(Value), 채도(Chroma)의 3속성을 H V/C 순서로 기록한다. 예를 들어 5R 7/10(5알, 7의 10)이라고 기록되어 있을 때는 "색상은 5R, 명도가 7, 채도는 10"이라는 색을 나타내는 것이다.

- 무채색은 색상과 채도가 없으므로 명도로만 표시하는데, 무채색을 뜻하는 N(Neutral)을 숫자 앞에 붙여서 N1.5, N2, N3 등으로 표기한다.

- 표색계에서 각 색표의 단계와 시각적 간격의 고르기는 완전하다고 말할 수 없으며, 특히 색상환의 배열에 문제가 있다.

- 색상의 각 기호는 색명을 말하기보다는 어디끼지나 기호로 취급되어 있다.

검은색과 흰색의 표현

먼셀은 이상적인 검은색을 0, 이상적인 흰색을 10으로 정했는데, Neutral에서 N을 따서 이상적인 흰색을 N10, 이상적인 검정을 N0으로 표기했다. 그러나 실제로 사람은 N0과 N10을 볼 수 없으므로 흰색은 N9.5로 표현하고, 검은색은 N1.5로 표현한다.

교육부 교육용 20색 규정(먼셀의 20색상환)

순서	색이름	먼셀 기호	명도	채도	영문 표기
1	빨강	R	4	14	Red
2	다홍	yR	6	12	Pale Yellow Red
3	주황	YR	6	10	Yellow Red
4	귤색	rY	7	10	Pale Red Yellow
5	노랑	Y	9	14	Yellow
6	노랑연두	gY	7	8	Pale Green Yellow
7	연두	GY	7	10	Green Yellow
8	풀색	yG	6	10	Pale Yellow Green
9	녹색	G	5	8	Green
10	초록	bG	5	6	Pale Blue Green
11	청·록	BG	5	6	Blue Green
12	바다색	gB	5	6	Pale Green Blue
13	파랑	B	4	8	Blue
14	감청	pB	4	8	Pale Purple Blue
15	남색	PB	3	12	Purple Blue
16	남보라	bP	3	10	Pale Blue Purple
17	보라	P	4	12	Purple
18	붉은보라	rP	4	10	Pale Red Purple
19	자주	RP	4	12	Red Purple
20	연지	pR	5	10	Pale Purple Red

(2) 먼셀 색체계의 활용 및 조화

1) 먼셀 색체계의 활용 18년3회 기사94

- 먼셀 색체계는 물체의 표면색을 나타내는 색체계 중에서, 색의 3속성을 바탕으로 체계적으로 색을 연계하여 객관적인 과학화와 표준화를 이뤘다는 점에서 높이 평가받고 있다.

- 현재 전 세계적으로 가장 많이 쓰이고 있으며, 지각색을 체계화하여 표시하는 방법으로 한국, 일본, 미국 등에서 표준 체계로 사용되고 있다.

- 우리나라의 경우, 한국산업규격(KS A 0062 색의 〈3속성에 의한 표시 방법〉)에서 먼셀 색체계의 색표기에 근거하여 색을 표시하고 있다.

- 산업자원부 기술표준원에서 제작한 『한국표준색표집』도 먼셀 색체계의 색표기에 따라 제작하여 기존에 사용하고 있는 외국 색표집과의 호환성을 유지하고, 공사의 색채 지정, 검수 기준, 색채 교육용 등으로 활용될 전망이다.

2) 먼셀 색체계의 조화 19년1회 기사87

- 먼셀의 색조화 이론의 핵심은 균형의 원리이다. 중간 명도의 회색 N5를 균형의 중심점으로 삼아 색들의 평균 명도가 N5가 되는 배색이 조화를 이룬다고 보았다. 이 원리는 저드의 색채 조화론의 질서성에 해당한다.
- 면적 대비에 대해서는 명도가 높은 색은 채도가 낮은 색과 조합하고, 강한 색은 작은 면적으로, 약한 색은 큰 면적으로 하여 배색한다는 것이다.

수직 조화	채도는 같고 명도차가 있는 배색을 말하며, 동일 색상 또는 인접 색상으로 채도가 같고 명도 간격이 일정한 배색이 조화롭다.
내면 조화	명도는 같고 채도가 다른 배색을 말하며, 채도가 약한 색은 채도가 강한 색보다 사용하는 면적을 크게 하면 배색이 조화롭다.
원주상 조화	색상, 명도, 채도가 모두 다른 배색을 말하며, 인접 색상으로 명도 간격과 채도 간격이 일정한 배색이 조화롭다. 단, 색상환에서 수직으로 자른 면에서 N5를 지나는 연속선상에 위치한 반대색의 배색이며, 저명도·저채도의 색면은 넓게, 고명도·고채도의 색면은 좁게 배색한다.
경사 내면 조화	색상이 같고 명도와 채도가 다른 배색을 말하며, 명도와 채도가 모두 다르지만, 각각 순차적으로 변화하는 색의 배색이 조화롭다.
타원형 조화	보색 관계의 배색을 말하며, 명도와 채도가 같은 한 쌍의 반대색을 연결하는 타원 형상의 배색이 조화롭다.

4 NCS(Natural Color System) 표색계

(1) NCS 색체계의 구조 및 속성 19년2회 산기97, 18년1회 기사98, 18년1회 산기84

- NCS는 스웨덴 색채 연구소가 1964년부터 1972년까지 연구하고 발표하여 스웨덴과 노르웨이의 국가 규격으로 채택하여 사용하고 있다.
- 오늘날 먼셀과 아울러 색을 표시하는 데 가장 많이 사용되는 표색계 중의 하나이며, 오스트발트 색체계와 기초 이론은 같으나 오스트발트가 회전혼색에 기반을 둔 반면, NCS는 안료, 도료의 혼합을 기반으로 하고 있다.
- 먼셀의 색체계는 색상, 명도, 채도 3가지로 분류하여 색상을 정량적으로 정의하는 반면, NCS는 사람들이 지각하는 상대적인 퍼센트인 색상과 뉘앙스(Nuance)로 색상에 대한 정보를 전달하기 때문에 이해가 쉽고 대략의 색상을 설명하기에 유용하여 최근 국내에서도 건축, 디자인, 환경 색채 분야를 중심으로 사용이 확대되고 있다.

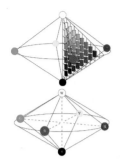

NCS 색공간

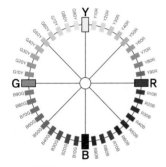

NCS 색상환

동일하양색도

동일검정색도

NCS 색삼각형

1) NCS 색공간

- NCS 색공간은 삼차원 모델이며, 인간이 구별할 수 있는 빨강(R), 노랑(Y), 파랑(B), 초록(G)의 4가지 유채색과 흰색(W), 검정(S)의 2가지 무채색을 합하여 모두 6가지 색을 기본색으로 한다.
- 기본색들은 각각 흰색과 검정의 양이 포함되었는지의 순도에 따라 색삼각형을 이루게 되며 3차원의 원추형 색입체로 구성되어 있다.

2) NCS 색상환 18년3회 산기81

- NCS 색상환은 색공간의 중간을 수평으로 자른 수평 단면으로 순색을 원형으로 배열한 것이다.
- 색상환은 4가지의 기본색인 노랑(Y), 파랑(B), 초록(G), 빨강(R)이 상, 하, 좌, 우에 각각 4개로 분할되어 있으며 노랑과 빨강 사이, 빨강과 파랑 사이, 파랑과 초록 사이, 초록과 노랑 사이에 각각 10단계로 나뉘어 총 40개의 색상으로 색상환을 구성하고 있다.

3) NCS 색삼각형 19년3회 기사94, 19년2회 산기95, 19년2회 기사99, 19년1회 기사84, 18년2회 산기95

- 색공간을 수직으로 자른 등색상면으로써 동일 색상을 지닌 색들을 배열해 놓은 NCS 등색상 삼각형이다.
- 색삼각형의 위에서 아래로 흰색(W)과 검정(S)의 그레이 스케일을 나타내고, 삼각형의 오른쪽 꼭짓점에는 채도(C)를 표기한다.
- 삼각형의 세로 변에는 흰색에 검정 기미가 등간격으로 증가하는 무채색들이 위치하고, 아래 빗변에는 검정에 순색 기미가 등간격으로 증가하는 유채색들이 위치한다.
- 색삼각형에서 W·C 축과 평행한 직선상에 놓인 흰색과 순색의 사선 배치에는 동일 검은색도가 놓이게 된다.
- 등색상 삼각형에서의 모든 색에 대해 검정, 순색, 그리고 흰색 기미의 합은 100%가 된다. 즉 W(%) + S(%) + C(%) = 100(%)가 된다.

4) NCS 표기법 19년3회 산기98, 19년3회 산기90, 19년2회 기사91, 19년1회 산기85, 19년1회 기사99, 18년3회 산기85, 18년1회 기사86

- NCS 색체계에서는 색을 색상과 뉘앙스(Nuance)로 표현할 수 있다.
- NCS 색표기는 검정 기미(%), 순색 기미(%), 그리고 색상 순으로 나타내며 인간이 구별할 수 있는 가장 기본적인 6가지 색 즉, 흰색, 검정, 노랑, 빨강, 파랑, 초록을 기본색으로 정하였다.

- S2030-Y90R에서 S는 제2집(Second Edition)을 표시하고, 2030은 검정 기미 20%와 순색 기미 30%를 나타낸다. Y90R은 순색의 색상을 기호화한 것인데, 기본 색상 R의 기미가 90% 정도인 노란색(10%)을 나타낸다. 흑색 량 + 순색량 = Nuance(뉘앙스)로, 톤의 개념으로 사용된다.
- 무채색의 표기법으로는 순수한 회색은 무채색을 의미하는 N(Neutral)으로 표시한다. 0500-N은 흰색이고 1000-N, 1500-N, 2000-N 등으로 점점 더 진한 회색을 표기하며 9000-N은 검정으로 표기한다.

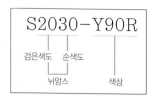

표기법

(2) NCS 색체계의 활용 및 조화 19년3회 기사93

- NCS 색체계는 먼셀 색체계에 비해 역사가 짧지만 현재 전 세계적으로 광범 위하게 통용되고 있다.
- NCS 표색계는 노르웨이, 스페인, 스웨덴의 표준색을 제정하는 데 기여하였 으며, 영국 런던의 모든 지하철 노선에 NCS 색상이 적용되는 등 유럽을 비 롯한 전 세계에서 사용되며 먼셀 표색계와 가장 호환성이 좋은 색체계로써 활용도도 크게 기대되고 있다.
- 등색상 삼각형에 포함되어 있는 색들은 자연색을 기본으로 질서 있고 조화 롭게 배열되어 있어 색의 선택이나 배색에 편리한 색체계로 알려져 있다.
- 물감이나 물체색을 다루는 일에서도 알기 쉽고 쓰기 편하다는 점과, 프로세 스 시스템과도 호환이 용이한 장점으로 인쇄 등에 이용 비율이 높아지고 있다.

5 기타 색체계

(1) 오스트발트의 표색계 18년2회 산기85, 18년1회 기사87

- 오스트발트(Wilhelm Ostwald)는 독일의 물리 화학자로서 색채의 표준화를 연구하여 1917년에 오스트발트 표색계의 개념을 발표하였다.
- 이 색체계의 원리는 회전 혼색기의 색채 분할 면적의 비율을 변화시켜 색을 만들고, 색표로 나타낸다.
- 모든 빛을 흡수하는 이상적인 검정(B), 모든 빛을 반사하는 이상적인 흰색 (W), 특정 과정 영역의 빛만을 반사하고 나머지 파장 영역을 흡수하는 이상 적인 순색(C)이라고 하는 세 가지 요인을 가정하고, "조화란 질서가 있을 때 나타난다."고 하였다.

• 모든 색을 순색량(C) + 백색량(W) + 흑색량(B) = 100이 되는 3색 혼합으로 물체색을 체계화하였다. 순색량(C), 백색량(W), 흑색량(B)의 합을 100%로 하였기 때문에 등색상면 뿐만 아니라 어떠한 색이라도 혼합량의 합은 항상 일정하다.

1) 오스트발트의 색상환 _{19년3회 산기100, 18년3회 기사97, 18년2회 기사91}

• 오스트발트의 색상환은 헤링의 4원색(빨강, 노랑, 초록, 파랑)을 기준으로 보색 대비에 따라 4분할하고 다시 중간에 4가지 색상(주황, 연두, 청록, 보라)을 배열한 8색을 기준으로 하고 있다.

• 노랑(Yellow), 파랑(Ultramarine Blue), 빨강(Red), 초록(Sea Green)을 마주 보도록 배치하고 그 사이사이에 주황(Orange), 연두(Leaf Green), 청록(Turquoise), 보라(Purple)를 배치하였다. 최종적으로 이것을 다시 3등분하여 우측 회전 순으로 번호를 붙여 24색상환으로 완성하였다.

• 무채색 축을 중심으로 24색상을 가진 등색상 삼각형이 배열되어 오스트발트의 색입체가 구성되었다.

2) 오스트발트의 명도 단계

• 명도 단계는 이상적인 흰색(W)과 이상적인 검정(B) 사이에 표시 기호로 알파벳을 사용하여 하나씩 건너뛴 a, c, e, g, i, l, n, p의 기호를 붙인 8단계를 삽입하여 전체 10단계로 설정되어 있다.

• 이상적인 흰색과 검정은 안료로 재현할 수 없으므로, a가 가장 밝은 색표인 흰색(0C + 89W + 11B = 100%), p가 가장 어두운 색표인 검정(0C + 3.5W + 96.5B = 100%)을 의미한다.

• 오스트발트 색체계에서 흰색과 검정의 혼합은 정량적인 비율에 따른 것이 아니라 인간의 심리적인 감각 상수의 원칙에 따르고 있다.

3) 오스트발트의 등색상 삼각형

• 어느 한 색상에 포함되는 색은 모두 B + W + C = 100이 되는 혼합비에 의하여 구성되어 있다.

• 정삼각형의 꼭짓점에 그 색상환에 해당하는 순색, 흰색, 그리고 검정을 배치한 색 삼각 좌표 안쪽의 각 좌표를 그 세 가지 성분의 혼합비로 표시하였고 그 내부에 혼합량의 비율에 따라 등백색계열, 등흑색계열로 배열하면 하나의 등색상이 된다. 이들 각 변을 8등분하여 28색으로 나누고 그 각각에 기호를 붙였다.

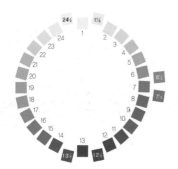

오스트발트의 색상환

4) 오스트발트의 기호 표시법 19년2회 산기82, 19년2회 기사88, 18년3회 기사82, 18년1회 산기100, 18년1회 기사94

- 순색량(C) + 백색량(W) + 흑색량(B) = 100이라는 공식에 따라 색상 번호로 백색량과 흑색량을 붙여 나타낸다. 예를 들면 17lc 기록되었다고 하면 숫자 뒤의 알파벳 중에서 앞의 기호는 백색량, 뒤의 기호는 흑색량을 나타내어 색상은 17, 백색량은 8.9%, 흑색량은 44%가 되며, 따라서 100 − (8.9 + 44) = 47.1%의 색 함유량이 된다. 이것은 약간 회색을 띤 청색이다.
- 등색상 삼각형 이론으로 선택된 색표는 W−B, W−C, C−B 각 변에 각각 8단계로 등색상 삼각형을 형성하는데 여기에 기호를 붙여 표기한다.
- W에서 C방향으로 a, c, e, g, i, l, n, p와 같이 알파벳을 하나씩 건너뛰어 표기한다. C에서 B방향으로 똑같이 a, c, e, g, i, l, n, p로 표기하여 이들의 교점이 되는 색을 ca, la라든가 pn, pl로 표시한다.
- 앞의 기호가 a에 가까울수록 백색량이 많이 함유된 색이며, 뒤의 기호가 p에 가까울수록 흑색량이 많이 함유된 색이다.

백색량 · 흑색량의 함량 비율 비교표

기호	ⓐ	c	e	g	i	l	n	ⓟ
백색량	89	56	35	22	14	8.9	5.6	3.5
흑색량	11	44	65	78	86	91.1	94.4	96.5

5) 오스트발트의 색입체 19년3회 기사90, 19년2회 기사85, 19년2회 기사84, 19년1회 산기95, 18년1회 산기94

- 오스트발트의 색체계의 등색상면은 정삼각형 형태인데, 이 등색상 삼각형을 무채색 축을 중심축으로 해서 차례로 세워 배열하면 복원추체 모양이 된다.
- 오스트발트 색입체의 등색상면은 같은 색조의 색을 선택할 때는 일정한 계열을 활용할 수 있지만, 기호가 같은 색이라도 색상에 따라서 명도, 채도의 감각이 같지 않고, 명도의 구분이 모호하다는 단점이 있다.

기호 표기법

등백계열
B, C와 평행선상에 있는 색으로서 백색량이 모두 같은 색의 계열이다.

등흑계열
CW와 평행선 상에 있는 색으로서 흑색량이 모두 같은 계열이다.

등순계열
WB와 평행선상에 있는 색으로 순색의 혼합량이 모두 같은 계열이다.

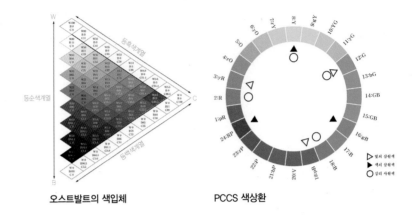

오스트발트의 색입체   **PCCS 색상환**

(2) PCCS 색체계 19년3회 산기97, 18년1회 기사81

- 일본색채연구소가 1964년에 일본색연배색체계(Practical Color Coordinate System)의 명칭으로 발표한 것으로, 색채 조화를 주목적으로 한 컬러 시스템이다.
- 이 체계는 톤의 개념이 도입된 것이 특징인데, 실질적인 배색 계획에 적합하여 배색 조화를 얻기 쉽고 계통색명과도 대응시킬 수 있어, 일본에서는 디자인계와 교육계에 널리 보급되어 있다.
- 오스트발트 시스템과 마찬가지로 24색상으로 한다. 여기에는 색광과 색료의 3원색이 포함되어 있다.

1) PCCS의 색원리

① PCCS의 색상환 19년 1회 기사 89

- NCS의 4원색을 기준으로 삼고 색상은 색의 3원색 C, M, Y와 색광의 3원색 R, G, B, 심리의 4원색 빨강(R), 노랑(Y), 초록(G), 파랑(B)을 기본색으로 놓고, 서로 반대쪽에 위치시켜 2등분하여 8색을 만든다.
- 8색상에 고른 색상 간격이 느껴지도록 4색을 추가하여 12색을 만든 후 여기에 다시 중간색을 넣어 24색을 만든다.

② PCCS의 색상

- 4가지 기본색(빨강, 노랑, 초록, 파랑)을 기준으로 색상을 1~24로 색상 번호를 부여하고, 색명의 약호인 알파벳 기호와 함께 색상 기호로 사용한다.
- 빨강부터 번호를 붙이면 1:pR, 2:R, 3:yR … 22:p, 23:rp, 24:RP로 표시한다. 예를 들어 19:pB는 purplish Blue의 약어로 보라색 기미의 파랑이다.

③ PCCS의 명도

- 먼셀의 명도 단계에 근거하고 있으며 이상적인 지각적 등보성이 유지되도록 분할해 나간다.
- 흰색과 검정 사이를 절반으로 나누어 '흰색–중간 회색–검정'의 3단계로 나눈 뒤 또 그사이를 '흰색–밝은 회색–중간 회색–어두운 회색–검정'의 5단계로 나누고 사이사이 중간을 0.5 단계가 될 때까지 분할해 17단계의 명도 단계로 구분한다.

④ PCCS의 채도

- 채도는 모든 색의 채도치를 1s부터 9s까지 9단계로 구성하였다. 가장 고채도인 색을 색상 표준색으로 하여 9s의 수치로 표기하고, 무채색을 0s로 하여 등간격을 분할하였다.
- 포화도를 의미하는 s는 saturation의 약자이며 먼셀 표색계와는 달리 절대 채도치를 채용하고 있다.

⑤ PCCS 톤 19년2회 산기|85, 18년2회 기사|85

- PCCS 톤은 색상을 톤이 같은 색끼리 12종류로 나누어 정리해 놓은 것이다.
- 명도의 차이가 있으며, 선명함이 공통되는 그룹이 있다. 저채도의 라이트 그레이시(ltg), 다크 그레이시(dkg)의 톤에서는 제각기의 톤 그룹에서 색상에 의한 명도차가 거의 없지만, 고채도의 비비드(v) 톤의 그룹에서는 명도에 큰 차이가 있다.

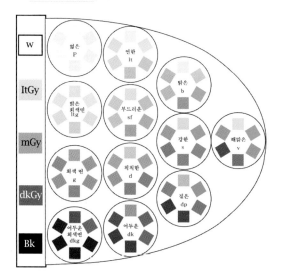

PCCS 톤

2) PCCS의 색표기법

- PCCS의 색표기는 3속성에 따라 척도치를 나타내는 PCCS 기호에 의한 방법과 톤과 색상 번호를 조합한 톤 기호로 표시하는 방법이 있다. 또 계통색명과 대응도 되어 색명으로 표시하기도 한다.

- PCCS 기호에 의한 표시는 2:R-4.5-9s와 같이 색상 번호는 색상 기호-명도-채도로 표기하고 색상 기호에서 색상명을 영문 대문자로, 색상 수식어를 소문자로 표시한다.

- 톤 기호에 의한 표시는 v2와 같이 비비드 톤을 나타내는 v와 색상 기호 2로 표기한다. 흰색은 W, 검은색은 Bk, 명도를 나타내는 숫자는 Gy를 부가하여 'Gy-6.5'라고 표시한다.

교육부 교육용 20색규정

기호	색명	기호	색명	기호	색명	기호	색명
1 : pR	purplish Red	7 : rY	reddish Yellow	13 : 6G	bluish Green	19 : pB	purplish Blue
2 : R	Red	8 : Y	Yellow	14 : BG	Blue Green	20 : V	Violet
3 : yR	yellowish Red	9 : gY	greenish Yellow	15 : BG	Blue Green	21 : P	Purple
4 : rO	reddish Orange	10 : YG	Yellow Green	16 : gB	greenish Blue	22 : P	Purple
5 : O	Orange	11 : yG	yellowish Green	17 : B	Blue	23 : RP	Red Purple
6 : yO	yellowish Orange	12 : G	Green	18 : B	Blue	24 : RP	Red Purple

(3) DIN(Deutsches Insititute fur Nomung) 19년3회 기사96, 19년2회 기사82, 18년2회 산기90

기적의 Tip

DIN 색표기법의 예

'2 : 6 : 1'에서 2는 색상, 6은 포화도, 1은 어두움을 의미 한다.

- 1955년 독일공업규격위원회에서 채택된 표색계는 오스트발트 체계를 기본으로 하여 실용화에 주안점을 두고 개발된 색표계이다.

- DIN 표색계는 색의 3속성의 변수가 뚜렷하고, 오스트발트의 24색상을 기준으로 하였으며 채도에 명도의 단계가 도입된 오스트발트 표색보다 좀 더 현실적이고 실제적이다.

- 색상은 24개의 색상으로 구성하고, 채도는 0~15까지로 16단계(0은 무채색), 명도(어두운 정도)는 0~10까지로 11단계(10은 검은색)로 나누었다. 색상을 T, 포화도(채도)를 S, 암도(명도)를 D로 표기하였다. 표기 방법은 색상 : 포화도 : 암도 = T : S : D 의 3가지 기호로 표기한다.

(4) RAL Color Space System 19년1회 기사98

- 독일에서 발행된 표준 색표집으로써 유럽의 산업계, 특히 독일 문화권 지역들에서 널리 활용되고 있다.
- 색상을 색상, 명도, 채도에 따라 분류한 디자이너용 실용 색표이며, 기본 170색과 1688의 확장된 색상을 규정하고 있다.
- RAL 색표집으로는 RAL 840 HR(반광판)과 RAL 841 GL(유광판)의 2종이 표준으로 되어 있으며, 번호의 첫째 자리 숫자가 색상(1 = Yellow, 2 = Orange, 3 = Red, 4 = Violet, 5 = Blue, 6 = Green, 7 = Gray, 8 = Brown, 9 = White)을 구분해 준다.
- 주로 건축이나 차량용, 기계도장에 많이 쓰이는 외장색으로 사용된다.

(5) 팬톤(Pantone) 색체계

- 미국의 팬톤사는 1963년 자사 제품의 활용도를 높이고자 고객 서비스 차원에서 PANTONE MATCHING SYSTEM(팬톤 매칭 시스템)을 개발하였다.
- 팬톤 매칭 시스템은 독점적인 번호 체계와 칩 형태로 컬러 표준을 구성하였으며, 세계 어느 곳에서나 일관되고 정확한 컬러 선정, 색채 표현 및 재생산이 가능한 혁신적인 솔루션이 되었다.
- 팬톤 표준은 디지털과 물리적인 컬러 사양과 함께 컬러 솔루션을 포함하고 있으며, 팬톤의 컬러 언어는 섬유, 의류, 미용, 인테리어, 건축 및 산업 디자인, 인쇄, 텍스타일, 플라스틱, 색소 및 코팅을 포함한 여러 소재에 걸쳐 10,000개 이상의 컬러 표준을 포함한다.
- 팬톤 색체계는 국가 표준이 아니므로 색의 배열이 불규칙하며, 색채의 배열과 구성에서 지각적 등보성이 없다. 또한, 유행색과 사용빈도가 높은 색으로 편중된 경향이 있으나 큰 회사 규모와 높은 인지도로 인하여 세계의 많은 디자이너와 생산자들이 팬톤 시스템을 사용하고 있다.

SECTION 02 색명

기적의 Tip

색명 체계

색명은 언어의 의사전달 면에서 편리하고 가장 빠른 방법이며 현재는 혼색계인 CIE의 XYZ 표색계와 현색계인 오스트발트 표색계, 먼셀 표색계를 사용하고 있다.

- 색명이란 색을 이름으로 표시하는 표색의 일종이다. 색을 표시하고 전달하는 데 있어 체계적이고 정확한 전달을 목표로 한다.
- 색명은 숫자나 기호보다 색감을 잘 표현하여 부르기 쉽고, 기억하거나 상상하기 쉬워 색을 표시하고 전달하는 방법 중 가장 일반적으로 통용되고 있다.
- 색명은 기본적 색명부터 국가, 인종, 지역 등에 따라 붙여지거나, 형용사적으로 표현되기도 하는데, 크게 기본색명, 관용색명, 계통색명으로 나눈다.

(1) 색명에 의한 분류

1) 기본색명(Basic Color Names)

- 기본색명이란 한국산업규격(KS A 0011)에 제시된 기본적인 색의 구별을 나타내기 위한 기본색의 이름이다.
- 단일어형의 독립된 언어이며 사물을 지칭하거나 어떤 대상이 연상되지 않고 색만을 구별하는 색명으로, 일반적으로 보급되어 사용빈도가 높다.
- 우리나라는 12개의 유채색과 3개의 무채색으로 기본색명을 규정하고 있다. 유채색의 기본색명은 빨강, 주황, 노랑, 연두, 초록, 청록, 파랑, 남색, 보라, 자주, 분홍, 갈색이며, 무채색의 기본색명은 하양, 회색, 검정이다.

기적의 Tip

상용 색표

기업에서 자사 제품의 활용을 위해 고객 서비스 차원에서 출발하였다. 또한, 색의 배열이 불규칙하고 유행색이나 사용빈도가 높은 색으로 편중된 경향이 있다. 국가의 표준은 아니더라도 회사의 인지도에 따라 세계적으로 사용되기도 한다.

2) 관용색명(Customary Color Names) 19년1회 산기99, 18년3회 산기97

- 관용색명이란 습관상 사용되는 색에 대한 고유색명(Traditional Color)으로 동·식물, 광물, 자연대상물, 지명, 인명 등의 이름을 따서 만든 것이다.
- 무수히 많은 이름과 어원을 가지고 있고 이미지의 연상으로 만들어지거나 이미지에 기본적인 색명을 붙여서 만들어지는 것이 있어서 복잡하고 혼동하기도 쉽다. 또한, 시대사조나 유행에 따라 좌우되기도 하며 색채 전달이 다소 불안정하다.

기적의 Tip

관용색명의 장단점

관용색명은 색의 이미지를 쉽게 전달할 수 있지만, 색의 구별에 개인차가 있고 속성에 따라 여러 종류가 있어 공업 분야 등 정확히 색을 구분해서 전달해야 할 때는 부적절하다.

① 옛날부터 사용한 기본색에 의한 고유색명

우리말로 된 검정, 하양, 빨강, 노랑, 파랑, 보라 등이 있고, 한자로 된 흑(黑), 백(白), 적(赤), 황(黃), 녹(綠), 청(靑), 자(紫) 등이 있다.

② 동물의 이름에서 따온 색명 18년3회 산기|90

비둘기색, 쥐색, 연어 살색(Salmon Pink), 낙타색(Camel), 오징어 먹물(Sepia), 공작 꼬리의 파랑(Peacock Green), 카나리아 털빛의 노랑(Canary Yellow) 등이 있다.

비둘기색

③ 식물의 이름에서 따온 색명

복숭아색, 올리브색, 밤색, 오렌지색, 장미색, 레몬색, 라벤더색, 살구색, 가지색 등이 있다.

④ 광물이나 원료의 이름에서 따온 색명

고동색, 금색, 은색, 황금색, 진사, 철사, 코발트블루, 에메랄드그린, 크롬옐로, 황토색 등이 있다.

개나리색

⑤ 지명 또는 인명에서 따온 색명

프러시안 블루(Prussian Blue), 하바나 브라운(Havana Brown), 마젠타 보르도(Magenta Bordeaux) 등이 있다.

⑥ 자연현상에서 따온 색명

스카이 블루(Sky Blue), 스카이 그레이(Sky Gray), 하늘색, 바다색, 무지개색, 눈(雪)색 등이 있다.

에메랄드색

3) 계통색명(Systematic Color Names, 일반색명) 19년1회 기사82, 17년1회 산기|93

- 기본색명에 색의 3속성(색상, 명도, 채도)이 드러나도록 수식어를 붙여 표현하는 색이름을 말한다.
- 색이 감성적으로 이해하기 쉽게 전달되도록 형용사나 수식어를 덧붙여서 진한 빨강, 탁한 파랑, 어두운 초록, 밝은 보라, 빨강을 띤 주황, 노랑을 띤 초록, 파랑을 띤 보라 등으로 부르는 것이다.
- 계통색명은 기본색명보다는 정확하지 않지만, 관용색명의 단점을 보완할 수 있고, 감성적 전달이 쉬워지는 장점이 있다.
- 색상에 관한 수식어는 '빨강 띤(Reddish), 노랑 띤(Yellowish), 녹색 띤(Greenish), 파랑 띤(Bluish), 보라 띤(Purplish)' 등 5가지로 표현하며, 명도, 채도의 차이를 표현하는 수식어로는 '아주 연한(Pale), 연한(Light), 칙칙한(Dull), 어두운(Dark), 밝은(Bright), 기본색(Strong), 짙은(Deep), 해맑은(Vivid)' 등과 같은 것을 사용한다. 예를 들어 '어두운 빨강을 띤 회색과 같은 이름이다.

기적의
Tip

계통색명 방법
계통색명(일반색 이름)은 기본색명에 수식어를 붙여 표현하는 방법이다.

(2) 색명법

1) ISCC-NIST 일반색명, 계통색명 19년2회 기사92

- ISCC-NBS 색명 체계는 전미색채협의회(ISCC : Inter Society Color Council)와 미국국가표준국(NBS : National Bureau of Standards)이 공동으로 연구하여 발표한 것으로, 색채의 감성 전달이 우수한 체계이다.

- 먼셀의 색입체에 위치하는 색을 267개의 단위로 나누고, 다섯 개의 명도 단계와 일곱 가지의 색상을 나타내는 기본색과 세 가지 보조 색상으로써 색이름을 부르며, 그들을 형용사로 사용하여 수식하는 계통색명법이다.

- 무채색 단계는 N1에서 N9.5까지 세밀하게 나뉘어 있으며, 무채색 앞에 채도에 관한 수식어를 사용하여 무채색에 가까운 유채색을 나타낸다. moderate, pale, strong, vivid는 색상을 의미하는 수식어이다. 이것은 1955년에 『색이름 사전(Dictionary of Color Names)』으로 발간되었다.

- 현재 ISCC-NBS는 ISCC(Inter-Society Color Council)-NIST(National Institute of Standards and Technology)로 명칭이 변경되었다.

- 한국규격(KS)의 색이름은 ISCC-NIST를 기준으로 하고 있으며, 세계 여러 나라의 색이름도 이것을 기준으로 하고 있다.

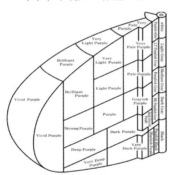

ISCC-NES 시스템 구성도

white	-ish white	very pale	very light		
light gray	light -ish gray	pale, light grayish	light	brilliant	
medium gray	-ish gray	grayish	moderate	strong	vivid
dark gray	dark -ish gray	dark grayish	dark	deep	
black	-ish black	blackish	very dark	very deep	

ISCC-NES Color 시스템

2) KS 계통색명, 관용색명

- 색견본집은 2005년 12월에 제작되었다. KS A 0011(물체색의 색이름)의 개정판에 수록된 135가지 관용색 이름의 대표색과 203가지 계통색 이름에 대한 중심색을 도료를 사용해 정확하게 나타낸 것이다.
- 색상 배열과 페이지를 편리하게 구성하였고, 색상의 먼셀 기호표기와 관용색 이름(例 진달래색)과 해당 계통색 이름(例 진한 빨강)의 관계를 표로 표기해 다양하게 활용할 수 있도록 하였다.

① KS 기본색명

한국산업규격(KS A 0011)에 제시되어 있는 기본적인 색의 구별을 나타내기 위한 색이름이다. 유채색(12가지)과 무채색(3가지)의 기본색명을 규정하고 있다.

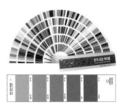

한국표준색이름 색견본집

	기본색 이름	대응 영어	약호
유채색(12가지)	빨강(적)	Red	R
	주황	Orange	O
	노랑(황)	Yellow	Y
	연두	Yellow Green	YG
	초록(녹)	Green	G
	청록	Blue Green	BG
	파랑(청)	Blue	B
	남색(남)	Bluish Violet	bV
	보라	Purple	P
	자주(자)	Reddish Purple	rP
	분홍	Pink	Pk
	갈색(갈)	Brown	Br
무채색(3가지)	하양(백)	White	Wh
	회색(회)	(neutral) Grey(영), (neutral) Gray(미)	Gy
	검정(흑)	Black	Bk

② KS 계통색명

- 한국산업규격(KS)에서는 모든 색을 계통적으로 분류해서 표현할 수 있도록 기본색명에 형용사와 같은 수식어를 붙여서 사용하고 있다.
- 종류는 유채색에 대한 명도와 채도의 수식어와 무채색의 명도에 관한 수식어, 색상에 관한 수식어 등으로 구분된다.

③ 기본색 이름의 조합 방법 19년3회 산기96, 18년1회 기사93

기본색명에 수식어를 붙여 표현하는 방법으로 3가지 유형이 있다. 기본색 이름의 형용사로써 '빨간, 노란, 파란, 흰, 검은'을 사용하며, 기본색 이름의 한자 단음절로 '적, 황, 녹, 청, 자, 갈, 회, 흑'을 사용하고, 수식형이 없는 2음절 색이름에 '빛'을 붙인 수식형으로 '초록빛, 보랏빛, 분홍빛, 자줏빛'을 사용한다.

기적의 Tip

기본색 이름의 조합 방법의 예

- **기본색 이름의 수식형** : 빨간, 노란, 파란, 흰, 검은
- **( )의 색이름을 포함한 단음절 색 이름형** : 적, 황, 녹, 청, 자, 남, 갈, 회, 흑
- **수식형이 없는 2음절 색이름에 '빛'을 붙인 수식형** : 초록빛, 보랏빛, 분홍빛, 자줏빛 등

색이름에 관한 수식형			색이름 수식형별 기준색 이름
기본색 이름	대응 영어	약호	기준색 이름
빨간(적)	Reddish	r	자주(자), 주황, 갈색(갈), 회색(회), 검정(흑)
노란(황)	Yellowish	y	분홍, 주황, 연두, 갈색(갈), 하양, 회색(회)
초록빛(녹)	Greenish	g	연두, 갈색(갈), 하양, 회색(회), 검정(흑)
파란(청)	Bluish	b	하양, 회색(회), 검정(흑)
보랏빛	Purplish	p	하양, 회색, 검정
자줏빛(자)	Red-purplish	rp	분홍
분홍빛	Pinkish	pk	하양, 회색
갈	Brownish	br	회색(회), 검정(흑)
흰	Whitish	wh	노랑, 연두, 초록, 청록, 파랑, 보라, 분홍
회	Grayish	gy	빨강(적), 노랑(황), 연두, 초록(녹), 청록, 파랑(청), 남색, 보라, 자주(자), 분홍, 갈색(갈)
검은(흑)	Blackish	bk	빨강(적), 초록(녹), 청록, 파랑(청), 남색, 보라, 자주(자), 갈색(갈)

④ 기본색 이름과 조합색 이름을 수식하는 방법

기본색 이름이나 조합색 이름 앞에 수식 형용사를 붙여 색채를 다양하게 표현할 수 있다. 필요하면 두 개의 수식 형용사를 결합하거나 '아주'를 수식 형용사 앞에 붙여 사용할 수 있다.

유채색의 수식 형용사

수식 형용사	대응 영어	약호
선명한	vivid	vv
흐린	soft	sf
탁한	dull	dl
밝은	light	lt
어두운	dark	dk
진(한)	deep	dp
연(한)	pale	pl

예 ( )의 '한'은 생략하여 진빨강, 진노랑, 진분홍, 연보라

무채색의 수식 형용사

수식 형용사	대응 영어	약호
밝은	light	lt
어두운	dark	dk

예 밝고 연한, 아주 연한, 아주 밝은, 연하고 흐린

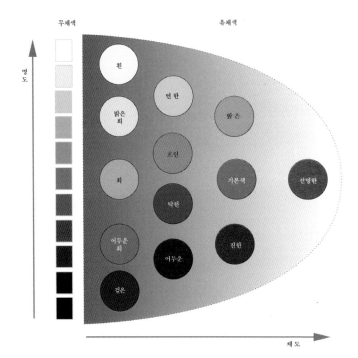

무채색의 명도, 유채색의 명도와 채도의 상호 관계

⑤ 수식 형용사를 적용한 색채 표현과 적용 색상 범위 19년3회 산기96

기본색 이름과 조합색 이름에 수식 형용사를 적용하여 나타낸 색채 표현과 색상 범위는 다음의 표와 같다. 색채 표현과 색상 범위는 KS A 0062에 따른 색상값으로 표시되어 있다.

기본색 이름	조합색 이름	수식 형용사 적용 색채 표현	색상 범위
빨강			2.5R – 7.5R
		선명한 빨강	2.5R – 7.5R
		밝은 빨강	2.5R –7.5R
		진한 빨강(진빨강)	2.5R – 7.5R
		흐린 빨강	2.5R – 7.5R
		탁한 빨강	2.5R – 7.5R
		어두운 빨강	5R
	회적색		2.5R – 7.5R
		어두운 회적색	2.5R – 7.5R
	검은 빨강		2.5R – 7.5R
주황			10R – 10YR
		선명한 주황	2.5YR
		밝은 주황	2.5YR – 5YR
		진한 주황(진주황)	2.5YR
		흐린 주황	2.5YR
		탁한 주황	2.5YR – 5YR
	빨간 주황		10R
		선명한 빨간 주황	10R
		밝은 빨간 주황	10R
		탁한 빨간 주황	10R
	노란 주황		7.5YR – 10YR
		선명한 노란 주황	7.5YR
		밝은 노란 주황	10YR
		진한 노란 주황	7.5YR
		연한 노란 주황	7.5YR – 10YR
		흐린 노란 주황	7.5YR – 10YR
		탁한 노란 주황	7.5YR

노랑			10YR – 7.5Y
		진한 노랑(진노랑)	2.5Y
		연한 노랑(연노랑)	2.5Y – 7.5Y
		흐린 노랑	2.5Y – 7.5Y
	흰 노랑		10YR – 7.5Y
	회황색		10YR – 7.5Y
		밝은 회황색	10YR – 7.5Y
연두			10Y – 2.5G
		선명한 연두	5GY – 7.5GY
		밝은 연두	5GY – 7.5GY
		진한 연두	5GY – 7.5GY
		연한 연두	5GY – 7.5GY
		흐린 연두	5GY – 7.5GY
		탁한 연두	5GY – 7.5GY
	노란 연두		10Y – 2.5GY
		선명한 노란 연두	10Y – 2.5GY
		밝은 노란 연두	10Y – 2.5GY
		진한 노란 연두	10Y – 2.5GY
		연한 노란 연두	10Y – 2.5GY
		흐린 노란 연두	10Y – 2.5GY
		탁한 노란 연두	10Y – 2.5GY
	녹연두		10GY – 2.5G
		선명한 녹연두	10GY
		밝은 녹연두	10GY – 2.5G
		연한 녹연두	10GY – 2.5G
		흐린 녹연두	10GY – 2.5G
		탁한 녹연두	10GY – 2.5G
	흰 연두		10Y – 10GY
	회연두		10Y – 10GY
		밝은 회연두	10Y – 10GY
초록			10Y – 5BG
		선명한 초록	2.5G
		밝은 초록	10GY – 5BG
		진한 초록(진초록)	7.5GY – 5BG
		연한 초록(연초록)	5G – 5BG
		흐린 초록	10GY – 5BG
		탁한 초록	7.5GY – 5BG

		어두운 초록	7.5GY – 5BG
	흰 초록		2.5G – 5BG
	회녹색		10Y – 5BG
		밝은 회녹색	2.5G – 5BG
		어두운 회녹색	10Y – 5BG
	검은 초록		10Y – 5BG
청록			7.5BG – 7.5B
		밝은 청록	7.5BG – 2.5B
		진한 청록	7.5BG – 7.5B
		연한 청록	7.5BG – 10BG
		흐린 청록	7.5BG – 7.5B
		탁한 청록	7.5BG – 7.5B
		어두운 청록	7.5BG – 7.5B
	흰 청록		7.5BG – 2.5B
	회청록		7.5BG – 7.5B
		밝은 회청록	7.5BG – 2.5B
		어두운 회청록	7.5BG – 7.5B
	검은 청록		7.5BG – 7.5B
파랑			2.5B – 5PB
		선명한 파랑	10B – 5PB
		밝은 파랑	5B – 5PB
		진한 파랑(진파랑)	10B – 2.5PB
		연한 파랑(연파랑)	2.5B – 5PB
		흐린 파랑	5B – 5PB
		탁한 파랑	5B – 5PB
		어두운 파랑	10B – 2.5PB
	흰 파랑		5B – 5PB
	회청색		5B – 5PB
		밝은 회청색	5B – 5PB
		어두운 회청색	10B – 5PB
	검은 파랑		10B – 2.5PB
남색			5PB – 10PB
		밝은 남색	7.5PB
		흐린 남색	5PB – 7.5PB
		어두운 남색	5PB – 10PB
	회남색		7.5PB
	검은 남색		5PB – 10PB

보라			7.5PB – 10P
		선명한 보라	10PB – 10P
		밝은 보라	7.5PB – 10P
		진한 보래(진보라)	2.5P – 10P
		연한 보래(연보라)	7.5PB – 7.5P
		흐린 보라	7.5PB – 10P
		탁한 보라	7.5PB – 10P
		어두운 보라	10PB – 10P
	흰 보라		7.5PB – 7.5P
	회보라		7.5PB – 10P
		밝은 회보라	7.5PB – 7.5P
		어두운 회보라	10PB – 10P
	검은 보라		2.5P – 10P
자주			2.5RP – 2.5R
		선명한 자주	2.5RP – 10RP
		밝은 자주	2.5RP – 10RP
		진한 자주	2.5RP – 7.5RP
		연한 자주	2.5RP – 10RP
		흐린 자주	2.5RP – 10RP
		탁한 자주	2.5RP – 10RP
		어두운 자주	2.5RP – 7.5RP
	빨간 자주(적자색)		10RP – 2.5R
		진한 적자색	10RP – 2.5R
		탁한 적자색	10RP
		어두운 적자색	10RP – 2.5R
	회자주		2.5RP – 10RP
		어두운 회자주	2.5RP – 10RP
	검은 자주		2.5RP – 10RP
분홍			10P – 7.5YR
		진한 분홍(진분홍)	7.5RP – 7.5R
		연한 분홍(연분홍)	7.5RP – 7.5R
		흐린 분홍	7.5RP – 7.5R
		탁한 분홍	7.5RP – 7.5R
	노란 분홍		10R – 5YR
		진한 노란 분홍	10R
		연한 노란 분홍	10R – 5YR
		흐린 노란 분홍	10R – 5YR

		탁한 노란 분홍	10R
	흰 분홍		10P – 7.5YR
	회분홍		10P – 7.5YR
		밝은 회분홍	10P – 7.5YR
	자줏빛 분홍		10P – 5RP
		진한 자줏빛 분홍	2.5RP – 5RP
		연한 자줏빛 분홍	10P – 5RP
		흐린 자줏빛 분홍	10P – 5RP
		탁한 자줏빛 분홍	10P – 5RP
갈색			7.5R – 5GY
		밝은 갈색	5YR – 7.5YR
		진한 갈색	2.5YR – 10YR
		연한 갈색	2.5YR – 5YR
		흐린 갈색	2.5YR – 7.5YR
		탁한 갈색	2.5YR – 2.5Y
		어두운 갈색	2.5YR – 2.5Y
	빨간 갈색(적갈색)		7.5R – 10R
		밝은 적갈색	10R
		진한 적갈색	7.5R – 10R
		흐린 적갈색	10R
		탁한 적갈색	7.5R – 10R
		어두운 적갈색	7.5R – 10R
	노란 갈색(황갈색)		10YR – 7.5Y
		밝은 황갈색	10YR – 7.5Y
		연한 황갈색	10YR – 7.5Y
		흐린 황갈색	10YR – 7.5Y
		탁한 황갈색	10YR – 7.5Y
	녹갈색		5Y – 5GY
		밝은 녹갈색	10Y – 2.5GY
		흐린 녹갈색	10Y – 2.5GY
		탁한 녹갈색	5Y – 5GY
		어두운 녹갈색	5Y – 5GY
	회갈색		10R – 7.5Y
		어두운 회갈색	10R – 7.5Y
	검은 갈색(흑갈색)		10R – 7.5Y
하양			
	노란 하양		10YR – 2.5GY

	초록빛 하양		5GY – 7.5BG
	파란 하양		10BG – 5PB
	보랏빛 하양		7.5PB – 7.5P
	분홍빛 하양		10P – 7.5YR
회색			
		밝은 회색	N7 – N8
		어두운 회색	N3 – N4
	빨간 회색(적회색)		2.5RP – 7.5R
		어두운 적회색	2.5RP – 7.5R
	노란 회색(황회색)		10YR – 2.5GY
	초록빛 회색(녹회색)		10Y – 7.5BG
		밝은 녹회색	5GY – 7.5BG
		어두운 녹회색	10Y – 7.5BG
	파란 회색(청회색)		10BG – 7.5PB
		밝은 청회색	10BG – 5PB
		어두운 청회색	10BG – 7.5PB
	보랏빛 회색		7.5PB – 10P
		밝은 보랏빛 회색	7.5PB – 7.5P
		어두운 보랏빛 회색	10PB – 10P
	분홍빛 회색		10P – 7.5YR
	갈회색		10R – 7.5Y
		어두운 갈회색	10R – 7.5Y
검정			
	빨간 검정		2.5RP – 7.5R
	초록빛 검정		10Y – 7.5BG
	파란 검정		10BG – 7.5PB
	보랏빛 검정		10PB – 10P
	갈흑색		10R – 7.5Y

* 색상 범위의 표시는 The Munsell Book of Color(Glossy)의 40색상(Hue)에 기초하였다.

SECTION 02 색명 1-289

살색의 색이름 개정

살색 → 연주황 → 살구색

배열 순서

관용색명은 색상순으로 배열하고, 영어, 프랑스어, 독일어로 병기한다.

3) KS 관용색명(2005 개정)

- 한국산업규격(KS)에서는 계통색 이름을 사용하기가 어려울 때는 관용색 이름을 사용할 수 있도록 규정하였다.

- 관용색 이름에 수식어의 사용이 필요할 때는 다음의 표에 나타낸 수식어를 사용하여도 무방하다. 관용색 이름은 이름 끝에 '색'이라는 글자를 붙여서 사용하며, 관용색 이름에서 다른 명칭과 혼동될 우려가 없을 때는 '색'자를 생략하여도 된다.

- KS 관용색명은 대표색의 좌표값을 KS A 0062에 의한 표기 방법에 기초하여 먼셀 표색계에 따라 표시한다. 이 값은 연상되는 색의 합의 반응과 최빈값에 의해 결정된 것으로 색이름에 대한 색채 영역의 중심값이 아니며 유일한 대표성을 갖는 것도 아니다. 따라서 여기에 나타낸 색 좌표값은 보조적 참고 자료로만 활용할 수 있다.

관용색 이름	대응하는 계통색 이름에 의한 표시	대표적인 색의 3속성에 의한 표시	대응 영어
벚꽃색	흰 분홍	2.5R 9/2	Cherry Blossom
카네이션핑크	연한 분홍(연분홍)	2.5R 8/6	Carnation Pink
루비색	진한 빨강(진빨강)	2.5R 3/10	Ruby
크림슨	진한 빨강(진빨강)	2.5R 3/10	Crimson
베이비핑크	흐린 분홍	5R 8/4	Baby Pink
홍색	밝은 빨강	5R 5/14	
연지색	밝은 빨강	5R 5/12	Madder Red
딸기색	선명한 빨강	5R 4/14	Strawberry
카민	빨강	5R 4/12	Carmine
장미색	진한 빨강(진빨강)	5R 3/10	Rose
자두색	진한 빨강(진빨강)	5R 3/10	Plum
팥색	탁한 빨강	5R 3/6	
와인레드	진한 빨강(진빨강)	5R 2/8	Wine Red
복숭아색	연한 분홍(연분홍)	7.5R 8/6	Peach
산호색	분홍	7.5R 7/8	Coral
선홍	밝은 빨강	7.5R 5/16	
다홍	밝은 빨강	7.5R 5/14	
빨강	빨강	7.5R 4/14	Red
토마토색	빨강	7.5R 4/12	Tomato
사과색	진한 빨강(진빨강)	7.5R 3/12	Apple
진홍	진한 빨강(진빨강)	7.5R 3/12	

석류색	진한 빨강(진빨강)	7.5R 3/10	Pomegranate
홍차색	진한 빨강(진빨강)	7.5R 3/8	
새먼핑크	노란 분홍	10R 7/8	Salmon Pink
주색	선명한 빨간 주황	10R 5/16	Vermilion
주홍	빨간 주황	10R 5/14	
적갈	빨간 갈색(적갈색)	10R 3/10	Reddish Brown
대추색	빨간 갈색(적갈색)	10R 3/10	
벽돌색	탁한 적갈색	10R 3/6	
주황	주황	2.5YR 6/14	Orange
당근색	주황	2.5YR 6/12	Carrot
감색 [과일]	진한 주황(진주황)	2.5YR 5/14	Persimmon
적황	진한 주황(진주황)	2.5YR 5/12	
구리색	갈색	2.5YR 4/8	Copper
코코아색	탁한 갈색	2.5YR 3/4	Cocoa
고동색	어두운 갈색	2.5YR 2/4	
살구색	연한 노란 분홍	5YR 8/8	Apricot
갈색	갈색	5YR 4/8	Brown
밤색	진한 갈색	5YR 3/6	Chestnut Brown
초콜릿색	흑갈색	5YR 2/2	Chocolate
계란색	흐린 노란 주황	7.5YR 8/4	Eggshell
귤색	노란 주황	7.5YR 7/14	Tangerine
호박(琥珀)색 [광물]	진한 노란 주황	7.5YR 6/10	Amber
가죽색	탁한 노란 주황	7.5YR 6/6	Buff
캐러멜색	밝은 갈색	7.5YR 5/8	Caramel
커피색	탁한 갈색	7.5YR 3/4	Coffee
흑갈	흑갈색	7.5YR 2/2	Blackish Brown
진주색	분홍빛 하양	10YR 9/1	Pearl
호박색 [채소]	노란 주황	10YR 7/14	Pumpkin
황토색	밝은 황갈색	10YR 6/10	Yellow Ocher
올리브색	녹갈색	10Y 4/6	Olive
국방색	어두운 녹갈색	2.5GY 3/4	
청포도색	연두	5GY 7/10	
풀색	진한 연두	5GY 5/8	Grass Green
쑥색	탁한 녹갈색	5GY 4/4	Artemisia (Green)
올리브그린	어두운 녹갈색	5GY 3/4	Olive Green
연두색	연두	7.5GY 7/10	Yellow Green
잔디색	진한 연두	7.5GY 5/8	Lawn (Green)

대나무색	탁한 초록	7.5GY 4/6	Bamboo
멜론색	연한 녹연두	10GY 8/6	Melon
백옥색	흰 초록	2.5G 9/2	
초록	초록	2.5G 4/10	Green
에메랄드그린	밝은 초록	5G 5/8	Emerald Green
옥색	흐린 초록	7.5G 8/6	Jade
수박색	초록	7.5G 3/8	
상록수색	초록	10G 3/8	Evergreen
피콕그린	청록	7.5BG 3/8	Peacock Green
청록	청록	10BG 3/8	Blue Green
물색	연한 파랑(연파랑)	5B 7/6	Aqua Blue
하늘색	연한 파랑(연파랑)	7.5B 7/8	Sky Blue
시안	밝은 파랑	7.5B 6/10	Cyan
세룰리안블루	파랑	7.5B 4/10	Cerulean Blue
파스텔블루	연한 파랑(연파랑)	10B 8/6	Pastel Blue
파우더블루	흐린 파랑	10B 8/4	Powder Blue
스카이그레이	밝은 회청색	10B 8/2	Sky Gray
바다색	파랑	10B 4/8	Sea blue
박하색	흰 파랑	2.5PB 9/2	Mint
파랑	파랑	2.5PB 4/10	Blue
프러시안블루	진한 파랑(진파랑)	2.5PB 2/6	Prussian Blue
인디고블루	어두운 파랑	2.5PB 2/4	Indigo Blue
비둘기색	회청색	5PB 6/2	Dove
코발트블루	파랑	5PB 3/10	Cobalt Blue
샤파이어색	탁한 파랑	5PB 3/6	Sapphire
남청	남색	5PB 2/8	
감(紺)색	어두운 남색	5PB 2/4	Navy Blue
라벤더색	연한 보라(연보라)	7.5PB 7/6	Lavender
군청	남색	7.5PB 2/8	Ultramarine Blue
남색	남색	7.5PB 2/6	Bluish Violet
남보라	남색	10PB 2/6	
라일락색	연한 보라(연보라)	5P 8/4	Lilac
보라	보라	5P 3/10	Purple
포도색	탁한 보라	5P 3/6	Grape
진보라	진한 보라(진보라)	5P 2/8	
마젠타	밝은 자주	5RP 5/14	Magenta
꽃분홍	밝은 자주	7.5RP 5/14	
진달래색	밝은 자주	7.5RP 5/12	Azalea

자주	자주	7.5RP 3/10	Reddish Purple
연분홍	연한 분홍(연분홍)	10RP 8/6	
분홍	분홍	10RP 7/8	Pink
로즈핑크	분홍	10RP 7/8	Rose Pink
포도주색	진한 적자색	10RP 2/8	Wine
하양 (흰색)	하양	N9.5	White
흰눈색	하양	N9.25	White Snow
은회색	밝은 회색	N8.5	Silver Gray
시멘트색	회색	N6	Cement
회색	회색	N5	Gray
쥐색	어두운 회색	N4.25	
목탄색	검정	N2	Charcoal Gray
먹색	검정	N1.25	
검정(검은색)	검정	N0.5	Black
금색			
은색			

한국의 전통색

1 한국 전통 색체계

한국의 전통색이란 예로부터 전해 내려오는 색으로, 우리의 문화유산 중에서 사찰, 고궁, 유물 등에 채색되어졌던 색을 말한다. 음양오행적 우주관에 바탕을 둔 오정색(오방색)과 오간색을 기본으로 하며, 대부분 한국적인 전통색을 활용할 때에도 오방색은 그 뿌리가 되고 있다. **예** 단청, 전통의상, 조각보 등에 남아 있는 색

(1) 음양오행설 18년1회 산기82

- 음양오행설이란 우주나 인간의 모든 현상을 음과 양의 두 원리로 설명하는 음양설과 이 영향을 받아 만물의 생성과 소멸을 목(木), 화(火), 토(土), 금(金), 수(水)로 설명하는 오행설을 묶어 이르는 말이다.
- 인체, 한방, 풍수, 사주, 의복, 색 등 우리의 모든 환경에 적용되었으며 유교 사상이나 사대주의 등의 사상적 요인들이 함께 어우러져 한국인의 색채 의식에 음양오행 사상이 전통색의 근본이 되고 있다.

1) 음양설

- 음양이란 햇볕과 그늘을 의미하며, 사물의 현상을 표현하는 하나의 기호이다.
- 음과 양 두 개의 기호에 모든 사물을 포괄시키거나 귀속시켜 하나의 본질을 양면으로 관찰하여 상대적인 특징을 지닌 것을 표현하는 이론적 기호라고도 할 수 있다.
- 음이 의미는 여성적, 수동적, 추위, 어두움, 습기, 유연성이고 양이 의미하는 바는 반대의 의미인 남성적, 능동적, 더위, 밝음, 건조, 견고성이다.

2) 오행설 18년1회 기사83

- 상고시대부터 내려오는 우주관의 일종으로 목, 화, 토, 금, 수를 의미한다. 목의 기운은 푸른색이나 청색, 화의 기운은 붉은색, 토의 기운은 노란색, 금의 기운은 흰색, 수의 기운은 검은색으로 보고 있다.

기적의 Tip

음양오행 적용 예 – 음식
한국인은 음양오행의 원리를 음식의 맛과 색상에도 나타냈는데, 음식에 비유한 오방색의 다섯 가지 맛은 목(木)은 신맛, 화(火)는 쓴맛, 토(土)는 단맛, 금(金)은 매운맛, 수(水)는 짠맛을 나타낸다. 한과에서도 오색 강정과 오색 다식이 있다.

- 오행의 상생(서로 다른 것을 낳는 관계)과 상극(억제 · 저지의 뜻이 내포)의 관계를 맺고 사물 간의 상호 관계 및 그 생성의 변화를 해석하기 위해 방법론적 수단으로 응용한 것이다.

오행	계절	방향	풍수	오정색	오간색	오륜	신체부위	맛
목	봄	동	청룡	청	녹, 벽	인	간장	신맛
화	여름	남	주작	적	홍, 자	예	심장	쓴맛
토	토용	중앙	황룡	황	유황	신	위장	단맛
금	가을	서	백호	백	·	의	폐	매운맛
수	겨울	북	현무	흑	·	지	신장	짠맛

동양설이 내포된 태극기

(2) 정색(正色)과 간색(間色) 19년3회 산기94, 19년2회 산기90, 19년1회 산기82, 19년1회 기사90

- 오방색은 음양오행 사상에서 양에 해당하고, 하늘을 의미한다.
- 오방색과 전통색의 개념은 음양오행적 우주관에 근거를 두고 있으며, 이익의 성호사설은 오행에 의한 색상과 중간색의 생성을 말하고 있다.
- 오방색을 사용한 대표적인 예로는 우리가 볼 수 있는 사찰이나 궁궐의 단청으로, 방위에 따라 조화롭고 치밀하게 구성되어 있다.

1) 오방정색

오방정색의 기본색은 오행의 각 기운과 직결된 청(靑), 적(赤), 황(黃), 백(白), 흑(黑)색이다.

① 청색

- 동방의 정색으로 목성을 의미하고 물, 식물 등 생명을 상징하며 발전, 창조, 신생, 불멸, 정직, 희망을 뜻한다.
- 기운이 쇠퇴하는 것을 살리는 방법으로 양기가 강한 색을 사용하기도 했다.

② 적색

- 남방의 정색으로 화성을 의미하고 생명의 근원으로 믿어져 왔다.
- 태양과 불, 생성과 창조, 정열과 애국, 적극성을 상징하며 질병 치료나 집안, 마을, 나라 전체의 건강과 안녕을 기원하는 데 사용되었다.

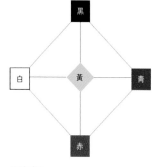

오방정색

③ 황색

- 중앙의 정색으로 토성을 의미하고 밝고 성스러움의 표현에 사용되었으며, 광명과 부활의 정표로 보았다.
- 지구의 태양 궤도가 되고 태양과 가장 가깝다는 의미로 황도(黃道)라고 한다.

④ 백색

- 서방의 정색으로 금성을 의미하고 결백과 진실, 순결, 출산 등을 뜻한다.
- 상중의 백의는 사별을 뜻하기도 하지만 세속을 벗고 새로운 삶의 세계를 기원하는 의미이다.

⑤ 흑색

- 북방의 정색으로 수성을 의미한다.
- 북신은 만물의 생사를 관장하는 신으로 생각하며 겨울과 물을 가리키고, 태양이 사라진 어두움과 고요함, 죽음을 상징한다.

분선과 먹선의 효과

우리나라 전통 배색에서 나타나는 분선과 먹선은 세선 형태로 사용하여 강한 색 사이에서 분리된 효과를 내어 색감을 돋보이게 한다.

2) 오방간색 18년1회 기사 84

- 오방정색(오정색)의 배합에 의해 만들어진 중간 사이의 색으로 다섯 가지 방위인 동, 서, 남, 북, 중앙 사이에 놓이는 색이다.
- 녹(錄), 벽(碧), 홍(紅), 자(紫), 유황(硫黃) 색을 말하고 음에 해당하며 땅을 의미한다. 초록은 청황색으로 동방의 간색이고, 홍색은 적백색으로 남방의 간색, 벽색은 청백(담청)색으로 서방의 간색, 자색은 적흑색으로 북방의 간색, 유황색은 황흑색으로 중앙 간색이며 이를 오방간색이라고 한다.

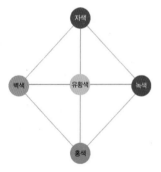

오방간색

3) 잡색

- 잡색은 행황색, 담황색, 치색, 설백색 등 오방정색과 오방간색을 다시 70색으로 세분화하여 나타내는 색이다.
- 오방정색과 오방간색 이외의 모든 색의 색명은 자연현상이나 사물에서 연상되는 이름을 사용하거나 기억색명, 관용색명으로 나타내며, 한자로 풀이하여 표시하였다.

4) 단청과 색동

한국의 전통색을 말할 때 대부분 오방색의 조화를 활용한 단청이나 색동을 말한다.

① 단청

- 단청이란 궁궐과 사찰 등의 목조 건축물의 의장에 여러 가지 빛깔로 그림이나 무늬를 그려서 아름답고 장엄하게 장식하는 것을 말한다.
- 넓은 의미로는 조형예술 전반에 채색하는 것을 총칭한다. 붉은 단(丹)과 푸를 청(靑)이라는 상반된 색을 뜻하는 두 단어는 음양의 원리를 가리킨다.
- 단청은 한국의 전통 오방색을 사용한 대표적인 전통 문양으로 전통 건축물에 장식용으로 단장된 색채 무늬로써 대들보나 서까래 등에 장식했다. 그림을 뜻하기도 하는데 고구려의 고분벽화에서 흔적을 볼 수 있으며, 사찰의 벽화 등의 채색도 단청이라 불리며 내용물의 내구성에 영향을 주어 방충이나 방습의 효과도 있다.
- 건축물의 단청은 외부 기둥이나 난간 부분에는 붉은색을 채색하였고, 천장이나 추녀 안쪽으로는 녹색 칠을 하고, 끝부분이나 귀퉁이 부분에는 문양을 넣어 채색하였다.

② 색동

- 색동은 오방색을 중심으로 배열하여 만든 것을 말하며, 색동옷, 까치두루마기, 오방낭자 등에서 잘 볼 수 있다.
- 음양오행설에서 말하는 오방색은 남쪽은 적색(火), 북쪽은 흑색(水), 동쪽은 청색(木), 서쪽은 백색(金), 중앙은 황색(土)이다.
- 원래 색동옷은 이러한 오방색을 기준으로 한 다음 흑색을 빼고 다른 몇 가지 2차색을 추가한 것이라고 할 수 있다.
- 서민들은 건강과 화평을 기원하는 의미로 아기의 돌과 명절, 혼례 때 색동옷을 입었다.
- 신과 인간의 연계자인 무당의 옷으로도 사용돼 무당의 주술적 능력을 상징하기도 하였다.

단청

색동 한복

한국의 전통색

한국의 전통색은 순한색을 선호하며, 저채도
와 고명도의 색을 가지고 있다.

황색계(黃色界)

빛	색이름	Munsell	RGB	CMYK	#16진수
	황색(黃色)	6.4Y 8.4/10.3	244 220 74	2 14 80 0	#F4DC4A
	유황색(硫黃色)	1.2Y 7.7/7.3	238 196 118	5 27 60.1	#EEC476
	명황색(明黃色)	2.5GY 8.3/12.0	216 226 0	15 3 96 0	#D8E200
	담황색(淡黃色)	7.5Y 9.2/3.2	250 241 194	2 5 30 0	#FAF1C2
	송화색(松花色)	2.0GY 9.0/7.0	238 241 141	7 0 57 0	#EEF18D
	자황색(黃色)	4.0Y 7.8/9.2	236 202 86	5 23 75 1	#ECCA56
	행황색(杏黃色)	5.6YR 7.4/9.2	253 179 109	0 36 62 0	#FDB36D
	두록색(豆綠色)	4.0Y 8.0/4.6	228 209 152	11 17 45 1	#E4D198
	적황색(赤黃色)	4.3YR 7.0/12.0	255 163 75	0 36 70 0	#FFA34B
	토황색(土黃色)	6.9YR 5.8/7.6	201 143 83	16 49 71 6	#C98F53
	지황색(芝黃色)	4.0Y 7.5/7.4	224 195 105	10 24 67 2	#E0D369
	토색(土色)	9.3YR 5.3/5.4	174 136 88	24 43 65 15	#AE8858
	치자색(梔子色)	4.7Y 8.2/8.4	242 213 105	4 18 68 1	#F2D569
	홍황색(紅黃色)	7.7R 7.0/5.7	230 171 159	8 40 29 1	#E6AB9F
	자황색(紫黃色)	7.6YR 6.4/3.2	193 165 140	23 34 41 6	#C1A58C
	금색(金色)	–	–	–	–

청록색계(靑綠色界)

빛	색이름	Munsell	RGB	CMYK	#16진수
	청색(靑色)	6.8PB 3.3/9.2	70 91 153	85 61 9 4	#465B99
	벽색(碧色)	2.7PB 5.7/10.7	70 158 222	74 22 0 0	#469EDE
	천청색(天靑色)	1.2PB 6.9/7.1	134 188 227	54 10 2 1	#86BCE3
	담청색(淡靑色)	9.2B 5.5/7.3	82 155 192	71 17 11 7	#529BC0
	취람색(翠藍色)	5.9BG 7.0/6.7	104 199 193	60 0 31 0	#68C7C1
	양람색(洋藍色)	0.6P 5.2/11.0	146 129 205	54 49 0 1	#9281CD
	벽청색(碧靑色)	5.4PB 4.9/8.5	99 133 188	70 44 0 0	#6385BC
	청현색(靑玄色)	5.3PB 3.8/5.5	86 106 142	69 43 15 22	#566A8E
	감색(紺色)	5.5PB 3.2/5.2	73 92 127	73 46 15 29	#495C7F
	남색(藍色)	2.2P 3.2/8.0	106 80 137	69 70 12 7	#6A5089
	연람색(軟藍色)	3.6P 4.1/8.9	132 100 159	58 63 4 3	#84649F
	벽람색(碧藍色)	8.7PB 5.3/5.9	138 139 180	53 40 7 4	#8A8BB4
	숙람색(熟藍色)	3.2P 3.6/5.0	112 94 130	57 56 16 21	#705E82
	군청색(群靑色)	7.8PB 3.1/3.5	85 87 114	64 50 21 33	#555790

	색이름	Munsell	RGB	CMYK	#16진수
	녹색(綠色)	0.1G 5.2/6.2	104 151 100	58 18 68 13	#689764
	명록색(明綠色)	1.6G 6.3/10.3	80 186 110	65 0 74 0	#50BA6E
	유록색(柳綠色)	0.1G 5.7/8.4	100 167 94	61 13 77 4	#64A75E
	유청색(柳靑色)	7.7GY 6.0/9.0	122 173 76	53 13 85 4	#7AAD4C
	연두색(軟豆色)	6.6GY 8.5/8.4	198 234 130	23 0 62 0	#C6EA82
	춘유록색(春柳綠色)	5.2GY 8.7/5.3	220 234 162	16 0 48 0	#DCEAA2
	청록색(靑綠色)	2.3BG 5.6/7.8	0 166 149	80 7 51 1	#00A695
	진초록색(眞草綠色)	8.0G 5.5/7.5	55 163 134	75 11 57 3	#37A386
	초록색(草綠色)	0.1G 6.0/8.7	105 175 99	60 9 76 2	#69AF63
	흑록색(黑綠色)	1.1BG 4.2/3.4	83 123 114	65 25 46 25	#537B72
	비색(翡色)	3.2BG 7.2/5.4	131 202 189	53 0 33 0	#83CABD
	옥색(玉色)	9.0BG 8.0/4.6	158 220 221	40 0 16 0	#9EDCDD
	삼청색(三靑色)	7.4PB 4.6/9.7	107 122 187	69 47 0 0	#6B7ABB
	뇌록색(磊綠色)	5.3BG 4.6/5.4	57 136 133	76 20 44 15	#398885
	양록색(洋綠色)	5.1G 6.4/9.1	65 188 143	69 0 58 0	#41BC8F
	하엽색(荷葉色)	9.5GY 3.7/3.6	86 109 82	58 30 62 35	#566D52
	흑청색(黑靑色)	5.7PB 5.0/3.2	127 135 155	53 36 21 13	#7F879B
	청벽색(靑碧色)	3.6PB 6.0/6.0	132 162 198	55 25 7 3	#84A2C6

자색계(紫色界)

빛	색이름	Munsell	RGB	CMYK	#16진수
	자색(紫色)	6.7RP 3.3/8.2	144 68 100	30 75 24 26	#904464
	자주색(紫朱色)	4.7RP 3.6/10.3	158 69 116	34 79 19 13	#9E4574
	보라색(甫羅色)	0.5RP 4.4/13.4	180 85 162	36 74 0 0	#B455A2
	홍람색(紅藍色)	5.7P 3.8/8.6	132 91 146	56 67 8 6	#845B92
	포도색(葡萄色)	0.6RP 3.0/6.0	116 73 108	49 68 19 28	#74496C
	청자색(靑磁色)	1.5P 3.4/14.2	118 73 173	71 33 0 0	#7649AD
	벽자색(碧紫色)	7.0PB 6.0/9.0	140 158 217	53 32 0 0	#8C9ED9
	회보라색(灰甫羅色)	3.6P 6.0/7.0	173 152 197	38 41 0 0	#AD98C5
	담자색(淡紫色)	6.4P 6.0/4.0	173 154 177	35 37 12 5	#AD9AB1
	다자색(茶紫色)	9.7R 2.7/2.2	99 74 70	44 57 51 44	#634A46
	적자색(赤紫色)	7.6RP 5.6/8.0	203 129 148	17 57 19 5	#CB8194

적색계(赤色界)

빛	색이름	Munsell	RGB	CMYK	#16진수
	적색(赤色)	7.5R 4.8/12.8	214 90 72	9 78 71 1	#F15A48
	홍색(紅色)	0.2R 5.2/15.0	234 87 123	0 79 25 0	#EA577B
	적토색(赤土色)	6.8R 4.2/9.7	181 87 77	21 75 64 10	#B5574D
	휴색(休色)	7.0R 3.4/4.8	134 83 78	30 63 51 33	#86534E
	갈색(褐色)	2.7YR 5.0/4.5	169 126 105	26 48 50 16	#A97E69
	호박색(琥珀色)	5.2YR 6.0/8.8	215 145 82	12 51 72 2	#D78F52
	추향색(秋香色)	3.3YR 6.0/6.0	204 148 115	16 46 51 5	#CC9473
	육색(肉色)	9.4R 5.7/8.9	216 130 102	11 59 56 2	#D88266
	주색(朱色)	8.4R 6.0/11.7	240 129 98	0 62 58 0	#F08162
	주홍색(朱紅色)	3.0R 6.2/13.0	253 126 132	0 60 35 0	#FD7E84
	담주색(淡朱色)	2.6YR 7.5/9.0	255 178 128	0 36 51 0	#FFB280
	진홍색(眞紅色)	4.8RP 4.5/5.2	156 110 129	33 55 23 17	#9C6E81
	선홍색(鮮紅色)	3.7RP 5.4/15.0	226 100 169	14 70 0 0	#E264A9
	연지색(嚥脂色)	8.5RP 5.4/12.0	222 109 139	8 70 19 1	#DE6D8B
	훈색(暈色)	6.2RP 6.0/11.2	228 130 163	7 61 7 1	#E482A3
	진분홍색(眞粉紅色)	2.8RP 6.2/13.7	238 129 192	15 57 0 0	#EE81C0
	분홍색(粉紅色)	5.5RP 7.5/5.8	241 189 204	4 34 4 1	#F1BDCC
	연분홍색(軟粉紅色)	5.5RP 7.7/5.0	235 191 204	7 31 5 1	#EBBFCC
	장단색(長丹色)	7.5R 5.0/12.1	216 99 79	9 74 67 1	#D8634F
	석간주색(石間朱色)	2.2YR 4.2/6.4	160 101 73	25 60 66 22	#A06549
	흑홍색(黑紅色)	5.0RP 5.0/5.3	169 123 139	30 52 23 13	#A97B8B

SECTION 04 색채 조화 이론

1 색체 조화와 배색

(1) 색채 조화

- 조화는 서로 다른 것들이 대립하면서도 통일된 인상을 주는 미적 원리이다.
- 아름다운 배색이 따로 존재하는 것이 아니라 모든 배색의 아름다움은 색채 조화라고 하는 근본 원리에 의해 성립될 수 있음을 의미한다.
- 색채 조화의 공통 원리로는 질서의 원리(Principle of Order), 명료성의 원리(Principle of Unambiguity), 동류의 원리(Principle of Familiarity), 유사의 원리(Principle of Similarity), 대비의 원리(Principle of Contrast)가 있다. 이 원리들은 각기 색상, 명도, 채도별로 해당되며 이들이 적절히 결합하여 조화를 이루는 것이 보통이다.

기적의 Tip

색채 조화를 위한 올바른 계획 방향
- 공간에서의 색채 조화를 위해서는 시간의 흐름에 따른 변화를 고려해야 한다.
- 자연의 다양한 변화에 따른 색조 개념으로 계획해야 한다.
- 조화에 영향을 주는 변수와 인간과의 관계를 유기적으로 해석해야 한다.

1) 색채 조화의 목적 18년3회 기사83

- 색채 조화는 색채 미의 보편적인 법칙과 원리를 확립하는 것이 목적이다.
- 사회적, 문화적 요소 등과 수많은 요소에 따라 다르게 표현될 수 있으며, 개인적이고 주관적인 색채 조화의 평가를 일반적이고 객관적인 원리로 체계화하기 위한 것이다.
- 배색의 조화에서는 색상, 명도, 채도의 차이가 기초가 되며, 두 색 또는 그 이상의 색채 연관 효과에 대한 가치 평가를 말한다.

2) 색채 조화의 특징

- 색상의 수를 줄여 사용한다.
- 주제와 배경과의 대비를 생각한다.
- 색의 3속성의 차이를 크게 하면 명시성과 주목성을 줄 수 있다.
- 면적의 효과를 고려하여 배색하면 강조나 주목성을 줄 수 있다.
- 고채도의 색끼리 배색할 때 중성색을 사용하면 색의 반발성을 막을 수 있다.
- 같은 계열의 색상끼리 배색은 조화되기 쉽다.
- 무채색은 어떤 색과도 조화되기 쉽다.
- 2가지 이상의 배색에서 색의 3속성이 애매한 차이를 가지면 조화되기 어렵다.

배색의 조건

- 각각의 색의 연상과 상징을 고려한다.
- 색의 심리적인 작용을 고려해야 한다.
- 목적과 기능에 부합해야 한다.
- 유행성을 고려해야 한다.
- 실생활에 맞아야 한다.
- 안정감과 미적인 부분을 고려한다.
- 주관적인 배색은 배제한다.
- 색이 칠해지는 재질을 검토한다.
- 광원을 충분히 배려해야 한다.
- 면적의 효과를 고려한다.
- 색채 지각에 따른 감정 효과를 고려한다.

분리 이미지 & 분리 배색의 효과

❶ **도미넌트 컬러 (Dominant Color)**
여러 가지 색을 배색했을 때 전체 분위기를 지배하는 색으로, 주조색이라고 한다. 배색에 있어서 통일감을 내는 기법의 일종이다.

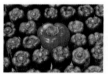

강조 이미지 & 강조 배색의 효과

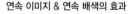

연속 이미지 & 연속 배색의 효과

(2) 배색 효과

색의 배색이란 두 가지 이상의 색을 조화롭게 배합하는 것을 말하며, 배색은 목적, 요구, 방법, 연상, 상징, 미적 효과 등의 요인을 고려해야 한다. 특히 배색이 사용되는 목적에 부합되어야 하며, 심미성을 높이는 것이어야 한다.

1) 분리(Separation) 배색의 효과   18년3회 산기99, 18년2회 기사87, 18년2회 산기94

- 세퍼레이션(Separation)은 '분리시키다' 또는 '갈라놓다'의 의미로, 대립하는 두 색이 부조화하거나 그 대비가 유사 또는 보색일 경우에 두 색이 분리될 수 있도록 무채색(흰색, 회색, 검정), 금색, 은색 등을 사용하여 조화를 이루게 하는 배색을 말한다.
- 단청, 교회의 스테인드글라스, 애니메이션, POP 광고 등에 많이 사용된다.

2) 강조(Accent) 배색의 효과   19년1회 산기87, 18년3회 산기93, 18년2회 산기87

- 악센트(Accent)는 '돋보이게 하는', '눈에 띄게 하는'의 의미로, 전체의 배색이 너무 통일되어 변화가 없을 때 기존색과 반대가 되는 강조색을 사용하여 더 적극적이고 활기차게 하는 배색을 말한다.
- 세퍼레이션 컬러가 도미넌트 컬러❶를 돋보이게 하기 위한 역할로 주로 무채색을 사용하는 반면, 악센트 컬러는 도미넌트 컬러와 대조적인 색상이나 톤을 사용하여 주목성이나 초점 등을 강조하는 것이 특징이다.

3) 연속(Gradation) 배색의 효과   19년3회 산기88, 19년2회 산기91

- 그러데이션(Gradation)은 '서서히 변함', '단계적 변화'의 의미로, 연속 효과를 사용하여 점진적인 효과와 색에 있어서의 율동감을 느낄 수 있는 배색을 말한다.
- 색의 3속성 중 하나 이상의 속성이 일정한 간격을 갖고 자연스럽게 변화하도록 배색하는 것으로 단계적으로 색이 변하게 하는 것이다.
- 색상의 그러데이션, 명도의 그러데이션, 채도의 그러데이션, 톤의 그러데이션이 있다.

4) 반복(Repetition) 배색의 효과

- 레피티션(Repetition)은 '반복'의 의미로, 배색에 있어서 최소 2개 이상의 색채를 반복하여 표현하는 배색을 말한다.
- 텍스타일 디자인, 패턴 디자인 등에서 주로 활용되며 전통 조각보, 다양한 체크 무늬, 타일의 배색에도 많이 사용된다.

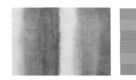

반복 이미지 & 반복 배색의 효과

5) 톤(Tone)을 이용한 배색의 효과

① 톤 온 톤(Tone on Tone) 배색 19년1회 산기88, 17년1회 산기96

- 톤 온 톤이란 '톤을 겹친다'라는 의미로, 동일 색상에서 두 가지 톤의 명도차를 크게 둔 배색을 말한다.
- '밝은 베이지+어두운 브라운' 또는 '밝은 물색+감색' 등이 그 전형적인 예이다. 톤 온 톤은 통일성을 유지하면서 극적인 효과를 만들 수 있기 때문에 색채 디자인 시 일반적으로 많이 사용되는 배색 방법이다.

톤 온 톤 이미지 & 톤 온 톤 배색의 효과

② 톤 인 톤(Tone in Tone) 배색

- 유사 색상의 배색처럼 톤과 명도의 느낌은 일정하게 유지하면서 색상을 다르게 하여 변화를 주는 배색을 말한다.
- 색상을 인접이나 유사 색상 내에서 고르는 것이 원칙이나 최근 디자인 분야에서는 톤은 동일하되, 색상에 대해서는 제약이 없이 비교적 자유롭게 사용되는 경우가 많아졌다.
- 톤 인 톤 배색은 온화하고 부드러운 이미지를 준다.

톤 인 톤 이미지 & 톤 인 톤 배색의 효과

③ 토널(Tonal) 배색 18년3회 산기98

- 토널 배색은 톤의 형용사형으로 색의 어울림, 색조라는 뜻이다.
- 도미넌트 배색이나 톤 인 톤 배색과 같은 종류이지만, 중명도, 중채도의 덜(Dull) 톤❶을 이용한 배색 방법을 말한다.
- 중명도, 중채도의 색상으로 배색하기 때문에 안정되고, 편안하고 수수한 이미지를 준다.

❶ 덜(Dull) 톤
색의 느낌이 강하게 드러나지 않아 화려하거나 선명하지는 않지만 탁하거나 칙칙하지 않으면서 안정감 있는 고상한 색상이다. 차분한, 둔한, 고상한 이미지를 표현할 수 있다.

토널 이미지 & 토널 효과

④ 비콜로(Bicolore) 배색

- 비콜로(Bicolore)는 이탈리아어로 '두 가지 색'의 의미로, 하나의 면을 두 가지 색으로 하는 배색을 말한다.
- 대게 흰색과 고채도의 Vivid 톤의 색상을 사용하기 때문에 대비 효과가 분명하며 명확한 느낌이다. 또한 금색과 은색, 흰색과 검은색이 많이 사용된다.
- 파키스탄, 포르투갈, 알제리의 국기에서 찾아볼 수 있다.

비콜로 이미지 & 비콜로 효과

비콜로, 트리콜로 배색의 유래
비콜로 배색과 트리콜로 배색은 국기의 배색
에서 나온 기법이다.

트리콜로 이미지 & 트리콜로 효과

⑤ 트리콜로(Tricolore) 배색

- 하나의 면을 세 가지 색으로 하는 배색을 말한다. 프랑스 국기의 파란색, 흰색, 빨간색의 배색, 이탈리아 국기의 초록색, 흰색, 빨간색의 배색이 대표적인 예이다.
- 국기 배색은 우리 눈에도 익숙하며, 강렬한 대비 효과를 연출할 수 있을 뿐만 아니라 안정감이 높아 패션이나 다양한 제품에 활용되고 있다.

2 색채 조화론

색채 조화를 위한 배색에는 개인차가 있다. 개인의 교육 배경, 연상 작용, 지역에 따른 상징성 등이 서로 다르기 때문이다. 학자에 따라서는 여러 가지 유형으로 구별하기도 한다.

(1) 쉐브럴(Chevreul)의 색채 조화론 19년2회 산기|92, 19년1회 기사 97, 18년2회 산기|92, 18년1회 기사|91, 18년1회 기사97, 17년2회 산기|74

- 쉐브럴은 저서 『색의 조화와 대비의 법칙』에서 처음으로 대비 현상에 관해 설명하였다. 색채의 유사 조화와 대비 조화를 구별했으며 이러한 색의 대비에 기초한 배색 이론은 색의 3속성과 색의 체계에 대한 의식을 새롭게 하였다.
- 색상환에서 서로 인접한 색상들처럼 대비가 작은 색들은 시각적으로 섞이는 경향이 있으므로 유사색은 적은 양을 분산시켜 사용하는 것이 바람직하며, 주요 색상이 원색일 때 최상이 될 수 있다고 주장하였다.

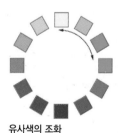

유사색의 조화

① 인접색의 조화

유사색은 감정적인 성질을 가지며 크게 한색과 난색으로 나뉜다. 서로 가까운 거리에 있는 인접색들은 시각적으로 안정적인 조화를 이룬다.

㈜ 귤색-주황-다홍, 연두-초록-청록, 자주-보라-남색, 빨강-자주-보라

② 색상에 따른 조화

명도가 비슷한 인접색상을 동시에 배색하였을 때 얻어지는 조화이다.

③ 주조색의 조화

자연에서 볼 수 있는 저녁노을과 같이 여러 색 가운데 한 가지의 색이 주조를 이룰 때 느낄 수 있는 조화이다.

④ 반대색의 조화

인접색의 조화는 차분하고 안정된 느낌을 주나 활기찬 시각적인 효과는 기대할 수 없다. 반면, 반대색의 동시 대비효과는 서로 상대색의 강도를 높이며 유쾌한 감정을 유발할 수 있다.

예 빨강–초록, 다홍–청록, 주황–파랑, 귤색–남색

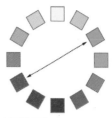

보색의 조화

⑤ 근접 보색의 조화

단순한 보색대비보다 격조 높고 다양한 효과를 얻을 수 있는 대비 방법은 근접 보색을 쓰는 것이다. 즉, 기준이 되는 하나의 색상을 양옆의 정반대 색의 두 색과 결합하는 것이다.

예 빨강–연두–남색, 주황–청록–남색, 노랑–남색–자주, 연두–보라–빨강

인접 보색의 조화   등간격 3색 조화

(2) 저드(D. B. Judd)의 조화론 <small>18년3회 산기88, 18년3회 기사86, 18년2회 기사96, 18년1회 산기95</small>

- 미국의 색채학자 저드(D. B. Judd)는 색채 조화론에서 '정서 반응은 사람에 따라 다르고 동일인이라도 주어진 환경에 따라 다르다'라고 하였다.
- 저드는 색채 조화의 구성을 간단한 법칙에 따라 규정하는 것에는 한계가 있지만, 과학적으로 증명되지 않는 수많은 불완전한 기록과 원칙이 분명한 배색을 선택하기 위한 선행 연구를 종합하여 질서의 원리, 유사성의 원리, 친근성의 원리, 명료성의 원리의 4가지로 유형화하였다.

① 질서(Order)의 원리

균등하게 구분된 색공간에 기초를 둔 오스트발트나, 문·스펜서의 조화 이론에 근거한 것으로, 원칙에 의해 규칙적으로 선택된 색으로 유채색은 거의 모든 무채색과 조화를 이룬다.

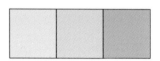

질서의 원리

② 유사성(Similarity)의 원리

- 공통성의 원리라고도 하며 배색에 사용되는 색채 상호 간에 공통되는 성질이 있으면 조화롭다는 원리이다.
- 색의 3속성의 차이가 작으며 배색된 색채들이 서로 공통되는 상태와 속성을 가질 때 그 색들은 조화를 이룬다.

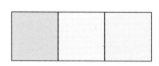

유사성의 원리

③ 친근성(Familiarity)의 원리

자연계에서 볼 수 있는 색의 변화와 같이 익숙한 배색은 조화한다는 원리이다. 가장 가까운 색끼리의 배색은 보는 사람에게 가장 친근감을 주며, 조화를 느끼게 한다.

친근성의 원리

명료성의 원리

④ **명료성(Unambiguity)의 원리**

- 비모호성의 원리 또는 명백성의 원리라고도 하며 배색의 선택에서 애매함이 없고 명확한 색의 배색은 조화한다는 원리이다.
- 색의 3속성의 차이가 확실한 색들의 조화로써 명료한 배색에서만 얻어진다.

(3) 파버 비렌(Faber Birren)의 조화론 19년3회 기사86, 19년2회 산기87, 18년2회 산기 89, 18년1회 기사95

- 기본 구조는 순색(Color), 흰색(White), 검정(Black)을 삼각형의 꼭짓점에 두며, 오스트발트 색체계를 수용하고 있다.
- 색채의 미적 효과를 표현하기 위해 다시 색군으로 묶어 검정 + 흰색 = 회색조(Gray), 순색 + 흰색 = 명색조(Tint), 순색 + 검정 = 암색조(Shade), 순색 + 흰색 + 검정 = 톤(Tone)의 4가지 종류의 색을 만들었다.
- 비렌의 색삼각형은 순색(Color), 흰색(White), 회색(Gray), 검정(Black), 명색조(Tint), 암색조(Shade), 톤(Tone)의 7가지 범주로 나누어 표현하였다. 색삼각형의 연속된 선상에 위치한 색들을 조합하면 그 색 간에는 관련된 시각적 요소가 포함되어 있으므로 서로 조화롭다는 원리이다.

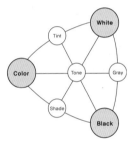

파버 비렌의 색삼각형

① White-Gray-Black의 조화

순색과 관계없는 무채색의 자연스러운 조화로써 명도의 연속으로 안정된 조화를 이룬다. 흰색은 가볍고 검정은 무겁게 보인다.

② Color-Tint-White의 조화

깨끗하고 신선해 보이는 배색으로 근접색, 보색, 근접 보색, 등간격 3색에서 선택하면 조화를 이룬다. 서양미술에서 인상주의의 후기 인상파 화가들이 이 조화법을 많이 사용하였다.

③ Color-Shade-Black의 조화

색채의 깊이와 풍부함을 느끼게 하는 조화이다. 이 조화는 모네, 렘브란트, 터너, 엘 그레코가 많이 사용하였다.

④ Tint-Tone-Shade의 조화

색삼각형에서 가장 세련되고 감동적이며 미묘한 조화를 이룬다. 이 조화는 오스트발트의 음영 계열이고, 레오나르도 다빈치가 시도하였는데 이것을 명암법이라고 한다.

⑤ **기타** : Color-White-Black의 조화, White-Tone-Shade의 조화, Tint-Tone-Shade-Gray의 조화

(4) 문 · 스펜서(Moon-Spencer)의 조화론 _{19년3회 산기91, 19년2회 기사90, 19년} 1회 산기I98, 18년2회 기사I00

- 문(P. Moon)과 스펜서(D. E. Spencer)에 의한 색채 조화의 과학적이고 정량적 방법이 제시된 조화론이다. 그들은 과거의 색채 조화론을 연구한 후 먼셀 시스템을 기본으로 하는 색채 조화론을 발표하였다.
- 그들이 발표한 『고전적인 색채 조화론의 기하학적 공식화』, 『색채 조화의 면적의 문제』, 『색채 조화에 적용되는 미도』라는 3편의 논문은 배색의 아름다움에 관한 면적비나 아름다운 정도 등의 문제를 정량적으로 취급하여 계산으로 계량이 가능하도록 시도했다는 점에서 주목을 받았다.

① 오메가 공간

- 문 · 스펜서는 최근 색채 조화론 중에서 가장 과학적이고 정량적인 이론으로 오메가 공간을 설정하였다.
- 이 공간은 등지각을 기하학적 거리로 대응시키고, 3차원 공간에서 어떤 방향의 단위 거리도 색의 등지각에 일치시켰다. 이 공간의 거리나 각도 단위는 먼셀 표색계의 색상(H), 명도(V), 채도(C)의 단위로 설명할 수 있다.

② 색채 조화의 구분(조화 및 부조화)

조화는 미적 가치를 가지는 것, 부조화는 미적 가치가 없는 것으로 규정하였다.

조화	배색 관계가 애매하지 않고, 색의 조합이 간단한 기하학적 관계를 중시하여 미적 가치가 있는 명쾌한 배색을 말하며, 동일 조화, 유사 조화, 대비 조화의 세 가지로 분류한다.
부조화	배색할 때 원하지 않는 색의 차이가 생겨 배색의 결과가 불쾌하게 보이는 경우에 부조화가 발생한다. 즉, 아주 가까운 색들의 배색으로 인한 제1부조화(First Ambiguity), 유사 배색과 같은 공통 속성도 없으며 대비 배색처럼 눈에 띄게 차이가 있는 제2부조화(Second Ambiguity), 극단적인 반대색의 눈부심의 부조화(Glare)를 말한다.

③ 색의 면적에 의한 조화

- 색채 조화는 면적의 관계를 통하여 '기분 좋은 균형'을 추구하는 것이다.
- 작은 면적의 강한 색과 큰 면적의 약한 색이 어울린다는 먼셀의 면적 비례에 대한 배색 균형의 효과를 말한다.
- 색의 배색에서 색채의 면적이 미치는 영향을 고려하여 "저채도의 약한 색은 면적을 넓게, 고채도의 강한 색은 면적을 좁게 해야 균형이 맞는다."라는 원칙을 정량적으로 이론화한 색채 조화론이며 C. H. M(Color Harmony Manual)을 바탕으로 하고 있다.

면적 조화

- 면적이 크면 채도를 약하게 한다.
- 면적이 작으면 채도를 강하게 한다.
- 면적 비율이 높으면 대비를 강하게, 작으면 대비를 약하게 한다.

미도

$$미도(M) = \frac{질서성의\ 요소(O)}{복잡성의\ 요소(C)}$$

- 복잡성의 요소(C) = 색 수 + 색상차가 있는 색의 조합 수 + 명도차가 있는 색의 조합 수 + 채도차가 있는 색의 조합 수
- 질서성의 요소(O) = 색의 3속성별 통일 조화 + (색상의 미적 계수) + (명도의 미적 계수) + (채도의 미적 계수)

머셀 색체계의 명도 단계 중간 회색(N5)까지의 거리와 면적에서 좋은 조화를 얻을 수 있으며, 배색의 심리적 효과는 균형점에 의해서 결정된다는 원리로 배색이 회전 혼색되어 보이는 색을 말한다.

④ 색의 미도에 의한 조화

- 배색 시 아름다움의 척도로써, 배색의 아름다움을 계산하고 그 수치에 의하여 조화의 정도를 비교하는 정량적 처리 방법이다.
- 배색의 질서성과 복잡성을 수치로 계산한 조화의 정량적 기준을 마련하고 시도한 것이다.
- 미도(M)는 복잡성의 요소(C)가 최소일 때 최대가 되며, 미도가 0.5 이상 되면 좋은 배색이 된다. 예를 들어 색상과 채도를 일정하게 하고, 명도만 변화시키는 경우가 많은 색상을 사용한 것보다 미도가 높다.
- 균형 있게 선택된 무채색의 배색은 유채색 배색에 못지않은 아름다움을 나타내며, 동일 색상은 조화가 좋다.

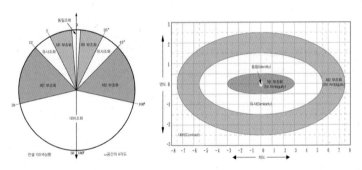

(5) 요하네스 이텐(Johannes Itten)의 조화론 19년3회 기사95, 19년2회 기사100, 19년1회 산기86, 18년3회 기사87

- 요하네스 이텐은 대비 현상에서 2색 또는 그 이상의 색을 혼합하여 얻어진 결과가 무채색이 되면 그 색들은 서로 조화한다고 하였다.
- 색채의 기하학적 대비와 규칙적인 색상의 배열, 특히 계절감을 색상의 대비를 통하여 표현하였다.

① 요하네스 이텐의 색상환

노랑, 빨강, 파랑의 1차색과 그 사이에 혼합색인 주황, 보라, 초록의 2차색을 배치하고 다시 1차색과 2차색 사이에 3차색을 배치하여 만든 12색상환을 말한다.

② 이텐의 색채 조화의 원리

2색(Dyads) 조화	색상환에서 마주 보고 있는 색으로 주로 기준색의 보색을 함께 배색하는 기법을 말한다. 색상의 차이를 크게 두어 다이내믹한 느낌을 줄 수 있는 배색이다.
3색(Triads) 조화	색상환에서 정삼각형의 정점에 해당하는 3색의 배색을 말하며, 특히 빨강, 노랑, 파랑의 3원색의 조화는 가장 선명하고 힘차다. 또한, 기준색의 보색 양옆에 있는 근접 보색들을 배색하여 3색 조화를 하여도 조화롭다고 하였다.
4색(Tetrads) 조화	색상환에서 정방형 또는 2개의 보색 쌍이 형성하는 지점에 있는 색들의 조합으로 4색의 배색 조화이다.
5색(Pentads) 조화	색상환에서 3색 조화의 3색에 흰색과 검정을 더한 배색을 말한다. 빨강–흰색–노랑–검정–파랑, 노랑–흰색–남색–검정–자주 등의 배색을 말한다.
6색(Hexads) 조화	색상환에서 정육각형의 정점에 해당하는 색들의 조합을 말한다. 그리고 4색 조화에 흰색과 검정의 배색도 포함된다.

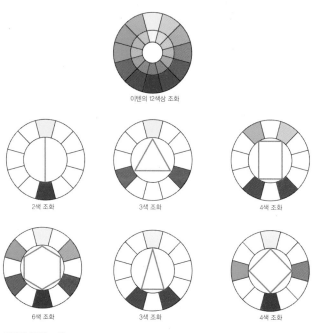

이텐의 12색상 조화

2색 조화   3색 조화   4색 조화

6색 조화   3색 조화   4색 조화

이텐의 색채 조화

(6) 기타 색채 조화론

1) 루드(O. N. Rood)의 조화론 _{19년3회 기사81}

색상의 자연스러운 질서

- 19세기 말 당시 미국의 자연과학자인 루드(O. N. Rood)의 『현대 색채학』 (1879)은 최첨단 색채 이론이라는 주목을 받았다.

- 자연 관찰을 통해 도출해 낸 〈색상의 자연스러운 질서〉는 현재의 색채 조화론에 있어 중요한 원리의 하나가 되었다.

- 자연광에서 색채는 빛을 받는 부분(Tint)과 그늘진 부분(Shade)의 색이 다르게 보이는 일정한 법칙을 따르는 자연 연쇄의 원리(Natural Sequence of Hues)를 갖게 되는데, 이를 이용한 배색은 인간에게 가장 편안하고 익숙한 색채의 조화라고 하였다.

- 루드는 과학적 관점과 예술적 관점을 접목하여 구조적인 색체계를 만들었다.

2) 오스트발트 색체계의 조화 _{19년3회 산기85, 19년3회 기사90, 19년2회 산기93, 19년2회 기사98, 19년1회 기사100}

- 오스트발트 색체계에서는 계통적인 질서 법칙에 따라서 조화를 만들어 낼 수 있고, 각 계열을 이용하여 함량 비율로 나눌 수 있다.

- 오스트발트는 "조화란 곧 질서와 같다."라고 주장하였고, 전통적인 질서 법칙에 따라서 조화를 만들어 낼 수 있다.

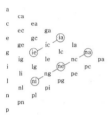

등백계열의 조화

① 등백계열(Isotints)의 조화

오스트발트 색표기에서 백색량을 나타내는 문자가 같은 것의 조화이다.

예 ia-ie, na-ne-ni

등흑계열의 조화

② 등흑계열(Isotones)의 조화

알파벳 뒤의 기호가 같은 색으로 이루어진 흑색량이 같은 계열의 조화이며 흑색을 나타내는 문자가 같은 것을 말한다.

예 ca-ga, ge-le-pe

등순계열의 조화

③ 등순계열(Isochromes)의 조화

수직축에 평행한 직선 위의 색은 백색량과 순색량의 비가 같아 조화롭다. 자연에서 볼 수 있는 그러데이션과 유사한 아름다움이 있다.

예 a-pe, ge-lg-pl

④ 유채색과 2가지 무채색과의 조화

등색상 삼각형 위에서 선택한 한 가지 색은 등백계열과 등흑계열을 통해 2개의 회색과 연결된다.

예 c-nc-n, e-ie-i

⑤ 무채색에 의한 조화

등순계열인 무채색은 같은 간격으로 나열하거나 변화를 주어 배색을 해도 쉽게 조화를 이룰 수 있다.

⑥ 등색삼각형의 조화

동일 색상 내에서 등흑계열과 등백계열의 색들은 조화를 이루는데, 무채색과 유채색을 혼합해도 조화를 이룬다.

⑦ 등가색환 보색 조화

색입체의 중심축을 기준으로 수평선상에 있는 색들은 알파벳 기호가 같고, 서로 조화를 이룬다. 이들은 보색 관계에 있으며 백색량과 흑색량이 같다. 톤 기호는 같고 색상을 다르게 하는 조화이므로 톤 인 톤 배색 효과라고 볼 수 있다.

⑧ 등가색환 조화

오스트발트 색입체에서 무채색 축을 기준으로 수평으로 절단하면 백색량과 흑색량이 같고, 색상 차이가 2~4 정도 차이나는 색들은 서로 조화되며, 이때 등가색환은 28개가 만들어진다.

유사의 조화	색상 차이가 2, 3, 4 간격 정도의 조화를 말한다. **예** 3li-5li, 7ic-10ic, 20ni-24ni
이색의 조화	색상 차이가 6, 7, 8 간격 정도의 조화를 말한다. **예** 3li-9li, 7ic -14ic, 10ni-18ni
보색의 조화	색상 차이가 12 간격 정도의 조화를 말한다. **예** 3li-15li, 7ic-20ic, 1ni-13ni

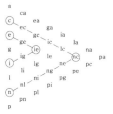

유채색과 2가지 무채색과의 조화

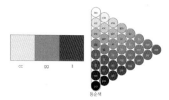

무채색에 의한 조화

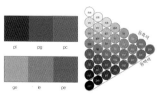

등색삼각형의 조화

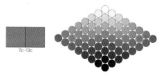

등가색환 보색 조화

기적의 Tip

루드의 조화 이론

• 광학적 이론, 혼색 이론, 보색, 색각 이론 등에 관한 연구이다.
• 자연색이 보이는 효과를 적용하여 색상마다 고유의 명도를 갖는다고 주장하였다.
• 멀리서 보이는 점이나 선은 중간색으로 보인다는 병치혼색을 지적하였다.

01 색채 조화 이론과 이를 주장한 사람의 연결이 <u>틀린</u> 것은?

① 루드(O.N. Rood) : 자연 관찰에서 일정한 법칙을 찾아내어, 황색에 가까운 것은 밝고, 먼 것은 어둡다고 하는 조화 이론을 밝혔다.

② 쉐브럴(M.E. Chevreul) : 동시대비 원리, 도미넌트 컬러, 세퍼레이션 컬러, 보색 배색 조화 등의 법칙을 저술했다.

③ 저드(D.B. Judd) : 색채 조화는 좋아함과 싫어함의 문제이며, 정서 반응은 사람에 따라 다르고, 동일인이라도 때에 따라 다르다.

❹ 비렌(F. Birren) : 조화란 질서라 정의하고, 영상, 컴퓨터, 모니터 웹컬러 등에 적합한 이론을 발표하였다.

파버 비렌(F. Birren)은 조화를 질서라고 정의한 오스트발트의 표색계의 이론을 수용하여 색삼각형의 원리를 적용하고, 색의 정서적인 반응을 7개의 범주로 나누어 표현하였다.

02 <u>오스트발트</u> 색채 조화 원리가 <u>아닌</u> 것은?

① 등백계열의 조화   ② 등흑계열의 조화

❸ 등보계열의 조화   ④ 등가색환의 조화

오스트발트 색체계의 조화

- 등백계열의 조화   • 무채색에 의한 조화
- 등흑계열의 조화   • 등색삼각형의 조화
- 등순계열의 조화   • 등가색환 보색 조화
- 유채색과 2가지 무채색과의 조화   • 등가색환 조화

03 쉐브럴(M.E. Chevreul)의 조화 원리에 해당하지 <u>않는</u> 것은?

① 하나의 색상에 각기 다른 여러 명도를 단계적으로 동시에 배색하면 조화를 이룬다.

② 여러 가지 색을 가운데 한 가지의 색이 주조를 이룰 때 조화된다.

❸ 색을 회전 혼색시켰을 때 중성색이 되는 배색은 조화를 이룬다.

④ 같은 색상에서 명도의 차이를 크게 배색하면 조화를 이룬다.

색을 회전혼색시켰을 때 중성색이 되는 배색이 조화를 이루는 것은 먼셀을 기초로 하는 문 · 스펜서의 조화 원리이다.

04 색채가 조화되는 배열에 따라 시각적인 유목감을 주는 것으로 색상, 명도, 채도, 톤의 변화를 통한 조화를 기본으로 하여 리듬감이나 운동감을 주는 배색 방법은?

❶ 그러데이션 배색

② 악센트 배색

③ 분리 배색

④ 반복 효과에 의한 배색

그러데이션 배색은 연속 효과를 사용하면 점진적인 효과와 색에 있어서의 율동감을 느낄 수 있다. 색의 3속성 중 하나 이상의 속성이 일정한 간격을 갖고 자연스럽게 변화하도록 배색하는 것으로 순차적으로 색이 변하는 배색이다.

05 두 색 또는 다색의 배색에서 대비가 지나치게 강할 경우에 대립을 완화하기 위해 색과 색 사이에 삽입하여 보편적으로 사용하는 색이 <u>아닌</u> 것은?

① 흰색

② 검정

③ 회색

❹ 순색

대립하는 두 색이 부조화하거나 그 대비가 유사 또는 보색일 경우에 두 색이 분리될 수 있도록 색과 색 사이에 분리색을 넣어 조화를 이루게 하는 분리 배색의 효과로, 주로 무채색(흰색, 회색, 검은색), 금색, 은색 등을 사용한다.

06 무채색, 금색, 은색 등의 색을 삽입하여 배색의 미적 효과를 높일 수 있는 배색은?

① 반대 색상 배색

② 톤 온 톤 배색

③ 톤 인 톤 배색

❹ 세퍼레이션 배색

세퍼레이션(Separation)은 '분리시키다' 또는 '갈라놓다'의 의미로, 세퍼레이션 배색은 대립을 완화시키기 위해 색과 색 사이에 분리색을 넣어 조화를 이루게 하는 분리 배색 효과이다. 분리색으로는 주로 무채색(흰색, 회색, 검은색), 금색, 은색 등을 사용한다.

07 톤은 같지만 색상이 다른 배색을 무엇이라고 하는가?

① 톤 온 톤 배색

❷ 톤 인 톤 배색

③ 세퍼레이션 배색

④ 그러데이션 배색

오답피하기

- ① **톤 온 톤 배색** : 동일 색상 내에서 톤의 차이를 크게 두는 배색이다.
- ② **세퍼레이션 배색** : 배색의 관계가 애매하고 모호하거나 대비가 너무 지나칠 때 분리시켜 주는 배색이다.
- ③ **그러데이션 배색** : 색상이나 명도, 채도, 톤 등이 단계적으로 변화하는 배색이다.

08 먼셀 색입체의 단면 설명으로 틀린 것은?

① 색입체의 수직단면은 종단면이라고도 하며, 같은 색상이 나타나므로 등색상면이라고도 한다.

❷ 수직단면은 유사 색상의 명도, 채도 변화를 한눈에 볼 수 있으며, 가장 안쪽의 색이 순색이다.

③ 색입체를 수평으로 자른 횡단면에는 같은 명도의 색이 나타나므로 등명도면이라고도 한다.

④ 수평단면은 같은 명도에서 채도의 차이와 색상의 차이를 한눈에 알 수 있다.

먼셀 색입체의 수직단면은 유사 색상 내의 명도, 채도의 변화를 한눈에 볼 수 있으며, 가장 바깥쪽의 색이 순색이다.

09 다음 중 설명이 옳게 서술된 것은?

❶ 먼셀은 5가지 색 빨강, 노랑, 초록, 파랑, 보라의 5색을 기준으로 분할해서 10색, 다시 분할해서 20색, 40색으로 나눈다.

② 오스트발트는 5가지의 색 빨강, 초록, 노랑, 파랑, 검정을 기준으로 한다.

③ NCS는 빨강, 노랑, 초록, 파랑, 주황, 남색, 보라로 구성되었다.

④ PCCS 표색계는 스웨덴의 색채연구소에서 연구해 지금은 여러 유럽 국가에서 사용하고 있다.

10 4원색상과 무채색광으로 구성되며 분해와 합성이라는 반대의 반응을 동시에 일으켜 그 반응 비율에 따라 색이 인지된다는 주장의 가설은?

① 오스트발트 학설

② 영 · 헬름홀츠의 3원색설

③ 먼셀 표색설

❹ 헤링의 반대색설

헤링의 반대색설

헤링은 영 · 헬름홀츠의 3원색에 대하여 반대학설을 발표하면서 4원색(빨강–초록, 노랑–청자)과 무채색광(흰색–검성)으로 구성된다고 주장하였다. 빛이 들어오면 분해와 합성이라는 반대의 반응을 동시에 일으켜 그 반응의 비율에 따라 여러 가지 색이 인지된다는 색지각설이다.

11 다음 중 관용색명과 이에 대응하는 계통색 이름이 바르게 짝지어진 것은?

① 벚꽃색 – 연한 보라 띤 빨강

❷ 청자색 – 칙칙한 파랑 띤 녹색

③ 살색 – 밝은 회색 띤 주황

④ 레몬색 – 해맑은 녹색 띤 노랑

오답피하기

- ① : 벚꽃색 – 흰 분홍(10RP 9/2.5)
- ③ : 살색 – 흐린 노랑 주황(6YR 7/6)
- ④ : 레몬색 – 노랑(8Y 8/12)

12 CIE(국제조명위원회)에서 정의한 색공간이 <u>아닌</u> 것은?

❶ NCS

② L*a*b*

② L*u*v*

④ L*C*h*

NCS(Natural Color System) : 스웨덴표준협회에서 채택한 것으로, 심리적인 비율 척도를 사용하여 색 지각량을 표기한 현색계의 색체계이다.

13 오스트발트 표색계의 장점으로 옳은 것은?

① 등백색계열은 흑색량이 동일한 계열이다.

② 어떠한 색이든 혼합량의 합이 가변적이다.

③ 반사율 특성에 맞는 색표를 실현한다.

❹ 등백계열, 등흑계열, 등순계열의 색을 선택하고 싶을 때 편리하다.

오스트발트 표색계

- **등백색계열** : 백색량이 동일한 계열이다.
- **등흑색계열** : 흑색량이 동일한 계열이다.
- **등순색계열** : 순색의 혼합량이 동일한 계열이다.
- **등가색환계열** : 무채색 축을 중심으로 백색량과 흑색량이 같은 28개의 등가색환 계열이다.

오답피하기

- ① : 등백색계열은 백색량이 동일한 계열이다.
- ② : 어떠한 색이든 혼합량은 동일하다.
- ③ : 오스트발트는 회전 혼색기의 색채 분할 면적의 비율을 변화시켜 여러 색을 만들어 그것과 등색인 것을 색표로 나타낸 원리이다.

14 비렌의 색채 조화론의 설명으로 옳지 않은 것은?

① 색삼각형의 직선상의 연속은 모두 자연스럽게 조화된다.

② 순색과 전혀 상관없이 무채색은 자연스럽게 조화된다.

③ 순색, 암색조, 검정은 색채의 깊이와 풍부함이 있다.

❹ 기조 또는 중심점으로써 N5를 근거로 조화된다.

비렌의 색채 조화론

오스트발트 조화론을 기본으로 하여 시각적이고 심리적인 연구를 통해 배색 조화에 관한 이론을 발전시켰다.

【 오답피하기 】

먼셀 조화의 원리에 대한 설명이다.

15 저드(D.Judd)에 의해 제시된 색채 조화의 원리 중 '색의 체계에서 규칙적으로 선택된 색들의 조합은 대체로 아름답다.'라는 성질에 해당하는 것은?

① 친밀성의 원리

② 비모호성의 원리

③ 유사의 원리

❹ 질서의 원리

저드의 색채 조화론

• **질서의 원리** : 색체계에서 규칙적으로 선택된 색들은 조화롭다.

• **친밀성의 원리** : 자연에서 느끼는 색채와 같이 잘 알려진 색은 조화롭다.

• **비모호성의 원리** : 색채의 관계가 모호하지 않고 명확하면 조화롭다.

• **유사의 원리** : 공통점이나 속성이 비슷한 색들은 조화롭다.

16 오스트발트 표색계에서 등백계열의 조화로 어울리는 것은?

❶ ga-ge

② lc-ig

③ la-pl

④ ge-ne

오스트발트 표색계

등색상 삼각형의 밑변의 평행선상에 있는 동일한 흰색량의 색을 등백계열이라고 한다. 알파벳을 한 칸씩 띄어 a, c, e, g, i, l, n, p의 무채색 단계를 기준으로 등백과 등흑도가 같은 순서로 나열되는데 'ga-ge'처럼 등백계열에 기호의 앞 문자가 같은 색(흰색량이 같은 색)들은 서로 조화된다.

17 한국의 전통 색채 및 색채 의식에 관한 설명이 <u>아닌</u> 것은?

① 음양오행 사상을 표현하는 상징적 의미의 표현 수단으로써 이용되어 왔다.

❷ 계급, 서열과 관계없이 서민들에게도 모든 색채 사용이 허용되었다.

③ 한국의 전통 색채 차원은 오정색과 오간색의 구조로 이루어진다.

④ 색채의 기능적 실용성보다는 상징성에 더 큰 의미를 둔다.

한국의 전통 색채 및 색채 의식

색채는 계급 서열에 관계되어 서민들에게는 색채 사용이 제한되었으며 신분에 따라 왕이나 관료들이 업무를 수행하면서 계급에 따라 색을 구분하여 옷을 입었다.

18 다음 중 색상환에서 같은 거리에 있는 3색끼리 혼합하게 되면 보색 대비와 비슷하게 되지만 좀 더 고급스러움을 얻게 된다. 이런 조화를 무엇이라고 하는가?

① 유채색의 조화

② 등간격의 조화

❸ 근접 보색대비의 조화

④ 유채색과 무채색의 조화

근접 보색대비

근접 보색대비에 따른 조화는 반대색의 조화로써 하나의 색과 그 색의 보색 주위에 있는 색과 배색하여 얻어지는 조화를 말한다. 근접 보색대비는 보색대비보다 고급스러운 조화를 보인다.

19 다음 중 문 · 스펜서의 색채 조화론에 대한 설명으로 옳지 <u>않은</u> 것은?

❶ 미국의 건축가인 문과 스펜서가 주장한 오스트발트 시스템을 바탕으로 한 조화론이다.

② 기존의 통념적인 색채 조화론을 부정했다.

③ 색의 가치를 조화와 부조화로 구분하였다.

④ 유사 조화와 대비 조화를 기본 원리로 사용하였다.

문 · 스펜서의 색채 조화론

문 · 스펜서는 먼셀 시스템을 바탕으로 과학적이고 정량적인 방법을 이용한 색채 조화론을 주장하였다. 이들은 조화를 미적 가치를 가지는 것이라고 하고, 부조화를 미적 가치가 없는 것으로 규정하였다.

20 DIN 색체계의 2:6:1이 나타내는 색상은?

① 2번 색상의 어두운 정도 6, 포화도 1

❷ 2번 색상의 포화도 6, 어두운 정도 1

③ 포화도 2, 어두운 정도 6, 1번 색상

④ 어두운 정도 2, 포화도 6, 1번 색상

DIN 표기법은 T : S : D = 2(색상) : 6(포화도) : 1(어두운 정도)로 표현한다.

21 중세 유럽의 인상파 화가들이 점묘법에 즐겨 사용한 배색 기법은?

① 유사 색상의 배색

② 높은 명도끼리의 배색

❸ 반대 색상끼리의 배색

④ 채도가 비슷한 색상끼리의 배색

보색의 배색 기법
보색은 두 색이 서로를 보조해 주는 색이라는 의미로, 이 두 색은 색상환에서 서로 반대쪽에 있는 색이다. 보색의 배색 기법은 인상파 화가가 점묘법에 사용한 기법으로 보색을 혼합하면 회색이나 검은색이 되는데, 점묘법은 이러한 원리를 이용하여 색을 혼합하지 않고 점으로 필치를 남겨, 보는 사람의 눈에 의해 색이 혼합되어 보이도록 한 기법이다.

22 오스트발트 기호 표시가 '17lc'로 기록이 되었다면 색상의 함유량은 얼마인가?

① 38.7%

② 77.6%

③ 27.3%

❹ 47.1%

오스트발트 기호 표시
오스트발트의 표색계는 '순색량(C) + 백색량(W) + 흑색량(B) = 100'이라는 공식에 따라 색상 기호, 백색량, 흑색량의 순으로 표기한다. 17lc로 표기된 것은 17은 색상, l은 백색량, c는 흑색량을 의미한다. 순색량은 100% − (8.9 + 44)% = 47.1%로 계산된다.

23 NCS 표기법에서 S2030-Y90R에 대한 올바른 해석은?

❶ 20%의 검은색도, 30%의 유채색도를 표시하고, 색상 Y90R은 90%의 빨간색도를 지닌 노란색을 뜻한다.

② 20%의 유채색도, 30%의 검은색도를 표시하고, 색상 Y90R은 90%의 빨간색도를 지닌 노란색을 뜻한다.

③ 20%의 검은색도, 30%의 유채색도를 표시하고, 색상 Y90R은 90%의 노란색도를 지닌 빨간색을 뜻한다.

④ 20%의 유채색도, 30%의 검은색도를 표시하고, 색상 Y90R은 90%의 노란색도를 지닌 빨간색을 뜻한다.

NCS 표기법

NCS 색채 표기는 검은색도, 순색도, 색상의 순서로 표기한다. NCS 색표시 기호에서 앞머리의 S는 NCS 색견본이 두 번째 수정판(Second Edition)이라는 것을 의미한다. S2030은 20% 검은색도와 30%의 유채색도를 나타낸다. 색상 Y90R은 10%의 노랑과 90%의 빨강이 섞인 색(90%의 빨간색도)을 의미한다.

24 한국공업규격(KS A 0011)에 제시되어 있는 색명 중 유채색의 가짓수와 그 색명이 올바르게 짝지어진 것은?

① 9가지 - 빨강, 주황, 노랑, 연두, 녹색, 파랑, 남색, 보라, 자주

② 9가지 - 빨강, 주황, 노랑, 연두, 녹색, 청록, 파랑, 보라, 자주

③ 10가지 - 빨강, 주황, 노랑, 연두, 초록, 청록, 파랑, 남색, 자주, 검정

❹ 12가지 - 빨강, 주황, 노랑, 연두, 초록, 청록, 파랑, 남색, 보라, 자주, 분홍, 갈색

한국공업규격(KS A 0011)에 제시된 유채색(12가지) : 빨강, 주황, 노랑, 연두, 초록, 청록, 파랑, 남색, 보라, 자주, 분홍, 갈색

25 한국의 전통색인 오정색으로 맞는 것은?

① 홍색, 벽색, 녹색, 유황색, 자색

❷ 빨강, 파랑, 노랑, 검정, 흰색

③ 빨강, 노랑, 녹색, 파랑, 보라

④ 빨강, 녹색, 노랑, 검정, 흰색

한국의 전통색은 음양오행 사상을 기반으로 방위와 색채를 연결시킨 오정색과 정색들 사이를 섞어서 만든 오간색으로 구분한다.

• **오방색(오정색)** : 청색, 적색, 백색, 황색, 흑색

• **오간색** : 녹색, 홍색, 자색, 유황색, 벽색

26 다음 중 현색계의 종류에 해당되지 <u>않는</u> 것은?

① 먼셀

② NCS

③ DIN

❹ L*a*b*

- **현색계의 종류** : 먼셀, 오스트발트, NCS, PCCS, DIN 등
- **혼색계의 종류** : CIE LUV, LCH, XYZ, Yxy, L*a*b* 등

27 다음 중 하늘색(Sky Blue)을 나타내는 가장 가까운 L*a*b*값은?

❶ L*a*b* = 84/5/−5

② L*a*b* = 85/−65/74

③ L*a*b* = 57/88/−51

④ L*a*b* = 56/73/34

하늘색(Sky Blue)은 Blue에 약간의 Red와 Green의 정도로 표현된다. b*는 Yellow와 Blue의 정도를 나타낸다. a*값이 +일수록 Red, −일수록 Green이 증가하며, b* 값이 +일수록 Yellow, −일수록 Blue가 증가한다.

28 색채 표준화의 목적 중 적합하지 <u>않은</u> 것은?

① 결과의 실용성

② 배열의 규칙성

③ 속성의 명확성

❹ 정량의 등보성

색채 표준화의 목적
색채 표준화는 색채 표기의 국제 기호화, 색채 간의 지각적 등보성, 색채 속성 표기의 명확성 및 배열의 규칙성, 색채 속성 배열의 과학적 근거와 실용화가 용이해야 한다. 또한, 특수 안료를 제외한 일반 안료로 재현할 수 있어야 하며, 정량적 등보성이 아니라 배열된 색표가 지각적으로 동등한 간격이 유지되도록 해야 한다.

29 CIE L*u*v* 색좌표를 바르게 읽은 것은?

❶ L*는 명도 차원이다.

② u*와 v*는 색상 축을 표현한다.

③ u*는 빨간색 – 파란색 축이다.

④ v*는 value 축이다.

CIE L*u*v* 색좌표
- L*은 명도 차원이다.
- u*와 v*는 두 개의 채도 축을 표현한다.
- u*는 대략 노란색 – 파란색 축이다.
- v*는 빨간색 – 녹색 축이다.

30 먼셀 기호를 이용하여 측색할 경우 표준 관찰자의 광원과 각도는?

❶ C광원, 관찰 각도 2°

② C광원, 관찰 각도 10°

③ D65 C광원, 관찰 각도 2°

④ D65 C광원, 관찰 각도 10°

일반적인 육안으로 광원을 측정할 때는 D65를 기준으로 한다. 그러나 먼셀 색표와 비교·검사하기 위해서는 국제규격의 C광원을 사용하여 검사하며 관찰 각도는 2° 시야를 사용한다.

31 배색 시 그 관계가 애매하거나 대비가 너무 강한 경우의 해결 방법과 관련이 <u>없는</u> 것은?

❶ 고명도·고채도의 유채색을 주로 삽입

② 쉐브럴의 조화 이론을 기본으로 한 배색방법

③ 성당의 스테인드글라스의 예

④ 분리 효과에 의한 배색

분리 효과 배색
배색 시 그 관계가 애매하거나 대비가 너무 강한 경우 분리 효과에 의한 배색을 사용한다. 분리 효과 배색은 쉐브럴의 조화 이론을 기본으로 한 배색 방법이며 성당의 스테인드글라스에서 찾아볼 수 있고 분리색으로는 주로 무채색이 쓰이고 특정 제품에서는 금색, 은색이 쓰이기도 한다.

오답피하기

고명도·고채도의 유채색을 주로 삽입하는 배색은 강조 배색에 속한다.

이기적 컴퓨터활용능력 필기!

나에게 맞는 도서를 찾아보자!

내 실력 테스트

컴활? 자신있다!

실전 대비
기출문제 풀이로 마무리 학습

작지만 강하다!
핵심 이론+기출문제

단기 합격! ←→ 느긋하게 공부할래요~

문제 중심 학습
핵심 이론과 다양한 학습자료

기초부터 탄탄히!
초심자를 위한 완벽한 개념서

컴활 처음 공부하는데요..

 단 한 권으로 빠른 합격을 원한다면?
필기/실기 한 권으로 끝내는 상시 시험 공략집!

이기적 컴퓨터활용능력 실기!

나에게 맞는 도서를 찾아보자!

기본서

개념부터 차근차근!
노베이스 수험생도 합격할 수 있는 기본서!

기출문제집

빠르게 합격 도전!
상시 기출문제로 최신 유형까지 쏙쏙!

✔ **단 한 권으로 빠른 합격을 원한다면?**
필기/실기 한 권으로 끝내는 상시 시험 공략집!

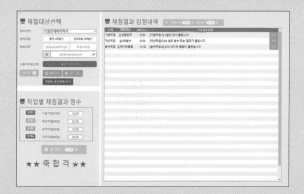

채점 프로그램 무료 제공!

설치용
[이기적 홈페이지]-[자료실]-[컴퓨터활용능력]

웹용
[이기적 홈페이지]-[메인화면 '웹 채점 프로그램' 클릭]

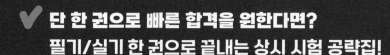

이기적 영진닷컴 유튜브

독자님, 구독자님이 되어 보세요!

YouTube 1위

출판사 유튜브 채널 기준
강의수 1위! 구독자 수 1위!

다채로운 영상

공부하기 싫을 때도
볼거리가 넘친다!

영진에서는 무슨 일이..?
우당탕탕 영진일기

✔ 공부하다 지루하다면?
✔ 출판사에서는 어떤 일이
벌어지는지 잠시 엿보자,
깨알 재미가 가득!

과목별/도서별로
골라 보는 강의

✔ 이기적에서 자랑하는
IT 자격증부터 실용 분야까지!
✔ 출판계 구독자 수 1위의
위엄을 보여 준다.

강의 말고
시험 꿀팁까지 가득

✔ 단순 이론을 넘어서 합격 이론까
지 파고드는 이기적 채널!
✔ 우리 독자님 합격길만 걸어!

한 번에 합격, 자격증은 이기적

1. 시험에 나오는 이론만 쏙쏙 골라 수록
2. 과목별 예상문제를 통해 실전 연습하기
3. 최신 기출문제로 마지막 정리하기
4. CBT 온라인 문제집으로 무제한 문제풀이
5. 이기적에서 추가 기출문제 PDF 다운받기

 YES24 한국산업인력공단 컬러리스트 분야
베스트셀러 1위(2023년 4월 1째주 베스트)

1판 1쇄 발행 2023년 5월 11일
1판 2쇄 발행 2024년 1월 22일

저자 김선미, 한명숙	**발행인** 김길수
발행처 (주)영진닷컴	**등록** 2007. 4. 27 제 16-4189호
총괄 이혜영	**기획** 정나연, 황유진
디자인 임정원, 박지은	**내지 편집** 황유림
제작 황장협	**인쇄** 제이엠

주소 (우)08507 서울특별시 금천구 가산디지털1로 128 STX-V타워 4층 401호
(주)영진닷컴

ISBN 978-89-314-6710-9　　**가격** 34,000원

🔍 선앤미 컬러리스트

질문/답변 : Cafe.naver.com/colorsun
홈페이지 : license.youngjin.com

베스트셀러 1위
산출근거 후면표기

CBT
온라인 문제집 제공

HUMAN RESOURCES DEVELOPMENT SERVICE OF KOREA
HRDK
· 한국산업인력공단 ·

이렇게 기막힌 적중률

기본서
★ 최신 개정판

수험서 34,000원
13000

9 788931 467109
ISBN 978-89-314-6710-9

컬러리스트
기사·산업기사 필기

2권·문제집 　김선미, 한명숙 공저

독학 최적화
철저한 기출문제 분석을 통한
핵심 이론 구성

실전 학습
최신 기출문제 &
과년도 기출문제 PDF

CBT 온라인 문제집
스마트폰과 PC에서
언제 어디서나 스터디

한국소비자만족지수
5년 연속 1위

수험생 무료 혜택!
🔍 이기적 스터디 카페

YoungJin.com Y.
영진닷컴

CBT 온라인 응시 써비스

실전과 동일한 환경에서 모의고사를 풀어보자!

PC 버전

모바일 버전

이용 방법

PC 버전

❶ 이기적 홈페이지(license.youngjin.com)에 접속하세요.
❷ [CBT 서비스(온라인 모의고사)]를 클릭하세요.
❸ 공부할 과목을 선택하여 이용하세요.

모바일 버전

❶ QR 코드 스캔 앱으로 QR 코드를 스캔하세요.
❷ 공부할 과목을 선택하여 이용하세요.

제공 자격증

IT 자격증, 빅데이터, 조리·제과·예술, 전산회계·세무, 굴삭기·지게차, NCS, 기타 분야
CBT 온라인 응시 서비스의 자격증 제공 범위는 추후 사정에 따라 변경될 수 있습니다.

CBT 온라인 응시 서비스

이렇게 기막힌 적중률

컬러리스트
기사 · 산업기사 필기
| 2권 · 문제집 |

당신의 합격을 위한 **이렇게 기막힌 적중률!**

차례

PART 01 컬러리스트 산업기사

해설과 함께 풀어보는 기출문제

해설과 따로 풀어보는 기출문제

PART 02 컬러리스트 기사

해설과 함께 풀어보는 기출문제

해설과 따로 풀어보는 기출문제

COLORIST

PART 01

컬러리스트 산업기사

01회 기출문제

---

1 제1과목 : 색채 심리

01 머릿속에 고정관념으로 인식되어 있고 색의 연상과 상징에 의해서 나타나는 것은?

① 기억색
② 항상성
③ 착시
④ 대비색

> 대상의 표면색에 대해 무의식적 추론을 통해 결정되는 색채를 기억색이라 한다.

02 바닷가 도시, 분지에 위치한 도시의 집합주거외벽의 색채계획 시 고려사항이 아닌 것은?

① 기후적, 지리적 환경
② 건설사의 기업색채
③ 건축물의 형태와 기능
④ 주변 건물과 도로의 색

> 건설사의 기업색채는 기업의 가치와 목표를 알리기 위한 것이다. 브랜드의 정체성을 뚜렷하게 하고 나아가 경쟁기 업과의 차별성을 강조하는 내포하는 것이다.

03 중국에서는 황제를 상징하는 색이지만 유럽에서는 배반을 상징하는 색은?

① 청색
② 자색
③ 황색
④ 백색

> 서양에서는 노란색이 부정적인 의미를 갖기도 한다. 이는 종교 색채에도 나타나는데 유다의 옷 색채에 노란색(배신자의 색)이 사용된 것이 그 예다.

04 색채의 심리적 반응을 고려한 색채 적용에 대한 설명으로 옳은 것은?

① 안전 깃발과 구급상자는 주황색을 사용한다.
② 병원의 수술복은 음성잔상 때문에 청록색을 사용한다.
③ 영업직의 환경색은 의식을 활발하게 하기 위해 한색을 사용한다.
④ 화장실 픽토그램의 유목성을 높이기 위해 검은색을 사용한다.

> 빨간색을 응시하다 다른 곳으로 시선을 이동할 경우 음성 잔상이 발생되어 녹색이 망막에 남아 있다. 이러한 충격을 대비하고자 녹색을 주변에 사용한다.

05 정보로서의 색의 역할로 틀린 것은?

① 제품의 차별화와 색채연상효과를 높이기 위해 민트향이 첨가된 초콜릿 제품의 포장을 노랑과 초콜릿색의 조합으로 하였다.
② 서양문화권에서 흰색은 순결한 신부를 상징하지만, 동양에서는 죽음의 색으로서 장례식을 대표하는 색이다.
③ 국제적 언어로서 파랑은 장비의 수리 및 조절 등 주의신호에 쓰인다.
④ 스포츠 경기에 참가한 팀을 쉽게 구별할 수 있도록 운동복 색채를 선정함으로 경기의 효율성과 관람자의 관전이 쉽도록 돕는다.

> 포장지는 대부분 내용물을 암시하는 정보로 컬러가 사용되며, 제품의 차별화는 경쟁사의 색채사용 빈도를 조사 후 포지셔닝 계획 시 반영한다.

06 국가별, 문화별 선호색과 상징에 대한 설명 중 틀린 것은?

① 사우디아라비아, 이란 등은 초록을 신성시한다.
② 우리나라 소복의 흰색은 죽음을 상징한다.
③ 국가나 지역에 관계없이 파랑에 대한 선호는 거의 일치하는 편이다.
④ 국가와 문화에 상관없이 선호색은 같은 상징을 담고 있다.

> 문화와 문명이 발달할수록 인간이 접할 수 있는 색깔이 다양해지고 언어를 색으로 표현하려는 언중 의식은 새로운 단어를 창조하기도 한다.

07 색채 조절에 대한 심리효과를 이용한 것으로 틀린 것은?

① 실내온도가 높은 작업장에서는 한색계통을 주로 사용한다.
② 북향의 방에는 따뜻한 색 계통을 사용하는 것이 효과적이다.
③ 보라는 혈압을 낮게 하고, 빨강의 보색잔상을 막아주므로 병원 내의 색채로 적당하다.
④ 하양(위), 회색(중간), 검정(아래)을 순서대로 세로로 배열하면 안정감이 느껴진다.

보라색은 불안과 긴장의 지표로 사용량이 많은 경우에는 적응 불량과 미성숙을 나타낸다.

08 색채계획 및 디자인 프로세스를 조사 · 기획/색채계획 · 설계/색채관리의 3단계로 분류 시, 조사 · 기획단계에 해당하는 것은?

① 시장현황 조사, 콘셉트 설정
② 색채배색안 작성, 색견본 승인
③ 시뮬레이션 실시, 색채관리
④ 모형 제작, 색채 구성

시장조사(색채 현황 조사 및 분석), 색채 이미지 설정(현재와 앞으로의 이미지 개선 방향 설정)

09 의미척도법(SD ; Semantic Differential merhod)의 설명으로 틀린 것은?

① 미국의 색채 전문가 파버 비렌이 고안하였다.
② 반대의미를 갖는 형용사 쌍을 카테고리 척도에 의해 평가한다.
③ 제품, 색, 음향, 감촉 등 다양한 대상의 인상을 파악하는 방법으로 많이 사용되고 있다.
④ 의미공간을 효율적으로 정의하기 위해서는 그 공간을 대표하는 차원의 수를 최소로 결정할 필요가 있다.

SD법은 심리학자 오스 굿이 1952년에 커뮤니케이션 연구 방법으로 개발하였다. 현재 경관, 음향, 감촉, 색채 등의 다양한 분야에서 자극을 판단하는 방법으로 많이 사용되고 있다.

10 색과 제품의 연결이 가장 합리적인 것은?

① 자동차의 빠른 속도를 강조하려면 저채도의 색을 적용하는 것이 효과적이다.
② 방화가 의심되는 곳을 알리기 위해 녹색의 표지판을 사용하는 것이 효과적이다.
③ 자연주의를 지향하는 제품에는 녹색이나 갈색을 사용하는 것이 효과적이다.
④ 무거운 물품의 포장은 심리적으로 가볍게 느낄 수 있도록 저명도의 색을 사용하는 것이 효과적이다.

자연에서 쉽게 관찰되는 컬러를 사용하여 자연주의를 암시하거나 연상시키는 것이 바람직하다. 자연친화적인 디자인을 비롯한 친환경 제품군에서 쉽게 찾아볼 수 있다.

11 혈압을 내려주고 긴장을 이완시켜 불면증에 효과가 있다고 알려진 색채는?

① 연두
② 노랑
③ 하양
④ 파랑

파랑은 화를 잘 내거나 신경질적인 사람들의 마음을 안정시키는 색이며, 또한 편한 분위기에 휩싸여 있는 애정적인 색이다.

12 색채와 미각에 대한 설명 중 잘못된 것은?

① 밝은 명도의 색은 식욕을 일으킨다.
② 청색은 식욕을 반감시킨다.
③ 빨강은 식욕을 증진시킨다.
④ 주황은 식욕을 증진시킨다.

명도는 색의 중량감과 가장 연관이 깊으며, 주황색 등의 난색계열이 식욕을 불러일으킨다.

13 보기의 빈 칸에 들어갈 말을 순서대로 바르게 대응시킨 것은?

> 난색은 교감신경을 자극하여 생리적인 촉진 작용을 일으켜 (　　　)이라고 불리며, 한색은 혈압을 낮추는 효과를 주어 (　　　)이라 불린다

① 음(陰)의 색, 양(陽)의 색
② 흥분색, 진정색
③ 수축색, 팽창색
④ 약한 색, 강한 색

> 흥분색은 난색계열에서 진정색은 한색계열에서 찾아볼 수 있다. 또한 진출색의 의미와 유사하다. 색채계획에서의 난색과 한색의 사용은 색채디자인의 목적이나 용도에 맞게 설정되어야 한다.

14 색과 형태의 연구에서 원을 의미하는 색채에 대한 설명으로 옳은 것은?

① 우리나라 방위의 표시로 남쪽을 상징하는 색이다.
② 4, 5세의 여자아이들이 선호하는 색채이다.
③ 충동적인 감정을 일으키는 색채이다.
④ 이상, 진리, 젊음, 냉정 등의 연상언어를 가진다.

> 색채와 모양에 대한 공감각적 연구를 통해 색채와 모양의 조화로운 관계성을 추구하였다. 파랑은 유동성을 가진 색으로 정의하며 원으로 설명하였다.

15 색채정보 수집방법으로 가장 용이한 표본조사의 표본 추출방법이 틀린 것은?

① 표본은 특정조건에 맞추어 추출한다.
② 표본의 선정은 올바르고 정확하며 편차가 없는 방식으로 한다.
③ 표본선정은 연구자가 대규모의 모집단에서 소규모의 표본을 뽑아야 한다.
④ 표본은 모집단을 모두 포괄할 목록을 반드시 가지고 있어야 한다.

> 가장 많이 사용되는 조사법으로 표적집단의 선호색, 컬러 이미지 등을 조사할 때 주로 사용하는 색채 정보수집 방법이다.

16 난색과 한색의 심리적 효과에 대한 설명 중 옳은 것은?

① 한색 : 후퇴색
② 난색 : 단파장
② 한색 : 장파장
④ 난색 : 수축색

> 한색계열(단파장)은 후퇴, 수축되어 보이며, 난색(장파장)은 진출, 팽창되어 보인다.

17 휴식을 요하는 환자나 만성 환자와 같이 장기간 입원해야 하는 환자병실에 적합한 색은?

① 오렌지색, 노란색
② 노란색, 초록색
③ 빨간색, 오렌지색
④ 초록색, 파란색

> 초록은 파랑과 하양과 함께 있으면 마음을 안정시키고, 빨강과 함께 있으면 건강한 느낌을 준다. 파랑은 화를 잘 내거나 신경질적인 사람들의 마음을 안정시켜 주는 색이며, 또한 편한 분위기에 휩싸여 있는 애정적인 색이다.

18 도시와 그 지역의 자연 환경색채가 옳게 연결된 것은?

① 그리스 산토리니 – 자연친화적 살구색
② 스위스 알프스 – 고유 석재의 회색
③ 일본 동경 – 일본 상징의 쪽색
④ 독일 라인강변 – 지붕의 붉은색

> 지역 특유의 토양색이나 하늘색, 혹은 생태계가 구성하는 자연환경의 배색에 그 지역 역사와 문화가 덧칠되면 지역색이 된다.

19 칸딘스키(Kandinsky)가 제시한 형태연구의 3가지 요소가 아닌 것은?

① 삼각형
② 사각형
③ 원
④ 다각형

> 빨강 – 정사각형, 주황 – 직사각형, 노랑 – 역삼각형, 초록 – 육각형, 파랑 – 원, 보라 – 타원, 검정 – 사다리꼴, 회색 – 모래시계, 흰색 – 반원

20 색채의 계절연상과 배색에 대한 이론 중 틀린 것은?

① 봄 – 진한 톤으로 구성한다.
② 여름 – 원색과 선명한 톤으로 구성한다.
③ 가을 – 풍요로움을 상징하는 주황, 갈색으로 구성한다.
④ 겨울 – 차갑고 쓸쓸함을 나타내는 흰색, 회색으로 구성한다.

> 사계절 중 봄은 빛이 점차 강해지는 시기이다. 밝아지는 명도와 아직은 선명하지 않은 채도를 사용하여, 밝고, 연한 톤이 주를 이룬다.

---

2 제2과목 : 색채 디자인

21 생태학적 디자인의 중요개념으로 지속가능한 개발(Sustainable Development)이 의미하는 것은?

① 기술을 지속적으로 사용하여 자연을 보존한다는 의미
② 자연이 먼저 보존되고 인간과 환경이 조화되는 개발을 의미
③ 기술을 지속적으로 발전시켜 인간 사회를 개발시킨다는 의미
④ 인간, 기술, 자연을 지속적으로 개발한다는 의미

> 지속가능한 개발이란, 1972년 '로마클럽' 보고서에서 환경을 생각하지 않는 무리한 개발에 강한 우려를 생각하여 지속가능한 개발이란 용어가 사용되었다.

22 생태학적 디자인 원리로 틀린 것은?

① 환경친화적인 디자인
② 리사이클링 디자인
③ 에너지 절약형 디자인
④ 생물학적 단일성을 강조하는 디자인

> 조화와 공존, 인간과 자연의 유기적 관계를 추구하는 생태학적 디자인은 지역의 풍토와 문화를 바탕으로 한다. 여러 종류의 생물학적 특성과 개성을 존중하고 인위적으로 제어하는 기존의 방식과는 다르다.

23 바우하우스 교육과정 단계를 바르게 나열한 것은?

① 공예교육 – 구조교육 – 건축교육
② 예비교육 – 공작교육 – 건축교육
③ 공예교육 – 기술교육 – 건축교육
④ 예비교육 – 이론교육 – 건축교육

> 예술과 공업기술의 통합을 목표로 합리주의적 모던 디자인을 향한 시도를 하였다. 예술창작과 공학 기술의 통합을 주장한 새로운 교육기관이자 연구소이며, 현대건축, 회화, 조각, 디자인 운동에 영향을 주었다.

24 디자인의 국제주의(Internationalism)가 지향해 온 일반적인 특성으로 틀린 것은?

① 이상주의
② 모더니즘 디자인
③ 보편성
④ 표현성

> 국가를 초월한 민족, 국가 간의 연대 운동을 말한다. 어떤 목적이나 가치를 위해 실현하고자 하는 정책이나 행동을 뜻한다.

25 디자인 조형요소에서 선에 대한 설명으로 틀린 것은?

① 점의 속도, 강약, 방향 등은 선의 동적 특성에 영향을 끼친다.
② 직선이 가늘면 예리하고 가벼운 표정을 가진다.
③ 직선은 단순, 남성적 성격, 정적인 느낌이다.
④ 쌍곡선은 속도감을 주고, 포물선은 균형미를 연출한다.

> 점이 이동한 궤적을 말하며, 위치와 방향을 가지고 있다. 무수한 점들의 집합이며 면적을 분할시키고, 방향, 운동감, 속도감 등을 나타낼 수 있다.

26 미용색채에서 화려하고 활동적이며 적극적인 이미지를 연출하기에 좋은 립스틱의 색조는?

① 비비드(Vivid) 색조
② 덜(Dull) 색조
③ 다크 그레이시(Dark Grayish) 색조
④ 라이트(Light) 색조

> Vivid 톤은 가장 선명한 채도를 말한다. 색상들의 에너지가 가장 강하며, 배색에 있어 강조색으로 많이 사용된다.

정답 13 ② 14 ④ 15 ① 16 ① 17 ④ 18 ④ 19 ④ 20 ① 21 ② 22 ④ 23 ② 24 ④ 25 ④ 26 ①

27 색채계획 시 디자인 대상에 악센트를 주어 신선한 느낌을 만드는 포인트 같은 역할을 하는 색은?

① 주조색
② 보조색
③ 강조색
④ 유행색

> 전체면적의 주조색은 60~70%, 보조색은 20~30%, 강조색은 5~10%이며 주조색과 보조색은 서로 유사한 성분이다. 개성과 차별성의 표현은 강조색에서 만들어진다.

28 광고대행사 직원으로서 클라이언트(광고주)와 대행사 사이에서 마케팅에 관련된 내용을 입안하고 클라이언트의 의도를 전하며, 중간매개의 역할을 하는 직책은?

① AD(Art Director)
② AE(Account Executive)
③ AS(Account Supervisor)
④ GD(Graphic Designer)

> 광고주와 광고대행사의 커뮤니케이션을 담당한다. 홍보전략을 수립하고 지휘하며, 회사에서는 광고주의 의사를 대변하고 각종 업무를 수행한다.

29 디자인 사조에 관한 설명이 틀린 것은?

① 미니멀리즘 - 순수한 색조대비와 강철 등의 공업재료의 사용
② 해체주의 - 분석적 형태의 강조를 위한 분리채색
③ 포토리얼리즘 - 원색적이고 자극적인 색, 사진과 같은 극명한 화면구성
④ 큐비즘 - 기능과 관계없는 장식 배제

> 큐비즘이란 입체파라고도 불리며, 20세기 초 파블로 피카소와 조르즈 블라크에 의해 창시되어 많은 추종자를 낳았다. 큐비즘은 자연의 여러 가지 형태를 기본적인 기하학적 형상으로 환원했다.

30 다음 사조와 관련된 대표적인 작가의 연결이 틀린 것은?

① 데스틸 : 피에트 몬드리안, 테오 반 데스부르크
② 미래파 : 필리포 토마소 마리네티, 카를로 카라
③ 분리파 : 구스타프 클림트, 요세프 호프만
④ 큐비즘 : 파블로 피카소, 앙리 마티스

> 20세기 초 파블로 피카소와 조르즈 블라크에 의해 창시되어 많은 추종자를 낳았다.

31 디자인의 조형요소 중 내용적 요소가 아닌 것은?

① 목적
② 기능
③ 의미
④ 재료

> **형태적 요소**
> 형태, 색, 질감

32 조형요소 중 면에 대한 설명으로 옳은 것은?

① 소극적인 면은 점의 확대, 선의 이동, 너비의 확대 등에 의해 성립된다.
② 소극적인 면은 종이나 판으로 입체화된 면이 만들어진다.
③ 무정형의 면은 도형의 배후에 있어 도형을 올려놓은 큰 면, 즉 도형 대 바탕의 관계로서 무정형은 무형태를 뜻한다.
④ 적극적인 면은 공간에 있어서 입체화된 점이나 선에 의해서도 성립된다.

> 면은 선이 이동한 자취로써 2차원적인 공간을 구성한다.

33 다음 중 디자인의 개념으로 가장 옳은 것은?

① 유행에 따른 미를 추구하는 것
② 미적, 독창적 가치를 추구하는 것
③ 경제적, 실용적 가치를 추구하는 것
④ 미적, 실용적 가치를 계획하고 표현하는 것

> **디자인의 조건**
> 합목적성, 경제성, 심미성, 독창성

34 하나의 상품이 특정 제조업체의 제품임을 나타내는 심벌마크, 명칭, 회사명, 디자인을 총괄하는 의미로서 흔히 상품명이라고 불리는 것은?

① Naming
② Brand
③ C.I.
④ Concept

> 기업의 제품과 서비스를 식별하고 경생 회사의 세품과 서비스에 치별회를 통해 고객에게 고유한 가치를 부여하는 것을 말한다.

35 디자인 프로세스와 색채계획에 대한 설명 중 틀린 것은?

① 제품디자인은 시장상황 분석을 통한 조사의 결과를 바탕으로 전개되며 이 단계에서 경쟁사의 색채분석 및 자사의 기존 제품색채에 관한 생산과정과 색채분석이 실행된다.
② 제품디자인은 실용성과 심미적 감성 그리고 조형적인 요소를 모두 갖도록 설계되며 제품색채계획은 이들 중 특히 심미성과 조형성에 관계된다.
③ 제품에 사용된 다양한 소재에 맞추어 주조색을 정하고 그 성격에 맞춘 여러 색을 배색하는 색채디자인 단계에서 디자이너의 개인적 감성과 배색능력이 매우 중요시된다.
④ 색채의 시제품 평가단계에서는 색채의 재현과 평가 환경 등 여러 사항을 고려하여 제품의 기획단계와 일체성을 평가한다.

디자인에서의 색채는 객관적이며 정량적이어야 한다. 데이터를 통해 사후관리와 개선점을 도출하고, 분석적이며 체계적으로 사용해야 한다.

36 독자의 궁금증이나 호기심을 유발시켜 소구하는 광고 방법은?

① 기업광고
② 티저광고
③ 기획광고
④ 키치광고

광고의 메시지에 관심을 높이고, 무엇을 말하는지 궁금하게 만드는 것을 말한다. 후속광고에 대한 기대감을 홍보에 적극 활용하고, 대상자들에게 호기심을 제공한다.

37 제품디자인을 공예디자인과 구분 짓는 가장 중요한 요인으로 옳은 것은?

① 복합재료의 사용
② 대량생산
③ 판매가격
④ 제작기간

제품디자인이란, 계획에 의해 만들어진 성과를 의미한다. 소구대상에게 필요한 제품을 계획하고, 컨셉을 설정하며, 아이디어를 도출한다.

38 동세와 관련되어 반복의 근거를 두며 다른 재료들과 대비를 이루는 것으로 옳은 것은?

① 질감과 형태
② 리듬과 강조
③ 명암과 색채
④ 율동과 균형

리듬이란 유사한 형태들이 일정한 규칙과 질서가 유지될 때 보이는 시각적인 운동감이다.

39 제품디자인의 방법과 가장 거리가 먼 것은?

① 형태와 심미성
② 서비스의 배려
③ 경제성의 배려
④ 기능의 배려

서비스와 배려는 마케팅이나 상품으로 편성되어 관리하기도 한다. 보험, 증권, 자산관리와 같은 형태가 없는 것이라도 상품으로 제작하여 관리한다.

40 만화 영화의 제작 시 기획단계에서 2차원적 작업으로 전체적인 구성을 잡고, 그리는 과정은?

① Checking
② Timing Work
③ Painting
④ Story Board

영상을 제작하기 전에 초안을 그리는 문서를 뜻한다. 내용을 용이하게 전달하기 위하여 주요 장면을 정리하여 제작한다.

3 **제3과목 : 색채관리**

41 염료와 비교한 안료의 일반적인 특성 중 옳은 것은?

① 물에 잘 녹는다.
② 대체로 투명하다.
③ 은폐력이 크다.
④ 착색력이 강하다.

고착제나 전색제를 사용하여 도장면에 밀착시키는 것을 안료라 한다.

42 프린터의 해상도 표기법과 사용 색채가 옳게 짝지어진 것은?

① lpi / 시안, 마젠타, 블루
② dpi / 시안, 마젠타, 옐로
③ ppi / 마젠타, 옐로, 블랙
④ dpi / 레드, 그린, 블루

> DPI는 인쇄 해상도를 뜻한다. 이미지를 표현하기 위한 픽셀 양의 정도를 말하며, 일반적으로 가로 픽셀 수 x 세로 픽셀 수로 나타낸다.

43 음식색소(식용색소)에 대한 설명이 틀린 것은?

① 천연색소, 인공색소가 모두 사용될 수 있다.
② 가장 중요한 조건은 유독성이 없어야 한다.
③ 미량의 색료만 첨가하는 것이 보통이며 무게비율로 0.05%에서 0.1% 정도이다.
④ 현재 우리나라는 과일주스, 고춧가루, 마가린에서 사용이 금지되어 있다.

> 인체에 유해하지 않으며 맛이 많이 느껴지지 않고 향기가 있는 것을 대부분 사용하며, 식품 위생법에 기준이 정해져 있다.

44 분광광도계의 구조를 구성하는 요소 중, 내부에 반사율이 높은 백색코팅을 한 구체로 내부의 휘도는 어느 각도에서든지 일정하며, 시료 표면에서 반사되는 빛을 모두 포획하여 고른 조도로 분포되게 하는 것은?

① 광원   ② 적분구
③ 분광기   ④ 수광기

> **적분구** : 구 모양으로 내부에 반사율이 높은 재질로 SPEX나 SPIN 측정 조건 장치가 부착되어 있다.

45 CCM 시스템을 이용하여, 최소 2개 이상의 기준 광원 하에서 기준샘플과 동일해 보이는 색을 만들기 위한 색료 조합을 예측하고자 할 때 CCM 시스템에 반드시 포함되어야 하는 요소가 아닌 것은?

① 최적의 컬러런트 조합
② 컬러런트 데이터베이스
③ CIE 표준광원 연색지수 계산
④ 광원 메타메리즘 정도 계산

> 한국산업규격(KS A 0075)에서 광원의 연색성 평가 방법을 고시하여 규정된 방법으로 수치화한다. 이 정도를 나타내는 수치를 "연색평가지수"라고 하며 기준광과 얼마나 비슷하게 물체의 색을 보여주는가를 나타낸다.

46 적합한 색료를 선택하는 데 있어 염두에 두어야 할 사항으로 가장 거리가 먼 것은?

① 착색비용
② 작업공정의 가능성
③ 컬러 어피어런스
④ 구입일정과 장소

> 색료의 구입일정과 장소는 기업 내에서 색료관리 시 필요한 사항을 말한다.

47 해상도에 대한 설명이 옳은 것은?

① 픽셀 수가 동일한 경우 이미지가 클수록 해상도가 높다.
② 픽셀 수는 이미지의 선명도와 질을 좌우한다.
③ 비트 수는 각 픽셀에 저장되는 컬러 정보의 양과 관련이 없다.
④ 사진의 이미지를 확대해 보면 거칠어지는데 이는 해상도가 높아졌기 때문이다.

> 이미지를 표현하기 위한 픽셀 양의 정도를 말하며, 그 수가 높을수록 선명도와 질이 높아짐을 의미한다. 일반적으로 가로 픽셀 수 x 세로 픽셀 수로 나타낸다.

48 분포온도가 약 2,856K로 상대 분광분포를 가진 광이며, 백열전구로 조명되는 물체색을 표시할 경우에 사용하는 광원은?

① 표준광 A   ② 표준광 B
③ 표준광 C   ④ 표준광 D

> **표준광B** : 가시파장역의 직사 태양광, **표준광 C** : 가시파 장역의 평균적인 주광, **기타 표준광 D** : 자외역을 포함한 여러 가지 상태에서의 주광을 말한다.

49 광원색의 측정방법 중 X, Y, Z 혹은 X10, Y10, Z10를 직접 지시값으로 주는 측정기기는?

① 주사형 분광복사계
② 배열검출기형 분광복사계
③ 3자극치 직독식 광원색채계
④ 코사인 응답기

> 사람의 눈과 비슷한 원리로서 3개의 센서에 3가지 원색 (R, G, B)의 필터를 사용하여 색을 측정하는 기기이며, 3자극치(Tristimulus)방식으로도 불린다. 구조가 간단하며 가격이 저렴하여 휴대용으로 널리 사용된다.

50 색료 데이터의 정보에 기술되지 않은 것은?

① 안료 및 염료의 화학적인 구조
② 활용방법
③ CI Number에 따른 회사별 색료 차
④ 제조사의 이름과 판매 업체

> 회사별 색료의 차이는 자사 색료 개별 관리 품목에 명시하여 관리한다.

51 운영체제와 소프트웨어의 범용적인 컬러 관리시스템을 만들 목적으로 설립된 국제단체는?

① ISO(International Standard Organization)
② NIST(National Institute of Standards and Technology)
③ CIE(Commission Internationale del' Eclairage)
④ ICC(International Color Consortium)

> 1993년 마이크로소프트(Microsoft), 어도비(Adobe), 아그파(Agfa), 코닥(Kodak) 등의 8개 회사가 CMS 구조와 그 구성요소들의 표준화를 목적으로 설립한 협의회이다.

52 상관색 온도에 대한 설명으로 옳은 것은?

① 촛불의 색온도는 12,000K 수준이다.
② 정오의 태양광은 7,500K 수준이다.
③ 상관색 온도는 광원색의 3자극치 X, Y, Z에서 구할 수 있다.
④ 모든 6,500K 광원은 표준광 D65분광 분포를 가진다.

> 시험용 광색이 흑체로부터 나오는 광색과 일치하지 않을 때, 그 방사에 색도가 가장 가까운 흑체의 절대온도 값을 뜻하는 것이다. 물체를 어떠한 온도로 가열하였을 때 밝히 는 색을 광원의 색과 비교함으로써 광원의 색을 온도로 나타내게 한 것이다.

53 디지털 컬러에서(C, M, Y) 값이 (255, 0, 255)로 주어질 때의 색채는?

① Red
② Green
③ Blue
④ Black

> Cyan과 Yellow의 감법혼색을 말한다.

54 연색성과 관련된 설명이 틀린 것은?

① 광원의 분광 분포가 고르게 연결된 정도를 말한다.
② 흑체복사를 기준으로 할 때 형광등이 백열등보다 연색성이 떨어진다.
③ 연색평가지수로 CRI가 사용된다.
④ 연색지수의 수치가 0에 가까울수록 기준광과 비슷하게 물체의 색을 보여 준다.

> "연색평가지수"라고 하며 기준광과 얼마나 비슷하게 물체의 색을 보여주는가를 나타낸다. 100에 가까울수록 연색성이 높아 보다 정확한 색을 관찰할 수 있다.

55 다음 중 좋은 염료로서의 역할이 아닌 것은?

① 염색 시 피염제와 화학적인 반응이 있어야 한다.
② 세탁 시 씻겨 내려가지 않아야 한다.
③ 분자가 직물에 잘 흡착되어야 한다.
④ 외부의 빛에 대하여 안정적이어야 한다.

> 염료란 물, 기름에 녹아 섬유 물질 또는 가죽과 같은 분자와 결합하여 착색하는 색을 가진 유색 물질을 말한다.

56 도장하고자 하는 표면에 도막을 형성시켜 안료를 고착시켜주는 역할을 하는 것은?

① 컬러런트
② 염료
③ 전색제
④ 컴파운드

> 안료를 포함한 도료로 고체 성분의 안료를 도장면에 밀착시켜 도막을 형성하게 하는 액체성분을 말한다.

57 육안검색 시 측정환경에 대한 설명으로 틀린 것은?

① 유리창, 커튼 등의 투과광선을 피한다.
② 환경색에 영향을 받지 않도록 한다.
③ 자연광일 경우 해가 지기 직전에 측정하는 것이 좋다.
④ 직사광선을 피한다.

> 육안검색 시 자연광일 경우 일출 3시간 후 일몰 3시간 전이 가장 바람직하다.

정답 42 ② 43 ③ 44 ② 45 ③ 46 ④ 47 ② 48 ① 49 ③ 50 ③ 51 ④ 52 ③ 53 ② 54 ④ 55 ① 56 ③ 57 ③

58 평판스캐너와 디지털카메라의 특성에 대한 설명이 틀린 것은?

① 평판스캐너는 이미지나 문자 자료를 컴퓨터가 처리할 수 있는 형태로 정보를 변환하여 입력할 수 있는 장치이다.
② 일반적으로 디지털카메라는 본체에 전용디스플레이를 갖추고 있으므로 별도의 현상이나 인화과정 없이 촬영 후 바로 사진을 확인할 수 있다.
③ 평판스캐너는 디지털 데이터를 비트맵 데이터로 저장하고, 디지털 카메라는 벡터 데이터로 저장한다.
④ 평판스캐너의 대상은 일정한 위치에 고정되어있고, 디지털 카메라의 대상은 그렇지 않다.

> 그림이나 사진, 문서 등의 정보를 프로그램에서 저장 또는 편집할 수 있도록 변환하는 장치이다. 선명한 그림이나 사진을 필요로 하는 작업에서는 드럼 스캐너가 활용된다. CCD를 통해 전기신호로 변환되어 저장된다.

59 측색 데이터를 사용하여 시료색을 목표색으로 유도해 나가는 조색 방법은?

① 자극치 직독 방법
② 등간격 파장 방법
③ 편색 파장 방법
④ 선정 파장 방법

> 편색판정이란, 시료의 색이 목표색에 대하여 어떠한 방향으로 차이가 나는지 또 어느 정도로 차이가 있는지를 파악하는 방법이다.

60 CCM의 활용효과가 아닌 것은?

① 색채의 균일성
② 비용절감
③ 작업속도 향상
④ 주변색의 색채변화 예측

> CCM이란, 분광광도계와 컴퓨터의 관리 소프트웨어를 통하여 색을 분석하고 예측, 배합을 할 수 있는 것을 말한다. CCM의 탄생은 기준색에 맞추어 광원이 변해도 색채가 일치하는 것, 즉 무조건등색을 구현하는 것이다.

---

4 제4과목 : 색채 지각의 이해

61 병치혼색의 예로 옳은 것은?

① 날실과 씨실로 짜여진 직물
② 무대 조명
③ 팽이와 같은 회전 원판
④ 물감의 혼합

> 두 개 이상의 색을 병치시켜 일정 거리에서 바라보면 망막상에서 혼합되어 보이는 색이다. 색면적과 거리에 비례하고 색점이 작을수록 혼색되는 거리가 짧아 혼색이 잘 되어 보인다.

62 영·헬름홀츠의 색지각설에 대한 설명으로 틀린 것은?

① 빨강과 파랑의 시세포가 동시에 흥분하면 마젠타의 색각이 지각된다.
② 녹색과 빨강의 시세포가 동시에 흥분하면 노랑의 색각이 지각된다.
③ 우리 눈의 망막 조직에는 빨강, 녹색, 파랑의 시세포가 있어 색지각을 할 수 있다.
④ 색채의 흥분이 크면 어둡게, 색채의 흥분이 적으면 밝게, 색채의 흥분이 없어지면 흰색으로 지각된다.

> 빛의 3원색설은 헬름홀츠와 맥스웰에 의해서 구체화되었다. 헬름홀츠는 '영 – 헬름홀츠의 3원색설' 이론을 체계화 하였으며, 빛의 가산 혼합의 기본인 맥스웰의 색삼각형 개념을 발전시켰다.

63 일반적으로 동시대비가 지각되는 조건과 거리가 먼 것은?

① 자극과 자극 사이의 거리가 멀어질수록 대비효과는 약해진다.
② 색차가 클수록 대비 현상은 강해진다.
③ 자극을 부여하는 크기가 작을수록 대비효과가 작아진다.
④ 동시대비 효과는 순간적으로 일어나므로 장시간 두고 보면 대비효과는 적어진다.

> 시점을 한 곳으로 집중시키려는 색채지각 과정에서 일어나는 현상이다. 순간적으로 일어나며 계속하여 한 곳을 보게 되면 눈의 피로도가 발생하여 그 효과가 적어지는 색채심리효과이다. 또한 색과 색 사이의 거리가 멀어질수록 대비 현상을 약해진다.

64 눈에 비쳤던 자극을 치워버려도 색의 감각은 곧 소멸하지 않고 여운을 남긴다. 자극이 없어지고 잠시 지나면 나타나는 시각의 상은?

① 보색　　　　　　② 착시
③ 대립　　　　　　④ 잔상

잔상이란 망막의 피로 현상으로 어떤 자극을 받았을 경우 원 자극을 없애도 색의 감각이 계속해서 남아 있거나 반대의 상이 남아 있는 현상이다.

65 색광의 3원색이 아닌 것은?

① 빨강　　　　　　② 초록
③ 파랑　　　　　　④ 노랑

색광의 3원색은 Red, Green, Blue이며, 가법혼색을 말한다.

66 색채의 경연감에 대한 설명 중 옳은 것은?

① 페일(pale) 톤은 딱딱한 느낌으로 긴장감을 준다.
② 한색계열의 색은 부드러워 보이고 평온하고 안정된 기분을 준다.
③ 경연감에 주된 영향을 미치는 것은 명도이다.
④ 채도가 높은 색은 디자인에서 악센트로 사용되기도 한다.

색의 경연감이란 부드럽고 딱딱한 느낌을 말한다. 채도에 의해 좌우되며, 고명도 저채도의 난색계열은 부드러움을, 저명도 고채도의 한색계열은 딱딱한 느낌을 준다.

67 계시대비에 대한 설명으로 옳은 것은?

① 적색을 본 후 황색을 보게 되면 황색은 연두색에 가까워 보인다.
② 노란색 위의 주황은 빨간색 위의 주황보다 상대적으로 붉은 기가 더 많아 보인다.
③ 빨강과 파랑의 대비는 빨강을 더욱 따뜻하게, 파랑을 더욱 차게 느끼게 한다.
④ 줄무늬와 같이 주위 색의 영향으로 인접색에 가까워지는 현상이다.

어떤 색을 잠시 본 후 시간적 차이를 두고 다른 색을 보았을 때, 먼저 본 색의 영향으로 나중에 본 색이 다르게 보이는 현상을 말한다.

68 두 색 이상의 색을 보게 될 때 때로는 색들끼리 서로 영향을 주어 인접색에 가까운 것으로 느껴지는 경우와 관련이 없는 것은?

① 매스효과　　　　② 전파효과
③ 줄눈효과　　　　④ 동화효과

매스효과란 면적대비와 같은 의미로, 면적대비란 동일한 색이라도 면적이 크고 작음에 따라서 색이 다르게 보이는 현상으로, 색채의 양적 대비라고도 한다.

69 보기의 설명과 관련한 색의 3속성은?

- 물체 표면의 상대적인 명함에 관한 색의 속성
- 동일 조건으로 조명한 백색면을 기준으로 하여 상기 속성을 척도화한 것

① L*a*b의 a*b*
② Yxy의 Y
③ HVC의 C
④ S2030-Y10R의 10

양적인 표시인 XYZ 표색계로 색채의 느낌과 밝기의 정도를 판단할 수 없어서 XYZ 표색계의 수식을 변환하여 얻은 것이다.

70 밝은 곳에서 어두운 곳으로 들어갔을 때, 처음에는 주위가 제대로 보이지 않다가 시간이 지남에 따라 보이게 되는 현상은?

① 색의 항상성(Color Constancy)
② 박명시(Mesophic Vision)
③ 명순응(Light Adaption)
④ 암순응(Dark Adaption)

소시에서 암소시의 상태로 갑자기 변화하면 잠시 동안은 어두운 곳이 잘 보이지 않는다. 그러나 시간의 경과와 함께 곧 어두운 빛에 적응하게 되는데 이러한 상태를 암순응이라 한다.

---

71 팽창색과 수축색에 대한 설명으로 틀린 것은?

① 따뜻한 색은 외부로 확산하려는 팽창색이다.
② 차가운 색은 내부로 위축되려는 수축색이다.
③ 색채가 실제의 면적보다 작게 느껴질 때 수축색이다.
④ 진출색은 수축색이고, 후퇴색은 팽창색이다.

진출색은 팽창색이며 난색계열이고, 수축색은 후퇴색이며 한색계열이다.

72 무대 위 흰 벽면에 빨간색 조명과 녹색 조명을 동시에 비추면 어떤 색으로 보이는가?

① 흰색
② 노란색
③ 회색
④ 주황색

조명은 빛의 혼색인 가법혼색을 뜻하고, 빨강(Red)와 초록(Green)의 혼색으로 노랑(Yellow)이 된다.

73 포스터 물감을 사용하여 빨간색에 흰색을 섞은 후의 명도와 채도 변화는?

① 변화되지 않는다.
② 명도는 높아지고 채도는 낮아진다.
③ 명도는 낮아지고 채도는 높아진다.
④ 명도, 채도가 모두 낮아진다.

포스터 물감은 감법혼색을 뜻한다. 그러나 흰색은 명도가 가장 높은 색이므로, 명도는 높아지나 저채도 색상이므로 채도는 낮아진다.

74 보기의 ( ) 안에 들어갈 내용이 순서대로 옳게 나열된 것은?

원거리에서도 식별이 쉬운 대상물의 존재 또는 모양을 (A)이 높다고 한다. (A)이 가장 높은 배색은 (B)이다.

① A : 유목성, B : 빨강 – 파랑
② A : 시인성, B : 노랑 – 검정
③ A : 유목성, B : 노랑 – 검정
④ A : 시인성, B : 빨강 – 파랑

시인성이란, 멀리서도 뚜렷하게 구분이 잘되는 것을 말한다. 이는 명도대비와 가장 관련이 있다. 따라서 명도의 차이가 큰 것이 시인성이 높으며, 차이가 적은 것이 시인성이 낮다.

75 가법혼색과 감법혼색의 설명으로 틀린 것은?

① 가법혼색은 네거티브필름 제조, 젤라틴 필터를 이용한 빛의 예술 등에 활용된다.
② 색필터는 겹치면 겹칠수록 빛의 양은 더해지고, 명도가 높아지기 때문에 가법혼색이라 부른다.
③ 감법혼색의 삼원색은 Yellow, Magenta, Cyan이다.
④ 감법혼색은 컬러 슬라이드, 컬러영화필름, 색채사진 등에 이용되어 색을 재현시키고 있다.

백색광을 색필터에 통과시킬 경우 각각의 필터는 자신의 색에 해당하는 파장 성분만을 통과시킨다.

76 눈의 구조와 기능에 관한 설명이 틀린 것은?

① 빛은 각막, 동공, 수정체, 유리체를 통해 망막에 상을 맺게 된다.
② 홍채는 눈으로 들어오는 빛의 양을 조절한다.
③ 각막과 수정체는 빛을 굴절시킴으로 망막에 선명한 상이 맺히도록 한다.
④ 눈에서 시신경 섬유가 나가는 부분을 중심와라고 한다.

망막 중에서도 상이 가장 정확하게 맺히는 부분으로 노란 빛을 띠어 황반이라고도 부른다.

77 빨간색을 응시하다가 백색면을 바라보면 어떤 색상의 잔상이 보이게 되는가?

① 주황
② 파랑
③ 보라
④ 초록

음성잔상 효과로, 원래의 감각과 반대의 밝기나 색상을 띤 잔상으로, 자극이 사라진 뒤에 광자극의 색상, 명도, 채도가 정반대로 느껴지는 현상이다.

78 색의 3속성 중 색상에 의한 영향이 가장 큰 감정효과는?

① 온도감
② 무게감
③ 경연감
④ 강약감

장파장은 난색계열을 뜻하며 온도감이 높게 느껴지고, 단파장은 한색계열을 뜻하며 온도감이 낮게 느껴진다.

79 다음 중 같은 크기일 때 가장 작아 보이는 색은?

① 빨강
② 주황
③ 노랑
④ 파랑

80 색의 용어 설명이 틀린 것은?

① 무채색이란 색 기미가 없는 계열의 색이다.
② 명도는 색의 밝고 어두운 정도를 말한다.
③ 채도는 색의 맑고 탁한 정도를 말한다.
④ 색상환에서 정반대 쪽의 색을 순색이라 한다.

5　제5과목 : 색채 체계의 이해

81 KS A 0011(물체색의 색이름)의 유채색이 기본색이름 – 대응영어 – 약호의 연결이 틀린 것은?

① 청록 – Blue Green – BG
② 연두 – Green Yellow – GY
③ 남색 – Purple Blue – PB
④ 자주 – Reddish Purple – RP

82 다음 중 L*C*h 색공간에서 색상각 90°에 해당하는 색은?

① 빨강　　　　　② 노랑
③ 초록　　　　　④ 파랑

83 색채조화의 기초적인 사항이 아닌 것은?

① 색상, 명도, 채도의 차이가 기초가 된다.
② 대립감이 조화의 원리가 되기도 한다.
③ 유사의 원리는 색상, 명도, 채도 차이가 적을 때 일어난다.
④ 유사한 색으로 배색하여야만 조화가 된다.

84 오스트발트 색체계의 설명으로 틀린 것은?

① 헤링의 4원색설을 기본으로 채택하였다.
② 수직축은 채도를 나타낸다.
③ ga, le, pi는 등순색 계열의 색이다.
④ ea, ga, ia는 등흑색 계열의 색이다.

85 KS A 0011(물체색의 색이름)의 유채색의 수식형용사가 잘못 짝지어진 것은?

① Dull – 아주 연한
② Dark – 어두운
③ Light – 밝은
④ Deep – 진(한)

86 먼셀 색입체의 수직단면에 대한 설명 중 옳은 것은?

① 두 보색의 등색상면
② 두 보색의 등명도면
② 두 보색의 등채도면
④ 두 보색의 등색조면

---

87 색의 표준화를 통해 얻을 수 있는 효과와 거리가 가장 먼 것은?

① 색채정보의 보관
② 색채정보의 재생
③ 색채정보의 전달
④ 색채정보의 창조

색채 표준은 색이 가지는 감정적, 생리적, 주관적인 부분을 보다. 정량적으로 다루고 물리적으로 증명하여 색을 정확하게 측정, 전달, 보관, 관리 및 재현하기 위한 것이다.

88 동일한 면적의 3색을 사용하여 화려하지 않고 수수한 분위기의 배색에 가장 적합한 예는?

① 5R 6/2, 7.5B 5/2, 2.5Y 8/2
② 5R 6/2, 7.5B 5/2, 5BG 7/8
③ 7.5B 5/2, 2.5Y 8/2, 5Y 8/6
④ 2.5Y 8/2, 5Y 8/6, 5R 7/4

수수한 분위기는 채도가 일정하고 중명도의 저채도를 뜻한다. 또한 3색의 톤(명도, 채도) 차이가 적은 것을 말한다.

89 관용색이름 – 계통색 – 색의 3속성에 의한 표시가 틀린 것은?

① 와인레드 – 선명한 빨강 – 5R 2/8
② 코코아색 – 탁한 갈색 – 2.5YR 3/4
③ 옥색 – 흐린 초록 – 7.5G 8/6
④ 포도색 – 탁한 보라 – 5P 3/6

와인레드 – 진한 빨강(진빨강) – 5R 2/8

90 색상, 명도, 채도를 나타내는 수식어를 특별히 정하여 표시하는 색이름은?

① 일반색이름
② 기억색이름
③ 관용색이름
④ 연상색이름

색이 감정적으로 이해하기 쉽게 전달되도록 형용사나 수식어를 덧붙여서 부르는 것이다. 정확하지는 않지만 관용색명의 단점을 보완할 수 있고 감정적 전달이 용이하다.

91 오스트발트 색체계의 기본 색상에 속하지 않는 것은?

① Turquoise
② Yellow
③ Magenta
④ Purple

오스트발트 색체계는 헤링의 4원색 이론을 기본으로 하며, 색상환의 기준색은 Red, Yellow, Ultramarine Blue, Sea Green이다. 색상표시는 숫자와 알파벳 기호로 나타낸다.

92 오스트발트 색체계를 기초로 실용화된 독일 공업규격은?

① JIS
② RAL
③ P.C.C.S.
④ DIN

DIN 색체계는 1955년 독일공업규격위원회에서 채택된 오스트발트 체계를 기본으로, 실용화 색표계이다.

93 먼셀 색체계에 대한 설명 중 틀린 것은?

① 색 지각의 삼속성인 색상, 명도, 채도를 기반으로 두었다.
② 색상은 R, Y, G B P의 주요 5색과 5색의 중간 색상을 정해 10색상을 기본으로 한다.
③ 모든 색상에 대해 명도는 10단계, 채도는 14단계로 표기된다.
④ 한국산업표준에서 채택하고 있는 색체계이다.

먼셀의 채도는 각 색상마다. 다른 채도를 가지고 있다. 따라서 배색하기 어려운 단점이 존재한다.

94 P.C.C.S 색체계의 16:gB와 가장 거리가 먼 색상은?

① 5B
② Greenish Blue
③ Cyan
④ 연두

P.C.C.S 색체계는 1964년 일본색연배색체계의 명칭으로 발표한 것으로, 색채 조화를 주목적으로 한 컬러 시스템이다. 16:gB는 greenish Blue를 뜻한다.

95 먼셀의 색상환에서 5RP와 보색관계에 있는 색상은?

① 5YR

② 2.5Y

③ 10GY

④ 5G

먼셀의 색상에서는 최초의 기준으로 빨강, 노랑, 초록, 파랑, 보라의 5색을 같은 간격으로 배치시켜 그 사이 색을 배치하여 10색으로 분할하였다.

96 1931년에 CIE에서 발표한 색체계의 설명으로 옳은 것은?

① 눈의 시감을 통해 지각하기 쉽도록 표준색표를 만들었다.

② 표준 관찰자를 전제로 표준이 되는 기준을 발표하였다.

③ CIEXYZ, CIELAB, CIERGB 체계를 완성하였다.

④ 10°시야를 이용하여 기준 관찰자를 정의하였다.

CIE는 국제조명위원회를 뜻하며, 빛과 조명 분야에서 과학 기술에 관한 사항을 토의하며 정보를 교류하는 기관이다.

97 다양한 배색효과에 대한 설명 중 틀린 것은?

① 색의 명암, 농담, 강약의 변화를 반복하면 리듬감이 생긴다.

② 면적의 변화에 상관없이 배색 효과는 달라지지 않는다.

③ 보색의 채도 차이를 뚜렷하게 하면 눈에 잘 띄는 배색이 된다.

④ 탁색끼리, 순색끼리의 배색은 통일감이 있어 비교적 안정감이 느껴진다.

면적대비란 동일한 색이라도 면적이 크고 작음에 따라서 색이 다르게 보이는 현상으로, 색채의 양적 대비라고도 한다.

98 밝은 베이지, 어두운 브라운의 배색방법은?

① 도미넌트톤 배색

② 대조톤 배색

③ 유사톤 배색

④ 톤 온 톤 배색

색상은 같으며, 톤을 자유롭게 사용하는 것을 톤 온 톤 배색이라 한다. 브라운과 베이지의 색상은 주황계열의 저채도 색상들이다.

99 오방색 – 색채상징(오행, 계절, 방위)의 연결이 틀린 것은?

① 청 – 나무, 봄, 동쪽

② 백 – 쇠, 가을, 서쪽

③ 황 – 불, 여름, 남쪽

④ 흑 – 물, 겨울, 북쪽

음향오행설의 원리를 기반으로, 오방색의 가운데 색은 노란색이다. 중앙의 정색으로 토성을 의미하고 밝고 성스러움의 표현에 사용되었으며, 광명과 부활의 정표로 보았다.

100 다음은 L*a*b 색체계를 이용한 색채 측정 결과이다. 어떤 색에 가장 가까운가?

$$L^* = 50, a^* = -90, b^* = 80$$

① 녹색

② 파랑

③ 빨강

④ 노랑

L*로 명도를 표시하고, +a는 빨간색, −a는 초록색, +b는 노란색, −b는 파란색으로 방향을 표시한다.

02회 기출문제

1 제1과목 : 색채 심리

01 마케팅에 대한 설명으로 틀린 것은?

① 현재의 마케팅은 대량생산과 함께 발생했다.
② 시대에 따른 유행이나 스타일과 관계없이 지속된다.
③ 제품의 유용성, 가격을 알려준다.
④ 수요, 공급의 법칙에 따라 물건을 사용 가능하게 해준다.

마케팅이란 하나의 조직적인 기능으로, 고객에게 가치를 창출하는 일이다. 따라서 유행에 민감하고 스타일을 포함하는 관계를 말한다.

02 오륜기의 5가지 색채로 옳은 것은?

① 빨강, 노랑, 파랑, 초록, 자주
② 빨강, 노랑, 파랑, 흰색, 검정
③ 빨강, 노랑, 파랑, 초록, 남색
④ 빨강, 노랑, 파랑, 초록, 검정

올림픽 마크인 오륜마크는 올림픽기를 말한다. 쿠베르탱이 창안하여 1914년 파랑(유럽), 노랑(아시아), 검정(아프리카), 초록(오세아니아), 빨강(아메리카)의 5색 동그라미로 상징화하였다.

03 마케팅 믹스의 4P 요소가 잘못 연결된 것은?

① 제품(Product) – 포장
② 가격(Price) – 가격조정
③ 촉진(Promotion) – 서비스
④ 유통(Place) – 물류관리

마케팅 믹스의 구성요소는 제품(Product), 가격(Price), 유통(Place), 촉진(Promotion)을 말하며, 4요소를 조합하여 운영하는 마케팅 활동을 말한다. 촉진(Promotion)은 광고와 관련이 있다.

04 색채 치료에 대한 설명으로 잘못된 것은?

① 질병을 국소적으로 보지 않고 전체적으로 자연 치유력을 높이는 보완 치료법이다.
② 색채치료는 인간의 조직 활동을 회복시켜주거나 억제하지만 동물에게는 효과가 검증되지 않았다.
③ 과학적인 현대의학의 장점을 살리는 동시에 자연적인 면역력을 증강시키는 것이다.
④ 고유한 파장과 진동수를 갖고 있는 에너지의 형태인 색채 처방과 반응을 연구한 결과이다.

색채치료는 물리적 환경을 조성하여 심리적 영향을 끼치는 것이다. 따라서 살아 있는 동물, 식물 등 생명체에 모두 영향을 주는 것으로 알려져 있다.

05 색채조절의 효과에 대한 설명이 틀린 것은?

① 눈의 피로를 막아주고, 자연스럽게 일할 기분이 생긴다.
② 조명의 효율과 관계없지만 건물을 보호, 유지하는데 좋다.
③ 일에 주의가 집중되고 능률이 오른다.
④ 안전이 유지되고 사고가 줄어든다.

색채조절은 조명의 효율을 높여 주고, 비용을 절감하는 효과가 있다. 빛의 반사율과 흡수율 등을 제어하여 효율성을 극대화할 수 있다.

06 언어척도법(Semantic Differential Method)에 대한 설명으로 틀린 것은?

① 신중한 답을 구하기 때문에 시간적 여유를 가지고 판단하도록 유도한다.
② 서로 상반되는 형용사군을 이용한다.
③ 세밀한 차이를 필요로 할 경우 7단계 평가로 척도화한다.
④ 색채의 지각현상과 감정 효과를 다면적으로 분석할 수 있다.

신중한 답변을 구하는 방법을 뜻하나, 시간적 여유를 충분히 가지고 판단하는 방식이 아닌, 순간적으로 떠오르는 감정이나 생각을 척도화하는 방식을 말한다.

07 성별과 연령에 따른 색채 선호에 대한 설명으로 틀린 것은?

① 남성들은 비교적 어두운 톤을 선호하고 여성들은 밝고 맑은 톤을 선호하는 경향이 있다.
② 문화적인 차이가 있는 국가들 사이에서는 연령에 따른 공통점은 나타나지 않는다.
③ 지적 능력이 낮을수록 원색 계열, 밝은 톤을 선호하는 편이다.
④ 유년의 기억, 교육 과정, 교양적 훈련에 의해 색채 기호가 생성된다.

연령의 증가로 기억색의 존재가 증가함에 따라 다른 문화에서 공통적인 요소가 나타난다. 구체적인 연상보다 추상적인 연상으로 색을 기억하기 때문이다.

08 색채의 시간성과 속도감을 이용한 색채계획에 있어서 틀린 것은?

① 오랜 시간 기다려야 하는 대합실에는 지루함이 느껴지지 않는 난색계의 색을 적용한다.
② 손님의 회전율이 빨라야 할 패스트푸드 매장에서는 난색계의 색을 적용한다.
③ 일상적이고 단조로운 일을 하는 공장에는 한색계의 색상을 적용한다.
④ 고채도의 난색계 색상이 한색계보다 속도감이 빠르게 느껴지므로 스포츠카의 외장색으로 좋다.

오랜 시간을 기다려야 하는 대기 공간에서는 한색계열의 색을 사용하여 보다 지루함이 덜 느껴지고 시간이 짧게 느껴지도록 유도하는 색채계획을 한다.

09 건축이나 환경의 색채에 대한 심미적 기능이 아닌 것은?

① 공간의 분위기를 창출한다.
② 재료의 성격(질감)을 표현한다.
③ 형태의 비례에 영향을 준다.
④ 온도감에 영향을 준다.

건축과 환경 색채란, 지역색과 풍토색을 기반으로 연구하여 연속성을 표현하고 조화로운 아름다움을 창출한다. 온도감에 영향을 받지는 않는다.

10 Blue-Green, Gray, White와 같은 색채에서 느껴지는 맛은?

① 단맛
② 쓴맛
③ 신맛
④ 짠맛

프랑스의 색채 연구가인 모리스 데리베레(Maurice Deribere)는 맛에 대한 색채와 관련된 설문조사를 실시하고, 짠맛은 문항과 같은 색채를 조사하여 발표하였다.

11 기후에 따른 일반적인 색채기호의 설명으로 틀린 것은?

① 라틴계 민족은 난색계를 좋아한다.
② 머리칼과 눈동자색이 검정이나 흑갈색인 민족은 한색계를 선호한다.
③ 스페인 라틴아메리카의 사람들은 난색계를 선호한다.
④ 북구계의 게르만인과 스칸디나비아 민족은 한색계를 선호한다.

기후에 따른 선호색은 주변 환경에서 쉽게 찾아볼 수 있는 색의 영향을 가장 많이 받는다. 따라서 머리칼과 눈동자색이 검정이나 흑갈색을 선호한다는 것은 광량이 풍부하다는 것이며, 이는 난색계 선호 경향을 나타낸다.

틀리기 쉬운 문제
12 세계적으로 잘 알려진 음료회사인 코카콜라는 모든 제품과 회사의 표시 등을 빨간색으로 통일하고 있다. 이러한 것은 기업이 무엇을 위해 실시하는 전략인가?

① 색채를 이용한 제품의 포지셔닝
② 색채를 이용한 브랜드 아이덴티티
③ 색채를 이용한 소비자 조사
④ 색채를 이용한 스타일링

브랜드 색채는 정체성을 확립하고, 나아가 경쟁사와 차별성을 뚜렷하게 하는 것을 뜻한다. 한 브랜드가 통일된 색채를 사용하는 것은 소구대상에게 기억을 남기고 자사의 브랜드를 각인하는 효과가 있기 때문이다.

13 색채의 추상적 연상에 대한 예가 틀린 것은?

① 빨강 - 정열
② 초록 - 희망
③ 파랑 - 안전
④ 보라 - 우아

파랑은 순수하고 청량한 이미지를 갖고 있으며, 젊음, 차가움, 명상, 신뢰감 등의 이미지를 내포하고 있다.

정답 01 ② 02 ④ 03 ③ 04 ② 05 ② 06 ① 07 ② 08 ① 09 ④ 10 ④ 11 ② 12 ② 13 ③

14 색채와 문화의 관계가 적절하지 않은 것은?

① 서양 문화권에서 파랑은 노동자 계급을 의미한다.
② 동양 문화권에서 흰색은 죽음을 의미한다.
③ 서양 문화권에서 노랑은 왕권, 부귀를 의미한다.
④ 북유럽에서 녹색은 영혼과 자연의 풍요로움을 의미한다.

서양에서는 노란색이 부정적인 의미를 갖기도 한다. 이는 종교 색채에도 나타나는데 유다의 옷 색채에 노란색(배신자의 색)이 사용된 것이 그 예다.

15 뉴턴의 색과 일곱 음계 중 '레'에 해당하고, 새콤달콤한 맛을 연상시키는 것은?

① 빨강
② 주황
③ 연두
④ 보라

뉴턴은 분광실험에서 관찰된 스펙트럼의 색을 대표적으로 7개로 구분하고, 이를 7음계에 접목하였다.

16 색채와 공감각에서 촉감과 관련된 색의 연결이 틀린 것은?

① 부드러움 – 밝은 분홍
② 촉촉함 – 한색계열 색채
③ 건조함 – 밝은 청록
④ 딱딱함 – 저명도, 저채도 색채

건조한 촉감의 느낌은 난색계열이면서 사막과 황량한 벌판을 연상시키는 저채도의 톤을 주로 사용한다.

17 색의 심리 효과를 이용한 색채설계로 옳은 것은?

① 난색계의 조명에서는 물체가 더 짧고 더 작아 보인다.
② 북, 동향의 방은 차가운 색을 사용한다.
③ 무거운 물건의 포장색은 밝은 색을 사용한다.
④ 교실의 천장과 윗벽은 어두운 색을 사용한다.

색의 무게감과 가장 관련이 깊은 것은 명도이다. 따라서 고명도의 색상으로 무거운 물건을 포장하는 것은, 사용자가 가볍다고 느끼는 심리를 이끌어 내기 위함이다.

18 색의 연상에 관한 설명으로 틀린 것은?

① 주황은 식욕을 증진시키는 데 효과적인 색이다.
② 검정은 위험을 경고하는 데 효과적인 색이다.
③ 초록은 휴식과 안정이 필요한 공간에 효과적인 색이다.
④ 파랑은 신뢰를 상징하는 기업의 이미지에 효과적인 색이다.

검정은 빨간색이나 노란색에 대한 보조색으로 주로 사용되며 강한 명도 대비를 이끌어 명시성을 뚜렷하게 하는 색채이다.

19 석유나 가스의 저장탱크를 흰색이나 은색으로 칠하는 이유는?

① 흡수율이 높은 색이므로
② 팽창성이 높은 색이므로
③ 반사율이 높은 색이므로
④ 수축성이 높은 색이므로

흡수율이 높은 색상은 빛 에너지가 열 에너지로 전환되기 때문에, 화재 위험을 증가시킬 수 있다.

20 색채의 선호도를 파악하는 조사방법이 아닌 것은?

① 순위법
② 항상자극법
③ 언어척도법
④ 감성 데이터베이스 조사

상이한 자극을 여러 번 반복 제시하는 항상자극법은 색채 선호도를 파악하는 조사방법으로 사용될 수 없다.

---

2 제2과목 : 색채 디자인

21 다음 중 식욕을 촉진하기 위한 음식점의 실내 색채계획으로 적당한 것은?

① 보라색 계열
② 주황색 계열
③ 청색 계열
④ 녹색 계열

주황색의 색채 연상 중에는 원기, 적극, 희열, 식욕증진 등이 있다.

22 다음에서 설명하는 내용과 관련이 있는 용어는?

물리적 단순 기능주의의 획일성에서 탈피하려 했으며, 에또 르소트사스, 마이클 그레이브, 한스 홀레인 등을 영입하여 단순한 형태를 이용, 과감한 다색 배합과 유희성을 바탕으로 낙천적이고 자유분방한 실험적 디자인을 채택했다.

① 구성주의
② 멤피스 그룹
③ 옵아트
④ 팝아트

모더니즘과 상업주의적 디자인에 대한 반발로 파생된 디자인 그룹이며, 인위적이고 획일적인 표현에 대한 저항으로 1970년대 말 이탈리아 산업 디자이너들에 의해 결성되었다.

틀리기 쉬운 문제
23 입체모형 혹은 컴퓨터 그래픽에 의해 컬러 디자인의 최종상황을 검증하는 것을 무엇이라 하는가?

① 컬러 오버레이
② 컬러 스케치
③ 컬러 스킴
④ 컬러 시뮬레이션

최종상황을 미리 볼 수 있게 하기 위하여 실제 사물과 같은 디자인으로 가상공간에 제작하는 것을 시뮬레이션이라 한다. 이 과정에서 컬러를 삽입하여 모형을 최종 제작 전 점검하기도 한다.

24 곡선에 대한 설명이 틀린 것은?

① 점의 방향이 끊임없이 변할 때에는 곡선이 생긴다.
② 곡선은 우아, 매력, 모호, 유연, 복잡함의 상징이다.
③ 기하곡선은 분방함과 풍부한 감정을 나타낸다.
④ 포물선은 속도감, 쌍곡선은 균형미를 연출한다.

곡선은 우아하고 섬세하며, 부드러운 느낌을 준다.

틀리기 쉬운 문제
25 기존 제품의 기능, 재료, 형태를 필요에 따라 개량하고 조형성을 변경시키는 작업을 의미하는 디자인 용어는?

① 모던 디자인(Modern Design)
② 리디자인(Redesign)
③ 미니멀 디자인(Minimal Design)
④ 굿 디자인(Good Design)

기술의 개발이나 발전 이외에, 소비자의 선호도가 변화하거나 경쟁사 제품의 출현 등의 이유로, 기존 제품의 판매 촉진을 목적으로 두고 행하는 일련의 과정을 뜻한다.

26 시대사조와 대표작가의 연결이 틀린 것은?

① 데스틸 – 몬드리안
② 바우하우스 – 월터 그로피우스
③ 큐비즘 – 피카소
④ 팝아트 – 윌리엄 모리스

팝아트의 대표작가로는 앤디 워홀(Andy Warhol)과 로이 리히텐슈타인 (Roy Lichtenstein) 등이 있다.

27 에코디자인(Eco–Design)의 설명으로 틀린 것은?

① 환경 친화의 적절한 조화를 이루는 디자인
② 환경과 인간을 고려한 자연주의 디자인
③ 디자인, 생산, 품질, 환경, 폐기에 따른 총체적 과정의 친환경 디자인
④ 기존의 디자인을 수정 및 개량하는 디자인

에코디자인이란 제품 생산 시 에너지소비가 보다 적게 들어가는 것을 말한다. 환경에 영향을 배려하여 설계하는 방식이다. 환경적인 요소를 염두에 두고 디자인하는 것을 말한다.

28 시대별 패션색채의 변천에 대한 설명이 틀린 것은?

① 1900년대에는 부드럽고 환상적인 분위기의 파스텔 색조가 유행하였다.
② 1910년대에는 오리엔탈리즘의 영향을 받아 밝고 선명한 오렌지, 노랑, 청록 등이 주조색을 이루었다.
③ 1930년대에는 아르데코의 경향과 함께 흑색, 원색과 금속의 광택이 등장하였다.
④ 1940년대에는 초반은 군복의 영향으로 검정, 카키, 올리브 등이 사용되었다.

1930년에는 세계 대공황시기이다. 치마의 길이가 길어졌으며 경기위축으로 색채가 다양하게 사용되지 못하였다.

29 제품디자인 색채계획 단계 중 기획단계에 포함되지 않는 것은?

① 제품기획
② 시장조사
③ 색채분석 및 색채계획서 작성
④ 소재 및 재질 결정

소재 및 재질이 결정은 디자인 기획 후 실제 제작 단계에서 이루어지는 과정이다.

30 19세기 이후 산업디자인의 변화로 거리가 먼 것은?

① 제품이 대량생산되어 가격이 저렴해짐
② 다양한 제품이 생산되어 소비자층이 확산됨
③ 공예 제품같이 정교한 제품을 소량 생산함
④ 튼튼한 제품 생산으로 제품의 수명주기가 연장됨

대량생산 체계가 완성됨에 따라 기성품들이 대량 증가하였다. 대량화 공장에서 만들어진 제품은 수제품보다 정밀하지 못하였지만, 비용과 시간적 측면에서 우월하였다.

31 뜻을 가진 그림, 말하는 그림으로 목적미술의 개념이라 할 수 있는 것은?

① 캐릭터　　　　　② 카툰
③ 캐리커처　　　　④ 일러스트레이션

목적미술의 개념인 일러스트레이션이란 무엇인가의 의미를 전달하는 내용을 그림에 암시하거나 부여하는 디자인 작업을 뜻한다.

32 좋은 디자인이 되기 위한 조건이 아닌 것은?

① 기능성　　　　　② 심미성
③ 창조성　　　　　④ 윤리성

좋은 디자인의 조건 : 합목적성, 경제성, 심미성, 독창성

33 표현기법 중 완성될 제품에 대한 예상도로써 실물의 형태나 색채 및 재질감을 실물과 같이 충실하게 표현하는 것을 의미하는 것은?

① 스크래치 스케치　② 렌더링
③ 투시도　　　　　④ 모델링

외부의 정보에 따라 형태, 위치, 조명 등이 고려되는 3차원 공간의 제품 그래픽 과정을 말한다.

34 심벌 디자인(Symbol Design)의 하나로 문화나 언어를 초월해서 이해할 수 있도록 만든 그림문자는?

① 픽토그램(Pictogram)　② 로고타입(Logotype)
③ 모노그램(Monogram)　④ 다이어그램(Diagram)

사물이나 시설, 형태나 행동 등을 쉽고 직관적으로 이해할 수 있도록 만든 그림문자이다. 1920년부터 교통표지판에 사용되기 시작하고 1948년 런던 올림픽에서 픽토그램을 사용하게 되었다.

35 디자인의 원리에 대한 설명으로 틀린 것은?

① 대비는 시각적 힘의 강약에 의한 형의 감정 효과이다.
② 비대칭은 형태상으로 불균형이지만, 시각상의 힘의 정돈에 의하여 균형이 잡힌다.
③ 등비수열에 의한 비례는 1:2:4:8:16…과 같이 이웃하는 두 항의 비가 일정한 수열에 의한 비례이다.
④ 강조는 규칙성, 균형을 주고자 할 때 이용하면 효과적이다.

강조는 디자인의 일반적인 규칙성을 탈피한 개성을 표출하기 위한 수단이다. 전체의 디자인에서 가장 작은 부분을 차지하지만 다른 디자인과의 정체성을 판별할 수 있다.

36 디자인에 대한 설명 중 틀린 것은?

① 디자인의 미적 가치는 실제 사용하는 과정에서 잘 작동하고 기대되는 성능을 발휘하는 실용적 가치이다.
② 빅터 파파넥(Victor Papanek)은 디자인을 의미 있는 질서를 만드는 노력이라고 했다.
③ 디자인은 인간 생활의 향상을 위한다는 점에서 문제 해결 방법이다.
④ 오늘날 디자인 분야는 점차 상호지식을 공유하는 토털(Total) 디자인이 되고 있다.

디자인의 미적 가치는 대중이 함께 느낄 수 있는 미의식의 한 종류이며, 기능과 함께 연결되어 구현되는 것을 말한다.

37 게슈탈트 심리학자들에 의해서 제시된 시지각 법칙이 아닌 것은?

① 근접성의 원리　　② 유사성의 원리
③ 연속성의 원리　　④ 대조성의 원리

• **연속성(Continuation)의 요인** : 어떤 형상들이 방향성을 가지고 연속되어 있을 때 이것이 전체의 고유한 특성이 되어 직선 또는 곡선을 따라 배열된 하나의 단위로 보이는 것이다.
• **근접성(Proximity)의 요인** : 가까이에 있는 물체들을 하나의 그룹으로 묶어 인지한다는 법칙이다.
• **유사성(Similarity)의 요인** : 서로 비슷한 것끼리 한데 묶어서 인지한다는 법칙이다.
• **폐쇄성(Closure)의 요인** : 기존의 지식을 토대로 완성되지 않은 형태도 완성시켜 인지한다는 법칙이다.

38 "형태는 기능을 따른다."라고 하여 기능에 충실함과 형태의 아름다움을 강조한 사람은?

① 몬드리안
② 루이스 설리반
③ 요하네스 이텐
④ 앤디 워홀

> 미국의 건축가이며 "형태는 기능에 따른다"라는 기능주의 이론으로 시카고파를 형성하였다. 미국 신건축학의 시조로 불린다.

39 디자인 편집의 레이아웃(Layout)에 대한 설명 중 틀린 것은?

① 사진과 그림이 문자보다 강조되어야 한다.
② 시각적 소재를 효과적으로 구성, 배치하는 것이다.
③ 전체적으로 통일과 조화를 고려해야 한다.
④ 가독성이 있어야 한다.

> 편집의 레이아웃은 그래픽 디자인이나 각 구성요소를 제한된 공간 안에 효과적으로 배열하는 일을 의미한다.

40 패션디자인에 대한 설명 중 옳은 것은?

① 의복의 균형은 디자인 요소들의 시각적 무게감에 의해 이루어진다.
② 재질(Texture)은 사람들이 가장 먼저 지각하는 디자인 요소로서 개인의 기호, 개성, 심리에 반응하는 다양한 감정 효과를 지닌다.
③ 패션디자인은 독창성과 개성을 디자인의 기본조건으로 하며 선, 재질, 색채 등을 고려하여 스타일을 디자인한다.
④ 색채이미지는 다양성과 개별성을 지니며 단색 이용 시 더욱 뚜렷한 이미지를 전달한다.

> 균형이란 디자인의 시각적인 평형이나 무게감을 동등하게 분해하는 것을 말한다. 각 요소들 간의 보충적인 관계로써 안정감을 유지시키는 상태이다.

41 화면에 디스플레이 되는 최대 해상도 및 표현할 수 있는 색채의 수가 결정되는 것과 관련 없는 것은?

① 그래픽 카드
② 모니터의 픽셀 수 및 컬러심도
③ 운영체제
④ 모니터의 백라이트

> LCD모니터와 LED모니터는 화면의 백라이트에서 투과율을 다르게 하여 색을 구현한다.

42 전자기파장의 길이가 가장 긴 것은?

① 적색 가시광선
② 청색 가시광선
③ 적외선
④ 자외선

> 장파장의 외곽에 있는 적외선은 파장의 길이가 가장 길다. 이와 반대로 가장 짧은 것은 자외선이다.

43 물체색의 측정 시 사용하는 표준 백색판의 기준으로 거리가 먼 것은?

① 충격, 마찰, 광조사, 온도, 습도 등의 영향을 받지 않을 것
② 균등 확산 흡수면에 가까운 확산 흡수 특성이 있고, 전면에 걸쳐 일정할 것
③ 표면이 오염된 경우에도 세척, 재연마 등의 방법으로 오염들을 제거하고 원래의 값을 재현시킬 수 있는 것
④ 분광 반사율이 거의 0.9 이상으로, 파장 380~780nm에 걸쳐 거의 일정할 것

> 백색기준판은 반사율이 100%에 가까운 것을 말한다. 따라서 흡수 특성이 있으면 좋지 못하다.

44 가법혼색의 원색과 감법혼색의 원색이 바르게 표현된 것은?

① 가법혼색 – R, G, B / 감법혼색 – C, M, Y
② 가법혼색 – C, G, B / 감법혼색 – R, M, Y
③ 가법혼색 – R, M, B / 감법혼색 – C, G, Y
④ 가법혼색 – C, M, Y / 감법혼색 – R, G, B

가법혼색의 2차색은 감법혼색의 1차색이며, 감법혼색의 2차색은 가법혼색의 1차색이다.

45 안료와 염료의 구분이 옳은 것은?

① 고착제를 사용하면 안료이고, 사용하지 않으면 염료이다.
② 수용성이면 안료이고, 비수용성이면 염료이다.
③ 투명도가 높으면 안료이고, 낮으면 염료이다.
④ 무기물이면 염료이고, 유기물이면 안료이다.

고착제나 전색제를 사용하여 도장면에 밀착시키는 것을 안료라 한다.

46 합성수지도료에 대한 설명이 틀린 것은?

① 도막형성 주요소로 셀룰로스 유도체를 사용한 도료의 총칭이다.
② 화기에 민감하고 광택을 얻기 어렵다.
③ 부착성, 휨성, 내후성의 향상을 위하여 알키드수지, 아크릴수지 등과 함께 혼합하여 사용된다.
④ 건조가 20시간 정도 걸리고, 도막이 좋지 않지만 내후성이 좋고 값이 싸서 널리 사용된다.

합성수지도료는 도료 중에서 가장 종류가 많고, 합성수지 화학이 진보됨에 따라 새로이 개발되고 있어 건조시간 및 도막의 형성이 매우 우수해지고 있다.

47 분광 반사율의 분포가 서로 다른 두 개의 색자극이 광원의 종류와 관찰자 등의 관찰조건을 일정하게 할 때에만 같은 색으로 보이는 현상은?

① 메타메리즘   ② 무조건등색
③ 색채적응   ④ 컬러 인덱스

광원의 따라 색이 같아 보이는 현상(메타메리즘)이 발생할 수 있으며, 또한 광원의 강도에 따라 색조도 달라 보이게 된다.

48 분광식 색채계에 대한 설명 중 틀린 것은?

① 분광 반사율을 측정하여 색채를 산출하는 방법이다.
② 색처방 산출을 위한 자동배색에 측정 데이터를 직접 활용할 수 있다.
③ 정해진 광원과 시야에서만 색채를 측정할 수 있다.
④ 색채재현의 문제점 등에 근본적인 대응을 할 수 있다.

분광식 색채계는 다양한 광원을 조건에 따라 변형하여 사용할 수 있다.

49 가공하지 않은 원료 그대로의 무명천은 노란색을 띤다. 이를 더욱 흰색으로 만드는 다음의 방법 중 가장 효과적인 것은?

① 화학적 방법으로 탈색
② 파란색 염료로 약하게 염색
③ 광택제 사용
④ 형광물질 표백제 사용

형광물질이 들어갈수록 더욱 흰색으로 보인다. 그러나 형광물질이 한도가 넘으면 청색도가 높아진다.

50 CCM 소프트웨어의 기능 중 Formulation 부분의 기능으로 틀린 것은?

① 컬러런트의 정보를 이용한 단가계산
② 컬러런트와 적합한 전색제 종류 선택
③ 컬러런트의 적합한 비율계산으로 색채 재현
④ 시편을 측정하여 오차 부분을 수정하는 Correction 기능

Formulation 부분은 측색된 색을 만들기 위해 이미 입력된 원색 색소를 구성하여 양을 계산하고 성분을 결정하는 베이스에 정량을 투입하도록 각각의 원색의 양을 정하는 부분이다.

<kbd>틀리기 쉬운 문제</kbd>
51 반사갓을 사용하여 광원의 빛을 모아 비추는 조명 방식으로 조명 효율이 좋은 반면 눈부심이 일어나기 쉽고 균등한 조도 분포를 얻기 힘들며 그림자가 생기는 조명 방식은?

① 반간접조명   ② 직접조명
③ 간접조명   ④ 반직접조명

효율이 좋은 빈면 눈부신이 매우 심한 편이다. 따라서 휴게 공간이나 학습공간에서는 반사갓을 씌우거나 투명 덮개를 사용하기도 한다.

52 장치 특성화(Device Characterization)라고도 부르며, 디지털 색채를 처리하는 장치의 컬러재현 특성을 기록하는 과정은?

① 색영역 맵핑(Color Gamut Mapping)
② 감마조정(Gamma Control)
③ 프로파일링(Profiling)
④ 컴퓨터 자동배색(Computer Color Matching)

프로파일링에서는 서로 다른 장치의 특성들을 조율하여 디지털 색채 장치의 호환성을 극대화할 수 있다. 모니터 및 출력기 등의 색역을 미리 알 수 있어 조율이 가능하다.

53 자연에서 대부분의 검은색 또는 브라운색을 나타내는 색소는?

① 멜라닌
② 플라보노이드
③ 안토시아니딘
④ 포피린

멜라닌 세포는 티로시나제(Tyrosinase), TRP1, TRP2 등 세 가지 효소의 영향을 받아 멜라닌이라는 어두운 색을 띤 물질을 만들어 낸다.

54 디스플레이 모니터 해상도(Resolution)에 대한 설명이 틀린 것은?

① 화소의 색채는 C, M, Y 스펙트럼 요소들이 섞여서 만들어진다.
② 디스플레이 모니터 내에 포함되어 있는 화소의 개수를 의미한다.
③ ppi(pixels per inch)로 표기하며, 이는 1인치 내에 들어갈 수 있는 화소의 수를 의미한다.
④ 동일한 해상도에서 모니터의 크기가 작아질수록 영상은 선명해진다.

C, M, Y는 감법혼색의 3원색이다. 이는 프린터에서 찾아볼 수 있는 원색을 말한다.

55 CIE에서 분류한 채도의 3단계 분류에 포함되지 않은 것은?

① Colorfulness
② Perceived chroma
③ Tint
④ Saturation

Tint는 파버 비렌의 7개의 범주에 속하는 Color와 White의 중간을 말한다.

56 표면색의 시감비교 시 관찰자에 대한 설명이 틀린 것은?

① 미묘한 색의 차이를 판단하는 관찰자의 능력을 필요로 한다.
② 관찰자가 시력보조용 안경을 사용하는 경우에는 안경렌즈가 가시 스펙트럼 영역에서 균일한 분광투과율을 가져야 한다.
③ 눈의 피로에서 오는 영향을 막기 위해서 연한 색 다음에는 바로 파스텔색이나 보색을 보면 안 된다.
④ 관찰자가 연속해서 비교작업을 실시하면 시감판정의 성능이 현저하게 저하되기 때문에 수 분간의 휴식을 취해야 한다.

어떠한 색을 관찰한 후에는 잔상효과로 정확한 측색이 어렵기 때문에 무채색에 순응시킨 후 다시 관찰하는 것이 바람직하다.

57 광원을 측정하는 광측정 단위와 가장 거리가 먼 것은?

① 광도
② 휘도
③ 조도
④ 감도

감도란 빛에 반응을 민감하게 할수록 고감도라 한다. 노출계를 이용하여 수치로 나타낼 수는 있으나 노출 지수라 따로 명칭한다.

58 반사물체의 측정방법 – 조명 및 수광의 기하학적 조건 중 빛을 입사시키는 방식은 di:8° 방식과 일치하나 광검출기를 적분구 면을 향하게 하여 시료에서 반사된 빛을 측정하는 방식은?

① 확산/확산(d:d)
② 확산:0도(d:0)
③ 45도/수직(45x:0)
④ 수직/45도(0:45x)

빛을 검출하는 광검출기에서는, 반사되는 물체 측정 시 내부 반사율이 높은 적분구이며 어느 각도에서든 일정하기 때문에 확산 방식으로 측정한다.

정답 44 ① 45 ① 46 ④ 47 ① 48 ③ 49 ④ 50 ② 51 ② 52 ③ 53 ① 54 ① 55 ③ 56 ③ 57 ④ 58 ③

59 Rec 709와 Rec 2020 등 방송통신에서 재현되는 색역 등의 표준을 제정한 국제기구는?

① ISCC(Inter-Society Color Council)
② ASTM(American Society for Testing and Materials)
③ ISO(International Standard Organization)
④ CIE(Commission Internationale de l'Eclairage)

> ISO는 표준화를 위한 국제 위원회이며, 국제적 교류를 용이하게 하는 상호 협력 단체이다.

60 컬러 프린터에서 Magenta 잉크 위에 Yellow 잉크가 찍혔을 때 만들어지는 색은?

① Red   ② Green
③ Blue   ④ Cyan

> 컬러 프린터는 감법혼색의 일종으로 Magenta와 Yellow의 혼색을 말한다.

---

④ 제4과목 : 색채 지각의 이해

---

61 두 색을 동시에 인접시켜 놓았을 때 두 색의 색상차가 커 보이는 현상은?

① 색상대비
② 명도대비
③ 채도대비
④ 보색대비

> 색상대비는 1차색끼리 잘 일어나며 2차색, 3차색이 될수록 그 대비 효과는 작아진다.

62 빨강색광과 녹색색광의 혼합 시, 녹색색광보다 빨강색광이 강할 때 나타나는 색은?

① 노랑   ② 주황
③ 황록   ④ 파랑

> 빨강과 녹색광의 가법혼색의 2차색은 노랑이다. 그러나 빨간색광이 강하여 노랑광원에 빨간색광이 섞인 주황이 되는 것이다.

63 회색의 배경색 위에 검정선의 패턴을 그리면 배경색의 회색은 어두워 보이고, 흰 선의 패턴을 그리면 배경색이 하얀색 기미를 띠어 보이는 것과 관련한 현상(대비)은?

① 동화 현상
② 병치 현상
③ 계시 대비
④ 면적 대비

> 색 동화란 대비 현상과는 반대로 인접한 색의 영향을 받아 인접 색에 가까운 색으로 보이는 현상이다.

64 빨간색을 계속 응시하다가 순간적으로 노란색을 보았을 때 나타나는 색은?

① 황록색   ② 노란색
③ 주황색   ④ 빨간색

> 빨간색을 응시하다 다른 곳으로 시선을 이동할 경우 음성잔상이 발생되어 초록색이 망막에 남아 있다. 따라서 노란색과 혼색되어 황록색으로 보인다.

65 다음 중 시인성이 가장 낮은 배색은?

① 5R 4/10 - 5YR 6/10
② 5Y 8/10 - 5YR 5/10
③ 5R 4/10 - 5YR 4/10
④ 5R 4/10 - 5Y 8/10

> 시인성이란, 멀리서도 뚜렷하게 구분이 잘 되는 것을 말한다. 이는 명도 대비와 가장 관련이 있다. 따라서 명도의 차이가 큰 것이 시인성이 높으며, 차이가 적은 것이 시인성이 낮다.

66 전자기파 중에서 사람의 눈에 보이는 가시광선의 범위는?

① 250 ~ 350nm
② 180 ~ 380nm
③ 380 ~ 780nm
④ 750 ~ 950nm

> 인간의 시감각으로 관찰할 수 있는 광선을 가시광선이라 하며, 단파장 380nm ~ 장파장 780nm를 관측할 수 있다.

67 자외선(UV ; Ultra Violet)에 대한 설명이 아닌 것은?

① 화학작용에 의해 나타나므로 화학선이라 하기도 한다.
② 강한 열작용을 가지고 있는 것이 특징이다.
③ 형광물질에 닿으면 형광현상을 일으킨다.
④ 살균작용, 비타민 D 생성을 한다.

진동수가 큰 고에너지파로 생명체의 분자들을 부분적으로 파괴하나 자체적으로 열작용을 가지고 있지는 않다.

68 고령자의 시각 특성에 관한 설명이 틀린 것은?

① 암순응, 명순응의 기능이 저하된다.
② 황변화가 발생하면 청색 계열의 시인도가 저하된다.
③ 수정체의 변화로 물체가 흐릿하게 보이고 색의 식별 능력이 저하된다.
④ 간상체의 개수는 증가하고 추상체의 개수는 감소한다.

모든 시세포는 노화되거나 변화하면 개수가 감소하며, 다시 생성되지 않는다.

69 각각 동일한 바탕면적에 적용된 글씨를 자연광 아래에서 관찰할 경우, 명시도가 가장 높은 것은?

① 검정바탕 위의 노랑 글씨
② 노랑바탕 위의 파랑 글씨
③ 검정바탕 위의 흰색 글씨
④ 노랑바탕 위의 검정 글씨

명시도가 높은 것은 명도대비가 강한 것을 뜻한다. 또한 시인성과 유사하며 이는 인간의 시세포에서 간상체의 세포비율이 높기 때문이기도 하다.

70 색채의 경연감에 대한 설명으로 옳은 것은?

① 따뜻하고 차게 느껴지는 시각의 감각현상이다.
② 고채도일수록 약하게, 저채도일수록 강하게 느껴진다.
③ 난색계열은 단단하고, 한색계열은 부드럽게 느껴진다.
④ 연한 톤은 부드럽게, 진한 톤은 딱딱하게 느껴진다.

색의 경연감은 부드럽고 딱딱함을 말한다.

71 채도대비에 관한 설명 중 틀린 것은?

① 채도가 낮은 색은 더욱 낮게, 채도가 높은 색은 더욱 높게 보인다.
② 모든 색은 배경색과의 관계로 인해 항상 채도대비가 일어난다.
③ 무채색 위의 유채색은 채도가 높아 보이고, 고채도 색 위의 저채도 색은 채도가 더 낮아 보인다.
④ 동일한 하늘색이라도 파란색 배경에서는 채도가 낮게 보이고, 회색의 배경에서는 채도가 높게 보인다.

채도 대비란 채도가 서로 다른 두 색이 서로의 영향에 의해서 채도 차가 더욱 크게 일어나는 현상을 말한다.

72 다음 중 가장 가벼운 느낌의 색은?

① 5Y 8/6
② 5R 7/6
③ 5P 6/4
④ 5B 5/4

색의 무게감은 명도와 가장 관련이 있으며, 고명도의 색상이 가벼운 느낌이 강하다. 반대로 저명도의 색상은 무거운 느낌이다.

73 잔상에 대한 설명 중 틀린 것은?

① 시신경의 흥분으로 잔상이 나타난다.
② 물체색의 잔상은 대부분 보색잔상으로 나타난다.
③ 심리보색의 반대색은 잔상의 효과가 뚜렷이 나타난다.
④ 양성 잔상을 이용하여 수술실의 색채계획을 한다.

양성 잔상은 망막에 색의 자극이 흥분된 상태로 지속되고, 자극이 없어져도 원래의 자극과 동일한 색이 지속적으로 느껴지는 현상을 말한다. 수술실은 음성 잔상이 일어나는 곳이다.

74 눈(目, Eye)의 구조와 특성에 관한 설명이 옳은 것은?

① 빛의 전달은 각막 – 동공 – 수정체 – 유리체 – 망막의 순서로 전해진다.
② 수정체는 눈동자의 색재가 들어 있는 곳으로서 카메라의 조리개와 같은 기능을 한다.
③ 홍채는 카메라 렌즈의 역할을 하며, 모양이 변하여 초점을 맺게 하는 작용을 하며 눈에서 굴절이 가장 많이 일어난다.
④ 간상체는 망막의 중심와 부분에 밀집되어 존재하는 시신경 세포이며, 색채를 구별하게 한다.

> 눈의 구조와 카메라의 구조는 유사하다. 카메라의 렌즈는 수정체의 역할을, 홍채는 조리개의 역할을 한다.

75 빔 프로젝터(Beam Projector)의 혼색은 무슨 혼색인가?

① 병치혼색
② 회전혼색
③ 감법혼색
④ 가법혼색

> 두 종류 이상의 색광을 혼합할 경우 빛의 양이 증가하기 때문에 명도가 높아진다는 뜻에서 가법혼색이라 한다.

76 빛이 밝아지면 명도대비가 더욱 강하게 느껴진다고 하는 시각적 효과는?

① 애브니(Abney) 효과
② 베너리(Benery) 효과
③ 스티븐스(Stevens) 효과
④ 리프만(Liebmann) 효과

> 흑백의 대비현상에서 가장 잘 관찰되며, 관찰환경의 조도가 낮을 때 보다. 높을 때 훨씬 높아진다.

77 백화점 디스플레이 시, 주황색 원피스를 입은 마네킹을 빨간색 배경 앞에 놓았을 때와 노란색 배경 앞에 놓았을 때 원피스의 색깔이 다르게 보이는 현상은?

① 색상대비
② 명도대비
③ 채도대비
④ 한난대비

> 같은 주황색의 경우 빨간색 위의 주황색은 노란색 기미를 띠고, 노란색 바탕 위의 주황색은 빨간색 기미를 띤다.

78 시점을 한곳으로 집중시키려는 색채지각 과정에서 일어나는 현상이다 순간적으로 일어나며 계속하여 한 곳을 보게 되면 눈의 피로도가 발생하여 그 효과가 적어지는 색채 심리 효과(대비)는?

① 계시대비
② 계속대비
③ 동시내비
④ 동화효과

> 동시대비는 색과 색 사이의 거리가 멀어질수록 현상이 약해진다.

79 눈의 가장 바깥부분에 위치하고 있어 공기와 직접 닿는 부분은?

① 각막
② 수정체
③ 망막
④ 홍채

> 빛이 눈으로 들어오는 첫 번째 관문으로, 안구를 싸고 있는 공막의 연속이므로 안구를 보호하는 방어막 역할을 한다.

80 물체의 색이 결정되는 요인이 아닌 것은?

① 물체 표면에 떨어진 빛의 흡수율에 의해서
② 물체 표면에 떨어진 빛의 반사율에 의해서
③ 물체 표면에 떨어진 빛의 굴절률에 의해서
④ 물체 표면에 떨어진 빛의 투과율에 의해서

> 빛의 굴절이란, 다른 매질로 들어가면서 빛의 파동이 진행 방향을 바꾸는 것을 말한다.

08 회사 간의 경쟁으로 인해 가격, 광고, 유치경쟁이 치열하게 일어나는 제품수명주기 단계는?

① 도입기   ② 성장기
③ 성숙기   ④ 쇠퇴기

> 제품의 구매 의욕이 있는 소비자들은 이미 제품을 구매한 상태이므로 판매율이 현저히 낮아지며 기업의 경쟁사들로 인하여 제품 가격이 낮아지고 이윤이 줄어든다.

09 "같은 길이의 두 수직, 수평선이 교차하는 사각형은 물질성, 중력 그리고 날카로움의 한계를 상징한다."라고 색채와 모양 간의 조화로운 관계를 언급한 사람은?

① 칸딘스킨   ② 파버 비렌
③ 요하네스 이텐   ④ 카스텔

> 요하네스 이텐의 색채 조화원리 : 2색(Dyads), 3색(Triads), 4색(Tretrads), 5색(Pentads), 6색(Hexads)이 있다.

10 제품/사회, 문화 등 정보로서의 색채연상에 대한 사용방법으로 볼 수 없는 것은?

① 두 종류의 차 포장상자에 녹차는 초록색 포장지를, 대추차는 빨간색 포장지를 사용하여 포장하였다.
② 지하철 1호선은 빨간색, 2호선은 초록색으로 표시하였다.
③ 선물을 빨간색 포장지와 분홍색 리본테이프로 포장하였다.
④ 더운 물은 빨간색 손잡이를, 차가운 물은 파란색 손잡이를 설치하였다.

> 내용물을 암시하는 컬러로 사용된 것이 아니며 특별한 목적이 없는 개인의 기호로 사용되었다.

11 부정적 연상으로 절망, 악마, 반항의 의미를 가지고 있으나 현대의 산업제품에는 세련된 색의 대표로 많이 활용되는 것은?

① 빨강   ② 회색
③ 보라   ④ 검정

> 검정은 물감이나 색으로써 빛이 없음을 나타내며 최소한의 분광을 흡수한다.

12 색채조절에 있어서 심리 효과에 대한 설명 중 틀린 것은?

① 색채의 감정적인 효과에 의해 한색계로 도색을 하면 심리적으로 시원하게 느껴진다.
② 큰 기계 부위의 아랫부분은 어두운 색으로 하고 윗부분은 밝은 색으로 해야 안정감이 있다.
③ 눈에 띄어야 할 부분은 한색으로 하여 안전을 도모한다.
④ 고채도의 색은 화사하고, 저채도의 색은 수수하므로 이를 적절하게 이용한다.

> 눈에 띄어야 하는 부분은 주목성이 높은 난색계열을 주로 사용한다.

13 색채경험에 대한 설명 중 틀린 것은?

① 색채경험은 주위 환경에 따라 다르게 지각된다.
② 색채경험은 문화적 배경의 영향을 받는다.
③ 색채경험은 객관적 현상으로 지역별 차이가 있다.
④ 지역과 풍토는 색채경험에 영향을 끼친다.

> 색채의 경험은 주관적이며 지역별 차이가 존재하기도 한다.

14 색채의 추상적 자유연상법 가운데 연관관계가 가장 적합하지 않은 것은?

① 빨강 – 광명, 활발, 명쾌
② 하양 – 청결, 소박, 신성
③ 파랑 – 명상, 냉정, 심원
④ 보라 – 신비, 우아, 예술

> 빨강 – 정열, 사랑, 환희, 젊음 등을 의미한다.

15 유행색의 속성에 대한 설명으로 옳은 것은?

① 일정 계절이나 기간 동안 특별히 많은 사람들이 선호하여 사용하는 색
② 특정한 사회적, 경제적인 사건에 많은 영향을 받지 않는 색
③ 일정 기간만 나타나고 주기를 갖지 않은 색
④ 패션, 자동차, 인테리어 분야에 동일하게 모두 적용되는 색

> 현재 단순히 유행하고 있는 색을 말한다. 유행 예상색(국제유행색협회)은 매년 6·12월에 2회 개최되며 24개월 후를 예측한다.

정답 01 ④ 02 ③ 03 ③ 04 ④ 05 ④ 06 ① 07 ④ 08 ③ 09 ③ 10 ③ 11 ④ 12 ③ 13 ③ 14 ① 15 ①

16 색채연상 중 제품 정보로서의 색을 사용한 예로 옳은 것은?

① 밀크 초콜릿의 포장지를 하양과 초콜릿색으로 구성하였다.
② 녹색은 구급장비, 상비약의 상징에 사용된다.
③ 노란색은 장애물에 대한 경고를 나타낸다.
④ 시원한 청량음료에 난색계열의 색채를 사용하였다.

> 색의 연상은 색의 자극을 통해 관계있는 사물의 느낌을 떠올리는 것이다.

17 색채 마케팅에 관련된 설명 중 옳은 것은?

① 색채를 이용하여 소비자의 심리를 읽고 표현하는 분야로 인구통계학적 자료와 경제적 환경 변화로 인한 영향을 많이 받는다.
② 경기가 둔화되면 다양한 색상과 톤의 색채를 띤 제품을 선호하는 경향이 있다.
③ 기업의 색채 마케팅 전략은 소비자 계층에 대한 정확한 파악 시 직관적이고 경험주의적 성향을 중요시한다.
④ 색채 마케팅의 궁극적 목표는 다양한 색채를 이용한 제품의 차별화를 추구함에 있다.

> 색채를 중심으로 제품 이미지 정책, 차별화, 기호도, 광고 등의 효과를 올리기 위해서 색의 기능을 구사하는 것을 색채 마케팅이라 한다.

18 선호색채를 구분하는 변인을 설명한 것 중 잘못된 것은?

① 동일한 제품이라 할지라도 남성과 여성의 선호경향은 다를 수 있다.
② 제품의 특성에 따라 선호되는 색채는 일반적으로 고정되어 있어 새로운 재료의 개발이나 유행이 제품의 특성에 영향을 미치지 않는다.
③ 동양과 아프리카 등지에서는 서양식의 일반색채원리가 적용되지 않는 경우가 있다.
④ 성별의 차이는 색상의 선호도에 영향을 미친다.

> 선호색채는 새로운 재료의 개발이나 유행의 특성으로 변수가 매우 유동적이다.

19 다음 중 각 문화권별로 서로 다른 상징으로 인식되는 색채선호의 예가 나머지 셋과 다른 하나는?

① 서양의 흰색 웨딩드레스 – 한국의 소복
② 중국의 붉은 명절 장식 – 서양의 붉은 십자가
③ 태국의 황금 사원 – 중국 황제의 금색 복식
④ 미국의 청바지 – 성화 속 성모마리아의 청색 망토

> 나머지 문항과는 다른 특정 계층들의 권위를 상징하는 개념으로 사용되었다.

20 능률을 높일 수 있는 사무실 벽의 색채로 가장 적합한 것은?

① 하양
② 연녹색
③ 노란색
④ 회색

> 초록은 파랑이나 하양과 함께 있으면 마음을 안정시켜 주고 조용하고 평온한 휴식을 주는 색이다.

---

2 **제2과목 : 색채 디자인**

21 바우하우스에 대한 설명으로 틀린 것은?

① 바이마르의 바우하우스 기초조형교육의 중심적인 인물은 이텐(Itten, Johannes)이다.
② 다품종소량생산과 단순하고 합리적인 양식 등 디자인의 근대화를 추구한다.
③ 예술창작과 공학 기술의 통합을 주장한 새로운 교육기관이며 연구소이다.
④ 현대건축, 회화, 조각, 디자인 운동에 영향을 주었다.

> 예술과 공업기술의 통합을 목표로 합리주의적 모던 디자인을 향한 시도를 하였다.

틀리기 쉬운 문제
22 제1차 세계 대전을 전후로 러시아에서 일어난 조형운동으로서 산업주의와 집단주의에 입각한 사회성을 추구하였으며, 입체파나 미래파의 기계적 개념과 추상적 조형을 주요 원리로 삼아 일어난 조형 운동은?

① 구성주의
② 구조주의
③ 미래주의
④ 기능주의

> 구성주의는 전통적인 미술을 전면 부인하고 비대칭성과 기하학적 형태, 입체적인 작품을 현대적인 기술 원리에 입각하여 만드는 것을 말한다.

23 디자인(Design)의 어원으로 거리가 먼 것은?

① 데셍(Dessein)
② 디스크라이브(Describe)
③ 디세뇨(Disegno)
④ 데지그나레(Designare)

> 디스크라이브(Describe)란 움직임을 특정한 형태로 만드는 것을 말한다. 현재 우리가 사용하고 있는 디자인(Design)이란 용어는 프랑스어의 "Dessein"(소묘)와 라틴어의 "Designare"에서 유래되었다.

24 색채계획과 색채조절의 효과로 공통점이 아닌 것은?

① 작업 능률을 향상시킨다.
② 피로도를 경감시킨다.
③ 예술성이 극대화된다.
④ 유지관리 비용이 절감된다.

> 색채계획과 색채조절의 목적은 질서를 부여하고 공간의 용도를 쉽게 파악하며 이미지를 보다 향상시키는 것에 있다.

25 다음 중 디자인 과정(Design Process)을 적절하게 나열한 것은?

① 계획 – 조사분석 – 전개 – 결정
② 조사분석 – 계획 – 전개 – 결정
③ 계획 – 전개 – 조사분석 – 결정
④ 조사분석 – 전개 – 계획 – 결정

> 디자인 과정은 크게 아이디어 전개 → 디자인도면 작성 → 렌더링 → 목업 제작 순으로 이루어지며, 계획→ 조사→ 분석→ 전개(종합)→ 결정(평가) 단계를 거친다.

26 다음 중 제품 수명 주기가 가장 짧은 품목은?

① 자동차
② 셔츠
③ 볼펜
④ 냉장고

> 셔츠와 같은 패션산업은 트렌드에 민감하다. 따라서 제품의 성숙기가 가장 짧은 편이다.

27 빅터 파파넥(Victor Papanek)이 말한 '복합기능(Function complex)'의 디자인 목적 중 "특수 목적을 달성하기 위한 자연과 사회의 변천작용에 대한 계획적이고 의도적인 이용"에 해당하는 기능적 용어는?

① 미학(Aesthetics)
② 텔레시스(Telesis)
③ 연상(Association)
④ 용도(Use)

> 빅터 파파넥은 사회와 환경에 책임을 지는 제품 디자인, 도구 디자인, 사회 기반 시설 디자인이 주된 디자이너이다. 정신적 가치를 부각시키면서 생태 균형을 생각하고 세계보건기구를 위한 제품디자인으로 유명하다.

28 디자인의 역할 중에서 커뮤니케이션이 중심이 되고 심벌과 기호를 통해 정보를 전달하는 분야는?

① 제품디자인
② 시각디자인
③ 평면디자인
④ 환경디자인

> 그림이나 사진, 컴퓨터 그래픽 등을 이용하여 시각적인 표현으로 메시지를 전달하는 것을 목적으로 한 디자인이다.

29 사물, 행동, 과정, 개념 등을 나타내는 상징적 그림으로 오늘날 국제적인 스포츠 행사나 공항, 역에서 문자를 대신하는 그래픽 심벌은?

① CI(Corporate Identity)
② 픽토그램(Pictogram)
③ 시그니처(Signature)
④ BI(Brand Identity)

> 사물이나 시설 형태나 행동 등을 쉽고 직관적으로 이해할 수 있도록 만든 그림문자이다. 1920년부터 교통표지판에 사용되기 시작하고 1948년 런던 올림픽에서 픽토그램을 사용하게 되었다.

30 색채계획의 역할 중 가장 거리가 먼 것은?

① 심리적 안정감 부여
② 효과적인 차별화
③ 제품 이미지 상승효과
④ 제품의 가격 조정

> 색채계획의 목적은 질서를 부여하고 공간의 용도를 쉽게 파악할 수 있도록 해주며 이미지를 보다 향상시키는 데 있다.

정답 16 ① 17 ① 18 ② 19 ③ 20 ② 21 ② 22 ① 23 ② 24 ③ 25 ① 26 ② 27 ② 28 ② 29 ② 30 ④

31 제품의 색채를 통일시켜 대량생산하는 것과 가장 관계가 깊은 디자인 조건은?

① 심미성 ② 경제성
③ 독창성 ④ 합목적성

> 최소한의 경비와 노력으로 최대의 효과를 얻어야 한다는 경제적 원칙에 따라 디자이너는 초기 재료의 선택부터 공정 기술의 과정까지 가장 효율적이고 합리적으로 계획해야 한다.

32 다음 중 디자인(Design)의 개념과 거리가 먼 것은?

① 디자인 분야에는 시각디자인, 산업디자인, 의상디자인, 환경디자인 등이 있다.
② 사물의 재료나 구조, 기능은 물론 아름다움이나 조화를 고려하여 사물의 형태, 형식들을 한데 묶어내는 종합적 계획 설계를 말한다.
③ 미술이 작가 중심이라고 한다면 디자인은 사용자, 소비자중심이라고 말할 수 있다.
④ 디자인은 경제성을 배제할 수 없기에 경제적 여유로움이 없으면 그만큼 디자인의 혜택을 누릴 수 없다.

> 경제성이란 효율적이고 합리적인 비용의 사용을 말한다.

33 색채계획의 과정에서 현장, 측색조사는 어느 단계에서 요구되는가?

① 조사기획 단계 ② 색채계획 단계
③ 색채관리 단계 ④ 색채 디자인 단계

> 측색조사와 계획은 디자인 초기 시장상황 및 경쟁사 제품의 조사 분석 시 행해지는 것이다. 색채계획 과정은 조사 기획 단계 → 색채 심리 분석 단계 → 색채 전달 계획 단계 → 다지인 적용 단계로 이루어진다.

34 디자인 프로세스의 대표적인 3단계에 속하지 않는 것은?

① 디자인 문제에 대한 이해단계 : 목표와 제한점, 요구 사항 파악, 문제 요소 간 상호 관련 분석 등
② 해결안의 종합단계 : 상상력, 창조기법, 해결안, 디자인안 제시
③ 해결안의 평가단계 : 아이디어의 확증, 의사결정의 실천, 해결안의 이행·발전·결정
④ 마케팅 전략 수립단계 : 소비자 행동 요인 파악, 소비시장 분석, 세분화, 시장 선정

> **디자인 프로세스**
> ① 기획 단계 → ② 설계 단계 → ③ 합리적 단계 → ④ 생산 단계

35 형태와 기능의 관계에 대해 "형태는 기능을 따른다." 라고 말한 사람은?

① 월터 그로피우스
② 루이스 설리반
③ 필립 존슨
④ 프랑크 라이트

> 루이스 설리반은 디자인은 미를 추구하지 않고 오직 기능만을 추구해야 한다고 주장하였다.

36 디자인의 분류 중 인간 생활을 둘러싸고 있는 복합적인 환경을 보다 정돈되고 쾌적하게 창출해 나가는 디자인은?

① 인테리어
② 환경디자인
③ 시각디자인
④ 건축디자인

> **환경디자인**
> 자연을 보호하고 보전하여 공해·재해로부터 인간을 보호하는 것, 인공 구조물을 유지·관리하여 사회와 개인의 질서를 유지하는 것, 환경을 편리하고 아름답게 꾸미며 인간의 생활은 풍요롭고 쾌적하게 하는 것이다.

37 색채계획은 규모와 장소에 따라 내용이 달라지기도 하나 변함없이 필요로 하는 4가지 조건이 있다. 이 조건과 거리가 먼 것은?

① 개성 표현
② 유행 표현
③ 정보 제공
④ 감성 자극

> 유행은 시대적 사회의 상황이나 경제, 사건 등 변수가 많아 색채계획의 필요조건으로 사용되는 일이 적다.

38 유사, 대비, 균일, 강화와 관련 있는 디자인의 조형원리는?

① 통일 ② 조화
③ 균형 ④ 리듬

> 두 가지 이상의 요소들이 상호 보완적 관계를 유지하며 전체적으로 균형감이 유지된 결합 상태를 말한다.

39 디자인 사조와 특징이 옳게 연결된 것은?

① 큐비즘 – 세잔이 주도한 순수 사실주의를 말함
② 아르누보 – 1925년 파리 박람회에서 유래된 것으로 기하학적인 문양이 특색
③ 바우하우스 – 1919년 월터 그로피우스에 의해 설립된 조형학교
④ 독일공작연맹 – 윌리엄 모리스와 반데벨데의 주도로 결성된 조형 그룹

> 독일공작연맹의 이념을 이어받아 예술 창작과 공학 기술의 통합을 주장한 새로운 교육 기관이며 연구소이다.

40 대상을 연속적으로 전개시켜 이미지를 만드는 디자인 조형원리는?

① 비례   ② 심미성
③ 창조성   ④ 윤리성

> 단순한 상황에서 되도록 많은 적합한 응답을 전개시키는 것을 말한다.

---

3 **제3과목 : 색채관리**

`틀리기 쉬운 문제`

41 컴퓨터 장치를 이용해서 정밀측색하여 자동으로 구성된 컬러런트를 정밀한 비율로 자동조절 공급함으로써, 색을 자동화하여 조색하는 시스템을 무엇이라 하는가?

① CRT   ② CCD
③ CIE   ④ CCM

> 분광광도계와 컴퓨터의 관리 소프트웨어를 통하여 색을 분석하고 예측, 배합을 할 수 있는 것을 말한다. CCM의 탄생은 기준색에 맞추어 광원이 변해도 색채가 일치하는 것, 즉 무조건등색을 구현하는 것이다.

42 안료 입자의 크기에 대한 설명이 틀린 것은?

① 안료 입자 크기에 따라 굴절률이 변한다.
② 안료 입자 크기가 클수록 전체 표면적이 작아지는 반면 빛은 더 잘 반사한다.
③ 안료 입자 크기는 도료의 점도에 영향을 미친다.
④ 안료 입자 크기는 도료의 불투명도에 영향을 미친다.

> 안료의 입자의 크기가 작을수록 전체 표면적이 작아지는 반면 빛은 더 잘 반사된다.

43 연색 지수에 대한 설명으로 틀린 것은?

① 연색 지수는 기준광과 시험광원을 비교하여 색온도를 재현하는 정도를 나타내는 지수이다.
② 연색 지수를 구하기 위해 사용되는 시험색은 스펙트럼 반사율을 아는 물체색이다.
③ 연색 지수 100은 시험광원이 기준광하에서 동일한 물체색을 재현하는 것을 의미한다.
④ 광원의 연색성을 나타내는 것을 목적으로 한 지수이다.

> 인공 광원이 얼마나 기준광과 비슷하게 물체의 색을 보여 주는가를 나타내는 것이 연색 지수이다.

44 다음에서 설명하는 특징을 가진 도료는?

> – 주성분은 우루시올이며 산화효소 락카아제를 함유하고 있다.
> – 용제가 적게 들고 우아하고 깊이 있는 광택성을 가지는 도막을 형성한다

① 천연수지 도료 – 캐슈계 도료
② 수성도료 – 아교
③ 천연수지 도료 – 옻
④ 기타 도료 – 주정도료

> 옻칠의 도막은 경도가 높고 절연성, 전기, 내수, 내산이 크다. 그러나 알칼리에 취약하고 내후성이 떨어진다.

45 다음 중 측색 결과로 얻게 되는 데이터에 대한 설명으로 틀린 것은?

① CIEXYZ : CIE 삼자극치
② CIEYxy : CIE 1931 색좌표 x, y와 시감 반사율 Y
③ CIE1976 L*a*b* : 균등색공간에서 표현되는 측색 데이터
④ CIE L*C*h* : L*은 명도, C*는 채도, h*는 파장

> CIELCH 색체계 L*은 명도를 C*는 중심에서 특정 색까지의 거리와 채도를, H*는 색상의 종류를 나타낸다.

46 관측자의 색채 적응조건이나 조명, 배경색의 영향에 따라 변화하는 색이 보이는 결과를 무엇이라고 하는가?

① ICM File 현상
② 색영역 맵핑 현상
③ 디바이스의 특성화
④ 컬러 어피어런스

> 색 제시 조건이나 조명조건 등의 차이에 따라 변화를 보이는 주관적인 색의 변화를 뜻하기도 한다.

47 분광 반사율이 다르지만 같은 색자극을 일으키는 현상은?

① 아이소머리즘(Isomerism)
② 메타메리즘(Metamerism)
③ 컬러 어피어런스(Color Appearance)
④ 푸르킨예 현상(Purkinje Phenomenon)

> 분광 반사율이 다른 2개의 물체(시료)를 어떤 특정한 빛으로 조명하였을 때 같은 색자극을 일으키는 현상을 말한다.

48 KS A 0062에 의한 색체계와 관련된 것은?

① HV/C
② L*a*b*
③ DIN
④ PCCS

> KS는 먼셀을 기반으로 제작되었다. 따라서 먼셀기호의 표기 H색상, V명도, C채도와 동일하다.

49 육안 조색 시 광원을 가장 중요시해야 하는 이유는?

① 동화효과
② 연색성
③ 색순응
④ 메타메리즘

> 분광 반사율이 다른 물체라도 특정한 빛으로 조명하였을 때 같은 색자극을 일으키는 현상이 발생되기 때문이다.

50 최초의 합성염료로서 아닐린 설페이트를 산화시켜서 얻어내며 보라색 염료로 쓰이는 것은?

① 산화철
② 모베인(모브)
③ 산화망간
④ 옥소크롬

> 1856년 영국의 화학자 퍼킨이 아닐린을 산화시켜 퀴논을 얻을 목적으로, 불순한 아닐린을 묽은 황산과 다이크로뮴산칼륨으로 산화시켜서 얻은 것이다.

51 육안 검색과 측색기 측정에 대한 설명으로 틀린 것은?

① 육안 검색 시 감성적인 판단이 이루어질 수 있다.
② 측색기는 동일 샘플에 대해 거의 일정한 측색값을 낸다.
③ 육안 검색은 관찰자의 차이가 없다.
④ 필터식 색채계와 분광계의 측색값은 서로 다를 수 있다.

> 관찰자는 색각 정상자여야 하며 3회 이상 실시해야 한다.

52 컬러런트(Colorant) 선택 시 고려되어야 할 조건과 가장 거리가 먼 것은?

① 착색비용
② 다양한 광원에서 색채 현시에 대한 고려
③ 착색의 견뢰성
④ 기준광원 설정

> 컬러런트란 안료를 분산제나 수지, 안정제 등을 가하여 편리하게 사용하도록 해주는 것을 말한다.

53 디지털 CMS에서 프로파일을 이용하여 컬러를 관리할 때 틀린 설명은?

① RGB 컬러 이미지를 프린터 프로파일로 변환하면 원고의 RGB 색 데이터가 변환되어 출력된다.
② RGB 이미지에 CMYK 프로파일을 대입할 수 없다.
③ RGB, CMYK, L*a*b* 이미지들은 상호 간 어떤 모드로도 변환 가능하다.
④ 입력프로파일은 출력프로파일과 동일하게 적용된다.

> 프로파일링에서는 서로 다른 장치의 특성들을 조율하여 디지털 색채 장치의 호환성을 극대화할 수 있다. 모니터 및 출력기 등의 색역을 미리 알 수 있어 조율이 가능하게 한다.

54 반사물체의 측정방법 중 정반사 성분이 완벽히 제거되는 배치는?

① 확산/확산 배열(d:d)
② 확산 : 0도 배열(d:0)
③ 45도 환상/수직(45a:0)
④ 수직/45도(0:45x)

> 시료에 분산광을 비추고 수직방향에서 관측한다.

55 컬러 프린터 잉크로 사용하는 기본 원색들은?

① Red, Green, Blue
② Cyan, Magenta, Yellow
③ Red, Yellow, Blue
④ Cyan, Magenta, Red

> 감법혼색의 3원색 Cyan, Magenta, Yellow와 추가로 Black이 들어있다.

56 다음 중 산업현장에서의 색차 평가를 바탕으로 인지적인 색차의 명도, 채도, 색상 의존성과 색상과 채도의 상호간섭을 통한 색상 의존도를 평가하여 발전시킨 색차식은?

① ΔE^*_{ab}
② ΔE^*_{uv}
③ ΔE^*_{00}
④ ΔE^*_{AN}

> 산업 현장에서 색차 평가를 바탕으로 인지적인 색차의 명도, 채도, 색상 의존성과 색상, 채도의 상호 간섭을 통한 색상 의존도를 평가하여 발전시킨 색식으로 CIE$\Delta E00$으로 표기하기로 한다.

57 아래의 컬러 인덱스 구조에 대한 설명으로 옳은 것은?

C.I Vat Blue 14,	C.I 698 10
ⓐ	ⓑ

① ⓐ : 색료 사용 용도에 따른 분류
　ⓑ : 화학적인 구조가 주어지는 물질 번호
② ⓐ : 색료 사용 용도에 따른 분류
　ⓑ : 제조사 등록 번호
③ ⓐ : 색역에 따른 분류
　ⓑ : 판매업체 분류 번호
④ ⓐ : 착색의 견뢰성에 따른 분류
　ⓑ : 광원에서의 색채 현시 분류 번호

> 컬러 인덱스란 공업적으로 제조·판매되고 있는 합성염료나 안료를 색상, 화학 구조에 따라 정리 및 분류한 데이터베이스를 말한다.

58 시감도와 눈의 순응과 관련한 용어의 설명이 틀린 것은?

① 간상체 : 망막의 시세포의 일종으로, 주로 어두운 곳에서 활성화되고 명암감각에만 관계되는 것
② 추상체 : 망막의 시세포의 일종으로, 밝은 곳에서 활성화되고 색각 및 시력에 관계되는 것
③ 명소시 : 명순응 상태에서 시각계가 시야의 색에 적응하는 과정 및 상태
④ 박명시 : 명소시와 암소시의 중간 밝기에서 추상체와 간상체 양쪽이 활성화되고 있는 시각의 상태

> 명소시 : 빛이 있을 때 시세포 중 색상을 구별하는 추상체가 주로 활동하는 시기의 시각 상태를 말한다.

59 아날로그 이미지를 디지털 파일로 변환하는 장비는?

① 포스트스크립트　　② 모션캡처
③ 라이트 펜　　　　④ 스캐너

> CCD(전하결합소자)를 통해 전기신호로 전환되어 디지털 파일로 변환

틀리기 쉬운 문제

60 인간의 색채식별력을 감안하여 가장 많은 컬러를 재현할 수 있는 비트 체계는?

① 24비트　　　　② 32비트
③ 채널당 8비트　　④ 채널당 16비트

> RGB 컬러모드의 경우 세 채널이 사용되어 256×256×256 = 16만 색상이 사용된다.

---

4 **제4과목 : 색채 지각의 이해**

61 색채의 감정 효과에 대한 설명으로 틀린 것은?

① 색의 중량감은 색상에 따라 가장 크게 좌우된다.
② 작업능률과 관계있는 것은 색채조절로, 색의 여러 가지 감정 효과 등이 연관되어 있다.
③ 녹색, 보라색은 따뜻함이나 차가움을 느끼지 않는 중성색이다.
④ 채도가 낮은 색은 부드러운 느낌을 준다.

> 색의 중량감은 색상이 아니고 명도에 따라 좌우된다.

정답 46 ④ 47 ② 48 ① 49 ④ 50 ② 51 ③ 52 ④ 53 ④ 54 ② 55 ② 56 ③ 57 ① 58 ③ 59 ④ 60 ④ 61 ①

62 어느 색을 검은 바탕 위에 놓았을 때 밝게 보이고, 흰 바탕 위에 놓았을 때 어둡게 보이는 것과 관련된 현상은?

① 동시대비   ② 명도대비
③ 색상대비   ④ 채도대비

> 명도가 다른 두 색이 서로 대조가 되어 두 색 간의 명도차가 크게 보이는 현상이다.

63 헤링의 색채 대립과정 이론에 의하면 노랑에 대립적으로 부호화되는 색은?

① 녹색   ② 빨강
③ 파랑   ④ 보라

> 헤링은 4원색설을 주장하였다. 하양과 검정, 빨강과 초록, 노랑과 파랑으로 3대 반대색군을 구성하였다.

64 파란 하늘, 노란 튤립과 같이 색을 지각할 수 있는 광수용기는?

① 간상체   ② 수정체
③ 유리체   ④ 추상체

> 원뿔세포 또는 원추세포라고 부른다. 해상도가 높고 주로 밝은 곳에서나 낮에 작용한다.

65 혼합하면 무채색이 되는 두 가지 색은 서로 어떤 관계인가?

① 반대색   ② 보색
③ 유사색   ④ 인근색

> 색상환에서 가장 멀리 있는(마주 보는) 색으로 서로 혼합했을 때 무채색이 되는 두 색을 말한다.

66 작은 면적의 회색을 채도가 높은 유채색으로 둘러쌀 때, 회색이 유채색의 보색 색조를 띠어 보이는 현상은?

① 푸르킨예 현상   ② 저드 효과
③ 색음 현상   ④ 브뤼케 현상

> 원래의 감각과 반대의 밝기나 색상을 띤 잔상으로 자극이 사라진 뒤에 광자극의 색상, 명도, 채도가 정반대로 느껴지는 현상이다.

67 빛의 혼합 결과로 옳은 것은?

① 녹색 + 마젠타 = 노랑
② 파랑 + 녹색 = 시안
③ 파랑 + 노랑 = 녹색
④ 마젠타 + 파랑 = 보라

> 빛의 혼합(가법혼색)은 혼합된 색의 명도가 혼합 이전의 평균 명도보다 높아지는 색광의 혼합이다. 가법혼색의 2차색은 감법혼색의 1차색이다.

68 분광 반사율의 분포가 서로 다른 두 개의 색자극이 광원의 종류와 관찰자 등의 관찰조건을 일정하게 할 때에만 같은 색으로 보이는 경우는?

① 무조건등색   ② 아이소메리즘
③ 메타메리즘   ④ 현상색

> 분광 반사율이 다른 2개의 물체(시료)를 어떤 특정한 빛으로 조명하였을 때 같은 색자극을 일으키는 현상을 말한다.

69 백색광을 노란색 필터에 통과시킬 때 통과되지 않는 파장은?

① 장파장   ② 중파장
③ 단파장   ④ 적외선

> 백색광을 노란 필터에 통과시키면 단파장은 흡수되고 장파장과 중파장은 통과하여 빨강과 초록이 합성된 노랑으로 지각된다.

70 다음 중 가장 온도감이 높게 느껴지는 색은?

① 보라   ② 노랑
③ 파랑   ④ 빨강

> 장파장 계열의 난색계열이 온도감이 높게 느껴진다. 단파장 계열의 한색계열은 온도감이 낮게 느껴진다.

71 동시대비에 관한 설명 중 잘못된 것은?

① 두 색의 차이가 클수록 대비 효과가 강해진다.
② 색 자극 사이의 거리가 멀수록 대비 효과가 약해진다.
③ 배경색의 크기가 일정할 때 샘플색의 크기가 클수록 대비 효과가 커진다.
④ 두 색의 인접부분에서 대비 효과가 특별히 강조된다.

> 동시 대비란 가까이 있는 두 색을 동시에 볼 때 일어나는 현상을 말한다. 색채가 클수록 대비 현상은 강해지고 거리가 멀어질수록 약해진다.

72 색의 진출과 후퇴 효과에 대한 설명으로 옳은 것은?

① 단파장의 색은 장파장의 색보다 후퇴되어 보인다.
② 고명도의 색은 저명도의 색보다 후퇴되어 보인다.
③ 난색은 한색보다 후퇴되어 보인다.
④ 저채도의 색은 고채도의 색보다 진출되어 보인다.

장파장의 색은 팽창되어 보이며, 단파장의 색은 수축되어 보인다.

73 색상대비에 대한 설명이 옳은 것은?

① 빨강 위의 주황색은 노란색에 가까워 보인다.
② 색상대비가 일어나면 배경색의 유사색으로 보인다.
③ 어두운 부분의 경계는 더 어둡게, 밝은 부분의 경계는 더 밝게 보인다.
④ 검은색 위의 노랑은 명도가 더 높아 보인다.

같은 주황색의 경우 빨간색 위의 주황색은 노란색 기미를 띠고, 노란색 바탕 위의 주황색은 빨간색 기미를 띤다.

74 영-헬름홀츠의 색각 이론에 관한 설명 중 옳은 것은?

① 흰색, 검정, 노랑, 파랑, 빨강, 녹색의 반대되는 3대 반응 과정을 일으키는 수용기가 존재한다는 이론이다.
② 빨강, 노랑, 녹색, 파랑의 4색을 포함하기 때문에 4원색설이라고 한다.
③ 흰색, 회색, 검정 또는 흰색, 노랑, 검정을 근원적인 색으로 한다.
④ 빨강, 녹색, 파랑을 느끼는 색각 세포의 혼합으로 모든 색을 감지할 수 있다는 3원색설이다.

빛의 3원색설은 헬름홀츠와 맥스웰에 의해서 구체화되었다. 헬름홀츠는 '영-헬름홀츠의 3원색설' 이론을 체계화하였으며, 빛의 가산 혼합의 기본인 맥스웰의 색삼각형 개념을 발전시켰다.

75 색의 조화와 대비의 법칙을 발표하여 동시대비의 원리를 발견한 사람은?

① 문·스펜서(Moon&Spencer)
② 오스트발트(Fredrich Wilhelm Ostwald)
③ 파버 비렌(Faber Biren)
④ 쉐브럴(M.E Chevreul)

쉐브럴의 색채 조화론 : 인접색의 조화, 색상에 따른 조화, 주조색의 조화, 반대색의 조화, 근접 보색의 조화가 있다.

76 빛의 성질과 그 예가 옳은 것은?

① 산란 : 파란하늘, 노을
② 굴절 : 부처님의 후광, 브로켄의 요괴
③ 회절 : 콤팩트디스크, 비눗방울
④ 간섭 : 무지개, 렌즈, 프리즘

빛의 산란은 빛의 분자나 원자, 미립자에 부딪혀 퍼지는 것을 말한다.

틀리기 쉬운 문제
77 인간이 볼 수 있는 가시광선의 파장 범위는 대략 얼마인가?

① 약 280 ~ 790nm
② 약 380 ~ 780nm
③ 약 390 ~ 860nm
④ 약 400 ~ 700nm

인간의 시감각으로 관찰할 수 있는 광선을 가시광선이라 하며, 단파장 380nm~장파장 780nm까지 관측할 수 있다.

78 다음 중 심리적으로 가장 침정되는 느낌을 주는 색의 특성을 모은 것은?

① 난색계열의 고채도
② 난색계열의 저채도
③ 한색계열의 고채도
④ 한색계열의 저채도

무겁고 차분한 느낌의 특성은 명도에서 가장 도드라지며, 저채도의 색상은 침착한 느낌을 연상시킨다.

79 빨간색을 한참 본 후에 황색을 보면 그 황색은 녹색 기미를 띤다 이와 같은 현상은?

① 연변대비
② 계시대비
③ 동시대비
④ 색상대비

> 어떤 색을 잠시 본 후 시간적 차이를 두고 다른 색을 보았을 때, 먼저 본 색의 영향으로 나중에 본 색이 다르게 보이는 현상을 말한다.

80 붉은 사과를 보았을 때 지각되는 빛의 파장으로 가장 근접한 것은?

① 300 ~ 400nm
② 400 ~ 500nm
③ 500 ~ 600nm
④ 600 ~ 700nm

> 가시광선 중에서 장파장계열의 색을 반사하기 때문에 붉게 보인다.

---

⑤ 제5과목 : 색채 체계의 이해

81 NCS 색체계에 대한 설명으로 옳은 것은?

① 뉘앙스는 색채 서술에 관한 용어이다.
② 색채표기는 검정색도 – 유채색도 – 색상의 순으로 한다.
③ 색체계의 기본은 영–헬름홀츠의 원색설에서 출발한다.
④ 색채표기에서 'S'는 Saturation(채도)을 나타낸다.

> NCS 색공간은 3차원 모델이며, 인간이 구별할 수 있는 빨강, 노랑, 파랑, 초록의 4가지 유채색과 흰색, 검정의 2가지 무채색을 합하여 모두 6가지 색을 기본색으로 한다.

82 색명에 관한 설명 중 틀린 것은?

① 색이름은 색채의 이름과 색을 전달하고 색이름을 통해 감성이 함께 전달된다.
② 계통색이름은 모든 색을 계통적으로 분류해서 표현할 수 있도록 한 색이름 체계이다.
③ 한국산업표준에서 사용하는 유채색의 수식형용사는 soft를 비롯하여 5가지가 있다.
④ 관용색이름이 다른 명칭과 혼동되기 쉬울 때에는 '색'을 붙여 읽는 것이 바람직하다.

> 유채색의 수식형용사는 7가지가 있다.

---

83 NCS 색체계의 색표기방법인 S4030–B20G에 대한 설명으로 옳은 것은?

① 40%의 하양색도
② 30%의 검정색도
③ 20%의 녹색도를 지닌 파란색
④ 20%의 파란색도를 지닌 녹색

> 검은색도 40, 유채색도 30, 백색도 30을 말하며, 유채색은 20%의 초록, 80%의 파랑을 가지고 있다.

84 한국산업표준(KS)에 규정된 유채색의 기본색이름 전부의 약호가 옳게 나열된 것은?

① R, YR, Y, GY, G, BG, B, PB, P, RP, Pk, Br
② R, O, Y, YG, G BG B bV P, rP, Pk, Br
③ R, yR, Y, gY, G, bG, B, pB, P, rP
④ R, Y, G, B, P

> 먼셀의 10색과 분홍, 갈색이 추가되어 있다.

85 먼셀 색체계의 특징에 관한 설명 중 옳은 것은?

① 색각이론 중 헤링의 반대색설을 기본으로 하여 24색 상환을 사용하였다.
② 1905년 미국의 화가이자 색채연구가인 먼셀이 측색을 통해 최초로 정량적 표준화를 시도한 것이다.
③ 새로운 안료의 개발 등으로 인한 표준색의 범위확장을 허용하는 색나무(color tree)개념을 가지고 있다.
④ 채도는 중심의 무채색 축은 0으로 하고 수평방향으로 10단계로 구성하여 그 끝에 스펙트럼상의 순색을 위치시켰다.

> 색 나무의 기둥은 명도, 가지의 수는 색상을 말하며, 가지의 길이는 채도를 뜻한다.

틀리기 쉬운 문제
86 한국인의 백색에 관한 설명으로 옳은 것은?

① 순백, 수백, 선백 등 혼색이 전혀 없는, 조작하지 않은 있는 그대로의 색이라는 의미다.
② 백색은 소복에만 사용하였다.
③ 위엄을 표하는 관료들의 복식색이었다.
④ 유백, 난백, 회백 등은 전통개념의 백색에 포함되지 않는다.

> 하양은 빛의 상징으로 낮과 밤을 구분하기 위해 처음으로 생긴 색이다.

87 오스트발트 색체계를 기본으로 해서 측색학적으로 실용화되고, 독일공업규격에 제정된 색체계는?

① DIN
② JIS
③ DIC
④ Pantone

DIN 표색계는 색의 3속성의 변수가 뚜렷하고, 오스트발트의 24색상을 기준으로 하였으며 채도에 명도의 단계가 도입된 오스트발트 표색보다 좀 더 현실적이고 실제적이다.

88 오스트발트 색체계에 대한 설명 중 틀린 것은?

① 헤링의 4원색 이론을 기본으로 한다.
② 색상환의 기준색은 Red, Yellow, Ultramarine Blue, Sea green이다.
③ 정삼각형의 꼭짓점에 순색, 회색, 검정을 배치한 3각 좌표를 만들었다.
④ 색상표시는 숫자와 알파벳 기호로 나타낸다.

정삼각형의 꼭짓점에 순색, 흰색, 검정을 배치한 삼각 좌표를 만들었다.

89 현색계에 속하지 않는 색체계는?

① 먼셀 색체계
② NCS 색체계
③ XYZ 색체계
④ DIN 색체계

모든 실제 색에 대해 3자극치가 양수(+)가 되도록 하는 것과 자극치 Y가 휘도와 일치되도록 하는 것으로, 스펙트럼 3자극치에 의해 모든 색을 표시할 수 있게 되었다.

90 타일의 배색에서 볼 수 있는 배색 효과는?

① 색상, 명도, 채도
② 백색량, 흑색량, 순색량
③ 백색도, 검정색도, 유채색도
④ 명색조, 암색조, 톤

색상(Hue), 명도(Value), 채도(Chroma)의 3가지 속성으로 원통모양의 바깥쪽은 색상, 위 아래 높이는 명도, 무채색과 외각 색상의 거리를 채도라 한다.

91 오스트발트 조화론의 기본 개념은?

① 대비
② 질서
③ 자연
④ 감성

'조화란 곧 질서와 같다'라고 주장하였다.

92 배색의 예와 효과가 바르게 연결된 것은?

① 선명한 색의 배색 – 동적인 이미지
② 차분한 색의 배색 – 동적인 이미지
③ 색상의 대비가 강한 배색 – 정적인 이미지
④ 유사한 색상의 배색 – 동적인 이미지

배색이란 두 가지 이상의 복수의 색을 사용하여 이미지를 연상시키는 것을 말한다. 선명한 색상들은 동적인 생동감을 불러일으킨다.

93 Yxy 색체계에 대한 설명이 옳은 것은?

① 빛에 의해 일어나는 3원색(R, G, B)을 정하고 그 혼색비율에 의한 색체계이다.
② 수학적 변환에 의해 도입된 가상적 원자극을 이용해서 표색을 하고 있다.
③ 색도도의 중심점은 백색점을 표시하고, Y는 명도이고 x, y는 색도를 나타낸다.
④ 감법혼색의 실험결과로 만들어진 국제표준 체계이다.

양적인 표시인 XYZ 표색계로 색채의 느낌과 밝기의 정도를 판단할 수 없어서 XYZ 표색계의 수식을 변환하여 얻은 것이다.

94 ISCC–NIST 색명법의 표기방법 중 영역부분에 대한 설명으로 틀린 것은?

① 명도가 높은 것은 Light, Very Light로 구분한다.
② 채도가 높은 것은 Strong, Vivid로 구분한다.
③ 명도와 채도가 함께 높은 부분을 Brilliant로 구분한다.
④ 명도는 낮고 채도가 높은 부분을 Dark로 구분한다.

명도와 채도가 낮은 부분을 Dark로 구분한다.

정답 79 ② 80 ④ 81 ② 82 ③ 83 ③ 84 ① 85 ③ 86 ① 87 ① 88 ③ 89 ③ 90 ① 91 ② 92 ① 93 ③ 94 ④

95 CIE LAB 색체계에 대한 설명으로 옳은 것은?

① a* 값이 +이면 파란빛이 강해진다.
② a* 값이 -이면 붉은빛이 강해진다.
③ b* 값이 +이면 노란빛이 강해진다.
④ b* 값이 -이면 초록빛이 강해진다.

L*로 명도를 표시하고, +a는 빨간색, -a는 초록색, +b는 노란색, -b는
파란색으로 방향을 표시한다.

틀리기 쉬운 문제
96 저드(D.B Judd)의 색채 조화론과 관련이 없는 설명은?

① 규칙적으로 선정된 명도, 채도, 색상 등 색채의 요소가 일정하면 조화된다.
② 자연계와 같이 사람들에게 잘 알려진 색은 조화된다.
③ 어떤 색도 공통성이 있으면 조화된다.
④ 전체적으로 하나의 주된 색의 배색은 조화된다.

분명한 배색을 선택하기 위한 선행 연구를 종합하여 질서의 원리, 유사
성의 원리, 친근성의 원리, 명료성의 원리 4가지로 유형화하였다.

97 먼셀의 색채표시법 기호로 옳은 것은?

① H C/V
② H V/C
③ V H/C
④ C V/H

먼셀기호는 색상(Hue), 명도(Value), 채도(Chroma)의 3가지 속성으로
표기한다.

98 PCCS 색체계의 주요 4색상이 아닌 것은?

① 빨강
② 노랑
③ 파랑
④ 보라

P.C.C.S는 4가지 기본색(빨강, 노랑, 초록, 파랑)을 기준으로 색상을
1~24로 색상 번호를 부여하였다.

99 현색계에 대한 설명이 틀린 것은?

① 색지각에 따라 분류되는 체계를 말한다.
② 조색, 검사 등에 적합한 오차를 적용할 수 있다.
③ 조건등색과 광원의 영향을 많이 받는다.
④ 형광색이나 고채도 염료의 경우 판단이 어렵다.

현색계는 실제 눈에 보이는 물체색과 투과색 등으로 눈으로 보고 비교
검색이 가능하며, 색공간에서 지각적인 색통합이 가능하여 통일된 시각
적 색출현 체계이다.

100 톤(Tone)을 위주로 한 배색이 주는 느낌 중 틀린 것은?

① Light Tone : 즐거운, 밝은, 맑은
② Deep Tone : 눈에 띄는, 선명한, 진한
③ Soft Tone : 어렴풋한, 부드러운, 온화한
④ Grayish Tone : 쓸쓸한, 칙칙한, 낡은

Deep Tone은 짙은 톤을 말한다. 따라서 무겁고 어두우며, 중후한 느낌
을 연상시킨다.

---

1 제1과목 : 색채 심리

01 적도 부근의 풍부한 태양광선에 의해 라틴계 사람들 눈의 망막 중심에는 강렬한 색소가 형성되어 있다. 그로 인해 그들이 공통적으로 선호하는 색은?

① 빨강   ② 파랑
③ 초록   ④ 보라

> 일광이 많은 지역은 선명하고 화사한 색을 선호한다. 건물의 외관에는 복숭아색, 장미색, 노란색, 연한 색 등을 주로 사용하고, 실내에는 한색계를 선호한다.

틀리기 쉬운 문제
02 한국의 전통 오방색, 종교적이며 신비주의적인 상징색 등은 프랑크, H, 만케의 색경험 6단계 중 어느 단계에 해당되는가?

① 1단계 – 색자극에 대한 생물학적 반응
② 2단계 – 집단 무의식
③ 3단계 – 의식적 상징화
④ 4단계 – 문화적 영향과 매너리즘

> 1단계 : 색자극에 대한 생물학적 반응
> 2단계 : 집단 무의식
> 3단계 : 의식적 상징화
> 4단계 : 문화적 영향과 매너리즘
> 5단계 : 시대사조 및 패션 스타일의 영향
> 6단계 : 개인적 관계

03 컬러 이미지 스케일에 대한 설명으로 틀린 것은?

① 색채이미지를 어휘로 표현하여 좌표계를 구성한 것이다.
② 유행색 경향 및 선호도 비교분석에 사용된다.
③ 색채의 3속성을 체계적으로 이미지화한 것이다.
④ 색채가 주는 느낌, 정서를 언어스케일로 나타낸 것이다.

> 색채의 3속성을 체계적으로 구성하여 입체로 제작하면 색입체가 된다.

04 각 지역의 색채기호에 관한 내용 중 옳은 것은?

① 중국에서는 청색이 행운과 행복, 존엄을 의미한다.
② 이슬람교도들은 녹색을 종교적인 색채로 좋아한다.
③ 아프리카 토착민들은 일반적으로 강렬한 난색만을 좋아한다.
④ 북유럽에서는 난색계의 연한 색상을 좋아한다.

> 중동 지역의 문화권에서 녹색은 천국을 상징하는 색채이다. 때문에 경전의 표지 색채로도 사용되며 국기의 상징색으로도 사용된다.

05 색채의 심리적 의미의 연결이 틀린 것은?

① 난색 – 양
② 한색 – 음
③ 난색 – 흥분감
④ 한색 – 용맹

> 한색은 보통 차분하고 지적인 분위기를 조성한다.

06 다음 중 컬러 피라미드 테스트의 색채 의미와 거리가 먼 것은?

① 빨강 : 충동적인 감정을 일으키는 색이다.
② 녹색 : 외향적인 색으로 정서적 욕구가 강하고 그것을 밖으로 쉽게 표현하는 사람이 많이 사용한다.
③ 보라 : 불안과 긴장의 지표로 사용량이 많은 경우에는 적응 불량과 미성숙을 나타낸다.
④ 파랑 : 감정통제의 색으로 진정효과가 있다.

> 녹색은 정서의 조절 및 감수성의 지표로써 사용량이 많은 경우는 감수성이 풍부함을 나타내지만 극단적으로 많은 경우는 정서적 자극에 압도당하고 있음을 나타낸다. 사용량이 적은 경우는 감정이 퇴조된 단조로운 사람을 나타낸다.

정답 01 ① 02 ④ 03 ③ 04 ② 05 ④ 06 ②

07 색채의 지각과 감정 효과에 대한 설명이 틀린 것은?

① 백열램프 조명의 공간은 따뜻한 느낌을 준다.
② 보라색은 실제보다 더 가까이 보인다.
③ 노란색 옷을 입으면 실제보다 더 팽창되어 보인다.
④ 좁은 방을 연한 청색 벽지로 도배하면 방이 넓어 보인다.

보라색은 기본 색상들 중에서 명도가 낮은 편에 속한다. 저명도 색상은 수축, 후퇴되어 보인다.

08 색채와 촉감에 대한 설명 중 틀린 것은?

① 어둡고 채도가 낮은 색채는 강하고 딱딱한 느낌이다.
② 밝은 핑크, 밝은 노랑은 부드러운 느낌이다.
③ 난색계열의 색은 건조한 느낌이다.
④ 광택이 없으면 매끈한 느낌을 줄 수 있다.

광택은 표면의 반사로 매끈한 느낌과 반짝거리는 효과를 줄 수 있다.

09 선호색에 대한 설명이 옳은 것은?

① 북극계 민족은 한색계를 선호한다.
② 생후 3개월부터 원색을 구별할 수 있다.
③ 라틴계 민족은 중성색과 무채색을 선호한다.
④ 교육수준이 높은 사람은 붉은 색을 선호한다.

광량에 따라 선호색이 나눠지는데 북극계는 한색계, 라틴계는 난색계열을 선호한다.

10 마케팅 개념의 변천 단계로 옳은 것은?

① 제품지향 → 생산지향 → 판매지향 → 소비자지향 → 사회지향마케팅
② 제품지향 → 판매지향 → 생산지향 → 소비자지향 → 사회지향마케팅
③ 생산지향 → 제품지향 → 판매지향 → 소비자지향 → 사회지향마케팅
④ 판매지향 → 생산지향 → 제품지향 → 소비자지향 → 사회지향마케팅

마케팅 개념 변천 단계
생산지향→ 제품지향→ 판매지향→ 소비자지향→ 사회지향마케팅

11 색채 조사 방법 중에서 디자인과 관련된 이미지어들을 추출한 다음, 한 쌍의 대조적인 형용사를 양 끝에 두고 조사하는 방법은?

① 리커트 척도법
② 의미 미분법
③ 심층 면접법
④ 좌표 분석법

SD법은 심리학자 오스 굿이 1952년에 커뮤니케이션 연구 방법으로 개발하였다. 현재 경관, 음향, 감촉, 색채 등의 다양한 분야에서 자극을 판단하는 방법으로 많이 사용되고 있다.

12 다음 중 색채조절에 관한 설명 중 가장 올바른 것은?

① 시각 작업 시 명시도를 높이는 것이다.
② 환경, 안전, 작업능률을 높이기 위한 색채계획이다.
③ 디자인 작품의 인쇄제작에 쓰이는 말이다.
④ 색상이 아름답게 보이도록 적절히 혼합하는 것이다.

색채계획과 색채조절의 목적은 질서를 부여하고 공간의 용도를 쉽게 파악하며 이미지를 보다 향상시키는 것에 있다.

13 색채조절을 통해 이루어지는 효과가 아닌 것은?

① 신체의 피로, 특히 눈의 피로를 막는다.
② 안전이 유지되며 사고가 줄어든다.
③ 색채의 적용으로 주위가 산만해질 수 있다.
④ 정리정돈과 질서 있는 분위기가 연출된다.

색채 적용의 목적은 집중력을 높이고 휴식과 편안함의 이미지를 연출하는 것이다.

14 색자극에 대한 반응을 연구한 학자들의 견해가 틀린 것은?

① 파버 비렌(Faber Biren) : 빨간색은 분위기를 활기차게 돌궈주고, 파란색은 차분하게 가라앉히는 경향이 있다.

② 웰즈(N A Wells) : 자극적인 색채는 진한 주황 – 주홍 – 노랑 – 주황의 순서이고, 마음을 가장 안정시키는 색은 파랑 – 보라의 순서이다.

③ 로버트 로스(Robert R Ross) : 색채를 극적인 효과 및 극적인 감동과 관련시켜 회색, 파랑, 자주는 비극과 어울리는 색이고, 빨강, 노랑 등은 희극과 어울리는 색이다.

④ 하몬(D B Harmon) : 근육의 활동은 밝은 빛 속에서 또는 주위가 밝은 색일 때 더 활발해지고, 정신적 활동의 작업은 조명의 밝기를 충분히 하되, 주위 환경은 부드럽고 진한 색으로 하는 편이 좋다.

> 웰즈(N A Wells) : 자극적인 색채는 진한 주황 – 주홍 – 노란 주황의 순서이고 마음을 가장 안정시키는 색은 연두 – 초록의 순서이다.

15 올림픽의 오륜마크에 사용된 상징색이 아닌 것은?

① 빨강
② 검정
③ 녹색
④ 하양

> 올림픽 마크인 오륜마크는 올림픽기를 말한다. 쿠베르탱이 창안하여 1914년 파랑(유럽), 노랑(아시아), 검정(아프리카), 초록(오세아니아), 빨강(아메리카)의 5색 동그라미로 상징화하였다.

16 동서양의 문화에 따른 색채 정보의 활용이 옳게 연결된 것은?

① 동양의 신성시되는 종교색 – 노랑
② 중국의 왕권을 대표하는 색 – 빨강
③ 봄과 생명의 탄생 – 파랑
④ 평화, 진실, 협동 – 녹색

> 음양오행설의 원리를 기반으로 오방색의 가운데 노란색은 중앙의 정색으로 토성을 의미하고 밝고 성스러움의 표현에 사용되었으며 광명과 부활의 정표로 여겨졌다.

17 상쾌하고 맑은 이미지를 연상시키는 색채의 톤(Tone)은?

① Pale
② Light
③ Deep
④ Soft

> Tone이란 명도와 채도의 복합개념을 말한다. Light 톤은 고명도의 저채도 색상으로 깨끗하고 맑은 이미지로 많이 사용된다.

18 소비자 구매심리의 과정이 옳게 배열된 것은?

① 주의 → 관심 → 욕구 → 기억 → 행동
② 주의 → 욕구 → 관심 → 기억 → 행동
③ 관심 → 주의 → 기억 → 욕구 → 행동
④ 관심 → 기억 → 주의 → 욕구 → 행동

> 구매의사결정단계(A.I.D.M.A)법칙 : 주의(Attention), 흥미(Interest), 욕구(Desire), 기억(Memory), 행위(Action)

19 안전색 표시사항 중 초록의 일반적인 의미에 해당되는 것은?

① 안전/진행
② 지시
③ 금지
④ 경고/주의

> 안전색 녹색 : 안전, 안내, 유도, 진행, 비상구, 위생, 보호, 피난소, 구급장비, 의약품, 차량의 통행에 사용된다.

20 색채의 연상에 관한 설명 중 틀린 것은?

① 색채의 연상에는 구체적 연상과 추상적 연상이 있다.
② 색채의 연상은 경험적이기 때문에 기억색과 밀접한 관련을 갖는다.
③ 색채의 연상은 경험과 연령에 따라서 변화하지 않는다.
④ 색채의 연상은 생활양식이나 문화적인 배경, 그리고 지역과 풍토 등에 따라서 개인차가 있다.

> 색채의 연상은 경험과 연령에 따라 기억색이 변화하며 추상적인 연상이 점차 증가한다.

정답 07 ② 08 ④ 09 ① 10 ③ 11 ② 12 ② 13 ③ 14 ② 15 ④ 16 ① 17 ② 18 ① 19 ① 20 ③

21 환경색채 디자인의 프로세스 중 대상물이 위치한 지역의 이미지를 예측 설정하는 단계는?

① 환경요인 분석
② 색채이미지 추출
③ 색채계획목표 설정
④ 배색 설정

> 환경 색채 디자인 프로세스 : 환경 요인 분석 → 색채 이미지 추출 → 색채계획 목표 설정 → 배색 유형 선택 → 배색 효과 검토 → 재료, 색채 결정 → 검토, 조정 → 공사 시행 및 관리

22 서로 관련 없는 요소들 간의 결합을 의미하는 그리스어에서 유래한 것으로, 문제를 보는 관점을 완전히 달리하여 여기서 연상되는 점과 관련성을 찾아 아이디어를 발상하는 방법은?

① 시네틱스(Synetics)법
② 체크리스트(Checklist)법
③ 마인드 맵(Mind Map)법
④ 브레인스토밍(Brainstorming)법

> 문제의 상황을 직접적으로 해결하는 것보다 유추를 통한 은유적인 해결책에서 시작하는 방법이다.

23 빅터 파파넥의 복합기능에 대한 설명으로 가장 부적합한 것은?

① 형태와 기능을 분리시키지 않고 좀 더 포괄적인 의미에서의 기능을 복합기능이라고 규정지었다.
② 복합기능에는 방법(Method), 용도(Use), 필요성(Need)과 같은 합리적 요소들이 포함된다.
③ 복합기능에는 연상(Association), 미학(Aesthetics)과 같은 감성적 요소들은 포함되지 않는다.
④ 특수한 목적을 달성하기 위한 자연과 사회에 대한 의도적인 실용화를 의미하는 것이 텔레시스(Telesis)이다.

> 빅터 파파넥의 복합기능 6가지로 방법, 용도, 필요성, 텔레시스, 연상, 미학이 있으며 그 중 연상(Association)이란 인간의 마음 속에 있는 충동과 욕망에 관계된 예상이나 짐작을 말한다. 미학(Aesthetics)은 감성적 인식의 완전한 것, 미적인 것을 말한다.

24 우수한 미적 기준을 표준화하여 대량생산하고 질을 향상시켜 디자인의 근대화를 추구한 사조는?

① 미술공예운동
② 아르누보
③ 독일공작연맹
④ 다다이즘

> 헤르만 무테지우스를 중심으로 예술가, 건축가, 산업가를 포함한 디자인 진흥 단체이다. 독일공작연맹은 공업미술 디자인의 질을 향상시키고 수출을 진흥시키는 것이 목적이었다.

25 일반적인 디자인 분류 중 2차원 디자인만 나열한 것은?

① TV 디자인, CF 디자인, 애니메이션디자인
② 그래픽디자인, 심벌디자인, 타이포그래피
③ 액세서리디자인, 공예디자인, 인테리어디자인
④ 익스테리어디자인, 웹디자인, 무대디자인

> 시각디자인의 분야인 그래픽, 심벌, 타이포그래피는 2차원적 디자인에서 가능하다. 현재 컴퓨터 프로그램의 개발로 점차 가상공간에서 제작되고 있다.

26 몬드리안을 중심으로 한 신조형주의 운동으로 개성을 배제하는 주지주의적 추상미술운동이며, 색채의 선택은 검정, 회색, 하양과 작은 면적의 빨강, 노랑, 파랑의 순수한 원색으로 표현한 디자인 사조는?

① 큐비즘
② 데스틸
③ 바우하우스
④ 아르데코

> 데스틸은 네덜란드어로 "양식"이라는 의미이며 신조형주의라고도 불린다. 지각과 평면의 조합으로 이루어진 기하학적 추상 형태나 순수 추상 조형을 추구하였다.

27 합리적인 디자인에 대한 설명 중 틀린 것은?

① 이상적인 디자인을 추구하되 실현 가능한 것이어야 한다.
② 개인적인 성향에 맞추기 위해 기계적인 생산활동을 추구한다.
③ 미적 조형과 기능, 실용성 사이에서 균형을 이루어야 한다.
④ 소비자의 요구사항과 디자이너로서의 전문적인 의견을 적절히 조율해야 한다.

> 현대 디자인의 합리성은 개인적인 성향에 맞는 디자인을 위해 다품종 소량생산을 지향한다.

28 러시아 혁명기의 대표적인 아방가르드 운동의 하나로 현대의 기술적 원리에 따라 실제 생산물을 생산하는 것을 목표로 한 것은?

① 기능주의
② 구성주의
③ 미래파
④ 바우하우스

제1차 세계 대전을 전후로 러시아에서 일어난 조형운동으로서 산업주의와 집단주의에 입각한 사회성을 추구하였으며 입체파나 미래파의 기계적 개념과 추상적 조형을 주요 원리로 삼아 일어난 조형 운동이다.

29 아르누보에 대한 설명으로 옳은 것만 고른 것은?

ⓐ 철이나 콘크리트 재료를 적극적으로 이용했다.
ⓑ 윌리엄 모리스가 대표적 인물이다.
ⓒ 이탈리아 북부의 공업도시 밀라노가 중심이다.
ⓓ 인간성 회복을 위한 노력이었다.
ⓔ 오스트리아에서는 빈 분리파라 불렸다.

① ⓐ, ⓒ
② ⓐ, ⓔ
③ ⓑ, ⓓ
④ ⓓ, ⓔ

19세기 말부터 20세기 초까지 유럽을 중심으로 일어났던 국제적인 예술 운동으로 "새로운 예술"을 의미한다.

30 인간생활의 질적 수준을 향상시키기 위하여 형식미와 기능 그 자체와 유기적으로 결합된 형태, 색채, 아름다움을 나타내고자 할 때 필요한 디자인 요건은?

① 심미성
② 독창성
③ 경제성
④ 문화성

합목적성과는 반대되는 개념으로 인간이 갖는 아름다움에 대한 욕구를 말한다.

31 미용디자인에서 입술에 사용하는 색의 설명으로 틀린 것은?

① 메탈릭 페일(Metallic Pale) 색조는 은은하고 섬세하여 로맨틱한 분위기를 연출할 수 있다.
② 의상의 색과 공통된 요소를 지닌 립스틱 색을 사용함으로써 통일감과 조화를 줄 수 있다.
③ 치아가 희지 않을 때는 파스텔 톤 같은 밝은 색을 사용하는 것이 좋다.
④ 따뜻한 오렌지나 레드계의 색을 사용하면 명랑하고 활달한 분위기가 연출된다.

치아가 희지 않을 때는 명도대비를 강조하기 위하여 짙은 색을 사용하는 것이 바람직하다.

틀리기 쉬운 문제
32 색채 사용에 관한 일반적인 원칙과 효과에 대한 설명이 가장 합리적인 것은?

① 초등학교 저학년 학생들을 위한 학습공간에는 청색과 같은 한색을 사용하면 차분한 분위기가 연출되어 학습효과를 높일 수 있다.
② 학교의 식당은 복숭아색과 같은 밝은 난색을 사용하면 즐거운 분위기가 연출되어 식욕을 돋궈 준다.
③ 학교의 도서실과 교무실은 노란 느낌의 장미색을 사용하면 두뇌의 활동을 활발하게 만들어 업무의 능률이 올라간다.
④ 학습하는 교실의 정면 벽은 진한(Deep) 색조나 밝은 (Light) 색조를 사용하면 색다른 공간감을 연출하여 집중력을 높일 수 있다.

활동적이며 식욕증진, 정열, 건강, 에너지 등을 상징하는 난색계열은 식음료를 섭취하는 공간에 적합하다. 그러나 공간의 배색에서는 고명도의 색상을 선택하여 보다 쾌적하고 밝은 분위기를 연출한다.

33 일반적인 패션디자인의 색채계획에 필요한 내용과 거리가 먼 것은?

① 트렌드 분석을 위한 시장조사와 분석
② 상품기획의 콘셉트
③ 유행색과 소비자 반응
④ 개인별 감성과 기호

일반적인 즉, 객관적인 패션디자인 색채계획은 대다수의 대중들이 선호하며 활용도가 높은 색을 사용한다.

34 다음 그림과 관련이 있는 것은?

① Symbol
② Pictogram
③ Sign
④ Isotype

사물이나 시설 형태나 행동 등을 쉽고 직관적으로 이해할 수 있도록 만든 그림문자이다. 1920년부터 교통표지판에 사용되기 시작하고 1948년 런던 올림픽에서 픽토그램을 사용하게 되었다.

35 작가와 사상의 연결이 잘못된 것은?

① 빅토르 바자렐리(V Vasarely) – 옵아트
② 카사밀 말레비치(K Malevich) – 구성주의
③ 피에트 몬드리안(P Mondrian) – 신조형주의
④ 에토레 솟사스(E.J Sottsass) – 팝아트

팝 아트의 대표작가로는 앤디 워홀, 로이 리히텐슈타인 등이 있다.

36 색채 심리를 이용한 실내색채계획의 적용이 적합하지 않은 것은?

① 남향, 서향 방의 환경색으로 한색 계통의 색을 적용하였다.
② 지나치게 낮은 천장에 밝고 차가운 색을 적용하였다.
③ 천장은 밝게, 바닥은 중간 명도, 벽은 가장 어둡게 적용하여 안정감을 주었다.
④ 북향, 동향 방에 오렌지 계열의 벽지를 적용하였다.

천장은 밝게 벽은 중간 명도, 바닥은 가장 어둡게 배색하는 것이 안정감을 줄 수 있다.

틀리기 쉬운 문제

37 색채계획을 세우기 위한 과정으로서 옳은 것은?

① 색채 심리분석 → 색채환경분석 → 색채전달계획 → 디자인 적용
② 색채전달계획 → 색채환경분석 → 색채 심리분석 → 디자인 적용
③ 색채환경분석 → 색채 심리분석 → 색채전달계획 → 디자인 적용
④ 색채환경분석 → 색채 심리분석 → 색채 디자인의 이해 → 디자인 적용

짜임새 있는 색채계획은 많은 시간과 비용을 절감시키며 각 상황에 맞는 프로세스를 사용하여 보다 정확하고 효율적인 계획을 할 수 있다. 색채 계획 과정은 색채 환경 분석 → 색채 심리 분석 → 색채 전달 계획 → 다자인 적용 단계로 이루어진다.

38 트렌드 컬러의 조사가 가장 중요하고 민감하며 빠른 변화주기를 보이는 디자인 분야는?

① 포장디자인
② 환경디자인
③ 패션디자인
④ 시각디자인

패션디자인이란 독창성과 개성을 디자인의 기본 조건으로 하여 주로 의복 또는 복식의 유행을 가리켜 말한다.

39 디자인 과정에서 사용자의 필요성에 의해 디자인을 생각해내고, 재료나 제작방법 등을 생각하며 시각화하는 과정을 무엇이라고 하는가?

① 재료과정
② 조형과정
③ 분석과정
④ 기술과정

조형과정의 비용과 시간을 줄이기 위하여, 현재 시뮬레이션 기법이 활동되기도 한다. 실제 사물을 제작하는 것보다 수정 보완이 획기적으로 빠르며 미리 공정과정의 시행착오를 방지할 수 있다.

40 형태의 구성요소와 거리가 먼 것은?

① 점
② 선
③ 면
④ 대비

대비란 각 대상의 분명한 차이를 이용하여 구성하는 원리를 말한다.

---

3 제3과목 : 색채관리

41 측정에 사용하는 분광광도계의 조건 중 ( )안에 들어갈 수치로 옳은 것은?

분광광도계의 측정 정밀도 : 분광 반사율 또는 분광 투과율의 측정 불확도는 최대치의 (a)% 이내에서, 재현성은 (b)% 이내로 한다.

① a : 0.5, b : 0.2
② a : 0.3, b : 0.1
③ a : 0.1, b : 0.3
④ a : 0.2, b : 0.5

분광광도계란 물체에서 반사된 빛을 가시광선으로 측정하도록 설계되었으며 시료의 파장별 색도좌표와 기준 광원의 분광 광도 분포를 사용하여 색채값을 산출하는 것이다.

42 베지어 곡선을 이용하여 표현한 것으로 이미지가 확대되거나 축소되어도 이미지 정보가 그대로 보존되며 용량도 적은 이미지 표현방식은?

① 벡터 방식 이미지(Vector image)
② 래스터 방식 이미지(Raster image)
③ 픽셀 방식 이미지(Pixel image)
④ 비트맵 방식 이미지(Bitmap image)

벡터 방식이란 선이나 도형을 픽셀의 값으로 바로 처리하지 않고 각각의 정보를 수치화하여 처리하는 방식이며 객체 지향 방식이라고 한다.

43 천연 염료와 색이 잘못 짝지어진 것은?

① 자초 – 자색
② 치자 – 황색
③ 오배자 – 적색
④ 소목 – 녹색

소목 – 홍색

44 색채 측정기의 종류를 크게 두 가지로 나눈다면 어떤 것이 있는가?

① 필터식 색채계와 망점식 색채계
② 분광식 색채계와 렌즈식 색채계
③ 필터식 색채계와 분광식 색채계
④ 음이온 색채계와 분사식 색채계

필터식 색채계란 사람의 눈과 비슷한 원리로써 3개의 센서에 3원색의 필터를 사용하여 색을 측정하는 기기이며 분광광도계란 물체에서 반사된 빛을 가시광선으로 측정하는 것이다.

45 빛을 전하로 변환하는 스캐너 부속 광학칩 장비 장치는?

① CCD(Charge Coupled Device)
② PPI(Pixel Per Inch)
③ CEPS(Color Electronic Prepress System)
④ OCR(Optical Character Recognition)

CCD는 전하결합소자를 뜻하며 카메라의 감광시키는 역할과 유사한 기능을 한다.

틀리기 쉬운 문제
46 색온도 보정 필터에 대한 설명 중 틀린 것은?

① 색온도 보정 필터에는 색온도를 내리는 블루계와 색온도를 올리는 엠버계가 있다.
② 필터 중 흐린 날씨용, 응달용을 엠버계라고 한다.
③ 필터 중 아침저녁용, 사진전구용, 섬광전구용을 블루계라고 한다.
④ 필터는 사용하는 필름과 촬영하는 광원의 색온도에 따라 구분해서 사용한다.

조명으로 사용하는 색온도가 저하될 때 사용하는 보정필터를 말한다. 장시간 조명을 사용할 경우 색온도가 떨어지게 되는데 그때 사용하는 필터이다. 색온도를 내리는 엠버계와 색온도를 올리는 블루계가 있다.

정답 34 ② 35 ④ 36 ③ 37 ③ 38 ③ 39 ② 40 ④ 41 ① 42 ① 43 ④ 44 ③ 45 ① 46 ①

47 동일 조건으로 조명할 때, 한정된 동일 입체각 내의 물체에서 반사하는 복사속(광속)과 완전확산 반사면에서 반사하는 복사속(광속)의 비율은?

① 입체각 휘도율
② 방사 휘도율
③ 방사사 반사율
④ 입체각 반사율

입체각 반사율이란 동일 조건으로 조명하여 한정된 동일 입체각 내의 물체에서 반사하는 광속과 완전 확산 반사면에서 반사하는 광속의 비율을 말한다.

48 다음 중 태양광 아래에서 가장 반사율이 높은 경우의 무명은?

① 천연 무명에 전혀 처리를 하지 않은 무명
② 화학적 탈색 처리한 무명
③ 화학적 탈색 후 푸른색 염료로 약간 염색한 무명
④ 화학적 탈색 후 형광성 표백제로 처리한 무명

태양광의 반사율을 이상적인 흰색에 가까울수록 높다. 형광성 염료가 일정 한도를 넘으면 청색도가 증가한다.

49 색온도에 관한 설명 중 틀린 것은?

① 광원의 색온도는 시각적으로 같은 색상을 나타내는 이상적인 흑체(Ideal Blackbody Radiatior)의 절대 온도(K)를 사용한다.
② 모든 광원의 색이 이상적인 흑체의 발광색과 일치하지 않을 수 있으므로 색온도가 정확한 광원색을 나타내지는 못한다.
③ 정확한 색 평가를 위해서는 5,000K~6,500K의 광원이 권장된다.
④ 그래픽 인쇄물의 정확한 색 평가를 위해 권장되는 조명의 색온도는 6,500K이다.

5,000K~6,500K 광원이 권장된다.

50 다음 중 안료를 사용하여 발색하는 것이 아닌 것은?

① 플라스틱   ② 유성 페인트
③ 직물   ④ 고무

직물은 염색과정을 통하여 색을 내기도 하며 직물의 구조로 혼색(중간혼색)하여 색을 만들기도 한다.

51 옻, 캐슈계 도료, 유성페인트, 유성에나멜, 주정도료 등이 속하는 것은?

① 천연수지도료   ② 합성수지도료
③ 수성도료   ④ 인쇄잉크

천연수지도료는 옻나무에서 채취한 수액에서 얻을 수 있는 도료이다.

52 디지털 영상장치의 생산업체들이 모여 디지털 영상의 호환성을 확보하기 위하여 표준을 정하는 국제적인 단체는?

① CIE(국제조명위원회)
② ISO(국제표준기구)
③ ICC(국제색채협의회)
④ AIC(국제색채학회)

1993년 마이크로소프트(Microsoft), 어도비(Adobe), 아그파(Agfa), 코닥(Kodak) 등의 8개 회사가 CMS 구조와 그 구성요소들의 표준화를 목적으로 설립한 협의회이다.

53 육안으로 색을 비교할 경우 조건등색검사기 등을 이용한 검사를 권장하는 연령의 관찰자는?

① 20대 이상   ② 30대 이상
③ 40대 이상   ④ 무관함

육안 검색이 가장 이상적인 연령은 20대 초반의 여성이다. 연령이 높아질수록 육안검사가 정확하지 못하기 때문에 검사기 등을 동원하여 오차를 예방하는 것이 좋다.

54 다음 (   ) 안에 들어갈 용어는?

특정한 색채를 내기 위해서는 물체의 재료에 따라 적합한 (   )를 선택하여야 한다.

① Colorant   ② Color gamut
③ Primary Colors   ④ CMS

적합한 염료의 선택은 특정한 색채를 효과적으로 발색할 수 있다.

55 다음 중 프린터에 사용되는 컬러 잉크의 색이름이 아닌 것은?

① Red   ② Magenta
③ Cyan   ④ Yellow

프린터의 혼색은 K(Black)가 추가된다.

56 조명방식에 대한 설명으로 틀린 것은?

① 간접조명은 효율은 나쁘지만 차분한 분위기가 된다.
② 전반확산조명은 확산성 덮개를 사용하여 빛이 확산 되도록 하는 방식이다.
③ 반직접조명은 확산성 덮개를 사용하여 광원빛의 10~40%가 대상체에 직접 조사된다.
④ 직접조명은 빛이 거의 직접 작업면에 조사되는 것으로 반사갓으로 광원의 빛을 모아 비추는 방식이다.

> 반직접조명은 플라스틱이나 반투명 유리를 사용하며 그림자와 눈부심이 조금씩 있다.

57 일반적으로 이용하는 색 비교용 부스의 내부색으로 적합한 것은?

① L*가 약 20 이하의 무광택 무채색
② L*가 약 25~35의 무광색 무채색
③ L*가 약 45~55의 무광택 무채색
④ L*가 약 65 이상의 무광택 무채색

> L*은 명도를 뜻하며 0~100까지의 수로 표기한다. 45~55는 중명도를 말한다.

58 색을 지각하는 과정에서 영향을 가장 적게 미치는 요소는?

① 주변 소음
② 광원의 종류
③ 관측자의 건강상태
④ 물체의 표면 특성

> 색을 지각하는 과정은 눈에서 뇌로 전달되는 과정을 말한다.

59 다음 중 CCM의 이점이 아닌 것은?

① 아이소메트릭 매칭이 가능하다.
② 조색시간이 단축된다.
③ 정교한 조색으로 물량이 많이 소모된다.
④ 초보자라도 쉽게 배우고 조색할 수 있다.

> 분광광도계와 컴퓨터의 관리 소프트웨어를 통하여 색을 분석하고 예측, 배합할 수 있는 것을 말하며 시간과 비용을 절감할 수 있다.

60 KS A 0065(표면색의 시감비교방법)에 의한 색 비교의 절차 중 일반적인 방법에 대한 설명이 틀린 것은?

① 시료색과 현장 표준색 또는 표준재료로 만든 색과 비교한다.
② 비교하는 색은 인접되지 않도록 유의하고 계단식으로 배열되도록 배치한다.
③ 비교의 정밀도를 향상시키기 위해서 가끔씩 시료색의 위치를 바꿔가며 비교한다.
④ 일반적인 시료색은 북창주광 또는 색 비교용 부스, 어느 쪽에서 관찰해도 된다.

> 비교하는 색은 인접할수록 차이 관찰이 용이하며 계단식으로 배열할수록 등간격을 쉽게 인지할 수 있다.

---

4 **제4과목 : 색채 지각의 이해**

61 진출색이 지니는 일반적 조건에 관한 설명으로 틀린 것은?

① 유채색이 무채색보다 진출의 느낌이 크다.
② 채도가 낮은 색이 높은 색보다 진출의 느낌이 크다.
③ 따뜻한 색이 차가운 색보다 진출의 느낌이 크다.
④ 밝은 색이 어두운 색보다 진출의 느낌이 크다.

> 난색계열과 채도가 높은 색이 진출되는 느낌이 크다.

62 다음 중 선물을 포장하려 할 때, 부피가 크게 보이려면 어떤 색의 포장지가 가장 적합한가?

① 고채도의 보라색
② 고명도의 청록색
③ 고채도의 노란색
④ 저채도의 빨간색

> 팽창색은 고채도의 난색계열이 보다 더 부피가 커 보인다.

---

63 색료의 3원색과 색광의 3원색이 옳게 연결된 것은?

① 색료의 3원색 : 빨강, 초록, 파랑
  색광의 3원색 : 마젠타, 시안, 노랑
② 색료의 3원색 : 마젠타, 파랑, 검정
  색광의 3원색 : 빨강, 초록, 노랑
③ 색료의 3원색 : 마젠타, 시안, 초록
  색광의 3원색 : 빨강, 노랑, 파랑
④ 색료의 3원색 : 마젠타, 시안, 노랑
  색광의 3원색 : 빨강, 초록, 파랑

색료의 3원색의 2차색은 색광의 3원색이며 색광의 2차색은 색료의 3원색이다.

64 도로나 공공장소에서 시인성을 높이기 위한 표지판의 배색으로 적합한 것은?

① 파란색 바탕에 흰색
② 초록색 바탕에 흰색
③ 검정색 바탕에 노란색
④ 흰색 바탕에 노란색

시인성이란 멀리서도 뚜렷하게 구분이 잘 되는 것을 말하는데 이는 명도 대비와 가장 관련이 있다. 따라서 명도의 차이가 큰 것이 시인성이 높으며 차이가 적은 것이 시인성이 낮다.

65 다음 중에서 삼원색설과 거리가 먼 사람은?

① 토마스 영(Thomas Young)
② 헤링(Ewld Hering)
③ 헬름홀츠(Hermann Von Helmholtz)
④ 맥스웰(James Clerck Maxwell)

헤링은 4원색설을 주장하였다. 하양과 검정, 빨강과 초록, 노랑과 파랑으로 3대 반대색군을 구성하였다.

66 카메라의 렌즈에 해당하는 것으로 빛을 망막에 정확하고 깨끗하게 초점을 맺도록 자동적으로 조절하는 역할을 하는 것은?

① 모양체   ② 홍채
③ 수정체   ④ 각막

눈의 구조와 카메라의 구조는 유사하다. 카메라의 렌즈는 수정체의 역할을, 홍채는 조리개의 역할을 한다.

67 심리보색에 대한 설명 중 틀린 것은?

① 인간의 지각과정에서 서로 반대색을 느끼는 것을 말한다.
② 헤링의 반대색설과 연관이 있다.
③ 눈의 잔상현상에 따른 보색이다.
④ 양성 잔상과 관련이 있다.

양성 잔상은 망막에 색의 자극이 흥분된 상태로 지속되고 자극이 없어져도 원래의 자극과 동일한 상이 지속적으로 느껴지는 현상을 말한다.

68 병원 수술실에 연한 녹색의 타일을 깔고, 의사도 녹색의 수술복을 입는 것은 무엇을 최소화하기 위한 것인가?

① 면적대비   ② 동화현상
③ 정의 잔상   ④ 부의 잔상

빨간색을 응시하다. 다른 곳으로 시선을 이동할 경우 부의 잔상이 발생되어 녹색이 망막에 남아있다. 이러한 자극에 대비하고자 녹색을 주변에 사용하는 것이다.

69 다음 중 면색(Film Color)을 설명하고 있는 것은?

① 순수하게 색만 있는 느낌을 주는 색
② 어느 정도의 용적을 차지하는 투명체의 색
③ 흡수한 빛을 모아 두었다가 천천히 가시광선 영역으로 나타나는 색
④ 나비의 날개, 금속의 마찰면에서 보여지는 색

하늘과 같이 끝없이 들어갈 것 같은 느낌의 색과 작은 구멍을 통해 색을 보는 것처럼 색채의 질감이나 환경을 제외한 상태에서 지각되는 순수한 색자극만 있는 상태이다.

틀리기 쉬운 문제
70 동시대비에 대한 설명으로 옳은 것은?

① 색차가 작을수록 대비현상이 강해진다.
② 자극과 자극 사이의 거리가 멀어질수록 대비현상은 강해진다.
③ 무채색 위의 유채색은 채도가 낮아 보인다.
④ 서로 인접되어 있는 부분에서는 강한 대비효과가 나타난다.

시점을 한 곳으로 집중시키려는 색채지각 과정에서 일어나는 현상이다. 순간적으로 일어나며 계속하여 한 곳을 보게 되면 눈의 피로도가 높아져 그 효과가 적어지는 색채 심리효과이다.

71 가시광선의 파장과 색의 관계를 순서대로 배열한 것으로 옳은 것은?(단, 단파장 – 중파장 – 장파장의 순)

① 주황 – 빨강 – 보라

② 빨강 – 노랑 – 보라

③ 노랑 – 보라 – 빨강

④ 보라 – 노랑 – 빨강

> 인간의 시감각으로 관찰할 수 있는 광선을 가시광선이라 하며 단파장 380nm에서 장파장 780nm까지 관측할 수 있다.

72 양복과 같은 색실의 직물이나 망점 인쇄와 같은 혼색에 해당되는 것은?

① 가법혼색   ② 감법혼색

③ 중간혼색   ④ 병치혼색

> 두 개 이상의 색을 병치시켜 일정 거리에서 바라보면 망막상에서 혼합되어 보이는 색이다. 색면적과 거리에 비례하고 색점이 작을수록 혼색되는 거리가 짧아 혼색이 잘 되어 보인다.

73 검정색과 흰색 바탕 위에 각각 동일한 회색을 놓으면, 검정 바탕 위의 회색이 흰색 바탕 위의 회색에 비해 더 밝게 보이는 것과 관련된 대비는?

① 명도대비   ② 색상대비

③ 보색대비   ④ 채도대비

> 명도가 다른 두 색이 서로 대조가 되어 두 색 간의 명도 차가 크게 보이는 현상이다. 서로 간의 영향으로 명도가 높은 색은 더욱 밝게, 명도가 낮은 색은 더욱 어둡게 보인다.

74 다음 중 면적대비 현상을 적용한 것은?

① 실내 벽지를 고를 때 샘플을 보고 선정하면 시공 후 다른 느낌을 받는 경우가 많아서 명도, 채도에 주의해야 한다.

② 보색대비가 너무 강하면 두 색 가운데 무채색의 라인을 넣는다.

③ 교통표지판을 만들 때 눈에 잘 띄도록 명도의 차이를 크게 한다.

④ 음식점의 실내를 따뜻해 보이도록 난색계열로 채색하였다.

> 면적대비란 동일한 색이라도 면적이 크고 작음에 따라서 색이 다르게 보이는 현상으로 색채의 양적 대비라고도 한다.

75 감법혼색의 3원색을 모두 혼색한 결과는?

① 하양   ② 검정

③ 자주   ④ 파랑

> 혼합된 색의 명도나 채도가 혼합 이전의 평균 명도나 채도보다 낮아지는 색료의 혼합을 말한다.

틀리기 쉬운 문제
76 비눗방울 등의 표면에 있는 색으로, 보는 각도에 따라 다르게 보이는 것은 빛의 어떤 원리를 이용한 것인가?

① 간섭   ② 반사

③ 굴절   ④ 흡수

> 빛의 파동이 잠시 둘로 나누어진 후 다시 결합되는 현상으로 빛이 합쳐지는 동일점에서 빛의 진동이 중복되어 강하게 되거나 약하게 나타나는 현상이다.

77 작은 면적의 회색이 채도가 높은 유채색으로 둘러싸일 때 회색이 유채색의 보색 색상을 띠어 보이는 현상은?

① 하만그리드 현상

② 애브니 현상

③ 베졸드 브뤼케 현상

④ 색음 현상

> 원래의 감각과 반대의 밝기나 색상을 띤 잔상으로, 자극이 사라진 뒤에 광자극의 색상, 명도, 채도가 정반대로 느껴지는 현상이다.

78 간상체와 추상체에 대한 설명 중 틀린 것은?

① 눈의 망막 중 중심와에는 간상체만 존재한다.

② 간상체는 추상체에 비하여 해상도가 떨어지지만 빛에는 더 민감하다.

③ 색채시각과 관련된 광수용기는 추상체이다.

④ 스펙트럼 민감도란 광수용기가 상대적으로 어떤 파장에 민감한가를 나타낸 것이다.

> 망막의 구조 중 중심와에는 추상세포가 밀집해 있다. 약 650만 개가 존재하며 주로 색상을 판단하는 시세포이다.

---

79 하얀 종이에 빨간색 원을 놓고 얼마간 보다가 하얀 종이를 빨간색 종이로 바꾸어 놓게 되면 빨간색 원이 검은색으로 보이게 되는 것과 관련된 대비는?

① 색채대비   ② 연변대비
③ 동시대비   ④ 계시대비

> 어떤 색을 잠시 본 후 시간 차이를 두고 다른 색을 보았을 때 먼저 본 색의 영향으로 나중에 본 색이 다르게 보이는 현상을 말한다.

80 어느 특정한 색채가 주변 색채의 영향을 받아 본래의 색과는 다른 색채로 지각되는 경우는?

① 혼색효과   ② 강조색 배색
③ 연속 배색   ④ 대비효과

> 대비 효과 : 대비는 지속적으로 이어지기보다는 대부분 순간적으로 일어나며 시간이 경과함에 따라 그 정도가 약해진다.

5   **제5과목 : 색채 체계의 이해**

81 먼셀의 표기방법에 대한 설명이 옳은 것은?

① 5G 5/11 : 채도 5, 명도 11을 나타내고 있으며 매우 선명한 녹색이다.
② 7.5Y 9/1 : 명도가 9로서 매우 어두운 단계이며 채도가 1단계로서 매우 탁한 색이다.
③ 2.5PB 9/2 : 선명한 파랑 영역의 색이다.
④ 2.5YR 4/8 : 명도 4, 채도 8을 나타내고 있으며 갈색이다.

> 먼셀기호는 H V/C – 색상(Hue), 명도(Value), 채도(Chroma)의 3가지 속성으로 표기한다.

82 먼셀(Albert H Munsell)은 색의 밝고 어두운 정도를 무엇이라고 했는가?

① 광도(lightness)
② 광량도(Brightness)
③ 밝기(luminosity)
④ 명암가치(Value)

> 먼셀은 단계를 11단계로 구분하여 흰색을 10, 검정을 0으로 규정하였으나 완전한 흰색과 검정은 존재하지 않으므로 실제로 지각되는 명도는 1.5 ~ 9.5 사이의 색이 된다.

83 우리나라의 전통색은 음향오행사상에서 오정색과 다섯 개의 간색인 오간색으로 대변되는 의미론적 상징 색체계에 기반을 두고 있다 오간색을 바르게 나열한 것은?

① 적색, 청색, 황색, 백색, 흑색
② 녹색, 벽색, 홍색, 유황색, 자색
③ 적색, 청색, 황색, 자색, 흑색
④ 녹색, 벽색, 홍색, 황토색, 주작색

> 초록은 청황색으로 동방의 간색, 홍색은 적백색으로 남방의 간색, 벽색은 청백(담청)색으로 서방의 간색, 자색은 적흑색으로 북방의 간색, 유황색은 황흑색으로 중앙 간색이며 이를 오간색이라 한다.

84 현색계에 대한 설명으로 옳은 것은?

① CIE XYZ 표준 표색계는 대표적인 현색계이다.
② 수치로만 구성되어 색의 감각적 느낌을 나타내지 못한다.
③ 색 지각의 심리적인 3속성에 의해 정량적으로 분류하여 나타낸다.
④ 빛의 혼색실험에 기초를 두고 있으며 정확한 측정을 할 수 있다.

> 현색계는 색채를 순차적으로 배열하고 색입체 공간을 체계화한 것이다. 색표를 미리 정하여 번호와 기호를 붙였다.

85 오스트발트 색상환에 대한 설명으로 옳은 것은?

① 영 · 헬름홀츠의 3원색설을 따른다.
② 전체가 20색상으로 구성되어 있다.
③ 마주보는 색은 서로 심리보색관계이다.
④ 먼셀 색상환과 일치한다.

> 오스트발트 색체계는 헤링의 4원색 이론을 기본으로 하며, 색상환의 기준색은 Red, Yellow, Ultramarine, Blue, Sea Green이다. 색상표시는 숫자와 알파벳 기호로 나타낸다.

86 다음 중 동일 색상에서 톤의 차를 강조한 배색에 해당하는 것은?

① 분홍색 + 하늘색
② 분홍색 + 남색
③ 하늘색 + 남색
④ 남색 + 흑갈색

> Tone이란 명도와 채도의 복합개념을 말한다. ③은 파란색계열을 뜻한다. 따라서 파란색계열에 명도, 채도가 다른 것이다.

87 일본색채연구소가 1964년에 색채교육을 목적으로 개발한 색체계는?

① PCCS 색체계 ② 먼셀 색체계
③ CIE 색체계 ④ NCS 색체계

> PCCS는 톤의 개념 도입이 특징적이며 실질적인 배색 계획에 적합하여 배색 조화를 얻기 쉽고 계통색명과도 대응시킬 수 있어 일본에서는 디자인계와 교육계에 널리 보급되어 있다.

88 NCS 색체계의 설명으로 틀린 것은?

① 심리적인 비율척도를 사용해 색 지각량을 표로 나타내었다.
② 기본개념은 영·헬름홀츠의 '색에 대한 감정의 자연적 시스템'을 채택하였다.
③ 흰색성, 검은색성, 노란색성, 빨간색성, 파란색성, 녹색성의 6가지 기본 속성을 가지고 있다.
④ 인테리어나 외부 환경 디자인에 적합한 색체계이다.

> 빛의 3원색설은 헬름홀츠와 맥스웰에 의해서 구체화되었다. 헬름홀츠는 '영-헬름홀츠의 3원색설'이론을 체계화하였으며 빛의 가산 혼합의 기본인 맥스웰의 색삼각형 개념을 발전시켰다.

89 계통색 이름과 L*a*b* 좌표가 틀린 것은?

① 선명한 빨강 : $L* = 4-.51$, $a* = 66.31$, $b* = 46.13$
② 밝은 녹갈색 : $L* = 51.04$, $a* = -10.52$, $b* = 57.29$
③ 어두운 청록 : $L* = 20.35$, $a* = -14.19$, $b* = -9.74$
④ 탁한 자줏빛 분홍 : $L* = 30.37$, $a* = 18.02$, $b* = -41.95$

> L*로 명도를, +a는 빨간색, -a는 초록색, +b는 노란색, -b는 파란색으로 방향을 표시한다.

90 동일한 톤의 배색은 어떤 효과를 낼 수 있는가?

① 차분하고 정적이며 통일감의 효과를 낸다.
② 동적이고 화려하며 자극적인 효과를 낸다.
③ 안정적이고 온화하며 명료한 느낌을 준다.
④ 통일감과 더불어 변화와 활력 있는 느낌을 준다.

> 색의 3속성 중 명도, 채도를 통일한 것은 질서적인 요소가 증가됨에 따라 차분하고 정돈된 이미지를 연출할 수 있기 때문이다.

91 PCCS 색체계의 기본 색상 수는?

① 8색 ② 12색
③ 24색 ④ 36색

> P.C.C.S는 4가지 기본색(빨강, 노랑, 초록, 파랑)을 기준으로 색상을 1~24로 색상 번호를 부여하였다.

틀리기 쉬운 문제
92 KS A 0011에서 사용하는 유채색의 수식 형용사에 속하지 않는 것은?

① Soft ② Dull
③ Strong ④ Dark

> 유채색 수식 형용사로는 Vivid(선명한), Soft(흐린), Dull(탁한), Light(밝은), Dark(어두운), Deep(진한), Pale(연한)이 있다.

93 한국인의 생활색채에 관한 설명으로 틀린 것은?

① 자연과 더불어 담백한 색조가 지배적이었다.
② 단청 건축물은 부의 상징이었으며, 살림집은 신분을 상징하는 색으로 채색되었다.
③ 흑, 백, 적색은 재앙을 막아 주는 주술적인 의미로 색동옷 등에 상징적으로 쓰였다.
④ 비색이라 불리는 청자의 색은 상징적인 색이며, 실제로는 단색으로 표현할 수 없는 회색에 가까운 자연의 색이다.

> 단청이란 궁궐과 사찰 등의 목조 건축물의 의장에 여러 가지 빛깔로 그림이나 무늬를 그려서 아름답고 장엄하게 장식하는 것을 말한다.

94 다음 중 관용색명과 이에 대응하는 계통색 이름이 바르게 짝지어진 것은?

① 벚꽃색 – 연한 분홍
② 비둘기색 – 회청색
③ 살구색 – 흐린 노란 주황
④ 레몬색 – 밝은 황갈색

> 관용색명은 색의 이미지를 쉽게 전달할 수 있지만 색의 구별에 개인차가 있고 속성에 따라 여러 종류가 있어 공업 분야 등 정확히 색을 구분해서 전달해야 하는 경우에는 부적절하다.

정답 79 ④ 80 ④ 81 ④ 82 ④ 83 ② 84 ③ 85 ③ 86 ③ 87 ① 88 ② 89 ④ 90 ① 91 ③ 92 ③ 93 ② 94 ②

95 지각색을 체계화하여 표시하는 방법으로 한국·일본·미국 등에서 표준체계로 사용되고 있는 것은?

① 먼셀 색체계
② NCS 색체계
③ PCCS 색체계
④ 오스트발트 색체계

먼셀 색체계는 국제적으로 널리 사용되고 있으며, 우리나라 공업규격(KS A 0062)으로 제정되었고 교육부 고시(제312호)로도 채택된 표색계이다.

96 쉐브럴(M E Chevreaul)의 조화원리에 해당하지 않는 것은?

① 두 색이 부조화일 때 그 사이에 백색 또는 흑색을 더하여 조화를 이룬다.
② 여러 가지 색들 가운데 한 가지의 색이 주조를 이룰 때 조화된다.
③ 색을 회전 혼색시켰을 때 중성색이 되는 배색은 조화를 이룬다.
④ 같은 색상에서 명도의 차이를 크게 배색하면 조화를 이룬다.

색은 회전 혼색시켰을 때 중간명도가 되는 배색은 조화를 이룬다는 먼셀의 조화론에서 찾아 볼 수 있다.

97 국제적인 표준이 되는 색체계로 묶인 것은?

① Munsell, RAL, L*a*b* system
② L*a*b*, Yxy, NCS system
③ DIC, Yxy, ISCC-NIST system
④ L*a*b*, ISCC-NIST, PANTONE system

L*a*b*는 우리나라에서 가장 많이 통용되는 색체계이며 국제적으로 가장 많이 사용된다.

98 먼셀의 색입체를 수직으로 자른 단면의 설명으로 옳은 것은?

① 대칭인 마름모 모양이다.
② 명도가 높은 어두운 색이 상부에 위치한다.
③ 보색관계의 색상면을 볼 수 있다.
④ 등명도면이 나타난다.

먼셀 색입체를 수직으로 잘랐을 때 동일한 색상 내에서 명도, 채도의 차이가 관찰된다. 또한 그 보색의 명도, 채도를 한눈에 볼 수 있으며 가장 바깥쪽의 색이 순색이다.

틀리기 쉬운 문제
99 다음 중 혼색계의 색체계는?

① XYZ 색체계
② NCS 색체계
③ DIN 색체계
④ Munsell 색체계

모든 실제 색에 대해 3자극치가 양수(+)가 되도록 하는 것과 자극치 Y가 휘도와 일치되도록 하는 것으로 스펙트럼 3자극치에 의해 모든 색을 표시할 수 있게 되었다.

100 배색을 할 때 가장 큰 면적을 차지하고 주된 이미지를 나타내는 색은?

① 주조색
② 강조색
③ 보조색
④ 바탕색

주조색의 비율은 60~70%, 보조색은 20~30%, 강조색은 10% 정도가 이상적이다.

정답 95 ① 96 ③ 97 ② 98 ③ 99 ① 100 ①

05회 기출문제

1 제1과목 : 색채 심리

틀리기 쉬운 문제

01 색채 심리를 이용한 색채요법에 관한 설명 중 틀린 것은?

① Red는 우울증을 치료한다.
② Blue Green은 침착성을 갖게 한다.
③ Blue는 신경 자극용 색채로 사용된다.
④ Purple은 감수성을 조절하고 배고픔을 덜 느끼게 한다.

색채 심리와 색채치료
신경자극용 색채로 사용되는 색은 Red가 아니고 Blue이다.
장파장의 붉은색 계열은 신진대사를 활발하게 하여 무기력하거나 심신이 지쳐 있는 질병치료에 효과적이며 단파장의 푸른색 계열은 신진대사를 차분하게 하고 감각 신경을 안정시키는 효과가 있다.

틀리기 쉬운 문제

02 다음 중 색채와 자연환경에 대한 설명이 틀린 것은?

① 지역색은 국가나 지방, 도시의 특성과 이미지를 부각시킨다.
② 풍토색은 일조량과 기후, 습도, 흙, 돌처럼 한 지역의 자연 환경적 요소로 형성된 색을 말한다.
③ 위도에 따라 동일한 색채도 다른 분위기로 지각될 수 있다.
④ 지역색은 한 지역의 인공적 요소로 형성된 색을 말한다.

색채와 자연환경
지역색은 지역의 인공적 요소가 아닌 자연적 요소로 형성된 색을 말한다. 지역색은 특정 지역의 자연광, 습도, 하늘과 황토 등에 자연스럽게 어울려 선호되는 색으로 국가, 지방, 도시 등의 이미지를 나타낸다.

03 뉴턴은 색채와 소리의 조화론에서 7가지의 색을 7음계에 연결시켰다 다음 중 색채가 지닌 공감각적인 특성이 잘못 연결된 것은?

① 노랑 – 음계 미
② 빨강 – 음계 도
③ 파랑 – 음계 솔
④ 녹색 – 음계 시

색의 공감각
녹색은 음계 파이다. 뉴턴의 7음계는 빨강–주황–노랑–초록–파랑–남색–보라 순으로 도–레–미–파–솔–라–시의 표준음계와 연결되어 있다.

04 다음 중 정지, 금지, 위험, 경고의 의미를 전달하는 데 가장 적절한 색채는?

① 흰색
② 빨강
③ 파랑
④ 검정

안전색채
안전색채에서 정지, 금지, 위험, 경고의 의미를 전달하는 색채는 빨강이다.

05 안전표지에 관한 설명 중 틀린 것은?

① 금지의 의미가 있는 안전표지는 대각선이 있는 원의 형태이다.
② 지시를 의미하는 안전표지의 안전색은 초록, 대비색은 하양이다.
③ 경고를 의미하는 안전표지의 형태는 정삼각형이다.
④ 소방기기를 의미하는 안전표지의 안전색은 빨강, 대비색은 하양이다.

안전표지
지시를 의미하는 안전표지의 안전색은 파란색 원 또는 사각형, 삼각형 모양에 대비색은 하양이다.

정답 01 ③ 02 ④ 03 ④ 04 ② 05 ②

06 예술, 디자인계 사조별 색채특성에 관한 설명 중 틀린 것은?

① 야수파는 색채의 특성을 이용하여 강렬한 색채를 주제로 사용하였다.
② 바우하우스는 공간적 질서 속에서 색 면의 위치, 배분을 중시하였다.
③ 인상파는 병치혼합 기법을 이용하여 색채를 도구화하였다.
④ 미니멀리즘은 비개성적, 극단적 간결성의 색채를 사용하였다.

> **바우하우스**
> 바우하우스는 독일공작연맹의 이념을 계승하여 예술적 창작과 공학적 기술을 통합하고자 하였으며 기능성을 강조한 장식 없는 기하학적인 형태에 제한이 없는 새로움을 추구하면서 고딕양식과 합목적이고 기본에 충실한 예술 사조를 가졌다.

07 색채의 상징성을 이용한 색채사용이 아닌 것은?

① 음양오행의 오방색
② 올림픽 오륜마크
③ 각 국의 국기
④ 교통안내표지판의 색채

> 색채의 상징성을 이용한 색채 사용에서 ④의 교통안내표지판의 색채는 국민의 건강과 안전을 위한 안전색채이다.

08 색채의 지역 및 문화적 상징성에 대한 설명이 적합하지 않은 것은?

① 노랑은 힌두교와 불교에서 신성시되는 색이다.
② 중국에서 노랑은 왕권을 대표하는 색이다.
③ 북유럽에서 노랑은 영혼과 자연의 풍요로움을 표시한다.
④ 일반적으로 국기에 사용되는 노랑은 황금, 태양, 사막을 상징한다.

> 북유럽에서 영혼과 자연의 풍요로움을 상징하는 것은 초록이다.

09 디지털 시대를 대표하는 색으로 선정된 것은?

① 노랑
② 빨강
③ 파랑
④ 자주

> **색채와 문화**
> 21세기 디지털 기술의 발전에 따라 미래지향적 이미지로 디지털시대를 대표하는 색은 파랑이다.

10 색에서 느껴지는 시간감에 대한 설명 중 틀린 것은?

① 장파장 계통의 색채는 시간의 경과가 짧게 느껴진다.
② 단파장 계열 색의 장소에서는 시간의 경과가 실제보다 짧게 느껴진다.
③ 속도감을 주는 색채는 빨강, 주황, 노랑 등 시감도가 높은 색들이다.
④ 대합실이나 병원 실내는 한색계통의 색을 사용하면 효과적이다.

> **색의 시간감**
> 장파장 계통의 빨강, 주황, 노랑 등의 색채는 시간이 실제보다 길게 느껴지고 푸른색 계통의 단파장의 색은 실제의 시간보다 짧게 느껴진다.

틀리기 쉬운 문제
11 1990년 프랭크 H 만케가 정의한 색채체험에 영향을 주는 6개의 색경험의 피라미드에 해당하지 않는 것은?

① 개인적 관계
② 시대사조, 패션스타일의 영향
③ 문화적 영향과 매너리즘
④ 의식적 집단화

> **프랭크 H 만케의 색경험 피라미드**
> 의식적 집단화가 아닌, 의식적 상징화가 옳은 표현이다. 색경험 피라미드 단계는 아래와 같다.
> • 1단계 : 색채자극에 대한 생물학적 반응
> • 2단계 : 집단 무의식
> • 3단계 : 의식적 상징화
> • 4단계 : 문화적 영향과 매너리즘
> • 5단계 : 시대사조, 패션 스타일의 영향
> • 6단계 : 개인적 관계

12 톤에 따른 이미지의 연결이 잘못된 것은?

① Dull Tone : 여성적인 이미지
② Deep Tone : 어른스러운 이미지
③ Light Tone : 어린 이미지
④ Dark Tone : 남성적인 이미지

> **톤에 따른 이미지**
> Dull톤은 중명도 중채도의 탁한 톤으로 점잖은, 차분한, 성숙한 이미지가 연상된다. 여성적인 이미지는 고명도 중채도의 Pale톤에서 연상된다.

13 색채정보 수집 방법 중의 하나로 약 6~10명으로 구성된 소비자와의 지속적인 인터뷰를 통해 색선호도나 문제점 등을 파악하는 것은?

① 실험연구법   ② 표본조사법
③ 현장 관찰법   ④ 포커스 그룹조사

> **색채 정보 수집 방법**
> 포커스 그룹조사는 약 6~10명으로 구성된 소비자 선발 후 지속적인 인터뷰 색채 정보를 수집하는 소비자 면접조사법이다.
> - **실험 연구법** : 정확한 통계에 근거한 데이터 수집 분석 방법으로 실험 집단과 통제 집단을 비교하고 측정한다.
> - **표본 조사법** : 조사 집단 중 일부만 추출해 조사하여 시간 절감, 표본 크기 조절이 가능하여 경제적이다.
> - **현장 관찰법** : 조사원이 직접 대상자의 행동과 현상을 관찰, 기록하여 객관적 사실 파악이 쉽다.

14 색채를 상징적 요소로 사용한 예로 옳은 것은?

① 사무실의 실내색채를 차분하고 집중력을 높일 수 있는 저채도의 파란색으로 계획한다.
② 기업의 아이덴티티를 강조하기 위해 하나의 색채로 이미지를 계획한다.
③ 방사능의 위험표식으로 노랑과 검정을 사용한다.
④ 부드러운 색채 환경을 위해 낮은 채도의 색으로 공공 시설물을 계획한다.

> **색채의 상징적 요소**
> 색이 어떤 특정한 의미를 나타내는 것을 색의 상징이라고 하며 기업의 정체성을 강조하기 위해 하나의 색채로 이미지를 계획하는 것은 색체의 상징적 요소이다.

15 자동차의 선호색에 대한 일반적 경향을 설명하는 것이 아닌 것은?

① 일본의 경우 흰색 선호경향이 압도적이다.
② 한국의 경우 대형차는 어두운 색을 선호하고, 소형차는 경쾌한 색을 선호한다.
③ 자동차 선호색은 지역 환경과 생활 패턴에 따라 다르다.
④ 여성은 어두운 톤의 색을 선호하는 편이다.

> **색채선호의 원리**
> 남성은 어두운 톤을 선호하며 여성은 밝은 톤을 선호하는 경향이 있다.

16 색채의 공감각에 대한 설명이 옳은 것은?

① 색채의 특성이 다른 감각으로 표현되는 것
② 채도가 높은 색채의 바탕 위에 있는 색이 더 밝게 보이는 것
③ 한 공간에서 다른 색을 같은 이미지로 느끼는 것
④ 색채 잔상과 대비 효과를 말함

> **색의 공감각**
> 공감각을 자극받은 하나의 감각이 동시에 다른 감각의 느낌을 수반하는 색채의 공감각은 시각 청각, 후각, 미각, 촉각 등의 감각이 동시에 표현되는 것이다.

17 유채색 중 운동량이 활발하고 생명력이 뛰어나 역삼각형이 연상되는 색채는?

① 빨강
② 노랑
③ 파랑
④ 검정

> **색채와 시각**
> 색채학자 파버 비렌은 색채와 형태의 관련성을 연구하여 노랑은 역삼각형, 빨강은 사각형, 파랑은 원형, 주황은 직사각형, 녹색은 육각형으로 설명하였다.

18 패션디자인의 유행색에 관한 설명으로 틀린 것은?

① 국제유행색위원회에서는 선정회의를 통해 3년 후의 유행색을 제시한다.
② 유행색채예측기관은 매년 색채팔레트의 30% 가량을 새롭게 제시한다.
③ 계절적인 영향을 받아 봄·여름에는 밝고 연한 색, 가을·겨울에는 어둡고 짙은 색이 주로 사용된다.
④ 패션 디자인 분야는 타 디자인 분야에 비해 색영역이 다양하며, 유행이 빠르게 변화하는 특징이 있다.

> **유행색**
> 국제유행색 위원회에서는 세계 각국의 전문 정보기관을 통해 정보를 수집하여 약 2년 전에 유행색을 예측하여 제시한다.

19 색채관리(Color Management)의 구성 요소와 그 내용이 잘못 연결된 것은?

① 색채계획화(Planning) : 목표, 방향, 절차 설정
② 색채 조직화(Organizing) : 직무 명확, 적재적소 적량 배치, 인간관계 배려
③ 색채 조정화(Coordination) : 이견과 대립 조정, 업무분담, 팀워크 유지
④ 색채 통제화(Controlling) : 의사소통, 경영참여, 인센티브 부여

> **색채 통제화**
> 성과 비교, 수정, 측정

20 색채 마케팅에 있어서 제품의 위치(Positioning)에 대한 설명으로 옳은 것은?

① 소비자 심리상 제품의 위치
② 제품의 가격에 대한 위치
③ 제품의 성능에 대한 위치
④ 제품의 디자인과 색채에 대한 위치

> **색채 마케팅 포지셔닝**
> 시장에서 소비자 마음속(심리상) 제품의 위치가 경쟁 제품보다 유리한 위치(포지셔닝)를 선점함으로써 경쟁 상품과 차별화, 자사 기업 이미지 각인 등을 통하여 구매로 연결되도록 한다.

---

2 제2과목 : 색채 디자인

21 디자인 아이디어 발상법 중 시네틱스법에 대한 설명으로 옳은 것은?

① 원인과 결과의 관계를 입출력 관계로 규명해 가면서 문제를 해결하는 아이디어 구상법
② 문제에 관련된 항목들을 나열하고 그 항목별로 어떤 특정적 변수에 대해 검토해 봄으로써 아이디어를 구상하는 방법
③ 일정한 테마에 관하여 회의 형식을 채택하고, 구성원의 자유발언을 통한 아이디어의 제시를 요구하여 발상을 찾아내려는 방법
④ 문제를 보는 관점을 완전히 다르게 하여 여기서 연상되는 점과 관련성을 찾아 아이디어를 발상하는 방법

> **시네틱스법**
> 시네틱스 사 창립자 W 고든이 개발한 아이디어를 떠올리는 방법이다. 서로 관련 없어 보이는 것을 결부시켜 새로운 아이디어 힌트를 얻는 방법으로써 보는 관점을 완전히 다르게 하여 여기서 연상되는 것과 관련성을 찾아 아이디어를 떠올린다.

22 생태학적으로 건강하고 유기적으로 전체에 통합되는 인간환경의 구축을 목표로 설정하는 디자인 요건은?

① 합리성
② 질서성
③ 친환경성
④ 문화성

> **디자인 요건**
> 친환경성은 생태학적으로 건강하고 유기적으로 통합되는 인간환경 구축하는 것으로 인간과 자연이 함께 조화로운 디자인, 에코(그린) 디자인이 친환경성을 바탕으로 한다.

23 색채계획의 기대효과로써 틀린 것은?

① 주변환경과 조화로운 도시경관 창출 및 지역주민의 심리적 쾌적성 증진
② 경관의 질적 향상 및 생활공간의 가치 상승
③ 시각적으로 눈에 띄는 색상으로 이미지를 구성
④ 지역 특성에 맞는 통합 계획으로 이미지 향상 추구

> **색채계획의 기대 효과**
> 시각적으로 눈에 띄는 색상을 색채계획에 이용하지는 않는다. 주변 환경과 조화, 쾌적성, 경관의 질적 향상, 생활공간 가치 상승, 지역 특성을 고려한 이미지 향상 등이 색채계획 기대 효과에 속한다.

24 디자인 사조별 색채경향의 연결이 틀린 것은?

① 데스틸 : 무채색과 빨강, 노랑, 파랑의 3원색
② 아방가르드 : 그 시대의 유행색보다 앞선 색채 사용
③ 큐비즘 : 난색의 강렬한 색채
④ 다다이즘 : 파스텔 계통의 연한 색조

> **디자인 사조별 색채 경향**
> 다다이즘은 어둡고 칙칙한 색조 사용, 어두운 면과 화려한 면을 동시에 가지고 있으며 극단적 원색 대비가 특징이다. 파스텔 계통의 연한 색조는 아르누보 시대사조 색채경향이다.

25 평면디자인을 위한 시각적 요소에 속하지 않는 것은?

① 형상
② 색채
③ 중력
④ 재질감

26 피부색이 상아색이거나 우윳빛을 띠며 볼에서 산호빛 붉은 기를 느낄 수 있고, 볼이 쉽게 빨개지는 얼굴 타입에 어울리는 머리색은?

① 밝은색의 이미지를 주는 금발, 샴페인색, 황금색 띤 갈색, 갈색 등이 잘 어울린다.
② 파랑 띤 검정(블루 블랙), 회색 띤 갈색, 청색 띤 자주의 한색계가 잘 어울린다.
③ 황금블론드, 담갈색, 스트로베리, 붉은색 등 주로 따뜻한 색계열이 잘 어울린다.
④ 회색 띤 블론드, 쥐색을 띠는 블론드와 갈색, 푸른색을 띠는 회색 등의 차가운 색계열이 잘 어울린다.

27 색채계획에 관한 설명 중 틀린 것은?

① 디자인의 목적에 부합하는 이미지에 따라 사용색을 설정한다.
② 배색의 70% 이상 넓은 면적을 차지하는 색을 강조색이라 한다.
③ 색채가 결정되는 과정에서 검토되어야 할 요소를 빠짐없이 검토할 수 있도록 체크리스트를 작성한다.
④ 적용된 색을 감지하는 거리를 고려하여야 한다.

28 공간별 색채계획에 대한 설명이 적합하지 않은 것은?

① 식육점은 육류를 신선하게 보이려고 붉은 색광의 조명을 사용한다.
② 사무실의 주조색은 안정감 있는 색채를 사용하고, 벽면이나 가구의 색채가 휘도 대비가 크지 않도록 한다.
③ 병원 수술실의 벽면은 수술 중 잔상을 피하기 위해 BG, G계열의 색상을 적용한다.
④ 공장의 기계류에는 눈의 피로를 감소시켜 주기 위해 무채색을 사용한다.

29 다음 중 색채를 적용할 대상을 검토할 때 고려해야 할 조건으로 가장 거리가 먼 것은?

① 면적효과(Scale) – 대상이 차지하는 면적
② 거리감(Distance) – 대상과 보는 사람과의 거리
③ 재질감(Texture) – 대상의 표면질
④ 조명조건 – 자연광, 인공조명의 구분 및 그 종류와 조도

틀리기 쉬운 문제
30 건축물의 색채계획 시 유의할 조건이 아닌 것은?

① 사용 조건에의 적합성
② 광선, 온도, 기후 등의 조건 고려
③ 환경색으로서 배경적인 역할 고려
④ 재료의 바람직한 인위성 및 특수성 고려

정답 19 ④ 20 ① 21 ④ 22 ③ 23 ③ 24 ④ 25 ③ 26 ① 27 ② 28 ④ 29 ③ 30 ④

31 1960년대에 미국에서 일어난 추상미술의 한 동향으로 색채의 시지각 원리에 근거를 두고 시각적 환영과 지각 등 심리적 효과를 적극적으로 활용한 미술사조는?

① 포스트모던
② 팝아트
③ 옵아트
④ 구성주의

옵아트
1960년대 미국에서 일어난 추상미술로 인간의 시지각 원리에 근거를 둔 추상적, 기계적인 형태의 반복과 연속을 통해 시각적 환영, 착시, 심리적 효과를 불러일으킨다. 즉, 시각적 일루전, 색채의 원근감, 색상의 진출과 후퇴 등과 관련이 있고 무한한 공간의 깊이를 느끼게 하는 시각적 미술이다.

32 19세기 말에서 20세기 초에 일어났던 양식운동으로써 자연물의 유기적 형태를 빌려 건축의 외관이나 가구, 조명, 실내 장식, 회화, 포스터 등을 장식할 때 사용되었던 양식은?

① 아르누보
② 미술공예운동
③ 데스틸
④ 모더니즘

아르누보
아르누보는 새로운 예술로 정의된다. 1890년부터 1910년까지 부드럽고 유연한 곡선을 떠올리는 심미주의적인 장식 미술이다. 자연의 유기적 형태인 식물이나 덩굴의 문양을 모티브로 건축의 외관이나 가구, 조명, 실내장식, 회화, 포스터 등을 장식할 때 사용하였던 양식이다.

틀리기 쉬운 문제
33 패션디자인 원리로 가장 거리가 먼 것은?

① 재질(Texture)
② 균형(Balance)
③ 리듬(Rhythm)₩
④ 강조(Emphasis)

패션디자인 원리
패션디자인 원리로는 균형, 리듬, 강조, 비례가 있다. 패션디자인 요소로는 선, 색채, 재질, 실루엣, 디테일, 트리밍, 소재, 무늬가 있다. 따라서 재질은 패션디자인 원리가 아닌 요소에 속한다.

34 로고, 심벌, 캐릭터뿐 아니라 명함 등의 서식류와 외부적으로 보이는 사인 시스템에서 기업의 이미지를 일관성 있게 관리하는 것은?

① P.O.P
② B.I
③ Super Graphic
④ C.I.P

C.I.P(Corporation Identity Program)의 개념
기업의 이미지 통합을 계획, 일관성 있게 관리하여 기업 이미지를 소비자로 하여금 쉽게 기억할 수 있도록 한다. 주로 기업의 로고, 심벌, 캐릭터, 명함, 사인 시스템, 간판 등에 적용한다.

35 다음의 내용에 해당하는 미술사조는?

- 순수주의 디자인을 거부하는 반 모더니즘 디자인
- 물질적 풍요로움 속의 상징적이고 유희적인 표현
- 순수예술과 대중예술의 이분법적 위계 구조를 불식시킴
- 기능을 단순화하고 의미를 부여함
- 낙관적 분위기, 속도와 역동성

① 다다이즘
② 추상표현 주의
③ 팝아트
④ 옵아트

팝아트
미국 뉴욕을 중심으로 1960년대 일어난 순수주의 디자인을 거부한 반 모더니즘 디자인이다. 미국의 물질주의 문화, 대중문화 속에 등장하는 이미지를 반영하여(마를린 먼로의 얼굴, 코카콜라) 상징적이고 유희적인 표현을 통한 순수예술과 대중예술의 이분법적 위계 구조를 불식시켰으며 기능을 단순화하고 의미를 부여하였다. 낙관적 분위기와 속도의 역동성, 간결하고 평면화된 색면과 원색의 강한 대비가 특징이다. 대표적 작가는 앤디 워홀과 리히텐슈타인이다.

틀리기 쉬운 문제
36 좋은 디자인 제품으로 평가되기 위해서 충족되어야 하는 디자인의 조건에 대한 설명 중 틀린 것은?

① 합목적성 : 제품 제작에 있어서 실제의 목적에 맞는 디자인을 한다.
② 심미성 : 아름다움을 느끼는 미적 의식으로 주관적, 감성적인 특성을 지닌다.
③ 경제성 : 한정된 경비로 최상의 디자인을 한다.
④ 질서성 : 디자인은 여러 조건을 하나로 통일하여 합리적인 특징을 가진다.

좋은 디자인의 조건
질서성이란 여러 디자인 조건을 하나로 통일되도록 만드는 것으로 합리적인 특징과는 거리가 있다.

37 다음 ( ) 안의 내용으로 가장 알맞은 것은?

> 디자인의 구체적인 목적은 미와 ( )의 합일이라 할 수 있다. 따라서 디자인의 중요한 과제는 구체적으로 미와 ( )을/를 어떻게 조화시키느냐에 있다.

① 조형
② 기능
③ 형태
④ 도구

38 모든 사람을 위한 디자인으로서 성별, 연령, 국적, 문화적 배경 등에 상관없이 누구나 손쉽게 사용할 수 있는 제품 및 사용 환경을 만드는 디자인 분야는?

① 컨버전스(Convergence) 디자인
② 유니버설(Universal) 디자인
③ 멀티미디어(Multimedia) 디자인
④ 인터렉션(Interaction) 디자인

39 타이포그라피(Typography)에 대한 설명으로 가장 거리가 먼 것은?

① 활자 또는 활판에 의한 인쇄술을 가리키는 말로 오늘날에는 주로 글자와 관련된 디자인을 말한다.
② 글자체, 글자크기, 글자간격, 인쇄면적, 여백 등을 조절하여 전체적으로 읽기에 편하도록 구성하는 표현기술을 말한다.
③ 미디어의 일종으로 화면과 면적의 상호작용을 구성하는 기술적 요소의 한 가지로 사용된다.
④ 포스터, 아이덴티티 디자인, 편집 디자인, 홈페이지 디자인 등 시각디자인에 활용된다.

40 디자인의 조형 요소에 대한 설명으로 옳은 것은?

① 기하곡선은 분방함과 풍부한 감정을 나타낸다.
② 면은 길이와 너비, 깊이를 표현하게 된다.
③ 소극적인 면(Negative Plane)은 점과 점으로 이어지는 선이다.
④ 적극적인 면(Positive Plane)은 점의 확대, 선의 이동, 너비의 확대 등에 의해 성립된다.

---

3 **제3과목 : 색채관리**

41 각 색들의 분광학적인 특성들을 분석하여 입력하고 발색을 원하는 색채샘플의 분광 반사율을 입력하여, 그 색채에 대한 처방을 자동으로 산출하는 시스템은?

① 컴퓨터 자동배색(Computer Color Matching)
② 컬러 어피어런스 모델(Color Appearance Model)
③ 베졸드 브뤼케 현상(Bezold-Bruke Phenomenon)
④ ICM파일(Image Color Matching File)

42 다음 중 색온도가 가장 높은 것은?

① 태양(정오)
② 태양(일출, 일몰)
③ 맑고 깨끗한 하늘
④ 약간 구름 낀 하늘

정답 31 ③ 32 ① 33 ① 34 ④ 35 ③ 36 ④ 37 ② 38 ② 39 ③ 40 ④ 41 ① 42 ③

43 안료의 일반적인 특징에 대한 설명이 옳은 것은?

① 물이나 기름 또는 대부분의 유기 용제에 녹지 않는다.
② 표면에 친화성을 갖는 화학적 성질을 가지며 직물 염색용으로 주로 사용된다.
③ 주로 용해된 액체상태로 사용되며 직물, 피혁 등에 착색된다.
④ 염료에 비해 투명하며 은폐력이 적고 직물에는 잘 흡착된다.

44 쿠벨카 문크 이론(Kubelka Munk Theory)이 성립되는 색채시료를 세 가지 타입으로 분류할 때 1부류에 속하지 않는 것은?

① 열증착식의 연속 톤의 인쇄물
② 인쇄잉크
③ 완전히 불투명하지 않은 페인트
④ 투명한 플라스틱

45 육안 조색 과정에서 고려해야 할 것으로 틀린 것은?

① 형광색은 자외선이 많은 곳에서 형광현상이 일어난다.
② 펄의 입자가 함유된 색상 조색에서는 난반사가 일어난다.
③ 일반적으로 자연광이나 텅스텐 램프를 조명하여 측정한다.
④ 메탈릭 색상은 입자의 크기에 따라 색상감이 다르게 나타난다.

46 다음 중 광택이 가장 강한 재질은?

① 나무판
② 실크천
③ 무명천
④ 알루미늄판

47 디지털 컬러프린터에 대한 설명으로 틀린 것은?

① CMYK를 기준으로 코딩한다.
② 하프토닝 방식으로 인쇄한다.
③ 병치혼색과 감법혼색이 복합적으로 이루어진 인쇄 방식이다.
④ 모니터의 색역과 일치한다.

48 인쇄잉크에 대한 설명이 옳은 것은?

① 래커 성분의 인쇄잉크가 일반적으로 사용된다.
② 잉크 건조시간이 오래 걸리는 히트세트잉크가 있다.
③ 유성 그라비어 잉크는 환경오염을 줄이기 위해 고안되었다.
④ 안료에 전색제를 섞으면 액체상태의 잉크가 된다.

49 프린터 이미지의 해상도를 말하는 것으로 600dpi가 의미하는 것은?

① 인치당 600개의 점
② 인치당 600개의 픽셀
③ 표현 가능한 색상의 수가 600개
④ 이미지의 가로×세로 면적

50 시료에 확산광을 비추고 수직방향으로 반사되는 빛을 검출하는 방식으로, 정반사 성분이 완전히 제거되는 측정방식의 기호는?

① (d : d)
② (d : 0)
③ (0 : 45a)
④ (45a : 0)

시료 측정방식
- (d : d) : 확산광 : 확산관측(정반사 성분 완전히 제거)
- (d : 0) : 확산광 : 수직관찰(정반사 성분 완전히 제거)
- (0 : 45a) : 수직 광 : 45° 관찰
- (45a : 0) : 45° 광 : 수직관찰

51 스캐너와 디지털 사진기에서 디지털 이미지를 캡처하기 위해 사용하는 감광성 마이크로칩을 나타내는 용어는?

① Charge Coupled Device
② Color Control Density
③ Calibration Color Dye
④ Color Control Depth

CCD(감광성 마이크로칩)
스캐너, 디지털 사진기에서 디지털 이미지를 캡처하기 위해 사용하는 감광성 마이크로칩을 Charge Coupled Device라고 한다. 색채영상 정보 저장장치로 입력 장치에 쓰이는 반도체 소재이다.

52 실험실에서 색채를 육안에 의해 측정하고자 할 때, 주의할 사항으로 거리가 먼 것은?

① 기준광원의 연색성
② 작업면의 조도
③ 관측자의 시각 적응상태
④ 적분구의 오염도

육안 측색 시 주의사항
적분구의 오염도는 육안 측색 시 주의사항이 아닌 분광 측색기 사용 시 주의사항이다. 기준광원의 연색성, 작업면의 조도, 관측자의 시각 적응상태는 육안 측색 시 주의사항이다.

53 분광 반사율의 측정에 있어서 측정의 기준으로 사용되는 것은?

① 표준 백색판
② 회색 기준물
③ 먼셀색표집
④ D$_{65}$ 광원

분광 반사율 측정기준
표준 백색판은 분광 반사율 측정 시 측정의 기준이 되므로 정기적인 교정이 필요하다. 이는 반사율이 가장 좋은 산화마그네슘으로 만들어져 있다.

틀리기 쉬운 문제
54 다음 '색, 색채'에 관한 설명 중 ( ) 안에 들어갈 용어는?

> 색이름 또는 색의 3속성으로 구분 또는 표시되는 ( )의 특성

① 시지각
② 표면색
③ 물체색
④ 색자극

색채의 개념(시지각의 특성)
색, 색채란 색이름 또는 색의 3속성으로 구분되거나 표시되는 시지각의 특성이다.

55 CCM 기기의 주요 기능이 아닌 것은?

① 컬러 스와치 제공
② 초기 레시피 예측 및 추천
③ 레시피 수정 제안
④ 예측 알고리즘의 보정 계수 계산

CCM 주요기능
CCM은 컴퓨터를 이용하여 색을 자동 배색하는 장치이다. 분광 반사율을 기준색과 일치시켜서 광원 변동에 관계없이 무조건등색(아이소머리즘)이 가능하다. 육안 조색과는 달리 초기 레시피 예측 및 추천이 가능하고 레시피 수정 제안, 예측 알고리즘의 보정 계수 계산이 가능하여 육안 조색보다 훨씬 경제적인 장점이 있다.

56 ISO에서 규정한 색채오차의 시각적인 영향의 요소가 아닌 것은?

① 광원에 따른 차이
② 크기에 따른 차이
③ 변색에 따른 차이
④ 방향에 따른 차이

ISO에서 규정한 색채오차 영향요소
ISO(International Standard Organization)에서 규정한 색채오차에 영향을 미치는 요소는 광원에 따른 차이, 크기에 따른 차이, 측정 방향에 따른 차이(광택이 있는 컬러)가 있다.

57 ICC 프로파일을 이용해서 어떤 색공간의 색정보를 변환할 때 사용되는 렌더링 인텐트(Rendering Intent)에 대한 설명 중 틀린 것은?

① 서로 다른 색공간 간의 컬러에 대한 번역 스타일이다.
② 렌더링 인텐트에는 4가지가 있다.
③ 정확한 매칭이 필요한 단색(Solid Color) 변환에는 인지적 렌더링 인텐트가 사용된다.
④ 절대색도계 렌더링 인텐트를 사용하면 화이트포인트 보상이 일어나지 않는다.

렌더링 인텐트
정확한 매칭이 필요한 단색 변환에는 인지적 렌더링 인텐트가 아닌 채도 인텐트를 사용한다. 렌더링 인텐트의 특징은 다음과 같다.
• 서로 다른 색공간 간의 컬러에 대한 번역 스타일이다.
• 렌더링 인텐트에는 4가지가 있다.
• 정확한 매칭이 필요한 단색 변환에는 인지적 렌더링 인텐트가 아닌 채도 인텐트를 사용한다.
• 절대색도계 렌더링 인텐트를 사용하면 화이트 포인트 보상이 일어나지 않는다.

58 다음 중 컬러 인덱스가 제공하지 못하는 정보는?

① 제조 회사에 의한 색 차이
② 염료 및 안료의 화학 구조
③ 활용방법
④ 견뢰도

컬러 인덱스
공업적으로 제조·판매되고 있는 합성염료나 안료를 종속, 색상, 화학 구조에 따라 정리, 분류하여 인덱스 번호(Color Index Number : C.I Number)를 부여한다. 컬러 인덱스가 제공하는 정보는 염료 및 안료의 화학 구조, 활용방법, 견뢰도, 제조사 이름, 판매업체 등이다.

59 반사색의 색역에 가장 큰 영향을 미치는 것은?

① 색료
② 관찰자
③ 혼색기술
④ 고착제

반사색의 색역
색역이란 색으로 표현 가능한 최대 영역을 말한다. 반사색의 색역에 가장 큰 영향을 미치는 것은 색료 자체이다.

60 간접조명에 대한 설명으로 옳은 것은?

① 반사갓을 사용하여 광원의 빛을 모아 비추는 방식
② 반투명의 유리나 플라스틱을 사용하여 광원빛의 60~90%가 대상체에 직접 조사되고 나머지가 천장이나 벽에서 반사되어 조사되는 방식
③ 반투명의 유리나 플라스틱을 사용하여 광원빛의 10~40%가 대상체에 직접 조사되고 나머지가 천장이나 벽에서 반사되어 조사되는 방식
④ 광원의 빛을 대부분 천장이나 벽에 부딪혀 확산된 반사광으로 비추는 방식

조명
• **간접조명** : 광원의 빛을 대부분 천정이나 벽에 부딪혀 확산된 반사광으로 비추는 방식이며, 눈부심, 그늘짐 현상이 없고 분위기가 은은하며 차분하다.
• **직접조명** : 반사갓을 사용하여 광원의 빛을 모아 비추는 방식이다.
• **반직접조명** : 반투명의 유리나 플라스틱을 사용하여 광원빛의 60~90%가 대상체에 직접 조사되고 나머지가 천장이나 벽에서 반사되어 조사되는 방식이다.
• **반간접조명** : 반투명의 유리나 플라스틱을 사용하여 광원빛의 10~40%가 대상체에 직접 조사되고 나머지가 천장이나 벽에서 반사되어 조사되는 방식이다.

---

4 **제4과목 : 색채 지각의 이해**

61 명도대비에 대한 설명 중 틀린 것은?

① 명도의 차이가 클수록 더욱 뚜렷하다.
② 유채색보다 무채색이 더욱 강하게 나타난다.
③ 명도가 다른 두 색을 인접했을 때 밝은 색은 더욱 밝아 보인다.
④ 3속성 대비 중에서 명도대비 효과가 가장 작다.

명도대비
3속성 대비 중 명도대비 효과가 가장 크다.

62 무거운 도구를 사용하는 사람들에게 심리적으로 피로감을 적게 주려면 도구를 다음의 색 중 어느 것으로 채색하는 것이 좋은가?

① 검정
② 어두운 회색
③ 하늘색
④ 남색

색채 조절
고명도는 가볍게 느껴지고 저명도는 무겁게 느껴지는 심리를 반영하여 무거운 도구는 밝은 색으로 채색하는 것이 좋다.

63 순응이란 조명 조건이 변화함에 따라 수용기의 민감도가 변화하는 것을 말한다 다음 중 순응에 관한 설명이 틀린 것은?

① 추상체에 의한 순응이 간상체에 의한 순응보다 신속하게 발생한다.
② 어두운 상태에서 밝은 상태로 바뀔 때 민감도가 증가하는 것을 암순응이라 한다.
③ 간상체 시각은 약 500nm, 추상체는 약 560nm의 빛에 가장 민감하다.
④ 암순응이 되면 빨간색 꽃보다 파란색 꽃이 더 잘 보이게 된다.

> **색의 순응**이란 조명조절이 변화함에 따라 수용기의 민감도가 변화하는 것을 말한다. 어두운 상태에서 밝은 상태로 바뀔 때 민감도가 증가하는 것은 명순응이다.

틀리기 쉬운 문제
64 계시대비에 대한 설명으로 틀린 것은?

① 시점을 한 곳에 집중시키려는 색채 지각 과정에서 일어난다.
② 일정한 색의 자극이 사라진 후에도 지속적으로 색의 자극을 느끼는 현상이다.
③ 두 가지 이상의 색을 연속적으로 보았을 때 나타난다.
④ 음성 잔상과 동일한 맥락으로 풀이될 수 있다.

> 계시대비는 시점을 한 곳에 집중했다가 시간차를 두고 다른 곳으로 시점을 옮겼을 때 나타나는 대비 현상이다. 따라서 한 곳에 집중시키려는 색체지각과정에서 일어나는 것은 동시대비이다.

65 다음 혼색에 관한 설명 중 잘못된 것은?

① 병치혼색은 서로 다른 색자극을 공간적으로 접근시켜 혼색의 효과를 얻는 방법이다.
② 영국의 물리학자이며 의사인 토마스 영(Thomas Young)은 스펙트럼의 주된 방사로 빨강, 파랑, 노랑을 제시하였다.
③ 컬러 슬라이드, 컬러영화필름, 색채사진 등은 감법혼색을 이용하여 색을 재현한다.
④ 회전혼색을 보여주는 회전원판의 경우, 처음 실험자의 이름을 따서 맥스웰(James C Maxwell)의 회전판이라고도 한다.

> **색의 혼색**
> 토마스 영과 헬름홀츠의 색의 3원색 설에서 망막에는 색을 감지하는 빨강(Red), 초록(Green), 파랑((Blue)의 시세포가 있어 자극에 의해 대뇌피질이 여러 색을 지각하게 된다고 주장하였다.

66 색의 동화현상에 대한 설명이 옳은 것은?

① 주위 색의 영향으로 비슷하게 보이는 현상
② 주위의 보색이 중심의 색에 겹쳐져 보이는 현상
③ 보색관계에서 원래의 채도보다 채도가 강해져 보이는 현상
④ 인접한 색상보다 명도가 더 높아 보이는 현상

> **색의 동화 현상**
> 색의 동화 현상이란 인접한 색들끼리 영향을 주어 인접한 색에 가까운 색으로 동화되어 보이는 현상이다.

틀리기 쉬운 문제
67 다음의 두 색이 가법혼색으로 혼합되어 만들어 내는 (   )의 색은?

> 파랑(Blue) + 빨강(Red) = (   )

① 시안(Cyan)
② 마젠타(Magenta)
③ 녹색(Green)
④ 보라(Violet)

> **가법혼색**
> 가법혼색은 빛의 혼합으로써 빛을 섞으면 섞을수록 원래의 색보다 점점 밝아지는 혼합이다. 가법혼색의 3원색은 빨강(Red), 초록(Green), 파랑(Blue)이며 빨강과 파랑을 혼합하면 마젠타(Magenta)가 된다.

68 실제보다 날씬해 보이려면 어떤 색의 옷을 입는 것이 좋은가?

① 따뜻한 색
② 밝은 색
③ 어두운 무채색
④ 채도가 높은 색

> **색채 심리**
> 색의 수축과 팽창으로 실제 면적보다 팽창되어 보이는 색은 고명도의 난색계열이며 수축되어 보이는 색은 저명도 저채도의 한색계열이다.

69 다음 색 중 가장 따뜻하게 느껴지는 색은?

① 5R 4/12
② 2.5YR 5/2
③ 7.5Y 8/6
④ 2.5G 5/10

> **먼셀 색 표기법**
> 먼셀 색 표기법으로 색상 명도/채도를 나타내며 난색인 R, YR, Y 중에 채도가 낮은 색보다 중채도 이상의 색이 따뜻한 색감이 강하게 느껴진다. 따라서 5R 4/12의 색이 가장 따뜻한 색이다.

70 색의 현상학적 분류 기법에 대한 연결이 틀린 것은?

① 표면색 – 물체의 표면에서 빛이 반사되어 나타나는 물체표면의 색이다.
② 경영색 – 고온으로 가열되어 발광하고 있는 물체의 색이다.
③ 공간색 – 유리컵 속의 물처럼 용적 지각을 수반하는 색이다.
④ 면색 – 물체라는 느낌이 들지 않은 채색만 보이는 상태의 색이다.

색의 현상학적 분류기법
색의 현상학적 분류기법에서 경영색은 거울에 비친 물체를 볼 때 실제와 같은 존재감을 느끼는 색으로 거울색이라고도 한다. 고온으로 가열되어 발광하고 있는 물체의 색은 작열 색에 대한 설명이다.

71 거친 표면에 빛이 입사했을 때 여러 방향으로 빛이 분산되어 퍼져 나가는 현상은?

① 산란   ② 투과
③ 굴절   ④ 반사

빛의 산란
거친 표면에 빛이 입사했을 때 여러 방향으로 빛이 분산되어 퍼져 나가는 현상은 빛의 산란이다.

72 빛의 파장 범위가 620~780nm인 경우 어느 색에 해당되는가?

① 빨간색   ② 노란색
③ 녹색   ④ 보라색

빛의 파장범위
• 빨강 : 780 ~ 620nm   • 주황 : 620 ~ 590nm
• 노랑 : 590 ~ 570nm   • 초록 : 570 ~ 500nm
• 파랑 : 500 ~ 450nm   • 보라 : 450 ~ 380nm

73 직물제조에서 시작되어 인상파 화가들이 회화기법으로 사용하면서 일반화된 혼합은?

① 가법혼합   ② 감법혼합
③ 회전혼합   ④ 병치혼합

병치혼합
직물의 날실과 씨실의 병치와 인상파 화가들의 점묘기법은 병치혼합이다.

74 다음의 (   ) 안에 들어갈 용어가 순서대로 옳게 나열된 것은?

> 극장에서 영화가 끝나고 밖으로 나왔을 때 (   )이 일어나며, 이 순간에 활동하는 시세포는 (   )이다.

① 색순응, 추상체   ② 분광순응, 간상체
③ 명순응, 추상체   ④ 암순응, 간상체

명순응과 암순응
극장에서 영화가 끝나고 밖으로 나왔을 때 눈은 암순응에서 명순응으로 적응하는 순응이 일어나며 이 순간에 활동하는 시세포는 색상을 구별할 수 있는 추상체가 명암을 구별하는 간상체보다 빠르게 활동한다.

75 눈에서 조리개 구실을 하면서 외부에서 들어오는 빛의 양을 조절하는 부분은?

① 각막   ② 수정체
③ 망막   ④ 홍채

눈의 구조
홍채는 눈으로 들어오는 빛의 양을 조절하는 조리개의 역할을 하며 인종별로 멜라닌색소의 양과 분포에 따라 눈동자의 색깔이 다양하게 결정된다.

76 다음 중 동일한 크기의 보색끼리 대비를 이루어 발생한 눈부심 효과를 줄이기 위한 방법으로 가장 거리가 먼 것은?

① 두 색 사이에 무채색을 넣는다.
② 두 색의 경계를 애매하게 만든다.
③ 두 색 사이에 테두리를 두른다.
④ 두 색 중 한 색의 크기를 줄인다.

색의 대비
보색끼리 대비에서 눈부심 효과를 줄이기 위해서는 두 색 사이 무채색을 넣거나 경계를 애매하게 하는 방법과 두 색 사이에 테두리를 한 세퍼레이션 배색을 하여 보색 대비를 완화시킨다.

77 순도(채도)가 높아짐에 따라 색상도 함께 변화하는 현상은?

① 베졸드 브뤼케 현상   ② 애브니 효과
③ 동화 현상   ④ 메카로 효과

애브니 효과
색자극의 순도(채도)가 변하면 같은 파장의 색이라도 그 색이 다르게 보이는 현상을 애브니 효과라고 한다.

78 조명의 강도가 바뀌어도 물체의 색을 동일하게 지각하는 현상은?

① 색순응　　　　　② 색지각
③ 색의 항상성　　　④ 색각이상

광원의 강도나 모양, 크기, 색상이 변하여도 물체의 색을 동일하게 지각하는 현상은 색의 항상성이다.

79 다음 중 색의 온도감에 대한 설명으로 옳은 것은?

① 인간의 경험과 심리에 의존하는 경향이 짙다.
② 색의 3속성 중에서 채도에 주로 영향을 받는다.
③ 색채가 지닌 파장과는 아무 관계가 없다.
④ 따뜻한 색은 차가운 색에 비하여 후퇴되어 보인다.

색의 온도감
색의 온도감은 색의 3속성 중 색상에 주로 영향을 받으며 따뜻한 색은 장파장, 차가운 색은 단파장을 지닌다. 색의 온도감은 인간의 경험과 심리와 많은 연관성이 있다.

80 빨간색을 한참 응시한 후 흰 벽을 보았을 때 청록색이 보이는 것처럼 느끼는 현상은?

① 명도 대비　　　　② 채도 대비
③ 양성 잔상　　　　④ 음성 잔상

음성 잔상
자극이 사라진 뒤에도 광자극의 색상, 명도, 채도가 정반대로 느껴지는 현상을 음성 잔상(부의 잔상)이라고 한다.

5　제5과목 : 색채 체계의 이해

81 색의 일정한 단계 변화를 그러데이션(Gradation)이라고 한다. 그러데이션을 활용한 조화로운 배색구성이 아닌 것은?

① N1 – N3 – N5
② RP7/10 – P5/8 – PB3/6
③ Y7/10 – GY6/10 – G5/10
④ YR5/5 – B5/5 – R5/5

색의 일정한 단계 변화를 그러데이션이라고 하며 점점 명도가 높아지거나 순차적으로 색상이 변하는 연속적인 변화의 방법으로 배색하는 것을 말한다. ④는 명도와 채도가 5인 동일 색조의 색상이 불규칙적으로 변화함을 나타낸다.

82 오방정색과 색채상징이 바르게 연결된 것은?

① 흑색 – 서쪽 – 수(水) – 현무
② 청색 – 동쪽 – 목(木) – 청룡
③ 적색 – 북쪽 – 화(火) – 주작
④ 백색 – 남쪽 – 금(金) – 백호

오방정색
오방정색은 한국의 전통색을 의미하며 동방의 청색, 서방의 백색, 남방의 적색, 북방의 흑색, 중앙의 황색이다.

오행	계절	방향	풍수	오정색
목	봄	동	청룡	청
화	여름	남	주작	적
토	토용	중앙	황룡	황
금	가을	서	백호	백
수	겨울	북	현무	흑

83 색채연구학자와 그 이론이 틀린 것은?

① 헤링 – 심리 4원색설 발표
② 문·스펜서 – 색채 조화론 발표
③ 뉴턴 – 스펙트럼 4원색설 발표
④ 헬름홀츠 – 3원색설 발표

색채연구와 이론
뉴턴은 1660년경 저서 「광학」에서 색채체계화에 중요하게 작용한 업적인 스펙트럼 7단계설을 언급하였다. 이는 태양의 백색광을 프리즘에 통과시켜 7단계의 스펙트럼으로 나누는 것을 규명한 내용이다.

84 NCS 색체계에 대한 설명이 틀린 것은?

① 헤링의 반대색설에 근거한다.
② 독일 색채연구소에서 개발하였다.
③ 모든 색상은 각각 두 개의 속성 비율로 표현된다.
④ 지각되는 색 특성화가 중요한 분야인 인테리어나 외부 환경디자인에 유용하다.

NCS 색체계
NCS 색체계는 스웨덴 색채 연구소가 1964년부터 1972년까지 연구하고 발표하였다.

정답 70 ② 71 ① 72 ① 73 ④ 74 ③ 75 ④ 76 ④ 77 ② 78 ③ 79 ① 80 ④ 81 ④ 82 ② 83 ③ 84 ②

85 ISCC-NIST 색명법의 다음 그림에서 보여지는 A, B, C가 의미하는 것은?

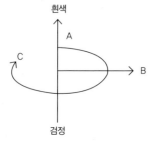

① A : 명도   B : 색상   C : 채도
② A : 명도   B : 채도   C : 색상
③ A : 색상   B : 톤   C : 채도
④ A : 색상   B : 명도   C : 톤

86 최초의 먼셀 색체계와 1943년 수정 먼셀 색체계의 가장 큰 차이점은?

① 명도에 관한 문제
② 색입체의 기준 축
③ 기본 색상 이름의 수
④ 빛에 관한 문제

87 다음 중 색체계에 대한 설명이 틀린 것은?

① NCS : 모든 색은 색 지각량이 일정한 것으로 생각해서 총량을 100으로 한다.
② XYZ : Y는 초록의 자극치로 명도를 나타내고, X는 빨강의 자극값에, Z는 파랑의 자극값에 대체로 일치한다.
③ L*u*v* : 컬러텔레비전과 컬러사진에서의 색과 색 재현의 특성화를 위해 L*a*b* 색공간보다 더 자주 사용되었다.
④ DIN : 포화도의 단계는 0부터 10까지의 수로 표현되는데, 0은 무채색을 말한다.

88 먼셀 색표기인 5Y 8.5/14와 관계 있는 관용색 이름은?

① 우유색   ② 개나리색
③ 크림색   ④ 금발색

89 NCS 색삼각형에서 W–C축과 평행한 직선상에 놓인 색들이 의미하는 것은?

① 동일 하얀색도   ② 동일 검은색도
③ 동일 순색도   ④ 동일 뉘앙스

90 현색계의 설명으로 틀린 것은?

① 색표에 의해 물체색의 표준을 정한다.
② 물체들의 색들과 비교할 수 있도록 한다.
③ 수치로 표기되어 변색, 탈색 등의 물리적 영향이 없다.
④ 표준색표에 번호나 기호를 붙여 표시한다.

91 다음 중 한국산업표준(KS)에 유채색의 수식 형용사와 대응 영어가 옳은 것은?

① 초록빛(Greenish)
② 빛나는(Brilliant)
③ 부드러운(Soft)
④ 탁한(Dull)

92 먼셀이 고안한 색체계의 가장 큰 특징은?

① 시각적 등보성에 따른 감각적인 색체계를 구성하였다.
② 가장 객관적인 체계로 모든 사람의 감성과 일치한다.
③ 색의 순도에 대한 연구로 완전색을 규명하였다.
④ 스펙트럼을 규명하고 이에 따른 원형배열을 하였다.

93 유사색상 배색의 특징은?

① 자극적인 효과를 준다.
② 대비가 강하다.
③ 명쾌하고 동적이다.
④ 무난하고 부드럽다.

94 오스트발트의 색채 조화론과 관련이 없는 것은?

① 등간격의 무채색 조화
② 등백계열의 조화
③ 등가색환의 조화
④ 음영계열의 조화

95 미국 색채학자인 저드(D.B Judd)의 색채 조화론 원칙이 아닌 것은?

① 질서의 원칙
② 친근성의 원칙
③ 이질성의 원칙
④ 명료성의 원칙

틀리기 쉬운 문제
96 Yxy 색체계의 색을 표시하는 색도도에 대한 설명으로 틀린 것은?

① Red 부분의 색공간이 가장 크고 동일 색채 영역이 넓다.
② 백색광은 색도도의 중앙에 위치한다.
③ 색도도 안의 한 점은 혼합색을 나타낸다.
④ 말발굽형의 바깥 둘레에 나타난 모든 색은 고유 스펙트럼을 가지고 있다.

97 다음 중 시인성이 가장 높은 조합은?

① 바탕색 : N5, 그림색 : 5R 5/10
② 바탕색 : N2, 그림색 : 5Y 8/10
③ 바탕색 : N2, 그림색 : 5R 5/10
④ 바탕색 : N5, 그림색 : 5Y 8/10

98 PCCS 색체계에 대한 설명으로 틀린 것은?

① 빨강, 노랑, 녹색, 파랑의 4색상을 색영역의 중심으로 한다.
② 톤(Tone)의 색공간을 설정하고 있는 것이 특징이다.
③ 선명한 톤은 v로 칙칙한 톤은 sf로 표기한다.
④ 모든 색상의 최고 채도를 모두 9s로 표시한다.

P.C.C.S 색체계
P.C.C.S 색체계에서 명도와 채도의 복합 개념인 톤은 12가지가 있으며 ③의 선명한(vivid)톤은 v로, 칙칙한(dull)톤은 d로 표시한다.

99 오스트발트 색체계의 설명으로 옳은 것은?

① 오스트발트는 스웨덴의 화학자로서 색채학 강의를 하였으며, 표색체계의 개발로 1909년 노벨상을 수상하였다.
② 물체 투과색의 표본을 체계화한 현색계의 컬러 시스템으로 1917년에 창안하여 발표한 20세기 전반의 대표적 시스템이다.
③ 이 색체계는 회전 혼색기의 색채 분할면적의 비율을 변화시켜 색을 만들고 색표로 나타낸 것이다.
④ 이상적인 백색(W)과 이상적인 흑색(B), 특정 파장의 빛만을 완전히 반사하는 이상적인 중간색을 회색(C)이라 가정하고 투과색을 체계화하였다.

오스트발트 색체계
오스트발트는 1916년 헤링의 반대색설을 바탕으로 회전 혼색기를 응용하여 여러 뉘앙스의 색을 만들고 그 색과 등색인 것을 색표로 나타낸 것이다.

100 오스트발트 색체계의 색표기방법인 12pg에 대한 의미가 옳게 나열된 것은?(단, 12-p-g의 순으로 나열)

① 색상, 흑색량, 백색량
② 순색량, 흑색량, 백색량
③ 색상, 백색량, 흑색량
④ 순색량, 명도, 채도

오스트발트 색체계의 색표기법
오스트발트 색체계의 색표기법은 '순색량(C)+흰색량(W)+흑색량(S)=100'이 되도록 설계하고 색의 표기는 '12pg'와 같이 색상의 번호 12와, 백색량p, 흑색량g로 표기한다.

06회 기출문제

산업기사

---

1 제1과목 : 색채 심리

01 병원 수술실의 의사 복장이 청록색인 이유로 가장 적합한 것은?

① 위급한 경우 눈에 잘 띄게 하기 위하여
② 잔상 현상을 없애기 위해
③ 청결하고 위생적으로 보이기 위해
④ 의사의 개인적 지위를 나타내기 위해

부의 잔상
부의 잔상이란 자극이 사라진 뒤에 망막에 원래의 색과 정반대의 색으로 여겨지는 잔상이 생기게 되는 현상이다. 병원 수술실에서 의사의 복장이 청록색인 이유는 이러한 잔상을 완화시켜 주기 때문이다.

02 형용사의 반대어를 스케일로써 측정하여 색채에 대한 심리적인 측면을 다면적으로 다루는 색채분석 방법은?

① 연상법   ② SD법
③ 순위법   ④ 선호도 추출법

SD법
SD법은 미국의 심리학자 찰스 오스굿이 고안하였으며, 의미분화법, 의미미분법이라고도 한다 형용사의 반대어를 스케일로써 측정하여 색채에 대한 심리적인 측면을 다면적으로 다루는 색채분석 방법이다 경관, 제품, 색, 음향, 감촉 등의 인상 파악이 다차원적으로 가능하다.

03 색채와 문화에 대한 설명 중 틀린 것은?

① 1940년대 초반에는 군복의 영향으로 검정, 카키, 올리브 등이 유행하였다.
② 각 문화권의 특색은 색채의 연상과 상징을 통해 나타난다.
③ 문화 속에서 가장 오래된 색이름은 파랑(Blue)이다.
④ 색이름의 종류는 문화가 발달할수록 세분화되고 풍부해진다.

색채와 문화
베를린과 카이가 연구한 기본색명의 진화과정에서 가장 오래된 색 이름은 White와 Black이다.

04 색채의 상징적 의미가 사용되는 분야가 아닌 것은?

① 관료의 복장
② 기업의 C.I.P
③ 안내 픽토그램
④ 오방색의 방위

색채의 상징
안내 픽토그램은 색채의 상징적 의미로 사용되는 분야가 아니라 사물, 시설, 형태 등을 색을 대중이 쉽고 명확하게 알아볼 수 있도록 나타낸 그림문자이다.

05 색채의 연상형태 및 색채문화에 대한 설명 중 옳지 않은 것은?

① 파버 비렌은 보라색의 연상형태를 타원으로 생각했다.
② 노란색은 배신, 비겁함이라는 부정의 연상언어를 가지고 있다.
③ 초록은 부정적인 연상언어가 없는 안정적이고 편안함의 색이다.
④ 주황은 서양에서 할로윈을 상징하는 색채이기도 하다.

색채의 연상
초록은 조용하고 평온한 휴식을 주는 긍정적인 의미가 많지만 이기심, 질투, 게으름을 대표하는 부정적인 의미도 가지고 있다.

틀리기 쉬운 문제
06 다음 색채의 연상을 자유 연상법으로 조사한 내용 중 가장 거리가 먼 것은?

① 빨간색을 보면 사과, 태양 등의 구체적인 연상을 한다.
② 검은색과 분홍색은 추상적인 연상의 경향이 강하다.
③ 색채에는 어떤 개념을 끌어내는 힘이 있어 많은 연상이 가능하다.
④ 성인은 추상적인 연상에서 이어지는 구체적인 연상이 많아진다.

색채의 연상
색채의 연상을 자유연상법으로 조사한 내용에는 일반적으로 유년기는 구체적인 연상이 많고 청년기부터는 추상적 연상이 많아진다. 따라서 성인은 구체적인 연상에서 이어지는 추상적인 연상이 많아진다.

정답 01 ② 02 ② 03 ③ 04 ③ 05 ③ 06 ④

07 색채조절을 위한 고려사항 중 잘못된 것은?

① 시간, 장소, 경우를 고려한 색채조절
② 사물의 용도를 고려한 색채조절
③ 사용자의 성향을 고려한 색채조절
④ 보편적 색채 연상을 벗어난 사용자의 개성을 고려한
  색채조절

색채의 조절
색채조절은 사용자의 개성이나 취향을 고려한 감각적인 배색이 아닌 기능적, 객관적, 과학적인 색의 관리와 색의 조화를 말한다.

08 색채 감성에 대한 설명 중 옳은 것은?

① 색채 감정은 국가마다 다르다.
② 한국인과 일본인의 색채감성은 동일하다.
③ 한국인의 색채감성은 논리적, 수학적, 기하학적이다.
④ 규칙적으로 선정된 명도, 채도, 색상은 색채의 요소
  가 일정하더라도 조화를 이루지 못한다.

색의 감정
색채의 연상과 감성은 개인의 경험과 사회, 문화, 정보, 성별, 나이, 민족성, 성격이나 환경, 직업, 지역과 풍토에 따라서 다르다.

09 민트(박하) 사탕을 위한 포장지를 선택하려고 할 때 내용물의 이미지를 가장 적절하게 표현할 수 있는 색상의 조화는?

① 노랑과 은색   ② 브라운과 녹색
③ 노랑과 검정   ④ 녹색과 은색

색채이미지
민트(박하)사탕의 색채연상 효과를 높이기 위해 시원한 민트(박하)사탕의 이미지를 적절하게 표현할 수 있는 녹색과 은색의 색상조화가 적절하다.

틀리기 쉬운 문제
10 소비자가 개인적인 제품을 구매하고 결정하는 데 가장 영향을 많이 주는 대상은?

① 한 가지 목적을 가지고 모이는 희구집단
② 개인의 취향과 의견에 영향을 주는 대면집단
③ 가정의 경제력을 가진 결정권자
④ 사회계급이 같은 계층의 집단

소비자 구매의사 결정
대면 집단은 가족, 친구, 이웃, 직장 동료 등 일상에서 개인과 접촉 빈도가 가장 높은 집단이다. 따라서 소비자가 구매의사 결정을 할 때 제품 선택에 가장 영향을 많이 주는 대상이다.

11 색채를 효율적으로 활용하기 위해 계획, 조직, 지휘, 조정, 통제하는 활동을 의미하는 것은?

① 색채관리
② 색채정책
③ 색채개발
④ 색채조사

색채관리
기업이나 단체가 색채를 효율적으로 활용하기 위해 계획, 조직, 지휘, 조정, 통제하는 활동을 말하며 일관성 있게 색채를 종합적으로 통합하고 활용하는 방법이다.

12 다음 중 식욕을 자극하는 색은?

① 주황색
② 파란색
③ 보라색
④ 자주색

색과 미각
식욕을 자극하는 색은 장파장의 난색계열의 색으로 주황, 빨간색 계열이다.

13 다음 중 비상구 및 피난소, 사람 또는 차량의 통행 표지에 쓰이는 안전 · 보건표지의 색채는?

① 7.5R 4/14
② 5Y 8.5/12
③ 2.5PB 4/10
④ 2.5G 4/10

안전색채
비상구 및 피난소, 차량통행표지에 쓰이는 안전, 보건표지의 색채는 한국 KS A 3501 – 안전색 및 안전표지에 초록으로 지정되어 있으며 초록색 (Green)은 2.5G 4/10이다.

틀리기 쉬운 문제
14 색채의 기능에 대한 설명으로 틀린 것은?

① 색채에 대한 인간의 의식적 또는 무의식적 반응을
  이용하여 색채의 기능적 측면을 활용할 수 있다.
② 안전색은 안전의 의미를 지닌 특별한 성질의 색이다.
③ 색채치료는 색채를 이용하여 건강을 회복시키고 유
  지하도록 돕는 심리기법 중의 하나이다.
④ 안전색채는 안전표지의 모양에 맞추어서 사용하며,
  다른 물체의 색과 유사하게 사용해야 한다.

안전색채는 안전표지의 모양에 맞는 색채를 사용하며 문양과 바탕색에 따로 서로 대비되도록 색 차이를 이용해야 한다.

15 색채에 의한 정서적 반응으로 볼 수 없는 것은?

① 색의 온도감은 색의 속성 중 색상에 주로 영향을 받는다.
② 유채색이 무채색보다 더 진출하는 느낌을 준다.
③ 한색계열의 저채도 색이 심리적으로 안정된 느낌을 준다.
④ 중량감에 가장 큰 영향을 미치는 것은 채도로, 채도의 차이가 무게감을 좌우한다.

색채의 정서적 반응
중량감에 가장 큰 영향을 주는 것은 명도이며 명도가 높으면 색이 가벼워 보이고 명도가 낮으면 무거워 보인다.

16 색채와 소리의 관계에 대한 설명으로 틀린 것은?

① 뉴턴은 일곱가지 색을 칠음계에 연계시켜 색채와 소리의 조화론을 설명하였다.
② 카스텔은 C는 청색, D는 녹색, E는 주황, G는 노랑 등으로 음계와 색을 연결시켰다.
③ 색채와 음계의 관계는 사람마다 다르게 느끼므로 공통된 이론으로 발전되지는 못하였다.
④ 몬드리안의 '브로드웨이 부기우기' 작품은 다양한 소리와 역동적인 움직임을 표현한 것이다.

색채와 청각
카스텔은 장조와 단조로 연결시켜 C장조는 청색, D장조는 녹색, E장조는 노랑, G장조는 빨강, A단조는 보라색으로 연상된다고 하였다.

17 색채조절에 대한 설명 중 가장 거리가 먼 것은?

① 산업용으로 쓰이는 색은 부드럽고 약간 회색빛을 띤 색이 좋다.
② 비교적 고온의 작업환경 속에서 일하는 경우에는 초록이나 파란색이 좋다.
③ 우중충한 회색빛의 기계류는 중요부분과 작동부분을 담황색으로 강조하는 것이 좋다.
④ 색은 보기에 알맞도록 구성되어야 하는 것이 아니라 참고 견딜 수 있도록 구성되어야 한다.

색채조절
색채조절은 색채의 심리적, 생리적, 물리적인 효과를 응용하여 쾌적하고 능률적인 공간과 가장 좋은 생활환경을 만드는 것이다.

18 색채 마케팅 전략은 (A) → (B) → (C) → (D)의 순으로 발전되어 왔다. 다음 중 각 ( )에 들어갈 내용이 틀린 것은?

① A : 매스 마케팅
② B : 표적 마케팅
③ C : 원원 마케팅
④ D : 맞춤 마케팅

색채 마케팅 전략
대량(매스) 마케팅 → 표적 마케팅 → 세분화 마케팅 → 맞춤 마케팅

19 요하네스 이텐의 계절 배색이 아닌 것은?

① 봄은 밝은 톤으로 구성한다.
② 여름은 원색과 선명한 톤으로 구성한다.
③ 가을은 여름의 색조와 강한 대비를 이루고 탁한 톤으로 구성한다.
④ 겨울은 차고, 후퇴를 나타내는 회색톤으로 구성한다.

요하네스 이텐
요하네스 이텐의 계절 배색에서 가을은 봄의 색조와 강한 대비를 이루고 단풍잎이 연상되는 깊은 색으로 구성된다.

20 다음 중 어떤 물체를 보고 연상되어 떠오르는 '기억색'에 대한 설명이 옳은 것은?

① 붉은색 사과는 실제 측색되는 색보다 더 붉은 빨간색으로 표현
② 이슬람 문화권에서는 전통적으로 녹색과 흰색을 많이 사용
③ 단맛의 배색을 위해 솜사탕의 이미지를 색채로 표현
④ 신학대학교의 구분과 표시를 위해 보라색을 사용

기억색
기억색은 대상의 표면색에 대해 무의식적 추론을 통해 결정되는 색채를 말한다.

정답 07 ④ 08 ① 09 ④ 10 ② 11 ① 12 ① 13 ④ 14 ④ 15 ④ 16 ② 17 ④ 18 ③ 19 ③ 20 ①

21 광고 캠페인 전개 초기에 소비자의 호기심을 불러 일으키기 위해 단계별로 조금씩 노출시키는 광고는?

① 티저 광고
② 팁온 광고
③ 패러디 광고
④ 포지셔닝 광고

> • **티저 광고** : 소비자의 호기심을 불러일으키기 위해 내용을 처음부터 전부 보이지 않고 조금씩 단계별로 노출시키는 광고이다.
> • **팁온 광고** : DM에 견본을 붙이거나 흑백광고에 색종이를 붙여 소비자의 주의를 끄는 광고
> • **패러디 광고** : 원작의 일부를 차용해서 다른 광고에 녹아들게 하는 광고
> • **포지셔닝 광고** : 소비자 마음속에 경쟁 제품보다 우위를 확보할 수 있도록 하는 광고

22 패션디자인의 원리에 대한 설명 중 틀린 것은?

① 균형은 디자인 요소의 시각적 무게감에 의하여 이뤄진다.
② 리듬은 디자인의 요소 하나가 크게 강조될 때 느껴진다.
③ 강조는 보는 사람의 시선을 끄는 흥미로운 부분이 있을 때 느껴진다.
④ 비례는 디자인 내에서 부분들 간의 상대적인 크기 관계를 의미한다.

> **패션디자인의 원리**
> 리듬은 공통요소가 연속되어 만들어지는 율동감을 말한다.

23 미용디자인의 특성 중 거리가 먼 것은?

① 개인의 미적 욕구를 만족시켜야 하므로 개개인의 신체특성을 고려하여야 한다.
② 아름다움이 중요하므로 시간적 제약의 의미는 크지 않다.
③ 보건위생상 안전해야 한다.
④ 사회활동에 도움이 되어야 한다.

> **미용디자인**
> 개인의 미적 욕구를 만족시켜야 하므로 개개인의 신체특성을 고려한다. 보건 위생상 안전해야 하며, 사회활동에 도움이 될 수 있도록 T(Time) P(Place) O(Occasion)를 고려한다.

틀리기 쉬운 문제

24 다음 중 디자인의 요소에 해당되지 않는 것은?

① 구성, 리듬
② 형, 색
③ 색, 빛
④ 형, 재질감

> 디자인 요소는 형태, 색채, 질감으로 나뉜다. 형태의 요소는 점, 선, 면, 입체로 나뉜다.

25 패션 색채계획을 위한 색채 정보 분석의 주된 내용이 아닌 것은?

① 시장정보
② 소비자정보
③ 유행정보
④ 가격정보

> **패션 색채 디자인**
> 패션 색채 디자인에서는 시장정보, 소비자정보, 유행정보가 중요하며 가격정보는 색채 마케팅과 관련된 부분이다.

틀리기 쉬운 문제

26 디자인의 목적에 있어 '미'와 '기능'에 대해 빅터 파파넥(Victor Papanek)은 '복합기능(Function Complex)'으로 규정하였다. 그의 주장을 뒷받침하는 포괄적 의미에 해당하지 않는 것은?

① 방법(Method)
② 필요성(Need)
③ 이미지(Image)
④ 연상(Association)

> **빅터 파파넥의 복합기능**
> 빅터 파파넥은 디자인의 목적을 심미성과 기능성을 통합하여 복합기능 6가지 요소에 연결해 해석하였다.
> • **방법(Method)** : 재료, 도구, 공정과정의 상호작용을 말한다.
> • **용도(Use)** : 도구의 용도에 맞게 사용해야 한다.
> • **필요성(Need)** : 일시적인 유행보다는 경제적, 심리적, 정신적, 기술적, 지적 요구가 복합된 디자인이 필요하다.
> • **텔레시스(Telesis)** : 특수한 목적을 달성하기 위해 자연과 사회의 변천 작용에 대하여 계획적이고 의도적인 실용화가 필요하다.
> • **연상(Association)** : 인간이 지닌 충동과 욕망에 관계되고 불확실한 예상에 의해 가치가 결정된다.
> • **미학(Aesthetics)** : 디자인에서 가장 중요한 부분으로서 형태나 색채를 아름답게 실체화하고 흥미롭고 기쁘게 하며 감동이 있는 실체여야 한다.

27 새로운 형태와 기능을 창조하는 경우로 디자인 개념, 디자이너의 자질과 능력, 시스템, 팀워크 등이 핵심이 되는 신제품 개발의 유형은?

① 모방디자인
② 수정디자인
③ 적응디자인
④ 혁신디자인

> 기존과는 다른 새로운 형태와 기능을 창조하는 디자인으로 디자인의 개념, 디자이너의 자질과 능력, 시스템, 팀워크 등이 핵심이 된다.

28 상품 색채계획 시 고려해야 할 사항이 아닌 것은?

① 소비자가 그 상품에 대하여 가지는 심리적 기대감의
   반영
② 유행 정보 등 유행색이 해당 제품에 끼치는 영향
③ 색채와 형태의 이미지 조화
④ 재료 기술, 생산 기술 미반영

> **상품 색채계획 시 고려해야 할 사항**
> • 재료 기술과 생산 기술의 반영
> • 소비자가 상품에 대하여 가지는 심리적 기대감 반영
> • 유행 정보 및 유행색이 해당 제품에 끼치는 영향
> • 색채와 형태의 이미지 조화

29 문제해결 과정으로서의 디자인 과정 단계가 옳게
나열된 것은?

① 조사 → 계획 → 분석 → 종합 → 평가
② 분석 → 계획 → 조사 → 종합 → 평가
③ 계획 → 조사 → 분석 → 종합 → 평가
④ 계획 → 분석 → 조사 → 종합 → 평가

> **디자인 과정 단계**
> 계획 → 조사 → 분석 → 종합 → 평가

30 '디자인 경영'의 개념에 해당되지 않는 것은?

① 경영 목표의 달성에 기여함이란 대중의 생활복리를
   증진시켜 주는 것이 궁극적인 목적이 될 수 있다.
② 디자인 경영이란 서비스의 질적 수준과 생산성을 제
   고할 수 있도록 해주는 지식체계라고도 할 수 있다.
③ 디자인 경영은 '디자인 관리'라고도 부르며, 1990년
   대에 들어서면서부터 세계적으로 가장 빈번하게 사
   용되는 디자인 용어 중 하나이다.
④ '디자인 경영'은 본질적으로 '비즈니스 경영'과 동일
   한 개념이다.

> **디자인 경영 개념**
> 디자인 경영은 대중의 생활복리를 증진시켜 주는 것이 궁극적인 목적이
> 될 수 있다 서비스의 질적 수준과 생산성을 제고할 수 있도록 돕는 지식
> 체계라고 할 수 있다. 디자인 경영은 '디자인 관리'라고도 부르며 1990년
> 대 들어서면서부터 세계적으로 빈번하게 사용되는 디자인 용어 중 하나
> 이다.

31 사계절의 색채표현법을 도입한 미용 디자인의 퍼스
널 컬러 진단법에서 정확한 진단을 위해 지켜야 할 사항
이 아닌 것은?

① 기초 메이크업을 한 상태에서 시작한다.
② 자연광이나 자연광과 비슷한 조명 아래에서 실시
   한다.
③ 흰 천으로 머리와 의상의 색을 가리고 실시한다.
④ 봄, 여름, 가을, 겨울의 각 계절색상의 천을 대어 보
   아 얼굴색의 변화를 관찰한다.

> **퍼스널 컬러 진단법**
> 퍼스널 컬러 진단은 사계절 타입 중 어느 계절 타입과 어울리는지 신체
> 색(피부색, 모발색, 눈동자색 등)을 파악하여 분석하므로 메이크업을 하
> 지 않은 상태에서 시작해야 한다. 자연광이나 자연광과 비슷한 조명 아
> 래에서 실시하며 흰 천으로 머리와 의상을 가리고 각 계절색상의 천을
> 대어 보아 얼굴색의 변화를 관찰한다.

32 다음 중 색채계획 시 배색 방법에서 주조색 – 보조
색 – 강조색의 일반적인 범위는?

① 90% – 7% – 3%
② 70% – 25% – 5%
③ 50% – 40% – 10%
④ 50% – 30% – 20%

> **색채계획(주조색, 보조색, 강조색)**
> • **주조색** : 가장 주가 되는 넓은 면적으로 전체 면적의 70%를 차지하며
>   전체 컨셉의 이미지와 색채효과를 나타낸다.
> • **보조색** : 주조색을 보완해 주는 역할을 하며 전체 면적의 20~25%를
>   차지한다.
> • **강조색** : 색채계획 시 가장 눈에 띄는 포인트 색상으로 전체의 5~10%
>   를 차지한다.
> 따라서 주, 보, 강 비율은 70% – 25% – 5%이다

33 20세기 초 이탈리아에서 일어난 전위예술운동으로 기존의 낡은 예술을 모두 부정하고, 기계 세대에 어울리는 새로운 다이내믹한 미를 창조할 것을 주장하며, 주로 하이테크 소재로 색채를 표현한 예술사조는?

① 아방가르드(Avant-Garde)
② 미래주의(Futurism)
③ 옵아트(Op Art)
④ 플럭서스(Fluxus)

미래주의
• 미래주의 : 20세기 초 이탈리아에서 일어난 전위예술운동으로 기존의 낡은 예술을 모두 부정하고 기계 세대에 어울리는 새롭고 역동적인 미를 창조할 것을 주장하며, 주로 하이테크 소재로 색채를 표현하였다.
• 아방가르드 : 급격한 진보적 성향을 일컫는 말로 전위예술이라고 한다.
• 옵아트 : 인간의 시지각의 원리에 근거를 둔 추상적이고 기계적인 형태의 반복과 연속으로 시각적 환영, 지각, 색채의 물리적 및 심리적 효과와 관련된 움직이는 예술을 말한다.
• 플럭서스 : 흐름, 끊임없는 변화, 움직임이란 뜻의 라틴어로 국제적 전위예술운동이다 다양한 재료를 혼합하여 조화를 이루지 못하는 것처럼 보이지만 회화적이고 개방적인 경향을 지닌다.

틀리기 쉬운 문제
34 19세기 미술공예운동(Art and Craft Movement)이 일어나게 된 근본 원인은?

① 미술과 공예작품의 가격이 급격하게 하락되었기 때문
② 기계로 생산된 제품의 질이 현저하게 낮아졌기 때문
③ 미술작품과 공예작품을 구별하기 위해
④ 미술가와 공예가의 사회적 위상을 제고시키기 위해

미술공예운동
19세기 말 윌리엄 모리스에 의해 시작된 미술공예운동은 대량생산을 통한 생산품의 질적 하락과 예술성의 저하로 인해 수공예 중심의 미술운동이 일어나게 되었고 이로써 근대 디자인의 기반을 다지게 된다.

35 모더니즘의 대두와 함께 주목을 받게 된 색은?

① 빨강과 자주색
② 노랑과 청색
③ 흰색과 검정색
④ 베이지색과 카키색

모더니즘
모더니즘은 직선적이고 간결함, 단순 경향을 지니며 함을 추구하는 무채색인 블랙과 화이트가 대표색으로 주목받게 되었다.

36 그림의 마크를 부여받기 위해 부합되는 기준이 아닌 것은?

① 기능성   ② 경제성
③ 심미성   ④ 주목성

굿 디자인 마크
GD 마크라고도 하며 상품의 외관(기능성), 경제성, 심미성, 재료 등을 종합적으로 심사하여 디자인의 우수성이 인정된 상품에 대하여 굿 디자인 마크를 부여한다.

37 디자인이란 용어의 의미와 거리가 먼 것은?

① 지시   ② 계획
③ 기술   ④ 설계

디자인 용어
디자인은 지시하다, 설계하다, 계획하다, 표현하다, 성취하다라는 뜻을 가지고 있다 즉 설계, 계획, 표현, 성취, 의도, 지시, 목적, 구상 등의 의미를 지닌다.

틀리기 쉬운 문제
38 바우하우스(Bauhaus)에 대한 설명 중 틀린 것은?

① 독일 바이마르 공화국 시절 설립된 디자인 학교로 오늘날 디자인 교육원리를 확립하였다.
② 마이어는 예술은 집단 사회의 모든 사람이 쉽게 이해할 수 있어야 한다고 주장하였다.
③ 데사우(Dessau) 시의 바우하우스는 수공 생산에서 대량 생산용의 원형 제작이라는 일종의 생산 시험소로 전환되었다.
④ 그로피우스는 디자인을 생활현상이라는 사회적 측면으로 인식하여 건축을 중심으로 재정비하였다.

바우하우스
• 하네스 마이어는 디자인을 생활현상이라는 사회적 측면으로 인식하여 건축을 중심으로 재정비하였다.
• 독일 바이마르 공화국 시절 설립된 디자인 학교로 오늘날 디자인 교육원리를 확립하였다.
• 하네스 마이어는 집단 사회의 모든 사람이 예술을 쉽게 이해할 수 있어야 한다고 주장하였다.
• 독일 데사우의 바우하우스는 수공 생산에서 대량 생산용의 원형 제작이라는 일종의 생산 시험소로 전환되었다.

39 디자인 과정에서 드로잉의 주요 역할과 거리가 먼 것은?

① 아이디어의 전개
② 형태 연구 및 정리
③ 사용성 검토
④ 프레젠테이션

> **드로잉의 주요 역할**
> 아이디어 전개, 형태 연구 및 정리, 프레젠테이션

40 색채계획 및 평가를 위한 설문지 작성 시 유의사항이 아닌 것은?

① 짧고 간결한 문체로 써야 한다.
② 포괄적인 의견이 나올 수 있도록 유도질문을 사용하기도 한다.
③ 응답자의 자존심을 건드리지 않는 용어를 선택해야 한다.
④ 어려운 전문용어는 되도록 쓰지 말고, 써야 할 경우에는 이미지 사진이나 충분한 설명을 덧붙인다.

> **색채계획 및 평가를 위한 설문지 작성**
> • 짧고 간결한 문체가 좋다.
> • 응답자의 자존심을 건드리지 않는 용어를 선택하는 것이 좋다.
> • 어려운 전문용어는 되도록 쓰지 않고, 써야 하는 경우에는 충분한 설명을 덧붙인다.
> • 설문지 첫 부분에 조사하는 의도나 목적에 대해 알려 신뢰도를 높인다.
> • 쉬운 질문과 중요한 질문은 앞쪽에 민감한 질문은 뒤쪽에 둔다.
> • 유도질문은 사용하지 않도록 한다.

---

③ 제3과목 : 색채관리

41 다음 중 진주광택 안료의 색채 특성을 측정하기 위하여 필요한 방법은?

① 다중각(Multiangle) 측정법
② 필터감소(Filter Reduction)법
③ 이중 모노크로메이터법(Two-Monochromator Method)
④ 이중 모드법(Two-Mode Method)

> **진주광택 안료 측색**
> 천연 진주, 전복 껍데기 안쪽의 무지갯빛을 띠는 빛의 간섭 효과를 이용한 광택안료로 부드럽고 깊이감이 있다 보는 각도에 따라 색상과 광택 등의 변화가 나타나므로 다중각 측정법을 사용한다.

42 다음 중 색 표시계 X_{10} Y_{10} Z_{10}에서 숫자 10이 의미하는 것은?

① 10회 측정 평균치
② 10° 시야 측정치
③ 측정 횟수
④ 표준광원의 종류

> **색표시계 XYZ**
> CIE에서 1964년 채택한 등색 함수에 기초한 3색 표시계로 10° 시야 XYZ 색 표시계라고도 한다.

43 페인트(도료)의 4대 기본 구성 성분과 가장 거리가 먼 것은?

① 안료(Pigment)
② 수지(Resin)
③ 용제(Solvent)
④ 염료(Dye)

> **도료의 4대 구성성분**
> 안료(착색), 수지(도막형성), 용제(점도), 첨가제(기능향상)

틀리기 쉬운 문제
44 CIE 표준광에 대한 설명으로 옳은 것은?

① A : 색온도 약 2856K
   백열전구로 조명되는 물체색을 표시할 경우에 사용한다.
② B : 색온도 약 4874K
   형광을 발하는 물체색의 표시에 사용한다.
③ C : 색온도 6774K
   형광을 발하는 물체색의 표시에 사용한다.
④ D : 색온도 6504K
   백열전구로 조명되는 물체색을 표시할 경우에 사용한다.

> **CIE 표준광**
> CIE 표준광은 CIE에서 규정한 측색용 표준광으로 A, B, C, D65, D가 있다.
> - **표준광A** : 색온도 2856K(백열등, 텅스텐램프)
> - **표준광B** : 색온도 4774K(직사 태양광)
> - **표준광C** : 색온도 6744K(북위 40도 지점 흐린 날 오후 2시경 평균적인 주광)
> - **표준광D** : 색온도 6504K(일정하게 맞춰 놓은 인공광, D50, D55, D60, D65, D70, D75)

정답 33 ② 34 ② 35 ③ 36 ④ 37 ③ 38 ④ 39 ③ 40 ② 41 ① 42 ② 43 ④ 44 ①

45 반투명 유리나 플라스틱을 사용하여 광원 빛의 60~90%가 대상체에 직접 조사되고 나머지가 천장이나 벽에서 반사되어 조사되는 방식은?

① 반간접조명　　　　② 간접조명
③ 반직접조명　　　　④ 직접조명

조명방식
- **반직접조명** : 반투명 유리나 플라스틱을 사용하여 광원 빛의 60~90%가 대상체에 직접 조사되고 나머진 천장이나 벽에 반사되어 조사되는 방식
- **반간접조명** : 반토명 유리나 플라스틱을 사용하여 광원 빛의 10~40%가 대상체에 직접 조사되고 나머진 천장이나 벽에 반사되어 조사되는 방식
- **직접조명** : 반사갓을 이용하여 광원의 빛을 모아 한 방향으로 90% 이상 조사하는 방식
- **간접조명** : 광원의 빛을 직접 눈에 투사하지 않도록 주로 천장이나 벽에 부딪혀 간접적으로만 빛을 관찰하는 방법

46 구멍을 통하여 보이는 균일한 색으로 깊이감과 공간감을 특정 지을 수 없도록 지각되는 색은?

① 개구색　　　　　　② 북창주광
③ 광원색　　　　　　④ 원자극의 색

개구색
구멍을 통하여 보이는 균일한 색으로 깊이감과 공간감을 특정 지을 수 없게 지각되는 색을 말한다. 푸른 하늘의 색과 같이 순수하게 색만 보이는 상태로 외부 조건 없이 색만 지각된다.

47 모니터의 검은색 조정 방법에서 무전압 영역과 비교하기 위한 프로그램의 RGB 표기가 옳은 것은?

① R=0, G=0, B=0　　② R=100, G=100, B=100
③ R=255, G=255, B=255　④ R=256, G=256, B=256

디지털 색체계 RGB
- R=0, G=0, B=0 검은색
- R=128, G=128, B=128 회색
- R=255, G=0, B=255 마젠타
- R=255, G=255, B=255 흰색
- R=255, G=255, B=0 노란색
- R=0, G=255, B=255 시안

48 페인트, 잉크, 염료, 플라스틱과 같은 산업분야에서 사용되는 CCM의 도입 목적 및 장점에 해당되지 않는 것은?

① 조색시간 단축　　　② 소품종 대량생산
③ 색채품질관리　　　　④ 원가절감

CCM 장점
소품종 대량생산이 아닌 다품종 소량생산이 가능하다.

49 도료 중에서 가장 종류가 많으며, 일반적으로 내알칼리성으로 콘크리트나 모르타르의 마무리 도료로 쓰이는 것은?

① 천연수지 도료　　　② 플라스티졸 도료
③ 수성 도료　　　　　④ 합성수지 도료

- **합성수지 도료** : 도료 중에서 가장 종류가 많다 일반적으로 내알칼리성이며 콘크리트나 모르타르의 마무리 도료로 쓰인다. 유성도료보다 강하고 내성이 뛰어난 도막을 형성하여 마무리 도료로 주로 쓰인다.
- **천연수지 도료** : 옻, 캐슈계 도료, 유성페인트, 유성에나멜, 주정 도료 등이 속한다. 우아하고 깊이 있는 광택성을 가지는 도막을 형성한다.
- **플라스티졸 도료** : 가열건조형 도료로 비니졸 도료를 말한다.
- **수성 도료** : 안료에 수용성의 유기질 전색제(카세인, 석고 등)를 배합하여 내수성과 내구성이 약하다.

50 측색 시 조명과 수광의 조건이 아닌 것은?

① (0 : 45a)　　　　② (di : 8)
③ (d : 0)　　　　　④ (45 : 45)

조명과 수광의 조건
0은 90° = 수직광, d는 확산광으로 해석한다.
- **(0 : 45)** : 수직광 : 45° 관찰
- **(45 : 0)** : 45°광 : 수직 관찰
- **(0 : d)** : 수직광 : 확산광 평균값 관찰
- **(d : 0)** : 확산광 : 수직 관찰
- **(di : 8°)** : 확산광 : 8° 관찰(정반사 성분 포함)
- **(de : 8°)** : 확산광 : 8° 관찰(정반사 성분 제거)
- **(8° : di)** : 8° : 확산광 관찰(정반사 성분 포함)
- **(8° : de)** : 8° : 확산광 관찰(정반사 성분 제거)
- **(d : d)** : 확산광 : 확산광 관찰
- **(45a : 0°)** : 45° : 수직 관찰
- **(0° : 45°a)** : 수직광 : 45° 관찰

51 수은램프에 금속할로겐 화합물을 첨가하여 만든 고압수은등으로서 효율과 연색성이 높은 조명은?

① 나트륨등　　　　　② 메탈할라이드등
③ 크세논램프　　　　④ 발광다이오드

- **메탈할라이드등** : 수은램프에 금속할로겐 화합물을 첨가하여 만든 고압수은등으로서 효율과 연색성이 높은 조명으로 수명이 길고 공장, 운동장, 주차장, 상점 조명 등으로 사용한다.
- **나트륨등** : 나트륨 증기 중 방전에 의한 발광을 이용한 램프이다 수명이 길고 황색빛을 띤다 연색성이 좋지 않은 편으로 도로, 공장 등에서 사용한다.
- **크세논램프** : 크세논 가스 속에서 일어나는 방전에 의한 자연광에 가까운 빛을 낸다 거의 태양빛의 에너지 분포와 같다.
- **발광다이오드** : LED로 전력 소모가 적고 휴대용으로 쓰일 수 있어 손목시계, 컴퓨터, 전광판 등에 널리 사용되며 색상이 적색, 황색, 녹색, 청색, 백색 등 다채롭다.

52 CCM과 관련된 용어가 아닌 것은?

① 분광 반사율 ② 산란계수
③ 흡수계수 ④ 연색 지수

> CCM 조색비는 쿠벨카 문크 이론에 근거한 흡수율과 산란계수인 K/S값을 이용하여 계산한다.
> [K = 흡수계수, S = 산란계수, R = 분광 반사율]

53 분광 반사율이 정확하게 일치하는 완전한 물리적인 등색이 의미하는 것은?

① 아이소머리즘 ② 상관색온도
③ 메타메리즘 ④ 색변이지수

> **아이소머리즘**
> 분광 반사율이 정확하게 일치하는 완전한 물리적인 등색 즉, 무조건 등색을 말한다. 이는 어떤 조명 아래에서 어떤 관찰자가 보더라도 동일한 색으로 보이는 것을 뜻한다.

54 물체의 분광 반사율, 분광 투과율 등을 파장의 함수로 측정하는 계측기는?

① 광전 색채계 ② 분광광도계
③ 시감 색채계 ④ 조도계

> **분광광도계**
> • 물체의 정밀한 색채 측정 장치 즉, 측색기를 말한다.
> • 물체의 분광 반사율, 분광 투과율 등을 파장의 함수로 측정할 수 있다.
> • 다양한 광원과 시야의 색채값을 동시 산출할 수 있다.
> • 분광식 색채계의 광원은 주로 텅스텐할로겐램프, 크세논램프를 사용한다.
> • XYZ, L*a*b*, Munsell, Hunter L*a*b* 등 다양한 표색계로 표시할 수 있다.

55 측색기의 측정 결과 다음과 같은 결과를 얻었다면 어떤 색채의 시료였을 것으로 추정되는가?

(L* = 70, a* = 10, b* = 80)

① 빨강 ② 청록
③ 초록 ④ 노랑

> **CIE Lab**
> • L* : 명도값이며 100에 가까울수록 하양, 0에 가까울수록 검정색으로 표현된다.
> • a* : +방향은 Red, −방향은 Green을 나타낸다.
> • b* : +방향은 Yellow, −방향은 Blue를 나타낸다.
> 따라서 (L* = 70, a* = 10, b* = 80) 색은 고명도의 빨간 기미가 있는 노란색이다.

56 KS의 색채 품질관리 규정에 의한 백색도에 대한 설명으로 틀린 것은?

① 틴트 지수는 완전한 반사체의 경우 그 값이 100이다.
② 백색도 지수 및 틴트 지수에 의해 표시된다.
③ 완전한 반사체의 백색도 지수는 100이고, 백색도 지수의 값이 클수록 흰 정도가 크다.
④ 백색도 측정 시 표준광원 D65를 사용한다.

> 틴트 지수는 완전한 반사체의 경우 그 값이 100이 아닌 10이다.
> **백색도**
> • 백색도란 물체 표면색이 흰 정도를 나타낸 수치이다.
> • 백색도 지수 및 틴트 지수에 의해 표시된다.
> • 완전한 반사체의 백색도 지수는 100이고 백색도 지수의 값이 클수록 흰 정도가 크다.
> • 백색도 측정 시 표준광원 D65를 사용한다.

57 두 개의 시료색 자극의 색차를 나타내는 것으로 가장 알맞은 것은?

① Texture
② CIEDE2000
③ Color Appearance
④ Gray Scale

> **CIEDE2000**
> 두 개의 시료색 자극의 색차를 나타내는 공식은 CIEDE2000, LAB, LUV 색차식이 있다. 따라서 보기 중 CIEDE2000 색차식이 가장 알맞은 색차식이다.

58 모니터를 보고 작업할 시 정확한 모니터 컬러를 보기 위한 일반적인 조건이 아닌 것은?

① 모니터 캘리브레이션
② ICC 프로파일 인식 가능한 이미징 프로그램
③ 시간대에 따라 변하지 않는 일정한 조명 환경
④ 높은 연색성(CRI)의 표준광원

> 높은 연색성의 표준광원은 정확한 모니터 컬러를 보기 위한 조건과는 거리가 멀다. 연색성이란 조명을 받은 물체색에 영향을 준 광원의 특성을 말한다.
> **정확한 모니터 컬러를 보기 위한 조건**
> • 모니터 캘리브레이션(모니터의 색 온도와 RGB값을 정확히 조정)
> • ICC 프로파일 인식 가능한 이미징 프로그램
> • 시간대에 따라 변하지 않는 일정한 조명 환경

정답 45 ③ 46 ① 47 ① 48 ② 49 ④ 50 ④ 51 ② 52 ④ 53 ① 54 ② 55 ④ 56 ① 57 ② 58 ④

59 발광 스펙트럼이 가시 파장역 전체에 걸쳐 있고, 주된 발광의 반치폭이 약 50nm를 초과하는 형광램프는?

① 콤팩트형 형광램프 　 ② 협대역 발광형 형광램프
③ 광대역 발광형 형광램프 ④ 3파장형 형광램프

> **형광램프**
> • **광대역 발광형 형광램프** : 발광 스펙트럼이 가시 파장역 전체에 걸쳐서 있고, 주된 발광의 반치폭이 대략 50nm를 초과하는 형광램프
> • **콤팩트형 형광램프** : 유리관을 구부리거나 접합하여 콤팩트한 모양으로 다듬질한 한쪽 베이스의 형광램프
> • **협대역 발광형 형광램프** : 발광스펙트럼을 하나 또는 복수의 특정된 좁은 파장대역(파장폭이 약 50nm 이하)에 집중시킨 형광램프
> • **3파장형 형광램프** : 발광 스펙트럼을 청, 녹, 적 3파장역에 집중시켜 높은 효율 및 연색성이 얻어지고, 조명된 물체색이 선명하게 보이는 것을 특징으로 하는 협대역 발광형 형광램프

60 디스플레이의 일종으로 자기발광성이 없어 후광이 필요하지만 동작전압이 낮아 소비 전력이 적고 휴대용으로 쓰일 수 있어 손목 시계, 컴퓨터 등에 널리 쓰이고 있는 것은?

① LCD(Liquid Crystal Display)
② CRTD(Cathode-Ray Tube Display)
③ CRT-Trinitron
④ CCD(Charge Coupled Device)

> **LCD**
> 평판 디스플레이의 일종으로 자기발광성이 없어 후광이 필요하지만 동작전압이 낮은 덕에 소비 전력이 적어 휴대가 가능해 손목 시계, 컴퓨터 등에 널리 쓰인다 액정디스플레이 혹은 액정표시장치라고도 한다.

(4) **제4과목 : 색채 지각의 이해**

61 색상대비에 대한 설명으로 틀린 것은?

① 단계적으로 균일하게 채색되어 있는 색의 경계부분에서 일어나는 대비현상이다.
② 색상이 다른 두 색을 인접해 놓으면 두 색이 서로의 영향으로 인하여 색상차가 크게 나는 현상이다.
③ 1차색끼리 잘 일어나며 2차색, 3차색이 될수록 대비효과는 적게 나타난다.
④ 색상환에서 인접한 두 색을 대비시키면 두 색은 각각 더 멀어지려는 현상이 나타난다.

> **색상대비**
> 색상대비는 색상이 다른 두 색을 동시에 쓸 때 각 색상의 차이가 크게 느껴지는 현상이다.

62 색채지각과 감정 효과에 대한 설명이 옳은 것은?

① 무겁고 커다란 가방이 가벼워 보이도록 높은 명도로 색채계획하였다.
② 부드러워 보여야 하는 유아용품에 한색계의 높은 채도의 색을 사용하였다.
③ 팽창되어 보일 수 있도록 저명도를 사용하여 계획하였다.
④ 검정색과 흰색은 무채색으로 온도감이 없다.

> **색채지각과 감정 효과**
> 색의 3속성 중 중량감에 가장 큰 영향을 미치는 것은 명도이다. 명도가 높을수록 가벼워 보이고 낮을수록 무거워 보인다. 색의 경연감은 채도와 명도에 의해 좌우되는데, 부드러운 느낌은 고명도 저채도의 보색계열, 딱딱한 느낌은 저명도 고채도의 한색계열이다.

63 색의 온도감은 색의 속성 중 어떤 것에 주로 영향을 받는가?

① 채도
② 명도
③ 색상
④ 순도

> **색의 온도감**
> 색의 온도감이란 색의 3속성 가운데 색상에 가장 영향을 받으며 빨강, 주황, 노랑의 난색은 따뜻하게 느껴지고 파랑, 남색, 청록색은 한색으로 차갑게 느껴지며 초록과 보라는 중성색으로 난색과 한색 어디에도 속하지 않는다.

64 색채지각에 대한 설명이 틀린 것은?

① 연색성이란 색의 경연감에 관한 것으로 부드러운 느낌의 색을 의미한다.
② 밝은 곳에서 갑자기 어두운 곳으로 들어갔을 때 암순응 현상이 일어난다.
③ 터널의 출입구 부분에서는 명순응, 암순응의 원리가 모두 적용된다.
④ 조명광이나 물체색을 오랫동안 보면 그 색에 순응되어 색의 지각이 약해지는 현상을 색순응이라 한다.

> **색의 연색성**
> 색의 연색성이란 광원이 물체의 색감에 영향을 미치는 것으로 같은 물체색이라도 광원의 분광에 따라 다른 색으로 지각되는 현상이다.

65 주위색의 영향으로 인접색에 가깝게 느껴지는 현상은?

① 동화현상　　　　② 면적 효과
③ 대비 효과　　　　④ 착시 효과

색의 동화현상
동화현상은 인접한 색들끼리 서로 영향을 주어 인접한 색에 가깝게 느껴지는 현상으로 명도동화, 색상동화, 채도동화 현상이 있다.

66 빛과 색채에 관한 설명 중 틀린 것은?

① 햇빛과 같이 모든 파장이 유사한 강도를 갖는 빛을 백색광이라 한다.
② 빛은 파장에 따라 서로 다른 색감을 일으킨다.
③ 물체의 색은 빛의 반사와 흡수의 특성에 의해 결정된다.
④ 여러 가지 파장이 고르게 반사되는 경우에는 유채색으로 지각된다.

빛과 색채
빛의 파장을 모두 반사하면 흰색, 모두 흡수하면 검정색, 여러 가지 파장을 고르게 반사하고 흡수하면 무채색인 회색으로 지각된다.

67 진출색에 대한 설명으로 틀린 것은?

① 유채색이 무채색보다 더 진출하는 느낌을 준다.
② 채도가 낮은 색이 채도가 높은 색보다 더 진출하는 느낌을 준다.
③ 밝은 색이 어두운 색보다 더 진출하는 느낌을 준다.
④ 따뜻한 색이 차가운 색보다 더 진출하는 느낌을 준다.

진출색
색의 진출과 후퇴에서 난색이 한색보다, 밝은색이 어두운색보다, 고채도의 색이 저채도의 색보다, 유채색이 무채색보다 더 진출해 보이는 효과가 있다.

68 다음 중 중간명도의 회색 배경에서 주목성이 가장 높은 색은?

① 노랑　　　　② 빨강
③ 주황　　　　④ 파랑

색의 주목성
주목성이 높은 색은 난색의 유채색에 고채도의 색이다. 중간명도의 회색에서 가장 주목성이 높은 색은 난색의 노랑, 빨강, 주황 중 명도차가 가장 큰 노랑이다.

69 망막에서 뇌로 들어가는 시신경 다발 때문에 상이 맺히지 않는 부분은?

① 중심와　　　　② 맹점
③ 시신경　　　　④ 광수용기

눈의 구조
맹점은 망막의 시세포가 물리적 정보를 뇌로 전달하기 위해 시신경 다발이 나가는 통로이기 때문에 빛을 구분하는 시세포가 없어 상이 맺히지 않는다.

70 다음 중 빛의 전달경로로 옳은 것은?

① 각막 – 수정체 – 홍채 – 망막 – 시신경
② 홍채 – 수정체 – 각막 – 망막 – 시신경
③ 각막 – 망막 – 홍채 – 수정체 – 시신경
④ 각막 – 홍채 – 수정체 – 망막 – 시신경

빛의 전달경로
빛을 지각하는 과정은 빛 → 각막 → 동공 → 수정체 → 망막 → 시신경 세포 → 뇌 순이다.

71 원판에 흰색과 검은색을 칠하여 팽이를 만들어 빠르게 회전시켰을 때 유채색이 느껴지는 것을 무엇이라 하는가?

① 푸르킨예 현상　　　　② 메카로 효과
③ 잔상 현상　　　　　　④ 페히너 효과

페히너 효과
1838년 독일의 페히너가 원반의 반을 흰색, 검은색으로 칠한 후 고속으로 회전시켜 파스텔 톤의 연한 유채색이 느껴지는 것을 경험하여 이를 페히너 효과라고 한다.

72 보색은 물리보색과 심리보색으로 분류할 수 있다. 다음 중 보색의 분류 종류가 나머지와 다른 하나는?

① 인간의 색채지각 요소인 망막 상의 추상체와 간상체의 특성에 기인한다.
② 헤링의 반대색설과 연관된다.
③ 회전혼색의 결과 무채색이 된다.
④ 잔상현상에 따라 보색이 보인다.

보색
2가지의 물감을 혼합하여 무채색이 되거나 2가지의 색광을 혼합하여 백색광이 되는 경우 이 두 색을 물리보색이라 한다. 심리보색은 어떤 색자극을 눈에 비친 후 생기는 잔상색을 말하며 심리보색은 물리보색의 색과 일치하지 않는다.

73 순색의 빨강을 장시간 바라볼 때 나타나는 현상으로 옳은 것은?

① 순색의 빨강을 장시간 바라보면 양성잔상이 일어난다.
② 눈의 M추상체의 반응이 주로 나타난다.
③ 원래의 자극과 반대인 보색이 지각된다.
④ 눈의 L추상체의 손실이 적어 채도가 높아지게 된다.

> **색의 잔상**
> 부의 잔상(음성잔상) 원래의 감각과 반대의 밝기나 색상을 띤 잔상으로 자극이 사라진 뒤에도 광자극의 색상, 명도, 채도가 정반대로 느껴지는 현상이다.

74 반대색설에 대한 설명이 옳은 것은?

① 물감의 혼합인 감산혼합의 이론과 일치한다.
② 색채지각의 물리학적인 측면에 중점을 둔다.
③ 하양-검정, 빨강-초록, 노랑-파랑의 짝을 이룬다.
④ 영과 헬름홀츠에 의해 발표되어진 색지각설이다.

> **반대색설**
> 헤링은 영-헬름홀츠의 3원색설에 대비되는 반대색설을 발표하여 우리 눈에는 빨강-초록, 노랑-파랑, 검정-하양 물질의 3종류가 있다고 가정하였다.

75 다음 혼색의 설명 중 잘못된 것은?

① 중간혼색 - 두 색 또는 그 이상의 색이 섞였을 때 평균적인 밝기의 색
② 감법혼색 - 무대 조명의 색
③ 가법혼색 - 모두 혼합하면 백색
④ 병치혼색 - 직조된 천의 색

> **색의 혼색**
> 감법혼색은 색료의 혼합으로 두 종류 이상의 색을 혼합할 경우 순색의 강도가 어두워진다는 뜻으로 감법혼합이라고도 한다.

76 색의 3속성에 관한 설명이 틀린 것은?

① 색상은 주파장의 종류에 의해 결정된다.
② 명도는 색의 밝고 어두운 정도를 나타낸다.
③ 무채색이 많이 포함될수록 채도는 높아진다.
④ 유채색은 색상, 명도, 채도의 3속성을 가지고 있다.

> **색의 3속성**
> 색의 3속성은 색상, 명도, 채도이며 빛에 반사되는 파장에 따라 색상이 결정되고 색의 선명도를 채도로 구분한다. 무채색이 많이 포함될수록 채도는 낮아진다.

77 가산혼합에 관한 설명 중 틀린 것은?

① 3원색을 모두 혼합하면 흰색이 된다.
② 혼합할수록 명도와 채도가 높아진다.
③ Red와 Green을 혼합하면 Yellow가 된다.
④ Green과 Blue를 혼합하면 Cyan이 된다.

> **가산혼합**
> 가산혼합은 색광의 혼합을 말하며 두 종류 이상의 색광을 혼합할 경우 빛의 양이 증가하기 때문에 명도가 높아지고 채도는 낮아진다.

78 다음 중 명도대비가 가장 뚜렷한 것은?

① 빨강 순색 배경의 검정
② 파랑 순색 배경의 검정
③ 노랑 순색 배경의 검정
④ 주황 순색 배경의 검정

> **명도대비**
> 명도대비는 명도가 다른 두 색이 서로 대조가 되어 두 색 간의 명도차가 극명해 보이는 현상이다. 두 색의 영향으로 고명도의 색은 더욱 밝게, 저명도의 색은 더욱 어둡게 보인다 검정과 가장 명도차가 많은 색은 노랑이다.

79 인접한 두 색의 경계면에서 일어나는 대비현상은?

① 보색대비   ② 한난대비
③ 계시대비   ④ 연변대비

> **대비현상**
> 두 색이 인접해 있을 때 서로 인접되는 부분이 경계로부터 멀리 떨어져 있을 부분보다 색상, 명도, 채도의 대비현상이 더욱 강하게 일어나는 현상은 연변대비이다.

80 빛에 대한 설명으로 틀린 것은?

① 빛은 눈에 보이는 전자기파이다.
② 파장이 500nm인 빛은 자주색을 띤다.
③ 가시광선의 파장범위는 380~780nm이다.
④ 흰 빛은 파장이 다른 빛들의 혼합체이다.

> **빛과 파장**
> 가시광선의 파장영역은 약 390~780nm이며 각 색상이 해당되는 영역은 다음과 같다.
> - 빨강 : 780~620nm
> - 주황 : 620~590nm
> - 노랑 : 590~570nm
> - 초록 : 570~500nm
> - 파랑 : 500~450nm
> - 보라 : 450~380nm

81 먼셀 색입체를 특정 명도단계를 기준으로 수평으로 절단하여 얻은 단면상에서 볼 수 없는 나머지 하나는?

① 5R 6/6
② N6
③ 10GY 7/4
④ 7.5G 6/8

먼셀 색입체
먼셀 색입체의 중심은 명도로 세로축에 배치하고, 주위의 원주 방향에 색상, 중심의 가로축에서 방사상으로 늘이는 축을 채도로 구성하였다. 색입체를 수평으로 절단한 단면은 동일 명도로 된 모든 색상을 관찰할 수 있다 따라서 명도가 다른 10GY 7/4는 관찰할 수 없는 색이다.

82 1931년도 국제조명학회에서 채택한 색체계는?

① 먼셀 색체계
② 오스트발트 색체계
③ NCS 색체계
④ CIE 색체계

CIE 색체계
1931년 국제조명위원회(CIE)에서는 빛의 3원색인 R, G, B를 이용한 빛의 혼색, 즉 가법혼색의 원리에 의해서 심리 · 물리적인 빛의 혼색 실험에 기초한 색을 표시하기로 결정하였다.

틀리기 쉬운 문제
83 한국산업표준의 색이름 설명으로 틀린 것은?

① 관용색 이름에는 선홍, 새먼핑크, 군청 등이 있다.
② 계통색 이름은 유채색의 계통색 이름과 무채색의 계통색 이름으로 나뉜다.
③ 무채색의 기본색 이름은 하양, 회색, 검정이다.
④ 부사 '아주'를 무채색의 수식형용사 앞에 붙여 사용할 수 없다.

한국산업표준 색이름
한국산업표준의 색 이름에 의하면 유채색의 수식 형용사인 선명한 (Vivid), 흐린(Soft), 탁한(Dull), 밝은(Light), 어두운(Dark), 진한(Deep), 연한(Pale)과 무채색의 수식 형용사인 밝은(Light), 어두운(Dark)이 있다 필요시 2개의 수식 형용사를 결합하거나 부사 '아주'를 수식 형용사 앞에 붙여 사용할 수 있다.

84 현색계와 혼색계를 바르게 설명한 것은?

① 현색계는 실제 눈에 보이는 물체색과 투과색 등이다.
② 현색계는 눈으로 비교, 검색할 수 없다.
③ 혼색계는 수치로 구성되어 색의 감각적 느낌이 강하다.
④ 혼색계에는 NCS 색체계가 대표적이다.

현색계와 혼색계
현색계는 물체색을 인간의 색지각에 기반하여 실제 눈에 보이는 물체색이나 투과색을 현실에 존재하는 색표로 재현한 것이며, 대표적인 현색계 시스템은 먼셀과 NCS이다. 혼색계는 측색기로 어떤 파장의 빛을 반사하는가에 따라 색의 특징을 판별하는 방법으로 혼색계의 대표적인 체계는 CIE의 XYZ, LAB, Humter Lab 등이다.

틀리기 쉬운 문제
85 색채의 표준화를 연구하여 흑색량(B), 백색량(W), 순색량(C)을 근거로, 모든 색을 B+W+C=100이라는 혼합비를 통해 체계화한 색체계는?

① 먼셀 색체계
② 비렌 색체계
③ 오스트발트 색체계
④ P.C.C.S 색체계

색채의 표준화
오스트발트의 표색계는 모든 색을 순색량(C)+백색량(W)+흑색량(B)=100이 되는 3색 혼합에 의하여 물체색을 체계화하였다. 순색량(C), 백색량(W), 흑색량(B)의 합을 100%로 하였기 때문에 등색상면 뿐만 아니라 어떠한 색이라도 혼합량의 합은 항상 일정하다.

86 혼색계(Color Mixing System) 색체계의 특징이 아닌 것은?

① 정확한 색의 측정이 가능하다.
② 빛의 가산혼합의 원리에 기초하고 있다.
③ 수치로 표시되어 수학적 변환이 쉽다.
④ 숫자의 조합으로 감각적인 색의 연상이 가능하다.

혼색계
혼색계 색체계의 특징은 대표적인 표색계 CIE의 경우 심리, 물리적인 빛의 혼합을 실험하는 것에 기초를 둔 것으로 정확한 수치 개념에 입각한다.

정답 73 ③ 74 ③ 75 ② 76 ③ 77 ② 78 ③ 79 ④ 80 ② 81 ③ 82 ④ 83 ④ 84 ① 85 ③ 86 ④

87 배색의 구성요소에 대한 설명으로 틀린 것은?

① 배색 시에는 대상에 동반되는 일정 면적과 용도 등을 고려해야 한다.
② 주조색은 배색에 사용된 색 가운데 가장 출현 빈도가 높거나 넓은 면적을 차지하는 색이다.
③ 강조색은 차지하고 있는 면적으로 보면 가장 작은 면적에 사용되지만, 가장 눈에 띄는 포인트 색이다.
④ 강조색 선택 시 주조색과 유사한 색상과 톤을 선택하면 개성 있는 배색을 할 수 있다.

> **배색의 구성요소**
> 배색의 구성요소 중 강조색은 전체의 배색이 변화가 없을 때 기존색과 반대가 되는 강조색을 사용하면 적극적이고 활기찬 배색이 된다.

88 오스트발트 색채 조화론의 기본 개념은?

① 조화란 유사한 것을 말한다.
② 조화란 질서가 있을 때 나타난다.
③ 조화는 대비와 같다.
④ 조화란 중심을 향하는 운동이다.

> **오스트발트의 색채 조화론**
> 오스트발트의 표색계의 원리는 회전 혼색기의 색채 분할 면적의 비율을 변화시켜 색을 만들고 색표로 나타낸다. 모든 빛을 흡수하는 이상적인 검정(B), 모든 빛을 반사하는 이상적인 흰색(W), 특정 과정 영역의 빛만을 반사하고 나머지 파장 영역을 흡수하는 이상적인 순색(C)이라고 하는 세 가지 요인을 가정하고 '조화란 질서가 있을 때 나타난다'고 하였다.

89 비렌의 색채 조화론에서 사용하는 용어가 아닌 것은?

① 비렌의 색삼각형
② 바른 연속의 미
③ Tint, Tone, Shade
④ Scalar Moment

> **비렌의 색채 조화론**
> 비렌의 색채 조화론은 기본 구조로 순색, 흰색, 검정을 삼각형의 꼭짓점에 두며, 오스트발트 색체계를 수용하고 있다. ④의 Scalar Moment는 문·스펜서의 조화 이론에 등장하는 용어이다.

90 DIN 색체계는 어느 나라에서 도입한 것인가?

① 영국
② 독일
③ 프랑스
④ 미국

> **DIN 색체계**
> DIN은 독일의 공업 규격을 말하며, 독일 규격 협회에 의해 제정되어 있다.

91 다음 ISCC-NIST의 설명 중 틀린 것은?

① 1955년 ISCC-NBS 색채표준 표기법과 색이름이라는 이름으로 발표되었다.
② ISCC와 NIST는 색채의 전달과 사용상 편의를 목적으로 색이름사전과 색채의 계통색 분류법을 개발하였다.
③ Light Violet의 먼셀 기호 색상은 1RP이다.
④ 약자 v-Pk는 vivid Pink의 약자이다.

> **ISCC-NIST**
> ISCC-NIST는 1939년에 전미색채협의회와 미국 국가 표준에 의해 제정된 색명법으로 미국에 통용되는 일반 색명을 정리한 것이다. ③의 Light Violet에서 Violet은 Purple을 의미하므로 먼셀 기호 색상으로 표시하면 P가 알맞은 기호가 된다.

92 쉐브럴의 색채 조화론에 대한 설명으로 틀린 것은?

① 직물의 직조를 중심으로 색을 연구하여 동시대비의 다양한 원리를 발견하였다.
② 색상환은 빨강, 노랑, 파랑의 3원색에서 파생된 72색상으로 이루어졌는데 그 각각의 색상이 스케일을 구성한다.
③ 색채 조화를 유사조화와 대비조화 2종류로 나누었다.
④ 색채의 기하학적 대비와 규칙적인 색상의 배열을 색상의 대비를 통하여 표현하려 했다.

> **쉐브럴의 색채 조화론**
> 쉐브럴은 그의 저서 『색의 조화와 대비의 법칙』에서 처음으로 대비 현상에 대해 설명하였다. 색채의 유사 조화와 대비 조화를 구별했으며 이러한 색의 대비에 기초한 배색 이론은 색의 3속성과 색의 체계에 대한 의식을 새롭게 하였다. 색상환에서 서로 인접한 색상들처럼 대비가 작은 색들은 시각적으로 섞이는 경향이 있으므로 유사색은 적은 양을 분산시켜 사용하는 것이 바람직하며, 주요 색상이 원색일 때 최상이 될 수 있다고 주장한 것이다.

93 먼셀 색입체의 단면에 대한 설명으로 틀린 것은?

① 색입체의 수직단면은 종단면이라고도 하며, 같은 색상이 나타나므로 등색상면이라고도 한다.
② 색입체를 수평으로 자른 횡단면에는 같은 명도의 색이 나타나므로 등명도면이라고도 한다.
③ 수직단면은 유사 색상의 명도, 채도변화를 한 눈에 볼 수 있으며, 가장 안쪽의 색이 순색이다.
④ 수평단면은 같은 명도에서 채도의 차이와 색상의 차이를 한 눈에 알 수 있다.

> **먼셀의 색입체**
> 먼셀 색입체의 단면에서 수직으로 잘랐을 때 동일한 색상 내 명도의 차이와 채도의 차이를 볼 수 있다. 즉, 수직단면은 동일한 색상과 그 보색의 명도, 채도 변화를 한눈에 볼 수 있으며 가장 바깥쪽의 색이 순색이다.

94 색채배색의 분리 효과에 대한 설명으로 틀린 것은?

① 색유리와 색유리가 접하는 부분에 납 등의 금속을 끼워 넣음으로써 전체에 명쾌한 느낌을 준다.

② 색상과 톤이 비슷하여 희미하고 애매한 인상을 주는 배색에 세퍼레이션 컬러를 삽입하여 명쾌감을 준다.

③ 무지개의 색, 스펙트럼의 배열, 색상환의 배열에서 그 예를 찾을 수 있다.

④ 대비가 강한 보색배색에 밝은 회색이나 검은색 등 무채색을 삽입하여 배색한다.

색채배색의 분리효과
색채 배색의 세퍼레이션 · 배색은 대립되는 두 색이 부조화하거나 그 대비가 유사 또는 보색일 경우에 두 색이 분리될 수 있도록 무채색, 금색, 은색 등을 사용하여 조화를 이루게 하는 배색을 말한다. ③ 무지개의 색, 스펙트럼의 배열, 색상환의 배열은 그러데이션 배색이다.

95 NCS 색체계에서 W, S, C에 대한 설명으로 옳은 것은?

① W : 흰색도, S : 검은색도, C : 순색도
② W : 검은색도, S : 순색도, C : 흰색도
③ W : 흰색도, S : 순색도, C : 검은색도
④ W : 검은색도, S : 흰색도, C : 순색도

NCS 색체계
NCS 색체계에서 4가지 기본색 노랑, 파랑, 빨강, 초록과 하양, 검정을 인간이 구별할 수 있는 기초적인 6가지 기본 색채로 정하였으며 여기에서 모든 색 하양(W, 흰색도), 검정(S, 검은색도), 순색(C, 순색도)의 합이 100%가 된다.

96 오스트발트 색체계에서 등가색환 계열이란?

① 백색량이 모두 같은 색의 계열이다.
② 등색상 삼각형 W, B와 평행선상에 있는 색의 계열이다.
③ 순색이 모두 같게 보이는 색의 계열이다.
④ 백색량, 흑색량, 순색량이 같은 색의 계열이다.

오스트발트 색체계
오스트발트 색체계에서 등가색환의 조화는 백색량과 흑색량, 순색량은 동일하지만 색상만 달라지는 계열이다.

97 먼셀기호의 색 표기법의 순서가 올바른 것은?

① 색상 – 채도 – 명도　② 색상 – 명도 – 채도
③ 채도 – 명도 – 색상　④ 채도 – 색상 – 명도

먼셀 기호의 색 표기법
먼셀 기호의 색 표기법은 색상 명도/채도의 순서이다.

98 NCS 색입체를 구성하는 기본 6가지 색상은?

① 노랑, 빨강, 파랑, 초록, 흰색, 검정
② 빨강, 파랑, 초록, 보라, 흰색, 검정
③ 노랑, 빨강, 파랑, 보라, 흰색, 검정
④ 빨강, 파랑, 초록, 자주, 흰색, 검정

NCS 색입체
NCS 색입체를 구성하는 기본 6가지 색상은 4가지 기본색 노랑, 파랑, 빨강, 초록과 하양, 검정을 인간이 구별할 수 있는 기초적인 6가지 기본 색채로 정하였다.

99 L*a*b* 색공간에 대한 설명으로 옳은 것은?

① L*a*b* 색공간에서는 L*는 채도, a*와 b*는 색도 좌표를 나타낸다.

② +a*는 빨간색 방향, +b*는 파란색 방향이다.

③ 중앙은 무색이다.

④ +a*는 빨간색 방향, –a*는 노란색 방향이다.

CIE Lab 표색계
CIE Lab 표색계에서는 L*로 명도를 표시하고, a*와 b*로 색상과 채도를 표시한다. 즉, L*은 밝고 어두움을 나타내고 a*와 b*는 색의 방향을 나타내는데, +a*는 빨간색(Red), –a*는 녹색(Green), +b*는 노란색(Yellow), –b*는 파란색(Blue) 방향을 표시한다. a*와 b*의 값이 커질수록 중앙에서 바깥쪽으로 수치가 이동하여 채도가 증가하고, a*와 b*의 값이 작을수록 중앙으로 이동하여 무채색에 가까워진다.

100 다음 중 관용색명이 아닌 것은?

① 적, 청, 황
② 살구색, 쥐색, 상아색, 팥색
③ 코발트블루, 프러시안블루
④ 밝은 회색, 어두운 초록

관용색명
관용색명은 옛날부터 전해 내려오는 색명이다. 밝은 회색, 어두운 초록과 같이 기본 색명에 밝은, 어두운 같은 수식어를 붙여 표현하는 것은 계통 색명이다.

07회 기출문제

---

1 제1과목 : 색채 심리

01 제품의 라이프사이클을 순서대로 나열한 것은?

① 성숙기 → 도입기 → 성장기 → 쇠퇴기
② 도입기 → 성장기 → 성숙기 → 쇠퇴기
③ 쇠퇴기 → 도입기 → 성숙기 → 성장기
④ 도입기 → 성숙기 → 성장기 → 쇠퇴기

> **제품 수명주기(제품의 라이프사이클)**
> 도입기 → 성장기 → 성숙기 → 쇠퇴기

02 색채의 심리적 기능에 대한 설명 중 틀린 것은?

① 명도와 채도가 높은 색은 가깝게 보이지만 크기의 변화는 없어 보인다.
② 진출색과 후퇴색은 색채의 팽창과 수축과도 관계가 있다.
③ 색상은 파장이 짧을수록 멀게 보이고, 파장이 길수록 가까워 보인다.
④ 가까워 보이는 색을 진출색, 멀어 보이는 색을 후퇴색이라고 한다.

> 명도와 채도가 높은 색은 앞으로 나와 보여 가깝게 보이고 크기는 커보인다.

03 국기에 대표적으로 사용되는 색채의 의미와 상징에 대한 설명 중 옳은 것은?

① 검정 – 희생, 박애, 사막
② 초록 – 강, 자유, 삼림
③ 노랑 – 국부, 번영, 태양
④ 파랑 – 국토, 희망, 이슬람교

> 국가의 색체에서 검정은 고난, 독립, 자유, 정의, 대지, 근면을 의미하며 초록은 산림, 자연, 국토, 희망을 의미하고 노랑은 황금, 태양, 번영, 부를 의미하며 파랑은 강, 바다 하늘, 희망, 자유를 의미한다.

04 다음 중 소리와 색채의 연결이 잘못된 것은?

① 예리한 음 – 순색에 가까운 밝고 선명한 색
② 높은 음 – 탁한 노랑
③ 낮은 음 – 저명도, 저채도의 어두운 색
④ 탁음 – 채도가 낮은 무채색

> **색채의 공감각**
> • **높은 음** : 밝고 강한 채도의 색(고명도, 고채도)
> • **낮은 음** : 어두운 색(저채도, 저명도)
> • **예리한 음** : 순색에 가까운 밝고 선명한 색
> • **탁음** : 둔한 색, 낮은 채도의 색

05 수술 중 잔상을 방지하기 위한 수술실의 벽면색으로 적합하지 않은 것은?

① W 계열
② G 계열
③ BG 계열
④ B 계열

> 수술 시의 붉은 피를 고려해 빨간색의 보색인 초록, 청록색 계통을 사용하면 눈의 피로를 줄일 수 있다.

06 다음 중 명시도가 높은 색으로서 뾰족하고 날카로운 모양을 연상시키는 색채는?

① 빨강
② 노랑
③ 녹색
④ 회색

> **색과 형태**
> 색과 형태에 관해 파버 비렌과 요하네스 이텐의 연구에서는 색과 형태가 다음과 같이 연관되어 연상된다고 하였다.
> • **빨강** : 정사각형
> • **주황** : 직사각형
> • **노랑** : 역삼각형
> • **초록** : 육각형
> • **파랑** : 원
> • **보라** : 타원
> • **검정** : 마름모

07 다음 각 문화권의 선호색채에 대한 설명 중 옳은 것은?

① 중국인들은 전통적으로 유교문화의 영향을 받아 흰색과 청색을 중시하였다.
② 이스라엘 사람들은 전통적으로 노란색을 좋아하여 유대인의 별이라는 마크와 이름까지 생겨났다.
③ 이슬람교 문화권에서는 흰색과 녹색을 선호하는 것을 많은 유물에서 볼 수 있다.
④ 힌두교의 카스트 제도에서 빨강은 가장 고귀한 귀족을 의미한다.

문화권의 선호색채
중국인들은 빨강을 태양과 희망의 색으로 여겨 가장 선호하고 이스라엘 사람들은 청색을 진실과 평화의 색으로 선호하며 힌두교에서는 노랑을 신성시하며 가장 선호한다.

08 색채정보 수집방법에서 가장 많이 쓰이는 방법은?

① 실험 연구법
② 표본조사 연구법
③ 현장 관찰법
④ 패널 조사법

표본조사 연구법
색채정보 수집방법에서 가장 많이 쓰이는 방법이다. 표본추출은 대규모 집단에서 소규모 집단으로 표본을 추출하는 무작위 선정 방식이다. 표본의 크기는 대상의 변수도와 연구자가 감내할 수 있는 허용오차 크기 그리고 허용오차 범위 내의 오차가 반영된 조사 결과의 확률을 고려하여 결정해야 한다.

09 다음 중 표적 마케팅의 단계에 해당되지 않는 것은?

① 시장 세분화
② 시장 표적화
③ 시장의 위치선정
④ 고객서비스 개발

표적 마케팅 단계
시장 세분화 → 시장 표적화 → 시장의 위치 선정

10 색채의 정서적 반응과 일치하지 않는 설명은?

① 색채의 시각적 효과는 객관적 해석에 의해 결정된다.
② 색채감각은 물체의 속성이 아니라 인간의 시신경계에서 결정된다.
③ 색채는 대상의 윤곽과 실체를 쉽게 파악하는 데 유용한 정보를 제공한다.
④ 색체에 대한 정서적 경험은 개인의 생활양식, 문화적 배경, 지역과 풍토의 영향을 받는다.

색채의 정서적 반응
개인의 생활습관과 행동양식, 문화적 배경, 지역 및 풍토가 반영된 색채의 주관적 경험에 의해 결정된다.

11 다음 ( )에 순서대로 들어갈 적당한 말은?

> 지하철이나 자동차의 외부에 ( )계통을 칠하면 눈에 잘 띄고, ( )를(을) 사용하면 반대로 눈에 띄기 어려워 작고 멀리 떨어져 보인다.

① 한색, 난색
② 난색, 한색
③ 고명도색, 고채도색
④ 고채도색, 고명도색

색채의 기능
명시성과 주목성을 높이기 위해서 고채도의 난색을 사용하고 반대로 작고 멀리 떨어져 보이기 위해서는 저채도의 한색을 사용한다.

12 색채 심리를 이용하여 지각범위가 좁아진 노인을 위한 공간 계획을 할 때 가장 고려되어야 할 것은?

① 색상대비
② 명도대비
③ 채도대비
④ 보색대비

색채와 지각범위
노인은 지각범위가 좁아지는 경향이 있으며 노인의 빠른 공간인지를 돕기 위해 시인성이 높아지도록 명도대비를 가장 고려해야 한다.

13 다음 중 색채계획 시 유행색에 가장 민감한 품목은?

① 자동차
② 패션용품
③ 사무용품
④ 가전제품

유행색
색채계획 시 유행색에 가장 민감한 품목은 패션용품이다. 패션산업에서는 실 시즌의 2년 전에 유행예측색이 제안되고 있다.

정답 01 ② 02 ① 03 ③ 04 ② 05 ① 06 ② 07 ③ 08 ② 09 ④ 10 ① 11 ② 12 ② 13 ②

14 특정국가, 지역의 문화 및 역사에 국한되지 않고 국제언어로 활용되는 색채의 대표적인 예들 중 거리가 먼 것은?

① 노랑 – 장애물 또는 위험물에 대한 경고
② 빨강 – 소방기구, 금지 표시
③ 초록 – 구급장비, 상비약, 의약품
④ 파랑 – 종교적 시설, 정숙, 도서관

15 바둑알 제작 시 검정색 알을 흰색 알보다 조금 더 크게 만드는 이유와 관련한 색채 심리현상은?

① 대비와 착시
② 대비와 잔상
③ 조화와 착시
④ 조화와 잔상

16 색채 마케팅 프로세스의 순서가 옳은 것은?

① 색채 DB화 → 색채 콘셉트 설정 → 시장, 소비자 조사 → 판매 촉진 전략 구축
② 색채 DB화 → 판매 촉진 전략 구축 → 색채 콘셉트 설정 → 시장, 소비자 조사
③ 시장, 소비자 조사 → 색채 콘셉트 설정 → 판매 촉진 전략 구축 → 색채 DB화
④ 시장, 소비자 조사 → 색채 DB화 → 판매 촉진 전략 구축 → 색채 콘셉트 설정

17 색채의 공감각 중 쓴맛을 느끼는 것과 관련이 없는 것은?

① 회색, 하양, 검정의 배색
② 한약재의 이미지 연상
③ 케일주스의 이미지 연상
④ 올리브그린, 마룬(Maroon)의 배색

18 항공, 해안 시설물의 안전색으로 가장 적합한 파장 영역은?

① 750nm   ② 600nm
③ 480nm   ④ 400nm

19 안전 · 보건표지에 사용되는 색채 중 그 용도가 '지시'에 해당하는 것은?

① 7.5R 4/14
② 5Y 8.5/12
③ 2.5G 4/10
④ 2.5PB 4/10

20 다음 색채와 연상어의 연결이 틀린 것은?

① 노랑 – 위험, 혁명, 환희
② 초록 – 안정, 평화, 지성
③ 파랑 – 명상, 냉정, 영원
④ 보라 – 창조, 우아, 신비

틀리기 쉬운 문제

21 색채계획 과정에서 색채변별능력, 색채조사 능력은 어느 단계에서 요구되는가?

① 색채환경분석 단계
② 색채 심리분석 단계
③ 색채전달계획 단계
④ 디자인에 적용 단계

색채계획 과정
'색채환경분석 → 색채 심리분석 → 색채전달계획 → 디자인에 적용' 중에서 색채변별능력, 색채조사 능력은 색채환경분석 단계에서 요구된다.

22 다음 ( ) 안에 들어갈 용어는?

> 환경과 인간활동 간의 조화를 모색함으로써 지속성을 보장하고 지속적인 발전을 유도하는 공간 조직과 생활양식을 실현한다는 의미를 내포하며 그러한 사상을 토대로 하여 도출된 것이 ( ) 디자인의 개념이다.

① 생태문화적　　　　② 환경친화적
③ 기술환경적　　　　④ 유기체적

환경친화적 디자인
환경과 인간활동 간의 조화를 모색함으로써 지속성을 보장하고 지속적인 발전을 유도하는 공간 조직과 생활 양식을 실현한다는 의미를 내포하며 그러한 사상을 토대로 하여 도출된 것이 환경친화적 디자인의 개념이다.

23 윌리엄 모리스가 디자인에 접목시키고자 했던 예술 양식은?

① 바로크　　　　② 로마네스크
③ 고딕　　　　　④ 로코코

미술공예운동(윌리엄 모리스)
윌리엄 모리스는 영국의 공예가이자 19세기 말 미술공예운동을 주도한 인물이다. 중세 역사와 고딕 양식에 관심이 많아 이를 디자인에 접목시키고자 하였다. 특히 그의 스승인 러스킨의 사상을 이어받아 예술의 민주화와 예술의 생활화를 주장하였으며 근대 디자인의 이념적 기초를 마련하였고 산업혁명에 의한 기계생산, 대량화, 분업화에 따른 생산품의 질적 하락, 인간 노동의 소외에 저항하며 수공예를 수준 높은 예술로 여기며 사회개혁운동을 펼쳤다.

24 환경디자인에 관한 설명으로 잘못 연결된 것은?

① 스트리트 퍼니처 – 광고탑, 버스정류장, 식수대 등 도시의 표정을 결정하는 중요한 요소이다.
② 옥외광고판 – 기능적인 성격이 강하므로 심미적인 기능보다는 눈에 띄는 것이 가장 중요하다.
③ 수퍼그래픽 – 짧은 시간 내 적은 비용으로 환경개선이 가능하다.
④ 환경조형물 – 공익목적으로 설치된 조형물로 주변 환경과의 조화, 이용자의 미적욕구충족이 요구된다.

옥외광고판 : 포스터, 간판, 야외 간판, 광고탑과 같은 광고물을 지칭하며 무조건 눈에 띄는 디자인이 아닌 주변 환경과 조화롭게 디자인되어야 한다.

25 1960년대 초 미국적 물질주의 문화를 반영하여 전개되었던 대중예술의 한 경향은?

① 포스트모더니즘(Postmodernism)
② 미니멀 아트(Minimal art)
③ 옵아트(Op art)
④ 팝아트(Pop art)

팝아트
60년대 초미국적 물질주의문화를 반영하여 전개되었던 대중예술의 한 경향이다.

틀리기 쉬운 문제

26 다음 설명과 가장 관계 깊은 디자인은?

> 한 지역의 지리적, 풍토적 자연환경과 인종적인 배경 아래서 그 지역 사람들의 일상적인 생활 습관과 자연스러운 욕구에 의해 이루어진 토속적인 양식은 유기적인 조형과 실용적인 문제해결이라는 측면에서 오늘날의 디자인에 시사하는 바가 크다.

① 생태학적 디자인(Ecological Design)
② 버네큘러 디자인(Vernacular Design)
③ 그린 디자인(Green Design)
④ 환경적 디자인(Environmental Design)

버네큘러 디자인
개인의 독창적인 예술의 결과물이 아닌 한 지역의 지리적, 풍토적 자연환경과 인종적인 배경 아래서 그 지역 사람들의 일상적인 생활 습관과 자연스러운 욕구에 의해 이루어진 토속적인 양식이다. 유기적인 조형과 실용적인 문제해결이라는 측면에서 오늘날의 디자인에 시사하는 바가 크다.

정답 14 ④ 15 ① 16 ③ 17 ① 18 ② 19 ④ 20 ① 21 ① 22 ② 23 ③ 24 ② 25 ④ 26 ②

27 다음 디자인 과정의 순서가 옳게 나열된 것은?

> ㄱ. 조사 ㄴ. 분석 ㄷ. 계획 ㄹ. 평가 ㅁ. 종합

① ㄱ → ㄴ → ㄷ → ㄹ → ㅁ
② ㄱ → ㄷ → ㄴ → ㅁ → ㄹ
③ ㄷ → ㄱ → ㄴ → ㅁ → ㄹ
④ ㄷ → ㄱ → ㄴ → ㄹ → ㅁ

> **디자인 과정 순서**
> 계획 → 조사 → 분석 → 종합 → 평가

틀리기 쉬운 문제
28 인쇄 시에 점들이 뭉쳐진 형태로 나타나는 스크린 인쇄법에서의 인쇄 실수를 가리키는 용어는?

① 모아레(Moire)   ② 앨리어싱(Aliasing)
③ 트랩(Trap)   ④ 녹아웃(Knock Out)

> **모아레**
> 인쇄 시에 점들이 뭉친 형태로 나타나는 스크린 인쇄법에서의 인쇄 실수를 가리키는 용어이며 '간섭무늬, 물결무늬, 격자무늬'라고도 한다.

틀리기 쉬운 문제
29 셀 애니메이션에 대한 설명으로 틀린 것은?

① 검은 종이 뒤에 빛을 비추어 절단된 틈으로 새어 나오는 빛을 한 컷씩 촬영하여 만든다.
② 디즈니의 미키마우스, 백설공주, 미야자키하야오의 토토로 등이 대표적 예이다.
③ 동영상 효과를 내기 위하여 1초에 24장의 서로 다른 그림을 연속시킨 것이다.
④ 셀 애니메이션은 배경 그림위에 투명한 셀로판지에 그려진 그림을 겹쳐 찍는 방법이다.

> • **셀 애니메이션** : 투명한 셀로판지 위에 그려진 여러 장의 그림을 겹쳐 카메라로 촬영하여 캐릭터를 움직이게 만드는 방식의 애니메이션으로 동영상 효과를 내기 위하여 1초당 24장의 서로 다른 그림을 연속시켜 만든다. 제작 기간을 단축시킬 수 있어 상업주의 애니메이션인 디즈니의 미키마우스, 백설공주, 미야자키 하야오의 토토로 등이 이 방식으로 제작되었다.
> • **투광 애니메이션** : 검은 종이 뒤에 빛을 비추어 절단된 틈으로 새어 나오는 빛을 한 컷씩 촬영하여 만든다.

30 색채계획에 있어서 환경색채에 대한 설명으로 거리가 먼 것은?

① 주변 환경과 다른 색상 설정
② 목적과 기능에 부합되는 색채 사용
③ 지역적 특성을 반영한 색채 구성
④ 4계절 변화에 적합한 색채

> **환경색채계획**
> 주변 환경과 조화로운 색상으로 설정해야 한다. 목적과 기능에 부합하는 색채를 사용해야 하며, 지역적 특성을 반영하고 4계절 변화에 적합한 색채를 고려하여 색채계획을 해야 한다.

31 다음 중 유니버설 디자인의 7원칙과 관련이 없는 것은?

① 대상에 대한 공평성
② 오류에 대한 포용력
③ 복잡하고 감각적인 사용
④ 적은 물리적 노력

> **유니버설 디자인 7원칙**
> 미국의 로널드 메이스에 의해 주장되었고 성별, 연령, 장애유무, 국적, 문화적 배경, 경제적 계층 등과 관계없이 모든 사람이 제품, 건축, 환경, 서비스 등을 보다 편리하고 안전하게 이용할 수 있도록 디자인 하는 것을 말한다. 모두를 위한 디자인(Design For All), 모두의 사용이 용이한 디자인이라고도 한다.
> • 공평한 사용   • 사용상의 융통성
> • 간단하고 직관적인 사용   • 정보 이용의 용이
> • 오류에 대한 포용력   • 적은 물리적 노력
> • 접근과 사용을 위한 충분한 공간

32 1950년대 미국에서 시작된 색채계획의 시대적 배경에 관한 설명 중 거리가 먼 것은?

① 과학 기술의 발전에 따른 생산방식의 공업화
② 색채의 생리적 효과를 활용한 색채조절에 의한 디자인 방식 주목
③ 인공착색 재료와 착색기술의 발달
④ 안전성과 기능성보다는 목적과 대상에 따라 다양성 적용

> **색채계획의 시대적 배경**
> 1950년대 미국에서 시작된 색채계획의 시대적 배경은 과학기술의 발전에 따른 생산방식의 공업화였다. 색채의 생리적 효과를 활용한 색채조절에 의한 디자인 방식에 주목하고 안전성과 기능성을 고려하여 목적과 대상에 따라 다양성을 적용하였으며, 인공 착색재료와 착색기술의 발달이 이루어졌다.

33 다음 중 색채계획의 결과가 가장 오래 지속되고 사후 관리가 가장 중요시되는 영역은?

① 제품색채계획
② 패션색채계획
③ 환경색채계획
④ 미용색채계획

> **환경색채계획**
> 지속 가능한 색채계획으로 사후 관리가 가장 중요시되는 영역이 바로 환경색채계획이다. 주변 환경, 경관과 조화롭고 인간이 살아가는 삶의 터전이므로 유기적이며 통합적인 디자인이여야만 한다.

34 디자인 사조에 대한 설명으로 틀린 것은?

① 중세시대의 색채는 계급, 신분의 위계에 따라 결정되었다.
② 큐비즘의 작가 몬드리안은 원색의 대비와 색면분할을 통한 비례를 보여준다.
③ 괴테는 〈색채이론〉에서 파란색은 검은색이 밝아졌을 때 나타나는 색으로 보았다.
④ 사실주의 화가들의 작품은 어둡고 무거운 톤의 색채가 주를 이룬다.

> **디자인 사조**
> • 큐비즘(입체파)의 대표작가는 몬드리안이 아닌 세잔느와 피카소로 3차원의 대상을 더욱 심화된 2차원 화면에 병치하여 표현하였으며 형태상 극단적인 해체, 단순화, 추상화가 특징이다.
> • 몬드리안은 신조형주의(데스틸) 대표작가로 원색과 무채색의 대비와 색면 분할을 통한 비례를 보여 준다.

35 디자인의 1차적 목적이 되는 것은?

① 생산성
② 기능성
③ 심미성
④ 가변성

> 디자인은 미와 기능이 합일과 조화를 이루어야 하며 디자인의 1차적 목적은 기능성이다.

36 ( )에 가장 적합한 용어는?

> 디자인의 어원은 '( )를 기호로 표시한다.'는 것을 의미하는 라틴어의 'Designare'에서 온 것이다.

① 자연
② 실용
③ 조형
④ 계획

> **데시그나레(Designare, 라틴어)**
> 지시하다, 표시하다, 계획을 세우다.

37 서로 달라서 관련이 없는 요소를 결합시킨다는 의미로 공통의 유사점, 관련성을 찾아내고 동시에 아주 새로운 사고방법으로 2개의 것을 1개로 조립하는 것을 목표로 하는 이미지 전개 방법은?

① 브레인스토밍
② 시네틱스
③ 입출력법
④ 체크리스트법

> **아이디어 발상법(시네틱스)**
> 시네틱스법이란 '서로 관련 없어 보이는 것들을 결부시킨다'라는 의미로 그리스어에서 유래되었다. 공통의 유사점, 관련성을 찾아내고 동시에 아주 새로운 사고방법으로 2개의 것을 1개로 조립하는 것을 목표로 하는 이미지 전개 방법이다.

38 색채계획 시 고려해야 할 조건으로 적절하지 않은 것은?

① 대상이 차지하는 면적
② 자연광과 인공조명의 구분
③ 대상과 보는 사람과의 거리
④ 개인사용과 공동사용의 통일

> **색채계획 시 고려해야 할 조건**
> 개인의 사용과 공동 사용의 구분이 필요하다. 색채계획 시 대상이 차지하는 면적, 자연광과 인공조명의 구분, 대상과 보는 사람과의 거리 등을 고려하여 디자인해야 한다.

39 게슈탈트의 시지각의 원리 중에서 그림(가)를 보고 그림(나)와 같이 지각하려는 경향으로 가장 옳은 것은?

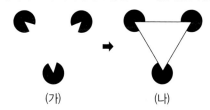

(가)　　　　(나)

① 유사성의 요인
② 연속성의 요인
③ 폐쇄성의 요인
④ 근접성의 요인

> **게슈탈트 시지각의 원리**
> • 폐쇄성 : 불완전한 형태나 벌어진 도형들의 집단을 완전한 형태의 집단으로 인지한다는 법칙이다.
> • 유사성 : 형태, 규모, 색채, 질감 등이 유사한 시각적 요소는 한데 묶어 인지한다는 법칙이다.
> • 연속성 : 배열이나 같은 방향성을 가진 어떤 형상이 하나로 인지된다는 법칙이다. 공동운명의 법칙이라고도 한다.
> • 근접성 : 가까이 있는 시각요소들을 하나의 패턴 혹은 그룹으로 인지한다는 법칙이다.

40 다음 중 개인의 색채가 아닌 것은?

① 의복
② 메이크업
③ 커튼
④ 액세서리

> **개인의 색채**
> 의복, 메이크업, 액세서리, 헤어 등이 포함된다.

3 **제3과목 : 색채관리**

틀리기 쉬운 문제

41 정확한 컬러 커뮤니케이션을 위해 측색값과 함께 기록되어야 하는 세부사항이 아닌 것은?

① 측정방법의 종류
② 표준광원의 종류
③ 등색함수의 종류
④ 색채재료의 물성

> **측색값과 함께 기록되어야 할 사항**
> 측정방법, 표준광원, 등색함수, 관측자의 시야각 등

42 다음 중 무기안료의 특징이 아닌 것은?

① 불투명하다.
② 천연무기안료와 합성무기안료로 구분된다.
③ 착색력이 우수하여 색상이 선명하다.
④ 내광성과 내열성이 우수하다.

> **무기안료 특징**
> 무기안료는 천연무기안료와 합성무기안료로 구분된다. 색채가 선명하지 않고 불투명하며 내광성, 내열성, 은폐력이 우수하고 빛과 열에 쉽게 변색되지 않는다. 착색력이 좋고 색상이 선명한 것은 유기안료의 특징이다.

틀리기 쉬운 문제

43 조명의 연색성에 관한 설명이 옳은 것은?

① 연색 평가수를 산출하는 데 기준이 되는 광원은 시험 광원에 따라 다르다.
② 연색 평가수는 K로 표기한다.
③ 평균 연색 평가수의 계산에 사용하는 시험색은 5종류로 정한다.
④ 연색 평가수 50은 그 광원의 연색성이 기준 광원과 동일한 것을 표시한다.

> **조명의 연색성**
> • 연색성이란 광원에 따라 색이 달라 보이는 현상을 말한다.
> • 연색 평가수를 산출하는 데 기준이 되는 광원은 시험 광원에 따라 다르다.
> • 연색 평가수는 Ra로 표기한다.
> • 평균 연색 평가수의 계산에 사용하는 시험색은 8종류로 정한다.
> • 연색 평가수 100은 그 광원의 연색성이 기준 광원과 동일한 것으로 표시한다.

44 도료를 물체에 칠하여 도막을 만드는 조작은?

① 도장
② 마름
③ 다짐
④ 조색

> **도장**
> 도료를 칠하여 도막을 만드는 조작을 도장이라고 한다. 도장을 통하여 내구성, 광택성을 높여 표면을 아름답게 하는 효과가 있다.

45 구름이 얇고 고르게 낀 상태에서의 한낮의 태양광 색온도는?

① 12000K
② 9000K
③ 6500K
④ 2000K

> **색온도**
> • 태양(일출, 일몰) : 2000K
> • 태양(정오) : 5000K
> • 구름이 얇고 고르게 낀 하늘 : 6500K
> • 약간 구름 낀 하늘 : 8000K
> • 맑고 깨끗한 하늘 : 12000K

46 디지털 컬러와 관련한 설명 중 옳은 것은?

① IT8은 입력, 조정에 관계되는 기준 색표이지만, 출력과정에서 사용할 수 없다.
② IT8의 활용 시 CMY, RGB로 보이는 중간톤값의 변화는 신경 쓸 필요가 없다.
③ White-Balance는 백색 기준(절대 백색)을 정하는 것이다.
④ Gamma는 컴퓨터 모니터 또는 이미지 전체의 기준 채도를 말한다.

디지털 컬러
• White-Balance는 백색 기준(절대 백색)을 정하는 것이다.
• IT8은 입력, 조정에 관계되는 기준 색표로 출력과정에서도 사용된다.
• Gamma는 컴퓨터 모니터 또는 이미지 전체의 명도를 조정한다.

47 다음 중 CIE LAB 색차식을 나타낸 것이 아닌 것은?

① $\triangle E^*_{ab}=[(\triangle L^*)^2+(\triangle a^*)^2+(\triangle b^*)^2]^{1/2}$
② $\triangle E^*_{ab}=[(\triangle L^*)^2-(\triangle a^*)^2-(\triangle b^*)^2]^{1/2}$
③ $\triangle E^*_{ab}=[(L^*_1-L^*_0)^2+(a^*_1-a^*_0)^2+(b^*_1-b^*_0)^2]^{1/2}$
④ $\triangle E^*_{ab}=[(\triangle L^*)^2+(\triangle C^*_{ab})^2+(\triangle H^*_{ab})^2]^{1/2}$

CIE LAB 색차식 옳은 표현
③ $\triangle E^*ab = [(L^*1 - L^*0)^2 + (a^*1 - a^*0)^2 + (b^*1 - b^*0)^2]^{1/2}$
① $\triangle E^*ab = [(\triangle L^*)^2 + (\triangle a^*)^2 + (\triangle b^*)^2]^{1/2}$
② $\triangle E^*ab = [(\triangle L^*)^2 + (\triangle C^*ab)^2 + (\triangle H^*ab)^2]^{1/2}$

48 자외선을 흡수하여 일정한 파장의 가시광선을 형광으로 발하는 성질을 이용하여 종이, 합성수지, 펄프, 양모 등의 백색도를 높이기 위하여 사용되는 염료는?

① 합성염료
② 식용염료
③ 천연염료
④ 형광염료

형광염료
자외선을 흡수하여 일정한 파장의 가시광선을 형광으로 발하는 성질을 이용해 종이, 합성수지, 펄프, 양모 등의 백색도를 높이는 데 사용되는 염료이다. 소량만 사용해야 백색도 유지가 가능하며 한도량 초과 시 백색도가 줄고 청색을 띠게 된다. 화학적 성분으로 스틸벤, 이미다졸, 쿠마린 유도체 등이 있다.

틀리기 쉬운 문제

49 디지털 영상색채의 호환성을 확보하기 위하여 영상업체들이 모여 구성한 산업표준 기구는?

① 국제조명위원회(CIE)
② 국제표준기구(ISO)
③ 국제색채조합(ICC)
④ 국제통신연합(ITU)

국제색채조합(ICC) : 디지털 영상색채의 호환성을 확보하기 위하여 영상업체들이 모여 구성한 산업표준기구이다.
• **국제조명위원회(CIE)** : 빛에 관한 표준과 규정에 대한 지침을 목적으로 하는 국제기관
• **국제표준기구(ISO)** : 산업 표준의 일치를 통하여 국제적인 표준규격을 정하는 단체
• **국제통신연합(ITU)** : 전기 통신관련 세계 최초 국제기구

50 육안 검색에 대한 설명이 옳은 것은?

① 광원의 종류와 무관하다.
② 육안 검색의 측정각은 관찰자와 대상물의 각을 60°로만 한다.
③ 일반적으로 D_{65} 광원을 기준으로 한다.
④ 직사광선 아래에서 검색한다.

육안 검색
• 일반적으로 D65 광원을 기준으로 한다.
• 육안 검색 시 광원의 종류와 빛의 방향, 빛의 세기 및 측정 각도 등이 모두 중요하다.
• 측정각은 관찰자와 대상물 각도를 약 45°로 유지하는 것이 좋다.
• 직사광선 아래에서 검색은 피한다.
• 측정광원 조도는 1000lx가 적당하다.
• 검사대는 N5 정도의 명도, 주위 환경은 N7 정도에서 관찰하는 것이 좋다.
• 어두운 색 비교를 위해 적어도 2000lx의 조도가 되어야 한다.
• 색 비교를 위한 부스 내부는 먼셀 명도 N4~N5로 한다

51 무기안료를 이용한 색재료가 아닌 것은?

① 도료
② 회화용 크레용
③ 진사
④ 인쇄잉크

무기안료
무기안료 색재료에는 도료, 회화용 크레용, 인쇄잉크, 고무, 건축재료 등이 있다. 진사는 유기안료로 붉은색 계열의 색재료이다.

무기안료	• 불투명하다.
	• 천연무기안료와 합성무기안료로 구분된다.
	• 색채가 선명하지 않다.
	• 내광성, 내열성이 우수하다.
	• 은폐력이 좋고 빛과 열에 쉽게 변색되지 않는다.

---

52 모니터 캘리브레이션에 관한 설명으로 틀린 것은?

① 자동밝기 조정기능이 있는 모니터는 해당 기능을 활성화한 후 캘리브레이션을 시행한다.
② 흰색의 색상 목표값은 색온도 또는 xy로 설정하며, sRGB 색공간의 기준은 x:0.3127 y:0.3290이다.
③ 모니터 캘리브레이션은 흰색의 밝기, 흰색의 색상, 톤재현 특성, 검은색의 밝기를 교정한다.
④ Rec.1886 기준으로 캘리브레이션 시행 시 목표 감마는 2.4로 설정한다.

모니터 캘리브레이션
모니터 캘리브레이션 작업은 수동작업이므로 자동밝기 조정 기능을 수동 작업 후 활성화하는 것이 좋다. 모니터 캘리브레이션은 화면의 크기, 밝기, 콘트라스트, 색상, 색온도 등 버튼으로 조정하여 모니터에서 정확한 컬러를 보기 위해 필요한 작업이다. 모니터의 색온도와 RGB값을 정확하게 조정하고, ICC 프로파일을 인식하는 이미징 프로그램으로 조정한다.

53 면광원에 대한 광도를 나타내며, 단위는 cd/m²로 표시하는 것은?

① 휘도
② 해상도
③ 조도
④ 전광속

- **휘도** : 면광원에 대한 광도를 나타내며 단위는 cd/m²(칸델라 퍼 제곱미터)이다.
- **해상도** : 1인치 X 1인치 안에 들어 있는 픽셀 수를 나타내며 단위는 ppi이다.
- **조도** : 단위 면적당 주어지는 빛의 양을 나타내며 단위는 lx(럭스)이다.
- **전광속** : 광원이 사방으로 내는 빛의 총 에너지를 나타내며 단위는 lm(루멘)이다.

54 색에 관한 용어(KS A0064:2015)에서 규정한 틴트(Tint)에 대한 설명으로 옳은 것은?

① 색필터의 중첩에 따라 보여지는 유채색의 변화
② 조명이 물체색을 보는 데 미치는 영향
③ 흰색에 유채색이 혼합된 정도
④ 표면색의 흰 정도를 일차원적으로 나타낸 수치

틴트
- 흰색에 유채색이 혼합된 정도를 틴트라고 한다.
- 색필터의 중첩에 따라 보여지는 유채색의 변화를 감법혼색이라고 한다.
- 조명이 물체색을 보는 데 미치는 영향을 연색이라고 한다.
- 표면색의 흰 정도를 일차원적으로 나타낸 수치를 백색도라고 한다.

55 기기를 이용한 측색의 결과 CIE 표준 데이터가 아닌 것은?

① H V/C
② Yxy
③ L*a*b*
④ L*C*h

CIE 표준 데이터
기기를 이용한 측색의 결과 CIE 데이터는 Yxy, L*a*b*, L*C*h으로 빛과 관계가 있는 혼색계 시스템이고 색상, 명도, 채도를 나타내는 먼셀 표색계인 H V/C는 물체색과 관계가 있는 현색계 시스템이다.

56 컴퓨터를 이용하여 정확한 측색과 분석을 수행함으로써 조색에 필요한 배합을 자동으로 산출하는 시스템은?

① CMY(Cyan, Magenta, Yellow)
② CCM(Computer Color Matching)
③ CCD(Charge Coupled Device)
④ CMYK(Cyan, Magenta, Yellow, Black)

CCM
CCM은 컴퓨터를 이용하여 색을 자동 배색하는 장치다. 분광 반사율을 기준색과 일치시켜서 광원 변동에 관계없이 무조건 등색(아이소머리즘)이 가능하다. 육안 조색과는 달리 초기 레시피 예측 및 추천이 가능하고 레시피 수정 제안, 예측 알고리즘의 보정계수 계산이 가능하여 육안 조색보다 훨씬 경제적이라는 장점이 있다.

57 해상도가 1024×768인 이미지를 해상도가 다른 모니터에서 볼 때 이미지의 크기로 옳은 것은? (단, 업/다운스케일링을 하지 않음)

① 800×600 모니터 : 이미지가 화면 크기보다 작게 보인다.
② 1920×1080 모니터 : 이미지가 화면 크기보다 작게 보인다.
③ 1280×1024 모니터 : 이미지가 화면 크기보다 크게 보인다.
④ 1024×720 모니터 : 이미지가 화면 크기와 동일하게 보인다.

해상도
해상도가 높아지면 이미지가 화면 크기보다 작게 보이며, 반면 해상도가 낮아지면 이미지가 화면 크기보다 크게 보인다.

58 단색광궤적(스펙트럼 궤적)을 옳게 설명한 것은?

① 가시스펙트럼 양끝 파장의 단색광 자극의 기법혼색을 나타내는 색도 좌표 위의 선
② 각각의 파장에서 단색광 자극을 나타내는 점을 연결한 색좌표 위의 선
③ 색자극을 복사량의 분광밀도에 따라 파장의 함수로 표시한 좌표 위의 선
④ 시지각 특성에 따라 인식되는 빛 자체를 나타내는 좌표 위의 선

> **단색광 궤적(스펙트럼 궤적)**
> 각각의 파장에서 단색광 자극을 나타내는 점을 연결한 색좌표 위의 선을 말한다. 380~780nm의 각 색상에 대한 말굽형의 궤적이다.

59 측색기 사용 시 정확한 색채 측정을 위해 교정에 이용하는 것은?

① 북창주광
② 표준관측자
③ 그레이 스케일
④ 백색교정판

> **백색교정판**
> 측색기 사용 시 정확한 색채 측정을 위해 교정에 이용하는 것으로 반사율이 높은 산화마그네슘으로 만든다.

60 분광 반사율 자체가 일치하여 어떠한 광원이나 관측자에게도 항상 같은 색으로 보이는 경우는?

① Metamerism
② Color Inconstancy
③ Isomeric Matching
④ Color Appearance

> **무조건등색(아이소머리즘)**
> 분광 반사율이 완전히 일치하여 어떤 광원이나 어떤 관찰자가 보더라도 같은 색으로 보이는 경우를 무조건등색 즉, 아이소머리즘이라고 한다.

61 헤링의 반대색설에 대한 설명으로 틀린 것은?

① 색의 기본 감각으로 빨강 – 초록, 노랑 – 파랑, 하양 – 검정의 3조로 반대색설을 가정했다.
② 단파장의 빛이 들어오면 노랑 – 파랑, 빨강 – 초록의 물질이 합성작용을 일으켜 초록, 노랑의 색각이 생긴다.
③ 장파장의 빛이 들어오면 노랑 – 파랑, 빨강 – 초록의 물질이 분해작용을 일으켜 노랑, 빨강의 색각이 생긴다.
④ 색채대립세포는 한 가지 색에 대해서는 흥분하고 다른 색에 대해서는 억제 반응을 보이는 세포이다.

> **헤링의 반대색설**
> 헤링의 반대색설은 우리 눈에는 빨강–초록물질, 노랑–파랑물질, 검정–하양물질의 3종류가 있고 망막에 빛이 들어오면 분해 작용에 의해 하양, 노랑, 빨강의 색이 생기며 합성작용에 의해 검정, 파랑, 초록의 색이 생긴다는 설이다.

62 인상주의 점묘파 작품에 나타난 색의 혼합은?

① 병치혼합
② 계시혼합
③ 감산혼합
④ 회전혼합

> **병치혼합**
> 인상주의 점묘파 작품에 나타난 색의 혼합은 색료를 작은 색면이나 작은 점들로 연달아 찍은 후 일정 거리를 두고 바라볼 때 생기는 시각현상을 이용한 병치 혼합이다.

63 다음 중 빛에 대한 설명으로 틀린 것은?

① 장파장의 빛은 굴절률이 크고, 단파장의 빛은 굴절률이 작다.
② 물체색은 물체의 표면에서 빛이 반사되어 나타난 색이다.
③ 단색광을 동일한 비율로 50% 정도만을 흡수하는 경우 물체는 중간 밝기의 회색을 띠게 된다.
④ 빛이 물체에 닿았을 때 가시광선의 파장이 분해되어 반사, 흡수, 투과의 현상이 선택적으로 일어난다.

> **색과 빛**
> 장파장의 빨간빛은 굴절률이 가장 적고 단파장의 보랏빛이 굴절률이 가장 크다.

64 빛이 뇌에 전달되는 과정에서 상의 초점이 맺히는 부분은?

① 맹점
② 중심와
③ 홍채
④ 수정체

눈의 구조
빛이 뇌에 전달되는 과정에서 상의 초점이 맺히는 부분은 중심와이며 망막의 중심부로 가장 정확하게 상이 맺히는 부분이다.

65 다음 중 색상대비가 일어나지 않는 경우는?

① 서구의 중세 스테인드글라스
② 수묵화의 전통적인 기법
③ 우리나라의 전통적인 자수나 의복
④ 야수파 화가 마티스의 작품

색상대비
서로 다른 두 색이 서로 대조되어 두색을 동시에 볼 때 각 색상의 차이가 크게 느껴지는 현상이다. 따라서 채도가 높은 원색에서 가장 효과가 크게 나타난다.

틀리기 쉬운 문제
66 빨간 색광에 백색광을 섞을 경우 나타나는 혼합색에 대한 설명 중 틀린 것은?

① 원래 색에 비해 명도가 높고 채도는 낮다.
② 원래 색에 비해 명도, 채도가 낮다.
③ 빨간 색을 띤다.
④ 가법혼색의 결과이다.

색의 혼합
색광의 혼합으로 가산혼합이며 빨간색광에 백색광을 더하여 색은 빨간 색광을 띠고 밝기는 밝아져 명도는 높아지며 채도는 낮아진다.

67 색채지각의 착시현상으로 원반모양의 흑백그림을 고속으로 회전시켰을 때 흑백이지만 파스텔 톤의 연한 유채색 영상이 보이는 현상과 관련한 용어는?

① 색음현상
② 메카로 효과
③ 애브니 효과
④ 주관색

페흐너 색채
1838년 독일의 페흐너가 원반의 반을 흰색, 검은색으로 칠한 후 고속으로 회전시켜 파스텔톤의 연한 유채색 영상을 경험하여 이를 페흐너 색채(주관색 현상)라고 한다.

68 다음 중 가법혼색의 3원색이 아닌 것은?

① 빨강
② 노랑
③ 녹색
④ 파랑

가법혼색
가법혼색의 3원색은 빨강(Red), 초록(Green), 파랑(Blue)이며 감법혼색의 3원색은 시안(Cyan), 마젠타(Maganta), 노랑(Yellow)이다.

69 물리보색에 대한 설명 중 옳은 것은?

① 먼셀의 색상환에서 빨강의 보색은 녹색이다.
② 두 색광을 혼색했을 때 백색광이 되는 색이다.
③ 회전판 위에 두 보색을 중간혼색하면 검정에 가까운 색이 된다.
④ 감법혼색 시 두 보색은 서로 상쇄되어 자기 나름의 색을 갖게 된다.

물리보색
물리보색은 실제로 두 색이 섞여 회색이나 무채색이 되거나 임의의 2가지 색광을 일정 비율로 혼색하여 백색광이 되는 경우를 말한다.

70 추상체 시각의 스펙트럼 민감도가 가장 높은 광원색은?

① 빨강
② 초록
③ 파랑
④ 보라

스펙트럼 민감도
추상체는 망막에 약 650만 개 존재하며 주로 밝은 곳에서나 낮에 작용한다. 추상체의 시각은 560nm의 빛에 가장 민감하다. 따라서 초록색이 가장 민감한 광원색이다.

71 붉은색 물체의 표면에 광택감을 주었을 때 느껴지는 색채 감정의 변화로 옳은 것은?

① 중성색으로 느껴진다.
② 표면이 거칠게 느껴진다.
③ 차갑게 느껴진다.
④ 더욱 따뜻하게 느껴진다.

색채감정
붉은색 물체의 표면에 광택감을 주었을 때 경험적, 심리적으로 원래의 색보다 온도감이 낮아지게 된다. 따라서 붉은색은 원래 따뜻한 색이지만 광택감으로 인하여 차갑게 느껴진다.

72 자극이 이동해도 지속적으로 원자극과 유사한 색상이나 밝기를 나타나는 현상은?

① 대비현상   ② 심리보색현상

③ 음성 잔상   ④ 양성 잔상

> **양성잔상**
> 자극이 없어져도 원래의 자극과 동일한 상이 지속적으로 느껴지는 현상을 양성잔상, 원래의 색과 보색관계에 있는 색으로 느껴지는 현상은 음성잔상이라고 한다.

73 다음 중 운동선수의 복장이나 경주용 자동차 외부의 색으로 적합한 것은?

① 밝고 채도가 높은 한색

② 밝고 채도가 높은 난색

③ 밝고 채도가 낮은 한색

④ 밝고 채도가 낮은 난색

> **색채조절**
> 난색은 속도감과 운동감이 있으며 채도가 높을수록 다이내믹한 활기를 느낄 수 있다.

74 색의 진출, 후퇴 효과를 일으키는 색채 특성이 바르게 연결된 것은?

① 진출색 – 난색계, 고명도, 고채도

② 진출색 – 한색계, 저명도, 저채도

③ 후퇴색 – 난색계, 고명도, 고채도

④ 후퇴색 – 한색계, 고명도, 고채도

> **진출과 후퇴**
> 색의 진출과 후퇴는 난색이 한색보다 진출해 보이며, 밝은색이 어두운색보다 채도가 높은 색이 채도가 낮은 색보다 유채색이 무채색보다 더 진출해 보인다.

75 같은 색이 주위의 색에 따라 색상, 명도, 채도가 다르게 보이는 현상은?

① 색의 대비   ② 색의 분포

③ 색의 강약   ④ 색의 조화

> **색의 대비**
> 색상이 다른 두 색을 인접시켜 놓았을 때 서로의 영향으로 색의 차이가 두드러지는 현상은 색의 대비이다.

76 빛의 특성에 대한 설명으로 틀린 것은?

① 파장이 긴 쪽이 붉은색으로 보이고 파장이 짧은 쪽이 푸른색으로 보인다.

② 햇빛과 같이 모든 파장이 유사한 강도를 갖는 빛을 백색광이라 한다.

③ 백열전구(텅스텐빛)는 장파장에 비하여 단파장이 상대적으로 강하다.

④ 회색으로 보이는 물체는 백색광 전체의 일률적인 빛의 감소에 의해서이다.

> **빛의 특성**
> 백열전구의 빛은 노란빛 조명으로 단파장이 아니라 난색의 장파장이 강하다.

77 다음 중 가장 화려한 느낌을 주는 색은?

① 고명도의 난색   ② 고채도의 한색

③ 고채도의 난색   ④ 저명도의 한색

> **색의 감정**
> 색의 화려함과 소박함은 채도의 영향이 크며 고채도의 난색계열이 화려한 느낌을 준다.

78 밝은 곳에서는 빨간 꽃이 잘 보이다가 어두운 곳에서는 파란 꽃이 더 잘 보이게 되는 현상은?

① 베졸드(Bezold) 현상

② 푸르킨예(Purkinje) 현상

③ 프라운호퍼(Fraunhofer) 현상

④ 영ㆍ헬름홀츠(Young ㆍ Helmholtz) 현상

> **푸르킨예 현상**
> 간상체와 추상체 지각의 스펙트럼 민감도가 달라 일어나는 현상으로 낮에는 빨간색이 잘 보이다가 밤에는 파란색이 더 잘 보이는 현상이 푸르킨예 현상이다.

79 색의 동화현상에 대한 설명이 아닌 것은?

① 가늘고 촘촘한 줄무늬에서 쉽게 나타난다.

② 대비현상과는 반대되는 색채이다.

③ 전파효과, 혼색효과, 줄눈효과라고도 부른다.

④ 일정한 자극이 사라진 후에도 지속적으로 자극을 느낀다.

> **색의 동화현상**
> 일정한 자극이 사라진 후에도 지속적으로 자극을 느끼는 현상은 대비 현상이다.

정답 64 ② 65 ② 66 ② 67 ④ 68 ② 69 ② 70 ② 71 ③ 72 ④ 73 ② 74 ① 75 ① 76 ③ 77 ③ 78 ② 79 ④

80 연변대비에 대한 설명이 틀린 것은?

① 연변대비를 약화시키고자 할 때 두 색 사이의 테두리를 무채색으로 한다.
② 인접한 두 색의 경계부분에서 눈부심 효과(Glare Effect)가 일어난다.
③ 무채색을 명도단계로 배열할 때 나타난다.
④ 인접색이 저명도인 경계부분은 더 어두워 보인다.

연변대비
인접색이 저명도인 경계부분은 더 밝아 보인다.

---

5 제5과목 : 색채 체계의 이해

틀리기 쉬운 문제
81 NCS색상환에 배열된 색상의 수는?

① 10색
② 20색
③ 24색
④ 40색

NCS 색상환
NCS 색상환은 헤링의 반대색설에 따라 4가지 기본색인 노랑(Y), 파랑(B), 초록(G), 빨강(R)이 상하좌우에 각각 4개로 분할되어 있으며 각각 10단계로 나뉘어 총 40개의 색상으로 색상환을 구성하고 있다.

82 다음 중 색채의 배열과 구성에서 지각적 등보성이 없는 것은?

① KS 표준색표
② Munsell Book of Color
③ Pantone Color
④ NCS

팬톤컬러
Pantone Color는 미국 팬톤사에서 제작한 색표집으로 자사 제품의 활용도를 높이고자 만들었다. 색의 배열이 불규칙하며 유행색이나 사용 빈도가 높은 색으로 편중된경향이 있으나 회사의 인지도가 높아 세계적으로 사용되고 있다.

83 오스트발트 색체계에 대한 설명으로 옳은 것은?

① 1942년 미국 CCA에서 제안한 CHM에는 24개의 기본색 외에 8개의 색을 추가해서 사용한다.
② 이상적으로 표현하고자 하는 모든 색채영역의 재현이 가능하다.
③ 쉐브럴의 영향을 받은 색체계로 오스트발트 조화론으로 발전된다.
④ 베버-페히너의 법칙을 적용하여 동등한 시각거리를 표현하는 색단위들을 얻어내려 시도하였다.

오스트발트 색체계
오스트발트는 헤링의 4원색설과 맥스웰의 회전 혼색기의 원리를 바탕으로 1916년 색체계를 발표하였으며 특히 베버-페히너의 법칙을 적용하여 동등한 시각거리를 표현하는 색단위들을 얻어 내려고 시도하였다.

틀리기 쉬운 문제
84 다음 중 L*a*b* 색체계에서 빨간색의 채도가 가장 높은 색도좌표는?

① +a* = 40
② -a* = 20
③ +b* = 20
④ -b* = 40

Lab 색체계
CIE Lab 표색계에서는 L*로 명도를 표시하고, a*과 b*로 색상과 채도를 표시한다. 즉, L*은 밝기를 나타내고 +a*는 빨간색(Red), -a*는 녹색(Green), +b*는 노란색(Yellow), -b*는 파란색(Blue) 방향을 표시한다. 따라서 보기 중 빨간색의 채도가 가장 높은 색도좌표는 +a*=40이다.

85 다음의 NCS 표기 중 빨간색도의 양이 가장 많은 것은?

① R80B
② R60B
③ R40B
④ R20B

NCS 표기법
NCS 표기는 색을 기호로 나타낼 때 S2030-Y90R에서 S는 제2집(Second Edition)을 표시하고 2030은 검정기미 20%, 순색기미 30%를 나타낸다. Y90R은 순색의 색상을 기호화한 것인데, 기본 색상 R의 기미가 90% 정도인 노란색 10%를 나타낸다. 따라서 R20B가 Blue 20%, Red 80%가 혼합된 색상으로 빨간색도의 양이 가장 많은 것이다.

86 P.C.C.S 색체계의 설명으로 틀린 것은?

① 색상 : 적, 황, 녹, 청 4색상을 중심으로 24색상을 기본으로 한다.
② 명도 : 먼셀 명도를 0.5단계로 세분화하여 17단계로 구분한다.
③ 채도 : 기호는 C를 붙여 9단계로 분할한다.
④ 톤 : 명도와 채도의 복합개념이라 할 수 있다.

87 배색의 효과에 대한 설명 중 적절하지 않은 것은?

① 회색과 흰색의 배색에 선명한 빨간색을 강조색으로 활용하여 경쾌한 느낌을 주었다.
② 회색 띤 파랑, 밝은 파랑, 진한 파랑을 이용하여 점진적이고 연속적인 느낌의 배색을 하였다.
③ 짙은 회색, 은색, 짙은 파란색을 이용하여 도시적이고 사무적인 느낌의 배색을 하였다.
④ 밝은 노란색, 밝은 분홍색, 밝은 자주색을 이용하여 개구쟁이 소년의 활동적인 느낌을 주었다.

88 저드(Judd)의 색채 조화론에 대한 설명이 아닌 것은?

① 순색, 흰색, 검정, 명색조, 암색조, 톤 등이 기본이 된다.
② 색채 조화는 질서 있는 계획에 따라 선택된 색의 배색이 생긴다.
③ 관찰자에게 잘 알려져 있는 배색이 잘 조화된다.
④ 어떤 배색도 어느 정도 공통의 양상과 성질을 가진 것이라면 조화된다.

89 다음 중 식물에서 유래된 색명이 아닌 것은?

① 살구색
② 라벤더
③ 라일락
④ 세피아

틀리기 쉬운 문제
90 CIE 색체계에 대한 설명 중 옳은 것은?

① 기준 관찰자를 두고 5°시야에서 관찰한다.
② X, L*값은 밝기를 나타내는 기호이다.
③ Cyan, Magenta, Yellow의 3색광을 기준으로 한다.
④ 측정되는 스펙트럼의 400~700nm을 기준으로 한다.

91 혼색계의 장점이 아닌 것은?

① 정확한 측정이 가능하다.
② 환경을 임의로 설정하여 측정할 수 있다.
③ 수치로 표기되어 변색, 탈색 등의 물리적 영향이 없다.
④ 지각적으로 일정하게 배열되어 있다.

92 다음 중 일반적인 물체색으로 보여지는 검정에 대한 설명으로 옳은 것은?

① 오스트발트 색체계 : a
② L*a*b* 색체계 : L*값이 30
③ Munsell 색체계 : N값이 9
④ NCS 색체계 : S9000-N

정답 80 ④ 81 ④ 82 ③ 83 ④ 84 ① 85 ④ 86 ③ 87 ④ 88 ① 89 ④ 90 ④ 91 ④ 92 ④

93 강조배색에 대한 설명으로 틀린 것은?

① 색상의 자연스러운 이행, 명암의 변화 등에서 그 예를 찾을 수 있다.
② 전체가 어두운 톤인 경우, 대조적인 고명도 색을 소량 첨가하는 배색을 하면 긴장감과 명쾌한 느낌을 줄 수 있다.
③ 무채색이나 저채도의 회색 톤 등의 기조색과 대조관계에 있는 고채도 색상을 액센트 컬러로 배색한다.
④ 액센트 컬러의 선택은 기조색과의 관계를 고려해야 한다.

강조배색
배색 시 전체면적에서 주조색은 65~70%, 보조색은 25~30%, 강조색은 5~10%를 사용하는데 강조색으로 인해 배색이 통일돼 변화가 없을 때 기존색과 반대의 강조색을 사용하여 눈에 띔과 동시에 적극적이고 활기차게 보이도록 하는 배색이다.

94 NCS색체계에서 S4010-Y80R의 백색도는 얼마인가?

① 10
② 40
③ 50
④ 80

NCS 색체계
S4010-Y80R에서 40은 40%의 검정색도, 10%의 유채색도이며 나머지 50%의 백색도를 의미한다.

95 한국산업표준(KS)의 관용색이름과 색의 3속성에 의한 표시의 연결이 옳은 것은?

① 벚꽃색 : 2.5R 9/2
② 토마토색 : 5R 3/6
③ 우유색 : 5Y 8.5/14
④ 초콜릿색 : 7.5YR 8/4

① 벚꽃색 : 2.5R 9/2는 밝고 부드러운 핑크이다.
② 토마토색 : 7.5R 4/12
③ 우유색 : 5Y 9/1
④ 초콜릿색 : 5YR 2/2가 적당한 표기이다.

96 먼셀 색체계에서 N5와 비교한 N2의 상태는?

① 채도가 높은 상태이다.
② 채도가 낮은 상태이다.
③ 명도가 높은 상태이다.
④ 명도가 낮은 상태이다.

먼셀 색체계
먼셀 색체계에서 N은 Neutral을 의미하며 숫자 1~10 중 중간명도는 N5이다. N2는 N5보다 명도가 낮은 무채색을 의미한다.

97 관용색명에 관한 설명으로 옳은 것은?

① 색상, 명도, 채도를 표시하는 수식어를 특별히 정하여 표시하는 색명이다.
② 정량적이며 정확성을 가진 색명체계로 색채계획에 유용하다.
③ 계통색명이라고도 한다.
④ 동물, 식물, 광물, 지명, 인명 등의 이름을 따서 붙인다.

관용색명
관용색명은 옛날부터 습관적으로 사용되는 고유색명으로 동물, 식물, 광물, 지명, 인명 등의 이름을 따서 만든 것이다.

98 토널 배색으로 나타낼 수 있는 배색 이미지는?

① 동적인, 화려한
② 단단한, 선명한
③ 깨끗한, 맑은
④ 절제된, 수수한

토널 배색
토널 배색은 중명도, 중채도의 덜(Dull)톤을 이용한 배색으로 안정적이고, 편안하며 수수한 이미지를 준다.

99 색채 조화에 대한 설명으로 틀린 것은?

① 2색 또는 3색 이상의 배색에 질서를 부여하는 것이다.
② 조화로운 배색을 위해서는 여러 가지 배색의 질서를 알아야 한다.
③ 배색의 형식과 그 평가와의 관계를 연구하는 분야이다.
④ 색채 조화의 보편적인 원칙에 의존하는 것이 좋은 배색계획이다.

색채 조화
색채 조화는 여러 가지 이론과 시대 문화에 따라 다양한 견해들이 있으며 트렌드에 영향을 받으므로 절대적인 조건은 없다.

100 빛의 혼색실험을 기초로 한 정량적인 색체계는?

① NCS 색체계
② CIE 색체계
③ DIN 색체계
④ Munsell 색체계

CIE 색체계
CIE 색체계는 빛에 관한 표준과 규정에 대한 지침을 목적으로 빛의 3원색인 R, G, B를 이용한 빛의 혼색에 기초를 둔 혼색계 시스템이다.

정답 93 ① 94 ③ 95 ① 96 ④ 97 ④ 98 ④ 99 ④ 100 ②

08회 기출문제

1 제1과목 : 색채 심리

01 국제 언어로서 활용되는 교통 및 공공시설물에 사용되는 안전을 위한 표준색으로 구급장비, 상비약, 의약품에 사용되는 상징색은?

① 빨강　　　　　　② 노랑
③ 파랑　　　　　　④ 초록

상징색
한국산업규격 KSA 3501에서 초록은 안전, 안내, 유도, 비상구, 위생, 피난소, 구급장비, 의약품, 상비약 등에 사용되는 상징색이다.

02 색채와 다른 감각 간의 교류현상 중 틀린 것은?

① 색채와 음악을 일치시키기 위한 노력은 있었으나 공통의 이론으로는 발전되지 못했다.
② 색채의 촉각적 특성은 표면색채의 질감, 마감처리에 의해 그 특성이 강조 또는 반감된다.
③ 색채는 시각현상이며 색에 기반한 감각의 공유현상이다.
④ 색채와 맛에 관한 연구는 문화적·지역적 특성보다는 보편성에 기초를 두어야 한다.

색의 공감각
색채와 맛에 관한 연구는 색의 공감각으로 이러한 색채의 심리적 작용은 보편성이 아니라 연상, 선호도, 환경적, 지역적 특색에 영향을 받는다.

03 일반적으로 차분함을 선호하는 남성용 제품에 활용하기 좋은 색은?

① 밝은 노랑　　　　② 선명한 빨강
③ 어두운 청색　　　④ 파스텔 톤의 분홍색

색채 선호
차분함을 선호하는 남성 제품은 명도가 낮은 Blue계열이 해당된다.

04 표본조사의 방법 중 조사대상 전체를 조사하는 대신 일부분을 조사함으로써 전체를 추측하는 조사방법은?

① 다단추출법　　　② 계통추출법
③ 무작위추출법　　④ 등간격추출법

표본조사(무작위 추출법)
무작위 추출법이란 조사대상 전체를 조사하는 대신 일부분을 조사함으로써 전체를 추측하는 조사 방법이다. 랜덤 샘플링, 임의 추출법이라고도 불리며, 무작위로 표본을 추출하여 자료의 편차를 없애는 표본조사 방법이다.

05 색채조절의 효과가 아닌 것은?

① 자연스럽게 일할 기분이 생긴다.
② 정리정돈과 청소가 잘 된다.
③ 일의 능률이 오른다.
④ 개인적 취향을 만족시킨다.

색채조절
색채조절의 효과는 능률성, 안전성, 쾌적성 등으로 심신의 안정, 피로회복, 작업 능률의 향상에 있으며 개인적 선호에 의한 색의 선택과는 구별된다.

06 젊음과 희망을 상징하고 첨단기술의 이미지를 연상시키는 색채는?

① 5YR 5/6　　　② 2.5BG 5/10
③ 2.5PB 4/10　　④ 5RP 5/6

색의 연상
젊음과 희망은 Blue가 대표적이며 첨단기술의 이미지로 2.5PB 4/10이 가장 가깝다.

07 색채의 사용에 있어서 색채의 기능성과 관련되어 적용된 경우는?

① 우리나라 국기의 검은색
② 공장내부의 연한 파란색
③ 커피 전문점의 초록색
④ 공군 비행사의 빨간 목도리

색의 기능성
색채의 기능은 색이 가지고 있는 심리적, 생리적, 물리적 성질을 근거로 색을 선택하는 과학적이고 객관적인 방법을 말하며, 쾌적하고 능률적인 공간과 좋은 생활환경 등을 만드는 데 색채의 기능을 활용하는 것이다.

08 색채의 주관적 경험을 보여 주는 것이 아닌 것은?

① 페흐너 효과
② 기억색
③ 항상성
④ 지역색

색채의 주관적 경험
지역색은 개인의 주관적 경험이 아니라 특정 지역의 하늘과 자연광, 습도, 흙과 돌 등에 의해 자연스럽게 어울리고 선호되는 색채로 국가나 지방, 도시의 특성과 이미지를 말한다.

09 색채의 구체적 연상과 추상적 연상이 잘못 연결된 것은?

① 초록 – 풀, 초원, 산 – 안정, 평화, 청초
② 파랑 – 바다, 음료, 청순 – 즐거움, 원숙함, 사랑
③ 노랑 – 개나리, 병아리, 나비 – 명랑, 화려, 환희
④ 빨강 – 피, 불, 태양 – 정열, 공포, 흥분

색의 연상
파랑은 바다, 젊음, 명상, 냉혹, 영원, 차가움 등이 연상된다.

10 다음 중 소비자가 소비행동을 할 때 제품 및 색채의 선택에 가장 많은 영향을 주는 요인은?

① 준거집단
② 대면집단
③ 트렌드세터
④ 매스미디어

대면 집단
대면 집단은 가족, 친구, 이웃, 직장 동료 등 일상에서 개인과 접촉 빈도가 가장 높은 집단이다. 따라서 소비자가 구매의사 결정을 할 때 제품 선택에 가장 영향을 많이 주는 대상이다. 소비자 구매의사 결정에 영향을 주는 요인은 사회 문화적 요인과 개인적 요인이 있다.
• **사회 문화적 요인** : 문화, 사회계급, 준거집단, 가족, 대면 집단 등
• **개인적 요인** : 나이, 생활 주기, 직업, 경제적 상황, 개성, 자아 개념, 지각, 학습, 동기 유발 등

11 매슬로우(Maslow)의 인간의 욕구 단계에 관한 설명으로 틀린 것은?

① 자아실현 욕구 – 자아개발의 실현
② 생리적 욕구 – 배고픔, 갈증
③ 사회적 욕구 – 자존심, 인식, 지위
④ 안전 욕구 – 안전, 보호

사회적 욕구는 소속감, 사랑이며 자존심, 인식, 지위는 존경의 욕구에 속한다.
매슬로우의 인간의 욕구 5단계
• **생리적 욕구** : 배고픔, 갈증
• **안전 욕구** : 안전, 보호
• **사회적 욕구** : 소속감, 사랑
• **존경 욕구** : 자존심, 지위, 명예 추구
• **자아실현 욕구** : 자아개발의 실현

12 색채 선호에 대한 설명 중 틀린 것은?

① 색에 대한 일반적인 선호 경향과 특정 제품에 대한 선호색은 다르다.
② 일본의 경우 자동차는 흰색을 선호하는 경향이 크다.
③ 색에 대한 일반적인 선호 경향은 성별, 연령별에 따라 다른 특성을 보인다.
④ 제품의 특성에 따라 선호되는 색채는 고정되어 있다.

색채 선호
제품의 특성에 따라 선호되는 색채가 고정되어 있지는 않다 같은 제품이라 해도 연령, 성별, 교양, 소득, 개인, 문화, 지역, 민족, 환경 등에 따라 색채 선호도는 다르다.
• 색에 대한 일반적인 선호 경향과 특정 제품에 대한 선호색은 다르다.
• 일본의 경우 자동차는 흰색을 선호하는 경향이 크다.
• 색에 대한 일반적인 선호 경향은 성별, 연령별에 따라 다른 특성을 보인다. 특히 소득과 교육수준이 높을수록 저채도를 선호하며 연령이 낮을수록 고채도 난색계열을, 성인이 되면서 저채도 한색계열을 선호하는 경향이 있다.

13 브랜드 관리 과정이 옳게 나열된 것은?

① 브랜드 설정 → 브랜드 파워 → 브랜드 이미지 구축 → 브랜드 충성도 확립
② 브랜드 설정 → 브랜드 이미지 구축 → 브랜드 충성도 확립 → 브랜드 파워
③ 브랜드 이미지 구축 → 브랜드 파워 → 브랜드 설정 → 브랜드 충성도 확립
④ 브랜드 이미지 구축 → 브랜드 충성도 확립 → 브랜드 파워 → 브랜드 설정

브랜드 관리 과정
브랜드 설정 → 브랜드 이미지 구축 → 브랜드 충성도 확립 → 브랜드 파워

14 색채와 촉감의 연결이 옳은 것은?

① 건조한 느낌 – 난색계열
② 촉촉한 느낌 – 밝은 노랑, 밝은 하늘색
③ 강하고 딱딱한 느낌 – 고명도, 고채도의 색채
④ 부드러운 감촉 – 저명도, 저채도의 색채

색채의 공감각
② 촉촉한 느낌 : 파랑, 청록과 같은 한색 계열
③ 강하고 딱딱한 느낌 : 저명도, 저채도
④ 부드러운 감촉 : 고명도, 밝은 핑크

틀리기 쉬운 문제
15 색채와 소리의 조화론을 처음으로 설명한 사람은?

① 칸트
② 뉴턴
③ 아인슈타인
④ 몬드리안

색채와 소리의 조화론
뉴턴은 분광실험에 의해 발견한 7가지 색을 7음계와 빨강–도, 주황–레, 노랑–미, 녹색–파, 파랑–솔, 남색–라, 보라–시로 연계시켰다.

틀리기 쉬운 문제
16 노란색과 철분이 많이 섞인 붉은색 암석이 성곽을 이루고 있는 곳에 위치한 리조트의 외관을 토양과 같은 YR계열로 색채 디자인을 하였다. 이때 디자이너가 가장 중점적으로 고려한 것은?

① 시인성
② 다양성과 개성
③ 주거자의 특성
④ 지역색

지역색
지역색은 개인의 주관적 경험이 아니라 특정 지역의 하늘과 자연광, 습도, 흙과 돌 등에 의해 자연스럽게 어울리고 선호되는 색채로 국가나 지방, 도시의 특성과 이미지를 말한다.

17 불교에서 신성시되는 종교색은?

① 빨강
② 파랑
③ 노랑
④ 검정

불교에서는 부처 및 승려의 옷 색으로 노란색을 적용하고 신성시하였다.

18 에바헬러의 색채 이미지 연상 중 폭력, 자유분방함, 예술가, 페미니즘, 동성애의 이미지를 갖는 색채는?

① 2.5Y5/4
② 2.5G4/10
③ 2.5PB4/10
④ 5P3/10

색채 이미지 연상
색채 이미지 연상에서 예술가, 자유분방함, 페미니즘, 동성애의 이미지를 갖는 색채는 보라색이다.

19 색채 치료에 대한 설명 중 틀린 것은?

① 빨강은 감각신경을 자극하여 시각, 후각, 청각, 미각, 촉각 등에 도움을 주고 혈액 순환을 촉진시키고 뇌척수액을 자극하여 교감신경계를 활성화한다.
② 주황은 갑상선 기능을 자극하고 부갑상선 기능을 저하시키며 폐를 확장시키며 근육의 경련을 진정시키는 데 효과가 있다.
③ 초록은 방부제 성질을 갖고 근육과 혈관을 축소하며, 긴장감을 주는 균형과 조화의 색이다.
④ 보라는 정신질환의 증상을 완화시킬 뿐만 아니라 감수성을 조절하고 배고픔을 덜 느끼게 해준다.

색채 치료
초록은 심장 기관에 도움을 주며 신체적 균형, 특히 혈액순환, 교감신경계를 활성화한다.

20 불특정 다수의 사람들이 거주하는 생활공간인 사무실, 도서관과 같은 건축공간의 색채조절로 부적합한 것은?

① 친숙한 색채환경을 만들어 이용자가 편안하게 한다.
② 근무자의 작업 능률을 증진시킬 수 있는 색채로 조절한다.
③ 시야 내에는 색채자극을 최소화하도록 색채사용을 제한한다.
④ 조도와 온도감, 습도, 방의 크기 같은 물리적 환경조건의 단점을 보완한다.

색채 조절
색의 명시성이나 정보전달력을 높일 수 있도록 기억성이나 시인성을 감안하여 적극적인 색채의 기능을 활용하여야 한다.

정답 07 ② 08 ④ 09 ② 10 ② 11 ③ 12 ④ 13 ② 14 ① 15 ② 16 ④ 17 ③ 18 ④ 19 ③ 20 ③

21 건축가 르 꼬르뷔지에(Le Corbusier)와 루이 설리번(Louis Sullivan)이 강조한 현대디자인의 사상적 배경에 해당하는 것은?

① 심미주의　　　　　② 절충주의
③ 기능주의　　　　　④ 복합표현주의

> **현대 디자인의 사상적 배경 기능주의**
> 디자인은 심미성과 실용성의 조화가 중요하다. 르 꼬르뷔지에는 "주택은 인간이 들어가서 살기 위한 기계이다"라고 주장한 모더니즘의 대표작가이며 합리적인 형태를 추구하였다. 또한 루이스 설리반은 "형태는 기능에 따른다" 라고 주장한 미국의 건축가로 이 뜻은 '기능에 충실했을 때 비로소 형태 또한 아름답다.' 라는 말이다. 이것이 기능주의 디자인이며 근대디자인의 바탕이다.

22 산업디자인에 있어서 기능성의 4가지 조건이 아닌 것은?

① 물리적 기능　　　　② 생리적 기능
③ 심리적 기능　　　　④ 심미적 기능

> **산업디자인 기능성 4가지 조건**
> 심미적 기능은 좋은 디자인 요건에 속한다. 산업디자인 기능성 4가지 조건은 물리적 기능, 생리적 기능, 심리적 기능, 사회적 기능이 있다.

23 굿 디자인(Good Design)의 조건으로 반드시 필요하다고 볼 수 없는 것은?

① 경제성과 독창성　　② 주목성과 일관성
③ 심미성과 질서성　　④ 합목적성과 효율성

> **굿 디자인**
> 디자인의 기본 조건으로 합목적성, 심미성, 경제성, 독창성, 질서성, 합리성, 문화성, 친자연성 등이 속한다. 굿 디자인의 4대 조건으로는 합목적성(실용성), 경제성, 심미성, 독창성이 있다.

24 다음 중 마른 체형을 보완하기 위한 가장 효과적인 색채는?

① 5Y 7/3　　　　　② 5B 5/4
③ 5PB 4/5　　　　④ 5P 3/6

> **마른 체형 색채 보완**
> 체격 조건이 좋아 보이기 위해서는 팽창색인 장파장 난색계열의 색채가 효과적이다. 따라서 노란색인 5Y에 7의 3, 즉 명도가 높고(10단계 중 3) 채도가 낮은(14단계 중 3) 색채가 정답이다.

25 각 요소들이 같은 방향으로 운동을 계속하는 경향과 관련한 게슈탈트 그루핑 법칙은?

① 근접성
② 유사성
③ 연속성
④ 폐쇄성

> **게슈탈트 법칙(연속성)**
> •**연속성** : 각 요소들이 같은 방향으로 운동을 계속하려는 경향으로 배열이나 같은 방향성을 가진 어떤 형상이 하나로 인지된다는 법칙이다 공동운명의 법칙이라고도 한다.
> •**근접성** : 가까이 있는 시각요소들은 하나의 패턴 혹은 그룹으로 인지된다는 법칙이다.
> •**유사성** : 형태, 규모, 색채, 질감 등이 유사한 시각적 요소들을 한데 묶어 인지한다는 법칙이다.
> •**폐쇄성** : 불완전한 형태나 벌어진 도형들의 집단을 완전한 형태의 집단으로 인지한다는 법칙이다.

26 주위를 환기시킬 때, 단조로움을 덜거나 규칙성을 깨뜨릴 때, 관심의 초점을 만들거나 움직이는 효과와 흥분을 만들 때 이용하면 효과적인 디자인 요소는?

① 강조
② 반복
③ 리듬
④ 대비

> **디자인 요소(강조)**
> 주위를 환기시킬 때, 단조로움을 덜거나 규칙성을 깨뜨릴 때, 관심의 초점을 만들거나 움직이는 효과와 흥분을 만들 때 이용하면 효과적인 디자인 요소는 강조이다.
> •**반복** : 색채, 문양, 질감, 형태 등이 되풀이됨으로써 이루어지는 율동감
> •**리듬** : 규칙적으로 이미지를 만드는 통제된 운동감(반복, 점진, 변이, 방사, 대립)
> •**대비** : 성격이 전혀 다른 상반된 이미지로 서로가 한층 돋보이게 하고 극적 분위기를 더해 주는 현상

27 컬러 플래닝 프로세스가 옳게 나열된 것은?

① 기획 – 색채설계 – 색채관리 – 색채계획
② 기획 – 색채계획 – 색채설계 – 색채관리
③ 기획 – 색채관리 – 색채계획 – 색채설계
④ 기획 – 색채설계 – 색채계획 – 색채관리

> **컬러 플래닝 프로세스**
> 기획 – 색채계획 – 색채설계 – 색채관리

28 굿 디자인(Good Design) 운동의 근본적 배경을 "제품의 선택이 곧 생활양식의 선택"이라고 주장한 사람은?

① 루이지 콜라니　　② 그레고르 파울손
③ 윌리엄 고든　　　④ A F 오스본

그레고르 파울손
굿 디자인의 근본적인 배경을 "제품의 선택이 곧 생활양식의 선택", "디자인을 통해 사회를 개혁할 수 있다."라고 주장하고 수공예 전통을 발전시키면서 기계적 대량생산 방식을 자연스럽게 접목시킨 인물이다.

29 기계, 기술의 발달을 비판한 미술공예운동을 주장한 사람은?

① 헤르만 무테지우스　　② 윌리엄 모리스
③ 앙리 반 데 벨데　　　④ 구텐베르크

윌리엄 모리스(미술공예운동)
• 대량생산 시스템으로 인한 생산품의 질적 하락과 예술성 저하를 비판
• 예술의 민주화 사회화를 주장
• 수공예 부흥과 중세 고딕 양식을 지향
• 근대 디자인사의 이념적 기초를 마련

30 컬러 플래닝의 계획단계에서 조사항목이 아닌 것은?

① 문헌 조사　　② 앙케이트 조사
③ 측색 조사　　④ 컬러 조색

컬러 플래닝 계획단계
색채계획 및 디자인 프로세스의 진행순서는 조사 및 기획 → 색채계획 및 설계 → 색채관리 순으로 진행된다 이중 조사 항목에서는 문헌조사, 앙케이트 조사, 측색 조사가 이루어진다.
1) 조사 및 기획 : 조건 확인, 현황 조사 및 분석, 컨셉 및 이미지 작성
2) 색채계획 및 설계 : 체크리스트 작성, 색채 구성 배색안 작성, 시뮬레이션 실시, 대안 검토 및 결정
3) 색채관리 : 색견본 승인 및 색채관리

31 실내디자인 색채계획 시 검토대상에 해당되지 않는 것은?

① 적합한 조도　　② 색 면의 비례
③ 인간의 심리상태　④ 소재의 다양성

실내디자인 색채계획 시 검토 대상
소재의 다양성보다는 실내디자인 색채계획 시 환경친화적인 소재 선택이 중요하다.
• **기능적** : 적합한 조도, 적당한 휘도, 조명색 등
• **심리적** : 색의 다양성, 대비, 색면의 비례, 심미적인 부분 등
• **환경친화적** : 건강에 해가 되지 않는 환경친화적 소재, 재료 선택

32 기업의 이미지를 극대화하기 위한 CI(Corporate Identity) 색채계획 시 필수적 고려사항이 아닌 것은?

① 기업의 이념
② 이미지의 일관성
③ 소재적용의 용이성
④ 유사기업과의 동질성

CI(Corporate Identity) 색채계획 시 고려사항
유사기업과의 동질성이 아닌 우리 기업만을 상징할 수 있는 독창적인 색채계획이 필요하다. 기업의 이념, 이미지의 일관성, 소재적용의 용이성은 CI 색채계획 시 필수적 고려사항이다. 기업의 이미지 통합을 계획, 일관성 있게 관리하여 기업 이미지를 소비자로 하여금 쉽게 기억할 수 있도록 하며 주로 기업의 로고, 심벌, 캐릭터, 명함, 사인 시스템, 간판 등에 적용한다.

33 다음 (   )에 가장 적절한 말은?

> 디자인은 언제나 디자이너의 창의적인 디자인 감각에 의하여 새롭게 탄생하는 (   )을 생명으로 새로운 가치를 추구하는 것이어야 한다.

① 예술성　　　　② 목적성
③ 창조성　　　　④ 사회성

디자인 의미(창조성)
디자인은 언제나 디자이너의 창의적인 디자인 감각에 의하여 새롭게 탄생하는 창조성을 생명으로 새로운 가치를 추구하는 것이어야 한다.
• **디자인의 기본조건** : 합목적성, 심미성, 경제성, 독창성, 질서성, 합리성, 문화성, 친자연성
• **굿 디자인의 4대 조건** : 합목적성(실용성), 경제성, 심미성, 독창성

34 품평할 목적으로 제작되는 것으로, 완성예상 실물과 흡사하게 만드는 데 중점을 두는 모델은?

① 아이소타입 모델
② 프로토타입 모델
③ 프레젠테이션 모델
④ 러프 모델

③ **프레젠테이션 모델** : 품평할 목적으로 제작되는 것으로, 완성예상 실물과 흡사하게 만드는 데 중점을 두는 모델이다.
② **프로토타입 모델** : 최종 단계에서 결정된 제품디자인을 실제 부품으로 작동방법과 같은 기능을 부여하여 완성한 모델
④ **러프 모델** : 디자인 초기 단계에 형태감과 비례를 대략적으로 확인하기 위해 만드는 모델

정답 21 ③ 22 ④ 23 ② 24 ① 25 ③ 26 ① 27 ② 28 ② 29 ② 30 ④ 31 ④ 32 ④ 33 ③ 34 ③

35 다음의 (　　)에 공통적으로 들어갈 내용은?

> 휴대전화를 중심으로 새로 등장한 기술 현상이 (　　)이다.
> 여러 가지 디지털 기술이 하나의 제품 안에 통합되는 현상
> 을 (　　)라고 한다.

① 쌍방향 커뮤니케이션(Two-way Communication)
② 인터랙션 디자인(Interaction Design)
③ 디지털 컨버전스(Digital Convergence)
④ 위지윅(WYSIWYG)

- **디지털 컨버전스** : 휴대전화를 중심으로 새로 등장한 기술 현상으로서 여러 가지 디지털 기술이 하나의 제품 안에 통합되는 현상을 디지털 컨버전스라고 한다.
- **쌍방향 커뮤니케이션** : 개별적으로 송수신이 가능한 두 지점 간 커뮤니케이션을 말한다.
- **인터랙션 디자인** : 디지털 기술을 이용하여 사람이 제품이나 서비스를 사용하면서 서로 소통할 수 있도록 하는 디자인 분야를 말한다.
- **위지윅** : What you see is what you get의 줄임말로 프로그램에서 처리하는 문서 내용이 화면에 보이는 대로 출력되는 시스템을 말한다.

36 비례에 대한 설명으로 틀린 것은?

① 비례를 구성에 이용하여 훌륭한 형태를 만든 예로는 밀로의 비너스, 파르테논 신전 등이 있다.
② 황금비는 어떤 선을 2등분하여 작은 부분과 큰 부분의 비를, 큰 부분과 전체의 비와 같게 한 분할이다.
③ 비례는 기능과도 밀접하여, 자연 가운데 훌륭한 기능을 가지고 있는 것의 형태는 좋은 비례양식을 가진다.
④ 등차수열은 1:2:4:8:16:…과 같이 이웃하는 두 항의 비가 일정한 수열에 의한 비례이다.

수열
1:2:4:8:16…과 같이 이웃하는 두 항의 비가 일정한 수열에 의한 비례는 등비수열이며 등차수열은 각 항의 수가 그 앞의 항에 일정한 수를 더한 것으로 이루어진 수열이다.

37 다음에서 설명하는 디자인 사조는?

> 대중문화 속에 등장하는 이미지를 미술로 수용한 사조로,
> 대중예술 매개체의 유행에 대하여 새로운 태도로 언급된 명
> 칭이다. 미국적 물질주의 문화의 반영이며, 그 근본적 태도
> 에 있어서 당시의 물질문명에 대한 낙관적 분위기와 깊이
> 연결되어 있다.

① 옵티칼 아트　　　　② 팝아트
③ 아르데코　　　　　④ 데스틸

팝아트
미국 뉴욕을 중심으로 1960년대 일어난 순수주의 디자인을 거부한 반모더니즘 디자인이다. 미국의 물질주의 문화, 대중문화 속에 등장하는 이미지를 반영하여(마를린 먼로의 얼굴, 코카콜라) 상상적이고 유희적인 표현을 통한 순수예술과 대중예술의 이분법적 위계 구조를 불식시켰으며 기능을 단순화된 의미를 부여하였다. 낙관적 분위기와 속도의 역동성, 간결하고 평면화된 색면과 원색의 강한 대비가 특징이다. 대표적 작가로는 앤디워홀과 리히텐슈타인이있다.

38 색채계획 과정에서 컬러 이미지의 계획 능력, 컬러 컨설턴트의 능력은 어느 단계에서 요구되는가?

① 색채 환경 분석　　　② 색채 심리 분석
③ 색채 전달 계획　　　④ 디자인에 적용

색채계획 및 디자인 프로세스
색채환경 분석 → 색채 심리 조사분석 → 색채 전달 계획 작성 → 디자인 적용 → 평가
- **색채환경 분석** : 계획 단계로 디자인 방향 설정
- **색채 심리 조사분석** : 아이디어 발상과 분류
- **색채 전달 계획 작성** : 결정 단계로 종합평가를 하고 수정된 의견을 수렴해 색상을 결정
- **디자인 적용** : 실시 단계로 도면을 그리고 색채계획을 작성
- **평가** : 색채 시장을 파악하고 기획하여 생산 단계로의 정보 피드백을 받으며 색채 효과를 분석하고 결과를 정리해 데이터를 축적

39 디자인의 라틴어 어원인 데시나레(Designare)의 의미와 관련이 없는 것은?

① 지시한다.　　　　② 계획을 세운다.
③ 스케치한다.　　　④ 본을 뜨다.

디자인의 어원(데시나레)
디자인이란 '지시한다', '표시하다'라는 의미의 라틴어 '데시그나레'에서 유래되었고, 정리하여 질서를 유지하기 위한 활동이란 뜻으로 '계획하다', '설계하다'라는 뜻으로 발전하였다.
- **데시그나레(Designare, 라틴어)** : 지시하다, 표시하다, 계획을 세우다
- **데생(Dessin, 프랑스어)** : 목적, 계획
- **디세뇨(Disegno, 이탈리아어)** : 목적한다.

40 최소한의 예술이라고 하는 미니멀리즘의 색채 경향이 아닌 것은?

① 개성적 성격, 극단적 간결성, 기계적 엄밀성을 표현
② 통합되고 단순한 색채 사용
③ 시각적 원근감을 도입한 일루전(Illusion) 효과 강조
④ 순수한 색조대비와 비교적 개성 없는 색채도입

> 시각적 원근감을 도입한 일루전 효과 강조는 1960년대 미국에서 일어난 추상미술 옵 아트 색채 경향 특징 중 하나이며, 미니멀리즘 색채 경향은 아래와 같다.
> • 개성적 성격, 극단적 간결성, 기계적 엄밀성을 표현
> • 통합되고 단순한 색채 사용
> • 순수한 색조대비와 비교적 개성 없는 색채 도입

③ **제3과목 : 색채관리**

41 측색의 궁극적인 목적과 거리가 먼 것은?

① 색을 정확하게 재현하기 위해
② 일정한 색 체계로 해석하여 전달하기 위해
③ 색을 정확하게 파악하기 위해
④ 색의 선호도를 나타내기 위해

> **측색의 목적**
> • 색을 정확하게 재현하기 위해
> • 일정한 색체계로 해석하고 전달하기 위해
> • 색을 정확하게 파악하기 위해

42 모니터의 색채 조절(Monitor Color Calibration)에 대한 설명으로 틀린 것은?

① 자연에 가까운 색채를 구현하기 위해서는 색온도를 6500K로 설정하는 것이 바람직하다.
② 감마 조절을 통해 톤 재현 특성을 교정한다.
③ 흰색의 밝기를 조절한다.
④ 색역 맵핑(Color Gamut Mapping)을 실시한다.

> **모니터 캘리브레이션**
> 화면의 크기, 밝기, 콘트라스트, 색상, 색온도 등 버튼으로 수동 조정하여 모니터에서 정확한 컬러를 보기 위해 필요한 작업이다. 색 영역이 일치하지 않는 다른 장치 사이의 색채를 효율적으로 조정하여 같은 느낌이 나도록 변환시켜 주는 색역 매핑 실시와는 다른 개념이다.
> **모니터 색채 조절(Monitor Color Calibration)**
> • 자연에 가까운 색채를 구현하기 위해서는 색온도를 6500K로 설정하는 것이 좋다.
> • 감마 조절을 통해 톤 재현 특성을 교정한다.
> • 흰색의 밝기를 조절한다.
> • 모니터의 색 온도와 RGB값을 정확하게 조정한다.
> • ICC 프로파일 인식 가능한 이미징 프로그램으로 조정한다.

43 다음 중 색채오차의 시각적인 영향력이 가장 큰 것은?

① 광원에 따른 차이
② 질감에 따른 차이
③ 대상의 표면 상태에 따른 차이
④ 대상의 형태에 따른 차이

> **색채오차의 시각적 영향력**
> 광원에 따른 차이가 색채오차의 시각적 영향력이 가장 크다 광원에 따라 색이 달라 보이는 현상을 연색성이라고 하며, 일광에서는 똑같이 보이던 두 개의 물체색이 실내 조명에서는 다르게 보이는 현상을 조건등색(메타메리즘)이라고 한다.

44 반사율이 파장에 관계없이 높기 때문에 거울로 사용하기에 적합한 금속은?

① 금
② 구리
③ 알루미늄
④ 은

> **반사율이 높은 금속**
> 금속 소재인 알루미늄은 파장에 관계없이 반사율이 높아 거울로 사용할 정도로 다른 재질에 비해 광택이 우수하다. 광택이란 표면의 매끄러움 정도를 말하며 물체 표면을 보는 각도에 따라 달라진다.

45 CCM(Computer Color Matching)의 장점은?

① 분광 반사율을 기준색과 일치시키므로 아이소머리즘을 실현할 수 있다.
② 기본 색료가 변할 때마다 필요한 데이터를 입력하지 않아도 된다.
③ 착색 대상 소재의 특성 변화에 대한 데이터베이스를 만들지 않아도 된다.
④ 다양한 조건에서 발생되는 메타메리즘을 실현할 수 있다.

> **CCM의 장점**
> • 분광 반사율을 기준색과 일치시키므로 아이소머리즘을 실현할 수 있다.
> • 최소비용의 색채처방을 산출할 수 있다.
> • 염색배합처방 및 가공비를 정확하게 산출할 수 있다.
> • 컴퓨터를 이용하여 색을 자동으로 배색하는 장치로 초보자도 장비만 다룰 줄 안다면 쉽게 사용할 수 있다.
> • 시간과 비용을 절약할 수 있다.
> • 체계적인 자료 분류 및 보관으로 축적된 자료로 새로운 색상을 개발할 수 있다.
> • 레시피 수정 알고리즘을 포함하고 있어 사용자가 레시피 예측 알고리즘 보정계수를 산출할 필요가 없다.

정답 35 ③ 36 ④ 37 ② 38 ③ 39 ④ 40 ③ 41 ④ 42 ④ 43 ① 44 ③ 45 ①

46 인쇄의 종류에 대한 설명 중 틀린 것은?

① 평판인쇄는 잉크가 묻는 부분과 묻지 않는 부분이 같은 평판에 있으며 오프셋(Off Set)인쇄라고도 한다.
② 등사판인쇄, 실크스크린 등은 오목판인쇄에 해당된다.
③ 볼록판인쇄는 잉크가 묻어야 할 부분이 위로 돌출되어 인쇄하는 방식으로 활판, 연판, 볼록판이 여기에 해당된다.
④ 공판인쇄는 판의 구멍을 통하여 종이, 섬유, 플라스틱 등의 표면에 인쇄잉크나 안료로 찍어내는 방법이다.

인쇄
등사판인쇄, 실크스크린 등은 오목판인쇄가 아닌 공판인쇄에 해당된다.

틀리기 쉬운 문제

47 물체색은 광원과 조명방식에 따라 변한다. 이와 관련한 설명이 옳은 것은?

① 동일 물체가 광원에 따라 각기 다른 색으로 보이는 것을 광원의 연색성이라 한다.
② 모든 광원에서 항상 같은 색으로 보이는 현상을 메타메리즘이라고 한다.
③ 백열등 아래에서는 한색계열 색채가 돋보인다.
④ 형광등 아래에서는 난색계열 색채가 돋보인다.

광원과 조명방식에 따른 물체색
동일 물체가 광원에 따라 각기 다른 색으로 보이는 것을 광원의 연색성이라 한다.
• 모든 광원에서 항상 같은 색으로 보이는 현상을 무조건 등색(아이소머리즘)이라고 한다.
• 특정 광원에서만 같은 색으로 보이는 경우를 메타메리즘이라고 한다.
• 백열등 아래에서는 난색계열 색채가 돋보인다.
• 형광등 아래에서는 한색계열 색채가 돋보인다.

48 다음 중 합성염료는?

① 산화철
② 산화망간
③ 목탄
④ 모베인

합성염료
모베인은 최초의 합성염료이며 보라색을 띤다. 산화철, 산화망간, 목탄은 유기안료이다.

틀리기 쉬운 문제

49 LCD 모니터에서 노란색(Yellow)을 표현하기 위해 모니터 삼원색 중 사용되어야 하는 색으로 옳은 것은?

① Green+Blue
② Yellow
③ Red+Green
④ Cyan+Magenta

모니터 3원색
모니터는 빛의 3원색인 RGB에 의해 가법혼색으로 색재현을 하며, 프린터는 잉크의 3원색인 CMY를 이용해 감법혼색으로 색재현을 하는 디바이스다. 따라서 LCD 모니터에서 노란색을 표현하기 위한 모니터 3원색에서 사용되는 색은 Red와 Green이다.
• Red + Green = Yellow   • Green + Blue = Cyan
• Red + Blue = Magenta   • Red + Green + Blue = White

틀리기 쉬운 문제

50 다음 중 색차식의 종류로 거리가 먼 것은?

① L*u*v* 표색계에 따른 색차식
② 아담스 니커슨 색차식
③ CIE 2000 색차식
④ ISCC 색차식

색차식 종류
두 개의 시료색 자극의 색차를 나타내는 공식은 L*u*v*, 아담스 니커슨 색차식, CIEDE2000, L*A*B* 색차식이 있다.

51 다음 중 색온도(Color Temperature)가 가장 높은 것은?

① 촛불
② 백열등(200W)
③ 주광색 형광등
④ 백색 형광등

색온도

인공 광원	자연 광원
• 촛불 : 2000K	• 태양(일출, 일몰) : 2000K
• 백열등 : 3000K	• 태양(정오) : 5000K
• 백색 형광등 : 4500K	• 약간 구름 긴 하늘 : 8000K
• 주광색 형광등 : 6500K	• 맑고 깨끗한 하늘 : 12000K

52 다음 중 CCM과 관련이 없는 것은?

① 감법혼색
② 측정반사각
③ 흡수계수와 산란계수
④ 쿠벨카 문크 이론

CCM
컴퓨터를 이용하여 색을 자동으로 배색하는 장치로 육안 조색과 달리 측정반사각에 영향을 받지 않는다.

53 파장의 단위가 아닌 것은?

① nm
② mk
③ Å
④ μm

파장의 단위
Nm(나노미터), Å(옴스트롱), μm(마이크로미터)

54 정량적이지 않고 주관적인 색채검사는?

① 육안 검색
② 색차계
③ 분광측색
④ 분광광도계

육안 검색
정량적이지 않고 주관적인 색채검사는 육안 검색이다. 색차계, 분광측색, 분광광도계는 측색기 종류이다.

55 색 비교를 위한 시환경에 대한 내용 중 일반적으로 이용하는 부스의 내부 색 명도로 옳은 것은?

① L* = 25의 무광택 검은색
② L* = 50의 무광택 무채색
③ L* = 65의 무광택 무채색
④ L* = 80의 무광택 무채색

색 비교를 위한 부스 내부의 명도
부스 내부는 명도 L*가 약 50인 무광택의 무채색이 맞다.
• 육안 검색 시 광원 종류에 따라 메타메리즘이 발생될 수 있으므로 조건을 동일하게 두고 비교한다.
• 비교하는 색면의 크기와 관찰거리는 시야각으로 약 2° 또는 10°가 되도록 한다.
• 색 비교를 위한 작업면의 조도는 1000~4000lx 사이로 한다.
• 광원의 종류, 조도, 조명관찰조건, 재질, 광택 등을 반드시 표기한다.
• 어두운 색을 비교하는 경우의 작업면 조도는 200~4000lx의 조도가 필요하며 조명의 균제도는 0.8 이상이 적합하다.
• 조명의 확산판은 항상 사용한다.

56 다음 중 색온도에 대한 설명이 옳은 것은?

① 색온도는 광원의 실제 온도이다.
② 높은 색온도는 붉은 색계열의 따뜻한 색에 대응된다.
③ 백열등은 6000K 정도의 색온도를 지녔다.
④ 백열등과 같은 열광원은 흑체의 색온도로 구분한다.

백열등과 같은 열광원은 흑체의 색온도로 구분한다.
색온도
• 색온도는 광원의 실제 온도와 반드시 일치진 않는다.
• 높은 색온도는 푸른색계열의 시원한 색에 대응된다.
• 백열등은 3000K 정도의 색온도를 지녔다.

57 국제조명위원회(CIE)의 업적에 관한 설명으로 틀린 것은?

① 평균적인 사람의 색 인식을 기술하는 표준관찰자 (Standard observer) 정립
② 이론적, 경험적으로 완벽한 균등색공간(Uniform color space) 정립
③ 사람의 시각 시스템이 특정색에 반응하는가를 기술한 삼자극치(Tristimulus values) 계산법 정립
④ 색 비교와 연구를 위한 표준광(Standard illuminant) 데이터 정립

국제조명위원회(CIE)
• 국제조명위원회는 빛에 관한 표준과 규정에 대한 지침을 목적으로 하는 국제기관
• 평균적인 사람의 색 인식을 기술하는 표준관찰자 정립
• 사람의 시각 시스템이 특정색에 반응하는가를 기술한 삼자극치 계산법 정립
• 색 비교와 연구를 위한 표준광 데이터 정립

58 다음 중 출력 기기가 아닌 것은?

① 모니터
② 스캐너
③ 잉크젯 프린터
④ 플로터

• 스캐너는 출력영상장비가 아닌 입력 장치이다.
• LCD 모니터는 RGB를 기반의 가법혼색(혼합한 색이 원래의 색보다 명도가 높아지는 색광의 혼합)만을 이용하여 색을 표현하는 출력영상장비이다.
• 프린터는 CMY를 기반의 감법혼색(혼합한 색이 원래의 색보다 어두워 보이는 혼색)을 이용하여 색을 표현하는 출력영상장비이다.
• 디지타이저는 아날로그 신호를 디지털로 전환하여 입력, 저장, 출력하는 장치이다.

59 한국산업표준(KS)에 정의된 색에 관한 용어에 대한 설명이 틀린 것은?

① 색순응 : 명순응 상태에서 시각계가 시야의 색에 적응하는 과정 및 상태
② 휘도순응 : 시각계가 시야의 휘도에 순응하는 과정 또는 순응한 상태
③ 암순응 : 밝은 곳에서 어두운 곳으로 이동 시, 어두움에 적응하는 과정 및 상태
④ 명소시 : 정상의 눈으로 100cd/m²의 상태에서 간상체가 활동하는 시야

명소시
정상의 눈으로 명순응된 시각의 상태를 말한다. 명순응 상태에서는 대략 추상체만이 활성화된다.

60 염료의 일반적인 특징으로 옳은 것은?

① 불투명하다.   ② 무기물이다.
③ 물에 녹지 않는다.   ④ 표면에 친화력이 있다.

> **염료의 특징**
> • 염료는 투명성이 뛰어나고 유기물이며 물체와의 친화력이 있다.
> • 물에 가라앉지 않고 물이나 용제에 잘 녹는 성질이 있다.
> • 방직계통에 많이 사용되고 잉크, 종이, 목재, 식품 등 염색에 쓰인다.

---

4 제4과목 : 색채 지각의 이해

61 다음 중 교통사고율이 가장 높은 자동차의 색상은?

① 파랑   ② 흰색
③ 빨강   ④ 노랑

> **색의 주목성과 시인성**
> 고명도, 고채도의 색이, 한색계보다 난색계가 주목성이 높다. 교통사고율이 높은 자동차의 색상은 한색의 파란색이다.

틀리기 쉬운 문제
62 중간혼색에 대한 설명으로 틀린 것은?

① 중간혼색은 가법 혼색과 감법 혼색의 중간에 해당된다.
② 중간혼색의 대표적 사례는 직물의 디자인이다.
③ 중간혼색은 물체의 혼색이 아니다.
④ 컬러 텔레비전은 중간혼색에 해당된다.

> **중간혼색**
> 중간혼색은 눈의 망막에서 일어나는 착시적 혼합으로 혼색의 결과로 색상, 명도, 채도는 혼색에 사용된 각 색의 평균값이 되는 중간혼색이다.

63 인쇄 과정 중에 원색분판 제판과정에서 시안(Cyan) 분해 네거티브 필름을 만들기 위해 사용하는 색필터는?

① 시안색 필터   ② 빨간색 필터
③ 녹색 필터   ④ 파란색 필터

> **색필터 실험**
> 시안필터는 중파장의 초록과 단파장의 파랑은 통과시키고 장파장의 빨강은 흡수시킨다.

64 색채를 강하게 보이기 위해 디자인에서 악센트로 자주 사용하는 색은?

① 채도가 높은 색   ② 채도가 낮은 색
③ 명도가 높은 색   ④ 명도가 낮은 색

> **액센트 컬러**
> 액센트 컬러에는 채도가 높은 색을 사용한다.

틀리기 쉬운 문제
65 가법혼색과 감법혼색의 설명으로 틀린 것은?

① 가법혼색은 네거티브 필름 제조, 젤라틴 필터를 이용한 빛의 예술 등에 활용된다.
② 색필터는 겹치면 겹칠수록 빛의 양은 더해지고, 명도가 높아지기 때문에 가법혼색이라 부른다.
③ 감법혼색의 삼원색은 Yellow, Magenta, Cyan이다.
④ 감법혼색은 컬러 슬라이드, 컬러영화필름, 색채사진 등에 이용되어 색을 재현시키고 있다.

> **가법혼색과 감법혼색**
> 색필터는 겹치면 겹칠수록 순색의 강도가 약해져 어두워지는 감법혼색이다.

66 색각 이론에 관한 설명으로 틀린 것은?

① 헤링은 반대색설을 주장하였다.
② 영ㆍ헬름홀츠는 3원색설을 주장하였다.
③ 헤링 이론의 기본색은 빨강, 주황, 녹색, 파랑이다.
④ 영ㆍ헬름홀츠 이론의 기본색은 빨강, 녹색, 파랑이다.

> **색각이론**
> 헤링의 기본색은 빨강, 노랑, 녹색, 파랑의 유채색을 포함하고 있기 때문에 4원색설이라고 한다.

67 시세포에 관한 설명으로 틀린 것은?

① 추상체는 장파장, 중파장, 단파장의 동일한 비율로 색을 인지한다.
② 인간은 추상체와 간상체의 비율로 볼 때 색상과 채도의 구별보다 명도의 구별에 더 민감하다.
③ 추상체는 망막의 중심부인 중심와에 존재한다.
④ 간상체는 단일세포로 구성되어 빛의 양을 흡수하는 정도에 따라 빛을 감지한다.

> **시세포**
> 추상체는 장파장-558nm, 중파장-531nm, 단파장-419nm의 40 : 20 : 1의 비율로 분포되어 있다.

68 어느 특정한 색채가 주변 색채의 영향을 받아 본래의 색과는 다른 색채로 지각되는 경우는?

① 색채의 지각 효과
② 색채의 대비 효과
③ 색채의 자극 효과
④ 색채의 혼합 효과

> **색채의 대비효과**
> 특정한 색채가 주변 색채의 영향을 받아서 본래의 색과는 다른 색채로 지각되는 것은 색채의 심리 효과가 관여하는 대비현상이다.

69 대비 현상에 대한 설명으로 옳은 것은?

① 명도대비란 밝은 색은 어두워 보이고, 어두운 색은 밝아 보이는 현상이다.
② 유채색과 무채색 사이에서는 채도대비를 느낄 수 없다.
③ 생리적 자극방법에 따라 동시대비와 계시대비로 나눌 수 있다.
④ 색상대비가 잘 일어나는 순서는 3차색 〉 2차색 〉 1차색의 순이다.

> **대비현상**
> 색의 대비는 대비방법에 따라 2가지 색을 동시에 볼 때 일어나는 동시대비와 시간적 차이에 의해 일어나는 계시대비로 나누어 볼 수 있다.

70 다음 중 흥분감을 가장 잘 나타낼 수 있는 파장은?

① 730nm
② 600nm
③ 530nm
④ 420nm

> **색의 파장**
> 흥분감은 장파장일 때 가장 잘 일어난다.

71 색의 동화 효과를 바르게 설명한 것은?

① 일정한 자극이 사라진 후에도 지속적으로 자극을 느끼는 현상이다.
② 대비 효과의 일종으로서 음성적 잔상으로 지각된다.
③ 색의 경연감에 영향을 주는 지각 효과이다.
④ 색의 전파 효과 또는 혼색 효과라고 한다.

> **색의 동화 효과**
> 색의 동화 효과는 대비 현상과는 반대로 인접한 색들끼리 서로의 영향을 받아 인접한 색에 가깝게 보이는 현상으로서 색의 전파 효과, 혼색 효과라고도 한다.

72 햇살이 밝은 운동장에서 어두운 실내로 이동할 때, 빨간색은 점점 사라져 보이고 청색이 밝게 보이는 시각 현상은?

① 메타메리즘
② 항시성
③ 보색잔상
④ 푸르킨예 현상

> **푸르킨예 현상**
> 푸르킨예 현상은 낮에는 빨간 꽃이 잘 보이다가 저녁이 되면 파란 꽃이 더 잘 보이는 현상으로 간상체 시각과 추상체 시각의 스펙트럼 민감도가 서로 다르기 때문에 일어나는 현상이다.

73 파장이 동일해도 색의 채도가 높아짐에 따라 색이 달라 보이는 현상(또는 효과)은?

① 색음 현상
② 애브니 효과
③ 리프만 효과
④ 베졸드 브뤼케 현상

> **애브니 효과**
> 에브니 효과는 파장이 동일해도 색의 채도가 변함에 따라 색상이 달라 보이는 것으로 색의 순도가 낮아질수록 색상도 변해야 동일 색상으로 느낄 수 있다.

74 면적대비에 대한 설명 중 옳은 것은?

① 동일한 색이라도 면적이 커지면 명도와 채도가 감소해 보인다.
② 큰 면적의 강한 색과 작은 면적의 약한 색은 조화된다.
③ 강렬한 색채가 큰 면적을 차지하면 눈이 피로해지므로 채도가 낮은 색을 사용하여 눈을 보호한다.
④ 큰 면적보다 작은 면적 쪽의 색채가 훨씬 강렬하게 보인다.

> **면적대비**
> 색채는 작은 면적보다 큰 면적에서 명도와 채도가 높아진다.

75 다음 (   )에 들어갈 내용으로 적합한 것은?

> 연령에 따른 색채지각은 수정체의 변화와 관련이 있다. 세포가 노화되는 고령자는 (   )의 색인식이 크게 퇴화된다.

① 청색계열
② 적색계열
③ 황색계열
④ 녹색계열

> **눈의 구조**
> 수정체 혼탁 현상은 노화된 고령자가 황갈색 필터를 끼운 것처럼 색소가 침착되는 현상으로 전체적으로 어둡고 푸른색의 대상물이 뚜렷하게 보이지 않는다.

정답 60 ④ 61 ① 62 ① 63 ② 64 ① 65 ② 66 ③ 67 ① 68 ② 69 ③ 70 ① 71 ④ 72 ④ 73 ② 74 ① 75 ①

76 안구 내에서 빛의 반사를 방지하며, 눈에 영양을 보급하는 역할을 하는 것은?

① 맥락막
② 공막
③ 각막
④ 망막

눈의 구조
맥락막은 망막과 공막 사이의 중간막을 말하며, 안구 내에서 빛의 반사 방지와 혈관이 많아 눈에 영양을 보급하는 역할을 한다.

77 여러 가지 파장의 빛이 고르게 섞여 있을 때 지각되는 색은?

① 녹색
② 파랑
③ 검정
④ 백색

빛의 파장
여러 가지 파장의 빛이 고르게 섞여 있을 때는 가법혼색에 의해 백색광으로 지각된다.

78 보색에 대한 설명 중에서 틀린 것은?

① 모든 2차색은 그 색에 포함되지 않은 원색과 보색관계에 있다.
② 보색 중에서 회전혼색의 결과 무채색이 되는 보색을 특히 심리보색이라 한다.
③ 보색관계에 있는 두 색광의 혼합결과는 백색광이 된다.
④ 색상환에서 보색이 되는 두 색을 이웃하여 놓았을 때 보색대비 효과가 나타난다.

보색
보색 중에서 회전혼색의 결과 무채색이 되는 보색은 심리보색이 아니라 물리보색이다. 물리보색은 물감혼합이 아닌 원판 회전혼합 결과 무채색이 되는 두 색을 말한다.

79 빛의 특성에 관한 설명 중 틀린 것은?

① 파장이 짧을수록 빛의 산란도 심해지므로 청색광이 많이 산란하여 청색으로 보인다.
② 대기 중의 입자가 크거나 밀도가 높은 경우 모든 빛을 균일하게 산란시켜 거의 백색으로 보인다.
③ 깊은 물이 푸르게 보이는 것은 물은 빨강을 약간 흡수하고 파랑을 반사하기 때문이다.
④ 저녁노을이 좀 더 보랏빛으로 보이는 이유는 빨강과 파랑을 흡수하기 때문이다.

빛의 특성
빛의 특성에서 저녁노을이 보랏빛으로 보이는 이유는 빨강과 파랑의 흡수가 아니라 빛의 반사에 의한 결과이며 저녁노을의 색은 빛의 산란과 관계가 있다.

80 다음 빈 칸에 들어갈 말이 순서대로 옳은 것은?

> 같은 거리에 있는 색채자극은 그 색채에 따라 가깝게, 또는 멀게 느껴지게 된다 실제보다. 가깝게 보이는 색을 (   ), 멀어져 보이는 색을 (   )이라 한다.

① 팽창색, 수축색   ② 흥분색, 진정색
③ 진출색, 후퇴색   ④ 강한색, 약한색

색의 대비
같은 거리에 있는 색채라도 그 색에 따라 실제보다 가깝게 보이는 색을 진출색, 멀어 보이는 색을 후퇴색이라 한다.

5 | **제5과목 : 색채 체계의 이해**

81 색의 표준화를 통해 얻을 수 있는 효과와 거리가 가장 먼 것은?

① 색채정보의 보관
② 색채정보의 재생
③ 색채정보의 전달
④ 색채정보의 창조

색의 표준화
색의 표준은 색이 가지는 감성적, 생리적 주관적인 부분을 보다 정량적으로 다루고 물리적으로 증명하여 색을 정확하게 측정, 전달, 보관, 관리 및 재현하기 위한 것이다.

82 다음 ( )에 들어갈 오방색으로 옳은 것은?

> 광명과 부활을 상징하는 중앙의 색은 (A)이고 결백과 진실을 상징하는 서쪽의 색은 (B)이다.

① A : 황색, B : 백색
② A : 청색, B : 황색
③ A : 백색, B : 황색
④ A : 황색, B : 홍색

오방색
오방색의 기본색은 청, 적, 황, 백, 흑색으로 중앙은 황색, 동쪽은 청색, 서쪽은 백색, 남쪽은 적색, 북쪽은 흑색이다.

틀리기 쉬운 문제
83 먼셀 색체계의 7.5RP 5/8에 대한 설명으로 옳은 것은?

① 명도 7.5, 색상 5RP, 채도 8
② 색상 7.5RP, 명도 5, 채도 8
③ 채도 7.5, 색상 5RP, 명도 8
④ 색상 7.5RP, 채도 5, 명도 8

먼셀 색체계
먼셀의 색 표기법은 HV/C 순서로 색상은 7.5RP, 명도 5, 채도 8로 표기한다.

84 CIE 색체계에 대한 설명 중 틀린 것은?

① CIE LAB과 CIE LUV는 CIE의 1931년 XYZ체계에서 변형된 색공간체계이다.
② 색채공간을 수학적인 논리에 의하여 구성한 것이다.
③ XYZ체계는 삼원색 RGB 3자극치의 등색함수를 수학적으로 변환하는 체계이다.
④ 지각적 등간격성에 근거하여 색입체로 체계화한 것이다.

CIE 색체계
CIE 색체계는 지각적 등간격성에 근거하여 색입체로 체계화한 것이 아니라 불균형 색공간으로 불규칙하게 배열되기 때문에 여러 번의 수정으로 말굽 모양인 표색계이다.

85 NCS 색체계에서 검정을 표기한 것은?

① 0500-N
② 3000-N
③ 5000-N
④ 9000-N

NCS 색체계
NCS 표기법으로 2030이라면 검은 기미 20%, 순색 기미 30%를 나타내며 무채색 표기법으로 순수한 회색은 N(Neutral)으로 표기한다. 즉, 9000-N은 검정색이다.

틀리기 쉬운 문제
86 요하네스 이텐의 색채 조화론과 거리가 먼 것은?

① 2색조화
② 4색조화
③ 6색조화
④ 8색조화

색채 조화론
요하네스 이텐은 대비 현상에서 2색 또는 그 이상의 색을 혼합하여 얻어진 결과가 무채색이 되면 그 색들은 서로 조화된다고 하였으며, 2색 조화, 3색 조화, 4색 조화, 6색 조화의 원리를 발표하였다.

87 단조로운 배색에 대조되는 색을 배색했을 때 나타나는 배색 효과는?

① 반복배색 효과
② 강조배색 효과
③ 톤배색 효과
④ 연속배색 효과

배색 효과
전체의 배색이 너무 단조로워 변화가 없을 때 기존색과 반대가 되는 강조색을 사용하여 활기찬 배색효과를 얻는 것이 강조배색효과이다.

88 톤 온 톤(Tone On Tone) 배색 유형과 관계 있는 배색은?

① 명도의 그러데이션 배색
② 세퍼레이션 배색
③ 색상의 그러데이션 배색
④ 이미지 배색

톤 온 톤 배색
톤 온 톤 배색은 톤을 겹친다는 의미로 명도차를 둔 배색을 말한다.

정답 76 ① 77 ④ 78 ② 79 ④ 80 ③ 81 ④ 82 ① 83 ② 84 ④ 85 ④ 86 ④ 87 ② 88 ①

13 국제적으로 사용되는 안전을 위한 표준색 중 구급 장비, 상비약, 의약품 등에 사용되는 안전색은?

① 빨강　　　　　　② 노랑
③ 초록　　　　　　④ 파랑

안전색채 규정
안전을 위한 표준색 중 구급장비, 상비약, 의약품, 비상구, 안전 안내유도 등에 사용되는 안전색은 초록색이다.

14 패션디자인 분야에 활용되는 유행 예측색은 실 시즌보다 어느 정도 앞서 제안되는가?

① 6개월　　　　　　② 12개월
③ 18개월　　　　　　④ 24개월

패션 디자인 유행색
패션산업에서는 실 시즌의 2년(24개월) 전에 유행 예측색이 제안되고 있다.

15 제품의 색채계획이 필요한 이유와 가장 거리가 먼 것은?

① 제품 차별화를 위해
② 제품 정보 요소 제공을 위해
③ 기능의 효과적인 구분을 위해
④ 지역색의 적용을 위해

제품 색채계획이 필요한 이유
지역색의 적용은 제품 색채계획이 아닌 환경 색채계획과 관련되어 있다. 지역색이란 지역민들이 선호하는 색이 아닌, 특정 지역의 자연환경, 사고 방식, 정서, 관습 등 정체성을 대변하는 색채를 말한다.

16 색채선호와 상징에 대한 설명 중 틀린 것은?

① 연령별로 선호하는 색은 국가들마다 뚜렷한 차이를 보인다.
② 일조량이 많은 지역에서는 일반적으로 장파장의 색을 선호한다.
③ 국가와 문화가 다르면 같은 색이라도 상징하는 내용이 다를 수 있다.
④ 교육 정도가 높을수록 저채도를 좋아하는 경향이 있다.

색채선호의 원리
색채선호는 개인, 연령, 지역, 문화의 영향 및 구체적 대상에 따라 차이는 있으나 일반적으로 공통된 감성을 갖기도 한다. 따라서 연령별로 국가들마다 뚜렷한 차이를 보인다고 할 수 없다.

17 색채선호에 영향을 미치는 요인으로 가장 거리가 먼 것은?

① 지능　　　　　　② 연령
③ 기후　　　　　　④ 소득

색채선호에 영향을 미치는 요인
색채선호도는 지능보다는 연령, 기후, 소득에 영향을 많이 받는다. 이외에도 성별, 지역, 문화 등에 따라 색채선호도가 다르다.

18 빨간색을 보았을 때 구체적으로 '붉은 장미'를, 추상적으로 '사랑'을 떠올리는 것과 관련한 색채 심리 용어는?

① 색채 환상　　　　　② 색채 기억
③ 색채 연상　　　　　④ 색채 복사

색채 심리와 연상
색의 연상은 색의 자극을 통해 관계있는 사물이나 느낌, 분위기를 떠올리는 현상을 말한다.

19 일반적으로 국기에 사용되는 색과 상징하는 의미가 잘못 연결된 것은?

① 빨강 – 혁명, 유혈, 용기
② 파랑 – 결백, 순결, 평등
③ 노랑 – 광물, 금, 비옥
④ 검정 – 주권, 대지, 근면

국기의 상징색
국기의 색채는 국제 언어로 인지되는 색채이며 민족적 색채로 인지 되기도 한다.
• 빨강 : 혁명, 유혈, 용기　　　　• 파랑 : 평등과 자유, 신뢰
• 노랑 : 광물, 금, 비옥　　　　　• 흰색 : 결백, 순결
• 검정 : 주권, 대지, 근면

20 다음 중 연상에 관한 설명으로 옳은 것은?

① 파란색 바탕의 노란색은 노란색 바탕의 파란색보다 더 크게 지각된다.
② '금색 – 사치', '분홍 – 사랑'과 같이 색과 감정이 관련하여 떠오른다.
③ 사과의 색을 빨간색이라고 기억한다.
④ 조명조건이 바뀌어도 일정한 색채 감각을 유지한다.

색의 심리와 연상
① 색의 지각, ③ 기억색, ④ 색의 지각에 대한 설명이다.

21 '아름답게 쓰다'라는 사전적 의미를 가진 표현 기법으로 가독성뿐만 아니라 손 글씨의 자연스러운 조형미를 효과적으로 나타내는 것은?

① 캘리그래피(Calligraphy)
② 일러스트레이션(Illustration)
③ 편집디자인(Editorial Design)
④ 아이콘(Icon)

캘리그래피
- '아름답게 쓰다'라는 사전적 의미를 가진 표현 기법으로 가독성뿐만 아니라 손 글씨의 자연스러운 조형미를 효과적으로 나타낸다.
- P 슐라주, H 아통, J 폴록 등 1950년대 표현주의 화가들에게서 캘리그래피를 이용한 추상화가 성행하였다.
- 글자의 독특한 번짐, 살짝 스쳐 가는 효과, 여백의 균형미 등 순수 조형의 관점에서 보는 것을 뜻한다.
- 필기체, 필적, 서법 등의 뜻으로 좁게는 서예를 말하며, 넓게는 활자 이외의 서체를 뜻하는 말이다.

틀리기 쉬운 문제

22 빅터 파파넥의 복합기능 중 보편적인 것이며 인간의 마음속 깊이 자리 잡고 있는 충동과 욕망에 관계되는 것은?

① 방법(Method)
② 필요성(Need)
③ 텔레시스(Telesis)
④ 연상(Association)

빅터 파파넥의 복합기능(연상)
빅터 파파넥은 디자인의 목적을 심미성과 기능성을 통합하여 복합기능 6가지 요소에 연결해 해석하였으며 빅터 파파넥의 복합기능 중 보편적이고 인간의 마음속 깊이 자리 잡고 있는 충동과 욕망에 관계되는 것은 연상이다.
- **방법(Method)** : 재료, 도구, 공정과정의 상호작용을 말한다.
- **용도(Use)** : 도구의 용도에 맞도록 사용해야 한다.
- **필요성(Need)** : 일시적인 유행보다는 경제적, 심리적, 정신적, 기술적, 지적 요구가 복합된 디자인이 필요하다.
- **텔레시스(Telesis)** : 특수한 목적을 달성하기 위해 자연과 사회의 변천 작용에 대하여 계획적이고 의도적인 실용화가 필요하다.
- **연상(Association)** : 인간이 지닌 충동과 욕망에 관계되고 불확실한 예상에 의해 가치가 결정된다.
- **미학(Aesthetics)** : 디자인에서 가장 중요한 부분으로서 형태나 색채를 아름답게 실체화하고 흥미롭고 기쁘게 하며 감동이 있는 실체여야 한다.

23 그림은 프랑스 끌로드 로랭의 '항구'라는 작품이다. 이 그림에서 설명할 수 있는 디자인의 조형원리는?

① 통일(Unity)
② 강조(Emphasis)
③ 균형(Balance)
④ 비례(Proportion)

디자인의 조형원리(비례)
비례란 전체와 부분 혹은 부분과 부분 간의 이상적인 관계를 뜻한다. 가장 아름다운 비례는 1 : 1.618로 황금비율이라고 한다.
- **디자인 조형원리** : 크기, 척도, 비례, 균형, 리듬, 강조, 조화, 통일
- **디자인 조형적 기본요소** : 형태, 색채, 질감
- **형태의 기본요소** : 점, 선, 면, 입체

틀리기 쉬운 문제

24 패션디자인의 색채계획 중 색채 정보 분석 단계에 해당되지 않는 것은?

① 유행정보 분석
② 이미지 맵 작성
③ 소비자정보 분석
④ 색채계획서 작성

패션디자인 색채계획은 색채 정보 분석 단계 → 색채 디자인 단계 → 평가단계의 순서로 진행되며 이미지 맵 작성은 색채 디자인 단계에서 이루어진다.
- **색채 정보 분석 단계** : 시장 정보 분석, 소비자 정보 분석, 유형 정보 분석, 색채계획서 작성
- **색채 디자인 단계** : 이미지 맵 작성, 색채결정(주조색, 보조색, 강조색), 배색디자인, 아이템별 색채 전개
- **평가 단계** : 소재 결정, 샘플 제작, 소재품평회, 생산지시서 작성

25 디자인의 일반적인 정의로 (   )속에 가장 적절한 용어는?

> 디자인이란 인간생활의 목적에 알맞고 (   )적이며 미적인 조형을 계획하고 그를 실현한 과정과 그에 따른 결과로 정의될 수 있다.

① 자연
② 실용
③ 생산
④ 경제

디자인 정의
인간생활의 목적에 알맞고 실용적이며(기능성) 미적인 조형(심미성)을 계획하고 그를 실현한 과정과 그에 따른 결과로 정의될 수 있다.

26 디자인의 개념에 대한 설명 중 틀린 것은?

① 디자인은 특정한 대상인들을 위한 행위예술이다.
② 소비자에겐 생활문화의 창출과 기업에겐 생존·성장의 기회를 주는 매개체이다.
③ 산업사회에 필요한 제품을 개발·유통시켜 국가산업발전에 기여하는 마케팅적 조형과학이다.
④ 물질은 물론 정신세계까지도 욕구를 충족시키고 창출하려는 기획이자 실천이다.

> **디자인의 개념**
> 디자인은 특정 대상을 위한 행위예술이 아닌 모든 사람을 위한 행위예술이다.

27 기존의 낡은 예술을 모두 부정하고 기계세대에 어울리는 새롭고 다이내믹한 미의 창조를 주장한 사조는?

① 아방가르드
② 다다이즘
③ 해체주의
④ 미래주의

> **미래주의**
> 20세기 초 이탈리아에서 일어난 전위예술운동으로 기존의 낡은 예술을 모두 부정하고 기계 세대에 어울리는 새롭고 다이내믹한 미를 창조할 것을 주장하며, 주로 하이테크 소재로 색채를 표현하였다. 기계적인 차가운 금속성의 광택 소재와 하이테크한 소재감을 연상하는 색채가 특징이다.

28 색채 조절의 효과로 볼 수 없는 것은?

① 안전색채를 사용하면 사고가 줄어든다.
② 자연환경 색채를 사용하면 밝고 맑은 자연의 기운을 느낀다.
③ 산만하고 일에 대한 집중력이 떨어진다.
④ 신체의 피로와 눈의 피로를 줄여 준다.

> **색채 조절 효과**
> 색채 조절은 단순한 미적 효과, 감각적 배색이 아니라 기능적이고 과학적으로 활용하여 안정성, 쾌적성, 능률성 등을 증대시켜 주는 중요한 역할을 한다.

29 디자인 조건에 대한 설명 중 틀린 것은?

① 경제성 – 각 원리의 모든 조건을 하나의 통일체로 하는 것
② 문화성 – 오랜 세월에 걸친 형태와 사용상의 개선
③ 합목적성 – 실용성, 효용성이라고도 함
④ 심미성 – 형태, 색채, 재질의 아름다움

> 경제성은 심미성과 합목적성을 잘 조화시켜 최소한의 경비로 최상의 디자인을 창출하는 것이다. 각 원리의 모든 조건을 하나의 통일체로 하는 것은 질서성에 해당된다.

30 다음 중 재질감에 대한 설명이 틀린 것은?

① 자연적 질감은 사진의 망점이나 인쇄상의 스크린 톤 등에서 찾을 수 있다.
② 재료, 조직의 정밀도, 질량도, 건습도, 빛의 반사도 등에 따라 시각적 감지효과가 달라진다.
③ 손으로 그리거나 우연적인 형은 자연적인 질감이 된다.
④ 촉각적 질감은 눈으로 볼 수 있고 손으로 만져서 느낄 수도 있다.

> ① 기계적인 질감은 사진의 망점이나 인쇄상의 스크린 톤, 텔레비전 주사선에서 찾을 수 있다.
> ② 재료, 조직의 정밀도, 질량도, 건습도, 빛의 반사도 등에 따라 시각적 감지효과가 달라진다.
> ③ 손으로 그리거나 우연적인 형은 자연적인 질감이 된다.
> ④ 촉각적 질감은 눈으로 볼 수 있고 손으로 만져서도 느낄 수 있다.

31 색채계획 프로세스 중, 이미지의 방향을 설정하고 주조색, 보조색, 강조색을 결정하고 소재 및 재질 결정, 제품 계열별 분류 및 체계화를 하는 단계는?

① 디자인 단계
② 기획 단계
③ 생산 단계
④ 체크리스트

> **색채 디자인 프로세스**
> ① **욕구과정** : 색채 디자인 대상 기획, 시장조사, 소비자조사
> ② **조형과정** : 색채 분석 및 색채계획서 작성, 주조색·보조색·강조색 결정
> ③ **재료과정** : 소재 및 재질 결정
> ④ **기술과정** : 시제품 제작, 평가 및 품평회 실시, 생산
> ⑤ **홍보** : 홍보, 마케팅 믹스

32 1950년대 중후반 미국을 중심으로 이미지의 대중화, 형상의 복제, 표현기법의 보편화에 의해 예술을 개인적인 것에서 대중적인 것으로 개방시킨 사조는?

① 팝아트　　　　　② 다다이즘
③ 초현실주의　　　④ 옵아트

팝아트
1950년대 중후반 미국을 중심으로 이미지의 대중화, 형상의 복제, 표현기법의 보편화로 인해 예술을 개인적인 것에서 대중적인 것으로 개방시킨 사조는 팝아트이다. 미국의 물질주의 문화, 대중문화 속에 등장하는 이미지를 반영하여(마를린 먼로의 얼굴, 코카콜라) 상상적이고 유희적인 표현을 통한 순수예술과 대중예술의 이분법적 위계 구조를 불식시켰으며 기능을 단순화하고 의미를 부여하였다. 낙관적 분위기와 속도의 역동성, 간결하고 평면화된 색면과 원색의 강한 대비가 특징이다. 대표적 작가로는 앤디워홀과 리히텐슈타인이 있다.

틀리기 쉬운 문제
33 아르누보에 대한 설명으로 틀린 것은?

① 아르누보는 미술상 새뮤엘 빙(S Bing)이 연 파리의 가게 명칭에서 유래한다.
② 전통적인 유럽의 역사 양식에서 이탈되어 유동적인 곡선표현을 특징으로 하고 있다.
③ 기능주의적 사상이나 합리성 추구 경향이 적었기에 근대디자인으로 이행하지 못했다.
④ 곡선적 아르누보는 오스트리아 빈을 중심으로 발전하였다.

아르누보
곡선적 아르누보는 프랑스 파리를 중심으로 발전하였다.

아르누보	• 아르누보는 새로운 예술로 정의된다. • 아르누보는 파리 미술상 새뮤엘 빙(S Bing)의 가게 명칭에서 유래한다. • 전통적인 유럽의 역사 양식에서 이탈해 유동인 곡선표현을 특징으로 하고 있다. • 기능주의적 사상이나 합리성 추구 경향이 적었기에 근대디자인으로 이행하지 못했다. • 1890년부터 1910년까지의 부드럽고 유연한 곡선을 떠올리는 심미주의적인 장식 미술이다.

34 색채계획 시, 색채가 주는 정서적 느낌을 언어로 표현한 좌표계로 구성하여 디자인 방법론으로 활용하기 위해 개발된 것은?

① 그레이 스케일　　② 이미지 스케일
③ 이미지 맵　　　　④ 이미지 시뮬레이션

이미지 스케일
색채계획 시 색채가 주는 정서적 느낌을 언어 좌표계로 구성한 것으로서 디자인 방법론으로 활용하기 위해 개발되었다.

35 독일공작연맹에 대한 설명이 틀린 것은?

① 헤르만 무지테우스의 제창으로 건축가, 공업가, 공예가들이 모여 결성된 디자인 진흥 단체이다.
② 우수한 미적 기준을 표준화하여 대량생산하고, 수출을 통해 독일의 국부 증대를 목표로 하였다.
③ 질을 추구하면서도 동시에 대량생산에 의한 양을 긍정하여 모던디자인이 탄생하는 길을 열었다.
④ 조형의 추상성과 기하학적 간결한 형태의 경제성에 입각한 디자인을 추구하였다.

독일공작연맹
조형의 추상성과 기하학적 형태에 입각한 디자인이 아닌 단순하고 합리적인 디자인을 추구하였다.

독일공작연맹	• 독일공작연맹은 헤르만 무테지우스를 중심으로 건축가, 공업가, 공예가들이 모여 결성된 디자인 진흥 단체이다. • 우수한 미적 기준을 표준화하여 대량생산하고 수출을 통해 독일의 국부 증대를 목표로 하였다. • 질을 추구함과 동시에 대량생산에 의한 양을 긍정하여 모던디자인이 탄생하는 길을 열었다.

36 산, 고층빌딩, 타워, 기념물, 역사 건조물 등 멀리서도 위치를 알 수 있는 그 지역의 상징물을 의미하는 디자인 용어는?

① 슈퍼그래픽(Super Graphic)
② 타운스케이프(Townscape)
③ 파사드(Facade)
④ 랜드마크(Land Mark)

랜드마크
산, 고층빌딩, 타워, 기념물, 역사 건조물 등 멀리서도 위치를 알 수 있는 그 지역의 상징물을 의미한다.

37 디자인의 조건 중 일정한 목적에 도달하는 데 적합한 실용성과 요구되는 기능 충족을 말하는 것은?

① 경제성　　　　　② 심미성
③ 합목적성　　　　④ 독창성

디자인 조건(합목적성)
디자인 조건에는 합목적성, 심미성, 경제성, 독창성, 질서성, 합리성, 문화성, 친자연성 등이 있는데, 실용성과 기능성이 중요시되는 요건이 합목적성이다. (굿 디자인의 4대 조건 : 합목적성(실용성), 경제성, 심미성, 독창성)

정답 26 ① 27 ④ 28 ③ 29 ① 30 ① 31 ① 32 ① 33 ④ 34 ② 35 ④ 36 ④ 37 ③

38 디자인 조형요소에서 선에 대한 설명으로 틀린 것은?

① 점의 속도, 강약, 방향 등은 선의 동적 특성에 영향을 끼친다.
② 직선이 가늘면 예리하고 가벼운 표정을 가진다.
③ 직선은 단순, 남성적 성격, 정적인 느낌이다.
④ 쌍곡선은 속도감을 주고, 포물선은 균형미를 연출한다.

39 다음에서 설명하는 색채 디자인의 프로세스 과정은?

생산을 위한 재질의 검토와 단가, 재료의 특성을 시험하고 적용하는 과학적이고 합리적인 단계

① 욕구과정
② 조형과정
③ 재료과정
④ 기술과정

40 국제적인 행사 등에서의 사용을 목적으로 제작된 그림문자로서, 언어를 초월해서 직감으로 이해할 수 있도록 한 그래픽 심벌은?

① 다이어그램(Diagram)
② 로고타입(Logotype)
③ 레터링(Lettering)
④ 픽토그램(Pictogram)

---

③ 제3과목 : 색채관리

41 다음은 어떤 종류의 조명에 대한 설명인가?

적외선 영역에 가까운 가시광선의 분광 분포로 따뜻한 느낌을 주며 유리구의 색과 디자인에 따라 주광색 전구, 색전구 등이 있으며 수명이 짧고 전력효율이 낮은 단점이 있다.

① 형광등
② 백열등
③ 할로겐등
④ 메탈할라이드등

42 목표색의 값이 L^*=30, a^*=32, b^*=72이며, 시료색의 값이 L^*=30, a^*=32, b^*=20일 때 어떤 색을 추가하여 조색하여야 하는가?

① 노랑
② 녹색
③ 빨강
④ 파랑

43 관측자의 색채 적응 조건이나 조명이나 배경색의 영향에 따라 변화하는 색이 보이는 결과를 뜻하는 것은?

① 컬러풀니스(Colorfulness)
② 컬러 어피어런스(Color Appearance)
③ 컬러 세퍼레이션(Color Separation)
④ 컬러 프로파일(Color Profile)

44 다른 물질과 흡착 또는 결합하기 쉬워, 방직(紡織) 계통에 많이 사용되며 그 외 피혁, 잉크, 종이, 목재 및 식품 등의 염색에 사용되는 색소는?

① 안료
② 염료
③ 도료
④ 광물색소

45 디지털 장비의 종속적 색체계에 해당하지 않는 것은?

① RGB 색체계
② NCS 색체계
③ HSB 색체계
④ CMY 색체계

46 CCM이란 무슨 뜻인가?

① 색좌표 중의 하나
② 컴퓨터 자동배색
③ 컬러 차트 분석
④ 안료품질관리

47 짧은 파장의 빛이 입사하여 긴 파장의 빛을 복사하는 형광 현상이 있는 시료의 색채 측정에 적합한 장비는?

① 후방분광방식의 분광색채계
② 전방분광방식의 분광색채계
③ D65 광원의 필터식 색채계
④ 이중분광방식의 분광광도계

48 표면색의 시감비교에 쓰이는 자연의 주광은?

① 표준광원 C
② 중심시
③ 북창주광
④ 자극역

49 다음 중 RGB 색공간에 기반하여 장치의 컬러를 재현하지 않는 것은?

① LCD 모니터
② 옵셋 인쇄기
③ 디지털 카메라
④ 스캐너

50 다음 중 8비트를 한 묶음으로 표시하는 단위는?

① byte
② pixel
③ digit
④ dot

정답 38 ④ 39 ③ 40 ④ 41 ② 42 ① 43 ② 44 ② 45 ② 46 ② 47 ① 48 ③ 49 ② 50 ①

51 조건등색(Metamerism)에 대한 설명 중 옳은 것은?

① 조명에 따라 두 견본이 같게도 다르게도 보인다.
② 모니터에서 색 재현과는 관계없다.
③ 사람의 시감 특성과는 관련 없다.
④ 분광 반사율이 같은 두 견본도 다르게 보일 수 있다.

> **조건등색(메타메리즘)**
> 일광에서는 똑같이 보이던 두 개의 물체색이 실내 조명에서는 다르게 보이는 현상을 말한다. 즉, 조명에 따라 두 견본이 같게도 다르게도 보이는 것을 말한다.

틀리기 쉬운 문제
52 육안 측색을 통한 시료색의 일반적인 색 비교 절차로 틀린 것은?

① 시료색과 현장 표준색 또는 표준재료로 만든 색과 비교한다.
② 비교의 정밀도를 향상시키기 위해서 시료색의 위치를 바꾸지 않는다.
③ 메탈릭 마감과 같은 특별한 표면의 관찰은 당사자 간의 협정에 따른다.
④ 시료색들은 눈에서 약 500mm 떨어뜨린 위치에, 같은 평면상에 인접하여 배치한다.

> **육안 측색**
> 비교의 정밀도를 향상시키기 위해서 시료색의 위치를 바꿀 수 있다.
> 육안 측색 색 비교 절차는 다음과 같다.
> • 시료색과 현장 표준색 또는 표준재료로 만든 색과 비교한다.
> • 메탈릭 마감과 같은 특별한 표면의 관찰은 당사자 간의 협정에 따른다.
> • 시료색들은 눈에서 약 500mm 떨어뜨린 같은 평면상의 위치에 인접하여 배치한다.

53 우리나라에서 전통적으로 사용하는 천연염료의 하나로, 방충성이 있으며, 이 즙을 피부에 칠하면 세포에 산소 공급이 촉진되어 혈액의 순환을 좋게 하는 치료제로 알려진 것은?

① 자초염료
② 소목염료
③ 치자염료
④ 홍화염료

> **홍화 염료**
> 천연염료의 하나로 방충성이 있으며, 이 즙을 피부에 칠하면 세포에 산소 공급이 촉진되어 혈액순환 치료제로 알려져 있다.

54 다음 중 반사율이 파장에 관계없이 높은 금속은?

① 알루미늄
② 금
③ 구리
④ 철

> **반사율이 높은 금속**
> 금속 소재인 알루미늄은 파장에 관계없이 반사율이 높아 거울로 사용할 정도로 다른 재질에 비해 광택이 우수하다. 광택이란 표면의 매끄러움 정도를 말하며 물체 표면을 보는 각도에 따라 달라진다.

55 색료의 일반적인 성질에 대한 설명으로 옳은 것은?

① 안료는 착색하고자 하는 매질에 용해된다.
② 염료는 표면에 친화성을 갖는 화학성질을 가지고 있다.
③ 안료는 염료에 비해서 투명하고 은폐력이 약하다.
④ 도료는 인쇄에만 사용되는 유색의 액체이다.

> **색료의 일반적인 성질**
> • 안료는 착색하고자 하는 매질에 용해되지 않는다.
> • 염료는 표면에 친화성을 갖는 화학성질을 가지고 있다.
> • 안료는 염료에 비해 불투명하고 은폐력이 높다.
> • 도료는 페인트나 에나멜과 같이 고체 물질 표면에 일정한 피막을 형성하여 물체 표면을 보호하고 아름답게 한다.
> • 잉크는 안료와 전색제를 혼합한 인쇄 잉크로 사용되는데 인쇄를 이용하여 표면에 원하는 글이나 그림, 대상을 재현할 때 사용되는 색재이다.

틀리기 쉬운 문제
56 물체색의 측정 방법 관련 용어의 설명으로 틀린 것은?

① 표준 백색판 – 분광 반사율의 측정에 있어서, 표준으로 쓰이는 분광 입체각 반사율을 미리 알고 있는 내구성 있는 백색판이다.
② 등색 함수 종류 – 측정의 계산에 사용하는 종류는 XYZ 색 표시계 또는 LUV 색 표시계가 있다.
③ 시료면 개구 – 분광광도계에서 표준 백색판 또는 시료를 놓는 개구이다.
④ 기준면 개구 – 2광로의 분광광도계에서 기준 백색판을 놓는 개구이다.

> **등색 함수 종류**
> 측정의 계산에는 XYZ 색 표시계 또는 X10 Y10 Z10 색 표시계를 사용한다.

57 다음 중 균등 색 공간의 정의는?

① 특정 색 표시계에 따른 색이 점유하는 영역
② 색의 상관성 표시에 이용하는 3차원 공간
③ 분광 분포가 다른 색자극이 특정 관측 조건에서 동등한 색으로 보이는 것
④ 동일한 크기로 지각되는 색차가 공간 내의 동일한 거리와 대응하도록 의도한 색공간

58 분광복사계를 이용하여 모니터의 휘도를 측정하였다. 측정된 데이터의 단위로 옳은 것은?

① cd/m^2
② 단위 없음
③ Lux
④ Watt

59 국제조명위원회(CIE)의 색채 관련 정의에 대한 설명으로 잘못된 것은?

① CIE 표준광 : CIE에서 규정한 측색용 표준광으로 A, C, D_{65}가 있다.
② 주광 궤적 : 여러 가지 상관 색온도에서 CIE 주광의 색도를 나타내는 점을 연결한 색도 좌표도 위의 선을 뜻한다.
③ CIE 주광 : 많은 자연 주광의 분광 측색값을 바탕으로 CIE가 정한 분광 분포를 갖는 광을 뜻한다.
④ CIE 주광 : CIE 주광에는 D_{50}, D_{55}, D_{75}가 있다.

60 다음 중 디지털 컬러 이미지의 저장 시 손실 압축 방법으로 파일을 저장하는 포맷은?

① JPEG
② GIF
③ BMP
④ RAW

4 제4과목 : 색채 지각의 이해

61 흑체에 대한 설명으로 틀린 것은?

① 400℃ 이하의 온도에서는 주로 장파장을 내놓는다.
② 흑체는 이상화된 가상물질로 에너지를 완전히 흡수하고 방출하는 물질이다.
③ 온도가 올라갈수록 방출되는 에너지의 양과 평균 세기가 커진다.
④ 모든 범위에서의 전자기파를 반사하고 방출하는 것이다.

62 어두운 곳에서 명시도를 높이기 위해서 초록색을 비상 표시에 사용하는 이유와 관련 있는 현상은?

① 명순응 현상
② 푸르킨예 현상
③ 주관색 현상
④ 베졸드 효과

63 인간의 망막에 있는 광수용기는?

① 간상체, 수정체
② 간상체, 유리체
③ 간상체, 추상체
④ 수정체, 유리체

정답 **51** ① **52** ② **53** ④ **54** ① **55** ② **56** ② **57** ④ **58** ① **59** ① **60** ① **61** ④ **62** ② **63** ③

64 명확하게 눈에 잘 들어오는 성질로, 배색을 통해 먼 거리에서도 식별이 쉬운 특성은?

① 유목성　　　　　② 진출성
③ 시인성　　　　　④ 대비성

> **색의 시인성**
> 색의 시인성은 대상의 식별이 쉬운 성질. 물체의 색이 얼마나 뚜렷하게 잘 보이는가의 정도를 말하며 명시도, 가시성이라고도 한다.

65 인간은 조명이나 관측 조건이 달라져도 자신이 지각한 색으로 물체의 색을 지각하려는 경향이 있다. 이는 무엇과 관련이 있는가?

① 연속 대비　　　　② 색각 항상
③ 잔상 효과　　　　④ 색 상징주의

> **색의 항상성**
> 광원의 강도나 모양, 크기, 색상이 변하여도 물체의 색은 동일하게 지각하는 현상이 색의 항상성이다.

66 색채의 감정 효과에 관한 설명 중 옳은 것은?

① 녹색, 보라 등은 따뜻함이나 차가움이 느껴지지 않는 중성색이다.
② 채도가 높은 색은 부드러운 느낌을 준다.
③ 색에 의한 흥분, 진정효과는 명도에 가장 크게 좌우된다.
④ 색의 중량감은 색상에 가장 크게 좌우된다.

> **색의 감정 효과**
> ② 채도가 낮은 색이 부드러운 느낌을 준다.
> ③ 색에 대한 흥분, 진정 효과는 채도에 가장 크게 좌우된다.
> ④ 색의 중량감은 명도가 가장 크게 좌우된다.

67 다음 중 채도대비가 가장 뚜렷하게 나타나는 경우는?

① 유채색과 무채색　　② 유채색과 유채색
③ 무채색과 무채색　　④ 저채도색과 고채도색

> **채도대비**
> 채도대비란 채도가 다른 두 색이 인접해 있을 때 서로에게 영향을 주어 채도차가 더욱 크게 일어나는 현상으로 유채색과 무채색의 대비에서 가장 뚜렷하게 일어나며 무채색 사이에서는 일어나지 않는다.

68 회전혼합에 대한 설명과 거리가 먼 것은?

① 영국의 물리학자 맥스웰에 의해 실험되었다.
② 다양한 색점들을 이웃되게 배열하여 거리를 두고 관찰할 때 혼색되어 중간색으로 지각된다.
③ 혼색된 결과는 원래 각 색지각의 평균 밝기와 색으로 나타난다.
④ 색팽이를 통해 쉽게 실험해 볼 수 있다.

> **회전혼합**
> 다양한 색점들을 이웃하게 배열하여 거리를 두고 관찰할 때 혼색되어 중간색으로 지각되는 것은 점묘화법과 같은 병치혼색이다.

69 다음 (　)안에 순서대로 적합한 단어는?

> 빨간 십자가를 15초 동안 응시하고 흰 벽을 쳐다보면 빨간색 십자가는 사라지고 (A) 십자가를 보게 되는 것과 관련한 현상을 (B)이라고 한다.

① 노란색, 유사잔상　　② 청록색, 음성잔상
③ 파란색, 양성잔상　　④ 회색, 중성잔상

> **색의 잔상**
> 음성잔상은 원래의 감각과 반대의 밝기나 색상을 띤 잔상으로, 자극이 사라진 뒤에도 광자극의 색상, 명도, 채도가 정반대로 느껴지는 현상이다.

틀리기 쉬운 문제
70 색채대비 현상에 관한 설명으로 옳은 것은?

① 색상대비는 1차색끼리 잘 일어나며 2차색, 3차색이 될수록 대비효과가 감소한다.
② 계속해서 한 곳을 보게 되면 대비효과는 더욱 커진다.
③ 일정한 자극이 사라진 후에도 지속적으로 자극을 느끼는 현상을 연변대비라 한다.
④ 대비현상은 생리적 자극방법에 따라 동시대비와 동화현상으로 나눌 수 있다.

> **색채대비**
> ② 계속해서 한 곳을 바라보면 눈의 피로도 때문에 대비 효과는 떨어지게 된다.
> ③ 일정한 자극이 사라진 후에도 지속적으로 자극을 느끼는 현상은 계시대비이다.
> ④ 대비현상은 생리적 자극 방법에 따라 동시대비와 계시대비로 나눌 수 있다

71 색의 팽창, 수축에 관한 설명으로 옳은 것은?

① 어두운 난색보다 밝은 난색이 더 팽창해 보인다.
② 선명한 난색보다 선명한 한색이 더 팽창해 보인다.
③ 한색계의 색은 외부로 확산하려는 성질이 있다.
④ 무채색이 유채색보다 더 팽창해 보인다.

색의 팽창과 수축
② 선명한 한색보다 선명한 난색이 더 팽창해 보인다.
③ 난색계의 색이 외부로 확산하려는 성질이 있다.
④ 유채색이 무채색보다 더 팽창해 보인다.

72 색의 3속성에 대한 설명이 옳은 것은?

① 색상은 빛의 밝고 어두운 정도를 나타낸다.
② 명도는 색파장의 길고 짧음을 나타낸다.
③ 채도는 색파장의 순수한 정도를 나타낸다.
④ 명도는 빛의 파장 자체를 나타낸다.

색의 3속성
① 색상은 색파장의 길고 짧음을 나타낸다.
② 명도는 색의 밝고 어두운 정도이다.

73 눈의 구조와 기능에 대한 설명으로 틀린 것은?

① 각막과 수정체는 빛을 굴절시킨다.
② 홍채는 눈으로 들어오는 빛의 양을 조절한다.
③ 망막은 수정체를 통해 들어온 상이 맺히는 곳이다.
④ 망막에서 상의 초점이 맺히는 부분을 맹점이라 한다.

눈의 구조와 특성
망막에서 상의 초점이 맺히는 부분은 중심와이며, 맹점에서는 상이 맺히지 않는다.

74 다음에서 설명하는 현상은?

- 순도(채도)를 높이면 같은 파장의 색상이 다르게 보인다.
- 같은 파장의 녹색 중 하나는 순도를 높이고, 다른 하나는 그대로 둔다면 순도를 높인 색은 연두색으로 보인다.

① 베졸드 브뤼케 현상
② 메카로 현상
③ 애브니 효과
④ 하만그리드 효과

애브니 효과
색자극의 순도(선명도)가 변하면 같은 파장의 색이라도 그 색상이 다르게 보이는 현상을 애브니 효과라고 한다.

75 양성적 잔상에 대한 설명으로 틀린 것은?

① 본래의 자극광과 동일한 밝기와 색을 그대로 느끼는 현상이다.
② 영화, TV, 애니메이션 등에서 볼 수 있다.
③ 음성적 잔상에 비해 자극이 오랫동안 지속된다.
④ 5초 이상 노출되어야 잔상이 지속된다.

색의 잔상
양성적 잔상이란 망막에 색의 자극이 흥분된 상태로 지속된 후에 자극이 없어져도 원래의 자극과 동일한 상이 지속적으로 느껴지는 현상으로 5초 이상 노출되어야 잔상이 지속되는 것은 아니다.

76 더 이상 분해할 수 없는 색으로, 어떠한 혼합으로도 만들어낼 수 없는 독립적인 색은?

① 순색
② 원색
③ 명색
④ 혼색

원색
어떠한 혼합으로도 만들어 낼 수 없는 독립적인 색은 원색이다.

77 한낮의 하늘이 푸르게 보이는 것은 빛의 어떤 현상에 의한 것인가?

① 빛의 간섭
② 빛의 굴절
③ 빛의 산란
④ 빛의 편광

빛의 산란
빛의 파동과 미립자가 충돌하여 빛의 진행 방향이 대기 중에서 여러 방향으로 분산되어 퍼져 나가는 현상으로 구름, 저녁노을, 파란 하늘 등 하루의 대기 변화를 느낄 수 있는 것과 관계가 있다.

78 다음 중 가장 수축되어 보이는 색은?

① 5B 3/4
② 10YR 8/6
③ 5R 7/2
④ 7.5P 6/10

색상, 명도, 채도 순의 색 표기에서 명도가 가장 낮은 5B 3/4이다.
색의 팽창과 수축
동일한 크기와 형태라도 색에 따라 크기가 변화하여 보이며 명도가 낮을수록 수축되어 보인다.

정답 64 ③ 65 ② 66 ① 67 ① 68 ② 69 ② 70 ① 71 ① 72 ③ 73 ④ 74 ③ 75 ④ 76 ② 77 ③ 78 ①

79 다음 중 베졸드(Bezold) 효과와 관련이 없는 것은?

① 동화 효과　　② 전파 효과
③ 대비 효과　　④ 줄눈 효과

베졸드 효과
베졸드 효과는 대표적인 동화 현상으로 양탄자 디자인의 전파 효과, 줄눈 효과와 연관이 있다.

80 가법혼색의 3원색으로 옳은 것은?

① 마젠타, 노랑, 녹색
② 빨강, 노랑, 파랑
③ 빨강, 녹색, 파랑
④ 노랑, 녹색, 시안

가법혼색
색광의 3원색은 빨강(Red), 초록(Green), 파랑(Blue)이며 모두 합치면 백색광이 된다.

5　제5과목 : 색채 체계의 이해

81 다음 중 다양한 색표지의 책을 진열하기 위한 책장의 색으로 가장 적합한 것은?

① 흰색　　② 노란색
③ 연두색　　④ 녹색

색채 조화
다양한 색표지의 책을 조화롭게 진열하기 위하여 무채색이 가장 적합하다.

틀리기 쉬운 문제
82 다음 중 오스트발트 색체계의 1ca 표기와 관련이 있는 것은?

① 연한 빨강
② 연한 노랑
③ 진한 빨강
④ 진한 노랑

오스트발트 색체계
1ca표기에서 앞의 기호는 백색량, 뒤의 기호는 흑색량을 나타낸다. 따라서 색상은 1, 백색량은 59%, 흑색량 11%, 이므로 100 − (59 + 11) = 30%

83 1931년에 CIE에서 발표한 색체계의 설명으로 옳은 것은?

① 눈의 시감을 통해 지각하기 쉽도록 표준색표를 만들었다.
② 표준 관찰자를 전제로 표준이 되는 기준을 발표하였다.
③ CIEXYZ, CIE LAB, CIERGB 체계를 완성하였다.
④ 10° 시야를 이용하여 기준 관찰자를 정의하였다.

1931년 CIE 표준 표색계
① 눈의 시감이 아니라 표준 광원을 통해 지각하기 쉽도록 표준 색표를 만들었다.
③ CIE Xyz, CIE Yxy 체계를 완성하였다.

84 Yxy 표색계의 중앙에 위치하는 색은?

① 빨강　　② 보라
③ 백색　　④ 녹색

Yxy표색계
Yxy표색계의 중앙의 색은 백색이 되고 삼각형의 왼쪽에 가까워질수록 검정이 된다.

85 P.C.C.S의 톤 분류가 아닌 것은?

① Strong　　② Dark
③ Tint　　④ Grayish

P.C.C.S 색체계
P.C.C.S의 톤 분류는 Pale톤, Light grayish톤, Grayish톤, Dark grayish톤, Soft톤, Dull톤, Dark톤, Deep톤, Strong톤으로 나뉜다.

86 한국의 전통색채 및 색채의식에 관한 설명이 아닌 것은?

① 음양오행사상을 표현하는 상징적 의미의 표현수단으로서 이용되어 왔다.
② 계급서열과 관계없이 서민들에게도 모든 색채사용이 허용되었다.
③ 한국의 전통색채 차원은 오정색과 오간색의 구조로 이루어진다.
④ 색채의 기능적 실용성보다는 상징성에 더 큰 의미를 두었다.

한국의 전통색
한국의 전통색은 유교사상이나 사대주의 등의 사상적 요인들로 계급 서열에 의해 서민들의 색채 사용에 제한이 많았다.

87 비렌의 색삼각형에서 ① ~ ④의 번호에 들어갈 용어가 순서대로 바르게 배열된 것은?

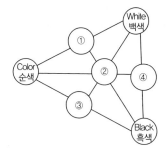

① Tint – Tone – Shade – Gray
② Tone – Tint – Gray – Shade
③ Tint – Gray – Shade – Tone
④ Tone – Gray – Shade – Tint

> **비렌의 색삼각형**
> 비렌의 색삼각형은 순색(Color), 흰색(White), 회색(Gray), 검정(Black), 명색조(Tint), 암색조(Shade), 톤(Tone) 7가지 범주로 나누어 표현하였다.

틀리기 쉬운 문제
88 예로부터 전해 내려온 우리말로 된 고유색명이 아닌 것은?

① 추향색
② 감색
③ 곤색
④ 치색

> **고유색명**
> 곤색은 예로부터 내려온 우리말로 된 고유색명이 아니라 감색을 뜻하는 일본어에서 유래된 외래어이다.

89 먼셀 색체계에 대한 설명으로 옳은 것은?

① 색상, 명도, 뉘앙스의 3속성으로 표현된다.
② 우리나라 한국산업표준으로 사용된다.
③ 헤링의 반대색설을 기초로 한다.
④ 8색상을 기본으로 각각 3등분한 24색상환을 취한다.

> **먼셀 색체계**
> ① 색상, 명도, 채도의 3속성으로 표현된다.
> ③ 먼셀은 헤링의 반대색설을 기초로 하지 않는다.
> ④ 5색상을 기본으로 하였으며 이것은 다시 10색상으로 나뉘어 100색상으로 분할된다.

90 한국의 오방색은?

① 적(赤), 청(靑), 황(黃), 백(白), 흑(黑)
② 적(赤), 녹(綠), 청(靑), 황(黃), 옥(玉)
③ 백(白), 흑(黑), 양록(洋綠), 장단(長丹), 삼청(三淸)
④ 녹(綠), 벽(碧), 홍(紅), 유황(縣黃), 자(紫)

> **한국의 오방색**
> 오방색은 적, 청, 황, 백, 흑색이다.

91 연속 배색에 대한 설명 중 옳은 것은?

① 애매한 색과 색 사이에 뚜렷한 한 가지 색을 삽입하는 배색
② 색상이나 명도, 채도, 톤 등이 단계적으로 변화되는 배색
③ 2색 이상을 사용하여 되풀이하고 반복함으로써 융화성을 높이는 배색
④ 단조로운 배색에 대조색을 추가함으로써 전체의 상태를 돋보이게 하는 배색

> **연속 배색(Gradation)**
> Gradation 배색은 서서히 변하는 단계적 변화를 의미하며 색상, 명도, 채도, Tone 그러데이션 배색이 있다.

92 다음 설명과 관련 있는 색채 조화론 학자는?

> • 색의 3속성에 근거하여 유사성과 대비성의 관계에서 색채 조화원리를 찾았다.
> • 계속대비 및 동시대비의 효과에 대한 그의 그림도판은 나중에 비구상화가에 영향을 끼쳤다.
> • 병치혼합에 대한 그의 연구는 인상주의, 신인상주의에 영향을 끼쳤다.

① 쉐브럴
② 루드
③ 저드
④ 비렌

> **색채 조화론**
> 쉐브럴은 그의 저서 「색의 조화와 대비의 법칙」에서 대비현상에 대해 설명하였는데 색의 3속성에 근거하여 유사성과 대비성의 관계에서 색채 조화 원리를 주장하였다.

틀리기 쉬운 문제
93 오스트발트 색체계와 관련이 없는 것은?

① 등백계열
② 등흑계열
③ 등순계열
④ 등비계열

> 오스트발트 색체계는 등백계열, 등흑계열, 등순계열과 관계가 있지만 등비계열은 관련성이 없다.

94 다음 중 노랑에 가장 가까운 색은?(단, CIE 색공간 표기임)

① a* = -40, b* = 15   ② h = 180°
③ h = 90°   ④ a* = 40, b* = -15

> **CIE 색공간**
> L*은 밝고 어두움을 나타내는 명도를 표시하며 +a*는 빨간색, -a*는 녹색, +b*는 노란색, -b*는 파란색을 의미한다. L*a*b*색공간에서 L*은 명도, C*는 중심에서 특정색까지의 거리와 채도, h*는 색상의 종류를 나타낸다. 빨간색인 +a*를 0°로 하고, 시계 반대 방향으로 회전시킨 90°는 노란색 +b*, 180°는 초록색 -a*, 270°는 파란색 -b*이다.

95 NCS 색삼각형에 대한 설명으로 옳은 것은?

① W-S, W-B, S-B의 기본 척도를 가진다.
② 대상색의 하양색도, 검정색도, 유채색도 사이의 관계를 설명한다.
③ Y-R, R-B, B-G, G-Y의 기본 척도를 가진다.
④ 24색상환으로 되어있으며, 색상·명도·채도(HV/C)의 순서로 표기한다.

> **NCS 색삼각형**
> NCS 색삼각형의 위에서 아래로 흰색(W)과 검정(S)의 그레이 스케일을 나타내고, 삼각형의 오른쪽 꼭짓점에는 채도(C)를 표기한다.

96 배색 효과에 관한 설명이 틀린 것은?

① 고명도 배색이 저명도 배색보다 가볍고 부드러운 느낌을 준다.
② 명도차가 큰 배색은 명쾌하고 역동감을 준다.
③ 동일 채도의 배색은 통일감을 준다.
④ 고채도가 저채도보다 더 후퇴하는 느낌이다.

> **배색효과**
> 고채도가 저채도보다 진출하여 보인다.

97 색의 3속성에 의한 먼셀 색체계의 설명으로 틀린 것은?

① R, Y, G, B, P를 기본색상으로 한다.
② 명도 번호가 클수록 명도가 높고, 작을수록 명도가 낮다.
③ 색상별 채도의 단계는 차이가 있다.
④ 무채색의 밝고 어두운 축을 Gray Scale라고 하며, 약자인 G로 표기한다.

> **먼셀 색체계**
> 무채색의 밝고 어두운 축의 약자는 N(Neutral)으로 표기한다.

98 NCS 색체계의 설명으로 옳은 것은?

① 오스트발트 시스템에서 영향을 받아 24개의 기본색상과 채도, 어두움의 정도로 표기한다.
② 시대에 따른 트렌드 컬러를 중심으로 하여 업계 간 컬러 커뮤니케이션을 원활하게 하기 위해 만들어진 색체계이다.
③ 스웨덴 색채연구소에서 발표한 색체계로 심리보색의 개념을 바탕으로 한 색체계이다.
④ 색체계의 형태는 원기둥이며 공간상의 좌표를 이용하여 색의 표시와 측정을 한다.

> **NCS색체계**
> ① NCS색체계의 기본 색상은 40개의 색상으로 구성되어 있다.
> ② NCS는 사람들이 지각하는 상대적 퍼센트인 색상과 뉘앙스로 색상에 대한 정보를 전달하기 위하여 안료, 도료의 혼합을 기반으로 하고 있다.
> ④ NCS의 형태는 3차원의 원추형 색입체로 구성되어 있다.

> **틀리기 쉬운 문제**

99 현색계에 대한 설명으로 옳은 것은?

① 빛의 색을 표기하는 데 가장 적합한 색체계이다.
② 색지각에 기반을 두고 색을 나타내는 색체계이다.
③ 한국산업표준의 XYZ색체계를 대표적으로 들 수 있다.
④ 데이터 정량화 중심으로 변색 및 탈색의 염려가 없다.

> ① 실제 눈에 보이는 물체색에 가장 적합한 색체계이다.
> ③ 한국산업표준의 먼셀 색체계를 대표적으로 들 수 있다.
> ④ 현색계는 변색 및 탈색의 염려가 있다.

100 혼색계의 특징으로 옳은 것은?

① 물체색을 수치로 표기하여 변색, 탈색 등의 물리적 영향이 없다.
② 측색기 등 전문기기를 필요로 하지 않는다.
③ 지각적으로 일정하게 배열되어 있다.
④ 먼셀, NCS, DIN 색체계가 혼색계에 해당된다.

> **혼색계**
> ② 전문기기를 필요로 한다.
> ③ 지각적 등보성이 없다.
> ④ CIE 표색계가 대표적인 혼색계이다.

정답 94 ③ 95 ② 96 ④ 97 ④ 98 ③ 99 ② 100 ①

01 색채의 기능적 측면을 활용한 색채조절의 효과로 거리가 먼 것은?

① 일에 집중이 되고 실패가 줄어든다.
② 신체의 피로, 특히 눈의 피로를 막는다.
③ 안전이 유지되고 사고가 줄어든다.
④ 건물을 보호, 유지하기가 어렵다.

02 색채의 연상 효과와 관련이 없는 것은?

① 제품 정보로서의 색
② 사회 · 문화 정보로서의 색
③ 국제 언어로서의 색
④ 색채 표시 기호로서의 색

03 정보로서의 색의 역할에 대한 설명이 틀린 것은?

① 제품의 차별화와 색채연상효과를 높이기 위해 민트향이 첨가된 초콜릿 제품의 포장을 노랑과 초콜릿색의 조합으로 하였다.
② 시원한 청량음료 캔에 청색, 녹색, 그리고 흰색의 조합으로 디자인하였다.
③ 기독교와 천주교에서는 하느님과 성모마리아를 고귀한 청색으로 연상하였다.
④ 스포츠 경기에 참가한 한 팀을 쉽게 구별할 수 있도록 운동복 색채를 선정함으로 경기의 효율성과 관람자의 관전이 쉽도록 돕는다.

04 착시에 관한 설명으로 옳은 것은?

① 노란색 바탕의 회색이 파란색 바탕의 회색보다 노랗게 보인다.
② 빛 자극이 변화하더라도 물체의 색채가 그대로 유지되는 색채감각이다.
③ 착시의 예로 대비현상과 잔상현상이 있다.
④ 파란색 바탕의 노란색이 노란색 바탕의 파란색보다 더 작게 지각된다.

05 안전색채에 대한 설명으로 틀린 것은?

① 빨강 : 금연, 수영금지, 화기엄금
② 주황 : 위험경고, 주의표지, 기계 방호물
③ 파랑 : 보안경 착용, 안전복 착용
④ 초록 : 의무실, 비상구, 대피소

06 기후에 따른 색채 선호에 대한 설명 중 틀린 것은?

① 피부가 희고 금발인 북구계 민족은 한색 계통을 선호한다.
② 우리나라는 4계절이 뚜렷해 자연환경적인 색채가 정신 및 생활문화에 많은 영향을 미친다.
③ 피부가 거무스름하고 흑갈색 머리칼인 라틴계는 선명한 난색계통을 즐겨 사용한다.
④ 일조량이 적은 지역에서는 장파장 색을 선호하여 채도가 높은 색을 좋아한다.

07 색채 마케팅에 관한 설명 중 가장 옳은 것은?

① 색을 과학적, 심리적으로 이용하여 구매를 유도하는 기업 경영전략이다.
② 제품 판매를 위한 판매 전략이므로 CIP는 색채 마케팅이라고 할 수 없다.
③ 색채 마케팅은 궁극적으로 경쟁제품의 가격을 낮추는 효과를 낸다.
④ 심미적인 역할을 강조하는 것이므로 품질 향상효과와는 관련이 없다.

08 자동차에 대한 국내 소비자의 선호색을 알아보고자 할 때 고려할 사항으로 가장 거리가 먼 것은?

① 출신국가
② 연령
③ 성별
④ 교육수준

09 다음 중 색자극에 대한 일반적 반응으로 틀린 것은?

① 색에 따라 기쁨, 공포, 슬픔, 쾌·불쾌 등의 특유한 감정이 느껴진다.
② 색자극에 의해 혈압, 맥박수와 같은 자율신경 활동이나 호흡활동 등 신체반응이 나타난다.
③ 빨간색은 따뜻하고 활동적이며 자극적인 특성을 가지고 있다.
④ 색은 자극의 강도가 증가할수록 반응의 강도는 감소한다.

10 긍정적 연상으로는 성숙, 신중, 겸손의 의미를 가지나 부정적 연상으로 무기력, 무관심, 후회의 연상이미지를 가지는 색은?

① 보라　　　　　　② 검정
③ 회색　　　　　　④ 흰색

11 기업색채를 가장 옳게 설명한 것은?

① 기업의 빌딩 외관에 사용한 색채
② 기업 내부의 실내 색채
③ 기업의 이미지를 시각적으로 상징화한 색채
④ 기업에서 생산된 제품의 색채

12 서양 문화권에서 색채가 상징하는 역할이 잘못 연결된 것은?

① 왕권 – 노랑　　　② 생명 – 초록
③ 순결 – 흰색　　　④ 평화 – 파랑

13 색채 마케팅에 영향을 주는 인구통계학적 요인으로 거리가 먼 것은?

① 거주 지역　　　　② 신체 치수
③ 연령 및 성별　　　④ 라이프스타일

14 연령이 낮을수록 원색계열과 밝은 톤을 선호하다가 성인이 되면서 단파장의 파랑, 녹색을 점차 좋아하게 되는 색채 선호도 변화의 이유는?

① 자연환경의 차이
② 기술습득의 증가
③ 인문환경의 영향
④ 사회적 일치감 증대

15 오감을 통한 공감각현상으로 소리의 높고 낮음으로 연상되는 색을 설명한 카스텔(Castel)의 연구로 옳은 것은?

① D는 빨강
② G는 녹색
③ E는 노랑
④ C는 검은색

16 색의 촉감에서 분홍색, 계란색, 연두색 등에 다음 중 어떤 색이 가미되면 부드럽고 평온하며 유연한 기분을 자아내게 하는가?

① 파란색
② 흰색
③ 빨간색
④ 검은색

17 사고 예방, 방화, 보건위험정보 그리고 비상 탈출을 목적으로 주의를 끌고 메시지를 빠르게 이해시키기 위한 특별한 성질의 색을 뜻하는 것은?

① 주목색
② 경고색
③ 주의색
④ 안전색

18 색의 연상에 관한 설명 중 옳은 것은?

① 무채색은 구체적인 연상이 나타나기 쉽다.
② 색의 연상은 개인적인 경험, 기억, 사상 등에 직접적인 연관성이 없다.
③ 연령이 높아질수록 추상적인 연상의 범위가 좁아진다.
④ 색의 연상은 특정한 인상을 기억하고 관련된 분위기와 이미지를 생각해 낸다.

19 도시의 색채계획으로 틀린 것은?

① 언덕이 많은 항구도시는 밝은 색을 주조로 한다.
② 같은 항구도시라도 청명일수에 따라 건물과 간판, 버스의 색에 차이를 준다.
③ 제주도는 지역에서 생산되는 건축 재료인 현무암과 붉은 화산석의 색채를 반영한다.
④ 지역과 상관없이 기업의 고유색을 도시에 적용하여 통일감을 준다.

20 다음의 (   )에 알맞은 말은?

색채 마케팅에서는 색상과 (   )의 두 요소를 이용하여 체계
화된 색채 시스템과 변화되는 시장의 색채를 분석, 종합하
는 방법을 대표적으로 사용한다.

① 명도
② 채도
③ 이미지
④ 톤

2 제2과목 : 색채 디자인

21 상품의 외관, 기능, 재료, 경제성 등을 종합적으로
심사하여 디자인의 우수성이 인증된 상품에 부여하는 마
크는?

① KS Mark
② GD Mark
③ Green Mark
④ Symbol Mark

22 언어를 초월하여 직감으로 이해할 수 있도록 의미
하는 내용의 형태를 상징적으로 시각화한 것은?

① 심벌
② 픽토그램
③ 사인
④ 로고

23 디자인 운동과 그 설명이 옳은 것은?

① 멤피스 : 콜라주나 다른 요소들의 조합 또는 현대생
활에서 경험되는 단편적인 경험의 조각이나 가치에
관한 것들에 대해 관심을 가졌다.
② 미니멀리즘 : 극도의 미학적 축소화에 의해 특징지
어지며 주관적이며 풍부한 개인적 감성과 감정의 표
현을 추구한다.
③ 아방가르드 : 하이스타일(High-Style)과 테크놀로
지(Technology)의 합성으로 콘크리트, 철, 알루미
늄, 유리 같은 차가운 재료들을 사용하여 현대 사회
에 대한 반감을 표현하는 데에 이용하였다.
④ 데스틸 : 색채의 선택은 주로 검정, 회색, 흰색이나
단색을 주로 사용하였고 최소한의 장식과 미학으로
간결하게 표현하였다.

24 색채계획 시 배색방법에 대한 설명으로 옳은 것은?

① 주조색은 보조색 다음으로 넓은 공간을 차지하며
40% 정도의 면적을 차지한다.
② 주조색은 전체적인 느낌을 전달하는 색으로 전체의
70% 정도의 면적을 차지한다.
③ 강조색은 보조요소들을 배합색으로 취급함으로써
변화를 주며 전체의 40% 정도의 면적을 차지한다.
④ 강조색은 주조색 다음으로 넓은 공간을 차지하며 포
인트 역할을 하는 색으로 전체의 70% 정도를 차지
한다.

25 아르누보(Art Nouveau)에 관한 설명 중 틀린 것
은?

① 식물의 곡선 모티브를 특징으로 한 장식 양식이다.
② 공예, 장식미술, 건축 분야에서 활발히 전개되었다.
③ 형태적 특성은 비대칭, 곡선, 연속성이다.
④ 대량생산 또는 복수생산을 전제로 한다.

26 영국 산업혁명의 반작용으로 19세기에 출발한 미술
공예운동의 창시자는?

① 무테지우스
② 윌리엄 모리스
③ 허버트 리드
④ 웨지우드

27 분방함과 풍부한 감정을 나타내기에 적합한 곡선
은?

① 기하곡선
② 포물선
③ 쌍곡선
④ 자유곡선

28 테마공원, 버스 정류장 등에 도시민의 편의와 휴식
을 위해 만들어진 시설물의 명칭은?

① 로드사인
② 인테리어
③ 익스테리어
④ 스트리트 퍼니처

29 색채계획(Color Planning)에 관한 설명으로 틀린 것은?

① 색채의 목표를 달성하기 위해 제품의 특성 및 판매자의 심리를 이용해 효과적으로 색채를 적용하는 과정이다.
② 제품의 차별화, 환경조성, 업무의 향상, 피로의 경감 등의 효과를 위해 절대적으로 필요하다.
③ 색채 목적을 정확히 인식하고 시장조사와 색채 심리, 색채전달계획을 세워 디자인을 적용해야 한다.
④ 시장정보를 충분히 조사하고 분석한 후에 시장 포지셔닝에 의한 색채조절로 고객에게 우호적이고 강력하게 인상을 심어 주어야 한다.

30 디자인 과정에서 드로잉의 주요 역할과 거리가 먼 것은?

① 아이디어 전개   ② 형태 정리
③ 사용성 검토   ④ 프레젠테이션

31 주택의 색채계획 시 색채 선택을 위한 사전 작업으로 거리가 먼 것은?

① 공간의 여건분석 – 공간의 용도, 공간의 크기와 형태, 공간의 위치 검토
② 거주자의 특성파악 – 거주자의 직업, 지위, 연령, 기호색, 분위기, 라이프스타일 등 파악
③ 주변 환경 분석 – 토지의 넓이, 시세, 교통, 편리성 등 확인
④ 실내용품에 대한 고려 – 이미 소장하고 있거나 구매하고 싶은 가구, 그림 등 파악

32 다음 중 색채계획에 있어서 주변 환경과의 조화가 가장 중요한 분야는?

① 패션디자인   ② 환경디자인
③ 포장디자인   ④ 제품디자인

33 균형감을 표현하는 방법 중의 하나로 도형을 한 점위에서 일정한 각도로 회전시켰을 때 생기는 균형의 종류는?

① 루트비 균형   ② 확대 대칭 균형
③ 좌우 대칭 균형   ④ 방사형 대칭 균형

34 빅터 파파넥(Victor Papanek)이 말한 디자인 목적의 복합기능(Function Complex) 요소에 해당하지 않는 것은?

① 방법   ② 미학
③ 주목성   ④ 필요성

35 다음의 특징을 고려하여 색채계획을 해야 할 디자인 분야는?

- 생산과 소비를 직접 연결해 주는 매개체의 역할
- 안전하게 운반, 보관할 수 있는 보호의 기능
- 시선을 사로잡을 수 있는 시각적 충동을 느낄 수 있는 디자인

① 헤어디자인
② 제품디자인
③ 포장디자인
④ 패션디자인

36 게슈탈트(Gestalt)의 그루핑 법칙과 거리가 먼 것은?

① 근접성
② 폐쇄성
③ 유사성
④ 상관성

37 그린 디자인(Green Design)의 원리에 대한 설명과 가장 거리가 먼 것은?

① 디자이너는 사용자의 건강에 피해를 주지 않도록 환경적 위험을 최소화한다.
② 서로 다른 종류의 여러 가지 재료에 의한 혼합재료를 사용한다.
③ 재활용 부품과 재활용품이 아닌 부품이 분리되기 쉽도록 한다.
④ 에너지와 자원의 효율성을 높인다.

38 패션 색채계획 프로세스 중 색채정보 분석 단계에 해당하지 않는 것은?

① 이미지 맵 제작
② 색채계획서 작성
③ 유행 정보 분석
④ 시장 정보 분석

39 디자인이라는 말이 의식적으로 사용되기 시작한 현대디자인의 성립 시기는?

① 18세기 초
② 19세기 초
③ 20세기 초
④ 21세기 초

40 기존 제품의 재료나 기능 또는 형태를 개량하고 개선하는 것을 무엇이라 하는가?

① 리디자인(Re-Design)
② 리스타일(Re-Style)
③ 이미지 디자인(Image Design)
④ 유니버설 디자인(Universal Design)

3 제3과목 : 색채관리

41 입출력장치의 RGB 또는 CMYK 원색이 어떻게 재현될지 CIE 모델을 사용하여 예측 가능하게 하는 시스템은?

① CMS
② CCM
③ CII
④ CCD

42 색역은 디바이스가 표현 가능한 색의 영역을 말한다. 색역에 대한 설명 중 틀린 것은?

① RGB를 원색으로 사용하는 모니터의 색역은 xy색도도상에서 삼각형을 이룬다.
② 프린터의 색역이 모니터의 색역보다 넓을 수 있다.
③ 모니터의 톤재현 특성은 색역과는 무관하다.
④ 디스플레이가 표현 가능한 색의 수와 색역의 넓이는 정비례한다.

43 사진촬영, 스캐닝 등의 작업에서 컬러 프로파일링을 할 수 있는 컬러 차트(Color Chart)는?

① Gray Scale
② IT8
③ EPS5
④ RGB

44 CIE 표준광 A의 색온도는?

① 6774K
② 6504K
③ 4874K
④ 2856K

45 유기안료에 대한 설명으로 틀린 것은?

① 유기안료는 무기안료에 비해서 빛깔이 선명하고 착색력이 크다.
② 인디언 옐로(Indian Yellow), 세피아(Sepia)는 동물성 유기안료이다.
③ 식물성 안료는 빛에 의해 탈색되는 단점이 있다.
④ 합성유기안료에는 코발트계(Cobalt)와 카드뮴계(Cadmium) 등이 있다.

46 색상(Hue)에 관한 설명으로 올바른 것은?

① 관측자의 색채 적응 조건의 영향에 따라 변화하는 색이 보이는 결과이다.
② 색상의 강도를 동일한 명도의 무채색으로부터의 거리로 나타낸 시지각 속성이다.
③ 상대적인 명암에 관한 색의 속성이다.
④ 빨강, 노랑, 파랑과 같은 색지각의 성질을 특징짓는 색의 속성이다.

47 디지털 색채 시스템 중 RGB 컬러 값이 (255, 255, 0)로 주어질 때의 색채는?

① White
② Yellow
③ Cyan
④ Magenta

48 스캐너, 디지털 카메라 등의 입력장치에서 빛의 파장을 전기적 신호로 변환시키는 구성 요소는?

① 이미지 센서
② 래스터 영상
③ 이미지 시그널 프로세서
④ 벡터 그래픽 영상

49 무조건등색(Isomerism)의 설명으로 옳은 것은?

① 어떠한 광원 아래에서도 등색이 성립한다.
② 보는 사람에 따라 다른 색으로 보이는 경우도 있다.
③ 분광 반사율이 달라도 같은 색자극을 일으키는 현상이다.
④ 육안으로 조색하는 경우에 성립하게 된다.

50 분광광도계를 사용하여 컬러를 측정하려는 경우 만족해야 하는 조건으로 틀린 것은?

① 파장의 범위를 380~780nm로 한다.
② 분광 반사율 또는 분광 투과율의 측정 불확도는 최대치의 0.5% 이내로 한다.
③ 분광 반사율 또는 분광 투과율의 재현성을 0.2% 이내로 한다.
④ 분광광도계의 파장은 불확도 10nm 이내의 정확도를 유지한다.

51 다음 중 안료가 아닌 것은?

① 코치닐(Cochineal)　② 한자 옐로(Hanja Yellow)
③ 석록　④ 구리

52 다음 중 산성염료로 염색할 수 없는 직물은?

① 견　② 면
③ 모　④ 나일론

53 빛의 스펙트럼은 방사 에너지의 상태에 따라 여러 가지로 구분된다 그 연결 관계가 틀린 것은?

① 태양 – 연속 스펙트럼
② 수은등 – 선 스펙트럼
③ 형광등 – 띠 모양 스펙트럼
④ 백열전구 – 선 스펙트럼

54 표면색의 시감비교방법으로 옳은 것은?

① 색비교를 위한 작업면의 조도는 5000lx 이상으로 한다.
② 밝은 색을 시감 비교할 때 부스의 내부색은 명도 L*가 약 65 이상의 무채색으로 한다.
③ 어두운 색을 비교하는 경우 명도 L*가 약 15의 무광택 검은색으로 한다.
④ 외광의 영향이 있는 경우 반투명천으로 작업면 주위를 둘러막은 조명 부스를 사용한다.

55 색료의 호환성과 통용성을 확보하기 위한 색료표시 기준은?

① 연색 지수　② 색변이 지수
③ 컬러인덱스　④ 컬러 어피어런스

56 색온도에 관한 설명으로 옳은 것은?

① 완전 복사체의 색도를 그것의 절대 온도로 표시한 것이다.
② 색온도의 단위는 흑체의 섭씨온도(℃)로 표시한다.
③ 시료 복사의 색도가 완전 복사체 궤적 위에 없을 때에는 절대 색온도를 사용한다.
④ 색온도가 낮아질수록 푸른빛을 나타낸다.

57 다음은 완전 확산 반사면의 용어에 대한 설명이다. ( )에 적합한 수치는?

입사한 복사를 모든 방향에 동일한 복사 휘도로 반사하고, 또 분광 반사율이 ( )인 이상적인 면

① 9　② 5
③ 3　④ 1

58 색채 측정에서 측정조건이 (8° : de)로 표기되었을 때 그 의미는?

① 빛을 시료의 수직방향으로부터 8° 기울여 입사시킨 후 산란된 빛을 측정한다. 정반사 성분은 제외한다.
② 빛을 시료의 수직방향으로부터 8° 기울여 입사시킨 후 산란된 빛을 측정한다. 정반사 성분을 포함한다.
③ 빛을 모든 각도에서 시료의 표면에 입사시킨 후 광 검출기를 시료의 수직으로부터 8° 기울여 측정한다. 정반사 성분은 제외한다.
④ 빛을 모든 각도에서 시료의 표면에 입사시킨 후 광 검출기를 시료의 수직으로부터 8° 기울여 측정한다. 정반사 성분을 포함한다.

59 광택(Gloss)에 대한 설명이 틀린 것은?

① 물체표면의 물리적 속성으로서 반사하는 광선에 의한 감각이다.
② 표면 정반사 성분은 투과하는 빛의 굴절각이 클수록 작아진다.
③ 대비광택도는 두 개의 다른 조건에서 측정한 반사 광속의 비(比)로 나타내는 방법이다.
④ 광택은 보는 방향에 따라 질감의 차이를 표현할 수 있다.

60 분광식 계측기와 관련된 설명으로 옳은 것은?

① 백열전구와 필터를 함께 사용하여 표준광원의 조건이 되도록 한다.
② 시료에서 반사된 빛은 세 개의 색필터를 통과한 후 광검출기에서 검출한다.
③ 삼자극치 값을 직접 측정한다.
④ 시료의 분광 반사율을 측정하여 색채를 계산한다.

4 제4과목 : 색채 지각의 이해

61 색유리판을 여러 장 겹치는 방법의 혼색에 관한 설명 중 옳은 것은?

① 인쇄잉크의 혼색과 같은 원리이다.
② 컬러 모니터의 색과 같은 원리이다.
③ 병치가법혼색과 유사하다.
④ 무대조명에 의한 혼색과 같다.

62 작은 방을 길게 보이고 싶어 한쪽 벽면을 칠한다면 다음 중 어느 색으로 칠하면 좋을까?

① 인디고블루(2.5PB 2/4)
② 계란색(7.5YR 8/4)
③ 굴색(7.5YR 7/14)
④ 대나무색(7.5GY 4/6)

63 색의 진출과 후퇴, 팽창과 수축에 대한 설명으로 틀린 것은?

① 따뜻한 색이 차가운 색보다 더 진출해 보인다.
② Dull Tone의 색이 Pale Tone보다 더 후퇴되어 보인다.
③ 저채도, 저명도 색이 고채도, 고명도의 색보다 더 진출되어 보인다.
④ 일반적으로 진출색은 팽창색이 되고, 후퇴색은 수축색이 된다.

64 하나의 매질로부터 다른 매질로 진입하는 파동이 경계면에서 나가는 방향을 바꾸는 현상은?

① 반사
② 산란
③ 간섭
④ 굴절

65 4가지의 기본적인 유채색인 빨강 – 초록, 파랑 – 노랑이 대립적으로 부호화된다는 색채 지각의 대립과정 이론을 제안한 사람은?

① 오스트발트
② 맥스웰
③ 헤링
④ 헬름홀츠

66 일정한 밝기에서 채도가 높아질수록 더 밝아 보인다는 시지각적 효과는?

① 헬름홀츠-콜라우슈 효과
② 배너리 효과
③ 애브니 효과
④ 스티븐스 효과

67 그러데이션으로 배치된 색의 경계부분에서 나타나는 대비 현상과 관련이 없는 것은?

① 경계대비
② 연변대비
③ 계시대비
④ 마하의 띠

68 보색에 대한 설명으로 옳은 것은?

① 보색이 인접하면 채도가 서로 낮아 보인다.
② 보색을 혼합하면 회색이나 검정이 된다.
③ 빨강의 보색은 보라이다.
④ 보색잔상은 인접한 두 보색을 동시에 볼 때 생긴다.

69 빨강 바탕 위의 주황은 노란빛을 띤 주황으로, 노랑 바탕 위의 주황은 빨간빛을 띤 주황으로 보이는 현상은?

① 연변대비
② 색상대비
③ 명도대비
④ 채도대비

70 영 · 헬름홀츠의 3원색설에 대한 설명이 틀린 것은?

① 3원색설의 기본색은 빛의 혼합인 3원색과 동일하다.
② 색의 잔상 효과와 대비이론의 근거가 되는 학설이다.
③ 노랑은 빨강과 초록의 수용기가 동등하게 자극되었을 때 지각된다는 학설이다.
④ 3종류의 시신경세포가 혼합되어 색채지각을 할 수 있다는 학설이다.

71 중간혼합에 대한 설명으로 틀린 것은?

① 점묘파 화가 쇠라의 작품은 병치혼합의 방법이 활용된 것이다.
② 병치혼합은 일종의 가법혼색이다.
③ 회전혼합은 직물이나 컬러 TV의 화면, 인쇄의 망점 등에 활용되고 있다.
④ 회전혼합은 색을 칠한 팽이에서 찾아볼 수 있다.

72 다음의 ( )에 적합한 용어로 옳은 것은?

> 빛은 각막에서 (A)까지 광학적인 처리가 일어나며, 실제로 빛에너지가 전기화학적인 에너지로 변환되는 부분은 (A)이다. 좀 더 자세히 설명하면 (A)에 있는 (B)에서 신경정보로 전환된다.

① A : 맥락막, B : 시각신경
② A : 망막, B : 시각신경
③ A : 망막, B : 광수용기
④ A : 맥락막, B : 광수용기

73 병원이나 역 대합실의 배색 중 지루함을 줄일 수 있는 색 계열은?

① 빨강계열　　　　② 청색계열
③ 회색계열　　　　④ 흰색계열

74 색의 물리적 분류에 따른 설명이 옳은 것은?

① 간섭색 : 투명한 색 중에도 유리병 속의 액체나 얼음 덩어리처럼 3차원 공간의 투명한 부피를 느끼는 색
② 조명색 : 형광물질이 많이 사용되어 나타나는 색
③ 광원색 : 자연광과 조명기구에서 나오는 빛의 색
④ 개구색 : 물체의 표면에서 반사하는 빛이 나타내는 색

75 때때로 색들끼리 서로 영향을 주어서 인접색에 가깝게 보이는 효과는?

① 동화효과　　　　② 대비효과
③ 혼색효과　　　　④ 감정효과

76 동시대비에 대한 설명으로 거리가 먼 것은?

① 자극과 자극 사이의 거리가 멀어질수록 대비효과는 약해진다.
② 색차가 클수록 대비 효과는 강해진다.
③ 두 개의 다른 자극이 연속해서 나타날수록 대비효과는 강해진다.
④ 동시대비 효과는 순간적으로 일어나므로 장시간 두고 보면 대비효과는 약해진다.

77 가법혼색의 혼합결과로 틀린 것은?

① 빨강 + 녹색 = 노랑
② 빨강 + 파랑 = 마젠타
③ 녹색 + 파랑 = 시안
④ 빨강 + 녹색 + 파랑 = 검정

78 색의 항상성에 관한 설명으로 틀린 것은?

① 자연광 아래에서의 백색 종이는 백열등 아래에서는 붉은 빛의 종이로 보인다.
② 자극시간이 짧으면 색채의 항상성은 작지만, 완전히 항상성을 잃지는 않는다.
③ 분광 분포도 또는 눈의 순응상태가 바뀌어도 지각되는 색은 변하지 않는다.
④ 조명이 강해도 검은 종이는 검은색 그대로 느껴진다.

79 빛과 색에 대한 설명 중 틀린 것은?

① 단파장은 굴절률이 적으며 산란하기 어렵다.
② 색은 빛이 물체에 반사되어서 나타난다.
③ 동물은 인간이 반응하지 않는 파장에 반응하는 시각세포를 가진 것도 있다.
④ 색은 밝고 어둠에 따라 달라져 보일 수 있다.

80 색채의 지각과 감정 효과의 설명 중 틀린 것은?

① 일반적으로 채도가 높은 색은 채도가 낮은 색보다 진출의 느낌이 크다.
② 일반적으로 팽창색은 후퇴색과 연관이 있다.
③ 색의 온도감은 주로 색상에서 영향을 받는다.
④ 중량감에 영향을 미치는 것은 명도의 차이이다.

81 CIELCH 색공간에서 색상각(h)이 90°에 해당하는 색은?

① Red
② Yellow
③ Green
④ Blue

82 먼셀 색체계에 대한 설명으로 옳은 것은?

① 먼셀 밸류라고 불리는 명도(V)축은 번호가 증가하면 물리적 밝기가 감소하여 검정이 된다.
② Gray Scale은 명도단계를 뜻하며, 자연색이라는 영문의 앞자를 따서 M1, M2, M3…로 표시한다.
③ 무채색의 가장 밝은 흰색과 가장 어두운 검정 사이에는 14단계의 유채색이 존재한다.
④ V 번호가 같은 유채색과 무채색은 서로 명도가 동일하다.

83 Yxy 색표계의 설명으로 옳은 것은?

① 1931년 CIE가 새로운 가상의 색공간을 규정하고, 실제로 사람이 느끼는 빛의 색과 등색이 되는 실험을 시도하여 정의하였다.
② 색지각의 3속성에 따라 정성적으로 분류하여 기호나 번호로 색을 표기했다.
③ 인간의 감성에 접근하기 위해 헤링의 대응색설에 기초하여 CIE에서 정의한 색공간이다.
④ XYZ색표계가 양적인 표시로 색채느낌을 알기 어렵고, 밝기의 정도를 판단할 수 없어 수식을 변환하여 얻은 색표계이다.

84 분리 효과에 의한 배색에서 분리색으로 주로 사용되는 색은?

① 무채색
② 두 색의 중간색
③ 명도가 강한 색
④ 채도가 강한 색

85 오스트발트 색채 체계의 단일 색상면 삼각형 내에서 동일한 양의 백색을 가지는 색채를 일정한 간격으로 선택하여 배색함으로써 얻을 수 있는 색채 조화는?

① 등백색 조화
② 등순색 조화
③ 등흑색 조화
④ 등가색환 조화

86 오스트발트 색체계에서 사용하는 색채표시 방법은?

① 15:BG
② 17lc
③ S4010-Y60R
④ 5Y 8/10

87 색채표준에 대한 설명으로 틀린 것은?

① 색채표준이란 색을 일정하고 정확하게 측정, 기록, 전달, 관리하기 위한 수단이다.
② 색채를 정량화하여 국가 간 공통 표기와 단위를 통해 표준화할 수 있다.
③ 현색계에는 한국산업표준과 미국의 먼셀, 스웨덴의 NCS 색체계 등이 있다.
④ 현색계는 색을 측색기로 측정하여 어떤 파장의 빛을 반사하는가에 따라 정확한 수치의 개념으로 색을 표현하는 체계이다.

88 먼셀 기호로 표시할 때 5Y8/10의 설명으로 올바른 것은?

① 색상 5Y, 명도 8, 채도 10
② 색상 Y8, 명도 10, 채도 5
③ 명도 5, 색상 Y8, 채도 10
④ 색상 5Y, 채도 8, 명도 10

89 연속(Gradation) 배색에 대한 설명이 틀린 것은?

① 조화를 기본으로 하며 리듬감이나 운동감을 주는 배색방법이다.
② 질서정연한 느낌으로 자연스럽게 배열한 정리 배색이다.
③ 체크 문양, 타일 문양, 바둑판 문양에서 많이 볼 수 있다.
④ 색상, 명도, 채도, 톤의 단계적인 변화를 이용할 수 있다.

90 NCS 색표기 S7020-R20B의 설명으로 틀린 것은?

① S7020에서 70은 흑색도를 나타낸다.
② S7020에서 20은 백색도를 나타낸다.
③ R20B는 빨강 80%를 의미한다.
④ R20B는 파랑 20%를 의미한다.

91 문 · 스펜서의 색채 조화론에 대한 설명 중 틀린 것은?

① 오메가 공간은 색의 3속성에 대해 지각적으로 등간격이 되도록 한 독자적인 색공간이다.
② 대표적인 정성적 조화이론으로 1944년도에 발표되었다.
③ 복잡성의 요소(C)와 질서성의 요소(O)로 미도(M) 구하는 공식을 제안했다.
④ 배색의 심리적 효과는 균형점에 의해 결정된다.

92 현재 우리나라에서 채택하고 있는 한국산업표준 표기법은?

① 먼셀 표색계
② 오스트발트 표색계
③ 문 · 스펜서 표색계
④ 게리트슨 시스템

93 실생활에서 상징적 색채로 사용되었던 오방색 중 남(南)쪽을 의미하고 예(禮)를 상징하는 색상은?

① 파랑
② 검정
③ 노랑
④ 빨강

94 먼셀 색상환의 기본 구성 요소가 아닌 것은?

① 색상(H)
② 명도(V)
③ 채도(C)
④ 암도(D)

95 한국전통색에 대한 설명으로 틀린 것은?

① 유황색은 황색과 흑색의 혼합으로 얻어지는 간색이다.
② 녹색은 청색과 황색의 혼합으로 얻어지는 간색이다.
③ 자색은 적색과 백색의 혼합으로 얻어지는 간색이다.
④ 벽색은 청색과 백색의 혼합으로 얻어지는 간색이다.

96 색이름 수식형별 기준색 이름의 표기가 틀린 것은?

① 자줏빛 분홍
② 초록빛 연두
③ 빨간 노랑
④ 파란 검정

97 PCCS 색체계에 관한 설명으로 틀린 것은?

① 톤의 개념을 이해하는 데 적합한 구조로 구성되어 있다.
② 색채관리 및 조색, 색좌표의 전달에 적합한 색체계이다.
③ 색상은 헤링의 지각원리와 유사하게 구성되어 있다.
④ 무채색인 경우 하양은 W, 검정은 Bk로 표시한다.

98 NCS 색삼각형에서 W – S축과 평행한 직선상에 놓인 색들이 의미하는 것은?

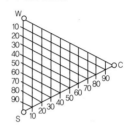

① 동일 하양색도(Same Whiteness)
② 동일 검정색도(Same Blackness)
③ 동일 순색도(Same Chromaticness)
④ 동일 뉘앙스(Same Nuance)

99 동일색상 배색이 주는 느낌으로 옳은 것은?

① 안정적이며 통일감이 높다.
② 유쾌하고 역동적이다.
③ 화려하며 자극적이다.
④ 차분하고 엄숙하다.

100 오스트발트 색체계에 대한 설명이 틀린 것은?

① 규칙적이고 합리적이어서 수치상으로 완벽하게 구성되어 있다.
② 색분량은 순색량, 백색량, 흑색량을 10단계로 나누었다.
③ 색상은 헤링의 4원색을 기본으로, 중간에 O, P, T, SG를 더해 8색상으로 한다.
④ 현대에 와서는 색채 조화의 원리와 회전혼색을 이용한 색채혼합의 기초원리에 영향을 준 것으로 평가된다.

11회 기출문제

1 제1과목 : 색채 심리

01 색채마케팅 전략에 직접적으로 영향을 미치는 환경 요인으로 가장 거리가 먼 것은?

① 경제적 환경
② 기술적 환경
③ 사회, 문화적 환경
④ 정치적 환경

02 일조량과 습도, 기후, 흙, 돌처럼 한 지역의 자연 환경적 요소로 형성된 색을 의미하는 것은?

① 등갈색
② 풍토색
③ 문화색
④ 선호색

03 비슷한 구조의 부엌 디자인을 차별화시킬 수 있는 방법으로 틀린 것은?

① 새로운 색채 팔레트의 제안
② 소비자 선호색의 반영
③ 다른 재료와 색채의 적용
④ 일반적인 색채에 의한 계획

04 표본의 크기에 대한 설명 중 틀린 것은?

① 표본의 오차는 표본을 뽑게 되는 모집단의 크기에 따라 크게 달라진다.
② 표본의 사례 수(크기)는 오차와 관련되어 있다.
③ 적정 표본 크기는 허용오차 범위에 의해 달라진다.
④ 전문성이 부족한 연구자들은 선행 연구의 표본 크기를 고려하여 사례 수를 결정한다.

05 백화점 출구에서 20대를 대상으로 하는 새로운 화장품 개발을 위한 조사를 하려고 할 때 가장 적합한 표본 집단 선정법은?

① 무작위추출법
② 다단추출법
③ 국화추출법
④ 계통추출법

06 바닷가, 도시, 분지에 위치한 도시의 주거 공간의 외벽 색채계획 시 고려사항이 아닌 것은?

① 기후적, 지리적 환경
② 건설사의 기업 색채
③ 건축물의 형태와 기능
④ 주변 건물과 도로의 색

07 색채의 심리적 기능 중 맞는 것은?

① 색채의 기능은 문자나 픽토그램 같은 표기 이상으로 직접 감각에 호소하기 때문에 효과가 빠르다.
② 색채는 인종과 언어, 시대를 초월하는 전달 수단은 아니다.
③ 색채를 분류하거나 조사하고 기획하는 단계에서 무게감을 최우선으로 한다.
④ 무게에 가장 큰 영향을 주는 색의 속성은 채도이다.

08 색채와 연상언어의 연결이 틀린 것은?

① 빨강 – 위험, 사과, 에너지
② 검정 – 부정, 죽음, 연탄
③ 노랑 – 인내, 겸손, 창조
④ 흰색 – 결백, 백합, 소박

09 동서양의 문화에 따른 색채 정보의 활용이 바르게 연결된 것은?

① 동양 문화권에서 신성시되는 종교색 – 노랑
② 중국의 왕권을 대표하는 색 – 빨강
③ 봄과 생명의 탄색 – 파랑
④ 평화, 진실, 협동 – 초록

10 몬드리안(Mondrian)의 '부기우기'라는 작품에서 드러난 대표적인 색채 현상은?

① 착시
② 음성잔상
③ 항상성
④ 색채와 소리의 공감각

11 대기 시간이 긴 공항 대합실의 기능적 면을 고려할 때 가장 적합한 색은?

① 파란색 계열
② 노란색 계열
③ 주황 계열
④ 빨간색 계열

12 색채와 모양에 대한 공감각적 연구를 통해 색채와 모양의 조화로운 관계성을 추출한 사람은?

① 요하네스 이텐
② 뉴턴
③ 카스텔
④ 로버트 플러드

13 한국의 전통적인 오방위와 색표시가 잘못된 것은?

① 동쪽 – 청색
② 남쪽 – 황색
③ 북쪽 – 흑색
④ 서쪽 – 백색

14 색채연구가인 프랑스의 장 필립 랑크로(Jean-Philippe Lenclos)가 프랑스와 일본 등에서 조사 분석하여 국가 전체의 아이덴티티를 구축한 연구는?

① 지역색
② 공공의 색
③ 유행색
④ 패션색

15 의미척도법(SD ; Semantic Differential Method)의 설명으로 틀린 것은?

① 미국의 색채 전문가 파버 비렌(Faber Birren)이 고안하였다.
② 반대의미를 갖는 형용사 쌍을 카테고리 척도에 의해 평가한다.
③ 제품, 색, 음향, 감촉 등 다양한 대상의 인상을 파악하는 방법으로 많이 사용되고 있다.
④ 의미공간을 효율적으로 정의하기 위해서는 그 공간을 대표하는 차원의 수를 최소로 결정할 필요가 있다.

16 청색의 민주화(Blue Civilization)는 어떤 의미인가?

① 서구문화권 국가의 성인 절반 이상이 청색을 매우 선호한다.
② 성인이 되면 색채 선호도가 변화한다.
③ 성별 구분 없이 청색을 선호한다.
④ 지역적인 색채선호도의 차이가 있다.

17 인체의 차크라(chakra) 영역으로 심장부를 나타내며 사랑을 의미하는 색은?

① 빨강
② 주황
③ 초록
④ 보라

18 초록색의 일반적인 색채치료 효과로 가장 적합한 것은?

① 불면증에 효과가 있다.
② 혈압을 높인다.
③ 근육 긴장을 증대한다.
④ 무기력을 완화시킨다.

19 색채조절을 통해 이루어지는 효과가 아닌 것은?

① 신체의 피로, 특히 눈의 피로를 막는다.
② 안전이 유지되며 사고가 줄어든다.
③ 색채의 적용으로 주위가 산만해질 수 있다.
④ 정리 정돈과 질서 있는 분위기가 연출된다.

20 파버 비렌(Faber Birren)의 색과 연상 형태가 틀린 것은?

① 빨강 – 정사각형
② 노랑 – 역삼각형
③ 초록 – 원
④ 보라 – 타원

2 제2과목 : 색채 디자인

21 주거 공간의 색채계획 순서를 옳게 나열한 것은?

① 주거자 요구 및 시장성 파악 → 고객의 공감 획득 → 이미지 콘셉트 설정 → 색채 이미지 계획
② 고객의 공감 획득 → 주거자 요구 및 시장성 파악 → 이미지 콘셉트 설정 → 색채 이미지 계획
③ 주거자 요구 및 시장성 파악 → 이미지 콘셉트 설정 → 색채 이미지 계획 → 고객의 공감 획득
④ 이미지 콘셉트 설정 → 주거자 요구 및 시장성 파악 → 고객의 공감 획득 → 색채 이미지 계획

22 환경색채디자인의 프로세스 중 대상물이 위치한 지역의 이미지를 예측 설정하는 단계는?

① 환경요인 분석
② 색채이미지 추출
③ 색채계획 목표설정
④ 배색 설정

23 색채 계획 설계 단계에 해당 되는 것은?

① 콘셉트 이미지 작성
② 현장 적용색 검토, 승인
③ 체크리스트 작성
④ 대상의 형태, 재료 등 조건과 특성 파악

24 게슈탈트(Gestalt) 형태심리 법칙으로 틀린 것은?

① 유사성
② 근접성
③ 폐쇄성
④ 독립성

25 기능에 충실한 형태가 아름답다는 의미로 "형태는 기능을 따른다."라는 말을 한 사람은?

① 프랑크 로이드 라이트(Frank Lloyd Wright)
② 루이스 설리번(Louis Sullivan)
③ 빅터 파파넥(Victor Papanek)
④ 윌리엄 모리스(William Morris)

26 원래는 그림을 그리기 위해 스케치한 컷을 의미했지만 오늘날에는 만화적인 그림에 유머나 아이디어를 넣어 완성한 그림을 지칭하는 것은?

① 카툰(Cartoon)
② 캐릭터(Character)
③ 일러스트레이션(Illustration)
④ 애니메이션(Animation)

27 타이포그래피(Typography)를 가장 잘 설명한 것은?

① 일러스트 형태로 이루어진 글자의 조형적 표현
② 광고에 나오는 그림의 조형적 표현
③ 글자에 의한 모든 커뮤니케이션의 조형적 표현
④ 조합에 의한 커뮤니케이션의 조형적 표현

28 그림과 가장 관련이 있는 현대디자인 사조는?

① 다다이즘
② 팝아트
③ 옵아트
④ 포스트모더니즘

29 디자인의 원리 중 반복된 형태나 구조, 선의 연속과 단절에 의한 간격의 변화로 일어나는 시각적 운동을 말하는 것은?

① 조화
② 균형
③ 율동
④ 비례

30 모던 디자인의 특징으로 옳은 것은?

① 유기적 곡선 형태를 추구한다.
② 영국의 미술공예운동에 기초를 둔다.
③ 사물의 형태는 그 역할과 기능에 따른다.
④ 1880년부터 1차 세계대전까지의 디자인 사조이다.

31 디자인 사조와 색채의 특징이 틀린 것은?

① 큐비즘의 대표적 작가인 파블로 피카소는 색상의 대비를 적극적으로 사용하였다.
② 플럭서스(Fluxus)에서는 회색조가 전반을 이루고 색이 있는 경우에는 어두운 색조가 주가 되었다.
③ 팝아트는 부드러운 색조의 그러데이션(Gradation)이 특징이다.
④ 다다이즘에서는 일반적으로 어둡고 칙칙한 색조가 사용되었다.

32 인류의 모든 가능성을 발휘하여 미래지향적인 새로운 개념의 자동차를 창조하려는 자세에서 나타난 디자인으로, 인류의 끝없는 꿈을 자동차 디자인을 통해 실현하고자 하는 디자인은?

① 반 디자인(Anti-Design)
② 모던 디자인(Modern Design)
③ 애드밴스 디자인(Advanced Design)
④ 바이오 디자인(Bio Design)

33 디자이너가 가져야 하는 중요한 자질이며 창조적이고 과거의 양식을 그대로 모방하지 않고 시대에 알맞은 디자인을 뜻하는 디자인 조건은?

① 경제성   ② 심미성
③ 독창성   ④ 합목적성

34 디자인의 조건 중 경제성을 잘 나타낸 설명은?

① 저렴한 제품이 가장 좋은 제품이다.
② 최소의 비용으로 최대의 효과를 낼 수 있는 것이다.
③ 많은 시간을 들여 공들인 제품이 경제성이 뛰어나다.
④ 제품의 퀄리티(Quality)가 높으면서 사용 목적에 맞아야 한다.

35 일반적인 주거 공간 색채계획의 목적에 적절하지 않은 것은?

① 거실 인테리어 소품은 악센트 컬러를 사용해도 좋다.
② 천장, 벽, 마루 등은 심리적인 자극이 적은 색채를 계획한다.
③ 전체적인 조화보다는 부분 부분의 색채를 계획하는 것이 중요하다.
④ 식탁주변과 거실은 특수한 색채를 피하여 안정감을 주는 것이 좋다.

36 디스플레이 디자인(Display Design)에 대한 설명 중 틀린 것은?

① 물건을 공간에 배치, 구성, 연출하여 사람의 시선을 유도하는 강력한 이미지 표현이다.
② 디스플레이의 구성 요소는 상품, 고객, 장소, 시간이다.
③ P.O.P.(Point Of Purchase)는 비상업적 디스플레이에 활용된다.
④ 시각전달 수단으로서의 디스플레이는 사람, 물체, 환경을 상호 연결시킨다.

37 디자인의 목적에 해당되지 않은 것은?

① 디자인은 보다 사용하기 쉽고, 편리하며, 아름다운 생활환경을 창조하는 조형행위이다.
② 디자인은 실용적이고 미적인 조형의 형태를 개발하는 것이다.
③ 디자인은 아름다움을 추구하기 위하여 즉시적이고 무의식적인 조형의 방법을 개발하고 연구하는 것이다.
④ 디자인은 특정 문제에 대한 목적을 마음에 두고, 이의 실천을 위하여 세우는 일련의 행위 개념이다.

38 다음이 설명하는 아이디어 발상법은?

> – 많은 양의 아이디어를 요구한다.
> – 비판을 하지 않는다.
> – 이미 제출한 아이디어를 조합하여 활용하고 개선한다.

① 심벌(Symbol) 유추법
② 브레인스토밍
③ 속성 열거법
④ 고-스톱(Go-Stop)법

39 생태학적 디자인 원리로 틀린 것은?

① 환경친화적인 디자인
② 리사이클린 디자인
③ 에너지 절약형 디자인
④ 생물학적 단일성을 강조하는 디자인

40 렌더링에 의해 디자인을 검토한 후 상세한 디자인 도면을 그리고 그것에 따라 완성 제품과 똑같이 만드는 모형은?

① 목업(Mock-up)
② 러프 스케치(Rough Sketch)
③ 스탬핑(Stamping)
④ 엔지니어링(Engineering)

3 제3과목 : 색채관리

41 물체색을 가장 정확하게 측정할 수 있는 장비는?

① 색차계(Colorimeter)
② 분광광도계(Spectrophotometer)
③ 분광복사계(Spectroradiometer)
④ 표준광원(Standard Illuminant)

42 모든 분야에서 물체색의 색채 삼속성을 가장 일반적으로 나타내는데 사용되는 표색계는?

① L*a*b* 표색계
② Hunter Lab 표색계
③ (x, y) 색도계
④ XYZ 표색계

43 CIE LABL 좌표로 L*=65, a*=30, b*=−20으로 측정된 색채에 대한 설명으로 틀린 것은?

① L* 값이 높은 편이므로 비교적 밝은 색이다.
② a* 값이 양(+)의 값을 갖고 있으므로 빨강이 많이 포함된 색이다.
③ b* 값이 음(−)의 값을 갖고 있으므로 파랑이 많이 포함된 색이다.
④ (a*,b*) 좌표가 원점과 가까우므로 채도가 높은 색이다.

44 태양광 아래에서 가장 반사율이 높은 경우의 무명천은?

① 천연 무명천에 전혀 처리를 하지 않은 무명천
② 화학적 탈색처리 한 무명천
③ 화학적 탈색처리 후 푸른색 염료로 약간 염색한 무명천
④ 화학적 탈색처리 후 형광성 표백제로 처리한 무명천

45 자외선에 의해 황변현상이 가장 심한 섬유소재는?

① 면   ② 마
③ 레이온   ④ 견

46 다음 중 컬러 인덱스(Color Index)에 대한 설명으로 옳은 것은?

① 안료 회사에서 원산지를 표기한 데이터베이스
② 화학구조에 따라 염료와 안료로 구분하고 응용방법, 견뢰도(Fastness)데이터, 제조업체명, 제품명을 기록한 데이터베이스
③ 안료를 판매할 가격에 따라 분류한 데이터베이스
④ 안료를 생산한 국적에 따라 분류한 데이터베이스

47 육안검색에 의한 색채판별조건에 대한 설명으로 옳은 것은?

① 관찰자와 대상물의 각도는 30°로 한다.
② 비교하는 색은 인접하여 배열하고 동일평면으로 배열되도록 배치한다.
③ 관측조도는 300Lux 이상으로 한다.
④ 대상물의 색상과 비슷한 색상을 바탕면색으로 하여 관측한다.

48 사진, 그림 등의 이미지나 인쇄물 등에서 밝은 부분과 어두운 부분의 중간 계조 회색부분으로 적당한 크기와 농도의 작은 점들로 명암의 미묘한 변화가 만들어지는 표현방법은?

① 영상 처리(Image Processing)
② 컬러 매칭(Color Matching)
③ 캘리브레이션(Calibration)
④ 하프톤(Halftone)

49 HSB 디지털 색채 시스템에 관한 설명으로 틀린 것은?

① H 모드는 색상으로 0°에서 360°까지의 각도로 이루어져 있다.
② B 모드는 밝기로 0%에서 100%로 구성되어 있다.
③ S 모드는 채도로 0°에서 360°까지의 각도로 이루어져 있다.
④ B 값이 100%일 경우 반드시 흰색이 아니라 고순도의 원색일 수도 있다.

50 최초의 합성염료로서 아닐린 설페이트를 산화시켜서 얻어 내며 보라색 염료로 쓰이는 것은?

① 산화철
② 모베인(모브)
③ 산화망간
④ 옥소크롬

51 조명방식 중 광원의 90% 이상을 천장이나 벽에 부딪혀 확산된 반사광으로 비추는 방식으로 눈부심이 없고 조도분포가 균일한 형태의 조명 형태는?

① 직접 조명
② 간접 조명
③ 반직접 조명
④ 반간접 조명

52 아래의 컬러 인덱스 구조에 대한 설명으로 옳은 것은?

```
        C.I Vat Blue 14,     C.I 69810
             ↑                   ↑
             ⓐ                   ⓑ
```

① ⓐ : 색료 사용 용도에 따른 분류,
   ⓑ : 화학적인 구조가 주어지는 물질 번호
② ⓐ : 색료 사용 용도에 따른 분류,
   ⓑ : 제조사 등록 번호
③ ⓐ : 색역에 따른 분류,
   ⓑ : 판매업체 분류 번호
④ ⓐ : 착색의 견뢰성에 따른 분류,
   ⓑ : 광원에서의 색채 현시 분류 번호

53 디지털 컴퓨터 시스템에 의한 색채의 혼합 중 가법혼색에 의한 채널의 값(R, G, B)이 옳은 것은?

① 시안(255, 255, 0)
② 마젠타(255, 0, 255)
③ 노랑(0, 255, 255)
④ 초록(0, 0, 255)

54 연색지수에 대한 설명으로 틀린 것은?

① 연색지수는 기준광과 시험광원을 비교하여 색온도를 재현하는 정도를 나타내는 지수이다.
② 연색지수는 인공광원이 얼마나 기준광과 비슷하게 물체의 색을 보여 주는가를 나타낸다.
③ 연색지수 100에 가까울수록 연색성이 좋으며 자연광에 가깝다.
④ 연색지수를 산출하는데 기준이 되는 광원은 시험광원에 따라 다르다.

55 PNG 파일 포맷에 대한 설명으로 옳은 것은?

① 압축률이 떨어지지만 전송속도가 빠르고 이미지의 손상이 적으면 간단한 애니메이션 효과를 낼 수 있다.
② 알파채널, 트루컬러 지원, 비손실 압축을 사용하여 이미지 변형 없이 웹상에 그대로 표현이 가능하다.
③ 매킨토시의 표준파일 포맷방식으로 비트맵, 벡터 이미지를 동시에 다룰 수 있다.
④ 1600만 색상을 표시할 수 있고 손실압축방식으로 파일의 크기가 작기 때문에 웹에서 널리 사용된다.

56 디지털 카메라, 스캐너와 같은 입력장치가 사용하는 기본색은?

① 빨강(R), 파랑(B), 옐로우(Y)
② 마젠타(M), 옐로우(Y), 녹색(G)
③ 빨강(R), 녹색(G), 파랑(B)
④ 마젠타(M), 옐로우(Y), 시안(C)

57 매우 미량의 색료만 첨가되어도 색소효과가 뛰어나야 하며, 특히 유독성이 없어야 하는 색소는?

① 형광 색소
② 금속 색소
③ 섬유 색소
④ 식용 색소

58 색채측정기의 종류를 크게 두 가지로 나눈다면 어떤 것이 있는가?

① 필터식 색채계와 망점식 색채계
② 분광식 색체계와 렌즈식 색채계
③ 필터식 색채계와 분광식 색채계
④ 음이온 색채계와 분사식 색채계

59 흑체에 대한 설명으로 틀린 것은?

① 흑체란 외부의 에너지를 모두 반사하는 이론적인 물질이다.
② 반사가 전혀 일어나지 않으므로 이를 상징하여 흑체라고 한다.
③ 흑체가 에너지를 흡수하면 물체는 뜨거워진다.
④ 흑체는 비교적 저온에서는 붉은 색을 띤다.

60 백색도에 대한 설명으로 틀린 것은?

① 백색도는 물체의 흰 정도를 나타낸다.
② 완전한 반사체의 경우 그 값이 100이다.
③ 밝기를 측정하기 위한 수치이다.
④ 표준광 D_{65}에서의 표면색에 의해 정의되고 있다.

---

4 **제4과목 : 색채 지각의 이해**

61 푸르킨예 현상을 바르게 설명한 것은?

① 직물을 색조 디자인할 때 직조 시 하나의 색만을 변화시키거나 더함으로써 전체 색조를 조절할 수 있는 것
② 하얀 바탕종이에 빨간색 원을 놓고 얼마간 보다가 하얀 바탕종이를 빨간 종이로 바꾸어 놓았을 때 빨간색이 검정색으로 보이는 현상
③ 색상환의 기본색인 빨강, 노랑, 녹색, 파랑 등의 색이 조합되었을 때 그 대비가 뚜렷이 나타나는 것
④ 암순응되기 전에는 빨간색 꽃이 잘 보이다가 암순응이 되면 파란색 꽃이 더 잘 보이게 되는 것으로 광자극에 따라 활동하는 시각기제가 바뀌는 것

62 잔상에 대한 설명으로 틀린 것은?

① 잔상이 원래의 감각과 같은 질의 밝기나 색상을 가질 때, 이를 양성 잔상이라 한다.
② 잔상이 원래의 감각과 반대의 밝기 또는 색상을 가질 때, 이를 음성 잔상이라 한다.
③ 물체색에 있어서의 잔상은 거의 원래 색상과 보색관계에 있는 보색잔상으로 나타난다.
④ 음성 잔상은 동화현상과 관련이 있다.

63 카메라의 렌즈에 해당하는 것으로 빛을 망막에 정확하게 깨끗하게 초점을 맺도록 자동적으로 조절하는 역할을 하는 것은?

① 모양체   ② 홍채
③ 수정체   ④ 각막

64 물리적 혼합이 아닌 눈의 망막에서 일어나는 착시적 혼합은?

① 가산혼합   ② 감산혼합
③ 중간혼합   ④ 디지털혼합

65 컬러 프린트에 사용되는 잉크 중 감법혼색의 원색이 아닌 것은?

① 검정   ② 마젠타
③ 시안   ④ 노랑

66 선물을 포장하려 할 때, 부피가 크게 보이려면 어떤 색의 포장지가 가장 적합한가?

① 고채도의 보라색
② 고명도의 청록색
③ 고채도의 노란색
④ 저채도의 빨간색

67 장파장 계열의 빛을 방출하여 레스토랑 인테리어에 활용하기 적당한 광원은?

① 백열등
② 나트륨 램프
③ 형광등
④ 태양광선

68 빛의 이론에 대한 설명으로 옳은 것은?

① 전자기파설 – 빛의 파동을 전하는 매질로서 에테르의 물질을 가상적으로 생각하는 학설이다.
② 파동설 – 영국의 물리학자 맥스웰이 제창한 학설이다.
③ 입자설 – 빛은 원자차원에서 광자라는 입자의 성격을 가진 에너지의 알맹이이다.
④ 광양자설 – 빛의 연속적으로 파동하고, 공간에 퍼지는 것이 아니라 광전자로서 불연속적으로 진행한다.

69 비눗방울 등의 표면에 있는 색으로, 보는 각도에 따라 다르게 보이는 것은 빛의 어떤 원리를 이용한 것인가?

① 간섭
② 반사
③ 굴절
④ 흡수

70 어떤 두 색이 서로 가까이 있을 때 그 경계의 부분에서 강한 색채대비가 일어나는 현상은?

① 계시대비
② 보색대비
③ 착시대비
④ 연변대비

71 망막상에서 상의 초점이 맺히는 부분은?

① 중심와
② 맹점
③ 시신경
④ 광수용기

72 빛이 밝아지면 명도대비가 더욱 강하게 느껴지는 시지각적 효과는?

① 애브니(Abney) 효과
② 베너리(Benery) 효과
③ 스티븐스(Stevens) 효과
④ 리프만(Liebmann) 효과

73 색의 속성 중 색의 온도감을 좌우하는 것은?

① Value
② Hue
③ Chroma
④ Saturation

74 둘러싸고 있는 색이 주위의 색에 닮아 보이는 것은?

① 색지각
② 매스효과
③ 색각항상
④ 동화효과

75 심리적으로 가장 큰 흥분감을 유도하는 색에 대한 설명으로 옳은 것은?

① 단파장의 영역에 속한다.
② 자외선의 영역에 속한다.
③ 장파장의 영역에 속한다.
④ 적외선의 영역에 속한다.

76 색료혼합의 보색관계에 대한 설명으로 옳은 것은?

① 혼합하였을 때, 유채색이 되는 두 색
② 혼합하였을 때, 무채색이 되는 두 색
③ 혼합하였을 때, 청(淸)색이 되는 두 색
④ 혼합하였을 때, 명(明)색이 되는 두 색

77 보색관계인 두 색을 인접시켰을 때 서로의 영향으로 본래의 색보다 강조되며 상승효과를 가져오는 특성은?

① 명도
② 채도
③ 조도
④ 미도

78 면색(Film Color)을 설명하고 있는 것은?

① 순수하게 색만 있는 느낌을 주는 색
② 어느 정도의 용적을 차지하는 투명체의 색
③ 흡수한 빛을 모아 두었다가 천천히 가시광선 영역으로 나타나는 색
④ 나비의 날개, 금속의 마찰면에서 보여지는 색

79 색상대비에 대한 설명이 옳은 것은?

① 빨강 위의 주황색은 노란색에 가까워 보인다.
② 색상대비가 일어나면 배경색의 유사색으로 보인다.
③ 어두운 부분의 경계는 더 어둡게, 밝은 부분의 경계는 더 밝게 보인다.
④ 검정색 위의 노랑은 명도가 더 높아 보인다.

80 견본을 보고 벽 도색을 위한 색채를 선정할 때, 고려해야 할 대비현상과 결과는?

① 면적대비 효과 – 면적이 커지면 명도와 채도가 견본보다 낮아진다.
② 면적대비 효과 – 면적이 커지면 명도와 채도가 견본보다 높아진다.
③ 채도대비 효과 – 면적이 커져도 견본과 동일하다.
④ 면적대비 효과 – 면적이 커져도 견본과 동일하다.

---

5 제5과목 : 색채 체계의 이해

---

81 색의 속성을 표현하기 위한 다양한 용어들 중에서 '명암'과 관계된 용어로 옳은 것은?

① Hue, Value, Chroma
② Value, Neutral, Gray Scale
③ Hue, Value, Gray Scale
④ Value, Neutral, Chroma

82 NCS 색체계의 표기방법인 S4030-B20G에 대한 설명으로 옳은 것은?

① 40%의 하양색도
② 30%의 검정색도
③ 20%의 초록을 함유한 파란색
④ 20%의 파랑을 함유한 초록색

83 색이름에 대한 설명으로 틀린 것은?

① 생활환경과 색명의 발달은 밀접한 관계가 있다.
② 같은 색이라도 문화에 따라 다른 색명으로 부르기도 한다.
③ 문화의 발달정도와 색명의 발달은 비례한다.
④ 일정한 규칙을 정해 색을 표현하는 것은 관용색명이다.

84 한국의 전통색명에 대한 설명으로 옳은 것은?

① 지황색(芝黃色) : 종이의 백색
② 휴색(休色) : 옷으로 물들인 색
③ 감색(紺色) : 아주 연한 붉은 색
④ 치색(緇色) : 비둘기의 깃털색

85 먼셀 색체계의 색상에 관한 설명으로 틀린 것은?

① R, Y, G, B, P의 기본색을 등간격으로 배치한 후 중간색을 넣어 10개의 색상을 만들었다.
② 10색상의 사이를 각각 10등분하여 100색상을 만들었다.
③ 각 색상은 1에서 10까지의 숫자를 붙였다.
④ 색상의 기본색은 10이 된다.

86 한국산업표준 KS A 0011의 유채색의 수식형용사와 대응 영어의 연결이 잘못된 것은?

① 선명한 – Vivid
② 진한 – Deep
③ 탁한 – Dull
④ 연한 – Light

87 먼셀 색체계는 H V/C로 표시한다 다음 중 V에 대한 설명으로 옳은 것은?

① CIE L*u*v*에서 L*로 표현될 수 있다.
② CIE L*c*h*에서 c*로 표현될 수 있다.
③ CIE L*a*b*에서 a*b*로 표현될 수 있다.
④ CIE Yxy에서 y로 표시될 수 있다.

88 회전 혼색 원판에 의한 혼색을 표현하며 모든 색을 B+W+C=100이라는 혼합비를 통해 체계화한 색체계는?

① 먼셀 색체계
② 비렌 색체계
③ 오스트발트 색체계
④ PCCS 색체계

89 L*c*h* 색공간에서 색상각 90°에 해당하는 색은?

① 빨강   ② 노랑
③ 초록   ④ 파랑

90 혼색계에 대한 설명으로 틀린 것은?

① 환경을 임의로 설정하여 정확한 측정을 할 수 있다.
② 수치로 표기되어 변색, 탈색 등 물리적 영향이 없다.
③ CIE의 L*a*b*, CIE의 L*u*v*, CIE의 XYZ, Hunter Lab 등의 체계가 있다.
④ 측색기 등의 측성기계를 필요로 하지 않는다.

91 색채가 가지고 있는 이미지가 전달하려는 심리를 바탕으로 감성을 구분하는 기준이며, 단색 혹은 배색의 심리적 감성을 언어로 분류한 것은?

① 이미지 스케일
② 이미지 매핑
③ 컬러 팔레트
④ 세그먼트 맵

92 색에 대한 의사소통이 간편하도록 계통색 이름을 표준화한 색체계는?

① Munsell System
② NCS
③ ISCC-NIST
④ CIE XYZ

93 문-스펜서의 색채 조화론에서 조화의 배색이 아닌 것은?

① 동일조화
② 다색조화
③ 유사조화
④ 대비조화

94 집중력을 요구하며, 밝고 쾌적한 연구실 공간을 위한 주조색으로 가장 적합한 색은?

① 2.5YR 5/2
② 5B 8/1
③ N5
④ 7.5G 4/8

95 다음 중 DIN 색체계의 표기방법은?

① S3010 - R90B
② 13 : 5 : 3
③ 10ie
④ 16 : gB

96 PCCS 색체계의 기본 색상 수는?

① 8색
② 12색
③ 24색
④ 36색

97 오스트발트 색체계의 색상환에서 기본색이 아닌 것은?

① Yellow
② Ultramarine Blue
③ Green
④ Purple

98 ISCC-NIST 색명법에 있으나 KS 계통색명에 없는 수식형용사는?

① vivid
② pale
③ deep
④ brilliant

99 밝은 베이지 블라우스와 어두운 브라운 바지를 입은 경우는 어떤 배색이라고 볼 수 있는가?

① 반대 색상 배색
② 톤 온 톤 배색
③ 톤 인 톤 배색
④ 세퍼레이션 배색

100 일본 색채연구소가 1964년에 색채교육을 목적으로 개발한 색체계는?

① PCCS 색체계
② 먼셀 색체계
③ CIE 색체계
④ NCS 색체계

---

1 제1과목 : 색채 심리

01 사회문화정보로서 색이 활용된 예로 프로야구단의 상징색은 어떤 역할에 가장 크게 기여하였는가?

① 국제적 표준색의 기능
② 사용자의 편의성
③ 유대감의 형성과 감정의 고조
④ 차별적인 연상효과

02 색채 조절에 대한 내용으로 적합하지 않은 것은?

① 색채의 심리적 효과에 활용된다.
② 색채의 생리적 효과에 활용된다.
③ 개인적인 선호에 의해 건물, 설비, 집기 등에 색을 사용한다.
④ 안전하고 효율적인 작업환경과 쾌적한 생활환경의 조성을 목적으로 한다.

03 지역과 일반적인 지역색의 연결이 틀린 것은?

① 베니스의 태양광선이 많은 곳으로 밝고 다채로운 색채의 건물이 많다.
② 토론토는 호숫가의 도시이므로 고명도의 건물이 많다.
③ 도쿄는 차분하고 정적인 무채색의 건물이 많다.
④ 뉴욕의 마천루는 고명도의 가벼운 색채 건물이 많다.

04 색채와 자연 환경과의 관계에 대한 설명으로 틀린 것은?

① 지역색은 한 지역의 정체성을 대변하는 색채로 볼 수 있다.
② 지역성을 중시하여 소재와 색채를 장식적인 것으로 한다.
③ 특정 지역의 기후, 풍토에 맞는 자연 소재가 사용되어야 한다.
④ 기온과 일조량의 차이에 따라 톤의 이미지가 변하므로 나라마다 선호하는 색이 다르다.

05 색채와 다른 감각과의 교류현상은?

① 색채의 공감각
② 색채의 항상성
③ 색채의 연상
④ 시각적 언어

06 문화의 발달 순서로 볼 때 가장 늦게 형성된 색명은?

① 흰색
② 파랑
③ 주황
④ 초록

07 모든 색채 중에서 촉진 작용이 가장 활발하여 시감도와 명시도가 높아 기억이 잘 되는 색채는?

① 파랑
② 노랑
③ 빨강
④ 초록

08 색채의 연상과 관련한 설명으로 틀린 것은?

① 연상은 개인적인 경험, 기억, 사상, 의견 등이 색으로 투영되는 것이다.
② 원색보다는 연한 톤이 될수록 부드럽고 순수한 이미지를 갖는다.
③ 제품의 색 선정 시 정착된 연상으로 특징적 의미를 고려하면 좋다.
④ 무채색은 구체적 연상이 나타나기 쉽다.

09 색채계획 시 면적대비 효과를 가장 최우선으로 고려해야 하는 경우는?

① 전통놀이 마당 광고 포스터
② 가전제품 중 냉장고
③ 여성의 수영복
④ 올림픽 스타디움 외관

10 색채 정보를 수집하기 위한 일반적인 방법이 아닌 것은?

① 패널 조사법   ② 실험 연구법
③ 조사 연구법   ④ DM 발송법

11 우리나라 국기인 태극기에 색채의 의미와 상징이 아닌 것은?

① 빨강 – 존귀와 양
② 파랑 – 희망과 음
③ 흰색 – 평화와 순수
④ 검정 – 방위

12 노랑이 장애물이나 위험물의 경고에 많이 사용되는 이유가 아닌 것은?

① 국제적으로 쉽게 이해한다.
② 명시도가 높다.
③ 사용자의 편의성을 높인다.
④ 메시지 전달이 용이하다.

13 회사 간의 경쟁으로 인해 가격, 광고, 유치 경쟁이 치열하게 일어나는 제품 수명 주기 단계는?

① 도입기   ② 성장기
③ 성숙기   ④ 쇠퇴기

14 각 지역의 색채 기호에 관한 내용 중 옳은 것은?

① 중국에서는 청색이 행운과 행복 존엄을 의미한다.
② 이슬람교도들은 초록을 종교적인 색채로 좋아한다.
③ 아프리카 토착민들은 강렬한 난색만을 좋아한다.
④ 북유럽에서는 난색계의 연한 색상을 좋아한다.

15 마케팅의 개념의 변천 단계에 옳은 것은?

① 제품지향 → 생산지향 → 판매지향 → 소비자지향
  → 사회지향
② 제품지향 → 판매지향 → 생산지향 → 소비자지향
  → 사회지향
③ 생산지향 → 제품지향 → 판매지향 → 소비자지향
  → 사회지향
④ 판매지향 → 생산지향 → 제품지향 → 소비자지향
  → 사회지향

16 다음 ( ) 안에 해당하는 적합한 색채는?

> A대학 미식 축구팀 B코치는 홈게임은 한 번도 저본적이 없다. 그의 성공에 대해 그는 홈팀과 방문팀의 락커 컬러 덕분이라고 주장했다. A대학 팀의 락커룸은 청색이고, 방문팀의 락커룸은 (   )으로, (   )은 육체적 힘을 약화시키는 결과를 가져오며. 신체와 뇌의 내부에서 노르에피네프린(Norepinephrine)을 분비한다. 이 호르몬은 공격적 행동을 유발하는 특정 호르몬을 억제시키는 화학물질이므로, B코치의 컬러 작전은 상대편 선수들의 공격성과 힘을 약화시키는 결과를 가져왔다.

① 분홍색
② 파란색
③ 초록색
④ 연두색

17 문화와 국기의 상징 색채로 올바르게 짝지어진 것은?

① 일본 – 주황색
② 중국 – 노란색
③ 네덜란드 – 파란색
④ 영국 – 군청색

18 마케팅의 구성 요소 중 4C 개념으로 알맞지 않은 것은?

① 색채(Color)
② 소비자(Consumer)
③ 편의성(Convenience)
④ 의사소통(Communication)

19 색과 형태의 연구에서 원을 의미하는 설명으로 옳은 것은?

① 우리나라 방위의 표시로 남쪽을 상징하는 색이다.
② 4, 5세의 여자아이들이 선호하는 색채이다.
③ 충동적인 감정을 일으키는 색채이다.
④ 이상, 진리, 젊음, 냉정 등의 연상 언어를 가진다.

20 색채와 신체 기능의 치료에 대한 설명이 틀린 것은?

① 류머티즘은 노란색을 통하여 효과를 볼 수 있다.
② 파란색은 호흡수를 감소시켜주며 근육 긴장을 이완시켜 준다.
③ 파란색은 진정 효과가 있다.
④ 노란색은 스트레스를 완화시켜 준다.

---

2 제2과목 : 색채 디자인

21 인간의 시지각 원리에 근거를 둔 추상적, 기계적인 형태의 반복과 연속 등을 통한 시각적 환영, 지각, 그리고 색채의 물리적 및 심리적 효과와 관련된 디자인 사조는?

① 미니멀 아트(Minimal Art)
② 팝아트(Pop Art)
③ 옵아트(Op Art)
④ 포스트 모더니즘(Post Modernism)

22 디자인 편집의 레이아웃(Layout)에 대한 설명 중 틀린 것은?

① 사진과 그림이 문자보다 강조되어야 한다.
② 시각적 소재를 효과적으로 구성, 배치하는 것이다.
③ 전체적으로 통일과 조화를 고려해야 한다.
④ 가독성이 있어야 한다.

23 아르누보 양식에서 가장 독창적이고 화려한 장식을 사용한 스페인의 건축가는?

① 미스 반 데 로에(Mies van der Rohe)
② 안토니오 가우디(Antoni Gaudi)
③ 루이스 칸(Louis Isadore Kahn)
④ 프랭크 로이드 라이트(Frank Lloyd Wright)

24 제품디자인 과정이 바르게 나열된 것은?

① 계획 → 조사 → 종합 → 분석 → 평가
② 조사 → 계획 → 분석 → 종합 → 평가
③ 계획 → 조사 → 분석 → 평가 → 종합
④ 계획 → 조사 → 분석 → 종합 → 평가

25 디자인 역사에 대한 설명 중 옳은 것은?

① 구석기 시대에는 대개 주술적 또는 종교적 목적의 디자인이라 아름다움과 실용성을 더욱 강조했다.
② 18세기 영국에서 일어난 산업혁명은 예술혁명이자 공예혁명인 동시에 디자인혁명이었다.
③ 중세 말 아시아에서 도시경제가 번영하게 되자 자연과 인간에 대한 사고방식이 바뀌었는데, 이를 고전 문예의 부흥이라는 의미에서 르네상스라 불렀다.
④ 크리스트교를 중심으로 한 중세 유럽문화는 인간성에 대한 이해나 개성의 창조력은 뒤떨어졌다.

26 우수한 미적기준을 표준화하여 대량생산하고 질을 향상시켜 디자인의 근대화를 추구한 사조는?

① 미술공예 운동
② 아르누보
③ 독일공작연맹
④ 다다이즘

27 지나치게 활동적이고 산만한 어린이를 보다 침착한 성격으로 고쳐주고자 할 때 중심이 되는 색상으로 적합한 것은?

① 파랑   ② 빨강
③ 갈색   ④ 검정

28 디자인의 조건 중 시대와 유행에 따라 다르며 국가와 민족, 사회, 개성과 관련된 것은?

① 합목적성
② 경제성
③ 심미성
④ 질서성

29 감성 디자인 적용 예시로 가장 적절하지 않은 것은?

① 원목을 전자기기에 적용한 스피커 디자인
② 1인 여성가구의 취향을 고려한 핑크색 세탁기
③ 사용한 현수막을 재활용하여 만든 숄더백 디자인
④ 시간에 따라 낮과 밤을 이미지로 보여 주는 손목시계

30 분야별 디자인에 관한 설명으로 틀린 것은?

① 스트리트퍼니처 디자인 – 버스정류장, 식수대 등 도시의 표정을 결정하는 중요한 역할을 한다.

② 옥외광고 디자인 – 기능적인 성격이 강하므로 심미적인 기능보다는 눈에 띄는 것이 가장 중요하다.

③ 슈퍼그래픽 디자인 – 통상적인 개념을 벗어나 매우 커다란 크기와 다양한 형태의 조형예술, 비교적 단기간 내에 개선이 가능하다.

④ 환경조형물 디자인 – 공익 목적으로 설치된 조형물로 주변 환경과의 조화, 이용자의 미적 욕구 충족이 요구된다.

31 색채계획 과정에서 제품 개발의 스케치, 목업 (Mock–Up)과 같이 디자인 의도가 제시되는 단계는?

① 환경분석
② 프레젠테이션
③ 도면 제작
④ 이미지 콘셉트 설정

32 사용자의 필요성에 의해 디자인을 생각해내고, 재료나 제작방법 등을 생각하여 시각화하는 과정은?

① 재료과정　　　　　② 조형과정
③ 분석과정　　　　　④ 기술과정

33 식욕을 촉진하는 음식점 색채계획으로 가장 적합한 것은?

① 회색 계열
② 주황색 계열
③ 파란색 계열
④ 초록색 계열

34 상품을 선전하고 판매하기 위해 판매현장에서 사용되는 디자인 형태는?

① POP 디자인
② 픽토그램
③ 에디토리얼 디자인
④ DM 디자인

35 기능에 최대한 충실했을 때 디자인 형태가 가장 아름다워진다는 사상은?

① 경험주의　　　　　② 자연주의
③ 기능주의　　　　　④ 심미주의

36 일반적인 색채 계획의 과정으로 옳은 것은?

① 색채환경 분석 → 색채의 목적 → 색채심리조사 분석 → 색채전달계획 작성 → 디자인 적용

② 색채심리조사 분석 → 색채의 목적 → 색채환경 분석 → 색채전달계획 작성 → 디자인 적용

③ 색채의 목적 → 색채환경 분석 → 색채심리조사 분석 → 색채전달계획 작성 → 디자인 적용

④ 색채환경 분석 → 색채심리조사 분석 → 색채의 목적 → 색채전달계획 작성 → 디자인 적용

37 도시환경디자인에서 거리시설물(Street Furniture)에 해당되지 않는 것은?

① 교통 표지판　　　　② 공중전화
③ 쓰레기통　　　　　④ 주택

38 디자인의 조형요소 중 형태의 분류와 거리가 먼 것은?

① 유동적 형태
② 이념적 형태
③ 자연적 형태
④ 인공적 형태

39 제품디자인을 공예디자인과 구분 짓는 가장 중요한 요인으로 옳은 것은?

① 복합재료의 사용　　② 대량생산
③ 판매가격　　　　　④ 제작기간

40 CIP의 기본 시스템(Basic System) 요소로 틀린 것은?

① 심벌마크(Symbol Mark)
② 로고타입(Logotype)
③ 시그니처(Signature)
④ 패키지(Package)

41 염료에 대한 설명으로 옳은 것은?

① 가는 분말형태로 매질에 고착된다.
② 페인트, 잉크, 플라스틱 등에 섞어 사용한다.
③ 불투명한 색상을 띤다.
④ 물에 녹는 수용성이거나 액체와 같은 형태이다.

42 측색에 관한 용어의 설명으로 틀린 것은?

① 시감에 의해 색 자극값을 측정하는 색채계를 시감 색채계(Visual Colorimeter)라 한다.
② 분광복사계(Spectroadiometer)는 복사의 분광 분포를 파장의 함수로 측정하는 계측기이다.
③ 색을 표시하는 수치를 측정하는 계측기를 색채계(Colorimeter)라 한다.
④ 분광광도계(Spectrophotometer)는 광전 수광기를 사용하여 종합 분광 특성을 적절하게 조정한 색채계이다.

43 조색에 대한 설명으로 틀린 것은?

① 효과적인 재현을 위해서는 표준 표본을 3회 이상 반복측색하여 정확하게 파악해야 한다.
② 재현하려는 소재의 특성을 파악해야 한다.
③ 베이스의 종류 및 성분은 색채 재현에 영향을 미치지 않는다.
④ 염료의 경우에는 염료만으로 색채를 평가할 수 없고 직물에 염색된 상태로 평가한다.

44 디지털 색채에서 하나의 픽셀(Pixel)을 24bit로 표현할 때 재현 가능한 색의 총 수는?

① 256색
② 65,536색
③ 16,777,216색
④ 4,294,967,296색

45 물체 측정 시 표준 백색판에 대한 설명으로 틀린 것은?

① 균등 확산 반사면에 가까운 확산 반사 특성이 있고 전면에 걸쳐 일정한 것을 말한다.
② 세척, 재연마 등의 방법으로 오염들을 제거하고 원래의 값을 재현시킬 수 있는 것으로 한다.
③ 분광 반사율이 거의 0.1 이하로 파장 380nm~780nm에 걸쳐 거의 일정한 것으로 한다.
④ 절대 분광 확산반사율을 측정할 수 있는 국가교정기관을 통하여 국제표준의 소급성이 유지되는 교정 값이 있어야 한다.

46 광원의 연색성에 관한 설명으로 틀린 것은?

① 연색 평가수란 광원에 의해 조명되는 물체색의 지각이, 규정 조건하에서 기준 광원으로 조명했을 때의 지각과 합치되는 정도를 뜻한다.
② 평균 연색 평가수란 규정된 8종류의 시험색을 기준 광원으로 조명하였을 때와 시료 광원으로 조명하였을 때의 CIE-UCS 색도상 변화의 평균치에서 구하는 값을 뜻한다.
③ 특수 연색 평가수란 개개의 시험색을 기준광원으로 조명하였을 때와 시료 광원으로 조명하였을 때의 CIE-UCS 색도 변화의 평균치에서 구하는 값을 뜻한다.
④ 기준 광원이란 연색 평가에 있어서 비교 기준으로 사용하는 광원을 의미한다.

47 다음 설명과 관련한 KS(한국산업표준)에서 규정하는 색의 관한 용어는?

관측자의 색채 적응 조건이나 조명, 배경색의 영향에 따라 변화하는 색이 보이는 결과

① 포화도
② 명도
③ 선명도
④ 컬러 어피어런스

48 시온 안료의 설명으로 옳은 것은?

① 온도에 따라 색상이 변하는 안료로 가역성 · 비가역성으로 분류한다.
② 진주광택, 무지개 색채 또는 금속성의 느낌을 주기 위해 사용된다.
③ 조명을 가하면 자외선을 흡수, 장파장 색광으로 변하여 재방사하는 성질을 가지고 있다.
④ 흡수한 자외선을 천천히 장시간에 걸쳐 색광으로 방사를 계속하는 광휘성 효과가 높은 안료이다.

49 광원과 색온도에 대한 설명 중 옳은 것은?

① 색온도가 변화해도 광원의 색상은 일정하게 유지된다.
② 색온도는 광원의 실제 온도를 표시하며 3000K 이하의 값은 자외선보다 높은 에너지를 갖는다.
③ 낮은 색온도는 노랑, 주황 계열의 컬러를 나타내고 높은 색온도는 파랑, 보라 계열의 컬러를 나타낸다.
④ 일반적으로 연색지수가 90을 넘는 광원은 연색성이 상대적으로 낮다고 할 수 있다.

50 CCM 조색과 K/S값에 대한 설명이 틀린 것은?

① K는 빛의 흡수계수, S는 빛의 산란계수이다.
② K/S값은 염색분야에서의 기준의 측정, 농도의 변화, 염색정도 등 다양한 측정과 평가에 이용된다.
③ 폴 쿠벨카의 프란츠 뭉크가 제창했다.
④ 흡수하는 영역의 색이 물체색이 되고, 산란하는 부분이 보색의 관계가 된다.

51 다음 중 동물 염료가 아닌 것은?

① 패류
② 꼭두서니
③ 코치닐
④ 커머즈

52 컴퓨터의 컬러 정보를 디스플레이 재현 시 컬러 프로파일이 적용되는 장치는?

① A-D 변환기
② 광센서(Optical Sensor)
③ 전하결합소자(CCD)
④ 그래픽 카드

53 디지털 컴퓨터 시스템에 의한 색채의 혼합에서, 디바이스 종속 CMY 색체계 공간의 마젠타는 (0,1,0), 시안은 (1,0,0), 노랑은 (0,0,1)이라고 할 때, (0,1,1)이 나타내는 색은?

① 빨강
② 파랑
③ 녹색
④ 검정

54 자외선에 민감한 문화재나 예술작품, 열조사를 꺼리는 물건의 조명에 적합한 것은?

① 형광 램프
② 할로겐 램프
③ 메탈할라이드 램프
④ LED 램프

55 안료에 대한 설명으로 틀린 것은?

① 일반적으로 투명하다.
② 다른 화합물을 이용하여 표면에 부착시킨다.
③ 무기물이나 유기 안료도 있다.
④ 착색하고자 하는 매질에 용해되지 않는다.

56 감법 혼색의 원리가 적용되는 장치가 아닌 것은?

① 레이저 프린터
② 오프셋 인쇄기
③ OLED 디스플레이
④ 잉크젯 프린터

57 색을 측정하는 목적에 대한 설명이 틀린 것은?

① 감각적이고 개성적인 육안 평가를 한다.
② 색을 정확하게 인식하는 것이다.
③ 일정한 색체계로 해석하여 전달한다.
④ 색을 정확하게 재현한다.

58 완전 복사체 각각의 온도에 있어서 색도를 나타내는 점을 연결한 색도 좌표도 위의 선은?

① 주광 궤적
② 완전 복사체 궤적
③ 색 온도
④ 스펙트럼 궤적

59 MI(Metamerism Index)를 평가하기에 적합한 광원으로 묶인 것은?

① 표준광 A, 표준광 D₆₅
② 표준광 D₆₅, 보조 표준광 D₄₅
③ 표준광 C, CWF-2
④ 표준광 B, FMC Ⅱ

60 다음의 혼합 중 색상이 변하지 않는 경우는?

① 파랑 + 노랑
② 빨강 + 주황
③ 빨강 + 노랑
④ 파랑 + 검정

---

4 **제4과목 : 색채 지각의 이해**

61 대비현상과 설명이 바르게 연결된 것은?

① 면적대비 : 동일한 색이라도 면적이 커지게 되면 명도가 높아지고 채도가 낮아 보이는 현상
② 보색대비 : 보색이 되는 두 색이 서로 영향을 받아 본래의 색보다 채도가 높아지고 선명해지는 현상
③ 명도대비 : 명도가 다른 두 색을 인접시켰을 때 서로의 영향을 받아 명도에 관계없이 모두 밝아 보이는 현상
④ 채도대비 : 어느 색을 검은 바탕에 놓았을 때 밝게 보이고, 흰 바탕에 놓았을 때 어둡게 보이는 현상

62 양복과 같은 색실의 직물이나, 망점 인쇄와 같은 혼색에 가장 알맞은 것은?

① 가법혼색
② 감법혼색
③ 중간혼색
④ 병치혼색

63 색채의 자극과 반응에 대한 설명 중 옳은 것은?

① 명순응 상태에서 파랑이 가장 시인성이 높다.
② 조도가 낮아지면 시인도는 노랑보다 파랑이 높아진다.
③ 색의 식별력에 대한 시각적 성질을 기억색이라 한다.
④ 기억색은 광원에 따라 다르게 느껴진다.

64 시점을 한 곳으로 집중시키려는 색채지각 현상으로 순간적 일어나며 계속하여 한 곳을 보게 되면 눈의 피로도가 발생하여 효과가 적어지는 색채심리는?

① 계시대비
② 계속대비
③ 동시대비
④ 동화대비

65 색자극의 채도가 달라지면 색상이 다르게 보이지만 채도가 달라져도 변화하지 않는 색상은?

① 빨강
② 노랑
③ 파랑
④ 보라

66 빨간색 사과를 계속 보고 있다가 흰색 벽을 보았을 때 청록색 사과의 잔상이 떠오르는 것을 설명할 수 있는 원리는?

① 색의 감속현상
② 망막의 흥분현상
③ 푸르킨예 현상
④ 반사광선의 자극현상

67 연색성에 관한 설명으로 옳은 것은?

① 박명시에 일어나는 지각현상으로 단파장이 더 밝아 보이는 현상
② 광원에 따라 물체의 색이 다르게 보이는 현상
③ 다른 색을 지닌 물체가 특정 조명 아래에서 같아 보이는 현상
④ 주변 환경이 변해도 주관적 색채지각으로는 물체색의 변화를 느끼지 못하는 현상

68 색지각의 4가지 조건이 아닌 것은?

① 크기
② 대비
③ 눈
④ 노출시간

69 초저녁에 파란색이 빨간색보다 밝게 보이는 현상에 대한 설명으로 옳은 것은?

① 명순응 시기로 색상이 다르게 보인다.
② 사람이 가장 밝게 인지하는 주파수대는 504nm이다.
③ 눈의 순응작용으로 채도가 높아 보이기도 한다.
④ 박명시의 시기로 추상체, 간상체가 활발하게 활동하지 못한다.

70 두 색의 셀로판지를 겹치고 빛을 통과시켰을 때 나타나는 색을 관찰한 결과로 옳은 것은?

① Cyan + Yellow = Blue
② Magenta + Yellow = Red
③ Red + Green = Magenta
④ Green + Blue = Yellow

71 사람의 눈으로 보는 색감의 차이는 빛의 어떤 특성에 따라 나타나는가?

① 빛의 편광
② 빛의 세기
③ 빛의 파장
④ 빛의 위상

72 색채 현상에 대한 설명으로 틀린 것은?

① 인간은 이론적으로 약 1600만 가지 색을 변별할 수 있다.
② 색의 밝기를 명도라 한다.
③ 여러 가지 파장이 고르게 반사되는 경우에는 무채색으로 지각된다.
④ 색의 순도를 채도라 하며, 무채색이 많이 포함될수록 채도는 낮아진다.

73 파란 바탕 위의 노란색 글씨가 더 잘 보이게 하기 위한 방법으로 틀린 것은?

① 바탕색의 채도를 낮춘다.
② 글씨색의 채도를 높인다.
③ 바탕색과 글씨색의 명도 차를 줄인다.
④ 바탕색의 명도를 낮춘다.

74 색채의 지각과 감정효과에 관한 내용으로 틀린 것은?

① 난색은 한색보다 진출해 보인다.
② 고채도의 색이 저채도의 색보다 주목성이 낮다.
③ 난색이 한색보다 팽창해 보인다.
④ 고명도의 색이 저명도의 색보다 가벼워 보인다.

75 형광 현상에 대한 설명으로 옳은 것은?

① 에너지 보전 법칙으로는 설명되지 않는 현상이다.
② 긴 파장의 빛이 들어가서 그보다 짧은 파장의 빛이 나오는 현상이다.
③ 형광염료의 발전으로 색료의 채도범위가 증가하게 되었다.
④ 형광현상은 어두운 곳에서만 일어난다.

76 음성 잔상에 대한 설명으로 옳은 것은?

① 양성잔상에 비해 경험하기 어렵다.
② 불꽃놀이의 불꽃을 볼 때 관찰된다.
③ 밝은 자극에 대해 어두운 잔상이 나타난다.
④ 보색의 잔상은 색이 선명하다.

77 보색관계에 있는 두 색광을 혼합했을 때 나타나는 색은?

① 흰색
② 검정에 가까운 색
③ 회색
④ 색상환의 두 색 위치의 중간 색

78 명시성에 대한 설명으로 틀린 것은?

① 명도가 같을 때 채도가 높은 쪽이 쉽게 식별된다.
② 주위의 색과 얼마나 구별이 잘 되는지에 따라 다르다.
③ 바탕색과의 관계에서 명도의 차이가 클 때 높다.
④ 바탕색과의 관계에서 채도의 차이가 적을 때 높다.

79 보색에 대한 설명으로 틀린 것은?

① 물리보색과 심리보색은 항상 일치하지는 않는다.
② 색료의 1차색은 색광의 2차색과 보색관계이다.
③ 혼합하여 무채색이 되는 색들은 보색관계이다.
④ 보색이 아닌 색을 혼합하면 중간색이 나온다.

80 분광반사율이 다른 두 가지의 색이 특수 조명 아래서 같은 색으로 느끼는 현상은?

① 색순응
② 항상성
③ 연색성
④ 조건등색

81 동화효과에 대한 설명으로 틀린 것은?

① 두 개 이상의 색이 서로 영향을 주어 가까운 것으로 느껴지는 경우이다.
② 전파효과 또는 혼색효과, 또는 줄눈효과라고 부른다.
③ 대비현상의 일종으로 심리적인 측면보다는 물리적인 이유가 강하다.
④ 반복되는 패턴이 작을수록 더 잘 느껴진다.

82 이상적인 흑(B), 이상적인 백(W), 이상적인 순색(C)의 요소를 가정하고 3색 혼합의 물체색을 체계화하여 노벨 화학상을 수상한 물리학자는?

① 헤링
② 피셔
③ 폴란스키
④ 오스트발트

83 혼색계(Color Mixing System)의 특징으로 틀린 것은?

① 정확한 색의 측정이 가능하다.
② 빛의 가산혼합 원리에 기초하고 있다.
③ 수치로 표시되어 수학적 변환이 쉽다.
④ 숫자의 조합으로 감각적인 색의 연상이 가능하다.

84 배색에 대한 설명으로 틀린 것은?

① 목적과 기능에 맞는 미적 효과를 얻기 위하여 복수의 색채를 계획하고 배열하는 것이다.
② 효과적인 배색을 위해서는 색채 이론에 기초하여 응용한다.
③ 배색을 고려할 때는 가능한 많은 색을 효과적으로 사용해야 소구력이 있다.
④ 효과적인 배색이미지 표현을 위해 색채심리를 고려한다.

85 NCS 색체계의 표기방법으로 옳은 것은?

① 2RP 3/6
② S2050-Y30R
③ T-13, S-2, D=6
④ 8ie

86 CIE 용어의 의미는?

① 국제 조명 위원회
② 유럽 색채 협회
③ 국제 색채 위원회
④ 독일 색채 시스템

87 색의 3속성에 기반을 두고 여러 가지 색채를 질서정연하게 배치한 3차원의 표색 구조물의 명칭으로 옳은 것은?

① 색입체
② 색상환
③ 등색상 삼각형
④ 회전원판

88 먼셀(Munsell) 색체계에서 균형있는 색채조화를 위한 기준 값은?

① N3
② N5
③ 5R
④ 2.5R

89 오스트발트(Ostwald) 색체계의 단점에 관한 설명 중 옳은 것은?

① 각 색상들이 규칙적인 틀을 가지지 못해 배색이 용이하지 않다.
② 초록계통의 표현은 섬세하지만 빨간계통은 섬세하지 못하다.
③ 색상별로 채도 위치가 달라 배색에 어려움이 있다.
④ 표시된 색명을 이해하기 쉽다.

90 먼셀(Munsell) 색입체를 수평으로 절단할 경우 관찰되는 속성으로 옳은 것은?

① 유채색 축을 중심으로 한 그레이스케일
② 동일한 명도의 색상환
③ 동일한 색상의 명도와 채도단계
④ 보색관계에 있는 두 가지 색의 채도 단계

91 색채배색에 대한 방법으로 적절하지 못한 것은?

① 보색의 충돌이 강한 배색은 색조를 낮추어 배색하면 조화시킬 수 있다.
② 노랑과 검정은 강한 대비효과를 준다.
③ 주조색과 보조색은 면적비를 고려하여야 한다.
④ 강조색은 되도록 큰 면적비를 차지하도록 계획한다.

92 KS A 0011(물체색의 색이름)의 색이름 수식형인 '자줏빛(자)'를 붙일 수 있는 기준색이름은?

① 보라　　　　　② 분홍
③ 파랑　　　　　④ 검정

93 DIN을 표기하는 '2 : 6 : 1'이 나타내는 속성에 대한 해석으로 옳은 것은?

① 2번 색상, 어두운 정도 6, 포화도 1
② 2번 색상, 포화도 6, 어두운 정도 1
③ 포화도 2, 어두운 정도 6, 1번 색상
④ 어두운 정도 2, 포화도 6, 1번 색상

94 먼셀의 색채조화론에 대한 설명으로 틀린 것은?

① 회전혼색법을 사용하여 두 개 이상의 색을 혼합했을 때 그 결과가 N5인 것이 가장 조화되고 안정적이다.
② 인접색은 명도에 대해 정연한 단계를 가져야 하며 N5에서 그 연속을 찾아야 한다.
③ 명도는 같으나 채도가 다른 반대색끼리는 약한 채도에 작은 면적을 주고, 강한 채도에 큰 면적을 주면 조화롭다.
④ 명도와 채도가 모두 다른 반대색들은 회색척도에 준하여 정연한 간격으로 하면 조화된다.

95 기본색이름에 대한 설명으로 틀린 것은?

① '남색'은 기본색이름이다.
② '빨간'은 색이름 수식형이다.
③ '노란 주황'에서 색이름 수식형은 '노란'이다.
④ '초록빛 연두'에서 기준 색이름은 '초록'이다.

96 파버 비렌(Faber Birren)의 색삼각형 White-Tone-Shade 조화 관계를 나타낸 것은?

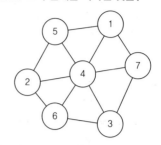

① 1-2-3　　　　② 2-4-7
③ 1-4-6　　　　④ 2-6-3

97 CIE 색체계에 관한 설명 중 틀린 것은?

① 스펙트럼의 4가지 기본색을 사용한다.
② 3원색광으로 모든 색을 표시한다.
③ XYZ 색체계라고도 불린다.
④ 말발굽 모양의 색도도로 표시된다.

98 음양오행사상에 기반하는 오간색으로 옳은 것은?

① 적색, 청색, 황색, 백색, 흑색
② 녹색, 벽색, 홍색, 유황색, 자색
③ 적색, 청색, 황색, 자색, 흑색
④ 녹색, 벽색, 홍색, 황토색, 주작색

99 연속배색을 색 속성별로 4가지로 분류할 때, 해당되지 않는 그러데이션(Gradation)은?

① 색상　　　　　② 톤
③ 명도　　　　　④ 보색

100 독일에서 체계화된 색체계가 아닌 것은?

① 오스트발트　　② NCS
③ DIN　　　　　④ RAL

10~12 기출문제 정답 및 해설

산업기사

산업기사 10회 기출문제 정답

2-137p

01 ④	02 ④	03 ①	04 ③	05 ②
06 ④	07 ①	08 ①	09 ④	10 ③
11 ③	12 ①	13 ②	14 ④	15 ③
16 ②	17 ④	18 ④	19 ④	20 ④
21 ②	22 ②	23 ①	24 ②	25 ④
26 ②	27 ④	28 ④	29 ①	30 ③
31 ③	32 ②	33 ④	34 ③	35 ③
36 ④	37 ②	38 ①	39 ③	40 ①
41 ①	42 ④	43 ②	44 ④	45 ③
46 ④	47 ②	48 ①	49 ①	50 ④
51 ①	52 ②	53 ④	54 ②	55 ③
56 ①	57 ④	58 ①	59 ②	60 ④
61 ①	62 ①	63 ③	64 ④	65 ③
66 ①	67 ④	68 ②	69 ②	70 ②
71 ③	72 ①	73 ②	74 ③	75 ①
76 ③	77 ④	78 ①	79 ①	80 ②
81 ③	82 ②	83 ④	84 ①	85 ①
86 ②	87 ④	88 ①	89 ③	90 ②
91 ②	92 ①	93 ④	94 ③	95 ③
96 ③	97 ②	98 ③	99 ①	100 ③

1 제1과목 : 색채 심리

01 ④

색채 조절

색채 조절은 색채의 심리적, 생리적, 물리적인 효과를 응용하여 쾌적하고 능률적인 공간과 가장 좋은 생활 환경을 만들어 내도록 색채의 기능을 활용하는 것이다.

02 ④ 틀리기 쉬운 문제

색채의 연상

색의 연상은 색의 자극을 통해 관계있는 사물이나 느낌, 분위기를 떠올리는 것이다. 따라서, 색채표시기호는 관계가 없다.

03 ①

색의 연상

민트향이 첨가된 초콜릿 제품의 포장에서 민트향과 노랑색을 색의 공감각과 연관시키기 어렵다.

04 ③

착시

착시는 대상의 물리적 조건이 동일할 때 누구나 경험하게 되는 지각 현상이며 예로는 대비현상과 잔상현상이 있다.

05 ②

안전색채

주황의 안전색채는 위험, 항해 항공의 보안시설, 구명보트, 구명대 등이다.

06 ④

기후에 따른 색채선호

일조량이 적은 지역에서는 단파장의 색을 선호한다.

07 ①

색채 마케팅

- 색채 마케팅이란 컬러의 심미적 요소를 활용하여 소비자에게 상품이나 서비스를 효과적으로 홍보하고 소비 심리를 자극시켜 판매효율을 증진시키는 마케팅 기법이다. 색채 마케팅 기능으로 기업인지도 상승, 경쟁 제품과 차별화, 판매촉진뿐만 아니라 신제품 개발 및 개선, 품질 향상과 정서 순화 등 역시 포함된다.
- CIP는 기업 이미지 통합 전략으로 통일된 기업 이미지, 기업문화, 미래의 모습과 전략 등을 일컫는 용어이다.

08 ①

선호색에 영향을 미치는 요소

연령, 성별, 교육 수준, 기후, 소득, 지역, 문화 등에 따라 색채 선호도가 다르며 선호되는 색채는 고정되어 있지 않다.

09 ④

색채 심리

색은 자극의 강도가 증가할수록 반응의 강도는 높아진다.

10 ③ 틀리기 쉬운 문제

색의 연상

색의 연상에서 성숙, 신중, 경험의 의미와 무기력, 무관심, 후회의 연상 이미지색은 회색이다.

11 ③

기업색채

기업색채란 기업의 이미지를 시각적으로 상징화한 색채를 말한다. 우리 기업만을 대표하고 상징할 수 있는 독창적인 색채계획이 필요하다. 기업의 이념, 이미지의 일관성, 소재적용의 용이성은 CI 색채계획 시 필수 고려사항이다. 기업의 이미지 통합을 계획하고 일관성 있게 관리하여 기업 이미지를 소비자로 하여금 쉽게 기억하며 주로 기업의 로고, 심벌, 캐릭터, 명함, 사인 시스템, 간판 등에 적용한다.

12 ①

색채의 상징

노랑은 동양문화권에서 신성한 색채, 미국에서 겁쟁이나 배신자를 의미한다.

13 ②

색채 마케팅 영향 요인

인구통계, 경제적 환경 연령, 성별, 거주 지역, 라이프스타일, 학력·소득 차이에 따라 마케팅 전략이 다를 수 있으며 이 외 기술적·자연적 환경, 사회·문화적 환경에 따라 색채 마케팅에 영향을 미친다.

14 ④

색채선호도

연령에 따른 색채선호의 변화는 사회적 일치감 증대가 이유이다.

15 ③

색의 공감각

카스텔의 연구에서는 음계와 색에 대하여 C는 청색, D는 녹색, E는 노랑, G는 빨강, A는 보라 등으로 연계하였다.

16 ② 틀리기 쉬운 문제

색채와 촉각

색의 촉감에서 가미했을 때 부드럽고 평온하여 유연한 기분을 자아내게 하는 색은 명도가 높은 색이다.

17 ④

안전색

안전색은 사고예방, 방화, 비상탈출 등을 목적으로 주의를 끌고 메시지를 빠르게 이해시키는 색이다.

18 ④

색의 연상

색의 연상은 색의 자극을 통해 관련된 사물이나 느낌, 분위기를 떠올리는 것이다.

19 ④

도시환경과 색채계획

도시의 색채계획에는 지역의 지리적 기후적 환경 및 지역문화와 관련이 있으며 기업의 고유색을 도시에 적용하여 통일감을 주는 것과는 관련이 없다.

20 틀리기 쉬운 문제

컬러 이미지 스케일(Image Scale)

• 색채 마케팅은 색상과 톤 두 요소로 체계화된 색채 시스템인 이미지 스케일을 활용하며, 변화하는 시장의 색채를 분석, 종합하는 방법을 대표적으로 사용한다.
• 색채계획 시, 색채가 주는 정서적 감성을 객관적이고 논리적으로 판단할 수 있도록 색상과 톤을 언어로 표현한 좌표계로 디자인 방법론으로 활용하기 위해 개발된 것을 말한다.

21 ②

GD 마크

매년 산업 디자인 진흥법에 의거하여 상품의 외관, 기능, 재료, 경제성 등을 종합적으로 심사하여 디자인의 우수성이 인정된 상품(굿 디자인)에 GD 마크를 부여하고 있으며, 굿 디자인의 기준은 나라마다 상이하나 독창성, 기능성(합목적성), 경제성, 심미성 등이 있다.

22 ②

픽토그램

국제적인 행사 등에서의 사용을 목적으로 제작되어 문자를 대신하는 그림문자로서, 언어를 초월해 직감으로 이해할 수 있도록 한 그래픽 심벌 디자인이다.

23 ① 틀리기 쉬운 문제

멤피스

팝아트 운동 등에 영감을 받아 라미네이트, 합판, 플라스틱 등 다양한 소재를 사용하여 화려한 장식과 과감한 다색 배합, 유희성을 바탕으로 낙천적이고 자유분방한 실험적 디자인을 추구하였다. 즉, 콜라주나 다른 요소들의 조합 또는 현대생활에서 겪는 단편적인 경험의 조각이나 가치에 관한 것들에 대해 관심을 가졌다.

• **미니멀리즘** : 최소한의 예술로, 주관적이고 풍부한 예술가의 개인적 감성과 표현을 극도로 억제하여 대상의 색채, 형태 등을 극도로 단순화하였다.
• **아방가르드** : 기존의 관념을 거부하고 새로운 창조를 위한 실험적 성격이 강한 스타일로 검정과 원색을 주로 사용한다.
• **데스틸** : 색채의 선택을 검정, 회색, 하양과 작은 면적의 빨강, 노랑, 파랑 등의 단색이 아닌 순수한 원색으로 표현한 디자인 사조이다.

24 ②

주조색, 보조색, 강조색

• **주조색** : 가장 주가 되는 넓은 면적으로 전체의 70%를 차지한다. 전체 컨셉의 이미지와 색채효과를 나타낸다.
• **보조색** : 주조색을 보완하는 역할을 하며 전체 면적의 20~25%를 차지한다.
• **강조색** : 색채계획 시 가장 눈에 띄는 포인트 색상으로 전체의 5~10%를 차지한다. 따라서 주, 보, 강의 비율은 70% - 25% - 5%이다

25 ④

아르누보

아르누보는 새로운 예술로 정의된다 1890년부터 1910년까지 부드럽고 유연한 곡선을 떠올리는 심미주의적인 장식 미술이다. 부드러운 색조가 지배적이었으며 원색을 피하고 섬세한 자연의 유기적 형태인 식물이나 덩굴 문양을 모티브로 건축물 외관이나 가구, 조명, 실내 장식, 회화, 포스터 등을 장식할 때 사용되었던 양식이다. 기능주의적 사상이나 합리성 추구 경향이 적었기 때문에 근대디자인으로 이행하지 못했다. 따라서 대량생산과 복수생산과는 거리가 멀다.

26 ②

윌리엄 모리스(미술공예운동)
- 19세기 후반 영국에서 윌리엄 모리스와 존 러스킨을 중심으로 일어난 수공예 미술운동
- 대량생산 시스템으로 인한 생산품의 질적 하락과 예술성 저하를 비판
- 예술의 민주화 · 사회화를 주장
- 수공예 부흥과 중세 고딕 양식을 지향
- 근대 디자인사의 이념적 기초를 마련

27 ④

선(자유곡선)
- **기하곡선** : 이지적 이미지
- **포물선** : 속도감
- **쌍곡선** : 균형미
- **자유곡선** : 분방함, 풍부한 감정

28 ④

스트리트 퍼니처
'스트리트 퍼니처'는 '거리의 가구'라는 의미로 테마공원, 도로, 버스 정류장, 보도블록, 우체통, 광장 등 시민의 편의성을 향상시키기 위한 모든 종류의 공공 시설물을 말하며 도시의 표정을 결정하는 중요한 요소이다. 거리 시설물 디자인 시 편리성, 경제성, 안전성 등을 고려해야 한다.

29 ① 틀리기 쉬운 문제

색채계획
색채의 목표를 달성하기 위해 제품의 특성 및 판매자가 아닌 소비자의 심리를 이용해 효과적으로 색채를 적용하는 과정이다.

30 ③

드로잉 역할
아이디어 전개, 형태 정리, 프레젠테이션

31 ③ 틀리기 쉬운 문제

주택 색채계획 시 사전작업
주택 색채계획 시 사용 조건과의 적합성, 기능성, 조형성, 주위 환경, 기후, 온도, 광선, 위치 등 주변 여건뿐만 아니라 환경색(자연색)으로서 배경적인 역할 등을 종합적으로 고려하여 건축물 목적에 맞도록 해야 한다. 따라서 주변 환경 분석은 토지의 넓이나 시세, 교통, 편리성이 아닌 지역적 특성을 살릴 수 있으며, 시간적, 공간적 연속성으로 파악해야 한다. 또한 색채 디자인 계획 수립 시 원경(멀리 보이는 경치), 중경(중간 정도의 경치), 근경(가까이 보이는 경치) 등 전체 환경과의 조화를 이룰 수 있도록 해야 한다.

32 ②

환경디자인
지속가능한 색채계획으로 사후 관리가 가장 중요시되는 영역이 바로 환경색채계획이다. 주변 환경, 경관과 조화롭고 인간이 살아가는 삶의 터전이므로 유기적이며 통합적인 디자인이여야만 한다.

33 ④

균형감
- 균형이란 좌우대칭으로 균등하게 분배되어 안정된 상태를 말한다.
- 한 점 위에 일정한 각도로 회전시켰을 때 생기는 균형은 방사형 대칭 균형이다. 방사형이란 중앙의 한 점에서 사방으로 바퀴살처럼 내뻗친 모양을 말한다.

34 ③

빅터 파파넥(복합기능 요소)
빅터 파파넥은 디자인의 목적을 심미성과 기능성을 통합하여 복합기능 6가지 요소에 연결해 해석하였다.
- **방법(Method)** : 재료, 도구, 공정과정의 상호작용을 말한다.
- **용도(Use)** : 도구의 용도에 맞도록 사용해야 한다.
- **필요성(Need)** : 일시적인 유행보다는 경제적, 심리적, 정신적, 기술적, 지적 요구가 복합된 디자인이 필요하다.
- **텔레시스(Telesis)** : 특수한 목적을 달성하기 위해 자연과 사회의 변천작용에 대하여 계획적이고 의도적인 실용화가 필요하다.
- **연상(Association)** : 인간이 지닌 충동과 욕망에 관계되고 불확실한 예상에 의해 가치가 결정된다.
- **미학(Aesthetics)** : 디자이너 역할 중 가장 중요한 부분으로서 형태나 색채를 아름답게 실체화하고 흥미롭고 기쁘게 하며 감동이 있는 실체를 만들어야 한다.

35 ③

포장디자인
포장디자인은 패키지 디자인이라고도 하며, 제품을 넣는 용기의 기능적, 미적 향상을 목적으로 하는 시각디자인 분야로, 소비자에게 구매 의욕을 증가시키며 상품을 안전하고 편리하게 운반할 수 있도록 하는 입체 디자인이다. 소비자로 하여금 충동구매를 할 수 있도록 시선을 끌어야 한다.

36 ④

게슈탈트 법칙(그루핑 법칙)
근접성, 유사성, 폐쇄성, 연속성 4가지가 속한다
- **근접성** : 가까이 있는 시각요소들은 하나의 패턴 혹은 그룹으로 인지한다는 법칙이다.
- **유사성** : 형태, 규모, 색채, 질감 등이 유사한 시각적 요소들은 한데 묶어 인지한다는 법칙이다.
- **폐쇄성** : 불완전한 형태나 벌어진 도형들의 집단을 완전한 형태의 집단으로 인지한다는 법칙이다.
- **연속성** : 배열이나 같은 방향성을 가진 어떤 형상이 하나로 인지된다는 법칙이다. 공동운명의 법칙이라고도 한다.

37 ②

그린디자인
자연과의 공생 및 상생의 측면에서 생태학적으로 건강하고 유기적으로 통합되는 인간 환경 구축과 인간 · 자연이 함께 조화로운 디자인, 에코(그린) 디자인은 친자연성을 바탕으로 한다.
디자인 과정에서 재활용, 재사용, 절약, 제품수명 연장 등이 고려되며, 에너지와 자원의 효율성을 높인다

38 ① 틀리기 쉬운 문제

패션 색채계획 프로세스(색채정보 분석)
이미지 맵 작성은 색채 디자인 단계에서 이루어진다.

패션디자인 색채계획
색채 정보 분석 단계 → 색채 디자인 단계 → 평가단계
- **색채 정보 분석 단계** : 시장정보 분석, 소비자정보 분석, 유행정보 분석, 색채계획서 작성
- **색채 디자인 단계** : 이미지맵 작성, 색채결정(주조색 보조색 강조색), 배색디자인, 아이템별 색채전개
- **평가 단계** : 소재 결정, 샘플 제작, 소재품예회, 생산지시서 작성

39 ③ 틀리기 쉬운 문제

현대디자인
19세기 후반 영국에서 윌리엄 모리스와 존 러스킨을 중심으로 일어난 수공예 미술운동 즉, 미술공예운동을 시작으로 현대에 이르는 일련의 디자인운동이 시작된다. 따라서 디자인이라는 말이 의식적으로 사용되기 시작한 현대디자인의 성립 시기는 20세기 초이다.

40 ①

리디자인(Re-design)
기존 제품의 한계가 나타났을 때, 기존 제품의 재료나 기능 또는 형태를 개량하고 조형성을 개선하는 디자인이다.

---

3 제3과목 : 색채관리

41 ① 틀리기 쉬운 문제

CMS
Color Management System의 약어로 스캐너 등에 의한 컬러 텍스트의 입력에서 인쇄 출력까지 컴퓨터에서의 정확한 동일한 색재현을 목표로 하는 시스템이다.
따라서 입출력장치의 RGB 또는 CMYK 원색이 어떻게 재현될지 CIE 모델을 사용하여 예측 가능하게 해주는 시스템이라 볼 수 있다.

42 ④

색역
디스플레이가 표현 가능한 색의 수와 색역의 넓이는 정비례하지 않는다. 컴퓨터 모니터(디스플레이)의 색채 구현과 프린터의 색채 구현은 근본적으로 다른 원리이기 때문이다.

43 ② 틀리기 쉬운 문제

IT8
IT8은 입력 · 조정에 관계되는 기준 색표로 출력과정에서도 사용된다. 즉, 사진촬영, 스캐닝 등의 작업에서 컬러 프로파일링을 할 수 있는 컬러 차트이다.

IT8차트
- 국제표준 기구인 ISO에서 국제 표준으로 지정되었다.
- 스캐너와 디지털 카메라의 특성화 과정에서 기본적으로 사용되는 샘플 컬러 패치이다.

- 이 패치들은 CIE LAB 색공간의 명도, 색상, 채도를 대표하도록 균일하게 분포되어 있고, 디바이스 특성화에 필수로 사용된다.

44 ④

CIE 표준광
- CIE 표준광은 CIE에서 규정한 측색용 표준광으로 A, B, C, D65, D 가 있다.
  - **표준광A** : 색온도 2856K(백열등, 텅스텐램프)
  - **표준광B** : 색온도 4774K(직사 태양광)
  - **표준광C** : 색온도 6744K(북위 40도 지점 흐린 날 오후 2시경 평균적인 주광)
  - **표준광D** : 색온도 6504K(일정하게 맞춰 놓은 인공광, D_{50}, D_{55}, D_{60}, D_{65}, D_{70}, D_{75})
- CIE C광은 2004년 이후 표준광으로 사용하지 않는다.
- 표준광 D_{65}는 상관 색온도가 약 6500K인 CIE 주광이다.

45 ④ 틀리기 쉬운 문제

유기안료
코발트계와 카드뮴계는 유기안료가 아닌 무기안료에 대한 설명이다.

유기안료	• 유기 화합물을 주제로 하는 안료를 총칭한다. • 레이크 안료(물에 녹지 않는 금속 화합물 형태)와 색소 안료(물에 녹지 않는 염료를 그대로 사용)로 크게 구별된다. • 무기안료에 비해 투명하고 색채가 선명하며 착색력이 좋다. • 내열성, 내광성, 내후성이 떨어진다. • 인쇄 잉크, 도료, 플라스틱 착색, 섬유 수지의 날염 등의 용도로 사용된다.
무기안료	• 천연광물성을 주제로 하는 안료를 총칭한다. • 유기안료에 비해 무겁고 불투명하여 색채의 선명도가 떨어진다. • 내열성, 내광성, 내후성이 뛰어나며, 은폐력이 좋고 햇빛에 강하다. • 유기안료에 비해 가격이 저렴하다. • 도료, 크레용, 고무, 인쇄 잉크, 건축 재료로 사용된다.

46 ④

색상
색 또는 색채란 색이름 또는 색의 3속성으로 구분 또는 표시되는 시지각의 특성이다.

47 ② 틀리기 쉬운 문제

RGB 컬러 값
모니터(디지털 색체계)는 RGB로 다음과 같이 색을 조정한다.
- R=0, G=0, B=0 검은색
- R=255, G=255, B=255 흰색
- R=128, G=128, B=128 회색
- R=255, G=255, B=0 노랑
- R=255, G=0, B=255 마젠타
- R=0, G=255, B=255 시안

48 ①

이미지 센서
이미지 센서는 영상을 디지털 신호로 바꿔주는 반도체이다. 따라서 스캐너나 디지털 카메라 등의 입력장치에서 빛의 파장을 전기적 신호로 변환시키는 구성 요소가 맞다.

벡터 그래픽 영상 VS 레스터 영상
• 두 가지 모두 그래픽 처리 기술의 종류이다.
• 벡터 그래픽스란 컴퓨터에서 그림을 보여줄 때 수학 방정식을 기반으로 하는 점, 직선, 곡선, 다각형과 같은 물체를 사용하는 것을 말한다.
• 레스터 그래픽스란 일반적으로 비트맵이라 부르며 표현하는 직사각형 격자의 화소, 색의 점을 모니터나 종이 등의 매체에 표시하는 자료 구조로 다양한 포맷의 그림 파일로 저장할 수 있는 것을 말한다. 두 가지 그래픽 처리 기술을 비교하자면 래스터 영상은 픽셀을 기반으로 하기 때문에 영상을 확대하면 명확성을 잃지만, 벡터 기반의 영상은 크기를 바꾸어도 이런 손실이 일어나지 않는다. 따라서 벡터 그래픽스가 사진에서 흔히 쓰이는 화소로 모인 그림을 대표하는 래스터 그래픽스의 대안이 된다.

49 ①

무조건등색(아이소머리즘)
분광 반사율이 완전히 일치하여 어떤 광원이나 어떤 관찰자가 보더라도 같은 색으로 보이는 경우를 무조건등색, 즉 아이소머리즘이라고 한다.

조건등색(메타메리즘)
• 분광 반사율이 달라도 같은 색자극을 일으키는 현상을 말한다.
• 광원의 차이 또는 관측자의 차이에 따라 등색으로 보이거나, 다른 색으로 보이는 경우가 있다.

50 ④ 틀리기 쉬운 문제

분광광도계
분광광도계의 파장은 1nm 이내의 정확도를 유지해야 한다. 분광광도계는 단 한 번의 컬러 측정으로 표준광 조건에서의 CIE LAB값을 얻을 수 있는 측색 장비이다. 물체의 정밀한 색채 측정 장치, 즉 측색기를 말한다.
• 측정하는 파장 범위는 380nm ~ 780nm로 한다.
• 분광 반사율의 측정 불확도는 최대치의 0.5% 이내에서 한다.
• 분광 반사율 또는 분광 투과율의 재현성을 0.2% 이내로 한다.
• 3자극치의 계산을 10nm 간격에서 할 때는 분광광도계의 파장폭을 (10 ± 1)nm로 한다.
• 물체의 분광 반사율, 분광 투과율 등을 파장의 함수로 측정할 수 있다.
• 다양한 광원과 시야의 색채값을 동시에 산출할 수 있다.
• 분광식 색채계의 광원은 주로 텅스텐 할로겐 램프, 크세논 램프를 사용한다.
• XYZ, L*a*b*, Munsell, Hunter L*a*b* 등 다양한 표색계로 표시할 수 있다.

51 ①

안료
코치닐은 선인장에 기생하는 곤충에서 추출되는 적색계 염료이다. 이외 한자 옐로, 석록, 구리는 안료에 해당된다.

안료	• 안료는 불투명한 성질을 가지며 습기에 노출되어도 색이 잘 보존되어 건축물 외장 색채로 쓰이며 은폐력이 크다. • 물이나 기름 또는 대부분의 유기 용제에 녹지 않는다 • 전색제를 섞어 물질 표면에 고착되도록 한다.
염료	• 염료는 착색되는 표면에 친화성을 가지며 직물, 피혁, 잉크, 종이, 목재, 식품 등에 착색된다. • 염료는 착색하고자 하는 매질에 용해된다. • 염료는 1856년 영국의 퍼킨이 모브를 합성시킨 것이 처음이다. • 투명성이 뛰어나고 유기물이며 물체와의 친화력이 있다. • 방직계통에 많이 사용되고 잉크, 종이, 목재, 식품 등 염색에 쓰인다.

52 ② 틀리기 쉬운 문제

산성염료 염색
산성염료는 식물성 셀룰로오스계 섬유에는 염착력이 좋지 않다. 따라서 양모, 견, 나일론 등에는 염색이 잘 되지만 면에는 잘 되지 않는다.

53 ④ 틀리기 쉬운 문제

스펙트럼
빛을 파장에 따라 굴절률 차이를 이용하여 분해하고 배열한 것을 스펙트럼이라고 한다.
대표적으로 우리 눈에 보이는 가시광선 스펙트럼 파장은 400nm~800nm이다.
빛은 파장의 연속성에 따라 연속스펙트럼, 불연속적인 선스펙트럼 또는 띠스펙트럼으로 나뉜다.
• **태양** : 연속스펙트럼
• **네온등, 수은등** : 선스펙트럼
• **형광등** : 연속스펙트럼 + 선스펙트럼
• **백열등** : 연속스펙트럼

54 ②

표면색의 시감비교방법
보통 부스 내부는 명도 L*가 약 50인 무광택의 무채색으로 하는 것이 맞다. 단 밝은 색의 시감을 비교할 때 부스 내부색은 명도 L*가 약 65 이상인 무채색으로 한다.
• 색 비교를 위한 작업면의 조도는 1000lx~4000lx 사이로 한다.
• 어두운 색을 비교하는 경우의 작업면 조도는 2000lx 이상~4000lx의 밝은 조도가 필요하며 조명의 균제도는 0.8 이상이 적합하다.
• 육안 검색 시 광원 종류에 따라 메타메리즘이 발생할 수 있어 조건을 동일하게 두고 비교한다.
• 비교하는 색면의 크기와 관찰거리는 시야각으로 약 2도 또는 10도가 되도록 한다.
• 광원의 종류, 조도, 조명관찰조건, 재질, 광택 등을 반드시 표기한다.
• 조명의 확산판은 항상 사용한다.

55 ③

컬러인덱스

공업적으로 제조, 판매되고 있는 합성염료나 안료를 종속, 색상, 화학 구조에 따라 정리·분류하여 인덱스 번호(Color Index Number : C.I Number)를 부여한다. 컬러 인덱스가 제공하는 정보는 색료의 호환 성과 통용성 확보를 위한 색료표시 기준으로서 염료 및 안료의 화학 구조, 활용방법, 견뢰도, 제조사 이름, 판매업체 등이있다.

- **연색 지수** : 광원의 연색성을 나타내는 것을 목적으로 한 지수이다.
- **색변이지수** : 광원에 따른 색채의 불일치 정도를 나타내는 지수이다.
- **컬러 어피어런스** : 관측자의 색채 적응 조건이나 배경색의 영향에 따라 변화하는 색이 보이는 결과

56 ①

색온도

완전 복사체의 색도를 절대 온도로 표시한다. 색온도는 물체에 열을 가할 때 발생하는 빛의 색과 관련된다.

- 색온도의 단위는 절대온도(K, 캘빈온도)로 표시한다.
- 색온도는 광원의 실제 온도와 반드시 일치하지는 않다.
- 높은 색온도는 푸른색계열의 시원한 색에 대응되며, 낮은 색온도 는 따뜻한 색에 대응된다.
- 백열등은 색온도로 구분하고 열광원이 아닌 경우는 상관 색온도로 구분한다.
- 흑체는 온도에 의해 분광 분포가 결정되므로 광원색을 온도로 수 치화할 수 있다.
- 형광등은 관 내에서 발생하는 자외선의 자극으로 생기는 형광을 이용하여 빛을 내는 광원이다.
- 백열등은 3000K 정도의 색온도를 지녔다.

57 ④

완전 확산 반사면

빛을 흡수하거나 투과하지 않는 분광 반사율이 이상적인 반사면으로 서 입사한 복사를 모든 방향에 동일한 복사 휘도로 반사하는 표면을 말한다.

58 ① `틀리기 쉬운 문제`

색채 측정 조건

(8° : de)는 빛을 시료의 수직방향으로부터 8° 기울여 입사시킨 후 산 란된 빛을 측정한다. '정반사 성분은 제외한다.' 라는 의미이다.

조명과 수광의 조건

0은 90°= 수직광, d는 확산광으로 해석한다.

- **(0 : 45)** : 수직광 : 45° 관찰
- **(45 : 0)** : 45°광 : 수직관찰
- **(0 : d)** : 수직광 : 확산광 평균값 관찰
- **(d : 0)** : 확산 광 : 수직관찰
- **(di : 8°)** : 확산광 : 8° 관찰(정반사 성분 포함)
- **(de : 8°)** : 확산광 : 8° 관찰(정반사 성분 제거)
- **(8° : di)** : 8° : 확산광 관찰(정반사 성분 포함)
- **(8° : de)** : 8° : 확산광 관찰(정반사 성분 제거)
- **(d : d)** : 확산광 : 확산광 관찰
- **(45°a : 0°)** : 45° : 수직관찰
- **(0° : 45°a)** : 수직광 : 45° 관찰

59 ②

광택

표면 정반사 성분은 투과하는 빛의 굴절각이 클수록 커진다. 광택이 란 물체 표면을 보는 각도에 따라 다른 표면의 매끄러운 정도를 말한 다. 금속 소재인 알루미늄은 다른 재질에 비해 반사율이 높아 거울로 사용할 정도로 광택이 우수하다.

60 ④

분광식 계측기

- 분광식 계측기는 색채계 중 하나로 색을 표시하는 수치를 측정하 는 계측기이다.
- CIE의 XYZ 색체계의 색도좌표 x와 y를 측정하는 데 필터식 과 분 광식 두 종류가 있다. 분광식 계측기는 분광식 색채계, 분광광도계 라고도 하며 시료의 분광 반사율을 측정하여 색채를 계산하는 색 채 측정 장치 즉, 측색기를 말한다.
- 시료에서 반사된 빛을 세 개의 색필터를 통과한 후 광검출기에서 검 출하는 방법으로 측색하는 것은 필터식 색채계와 관련된 내용이다.

---

4 제4과목 : 색채 지각의 이해

61 ①

색의 혼색

색유리판의 혼색 방법은 감법혼색으로 인쇄잉크의 혼색과 같은 원리 이다.

62 ① `틀리기 쉬운 문제`

색의 감정 효과

작은 방을 길게 보이고 싶어 한 쪽 벽면을 칠하는 경우 일반적으로 색의 속성에서 색이 후퇴되어 보일수록 길어 보이므로 난색보다 한 색, 채도가 높은 색보다 채도가 낮은 색, 밝은 색보다 어두운색이 후 퇴되어 보인다.

63 ③

색의 진출과 후퇴

색의 진출과 후퇴는 고명도 고채도의 색이 저명도 저채도의 색보다 진출되어 보인다.

64 ④

색의 굴절

하나의 매질로부터 다른 매질로 진입하는 파동이 경계면에서 나가는 방향을 바꾸는 현상은 빛의 굴절 현상이다.

65 ③

헤링의 4원색설

독일의 생리학자 헤링은 4가지의 기본적인 유채색인 빨강, 파랑, 노랑이 대립적으로 부호화 된다는 색체지각의 대립과정 이론을 제안하였다.

66 ① `틀리기 쉬운 문제`

지각 효과

일정한 밝기에서 채도가 높아질수록 더 밝아 보인다는 시지각효과는 헬름홀츠의 콜라우슈 효과이다.

67 ③

색의 대비

그러데이션으로 배치된 색의 경계부분에서 나타나는 대비현상은 연변대비이며 계시대비와는 관련이 없다.

68 ②

보색

① 보색이 인접하면 채도가 서로 높아 보인다.
③ 빨강의 보색은 초록이다.
④ 인접한 두 색을 동시에 볼 때 생기는 현상은 보색잔상이 아니다.

69 ②

색상대비

빨강바탕 위의 주황이 노란빛을 띤 주황으로 보이는 것은 색상대비 현상이다.

70 ②

영–헬름홀츠의 3원색설

영–헬름홀츠의 3원색설은 계시대비와 같은 색채대비와 색채효과는 설명되지만 음성적잔상, 색명자의 색각현상과 동시대비 이론은 설명하지 못하는 한계가 있다.

71 ③

중간 혼합

직물이나 컬러TV 화면 인쇄의 망점 등의 혼합은 병치혼합이다.

72 ③ `틀리기 쉬운 문제`

눈의 구조

빛 에너지가 전기화학적인 에너지로 변환되는 부분은 망막이며 망막에 있는 광수용기에서 신경 정보로 전환된다.

73 ②

색의 감정 효과

병원이나 역 대합실의 배색으로 기다리는 조급함이나 지루함을 줄일 수 있는 색 계열은 단파장의 청색계열이다.

74 ③

색의 물리적 분류

① 공간색의 설명이다.
② 형광색의 설명이다.
④ 광택의 설명이다.

75 ①

색의 동화효과

색들끼리 서로 영향을 주어서 인접색에 가깝게 보이는 현상은 색의 동화효과이다.

76 ③

동시대비

두 개의 다른 자극이 연속해서 나타날수록 대비효과는 떨어진다.

77 ④

가법혼색

가법혼색은 빨강 + 녹색 + 파랑 = 하양으로 혼합결과가 나타난다.

78 ① `틀리기 쉬운 문제`

색의 항상성

색의 항상성은 광원과 강도나 모양, 크기, 색상이 변하여도 물체의 색을 동일하게 지각하는 현상이다.

79 ①

빛의 스펙트럼

단파장은 굴절률이 크다.

80 ②

색채의 지각과 감정 효과

일반적으로 팽창색은 진출색과 연관이 있다.

---

5 **제5과목 : 색채 체계의 이해**

81 ②

CIELCH 색공간

CIELCH 색공간에서 색삼각 (h)이 90° = 노란색, 0° = 빨간색, 180° = 초록색, 270° = 파란색이다.

82 ④ `틀리기 쉬운 문제`

먼셀의 색체계

① 먼셀의 명도축은 번호가 증가하면 밝기가 증가하여 흰색이 된다.
② 그레이스케일은 영문의 앞 글자를 따서 N1, N2로 표시한다.
③ 무채색의 흰색과 검정색 사이에는 11단계이며 유채색이 존재하지 않는다.

83 ④

Yxy색표계

Yxy색표계는 양적 표시인 Yxy표색계만으로 색채의 느낌과 밝기의 정도를 판단할 수 없어서 Yxy표색계의 수식을 변환하여 얻은 것이다.

84 ①

색의 배색

분리효과에 의한 배색에서 분리색으로 사용되는 색은 주로 무채색이다.

85 ① 틀리기 쉬운 문제

오스트발트 색체계

오스트발트 색체계의 조화에서 동일한 양의 백색을 가지는 색채를 일정한 간격으로 선택하여 배색하는 색체조화는 등백색 조화이다.

86 ②

오스트발트 색체계

오스트발트의 기호 표시법에서 17lc란 17은 색상, 앞의 기호는 백색량, 뒤의 기호는 흑색량을 나타낸다.

87 ④

색채표준

색을 측색기로 측정하여 어떤 파장의 빛을 반사하는가에 따라 정확한 수치의 개념으로 색을 표현하는 체계는 혼색계이다.

88 ①

먼셀표기법

5Y8/10은 H.V/C의 표기법에 의해 색상은 5Y, 명도 8, 채도 10이다.

89 ③

그러데이션 배색

체크, 타일, 바둑판 문양은 반복(Repetition) 배색이다.

90 ②

NCS 색표기법

S7020에서 70은 흑색도, 20은 순색의 양이다.

91 ②

문, 스펜서의 색체조화론

문, 스펜서의 색채 조화론은 정략적으로 다루기 때문에 색채연상, 색채기호, 색채의 적합성은 고려되지 않았다는 단점이 있다.

92 ① 틀리기 쉬운 문제

한국산업표준 표기법

한국은 먼셀 표색계를 한국산업표준 표기법으로 채택하고 있다.

93 ④ 틀리기 쉬운 문제

오방색

오방색에서 동쪽은 파랑, 남쪽은 빨강, 중앙은 노란색, 서쪽은 흰색, 북쪽은 검정색을 의미한다.

94 ④

먼셀의 색상환

먼셀 색상환의 기본 구성요소는 H V/C의 색상, 명도, 채도이다.

95 ③

한국 전통색

자색은 적색과 흑색의 혼합으로 얻어지는 간색이다.

96 ③

색이름

색이름 수식형별 기준색 이름의 표기 내에는 3 빨간 노랑이 아닌 빨간 주황이 존재한다.

97 ②

PCCS 색체계

색채관리 및 조색, 색좌표의 전달에 접합한 색체계는 CIE 표색계이다.

98 ③

NCS 색삼각형

NCS색삼각형의 W-S축과 평행한 직선상에 놓인 색들이 의미하는 것은 동일 순색도이다.

99 ①

동일색상배색

동일색상 배색은 편안하며 안정적인 통일감을 준다.

100 ③ 틀리기 쉬운 문제

오스트발트 색체계

헤링의 4원색(빨강, 노랑, 초록, 파랑)을 기준으로 보색대비에 따라 중간에 4가지 색상(주황, 연두, 청록, 보라)을 추가로 배열한 8색을 기준으로 한다.

01 ④	02 ②	03 ④	04 ①	05 ④
06 ②	07 ①	08 ③	09 ①	10 ④
11 ①	12 ①	13 ②	14 ①	15 ①
16 ①	17 ③	18 ①	19 ③	20 ③
21 ③	22 ②	23 ③	24 ④	25 ②
26 ①	27 ③	28 ③	29 ③	30 ④
31 ③	32 ③	33 ③	34 ②	35 ③
36 ③	37 ③	38 ②	39 ④	40 ①
41 ②	42 ①	43 ④	44 ④	45 ④
46 ②	47 ②	48 ④	49 ③	50 ②
51 ②	52 ①	53 ②	54 ①	55 ②
56 ③	57 ④	58 ③	59 ①	60 ③
61 ④	62 ④	63 ③	64 ③	65 ①
66 ③	67 ①	68 ④	69 ①	70 ②
71 ①	72 ③	73 ②	74 ④	75 ③
76 ②	77 ②	78 ①	79 ④	80 ②
81 ②	82 ③	83 ④	84 ②	85 ④
86 ④	87 ①	88 ③	89 ②	90 ④
91 ①	92 ③	93 ②	94 ②	95 ②
96 ③	97 ③	98 ④	99 ②	100 ①

1 제1과목 : 색채 심리

01 ④

색채마케팅 전략에 영향을 미치는 요인
- **인구 통계적 · 경제적 환경** : 소비자의 연령, 거주지역별 인구, 학력과 소득 등 다양한 인구 통계학적 정보와 함께 전반적인 산업 성장 상황, 경기 흐름 등 시대별 경제상황을 감안하여 색채 마케팅 전략을 수립하는 것이 중요하다
- **기술적 · 자연적 환경(환경문제와 환경운동의 영향)** : 디지털 사회의 기술 진보와 포스트모더니즘의 복잡 다양한 시대상황에 맞춰 자연주의 색채와 테크노 색채를 혼합시킨 색채 마케팅이 활성화되고 있으며, 환경보호 및 인간존중 사상이 확대되면서 제품, 매장, 홈페이지 등에 특정색채 중심의 그린마케팅이 각광받고 있다.
- **사회 · 문화적 환경(라이프스타일)**
  직장과 생활의 균형(워라밸), 주말 · 저녁 등 여가시간의 활용 등 시시각각 변화하는 다양한 형태의 가치관 및 생활 패턴 또한 색채 마케팅 전략 수립 시 반영해야 할 요소이다.

02 ②

풍토색
풍토색은 토지의 상태, 지질, 기후가 반영된 색이며, 일광은 그 토지의 위도(緯度)와 큰 관계가 있다.

03 ④

차별화된 색채계획으로 평준화된 디자인의 한계를 극복해야 한다.

04 ① 틀리기 쉬운 문제

표본의 크기
표본은 무작위로 추출하며 표본 선정은 올바르고 정확하며 편차가 없는 방식으로 한다. 적정 표본의 크기는 조사대상의 변수도, 연구자의 감내가 가능한 허용 오차의 크기 및 허용 오차 범위 내의 오차가 반영된 조사결과의 확률을 고려하여 결정하므로 모집단의 크기에 따라 표본의 오차가 크게 달라지지 않는다.

05 ④

표본추출법
- **무작위추출법** : 임의 추출 또는 랜덤 샘플링(추출법)이라고도 한다. 조사 대상 전체를 조사하지 않고 일부분을 조사하여 전체를 추정하는 조사법이다.
- **다단추출법** : 모집단의 크기가 비교적 커 고비용이 예상될 경우에 실시한다.
- **국화추출법** : 모집단을 소그룹으로 분할한 후 그룹별로 비율을 정해서 조사하는 방법이다
- **계통추출법** : 일정간격으로 10명 또는 5명마다 조사하는 방법이 있으며, 교통량 조사에서 주로 사용된다. 표본을 미리 정해진 조건에 의해 뽑는 방법으로 모집단의 변화하는 양이 자연적 질서로 놓여 있을 때 한 표본만을 난수표 등으로 결정한 후 나머지는 등간격에 의해 추출하는 방법이다.

06 ②

시공을 담당하는 건설사의 기업 색채는 도시의 주거 공간의 외벽 색채계획과는 상관없다.

07 ①

색채의 심리적 기능
색채의 심리적 작용은 외적 판단에 따른 영향과 색채의 심미적 효과로 구분할 수 있다. 외적 판단 효과로는 색지각과 함께 영향을 주는 온도감, 무게감, 크기감, 거리감 등의 심리적 작용을 들 수 있으며, 심미적 효과로는 색을 통해 전달될 수 있는 색채의 조화와 기호 및 선호도, 감정 효과 등을 들 수 있다.

08 ③

색채와 연상언어
색의 연상은 색의 자극을 통해 관계있는 사물이나 느낌, 분위기를 떠올리는 것이다. 노랑은 희망, 유쾌, 햇빛, 리듬감, 젊음, 행복, 경쾌감 등의 느낌을 준다. 인내, 겸손, 창조의 느낌을 주는 색은 보라에 가깝다.

09 ①

② 중국의 왕권을 대표하는 색 – 노랑
③ 봄과 생명의 탄색 – 초록
④ 평화, 진실, 협동 – 파랑

10 ④

색채 현상

색채와 인간의 다른 감각 간의 교류 현상으로 메시지와 의미를 전달하는 특성을 가진 것을 공감각이라고 한다. 몬드리안(Mondrian)의 '부기우기'라는 작품은 색채와 음악을 이용한 작품이다. 따라서 몬드리안(Mondrian)의 '부기우기'라는 작품에서 드러난 색채 현상은 색채와 소리의 공감각이다.

11 ①

색의 연상

파랑은 젊은, 차가움, 명상, 성실, 영원, 신뢰감, 보수적, 차분함, 바다, 호수 등의 이미지를 연상시킨다. 따라서 대기 시간이 긴 공항 대합실에는 파란색이 적합하다.

12 ①

색채와 공감각

색채와 모양에 대한 공감각적 연구를 통해 색채와 모양의 조화로운 관계성을 추구한 사람으로 요하네스 이텐(Johannes Itten), 파버 비렌(Faber Birren), 칸딘스키(Kandinsky), 베버와 페흐너(Weber & Fechner)가 있다.

13 ②

오방위와 색표시

- 청(靑) – 동쪽
- 백(白) – 서쪽
- 적(赤) – 남쪽
- 흑(黑) – 북쪽
- 황(黃) – 중앙

14 ①

지역색

프랑스의 장 필립 랑크로(Jean-Philippe Lenclos)는 수십 년에 걸친 여행과 현장 분석, 체계적인 조사를 통해 다양한 주거지의 색채 범위를 살펴보고, 지형, 기후, 빛, 사회문화적 관습, 지역 전통, 건축 기술과 같은 여러 요소가 각 나라와 각 지방의 풍경마다 서로 다른 건축적 개성과 특징적인 색채를 부여한다는 '색채 지리학'의 개념을 발전시켰다.

15 ①

의미미분법 또는 의미분화법 조사는 미국의 심리학자 찰스 오스굿이 개발하였다.

16 ①

청색의 민주화(Blue Civilization)

문화권의 영향을 받은 대부분 국가에서 성인의 절반 이상이 청색을 가장 선호하는 색으로 꼽고 있다. 이렇듯 색에 공통의 선호 특성 때문에 청색의 민주화라는 말까지 나오게 되었으며 청색은 전세계적으로 가장 선호도가 높은 색이기도 하다.

17 ③

인체의 차크라(Chakra) 영역

차크라는 산스크리트어로 '바퀴'라는 뜻으로 사람의 신체 여러 곳에 있는 정신적 힘의 중심점을 말한다. 약 8만 8천 개의 차크라가 있는데 이 가운데 6개의 중요한 차크라가 척수를 따라 위치하고 두개골 최상부에 있는 차크라가 가장 중요하다.

- 녹색은 심장부를 나타내며, 사랑을 의미한다.
- 빨간색은 물라다라 차크라 영역으로, 수슘나관의 기저에 있으며 항문 위에 있다.
- 주황색은 스와디스타나 차크라 영역으로, 전립선과 연결되어 있다.
- 보라색은 사라스라라 차크라 영역으로, 정수리에 위치한 가장 높은 차크라이다.

18 ①

색채치료 효과

색채치료는 색채를 이용하여 환자에게 물리적 · 정신적인 영향을 주어 환자의 상태를 호전시키려는 방법을 말한다. 녹색은 신체적 균형, 교감신경 계통 영향, 피로회복, 해독의 지표로서 불면증에 효과가 있는 색이다.

19 ③

색채조절

색채조절은 조명의 효율이 높고 과학적인 색채 계획으로 인해 자연스럽게 일할 기분이 생겨 난다. 신체의 피로, 특히 눈의 피로를 막아주며 작업 원기를 높이고 일의 능률을 향상시켜 준다. 안전색채를 사용함으로써 안전이 유지되며 사고와 재해가 줄어든다. 주의력과 집중력이 향상되며 정리정돈과 질서 있는 분위기를 연출시킨다. 따라서 색채의 적용으로 주위가 산만해 지는 것이 아닌 안정감과 편안함 그리고 집중력을 높인다.

20 ③

파버 비렌(Faber Birren)의 색과 연상 형태

파버 비렌(Faber Birren)은 '색채는 형태를 연상시킨다'라고 하며 색채와 형태의 추상적인 관련성을 연구하였다. 육각형은 초록, 타원은 보라, 마름모는 검정, 회색은 모래시계, 반원은 하양과 연관시켰다. 따라서 초록은 원이 아닌 육각형의 형태가 연상된다.

---

2 제2과목 : 색채 디자인

21 ③

주거 공간의 색채계획 순서

요구 및 시장성 파악 → 콘셉트 설정 → 색채 이미지 계획 → 고객의 공감 획득

22 ② 틀리기 쉬운 문제

환경색채디자인 프로세스

환경요인 분석 → 색채 이미지 추출 → 색채계획 목표 설정 → 배색 유형 선택 → 배색효과 검토 → 재료, 색채 결정 → 검토, 조정 → 공사 시행 및 관리

23 ③

색채계획 설계단계

색채계획하고자 하는 구간의 조건, 주변과의 조화 등 체크리스트 작성 후 조사, 색 견본 수집 및 주조색, 보조색, 강조색의 결정 및 배색, 입체모형이나 컴퓨터 그래픽을 이용하여(컬러 시뮬레이션) 실시 후 계획안을 결정한다.

24 ④

게슈탈트(Gestalt) 형태심리 법칙

- **근접의 법칙** : 사람이 사물을 인지할 때 가까이에 위치한 물체들을 하나의 묶음으로 인지한다는 법칙이다.
- **유사의 법칙** : 형태, 색채 등 유사성이 있는 요소들이 그렇지 않은 것들보다 더 눈에 잘 띄는 법칙이다.
- **폐쇄의 법칙** : 기존의 지식들을 바탕으로 부분이 연결되어 있지 않아도 완성시켜 인지한다는 법칙이다.
- **대칭의 법칙** : 대칭의 이미지들은 다소 떨어져 있어도 한 그룹으로서 인식하게 된다는 법칙이다.
- **연속의 법칙** : 각 요소들이 같은 방향으로 운동을 계속하는 경향과 관련이 있을 때 이것이 하나의 배열 단위로 보는 법칙이다

25 ② `틀리기 쉬운 문제`

루이스 설리번

"형태는 기능을 따른다"라고 하여 기능성을 주장한 미국의 근대건축가이다. 기능에 충실하고 기능이 만족스러울 때 저절로 형태가 아름답다라는 뜻으로 해석할 수 있다.

빅터 파파넥(Victor Papanek)

"디자인은 가장 강력한 도구이며, 그것을 통하여 인간은 다른 도구와 환경을 구체화한다.", "디자인은 의미 있는 질서를 만드는 노력이다."라고 하여 형태와 기능의 조화를 포괄하는 개념의 복합기능 6가지를 연결시켜 설명하였다. 그 기능이 바로 방법, 용도, 필요성, 텔레시스, 연상, 미학이다.

26 ①

카툰(Cartoon)

그림을 그리기 위해 스케치한 컷을 의미했지만 오늘날에는 만화적인 그림에 유머나 아이디어를 넣어 완성한 그림을 카툰이라 한다.

애니메이션

우리나라에서 만화영화로 불리며, 움직이지 않는 물체를 움직이는 것처럼 보이게 만드는 기술을 일컫는다.

27 ③

타이포그래피(Typography)

- 활자 또는 활판에 의한 인쇄술을 가리키는 말로 오늘날에는 주로 글자와 관련된 디자인을 말한다.
- 글자체, 글자크기, 글자간격, 인쇄면적, 여백 등을 조절하여 전체적으로 읽기에 편하도록 구성하는 표현 기술을 말한다.
- 포스터, 아이덴티티 디자인, 편집 디자인, 홈페이지 디자인 등 시각 디자인에 활용된다.

28 ③

옵아트

- '옵티컬 아트'의 약어 1960년대 미국을 중심으로 일어났던 추상미술의 한 방향이다.
- 색조의 강한 대비감, 선의 구성과 운동, 색의 진출과 후퇴 등 광학적 효과를 활용하여 색채의 시지각 원리에 근거를 두고 시각적 환영과 지각, 착시 효과 등 심리적 효과를 적극적으로 활용하여 새로운 이미지를 표현하였다.
- 명암대비가 있는 자극적인 색채를 선택하여 색면의 대비나 선의 구성으로 발생하는 운동성이 우리 눈에 주는 착시현상을 최대한 극대화시키는 것이 특징이다.
- 팝아트가 상업성에 의지한 데 반해 옵아트는 순수한 시각적 예술을 추구하였다.
- 대표적 화가로는 빅토르 바자렐리, 브리짓 라일리 등이 있다.

29 ③ `틀리기 쉬운 문제`

디자인 원리

디자인의 원리는 조화, 리듬(율동, 반복, 점증, 점이), 강조, 균형, 비례, 창조성 등이 있다.

율동(리듬)

리스어 'rheo(흐르다)'에서 유래한 말로 반복, 방사(중심부에서 밖으로 퍼져나감), 점진 등 연속적으로 되풀이되어 규칙적인 반복을 만들어 내는 요소와 운동감을 말한다. 음악, 무용, 영화 등의 예술에서도 중요한 원리가 된다.

30 ③

모더니즘

모더니즘이란 산업화, 도시화에 따라 등장한 새로운 문화운동으로, 물체의 형태는 그 역할과기능에 의해 결정되어야 한다는 사고에 따라 형태와 기능의 합일적 결합을 이상으로 하는 사상이다.

31 ③

팝아트는 부드러운 색조의 그러데이션이 특징이 아닌 전체적으로 어두운 톤 위에 혼란한 강조색을 사용하였다.

32 ③

애드밴스 디자인(Advanced Design)은 진보적인 디자인으로 선행 디자인을 의미한다.

33 ③

디자인 조건(독창성)

- 다른 사람과 다른 새롭고 창의적인 감각으로 새로운 것을 창조하는 것을 말한다. 기능이나 대중성보다는 차별화하는 것에 중점에 두는 최종적으로 생명을 불어넣을 수 있는 디자인 조건이다.
- 디자이너의 창조성은 주어진 정보와 새로운 지식과 경험을 바탕으로 상상력을 결합시켜 새로운 디자인을 개발하는 것이다.

34 ②

디자인 조건(경제성)

최소한의 비용과 노력으로 최대의 효과를 얻고자 하는 경제학적 원칙을 디자인에도 적용한 원칙이며 가격 경쟁력을 결정하는 요소이다. 예를 들어 제품의 색채를 통일시켜 대량생산하는 것과 관계가 깊다.

35 ③

부분의 조화보다는 전체적인 조화를 고려하여 색채를 계획하는 것이 중요하다.

36 ③

POP(Point of Purchase)는 광고 상품이 소비자에 의하여 최종적으로 구입되는 장소인 소매상의 상점이나 그 주위에서 이루어지는 일체의 광고, 옥외의 간판, 포스트패널, 상점 내의 진열장이나 천장 선반 따위에 달린 페넌트 따위가 모두 포함되는 상업적 디스플레이에 활용된다.

37 ③

디자인 목적

디자인의 목적은 단순히 아름다움만을 추구하기 위함이 아니라 형태의 미(심미성)와 기능의 미(기능성)의 합일이다. 미적인 아름다움인 심미성과 실용적인 기능성이 통합되어 인간의 근본적인 삶을 더욱 윤택하고 편리하게 하는 것이다.

디자인은 보다 사용하기 쉽고, 편리하며, 아름다운 생활환경을 창조하는 조형행위이다. 특정 문제에 대한 목적을 마음에 두고, 이의 실천을 위하여 세우는 일련의 행위 개념이다.

38 ②

브레인스토밍

- 하나의 주제에 관하여 사소한 아이디어라도 서로 공유하며 자유분방한 아이디어 생산을 도모한다.
- 타인의 아이디어 비판을 하지 않고 서로의 아이디어를 확장해 나가며 다양성을 추구한다.
- 많은 양의 아이디어 양산이 가능하며 기존 정보 및 아이디어를 조합시켜 새로운 아이디어 양산이 가능하다.

39 ④

상호 영향을 주고받는 인간과 자연의 조화와 균형이 중요하게 여겨지는 디자인을 생태학적 디자인이라고 한다.

40 ①

목업

정확한 검토를 위해 실물과 유사하게 제작하는 모형

---

41 ②

분광광도계(Spectrophotometer)

정밀한 색채의 측정장치로 물체의 분광 반사율, 분광 투과율 등을 파장의 함수로 측정하는 계측기, 측색기이다.

42 ①

모든 분야에서 물체색의 색채 삼속성을 가장 일반적으로 나타내는 표색계는 L∗a∗b∗ 표색계이다. Hunter Lab 표색계, (x, y) 색도계, XYZ 표색계는 물체색이 아닌 삼자극치의 빛의 색을 측정하는 데 사용되는 표색계이다.

43 ④

(a∗,b∗) 좌표가 원점과 가까우면 채도가 낮은 색이다.

44 ④

형광물질 반사율

형광물질은 자외선과 같은 짧은 파장의 빛은 흡수하고 긴 파장의 빛은 복사하는 특성이 있어 반사율이 높아 밝은 느낌을 주게 된다. 따라서 화학적 탈색처리 후 형광성 표백제로 처리한 무명천이 태양광 아래 가장 반사율이 높다.

45 ④

동물성 섬유(견)

누에고치에서 뽑은 동물성 섬유로 부드럽고 광택이 있으며 따뜻한 느낌의 소재이다. 구김이 잘 가지 않고 염색성이 우수하나 자외선에 의해 누렇게 변화하는 특성이 있다(황화현상).

46 ②

컬러 인덱스(Color Index)

- 컬러인덱스는 색료의 호환성과 통용성 확보를 위한 색료 표시기준이다. 국제적인 색료 표시 기준으로 CIE 컬러 인덱스가 있다.
- 여러 염료와 안료의 화학적 구조, 활용방법, 색료의 생산 회사, 견뢰성, 판매업체 등 다양한 정보를 컬러 인덱스 분류법에 따라 고유 번호를 표기하여 제공하고 있다. 1924년 제1판을 출판한 이후 지속적으로 개정하고 있다.
- 예를 들어 컬러 인덱스 구조는 C.I Vat Blue 14 C.I.698 10과 같다. 앞부분의 C.I Vat Blue 14,는 색료 사용 용도에 따른 분류를, 뒷부분의 C.I.698 10은 화학적인 구조가 주어지는 물질 번호를 뜻한다.

47 ②

육안검색의 조건

- 관찰자와 대상물의 각도는 45°로 한다.
- 비교하는 색은 인접하여 배열하고 동일평면으로 배열되도록 배치한다.
- 관측조도는 1000 Lux 이상으로 한다.
- 검사대는 N5, 주변환경은 N7 무채색이 바람직하다.

48 ④

하프톤(Halftone)

- 프린터에서 사용하는 계조(그러데이션) 표현 방법이다.
- 사진이나 그림 등의 이미지나 인쇄물 등에서 밝은 부분과 어두운 부분의 중간조 회색 부분에 적당한 크기와 농도를 지닌 작은 점들로 명암의 미묘한 변화를 만드는 표현 방법이다.

49 ③ 틀리기 쉬운 문제

S 모드는 채도로 0~100% 이루어져 있다. 0%는 흰색을 의미하고, 100%는 흰색을 포함하지 않는 순수한 색을 의미한다.

50 ②

모베인(모브)

1856년 19세기 영국의 퍼킨이 콜타르에서 모베인(보라색) 합성에 성공하면서 최초의 인공(합성)염료로 인디고가 청바지의 남색으로 널리 쓰이게 된다.

51 ②

간접조명 : 광원의 빛의 90% 이상을 천장이나 벽에 부딪혀 확산된 반사광으로 빛을 이용하는 방식이다. 직접 조명보다는 밝기가 약하고 조명효율이 떨어지나, 눈부심이 적고 그림자가 생기지 않아 차분하고 온화한 분위기를 연출할 수 있다.

직접 조명 : 반사갓을 사용하여 광원의 빛을 모아 빛의 90% 이상이 직접 작업면에 조사하는 방식으로, 에너지 효율이 좋으나 눈부심이 있을 수 있고 균등한 조도 분포를 얻기 힘들며 그림자가 생기기 쉽다.

반직접조명 : 반투명의 유리나 플라스틱을 사용하여 광원의 60~90%가 사물에 직접 조사되고, 나머지는 천장이나 벽으로 조사되도록 하는 조명방식이다. 약간의 그림자와 눈부심이 발생한다.

반간접조명 : 반직접조명과 반대로, 광원의 빛의 10~40%가 사물에 직접 조사되고, 나머지는 천장이나 벽으로 조사되도록 하는 조명방식이다. 그늘짐이 부드럽고 눈부심도 적다.

52 ① 틀리기 쉬운 문제

컬러 인덱스 구조

예를 들어 컬러 인덱스 구조는 C.I Vat Blue 14 C.I.698 10과 같다. 앞부분의 C.I Vat Blue 14.는 색료 사용 용도에 따른 분류를. 뒷부분의 C.I.698 10은 화학적인 구조가 주어지는 물질 번호를 뜻한다.

53 ②

가법혼색에 의한 채널값

- 빨강(R)은 (255, 0, 0), 초록(G)은 (0, 255, 0), 파랑(B)은 (0, 0, 255)
- 빨강과 파랑의 혼합인 마젠타는 (255, 0, 255)
- 초록과 파랑의 혼합인 시안은 (0, 255, 255)
- 빨강과 초록의 혼합인 노랑은 (255, 255, 0)
- 모든 색을 섞은 하양은 (255, 255, 255)
- 출력값이 없을 경우에는 검정(0, 0, 0)

54 ①

연색지수

'연색지수'는 시험(인공) 광원이 기준광과 어느 정도 비슷하게 물체색을 보여주는가를 표시하는 지수로, 시험광원이 얼마나 기준광과 비슷하게 조사되는가를 나타낸다. 연색지수 100에 가까울수록 색이 자연스럽게 보인다. 광원의 연색지수가 90 이상이면 연색성이 좋다고 평가된다.

55 ②

PNG파일

JPEG와 GIF의 장점을 합쳐 놓은 파일 형식으로 GIF보다 압축률이 높고, 알파채널, 트루컬러 지원. 비손실 압축을 사용하여 이미지 변형 없이 웹상에 그대로 표현이 가능하다. 16비트 심도, 압축 등 조건을 모두 만족하는 파일 형식으로 날카로운 경계가 있는 그림에 효과적이다.

56 ③

입력장치 기본색

사물이나 이미지를 디지털 정보로 바꿔주는 장치를 말한다. 대표적으로 디지털 캠코더, 디지털 카메라, 스캐너 등이 있다. 이와 같이 입력장치가 사용하는 기본색은 RGB를 기본색으로 사용한다.

57 ④

식용색소

- 천연색소, 인공색소 모두 사용될 수 있다.
- 식용색소에서 가장 중요한 조건은 유독성이 없어야 한다.
- 현재 우리나라에서는 과일주스, 고춧가루, 마가린에서 사용이 금지되어 있다.
- 미량의 색료만 첨가하는 것이 보통이며 품목별 g/Kg 단위로 사용 기준을 정하여 관리되고 있다.

58 ③

색채측정기 종류

- 색채 측정기는 색채계, 또는 측색계라고도 불리는 측색기이다.
  즉, 어떤 대상의 색을 색채 측정기를 활용하여 색상. 명도, 채도를 측정할 수 있다.
- 측색을 통해 색채를 객관적으로 규명하여 색을 관리하고, 소통할 수 있다.
- 색을 정확히 알 수 있고, 정확하게 전달이 가능하며, 정확하게 재현이 가능해진다.
- 색채 측정기는 크게 두 가지 종류로 필터식 색채계와 분광식 색채계로 구분할 수 있다.
- 목적에 따라 RGB, CMYK를 측정하는 측정기도 있다.

59 ①

흑체

흑체란 에너지를 반사 없이 모두 흡수하는 이론적인 물체로, 태양과 같이 외부의 에너지를 흡수하여 에너지 상태가 포화되면 전자파의 방사가 생긴다는 이론으로 가정한 물체인데, 흑체의 온도가 낮을 때에는 붉은빛을 띠며 온도가 올라갈수록 노란색이 되었다가 푸른빛이 도는 흰색이 된다.

60 ③ `틀리기 쉬운 문제`

백색도

밝기를 측정하기 위한 수치가 아닌 흰색이라 인정되는 표면색의 흰 정도를 측정하고 관리하기 위한 것이다.

 4 **제4과목 : 색채 지각의 이해**

61 ④

푸르킨예 현상은 암순응되기 전에는 빨간색 꽃이 잘 보이다가 암순응이 되면 파란색 꽃이 더 잘보이게 되는 것으로 광자극에 따라 활동하는 시각 기제가 바뀌는 것이다.

62 ④

음성 잔상은 동화현상이 아닌 대비현상과 관련이 있다.

잔상

잔상이란 어떤 색을 응시한 후 망막의 피로 현상으로 어떤 자극을 받았을 경우 원 자극을 없애도 색의 감각이 계속해서 남아 있거나 반대의 상이 남아 있는 현상이다. 자극이 없어져도 원래의 자극과 동일한 상이 지속해서 느껴지는 현상인 정의 잔상(양의 잔상)과 자극이 사라진 뒤에도 광자극의 색상, 명도, 채도가 정반대로 느껴지는 현상인 부의 잔상(음성 잔상)으로 구분된다.

63 ③

수정체

수정체는 홍채 바로 뒤에 위치하며 양면이 볼록한 렌즈 모양으로, 이 두께를 조절함으로써 망막 위에 상을 맺게 하는 렌즈 역할을 한다.

① **모양체** : 맥락막의 앞쪽 끝부터 홍채 근부까지 걸쳐 있는 직삼각형 모양의 조직으로 평활근과 현관으로 수정체의 두께를 조절해 주는 근육이다.

② **홍채** : 각막과 수정체 사이에 위치해 외부에서 들어오는 빛의 양을 조절하는 구실을 한다.

④ **각막** : 안구를 싸고 있는 공막의 연속이므로 안구를 보호하는 방어막의 역할을 함과 동시에 외부의 광선을 굴절시켜 망막으로 도달시키는 역할을 한다.

64 ③

중간혼합

중간혼합은 두 색 또는 그 이상의 색이 섞였을 때 물리적 혼합이 아닌 눈의 착시적 혼합을 나타내는 것이다. 중간 혼색에는 인상파 화가들이 자주 사용했던 점묘화법과 같은 병치 혼색이 있고, 회전 원판에 색을 칠한 다음 고속으로 회전시켜 색이 혼합된 것처럼 보이는 회전혼색이 있다.

65 ①

감법혼색의 3원색은 색료의 3원색인 시안(Cyan), 마젠타(Magenta), 노랑(Yellow)이다.

66 ③

색의 팽창

동일한 형태, 동일한 크기라도 색에 따라 크기가 다르게 보이는 경우가 많다. 실제보다 크게 보이는 색을 팽창색이라고 한다. 주로 명도의 영향을 받으며 고명도, 고채도, 난색 계열이 커 보인다. 따라서 보기 중 색의 팽창에 속하는 것은 고채도의 난색 계열인 노란색이다.

67 ①

백열등

백열등은 장파장 계열로 난색 계열의 반사율이 높아 레스토랑의 고급스러움을 강조하고 음식을 시각적으로 더 먹음직스럽게 보이게 한다. 보기의 나트륨 램프는 황색 빛의 장파장 계열의 빛으로 주로 교량, 고속도로, 일반도로, 터널 등에 사용된다. 형광등은 단파장 계열로 빛을 방출하며, 태양광선은 자연광원에 속한다.

68 ④ `틀리기 쉬운 문제`

① 빛의 파동을 전하는 매질로서 에테르의 물질을 가상적으로 생각하는 학설은 파동설이다.

② 영국의 물리학자 맥스웰(Maxwell)이 제창한 학설은 전자기파설이다.

③ 입자설은 뉴턴(Issac Newton)이 주장하였으며, 빛은 에너지의 입자로 된 흐름이라고 주장하였다.

69 ①

간섭현상

빛의 파동이 잠시 둘로 나누어진 후 다시 결합하는 현상으로 빛이 합쳐지는 동일점에서 빛의 진동이 중복되어 강하게 되거나 약하게 나타나는 현상을 빛의 간섭이라고 한다. 간섭현상에는 비눗방울, 기름막, 곤충의 표면 등이 있다

70 ④

연변대비

연변대비란 두 색이 인접해 있을 때 서로 인접되는 부분이 경계로부터 멀리 떨어져 있는 부분보다 색상, 명도, 채도의 대비 현상이 더욱 강하게 일어나는 현상이다.

① 계시대비 : 어떤 색을 잠시 본 후 시간적인 차이를 두고 다른 색을 보았을 때, 먼저 본 색의 영향으로 나중에 본 색이 다르게 보이는 현상이다.

② 보색대비 : 보색 관계인 두 색을 인접시켰을 때 서로의 영향으로 본래의 색보다 채도가 높아져 색이 더욱 뚜렷해 보이는 현상이다.

71 ①

중심와

중심와는 망막 중에서도 상이 가장 정확하게 맺히는 부분으로 노란빛을 띠어 황반(Macula)이라고도 부른다. 황반에 들어 있는 노란 색소는 빛이 시세포로 들어가기 전에 자외선을 차단하는 기능을 하는 일종의 필터 역할을 한다. 중심와는 형태시, 색각시, 명소시 등의 기능을 담당한다.

72 ③ 틀리기 쉬운 문제

스티븐스(Stevens) 효과

스티븐스(Stevens) 효과는 백색 조명광 아래서 흰색, 회색, 검정의 무채색 샘플을 관찰할 때 조명광을 낮은 조도에서 점차 증가시켜 가면, 흰색 샘플은 보다 희게, 검은색 샘플은 보다 검게 지각된다. 반면, 회색 샘플의 지각에는 거의 변화가 없는 현상을 말한다.

① 애브니(Abney) 효과 : 색자극의 순도(선명도)가 변하면 같은 파장의 색이라도 그 색상이 다르게 보이는 현상이다.

② 베너리(Benery) 효과 : 흰색 배경 위에 검정 십자형의 안쪽에 있는 회색 삼각형과 바깥쪽에 있는 회색 삼각형을 비교하면 안쪽에 배치한 회색이 더 밝게 보이고, 바깥쪽에 배치한 회색은 어둡게 보이는 효과이다.

④ 리프만(Liebmann) 효과 : 그림과 바탕의 색이 서로 달라도 그 둘의 밝기 차이가 크지 않을 때, 그림으로 된 문자나 모양이 뚜렷하지 않게 보이는 현상이다.

73 ②

색의 3속성은 색상(Hue), 명도(Value), 채도(Saturation)이다. 색상은 온도감, 흥분과 진정에 영향을 미치고, 명도는 색의 중량감에 가장 큰 영향을 미치며, 채도는 색의 경연감, 화려함과 순수함에 영향을 미친다.

74 ④

동화효과

동화효과는 대비현상과는 반대로 인접한 색의 영향을 받아 인접 색에 가까운 색으로 보이는 현상이다.

75 ③

흥분감을 유도하는 색

흥분감을 유도하는 색으로써 난색 계열의 장파장에 속하는 고채도가 심리적으로 흥분감을 유도하며 맥박을 증가시킨다.

76 ②

색료혼합의 보색관계

색입체상에 서로 마주 보는 색을 보색이라고 한다. 보색은 서로 보완해 주는 색으로 물체색에서 잔상은 원래의 색상과 보색관계의 색으로 나타난다. 색료 혼합에 있어 보색관계는 직접적으로 색을 섞는 물리적 혼합, 감산 혼합의 원리가 적용된다. 이는 혼합하면 할수록 탁해지고 어두워지게 되는데, 두 색이 보색 관계에 있을 때 혼합을 하면 무채색이 된다.

77 ②

보색관계

보색대비에서 보색관계인 두 색을 인접시켰을 때 서로의 영향으로 본래의 색보다 채도가 높아져 색이 더욱 뚜렷해 보이는 현상이다.

78 ①

면색(Film Color)

평면색 또는 면색은 인간의 색지각에 있어서 순수하게 느끼는 감각 또는 색자극을 말한다. 색은 구체적인 표면이 없기 때문에 거리감이나 입체감이 없는 평면인 것처럼 느껴지는 색으로, 순수하게 색만을 느끼는 감각이 가능하게 되는 것이다. 하늘과 같이 끝없이 들어갈 것 같은 느낌의 색과 작은 구멍을 통해 색을 보는 것처럼 색채의 질감이나 환경을 제외한 상태에서 지각되는 순수한 색자극만 있는 상태이다.

79 ①

색상대비

색상대비란 색상이 다른 두 색을 동시에 볼 때 각 색상의 차이가 크게 느껴지는 현상이다. 색상대비는 1차색끼리 잘 일어나며 2차색, 3차색이 될수록 그 대비 효과는 작아진다. 같은 주황색의 경우 빨간색 위의 주황색은 노란색 기미를 띠고, 노란색 바탕 위의 주황색은 빨간색 기미를 띤다.

80 ②

면적대비 효과

면적대비란 동일한 색이라도 면적이 크고 작음에 따라서 색이 다르게 보이는 현상으로, 색채의 양적대비라고도 한다. 즉, 면적이 크면 명도와 채도가 실제보다 좀 더 밝게 보이고, 면적이 작으면 명도와 채도가 실제보다 어둡고, 탁하게 보인다.

5 제5과목 : 색채 체계의 이해

81 ②

색의 3속성은 명도(Value) 색상(Hue) 채도(Chroma)이며, 이 중 명도에 해당하는 용어는 Value(명도), Neutral(명도 단위), Gray Scale(명도차)이다.

① Hue(색상), Value(명도), Chroma(채도)
③ Hue(색상), Value(명도), Gray Scale(명도차)
④ Value(명도), Neutral(명도 단위), Chroma(채도)

82 ③ 【틀리기 쉬운 문제】

S4030—B20G은 검정색도 40%, 순색도 30%를 의미하며, B20G는
파랑계열의 초록이 20% 함유되어 있는 것을 의미한다.

NCS 색체계의 표기방법

NCS 색체계에서는 색을 색상과 뉘앙스(Nuance)로 표현할 수 있다.
NCS 색표기는 검정 기미(%), 순색 기미(%), 그리고 색상 순으로 나타
내며 인간이 구별할 수 있는 가장 기본적인 6가지 색, 즉 흰색, 검정,
노랑, 빨강, 파랑, 초록을 기본색으로 정하였다.

83 ④

관용색명이란 습관상 사용되는 개개의 색에 대한 고유색명으로 동
물, 식물, 광물, 자연대상물, 지명, 인명 등의 이름을 따서 만든 것
이다.

84 ②

① **지황색(芝黃色)** : 누런 황색
③ **감색(紺色)** : 어두운 남색
④ **치색(緇色)** : 스님의 옷색

85 ④

먼셀은 색의 3속성인 색상(Hue), 명도(Value), 채도(Chroma)로 색을
기술하였고, 각각 빨강(R), 노랑(Y), 초록(G), 파랑(B), 보라(P)의 다섯
가지 색을 기본으로 하였다. 이것은 다시 10등분되어 100색상으로
분할된다.

86 ④ 【틀리기 쉬운 문제】

연한은 Light가 아닌 Pale이다.

한국산업표준 KS A 0011의 유채색의 수식 형용사

기본색 이름이나 조합색 이름 앞에 수식 형용사를 붙여 색채를 다양
하게 표현할 수 있으며, 필요하면 두 개의 수식 형용사를 결합하거나
'아주'를 수식 형용사 앞에 붙여 사용할 수 있다.

87 ①

먼셀 색체계

색을 먼셀 기호로 표시할 때는 색상(Hue), 명도(Value), 채도(Chro-
ma)의 3속성을 H V/C 순서로 기록한다. V는 명도에 대한 설명으로
CIE LUV(L*u*v*) 색공간에서 L*은 반사율이 아닌 인간의 시감과 동
일한 명도이며, 단계별로 명도를 느낄 수 있다.
② CIE L*c*h*에서 L*은 명도를, C*는 중심에서 특정 색까지의 거리
   와 채도를, h는 색상의 종류를 나타낸다.
③ CIE Lab 표색계에서는 L*로 명도를 표시하고, a*와b*로 색상과
   채도를 표시한다.
④ CIE Yxy에서는 Y가 명도를 나타낸다.

88 ③

오스트발트 색체계

오스트발트(Wilhelm Ostwald)는 독일의 물리 화학자로서 모든 색을
순색량(C) + 백색량(W) + 흑색량(B) = 100이 되는 3색 혼합으로 물
체색을 체계화하였다. 순색량(C), 백색량(W), 흑색량(B)의 합을 100%
로 하였기 때문에 등색상면뿐만 아니라 어떠한 색이라도 혼합량의
합은 항상 일정하다고 주장했다.

89 ②

L*c*h* 색공간

L*a*b* 색공간에 먼셀 등의 현색계에서 볼 수 있는 색상환과 3속성
(색상, 명도, 채도)의 개념을 도입하여 조정한 색공간이다. L*은 명도
를, c*는 중심에서 특정색까지의 거리와 채도를, h는 색상의 종류를
나타낸다 빨간색은 +a를 0°으로 하고 시계 반대 방향으로 회전시킨
90°는 노란색 +b*, 180°는 초록색 −a*, 270°는 파란색 −b*이다.

90 ④

혼색계

혼색계는 색광을 표시하는 표색계로, 빛의 가산 혼합 원리를 기초로
한 표색계이다. 빛의 체계를 등색 수치나 감각으로 표현한 체계로, 우
리가 경험하는 모든 색에 일치하는 결과를 얻을 수 있다. 혼색계는
색을 측색기로 측정하여 어떤 파장 영역의 빛을 반사하는가에 따라
색의 특징을 판별하는 방법으로 물체의 표면색을 분광 곡선으로 만
들어 표현하는 색체계이다.

91 ①

이미지 스케일

이미지 스케일(Color Image Scale)은 SD법을 통해 색이 가지는 감정
효과, 연상과 상징 등 심리를 체계적으로 분석하고 이미지에서 느껴
지는 심리적인 감성을 특정 언어로 객관화시켜 구성한 것이다.

92 ③ 【틀리기 쉬운 문제】

ISCC—NIST

ISCC—NIST 색명 체계는 전미색채협의회(ISCC; Inter Society Color
Council)와 미국국가표준국(NBS; National Bureau of Standards)이
공동으로 연구하여 발표한 것으로, 색채의 감성 전달이 우수한 체계
이다. 색입체는 28종의 색상 분류의 계통색명에 명도, 채도에 관한
수식어를 조합하고 세분화한 계통색명과 무채색의 계통색명을 합해
267종의 색명으로 분류된다.

93 ②

문—스펜서의 색채 조화론

문(P.Moon)과 스펜서(D.E.Spencer)에 의해 색채 조화의 과학적이고
정량적 방법이 제시된 조화론이다. 그들은 과거의 색채 조화론을 연
구한 후 먼셀 시스템을 기본으로 하는 색채 조화론을 발표하였다. 색
채 조화는 배색 관계가 애매하지 않고, 색의 조합이 간단한 기하학적
관계를 중시하여 미적 가치가 있는 명쾌한 배색을 말하며, 동일 조화,
유사 조화, 대비 조화의 세 가지로 분류하였다.

94 ②

집중력을 요구하고, 밝고 쾌적한 연구실 공간을 위해서는 주조색은 차분하고 밝은 색채로 고명도의 한색 계열이 적합하다. 따라서 고명도의 한색계열인 5B 8/1가 적합하다.

95 ②

DIN 색체계의 표기 방법

1955년 독일공업규격위원회에서 채택된 표색계는 오스트발트 체계를 기본으로 하여 실용화에 주안점을 두고 개발된 색체계이다. 색상은 24개의 색상으로 구성하고, 채도는 0~15까지로 16단계(0은 무채색), 명도(어두운 정도)는 0~10까지로 11단계(10은 검은색)로 나누었다. 색상을 T, 포화도(채도)를 S, 암도(명도)를 D로 표기하였다. 표기 방법은 색상:포화도:암도=T:S:D 3가지 기호로 표기한다.

96 ③

PCCS 색체계

PCCS 색체계는 8색상에 고른 색상 간격이 느껴지도록 4색을 추가하여 12색을 만든 후 여기에 다시 중간색을 넣어 24색을 만든다.

97 ③

오스트발트 색체계의 색상환

오스트발트의 색상환은 헤링의 4원색(빨강, 노랑, 초록, 파랑)을 기준으로 보색 대비에 따라 4분할을 하고 다시 중간에 4가지 색상(주황, 연두, 청록, 보라)을 배열한 8색을 기준으로 하고 있다. 따라서 오스트발트 색체계의 색상환의 기본색은 빨강, 노랑, 초록, 파랑이다.

98 ④

brilliant는 KS 계통색명 수식 형용사에 포함되지 않는다.

99 ②

톤 온 톤 배색

톤 온 톤이란 '톤을 겹친다'라는 의미로, 동일 색상에서 두 가지 톤의 명도차를 크게 둔 배색을 말한다. '밝은 베이지+어두운 브라운' 또는 '밝은 물색+감색' 등이 그 전형적인 예이다.

100 ①

PCCS 색체계

PCCS 색체계는 일본색채연구소가 1964년에 일본색연배색체계(Practical Color Coordinate System)의 명칭으로 발표한 것으로, 색채 조화를 주목적으로한 컬러 시스템이다.

01 ③	02 ③	03 ④	04 ②	05 ①
06 ③	07 ②	08 ④	09 ④	10 ④
11 ④	12 ③	13 ③	14 ②	15 ③
16 ①	17 ④	18 ①	19 ④	20 ④
21 ③	22 ①	23 ②	24 ④	25 ④
26 ③	27 ①	28 ③	29 ③	30 ②
31 ②	32 ②	33 ②	34 ①	35 ③
36 ③	37 ④	38 ①	39 ②	40 ④
41 ④	42 ②	43 ③	44 ③	45 ③
46 ③	47 ④	48 ①	49 ③	50 ④
51 ②	52 ④	53 ①	54 ④	55 ①
56 ③	57 ①	58 ②	59 ①	60 ④
61 ②	62 ④	63 ②	64 ③	65 ②
66 ②	67 ②	68 ③	69 ④	70 ②
71 ③	72 ①	73 ③	74 ②	75 ③
76 ③	77 ①	78 ④	79 ③	80 ④
81 ③	82 ④	83 ④	84 ③	85 ②
86 ①	87 ①	88 ②	89 ③	90 ②
91 ④	92 ②	93 ②	94 ④	95 ④
96 ③	97 ①	98 ②	99 ④	100 ②

1 **제1과목 : 색채 심리**

01 ③

색채연상과 역할

- **국제적 표준색의 기능** : 국기색, 안정색채 등
- **사용자의 편의성** : 기능정보의 역할로서 인지성, TV 리모컨 등
- **유대감의 형성과 감정의 고조** : 유니폼, 붉은악마, 사회 · 문화 정보의 역할
- **차별적인 연상효과** : 언어적 기능, 유니폼, 지하철 노선 등

02 ③

색채 조절

색채 조절을 통해 사람의 근무 분위기를 쾌적하게 만들고 일의 능률을 높이며 주의력과 집중력을 향상시킨다. 안전하고 효율적인 작업 환경을 목적으로 개인적인 선호보다 공동의 선호가 더 중요하다.

03 ④

뉴욕의 마천루는 중명도의 색채 건물이 주를 이룬다.

지역색

지역색은 특정지역의 색채로 그 지역의 자연적 요소로 형성된 색이다. 지역의 기온과 일조량, 습도, 황토 등과 자연스럽게 어울리고 선호되는 색채이다.

04 ②

지역색은 특정지역의 색채로 그 지역의 자연적 요소로 형성된 색이다. 지역의 기온과 일조량, 습도, 황토 등의 자연스럽게 어울리고 선호되는 색채이다. 지역성을 중요시하여 소재와 색채를 장식적인 것으로 표현하기보다 정체성을 대변하는 이미지와 환경과의 조화를 고려한다.

05 ①

색채의 공감각

색채의 공감각은 색채의 시각적 감각과 청각, 후각, 미각, 촉각 등의 감각이 동시에 다른 감각의 느낌을 수반하는 감각이다.

06 ③

색명의 진화

베를린(Berlin)과 카이(Kay)의 1969년 연구에 따르면 문화가 발달할수록 흰색 → 검정 → 빨강 → 초록, 노랑 → 파랑 → 갈색 → 보라, 분홍, 주황, 회색의 순서로 색 이름의 진화 과정을 보인다고 하였다.

07 ②

시감도와 명시도

시감도와 명시도는 색의 빛, 크기, 거리가 같을 경우 또렷하게 보이는 정도를 나타내는 것이며, 명시도가 높은 색은 명도와 관련이 있으며 난색이므로 정답은 노랑이다.

08 ④

무채색은 구체적 연상이 나타나기 어렵다.

색채의 연상

색채의 연상은 어떠한 사물을 보고 느껴지는 이미지나 떠올리는 이미지를 말하며 이는 개인의 경험과 기억, 지식, 주관적 감정, 문화, 환경 등에 따라 영향을 받는다.

09 ④

면적대비 효과는 면적에 따라 명도와 채도의 변화가 크기 때문에 면적의 크기가 클수록 면적대비 효과가 크게 나타난다. 따라서 올림픽 스타디움의 외관은 면적이 가장 큰 곳이다.

10 ④

색채 정보 수집 방법

• **실험 연구법** : 주로 실험연구에서 사용되는 수집방법으로, 조사연구법 또는 관찰법이라고도 한다.

• **서베이 조사법**
  - 마케팅 조사 중 가장 많이 이용되는 방법이다.
  - 시장의 전반적인 상황과 기업의 마케팅 전략 수립과 관련한 전반적인 기본자료 수집이 목적이다.
  - 소비자의 제품 구매 등에 대해 조사원이 직접 거리나 가정을 방문하여 질의응답, 설문조사를 통해 정보를 수집한다.

• **패널 조사법** : 동일한 패널(조사대상)에 대하여 복수의 시점에 동일한 질문을 하여 패널의 의견이 어떻게 변화하였는지를 조사하는 방법으로, 색 견본을 직접 제시하거나 신제품 출시 전에 주로 실시함으로써 여론의 변동 상황을 파악하는 방법이다.

• **현장 관찰법** : 조사자가 현장에서 소비자의 행동을 직접 관찰하여 정보를 수집하는 방법으로, 특정지역 유동인구의 분석, 시청률 등을 조사하는 데 활용된다.

• **질문지법** : 설문지를 이용하여 개인적 성향을 파악하는 데 주로 사용하며 시간, 비용의 효율성이 높다. 응답지 회수율이 낮고 문맹자는 대상이 되지 못하는 특징이 있다.

• **포커스 그룹 조사법** : 소수의 그룹 대상(6~10명)으로 진행자가 특정 주제에 대해 지속적인 인터뷰로 진행하는 조사 방식이다.

• **표본(연구) 조사법**
  - 색채 정보 수집 방법 중 가장 많이 사용하는 조사법이다. 조사 대상의 집단 가운데 일부분을 무작위 추출하고 그 결과를 토대로 집단 전체를 집계하는 방법이다.
  - 일반적으로 큰 표본이 작은 표본보다 정확도가 더 높으나, 수집과정에서 시간과 비용이 증가한다.

11 ④

태극기의 색채의미와 상징

우리나라 태극기는 흰색 바탕의 태극문양과 건곤감리(乾坤坎離)의 4괘로 이루어져 있으며 흰색의 바탕은 밝음과 순수, 평화를 사랑하는 민족성을 나타내며 파랑과 빨강의 태극문양은 음과 양의 조화를 상징한다. 네 모서리의 4괘는 음과 양이 서로 변화하고 발전하는 모습을 효(爻 : 음 —, 양 —)의 조합을 통해 구체적으로 나타낸 것이다. 그 가운데 건괘(乾卦)는 우주 만물 중에서 하늘을, 곤괘(坤卦)는 땅을, 감괘(坎卦)는 물을, 이괘(離卦)는 불을 상징한다. 이들 4괘는 태극을 중심으로 통일의 조화를 이루고 있다.

12 ③

안전색채는 국가를 초월하여 하나의 언어이며 세계국가에서 공통적으로 비슷한 메시지를 전달한다. 노랑은 시각적으로 시인성과 유목성이 높아서 눈에 잘 띄는 안전색채로서의 기능적인 역할에 용이하다.

13 ③ 틀리기 쉬운 문제

제품 수명 주기

- **도입기** : 아이디어, 광고 홍보, 상품화 단계로 신제품이 시장에 진출되는 시기로 수익성이 낮다.
- **성장기**
  - 해당 제품의 색채 등을 다양화 하면서 생산비용이 증가하지만 제품의 인지도, 판매량, 매출도 함께 증가하는 시기이다.
  - 유사제품이 등장하고 시장이 확대되는 시기로 브랜드의 우수성을 알리고 대형시장에 침투해야 한다.
- **성숙기**
  - 생산 비용은 상대적으로 줄어들고 매출이 상한선까지 올라가는 시기로 이익이 최대로 증대되고 동시에 하강하기 시작하는 시기이다.
  - 기업 간의 치열한 경쟁으로 가격, 광고, 유치경쟁이 치열한 시기로 세분화된 시장에 맞는 색채의 세분화, 차별화된 마케팅, 광고 전략이 필요하다
- **쇠퇴기** : 매출과 생산비용이 모두 하락하고 새로운 상품으로 대체되거나 소멸하여 새로운 대처 방안을 모색해야 한다.

14 ②

① 중국에서는 붉은색이 행운과 행복을 의미한다.
③ 아프리카 토착민들은 강렬한 순색을 선호한다.
④ 북유럽계는 단파장의 한색계를 선호한다.

15 ③ 틀리기 쉬운 문제

마케팅 개념 변천 단계

생산지향 → 제품지향 → 판매지향 → 소비자지향 → 사회지향마케팅

16 ①

노르에피네프린(Norepinephrine)은 교감신경계에서 신경전달 물질과 호르몬으로 작용하는 물질로서 말초혈관을 수축시켜 혈압을 상승시키고 에너지 대사와 심장에 대한 작용은 약한 물질이다. 분홍색은 진성작용과 근육이완 효과를 주며 노르에피네프린의 분비를 촉진시켜 공격성과 힘을 약화시킨다.

17 ④

문화와 국기의 상징 색채

국기의 색채는 국가의 정체성과 역사와 지역의 특성을 연상할 수 있다. 영국 – 군청색, 네덜란드 – 주황색, 인도 – 적색, 프랑스 – 파랑, 일본 – 빨강, 중국 – 주황색 등이 있다.

18 ①

마케팅 구성요소 4C

고객(Customer), 비용(Cost), 편의(Convenience), 의사소통(Communication)

19 ④

파버비렌은 색채와 형태의 주상적인 관련성을 연구하여 원의 의미를 파랑과 연관시켰으며 파란색은 이상, 진리, 젊음, 냉정 등의 연상언어를 가진다.

20 ④

색채와 신체 기능의 치료

색채치료는 색채별 고유파장과 진동수에 따라 물리적 정신적 영향을 줌으로써 신체 기능의 치료에 효과를 가진다. 색채와 신체기능의 치료의 스트레스 완화는 난색인 노란색보다 한색을 사용한다.

21 ③

옵아트

- '옵티컬 아트'의 약어 1960년대 미국을 중심으로 일어났던 추상미술의 한 방향이다.
- 색조의 강한 대비감, 선의 구성과 운동, 색의 진출과 후퇴 등 광학적 효과를 활용하여 색채의 시지각 원리에 근거를 두고 시각적 환영과 지각, 착시 효과 등 심리적 효과를 적극적으로 활용하여 새로운 이미지를 표현하였다.
- 명암대비가 있는 자극적인 색채를 선택하여 색면의 대비나 선의 구성으로 발생하는 운동성이 우리 눈에 주는 착시현상을 최대한 극대화시키는 것이 특징이다.

22 ①

레이아웃

- 디자인 · 광고 · 편집에서 각 구성요소를 공간에 효과적으로 배열하는 일, 또는 그 기술을 말한다.
- 시각적 소재를 효과적으로 구성, 배치해야 하며, 전체적으로 통일과 조화를 고려하여, 가독성 있게 표현해야 한다.

23 ②

아르누보 대표작가

대표적 작가로는 아르누보 양식에서 가장 독창적이고 화려한 장식을 사용한 스페인 건축가 '안토니오 가우디', 오스트리아 출신이며 유겐트 양식의 대표 화가인 '구스타프 클림트'와 '알폰스 무하', '빅토르 오르타'가 있다. 특히 구스타프 클림트의 경우 관능적인 여성 이미지와 황금빛, 윤곽선이 강조된 얼굴, 모자이크풍의 장식성과 평면성이 강한 문양을 창조한 화가로 잘 알려져 있다.

24 ④

제품디자인 과정

계획 → 조사 → 분석 → 종합 → 평가 순으로 이루어진다.

25 ④

① 구석기 시대에는 대개 주술적 또는 종교적 목적의 디자인이라 아름다움과 실용성과는 관계가 없다.
② 18세기 영국에서 일어난 산업혁명은 예술, 공예, 동시에 디자인혁명과는 관계가 없다.
③ 중세 말 유럽에서 도시경제가 번영하게 되자 자연과 인간에 대한 사고방식이 바뀌었는데, 이를 고전문예의 부흥이라는 의미에서 르네상스라 불렀다.

26 ③

독일공작연맹

- 1907년 독일 건축가인 헤르만 무테지우스를 중심으로 결성되어 예술가, 건축가뿐만 아니라 공업이나 상업에 종사하는 다양한 직업군의 전문가들이 협력하여 만든 디자인 진흥 단체이다.
- 우수한 미적 기준을 표준화하여 대량생산하고, 수출을 통해 독일의 국부 증대를 목표로 하였다.
- 합리적이고 단순한 디자인을 추구하였으며 미술과 산업의 협력으로 공업 제품의 질을 높이고 규격화를 실현하여 대량 생산에 의한 양을 긍정하여 모던 디자인, 디자인 근대화 탄생의 발판을 마련하였다.
- 1910년 이후에는 오스트리아, 스위스, 스웨덴, 영국 등에서도 조직이 결성되었으며, 1939년 나치에 의해 해산되었고, 1950년 재건되어 바우하우스를 창립하는 데 큰 역할을 하였다.

27 ①

차분한 색상

단파장의 한색계열 파랑, 남색은 집중력을 불러일으키고 차분함을 유도한다.

28 ③

심미성

합목적성, 실용성과는 대립되는 개념으로 색채, 형태 등 조화와 아름다움에 대한 추구를 의미한다. 주관적인 평가이므로 개인의 성향, 나이, 성별과 사회나 문화에 따라 다르다. 디자인에서 드러나는 스타일(양식), 유행, 민족성, 시대성, 개성 등이 복합적으로 반영된 내용이라고 할 수 있다.

29 ③

사용한 현수막을 재활용하여 만든 숄더백 디자인은 에코 디자인에 속한다.

감성 디자인

감성 디자인은 제품의 구매동기나 사용 시 주위의 분위기, 특별한 추억 등을 중요하게 고려하여 소비자의 감성적 욕구와 개개인의 주관적 가치를 충족시키는 디자인을 말한다.

30 ②

옥외광고 디자인은 환경 그래픽 디자인 중 하나로 무조건 눈에 띄는 것이 중요하기보다는 환경을 구성하는 여러 요소의 상관성 속에서 하나의 질서와 조화를 추구할 수 있어야 한다.

31 ② 틀리기 쉬운 문제

제품 개발의 스케치, 목업과 같이 디자인 의도가 제시되는 단계는 색채전달계획 단계로 프레젠테이션 과정과 동일하다.

색채계획 과정

색채 환경 분석 → 색채 심리 분석 → 색채 전달 계획 → 색채 디자인 적용의 단계

32 ②

디자인 과정

- 욕구과정(기획단계)
  - 색채디자인을 대상 기획
  - 시장조사
  - 소비자조사
- 조형과정(디자인단계)
  - 사용자 필요성에 의해 디자인을 생각, 재료나 제작방법 등 시각화
  - 색채분석 및 색채 계획서 작성
  - 주조색, 보조색, 강조색 결정
- 재료 과정(과학적이고 합리적인 단계)
  - 생산을 위한 재질의 검토와 단가, 재료의 특성을 시험하고 적용
  - 제품 계열별 분류 및 체계화
- 기술과정(생산단계)
  - 시제품 제작
  - 평가 및 품평회 실시
  - 생산
- 홍보과정
  - 홍보단계

33 ②

식욕을 촉진시키는 색상으로는 난색계열(주황, 노랑)이 적합하다.

34 ①

POP 디자인

POP는 광고 상품이 소비자에 의하여 최종적으로 구입되는 판매 현장인 소매상의 상점이나 그 주위에서 이루어지는 일체의 광고, 옥외의 간판, 포스트패널, 상점 내의 진열장이나 천장 선반 따위에 달린 페넌트 따위가 모두 포함되는 상업적 디스플레이에 활용된다.

35 ③

기능주의

루이스 설리반은 "형태는 기능을 따른다."라고 하여 기능성을 주장한 미국의 근대건축가이다.

기능에 충실하고 기능이 만족스러울 때 저절로 형태가 아름답다는 뜻으로 해석할 수 있다

36 ③ 틀리기 쉬운 문제

색채계획의 과정

색채의 목적(색채 환경 분석) → 색채 심리 분석 → 색채 전달 계획 → 색채 디자인 적용의 단계로 이루어진다.

37 ④

거리시설물(Street Furniture)

'스트리트 퍼니처'는 '거리의 가구'라는 의미로 테마공원, 도로, 버스정류장, 보도블록, 우체통, 광장 등 시민의 편의성을 향상시키기 위한 모든 종류의 공공 시설물을 말하며 도시의 표정을 결정하는 중요한 요소이다. 거리 시설물 디자인 시 편리성, 경제성, 안전성 등을 고려해야 한다.

38 ①

형태의 분류

형태는 단순히 눈에 비치는 윤곽이지만, 형태는 일정한 크기, 색, 질감을 가진 모양으로, 이념적 형태와 현실적 형태로 구분된다. 이념적 형태는(점, 선, 면, 입체) 등 기하학적인 순수 형태를 말하며, 현실적 형태는 자연 형태와 인위적 형태를 말한다.

39 ②

제품디자인은 대량생산을 하고 공예디자인은 수공예(핸디 크래프트) 작업이 많다.

40 ④

CIP

로고, 심벌, 시그니처, 캐릭터뿐 아니라 명함 등의 서식류와 외부적으로 보이는 사인 시스템에서 기업의 이미지를 일관성 있게 관리하는 것을 말한다.

---

3 제3과목 : 색채관리

41 ④

염료

- 수용성이다.
- 투명도가 높다.
- 유기물이다.
- 표면에 친화력이 있어 고착제(접착제)를 사용하지 않는다.
- 착색 시 친화력의 강도에 따라 드러나는 색채의 농도가 다르다.
- 은폐력이 적다.
- 직물, 피혁, 잉크, 종이, 목재, 식품 등 염색에 쓰인다.
- 수지 내부로 용해되어 투명한 혼합물이 된다.

42 ④ **틀리기 쉬운 문제**

광전 수광기를 사용하여 종합 분광 특성을 적절하게 조정한 색채계는 광전 색채계이다.

43 ③

조색

- 조색은 여러 가지 색이나 빛을 혼합하여 원하는 색을 만드는 작업을 말한다. 조색을 위해서는 주어진 소재의 특성을 파악하여 알맞은 색료(Colorant)를 선정하여야 하는데 색료의 가격, 다양한 조건(광원)하에서의 색변화, 작업 공정의 가능성, 착색의 견뢰성 등을 고려하여 색료를 결정하여야 한다.
- 효과적인 재현을 위해서는 표준 표본을 3회 이상 반복 측색하여 정확하게 파악해야 한다.
- 염료의 경우에는 염료만으로 색채를 평가할 수 없고 염색된 상태로 평가한다.
- 조색의 종류에는 크게 CCM(Computer Color Matching)과 육안조색이 있다.

44 ③

비트와 표현색 개수

구분	표현색 개수
1비트	2색(White, Black)
2비트	4색(2의 제곱)
4비트	16색(2의 4제곱)
8비트	256색(2의 8제곱)
16비트	65,536색(2의 16제곱)
24비트	16,777,216색(2의 24제곱)
32비트	4,292,967,296색(2의 32제곱) 8비트 RGB 3개의 채널이 CMYK 4개의 알파채널로 변환되고 분해방식이 달라짐
48비트	281,474,976,710,656색(2의 48제곱) 48비트는 RGB에서 16비트로 저장

45 ③

분광 반사율이 거의 0.9 이상으로 파장 380nm~780nm에 걸쳐 거의 일정한 것으로 한다.

46 ③ **틀리기 쉬운 문제**

특수 연색 평가수란 개개의 시험색을 기준광원으로 조명하였을 때와 시료 광원으로 조명하였을 때의 색차를 바탕으로 광원의 연색성을 평가한 값을 뜻한다.

47 ④

컬러 어피어런스

- 어떤 색채가 관측자의 색채 적응조건이나, 조명, 매체, 배경색 등에 따라 다르게 보이는 현상을 의미하며, 메타메리즘(Metamerism) 현상으로 불리기도 한다.
- 컬러 어피어런스 현상을 해결할 수 있도록 개발된 색채관리 시스템을 '컬러 어피어런스 모델(Model)'이라고 하며, 이는 관찰변화에 따라 색채의 외관색의 속성, 명도, 채도 등을 조정하여 정확히 예측해 준다.

48 ①

시온 안료

- 시온 안료는 온도에 따라 색상이 변하는 안료이다. 온도가 높아져 기준온도에 도달하였다가 온도가 다시 내려가면 원래의 색깔로 되돌아가느냐의 여부에 따라 가역성(원색 복귀), 비가역성(복귀되지 않음) 안료로 분류된다.
- 가역성은 반복 사용이 가능하여 컵, 온도계, 판촉물 등 주로 일상용품에 사용되며, 비가역성은 1회성으로 전기, 전자 공정 등 주로 산업분야에서 사용된다.

49 ③

광원과 색온도

색온도는 실제온도가 아닌 흑체(Black Body)의 온도를 말하기 때문에 색온도가 광원의 실제 온도와 반드시 일치하지는 않는다. 흑체란 에너지를 반사 없이 모두 흡수하는 이론적인 물체로 태양과 같이 외부의 에너지를 흡수하여 에너지 상태가 포화되면 전자파의 방사가 생긴다는 이론으로 가정한 물체인데, 흑체의 온도가 낮을 때에는 붉은빛을 띠며 온도가 올라갈수록 노란색이 되었다가 푸른빛이 도는 흰색이 된다.

50 ④ 　틀리기 쉬운 문제

쿠벨카 문크 이론

CCM(컴퓨터 자동 배색)의 기본원리는 색소 단위 농도당 반사율의 변화를 연결짓는 과정에서 쿠벨카 문크 이론을 적용한다. 쿠벨카 문크 이론은 광선이 발색층에서 확산, 투과, 흡수될 때와 일정한 두께를 가진 발색층에서 감법혼합을 하는 경우에 성립하는 원리이다.

51 ② 　틀리기 쉬운 문제

꼭두서니는 자색, 홍색을 띠는 식물성 염료이다.

동물염료

패류, 코치닐, 커머즈, 세피아, 오배자 등이 있다.

52 ④

그래픽 카드

컴퓨터의 색채 영상을 모니터에서 필요한 전자 신호로 변환시켜 주는 출력 장치 즉, 컬러 정보 디스플레이 재현 시 컬러 프로파일이 적용되는 장치이다. 그래픽 카드의 성능에 따라 해상도, 표현 색채 수 등이 달라진다.

53 ①

CMY 색체계 공간

시안은 (1, 0, 0), 마젠타는 (0, 1, 0), 옐로우는 (0, 0, 1), 흰색은 (0, 0, 0), 검정색은 (1, 1, 1)로 출력된다. 마젠타와 노랑의 혼합인 빨강은 (0, 1, 1), 마젠타와 시안의 혼합인 파랑은 (1, 1, 0), 시안과 노랑의 혼합인 초록은 (1, 0, 1)으로 표현된다.

54 ④

LED 램프

- '발광다이오드'라고도 하며, 갈륨비소 등의 화합물에 전압을 가해 빛을 내는 반도체 조명이다.
- 에너지 효율이 높고 빛이 밝으며, 환경오염 물질을 방출하지 않는 장점이 있으나 생산원가가 비싸고 열에 약하다는 단점이 있다.
- 자외선에 민감한 문화재나 예술작품, 열조사를 꺼리는 물건, 디스플레이, 도로조명, 대형전광판 등에 많이 사용된다.

55 ①

안료

- 비수용성이다.
- 불투명하다.
- 무기물이다.
- 소재에 대한 친화력이 없어 고착제(접착제)를 사용한다.
- 은폐력이 높다.
- 플라스틱, 고무, 유성 페인트에 쓰인다.
- 수지에 용해되지 않고 빛을 산란시킨다.

56 ③

OLED 디스플레이 장치는 가법혼색의 원리가 적용되는 장치로 RGB 색상으로 구현된다.

57 ①

색을 측정하는 목적

측색이란 색채를 물리적으로 측정하여 수치로 나타내는 것을 말한다. 제품의 색이 의도한 대로 표현되었는지, 색차가 허용 범위 안에 있는지 등을 파악하기 위해 필요한 작업이다

58 ②

완전 복사체 궤적

완전 복사체 각각의 온도에 있어서 색도를 나타내는 점을 연결한 색도그림 위의 선이다.

59 ① 　틀리기 쉬운 문제

MI(Metamerism Index)를 평가하기에 적합한 광원

CIE에서 규정한 측색용 기준광이며 CIE 표준광에는 표준광 A, D65가 있고, D50, D55, D75를 비롯한 주광, 그리고 기타의 광 B와 F8이 있다.

60 ④

색의 혼합

- 파랑 + 노랑 = 초록
- 빨강 + 주황 = 주황이 섞인 빨강
- 빨강 + 노랑 = 주황
- 파랑 + 검정 = 어두운 파랑

4 　**제4과목 : 색채 지각의 이해**

61 ②

① 동일 색이라도 면적이 커지게 되면 명도와 채도가 높아 보이는 현상

③ 명도 차이가 나는 두 색을 서로 대비했을 경우 서로의 영향으로 어두운색은 너욱 어눕게, 밝은 색은 더욱 밝게 보이는 현상

④ 선명한 색 위의 색은 더 흐리게 보이고 흐린 색 위의 색은 더 선명하게 보이는 대비현상

62 ④

병치혼색

신인상주의 점묘화 망점인쇄 직물 등은 병치혼색이며 선이나 점이
서로 조밀하게 병치되어 인접색과 혼합하는 방식이다.

63 ②

① 명순응은 추상체의 활동이며 명순응 시 파랑이 아니라 빨강이 가
　장 시인성이 높다.
③ 기억색은 물체의 표면색을 인간이 잠재적으로 기억하는 색을 말
　한다.
④ 기억색은 무의식적 추론에 의한 색으로 광원에 따라 다르게 느껴
　지는 것과 거리가 멀다.

64 ③

동시대비

동시대비란 두 가지 이상의 색을 동시에 볼 경우 일어나는 대비이며
시점을 한 곳에 집중시키려는 색채지각 과정으로 순간적으로 일어난
다. 계속 한 곳을 보게 되면 눈의 피로가 대비효과로 감소한다.

65 ②

애브니 현상

빛의 파장이 동일해도 채도가 변함에 따라 색상이 다르게 보이는 현
상을 애브니 효과라고 하며 577nm의 파장영역의 색상은 애브니 효
과 현상이 적용되지 않는 파장영역이다.

66 ②

잔상

잔상은 정의 잔상과 부의 잔상으로 나누며 눈을 자극하는 빛의 파장
에 따라 잔상이 남는 시간이 다르며 이러한 잔상이 나타나게 되는 것
은 색자극에 의한 망막의 흥분 현상이다.

67 ②

색의 연색성

색의 연색성은 조명이 물체의 색감에 영향을 주는 현상으로 동일한
물체색이라도 광원의 분광에 따라 다른 색으로 지각되는 현상이다.

68 ③

색지각의 3요소는 눈, 물체, 빛이지만 색지각의 4가지 조건은 빛의
밝기, 사물의 크기, 인접색과의 대비, 색의 노출시간이다.

69 ④

밝은 곳에서 활동하는 추상체와 어두운 곳에서 활동하는 간상체가
활발하게 활동하지 못하기 때문에 푸르킨예 현상이 일어난다.

박명시 현상

초저녁에 파란색이 빨간색보다 밝게 보이는 현상은 푸르킨예 현상이
며 간상체시각과 추상체시각의 스펙트럼 민감도가 서로 다르기 때문
에 일어나는 현상이다.

70 ②

두 색의 셀로판지를 겹치고 빛을 통과시켰을 때 나타내는 색을 관찰
한 결과는 가산혼합으로 3원색은 Cyan, Magenta, Yellow이다. 이 색
들의 혼합은 가산혼합의 원색이 나타나며 Cyan + Magenta = Blue,
Magenta + Yellow = Red, Yellow + Cyan = Green이 된다.

71 ③

빛의 파장

사람의 눈으로 보는 색감의 차이는 빛이 물체에 흡수되거나 반사되
는 정도에 따라 물체는 다른 색을 띤다. 따라서 물체의 색은 빛의 반
사와 흡수의 특성에 의해 결정되고 빛의 파장에 따라 서로 다른 색감
을 일으킨다.

72 ①

인간은 이론적으로 약 200만 가지의 색을 변형할 수 있으며 색상
200가지 X 명도 500단계 X 채도 20가지의 색을 인식할 수 있다.

73 ③

바탕색과 글씨 색의 명도차를 줄이면 두 색의 대비를 낮추는 것이므
로 명시도는 낮아진다.

74 ②

고채도의 색이 저채도의 색보다 주목성이 높다.

75 ③ 　틀리기 쉬운 문제

형광현상

형광물질은 자외선과 같은 짧은 파장의 빛이 입사하여 긴 파장의 빛
을 복사하는 특징을 지니기 때문에 일반 색료보다 밝은 느낌을 받게
되며 파장의 빛을 가시광선의 영역 중 하나로 방출함으로써 일반도
료보다 채도감이 높고 채도 범위가 증가하게 된다.

76 ③

음성 잔상

음성 잔상은 잔상이 원 자극의 반대 속성으로 일어나는 것으로 빨간
색 원을 보면 보색인 청록색이 보이게 되고 밝은색을 보면 어두운 잔
상이 나타나는 현상이다.

77 ①

보색의 혼색

색광의 혼합에서 보색관계의 색을 혼합하면 흰색이 되며 색료의 혼
합에서 보색관계의 색을 혼합하면 검정에 가까운 색이 된다.

78 ④

명시성

명시성이란 멀리서도 정확하게 잘 보이는 정도를 말하며 배경색과의
명도 차가 가장 큰 영향을 미친다 명도차가 비슷할 때는 채도가 높은
쪽이 명시성이 높으며 배경색과의 채도의 차이가 클수록 명시도가
높다.

79 ②

보색

색료의 1차색은 Cyan, Magenta, Yellow로 이 색들을 혼색하면 색광의 1차색 Red, Green, Blue가 된다. 색광의 1차색을 혼합하면 색료의 1차색이 되며 색료의 1차색을 혼합하면 색광의 1차색이 된다. 따라서 색료의 1차색은 색광의 2차색과 보색이 아니라 동일한 색상이 된다.

80 ④

조건등색

조건등색은 색채의 분광 반사율이 서로 다른 두 가지의 색이 특정한 조명 아래서 다른 색의 물체가 같은 색으로 보이는 경우를 말한다.

---

5 제5과목 : 색채 체계의 이해

---

81 ③

동화 효과

동화 효과는 색이 다른 색과 교차하거나 다른 색과 밀접하고 있을 때 그 색이 주위의 색과 비슷하게 보이는 현상으로 베졸드 효과, 줄눈 효과, 전파효과와 관련이 있다.

82 ④

오스트발트

독일의 물리학자 오스트발트는 헤링의 반대색설을 바탕으로 이 세상에 존재하지 많은 이상적인 백색(W)과 이상적인 흑색(B), 이상적인 순색(C) 3가지 혼합에 의해 물체색을 형성된다는 이론이다.

83 ④

숫자의 조합으로 감각적인 색의 연상이 가능한 것은 현색계의 특징이다.

혼색계(Color Mixing System)

혼색계는 빛의 3원색과 그들의 혼합관계를 객관화한 시스템으로 수치를 기반으로 하며 객관적인 측면이 강하다. 대표적인 표색계는 CIE(국제조명연구회)이다.

84 ③

색의 균형 있는 배색을 위해서 너무 많은 색을 사용하는 것은 적당하지 않다.

85 ②

S2050-Y30R은 NCS 색체계의 '흑색량, 순색량 - 색상의 기호'로 표기되었다
① 먼셀 표기법
③ DIN 표기법
④ 오스트발트 표기법

86 ①

CIE 용어

CIE는 Commission internationale de l'éclairage의 약자로 국제 조명 위원회를 의미하며, 1931년에 만든 CIE 표준 표색계는 빛의 삼원색 R, G, B를 이용한 빛의 혼색을 기초로 한 혼색계 시스템이다.

87 ①

색입체

먼셀 색입체는 미국의 먼셀에 의해 창안된 표색계로 색상, 명도, 채도의 3속성을 기준으로 3차원의 공간에 지각적으로 고른 단계의 색표로 배열한 것이다.

88 ②

먼셀(Munsell)의 균형 이론

먼셀은 회전 혼색에서 회색을 얻는 균형으로 N5가 모든 불균형의 색들을 어울리게 하는 명도로 각색들의 평균 명도가 N5일 때 가장 색채 조화가 된다고 하였다.

89 ②

오스트발트(Ostwald) 색체계

오스트발트 표색계 표기방법이 실용적으로 활용하는 것에 한계점이 있다. 기호화된 정량적 색표기 방법으로 직관적인 예측이 어렵고 인접색과의 관계를 절대적으로 표현한 것이 아니라서 시각적으로 고른 간격이 유지되지 않는다는 단점이 있다. 초록계통의 표현은 섬세하지만 빨강계통은 섬세하지 못한 경우도 그 예이다.

90 ②

먼셀(Munsell) 색입체

먼셀의 색입체를 수평으로 절단한 수평단면에서는 같은 명도의 여러 가지 색상과 채도를 관찰할 수 있으며, 색입체를 수직으로 절단한 수직단면에서는 보색끼리 마주 보는 등색상 단면도가 보인다.

91 ④

가장 큰 면적비를 차지하도록 계획하는 것은 주조색이다.

색채배색

강조색은 색채계획 시 악센트나 변화를 주기 위해 사용되며 대비적으로 사용하거나 명도나 채도의 변화를 주어 포인트색은 5~10% 이내로 사용한다.

92 ② 틀리기 쉬운 문제

KS A 0011(물체색의 색이름)

한국산업표준 물체색 색이름(KS A 0011)에서 '자줏빛(자)'을 붙일 수 있는 기준색 이름은 분홍, '보라'와 파랑'에 붙일 수 있는 색이름 수식형은 '흰', '회', '검은(흑)'이며 검정에 붙일 수 있는 색이름 수식형은 '빨간(적)', '초록빛(녹)', '파란(청)', '보라빛', '갈'이다.

93 ②

DIN 표기방법

DIN의 색표기는 '색상 : 포화도 : 암도'로 나타내며 'T : S : D'로 표시한다.

94 ③

동일 색상에서 명도는 같으나 채도가 다른 색채들은 조화롭다는 단색상의 조화를 주장하여 명도는 같으나 채도가 다른 반대색끼리는 조화롭다. 약한 채도에 큰 면적을 강한 채도에 작은 면적을 줄 때 조화롭다.

95 ④

'초록빛 연두'에서 초록빛은 수식형으로 사용한 형용사이며 기준색 이름은 '초록'이 아니라 연두이다. 한국산업표준의 물체색의 기준색 이름으로는 빨강, 주황, 노랑, 연두, 초록, 청록, 남색, 보라, 자주, 갈색, 분홍, 하양, 흰색, 검정이다.

96 ③ 틀리기 쉬운 문제

파버 비렌(Faber Birren)의 색채 조화론에서 8가지 종류

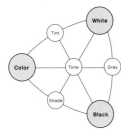

- White – Gray – Black
- Color – Shade – Black
- Tint – Tone – Black(Gray)
- Color – White – Black
- Color – Tint – White
- Tint – Tone – Shade
- White – Tone – Shade
- Tint – Shade – Tone – Gray

97 ①

CIE 색체계는 스펙트럼의 4가지 기본색이 아닌 RGB 3가지 기본색을 사용한다.

CIE 색체계

1931년 CIE가 새로운 가상의 색공간인 XYZ를 규정하고 실제로 사람이 느끼는 빛의 색과 등색이 되는 3원색 실험을 시도하여 XYZ라는 3개의 자극치를 정의하였다.

98 ②

전통색인 오방색은 동, 서, 남, 북, 중앙을 의미하며 동방의 청색, 서방의 백색, 남방의 적색, 북방의 흑색, 중앙의 황색이며, 정색의 혼합으로 오간색은 녹색, 벽색, 자색, 유황색, 홍색이다.

99 ④

연속배색

연속배색은 색을 연속적으로 이어지는 느낌의 배색기법이며, 색상, 명도, 채도, 톤 등의 연속적인 변화의 단계별 배색효과이다.

100 ②

오스트발트, DIN, RAL은 독일에서 세계화한 색체계이며 NCS는 스웨덴의 색체 연구소에서 개발한 표색계이다.

COLORIST

PART 02

컬러리스트 기사

01회 기출문제

기사

1 제1과목 : 색채 심리 · 마케팅

01 다음 중 색의 감정 효과에 대한 설명이 옳은 것은?

① 강력한 원색은 피로감이 생기기 쉽고, 자극시간이 길게 느껴진다.
② 한색계통의 연한색은 피로감이 생기기 쉽고, 자극시간이 길게 느껴진다.
③ 난색계통의 저명도 색은 진출되어 보인다.
④ 한색계통의 저명도 색은 활기차 보인다.

> ② 한색계통의 연한색은 진정효과를 주며 자극시간이 짧게 느껴진다.
> ③ 난색계통의 저명도 색은 후퇴되어 보인다.
> ④ 한색계통의 저명도 색은 진정되어 차분해 보인다.

02 색채를 조절할 때 기능을 최고도로 발휘할 수 있도록 색을 선택, 부여하는 효과와 가장 관련이 없는 것은?

① 운동감
② 심미성
③ 연색성
④ 대비효과

> **색채조절**
> 색채조절은 미적효과나 광고효과를 겨냥하여 감각적으로 배색하는 장식과는 다르며 객관적이고 합리적인 색채 선택이 필요하다.

03 다음의 보기가 공통적으로 설명하는 것은?

> - 20대 초반 대학생들의 선호색을 고려하여 캐주얼 가방을 파란색으로 계획
> - 1950년대 주방식기 전문업체인 타파웨어(Tupperware)가 가정 파티라는 마케팅 전략으로 성공을 거둠

① 기술, 자연적 환경
② 사회, 문화적 환경
③ 심리, 행동적 환경
④ 인구통계, 경제적 환경

> **색채 마케팅 영향 요인**
> 인구통계, 경제적 환경에 속하는 연령, 거주 지역, 성별, 라이프스타일, 학력 · 소득 차이에 따라 마케팅 전략이 다를 수 있다. 이외 기술적 · 자연적 환경, 사회 · 문화적 환경 등이 색채 마케팅에 영향을 미친다.

04 다음 색채의 라이프 단계에 대한 설명 중 틀린 것은?

① 도입기는 색채 마케팅에 의한 브랜드 색채를 선정하는 시기이다.
② 성장기는 시장이 확대되는 시기로 색채 마케팅을 통해 알리는 시기이다.
③ 성숙기는 안정적인 단계로 포지셔닝을 고려하여 기존의 전략을 유지하는 시기이다.
④ 쇠퇴기는 색채 마케팅의 새로운 이미지나 대처방안이 필요한 시기이다.

> **색채의 라이프 단계**
> 성숙기는 안정적이지 않고 기존 전략을 유지하는 시기가 아닌 가장 오래 지속되고 타 경쟁자가 더욱 많아져 가격, 광고, 유치경쟁이 치열한 시기이다. 경쟁의 증가로 총이익은 하강하기 시작한다. 따라서 경쟁 제품과 차별화된 광고전략 및 자사와 타사 제품의 포지셔닝을 고려한 새로운 전략이 필요한 시기이다.

05 사용경험, 사용량, 브랜드 충성도, 가격 민감도 등과 관련이 있는 시장 세분화 방법은?

① 인구학적 세분화
② 행동분석적 세분화
③ 지리적 세분화
④ 사회 · 문화적 세분화

> **시장 세분화 방법**
> • **인구 통계적 변수** : 연령, 성별, 직업, 소득
> • **행동분석적 변수** : 사용경험, 사용량, 브랜드 충성도, 가격 민감도
> • **지리적 변수** : 지역, 도시크기, 인구밀도
> • **사회 · 문화적 변수** : 문화, 종교, 사회계층

06 색의 느낌과 형태감을 사람의 행동 유발과 관련지은 설명 중 옳은 것은?

① 노랑 – 공상적, 상상력, 퇴폐적인 행동 유발
② 파랑 – 침착, 정직, 논리적인 행동 유발
③ 보라 – 흥분적, 행동적, 우발적인 행동 유발
④ 빨강 – 안정적, 편안한, 자유로운 행동 유발

색채의 기능
① 보라 : 공상적, 상상력
③ 빨강 : 흥분적, 행동적
④ 초록 : 안정적, 편안함

틀리기 쉬운 문제

07 마케팅에서 소비자 생활유형을 조사하는 목적이 아닌 것은?

① 소비자의 선호색 조사
② 소비자의 가치관 조사
③ 소비자의 소비형태 조사
④ 소비자의 행동특성 조사

소비자 생활유형 조사 목적
소비자의 가치관, 소비형태, 행동특성을 조사하는 데 목적이 있다.

08 라이프스타일에 관한 설명이 틀린 것은?

① 소비자가 어떤 방식으로 시간과 재화를 사용하면서 세상을 살아가는가에 대한 선택의 의미이다.
② 라이프스타일에 따른 소비자 시장의 연구는 소비자가 어떤 활동, 관심, 의견을 가지고 있는가를 중심으로 이루어진다.
③ 라이프스타일은 소득, 직장, 가족 수, 지역, 생활주기 등을 기초로 분석된다.
④ 라이프스타일은 사회의 변화에 관계없이 개인의 가치관에 따라서 변화된다.

라이프스타일(Lifestyle)
• 라이프스타일은 사회의 변화에 따라 끊임없이 변화한다.
• 소비자가 어떤 방식으로 시간, 재화를 사용하며 살아가는지에 대한 선택의 의미이다.
• 소비자 시장 연구는 소비자가 어떤 활동, 관심, 의견을 가지고 있는가를 중심으로 이루어진다.
• 소득, 직장, 가족 수, 지역, 생활주기 등을 기초로 분석한다.

09 다음 중 색채선호의 원리가 아닌 것은?

① 선호색은 대상이 무엇이든 항상 동일하다.
② 서양의 경우 성인의 파란색에 대한 선호 경향은 매우 뚜렷한 편이다.
③ 노년층의 경우 고채도 난색계열의 색채에 대한 선호가 높은 편이다.
④ 선호색은 문화권, 성별, 연령 등 개인적 특성에 따른 차이가 있다.

색채선호의 원리
색채선호는 개인별, 연령별, 지역적, 문화적 영향 및 구체적 대상에 따라 차이가 있을 수 있다.

10 마케팅의 변천된 개념과 그에 대한 설명이 틀린 것은?

① 제품 지향적 마케팅 : 제품 및 서비스의 생산과 유통을 강조하여 효율성을 개선
② 판매 지향적 마케팅 : 소비자의 구매유도를 통해 판매량을 증가시키기 위한 판매기술의 개선
③ 소비자 지향적 마케팅 : 고객의 요구를 이해하고 이에 부응하는 기업 활동을 통합하여 고객의 욕구 충족
④ 사회 지향적 마케팅 : 기업이 인간 지향적인 사고로 사회적 책임을 다하는 것

마케팅의 개념
제품 지향적 마케팅은 제품의 품질, 서비스의 효율성, 디자인 등을 강조하는 마케팅이며, 생산과 유통을 강조하는 것은 판매 지향적 마케팅에 속한다.

11 다음 중 소비자의 구매심리 과정이 아닌 것은?

① A(Action)
② I(Interest)
③ O(Opportunity)
④ M(Memory)

소비자의 구매심리 과정
아이드마(AIDMA) 원칙이란 1920년 미국 경제학자 롤랜드 홀이 소비자 구매심리 과정을 5단계로 설명한 것이다. 즉 5단계를 걸쳐 소비자가 구매에 이르는 것이다. 그 순서는 '주목(Attention) → 흥미(Interest) → 욕망(Desire) → 기억(Memory) → 행동(Action)'이다.

정답 01 ① 02 ② 03 ④ 04 ③ 05 ② 06 ② 07 ① 08 ④ 09 ① 10 ① 11 ③

12 신성하고 성스러운 결혼식을 위한 장신구에 진주, 흰색 리본, 흰색 장갑 등과 같이 흰색을 주로 사용하였다. 이는 다음 중 색채의 어떤 측면과 관련된 행동인가?

① 색채의 공감각
② 색채의 연상, 상징
③ 색채의 파장
④ 안전색채

13 색채시장 조사의 기능이 잘 이루어진 결과와 가장 관련이 없는 것은?

① 판매촉진의 효과가 크다.
② 사고나 재해를 감소시킨다.
③ 의사결정 오류를 감소시킨다.
④ 유통 경제상의 절약효과를 제공한다.

14 다음 중 ( )에 적합한 용어는?

> 하늘과 자연광, 습도, 흙과 돌 등에 의해 형성된 자연환경의 색채와 역사, 풍속 등 문화적 특성에 의해 도출된 색채를 합하여 ( )이라고 부른다.

① 선호색
② 지역색
③ 국가색
④ 민족색

틀리기 쉬운 문제
15 지역적인 특성에 따른 소비자의 자동차 색채선호 특성을 조사하고자 한다. 가장 적합한 표본추출 방법은?

① 단순무작위추출법
② 체계적표본추출법
③ 층화표본추출법
④ 군집표본추출법

틀리기 쉬운 문제
16 제품의 수명 주기를 일컫는 용어 중에 2002년 월드컵 기간 동안 빨간색 티셔츠의 유행과 같이 제품에 대한 폭발적 반응이 비교적 짧은 기간에 종료되는 주기를 갖는 것을 무엇이라 하는가?

① 패션(Fashion)
② 트렌드(Trend)
③ 패드(Fad)
④ 플로프(Flop)

17 어떤 소리를 듣게 되면 색이나 빛이 눈앞에 떠오르는 현상은?

① 색광
② 색감
③ 색청
④ 색톤

18 색채시장조사의 과정 중 거시적 환경을 조사할 때 중요한 내용 중의 하나가 유행색에 대한 정보의 수집과 분석이다. 유행색에 대한 설명으로 틀린 것은?

① 유행색은 매 시즌 정기적으로 유행색을 발표하는 색채 전문기관에 의해 예측되는 색이다.
② 색채에 있어 특정 스타일을 동조하고 그것이 보편화되어 새로운 것을 추구하는 유행의 속성이 적용되면 유행색이 된다.
③ 유행색은 어떤 일정기간 동안 특별히 많은 사람들이 선호하여 사용하는 색이다.
④ 패션산업에서는 실 시즌의 약 1년 전에 유행예측색이 제안되고 있다.

19 컬러 마케팅의 직접적인 효과로 보기 어려운 것은?

① 브랜드 가치의 업그레이드
② 기업의 아이덴티티 형성
③ 기업의 매출 증대
④ 브랜드 기획력 향상

컬러 마케팅의 효과
상품의 이미지 및 브랜드의 가치 상승, 기업의 아이덴티티 형성, 기업의 매출 증대 등이 컬러 마케팅의 효과이다.

20 매슬로우(Maslow)는 인간의 욕구가 5단계로 구분된다고 설명하였다. 이 욕구 단계에 해당하지 않는 것은?

① 생리적 욕구   ② 사회적 욕구
③ 자아실현 욕구   ④ 필요의 욕구

매슬로우의 인간의 욕구 5단계
- **생리적 욕구** : 배고픔, 갈증
- **안전 욕구** : 안전, 보호
- **사회적 욕구** : 소속감, 사랑
- **존경 욕구** : 자존심, 지위, 명예추구
- **자아실현 욕구** : 자아개발의 실현

2 제2과목 : 색채 디자인

21 (A), (B), (C)에 적합한 용어를 순서대로 옳게 나열한 것은?

> 디자인의 중요한 과제는 구체적으로 (A)과 (B)을 어떻게 조화시키느냐 하는 것이다. 이런 관점에서 (C)적 형태가 가장 아름답다고 하는 입장이 디자인의 (C)주의이다. '형태는 (C)을 따른다'는 루이스 설리반의 주장은 유명하다.

① 심미성, 경제성, 독창
② 심미성, 실용성, 기능
③ 심미성, 경제성, 조형
④ 심미성, 실용성, 자연

디자인의 기능주의
디자인은 심미성과 실용성의 조화가 중요하다. 루이스 설리반은 "형태는 기능에 따른다"라고 주장한 미국의 건축가로 이 뜻은 기능에 충실했을 때 비로소 형태 또한 아름답다라는 뜻이다. 이것은 기능주의 디자인이며 근대디자인의 바탕이 되었다.

22 '디자인(Design)'의 설명 중 틀린 것은?

① '디자인'이란 용어는 문화권에 따라 그대로 사용되거나 자국어로 번역되어 사용된다.
② 사회적인 가치와 효용적인 가치를 고려해야 하는 사회적인 창조활동이다.
③ 디자인은 산업시대 이후 근대사회가 형성시킨 근대적인 개념이다.
④ 여러 가지 물질문화적인 측면에서 생활의 문제를 해결하는 일을 디자인이라 한다.

디자인의 개념
디자인이란 용어는 문화권에 따라 다르게 사용한다. 프랑스는 데생, 이탈리아어로 디세뇨, 라틴어로 데지그나레를 어원으로 다르게 표현하였고 의미는 모든 조형 활동에 대한 계획, 의장, 도안, 밑그림, 의도적 계획 및 설계, 구상, 착상 등 넓은 의미에서 목적, 계획으로 변하였으며 '지시하다', '계획을 세우다', '스케치를 하다'의 의미로 발전하였다.

23 로맨틱 패션이미지 연출과 관련이 없는 것은?

① 소녀 감성을 지향하고 부드러운 소재가 어울린다.
② 파스텔 톤의 분홍, 보라, 파랑을 주로 사용한다.
③ 리본 장식이나 레이스를 이용하여 사랑스러운 분위기를 연출한다.
④ 화려하고 우아한 이미지를 위해 전체적으로 직선 위주로 연출한다.

로맨틱 패션이미지
로맨틱한 이미지는 딱딱한 직선 위주의 연출보다는 부드러운 곡선 위주로 연출한다. 밝고 연한 명청계열 색조(파스텔 톤)를 활용하여 여성적인 이미지가 최대한 강조될 수 있도록 사랑스럽고 귀엽게 표현하는 것이 특징이다.

24 색채계획의 목적 및 효과에 대한 설명으로 틀린 것은?

① 소재감을 강조하거나 완화한다.
② 질서를 부여하고 통합한다.
③ 인상과 개성을 부여하지 않는다.
④ 심리적인 안정을 제공한다.

색채계획의 목적 및 효과
디자인에 인상과 개성을 부여하는 것 역시 색채계획의 효과이다.

25 형의 개념요소가 아닌 것은?

① 점 ② 입체
③ 공간 ④ 비례

디자인 형의 개념요소
점, 선, 면, 입체, 공간이 디자인 형의 개념요소, 비례는 디자인 원리에 해당된다. 디자인 원리에는 크기, 척도, 비례, 균형, 리듬, 강조, 조화, 통일이 해당된다.

26 색채 디자인의 매체전략 방법과 거리가 먼 것은?

① 통일성(Identity)
② 근접성(Proximity)
③ 주목성(Attention)
④ 연상(Association)

색채 디자인 매체전략 방법
통일성, 주목성, 연상 등은 색채 디자인 매체전략 방법으로 고려해야 하지만 근접성은 형태 지각심리에 해당된다.

27 게슈탈트의 그루핑 법칙에 대한 설명이 틀린 것은?

① 유사성 – 비슷한 모양의 형이나 그룹을 다 함께 하나의 부류로 보는 경향
② 폐쇄성 – 불완전한 형이나 그룹들을 폐쇄하거나 완전한 형이나 그룹으로 완성시키려는 경향
③ 연속성 – 형이나 형의 그룹들이 방향성을 지니고 연속되어 보이는 방식으로 배열되는 경향
④ 근접성 – 익숙하지 않은 형을 이미 아는 익숙한 형과 연관시켜 보려는 경향

형태 지각심리(게슈탈트 법칙)
· **근접성** : 가까이 있는 시각요소들을 하나의 패턴 혹은 그룹으로 인지한다는 법칙이다.
· **유사성** : 형태, 규모, 색채, 질감 등이 유사한 시각적 요소들을 한데 묶어 인지한다는 법칙이다.
· **폐쇄성** : 기존의 지식을 토대로 완성되지 않은 형태도 완성하여 인지한다는 법칙이다.
· **연속성** : 배열이나 같은 방향성을 가진 어떤 형상이 하나로 인지된다는 법칙이다. 공동운명의 법칙이라고도 한다.

28 바우하우스(Bauhaus)에 지대한 영향을 끼친 20세기 초의 미술운동이 아닌 것은?

① 초현실주의(Surrealism)
② 구성주의(Constructivism)
③ 표현주의(Expressionism)
④ 데스틸(De Stijl)

바우하우스
예술과 기술의 통합을 목표로 근대디자인에 결정적인 영향을 주었으며 구성주의, 표현주의, 데스틸 등의 영향을 받았다. 초현실주의는 근대디자인사가 아닌 현대디자인사에 속한다.

29 대중문화 속에 등장하는 이미지를 미술로 수용하여 낙관적인 분위기와 원색적인 색채 사용이 특징인 사조는?

① 포스트모더니즘
② 팝아트
③ 옵아트
④ 유기적 모더니즘

팝아트
팝아트는 Popular Art의 약어로 1960년경 미국 뉴욕을 중심으로 일어난 대중예술을 뜻한다. 따라서 대중문화 속 유명배우나 캐릭터 이미지를 미술로 수용하여 낙관적인 분위기와 원색적인 색채로 복제, 대중화하여 표현한 것이 특징이다. 대표적 작가는 앤디 워홀과 리히텐슈타인이다.

30 패션디자인 분야에서 유행색의 설명으로 틀린 것은?

① 어떤 계절이나 일정기간 동안 많은 사람들이 선호하여 착용한 색을 말한다.
② 다른 디자인 분야에 비해 변화가 빠르지 않고 색 영역이 단순하다.
③ 계절적인 영향을 많이 받는다.
④ 선호되는 배색은 유행의 추이에 따라 변화한다.

패션디자인 유행색
패션디자인 분야는 다른 분야에 비해 변화가 빠르고 색 영역이 다양하다.

31 DM의 종류에 대한 설명으로 틀린 것은?

① 팜플렛, 카탈로그, 브로슈어, 서신 등 소구 대상이 명확하다.
② 집중적인 설득을 할 수 있는 광고로 소비자에게 우편이나 이메일로 전달된다.
③ 예상고객을 수집, 관리하기 어려워 주목성이 떨어질 수 있다.
④ 지역과 소구대상이 한정되어 있어 광범위한 광고가 어렵다.

DM의 종류
- DM은 (Direct Mail)의 약자로 우편물을 통한 마케팅이다.
- 팜플렛, 카탈로그, 브로슈어, 서신 등 소구 대상이 가장 명확하다.
- 집중적인 설득이 가능하고 우편이나 이메일로 전달된다.
- 지역과 소구대상이 한정되지 않아 광범위한 광고가 가능하다.
- 예상고객 수집, 관리가 어려워 주목성이 떨어진다.

32 광고 캠페인 전개 초기에 소비자의 호기심을 불러일으키기 위해 메시지 내용을 처음부터 전부 보여주지 않고 조금씩 단계별로 내용을 노출시키는 광고는?

① 팁온(Tip-on)광고
② 티저(Teaser)광고
③ 패러디(Parody)광고
④ 블록(Block)광고

광고 캠페인
- **티저 광고** : 소비자의 호기심을 불러일으키기 위해 내용을 처음부터 전부 보이지 않고 조금씩 단계별로 노출시키는 광고
- **팁온광고** : DM에 견본을 붙이거나 흑백광고에 색종이를 붙여 소비자 주의를 끄는 광고
- **패러디광고** : 원작의 일부를 차용해서 다른 광고에 녹아들게 하는 광고
- **블록광고** : 프로그램 사이 정해진 시간대를 통해 삽입되어 방송되는 광고

33 유니버설 디자인에 대한 설명으로 옳은 것은?

① 인본주의적 디자인
② 다국적 언어 디자인
③ 친자연적 디자인
④ 간단한 디자인

유니버설 디자인
장애의 유무, 연령 등에 관계없이 모든 사람이 제품, 건축, 환경, 서비스 등을 보다 편하고 안전하게 이용할 수 있도록 설계한 디자인을 말하며 '인본주의적 디자인', '모두를 위한 디자인', '보편적인 디자인'이라고도 한다.

34 디자인에 대한 설명 중 틀린 것은?

① 디자인의 목표는 미적인 것과 기능적인 것을 제품으로 통합하는 것이다.
② 안전하며 사용하기 쉽고 아름답고 쾌적한 생활환경을 창조하는 조형행위이다.
③ 디자인의 공통되는 기본목표는 미와 기능의 조화이다.
④ 디자인은 자연적인 창작행위로서 기능적 측면보다는 미적 추구를 목적으로 한다.

디자인 개념
디자인은 기능적 측면과 미적 추구의 조화를 목적으로 하는 창작 행위이다.

35 기능주의에 입각한 모던디자인의 전통에 반대하여 20세기 후반에 일어난 인간의 정서적, 유희적 본성을 중시하는 디자인 사조로서 역사와 전통의 중요성을 재인식하고 적극 도입하여 과거로의 복귀와 디자인에서의 의미를 추구한 경향은?

① 합리주의
② 포스트모더니즘
③ 절충주의
④ 팝아트

포스트모더니즘
탈(脫)모더니즘이란 뜻으로 모더니즘에 반하고 기능주의를 반대하여 20세기 후반에 일어난 정서적, 유희적 본성을 중시한 디자인 사조이다. 다양성을 추구하고 개성과 자율성을 중시하여 단순함을 강조했던 모더니즘을 강하게 비판했으며 역사와 전통의 중요성을 재인식하고 적극 도입하여 과거로의 복귀를 새롭게 추구하였다.

36 다음 중 운동감과 관련이 없는 것은?

① 색이나 형의 그러데이션
② 일정하지 않은 격자무늬나 사선
③ 선과 면으로만 표현이 가능
④ 움직이지 않는 형태와 역동적인 형태의 배치

운동감
- 선, 면만 아니라 점, 크기, 방향, 색채, 형태 등 다양한 요소로 운동감이 표현된다.
- 색이나 형의 그러데이션, 일정하지 않은 격자무늬나 사선, 움직이지 않는 형태와 역동적인 형태의 배치 등은 운동감과 관련이 있다.

정답 25 ④ 26 ② 27 ④ 28 ① 29 ② 30 ② 31 ④ 32 ② 33 ① 34 ④ 35 ② 36 ③

37 영국의 공예가로 예술의 민주화, 예술의 생활화를 주장해 근대디자인의 이념적 기초를 마련한 사람은?

① 피엣 몬드리안　　② 윌리엄 모리스
③ 허버트 맥네어　　④ 오브리 비어즐리

> **미술공예운동 윌리엄 모리스**
> 윌리엄 모리스는 영국의 공예가이자 19세기말 미술공예운동을 주도한 인물이다. 그의 스승인 러스킨의 사상을 이어받아 예술의 민주화와 예술의 생활화를 주장해 근대디자인의 이념적 기초를 마련하였고 산업혁명에 의한 기계생산, 대량화, 분업화에 따른 생산품의 질적 하락, 인간 노동의 소외에 저항하며 수공예를 수준 높은 예술로 여기며 사회개혁 운동을 펼친 인물이다.

38 사용자와 디지털 디바이스 사이에서 효과적으로 커뮤니케이션할 수 있도록 디자인하는 분야는?

① 애니메이션 디자인
② 모션그래픽 디자인
③ 캐릭터 디자인
④ 사용자 인터페이스 디자인

> **사용자 인터페이스 디자인**
> 사용자와 디지털 디바이스(컴퓨터) 사이에서 효과적으로 커뮤니케이션할 수 있도록 디자인하는 분야이다. 따라서 사용자가 컴퓨터 프로그램을 효과적으로 다룰 수 있도록 툴의 모양을 디자인하고, 사용자가 정보를 빠르고 정확하게 파악하고 이해할 수 있도록 하는 것이 중요하다.

39 보기에서 설명하는 제품의 색채 디자인은 제품의 수명 주기 중 어느 단계에 해당하는 것인가?

> A사가 출시한 핑크색 제품으로 인해 기존의 파란색 제품들과 차별화된 빨강, 주황색 제품들이 속속 출시되어 다양한 색채의 제품들로 진열대가 채워지고 있다.

① 도입기　　　　② 성장기
③ 성숙기　　　　④ 쇠퇴기

> **제품의 수명주기**
> • **도입기** : 상품이 출시되는 시기로 매출은 늘지 않고 생산 비용이 높은 시기이다.
> • **성장기** : 해당 제품의 색채가 다양화되고, 광고를 통해 제품 판매와 이윤이 급격히 상승하는 시기이다.
> • **성숙기** : 가장 오랜 기간 동안 수익과 마케팅의 문제가 발생하고 생산 비용은 상대적으로 줄고 매출이 상한선까지 올라갔다가 하강하기 시작하는 시기이다.
> • **쇠퇴기** : 매출과 생산 비용이 모두 하락하며 제품이 사라지는 시기이다.

40 도시환경 디자인에서 거리 시설물 디자인 시 고려해야 할 사항으로 가장 거리가 먼 것은?

① 편리성
② 경제성
③ 상품성
④ 안전성

> **거리 시설물(Street Furniture)**
> 많은 사람들이 자유롭게 이용하는 공공시설물로서 공원 벤치, 버스정류장, 우체통, 공중화장실 등을 말한다. 개인의 취향보다는 공동체 의식을 반영할 수 있도록 편리성, 경제성, 안전성 등 주변 환경과 조화로울 수 있도록 하는 디자인이 무엇보다 중요하다.

3　　**제3과목 : 색채관리**

41 컴퓨터 자동배색에 대한 설명이 옳은 것은?

① 색료 선택, 초기 레시피 예측, 실 제작을 통한 레시피 수정의 최소한 세 개의 주요 기능을 포함해야 한다.
② 컴퓨터 알고리즘을 이용하므로 색료 및 소재에 대한 데이터베이스는 필요하지 않다.
③ 레시피 수정 알고리즘을 포함하지 않으므로, 사용자가 직접 측정된 색과 목표색의 차이를 계산하여 레시피 예측 알고리즘의 보정계수를 산출해야 한다.
④ 필터식 색채계와 컴퓨터 소프트웨어를 활용한다.

> **컴퓨터 자동배색(CCM)**
> • 컴퓨터를 이용하여 색을 자동으로 배색하는 장치를 일컫는다.
> • '색료 선택, 초기 레시피 예측, 실 제작을 통한 레시피 수정' 최소한 이 세 개의 주요 기능을 포함해야 한다.
> • 컴퓨터 알고리즘을 이용하므로 색료 및 소재에 대한 데이터베이스가 필요하다.
> • 레시피 수정 알고리즘을 포함하고 있어 사용자가 레시피 예측 알고리즘 보정계수를 산출할 필요가 없다.
> • 필터식 색채계가 아닌 분광식 색채계와 컴퓨터 소프트웨어를 활용한다.

42 다음 중 광원과 색온도에 대하여 옳게 설명한 것은?

① 낮은 색온도는 시원한 색에 대응되고, 높은 색온도는 따뜻한 색에 대응된다.
② 백열등은 상관 색온도로 구분하고, 열광원이 아닌 경우는 흑체의 색온도로 구분한다.
③ 흑체는 온도에 의해 분광 분포가 결정되므로 광원색을 온도로 수치화할 수 있다.
④ 형광등은 자체가 뜨거워져서 빛을 내는 열광원이다.

광원과 색온도
- 색온도는 물체에 열을 가할 때 발생하는 빛의 색과 관련된다.
- 흑체에 열을 가해 온도가 상승하면 빛이 방사되는데 빛의 색은 흑체의 온도가 오르면서 빨강 – 주황 – 노랑 – 흰색 – 파랑색 순으로 변하는 특징이 있다.
- 낮은 색온도는 따뜻한 색에 대응되고, 높은 색온도는 시원한 색에 대응된다.
- 백열등은 색온도로 구분하고 열광원이 아닌 경우는 상관 색온도로 구분한다.
- 흑체는 온도에 의해 분광 분포가 결정되므로 광원색을 온도로 수치화할 수 있다.
- 형광등은 관 내에서 발생하는 자외선의 자극으로 생기는 형광을 이용하여 빛을 내는 광원이다.

43 ICC 기반 색채관리 시스템에 대한 설명으로 틀린 것은?

① CIEXYZ 또는 CIE LAB을 PCS로 사용한다.
② 색채변환을 위해서 항상 입력과 출력 프로파일이 필요하지는 않다.
③ 운영체제에서 특정 CMM을 선택하는 것은 가능하다.
④ CIE LAB의 지각적 불균형 문제를 CMM에서 보완할 수 있다.

ICC기반 색채관리시스템
ICC란, 디지털 색채 영상 장비의 색채 구현 성능과 방법이 다양하여 색채 구현의 혼선을 조정하기 위해 영상 장비 생산 업체들이 모여 구성한 표준화 단체를 말한다. 색채변환을 위해서는 항상 입력과 출력 프로파일이 필요하다.

44 CMM의 특징과 가장 거리가 먼 것은?

① 최소비용의 색채처방을 산출할 수 있다.
② 염색배합처방 및 가공비를 정확하게 산출할 수 있다.
③ 아이소메릭 매칭(Isomeric Matching)을 할 수 있다.
④ 색영역 맵핑을 통해 입출력 장치들의 색채관리를 주목적으로 한다.

CCM 특징
색영역 매핑을 통해 입출력 장치들이 색채관리를 주목적으로 하는 것은 디지털 색채 조절에 대한 설명이다.
- 최소비용의 색채처방을 산출할 수 있다.
- 염색배합처방 및 가공비를 정확하게 산출할 수 있다.
- 아이소메릭 매칭을 할 수 있다.
- 초보자도 장비만 다룰 줄 안다면 쉽게 사용할 수 있다.
- 시간과 비용을 절약할 수 있다.
- 체계적인 자료 분류 및 보관과 축적된 자료로 새로운 색상을 개발할 수 있다.

45 KS A 0064에 의한 색 관련 용어의 정의가 틀린 것은?

① 백색도(Whiteness) : 표면색의 흰 정도를 1차원적으로 나타낸 수치
② 분포온도(Distribution Temperature) : 완전 복사체의 색도를 그것의 절대 온도로 표시한 것
③ 크로미넌스(Chrominance) : 시료색 자극의 특정 무채색 자극에서의 색도차와 휘도의 곱
④ 밝기(Brightness) : 광원 또는 물체 표면의 명암에 관한 시지(감)각의 속성

KS A 0064 색 관련 용어
완전 복사체의 색도를 그것의 절대 온도로 표시한 것은 색온도이다. 분포온도란 완전 방사체의 상대 분광 분포와 동등하거나 또는 근사한 시료 복사의 상대 분광 분포를 1차원적으로 표시한 것으로, 그 시료 복사에 상대 분광 분포가 가장 근사한 완전 복사체의 절대 온도로 표시한 것을 말한다. 양의 기호 TD로 표시하고 단위는 K를 쓴다.

46 회화에서 사용하는 안료 중 자외선에 의한 내광이 약함으로 색채 적용 시 주의해야 할 안료 계열은?

① 광물성 안료 계열　　② 카드뮴 안료 계열
③ 코발트 안료 계열　　④ 형광 안료 계열

형광안료
특수안료로서 자외선에 의한 내광이 약해 색채 적용 시 주의가 필요한 안료이다. 형광안료는 소량 사용을 원칙으로 하며 한도를 초과해 사용하면 백색도가 줄고 청색도가 증가한다.

47 해상도(Resolution)에 관한 설명 중 옳은 것은?

① 화면에 디스플레이 된 색채 영상의 선명도는 해상도 및 모니터 크기와는 관계가 없다.
② ppi는 1인치 내에 들어갈 수 있는 픽셀의 수를 말한다.
③ 픽셀의 색상은 빨강, 시안, 노랑의 3가지 색상의 스펙트럼 요소들로 만들어진다.
④ 1280 × 1024의 해상도를 가지고 있는 디스플레이 시스템은 그보다 낮은 해상도를 지원하지 못한다.

해상도
ppi는 1인치 내에 들어갈 수 있는 픽셀의 수를 말한다. 해상도의 특징은 다음과 같다.
· 화면에 디스플레이 된 색채 영상의 선명도는 해상도 및 모니터 크기와 관계가 있다.
· 해상도가 높을수록 이미지는 선명하고 같은 해상도에서 모니터 크기가 커질수록 해상도는 낮아진다.
· 픽셀의 색상은 빨강, 초록, 파랑의 3가지 색상의 스펙트럼 요소로 만들어진다.
· 1280×1024의 해상도를 가지고 있는 디스플레이 시스템은 그보다 낮은 해상도를 지원한다.

48 제시 조건이나 재질 등의 차이에 따라 변화를 보이는 주관적인 색의 현상은?

① 컬러 프로파일
② 컬러 케스트
③ 컬러 세퍼레이션
④ 컬러 어피어런스

컬러 어피어런스
어떤 색채가 제시 조건(광원, 조도, 주변색, 재질 등)의 차이에 따라 변화를 보이는데 이를 주관적인 색의 현상, 즉 컬러 어피어런스라고 한다.

49 시각에 관한 용어의 설명이 틀린 것은?

① 푸르킨예 현상 : 시각이 명소시에서 암소시로 바뀌게 되면 장파장 빛에 대한 효율은 떨어지고 단파장 빛에 대한 효율은 올라가는 현상
② 명소시(Photopic Vision) : 정상의 눈으로 암순응된 시각의 상태
③ 색순응 : 색광에 대하여 눈의 감수성이 순응하는 과정이나 그런 상태
④ 박명시 : 명소시와 암소기의 중간 밝기에서 추상체와 간상체 양쪽이 작용하고 있는 시각의 상태

명소시
정상의 눈으로 명순응된 시각의 상태를 말한다.

50 색 측정에 대한 설명 중 틀린 것은?

① 색을 측정하는 방법에는 육안 검색방법과 기기를 이용하는 방법이 있다.
② 기기를 이용하는 경우는 유동체인 빛을 측정하는 것이므로 한 번에 정확하게 측정하여야 한다.
③ 육안으로 검색하는 경우는 컨디션이나 사용 목적에 따라 판단이 달라질 수 있으므로 객관적인 조건이 필요하다.
④ 측색의 목적은 정확하게 색을 파악하고, 색을 전달하고, 재현하는 데 있다.

측색
기기를 이용하는 경우 유동체의 빛을 측정하는 것이 아닌 물체색의 반사색을 측정하는 것으로 한 번에 정확한 측정이 가능하다.

틀리기 쉬운 문제
51 색의 측정 시 분광광도계의 조건으로 잘못된 것은?

① 측정하는 파장 범위는 380~780nm로 한다.
② 분광광도계의 파장폭은 3자극치의 계산을 10nm 간격에서 할 때는 $(5±1)$nm로 한다.
③ 분광 반사율의 측정 불확도는 최대치의 0.5% 이내에서 한다.
④ 분광광도계의 파장은 1nm 이내의 정확도를 유지해야 한다.

분광광도계 조건
분광광도계의 파장폭은 3자극치의 계산을 10nm 간격에서 할 때는 $(10±1)$nm로 한다. 분광광도계의 조건은 다음과 같다.
· 측정하는 파장 범위는 380 ~ 780nm로 한다.
· 분광 반사율의 측정 불확도는 최대치의 0.5% 이내에서 한다.
· 분광광도계의 파장은 1nm 이내의 정확도를 유지해야 한다.

52 일정한 두께를 가진 발색층에서 감법혼색을 하는 경우에 성립하는 원리로서 CCM에 사용되는 이론은?

① 데이비스-깁슨 이론(Davis-Gibson Theory)
② 헌터 이론(Hunter Theory)
③ 쿠벨카 문크 이론(Kubelka Munk Theory)
④ 오스트발트 이론(Ostwald Theory)

쿠벨카 문크 이론
일정한 두께를 가진 발색층에서 감법혼색을 하는 경우 성립되는 자동배색장치(CCM)의 기본원리다. 쿠벨카 문크 이론이 성립되는 색채시료는 3가지 타입이다.
· 제1부류 : 투명한 플라스틱, 인쇄잉크, 완전히 불투명하지 않은 페인트
· 제2부류 : 투명한 발색층이 불투명한 기판 위에 있을 때, 사진인화, 열증착식의 인쇄물에 사용
· 제3부류 : 옷감의 염색, 불투명 페인트나 플라스틱, 색종이처럼 불투명한 발색층

53 표면색의 시감비교방법에 대한 설명이 틀린 것은?

① 부스 내부는 명도 L*가 약 60~70의 무광택의 무채색으로 한다.
② 작업면의 색은 원칙적으로 무광택이며, 명도 L*가 50인 무채색으로 한다.
③ 비교하는 색면의 크기와 관찰거리는 시야각으로 약 2도 또는 10도가 되도록 한다.
④ 색 비교를 위한 작업면의 조도는 1000~4000lx 사이로 한다.

표면색의 시감비교방법
부스 내부는 명도 L*가 약 50의 무광택의 무채색으로 하는 것이 맞다.
표면색 시감비교 방법은 아래와 같다.
• 육안 검색 시 광원의 종류에 따라 메타메리즘이 발생될 수 있어 조건을 동일하게 두고 비교한다.
• 작업면의 색은 무광택, 명도 L*가 50인 무채색이 좋다.
• 비교하는 색면의 크기와 관찰거리는 시야각으로 약 2° 또는 10°가 되도록 한다.
• 색 비교를 위한 작업면의 조도는 1000~4000lx 사이로 한다.
• 광원의 종류, 조도, 조명관찰조건, 재질, 광택 등을 반드시 표기한다.

54 광택도에 대한 설명 중 틀린 것은?

① 변각광도 분포는 기준광원을 45도에 두고 관찰각도를 옮겨서 반사각도를 측정하는 방법이다.
② 광택도는 변각광도 분포, 경면광택도, 선명광택도로 측정한다.
③ 광택도는 100을 기준으로 40~50을 완전무광택으로 분류한다.
④ 광택의 정도는 표면의 매끄러움과 직접적인 관계가 있다.

광택도
광택도는 100을 기준으로 0은 완전무광택, 30~40은 반광택, 50~70은 고광택, 70~100은 완전광택으로 분류한다.

55 다음 중 특수 안료가 아닌 것은?

① 형광안료   ② 인광안료
③ 천연유기안료   ④ 진주광택안료

특수안료
• **형광, 인광안료** : 자외선, 가시광선에 의해 발하는 선명한 염료
• **진주광택안료** : 천연 진주, 전복의 껍질 안쪽의 무지갯빛을 띄는 빛의 간섭 효과를 이용한 광택안료

56 광원의 연색성 평가와 관련한 설명이 틀린 것은?

① 연색 평가수의 계산에 사용하는 기준광원은 시료광원의 색온도가 5000K 이하일 때 CIE합성주광을 사용한다.
② 연색 평가 지수는 광원의 연색성을 나타내는 것을 목적으로 한 지수이다.
③ 평균 연색 평가 지수는 규정된 8종류의 시험색에 대한 특수 연색 평가 지수의 평균값에 해당하는 연색 평가지수이다.
④ 특수 연색 평가 지수는 규정된 시험색의 각각에 대하여 기준광으로 조명하였을 때와 시료광원으로 조명하였을 때의 색차를 바탕으로 광원의 연색성을 평가한 지수이다.

광원의 연색성 평가
시료광원의 색온도가 5000K 이하일 때 완전 방사체, 5000K 이상일 때는 CIE 합성주광을 사용한다. 연색성이란 인공광원이 물체색의 느낌에 영향을 미치는 현상을 말한다.

57 형광 물체색의 측정 방법에 대한 설명이 틀린 것은?

① 시료면 조명광에 사용되는 측정용 광원은 그 상대 분광 분포가 측광용 광의 상대 분광 분포와 어느 정도 근사한 광원으로 한다.
② 측정용 광원은 380~780nm의 파장 전역에는 복사가 없고, 300nm 미만인 파장역에는 복사가 있는 것이 필요하다.
③ 표준 백색판은 시료면 조명광으로 조명했을 때 형광을 발하지 않아야 한다.
④ 형광성 물체에서는 전체 분광복사 휘도율 값이 1을 초과하는 수가 많으므로, 분광 측광기는 측광 눈금의 범위가 충분히 넓은 것이어야 한다.

형광 물체색 측정방법
측정용 광원은 380~780nm의 파장 전역에는 복사가 있고 300nm 미만인 파장역에는 복사가 없는 것이 필요하다.

정답 47 ② 48 ④ 49 ② 50 ② 51 ② 52 ③ 53 ① 54 ③ 55 ③ 56 ① 57 ②

58 색영역 맵핑(Gamut Mapping)에 대하여 옳게 설명한 것은?

① 색역의 일치하지 않은 색채장치 간에 색채의 구현이 효과적으로 이루어지도록 색채표현 방식을 조절하는 기술이다.
② 인간이 느끼는 색채보다도 측색값이 일치하도록 하는 것을 주된 목적으로 실행된다.
③ 색 영역 바깥의 모든 색을 색영역 가장자리로 옮기는 것이 색 영역 압축방법이다.
④ CMYK 색공간이 RGB 색공간보다 넓기 때문에 CMYK에서 재현된 색을 RGB 공간에서 수용할 수가 없다.

색영역 맵핑(Gamut Mapping)
색역이 일치하지 않는 색채장치 간에 효과적인 색채 구현이 이루어지도록 색채표현 방식을 조절하는 기술을 말한다. 디지털 색채는 서로의 색역이 다르기 때문에 모니터에서 보이는 색과 프린터의 실제 출력된 색이 다른 경우가 많다. 따라서 두 장치의 색채를 효율적으로 대응시켜 색역을 조정하고 최대한 같은 느낌이 나도록 하는 것이 중요하다.

59 분광광도계(Spectrophotometer)로 반사 물체 측정 시 기하학적 조건에 대한 설명으로 틀린 것은?

① 8도 : 확산배열, 정반사성분제외(8°:de) – 이 배치는 di:8°와 일치하며 다만 광의 진행이 반대이다.
② 확산 : 0도 배열(d:0) – 정반사 성분이 완벽히 제거되는 배치이다.
③ 수직/45도 배열(0°:45°×) – 빛은 수직으로 비춰지고 법선을 기준으로 45도 방향에서 측정한다.
④ 확산/확산 배열(d:d) – 이 배치의 조명은 di:8°와 일치하며 반사광들은 반사체의 반구면을 따라 모두 모은다.

분광광도계
8도 : 확산배열, 정반사성분제외(8° : de) – 이 배치는 di : 8°와 일치하지 않고 de : 8°와 일치하며 다만 광의 진행이 반대이다.

틀리기 쉬운 문제

60 색채를 발색할 때는 기본이 되는 주색(Primary Color)에 의해서 색역(Color Gamut)이 정해진다. 혼색방법에 따른 색역의 변화에 대한 설명 중 틀린 것은?

① 조명광 등의 혼색에서 주색은 좁은 파장 영역의 빛만을 발생하는 색채가 가법혼색의 주색이 된다.
② 가법혼색은 각 주색의 파장영역이 좁으면 좁을수록 색역이 오히려 확장되는 특징이 있다.
③ 백색원단이나 바탕소재에 염료나 안료를 배합할수록 전체적인 밝기가 점점 감소하면서 혼색이 된다.
④ 감법혼색에서 시안은 파란색 영역의 반사율을, 마젠타는 빨간색 영역의 반사율을, 노랑은 녹색영역의 반사율을 효과적으로 감소시킨다.

혼색방법에 따른 색역
감법혼색에서 시안은 빨간색 영역의 반사율을, 마젠타는 초록 영역의 반사율을, 노랑은 파란색 영역의 반사율을 효과적으로 감소시켜 CMY 색역을 최대한 확보한다.

④ **제4과목 : 색채 지각론**

61 다음 중 대비 현상의 종류가 다른 하나는?

① 밝은 바탕 위의 어두운 색은 더욱 어둡게 보인다.
② 회색 바탕 위의 유채색은 더 선명하게 보인다.
③ 허먼(Hermann)의 격자 착시 효과에서 나타나는 현상이다.
④ 어두운 색과 대비되는 밝은 색은 더 밝게 느껴진다.

색의 대비현상
①, ③, ④는 명도대비 현상이며, ②은 채도대비이다.

62 빨간색광(光)과 초록색광(光)의 혼색 시 나타나는 현상이 아닌 것은?

① 조도가 높아진다.
② 채도가 높아진다.
③ 노랑(Yellow)색광이 된다.
④ 시안(Cyan)색광이 된다.

가법혼색
빨간색광과 초록색광의 혼색은 색광의 혼합으로 원래의 색보다 밝아지는 가산혼합이며 빨간색광과 초록색광을 혼합하면 노랑색광이 된다.

63 조명 조건이나 관찰 조건이 변해도 물체의 색을 동일하게 지각하는 현상은?

① 연색성
② 항상성
③ 색순응
④ 색지각

색의 항상성
조명 조건이나 눈의 순응 상태가 바뀌어도 물체의 색을 통일하게 지각되는 현상은 색의 항상성이다.

64 작업자들의 피로감을 덜어 주는 데 가장 효과적인 실내 색채는?

① 중명도의 고채도 색
② 저명도의 고채도 색
③ 고명도의 저채도 색
④ 저명도의 저채도 색

색채조절
작업 능률은 향상시키고 작업자들의 피로감을 덜어 주는 데 효과적인 실내 색채는 자극이 약한 저채도의 색과 밝고 환한 고명도의 색이다.

65 색의 동화현상에 대한 설명으로 옳은 것은?

① 두 색이 맞붙어 있을 때 그 경계 주변에서 색상, 명도, 채도 대비의 현상이 보다 강하게 일어나는 현상이다.
② 청록색은 흥분을 가라앉히는 색이며, 빨간색은 혈액 순환을 자극해 따뜻하게 느껴지는 색이다.
③ 같은 회색 줄무늬라도 파랑 위에 놓인 것은 파랑에 가까워 보이고, 노랑 위에 놓인 것은 노랑에 가까워 보인다.
④ 빨강을 본 후 노랑을 보게 되면, 노랑이 연두색에 가까워 보이는 현상이다.

동화현상
색의 동화현상은 인접한 색의 영향을 받아 인접색에 가까운 색으로 보이는 현상이다.

66 색과 빛에 대한 설명으로 틀린 것은?

① 인간이 볼 수 있는 가시광선의 파장은 약 380~780nm 이다.
② 빛은 파장에 따라 서로 다른 색감을 일으킨다.
③ 빛은 파장이 다른 전자파의 집합인 것을 처음 발견한 사람은 요하네스 이텐(Johannes Itten)이다.
④ 여러 가지 파장의 빛이 고르게 섞여 있으면 백색으로 지각된다.

색과 빛
빛이란 파장이 다른 전자파들의 집합인 것을 처음 발견한 사람은 맥스웰이다.

67 보색에 대한 설명 중 틀린 것은?

① 보색에 해당하는 두 색광을 혼합하면 백색광이 된다.
② 보색에 해당하는 두 물감을 혼합하면 검정에 가까운 무채색이 된다.
③ 색상환 속에서 서로 마주 보는 위치에 놓인 색은 모두 보색 관계이다.
④ 감법혼합에서 마젠타(Magenta)와 노랑(Yellow)은 보색 관계이다.

색의 혼합
감법혼합에서 마젠타와 노랑을 시안과 함께 감법혼색의 원색으로 합하면 검정에 가까운색이 되며 두 색은 보색이 아니다.

68 다음 중 색채의 온도감과 가장 밀접한 속성은?

① 채도　　　　② 명도
③ 색상　　　　④ 톤

색의 온도감
색채의 온도감은 색의 3속성 중 색상과 가장 밀접한 속성이다.

틀리기 쉬운 문제
69 색채지각 효과 중 주변색이 보색의 중심에 있는 색에 겹쳐져 보이는 것으로 '괴테현상'이라고도 하는 것은?

① 벤함의 탑　　　　② 색음현상
③ 맥콜로 효과　　　　④ 애브니 효과

색음현상
색을 띤 그림자라는 의미로 괴테가 발견하여 괴테현상이라고도 하며 어떤 빛을 물체에 비추면 그 물체의 그림자가 빛의 반대 색상의 색조를 띠어 보이는 현상을 색음현상이라고 한다.

70 인간의 눈 구조에서 시신경 섬유가 나가는 부분으로 광수용기가 없어 대상을 볼 수 없는 곳은?

① 맹점　　　　　　② 중심와
③ 공막　　　　　　④ 맥락막

> **인간의 눈 구조**
> 맹점은 망막의 시세포가 물리적 정보를 뇌로 전달하기 위해 시신경다발이 나가는 통로이기 때문에 빛을 구분하는 시세포가 없어 상이 맺히지 않는다.

71 색의 심리에서 진출과 후퇴에 대한 설명이 잘못된 것은?

① 난색계가 한색계보다 진출해 보인다.
② 채도가 높은 색이 낮은 색보다 진출해 보인다.
③ 유채색이 무채색보다 진출해 보인다.
④ 저명도 색이 고명도 색보다 진출해 보인다.

> **색의 심리**
> 색의 진출과 후퇴는 난색이 한색보다. 밝은색이 어두운색보다. 채도가 높은 색이 채도가 낮은 색보다. 유채색이 무채색보다 더 진출해 보인다.

틀리기 쉬운 문제

72 다음 중 회전혼색과 관련이 없는 것은?

① 혼색에 의해 명도나 채도가 낮아지게 된다.
② 맥스웰은 회전원판을 사용하여 혼색의 원리를 실험하였다.
③ 원판의 물체색이 반사하는 반사광이 혼합되어 혼색되어 보인다.
④ 두 종류 이상의 색자극이 급속히 교대로 입사하여 생기는 계시혼색이다.

> **회전혼색**
> 맥스웰의 회전혼색은 계시혼합에서 원리에 의해 회전 혼합되는 색은 명도와 채도가 색과 색 사이의 중간 정도의 색으로 보이며 면적에 따라 다르다. 회전혼색은 가법혼색의 영역에 속하게 되어 채도는 강한 쪽보다 약해진다.

73 다음 중 색의 혼합방법이 나머지와 다른 하나는?

① 무대조명
② 네거티브 필름의 제조
③ 모니터
④ 컬러 슬라이드

> **색의 혼합**
> 감법혼합은 색료의 혼합으로 컬러슬라이드, 색채사진, 셀로판지, 인쇄잉크 등이며 가법혼합은 무대조명, 스크린, 컬러모니터, 컬러텔레비전, 네거티브 필름 제조 등 빛의 혼합이다.

74 색채지각설에서 헤링이 제시한 기본색은?

① 빨강, 녹색, 파랑
② 빨강, 노랑, 파랑
③ 빨강, 노랑, 녹색, 파랑
④ 빨강, 노랑, 녹색, 마젠타

> **색채 지각설**
> 헤링의 색채지각설은 빨강, 초록, 노랑, 파랑 4개의 원색을 지각하는 시세포가 있다는 가정이다.

75 추상체에 대한 설명 중 잘못된 것은?

① 간상체에 비하여 해상도가 떨어진다.
② 색채지각과 관련된 광수용기이다.
③ 눈의 망막 중 중심와에 존재하는 광수용기이다.
④ 간상체보다 광량이 풍부한 환경에서 활동하며 색채 감각을 일으키는 역할을 한다.

> **추상체**
> 추상체는 주로 색상을 판단하는 시세포이며 해상도가 높고 주로 밝은 곳이나 낮에 작용한다.

틀리기 쉬운 문제

76 서양미술의 유명 작가와 그의 회화작품들이다. 이 중 병치 혼색의 원리를 적극적으로 이용한 작품은?

① 몬드리안 – 적·청·황 구성
② 말레비치 – 8개의 정방형
③ 쇠라 – 그랑자드 섬의 일요일 오후
④ 피카소 – 아비뇽의 처녀들

> **병치혼색의 원리**
> 쇠라의 〈그랑자드 섬의 일요일 오후〉는 인상파 화가들이 사용했던 점묘화법과 같은 병치 혼색의 기법을 적극적으로 이용한 작품이다.

77 보기의 ( )에 들어갈 내용으로 순서대로 바르게 짝지어진 것은?

> 색채의 상호관계에 영향을 미치는 색채대비는 그 생리적 자극의 방법에 따라 크게 두 가지로 분류된다.
> 두 가지 이상의 색을 한꺼번에 볼 경우 일어나는 대비는 (　　)라 하고, 먼저 본 색의 영향으로 나중에 보는 색이 다르게 보이는 경우를 (　　)라고 한다.

① 색상대비, 계시대비　　② 동시대비, 계시대비
③ 계시대비, 동시대비　　④ 색상대비, 동시대비

> **색의 대비**
> 색의 대비는 대비방법에 따라 두 개의 색을 동시에 볼 때 일어나는 동시대비와 시간적 차이에 의해 일어나는 계시대비로 크게 나눌 수 있다.

78 스펙트럼의 파장과 색의 관계를 연결한 것 중에서 틀린 것은?

① 보라 : 380~450nm ② 파랑 : 500~570nm
③ 노랑 : 570~590nm ④ 빨강 : 620~700nm

스펙트럼의 파장
스펙트럼의 파장 범위는 약 380~780nm이다.
• 빨강은 780~620nm   • 주황은 620~590nm
• 노랑은 590~570nm   • 초록은 570~500nm
• 파랑은 500~450nm   • 보라는 450~380nm

79 다음 중 채도를 가장 강하게 느낄 수 있는 대비는?

① 보색대비   ② 면적대비
③ 명도대비   ④ 계시대비

색의 대비
보색대비는 두 색이 서로 영향을 받아 본래의 색보다 채도가 높고 선명해 보인다.

80 순색 노랑의 포스터컬러에 회색을 섞었다. 회색의 밝기를 정확히 알지 못한다고 해도 혼합 후에 가장 명확하게 달라진 속성의 변화는?

① 명도가 높아졌다.   ② 채도가 낮아졌다.
③ 채도가 높아졌다.   ④ 명도가 낮아졌다.

색의 혼합
회색을 섞었을 때 회색의 밝기를 정확히 알지 못한다고 해도 순색의 강도가 약해져 채도가 낮아진다.

(5) 제5과목 : 색채 체계론

81 P.C.C.S 색체계의 특징으로 옳은 것은?

① 근본적으로 조화론을 목적으로 한다.
② Yellowish Green은 10:YG로 표기한다.
③ 지각적으로 등보성이 없다.
④ 모든 색상은 12색상으로 구별되어 있다.

PCCS 색체계
일본 색채연구소가 1964년에 색채 조화를 목적으로 한 컬러 시스템으로 오스트발트 시스템과 마찬가지로 24색상으로 하며 여기에는 색광과 색료의 3원색이 포함되어 있다.

82 한국산업표준 KS A 0011에서 명명한 색명이 아닌 것은?

① 생활색명
② 일반색명
③ 관용색명
④ 계통색명

색명의 이해
기본색명은 한국산업규격(KSA0011)에 제시되어 있는 기본적인 색의 구별을 나타내기 위한 기본색의 이름이며 크게 기본색명, 관용색명, 계통색명으로 나눌 수 있다.

틀리기 쉬운 문제
83 다음은 전통색에 대한 설명이다. (A)는 전통색, (B)는 방위로 옳은 짝지어진 것은?

(A) : 전통적인 의미는 땅, (B), 황제이고 사물의 근본적인 것, 핵심적인 것을 상징하였다.

① A : 하양, B : 중앙
② A : 노랑, B : 서쪽
③ A : 노랑, B : 중앙
④ A : 검정, B : 북쪽

전통색
한국의 전통색은 음양오행설을 바탕으로 하며 만물의 생성과 소멸을 목(木), 화(火), 토(土), 금(金), 수(水)로 설명하는 음양의 원리에 따라 순환하는 음양오행 사상이 전통색의 근본이 되었다.

오행	계절	방향	풍수	오정색
목	봄	동	청룡	청
화	여름	남	주작	적
토	토용	중앙	황룡	황
금	가을	서	백호	백
수	겨울	북	현무	흑

84 동쪽과 서쪽을 상징하는 오정색의 혼합으로 얻어지는 오간색은?

① 녹색　　　　　② 벽색
③ 홍색　　　　　④ 자색

오정색과 오간색
정색과 정색의 중간 방위를 뜻하는 오간색에서 벽색은 동쪽과 서쪽을 상징하는 오정색의 혼합으로 얻어지는 색이다.

85 먼셀 기호의 표기법에서 색상은 5G, 명도가 8, 채도가 10인 색의 표기법은?

① 5G:8V:10C　　② 5G 8/10
③ 5GH8V10C　　④ G5V5C10

먼셀 표기법
먼셀 표기법은 색상 명도/채도로 표기한다. 따라서 색상 5G, 명도 8, 채도 10인 색의 표기법은 5G 8/10이다.

86 NCS 색체계에 따라 검정색을 표현한 것은?

① S 0500－N　　② S 9900－N
③ S 0090－N　　④ S 9000－N

NCS 색체계
NCS 색체계에서 색을 기호로 나타내면 S 흑색량, 순색-색상의 기호로 표기하며 N은 색상으로 Neutral의 약자 N으로 표기한다. 따라서 S9000-N은 검정으로 표기된다.

틀리기 쉬운 문제
87 오스트발트 색체계에 대한 설명으로 옳은 것은?

① 24색상환을 사용하며 색상번호 1은 빨강, 24는 자주이다.
② 색체계의 표기방법은 색상, 흑색량, 백색량 순서이다.
③ 아래쪽에 검정을 배치하고 맨 위쪽에 하양을 둔 원통형의 색입체이다.
④ 엄격한 질서를 가지는 색체계의 구성원리가 조화로운 색채선택을 가능하게 한다.

오스트발트 색체계
① 색상환에서 색상 번호1은 노랑을 뜻한다.
② 색체계의 표기방법은 17lc와 같이 색상의 숫자, 백색량l, 흑색량c로 나타낸다.
③ 오스트발트의 색체계의 등색상면은 정삼각형의 형태를 가진 색입체이다.

88 CIE 색공간에 대한 설명이 틀린 것은?

① L*a*b* 색공간은 색소 산업분야와 페인트, 종이, 플라스틱, 직물분야에서 색오차와 작은 색 차이를 표현하기 위해 만들어졌다.
② 색차를 정량화하기 위해 L*a*b* 색공간과 L*u*v* 공간은 색차 방정식을 제공한다.
③ 독립된 색채공간으로 기후, 환경 등에 영향을 받지 않고 항상 같은 색을 유지할 수 있다.
④ L*C*h* 색공간은 L*a*b*와 똑같은 다이어그램을 활용하고, 방향좌표를 사용한다.

CIE 색공간
CIE 색공간에서 L*c*h*색공간은 L*a*b* 색공간에 먼셀이나 NCS의 색상환 개념을 도입하여 조정한 색공간이다.

틀리기 쉬운 문제
89 먼셀 색체계의 색상에 대한 설명 중 옳은 것은?

① 기본 12색상을 정하고 이것을 다시 10등분한다.
② 5R보다 큰 수의 색상(7.5R 등)은 보라 띤 빨강이다.
③ 각 색상의 180도 반대에 있는 색상은 보색 관계에 있게 하였다.
④ 한국산업표준 등에서 실용적으로 쓰이는 색상은 50 색상의 색상환이다.

먼셀 색체계
먼셀 색체계의 색상은 기본 생상 10색상을 정하였으며 이것을 10등분하여 사용한다. ②의 5R보다 큰 수인 7.5R은 노랑을 띤 빨강이다. 한국산업표준인 KS에서는 40색상환 및 100색상환을 실용적으로 사용하고 있다.

90 CIE Yxy 색체계에서 내부의 프랭클린 궤적선은 무엇의 변화를 나타내는가?

① 색온도
② 스펙트럼
③ 반사율
④ 무채색도

CIE Yxy 색체계
CIE Yxy 색체계는 양적인 표시인 XYZ 표색계로 색채의 느낌과 밝기의 정도를 판단할 수 없어서 XYZ 표색계의 수식을 변환하여 얻은 것으로 색온도를 나타내는 좌표이다.

91 병치혼색과 보색 등의 대비를 통해 그 결과가 혼란된 것이 아닌 주도적인 색으로 보일 때 조화된다는 이론은?

① 파버 비렌의 색채 조화론
② 저드의 색채 조화론
③ 쉐브럴의 색채 조화론
④ 루드의 색채 조화론

> **병치혼색**
> 쉐브럴의 색채 조화론은 그의 『저서 색의 조화와 대비의 법칙』에서 대비 현상에 대해 설명하였으며 색채의 유사조화와 대비조화를 구별하여 그 결과 유사색은 적은 양을 분산시켜 사용하는 것이 바람직하고 주요 색상이 원색일 때 최상이 될 수 있다고 주장하였다.

92 다음 중 현색계에 해당하는 것은?

① Munsell 색체계
② YXZ 색체계
③ RGB 색체계
④ Maxwell 색체계

> **현색계**
> 색채 표색계에는 심리적이고 물리적인 색채를 표시하는 현색계와 빛에 의한 성질에 따라 색을 표시하는 혼색계로 구분되며 대표적인 현색계는 먼셀 표색계와 NCS 표색계이다.

틀리기 쉬운 문제
93 물체색의 색이름에 관한 설명 중 틀린 것은?

① 관용색이름이란 관용적인 호칭방법으로 표현한 색이름이다.
② 색이름 수식형 중 초록빛, 보랏빛에서의 '빛'은 광선을 의미한다.
③ 조합색이름은 기준색이름 앞에 색이름 수식형을 붙여 만든다.
④ 2개의 기본색이름을 조합하여 조합색이름을 구성한다.

> **색명의 이해**
> 물체색의 색이름에서 색이름 수식형 중 초록빛, 보랏빛에서의 빛은 기본 색 이름의 조합에서 기본색명에 수식형이 없는 2음절 기본색명에 빛을 붙인 수식형으로 빛은 광선을 의미하는 것은 아니다.

94 오스트발트의 색체계의 표기법 "23na"에 대하여 다음 표를 보고 옳게 설명한 것은?

기호	a	n
백색량	89	5.6
흑색량	11	94.4

① 23번 색상, 흑색량 94.4%, 백색량 89%, 순색량 5.6%
② 23번 색상, 백색량 5.6%, 흑색량 11%, 순색량 83.4%
③ 순색량 23%, 백색량 5.6%, 흑색량 11%
④ 순색량 23%, 흑색량 94.4%, 백색량 89%

> **오스트발트 색체계의 표기법**
> 오스트발트 색체계의 표기법에서 "23na"는 23은 색상, n은 백색량, a는 흑색량을 나타내므로 표기되지 않는 순색량은 100－(5.6+11) = 83.4%가 된다.

95 그림은 비렌의 색삼각형이다. 중앙의 검정 부분은?

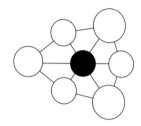

① TONE
② TINT
③ GRAY
④ SHADE

> **비렌의 색삼각형**
> 비렌의 색삼각형은 색을 순색(Color), 흰색(White), 회색(Gray), 검정(Black), 명색조(Tint), 암색조(Shade), 톤(Tone)의 7가지 범주로 나누어 표현하였으며 순색 + 흰색 + 검정 = 톤으로 중앙 부분이 Tone에 해당된다.

96 오늘날 가장 보편화되어 있는 L*a*b* 색채 시스템의 기본이 되는 색채 이론가가 아닌 사람은?

① 헤르만 에빙하우스(Hermann Ebbinghaus)
② 오그덴 루드(Ogden Rood)
③ 에발트 헤링(Ewald Hering)
④ 아이자그 쉬퍼뮐러(Ignaz Schiffermuler)

Lab 색채시스템
루드는 1879년 광학 물리학에서 빛의 스펙트럼과 관련하여 자신의 연구를 발표하였다.

97 쉐브럴(Chevereul)의 색채 조화론에 대한 설명으로 옳은 것은?

① 색의 조화와 대비의 법칙을 사용한다.
② 조화는 질서와 같다.
③ 동일 색상이 조화가 좋다.
④ 순색, 흰색, 검정을 결합하여 4종류의 색을 만든다.

색의 조화론
쉐브럴은 그의 저서 「색의 조화와 대비의 법칙」에서 처음으로 대비 현상에 관해 설명하였다.

98 NCS 색체계에 대한 설명이 옳은 것은?

① 인간의 색지각에 기초한 색체계이다.
② 색에 대한 통계적, 기계적 시스템이다.
③ NCS 색체계는 유행에 따라 변한다.
④ 빛의 강도를 토대로 색 표기를 한다.

NCS 색체계
NCS 색체계는 사람들이 지각하는 상대적인 퍼센트인 색상과 뉘앙스로 색상에 대한 정보를 전달하기 때문에 이해가 쉽고 대략의 색상을 설명하기에 유용하여 국내에서도 건축, 디자인, 환경 색채 분야를 중심으로 사용이 확대되고 있다.

99 L*C*h 체계에 대한 설명이 틀린 것은?

① L*a*b*와 똑같이 L*은 명도를 나타낸다.
② C*값은 중앙에서 멀어질수록 작아진다.
③ h는 +a*축에서 출발하는 것으로 정의하여 그곳을 0°로 한다.
④ 0°는 빨강, 90°는 노랑, 180°는 초록, 270°는 파랑이다.

L*c*h 색체계
L*c*h 체계는 L*a*b* 색공간에 먼셀 등의 현색계에서 볼 수 있는 색상환과 3속성의 개념을 도입하여 조절한 색공간이다. L*은 명도를, c*는 중심에서 특정색까지의 거리와 채도를 나타내며 c*의 값은 채도로 중앙에서 멀어질수록 높아지며 h*는 색상의 종류를 나타낸다.

100 색채표준화의 대상이 아닌 것은?

① 광원의 표준화
② 물체 반사율 측정의 표준화
③ 다양한 색체계의 표준화
④ 표준관측자의 3자극 효율함수 표준화

색채 표준화
색채 표준화의 대상은 사용되는 프로세스에서 광원, 물체, 관찰자를 표준화해 표시하여야 한다.

02회 기출문제

---

1 제1과목 : 색채 심리 · 마케팅

 틀리기 쉬운 문제

01 색채정보 분석방법 중 의미의 요인분석에 해당하는 주요 요인이 아닌 것은?

① 평가차원(Evaluation)
② 역능차원(Potency)
③ 활동차원(Activity)
④ 지각차원(Perception)

> **색채정보 분석(SD법 의미의 요인분석)**
> SD법 의미의 요인분석은 대표적인 구성요인 3가지로 나뉜다.
> • **평가요인** : 좋다 – 나쁘다, 아름답다 – 추한
> • **역능차원** : 크다 – 작다, 강한 – 약한
> • **활동차원** : 빠르다 – 느리다, 능동적인 – 수동적인

02 눈의 긴장과 피로를 줄여주고 사고나 재해를 감소시켜 주는데 적합한 색은?

① 산호색
② 감청색
③ 밝은 톤의 노랑
④ 부드러운 톤의 녹색

> **색채조절**
> 눈의 긴장과 피로를 줄여 주고 사고나 재해 발생을 감소시켜 주는 색은 그린계열의 색이다.

03 색채 이미지의 수량적 척도화를 위하여 가장 일반적으로 사용되고 있는 조사 방법은?

① 의미분화법(SD법)
② 브레인스토밍법
③ 가치진단법
④ 메트릭스법

> **SD법**
> 색채 이미지의 수량적 척도화를 위해 가장 일반적으로 사용되고 있는 조사 방법이다. 형용사 반대어 쌍을 구성하여 색채 이미지의 수량적 척도화와 함께 파악하기 어려운 현상을 다차원적으로 표현할 수 있어 여러 이미지 조사 방법으로 널리 쓰인다.

04 제품 포지셔닝에 대한 설명으로 틀린 것은?

① 제품마다 소비자들에게 인지되는 속성의 위치가 존재한다.
② 특정 제품의 확고한 위치는 소비자의 구매 결정을 돕는다.
③ 경쟁 환경의 변화에도 항상 고정된 위치를 유지해야 한다.
④ 세분화된 시장의 요구에 따른 차별적인 위치설정이 효과적이다.

> **제품 포지셔닝**
> 경쟁 환경의 변화가 있을 시 항상 고정된 포지셔닝이 유지될 수 없으므로 소비자 분석, 경쟁자 확인, 자사 제품 포지션 개발, 포지셔닝 확인의 과정이 필요하다.

05 시장 세분화 기준의 분류가 잘못된 것은?

① 지리적 변수 – 지역, 인구밀도
② 심리적 변수 – 생활환경, 종교
③ 인구학적 변수 – 소득, 직업
④ 행동분석적 변수 – 사용경험, 브랜드 충성도

> **시장 세분화 기준**
> 생활환경, 종교는 사회문화적 변수이다.
> • **지리적 변수** : 지역, 인구밀도, 도시 크기
> • **인구학적 변수** : 소득, 직업, 성별, 연령
> • **행동분석적 변수** : 사용 경험, 브랜드 충성도
> • **사회문화적 세분화** : 생활환경, 종교, 문화, 사회계층
> • **심리 분석적 변수** : 라이프스타일의 개성, 취미, 태도

정답 01 ④ 02 ④ 03 ① 04 ③ 05 ②

06 다음에서 설명하는 표본추출방법은?

n개의 샘플링 단위의 가능한 조합의 각각이 뽑힐 확률이 특정값을 갖도록 하는 방법으로 n개의 샘플링 단위의 샘플이 모집단으로부터 취해지도록 하는 방법이다.

① 랜덤 샘플링(Random Sampling)
② 층화 샘플링(Stratified Sampling)
③ 군집 샘플링(Cluster Sampling)
④ 2단계 샘플링(Two-stage Sampling)

랜덤 샘플링
랜덤 샘플링이란 무작위 추출법, 임의 추출법이라고 불리며 무작위로 표본을 추출하여 자료의 편차를 없애고 전체 대신 일부를 무작위로 조사하여 전체를 가늠하는 표본추출방법이다.

07 소비자가 구매 후 자신의 선택에 대하여 불안감을 느끼는 것은?

① 상표 충성도
② 인지 부조화
③ 내적 탐색
④ 외적 탐색

인지 부조화
개인의 신념과 실제 상품을 구입한 후 느낌의 차이가 있을 때 느껴지는 자신의 선택에 대한 불안감을 인지 부조화라고 하며 사람들은 이 불안감을 제거하려고 한다.

08 마케팅에 관한 설명 중 옳은 것은?

① 마케팅이란 자기 회사 제품의 실태를 파악하는 것을 말한다.
② 산업 제품이 생산자로부터 소비자까지 전달되는 모든 과정과 관련된다.
③ 시대에 따른 유행이나 스타일과는 관계가 없다.
④ 산업 제품을 대량생산 하는 것을 마케팅이라고 한다.

마케팅
마케팅이란 산업 제품이 생산자로부터 소비자까지 전달되는 모든 과정과 관련된다. 조직이나 개인이 목적을 이루기 위해 교환하기 위해 시장 형성을 하여 상품 또는 서비스를 소비자에게 유통하는 데 관련된 모든 활동과 과정을 말한다.

09 색채선호와 관련된 일반적인 설명 중 틀린 것은?

① 남성들은 파랑과 같은 특정한 색에 편중된 색채선호를 보이고, 여성들은 비교적 다양한 색채선호를 갖는다.
② 어린 아이들은 빨강과 노랑 등 난색계열을 선호한다.
③ 여러 국가에서 공통적으로 선호하는 색은 파랑이다.
④ 대부분 아프리카 문화권의 선호색 원리는 서양식의 색채 선호 원리와 비슷하다.

색채 선호
대부분의 아프리카 문화권 색채 선호의 원리는 서양의 색채 선호 원리와 다르다.

10 다음 중 색채와 음악을 연결한 공감각의 특성을 잘 이용하여 브로드웨이 부기우기(Broadway Boogie Woogie)라는 작품을 제작한 작가는?

① 요하네스 이텐(Johaness Itten)
② 몬드리안(Mondrian)
③ 카스텔(Castel)
④ 모리스 데리베레(Maurice Deribere)

색채의 공감각
몬드리안은 색채와 소리를 연결하여 브로드웨이 부기우기라는 작품을 제작하였다.

틀리기 쉬운 문제
11 다음 중 시장 세분화의 조건으로 옳은 것은?

① 유통가능성, 접근가능성, 실질성, 실행가능성
② 유통가능성, 안정성, 실질성, 실행가능성
③ 색채선호성, 계절기후성, 실질성, 실행가능성
④ 측정가능성, 접근가능성, 실질성, 실행가능성

시장 세분화의 조건
전체 시장을 일정한 조건의 소비자 수요층 구매집단으로 나누는 것을 말한다. 시장 세분화 조건으로는 측정가능성, 접근가능성, 실질성, 실행가능성이 있다.

12 외부지향적 소비자에게 있어서 가장 중요한 사항은?

① 기능성
② 경제성
③ 소속감
④ 심미감

외부지향적 소비자
시장에서 가장 높은 비중을 차지하며 사람들을 의식하여 구매하는 소비 패턴이 특징이며 소속지향형, 경쟁지향형, 성취자형 등으로 분류된다.

13 색채의 공감각에 대한 설명 중 틀린 것은?

① 색의 농담과 색조에서 색의 촉감을 느낄 수 있다.
② 소리의 높고 낮음은 색의 명도, 채도에 의해 잘 표현된다.
③ 좋은 냄새의 색들은 Light tone의 고명도 색상에서 느껴진다.
④ 쓴맛은 순색과 관계가 있고, 채도가 낮은 색에서 느껴진다.

색채와 미각
쓴맛은 올리브그린이나 브라운색과 관계가 있고 채도가 낮은 색에서 느껴진다.

14 파랑의 문화적 의미에 대한 설명 중 틀린 것은?

① 민주주의를 상징한다.
② 현대 남성복을 대표하는 색이다.
③ 중세시대 권력의 색채이다.
④ 비(非)노동을 상징하는 색채이다.

색의 상징
파랑은 신뢰감, 보수적, 성실, 젊음, 안정 등을 상징한다.

15 지역색에 영향을 주는 요소가 아닌 것은?

① 자연환경   ② 토양
③ 건물색   ④ 유행색

지역색
지역색은 자연환경, 토양, 건물색, 문화적 특성과 관련해 있으며 유행색과는 관련이 없다.

16 사용된 색에 따라 우울해 보이거나 따뜻해 보이거나 고가로 보이는 등의 심리적 효과는?

① 색의 간섭
② 색의 조화
③ 색의 연상
④ 색의 유사성

색의 연상
색의 연상은 색의 자극을 통해 관계있는 사물이나 느낌, 분위기를 떠올리는 것이다.

17 색상과 추상적 연상의 연결이 잘못된 것은?

① 빨강 – 강렬, 위험
② 주황 – 따뜻함, 쾌활
③ 초록 – 희망, 안전
④ 보라 – 진정, 침정

색의 연상
보라색의 추상적 연상색은 신비, 우아, 예술, 고귀 등과 관련있다.

18 색채기호 조사분석에 해당하지 않는 것은?

① 소비자의 색채 감성을 파악하는 것
② 상품의 이미지에 의한 구매 경향을 조사하는 것
③ 가격에 의한 제품의 구매 특성을 조사하는 것
④ 성별, 연령별, 지역별 색채기호 유형을 조사하는 것

색채기호 조사분석
가격에 의한 제품 구매 특성과 색채기호 조사분석은 관련이 없는 내용이다. 색채기호 조사분석은 성별, 연령, 지역, 소득, 문화, 지적 수준 등에 따라 조사한다.

19 소비자의 컬러 소비 형태를 조사하고자 한다. 시장세분화를 위한 생활유형연구를 중심으로 연구하고자 할 때 적합한 연구방법은?

① AIO법
② SWOP법
③ VALS법
④ AIDMA법

VALS법
소비자의 컬러 소비 형태 조사를 위해 시장세분화가 필요할 때 적용하는 생활유형 연구에서는 소비자 유형을 4가지(외부지향적 소비자, 내부지향적 소비자, 욕구추구 소비자, 통합적 소비자)로 분류한다.

20 색채 마케팅의 기능과 가장 거리가 먼 것은?

① 고객만족과 경쟁력 강화
② 기업과 제품을 인식하여 호감도 증가
③ 소비자의 시각을 자극하여 수요를 창출
④ 소비자의 1차적인 욕구충족을 통한 기업만족

색채 마케팅의 기능
색채 마케팅은 단순한 소비자의 1차적 욕구충족을 통한 기업만족이 아닌 고객만족과 경쟁력 강화, 기업과 제품의 호감도 증가, 수요 창출에 도움을 준다.

---

2   제2과목 : 색채 디자인

21 사물을 지각할 때 불완전한 형태나 벌어진 도형들의 집단을 완전한 형태들의 집단으로 지각하려는 경향이 있는 시지각의 원리는?

① 폐쇄성   ② 근접성
③ 지속성   ④ 연상성

시지각의 원리(게슈탈트 법칙)
• **폐쇄성** : 불완전한 형태나 벌어진 도형들의 집단을 완전한 형태의 집단으로 인지한다는 법칙이다.
• **근접성** : 가까이 있는 시각요소들을 하나의 패턴 혹은 그룹으로 인지한다는 법칙이다.
• **유사성** : 형태, 규모, 색채, 질감 등이 유사한 시각적 요소를 한데 묶어 인지한다는 법칙이다.
• **연속성** : 배열이나 같은 방향성을 가진 어떤 형상이 하나로 인지된다는 법칙이다. 공동운명의 법칙이라고도 한다.

22 광고가 집행되는 과정을 순서대로 바르게 나열한 것은?

① 상황분석 → 광고기본전략 → 크리에이티브 전략 → 매체전략 → 평가
② 상황분석 → 광고기본전략 → 매체전략 → 크리에이티브 전략 → 평가
③ 상황분석 → 매체전략 → 광고기본전략 → 크리에이티브 전략 → 평가
④ 크리에이티브 전략 → 매체전략 → 상황분석 → 광고기본전략 → 평가

광고가 집행되는 과정
상황분석 → 광고기본전략 → 크리에이티브전략 → 매체전략 → 평가

23 건축 디자인의 일반적인 프로세스는?

① 기획 → 기본계획 → 기본설계 → 실시설계 → 감리
② 기획 → 기본설계 → 조사 → 실시설계 → 감리
③ 기본계획 → 기획 → 기본설계 → 실시설계 → 감리
④ 조사 → 기획 → 실시설계 → 기본설계 → 감리

건축 디자인 프로세스
기획, 구상 → 기본 계획 → 기본설계 → 실시설계 → 감리

24 수공의 장점을 살리되, 예술작품처럼 한 점만을 제작하는 것이 아니라 어느 정도의 양산(量産)이 가능하도록 설계, 제작하는 생활조형 디자인의 총칭을 의미하는 것은?

① 크라프트 디자인(Craft Design)
② 오가닉 디자인(Organic Design)
③ 어드밴스 디자인(Advanced Design)
④ 미니멀 디자인(Minimal Design)

크라프트 디자인(Craft Design)
장점은 살리되 예술작품처럼 한 점만을 제작하는 것이 아니라 어느 정도의 양산이 가능하도록 설계하고 제작하는 생활 조형 디자인의 총칭이다.

25 디자인의 조형예술 측면의 역사적 발전에 관한 설명으로 옳은 것은?

① 구석기 시대에는 주로 디자인의 아름다움과 실용성을 강조하였다.
② 인도에서는 실용성 있는 거대한 토목사업으로 건축예술을 승화시켰다.
③ 르네상스운동은 갑골문자, 불교의 융성과 함께 문화를 발전시켰다.
④ 유럽 중세문화에서는 종교적 감성을 표현한 건축양식이 발전하였다.

디자인 역사
• 유럽 중세문화는 크리스트교를 중심으로 종교적 감성을 표현한 건축양식이 발전하였다.
• 구석기 시대에는 아름다움과 실용성보다는 주술적, 종교적 목적으로 디자인되었다.
• 인도에서는 실용성이나 거대한 토목사업보다는 불교 창시국가로서 불교 문화와 관련된 건축예술이 발달하였으며 건축물이 정교하고 화려한 것이 특징이다.
• 르네상스운동은 인간 중심 예술로 합리적이고 과학적이며 해부학이 발전하였다.

26 다음 중 디자인의 기본조건이 아닌 것은?

① 합목적성　　② 심미성
③ 복합성　　　④ 경제성

> **디자인의 기본조건**
> 합목적성, 심미성, 경제성, 독창성, 질서성, 합리성, 문화성, 친자연성
> **굿 디자인의 4대 조건**
> 합목적성(실용성), 경제성, 심미성, 독창성

27 일상생활 도구로서 실용 목적을 가진 디자인 행위와 관련이 있는 분야는?

① 시각 디자인　　② 제품 디자인
③ 환경 디자인　　④ 실내 디자인

> **제품디자인**
> 일상생활 도구로서 실생활과 가장 밀접해 실용 목적을 가진 디자인 행위와 가장 관련이 있는 분야이다.

28 다음 (　)에 공통적으로 들어갈 단어는?

> 디자인(Design)이라는 말은 '지시한다', '표시하다'라는 의미의 라틴어 (　)에서 나왔다. 여기서 (　)는(은) 일정한 사물을 정리하여 질서를 유지하기 위한 활동이라는 뜻이다.

① 데생(Dessin)　　② 디세뇨(Disegno)
③ 플래닝(Planning)　④ 데시나레(Designare)

> **디자인의 어원**
> 디자인이란 '지시한다', '표시하다'라는 의미의 라틴어 데시그나레에서 유래되었고, 정리하여 질서를 유지하기 위한 활동이란 뜻으로 '계획하다', '설계하다'라는 뜻으로 발전하였다.
> • **데시그나레(Designare, 라틴어)** : 지시한다, 표시한다, 계획을 세운다.
> • **데생(Dessin, 프랑스어)** : 목적, 계획
> • **디세뇨(Disegno, 이탈리아어)** : 목적하다.

틀리기 쉬운 문제
29 다음 중 색채조절의 사항과 관련이 없는 것은?

① 비렌, 체스킨
② 미적효과, 감각적 배색
③ 색채관리, 색채 조화
④ 안전 확보, 생산효율 증대

> **색채조절**
> 색채조절은 단순한 미적 효과, 감각적 배색이 아니라 기능적이고 과학적으로 작용하여 안정성, 쾌적성, 능률성 등을 증대시켜 주는 중요한 역할을 한다.

30 다음 중 시각 디자인에 관한 내용으로 틀린 것은?

① 시각 디자인의 역할은 의미전달보다는 감성적 만족을 주는 것이 가장 중요하다.
② 시각 커뮤니케이션에 있어 색채는 매우 중요한 역할을 하는 디자인 요소이다.
③ 시각 디자인은 일차적으로 시각적 흥미를 불러일으킬 필요가 있다.
④ 시각 디자인의 매체는 인쇄매체에서 점차 영상매체로 확대되고 있다.

> **시각 디자인**
> 시각 디자인의 역할은 감성적 만족보다는 정확한 정보전달, 즉 시각 매체를 활용한 커뮤니케이션이 그 무엇보다 가장 중요하다.

31 모형의 종류 중 디자인 과정 초기 개념화 단계에서 형태감과 비례파악을 위해 만드는 모형은?

① 스터디 모형(Study Model)
② 작동 모형(Working Model)
③ 미니어처 모형(Miniature Model)
④ 실척 모형(Full Scale Model)

> **스터디 모형**
> 디자인 과정 초기 개념화 단계에서 형태감, 비례 파악을 위해 만드는 모형

32 색은 상품 판매 전략을 위한 커뮤니케이션에 있어서 매우 중요한 역할을 하고 있다. 이와 같은 목적으로 활용되는 색채효과와 가장 거리가 먼 것은?

① 기억성 증가
② 시인성 향상
③ 연색성 증가
④ 가독성 향상

> **색채효과**
> 기억성, 시인성, 가독성, 상징성 등의 효과가 있다.
> **연색성**
> 광원의 종류에 따라 같은 물체지만 물체의 색이 달라 보이는 현상을 말한다.

---

33 환경 디자인의 분류와 그 설명이 틀린 것은?

① 도시계획 – 국토계획뿐 아니라 농어촌계획, 지역계획까지도 포함한다.
② 조경 디자인 – 건축물의 표면에 그래픽적 의미를 부여하여 도시환경을 개선한다.
③ 건축 디자인 – 주생활 환경을 인간이 조형적으로 종합 구성한 유기체적 조직체이다.
④ 실내 디자인 – 건축물의 내부를 그 쓰임에 따라 아름답게 꾸미는 일이다.

> **환경 디자인**
> 건축물의 표면에 그래픽적 의미를 부여하는 것은 시각 디자인의 일종인 슈퍼 그래픽이다.
>
> **조경 디자인**
> 아름답고 쾌적한 환경을 만들기 위해 자연과 인공적 기술이 결합된 환경 디자인 중 하나이다.

틀리기 쉬운 문제
34 디자인의 조형적 기본요소가 아닌 것은?

① 형태   ② 색
③ 질감   ④ 재료

> **디자인의 기본요소**
> • 디자인 조형적 기본요소 : 형태, 색, 질감
> • 형태의 기본요소 : 점, 선, 면, 입체

35 색채 디자인에 있어서 주조색에 대한 설명으로 옳은 것은?

① 전체의 30% 미만을 차지하는 색이다.
② 인테리어, 패션, 산업디자인 등의 주조색은 고채도여야 한다.
③ 주조색을 선정할 때는 재료, 대상, 목적 등을 고려하여야 한다.
④ 주조색은 보조색보다 나중에 결정한다.

> **색채 디자인(주조색)**
> • 주조색은 전체의 70%를 차지하는 색이다.
> • 인테리어, 패션, 산업디자인 등의 주조색은 항상 고채도로 표현되지 않는다. 콘셉트에 따라 다르며 특히 인테리어는 주조색이 천장, 벽, 바닥인 경우가 많아 피로도를 고려해 고명도 중 저채도의 색을 주로 사용한다.
> • 주조색을 선정할 때는 재료, 대상, 목적을 고려한다.
> • 주조색은 전체 색채 디자인에 있어 가장 큰 비율을 차지하는 주요색으로 가장 먼저 결정한다.

36 디자인 매체에 따른 색채 전략으로 거리가 먼 것은?

① 픽토그램 – 단순하고 명료하게 정보를 전달할 수 있어야 한다.
② 실내 디자인 – 각 요소의 형태, 재질과 균형을 맞추어 질서있게 연출하여야 한다.
③ 슈퍼 그래픽 – 제품의 이미지 및 전체 분위기를 잘 나타낼 수 있어야 한다.
④ B.I – 브랜드의 특성을 알려주고 차별적 효과를 전달할 수 있어야 한다.

> **디자인 매체에 따른 색채전략**
> 슈퍼 그래픽은 제품디자인이 아닌 환경 디자인 중 하나로 건물 외벽을 캔버스로 삼아 그래픽 작업을 하는 것이다. 1960년대 미국에서 시작되었으며 도시 경관을 아름답게 디자인하는 것을 목표로 한다.
> • 픽토그램 : 그림문자라고 불리며 단순 명료해야 정보를 쉽게 전달할 수 있다.
> • B.I(Brand Identity) : 브랜드 특성을 알리고 경쟁 상품과 차별화된 상표 이미지를 효과적으로 전달할 수 있어야 한다.

37 디자인 사조들이 대표적으로 사용하였던 색채의 경향이 틀린 것은?

① 옵아트는 색의 원근감, 진출감을 흑과 백 또는 단일 색조를 강조하여 사용한다.
② 미래주의는 기하학적 패턴과 잘 조화되어 단순하면서도 세련된 느낌을 준다.
③ 다다이즘은 화려한 면과 어두운 면을 동시에 갖고 있으면서, 극단적인 원색대비를 사용하기도 한다.
④ 데스틸은 기본 도형적 요소와 삼원색을 활용하여 평면적 표현을 강조한다.

> **디자인 사조 색채 경향**
> 미래주의는 기계적이고 차가운 금속성의 광택 소재와 하이테크한 소재감을 연상하는 색채가 특징이다. 기하학적 패턴과 잘 조화되어 단순하면서도 세련된 느낌을 주는 대표적 디자인 사조는 구성주의이다.

38 절대주의(Suprematism)의 대표적인 러시아 예술가는?

① 칸딘스키(W. Kandinsky)
② 마티스(Henri Matisse)
③ 몬드리안(P. Mondrian)
④ 말레비치(K. Malevich)

> **절대주의**
> 절대주의의 대표적 러시아 예술가는 말레비치이다.
> • 칸딘스키 : 추상표현주의
> • 마티스 : 야수파
> • 몬드리안 : 신조형주의

39 디자인의 목적과 관련이 없는 것은?

① 디자인은 실용적이고 미적인 조형의 형태를 개발하는 것이다.
② 디자인은 아름다움을 추구하기 위하여 즉흥적이고 무의식적인 조형의 방법을 개발하고 연구하는 것이다.
③ 디자인은 사용하기 쉽고, 편리하며, 아름다운 생활환경을 창조하는 조형행위이다.
④ 디자인은 일련의 목적을 마음에 두고, 이의 실천을 위하여 세우는 일련의 행위 개념이다.

디자인 목적
디자인은 실용적이고 미적인 조형의 형태를 개발하는 것으로서 사용하기 쉽고 편리하며, 아름다운 생활환경을 창조하는 조형 행위이다. 디자인은 어떤 목적을 마음에 두고 이를 실천하기 위하여 세우는 일련의 행위 개념이다.

40 질을 추구하면서도 동시에 대량생산에 대한 양을 긍정하여 근대디자인이 탄생하는 계기가 된 것은?

① 미술공예운동
② 독일공작연맹
③ 런던 만국박람회
④ 시세션

근대디자인의 탄생 계기(독일공작연맹)
독일공작연맹은 헤르만 무테지우스를 중심으로 미술공예운동에서 벗어나 질을 추구, 대량생산, 규격화와 표준화를 주장하며 미술과 공업의 결합을 시도하는 등의 행위를 통하여 근대디자인이 탄생했다.

---

3 제3과목 : 색채관리

41 육안 조색과 CCM 장비를 이용한 조색의 관계에 대해 가장 바르게 설명한 것은?

① 육안 조색은 CCM을 이용한 조색보다 더 정확하다.
② CCM 장비를 이용한 조색 시스템에서 가장 중요한 요소는 정확한 색료 데이터베이스 구축이다.
③ 육안 조색으로도 무조건등색을 실현할 수 있다.
④ CCM 장비는 가법 혼합 방식에 기반한 조색에 사용한다.

육안 조색과 CCM 장비
CCM장비를 이용한 조색 시스템에서 가장 중요한 요소는 정확한 색료 데이터베이스 구축이다. 육안 조색보다 CCM을 이용한 조색이 더 정확하다. CCM을 이용한 조색이 분광 반사율이 완전히 일치하여 어떤 조명에서나 어떤 관찰자가 보더라도 같은 색으로 보이는 무조건등색(아이소 머리즘)을 실현할 수 있다. 육안 조색은 분광 반사율 스펙트럼이 서로 다른 두 시료가 특정 광원 아래에서 같은 색으로 보이는 메타메리즘이 발생할 확률이 높다. CCM 장비는 감법 혼합 방식에 기반한 조색에 사용한다.

틀리기 쉬운 문제

42 입력 색역에서 표현된 색이 출력 색역에서 재현불가할 때 ICC에서 규정한 렌더링 의도에 대한 설명으로 잘못된 것은?

① 지각적(Perceptual) 렌더링은 전체 색간의 관계는 유지하면서 출력 색역으로 색을 압축한다.
② 채도(Saturation) 렌더링은 입력측의 채도가 높은 색을 출력에서도 채도가 높은 색으로 변환한다.
③ 상대색도(Relative Colorimetric) 렌더링은 입력의 흰색을 출력의 흰색으로 맵핑하며, 전체 색간의 관계를 유지하면서 출력 색역으로 색을 압축한다.
④ 절대색도(Absolute Colorimetric) 렌더링은 입력의 흰색을 출력의 흰색으로 맵핑하지 않는다.

상대색도 렌더링
렌더링은 입력의 흰색을 출력의 흰색으로 매핑한다. 따라서 원본 컬러에 가까운 컬러로 이미지 데이터를 인쇄하고자 할 때 선택하는 것이다. 하지만 전체 색 간의 관계를 유지하면서 출력 색역으로 색을 압축하는 것은 지각적 렌더링이다.
ICC에서 규정한 렌더링 의도
• **지각적 렌더링** : 전체 색 간의 관계는 유지하면서 출력 색역으로 색을 압축한다.
• **채도 렌더링** : 입력 측의 채도가 높은 색 출력에서도 채도는 그대로 유지되기 때문에 채도가 높은 색으로 그대로 유지되어 변환된다.
• **절대색도 렌더링** : 렌더링은 입력의 흰색을 출력의 흰색으로 매핑하지 않는다.

틀리기 쉬운 문제

43 CIE 표준광 및 광원에 대한 설명으로 틀린 것은?

① CIE 표준광은 CIE에서 규정한 측색용 표준광으로 A, D65가 있다.
② CIE C광은 2004년 이후 표준광으로 사용하지 않는다.
③ CIE A광은 색온도 2700K의 텅스텐 램프이다.
④ 표준광 D65는 상관 색온도 약 6500K인 CIE 주광이다.

CIE 표준광 및 광원
CIE A광은 색온도 2856K의 텅스텐 램프이다.
• CIE 표준광은 CIE에서 규정한 측색용 표준광으로 A, B, C, D65, D가 있다.
  – **표준광A** : 색온도 2856K(백열등, 텅스텐램프)
  – **표준광B** : 색온도 4774K(직사 태양광)
  – **표준광C** : 색온도 6744K(북위 40도 지점 흐린 날 오후 2시경 평균적인 주광)
  – **표준광D** : 색온도 6504K(일정하게 맞춰 놓은 인공광, (D50, D55, D60, D65, D70, D75))
• CIE C광은 2004년 이후 표준광으로 사용하지 않는다.
• 표준광 D65는 상관 색온도가 약 6500K인 CIE 주광이다.

정답 33 ② 34 ④ 35 ③ 36 ③ 37 ② 38 ④ 39 ② 40 ② 41 ② 42 ③ 43 ③

44 다음의 색온도와 관련된 용어들 중 설명이 틀린 것은?

① 색온도 – 완전 복사체의 색도를 그것의 절대 온도로 표시한 것
② 분포 온도 – 완전 복사체의 상대 분광 분포와 동등하거나 또는 근사적으로 동등한 시료 복사의 상대 분광 분포의 1차원적 표시로서, 그 시료 복사에 상대 분광 분포가 가장 근사한 완전 복사체의 절대 온도로 표시한 것
③ 상관 색온도 – 완전 복사체의 색도와 근사하는 시료 복사의 색도 표시로, 그 시료 복사에 색도가 가장 가까운 완전 복사체의 절대 온도로 표시한 것. 이때 사용되는 색 공간은 CIE 1931 x, y를 적용한다.
④ 역수 상관 색온도 – 상관 색온도의 역수

> **상관 색온도**
> 완전 복사체의 색도와 근사하는 시료 복사의 색도 표시로, 그 시료 복사에 색도가 가장 가까운 완전 복사체의 절대 온도로 표시한 것. 이때 사용되는 색공간은 CIE 1931 x,y가 아니라 CIE 1960 UCS(u,v)를 적용한다.

45 단 한 번의 컬러 측정으로 표준광 조건에서의 CIE LAB값을 얻을 수 있는 장비는?

① 분광복사계
② 조도계
③ 분광광도계
④ 광택계

> **분광광도계**
> 단 한 번의 컬러 측정으로 표준광 조건에서의 CIE LAB 값을 얻을 수 있는 측색 장비이다.
> • 물체의 분광 반사율, 분광 투과율 등을 파장의 함수로 측정할 수 있다.
> • 다양한 광원과 시야의 색채값을 동시 산출할 수 있다.
> • 분광식 색채계의 광원은 주로 텅스텐 할로겐 램프, 크세논 램프를 사용한다.
> • XYZ, L*a*b*, Munsell, Hunter L*a*b* 등 다양한 표색계로 표시할 수 있다.

46 도료의 전색제 중 합성수지와 가장 거리가 먼 것은?

① 페놀 수지
② 요소 수지
③ 셸락 수지
④ 멜라민 수지

> **합성수지**
> 셸락 수지는 깍지벌레라는 아주 작은 곤충의 분비물을 추출하여 만든 천연수지 도료이다. 페놀 수지, 요소 수지, 멜라민 수지는 대표적인 합성수지 도료이다.

47 표면색의 육안 검색 환경 설명으로 틀린 것은?

① 일반적인 색 비교를 위해서는 자연주광 또는 인공주광 중 어느 것을 사용해도 된다.
② 자연주광에서의 비교에서는 1000lx가 적합하다.
③ 어두운 색 비교를 위한 작업면의 조도는 4000lx에 가까운 것이 좋다.
④ 색 비교를 위한 부스 내부는 먼셀 명도 N4~N5로 한다.

> **육안 검색 환경**
> 자연주광에서의 비교에서는 2000lx가 적합하다.
> • 일반적인 색 비교를 위해서는 자연주광 또는 인공주광 중 어느 것을 사용해도 된다. 하지만 시시각각 변화하는 자연주광보다는 표준 광원으로서 인공주광인 D65를 이용하는 것이 좋다.
> • 어두운 색 비교를 위한 작업면 조도는 4000lx에 가까운 것이 좋다.
> • 색 비교를 위한 부스 내부는 먼셀 명도 N4~N5로 한다.
> • 측정각은 관찰자와 대상물 각도를 약 45°로 유지하는 것이 좋다.

48 육안 조색 시 자연주광 조명에 의한 색 비교에 대한 설명으로 잘못된 것은?

① 북반구에서의 주광은 북창을 통해서 확산된 광을 사용한다.
② 붉은 벽돌 벽 또는 초록의 수목과 같은 진한 색의 물체에서 반사하지 않는 확산 주광을 이용해야 한다.
③ 시료면의 범위보다 넓은 범위를 균일하게 조명해야 한다.
④ 적어도 4000lx의 조도가 되어야 한다.

> **육안 조색 시 자연주광**
> 적어도 2000lx의 조도가 되어야 한다.
> • 북반구에서의 주광은 북창을 통해 확산된 광을 사용한다.
> • 붉은 벽돌 벽 또는 초록의 수목과 같은 진한 색의 물체에서 반사하지 않는 확산 주광을 이용해야 한다.
> • 시료면의 범위보다 넓은 범위를 균일하게 조명해야 한다.
> • 직사광은 피해야 한다.

49 다음 중 광원의 색 특성과 관련된 용어가 아닌 것은?

① 백색도(Whiteness)
② 상관색온도(Correlated Color Temperature)
③ 연색성(Color Rendering Properties)
④ 완전 복사체(Planckian Radiator)

> **광원의 색 특성과 관련된 용어**
> 백색도는 표면색의 흰 정도를 1차원적으로 나타낸 수치이다. 따라서 광원의 색 특성과는 관련이 없다.
> • **상관색온도** : 완전 복사체의 색도와 근사한 시료 복사의 색도표시로, 절대온도로 표시하며 양의 기호 Tcp, 단위는 K를 사용한다.
> • **연색성** : 인공광원이 물체색의 느낌에 영향을 미치는 현상을 말한다.
> • **완전 복사체** : 표준광 A광원을 말한다.

50 모니터에서 삼원색의 가법혼색으로 만들어지는 모든 색을 포함하는 색공간 내의 재현 영역을 무엇이라고 하는가?

① 색입체(Color Solid)
② 스펙트럼 궤적(Spectrum Locus)
③ 완전 복사체 궤적(Planckian Locus)
④ 색영역(Color Gamut)

> **색영역(Color Gamut)**
> 모니터에서 3원색의 가법혼색으로 만들어지는 모든 색을 포함하는 색공간 내의 재현 영역을 말한다.

틀리기 쉬운 문제
51 모니터 디스플레이의 해상도에 대한 설명으로 올바른 것은?

① 4K 해상도는 4096×2160의 해상도를 의미한다.
② 400ppi의 모니터는 500ppi의 스마트폰보다 해상도가 높다.
③ 동일한 크기의 화면에서 FHD는 UHD보다 해상도가 높다.
④ 동일한 크기의 화면에서 4K 해상도의 화소수는 2K 해상도의 2배이다.

> **모니터 디스플레이의 해상도**
> 4K 해상도는 4096×2160의 해상도를 의미한다.
> • 400ppi의 모니터는 500ppi의 스마트폰보다 해상도가 낮다.
> • 동일한 크기의 화면에서 FHD(1920×1080)는 UHD(3840×2160)보다 해상도가 4배 정도 낮다.
> • 동일한 크기의 화면에서 4K 해상도의 화소 수는 2K 해상도의 4배이다.

52 컬러 모델(Color Model)에 대한 설명으로 잘못된 것은?

① 원료의 종류(색료 또는 빛)에 따라 달라진다.
② 재현성(Reproducibility)을 가져야 한다.
③ 원료들을 특정 비율로 섞었을 때 특정 관측환경에서 어떤 컬러로 표현되는가를 예측할 수 있다.
④ 동일한 CIE LAB값을 갖는 색을 만들기 위한 원료 구성 비율은 모든 관측환경 하에서 동일하다.

> **컬러 모델**
> 동일한 CIE LAB 값을 갖는 색을 만들기 위한 원료 구성 비율은 모든 관측환경 아래에서 동일하지 않다.
> • 원료의 종류(색료 또는 빛)에 따라 달라진다.
> • 재현성을 가져야 한다.
> • 원료들은 특정 비율로 섞었을 때 특정 관측환경에서 어떤 컬러로 표현되는가를 예측할 수 있다.

53 형광 물체색 측정에 필요한 조건으로 틀린 것은?

① 조명 및 수광의 기하학적 조건은 원칙적으로 45° 조명 및 0° 수광 또는 0° 조명 및 45° 수광을 따른다.
② 분광 측색 방법에서는 단색광 조명 또는 분광 관측에서 유효 파장폭 및 측정 파장 간격은 원칙적으로 1nm 혹은 2nm로 한다.
③ 측정용 광원은 300nm 미만의 파장역에는 복사가 없는 것이 바람직하다.
④ 표준 백색판은 시료면 조명광으로 조명했을 때 형광을 발하지 않아야 한다.

> **형광 물체색 측정 조건**
> 분광 측색 방법에서는 원칙적으로 단색광 조명 또는 분광 관측에서 유효 파장폭 및 측정 파장 간격을 5nm 또는 10nm로 한다.

54 유한한 면적을 갖고 있는 발광면의 밝기를 나타내는 양을 의미하는 용어는?

① 휘도   ② 비시감도
③ 색자극   ④ 순도

> **휘도**
> 유한한 면적을 가진 발광면 밝기의 양을 의미하는 용어이다.

---

55 다음 중 염료의 설명으로 틀린 것은?

① 투명성이 뛰어나다.
② 유기물이다.
③ 물에 가라앉는다.
④ 물체와의 친화력이 있다.

> **염료**
> 염료는 물에 가라앉지 않고 물이나 용제에 잘 녹는 성질이 있다. 투명성이 뛰어나고 유기물이며 물체와의 친화력이 있고 방직계통에 많이 사용되고 잉크, 종이, 목재, 식품 등 염색에 쓰인다.

56 KS C 0074에서 정의된 측색용 보조 표준광이 아닌 것은?

① D_{50} ② D_{60}
③ D_{75} ④ B

> **KS C 0074에서 정의된 측색용 보조 표준광**
> • 표준광 : 표준광 A, 표준광 D_{65}, 표준광 C
> • 보조 표준광 : 보조 표준광 D_{50}, 보조 표준광 D_{55}, 보조 표준광 D_{75}, 보조 표준광 B

틀리기 쉬운 문제
57 측색 장비에 대한 설명으로 잘못된 것은?

① 시감 색채계 – 광전 수광기를 사용하여 분광 특성을 측정
② 분광광도계 – 물체의 분광 반사율, 분광 투과율 등을 파장의 함수로 측정
③ 분광복사계 – 복사의 분광 분포를 파장의 함수로 측정
④ 색채계 – 색을 표시하는 수치를 측정

> **측색 장비**
> **시감 색채계** : 시각적 감각에 의해 CIE 3자극 값을 측정하는 데 쓰는 장비이다. 광전 수광기를 사용하여 분광 특성을 측정하는 장비는 광전 색채계이다.

58 다음 중 컬러 잉크젯 프린터의 재현 색상에 영향을 미치는 것과 가장 거리가 먼 것은?

① 용지의 크기
② 프린터 드라이버의 설정
③ 용지의 종류
④ 잉크의 종류

> **프린터 재현 색상에 영향을 미치는 요소**
> 프린터 드라이버의 설정, 용지의 종류, 잉크의 종류 등이다. 용지의 크기와는 관련이 없다.

59 색채 측정기에 관한 설명 중 틀린 것은?

① 시료의 오염은 측정값에 오류를 가져올 수 있다.
② 낮아진 계측기의 정확성은 교정으로 확보할 수 있다.
③ 분광광도계의 적분구 내부는 정확도와 무관하다.
④ 계측기는 측정 전 충분히 켜두어 안정성을 확보하는 것이 좋다.

> **색채 측정기**
> 분광광도계의 적분구 내부는 빈 공 모양에 내부가 반사율이 높은 물질인 산화마그네슘으로 코팅되어야 한다. 그래야만 내부로 입사된 빛은 각도에 상관없이 고르게 반사되는 확산광이 된다. 따라서 적분구 내부는 정확도와 무관하지 않다.

60 이미지 센서가 컬러를 나누는 기술로 가장 거리가 먼 것은?

① Bayer Filter Sensor
② Foveon Sensor
③ Flat Panel Sensor
④ 3CCD

> **이미지 센서**
> Flat Panel Sensor는 컬러가 아닌 흑백 이미지로 변환되는 복사기와 같은 평판 센서를 말한다.
> • 이미지 센서는 영상을 디지털 신호로 바꿔주는 반도체이다.
> • Bayer Filter Sensor, Foveon Sensor, 3CCD는 3차원 입체적인 이미지 방식으로 빨강, 초록, 파랑 컬러를 나누는 기술이 있어 캠코더, 비디오 카메라 등에 사용되는 이미지 센서이다.

---

4   제4과목 : 색채 지각론

61 컬러인쇄를 자세히 들여다보면 작은 망점으로 이루어진 것이 보인다. 이 망점 인쇄의 원리에 대한 설명 중 옳은 것은?

① 망점의 색은 노랑, 시안, 빨강으로 되어 있다.
② 색이 겹쳐진 부분은 가법혼색의 원리가 적용된다.
③ 일부 나열된 색에는 병치혼색의 원리가 적용된다.
④ 인쇄된 형태의 어두운 부분을 안정시키기 위하여 빨강, 녹색, 파랑을 사용한다.

> **병치혼색**
> 컬러인쇄를 자세히 들여다보면 작은 망점으로 이루어진 것이 보이는데 이 망점 인쇄의 원리는 모자이크, 직물, 컬러텔레비전, 인상파의 점묘화와 같이 병치 혼색에 의한 것이다.

62 시각을 일으키는 물리적 자극의 범위에 해당하는 파장으로 옳은 것은?

① 200~700nm
② 200~900nm
③ 380~780nm
④ 380~980nm

> **색의 파장 영역**
> 시각을 일으키는 물리적 자극의 범위에 해당하는 파장은 가시광선의 영역으로 우리 눈으로 지각할 수 있는 광선의 영역은 약 380~780nm이다.

63 색의 온도감에 관한 설명 중 올바른 것은?

① 귤색은 난색에 속한다.
② 연두색은 한색에 속한다.
③ 파란색은 중성색에 속한다.
④ 자주색은 난색에 속한다.

> **색의 온도감**
> 색의 온도감은 색상의 속성이 가장 많이 좌우하며 장파장의 난색은 빨강, 주황, 노랑, 단파장의 한색은 파랑, 남색, 청록이며 따뜻하지도 차갑지도 않은 중성색은 연두, 초록, 보라, 자주색이다.

틀리기 쉬운 문제

64 형광작용에 의해 무대나 간판 등의 조명에 주로 활용되는 파장역과 열적작용으로 온열효과에 이용되는 파장역을 단파장에서 장파장의 순으로 바르게 나열한 것은?

① 자외선 – 가시광선 – X 선
② 자외선 – 가시광선 – 적외선
③ 가시광선 – 자외선 – 적외선
④ 적외선 – X 선 – 가시광선

> **파장영역**
> 무대나 간판 등의 네온등 조명에 주로 활용되는 파장과 열적 작용으로 온열 효과를 낼 수 있는 파장은 가시광선 영역 중 붉은색 계열의 장파장인 적외선에서 이용할 수 있으며, 파장은 자외선-가시광선-적외선 순이다.

65 색채혼합에 관한 설명으로 틀린 것은?

① 다색실로 직조된 직물의 색은 병치혼색을 한다.
② 색필터를 통한 혼색실험은 가법혼색을 한다.
③ 컬러인쇄에 사용된 망점의 색점은 병치감법혼색을 한다.
④ 컬러텔레비전은 병치가법혼색을 한다.

> **색채혼합**
> 색 필터를 통한 혼색 실험은 각각의 색 필터를 겹치는 것으로 혼합할수록 감법혼색의 원리가 적용되어 어두워진다.

66 순응에 대한 설명이 틀린 것은?

① 순응이란 조명조건이 변화함에 따라 수용기의 민감도가 변화하는 것을 말한다.
② 터널 내 조명설치 간격은 명암순응현상과 관련있다.
③ 조도가 낮아지면 시인도는 장파장인 노랑보다 단파장인 파랑이 높아진다.
④ 박명시는 추상체와 간상체 모두 활동하고 있는 시각상태로 시각적인 정확성이 높다.

> **색순응**
> 박명시는 명소시에서 암소시로 옮겨 감에 따라 일어나는 지각 현상으로 추상체와 간상체가 모두 활동하고 있고 색 구분의 정확성이 떨어지는 시각 상태를 말한다.

67 잔상에 관한 설명으로 틀린 것은?

① 자극을 제거한 후에 시각적인 상이 나타나는 현상이다.
② 자극의 강도가 클수록 잔상의 출현도 강하게 나타난다.
③ 물체색에 있어서의 잔상은 거의 원래 색상과 보색 관계에 있는 보색잔상으로 나타난다.
④ 원래의 자극에 대해 보색으로 나타나는 것은 양성잔상에 해당된다.

> **잔상**
> 원래의 감각과 반대의 밝기나 색상을 띤 잔상으로 자극이 사라진 뒤에도 광자극의 색상, 명도, 채도가 정반대로 느껴지는 현상을 부의 잔상(음성잔상)이라고 한다.

정답 55 ③ 56 ② 57 ① 58 ① 59 ③ 60 ③ 61 ③ 62 ③ 63 ① 64 ② 65 ② 66 ④ 67 ④

68 공간색(Volume Color)에 대한 설명으로 옳은 것은?

① 색의 구체적인 지각 표면이 배제되어 거리감이나 입체감 같은 지각이 거의 이루어지지 않는 색

② 사물의 질감이나 상태를 나타내는 색으로 거의 불투명도를 가진 물체의 표면에서 느낄 수 있는 색

③ 투명한 착색액이 투명유리에 들어있는 것을 볼 때처럼 색의 존재감이 그 내부에도 느껴지는 용적색

④ 거울과 같이 광택이 나는 불투명한 물질의 표면에 나타나는 완전반사에 가까운 색

> **공간색**
> 공간색은 물체나 면의 성질이 없고 투명감을 동반하며 색자체에 거리감과 두께감이 있어 용적색이라고도 한다.

69 교통표지나 광고물 등에 사용될 색을 선정할 때 흰 바탕에서 가장 명시성이 높은 색은?

① 파랑　　　　　　② 초록
③ 빨강　　　　　　④ 주황

> **색의 명시성**
> 명시도는 두 색을 배색할 경우 멀리서 구별이 되는 것의 정도를 뜻하며 색상과 명도의 차이가 클수록 높아진다. 흰색 바탕에서 가장 명시성이 높은 것은 초록색으로 비상구 방향을 나타내는 표지나 대피소 등의 안전색채에 사용된다.

70 정의 잔상(양성적 잔상)에 대한 설명으로 옳은 것은?

① 색자극에 대한 잔상으로 대체로 반대색으로 남는다.

② 어두운 곳에서 빨간 성냥불을 돌리면 길고 선명한 빨간 원이 그려지는 현상이다.

③ 원자극과 같은 정도의 밝기와 반대색의 기미를 지속하는 현상이다.

④ 원자극이 선명한 파랑이면 밝은 주황색의 잔상이 보인다.

> **정의 잔상**
> 정의 잔상은 양성 잔상이라고도 하며 망막이 색의 자극으로 흥분된 상태가 지속되고 자극이 없어져도 원래의 자극과 동일한 상이 지속해서 느껴지는 현상이다.

71 채도대비를 활용하여 차분하면서도 선명한 이미지의 패턴을 만들고자 할 때 패턴 컬러인 파랑과 가장 잘 조화되는 배경색은?

① 빨강　　　　　　② 노랑
③ 초록　　　　　　④ 회색

> **채도대비**
> 채도대비를 활용하여 차분하면서 선명한 패턴을 만들고자 할 때 파랑과 가장 잘 조화되는 배경색은 회색이다.

72 특정색을 바라보다가 흰색 도화지를 응시할 경우 잔상이 나타난다. 이때 잔상이 가장 강한 색은?

① 5R 4/14　　　　② 5R 8/2
③ 5Y 2/2　　　　　④ 5Y 8/10

> **색의 잔상**
> 잔상은 시각적으로 강한 자극을 받는 고채도의 색이 가장 강하게 느껴진다. 색의 표기는 색상, 명도/채도이다.

73 차선을 표시하는 노란색을 밝은 회색의 시멘트 도로 위에 도색하면 시인성이 현저히 떨어진다. 이 표시의 시인성을 향상시키기 위한 가장 효과적인 방법은?

① 차선표시 주변에 같은 채도의 보색으로 칠한다.

② 차선표시 주변에 검은색을 칠한다.

③ 노란색 도료에 형광제를 첨가시킨다.

④ 재귀반사율이 높아지도록 작은 유리구슬을 뿌린다.

> **색의 시인성**
> 시인성은 물체의 색이 뚜렷하게 보이는 정도로 명도의 차이에 의해 가장 효과적으로 나타나며 노란색 차선 주위에 명도 차가 가장 큰 색을 넣으면 시인성을 높일 수 있다.

74 달토니즘(Daltonism)으로 불리는 색각이상 현상에 대한 설명으로 옳은 것은?

① M 추상체의 결핍으로 나타난다.

② 제3색약이다.

③ 추상체 보조장치로 해결된다.

④ Blue~Green을 보기 어렵다.

> **달토니즘**
> 달토니즘 색각이상 현상은 적록색맹의 일종이다. 추상체에는 L추상체, M추상체, S추상체가 있으며 각각 Red, Green, Blue의 색이 인지되는 것이 일반적인데 달토니즘 색각이상은 적록색맹으로 적색을 담당하는 L추상체와 녹색을 담당하는 M추상체의 결핍으로 나타난다.

75 색채학자와 혼색에 관한 다음 설명 중 틀린 것은?

① 맥스웰은 회전원판 실험을 통해 혼색의 원리를 이론화하였다.

② 오스트발트는 회전원판에 이용한 혼색을 활용하여 색체계를 구성하였다.

③ 베졸드는 색필터의 중첩에 의한 색자극의 혼합으로 혼색의 원리를 이론화하였다.

④ 시냐크는 점묘법으로 채도를 낮추지 않고 중간색을 만들 수 있는 혼색을 보여주었다.

> **색의 혼색**
> 색을 직접 혼합하지 않고 가느다란 선이나 점을 교차시켜 두 색이 섞여 보이는 동화현상을 베졸드가 발견하여 이를 베졸드의 동화현상이라고 불린다.

76 영·헬름홀츠의 색채 지각설에 관한 설명으로 옳은 것은?

① 망막에는 3종의 색각세포와 세 가지 종류의 신경선의 흥분과 혼합에 의해 다양한 색이 발생한다는 것이다.

② 4원색을 기본으로 설명하였다.

③ 동시대비, 잔상과 같은 현상을 설명할 때 유용하다.

④ 색의 잔상효과와 베졸드 브뤼케 현상 등을 설명하기에 중요한 근거가 되는 학설이다.

> **색채지각설**
> 영·헬름홀츠의 3원색설은 세 가지(R, G, B) 시세포와 세 가지 종류의 시신경 흥분의 혼합으로 색이 만들어진다는 것이다. 초록과 빨강의 시세포가 흥분하면 노랑, 빨강과 파랑의 시세포가 흥분하면 마젠타, 초록과 파랑의 시세포가 흥분하면 시안으로 지각된다.

77 다음 눈의 구조 중 물체의 상이 맺히는 곳은?

① 각막(Cornea) ② 동공(Pupil)
③ 망막(Retina) ④ 수정체(Lens)

> **눈의 구조**
> 눈의 구조 중 물체의 상이 맺히는 곳은 망막으로 시신경 세포가 있어 가시광선의 에너지를 생체 내에서 사용할 수 있는 전기신호로 변환하는 역할을 하며 이는 카메라의 필름에 해당하는 부분이다.

78 보색대비에 관한 설명 중 틀린 것은?

① 색상대비 중에서 서로 보색이 되는 색들끼리 나타나는 대비효과를 보색대비라고 한다.

② 두 색은 서로 영향을 받아 본래의 색보다 채도가 높아지고 선명해진다.

③ 유채색과 무채색이 인접될 때 무채색은 유채색의 보색기미가 있는 듯이 보인다.

④ 서로 보색대비가 되는 색끼리 어울리면 채도가 낮아져 탁하게 보인다.

> **보색대비**
> 색상 대비 중에서 서로 보색이 되는 색들끼리 나타나는 대비 효과를 보색대비라고 하며 두 색은 서로 영향을 받아 본래의 색보다 채도가 높고 선명해 보인다.

79 점을 찍어가며 그렸던 인상주의 점묘파 화가들의 그림에 영향을 준 색채연구자는?

① 헬름홀츠 ② 맥스웰
③ 쉐브럴 ④ 저드

> **병치혼합**
> 쉐브럴(M. E. Chevreul)은 직물의 혼색을 통해 병치 혼색의 개념을 제시하였으며 그의 병치혼합에 대한 연구는 점을 찍어가며 그렸던 인상주의 점묘파 화가들의 그림에 영향을 주었다.

틀리기 쉬운 문제
80 색의 지각과 감정 효과에 대한 설명으로 옳은 것은?

① 멀리 보이는 경치는 가까운 경치보다 푸르게 느껴진다.

② 크기와 형태가 같은 물체가 물체색에 따라 진출 또는 후퇴되어 보이는 것에는 채도의 영향이 가장 크다.

③ 주황색 원피스가 청록색 원피스보다 더 날씬해 보인다.

④ 색의 삼속성 중 감정 효과는 주로 명도의 영향을 가장 많이 받는다.

> **색의 감정 효과**
> 멀리 보이는 경치가 더 푸르게 느껴지는 것은 한색이 더 후퇴되어 보이는 경향 때문이다. ②는 채도의 영향보다는 명도와 색상의 영향을 더 많이 받으며, ③은 청록색 원피스가 일반적으로 더 날씬해 보인다. ④는 색의 3속성 중 감정 효과는 명도보다는 주로 색상, 채도 등의 영향을 많이 받는다.

81 다음 중 한국의 전통색명인 벽람색(碧藍色)이 해당하는 색은?

① 밝은 남색　　　　② 연한 남색
③ 어두운 남색　　　④ 진한 남색

> **한국의 전통색명**
> 한국의 전통색명인 벽람색은 푸른 옥돌 같은색의 '벽'과 쪽빛의 '남'을 의미하며 밝은 하늘색에 해당한다.

82 그림의 NCS 색삼각형과 색환에 표기된 내용으로 옳은 것은?

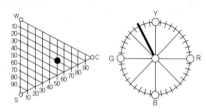

① S3050-G70Y
② S5030-Y30G
③ 유채색도(c)에서 green이 70%, yellow는 30%의 비율
④ 검정색도(s) 30%, 하양색도(w) 50%, 유채색도(c) 70%의 비율

> **NCS 색표기법**
> NCS 색기초법에서 S의 흑색량은 세로선상의 30, 순색량은 50이므로 S3050이며 색상은 Green에 70%만큼 Yellow가 섞인 컬러를 나타낸다.

83 CIE Yxy와 CIE LUV 색체계에서 백색광의 위치는?

① 왼쪽　　　　② 오른쪽
③ 가운데　　　④ 상단

> **CIE Yxy와 CIE LUV 색체계**
> CIE Yxy와 CIE LUV 색체계에서 색도 다이어그램의 중심점은 백색을 나타내며 빛의 3원색을 모두 혼합한 지점이 된다.

84 한국산업표준에서 규정한 색채표준은?

① 색의 3속성 표기　　② CIE 표기
③ 계통색 체계　　　　④ 관용색 체계

> **KS색채표준**
> KSA0062 한국산업표준에서 규정한 색채 표준은 색상, 명도, 채도 색의 3속성을 이용하여 H V/C로 표기한다.

85 P.C.C.S. 색체계의 톤(tone) 분류 체계의 설명으로 옳은 것은?

① 무채색의 고명도순은 sf(soft) – p(pale) – g(grayish) 이다.
② 고채도순은 v(vivid) – s(strong) – lt(light) – p(pale) 이다.
③ 중채도의 톤으로 lt(light), b(bright), s(strong), dp(deep) 등이 있다.
④ 고채도의 v(vivid)톤은 색명에 따른 명도차이가 거의 없다.

> **PCCS 색체계**
> PCCS 톤은 톤이 같은 색상끼리 12종류로 나누어 정리해 놓은 것이다. 명도의 차이가 있으며 선명함이 공통되는 그룹이 가능하다. 저채도의 라이트 그레이시(ltg), 다크그레이시(dkg)의 톤에서는 제각기 톤 그룹에서의 색상에 의한 명도차는 그다지 없지만 고채도의 비비드(V)톤 그룹에서는 명도에서 큰 차이가 있는 것을 볼 수 있다.

86 CIEXYZ 체계의 색 값으로 가장 밝은 색은?

① X=29.08, Y=19.77, Z=12.41
② X=76.45, Y=78.66, Z=80.87
③ X=55.51, Y=59.10, Z=76.28
④ X=4.70, Y=6.55, Z=6.09

> **CIE XYZ 체계**
> CIE XYZ 체계는 빛의 조합으로 색 값은 주로 빨강과 관련된 양이 X이며 Y는 초록, Z는 파랑과 관련된 양이다. 따라서 수치가 높을수록 가장 밝은 색이 된다.

87 배색기법에 관한 설명 중 틀린 것은?

① 연속배색은 리듬감이나 운동감을 주는 배색방법이다.
② 분리배색은 단조로운 배색에 대조되는 색을 배색하여 강조하는 기법이다.
③ 토널배색은 전체적으로 안정되며 편안한 느낌을 연출할 수 있다.
④ 트리콜로 배색은 명쾌한 콘트라스트가 표현되는 것이 특징이다.

> **배색기법**
> 배색기법에서 분리 배색은 두 색이 부조화하거나 대비가 유사 또는 보색일 경우 두 색이 분리될 수 있도록 무채색, 금색, 은색 등을 사용하여 조화를 이루게 하는 배색이다.

88 색채표준화의 단계 중 최초의 3원색 지각론으로 체계화를 시도한 인물이 아닌 사람은?

① 토마스 영
② 헬름홀츠
③ 에발트 헤링
④ 맥스웰

> **색채표준화**
> 색채표준화의 단계 중 헤링의 반대색설은 3원색설과 반대되는 이론으로 빨강, 초록, 노랑, 파랑 4개의 원색이 있다는 주장이다.

89 먼셀 색체계의 색상 중 기본색의 명도가 가장 높은 색상은?

① Red
② Yellow
③ Green
④ Purple

> **먼셀 색체계**
> 먼셀의 기본 10색의 색상 중 명도가 가장 높은 색은 Yellow이며 채도가 가장 높은 색은 Red이다.

90 L*a*b* 색체계의 설명으로 틀린 것은?

① 물체의 색을 측정할 때 가장 많이 사용되고 있으며, 실제로 모든 분야에서 널리 사용되고 있다.
② L*a*b* 색공간 좌표에서 L*은 명도, a*와 b*는 색 방향을 나타낸다.
③ +a*는 빨간색 방향, −a*는 노란색 방향, +b*는 초록 방향, −b*는 파란 방향을 나타낸다.
④ 조색할 색채의 오차를 알기 쉽게 나타내며 색채의 변화방향을 쉽게 짐작할 수 있다.

> **L*a*b* 색체계**
> L*a*b* 색체계에서는 L*로 명도를 표시하고 a*와 b*는 색상과 채도를 표시한다. +a*는 빨간색(Red), −a*는 녹색(Green), +b*는 노란색(Yellow), −b*는 파란색(Blue) 방향을 표시한다.

91 오스트발트 색체계에 대한 설명으로 틀린 것은?

① 독일의 물리화학자 오스트발트가 연구한 색체계로서 회전혼색기의 색채 분할면적의 비율을 가지고 여러색을 만들고 있다.
② 페흐너의 법칙을 적용하여 동등한 시각 거리들을 표현하는 색단위를 얻어내려 시도하였다.
③ 어느 한 색상에 포함되는 색은 모두 B(흑)+W(백)+C(순색)의 합이 100이 되는 혼합비를 구성하고 있다.
④ 오스트발트의 색상환은 헤링의 반대색설의 보색대비에 따라 5분할하고 그 중간색을 포함하여 10등분한 색을 기준으로 하고 있다.

> **오스트발트 색체계**
> 오스트발트 색상환은 헤링의 반대색설을 기초로 하여 빨강, 노랑, 초록, 파랑을 기준으로 보색대비에 따라 분할하고 다시 중간에 4가지 색상 주황, 연두, 청록, 보라를 배열한 8색을 기준으로 하고 있다. 최종적으로 이것을 다시 3등분하여 24색 상환으로 완성하였다.

틀리기 쉬운 문제
92 오스트발트 색체계의 순색 중 초록색에 대한 설명으로 옳은 것은?

① 장파장 반사율이 0%이고, 단파장 반사율이 100%가 되는 색
② 단파장 반사율이 0%이고, 장파장 반사율이 100%가 되는 색
③ 단파장과 장파장의 반사율이 100%이고, 중파장의 반사율이 0%가 되는 색
④ 단파장과 장파장의 반사율이 0%이고, 중파장의 반사율이 100%가 되는 색

> **오스트발트 색체계**
> 빛의 파장에서 굴곡이 큰 장파장은 빨간색, 굴곡이 작은 단파장은 남색과 보라이며 중파장은 초록에 해당한다. 단파장과 장파장의 반사율은 없으며 중파장의 반사율이 100%가 되는 색은 초록색이다.

93 10R 7/8의 일반색명은?

① 진한 빨강
② 밝은 빨강
③ 갈색
④ 노란 분홍

> **먼셀 색표기법**
> 먼셀 기호의 일반색명으로 10R 7/8는 주황에 가까운 10R의 색상이고 명도가 7, 채도가 8인 경우 노란 기운이 있는 분홍이 된다.

정답 81 ① 82 ① 83 ③ 84 ① 85 ② 86 ② 87 ② 88 ③ 89 ② 90 ③ 91 ④ 92 ④ 93 ④

94 먼셀의 표색기호 10Y 8/2에 대한 설명으로 옳은 것은?

① 색상 10Y, 명도2, 채도 8
② 색상 10Y, 명도 8, 채도 2
③ 명도 10, 색상 Y, 채도 8.2
④ 명도 8.2, 색상 Y, 채도 10

먼셀의 표색기호
먼셀의 색표기는 색상 명도/채도 순이다. 따라서 10Y의 색상, 명도 8, 채도 2의 색이다.

틀리기 쉬운 문제
95 한국의 전통색채에 나타나는 특징이 아닌 것은?

① 음양오행사상에 근거한 색채문화를 지녔다.
② 관념적 색채가 아닌 직접적, 감각적 지각체험을 중시하였다.
③ 색채는 계급표현의 수단이었다.
④ 오방색을 중심으로 한 색채문화를 지녔다.

한국의 전통색채
한국의 전통색채는 음양오행설과 유교 사상이다. 사대주의 등의 사상적 요인들이 어우러져 한국인의 색채의식에 전통적 근본이 되고 있다.

96 미국의 색채학자 저드(Judd)의 색채 조화론에 관한 설명으로 틀린 것은?

① 질서의 원리 – 규칙적으로 선정된 명도, 채도, 색상 등 색채의 요소가 일정하면 조화된다.
② 친근감의 원리 – 자연경관과 같이 사람들에게 잘 알려진 색은 조화된다.
③ 유사성의 원리 – 사용자 환경에 익숙한 색은 조화된다.
④ 명료성의 원리 – 여러 색의 관계가 애매하지 않고 명쾌하면 조화된다.

색채 조화론
저드의 색채 조화론에서 유사성의 원리란 배색에 사용되는 색채 간에 공통되는 성질이 있으면 조화된다는 원리이다. 색의 3속성의 차이가 작으며 배색된 색채들이 서로 공통되는 상태와 속성을 가질 때 그 색들은 조화를 이룬다.

97 NCS 색체계의 S2030–Y90R 색상 설명으로 옳은 것은?

① 90%의 노란색도를 지니고 있는 빨간색
② 노란색도 20%, 빨간색도 30%를 지니고 있는 주황색
③ 90%의 빨간색도를 지니고 있는 노란색
④ 빨간색도 20%, 노란색도 30%를 지니고 있는 주황색

NCS 색표기법
NCS 색표기법은 S흑색량, 순색량–색상의 기호로 표기하며 S2030–Y90R은 20%의 흑색도에 30%의 순색량이며 나머지 50%는 백색량이 된다. 색상의 기미로는 뒤의 기호인 Red에 따라 90%의 빨간색도, 10%의 노란색도를 의미한다.

틀리기 쉬운 문제
98 각 색체계에 따른 색표기 중 가장 어두운 색은?

① N8   ② L*=10   ③ ca   ④ S 4000–N

색표기법
① N8은 밝은 명도를 나타낸다.
② L*=10은 L* 0에서 100까지의 숫자로 100에 가까울수록 W화이트에 가까운 컬러로서 L*=10은 저명도이다.
③ ca는 오스트발트의 백색량 c일 경우 56%, 흑색량은 a의 경우 11%로서 밝은 컬러에 속한다.
④ S4000–N은 NCS의 40은 흑색량, 00은 순색량을 의미한다.

99 다음 중 상용색표계로 짝지어진 것은?

① DIN, PCCS
② MUNSELL, PANTONE
③ DIN, MUNSELL
④ PCCS, PANTONE

상용색표계
상용색표계는 일상적으로 많이 사용되는 컬러를 모은 색표집을 의미하며 대표적인 상용색표는 일본의 P.C.C.S와 미국의 PANTONE 색표집이다.

100 5R 9/2와 5R 3/8인 색은 명도와 채도 측면에서 볼 때 문·스펜서의 어느 조화원리에 해당하는가?

① 유사조화   ② 동등조화
③ 대비조화   ④ 제1부조화

문 스펜서의 조화원리
5R 9/2와 5R 3/8의 색은 명도와 채도의 차가 크므로 문 스펜서의 조화에서 대비조화에 해당한다.

03회 기출문제

기사

1 제1과목 : 색채 심리 · 마케팅

01 마케팅에서 색채의 효과가 아닌 것은?

① 주변 제품과의 색차 정도를 고려하여 대상물의 존재를 두드러지게 함
② 배색이나 브랜드 색채를 통일하여 대상물의 의미와 이미지를 전달함
③ 색채의 변경은 공장의 제조라인 수정에 따른 막대한 경비를 발생시킴
④ 유행색은 그 시대가 선호하는 이미지이므로 소비자의 라이프스타일이나 가치관에 영향을 미침

> **색채 마케팅**
> 색채의 변경으로 인한 경비 발생은 색채가 주는 마케팅 효과로 볼 수 없다.

02 흐린 날씨의 지역 사람들이 선호하는 색채에 대한 설명 중 틀린 것은?

① 일반적으로 연한 회색을 띤 색채, 약한 한색계를 좋아한다.
② 건물의 외관 색채는 주로 파랑과 연한 초록, 회색 등을 사용하다.
③ 실내색채는 주로 초록, 청록과 같은 한색계의 색채를 선호한다.
④ 북유럽계의 민족은 한색계에 예민한 감수성을 지니고 있다.

> **기후에 따른 색채 선호**
> 흐린 날씨의 지역 사람들은 단파장색과 채도가 낮은 색을 좋아한다. 건물의 외관 색채로는 청색과 연한 초록 및 회색, 실내의 색으로 노란색, 복숭아색, 장미색 등의 난색계를 선호한다.

03 다음 중 태양 빛의 영향으로 강렬한 순색계와 녹색을 선호하는 지역은?

① 뉴질랜드   ② 케냐
③ 그리스   ④ 일본

> **기후에 따른 색채 선호**
> 태양 빛의 영향으로 강렬한 순색계와 녹색을 선호하는 지역은 일조량이 많은 케냐 지역이다.

04 컬러 이미지 스케일(Color Image Scale)에 대한 설명 중 틀린 것은?

① 색채 이미지를 어휘로 표현하여 좌표계를 구성한 것이다.
② 유채색 경향 및 선호도 비교분석에 사용된다.
③ 색채의 3속성을 체계적으로 이미지화한 것이다.
④ 색채가 주는 느낌을 대립되는 형용사 평가어로 평가하여 나타낸 것이다.

> **컬러이미지 스케일**
> 컬러이미지 스케일은 색채이미지를 어휘로 표현하여 좌표계를 구성한 것이다.

05 소비자 행동에 영향을 미치는 요인 중 행동 양식, 생활습관, 종교, 인종, 지역 등에 영향을 받는 요인은?

① 문화적 요인
② 경제적 요인
③ 심리적 요인
④ 개인적 특성

> **소비자 행동에 영향을 미치는 요인**
> • **문화적 요인** : 행동양식, 생활습관, 종교, 인종, 지역
> • **사회적 요인** : 가족, 준거집단
> • **심리적 요인** : 동기, 지각, 학습, 동기 유발, 신념과 태도
> • **개인적 요인** : 나이, 생활주기, 직업, 경제적 상황, 개성, 성격, 자아개념

정답 01 ③ 02 ③ 03 ② 04 ③ 05 ①

06 마케팅에서 색채의 기능에 대한 설명으로 틀린 것은?

① 홍보 전략을 위해 기업컬러를 적용한 신제품을 출시하였다.
② 컬러 커뮤니케이션은 측색 및 색채관리를 통하여 제품이 가진 이미지나 브랜드의 의미를 전달한다.
③ 상품 자체는 물론이고 브랜드의 광고에 사용된 색채는 소비자의 구매력을 자극한다.
④ 마케팅 목표를 달성하기 위해 색채를 적합하게 구성하고 이를 장기적, 지속적으로 개선해 나간다.

색채 마케팅 기능
• 기업의 아이덴티티 형성
• 상품의 이미지 및 브랜드의 가치 상승
• 소비자 구매력 자극으로 인한 기업의 매출 증대
• 장기적, 지속적 개선으로 마케팅 목표 달성

07 브랜드별 고유색을 적용한 색채 마케팅 사례가 틀린 것은?

① 맥도날드 – 빨강 심벌, 노랑 바탕
② 포카리스웨트 – 파랑, 흰색
③ 스타벅스 – 녹색
④ 코카콜라 – 빨강

색채 마케팅 사례
맥도날드 BI(Brand Identity) 색채는 빨강 바탕에 노랑 심벌이다.

틀리기 쉬운 문제
08 지역색(Local Color)에 대한 설명으로 거리가 먼 것은?

① 특정 지역에서 추출된 색채
② 특정 지역의 하늘과 자연광을 반영하는 색채
③ 특정 지역의 흙, 돌 등에 의해 나타나는 색
④ 특정 지역의 사람들이 선호하는 색

지역색
지역의 사람들이 선호하는 색이 아닌 특정 지역의 자연환경, 사고방식, 정서, 관습 등 정체성을 대변하는 색채를 말한다.
• 특정 지역에서 추출된 색채
• 특정 지역의 하늘과 자연광을 반영하는 색채
• 특정 지역의 흙, 돌 등에 의해 나타나는 색

09 색채와 연상의 연결이 옳은 것은?

① 빨강 – 정열, 혁명   ② 녹색 – 고귀, 권력
③ 노랑 – 위험, 우아   ④ 흰색 – 청결, 공포

색채와 연상
② 녹색 – 평화, 안전 ③ 노랑 – 희망, 경고 ④ 흰색 – 순결, 청결

10 모 카드회사에서 새로 출시하는 카드를 사용하는 소비자의 소비욕구 유형에 맞추어 포인트를 올려준다고 광고를 하고 있다. 이때 적용되는 마케팅은?

① 제품 지향적 마케팅
② 판매 지향적 마케팅
③ 소비자 지향적 마케팅
④ 사회 지향적 마케팅

소비자 지향적 마케팅
소비자 소비욕구 유형에 맞추어 포인트를 올려 준다는 광고마케팅은 소비자가 원하는 바에 초점을 둔 소비자 지향적 마케팅이다.

11 색채의 공감각 현상에 대한 설명 중 옳은 것은?

① 하나의 자극으로부터 서로 다른 감각이 동시에 현저하게 공통적으로 발생하는 것을 의미한다.
② 색의 상징성이 언어를 대신하는 것이다.
③ 가벼운 색과 무거운 색에서는 공감각 현상을 찾아볼 수 없다.
④ 언어로는 표현하기 어려운 공간 감각이나 사회적, 종교적 규범 같은 추상적 개념을 표현한다.

색채의 공감각
공감각은 색채와 인간의 서로 다른 감각 간의 교류 현상을 통해 메시지와 의미를 전달하는 특징을 가지고 있다.

틀리기 쉬운 문제
12 색채연구에서 자주 활용되는 의미분별법(Semantic Differential Method)에서 사용되는 척도는?

① 비례척도(Ratio Scale)
② 명의척도(Nominal Scale)
③ 서수척도(Ordinal Scale)
④ 거리척도(Interval Scale)

의미분별법(SD법)
색채연구에 자주 활용되는 SD법에서 사용되는 척도는 거리 척도이다. 형용사 반대어 쌍을 구성하여 색채 이미지의 수량적 척도화 3, 5, 7, 9단계로 나누어 파악하기 어려운 현상을 다차원적으로 표현할 수 있어 여러 이미지 조사 방법으로 널리 쓰인다.

13 변수를 사용한 시장 세분화 전략 중 다음의 분류사례는 어떤 세분화 기준에 속하는가?

> • 여피족, 오렌지족, 386세대
> • 권위적, 사교적, 보수적, 야심적

① 인구통계적 변수
② 지리적 변수
③ 심리분석적 변수
④ 행동분석적 변수

시장세분화 전략 세분화 기준
• **심리 분석적 변수** : 라이프스타일의 개성, 태도, 취미
• **인구 통계적 변수** : 연령, 성별, 직업별, 소득
• **지리적 변수** : 지역, 도시 크기, 인구밀도
• **행동분석적 변수** : 사용 경험, 사용량, 브랜드 충성도, 가격 민감도

14 병원 수술실의 벽면색채로 적합한 것은?

① 크림색
② 노랑
③ 녹색
④ 흰색

색채의 기능
병원 수술실의 벽면색채로 적합한 색은 눈의 피로도를 완화하기 위해 녹색이 적합하다.

15 다음 중 ( )에 들어갈 적절한 단어는?

> 모든 제품의 판매 촉진을 위한 마케팅이 가능한 이유는 인간의 ( )이(가) 다양하기 때문이다.

① 상상
② 의견
③ 연령
④ 욕구

마케팅이 가능한 이유
모든 제품의 판매 촉진을 위한 마케팅이 가능한 이유는 인간의 욕구가 다양하기 때문이다. 따라서 끊임없이 변화하는 시장에서 고객의 욕구, 니즈를 파악하여 마케팅 전략을 세우는 것은 중요하다.

16 제품의 라이프사이클(Life Cycle) 단계에 따라 홍보 전략이 달라져야 성공적인 색채 마케팅 결과를 얻을 수 있다. 다음 중 성장기에 합당한 홍보 전략은?

① 제품 알리기와 혁신적인 설득
② 브랜드의 우수성을 알리고 대형시장에 침투
③ 제품의 리포지셔닝, 브랜드 차별화
④ 저가격을 통한 축소 전환

제품의 라이프사이클(성장기)
• **도입기** : 제품 알리기와 혁신적인 설득(광고, 홍보, 상품화)
• **성장기** : 브랜드의 우수성을 알리고 대형시장에 침투(색채 다양화, 유사제품 등장, 생산 비용 증가, 매출 증대)
• **성숙기** : 제품의 리포지셔닝, 브랜드 차별화(오랜 기간 지속, 마케팅 문제, 치열한 경쟁, 수익 하강 시작, 새로운 전략 필요)
• **쇠퇴기** : 제품이 사라지는 시기(새로운 색채 이미지 모색)

17 다음 중 시장 세분화의 목적이 아닌 것은?

① 기업의 이미지를 통합하여 통일감 부여
② 변화하는 시장수요에 능동적으로 대처
③ 자사 제품의 차별화와 시장 기회를 탐색
④ 자사와 경쟁사의 장단점을 효과적으로 평가

CIP(기업 이미지 통합화)
기업의 이미지를 통합하여 통일감 부여하는 것을 말한다.

18 색의 선호도에 대한 설명이 틀린 것은?

① 색에 대한 일반적인 선호 경향과 특정 제품에 대한 선호색은 동일하다.
② 선호도의 외적, 환경적인 요인은 문화적, 사회적 요인으로 구분할 수 있다.
③ 선호도의 내적, 심리적 요인으로는 개인적 요인이 중요하게 작용하다.
④ 제품의 특성에 따라서 선호되는 색채는 고정된 것이 아니다.

색의 선호도
색에 대한 일반적인 선호 경향과 특정 제품에 대한 선호 색은 다르다. 제품 종류, 성별, 연령, 교양, 소득에 따라서도 선호하는 색이 다를 수 있다.

19 색채와 감정 관계에 관한 설명 중 옳은 것은?

① 녹색, 보라색 등은 따뜻함이나 차가움이 느껴지지 않는 중성색이다.
② 색의 중량감은 색상에 따라 가장 크게 좌우된다.
③ 유아기, 아동기에는 감정에 따른 추상적 연상이 많다.
④ 중명도 이하의 채도가 높은 색은 부드러운 느낌을 준다.

색채와 감정
② 색의 중량감은 명도에 따라 크게 좌우된다.
③ 유아기, 아동기에는 구체적인 사물이나 자연현상과 연계되는 경우가 많다.
④ 중명도 이하의 채도가 높은 색은 딱딱한 느낌을 준다.

틀리기 쉬운 문제
20 색채조사를 위한 설문지의 응답형식에 대한 설명으로 틀린 것은?

① 개방형 설문은 응답자가 자유롭게 자신의 생각을 응답하도록 하는 것이다.
② 폐쇄형 설문은 두 개 이상의 응답을 주고 그중에서 하나 이상 선택하도록 하는 것이다.
③ 심층면접법(Depth Interview)으로 설문을 할 때는 개방형 설문이 좋다.
④ 예비적 소규모 조사(Pilot Survey) 시에는 폐쇄형 설문이 좋다.

색채조사를 위한 설문지
심층면접법으로 설문을 할 때는 개방형 설문보다 폐쇄형 설문이 좋다.

---

2 제2과목 : 색채 디자인

21 불완전한 형이나 그룹들을 완전한 형이나 그룹으로 완성하려는 경향이 있으며, 익숙한 선과 형태는 불완전한 것보다 완전한 것으로 보이기 쉬운 시각적 원리는?

① 근접성   ② 유사성
③ 폐쇄성   ④ 연속성

시지각 원리(게슈탈트 법칙)
• 폐쇄성 : 불완전한 형태나 벌어진 도형들의 집단을 완전한 형태의 집단으로 인지한다는 법칙이다.
• 근접성 : 가까이 있는 시각요소들을 하나의 패턴 혹은 그룹으로 인지한다는 법칙이다.
• 유사성 : 형태, 규모, 색채, 질감 등이 유사한 시각적 요소들을 한데 묶어 인지한다는 법칙이다.
• 연속성 : 배열이나 같은 방향성을 가진 어떤 형상이 하나로 인지된다는 법칙이다. 공동운명의 법칙이라고도 한다.

---

22 색채계획에 이용된 배색방법에 대한 설명 중 거리가 먼 것은?

① 보조색은 전체의 느낌을 전달하며 전체 색채효과를 좌우하게 된다.
② 일반적으로 주조색, 보조색, 강조색으로 구성된다.
③ 보조색은 주조색과 색상이나 톤의 차를 작거나 유사하게 하면 통일감 있는 조화를 이룰 수 있다.
④ 강조색은 대상에 액센트를 주어 신선한 느낌을 만든다.

색채계획 배색방법
주조색이 전체의 느낌을 전달하며 전체 색채효과를 좌우하게 된다.
• 주조색 : 가장 주가 되는 넓은 면적으로 전체 면적의 70%를 차지한다. 전체 콘셉트의 이미지와 색채효과를 나타낸다.
• 보조색 : 주조색을 보완해 주는 역할을 하며 전체 면적의 20~25%를 차지한다.
• 강조색 : 색채계획 시 가장 눈에 띄는 포인트 색상으로 전체의 5~10%를 차지한다.

틀리기 쉬운 문제
23 바우하우스에 관한 설명 중 틀린 것은?

① 뮌헨에 있던 공예학교를 빌려 개교하였다.
② 초대 교장은 건축가인 월터 그로피우스이다.
③ 데사우로 교사를 옮기면서 전성기를 맞이했다.
④ 1933년 나치스에 의해 폐교되었다.

바우하우스
독일 바이마르에 공예학교 교장 헨리 반 데 벨데로부터 미술 아카데미와 공예학교 운영을 위임받아 종합조형학교인 바우하우스를 개교하였다.
• 초대 교장은 건축가 월터 그로피우스이다.
• 데사우로 교사를 옮기면서 전성기를 맞이했다.
• 1933년 나치스에 의해 폐교되었다.

24 제품디자인 색채계획에 사용될 다음의 배색 중 배색 원리가 다른 하나는?

① 밤색 – 주황
② 분홍 – 빨강
③ 하늘색 – 노랑
④ 파랑 – 청록

배색 원리
하늘색은 노란색만 반대색상 배색이며 나머지 배색은 동일·유사색상 배색 원리이다.

25 오늘날 모든 디자인 영역에서 친자연성의 중요성이 더욱 더 강조되고 있다. 다음 중 친자연성의 의미를 가장 잘 설명한 것은?

① 디자인에서 생물의 대칭적인 모습을 강조한다.
② 모든 디자인 영역에서 인공색을 주제로 한 디자인을 한다.
③ 디자인 재료의 선택에 있어 주로 인공 재료를 사용한다.
④ 디자인의 태도는 자연과의 공생 및 상생의 측면에서 이루어져야 한다.

친자연성의 의미
자연과의 공생 및 상생의 측면에서 생태학적으로 건강하고 유기적으로 통합되며 인간환경 구축과 인간 그리고 자연이 함께 조화로운 디자인, 에코(그린) 디자인이 친자연성을 바탕으로 한다.

26 윌리엄 모리스(William Morris)가 중심이 된 디자인 사조와 관계가 먼 것은?

① 예술의 민주화 · 사회화 주장
② 수공예 부흥, 중세 고딕(Gothic)양식 지향
③ 대량생산 시스템의 거부
④ 기존의 예술에서 분리

윌리엄 모리스(미술공예운동)
• 대량생산 시스템으로 인한 생산품의 질적 하락과 예술성 저하를 비판
• 예술의 민주화와 사회화를 주장
• 수공예 부흥과 중세 고딕 양식을 지향
• 근대디자인사의 이념적 기초를 마련

틀리기 쉬운 문제
27 다음 중 광고의 외적 효과가 아닌 것은?

① 인지도의 제고
② 판매촉진 및 기업홍보
③ 기술혁신
④ 수요의 자극

광고의 외적효과
기술혁신은 광고 효과와는 관련이 없다.

28 게슈탈트의 그루핑 법칙과 관련이 없는 것은?

① 보완성   ② 근접성
③ 유사성   ④ 폐쇄성

게슈탈트 법칙(그루핑)
근접성, 유사성, 폐쇄성, 연속성 4가지가 속한다.
• **근접성** : 가까이 있는 시각요소들을 하나의 패턴 혹은 그룹으로 인지한다는 법칙이다.
• **유사성** : 형태, 규모, 색채, 질감 등이 유사한 시각적 요소들을 한데 묶어 인지한다는 법칙이다.
• **폐쇄성** : 불완전한 형태나 벌어진 도형들의 집단을 완전한 형태의 집단으로 인지한다는 법칙이다.
• **연속성** : 배열이나 같은 방향성을 가진 어떤 형상이 하나로 인지된다는 법칙이다. 공동운명의 법칙이라고도 한다.

29 디자인은 목적이 없거나 무의식적인 활동이 아니라 명백한 목적을 지닌 인간의 행위이다. 디자인하는 데 있어서 가장 중요한 두 가지 목적을 연결한 것은?

① 실용성 – 심미성   ② 경제성 – 균형성
③ 사회성 – 창조성   ④ 편리성 – 전통성

디자인의 목적
디자인은 창작행위로 기능적 측면(실용성)과 미적 추구(심미성)의 조화를 가장 큰 목적으로 한다.

30 19세기 미술 공예 운동(Art and Craft Movement)이 일어나게 된 근본 원인은?

① 미술과 공예 작품의 가격이 급격하게 하락하였기 때문에
② 기계로 생산된 제품의 질이 현저하게 낮아졌기 때문에
③ 미술작품과 공예작품을 구별하기 위해
④ 미술가와 공예가의 사회적 위상을 제고시키기 위해

미술공예운동이 일어나게 된 원인
기계로 대량 생산된 제품의 질이 현저하게 낮아졌기 때문에 예술의 민주화, 사회화를 주장하였으며 대량생산을 반대하고 수공예품 사용을 권장하였다.

31 관찰 거리 변화에 따라 원경색, 중경색, 근경색, 근접색으로 구분하는 색채계획 분야는?

① 시각디자인
② 제품디자인
③ 환경디자인
④ 패션디자인

> **환경디자인 색채계획**
> 환경디자인 색채는 관찰거리 변화에 따라 원경색, 중경색, 근경색, 근접색으로 구분하여 색채계획을 해야 한다. 거리에 비례하여 주변 환경, 경관과 조화로워야 인간이 살아가는 삶의 터전이 유기적이고 통합적인 디자인이 될 수 있다. 또한 환경디자인 분야는 지속가능한 색채계획으로 사후 관리가 가장 중요시되는 영역이다.

32 몬드리안을 중심으로 한 신조형주의 운동으로 개성을 배제하고 검정, 흰색, 회색, 빨강, 노랑, 파랑 등의 원색을 주로 사용하여 각 색 면의 비례와 배분을 중요시했던 사조는?

① 데스틸
② 큐비즘
③ 다다이즘
④ 미래주의

> **데스틸(몬드리안)**
> 데스틸(신조형주의) 대표작가 몬드리안은 개성을 배제하고 무채색과 원색의 대비를 활용하여 각 색면의 비례와 배분을 중요시하였으며 작품 이미지는 현대적이고 감각적이다.

33 일반적인 색채계획 및 디자인 프로세스를 조사 · 기획, 색채계획 · 설계, 색채관리로 분류할 때 색채계획 · 설계에 해당되지 않는 것은?

① 체크리스트 작성
② 색채 구성 배색안 작성
③ 시뮬레이션 실시
④ 색견본 승인

> **색채계획 및 디자인 프로세스**
> 조사 및 기획 → 색채계획 및 설계 → 색채관리 순으로 진행되면 색견본 승인은 색채관리 단계에서 이루어진다.
> • **조사 및 기획** : 조건확인, 현황조사 및 분석, 콘셉트 및 이미지 작성
> • **색채계획 및 설계** : 체크리스트 작성, 색채 구성 배색안 작성, 시뮬레이션 실시, 대안검토 및 결정
> • **색채관리** : 색견본 승인 및 색채관리

34 시각의 지각 작용으로서의 균형(Balance)에 대한 설명이 틀린 것은?

① 평형상태(Equilibrium)로서 사람에게 가장 안정적이고 강한 시각적 기준이다.
② 서로 반대되는 힘의 평형상태로 시각적 안정감을 갖게 하는 원리이다.
③ 시각적인 수단들의 변화는 구성의 무게, 크기, 위치의 요인들을 포함한다.
④ 그래픽 디자인과 멀티미디어 디자인 영역에만 해당되는 조형원리이다.

> **균형**
> 그래픽 디자인과 멀티미디어 디자인 영역에만 해당하는 조형 원리가 아니라 제품, 의상, 환경, 미용 등 다양한 디자인 영역에 적용되는 조형 원리이다.
> • 평형상태로서 사람에게 가장 안정적이고 강한 시각적 기준이다.
> • 서로 반대되는 힘의 평형상태로 시각적 안정감을 느끼게 하는 원리이다.
> • 시각적인 수단들의 변화는 구성의 무게, 크기, 위치의 요인들을 포함한다.

> 틀리기 쉬운 문제

35 다음에서 설명하는 유니버설 디자인의 원칙은?

> 제품과 디자인에 대하여 사람마다 자기 나름대로 사용 방법을 선택할 수 있도록 하여 여러 사람들에게 무리 없이 사용될 수 있어야 한다.

① 직관적 사용성
② 공정한 사용성
③ 융통적 사용성
④ 효과적 정보전달

> **유니버설 디자인 7대 원칙**
> 미국의 로널드 메이스에 의해 주장되었고 성별, 연령, 장애 유무, 국적, 문화적 배경, 경제적 계층 등과 관계없이 모든 사람이 제품, 건축, 환경, 서비스 등을 보다 편리하고 안전하게 이용할 수 있도록 디자인하는 것을 말한다. 모두를 위한 디자인(Design For All), 모두가 사용이 용이한 디자인이라고도 한다.
> • **공평한 사용** : 모든 사용자가 공평하게 사용 가능해야 하며 같은 방법으로 사용할 수 있을 것
> • **사용상의 융통성** : 사람마다 자기 나름대로 사용 방법을 선택할 수 있도록 하여 여러 사람에게 무리 없이 사용되도록 할 것
> • **간단하고 직관적인 사용** : 직감적으로 사용 방법을 알 수 있도록 간결해야 할 것
> • **정보 이용의 용이** : 사용자의 지각 능력에 구애받지 않고 정보 구조가 간결하고 복수의 전달 수단을 통해 정보 입수가 가능할 것
> • **오류에 대한 포용력** : 오류가 있을 시 원래의 상태로 쉽게 복구할 수 있으며 사용 시의 위험이나 실수를 최소화할 것
> • **적은 물리력 노력** : 자연스러운 자세로 무리한 힘을 들이지 않고 안전하게 사용할 수 있을 것
> • **접근과 사용을 위한 충분한 공간** : 이동, 수납이 쉽고 다양한 신체 조건의 사용자와 도우미가 함께 사용이 가능할 것

36 디자인의 요소에 대한 설명으로 틀린 것은?

① 점이 일정한 방향으로 진행할 때는 직선이 생기며, 점의 방향이 끊임없이 변할 때는 곡선이 생긴다.
② 기하곡선은 이지적 이미지를 상징하고, 자유곡선은 분방함과 풍부한 감정을 나타낸다.
③ 소극적인 면은 점의 확대, 선의 이동, 너비의 확대 등에 의해 성립된다.
④ 적극적 입체는 확실히 지각되는 형, 현실적 형을 말한다.

디자인 요소
점의 확대, 선의 이동, 너비의 확대 등은 적극적인 면에 해당하며, 점의 밀집, 선의 집합 등은 소극적인 면에 해당된다.

37 잡지 매체의 특징이 아닌 것은?

① 매체의 생명이 짧다.
② 주의력 집중이 높다.
③ 표적독자 선별성이 높다.
④ 회람률이 높다.

잡지 매체 특징

장점	단점
• 매체의 생명이 길다. • 주의력 집중이 높다. • 표적 독자 선별성이 높다. • 회람률이 높다. • 경제적이며 기록성, 보전성이 높다. • 인쇄 컬러의 질이 높다. • 지면의 독점이 가능하다. • 무드적, 감정적 광고에 적합하다. • 여성용품, 식당, 화장품, 자동차 광고에 적합하다.	• 잡지 크기에 따라 제작비가 상승한다. • 페이지의 위치에 따라 가격이 변동된다. • 제작 기간이 길어 신속한 전달이 어렵다.

38 인간과 환경, 환경과 그 주변의 계(System)가 상호 관계 속에서 긍정적인 결과를 도출하는 방향으로 나아가게 하는 디자인 접근 방법은?

① 기하학적 접근   ② 환경친화적 접근
③ 실용주의적 접근   ④ 기능주의적 접근

환경친화적 접근
• 생태학적으로 건강하고 유기적으로 통합되는 인간 환경 구축
• 인간과 자연이 함께 조화로운 디자인, 에코(그린) 디자인이 환경친화적 접근을 바탕으로 한다.

39 좋은 디자인의 조건으로 거리가 먼 것은?

① 최소의 경비로 최대의 효과를 얻을 수 있는 디자인
② 창의적이고 독창적인 디자인
③ 최신 유행만을 반영한 디자인
④ 사용자의 편의를 고려한 디자인

좋은 디자인의 조건
디자인의 구체적인 목적은 미와 기능의 합일 즉, 조화이다. 좋은 디자인의 요건은 합목적성, 심미성, 경제성, 독창성, 질서성, 합리성, 친자연성, 문화성 등이 있다.

40 패션디자인의 원리에 대한 설명 중 틀린 것은?

① 균형 : 시각의 무게감에 의한 심리적인 요인으로 균형을 보완, 변화시키기 위해 세부장식이나 액세서리를 이용한다.
② 색채 : 사람들이 가장 먼저 지각하고 느낌을 표현할 수 있어 소비자의 구매 결정에 큰 영향을 미친다.
③ 리듬 : 규칙적인 반복 또는 점진적인 변화가 있으며 디자인의 요소들의 반복에 의해 표현된다.
④ 강조 : 강조점의 선택은 꼭 필요한 곳에 두며 체형상 가려야 할 부위는 될 수 있는대로 벗어난 곳에 두는 것이 좋다.

패션 디자인의 원리
패션 디자인 원리로는 균형, 리듬, 강조, 비례가 있고 패션 디자인 요소로는 선, 색채, 재질, 실루엣, 디테일, 트리밍, 소재, 무늬가 있다. 따라서 색채는 패션 디자인 원리가 아닌 요소에 속한다.

3   제3과목 : 색채관리

41 8비트 이미지 색공간으로 국제적으로 통용되는 기본적인 색공간은?

① AdobeRGB   ② sRGB
③ ProPhotoRGB   ④ DCI-P3

sRGB
1996년 MS사와 HP사가 협력하여 만든 8비트 이미지 색공간으로 국제적으로 통용되는 기본적인 색공간이다. 모니터, 프린터용 표준RGB 색공간을 뜻한다.
• AdobeRGB : sRGB(표준 RGB)의 좁은 색공간을 보완하며 Cyan, Green 영역의 색 손실을 극복하기 위해 Adobe사에서 개발한 색공간이다.
• ProPhotoRGB : Kodak에서 만든 색공간으로 현존하는 모든 장비의 색재현 영역을 포함할 수 있을 만큼 매우 큰 색 공간이다.

정답 31 ③ 32 ① 33 ④ 34 ④ 35 ③ 36 ③ 37 ① 38 ② 39 ③ 40 ② 41 ②

42 다음 중 무채색 재료의 설명으로 틀린 것은?

① 무채색 안료는 천연과 합성으로 이루어졌으며 모두 무기안료로 구성된다.
② 검은색 안료에는 본블랙, 카본블랙, 아닐린블랙, 피치블랙, 바인블랙 등이 있다.
③ 백색 안료에는 납성분의 연백, 산화아연, 산화티탄, 탄산칼슘 등이 있다.
④ 무채색 안료의 입자 크기에 따라 착색력이 달라지므로 혼색비율을 조절해야 한다.

> **무채색 재료**
> 무채색 안료는 천연과 합성으로 이루어졌으며 무기안료, 유기안료로 나뉜다.
> • 검은색 안료에는 본블랙, 카본블랙, 아닐린블랙, 피치블랙, 바인블랙 등이 있다.
> • 백색 안료에는 납성분의 연백, 산화아연, 산화티탄, 탄산칼슘 등이 있다.
> • 무채색 안료의 입자 크기에 따라 착색력이 달라지므로 혼색비율을 조절해야 한다.

43 색공간의 색역(Color Gamut) 범위가 바르게 연결된 것은?

① Rec.709 > sRGB > Rec.2020
② AdobeRGB > sRGB > DCI-P3
③ Rec.709 > ProPhotoRGB > DCI-P3
④ ProPhotoRGB > AdobeRGB > Rec.709

> **색공간의 색역**
> • ProPhotoRGB > AdobeRGB > Rec.709(sRGB)
> • ProPhotoRGB > DCI-P3 > AdobeRGB(Rec.2020) > Rec.709(sRGB)

44 색료에 대한 설명으로 틀린 것은?

① 안료는 주로 용해되지 않고 사용된다.
② 염료는 색료의 한 종류이다.
③ 도료는 주로 안료를 사용하여 생산된다.
④ 플라스틱은 염료를 사용하여 생산된다.

> **색료**
> 플라스틱 착색은 염료가 아닌 유기안료를 사용하여 생산된다. 유기안료는 착색력이 우수하며 색상이 선명하고 인쇄잉크, 도료, 섬유, 플라스틱 등 착색에 사용된다.

---

45 측색 장비에 대한 설명이 틀린 것은?

① 색채계는 등색함수를 컬러 필터를 사용해 구현한다.
② 디스플레이 장치의 색측정은 필터식 색채계로만 가능하다.
③ 분광광도계는 물체 표면에서 반사된 가시 스펙트럼 대역의 파장을 측정한다.
④ 빛 측정에는 분광광도계보다 분광복사계를 사용한다.

> **측색 장비**
> 디스플레이(모니터) 장치의 색측정은 필터식 색채계로만 가능한 것이 아니라 디스플레이 장치는 주로 분광광도계를 이용한 분광 방식으로 색측정이 이루어진다.

46 다음 중 색공간 정보와 16비트 심도, 압축 등의 조건을 모두 만족하는 파일 형식은?

① BMP
② PNG
③ JPEG
④ GIF

> **PNG파일**
> Portable Network Graphic의 약자로 이미지 변형 없이 압축할 수 있으며 16비트 심도, 압축 등의 조건을 모두 만족하는 JPEG와 GIF의 장점만을 합한 파일 형식이다.

47 육안 색 비교를 위한 부스 내부의 조건에 대한 설명으로 올바르지 않은 것은?

① 일반적으로 부스의 내부는 명도 L*가 약 45~55의 무광택의 무채색으로 한다.
② 부스 내의 작업면은 비교하려는 시료면과 가까운 휘도율을 갖는 무채색으로 한다.
③ 조명의 확산판은 항상 사용한다.
④ 어두운 색을 비교하는 경우의 작업면 조도는 2000 lx에 가까운 것이 좋다.

> **육안색 비교 부스 내부조건**
> 어두운 색을 비교하는 경우의 작업면 조도는 2000lx에 가까운 것이 아닌 2000~4000lx의 조도가 필요하며 조명의 균제도는 0.8 이상이 적합하다.
> • 일반적으로 부스 내부는 명도 L*가 약 45~55의 무광택의 무채색으로 한다.
> • 부스 내의 작업면은 비교하려는 시료면과 가까운 휘도율을 갖는 무채색으로 한다.
> • 조명의 확산판은 항상 사용한다.

48 가법혼색만으로 색을 표현하는 출력영상장비는?

① LCD모니터   ② 레이저 프린터
③ 디지타이저   ④ 스캐너

가법혼색
혼합한 색이 원래의 색보다 명도가 높아지는 색광의 혼합이다.
- LCD 모니터는 RGB를 기반으로 한 가법혼색만을 이용하여 색을 표현하는 출력 영상장비이다.
- 레이저 프린터는 CMY를 기반으로 한 감법혼색을 이용하여 색을 표현하는 출력영상장비이다. 혼합한 색이 원래의 색보다 어두워 보이는 혼색이 감법혼색이다.
- 스캐너는 출력영상장비가 아닌 입력 장치이다.
- 디지타이저는 아날로그 신호를 디지털로 전환하여 입력, 저장, 출력되는 장치이다.

49 인쇄잉크로 사용되는 안료로 가장 거리가 먼 것은?

① 로그우드 마젠타   ② 벤지딘 옐로
③ 프탈로시아닌 블루   ④ 카본 블랙

인쇄잉크
벤지딘 옐로, 프탈로시아닌 블루, 카본블랙은 인쇄잉크로 사용되는 안료이며 로그우드 마젠타는 염색에 주로 쓰이는 천연염료이다.

50 반사 물체의 색 측정에 있어 빛의 입사 및 관측 반향에 대한 기하학적 조건에 관한 설명으로 잘못된 것은?

① di:8° 배치는 적분구를 사용하여 조명을 조사하고 반사면의 수직에 대하여 8도 방향에서 관측한다.
② d:0 배치는 정반사 성분이 완벽히 제거되는 배치이다.
③ di:8°와 8°:di는 배치가 동일하나 광의 진행이 반대이다.
④ di:8°와 de:8°의 배치는 동일하나, di:8°는 정반사 성분을 제외하고 측정한다.

조명 및 수광의 기하학적 조건
di : 8과 de : 8의 배치는 동일하나, di : 8은 정반사 성분을 포함하고 측정한다.

51 다음 중 색도 좌표(Chromaticity Coordinates)가 아닌 것은?

① x, y   ② u', v'
③ u*, v*   ④ u, v

색도 좌표
u*, v*는 색상과 채도의 정도를 나타내는 기호로 색도 좌표가 아니다.
색도 좌표로는 x,y , u',v', u,v가 있다.

52 CIE LAB 표색계에서 색차식을 나타내는 계산식으로 옳은 것은?

① $\Delta E^*ab = [(\Delta L^*)^2 + (\Delta a^*)^2 + (\Delta b^*)^2]^{\frac{1}{2}}$
② $\Delta E^*ab = [(\Delta L^*)^2 + (\Delta C^*)^2 + (\Delta b^*)^2]^{\frac{1}{2}}$
③ $\Delta E^*ab = [(\Delta a^*)^2 + (\Delta b^*)^2 - (\Delta H^*)^2]^{\frac{1}{2}}$
④ $\Delta E^*ab = [(\Delta a^*)^2 + (\Delta C^*)^2 + (\Delta H^*)^2]^{\frac{1}{2}}$

CIE LAB 표색계의 색차식
$\Delta E^*ab = [(\Delta L^*)^2 + (\Delta a^*)^2 + (\Delta b^*)^2]^{\frac{1}{2}}$

틀리기 쉬운 문제
53 컴퓨터 자동배색의 특징이 아닌 것은?

① 스펙트럼 데이터를 이용하여 아이소머리즘을 실현할 수 있다.
② 최소 컬러런트 구성과 조합을 찾아 효율성을 높일 수 있다.
③ 작업자의 감정이나 환경에 기인한 측색 오차의 영향을 최소화할 수 있다.
④ 자동배색에 혼입되는 각종 요인에서도 색채가 변하지 않으므로 발색공정관리가 쉽다.

컴퓨터 자동배색
- 자동배색에 혼입되는 각종 요인에 의해 색채가 변할 수 있으므로 발색 공정 관리를 철저하게 해야 한다.
- CCM이라 하며 각 색들의 분광학적인 특성들을 분석하고 발색을 원하는 색채샘플의 분광 반사율을 입력하면 그 색채에 대한 처방을 자동으로 산출하는 시스템이다. 즉 육안 조색이 아닌 컴퓨터를 이용하여 색을 자동 배색하는 장치이다. 분광 반사율을 기준색과 일치시켜서 광원 변동과 관계없이 무조건등색(아이소머리즘)이 가능하다.

54 UHD(3840×2160)급 해상도를 가진 스마트폰의 디스플레이가 이미지와 영상을 500ppi로 재현한다면 디스플레이의 크기는?

① 2.88in × 1.62in
② 1.92in × 1.08in
③ 7.68in × 4.32in
④ 3.84in × 2.16in

해상도와 디스플레이의 크기
UHD(3840×2160)급 해상도를 가진 모니터가 500ppi로 재현된다면 모니터 크기는 1inch 안에 표현되는 화소(pixel)를 말하므로 3840/500in × 2160/500in 즉 7.68in × 4.32in가 된다.

55 표면색의 시감 비교 시 비교하는 색면의 크기에 관한 사항으로 올바르지 않은 것은?

① 비교하는 색면의 크기와 관찰거리는 시야각으로 약 2도 또는 10도가 되도록 한다.
② 2도 시야 300mm 관찰거리에서 관측창 치수는 11×11mm가 권장된다.
③ 10도 시야 500mm 관찰거리에서 관측창 치수는 87×87mm가 권장된다.
④ 2도 시야 700mm 관찰거리에서 관측창 치수는 54×54mm가 권장된다.

> **시감 비교 시 색면의 크기**
> 2° 시야 700mm 관찰 거리에서 관측창 치수는 25 × 25mm가 권장된다.

56 일광에서는 똑같이 보이던 두 개의 물체색이 실내 조명에서는 다르게 보이는 현상은?

① 조건등색
② 분광 반사도
③ 색각 항상
④ 연색성

> **조건등색(메타메리즘)**
> 일광에서는 똑같이 보이던 두 개의 물체색이 실내조명에서는 다르게 보이는 현상을 말한다.

57 기기를 이용한 조색에 대한 설명 중 가장 거리가 먼 것은?

① 색료 선택, 초기 레시피 예측, 레시피 수정 기능이 필요하다.
② 원료 조합과 만들어진 색의 관계를 예측하는 컬러모델이 필요하다.
③ 측색 매칭 알고리즘을 이용하면 목표색과 일치한 스펙트럼을 갖도록 색을 조색한다.
④ 색료 데이터베이스는 각 색료에 대한 흡수, 산란 특성 등 색료의 물리적, 화학적 특징에 대한 정보를 포함한다.

> **기기를 이용한 조색**
> 색견본의 색상 배합비를 미리 입력하면 바로 전자동 조색이 가능하므로 측색 매칭 알고리즘을 이용하여 목표색과 일치한 스펙트럼을 갖도록 조색할 필요가 없다.

58 조색과 관련한 설명으로 틀린 것은?

① 고명도 색채 조색 시 극히 소량으로도 색채에 많은 영향을 줄 수 있으므로 유의하여야 한다.
② 메탈릭이나 펄의 입자가 함유된 조색에는 금속입자나 펄입자에 따라 표면반사가 일정하지 못하다.
③ 형광성이 있는 색채 조색 시 분광 분포가 자연광과 유사한 Xe(크세논) 램프로 조명하여 측정한다.
④ 진한 색 다음에는 연한 색이나 보색을 주로 관측한다.

> **조색**
> 진한 색 다음에 연한 색이나 보색을 관측하면 잔상이 남을 수 있어 연한 색에서 진한 색으로, 채도가 낮은 색에서 높은 색 순으로 관측하는 것이 좋다.

59 CIE 표준광에 대한 설명으로 가장 거리가 먼 것은?

① CIE 표준광은 CIE에서 규정한 측색용 표준광을 의미한다.
② CIE 표준광은 A, C, D65가 있다.
③ 표준광 D65는 상관색온도가 약 6500K인 CIE 주광이다.
④ CIE 광원은 CIE 표준광을 실현하기 위하여 CIE에서 규정한 인공 광원이다.

> **CIE 표준광**
> • CIE 표준광은 CIE에서 규정한 측색용 표준광으로 A, B, C, D65, D가 있다.
> – 표준광A : 색온도 2856K(백열등, 텅스텐램프)
> – 표준광B : 색온도 4774K(직사 태양광)
> – 표준광C : 색온도 6744K(북위 40도 지점 흐린 날 오후 2시경 평균적인 주광)
> – 표준광D : 색온도 6504K(일정하게 맞춰 놓은 인공광, D50, D55, D60, D65, D70, D75)
> • CIE C광은 2004년 이후 표준광으로 사용하지 않는다.
> • 표준광 D65는 상관 색온도가 약 6500K인 CIE 주광이다.

60 유기안료에 대한 설명으로 잘못된 것은?

① 무기안료에 비해 일반적으로 불투명하고 내광성 및 내열성이 우수하다.
② 유기 화합물을 주체로 하는 안료를 총칭한다.
③ 물에 녹지 않는 금속 화합물 형태의 레이크 안료와 물에 녹지 않는 염료를 그대로 사용한 색소 안료로 크게 구별된다.
④ 인쇄, 잉크, 도료, 플라스틱 착색 등의 용도로 사용된다.

> **유기안료**
> 불투명하고 내광성 및 내열성이 우수한 것은 유기안료가 아닌 무기안료에 대한 설명이다.

61 회전혼합에 대한 설명 중 틀린 것은?

① 보색이나 준보색 관계의 색을 회전혼합시키면 무채색으로 보인다.
② 회전혼합은 평균 혼합으로서 명도와 채도가 평균값으로 지각된다.
③ 색료에 의해서 혼합되는 것이므로 계시가법혼색에 속하지 않는다.
④ 채도가 다르고 같은 명도일 때는 채도가 높은 쪽의 색으로 기울어져 보인다.

회전혼합
회전혼합은 동일 지점에서 두 가지 이상의 색자극을 반복시키는 계시혼합의 원리에 의해 색이 혼합되어 보이는 것으로 중간 혼합의 일종이다.

62 5PB 4/4인 색이 갖는 감정 효과와 거리가 먼 것은?

① 후퇴되어 보인다.
② 팽창되어 보인다.
③ 진정효과가 있다.
④ 시간의 경과가 짧게 느껴진다.

먼셀기호
먼셀기호 5PB 4/4는 남색에 명도 4, 채도 4인 색으로 명도와 채도가 낮은 한색계열의 색이며 팽창되어 보이는 색이 아니라 후퇴되어 보인다.

63 색필터로 적색(Red)과 녹색(Green)을 혼합하였을 때 나타나는 색은?

① 청색(Blue)
② 황색(Yellow)
③ 마젠타(Magenta)
④ 백색(White)

가법혼색
색필터의 색 혼합은 색광의 혼합으로 가법혼색에 해당한다. 따라서 적색(Red)과 녹색(Green)의 혼합은 황색(Yellow)이다.

64 수정체 뒤에 있는 젤리 상의 물질로 안구의 3/5를 차지하며 망막에 광선을 통과시키고 눈의 모양을 유지하며, 망막을 눈의 벽에 밀착시키는 작용을 하는 것은?

① 홍채
② 유리체
③ 모양체
④ 맥락막

눈의 구조
안구의 3/5를 차지하는 유리체는 망막에 광선을 통과시키고 눈의 모양을 유지하며 망막을 눈의 벽에 밀착시키는 작용을 한다. 안구를 가득 채우고 있는 투명한 물질로 안압을 유지하는 기능을 한다.

틀리기 쉬운 문제
65 빨강의 잔상은 녹색이고, 노랑과 파랑 사이에도 상응한 결과가 관찰된다는 것과 빨강을 볼 수 없는 사람은 녹색도 볼 수 없다는 색채 지각의 대립과정이론을 제안한 사람은?

① 오스트발트
② 먼셀
③ 영·헬름홀츠
④ 헤링

헤링의 색채지각이론
헤링은 빨강, 초록, 노랑, 파랑 4개의 원색을 지각하는 시세포가 있다는 가정하에 적-녹, 청-황, 흑-백 3쌍의 대응되는 색으로 색이 지각된다는 색채 지각의 대립과정 이론인 반대색설을 주장하였다. 3가지 시세포질 가운데 빨강-초록이나 노랑-파랑의 둘 중 하나가 결핍되면 각각 적록색맹이나 황청색맹이 나타난다. 따라서 빨강의 잔상은 녹색이고 노랑의 잔상은 파랑이 관찰되며 빨강을 볼 수 없는 사람은 녹색도 볼 수 없다는 내용이다.

66 다음 색채대비 중 스테인드글라스에 많이 사용되고, 현대 회화에서는 칸딘스키, 피카소 등이 많이 사용한 방법은?

① 채도대비
② 명도대비
③ 색상대비
④ 면적대비

색채대비
스테인드글라스의 강렬한 색채와 현대회화의 칸딘스키, 피카소 등이 많이 사용한 색채대비는 색상대비이다.

정답 55 ④ 56 ① 57 ③ 58 ④ 59 ② 60 ① 61 ③ 62 ② 63 ② 64 ② 65 ④ 66 ③

67 다음 중 빨강과 청록의 체크무늬 스카프에서 볼 수 있는 색의 대비 현상과 동일한 것은?

① 남색 치마에 노란색 저고리
② 주황색 셔츠에 초록색 조끼
③ 자주색 치마에 노란색 셔츠
④ 보라색 치마에 귤색 블라우스

색의 대비현상
빨강과 청록의 색의 대비현상은 보색대비현상이며 남색 치마에 노란색 저고리가 보색대비와 동일한 대비현상이다.

68 색채지각과 감정 효과에 대한 설명 중 옳은 것은?

① 좁은 방을 넓어 보이게 하려면 진출색과 팽창색의 원리를 활용한다.
② 같은 색상일 경우 고채도보다는 흰색을 섞은 저채도의 색이 축소되어 보인다.
③ 명도로 색의 팽창과 수축의 느낌을 조정할 수 있다.
④ 무채색은 유채색보다 진출, 팽창되어 보인다.

색채지각 감정 효과
색채지각과 감정 효과에서 색의 팽창과 수축은 색의 3속성 중 명도가 효과를 많이 좌우한다.

틀리기 쉬운 문제

69 다음 중 가법혼색 원리에 의한 것이 아닌 것은?

① 무대조명
② 컬러 인쇄 원색 분해 과정
③ 컬러 모니터
④ 컬러 사진

가법혼색
가법혼색은 빛의 혼합으로 빛과 무대조명, 스크린, 컬러 모니터, 컬러텔레비전, 네거티브 필름 제조, 컬러 인쇄의 원색 분해 과정, 젤라틴 필터를 이용한 빛 등이며 컬러사진은 감법혼색의 원리이다.

70 무거운 작업도구를 사용하는 작업장에서 심리적으로 가볍게 느끼도록 하는 색으로 가장 효과적인 것은?

① 고명도, 고채도인 한색계열의 색
② 저명도, 고채도인 난색계열의 색
③ 저명도, 저채도인 한색계열의 색
④ 고명도, 저채도인 난색계열의 색

색채조절
색의 중량감에 가장 큰 영향을 주는 요소는 명도이며 가볍게 보이려면 명도를 높이는 것이 중요하다.

71 직물의 직조 시 하나의 색만을 변화시키거나 더함으로써 전체 색조를 조절할 수 있는 것과 관련이 있는 것은?

① 푸르킨예 현상
② 베졸드 효과
③ 애브니 효과
④ 맥스웰 회전 현상

베졸드 효과
색을 직접 혼합하지 않고 가느다란 선이나 점을 교차시켜 두 색이 섞여 보이는 동화현상을 베졸드가 발견하여 이를 베졸드의 동화현상이라고 부른다.

72 색채 지각에 대한 설명 중 틀린 것은?

① 명순응의 시간이 암순응 시간보다 길다.
② 추상체는 $100cd/m^2$ 이상일 때만 활동하며 이를 명소시라고 한다.
③ $1\sim100cd/m^2$일 때는 추상체와 간상체 모두 활동하는데 이를 박명시라고 한다.
④ 박명시에는 망막상의 두 감지세포가 모두 활동하므로 시각적인 정확성을 기대하기 어렵다.

색의 순응
명순응은 1~2초의 시간이 걸리는 반면 암순응은 약 30분 정도 소요된다. 따라서 암순응의 시간이 명순응의 시간보다 길다.

틀리기 쉬운 문제

73 낮에는 빨간 꽃이 잘 보이다가 밤에는 파란 꽃이 더 잘 보이는 현상과 관계없는 것은?

① 체코의 생리학자인 푸르킨예가 발견하였다.
② 시각기제가 추상체시로부터 간상체시로의 이동이다.
③ 추상체에 의한 순응이 간상체에 의한 순응보다 느리기 때문이다.
④ 간상체 시각과 추상체 시각의 스펙트럼 민감도가 다르기 때문이다.

푸르킨예현상
낮에는 빨간 꽃이 잘 보이다가 밤에는 파란 꽃이 더 잘 보이는 현상은 간상체 시각과 추상체 시각의 스펙트럼 민감도가 서로 달라서 일어나는 푸르킨예현상이다. 555nm의 빛에 민감한 추상체가 암소시로 바뀌는 과정에서 507nm의 빛에 민감한 반응을 나타내는 간상체로 시각기제가 이동하는 것이다.

74 혼색과 관계된 원색 및 관계식 중 그 특성이 나머지와 다른 것은?

① Y + C = G = W − B − R
② R + G = Y = W − B
③ B + G = C = W − G
④ B + R = M = W − G

가법혼색의 원리
가법혼색의 원리를 설명한 관계식으로 빨강(R), 초록(G), 파랑(B)의 3색을 모두 합하면 백색광(W)이 되며, 다음과 같은 공식이 성립된다.
• 빨강(R) + 초록(G) + 파랑(B) = 하양(W)
• 초록(G) + 파랑(B) = 하양(W) − 빨강(R) = 시안(Cyan)
• 파랑(B) + 빨강(R) = 하양(W) − 초록(G) = 마젠타(Magenta)
• 빨강(R) + 초록(G) = 하양(W) − 파랑(B) = 노랑(Y)

75 인종에 따라 눈의 색깔이 다르게 보이는 것은 눈의 어느 부분 때문인가?

① 각막
② 수정체
③ 홍채
④ 망막

눈의 구조
홍채는 카메라의 조리개에 해당하며 홍채의 색은 개인별, 인종별로 멜라닌 색소의 양과 분포에 따라 달라 눈동자의 색깔이 다양하게 결정된다.

76 색채의 온도감에 대한 설명으로 옳은 것은?

① 따뜻한 느낌을 주는 색상은 한색이며, 노랑 · 주황 · 빨강계열을 말한다.
② 물을 연상시키는 파랑계열을 중립색이라 한다.
③ 색의 온도감은 파장이 긴 쪽이 따뜻하게 느껴지고, 파장이 짧은 쪽이 차갑게 느껴진다.
④ 온도감은 명도 → 색상 → 채도 순으로 영향을 준다.

색채의 온도감
색의 온도감은 색상의 속성이 가장 많이 좌우하며 장파장의 난색은 빨강, 주황, 노랑, 단파장의 한색은 파랑, 남색, 청록, 따뜻하지도 차갑지도 않은 중성색은 연두, 초록, 보라, 자주색이다.

77 색의 삼속성과 감정 효과에 대한 설명 중 가장 거리가 먼 것은?

① 색의 화려함과 수수함은 채도에 의해 가장 영향을 받는다.
② 명도, 채도가 동일한 경우에 한색계가 난색계보다 화려한 느낌을 준다.
③ 색상이 동일한 경우에 명도가 높을수록 부드럽게 느껴진다.
④ 명도가 동일한 경우에 유채색이 무채색보다 진출해 보인다.

색의 감정 효과
색의 3속성과 감정 효과에서 색의 화려함과 수수함은 채도에 가장 영향을 많이 받고 색상이 동일한 경우에 명도가 높을수록 밝아지므로 부드럽게 느껴지며 명도, 채도가 동일한 경우 난색계가 한색계보다 더 화려한 느낌을 준다.

78 색에 관한 설명이 틀린 것은?

① 순색은 무채색의 포함량이 가장 적은 색이다.
② 유채색은 빨강, 노랑과 같은 색으로 명도가 없는 색이다.
③ 회색, 검은색은 무채색으로 채도가 없다.
④ 색채는 포화도에 따라 유채색과 무채색으로 구분한다.

색의 속성
유채색은 색상의 속성을 가지고 있으므로 색상, 명도, 채도의 3속성을 모두 가지고 있고 무채색은 색상의 속성을 가지고 있지 않으므로 색상과 채도가 없다.

79 대비효과가 순간적이며 시점을 한 곳에 집중시키려는 색채지각과정에서 일어나는 색채 현상은?

① 동시대비
② 계시대비
③ 병치대비
④ 동화대비

대비효과
동시대비는 인접해 있는 두 가지 이상의 색을 동시에 볼 때 일어나는 현상이며 서로의 영향으로 인해 색이 다르게 보이는 대비현상을 말한다.

80 다음 가시광선의 범위 중에서 초록계열 파장의 범위는?

① 590~620mm
② 570~590mm
③ 500~570mm
④ 450~500mm

> **가시광선의 범위**
> 스펙트럼의 파장 범위는 약 380~780nm이다.
> • 빨강은 780~620nm   • 주황은 620~590nm
> • 노랑은 590~570nm   • 초록은 570~500nm
> • 파랑은 500~450nm   • 보라는 450~380nm

---

5 제5과목 : 색채 체계론

81 국제조명위원회에서 개발된 색체계에 대한 설명이 틀린 것은?

① 1931년 감법혼색에 의해 CIE색체계를 만들었다.
② 물체색뿐 아니라 빛의 색까지 표기할 수 있다.
③ 광원과 관찰자에 대한 정보를 표준화하고, 색을 수치화하였다.
④ 물체색이 광원에 따라 달라지는 것을 보완한 것이다.

> **CIE 색체계**
> 국제조명위원회에서 개발된 색체계는 빛에 관한 표준과 규정에 대한 지침을 목적으로 1931년 가법혼색에 의해 CIE 색체계를 만들었다.

틀리기 쉬운 문제

82 다음 오스트발트 색체계의 표시기호 중 백색량이 가장 많은 것은?

① 7 ec   ② 10 ca
③ 19 le   ④ 24 pg

> **오스트발트 표색계**
> 오스트발트 표색계의 표기법은 색상번호, 백색량, 흑색량 순서로 표기한다. 순색량은 100-(백색량+흑색량)으로 구하여 생략한다. 미리 분류한 표를 참고하여 색을 구한다.
>
> | 기호 | a | c | e | g | i | l | n | p |
> |---|---|---|---|---|---|---|---|---|
> | 백색량 | 89 | 56 | 35 | 22 | 14 | 8.9 | 5.6 | 3.5 |
> | 흑색량 | 11 | 14 | 65 | 78 | 86 | 91.1 | 94.4 | 96.5 |
>
> 따라서 10ca는 백색량이 56%, 7ec는 35%, 19le는 8.9%, 24pg는 3.5%가 된다.

---

83 색채 조화를 위한 올바른 계획 방향이 아닌 것은?

① 색채 조화는 주변 요인에 영향을 받으므로 상대적이기보다 절대성, 개방성을 중시해야 한다.
② 공간에서의 색채 조화를 위해서는 시간의 흐름에 따른 변화를 고려해야 한다.
③ 자연의 다양한 변화에 따른 색조개념으로 계획해야 한다.
④ 조화에 영향을 주는 변수와 인간과의 관계를 유기적으로 해석해야 한다.

> **색채의 조화**
> 색채 조화는 색채미의 보편적인 법칙과 원리를 확립하는 것이 목적이다. 따라서 개인적이고 주관적인 색채 조화의 평가를 일반적이고 객관적인 원리로의 체계화가 목적이다.

84 먼셀의 색입체를 수직으로 자른 단면의 설명으로 옳은 것은?

① 대칭인 마름모 모양이다.
② 보색 관계의 색상면을 볼 수 있다.
③ 명도가 높은 어두운 색이 상부에 위치한다.
④ 한 개 색상의 명도와 채도 관계를 볼 수 있다.

> **먼셀의 색입체**
> 먼셀 색입체를 수직으로 잘랐을 때의 수직단면은 동일한 색상 내에서의 명도, 채도의 차이와 동일한 색상과 보색에 생기는 명도, 채도의 변화가 확인 가능하며 가장 바깥쪽의 색이 순색이다.

85 CIE XYZ 색표계 값을 구하기 위해 필요한 값이 아닌 것은?

① 광원의 분광복사분포
② 시료의 분광 반사율
③ 색일치 함수
④ 시료에 사용된 염료의 양

> **CIE XYZ 색표계**
> CIE XYZ 색표계 값을 구할 때 물체의 색을 3자극치로 표현하기 위한 데이터는 스펙트럼 3자극치, 조명광원의 분광 분포, 물체의 분광 반사율이다.

86 저드(D. Judd)에 의해 제시된 색채 조화의 원리 중, 「색의 체계에서 규칙적으로 선택된 색들의 조합은 대체로 아름답다.」라는 성질에 해당하는 것은?

① 친밀성의 원리
② 비모호성의 원리
③ 유사의 원리
④ 질서의 원리

저드의 색채 조화원리
저드에 의해 제시된 색채 조화의 원리 중 질서의 원리, 유사성의 원리, 친근성의 원리, 명료성의 원리 중에서 규칙적으로 선택된 색으로 유채색은 거의 모든 무채색과 조화를 이루고 대체로 아름답다는 원리는 질서의 원리이다.

87 요하네스 이텐의 색채 조화론에 대한 설명이 틀린 것은?

① 12색상환을 기본으로 2색~6색조화이론을 발표하였다.
② 2색조화는 디아드, 다이아드라고 하며 색상환에서 보색의 조화를 일컫는다.
③ 5색조화는 색상환에서 5등분한 위치의 5색이고, 삼각형 위치에 있는 3색과 하양, 검정을 더한 배색을 말한다.
④ 6색조화는 색상환에서 정사각형 지점의 색과 근접 보색으로 만나는 직사각형 위치의 색은 조화된다.

요하네스 이텐의 색채 조화론
요하네스 이텐의 색채 조화론에서 6색 조화는 색상환에서 정육각형의 정점에 해당하는 색들의 조합을 말한다. 그리고 4색 조화에 흰색과 검정의 배색도 포함된다.

88 KS 계통색명의 유채색 수식 형용사 중 고명도에서 저명도의 순으로 옳게 나열된 것은?

① 연한 → 흐린 → 탁한 → 어두운
② 연한 → 흐린 → 어두운 → 탁한
③ 흐린 → 연한 → 탁한 → 어두운
④ 흐린 → 연한 → 어두운 → 탁한

KS 계통색명
KS 계통색명 중 유채색의 수식 형용사를 명도 순으로 보면 '흰, 연한, 밝은 회, 흐린, 회, 선명한, 기본, 탁한, 진한, 어두운, 어두운 회, 검은'으로 구성되어 있다.

89 CIE Yxy 색체계의 설명으로 틀린 것은?

① 색채는 표준광, 반사율, 표준 관측자의 삼자극치 값으로 입체적인 색채공간을 형성한다.
② 광원색의 경우 Y값은 좌표로서의 의미를 잃고 색상과 채도만으로 색채를 표시할 수 있다.
③ 초록계열 색채는 좌표상의 작은 차이가 실제는 아주 다른 색으로 보이고, 빨강계열 색채는 그 반대이다.
④ 색좌표의 불균일성은 메르카토르(Mercator) 세계지도 도법에 나타난 불균일성과 유사한 예이다.

CIE Yxy 색체계
CIE Yxy 색체계에서 초록계열 색채는 좌표상의 작은 차이가 실제로는 Red나 Blue의 파장보다 더 큰 오차를 발생시킨다.

틀리기 쉬운 문제
90 P.C.C.S 색상 기호 − P.C.C.S 색상명 − 먼셀 색상의 순서대로 바르게 나열된 것은?

① 2:R − Red − 1R
② 10:YG − Yellow Green − 8G
③ 20:V − Violet − 9PB
④ 6:yO − Yellowish Orange − 1R

P.C.C.S 색상기호
① 2 : R−빨강, Red−4R
② 10 : YG− 황록 Yellow Green−3GY
③ 20 : V−청보라, Violet−9PB
④ 6 : yO−노랑 기미의 주황, Yellowish Orange−8YR

틀리기 쉬운 문제
91 Pantone 색체계에 대한 설명으로 옳은 것은?

① 스웨덴, 노르웨이, 스페인의 국가표준색 제정에 기여한 색체계이다.
② 채도는 절대 채도치를 적용한 지각적 등보성이 없이 절대수치인 9단계로 모든 색을 구성하였다.
③ 색상, 포화도, 암도로 조직화하였으며 색상은 24개로 분할하여 오스트발트 색체계와 유사하다.
④ 실용성과 시대의 필요에 따라 제작되었기 때문에 개개 색편이 색의 기본 속성에 따라 논리적인 순서로 배열되어 있지 않다.

팬톤 색체계
팬톤 색체계는 미국의 팬톤사에서 인쇄 및 소재별 잉크를 조색하여 제작한 색표집으로 국가표준이 아니고 색의 배열이 많이 사용되는 컬러 위주로 제작되어 등간격이 불규칙하며 유행색이나 사용 빈도가 높은 색으로 편중된 경향이 있다.

92 세계 각국의 색채표준화 작업을 통해 제시된 색채 체계를 오래된 것으로부터 최근의 순서대로 옳게 나열한 것은?

① NCS – 오스트발트 – CIE
② 오스트발트 – CIE – NCS
③ CIE – 먼셀 – 오스트발트
④ 오스트발트 – NCS – 먼셀

색채표준화 작업
색채표준화 작업을 통해 제시된 색채 체계의 제작순서는 먼셀(1905년), 오스트발트(1916년), CIE(1931년), DIN(1955년), P.C.C.S(1964년), NCSC(1979년)이다.

93 KS 관용색이름인 '벽돌색'에 가장 가까운 NCS 색체계의 색채기호는?

① S1090 – R80B
② S3020 – R50B
③ S8010 – Y20R
④ S6040 – Y80R

NCS 색채계의 색채기호
KS 관용색 이름인 '벽돌색'은 탁하면서 어두운 명도를 가진 노란빛이 가미된 빨간색을 말하며 ④는 흑색량이 60% 순색량이 40%이며 색상은 Red가 80%에 Yellow가 20% 혼합된 벽돌색이 된다.

94 다음 중 먼셀 색체계의 장점은?

① 색상별로 채도 위치가 동일하여 배색이 용이하다.
② 색상 사이의 완전한 시각적 등간격으로 수치상의 색채와 실제 색감과의 차이가 없다.
③ 정량적인 물리값의 표현이 아니고 인간의 공통된 감각에 따라 설계되어 물체색의 표현에 용이하다.
④ 인접색과의 비교에 의한 상대적 개념으로 확률적인 색을 표현하므로 일반인들이 사용하기 쉽다.

먼셀 색체계
먼셀 색체계는 인간이 물체색을 인지하는 색에 대하여 색의 3속성을 바탕으로 색과 색 사이의 간격을 인간의 시감에 따라 조정하고 배열하여 객관적인 과학화와 표준화를 이루었다.

95 다음 중 방위 – 오상(五常) – 오음(五音) – 오행(五行)의 연결이 잘못된 것은?

① 동(東) – 인(仁) – 각(角) – 토(土)
② 서(西) – 의(義) – 상(商) – 금(金)
③ 남(南) – 예(禮) – 치(緻) – 화(火)
④ 북(北) – 지(智) – 우(羽) – 수(水)

한국의 전통색
한국의 전통색은 음양오행설을 바탕으로 하며 만물의 생성과 소멸을 목(木), 화(火), 토(土), 금(金), 수(水)로 설명하는 음양의 원리에 따라 순환하는 음양오행 사상이 전통색의 근본이 되었다.

오행	계절	방향	풍수	오정색
목	봄	동	청룡	청
화	여름	남	주작	적
토	토용	중앙	황룡	황
금	가을	서	백호	백
수	겨울	북	현무	흑

따라서 ①의 東(동) – 仁(인) – 角(각) – 木(목)이 된다.

96 NCS(Natural Color System) 색체계의 구성특징으로 옳은 것은?

① NCS 색체계는 빛의 강도를 토대로 색을 표기하였다.
② 모든 색을 색지각량이 일정한 것으로 생각해 그 총량은 100이 된다.
③ 검은 색성과 흰 색성의 합은 항상 100이다.
④ NCS의 표기는 뉘앙스와 명도로 표시한다.

NCS 색체계
NCS 색체계는 모든 색이 흰색(White), 검정(Black), 순색(Color)의 합은 100으로 이루어진다는 가정하에 색이 표기된다.

97 오스트발트 색체계에 대한 일반적 설명으로 옳은 것은?

① 맥스웰의 색채 감지 이론으로 설계되었다.
② 색상은 단파장반사, 중파장반사, 장파장반사의 3개 기본색으로 설정하였다.
③ 회전혼색기의 색채 분할면적의 비율을 변화시켜 여러 색을 만들었다.
④ 광학적 광 혼합을 전제로 혼합되었다.

오스트발트 색체계
오스트발트는 헤링의 반대색설을 바탕으로 맥스웰의 회전·혼색기의 색채 분할 면적의 비율을 변화시키며 여러 색을 만들고 그 색과 등색인 것을 색표로 나타낸 색체계이다.

98 전통색에 대한 설명으로 틀린 것은?

① 전통색에는 그 민족의 정체성이 담겨 있다.
② 전통색을 통해 그 민족의 문화, 미의식을 알 수 있다.
③ 한국의 전통색은 관념적 색채로 상징적 의미의 표현 수단으로 사용되었다.
④ 한국의 전통색체계는 시지각적 인지를 바탕으로 한다.

한국의 전통색
한국의 전통색체계는 시지각적 인지를 바탕으로 하는 것이 아니라 음양오행 사상에 뿌리를 두고 있어 관념적이고 상징적인 의미로 소통되어 있다.

99 다음 중 가장 채도가 낮은 색명은?

① 장미색
② 와인레드
③ 베이비핑크
④ 카민

색명
채도는 색의 순수함과 선명함의 정도를 나타내며 베이비 핑크는 밝고 연한 분홍으로 5R8/4의 색으로 채도가 낮은 색이다.

100 먼셀 색체계의 활용상 특성으로 옳은 것은?

① 먼셀 색표집의 표준 사용연한은 5년이다.
② 먼셀 색체계의 검사는 C광원, 2° 시야에서 수행한다.
③ 먼셀 색표집은 기호만으로 전달해도 정확성이 높다.
④ 개구색 조건보다는 일반 시야각의 방법을 권장한다.

먼셀 색체계
먼셀 색체계의 활용에서 먼셀 색표와 비교 검색하기 위해서는 C광원을 사용하는 것이 좋으며 관찰시야는 2° 시야로 규정하며 조도는 1000lx 이상이어야 한다.

04회 기출문제

---

1 제1과목 : 색채 심리 · 마케팅

01 다음 ( ) 안에 들어갈 알맞은 용어는?

( )은(는) 심리학, 생리학, 색채학, 생명과학, 미학 등에 근거를 두고 색을 과학적으로 선택하여 색채를 사용하는 것이므로, 미적 효과나 선전효과를 겨냥하여 감각적으로 배색하는 장식과는 뜻이 다르다.

① 안전색채　　　　② 색채연상
③ 색채조절　　　　④ 색채 조화

색채조절
색채조절은 심리학, 생리학, 색채학, 생명과학, 미학 등에 근거를 두고 색을 과학적으로 선택하여 사용하는 것이다.

02 다음 중 색채조절의 효과가 아닌 것은?

① 신체의 피로를 막는다.
② 안전이 유지되고 사고가 줄어든다.
③ 개인적 취향이 잘 반영된다.
④ 일의 능률이 오른다.

개인의 취향에 따라 색채를 선택하는 것은 색채조절에서 객관적이고 합리적인 색채선택이 아니다.

03 색채의 공감각에 대한 설명 중 틀린 것은?

① 색채와 다른 감각 간의 교류작용으로 생기는 현상이다.
② 몬드리안은 시각과 청각의 조화를 통해 작품을 만들었다.
③ 짠맛은 회색, 흰색이 연상된다.
④ 요하네스 이텐은 색을 7음계에 연계하여 색채와 소리의 조화론을 설명하였다.

색채의 공감각
색의 7음계에 연계하여 색채와 소리의 조화를 발견한 사람은 뉴턴 (Newton)이다.

04 색채와 자연환경과의 관계에 대한 설명 중 틀린 것은?

① 풍토색은 기후와 토지의 색, 즉 그 지역에 부는 바람, 태양의 빛, 흙의 색과 관련이 있다.
② 제주도의 풍토색은 현무암의 검은색이라고 할 수 있다.
③ 지구의 위도에 따라 일조량이 다르고 자연광의 속성이 변하므로 각각 아름답게 보이는 색에 차이가 있다.
④ 지역색은 우리가 눈으로 보는 건물과 도로 등 사물의 색으로 한정하여 지칭하는 색이다.

색채와 자연환경
지역색은 지역 특유의 토양색이나 하늘색 혹은 생태계를 구성하는 자연 현상의 배색에 그 지역 역사와 문화까지를 지역색이라 한다.

05 색채 마케팅 과정을 색채 정보화, 색채 기획, 판매 촉진 전략, 정보망구축으로 분류할 때 색채 기획단계에 해당하지 않는 것은?

① 소비자의 선호색 및 경향조사
② 타깃 설정
③ 색채 콘셉트 및 이미지 설정
④ 색채 포지셔닝 설정

색채 마케팅 프로세스
색채 마케팅 프로세스 순서는 '색채 정보화 (시장, 소비자 조사) → 색채 기획 (색채 콘셉트 설정) → 판매 촉진 전략 → 색채 DB화'이다.
소비자 선호색 및 경향 조사는 색채 기획 단계가 아닌 색채 정보화 단계에서 이루어진다. 나머지 타깃 설정, 색채 콘셉트 및 이미지 설정, 색채 포지셔닝 설정은 색채 기획단계에서 이루어진다.

06 노인, 가을, 흙 등 구체적인 연상에 가장 적합한 톤 (Tone)은?

① Pale　　　　② Light
③ Dull　　　　④ Grayish

색채의 연상
노인, 가을, 흙 등의 연상에는 중채도, 중명도의 Dull 톤에 해당한다.

07 표본 추출에 대한 설명으로 틀린 것은?

① 표본 추출은 편의가 없는 조사를 위해 미리 설정된 집단 내에서 뽑아야 한다.
② 일반적으로 큰 표본이 작은 표본보다 정확도는 더 높은 대신 시간과 비용이 증가된다.
③ 일반적으로 조사대상의 속성은 다원적이고 복잡하기에 모든 특성을 고려하여 표본을 선정하는 것은 불가능하다.
④ 표본의 크기는 대상 변수의 변수도, 연구자가 감내할 수 있는 허용오차의 크기 및 허용오차 범위 내의 오차가 반영된 조사 결과 확률을 고려하여 결정해야 한다.

표본 추출
랜덤 샘플링, 무작위 추출법, 임의 추출법이라고 불리며 미리 설정된 집단 내에서 표본 추출을 하는 것이 아닌 무작위로 추출하여 자료의 편차를 없애고, 전체 대신 일부를 무작위로 조사하여 전체를 가늠하는 표본 추출방법이다.

08 색채계획과 실제 색채조절 시 고려할 색의 심리 효과로 거리가 먼 것은?

① 냉난감   ② 가시성
③ 원근감   ④ 상징성

색채계획과 색채조절
실제 색채조절 시 고려할 색의 심리효과는 심리적 생리적, 조명학, 미학 등에 근거를 두고 색을 과학적으로 선택하여 계획적인 색채를 사용하는 것이므로 광고효과를 겨냥하여 감각적으로 배색하는 장식과는 다르다.

09 기업 이미지 구축을 위한 색채계획에서 가장 우선적으로 고려하는 것은?

① 선호색
② 상징성
③ 잔상효과
④ 실용성

기업 이미지 구축을 위한 색채계획
우리 기업만을 대표하고 상징할 수 있는 독창적인 색채계획이 필요하다. 기업의 이념, 이미지의 일관성, 소재 적용의 용이성은 CI 색채계획 시 필수적 고려사항이다. 기업의 이미지 통합을 계획하고 일관성 있게 관리해 기업 이미지를 소비자가 쉽게 기억할 수 있도록 하며 주로 기업의 로고, 심벌, 캐릭터, 명함, 사인 시스템, 간판 등에 적용한다.

10 소비자의 구매심리과정이 올바르게 표현된 것은?

① 흥미 → 주목 → 기억 → 욕망 → 구매
② 주목 → 흥미 → 욕망 → 기억 → 구매
③ 흥미 → 기억 → 주목 → 욕망 → 구매
④ 주목 → 욕망 → 흥미 → 기억 → 구매

소비자 구매심리과정
아이드마(AIDMA) 원칙으로 1920년 미국 경제학자 롤랜드 홀이 소비자 구매심리 과정을 5단계로 설명한다. 즉 5단계를 걸쳐 소비자가 구매에 이르는 것이다. 그 과정은 '주목(Attention) → 흥미(Interest) → 욕망(Desire) → 기억(Memory) → 행동(Action)' 순서이다.

11 기후에 따른 색채 선호에 대한 설명으로 틀린 것은?

① 라틴계 민족은 난색계통을 좋아한다.
② 북구(北歐)계 민족은 연보라, 스카이블루 등의 파스텔 풍을 좋아한다.
③ 일조량이 많은 지역 사람들이 선호하는 실내 색채는 초록, 청록 등이다.
④ 흐린 날씨의 지역 사람들이 선호하는 건물외관 색채는 노랑과 분홍 등이다.

기후에 따른 색채 선호
흐린 날씨의 지역 사람들이 선호하는 건물 외관 색채는 노랑과 분홍의 선명한 색이 아닌 단파장의 색을 선호하며 연하고 채도가 낮은 회색을 띤 색채를 좋아한다.

12 마케팅 믹스에 대한 설명으로 옳은 것은?

① 시장을 세분화하는 방법
② 마케팅에서 경쟁 제품과의 위치 선정을 하기 위한 방법
③ 마케팅에서 제품 구매 집단을 선정하는 방법
④ 표적시장에서 원하는 결과를 얻기 위해 가능한 수단을 활용하는 방법

마케팅 믹스
표적 시장에서 원하는 결과를 얻기 위해 가능한 수단을 활용하는 방법을 말한다.

13 SD법 조사에 대한 설명으로 틀린 것은?

① 찰스 오스굿(Charles Egerton Osgood)이 개발하였다.
② 색채에 대한 심리적인 측면을 다면적으로 다루는 방법이다.
③ 이미지 프로필과 이미지맵으로 결과를 볼 수 있다.
④ 형용사 척도에 대한 답변은 보통 4단계 또는 6단계로 결정된다.

SD법 조사
형용사 척도에 대한 답변은 보통 5~7단계를 사용한다. 미국의 심리학자 찰스 오스굿이 고안하였으며, 의미미분법이라고도 한다. 형용사의 반대어를 스케일로써 측정하여 색채에 대한 심리적 측면을 다면적으로 다루는 색채분석 방법이다. 경관, 제품, 색, 음향, 감촉 등의 인상을 다차원적으로 파악할 수 있다. 이미지 프로필과 이미지맵으로 결과를 볼 수 있다.

14 마케팅 연구에서 소비시장을 체계적으로 분석하는 것과 관련한 설명 중 틀린 것은?

① 다양한 문화권의 사람들이 공존하는 사회는 종교나 인종에 따라 구성된 하위문화가 존재한다.
② 세대별 문화 특성은 각기 다른 제품과 서비스를 선호하는 소비시장을 형성한다.
③ 소비자의 다양한 욕구와 구매패턴에 대응하기 위해 세분화된 시장을 구축해야 한다.
④ 다품종 대량생산체제로 변화되는 시장 세분화 방법이 시장위치 선정에 유리하다.

시장 세분화
다품종 소량생산체제로 변화되는 시장 세분화 방법이 시장 위치 선정에 유리하다.

시장 세분화 기준
• 지리적 변수 : 지역, 인구밀도, 도시 크기
• 인구학적 변수 : 소득, 직업, 성별, 연령.
• 행동분석적 변수 : 사용 경험, 브랜드 충성도
• 사회문화적 세분화 : 생활환경, 종교, 문화, 사회계층

15 색채 마케팅 전략을 수립하는 데 있어서 생활유형(Life Style)이 대두된 이유가 아닌 것은?

① 물적 충실, 경제적 효용의 중시
② 소비자 마케팅에서 생활자 마케팅으로의 전환
③ 기업과 소비자 간의 커뮤니케이션 장애 제거의 필요성
④ 새로운 시장 세분화(Market Segmentation) 기준으로서의 생활유형이 필요

소비자 생활유형(Life Style)이 대두된 이유
물적 충실, 경제적 효용의 중시가 아닌 소비자의 생활 양식, 생활 패턴, 가치관 등이 중시되면서 색채 마케팅 전략을 수립하는 데 있어 생활유형이 대두되고 새로운 시장 세분화 기준이 필요하게 되었다.

16 제품의 위치(Positioning)는 소비자들이 경쟁제품과 비교하여 갖게 되는 여러 요소들이 복합적으로 영향을 미쳐 형성된다. 이러한 요소 중 거리가 먼 것은?

① 날씨   ② 가격
③ 인상   ④ 감성

제품의 위치(Positioning)
제품의 위치는 소비자들이 경쟁제품과 비교하여 갖게 되는 가격, 인상, 감성, 지각 등이 복합적으로 영향을 미쳐 형성된다.

17 모더니즘의 대두와 함께 주목을 받게 된 색은?

① 빨강과 자주
② 노랑과 파랑
③ 하양과 검정
④ 주황과 자주

모더니즘과 색채
모더니즘의 주목색에는 블랙과 화이트, 블루, 실버 등이있다.

18 종교와 색채에 대한 설명이 틀린 것은?

① 기독교에서는 그리스도의 흰 옷, 천사의 흰 옷 등을 통해 흰색을 성스러운 이미지로 표현한다.
② 이슬람교에서는 신에게 선택되어 부활할 수 있는 낙원을 상징하는 녹색을 매우 신성시한다.
③ 힌두교에서는 해가 떠오르는 동쪽은 빨강, 해가 지는 서쪽은 검정으로 여긴다.
④ 고대 중국에서는 천상과 지상에서 가장 경이로운 색 중의 하나가 검정이라 하였다.

종교와 색채
힌두교의 종교와 색채에서 상징색은 노란색이다.

19 경영전략의 하나로, 상표 이미지를 시각적으로 체계화, 단순화하여 소비자에게 인식시키고, 체계적인 관리를 통해 특정 브랜드에 대한 선호를 향상시키는 것은?

① Brand Model
② Brand Royalty
③ Brand Name
④ Brand Identity

브랜드 아이덴티티(Brand Identity)
경영전략의 하나로, 상품 이미지를 시각적으로 체계화, 단순화하여 소비자에게 인식시키고, 체계적인 관리를 통해 특정 브랜드에 대한 선호를 향상하는 것을 말한다. 브랜드 네임이란, 기업이 원하는 콘셉트에 맞도록 상품의 이름을 붙이는 작업을 말한다.

20 다음은 마케팅정보 시스템 중 무엇에 관한 설명인가?

> – 기업을 둘러싼 마케팅 환경에서 발생되는 일상적인 정보
> 를 수집하기 위해서 기업이 사용하는 절차와 정보원의 집
> 합을 의미
> – 기업의 의사결정에 영향을 미칠 가능성이 있는 기업 주변
> 의 모든 정보를 수집하는 것

① 내부정보 시스템
② 고객정보 시스템
③ 마케팅 의사결정지원 시스템
④ 마케팅 인텔리전스 시스템

마케팅 인텔리전스 시스템
기업을 둘러싼 마케팅 환경에서 발생하는 일상적인 정보를 수집하기 위해 기업이 사용하는 절차와 정보원의 집합을 의미하며 기업의 의사결정에 영향을 미칠 가능성이 있는 기업 주변의 모든 정보를 수집하는 마케팅정보 시스템이다.

마케팅 의사결정지원 시스템
대량의 데이터 처리와 분석을 통해 의사결정에 필요한 지식을 추출하고 사용자에게 제공하여 기업을 비롯한 조직의 의사결정을 지원하는 컴퓨터 기반 정보 시스템을 말한다.

---

2 제2과목 : 색채 디자인

21 게슈탈트(Gestalt)의 원리 중 부분이 연결되지 않아도 완전하게 보려는 시각법칙은?

① 연속성(Continuation)의 요인
② 근접성(Proximity)의 요인
③ 유사성(Similarity)의 요인
④ 폐쇄성(Closure)의 요인

게슈탈트 원리
• **폐쇄성** : 불완전한 형태나 벌어진 도형들의 집단을 완전한 형태의 집단으로 인지한다는 법칙이다.
• **연속성** : 배열이나 같은 방향성을 가진 어떤 형상이 하나로 인지된다는 법칙이다. 공동 운명의 법칙이라고도 한다.
• **근접성** : 가까이 있는 시각요소들을 하나의 패턴 혹은 그룹으로 인지한다는 법칙이다.
• **유사성** : 형태, 규모, 색채, 질감 등이 유사한 시각적 요소들을 한데 묶어 인지한다는 법칙이다.

22 검정색과 노란색을 사용하는 교통 표시판은 색채의 어떠한 특성을 이용한 것인가?

① 색채의 연상
② 색채의 명시도
③ 색채의 심리
④ 색채의 이미지

색채의 명시도
명시도란 멀리서도 잘 보이는 성질을 말한다. 명시도는 배경과의 명도 차이에서 가장 민감하게 나타난다. 따라서 교통 표지판에 검은색과 노란색을 사용하는 이유는 두 색의 명도 대비를 이용해 멀리서도 확실하게 잘 보이도록 하기 위함이다.

23 룽게(Philipp Otto Runge)의 색채구를 바우하우스에서의 색채교육을 위해 재구성한 사람은?

① 요하네스 이텐
② 요셉 알버스
③ 클레
④ 칸딘스키

바우하우스(요하네스 이텐)
룽게의 색채구를 바우하우스에서의 색채교육을 위해 재구성한 사람은 요하네스 이텐이다. 그는 1923년까지 색채와 형태 교육을 주도한 인물이다.
• 독일 바이마르에 공예학교 교장 헨리 반 데 벨데로부터 미술 아카데미와 공예학교 운영을 위임받아 창립한 종합조형학교인 바우하우스를 개교하였다.
• 초대 교장은 건축가 월터 그로피우스이다.
• 데사우로 교사(학교)를 옮기면서 전성기를 맞이했다.
• 1933년 나치스에 의해 폐교되었다.

24 굿 디자인의 4대 조건이 아닌 것은?

① 독창성
② 합목적성
③ 질서성
④ 경제성

굿 디자인 4대 조건
합목적성(실용성), 경제성, 심미성, 독창성

25 착시가 잘 나타나는 예로 적합하지 않은 것은?

① 길이의 착시
② 면적과 크기의 착시
③ 방향의 착시
④ 질감의 착시

착시
착시란 어떤 대상을 실제와 다르게 인지하는 시각적 착각을 말한다. 착시의 예로는 길이의 착시, 면적과 크기의 착시, 각도 방향의 착시, 거리의 착시, 바탕과 도형의 착시, 분할의 착시, 대비의 착시, 기하학적 착시, 원근의 착시, 속도의 착시 등이 있다.

정답 13 ④ 14 ④ 15 ① 16 ① 17 ③ 18 ③ 19 ④ 20 ④ 21 ④ 22 ② 23 ① 24 ③ 25 ④

26 사용자의 경험과 사용자가 선택하는 서비스나 제품과의 상호작용을 디자인의 주요 요소로 고려하는 디자인은?

① 공공디자인
② 디스플레이 디자인
③ 사용자 경험디자인
④ 환경디자인

> **사용자 경험 디자인(User Experience Design)**
> UX디자인이라고도 하며 사용자의 경험과 사용자가 선택하는 서비스, 제품과의 상호작용을 디자인의 주요 요소로 고려하는 디자인이다. 소비자의 요구에서 벗어나는 요소를 최소화하고 사용자의 관찰을 통해 마케팅과 사업의 목표를 성취할 수 있다는 장점이 있다.

27 다음 중 디자인 아이디어 발상법이 아닌 것은?

① 글래스 박스(Glass Box)법
② 체크리스트(Checklist)법
③ 마인드 맵(Mind Map)법
④ 입출력(Input-output)법

> **디자인 아이디어 발상법**
> • **체크리스트법** : 문제의 해결 방안을 미리 정해 놓고 체크해 가면서 새롭게 아이디어를 얻는 방법이다. 다각적인 사고를 전개함으로써 능률적으로 아이디어를 얻을 수 있다.
> • **마인드 맵법** : 마음속에 지도를 그리듯 사고하여 아이디어를 얻는 훈련법이다.
> • **입출력법** : 출발점과 도달점을 미리 결정해 놓고 그 사이에 제한 조건을 두어 그에 대한 아이디어를 얻는 발상법이다.

28 끊임없는 변화를 뜻하는 국제적인 전위예술운동으로 전반적으로 회색조와 어두운 색조를 주로 사용한 예술사조는?

① 포스트모더니즘(Post-modernism)
② 키치(Kitsch)
③ 해체주의(Deconstructivism)
④ 플럭서스(Fluxus)

> **플럭서스**
> 끊임없는 변화, 흐름, 움직임이란 뜻의 라틴어로 국제적 전위예술운동을 말하며 전반적으로 회색조와 어두운 색조를 주되게 사용한 예술사조이다. 다양한 재료를 혼합하여 조화를 이루지 못하는 것처럼 보이지만 회화적이고 개방적인 경향을 지닌다.

29 색채안전 계획이 주는 효과로서 가장 타당한 것은?

① 눈의 긴장과 피로를 증가시킨다.
② 사고나 재해를 감소시킨다.
③ 질병이 치료되고 건강해진다.
④ 작업장을 보다 화려하게 꾸밀 수 있다.

> **색채 안전계획의 효과**
> 안전색채는 위험, 주의, 정지, 지시 등 재해를 방지하기 위해 사용하는 색채를 의미한다. 배색 시 안전색과 대비를 주어 인간이 받는 심리적, 생리적 영향을 이용하여 사고나 재해를 감소시킬 수 있다.

30 병원 수술실의 색채계획 시 가장 우선적으로 고려해야 할 색의 지각현상은?

① 동화효과
② 색음현상
③ 잔상현상
④ 명소시

> **잔상현상**
> 병원 수술실에서 색채계획 시 가장 먼저 고려해야 할 색의 지각 현상은 잔상현상이다. 어떤 색을 일정 시간 동안 보고 있으면 그 색의 자극이 망막에 흔적을 남겨 자극을 제거한 후에도 그 흥분이 남아 혼돈을 일으킬 수 있다. 따라서 부의 잔상, 즉 원래의 색과 반대로 보이는 잔상이 생기는 것을 방지하기 위해 수술실 색채계획 시에는 혈액의 붉은색과 반대 색상인 초록색을 고려하여 혼돈되지 않고 수술에 계속 집중할 수 있도록 고려하여 색채계획을 해야 한다.

31 사용자 인터페이스 디자인의 궁극적인 목표는?

① 사용자 편의성의 극대화
② 홍보 효과의 극대화
③ 개발기간의 최소화
④ 새로운 수요의 창출

> **사용자 인터페이스 디자인(User Interface Design) 목표**
> 인터페이스란 '두 영역이 만나는 곳'이다. 즉 인터페이스 디자인이란 사용자가 컴퓨터 시스템 혹은 프로그램을 제어하여 복잡한 기능을 쉽게 이해하고 사용할 수 있도록 설계하는 것을 말한다. 인터페이스 디자인의 가장 큰 목적은 이해하기 쉽고 조작하기 편한 디자인, 즉 사용자 편의성의 극대화라 할 수 있다.

32 도형과 바탕의 반전에 관한 설명 중 바탕이 되기 쉬운 영역의 예에 해당하는 것은?

① 기울어진 방향보다 수직, 수평으로 된 영역
② 비대칭 영역보다 대칭형을 가진 영역
③ 위로부터 내려오는 형보다 아래로부터 올라가는 형의 영역
④ 폭이 일정한 영역보다 폭이 불규칙한 영역

도형과 바탕의 반전
바탕이 되기 쉬운 영역이란 폭이 일정하기보다 불규칙한 영역에 해당한다.

33 1960년대 미국에서 시작된 것으로 캔버스에 그려진 회화 예술이 미술관, 화랑으로부터 규모가 큰 옥외 공간, 거리나 도시의 벽면에 등장한 것은?

① 크래프트디자인
② 슈퍼 그래픽
③ 퓨전디자인
④ 옵티컬아트

슈퍼 그래픽
슈퍼 그래픽은 제품 디자인이 아닌 환경디자인 중 하나로 건물 외벽을 캔버스로 삼아 그래픽 작업을 하는 것이다. 1960년대 미국에서 시작되었으며 도시 경관을 아름답게 디자인하는 것을 목표로 한다.

34 디자인의 개념을 설명한 것으로 거리가 먼 것은?

① 디자인은 생활의 예술이다.
② 디자인은 일부 사물과 일정한 범위 안의 시스템과 관계된다.
③ 디자인은 커뮤니케이션의 수단이다.
④ 디자인은 미지의 세계로부터 새로운 가치를 추구하는 것이다.

디자인 개념
• 디자인은 생활의 예술이다.
• 디자인은 커뮤니케이션의 수단이다.
• 디자인은 미지의 세계로부터 새로운 가치를 추구하는 것이다.

35 산업디자인에 있어서 생물의 자연적 형태를 모델로 하는 조형이나 시스템을 만드는 경향을 뜻하는 디자인은?

① 버네큘러 디자인
② 리디자인
③ 엔틱 디자인
④ 오가닉 디자인

오가닉 디자인
산업디자인에 있어서 생물의 자연적 형태를 모델로 하는 조형이나 시스템을 만드는 경향을 뜻하는 디자인으로 유기적 디자인이라고도 한다.

36 1960년대 후반부터 미국에서 현저하게 나타난 동향으로 단순한 기하학적 형태를 사용하며 이미지와 조형 요소를 최소화하여 기본적인 구조로 환원시키고 단순함을 강조한 것은?

① 팝아트
② 옵아트
③ 미니멀리즘
④ 포스트모더니즘

미니멀리즘
1960년대 후반부터 미국에서 시작된 동향으로 단순한 기하학적 형태를 사용하고 이미지와 조형 요소를 최소화하며 기본적인 구조의 환원과 단순함을 강조하였다.

미니멀리즘 색채 경향
• 개성적 성격, 극단적 간결성, 기계적 엄밀성을 표현
• 통합되고 단순한 색채 사용
• 순수한 색조 대비와 비교적 개성 없는 색채 도입

37 1차 세계대전 후 전통이나 기존의 예술형식을 부정하고 좀 더 새롭고 파격적인 변화를 추구한 예술운동은?

① 다다이즘
② 아르누보
③ 팝아트
④ 미니멀리즘

다다이즘
제1차 세계대전 후 전통이나 기존의 예술형식을 부정하고 좀 더 새롭고 파격적인 변화를 추구한 예술운동이다.
• 어둡고 칙칙한 색조 사용하면서 어두운 면과 화려한 면을 동시에 가지고 있다.
• 극단적 원색 대비와 어둡고 칙칙한 색 사용이 특징이다.
• 파스텔 계통의 연한 색조는 아르누보 시대사조 색채 경향이다.

38 기업이미지 통일화 정책을 의미하며 다른 기업과의 차이점 표출을 통해 지속성과 일관성, 기업 문화 및 경영전략 등을 구성하는 CI의 3대 기본요소가 아닌 것은?

① VI(Visual Identity)
② BI(Behavior Identity)
③ LI(Language Identity)
④ MI(Mind Identity)

CI의 3대 기본요소
• 심리 통일(Mind Identity)
• 시각 이미지 통일(Visual Identity)
• 행동 양식 통일(Behavior Identity)

정답 26 ③ 27 ① 28 ④ 29 ② 30 ③ 31 ① 32 ④ 33 ② 34 ② 35 ④ 36 ③ 37 ① 38 ③

39 서로 관련이 없어 보이는 것들을 조합하여 새로운 것을 도출해 내는 집단 아이디어 발상법으로, 문제를 보는 관점을 완전히 다르게 하여 연상되는 점과 관련성을 찾아내는 것은?

① 고든법
② 시네틱스법
③ 브레인스토밍법
④ 매트릭스법

40 기업방침, 상품의 특성을 홍보하고 판매를 높이기 위한 광고매체 선택의 전략적 방향과 거리가 먼 것은?

① 기업 및 상품의 존재를 인지시킨다.
② 현장감과 일치하여 아이덴티티를 얻어야 한다.
③ 소비자에게 공감을 얻을 수 있어야 한다.
④ 정보의 DB화로 상품의 가격을 높일 수 있어야 한다.

(3) 제3과목 : 색채관리

틀리기 쉬운 문제

41 KS A 0065 : 표면색의 시감비교방법에 따라 인공주광 D50을 이용한 부스에서의 색 비교를 할 때 광원이 만족해야 할 성능에 대한 설명으로 잘못된 것은?

① 자외부의 복사에 의해 생기는 형광을 포함하지 않는 표면색을 비교하는 경우 상용 광원 D50은 형광 조건 등색지수 1.5 이내의 성능수준을 충족시켜야 한다.
② 주광 D50과 상대 분광 분포에 근사하는 상용 광원 D50을 사용한다.
③ 상용 광원 D50은 가시 조건 등색지수 B 등급 이상의 성능을 충족시켜야 한다.
④ 상용 광원 D50은 특수 연색 평가수 85 이상의 성능을 충족시켜야 한다.

42 광원에 의해 조명되는 물체색의 지각이, 규정 조건 하에서 기준 광원으로 조명했을 때의 지각과 합치되는 정도를 표시하는 수치는?

① 색변이 지수(Color Inconstancy Index : CII)
② 연색 지수(Color Rendering Index : CRI)
③ 허용 색차(Color Tolerance)
④ 등색도(Degree Of Metamerism)

43 CCM의 특성으로 보기 어려운 것은?

① 스펙트럼 데이터를 이용하므로 아이소머리즘을 실현할 수 있다.
② 컬러런트의 양을 조절하므로 조색에 걸리는 시간을 단축할 수 있다.
③ 최소량의 컬러런트를 사용하여 조색하므로 원가가 절감된다.
④ CCM에서 조색된 처방은 여러 소재에 동일하게 적용할 수 있다.

44 장치 종속적(Device-Dependent) 색공간에 대한 설명으로 틀린 것은?

① RGB, CMYK는 장치 종속적 색공간이다.
② 사람의 눈이 인지하는 색을 수치화하였다.
③ 컬러 프로파일에 기록되는 수치이다.
④ 같은 RGB 수치라도 장치에 따라 다른 색으로 보인다.

45 일반적인 염료 또는 안료의 설명으로 올바른 것은?

① 염료는 착색하고자 하는 매질에 용해되지 않는다.
② 염료는 착색되는 표면에 친화성을 가지며 직물, 피혁, 종이, 머리카락 등에 착색된다.
③ 안료는 투명한 성질을 가지며 습기에 노출되면 녹는다.
④ 안료는 1856년 영국의 퍼킨(Perkin)이 모브(Mauve)를 합성시킨 것이 처음이다.

염료와 안료
염료는 착색되는 표면에 친화성을 가지며 직물, 피혁, 종이, 머리카락 등에 착색된다.

염료	안료
• 염료는 착색하고자 하는 매질에 용해된다. • 염료는 1856년 영국의 퍼킨이 모브를 합성시킨 것이 처음이다. • 투명성이 뛰어나고 유기물이며 물체와의 친화력이 있다. • 방직계통에 많이 사용되고 잉크, 종이, 목재, 식품 등 염색에 쓰인다.	• 안료는 불투명한 성질을 가지며 습기에 노출되어도 색이 잘 보존되어 건축물 외장 색채로 쓰이며 은폐력이 크다. • 물이나 기름 또는 대부분의 유기 용제에 녹지 않는다. • 전색제를 섞어 물질 표면에 고착되도록 한다.

46 색료 선택 시 고려되어야 할 조건 중 틀린 것은?

① 특정 광원에서만의 색채 현시(Color Appearance)에 대한 고려
② 착색비용
③ 작업공정의 가능성
④ 착색의 견뢰성

색료 선택 시 고려해야 할 조건
특정 광원에서만의 색채 현시가 아닌 다양한 광원에서 나타나는 색채 현시의 차이를 고려해야 한다.
• 착색비용
• 작업공정의 가능성
• 착색의 견뢰성

틀리기 쉬운 문제

47 다음 조건을 바탕으로 실제 모니터 디스플레이에서 보여질 색 수는?(단, 업스케일링을 가정하지 않음)

– 컬러채널당 12비트로 저장된 이미지
– 컬러채널당 10비트로 작동되는 애플리케이션
– 컬러채널당 8비트로 구동되는 그래픽카드
– 컬러채널당 10비트로 재현되는 모니터

① 4096 × 4096 × 4096
② 2048 × 2048 × 2048
③ 1024 × 1024 × 1024
④ 256 × 256 × 256

모니터 디스플레이
모니터 디스플레이에서 최대 해상도 및 표현 가능한 색채의 수가 결정되는 것과 관계가 깊은 부분은 그래픽카드 종류이다. 따라서 컬러 채널당 8비트로 구동되는 모니터 디스플레이에서 보일 색의 수는 $2^8 \times 2^8 \times 2^8 =$ 256 × 256 × 256이다.

48 x, y 좌표를 기반으로 2차원이나 3차원 공간에서 선, 색, 형태 등을 표현하는 이미지의 형태는?

① 비트맵 이미지
② 래스터 이미지
③ 벡터 그래픽 이미지
④ 메모리 이미지

벡터 그래픽 이미지
x, y 좌표를 기반으로 2차원이나 3차원 공간에서 선, 색, 형태 등을 표현하는 이미지의 형태로 확대, 축소를 통해서 이미지의 계단 현상(앨리어싱)이 없는 것이 장점이다.

틀리기 쉬운 문제

49 표면색의 시감비교 시험결과의 보고에 포함되어야 할 사항으로 가장 올바른 것은?

① 조명에 이용한 광원의 종류, 표준관측자의 조건, 작업면의 조도, 조명 관찰 조건
② 조명에 이용한 광원의 종류, 사용 광원의 성능, 작업면의 조도, 조명 관찰 조건
③ 표준광의 종류, 표준관측자의 조건, 작업면의 조도, 조명 관찰 조건
④ 표준광의 종류, 사용 광원의 성능, 작업면의 조도, 조명 관찰 조건

표면색의 시감 비교 보고에 포함되어야 할 사항
광원의 종류, 조도, 조명관찰조건, 재질, 광택 등을 반드시 표기한다.

정답 39 ② 40 ④ 41 ① 42 ② 43 ④ 44 ② 45 ② 46 ① 47 ④ 48 ③ 49 ②

50 KS A 0065 : 표면색의 시감비교방법에서 색비교를 위한 시환경에 대한 설명이 틀린 것은?

① 부스의 내부 명도는 L*가 약 50인 광택의 무채색으로 한다.
② 작업면의 조도는 1000~4000lx 사이가 적합하다.
③ 작업면의 균제도는 80% 이상이 적합하다.
④ 어두운 색을 비교하는 경우 작업면 조도는 4000lx에 가까운 것이 좋다.

> **KS A 0065 : 표면색 시감 비교방법에서 색 비교를 위한 시환경**
> 부스 내부는 명도가 L*가 약 50의 광택이 아닌 무광택의 무채색으로 하는 것이 맞다.
> • 색 비교를 위한 작업면의 조도는 1000~4000lx 사이로 한다.
> • 작업면 균제도는 80% 이상이 적합하다.
> • 어두운 색을 비교할 땐 작업면 조도는 4000lx에 가까운 것이 좋다.
> • 육안 검색 시 광원의 종류에 따라 메타메리즘이 발생할 수 있어 조건을 동일하게 두고 비교한다. 비교하는 색면의 크기와 관찰 거리는 시야각으로 약 2도 또는 10도가 되도록 한다.
> • 광원의 종류, 조도, 조명관찰조건, 재질, 광택 등을 반드시 표기한다.

51 다음 중 16비트 심도, DCI-P3 색공간의 데이터를 저장하기에 가장 부적절한 파일 포맷은?

① TIFF
② JPEG
③ PNG
④ DNG

> **JPEG**
> 8비트, sRGB 색공간의 JPEG 파일 포맷으로는 16비트 심도, DCI-P3 색공간의 데이터를 저장하기 부적절하다. 8비트는 256 × 256 × 256 컬러를 지원하지만 16비트는 65,535 × 65,535 × 65,535 컬러를 지원한다.

52 포르피린과 유사한 구조로 된 유기 화합물로 안정성이 높고 색조가 강하여 초록과 청색계열 안료나 염료에 많이 사용되는 색료는?

① 헤모글로빈
② 프탈로시아닌
③ 플라보노이드
④ 안토시아닌

> • **프탈로시아닌** : 포르피린과 유사한 구조로 된 유기 화합물로 안정성이 높고 색조가 강하여 초록, 청색계열 안료나 염료에 많이 사용되는 색료이다.
> • **헤모글로빈** : 적혈구 속에 철을 지닌 붉은 색소이다. 초록과 노랑 영역에서 강한 흡수가 일어난다.
> • **플라보노이드** : 하양, 노랑, 빨강, 파랑 등을 띠는 안료로 구조는 플라본이라는 화합물과 관련이 있다. 앵초꽃, 나라꽃에서 추출된 플라본은 원래 색깔을 띠지 않지만, 옥소크롬을 첨가하면 산화 작용으로 플라보노이드가 되어 노랑을 띠고 재차 산화하면 퀘르세틴이 되어 주황색을 띠게 된다.
> • **안토시아닌** : 초록을 강하게 흡수하는 안토시아닌은 빨강, 푸른색을 반사하여 다양한 보라색과 붉은색을 띤다. 과꽃, 국화, 적포도주 등에서 볼 수 있는 안토시아닌은 산성에서는 빨강, 중성에서는 보라, 알칼리성에서는 파랑으로 색이 변한다.

53 황색으로 염색되는 직접염료로 9월에 열매를 채취하여 볕에 말려 사용하고, 종이나 직물의 염색 및 식용색소로도 사용되는 천연염료는?

① 치자염료
② 자초염료
③ 오배자염료
④ 홍화염료

> **치자염료**
> 황색으로 염색되는 직접염료로 9월에 열매를 채취한 후 볕에 말려 사용하고 종이나 직물의 염색 및 식용색소로도 사용되는 천연염료이다. 자초와 홍화 역시 식물성 염료로 홍색을 띠며 오배자는 동물성 염료로 갈색을 띤다.

▶ 틀리기 쉬운 문제
54 광 측정량의 단위에 대한 설명 중 틀린 것은?

① 광도 : 점광원에서 주어진 방향의 미소 입체각 내로 나오는 광속을 그 입체각으로 나눈 값, 단위는 칸델라(cd)이다.
② 휘도 : 발광면, 수광면 또는 광의 전파 경로의 단면상의 주어진 점, 주어진 방향에 대하여 주어진 식으로 정의되는 양, 단위는 cd/m^2이다.
③ 조도 : 주어진 면상의 점을 포함하는 미소면 요소에 입사하는 광속을 그 미소면 요소의 면적으로 나눈 값, 단위는 럭스(lx)이다.
④ 광속 : 주어진 면상의 점을 포함하는 미소면 요소에서 나오는 광속을 그 미소면 요소의 입체각으로 나눈 값, 단위는 lm/m^2이다.

> **광 측정량 단위**
> • **광속** : 어떤 면을 단위시간에 통과하는 빛의 양을 나타내며 단위는 lm(루멘)이다.
> • **광도** : 점광원에서 주어진 방향의 미소 입체각 내로 나오는 광속을 그 입체각으로 나눈 값, 단위는 칸델라(cd)이다.
> • **휘도** : 발광면, 수광면 또는 광의 전파 경로의 단면상의 주어진 점, 주어진 방향에 대하여 주어진 식으로 정의되는 양, 단위는 cd/m^2(칸델라 퍼 제곱미터)이다.
> • **조도** : 주어진 면상의 점을 포함하는 미소면 요소에 입사하는 광속을 그 미소면 요소의 면적으로 나눈 값으로 단위는 럭스(lx)다.

55 두 물체의 표면색을 측색한 결과 그 값이 다음과 같을 때 옳은 설명은?

> ㉮ L*=50, a*=43, b*=10
> ㉯ L*=30, a*=69, b*=32

① ㉮는 ㉯보다 명도는 높고 채도는 낮다.
② ㉮는 ㉯보다 명도는 낮고 채도는 높다.
③ ㉮는 ㉯보다 색상이 선명하고 명도는 낮다.
④ ㉮는 ㉯보다 색상이 흐리고 채도는 높다.

> **표면색 측색 L* a* b*값**
> • L* : 명도값이며 100에 가까울수록 하양, 0에 가까울수록 검은색으로 표현된다.
> • a* : +방향은 Red, −방향은 Green을 나타낸다.
> • b* : +방향은 Yellow, −방향은 Blue를 나타낸다.

56 색온도의 단위와 표시방법에 대한 설명으로 올바른 것은?

① 양의 기호 T_D로 표시, 단위는 K
② 양의 기호 $T_C{}^{-1}$로 표시, 단위는 K^{-1}
③ 양의 기호 T_C로 표시, 단위는 K
④ 양의 기호 T_{CP}로 표시, 단위는 K

> **색온도의 단위와 표시방법**
> 양의 기호 T_C로 표시하며 단위는 K이다.

57 혼합비율이 동일해도 정확한 중간 색값이 나오지 않고 색도가 한쪽으로 치우쳐 나타나는 원인을 규명하기 위한 안료 검사 항목은?

① 안료 입자 형태와 크기에 의한 착색력
② 안료 입자 형태와 크기에 의한 은폐력
③ 안료 입자 형태와 크기에 의한 흡유(수)력
④ 안료 입자 형태와 크기에 의한 내광성

> **착색력**
> 혼합 비율이 동일함에도 정확한 중간 색값이 나오지 않고 색도가 한쪽으로 치우쳐 나타나는 원인을 규명하기 위한 안료 검사 항목이다.

58 다음의 조색 관련 용어에 관한 설명 중 틀린 것은?

① 광원색은 광원에서 나오는 빛의 색을 뜻하며 보통 색자극 값으로 표시
② 물체색은 빛을 반사 또는 투과하는 물체의 색을 뜻하며, 보통 특정 표준광에 대한 색도 좌표 및 시감 반사율 등으로 표시
③ 광택도는 물체 표면의 광택의 정도를 일정한 굴절률을 갖는 흰색 유리의 광택값을 기준으로 나타내는 수치
④ 표면색은 빛을 확산 반사하는 불투명 물체의 표면에 속하는 것처럼 지각되는 색

> **조색 관련 용어(광택도)**
> 광택도는 물체 표면의 광택의 정도를 일정한 굴절률을 갖는 검은 유리의 광택값을 기준으로 나타내는 수치이다. 광택도는 100을 기준으로 0은 완전무광택, 30~40은 반광택, 50~70은 고광택, 70~100이면 완전광택으로 분류한다.

59 반투명의 유리나 플라스틱을 사용하여 광원빛의 60~90%가 대상체에 직접 조사되는 방식으로, 그림자와 눈부심이 생기는 조명방식은?

① 전반확산조명
② 직접조명
③ 반간접조명
④ 반직접조명

> **조명방식**
> 반투명의 유리나 플라스틱을 사용하여 광원빛의 60~90%가 대상체에 직접 조사되고 나머지가 천장이나 벽에서 반사되어 조사되는 조명방식을 반직접조명이라고 한다.
> • **전반확산조명** : 간접조명과 직접조명의 중간 방식이다.
> • **간접조명** : 광원의 빛을 대부분 천정이나 벽에 부딪혀 확산된 반사광으로 비추는 방식으로 눈부심, 그늘짐 현상이 없고 분위기가 은은하며 차분하다.
> • **직접조명** : 반사각을 사용하여 광원의 빛을 모아 비추는 방식이다.
> • **반간접조명** : 반투명의 유리나 플라스틱을 사용하여 광원빛의 10~40%가 대상체에 직접 조사되고 나머지가 천장이나 벽에서 반사되어 조사되는 방식이다.

60 분광 측색 장비의 특징으로 잘못 설명된 것은?

① 서너 개의 필터를 이용해 삼자극치 값을 직독한다.
② 시료의 분광 반사율을 사용하여 색좌표를 계산한다.
③ 다양한 광원과 시야에서의 색좌표를 산출할 수 있다.
④ 분광식 측색장비는 자동배색장치(Computer Color Matching)의 색측정 장치로 활용된다.

---

4 **제4과목 : 색채 지각론**

61 건축의 내부 벽지색이나 외벽의 타일 색 등을 견본과 함께 실제로 시공한 사례를 비교해 보며 결정하는 것은 색채의 어떤 대비를 고려한 것인가?

① 색상대비
② 명도대비
③ 면적대비
④ 채도대비

62 시간성과 속도감에 대한 설명이 틀린 것은?

① 고채도의 맑은 색은 속도감이 빠르게, 저채도의 칙칙한 색은 느리게 느껴진다.
② 고명도의 밝은 색은 느리게 움직이는 것으로 느껴진다.
③ 주황색 선수 복장은 속도감이 높아져 보여 운동경기 시 상대편을 심리적으로 위축시키는 효과가 있다.
④ 장파장 계열의 색은 시간이 길게 느껴지고, 속도감은 빨리 움직이는 것 같이 지각된다.

63 빛의 성질에 관한 설명 중 틀린 것은?

① 자연현상에서 나타나는 대표적인 굴절현상은 무지개이다.
② 파란 하늘은 단파장의 빛이 대기 중에서 산란되어 나타나는 현상이다.
③ 빛의 파동이 잠시 둘로 나누어진 후 다시 결합되는 현상이 간섭이다.
④ 비눗방울 표면이 무지개색으로 보이는 것은 빛이 흡수되어 나타나는 현상이다.

64 다음 중 채도대비에 대한 설명이 틀린 것은?

① 채도가 다른 두 색을 인접했을 때, 채도가 높은 색의 채도는 더욱 높아져 보인다.
② 채도대비는 유채색과 무채색 사이에서 더욱 뚜렷하게 느낄 수 있다.
③ 동일한 색인 경우, 고채도의 바탕에 놓았을 때보다 저채도의 바탕에 놓았을 때의 색이 더 탁해 보인다.
④ 채도대비는 3속성 중에서 대비효과가 가장 약하다.

65 색의 항상성에 대한 설명으로 옳은 것은?

① 명소시의 범위 내에서 휘도를 일정하게 유지해도 색자극의 순도가 달라지면 색의 밝기가 달라지는 것
② 색자극의 밝기가 달라지면 그 색상이 다르게 보이는 것
③ 물체에서 반사광의 분광 특성이 변화되어도 거의 같은 색으로 보이는 것
④ 조명이 강해서 검은 종이는 다른 색으로 느껴지는 것

66 초록 색종이를 수초 간 응시하다가, 흰색 벽을 보면 자주색 잔상이 나타나는 이유는?

① L 추상체의 감도 증가
② M 추상체의 감도 저하
③ S 추상체의 감도 증가
④ 간상체의 감도 저하

색의 잔상
색을 인식하는 추상체에 의해 색의 인식이나 식별에 관여하여 L추상체 – 적색, M추상체 – 녹색, S추상체 – 파란색 감도 저하로 잔상이 나타난다.

67 색채의 심리 효과에 대한 설명 중 틀린 것은?

① 어떤 색이 다른 색의 영향을 받아서 본래의 색과는 다른 색으로 보이는 현상을 색채 심리 효과라 한다.
② 무게감에 가장 큰 영향을 미치는 것은 명도로, 어두운 색일수록 무겁게 느껴진다.
③ 겉보기에 강해 보이는 색과 약해 보이는 색은 시각적인 소구력과 관계되며, 주로 채도의 영향을 받는다.
④ 흥분 및 침정의 반응효과에 있어서 명도가 가장 중요한 역할을 하는데, 고명도는 흥분감을 일으키고, 저명도는 침정감의 효과가 나타난다.

색채의 심리 효과
색의 흥분과 진정의 감정적인 효과는 명도보다는 주로 색상과 관련이 있다. 한색계의 저채도 색은 진정작용을 하며 난색계열의 고채도 색은 흥분감을 일으킨다.

68 눈에 비쳤던 자극을 치워버려도 그 색의 감각이 소멸되지 않고 잠시 나타나는 현상은?

① 색의 조화
② 색의 순응
③ 색의 잔상
④ 색의 동화

색의 잔상
잔상(After Image)은 어떤 색을 응시하다가 망막의 피로 현상으로 어떤 자극을 받았을 때 자극을 없애도 색의 감각이 계속 남아있는 현상이다.

69 색의 혼합에 대한 설명으로 옳은 것은?

① 가산혼합은 색료혼합으로, 3원색은 Yellow, Cyan, Magenta이다.
② 색광혼합의 3원색은 혼합할수록 명도가 높아진다.
③ 감산혼합은 원색인쇄의 색분해, 컬러 TV 등에 활용된다.
④ 색료혼합은 색을 혼합할수록 채도가 높아진다.

색의 혼합
색의 혼합에서 가산혼합인 색광의 혼합은 혼합할수록 명도가 높아진다.
① 가산혼합의 3원색은 Red, Green, Blue이다.
③ 컬러TV 등의 활용은 가산혼합이다.
④ 색료혼합은 색을 혼합할수록 채도가 떨어진다.

70 무대에서의 조명과 같이 두 개 이상의 빛이 같은 부위에 겹쳐 혼색되는 것은?

① 가법혼색
② 회전혼색
③ 병치중간혼색
④ 감법혼색

가법혼색
가법혼색은 두 종류 이상의 색광을 혼합할 경우 빛의 양이 증가하기 때문에 명도가 높아진다는 뜻에서 가법혼색이라고 한다.

71 ( ) 안에 적합한 내용으로 옳게 짝지어진 것은?

> 간상체 시각은 (㉠)에 민감하며, 추상체 시각은 약 (㉡)의 빛에 가장 민감하다.

① ㉠ 장파장, ㉡ 555nm
② ㉠ 단파장, ㉡ 555nm
③ ㉠ 장파장, ㉡ 450nm
④ ㉠ 단파장, ㉡ 450nm

간상체와 추상체
간상체의 시각은 어두운 빛을 감지하는 세포로 단파장에 민감하며 암소시라고 하고 추상체의 시각은 주로 색상을 판단하는 시세포로 밝은 곳에서 민감하며 추상체의 시각은 555nm 빛에 가장 민감하다.

정답 60 ① 61 ③ 62 ② 63 ④ 64 ③ 65 ③ 66 ② 67 ④ 68 ③ 69 ② 70 ① 71 ②

72 애브니 효과에 대한 설명으로 옳은 것은?

① 파장이 같아도 색의 명도가 변함에 따라 색상이 변화하는 것을 말한다.
② 빛의 강도가 높아질수록 색상이 같이 보이는 위치가 다르다.
③ 애브니 효과가 적용되지 않는 577nm의 불변색상도 있다.
④ 주변색의 보색이 중심에 있는 색에 겹쳐져 보이는 현상이다.

73 동일지점에서 두 가지 이상의 색광 또는 반사광이 1초 동안에 40~50회 이상의 속도로 번갈아 발생되면 그 색자극들은 혼색된 상태로 보이게 되는 혼색방법은?

① 동시혼색
② 계시혼색
③ 병치혼색
④ 감법혼색

74 다음의 A와 B는 각각 어떤 현상인가?

A 영화관 안으로 갑자기 들어가면 처음에 잘 보이지 않다가 점차 보이게 되는 현상
B 파란색 선글라스를 끼면 잠시 물체가 푸르게 보이던 것이 익숙해져 본래의 물체색으로 느껴지는 현상

① A : 명순응 B : 색순응
② A : 암순응 B : 색순응
③ A : 명순응 B : 주관색 현상
④ A : 암순응 B : 주관색 현상

75 병치혼합에 관한 설명 중 틀린 것은?

① 감법혼색의 일종이다.
② 점묘법을 이용한 인상파 화가의 그림에서 볼 수 있는 색혼합 방법이다.
③ 비잔틴 미술에서 보여지는 모자이크 벽화에서 볼 수 있는 색혼합 방법이다.
④ 두 색의 중간적 색채를 보게 된다.

76 빛의 성질에 대한 설명으로 틀린 것은?

① 흡수 : 빛이 물리적으로 기체나 액체나 고체 내부에 빨려 들어가는 현상
② 굴절 : 파동이 한 매질에서 다른 매질로 향해 이동할 때 경계면에서 일부 파동이 진행 방향을 바꾸어 원래의 매질 안으로 되돌아오는 현상
③ 투과 : 광선이 물질의 내부를 통과하는 현상으로 흡수나 산란 없이 빛의 파장범위가 변하지 않고 매질을 통과함을 의미함
④ 산란 : 거친 표면에 빛이 입사했을 경우 여러 방향으로 빛이 분산되어 퍼져나가는 현상

77 다음 3가지 색은 가볍게 느껴지는 색부터 무겁게 느껴지는 색 순서로 배열된 것이다. 잘못 배열된 것은?

① 빨강 – 노랑 – 파랑
② 노랑 – 연두 – 파랑
③ 하양 – 노랑 – 보라
④ 주황 – 빨강 – 검정

78 색음현상에 대한 설명으로 옳은 것은?

① 암순응 시에는 단파장에, 명순응 시에는 장파장에 민감하게 반응하는 현상

② 조명의 강도가 바뀌어도 물체의 색을 동일하게 지각하는 현상

③ 같은 주파장의 색광은 강도를 변화시키면 색상이 약간 다르게 보이는 현상

④ 작은 면적의 회색이 채도가 높은 유채색으로 둘러싸였을 때, 회색이 유채색의 보색의 색조를 띠어 보이는 현상

색음현상
색음현상은 '색을 띤 그림자'라는 의미로 괴테가 발견하여 '괴테현상'이라고도 한다. 어떤 빛을 물체에 비추면 그 물체의 그림자가 빛의 반대색상(보색)의 색조를 띠어 보이는 현상이다.

79 회전혼색에 대한 설명으로 틀린 것은?

① 물체색을 통한 혼색으로 감법혼색이다.

② 병치혼합과 같이 중간혼색 중 하나이다.

③ 계시혼합의 원리에 의해 색이 혼합되어 보이는 것이다.

④ 혼색 전 색의 면적에 영향을 받는다.

회전혼색
회전혼색은 중간혼색으로서 혼색의 결과로 나타나는 색의 색상, 명도, 채도가 평균값이 된다.

80 빛과 색에 대한 설명 중 틀린 것은?

① 빛은 움직이면서 공간 안에 있는 물체의 표면과 형태를 우리 눈에 인식하게 해준다.

② 휘도, 대비, 발산은 사물들을 구분하는 시각능력과는 관계없는 요소이다.

③ 빛이 비춰지는 물체의 표면은 그 빛을 반사시키거나 흡수하거나 통과시키게 된다.

④ 시각능력은 사물의 모양, 색상, 질감 등을 구분하면서 사물들을 구분한다.

빛과 색
색은 빛이 물체를 비추었을 때 생겨나는 반사, 흡수, 투과, 굴절, 분해, 휘도, 대비, 발산 등의 과정을 통해 인간의 눈을 자극하여 생기는 물리적인 지각 현상을 말한다.

---

5 제5과목 : 색채 체계론

81 먼셀 색입체의 특징이 아닌 것은?

① CIE 색체계와의 상호변환이 가능하다.

② 등색상면이 정삼각형의 형태를 갖는다.

③ 명도가 단계별로 되어 있어 감각적인 배열이 가능하다.

④ 3속성을 3차원의 좌표에 배열하여 색감각을 보는 데 용이하다.

먼셀 색입체
먼셀 색입체는 색상, 명도, 채도 등 색의 3속성을 기반으로 두고 색상은 원으로 명도를 직선으로, 채도는 방사선으로 배열하는 성질을 가지고 있다. 먼셀의 색입체는 컬러트리라고도 불린다.

82 관용색명과 계통색명의 설명으로 옳은 것은?

① 계통색명은 예부터 전해 내려오거나 동·식·광물, 자연현상, 지명, 인명 등에서 유래한 것을 정리한 것이다.

② 계통색명은 기본 색명 앞에 유채색의 명도, 채도에 관한 수식어 또는 무채색의 수식어, 색상에 관한 수식어의 순으로 붙인다.

③ 관용색명은 계통색명의 수식어를 붙일 수 없다.

④ 관용색명은 색의 삼속성에 따라 분류, 표현한 것이므로 익히는 데 시간이 걸리나 색명의 관계와 위치까지 이해하기에 편리하다.

관용색명과 계통색명
① 예로부터 전해 내려오거나 유래한 것을 정리한 것은 관용색명이다.
③ 계통색명은 활용할 수 있다.
④ 관용색명은 복잡하고 혼동하기 쉽다.

---

83 색채관리를 위한 ISO 색채규정에서 아래의 수식은 무엇을 측정하기 위한 정의식인가?

$$YI = 100(1-B/G)$$

B : 시료의 청색 반사율
G : 시료의 XYZ 색체계에 의한 삼자극치의 Y와 같음

① 반사율
② 황색도
③ 자극순도
④ 백색도

색채관리
시료의 3자극치 중 X는 빨강과 관련된 양, Y는 초록과 관련된 양으로 B는 시료의 청색 반사율을 나타내므로 수식은 황색도를 측정하기 위한 정의식이다.

84 NCS에서 성립하는 이론으로 옳은 것은?

① W + B+ R = 100%
② W + K + S = 100%
③ W + S + C = 100%
④ H + V + C = 100%

NCS 색삼각형
NCS 색삼각형은 검정(s), 순색(c), 흰색(w) 기미의 합은 100%로 W(%) + S(%) + C(%) = 100%가 된다.

85 다음 중 현색계의 장점이 아닌 것은?

① 사용이 쉬운 편이고, 측색기가 필요치 않다.
② 색편의 배열 및 개수를 용도에 맞게 조정할 수 있다.
③ 조색, 검사 등에 적합한 오차를 적용할 수 있다.
④ 지각적으로 일정하게 배열되어 있다.

현색계
현색계는 먼셀의 표색계와 오스트발트 색표계가 대표적이며 조색, 검사 등에 적합한 오차를 적용할 수 있는 장점이 있는 혼색계이다.

86 CIE Yxy 색체계로 활용하기 쉬운 것은?

① 도료의 색
② 광원의 색
③ 인쇄의 색
④ 염료의 색

CIE Yxy색채계
CIE Yxy색채계는 양적인 표시인 XYZ 표색계로 색체의 느낌과 밝기의 정도를 판단할 수 없어서 XYZ 표색계의 수식을 변환하여 얻은 것으로 광원의 색에 활용된다.

87 먼셀의 색채 조화론과 관련이 있는 이론은?

① 균형이론
② 보색이론
③ 3원색론
④ 4원색론

먼셀의 색채 조화론
먼셀 색채 조화론의 핵심은 균형의 원리이다. 먼셀은 중간 명도의 회색 N5를 균형의 중심점으로 하여 배색을 이루는 각 색의 평균 명도가 N5가 될 때 그 색은 조화를 이룬다고 하였다.

88 CIE Lab 색체계에 대한 설명으로 틀린 것은?

① a*와 b*는 색 방향을 나타낸다.
② L* = 50은 중명도이다.
③ a*는 red − green 축에 관계된다.
④ b*는 밝기의 척도이다.

CIE Lab 색채계
CIE Lab 표색계에서 L*는 명도를 표시하고 a*와 b*는 색상과 채도를 표시한다.
+a*는 빨간색(Red), −a*는 녹색(Green), +b*는 노란색(Yellow), −b*는 파란색(Blue) 방향을 표시한다.

89 PCCS 색체계의 색상환에 대한 설명 중 틀린 것은?

① 적, 황, 녹, 청의 4색상을 중심으로 한다.
② 4색상의 심리보색을 색상환의 대립위치에 놓는다.
③ 색상을 등간격으로 보정하여 36색상환으로 만든다.
④ 색광과 색료의 3원색을 모두 포함한다.

PCCS 색채계의 색상환
PCCS 색채계의 색상환은 색광의 3원색과 색의 3원색, 심리의 4원색을 기본색으로 놓고 서로 반대쪽에 위치시켜 2등분하여 8색을 만들고 색상 간에 고른 색상 간격이 느껴지도록 4색을 추가하여 12색을 만든 후 다시 중간색을 넣어 24색을 만든다.

90 오방색의 방위와 색의 연결이 옳은 것은?

① 서쪽 – 청색
② 동쪽 – 백색
③ 북쪽 – 적색
④ 중앙 – 황색

91 다음 중 색명법의 분류가 다른 색 하나는?

① 분홍빛 하양
② Yellowish Brown
③ Vivid Red
④ 베이지 그레이

92 배색된 색을 면적비에 따라서 회전 원판 위에 놓고 회전혼색 할 때 나타나는 색을 밸런스 포인트라고 하고 이 색에 의하여 배색의 심리적 효과가 결정된다고 한 사람은?

① 쉐브럴
② 문 · 스펜서
③ 오스트발트
④ 파버 비렌

93 다음 중 색체계의 설명이 틀린 것은?

① Pantone : 실용성과 시대의 필요에 따라 제작되었기 때문에 개개 색편이 색의 기본 속성에 따라 논리적인 순서로 배열되어 있지 않다.
② NCS : 스웨덴, 노르웨이, 스페인의 국가표준색 제정에 기여한 색체계이다.
③ DIN : 색상(T), 포화도(S), 암도(D)로 조직화하였으며 24개 색상으로 분할하여 오스트발트 색체계와 유사하다.
④ PCCS : 채도는 상대 채도치를 적용하여 지각적 등보성없이 상대 수치인 9단계로 모든 색을 구성하였다.

94 먼셀 색체계의 채도에 대한 설명 중 옳은 것은?

① 그레이 스케일이라고 한다.
② 먼셀 색입체에서 수직축에 해당한다.
③ 채도의 번호가 증가하면 점점 더 선명해진다.
④ Neutral의 약자를 사용하여 N1, N2 등으로 표기한다.

95 Pantone 색체계의 설명으로 틀린 것은?

① 미국 Pantone사의 자사 색표집이다.
② 지각적 등보성을 기초로 색표가 구성되었다.
③ 인쇄잉크를 조색하여 일정 비율로 혼합, 제작한 실용적인 색체계이다.
④ 인쇄업계, 컴퓨터그래픽, 의상디자인 등 산업분야에서 널리 사용되고 있다.

96 전통색명 중 적색계가 아닌 것은?

① 적토(赤土)
② 휴색(烋色)
③ 장단(長丹)
④ 치자색(梔子色)

97 쉐브럴(M. E. Chevreul)의 색채 조화론에 대한 설명이 틀린 것은?

① 색상환에 의한 정성적 색채 조화론이다.
② 여러 가지 색들 가운데 한 가지 색이 주조를 이루면 조화된다.
③ 두 색이 부조화일 때 그 사이에 흰색이나 검정을 더하면 조화된다.
④ 명도가 비슷한 인접색상을 동시에 배색하면 조화된다.

> 쉐브럴의 색채 조화론은 그의 저서 『색의 조화와 대비의 법칙』에서 색의 유사조화와 대비조화에 의한 쉐브럴의 색채 조화론에 대하여 색의 3속성에 근거를 두고 있다.

98 RAL 색체계 표기인 210 80 30에 대한 설명이 옳은 것은?

① 명도, 색상, 채도의 순으로 표기
② 색상, 명도, 채도의 순으로 표기
③ 채도, 색상, 명도의 순으로 표기
④ 색상, 채도, 명도의 순으로 표기

> **RAL 색체계**
> RAL 색체계는 독일의 중공업계에서 주로 사용되는 표준 색상 모음집으로 색체계 표기는 색상, 명도, 채도의 순으로 표기한다.

99 NCS 색체계에서 색상은 R30B일 때 그림의 뉘앙스(Nuance)에 표기된 점의 위치에 해당하는 NCS 표기 방법으로 옳은 것은?

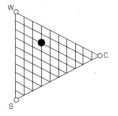

① S 2030-R30B　　② S 3020-R30B
③ S 8030-R30B　　④ S 3080-R30B

> **NCS 색체계**
> NCS 표기법은 S는 제2집을 (Second Edition)을 표기하고, 2030은 검정 기미 20%와 순색 기미 30%를 나타낸다. R30B는 색상을 나타낸다.

100 오스트발트 색채 조화론에 관한 설명 중 옳은 것은?

① 오스트발트는 "조화는 균형이다."라고 정의하였다.
② 오스트발트 색체계에서 무채색의 조화 예로는 a-e-i나 g-l-p이 있다.
③ 등가치계열 조화는 색입체에서 백색량과 검정량이 상이한 색으로 조합하는 것이다.
④ 동일색상에서 등흑계열의 색은 조화하며 예로는 na-ne-ni가 될 수 있다.

> **오스트발트 색채 조화론**
> ① 오스트발트는 '조화는 곧 질서와 같다.'라고 주장하였다.
> ③ 색입체에서 백색량과 흑색량이 같은 색으로 조합하는 것이다.
> ④ 등흑계열의 색은 조화하며 예로는 ge-le-pe가 되어야 한다.

정답 97 ① 98 ② 99 ① 100 ②

05회 기출문제

기사

1 제1과목 : 색채 심리 · 마케팅

01 색채와 공감각에 대한 설명으로 틀린 것은?

① 일반적으로 식욕을 돋우어 주는 색은 파랑, 보라 계열이다.
② 재료 및 표면처리 등에 의해 색채와 촉감의 감성적 메시지가 전달될 수 있다.
③ 색청은 어떤 소리를 듣게 되면 색이나 빛이 눈앞에 떠오르는 현상을 의미한다.
④ 공감각은 하나의 자극으로 인해 서로 다른 감각이 동시에 발생하는 것이다.

색의 공감각
일반적으로 빨강, 주황과 같은 난색 계열은 식욕을 돋우고 파랑과 같은 한색 계열은 식욕을 감퇴시킨다.

틀리기 쉬운 문제
02 색채 심리와 그 사례에 대한 설명으로 틀린 것은?

① 보색대비 – 초록색 상추 위에 붉은 음식을 올리니 음식 색깔이 더 붉고 먹음직하게 보였다.
② 면적효과 – 좁은 거실 벽에 어두운 회색 페인트를 칠하고 어두운 나무색 가구들을 배치했더니 더 넓어 보였다.
③ 중량감 – 크고 무거운 책에 밝고 연한 색으로 표지를 적용했더니 가벼워 보였다.
④ 경연감 – 가벼운 플라스틱 의자에 진한 청색을 칠했더니 견고하게 보였다.

색채 심리
면적 효과 – 좁은 거실 벽에 회색 페인트를 칠하고 어두운 나무색 가구들은 배치하면 거실이 더 좁아 보인다.

03 색채조사에 있어 설문지의 첫머리에는 어떤 내용이 들어가는 것이 좋은가?

① 성명, 주소, 직장
② 조사의 취지
③ 성별, 연령
④ 개인의 소득이나 종교

색채조사 설문지 첫머리
조사의 취지 및 안내 글을 설문지 첫머리에 배치하고 개인적인 신분을 나타내는 성별, 연령, 소득, 종교 등의 인구 사회학적 질문은 설문지 끝에 배치한다.

04 소비자 행동측면에서 살펴볼 때 국내기업이 라이선스 비용을 지불하면서도 외국기업의 유명 브랜드를 들여오는 가장 큰 이유는?

① 일반적으로 소비자들이 유명하지 않은 상표보다는 유명한 상표에 자신의 충성도를 이전시킬 가능성이 높기 때문
② 해외 브랜드는 소비자 마케팅이 수월하기 때문
③ 국내 브랜드에는 라이선스의 다양한 종류가 없기 때문
④ 외국 브랜드 이름에서 오는 이미지로 인해 소비자 행동이 이루어지기 때문

소비자 행동
국내기업이 라이선스 비용을 지불하면서도 외국기업의 유명 브랜드를 들여오는 가장 큰 이유는 소비자 유형 중 관습적 집단의 소비 패턴 때문이다. 일반적으로 소비자들이 유명하지 않은 상표보다 유명한 상표에 자신의 충성도를 이전시킬 가능성이 크다.

소비자 유형과 특징
• **관습적 집단** : 유명한 특정 상품에 대한 선호도가 매우 높아 반복적으로 구매하는 집단
• **감성적 집단** : 유행에 민감하여 개성이 강한 제품 구매도가 높은 집단으로 체면을 중시한다.
• **합리적 집단** : 구매 동기가 합리적인 집단
• **유동적 집단** : 충동 구매가 강한 집단
• **가격 중심 집단** : 가격이 저렴해야 구매하는 집단
• **신소비 집단** : 젊은 층이 속하는 뚜렷한 구매 형태가 없는 집단

정답 01 ① 02 ② 03 ② 04 ①

05 색채 선호도에 관한 설명 중 틀린 것은?

① 색채 선호도는 주로 SD법을 활용하여 조사한다.
② 색채 선호도는 개인차가 있다.
③ 색채 선호도 조사에서 성별에 따른 차이는 크지 않다.
④ 특정문화에서 선호되는 색채는 마케팅에 활용될 수 있다.

색채 선호도
색채 선호도는 성별뿐만 아니라 연령, 지역, 소득, 문화, 지적 수준 등에 따라 차이가 있다.

06 제품 수명 주기에 따른 제품의 색채계획에 대한 설명이 옳은 것은?

① 도입기에는 시장저항이 강하고 소비자들이 시험적으로 사용하는 시기이므로 제품의 의미론적 해결을 위한 다양한 색채로 호기심을 유도하는 것이 좋다.
② 성장기에는 기술개발이 경쟁적으로 나타나는 시기이므로 기능주의적 성격이 드러나는 무채색을 사용하는 것이 좋다.
③ 성숙기에는 기능주의에서 표현주의로 이동하는 시기이므로 세분화된 시장에 맞는 색채의 세분화와 다양화가 이루어져야 한다.
④ 쇠퇴기는 더 이상 기술개발이 이루어지지 않으므로 화려한 색채를 사용하여 주의를 환기하는 것이 좋다.

제품수명주기
• **도입기** : 제품을 알리기와 혁신적인 설득(광고, 홍보, 상품화)
• **성장기** : 브랜드의 우수성을 알리고 대형시장에 침투(색채 다양화, 유사제품 등장, 생산 비용 증가, 매출 증대)
• **성숙기** : 제품의 리포지셔닝, 브랜드 차별화(오랜 기간 지속, 마케팅 문제, 치열한 경쟁, 수익 하강시작, 새로운 전략 필요)
• **쇠퇴기** : 제품이 사라지는 시기(새로운 색채 이미지 모색)
성숙기에는 치열한 경쟁 속에 세분화된 시장에 맞는 색채의 세분화와 다양화 및 새로운 전략이 필요한 시기이다.

07 고채도 난색의 특성에 대한 설명으로 틀린 것은?

① 동적임　　　　② 무거움
③ 가까움　　　　④ 유목성이 높음

색채 심리
고채도 난색의 특성은 따뜻하고 활동적이며 흥분시키는 색이다.

08 색채의 기능적 역할과 활용에 대한 설명으로 틀린 것은?

① 물리적, 화학적 온도감을 조절한다.
② 기분이나 감정 상태를 조절하는 데 도움을 준다.
③ 기능이나 목적을 알기 쉽게 한다.
④ 비상구의 표시나 도로의 방향 표시 등 순서, 방향을 효과적으로 유도한다.

색채의 기능
색채의 심리적, 생리적, 물리적인 효과를 응용하여 활용하는 것이다.

09 기업이 표적시장을 대상으로 원하는 결과를 얻을 수 있도록 활용하는 총체적인 마케팅 수단은?

① 표적 마케팅
② 시장 세분화
③ 마케팅 믹스
④ 제품 포지셔닝

마케팅 믹스
기업이 표적 시장을 대상으로 원하는 결과를 얻을 수 있도록 활용하는 총체적인 마케팅 수단이다.(마케팅 4대 요소 : 제품, 유통, 가격, 촉진)

틀리기 쉬운 문제
10 색채와 후각의 관계에 대한 설명이 틀린 것은?

① 가볍고 은은한 느낌의 향기를 경험하기 위한 제품에는 빨강이나 검정 포장을 사용한다.
② 시원한 향, 달콤한 향으로 구분되는 향의 감각은 특정 색채로 연상될 수 있다.
③ 신선한 느낌의 향기는 주로 파랑, 청록, 초록계열에서 경험할 수 있다.
④ 꽃향기(Floral)는 자주, 빨강, 보라색 계열에서 경험할 수 있다.

색의 공감각
색채와 후각에서 가볍고 은은한 느낌의 향기를 경험하기 위한 제품에는 고명도의 포장을 사용해야 한다.

11 색채 마케팅 중 제품 포지셔닝(Positioning)에 대한 설명 중 틀린 것은?

① 소비자들은 특정 제품의 포지셔닝을 이해하면 구매를 망설이게 된다.
② 경쟁적인 우위를 확보할 수 있는 적절한 이점을 선정한다.
③ 자사의 포지셔닝 콘셉트를 효과적으로 실행하여야 한다.
④ 모든 잠재적인 경쟁적 이점을 확인한다.

제품 포지셔닝
소비자들은 특정 제품의 포지셔닝을 이해하면 구매로 이어진다. 시장에서 소비자 마음속에(심리상) 제품의 위치가 경쟁제품보다 유리한 위치(포지셔닝) 선점으로 경쟁 상품과 차별화, 자사 기업 이미지 각인 등 구매로 연결되도록 한다.

12 색채의 심리적 의미 대응이 옳은 것은?

① 난색 – 냉담   ② 한색 – 진정
③ 난색 – 침착   ④ 한색 – 활동

색채 심리
난색은 활동적이고 흥분감을 주며 한색은 차분함과 안정감을 준다.

틀리기 쉬운 문제
13 한 나라를 상징하는 국기는 그 나라의 풍토, 역사, 지리, 문화 등을 반영한다. 다음의 국기에 관한 설명 중 옳은 것은?

① 태극기의 흰색은 단일민족의 순수함과 깨끗함, 파란색과 빨간색은 분단된 민족의 통일에 대한 염원을 의미한다.
② 각 국의 국기에서 대표적으로 사용되는 색 중 검정색은 고난, 의지, 역사의 암흑시대 등을 의미한다.
③ 독일, 오스트리아, 이탈리아, 프랑스 등은 3가지 색을 가로 또는 세로로 배열해 놓은 비콜로 배색을 국기에 사용한다.
④ 각국의 국기가 상징하는 색 중 빨간색은 독립을 위한 조상의 피, 번영, 국부, 희망, 자유, 아름다움, 정열 등을 의미한다.

국기의 상징색
국기의 색채는 국제 언어로 인지되는 색채이다.
• 빨강 : 혁명, 유혈, 용기
• 파랑 : 평등, 자유
• 노랑 : 광물, 금, 비옥
• 검정 : 주권, 대지, 근면
• 흰색 : 결백, 순결

14 마케팅의 핵심 개념에 해당하지 않은 것은?

① 욕구   ② 시장
③ 제품   ④ 지위

마케팅 핵심 개념과 순환고리
욕구 → 필요 → 수요 → 제품 → 교환 → 거래 → 시장
마케팅이란 산업 제품이 생산자로부터 소비자까지 전달되는 모든 과정과 관련된다. 조직이나 개인이 목적을 이루기 위해 교환하기 위한 시장 형성을 하여 상품 또는 서비스를 소비자에게 유통하는 데 관련된 모든 활동과 과정을 말한다.

15 다음 중 주로 사용되는 색채 조사방법이 아닌 것은?

① 개별 면접조사
② 전화 조사
③ 우편 조사
④ 집락표본추출법

색채 시장 조사 방법
• 설문 조사 방법 : 집락표본추출법은 색채 정보 수집방법 중 표본조사 방법에 속한다.
• 개별 면접 조사 : 응답자를 직접 방문하여 조사하는 방법으로 심층적이고 복잡한 정보의 수집이 가능하며 조사자와 응답자 간의 관계 형성이 쉽다. 그러나 조사 비용과 시간이 많이 소요되고 조사원의 선발과 관리 부담이 크다.
• 전화 조사 : 즉각적인 응답 반응을 파악할 수 있고 비용이 적게 들지만 표본의 대표성과 확실성이 부족하고 조사 시간이 제약되기 때문에 복잡하거나 어려운 질문은 조사가 어렵다.
• 우편 조사 : 비용이 적게 들고 최소 인원으로 조사할 수 있지만 회수율과 신뢰성이 떨어지고 복잡한 질문 조사는 불가하다.

16 소비자 구매에 대한 설명 중 틀린 것은?

① 구매는 일종의 의사결정 과정이다.
② 구매의사결정 과정은 누구나 동일하다.
③ 구매결정과정은 그 합리성 여부에 따라 합리적 과정과 비합리적 과정으로 나뉜다.
④ 구매결정은 평가의 결과 최선책을 선택하는 것이 일반적이나 반드시 구매와 연관되는 것은 아니다.

소비자 구매 의사결정
구매 의사결정 과정은 누구나 동일하지 않다. 나이, 성별, 교육수준, 직업, 기호, 소득, 제품 구매 여부, 사용 경험 등에 따라 다르다.
순서 : 문제 인식 → 정보탐색 → 대안 평가 및 선택 → 구매 의사결정 → 구매 후 평가

정답 05 ③ 06 ③ 07 ② 08 ① 09 ③ 10 ① 11 ① 12 ② 13 ② 14 ④ 15 ④ 16 ②

17 색채 마케팅에 대한 설명으로 옳지 않은 것은?

① 대중이 특정 색채를 좋아하도록 유도하여 브랜드 또는 제품의 가치를 높이는 것
② 색채의 이미지나 연상 작용을 브랜드와 결합하여 소비를 유도하는 것
③ 생산 단계에서 색채를 핵심 요소로 하여 제품을 개발하는 것
④ 새로운 컬러를 제안하거나 유행색을 창조해나가는 총체적인 활동

색채 마케팅
• 대중이 특정 색채를 좋아하도록 유도하여 브랜드 또는 제품의 가치를 높이는 것
• 색채의 이미지나 연상 작용을 브랜드와 결합하여 소비를 유도하는 것
• 새로운 컬러를 제안하거나 유행색을 창조해 나가는 총체적인 활동

18 색채 정보수집 설문지 조사를 위한 조사자 사전교육에 관한 내용과 가장 거리가 먼 것은?

① 조사의 취지와 표본 선정 방법에 대한 이해
② 조사자료 분석 연구에 대한 이해
③ 면접과정의 지침
④ 참가자의 응답에 영향을 주지 않도록 중립적이고 객관적인 태도 유지

설문지 조사자 사전교육
• 조사의 취지와 표본 선정 방법에 대한 이해
• 면접 과정의 지침
• 참가자의 응답에 영향을 주지 않도록 중립적이고 객관적인 태도 유지
• 특수상황에 대한 대응방침

19 소비자 행동의 기본원칙에 대한 설명 중 틀린 것은?

① 소비자는 자주적이라 제품이나 서비스도 소비자의 욕구, 라이프 스타일과의 관련 정도에 따라 받아들이거나 거부한다.
② 소비자 행동에 영향을 미치는 내적 동기나 사회적 영향 요인 등은 예측할 수가 없다.
③ 소비자의 욕구에 맞추어 제품이나 서비스를 설계하면 소비자 행동에 영향을 줄 수 있다.
④ 기업은 부적절한 방법으로 소비자에 대한 영향력을 행사해서는 안 된다.

소비자 행동 기본원칙
소비자 행동에 영향을 미치는 내적 동기나 사회적 영향 요인 등은 예측할 수 있다.
• **문화적 요인** : 행동 양식, 생활습관, 종교, 인종, 지역
• **사회적 요인** : 가족, 준거집단
• **심리적 요인** : 동기, 지각, 학습, 동기유발, 신념, 태도
• **개인적 요인** : 나이, 생활주기, 직업, 경제적 상황, 개성, 성격, 자아개념

20 시장세분화의 기준이 틀린 것은?

① 지리적 속성 - 지역, 인구밀도, 기후
② 심리 분석적 속성 - 상표 충성도, 구매동기
③ 인구 통계적 속성 - 성별, 연령, 국적
④ 행동 분석적 속성 - 사용량, 사용장소, 사용시기

시장 세분화 기준
• **심리 분석적 변수** : 라이프스타일의 개성, 태도, 취미
• **행동 분석적 변수** : 상표 충성도, 구매 동기, 가격 민감도, 사용 경험, 사용량
• **지리적 변수** : 지역, 도시 크기, 인구밀도
• **인구 통계적 변수** : 연령, 성별, 직업, 소득
• **사회 · 문화적 변수** : 문화, 종교, 사회계층

---

2 제2과목 : 색채 디자인

21 빅터 파파넥이 규정지은 복합기능에 속하지 않는 것은?

① 방법　　　　　② 형태
③ 미학　　　　　④ 용도

빅터 파파넥 복합기능
빅터 파파넥은 디자인의 목적을 심미성과 기능성을 통합하여 복합기능 6가지 요소에 연결해 해석하였다.
• **방법(Method)** : 재료, 도구, 공정과정의 상호작용을 말한다.
• **용도(Use)** : 도구의 용도에 맞도록 사용해야 한다.
• **필요성(Need)** : 일시적인 유행보다는 경제적, 심리적, 정신적, 기술적, 지적 요구가 복합된 디자인이 필요하다.
• **텔레시스(Telesis)** : 특수한 목적을 달성하기 위해 자연과 사회의 변천 작용에 대하여 계획적이고 의도적인 실용화가 필요하다.
• **연상(Association)** : 인간이 지닌 충동과 욕망에 관계되고 불확실한 예상에 의해 가치가 결정된다.
• **미학(Aesthetics)** : 디자인의 역할 중 가장 중요한 부분으로서 형태나 색채를 아름답게 실체화하고 흥미롭고 기쁘게 하며 감동이 있는 실체여야 한다.

22 그리스어인 rheo(흐르다)에서 나온 말로, 유사한 요소가 반복 배열되어 연속할 때 생겨나는 것으로서 음악, 무용, 영화 등의 예술에서도 중요한 원리가 되는 것은?

① 균형　　　　　② 리듬
③ 강조　　　　　④ 조화

리듬
리듬은 그리스어인 rheo(흐르다)에서 나온 말로 유사한 요소가 반복 배열되어 연속할 때 생겨나며 음악, 무용, 영화 등의 예술에서도 중요한 원리가 된다. 즉, 공통요소가 연속되어 만들어지는 율동감을 말하며 반복, 방사, 점이 등으로 나뉜다.

23 인터랙티브 아트(Interactive Art)의 특성으로 가장 옳은 것은?

① 정보를 한 방향이 아닌 상호작용으로 주고받는 것
② 컴퓨터가 만드는 가상세계 또는 그 기술을 지칭하는 것
③ 문자, 그래픽, 사운드, 애니메이션과 비디오를 결합한 것
④ 그래픽에 시간의 축을 더한 것으로 연속적으로 움직이는 것과 같은 이미지를 제작하는 것

> **인터렉티브 아트(Interactive Art)**
> 정보를 한 방향에서가 아닌 상호작용으로 주고받는 것을 말한다.

24 그림과 관련한 게슈탈트 이론은?

① 근접성(Proximity)　② 유사성(Similarity)
③ 폐쇄성(Enclosure)　④ 연속성(Continuity)

> **게슈탈트 이론(폐쇄성)**
> • **폐쇄성** : 기존의 지식을 토대로 완성되지 않은 형태도 완성하여 인지한다는 법칙이다.
> • **근접성** : 가까이 있는 시각요소들을 하나의 패턴 혹은 그룹으로 인지한다는 법칙이다.
> • **유사성** : 형태, 규모, 색채, 질감 등이 유사한 시각적 요소들을 한데 묶어 인지한다는 법칙이다.
> • **연속성** : 배열이나 같은 방향성을 가진 어떤 형상이 하나로 인지된다는 법칙이다. 공동운명의 법칙이라고도 한다.

25 보기에서 설명하는 디자인 사조는?

> 인상주의의 영향을 받아 부드러운 색조가 지배적이었으며 원색을 피하고 섬세한 곡선과 유기적인 형태로 장식미를 강조

① 다다이즘　　　　② 아르누보
③ 포스트모더니즘　④ 아르데코

> **아르누보**
> 아르누보는 새로운 예술로 정의된다. 1890년부터 1910년까지 부드럽고 유연한 곡선을 떠올리는 심미주의적인 장식 미술이다. 부드러운 색조가 지배적이었으며 원색을 피하고 섬세한 자연의 유기적 형태인 식물이나 덩굴의 문양을 모티브로 건축의 외관이나 가구, 조명, 실내장식, 회화, 포스터 등을 형태로 장식할 때 사용되었던 양식이다.

26 제품의 색채계획 중 기획단계에서 해야 할 것이 아닌 것은?

① 주조색, 보조색 결정
② 시장과 소비자조사
③ 색채 정보 분석
④ 제품기획

> **제품 색채계획(기획단계)**
> 제품 색채계획 프로세스는 기획 → 디자인 → 생산으로 나뉘는데, 주조색, 보조색 결정은 디자인 단계에 해당한다.
> • **기획** : 소비자 조사, 시장 조사, 색채분석 및 색채계획서 작성
> • **디자인** : 이미지 방향 설정, 주조색 · 보조색 · 강조색 결정, 소재 및 재질 결정, 제품 계열별 분류 및 체계화 단계
> • **생산** : 시제품 제작, 생산, 평가(품평회), 홍보

27 포스트모더니즘 디자인 양식의 특징이 아닌 것은?

① 이전까지는 금기시한 다양한 사고와 소재를 사용하였다.
② 문화적 다양성의 가치를 인정하였다.
③ 화려한 색상과 장식을 볼 수 있다.
④ 미술과 디자인의 구별을 확실히 하였다.

> **포스트모더니즘**
> 탈(脫)모더니즘이란 뜻으로 모더니즘에 반하여 기능주의를 반대한 20세기 후반에 일어난 정서적, 유희적 본성을 중시한 디자인 사조이다. 다양성을 추구하고 개성과 자율성을 중시하여 단순함을 강조했던 모더니즘을 강하게 비판했으며 역사와 전통의 중요성을 재인식하고 적극적으로 도입하여 과거로의 복귀를 새롭게 추구하였다.

28 환경오염 문제와 관련하여 생태학적인 건강을 유지하며, 환경에 피해를 주지 않는 디자인을 뜻하는 것은?

① 그린(Green) 디자인
② 퍼블릭(Public) 디자인
③ 유니버설(Universal) 디자인
④ 유비쿼터스(Ubiquitous) 디자인

> **그린디자인**
> 자연과의 공생 및 상생의 측면에서 생태학적으로 건강하고 유기적으로 통합되는 인간 환경 구축과 인간과 자연이 함께 조화로운 디자인 인 에코(그린) 디자인은 친자연성을 바탕으로 한다.

29 르 꼬르뷔제의 이론과 그의 사상에서 가장 중요시한 것은?

① 미의 추구와 이론의 바탕을 치수에 관한 모듈(Module)에 두었다.
② 근대 기술의 긍정적인 면을 받아들이고, 개성적인 공예가 되어야 한다고 주장하였다.
③ 새로운 건축술의 확립과 교육에 전념하여 근대적인 건축공간의 원리를 세웠다.
④ 사진을 이용한 방법으로 새로운 조형의 표현 수단을 제시하였다.

르 꼬르뷔제의 이론과 사상
르 꼬르뷔제는 인간을 위한 건축으로 유명한 스위스 출신의 프랑스 건축가이다. "주택은 인간이 들어가서 살기 위한 기계이다."라고 주장한 모더니즘의 대표작으로 현대 건축의 위대한 거장이다. 합리적인 형태를 추구하였으며 미의 추구와 이론의 바탕을 치수에 관한 모듈에 두어 혁신적이면서 합리적인 설계로 시대를 앞서 나간 인물이다.

틀리기 쉬운 문제
30 시대와 패션 색채의 변천이 바르게 연결된 것은?

① 1900년대는 밝고 선명한 색조의 오렌지, 노랑, 청록이 주조를 이루었다.
② 1910년대는 흑색, 원색과 금속의 광택이 등장하였다.
③ 1920년대는 연한 파스텔 색조가 유행했다.
④ 1930년대 중반부터는 녹청색, 뷰 로즈, 커피색 등이 사용되었다.

패션 색채의 변천
• 1900년대 : 아르누보 영향으로 부드럽고 연한 파스텔 색조가 유행했다.
• 1910년대 : 오리엔탈리즘의 영향을 받아 밝고 선명한 색조의 오렌지, 노랑, 청록이 주조를 이루었다.
• 1920년대 : 인공합성염료의 발달로 인공적인 색, 특히 아르데코의 경향과 함께 흑색, 원색, 금속의 광택이 등장하였다.
• 1930년대 : 어려운 경제 상황을 반영하듯 중반부터 녹청색, 뷰 로즈, 커피색 등이 사용되었다.

31 화학실험실에서 사용하는 가스 종류에 따라 용기의 색을 다르게 사용하는 것과 관련된 색채원리는?

① 색의 현시   ② 색의 상징
③ 색의 혼합   ④ 색의 대비

색의 상징
하나의 색이 특정한 형상이나 뜻으로 상징하는 것을 말한다. 제품의 이미지, 기업의 이미지 등을 효과적으로 나타내는 수단이다.

32 1980년대 영국에서 일어난 미술공예운동의 대표인물은?

① 발터 그로피우스   ② 헤르만 무지테우스
③ 요하네스 이텐   ④ 윌리엄 모리스

윌리엄 모리스(미술공예운동)
윌리엄 모리스는 영국의 공예가이자 19세기 말 1980년대 미술공예운동을 주도한 인물이다. 그의 스승인 러스킨의 사상을 이어받아 예술의 민주화와 예술의 생활화를 주장해 근대 디자인의 이념적 기초를 마련하였고 산업혁명에 의한 기계생산, 대량화, 분업화에 따른 생산품의 질적 하락, 인간 노동의 소외에 저항하며 수공예를 수준 높은 예술로 여기며 사회개혁 운동을 펼친 인물이다.

33 두 개체 간의 사용 편의성에 초점을 맞춘 커뮤니케이션에 중요한 역할을 하는 디자인 분야는?

① 어드밴스(Advanced) 디자인
② 오가닉(Organic) 디자인
③ 인터페이스(Interface) 디자인
④ 얼터너티브(Alternative) 디자인

인터페이스 디자인
사용자와 디지털 기기(컴퓨터) 사이에서 효과적으로 커뮤니케이션 할 수 있도록 디자인하는 분야이다. 따라서 사용자가 컴퓨터 프로그램을 효과적으로 다룰 수 있도록 툴의 모양을 디자인하고, 사용자가 정보를 빠르고 정확하게 파악하고 이해할 수 있도록 하는 것이 중요하다.

34 미용디자인과 색채에 대한 설명 중 틀린 것은?

① 미용디자인은 개인의 미적 요구를 만족시키고, 보건위생상 안전해야 하며 유행을 고려해야 한다.
② 미용디자인의 범위는 일반적으로 헤어스타일, 메이크업, 네일케어, 스킨케어 등이다.
③ 외적 표현수단으로서의 퍼스널 컬러(Personal Color)는 매우 중요한 미용디자인의 한 부분이다.
④ 미용디자인의 소재는 인체 일부분으로 색채효과는 개인차 없이 항상 동일하게 나타난다는 것을 감안해야 한다.

미용디자인과 색채
미용디자인의 소재는 인체 일부분이지만 색채효과는 개개인의 신체특성인 퍼스널 컬러를 고려하여 개인마다 어울리게 나타내야 한다.
• 개인의 미적 요구를 만족시키고 보건 위생상 안전해야 하며 유행을 고려해야 한다.
• 미용디자인의 범주에 일반적으로 헤어스타일, 메이크업, 네일케어, 스킨케어 등이 포함된다.
• 외적 표현수단으로서의 퍼스널 컬러는 매우 중요한 미용디자인의 한 부분이다.
• 사회활동에 도움이 될 수 있도록 T(Time) P(Place) O(Occasion)를 고려한다.

35 디자인 사조와 관련된 작가 또는 작품과의 연결이 틀린 것은?

① 아르누보 – 빅토르 오르타(Victor Horta)

② 데스틸 – 적청(Red and Blue) 의자

③ 큐비즘 – 파블로 피카소(Pablo Picasso)

④ 아르데코 – 구겐하임(Guggenheim) 박물관

> **디자인 사조와 관련된 작가, 작품**
> 구겐하임 미술관은 포스트모더니즘을 대표하는 건축물이다.
> • **아르누보** : 빅토르 오르타, 안토니오 가우디(사그라다 파밀리아 교회, 구엘 공원)
> • **데스틸** : 적청 의자, 몬드리안
> • **큐비즘** : 파블로 피카소
> • **아르데코** : 폴로, 르그랑, 카상드르

36 TV 광고 매체의 특성이 아닌 것은?

① 소구력이 강하며 즉효성이 있으나 오락적으로 흐를 수 있다.

② 화면과 시간상 충분한 설명이 가능하다.

③ 반복효과가 크나 총체적 비용이 많이 든다.

④ 메시지의 반복이나 집중공략이 가능하다.

> **TV 광고매체 특성**
> • 화면과 시간상 충분한 설명이 불가능하다.
> • 소구력이 강하며 즉효성이 있으나 오락적으로 흐를 수 있다.
> • 반복효과가 크나 총체적 비용이 많이 든다.
> • 메시지의 반복이나 집중공략이 가능하다.

37 그림에서 큰 원에 둘러싸인 중심의 원과 작은 원에 둘러싸인 중심의 원이 동일한 크기이지만 다르게 보이는 이유는?

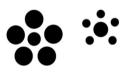

① 길이의 착시   ② 형태의 착시

③ 방향의 착시   ④ 크기의 착시

> **크기의 착시**
> 착시란 어떤 대상을 실제와 다르게 인지하는 시각적 착각을 말한다. 예시로는 길이의 착시, 면적과 크기의 착시, 각도 방향의 착시, 거리의 착시, 바탕과 도형의 착시, 분할의 착시, 대비의 착시, 기하학적 착시, 원근의 착시, 속도의 착시 등이 있다.

38 다음의 두 가지가 대비의 개념을 갖지 않는 것은?

① 직선 – 곡선

② 청색 – 녹색

③ 투명 – 불투명

④ 두꺼움 – 얇음

> **대비**
> 청색 – 녹색은 대비의 개념이 아닌 유사의 개념으로 볼 수 있다.

39 디자인에 있어 심미성에 관한 설명으로 옳은 것은?

① 디자인의 목적에 합당한 수단으로 디자인을 성취하였는가에 관한 기준이다.

② 디자인이 사회적 차원에서 이루어질 때 디자인의 개념화와 제작과정 수준을 평가하는 기준이다.

③ 디자인에 기대되는 물리적 기능을 잘 수행하는가를 평가하는 항목이다.

④ 디자인에서 드러나는 스타일(양식), 유행, 민족성, 시대성, 개성 등이 복합적으로 반영된 내용이라고 할 수 있다.

> **심미성**
> 디자인에서 드러나는 스타일, 유행, 민족성, 시대성, 개성 등이 복합적으로 반영된 내용이다. 심미성은 합목적성과 대립하는 개념으로 아름다움을 느끼는 주관적인 미적 의식이다.

40 다음 중 색채계획에 사용되는 방법이 아닌 것은?

① 소비자 색채 설문조사

② 시네틱스법

③ 소비자 제품 이미지 조사

④ 이미지 스케일

> **시네틱스법**
> 시네틱스법은 색채계획에 사용되는 방법이 아닌 시네틱스 사 창립자 W. 고든이 개발한 아이디어 발상법 중 하나이다. 서로 관련 없어 보이는 것을 결부하여 새로운 아이디어 힌트를 얻는 방법으로 보는 관점을 완전히 다르게 하여 연상되는 것과 관련성을 찾아 아이디어를 떠올린다.

41 무기안료의 색별 연결로 잘못 짝지어진 것은?

① 백색 안료 : 산화아연, 산화티탄, 연백

② 녹색 안료 : 벵갈라, 버밀리온

③ 청색 안료 : 프러시안 블루, 코발트청

④ 황색 안료 : 황연, 황토, 카드뮴옐로

무기안료의 색
녹색 안료는 에메랄드녹, 산화크로뮴녹이며 적색 안료에 벵갈라, 버밀리온이 속한다.

무기안료	유기안료
• 불투명하다. • 천연무기안료와 합성무기안료로 구분된다. • 색채가 선명하지 않다. • 내광성, 내열성이 우수하다. • 은폐력이 좋고 빛과 열에 쉽게 변색되지 않는다. • 무기안료 색재료는 도료, 회화용 크레용, 인쇄잉크, 고무, 건축재료 등이 있다.	• 유기 화합물을 주제로 하는 안료를 총칭한다. • 물에 녹지 않는 금속 화합물 형태의 레이크 안료와 물에 녹지 않는 염료를 그대로 사용한 색소 안료로 크게 구별된다. • 인쇄, 잉크, 도료, 플라스틱 착색 등의 용도로 사용된다.

42 다음 중 ICC 컬러 프로파일이 담고 있는 정보로 가장 거리가 먼 것은?

① 다이내믹 레인지

② 색역

③ 색차

④ 톤응답특성

ICC 컬러 프로파일 정보
색 입력, 출력 장치의 특성을 구현하는 데이터의 집합으로, 다이나믹 레인지, 색역, 톤응답특성 등의 정보를 담고 있어 디지털 색채 영상 장비의 색채 구현 성능과 방법이 다양하고, 색채 구현의 혼선을 조정하여 컬러 관리가 가능하다.

43 색채 측정기에 대한 설명으로 옳은 것은?

① 색채계는 분광 반사율을 측정하는 데 사용한다.

② 분광 복사계는 장비 내부에 광원을 포함해야 한다.

③ 분광기는 회절격자, 프리즘, 간섭 필터 등을 사용한다.

④ 45°:0° 방식을 사용하는 색채 측정기는 적분구를 사용한다.

색채 측정기
• 색채관리를 보다 객관적이고 과학적으로 하기 위함이다.
• 크게 필터식 색채계와 분광식 색채계 두 가지 종류로 나뉜다.
• 색채 측정값은 조명의 각도와 수광방식에 따라 다르다.

44 색료가 선택되면 배합하여 조색할 수 있는 색채의 범위가 정해진다. 색영역은 이론적인 것으로부터 현실적인 단계로 내려올수록 점점 축소되는데, 다음 중 색영역을 축소시키는 것과 가장 관련이 적은 것은?

① 주어진 명도에서 가능한 색영역

② 표면반사에 의한 어두운 색의 한계

③ 경제성에 의한 한계

④ 시간경과에 따른 탈색현상

색영역을 축소시키는 것
• 주어진 명도에서 가능한 색영역
• 표면반사에 의한 어두운 색의 한계
• 경제성에 의한 한계

45 색채관리에 대한 설명으로 틀린 것은?

① 색채관리의 범위는 측정, 표준정량화, 기록, 전달, 보관, 재현, 생산효율화를 목적으로 하는 전 과정이다.

② 기록단계에서는 수치적 적용으로 색채가 감성이 아닌 양적측정이 되므로 다수의 측정으로 인한 정확성을 기해야 한다.

③ 보관단계는 색채샘플 및 표준품을 보관하는 단계로 실제 제품의 색채를 유지하기 위한 단계이다.

④ 생산단계는 색채를 수치가 아닌 실제 소재를 이용하여 기준색을 조밀하게 조색하는 단계로 색채의 오차 측정 허용치 결정 등 다수의 과학적인 과정이 수반된다.

색채관리
• 색채관리의 범위는 측정, 표준 정량화, 기록, 전달, 보관, 재현, 생산 효율화를 목적으로 하는 전 과정이다.
• 기록단계에서는 수치적 적용으로 색채가 감성이 아닌 양적 측정이 되므로 다수의 측정으로 인한 정확성을 기해야 한다.
• 보관단계는 색채샘플 및 표준품을 보관하는 단계로 실제 제품의 색채를 유지하기 위한 단계이다.

46 인공주광 D50을 이용한 부스에서의 색 비교와 관련한 설명으로 잘못된 것은?

① 인쇄물, 사진 등의 표면색을 비교하는 경우 사용한다.

② 주광 D50과 상대분광 분포에 근사하는 상용광원 D50을 사용한다.

③ 상용광원 D50의 성능 평가 시 연색성 평가에는 주광 D65를 사용한다.

④ 자외부의 복사에 의해 생기는 형광을 포함하지 않는 표면색을 비교하는 경우 상용광원 D50은 형광 조건 등 등색지수 MI_{uv}의 성능수준을 충족시키지 않아도 된다.

인공주광 D50을 이용한 부스에서의 색 비교
연색성이란 동일한 물체라도 조명의 분광 분포가 달라지면 물체가 다른 색을 띠게 되는 것을 말한다. 연색성 평가 시 인공 광원이 기준광과 얼마나 비슷하게 물체의 색을 보여주는가를 평가하게 되는데 상용광원 D50의 성능 평가 시 연색성 평가에는 주광 D65를 사용할 수 없다. 또한, 상용광원 D50은 특수 연색 평가수 85 이상의 성능을 충족시켜야 한다.

47 광원색의 측정 시 사용하는 주사형 분광복사계에 대한 설명으로 가장 거리가 먼 것은?

① 분광복사조도, 분광복사선속, 분광복사휘도 등과 같은 분광복사량의 측정을 위해 만들어진 측정기기이다.

② 입력광학계, 주사형 단색화장치, 광검출기와 신호처리 및 디지털 기록장치 등으로 구성되어 있다.

③ 회절격자를 사용하는 경우 고차회절에 의한 떠돌이광을 제거하기 위해 고차회절광을 차단할 수단이 마련되어 있어야 한다.

④ CCD 이미지 센서, CMOS 이미지 센서를 주요 광검출기로 사용한다.

주사형 분광복사계
· 분광복사조도, 분광복사선속, 분광복사휘도 등과 같은 분광복사량의 측정을 위해 만들어진 측정기기이다.
· 입력광학계, 주사형 단색화장치, 광검출기와 신호처리 및 디지털 기록장치 등으로 구성되어 있다.
· 회절격자를 사용하는 경우 고차회절에 의한 떠돌이광을 제거하기 위해 고차회절광을 차단할 수단이 마련되어 있어야 한다.

48 다음의 설명에 해당하는 것으로 가장 알맞은 것은?

> – 컴퓨터로 색을 섞고 교정하는 과정
> – Quality Control 부분과 Formulation 부분으로 구성
> – 색체계는 CIE LAB 좌표를 이용하는 것이 유리함

① CMM   ② QCF

③ CCM   ④ LAB

CCM
CCM은 컴퓨터를 이용하여 색을 자동 배색하는 장치이다. 분광 반사율을 기준색과 일치시켜서 광원 변동과 관계없이 무조건 등색(아이소머리즘)이 가능하다. 육안 조색과는 달리 초기 레시피 예측 및 추천을 할 수 있고 레시피 수정 제안, 예측 알고리즘의 보정 계수 계산이 가능하여 육안 조색보다 훨씬 경제적인 장점이 있다.

49 다음 중 물체의 색을 가장 정확하게 계산할 수 있는 것은?

① 물체의 시감 반사율

② 물체의 분광 파장폭

③ 물체의 분광 반사율

④ 물체의 시감 투과율

물체의 분광 반사율
물체의 색을 가장 정확하게 계산할 수 있는 것은 분광 반사율이다. 물체색은 표면에서 반사되는 빛의 파장별 분광 분포에 따라 여러 가지 색으로 정의된다.

50 기준색의 CIE LAB 좌표가 (58, 30, 0)이고, 샘플색의 좌표는 (50, 20, −10)이다. 샘플색은 기준색에 비하여 어떠한가?

① 기준색보다 약간 밝다.

② 기준색보다 붉은기를 더 띤다.

③ 기준색보다 노란기를 더 띤다.

④ 기준색보다 청록기를 더 띤다.

CIE LAB
L* : 명도값이며 100에 가까울수록 하양, 0에 가까울수록 검은색으로 표현된다.
a* : +방향은 Red, −방향은 Green을 나타낸다.
b* : +방향은 Yellow, −방향은 Blue를 나타낸다.
따라서 정답은 기준색보다 약간 어둡고 청록기를 더 띤다.

51 채널당 10 비트 RGB 모니터의 경우 구현할 수 있는 최대색은?

① $256 \times 256 \times 256$

② $128 \times 128 \times 128$

③ $1024 \times 1024 \times 1024$

④ $512 \times 512 \times 512$

10비트 RGB 모니터 구현 최대색
채널당 10비트 RGB 모니터의 경우 구현할 수 있는 최대색은 $2^{10} \times 2^{10} \times 2^{10}$ 즉, $1024 \times 1024 \times 1024$이다.

52 CCM의 기본 원리에 대하여 옳게 설명한 것은?

① 색소의 단위 농도당 반사율의 변화를 연결 짓는 과정에서 Kubelka-Munk 이론을 적용한다.

② 색소가 소재에 비하여 미미한 산란 특성을 갖는 경우(예: 섬유나 종이)에는 두 개 상수의 Kubelka-Munk 이론을 사용한다.

③ CCM을 위해서는 각 안료나 염료의 대표적 농도에 대하여 단 한 번의 분광 반사율을 측정하는 것으로 충분하다.

④ Kubelka-Munk 이론은 금속과 진줏빛 색료 또는 입사광의 편광도를 변화시키는 색소층에도 폭 넓게 적용이 가능하다.

CCM의 기본원리
색소의 단위 농도당 반사율의 변화를 연결 짓는 과정에서 Kubelka-Munk 이론을 적용한다.

쿠벨카 문크 이론
일정한 두께를 가진 발색층에서 감법혼색을 하는 경우 성립되는 자동배색장치(CCM)의 기본원리이다. 쿠벨카 문크 이론이 성립되는 색채 시료는 3가지 타입이다.
• **제1부류** : 투명한 플라스틱, 인쇄잉크, 완전히 불투명하지 않은 페인트
• **제2부류** : 투명한 발색층이 불투명한 기판 위에 있을 때, 사진 인화, 열증착식의 인쇄물에 쓰인다.
• **제3부류** : 옷감의 염색, 불투명 페인트나 플라스틱, 색종이처럼 불투명한 발색층

53 di:8° 방식의 분광광도계 구조에 포함되지 않는 것은?

① 광원

② 분광기

③ 적분구

④ 컬러필터

Di:8° 방식의 분광광도계 구조
Di : 8° 분광광도계(측색기)는 광원, 분광기, 적분구, 시료대, 분광 장치 구조로 이루어져 있으며 컬러필터, 시료대, 광검출기, 전산 장치, 전류계는 필터식 측색기 구조에 포함된다.

분광광도계
• 물체의 정밀한 색채 측정 장치, 즉 측색기를 말한다.
• 물체의 분광 반사율, 분광 투과율 등을 파장의 함수로 측정할 수 있다.
• 다양한 광원과 시야의 색채값을 동시 산출할 수 있다.
• 분광식 색채계의 광원은 주로 텅스텐 할로겐램프, 크세논램프를 사용한다.
• XYZ, L*a*b*, Munsell, Hunter L*a*b* 등 다양한 표색계로 표시할 수 있다.

0은 90°= 수직광, d는 확산광으로 해석한다
• (0 : 45) : 수직광, 45° 관찰
• (45 : 0) : 45°광, 수직 관찰
• (0 : d) : 수직광 : 확산광 평균값 관찰
• (d : 0) : 확산광 : 수직관찰
• (di : 8°) : 확산광 : 8° 관찰(정반사 성분 포함)
• (de : 8°) : 확산광 : 8° 관찰(정반사 성분 제거)
• (8° : di) : 8° : 확산광 관찰(정반사 성분 포함)
• (8° : de) : 8° : 확산광 관찰(정반사 성분 제거)
• (d : d) : 확산광 : 확산광 관찰
• (45°a : 0°) : 45° : 수직 관찰
• (0° : 45°a) : 수직광 : 45° 관찰

54 RGB 이미지를 출력하기 위해 컬러 잉크젯 프린터의 RGB 프로파일을 사용할 때 다음 중 가장 올바른 설명은?

① RGB 이미지는 출력 시 CMYK로 변환되어야 한다.

② RGB 이미지는 정확한 색공간 프로파일이 내장되어야 한다.

③ 포토샵 등의 애플리케이션과 프린터 드라이버에서 각각 프린터 프로파일이 적용되어야 한다.

④ 포토샵에서 '프로파일 할당(Assign Profile)' 기능으로 프린터 프로파일을 적용해야 한다.

컬러 잉크젯 프린터의 RGB 프로파일
• RGB 이미지는 정확한 색공간 프로파일이 내장되어야 한다.
• 컬러 잉크젯 프린터는 CMYK 기준 감법혼색 방식으로 색이 구현되고 모니터는 RGB 기준 가법혼색 방식으로 구현된다. 따라서 프린터와 모니터 색역은 일치하지 않고 모니터의 색역이 컬러프린터보다 넓다. 이 때문에 컬러 잉크젯 프린터에서 RGB 이미지를 출력하기 위해서는 정확한 색공간 프로파일이 내장되어야 한다.

55 CII(Color Inconsistency Index)에 대한 설명이 틀린 것은?

① 광원의 변화에 따라 각 색채가 지닌 색차의 정도가 다르다.
② CII가 높을수록 안정성이 없어서 선호도가 낮다.
③ 광원에 따른 색채의 불일치 정도를 나타내는 지수이다.
④ CII에서는 백색의 색차가 가장 크게 느껴진다.

> **CII(Color Inconsistency Index)**
> 색변이지수라고 부르며 광원의 변화에 따라 색채의 불일치 정도를 나타내는 지수이다. 광원의 변화에 따라 각 색채가 지닌 색차의 정도가 다르며 CII가 높을수록 안정성이 없어서 선호도가 낮다. CII에서는 백색의 색차가 크게 느껴지지 않는다. 백색의 색채항상성이 아주 우수한 셈이다.

틀리기 쉬운 문제
56 KS A 0065:2015 표준에 정의된 표면색의 시감 비교를 위한 상용광원 D₆₅ 혹은 D₅₀이 충족해야 할 성능으로 틀린 것은?

① 가시 조건 등색지수 1.0 이내
② 형광 조건 등색지수 1.5 이내
③ 평균 연색 평가수 95 이상
④ 특수 연색 평가수 85 이상

> **표면색 시감 비교 시 상용광원**
> 상용광원은 가시 조건 등색지수 B등급 이상의 성능을 충족시켜야 한다.

57 색채를 측정할 때 시료를 취급하는 방법으로 잘못된 것은?

① 시료의 표면구조를 균일하게 하기 위하여 판판하게 문지르고 측정한다.
② 시료의 색소가 완전히 건조하여 안정화 된 후에 착색면을 측정한다.
③ 섬유물의 경우 빛이 투과하지 않도록 충분한 두께로 겹쳐서 측정한다.
④ 페인트의 색채를 측정하는 경우 색을 띤 물체의 상태로 만들어야 한다.

> **색채 측정 시 시료를 취급하는 방법**
> 시료의 표면구조를 문지르면 시료 표면이 오염될 수 있으므로 잘못된 방법이다.

58 도료에 사용되는 무기안료가 아닌 것은?

① Titanium dioxide ② Phthalocyanine Blue
③ Iron Oxide Yellow ④ Iron Oxide Red

> **도료에 사용되는 무기안료**
> Phthalocyanine Blue(프탈로시아닌블루)는 유기안료이다.

59 색료에 대한 설명으로 틀린 것은?

① 색료는 염료와 안료로 구분된다.
② 염료는 일반적으로 물에 용해된다.
③ 유기안료는 무기안료보다 착색력, 내광성, 내열성이 우수하다.
④ 백색안료에는 산화아연, 산화티탄, 연백 등이 있다.

> **색료**
> 무기안료가 유기안료보다 착색력, 내광성, 내열성이 우수하다.

60 다음 중 형광을 포함한 분광 반사율을 측정하는 방법이 아닌 것은?

① 형광 증백법 ② 필터 감소법
③ 이중 모드법 ④ 이중 모노크로메이터법

> **형광을 포함한 분광 반사율 측정방법**
> • 필터 감소법   • 이중 모드법
> • 이중 모노크로메이터법 • 폴리 크로메틱

> **4** **제4과목 : 색채 지각론**

61 감법혼색에 대한 설명으로 옳은 것은?

① 색광의 혼합으로서, 혼색할수록 점점 밝아진다.
② 안료의 혼합으로서, 혼색할수록 명도는 낮아지나 채도는 유지된다.
③ 무대의 조명에 이 감법혼색의 원리가 적용되고 있다.
④ 페인트의 색을 섞을수록 탁해지는 원리이다.

> **감법혼색**
> ① 감법혼색의 색료의 혼합으로서 혼색할수록 점점 어두워진다.
> ② 혼색할수록 명도와 채도가 낮아진다.
> ③ 무대의 조명은 가법혼색의 원리이다.

62 밝은 곳에서는 장파장의 감도가 좋다가 어두운 곳으로 바뀌었을 때 단파장의 색에 더 민감하게 반응하는 현상은?

① 베졸드 현상
② 푸르킨예 현상
③ 색음현상
④ 순응현상

> **푸르킨예 현상**
> 푸르킨예 현상은 밝은 곳에서는 장파장 계열의 색이, 어두운 곳에서는 단파장 계열의 색이 상대적으로 밝게 보인다.

63 의사들이 수술실에서 청록색의 가운을 입는 것과 관련한 현상은?

① 음의 잔상
② 양의 잔상
③ 동화현상
④ 푸르킨예 현상

> **음의 잔상**
> 수술실의 의사 가운이 초록색이나 청록색으로 사용되는 이유는 음성 잔상을 없애 수술 시 시각 피로를 감소시키기 위함이다.

64 다음 중 색음현상과 관련이 없는 것은?

① 주위색의 보색이 중심에 있는 색에 겹쳐져 보이는 현상으로 괴테현상이라고도 한다.
② 작은 면적의 회색이 고채도의 색으로 둘러싸일 때 회색은 유채색의 보색을 띠는 현상으로 이는 색의 대비로 설명된다.
③ 양초의 빨간 빛에 의해 생기는 그림자가 보색인 청록으로 보이는 현상이다.
④ 같은 명소시라도 빛의 강도가 변화하면 색광의 색상이 다르게 보이는 현상이다.

> **색음현상**
> 같은 명소시라도 빛의 강도가 변화하면 색광의 색상이 다르게 보이는 현상은 애브니 효과이다.

65 다음은 면적대비에 대한 일반적인 설명이다. ( )에 들어갈 단어가 순서대로 옳게 나열된 것은?

> 동일한 크기의 면적일 때, 고명도 색의 면적은 실제보다 (A) 보이고 저명도 색의 면적은 실제보다 (B) 보인다. 고채도 색의 면적은 실제보다 (C) 보이고, 저채도 색의 면적은 실제보다 (D) 보인다.

① A:크게, B:작게, C:크게, D:작게
② A:작게, B:크게, C:작게, D:크게
③ A:작게, B:크게, C:크게, D:작게
④ A:크게, B:작게, C:작게, D:크게

> **면적대비**
> 동일한 크기의 면적일 때 고명도일 때는 실제보다 크게 보이고, 저명도일 때는 실제보다 작게 보인다. 고채도 색의 면적은 실제보다 크게 보이고, 저채도 색의 면적은 실제보다 작게 보인다. 따라서 면적이 큰 색은 밝고 선명하게 보이게 되고, 면적이 작은 색은 어둡고, 탁하게 보인다.

66 가법혼색의 일반적 원리가 적용된 사례가 아닌 것은?

① 모니터
② 무대조명
③ LED TV
④ 색필터

> **가법혼색**
> 색필터는 감법혼색의 원리가 적용된 사례이다.

67 보색에 대한 설명이 틀린 것은?

① 모든 2차색은 그 색에 포함되지 않은 원색과 보색관계이다.
② 감산혼합의 보색은 색상환에서 반대편에 있는 색이다.
③ 인쇄용 원고의 원색분해의 경우 보색필터를 써서 분해필름을 만든다.
④ 심리 보색은 회전혼합에서 무채색이 되는 것이다.

> **보색**
> 심리 보색은 회전혼합에서 무채색이 되지 않는다.

68 명소시와 암소시 각각의 최대 시감도는?

① 명소시 355nm, 암소시 307nm
② 명소시 455nm, 암소시 407nm
③ 명소시 555nm, 암소시 507nm
④ 명소시 655nm, 암소시 607nm

시감도
주간에 가장 밝게 느끼는 최대시감도는 555nm의 연두색이고, 야간의 최대시감도는 507nm개의 초록색이다.

69 다음 중 가장 눈에 확실하게 보이는 찻잔은?

① 하얀 접시 위의 노란 찻잔
② 검은 접시 위의 노란 찻잔
③ 하얀 접시 위의 녹색 찻잔
④ 검은 접시 위의 파란 찻잔

색의 시인성
눈에 확실하게 보이는 식별이 쉬운 성질을 색의 시인성이 높다고 한다. 대표적으로 배경과 대상의 명도 차이가 클수록 색상 차이가 크고, 채도 차이가 클수록 높다는 성질이 있다.

70 여러 가지 색들로 직조된 직물을 멀리서 보면 색들이 혼합되어 하나의 색채로 보이는 혼색방법은?

① 병치혼색   ② 가산혼색
③ 감산혼색   ④ 보색혼색

병치혼색
병치혼색은 여러 색으로 직조된 직물을 멀리서 보면 색들이 혼합되어 하나의 색채로 보이는 혼색이다.

71 색의 면적 효과(Area effect)와 관련이 가장 먼 것은?

① 전시야   ② 매스효과
③ 소면적 제3색각이상   ④ 동화효과

면적 효과
면적 효과는 색의 양적 대비 효과라고도 한다. 동화효과는 전파효과 또는 혼색효과, 줄눈효과라고도 하며 면적효과와는 관련이 없다.

72 터널의 중심부보다 출입구 부근에 조명이 많이 설치되어 있는 것과 관련된 것은?

① 명순응
② 암순응
③ 동화현상
④ 베졸드 효과

순응
밝은 곳에서 어두운 곳으로 갑자기 변화하면 잠시 어두운 곳이 잘 보이지 않는다. 시간이 경과와 함께 어두운 빛에 적응하게 되는 것을 암순응이라고 한다.

73 적벽돌 색으로 건물을 지을 경우 벽돌 사이의 줄눈 색상에 의해 색의 변화를 다르게 느낄 수 있는 것과 관련이 있는 것은?

① 연변대비 효과
② 한난대비 효과
③ 베졸드 효과
④ 잔상 효과

베졸드 효과
베졸드 효과는 색의 동화 효과, 줄눈 효과, 전파 효과와 같은 의미이며, 병치혼색을 베졸드 효과라고도 한다.

74 S2060-G10Y와 S2060-B50G의 색물감을 사용하여 그린 점묘화를 일정 거리를 두고 보면 혼색된 것처럼 중간색이 보인다. 이 때 지각되는 색에 가장 가까운 것은?

① S2060-G30Y
② S2060-B30G
③ S2060-G80Y
④ S2060-B80G

중간혼색
S-2060 G10Y와 S2060-B50G의 색물감은 Y기미가 10%인 Green 90%와 Green 기미 50%의 Blue 50% 색의 중간혼색이다.

정답 62 ② 63 ① 64 ④ 65 ① 66 ④ 67 ④ 68 ③ 69 ② 70 ① 71 ④ 72 ② 73 ③ 74 ④

75 색의 잔상에 대한 설명으로 틀린 것은?

① 앞서 주어진 자극의 색이나 밝기, 공간적 배치에 의해 자극을 제거한 후에도 시각적인 상이 보이는 현상이다.
② 양성 잔상은 원래의 자극과 색이나 밝기가 같은 잔상을 말한다.
③ 잔상은 원래 자극의 세기, 관찰시간, 크기에 의존하는데 음성 잔상보다 양성 잔상을 흔하게 경험하게 된다.
④ 보색 잔상은 색이 선명하지 않고 질감도 달라 하늘색과 같은 면색처럼 지각된다.

색의 잔상
잔상은 어떤 자극을 받았을 때 자극을 없애도 색의 감각이 계속 남아있거나 반대의 상이 남아있는 현상으로 자극된 빛의 밝기와 색도, 시간, 눈의 상태에 따라 잔상 시간이 다르게 나타난다.

76 모니터의 디스플레이에서 채도가 가장 높은 노란색을 확대하여 보았을 때 나타나는 색은?

① 빨강, 파랑
② 노랑, 흰색
③ 빨강, 초록
④ 노랑, 검정

중간혼색
모니터의 노란색은 빨강과 초록의 중간혼색인 병치혼색으로 나타난다.

77 다음 중 색의 혼합 방법이 다른 하나는?

① 노랑, 시안, 마젠타와 검정의 망점들로 인쇄를 하였다.
② 노랑과 시안의 필터를 겹친 다음 빛을 투과시켜 녹색이 나타나게 하였다.
③ 경사에 파랑, 위사에 검정으로 직조하여 어두운 파란색 직물을 만들었다.
④ 물감을 캔버스에 나란히 찍어가며 배열하여 보다 생생한 색이 나타나게 하였다.

가법혼색과 감법혼색
①, ③, ④는 감법혼색이며 ②는 빛의 혼색으로 가법혼색이다.

78 색채지각과 감정 효과에 관한 설명 중 틀린 것은?

① 선명한 빨강은 선명한 파랑에 비해 진출해 보인다.
② 선명한 빨강은 연한 파랑에 비해 흥분감을 유도한다.
③ 선명한 빨강은 선명한 파랑에 비해 따뜻한 느낌을 준다.
④ 선명한 빨강은 연한 빨강에 비해 부드러워 보인다.

색의 감정 효과
채도가 높을수록 딱딱하게 보인다.

79 빛의 스펙트럼 분포는 다르지만 지각적으로는 동일한 색으로 보이는 자극을 무엇이라고 하는가?

① 이성체
② 단성체
③ 보색
④ 대립색

이성체
지각적으로 동일한 색으로 보이는 자극을 이성체라고 한다.

80 빛에 관한 설명 중 옳은 것은?

① 뉴턴은 빛의 간섭 현상을 이용하여 백색광을 분해하였다.
② 분광되어 나타나는 여러 가지 색의 띠를 스펙트럼이라고 한다.
③ 색광 중 가장 밝게 느껴지는 파장의 영역은 400~450nm이다.
④ 전자기파 중에서 사람의 눈에 보이는 파장의 범위는 780~980nm이다.

빛
색광 중 가장 밝게 느껴지는 파장의 영역은 620~780nm이고, 사람의 눈에 보이는 파장 범위는 380~780nm이다.

5 제5과목 : 색채 체계론

81 한국전통색명 중 색상계열이 다른 하나는?

① 감색(紺色)
② 벽색(碧色)
③ 숙람색(熟藍色)
④ 장단(長丹)

한국전통색명
①, ②, ③의 색상은 청록색계이며 ④의 장단(長丹)은 적색계이다.

82 DIN 색채체계의 설명으로 틀린 것은?

① 독일 공업규격으로 Deutches Institute fur Normung의 약자이다.
② 색상 T, 포화도 S, 어두움 정도 D의 3가지 속성으로 표시한다.
③ 색상환은 20색을 기본으로 한다.
④ 어두움 정도는 0~10 범위로 표시한다.

DIN 색채계
DIN 색채계의 색상환은 24색을 기본으로 한다.

83 먼셀 색입체의 단면도에 대한 설명으로 옳은 것은?

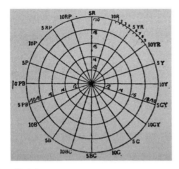

① 기본 5색상은 10R, 10Y, 10G, 10B, 10P로 각 색상의 표준색상이다.
② 등명도로 구성되어 있다.
③ 모든 색의 순색은 채도가 10이다.
④ 색입체를 수직으로 절단한 배열이다.

> **먼셀 색입체**
> ① 기본 5색상은 5R, 5Y, 5G, 5B, 5P 각 색상의 표준색상이다.
> ③ 모든 색의 순색은 채도가 10이 아닌 색마다 차이가 있다.
> ④ 색입체를 수평으로 절단한 배열이다.

84 다음의 (   )에 적합한 내용을 순서대로 쓴 것은?

> 오스트발트 색입체는 (A) 모양이고, 수직으로 단면을 자르면 (B)을 볼 수 있다.

① A:원뿔형 – B:등색상면
② A:원뿔형 – B:등명도면
③ A:복원추체 – B:등색상면
④ A:복원추체 – B:등명도면

> **오스트발트 색입체**
> 오스트발트 색입체는 복원추체 모양이고 수직으로 단면을 자르면 등색상면을 볼 수 있다.

틀리기 쉬운 문제

85 오스트발트 색체계에 관한 설명이 틀린 것은?

① 오스트발트 색체계는 B, W, C 3요소로 구성된 등색상 삼각형에 의해 구성된다.
② 회전 혼색 원판에 의한 혼색의 색을 표현한 것이다.
③ 오스트발트 색상환은 시각적으로 고른 간격이 유지되는 장점이 있다.
④ 오스트발트 색체계는 먼셀 색체계에 비하여 직관적이지 못하고 이해하기 어려운 단점이 있다.

> **오스트발트 색체계**
> 오스트발트 색상환은 기호가 같은 색이라도 색상에 따라 명도, 채도의 감각이 다르고 명도의 구분이 모호하다는 단점이 있다.

86 전통색에 대한 설명이 가장 옳은 것은?

① 어떤 민족의 정체성을 나타낼 수 있는 색이다.
② 특정지역에서 특정시기에 두드러지게 나타나는 색이다.
③ 색의 기능을 매우 중요한 속성으로 하는 색이다.
④ 사회의 특정 계층에서 지배적으로 사용하는 색이다.

> **전통색**
> 전통색은 어떤 민족의 정체성을 나타낼 수 있는 색이다.

87 먼셀 색체계의 속성에 관한 설명 중 틀린 것은?

① 명도는 이상적인 흑색을 0, 이상적인 백색을 10으로 하여 구성하였다.
② 채도는 무채색을 0으로 하여 색상의 가장 순수한 채도값이 최대가 된다.
③ 표기방법은 색상, 명도/채도의 순이다.
④ 빨강, 노랑, 파랑, 녹색의 4가지 색상을 기본색으로 한다.

> **먼셀 색체계**
> 먼셀 색체계는 빨강(R), 노랑(Y), 초록(G), 파랑(B), 보라(P) 5가지 색상을 기본색으로 한다.

정답 75 ③ 76 ③ 77 ② 78 ④ 79 ① 80 ② 81 ④ 82 ③ 83 ② 84 ③ 85 ③ 86 ① 87 ④

88 오스트발트 색체계의 표시인 1ca에 대한 설명으로 가장 옳은 것은?

① 빨간색계열의 어두운 색이다.
② 밝은 명도의 노란색이다.
③ 백색량이 적은 어두운 회색이다.
④ 순색에 가장 가까운 색이다.

> **오스트발트 색체계 표시법**
> 1ca = 색상은 1 노랑, 앞의 기호 c는 백색량 59%, 뒤의 기호 a는 흑색량 11%가 된다.

89 CIE LAB 시스템의 색도좌표계에서 다음과 같이 읽은 색은 어떤 색에 가장 가까운가?

L*=45, a*=47.63, b*=11.12

① 노랑   ② 파랑
③ 녹색   ④ 빨강

> **CIE LAB 시스템**
> L*45, a*=47.63, b*=11.12는 L*은 명도를 +a*은 빨간색, +b*은 노란색을 의미한다. 따라서 빨강에 가깝다.

90 문·스펜서 색채 조화론의 M=O/C 공식에서 M이 의미하는 것은?

① 질서   ② 명도
③ 복잡성   ④ 미도

> **문·스펜서 색채 조화론**
> 문·스펜서는 미도 (M) = 질서성의 요소 (O) / 복합성의 요소 (C)

91 다음의 속성에 해당하는 NCS 색체계의 색상표기로 옳은 것은?

흰색도 = 10%, 검은색도 = 20%, 노란색도 = 40%, 초록색도 = 60%

① 7020 Y40G   ② 1020 Y60G
③ 2070 G40Y   ④ 2010 G60Y

> **NCS 색체계의 표기법**
> 2070 G40Y = 검은색도 20%, 순도 70%, 흰색도 10%, 노란색도 40%, 초록색도 60%인 색

92 ISCC-NIST 색명에 관한 설명이 잘못된 것은?

① ISCC-NIST 색명법은 한국산업표준(KS) 색이름의 토대가 되고 있다.
② 톤의 수식어 중 Light, Dark, Medium은 유채색과 무채색을 수식할 수 있다.
③ 동일 색상면에서 Moderate를 중심으로 명도가 높은 것은 Light, Very Light로 명도가 낮은 것은 Dark, Very Dark로 나누어 표기한다.
④ 명도와 채도가 함께 높은 부분은 Brilliant, 명도가 낮고 채도가 높은 부분은 Deep으로 표기한다.

> **ISCC-NIST 색명**
> Medium은 톤의 수식어가 아니며 무채색을 의미한다.

93 먼셀의 20색상환에서 주황의 표기로 가장 가까운 것은?

① 5YR 3/6   ② 2.5YR 6/14
③ 10YR 5/10   ④ 5YR 8/8

> **먼셀 표기법**
> 색상, 명도/채도의 순으로 2.5YR 6/14는 주황색이다.

94 CIE 색도도에서 나타내고 있는 사항이 아닌 것은?

① 실존하는 모든 색을 나타낸다.
② 백색광은 색도도의 중앙에 위치한다.
③ 색도도 안에 있는 한 점은 순색을 나타낸다.
④ 색도도 내의 임의의 세 점을 잇는 3각형 속에는 3점에 있는 색을 혼합하여 생기는 모든 색이 들어 있다.

> **CIE 색도도**
> 색도도 안에 있는 모든 점은 순색이 아니라 혼합색을 나타낸다.

틀리기 쉬운 문제
95 색채표준에 대한 설명으로 옳은 것은?

① 반드시 3속성으로 표기한다.
② 색채의 속성을 정량적으로 표기한 것이다.
③ 인간의 감성과 관련되므로 주관적일 수 있다.
④ 집단고유의 표기나 특수문자를 사용할 수 있다.

> **색채표준**
> 색채표준은 색이 가지는 감성적, 생리적, 주관적인 부분을 보다 정량적으로 다루고 물리적으로 증명하여 색을 정확하게 측정, 전달, 보관, 관리 및 재현하기 위한 것이다.

96 밝은 주황의 CIE L*a*b* 좌표(L*, a*, b*)값에 가장 가까운 것은?

① (30, -40, 70)
② (80, -40, 70)
③ (80, 40, 70)
④ (30, 40, 70)

CIEL*a*b*색표기
L*은 명도를 표시하고 a*와 b*는 색의 방향을 나타낸다. 따라서 a*는 빨강, b*는 노랑을 나타내어 밝은 주황은 (80, 40, 70)이다.

97 혼색계(Color Mixing System)의 대표적인 색체계는?

① NCS
② DIN
③ CIE 표준
④ 먼셀

혼색계
①, ②, ④는 현색계이며 CIE 표준은 대표적인 혼색계이다.

98 오스트발트의 색채 조화론에 관한 설명 중 올바른 것은?

① 조화란 변화와 감성이라고 하였다.
② 등백계열에 속한 색들은 실제 순색의 양은 다르나 시각적으로 순도가 같아 보이는 색들이다.
③ 두 가지 이상 색 사이가 질서적인 관계일 때, 이 색채들을 조화색이라 한다.
④ 마름모꼴 조화는 인접 색상면에서만 성립되며, 등차색환 조화와 사횡단 조화가 나타난다.

오스트발트 색채 조화론
오스트발트 색체계에서 조화란 곧 질서와 같다고 주장하였다.

99 NCS 색체계 기본색의 표기가 틀린 것은?

① Black → B
② White → W
③ Yellow → Y
④ Green → G

NCS 색체계
기본색 표기의 Black은 S로 표기한다.

100 색채의 기하학적 대비와 규칙적인 색상의 배열, 특히 계절감을 색상의 대비를 통하여 표현한 것이 특징인 색채 조화론은?

① 비렌의 색채 조화론
② 오스트발트의 색채 조화론
③ 저드의 색채 조화론
④ 이텐의 색채 조화론

색채 조화론
요하네스 이텐은 대비현상에서 2색 또는 그 이상의 색을 혼합하여 얻어진 결과가 무채색이 되면 그 색들은 서로 조화한다고 하였다. 규칙적인 색상의 배열과 계절감을 색상의 대비를 통하여 표현하였다.

06회 기출문제

기사

1 제1과목 : 색채 심리 · 마케팅

01 SWOT분석은 기업의 환경분석을 통해 요인을 규정하고, 이를 토대로 마케팅 전략을 수립하는 기법이다. 이 때 사용되는 4요소의 설명과 그 예가 틀린 것은?

① 강점(Strength) : 경쟁기업과 비교하여 소비자로부터 강점으로 인식되는 것 – 높은 기술력
② 약점(Weakness) : 경쟁기업과 비교하여 소비자로부터 약점으로 인식되는 것 – 높은 가격
③ 기회(Opportunity) : 내부환경에서 유리한 기회요인 – 시장점유율 1위
④ 위협(Threat) : 외부환경에서 불리한 위협요인 – 경쟁사의 빠른 성장

> **SWOT 4요소**
> 기회(Opportunity)는 내부환경 분석이 아닌 기업을 둘러싼 외부환경을 분석하여 활용할 수 있어야 한다. 강점과 약점은 기업의 내부환경을 분석하여 파악하고, 기회와 위협은 기업을 둘러싼 외부환경을 분석하여 찾아냄으로써 기회는 활용, 위협은 억제 또는 회피, 강점은 최대한 이용, 약점은 보완한다는 것이 SWOT 전략의 핵심이다.

02 제품의 라이프스타일에 관한 설명이 틀린 것은?

① 도입기 : 기업이나 회사에서 신제품을 만들어 관련 시장에 진출하는 시기
② 성장기 : 제품의 인지도, 판매량, 이윤 등이 높아지는 시기
③ 성숙기 : 회사 간에 치열한 경쟁으로 가격, 광고, 유치경쟁이 치열하게 일어나는 시기
④ 쇠퇴기 : 사회성, 지역성, 풍토성과 같은 환경요소를 배제하고, 각 제품의 색에 초점을 맞추는 시기

> **제품의 라이프스타일**
> 도입기 → 성장기 → 성숙기 → 쇠퇴기
> • **도입기** : 제품 알리기와 혁신적인 설득(광고, 홍보, 상품화)
> • **성장기** : 브랜드의 우수성을 알리고 대형시장에 침투(색채 다양화, 유사제품 등장, 생산 비용 증가, 매출 증대)
> • **성숙기** : 제품의 리포지셔닝, 브랜드 차별화(오랜 기간 지속, 마케팅 문제, 치열한 경쟁, 수익 하강시작, 새로운 전략 필요)
> • **쇠퇴기** : 제품이 사라지는 시기(새로운 색채 이미지 모색)

03 시장 세분화 방법에 대한 설명으로 틀린 것은?

① 인구학적 속성 : 연령, 성별, 소득, 직업 등에 따른 세분화
② 지리적 속성 : 지역, 인구밀도, 도시규모 등에 따른 세분화
③ 심리적 속성 : 사용경험, 사용량 등에 따른 세분화
④ 행동분석적 속성 : 구매동기, 가격민감도, 브랜드 충성도 등에 따른 세분화

> **시장세분화**
> • 심리 분석적 속성 – 라이프스타일의 개성, 태도, 취미
> • 행동분석적 변수 – 사용경험, 사용량, 상표 충성도, 구매동기, 가격 민감도,
> • 지리적 변수 – 지역, 도시크기, 인구밀도
> • 인구 통계적 변수 – 연령, 성별, 직업, 소득
> • 사회 · 문화적 변수 – 문화, 종교, 사회계층

04 일반적인 색채와 맛의 연상이 올바르게 연결된 것은?

① 신맛 – 연두색
② 짠맛 – 빨간색
③ 쓴맛 – 회색
④ 단맛 – 녹색

> **색채의 맛**
> ① 신맛 – 노란색, 연두색
> ② 짠맛 – 흰색, 회색
> ③ 쓴맛 – 올리브 그린, 갈색
> ④ 단맛 – 빨간색, 분홍색

05 색채이미지와 연상에 대한 설명으로 틀린 것은?

① 노랑 : 명랑, 활발
② 빨강 : 정열, 위험
③ 초록 : 평화, 생명
④ 파랑 : 도발, 사치

> **색의 연상**
> 파랑의 색채이미지에는 성실, 믿음, 영원 등이 있다.

06 색채조사를 위한 설문지 작성으로 부적당한 것은?

① 개방형은 응답자가 자신의 생각을 자유롭게 응답하는 것이다.
② 폐쇄형은 두 개 이상의 응답 가운데 하나를 선택하도록 하는 것이다.
③ 정확한 응답을 얻기 위해 전문용어를 활용하는 것이 좋다.
④ 응답의 양과 질을 고려하여 질문의 길이를 결정하여야 한다.

설문지 작성법
질문은 문법적으로 정확한 어휘로 표현하고 쉽게 이해할 수 있도록 전문용어는 되도록 사용하지 않는 것이 바람직하다.

07 컬러 마케팅을 위한 팀별 목표관리 내용이 잘못 연결된 것은?

① 마케팅팀 – 정보 조사 분석, 포지셔닝, 마케팅의 전략화
② 상품기획팀 – 신소재 개발, 독창적 조화미 추구
③ 생산품질팀 – 우호적이고 강력한 색채 이미지 구축
④ 영업판촉팀 – 판매촉진의 극대화

색채 마케팅(팀별 목표관리)
• 생산품질팀 – 생산 제품 품질 검사 및 관리
• 마케팅팀 – 정보 조사 분석, 포지셔닝, 마케팅의 전략화
• 상품기획팀 – 신소재 개발, 독창적 조화미 추구
• 영업판촉팀 – 판매촉진의 극대화

틀리기 쉬운 문제
08 색채 마케팅의 기초가 되는 인간의 욕구 중 자존심, 인식, 지위 등과 관련이 있는 매슬로우의 욕구단계는?

① 생리적 욕구
② 안전 욕구
③ 사회적 욕구
④ 존경 욕구

매슬로우의 욕구단계
• 1단계 : 생리적 욕구(배고픔, 갈증, 원초적 욕구)
• 2단계 : 안전 욕구(위험, 보호, 안전)
• 3단계 : 사회적 욕구(소속감, 사랑)
• 4단계 : 존경 욕구(자존심, 인식, 지위)
• 5단계 : 자아실현 욕구(자아개발 실현)

09 다음 중 유행색에 대한 설명으로 틀린 것은?

① 어떤 계절이나 일정기간 동안 특별히 많은 사람에 의해 입혀지고 선호도가 높은 색이다.
② 유행 예측색으로 색채전문기관들에 의해 유행할 것으로 예측하는 색이다.
③ 패션 유행색은 국제유행색위원회에서 6개월 전에 위원회 국가의 합의를 통해 결정된다.
④ 유행색은 사회적 상황과 문화, 경제, 정치 등이 반영되어 전반적인 사회흐름을 가늠하게 한다.

유행색
패션 유행색은 '국제유행색협회(INTER-COLOR)'에서 보통 2년 정도 전에 유행색을 분석하여 제안하며 매년 6월과 12월에 인터컬러 회의를 개최한다. 유행색에 가장 민감한 품목은 패션용품이다.

10 기업이미지 구축을 위해 특정색을 활용하는 마케팅 전략과 관련이 높은 것은?

① 색채표준
② 선호색
③ 색채연상 · 상징
④ 색채대비

기업이미지 구축
통일된 기업이미지, 기업문화, 미래의 모습과 전략 등을 일컫는 용어로 CIP 혹은 CI라고 표현하며 CIP의 역할은 기업의 비전을 바탕으로 기업이미지를 통일시키는 데 있다. 이러한 색채연상 및 상징을 통해서 외적으로는 타 기업과 구별, 잠재 고객과 경쟁 우위 확보를 들 수 있으며 내적으로는 기업이 추구하는 비즈니스 철학, 정체성을 함께 공유하고 인식하여 경영 이념 확립, 기업에 대한 애사심 고취, 업무 능률 향상을 극대화시킬 수 있다.

11 색채의 지각과 감정 효과에 대한 설명 중 틀린 것은?

① 더운 방의 환경색을 차가운 계통의 색으로 하였다.
② 지나치게 낮은 천장에 밝고 차가운 색을 칠하면 천장이 높아 보인다.
③ 자동차의 외관을 차갑고 부드러운 색 계통으로 칠하면 눈에 잘 띄므로 안전을 기할 수 있다.
④ 실내의 환경색은 천장을 가장 밝게 하고 중간부분을 윗벽보다 어둡게 하며 바닥은 그보다 어둡게 해야 안정감을 느낄 수 있다.

색의 감정 효과
차갑고 부드러운 색은 눈에 잘 띄지 않으므로 자동차 외관에 적용할 시 안전을 기하기 어렵다.

정답 01 ③ 02 ④ 03 ③ 04 ① 05 ④ 06 ③ 07 ③ 08 ④ 09 ③ 10 ③ 11 ③

12 침정의 효과가 있어 심신의 회복력과 신경계통의 색으로 사용되며, 불면증을 완화시켜주는 색채와 관련된 형태는?

① 원
② 삼각형
③ 사각형
④ 육각형

13 지역색에 대한 설명으로 틀린 것은?

① 일본의 지역색은 국기에 사용된 강렬한 빨강으로 상징된다.
② 랑크로(Jean-Philippe Lenclos)는 지역색을 기반으로 건축물의 색채계획을 하였다.
③ 건축물에 사용되는 색채는 지리적, 기후적 환경과 관련되어야 한다.
④ 지역색을 통해 국가의 아이덴티티를 구축한다.

14 마케팅에서 색채의 역할과 사용에 관한 설명으로 가장 거리가 먼 것은?

① 소비자의 시선을 끌어 대상물의 존재를 두드러지게 한다.
② 기업의 철학이나 주요 이미지를 통합하여 전달하는 CI 컬러를 제품에 사용한다.
③ 생산자의 성향에 맞추어 특정 고객층이 요구하는 이미지 색채를 적용한다.
④ 한 시대가 선호하는 유행색의 상징적 의미는 소비자의 라이프스타일과 가치관에 영향을 준다.

15 마케팅 믹스의 4가지 요소가 아닌 것은?

① 제품(Product)
② 가격(Price)
③ 구입(Purchase)
④ 촉진(Promotion)

16 색채이미지를 조사하기 위해 흔히 사용하는 SD법 (Semantic Differential Method)의 설명으로 틀린 것은?

① 측정하려는 개념과 관계있는 형용사 반대어 쌍들로 척도를 구성한다.
② 척도의 단계가 적으면 그 의미의 차이를 알기 어려우므로 8단계 이상의 세분화된 단계를 사용하는 것이 좋다.
③ 직관적 응답을 구해야 하므로 깊이 생각하거나 앞서 기입한 것을 나중에 고쳐 쓰는 것은 바람직하지 않다.
④ 조사를 통해 얻어진 결과는 요인분석을 통해 그 대상의 의미공간을 효과적으로 해석할 수 있다.

17 색채 마케팅에 있어서 색채의 대표적인 역할을 설명한 것 중 틀린 것은?

① 색채는 주의를 집중시킨다.
② 상품을 인식시킨다.
③ 상품의 이미지를 명료히 한다.
④ 상품의 내용이 무엇인지를 알 수 없게 한다.

18 다음 ( )에 들어갈 적합한 용어는?

색은 심리적인 작용을 지니고 있어서, 보는 사람에게 그 색과 관련 있는 이미지를 떠올리게 하는 것을 (　　　)이라고 한다.

① 연상(聯想)작용
② 체각(體覺)작용
③ 소구(訴求)작용
④ 기호(嗜好)작용

색의 연상
색의 연상은 보는 사람에게 그 색과 관련 있는 이미지를 떠올리게 하는 것이다.

19 색채 조절의 기대효과에 대한 설명으로 거리가 먼 것은?

① 일의 능률이 오르는 데 도움을 준다.
② 주의력과 집중력을 향상시키는 데 도움을 준다.
③ 사고나 재해를 방지하거나 경감시키는 데 도움을 준다.
④ 기술수준과 제품의 양적 수준을 향상시킨다.

색채 조절
색채 조절은 일의 능률을 향상시키기는 하나 기술수준이나 제품의 수준을 향상시키기는 어렵다.

20 도시환경과 색채에 대한 설명으로 틀린 것은?

① 과거에는 자연소재가 지역의 건축 및 생산품의 소재였으므로 주변의 자연환경과 색채가 조화되었다.
② 현대사회의 도시환경은 도시 시설물의 형태와 색채에 따라 좌우된다.
③ 건축물이 지어지는 지역의 지리적, 기후적 환경 및 지역문화는 도시환경 조성과 관계가 없다.
④ 도시환경 속에서 색채의 기능은 단조로운 인공건축물에 활기를 부여한다.

도시환경과 색채
건축물이 지어지는 지역의 지리적 기후적환경 및 지역문화는 도시환경 조성과 관계되어야 한다.

2 제2과목 : 색채 디자인

21 색채 디자인 과정에서 주조색, 보조색, 강조색의 비율이나 어울림을 결정하는 것과 거리가 먼 것은?

① 배색
② 색채 조화
③ 색채균형
④ 색채연상

주조색, 보조색, 강조색
색채계획의 배색 구성요소로는 주조색, 보조색, 강조색이 있다. 이것의 비율이나 어울림을 결정하는 것은 배색, 색채 조화, 색채균형 등과 관련이 깊다. 색채연상은 색의 상징적인 의미와 관련이 있다.

22 1919년에 월터 그로피우스를 중심으로 독일의 바이마르에 설립된 조형학교는?

① 독일공작연맹
② 데스틸
③ 바우하우스
④ 아르데코

바우하우스
• 1919년 독일의 바이마르 공화국 시절 설립된 미술공예학교이자 오늘날 디자인 교육원리를 확립하였다.
• 초대 교장은 건축가 월터 그로피우스이다.
• 예술창작과 공학기술을 통합하고자 주장한 새로운 예술교육기관이며 연구소였다.
• 공방교육을 통해 미적조형과 제작기술을 동시에 가르쳤다.
• 데사우로 교사(학교)를 옮기면서 전성기를 맞이했다.
• 1933년 나치스에 의해 폐교되었다.

23 산업화 과정의 부산물로 생태계 파괴가 인류를 위협하는 상황에서 현대 디자인이 염두에 두어야 할 요건은?

① 통일성
② 다양성
③ 친자연성
④ 보편성

친자연성
환경오염으로 인한 생태계 파괴에서 벗어나 생태학적으로 건강하고 유기적으로 전체에 통합되는 인간 환경의 구축을 목표로 자연과 조화롭게 공생 및 상생의 관계를 유지할 수 있도록 디자인하는 것을 말한다. 환경 친화적 디자인, 재활용·재사용을 위한 리사이클링 디자인, 에너지 절약형 디자인 등이 이에 속한다.

24 색채의 성격을 이용한 야수파의 대표적인 화가는?

① 클로드 모네 ② 구스타프 쿠르베
③ 조르주 쇠라 ④ 앙리 마티스

야수파(대표화가)
• '포비즘'이라고도 하며 20세기 초 프랑스에서 시작된 혁신적인 회화운동이다.
• 빨강, 노랑, 파랑 등 원색적이고 강렬한 색채로 대담하고 거칠며 자유로운 화풍이 특징이다.
• 색채를 표현의 도구로서 뿐만 아니라 주제로도 사용하였다.
• 대표화가로 앙리 마티스, 알베르 마르케, 루오, 블라맹크 등이 있다.

틀리기 쉬운 문제
25 디자인에 사용되는 비언어적 기호의 3가지 유형에 속하지 않는 것은?

① 자연적 표현
② 사물적 표현
③ 추상적 표현
④ 추상적 상징

디자인 비언어적 기호(3가지 유형)
디자인 비언어적 기호란 언어를 초월하여 교육이나 학습에 관계없이 누구나 쉽고 빠르게 공감할 수 있도록 만든 그래픽 심볼, 픽토그램 등을 말한다. 이는 사물적 표현, 추상적 표현, 추상적 상징 등 3가지 유형으로 나눌 수 있다.

26 일반적인 색채계획 및 디자인 프로세스를 [사전조사 및 기획 → 색채계획 및 설계 → 색채관리]의 3단계로 분류할 때 색채계획 및 설계에 해당되지 않는 것은?

① 체크리스트 작성
② 색채구성 · 배색안 작성
③ 시뮬레이션을 통한 검토 · 결정
④ 색견본 승인

일반적인 색채계획 과정(색채계획 및 설계)
1. 조사 및 기획 – 2. 색채계획 및 설계 – 3. 색채관리 3단계로 이루어진다.
1. **조사 및 기획** : 시장과 소비자 조사와 현장 조사, 측색 조사, 문헌 조사, 앙케이트 조사 및 분석
2. **색채계획 및 설계** : 체크리스트 작성 후 조사, 색 견본 수집 및 주조색, 보조색, 강조색의 결정 및 배색, 입체모형이나 컴퓨터 그래픽을 이용하여 컬러 시뮬레이션 실시 후 계획안을 결정
3. **색채관리** : 색견본 승인, 생산 관리할 시공사 선정, 시공 감리 및 색채 관리

27 노인들을 위한 환경의 색채계획에 대한 설명이 틀린 것은?

① 회색 계열보다 노랑 계열의 벽이 노인들에게 쉽게 인식될 수 있다.
② 색의 대비는 환자의 감각을 풍요롭게 하여 효과적이다.
③ 건강 관련 시설에서의 무채색은 환자의 건강회복에 도움이 되지 않는다.
④ 사람들은 색에 동일한 의미와 감정으로 반응한다.

노인을 위한 환경 색채계획
사람들은 색에 대해 서로 다른 의미와 감정으로 반응할 수 있다.

28 시각디자인의 기능과 그 예시가 옳은 것은?

① 기록적 기능 – 신호, 활자, 문자, 지도
② 설득적 기능 – 포스터, 신문광고, 디스플레이
③ 지시적 기능 – 신문광고, 포스터, 일러스트레이션
④ 상징적 기능 – 영화, 인터넷, 심벌

시각디자인의 기능
• **설득적 기능** : 애니메이션, 포스터, 잡지, 광고, 신문광고 등
• **기록적 기능** : 영화, 사진, TV, 인터넷 등
• **지시적 기능** : 화살표, 교통표지, 신호, 문자, 도표, 활자 등
• **상징적 기능** : 심볼마크, 일러스트레이션, 패턴 등

29 매체에 대한 설명 중 틀린 것은?

① 매체선정 시에는 매체 종류와 특성, 비용, 소비자 라이프스타일, 구매패턴, 판매현황, 경쟁사의 노출패턴 연구 등을 고려한다.
② 라디오 광고는 청각에만 의존하기 때문에 의미전달이 제대로 되지 않을 수가 있다.
③ POP 광고는 현장에서 직접 소비자를 유도하여 판매를 촉진시킬 수 있다.
④ 신문은 잡지에 비해 한정된 타깃에게 메시지를 집중 전달할 수 있다는 것이 큰 장점이다.

매체
신문은 구독자 중 대부분이 정기 구독자로 광고의 안정성이 높고 지역별 광고전략도 가능하며, 여론형성에 끼치는 영향이 크고 신뢰도가 높은 매체이다.
• 광고의 수명이 짧고, 특정한 소비자에게만 광고를 도달시키는 선별적 능력은 약하다는 단점이 있다.
• 광고주의 계획에 따라 광고의 집행이 가능하다.

30 바우하우스에서 사진과 영화예술을 새로운 시각예술로 발전시킨 사람은?

① 발터 그로피우스
② 모홀리 나기
③ 하네스 마이어
④ 마르셀 브로이어

바우하우스(모홀리 나기)
바우하우스 대표인물로는 사진과 영화예술 등을 교육한 1937년 미국 시카고의 디자인 대학인 뉴 바우하우스의 교수가 된 라즐로 모홀리 나기, 색채학을 중점적으로 기초조형을 교육했던 요하네스 이텐이 있고, 바우하우스 출신으로 울름디자인 대학을 설립한 막스 빌 등이 있다.

31 색채계획에서 기업색채의 선택 시 고려할 사항과 거리가 먼 것은?

① 기업 이념과 실체에 맞는 이상적 이미지를 나타내는 색
② 타사와의 차별성을 두지 않는 색
③ 다양한 소재에 적용이 용이하고 관리하기 쉬운 색
④ 사람에게 불쾌감을 주지 않고, 주위와 조화되는 색

기업색채
통일된 기업이미지, 기업문화, 미래의 모습과 전략 등을 일컫는 용어로 CIP 혹은 CI라고 표현하며 CIP의 역할은 기업의 비전을 바탕으로 기업 이미지를 통일시키는 데 있다. 이러한 색채연상 및 상징을 통해서 외적으로는 타 기업과 구별, 잠재 고객과 경쟁 우위 확보를 들 수 있으며 내적으로는 기업이 추구하는 비즈니스 철학, 정체성을 함께 공유하고 인식하여 경영 이념 확립, 기업에 대한 애사심 고취, 업무 능률 향상을 극대화시킬 수 있다.

32 제품의 단점을 열거함으로써 단점을 개선할 수 있는 아이디어를 얻는 방법은?

① 카탈로그법
② 문제분석법
③ 희망점열거법
④ 결점열거법

아이디어법
제품의 단점을 열거함으로써 단점을 개선할 수 있는 아이디어를 얻는 방법은 결점열거법이다. 카탈로그법은 주로 개인이 분명한 목적의식을 갖고 도형, 사진, 광고, 카탈로그, 문서 등을 보면서 아이디어의 발상을 기대하는 것이다. 담배의 오프닝 테이프도 완두콩의 꼬투리에서 유래된 사례이다.

33 색채 디자인에서 조형요소의 전체적인 조화와 아름다움을 추구하는 것은?

① 독창성
② 심미성
③ 경제성
④ 문화성

심미성
합목적성, 실용성과는 대립되는 개념으로 색채, 형태 등 조화와 아름다움에 대한 추구를 의미한다. 주관적인 평가이므로 개인의 성향, 나이, 성별과 사회나 문화에 따라 다르다.
디자인에서 드러나는 스타일(양식), 유행, 민족성, 시대성, 개성 등이 복합적으로 반영된 내용이라고 할 수 있다.

34 균형에 대한 설명이 틀린 것은?

① 단조롭고 정지된 느낌을 깨뜨리기 위하여 의도적으로 불균형을 구성할 때도 있다.
② 대칭은 엄격하고 딱딱한 느낌을 줄 수 있다.
③ 비대칭은 형태상으로 불균형이지만 시각상의 힘은 정돈에 의해 균형 잡힌 것이다.
④ 역대칭은 한 개의 점을 중심으로 하여 주위에 방사선으로 퍼져 나가는 것이다.

균형
역대칭이란 점이나 선을 기준으로 반대되는 형태가 대칭을 이루는 것을 말하며 방사대칭은 한 점을 기준으로 일정한 거리로 회전하며 대칭을 이루는 것을 말한다(우아함, 여성적, 상징적, 화려함).

35 형태심리학자들에 의해서 제시된 시지각 법칙이 아닌 것은?

① 근접성의 원리
② 유사성의 원리
③ 연속성의 원리
④ 대조성의 원리

형태지각심리(게슈탈트 법칙)
근접성, 유사성, 폐쇄성, 연속성 4가지가 속한다.
• **근접성** : 가까이 있는 시각요소들을 하나의 패턴 혹은 그룹으로 인지한다는 법칙이다.
• **유사성** : 형태, 규모, 색채, 질감 등이 유사한 시각적 요소들을 한데 묶어 인지한다는 법칙이다.
• **폐쇄성** : 불완전한 형태나 벌어진 도형들의 집단을 완전한 형태의 집단으로 인지한다는 법칙이다.
• **연속성** : 배열이나 같은 방향성을 가진 어떤 형상이 하나로 인지된다는 법칙이다. 공동운명의 법칙이라고도 한다.

36 토속적, 민속적 디자인의 의미로 근대의 주류 디자인적 관점에서 무시되어 왔으나 20세기 중반 이후 건축가, 인류학자, 미술사가 등에 의해 그 가치가 새롭게 주목 받게 된 디자인은?

① 반디자인(Anti-design)
② 아르데코(Art Deco)
③ 스칸디나비아 디자인(Scandinavian Design)
④ 버내큘러 디자인(Vernacular Design)

37 퍼스널 컬러(Personal Color)의 설명으로 틀린 것은?

① 신체색과 조화를 이루면 활기차 보인다.
② 사계절 컬러는 따뜻한 색과 차가운 색으로 구분된다.
③ 신체 피부색의 비중은 눈동자, 머리카락, 얼굴 피부색의 순이다.
④ 사계절 컬러유형에 따라 베스트 컬러, 베이직 컬러, 워스트 컬러로 구분한다.

38 디자인의 조형 활동을 평가하기 위한 요건과 거리가 가장 먼 것은?

① 디자인의 유기성   ② 디자인의 경제성
③ 디자인의 합리성   ④ 디자인의 질서성

틀리기 쉬운 문제

39 다음 (   )에 알맞은 용어로 나열된 것은?

> 산업디자인은 (   )과 (   )을(를) 통합한 영역으로 인간 생활의 질적 향상을 위한 문화 창조 활동의 일환이다.

① 생산, 유통   ② 자연물, 인공물
③ 과학기술, 예술   ④ 평면, 입체

40 다음 (   )에 적합한 용어를 순서대로 나열한 것은?

> 루이스 설리번은 디자인의 목표를 설명할 때 "(   )은(는) (   )을(를) 따른다"고 하였다.

① 합목적성, 형태   ② 형태, 기능
③ 기능, 형태   ④ 형태, 기억

③ **제3과목 : 색채관리**

41 쿠벨카 문크 이론을 적용해 혼색을 예측하기에 적합하지 않은 표본의 특성은?

① 반투명 소재
② 불투명 받침 위의 투명 필름
③ 투명 소재
④ 불투명 소재

42 조색 시 기기 기반의 컬러 매칭 시스템 도입에 따른 장점으로 옳지 않은 것은?

① 숙련되지 않은 컬러리스트도 쉽게 조색을 할 수 있다.
② 발색에 소요되는 비용 산출을 통해 가장 경제적인 처방을 찾아낼 수 있다.
③ 광원 변화에 따른 색 변화를 최소화할 수 있다.
④ 색채 선호도 계산이 가능하다.

> **컴퓨터 자동배색(CCM)**
> 컴퓨터 자동배색(CCM)은 컴퓨터를 이용하여 색을 자동으로 배색하는 장치이며, 이 컴퓨터 자동배색 시스템으로 색채 선호도 계산은 불가능하다.
> • 컴퓨터를 이용하여 색을 자동으로 배색하는 장치를 일컫는다.
> • 초보자도 장비만 다룰 줄 안다면 쉽게 사용할 수 있다.
> • 최소비용의 색채처방을 산출할 수 있다.
> • 염색배합처방 및 가공비를 정확하게 산출할 수 있다.
> • 아이소메릭 매칭을 할 수 있다.
> • 시간과 비용을 절약할 수 있다.
> • 체계적인 자료 분류 및 보관으로 축적된 자료로 새로운 색상을 개발할 수 있다.
> • 컴퓨터 알고리즘을 이용하므로 색료 및 소재에 대한 데이터베이스가 필요하다.
> • 색료 선택, 초기 레시피 예측, 실 제작을 통한 레시피 수정이라는 최소한 세 개의 주요 기능을 포함해야 한다.
> • 레시피 수정 알고리즘을 포함하고 있어 사용자가 레시피 예측 알고리즘 보정계수를 산출할 필요가 없다.
> • 필터식 색채계가 아닌 분광식 색채계와 컴퓨터 소프트웨어를 활용한다.

43 색재현에 관한 설명 중 틀린 것은?

① 목표색의 색 재현을 위해서는 원색들의 조합 비율 예측이 필요하다.
② 모니터를 이용한 색 재현은 가법혼합, 포스터컬러를 이용한 색 재현은 감법혼합에 해당한다.
③ 쿠벨카 문크 모델은 단순 감법 혼색을 가장 잘 설명하는 모델이다.
④ 물체색의 경우 목표색과 재현색의 분광 반사율을 알면 조건등색도 측정이 가능하다.

> **색재현**
> 쿠벨카 문크 이론은 감법혼색의 원리뿐만 아니라 컴퓨터 자동 배색 장치 CCM의 기본원리를 가장 잘 설명하는 모델이다.
> • 목표 색의 색재현을 위해서는 원색들의 조합 비율 예측이 필요하다.
> • 모니터를 이용한 색재현은 가법혼합, 포스터컬러를 이용한 색 재현은 감법혼합에 해당한다.
> • 물체색의 경우 목표색과 재현색의 분광 반사율을 알면 조건등색도 측정이 가능하다.

틀리기 쉬운 문제

44 CIE 주광에 대한 설명으로 가장 거리가 먼 것은?

① 많은 자연 주광의 분광 측정값을 바탕으로 했다.
② CIE 표준광을 실현하기 위하여 CIE에서 규정한 인공 광원이다.
③ 통계적 기법에 따라 각각의 상관 색온도에 대해서 CIE가 정한 분광 분포를 갖는 광이다.
④ D_{50}, D_{55}, D_{75}가 있다.

> **CIE 주광**
> • 많은 자연 주광의 분광 측정값을 바탕으로 했다.
> • 통계적 기법에 따라 각각의 상관 색온도에 대해서 CIE가 정한 분광 분포를 갖는 광이다.
> • D_{50}, D_{55}, D_{75}가 있다.

45 육안 조색을 통한 색채 조절 시 주의할 점이 아닌 것은?

① 어두운색을 비교하는 경우 작업면의 조도는 4000 lx에 가까운 것이 좋다.
② 일반적으로 이용하는 부스의 내부는 명도 L*가 약 45~55의 무광택의 무채색으로 한다.
③ 색채 관측에 있어서 조명환경과 빛의 방향, 조명의 세기 등의 사전 검토가 필요하다.
④ 눈의 피로에서 오는 영향을 막기 위해 진한색 다음에는 파스텔색이나 보색을 비교한다.

> **육안 조색을 통한 색채 조절**
> 눈의 피로에서 오는 영향을 막기 위해 진한색이나 선명한 색의 검사 후에는 연한색이나 보색, 조색 및 관찰은 피하는 것이 바람직하다.
> • 어두운색을 비교하는 경우의 작업면 조도는 2000~4000lx의 밝은 조도가 필요하며 조명의 균제도는 0.8 이상이 적합하다.
> • 보통 부스 내부는 명도 L*가 약 50의 무광택의 무채색으로 하는 것이 맞다. 단 밝은 색을 시감 비교할 때 부스 내부색은 명도 L*가 약 65 이상의 무채색으로 한다.
> • 색 비교를 위한 작업면의 조도는 1000~4000lx 사이로 한다.
> • 육안 검색 시 광원 종류에 따라 메타메리즘이 발생될 수 있어 조건을 동일하게 두고 비교한다.
> • 비교하는 색면의 크기와 관찰거리는 시야각으로 약 2° 또는 10°가 되도록 한다.
> • 광원의 종류, 조도, 조명관찰조건, 재질, 광택 등을 반드시 표기한다.
> • 조명의 확산판은 항상 사용한다.

46 다음 중 3자극치 직독 방법을 이용한 측정 장비를 이용하여 물체색을 측정한 후 기록하여야 할 내용과 상관이 없는 것은?

① 조명 및 수광의 기하학적 조건
② 파장폭 및 계산 방법
③ 측정에 사용한 기기명
④ 물체색의 삼자극치

> **측색값과 함께 기록되어야 할 사항**
> • 조명 및 수광의 기하학적 조건　• 측정에 사용한 기기명
> • 물체색의 삼자극치　　　　　　　• 관찰자의 시야각

틀리기 쉬운 문제
47 다음 중 가장 넓은 색역을 가진 색공간은?

① Rec. 2020
② sRGB
③ AdobeRGB
④ DCI-P3

> **색역**
> • 모니터에서 3원색의 가법혼색으로 만들어지는 모든 색을 포함하는 색공간 내의 재현 영역을 말한다.
> • ProPhotoRGB > Rec.2020 > DCI-P3 > AdobeRGB > Rec.709(sRGB)

48 목표값과 시료값이 아래와 같이 나왔을 경우 시료값의 보정방법으로 옳은 것은?

	목표값	시료값
L*	15	45
a*	-10	-10
b*	15	5

① 녹색 도료를 이용하여 색상을 보정하고, 검은색을 이용하여 밝기를 조정한다.
② 노란색 도료를 이용하여 색상을 보정하고, 검은색을 이용하여 밝기를 조정한다.
③ 빨간색 도료를 이용하여 색상을 보정하고, 검은색을 이용하여 밝기를 조정한다.
④ 녹색 도료를 이용하여 색상을 보정하고, 흰색을 이용하여 밝기를 조정한다.

> **시료값 보정**
> L* : 명도값이며 100에 가까울수록 하양, 0에 가까울수록 검정색으로 표현된다.
> a* : +방향은 Red, -방향은 Green을 나타낸다.
> b* : +방향은 Yellow, -방향은 Blue를 나타낸다.
> 따라서 정답은 b*값이 5에서 15가 되어야 하므로 차이 10만큼 +방향의 Yellow가 보정되어야 하며, L*값은 시료값 45에서 목표값 15가 되어야 하므로 100에 더 가까운 시료값을 0에 더 가깝게 30만큼 검은색으로 밝기를 조정해 주어야 한다.

49 외부에서 입사하는 빛을 선택적으로 흡수하여 고유의 색을 띠게 하는 빛은?

① 감마선
② 자외선
③ 적외선
④ 가시광선

> **가시광선**
> 외부에서 입사하는 빛을 선택적으로 흡수하여 고유의 색을 띠게 하는 빛
> • **자외선** : 태양광의 스펙트럼을 사진으로 찍었을 때 가시광선보다 짧은 파장으로 눈에 보이지 않는 빛이다. 살균작용을 하는 것이 특징이다.
> • **적외선** : 가시광선보다 파장이 긴 전자기파로 역시 눈에 보이지 않는 빛이다. 가시광선이나 자외선에 비해 강한 열작용을 가지고 있는 것이 특징이다.
> • **감마선** : 전자기파의 일종으로 주로 방사 물질에서 방출되므로 방사선으로 분류되며 투과력이 매우 큰 것이 특징이다.

50 염료와 안료를 설명한 것으로 틀린 것은?

① 염료는 물과 용제에 대체적으로 용해가 되고, 안료는 용해가 되지 않는다.
② 안료는 유기안료와 무기안료로 구분되며 천연과 합성으로 나뉜다.
③ 유기안료는 염료를 체질안료에 침착하여 안료로 만들어진다.
④ 합성유기안료는 천연에서 얻은 염료를 인공적으로 합성한 것이다.

> **염료와 안료**
> 염료, 안료는 천연에서 얻은 염료를 인공적으로 합성한 것이다.
>
> | 염료 | 안료 |
> |---|---|
> | • 염료는 착색되는 표면에 친화성을 가지며 직물, 피혁, 잉크, 종이, 목재, 식품 등에 착색된다.
• 염료는 착색하고자 하는 매질에 용해된다.
• 염료는 1856년 영국의 퍼킨이 모브를 합성시킨 것이 처음이다.
• 투명성이 뛰어나고 유기물이며 물체와의 친화력이 있다.
• 방직계통에 많이 사용되고 잉크, 종이, 목재, 식품 등 염색에 쓰인다. | • 안료는 불투명한 성질을 가지며 습기에 노출되어도 색이 잘 보존되어 건축물 외장 색채로 쓰이며 은폐력이 크다.
• 물이나 기름 또는 대부분의 유기 용제에 녹지 않는다.
• 유기안료와 무기안료로 구분되며 천연과 합성으로 나뉜다.
• 전색제를 섞어 물질 표면에 고착되도록 한다. |

51 플라스틱 소재의 장점이 아닌 것은?

① 착색과 가공이 용이하다.
② 다른 재료에 비해 가볍다.
③ 자외선에 강하다.
④ 전기 절연성이 우수하다.

> **플라스틱 소재**
> • 착색과 가공이 용이하다.
> • 다른 재료에 비해 가볍다.
> • 자외선에 약하다.
> • 전기 절연성이 우수하다.

틀리기 쉬운 문제
52 측광과 관련한 단위로 잘못 연결된 것은?

① 광도 : cd
② 휘도 : cd/m^2
③ 광속 : lm/m^2
④ 조도 : lx

> **측광 단위**
> • **광속** : 광원에서 나오는 빛의 양을 나타내며 단위는 lm(루멘)이다.
> • **광도** : 광원이 일정한 방향으로 에너지를 방사하는 양을 나타내며 단위는 cd(칸델라)이다.
> • **휘도** : 면광원에 대한 광도를 나타내며 단위는 cd/m^2(칸델라 퍼 제곱미터)이다.
> • **조도** : 단위 면적당 주어지는 빛의 양을 나타내며 단위는 lx(럭스)이다.

틀리기 쉬운 문제
53 다음 중 보조 표준광이 아닌 것은?

① 보조 표준광 B
② 보조 표준광 D_{50}
③ 보조 표준광 D_{65}
④ 보조 표준광 D_{75}

> **KS C 0074에서 정의된 측색용 보조 표준광**
> • **표준광** : 표준광 A, 표준광 D_{65}, 표준광 C
> • **보조 표준광** : 보조 표준광 D_{50}, 보조 표준광 D_{55}, 보조 표준광 D_{75}, 보조 표준광 B

틀리기 쉬운 문제
54 가법 혹은 감법혼색을 기반으로 하는 컬러 이미징 장비의 색 재현 특성에 대한 설명으로 옳은 것은?

① 명도가 높은 원색을 사용해야 색역(Color Gamut)이 넓어진다.
② 감법혼색의 경우 마젠타, 그린, 블루를 사용함으로써 넓은 색역을 구축한다.
③ 감법혼색에서 원색은 특정한 파장을 효율적으로 흡수하는 특성을 가진 색료가 된다.
④ 가법혼색의 경우 주색의 파장 영역이 좁으면 좁을수록 색역도 같이 줄어든다.

> **색역**
> • 채도가 높은 원색을 사용해야 색역이 넓어진다.
> • 가법혼색의 경우 마젠타, 그린, 블루를 사용해 넓은 색역을 구축한다.
> • 감법혼색에서 원색은 특정한 파장을 효율적으로 흡수하는 특성을 가진 색료가 된다.
> • 가법혼색의 경우 주색의 파장 영역이 좁으면 좁을수록 색역이 확장된다.

틀리기 쉬운 문제
55 분광광도계의 설명으로 옳은 것은?

① 색필터와 광측정기로 이루어지는 세 개의 광검출기로 3자극치값을 직접 측정한다.
② KS 기준 분광광도계의 파장은 불확도 10nm이내의 정확도를 유지해야 한다.
③ 표준 백색판은 KS 기준 0.8 이상의 분광 반사율 기준을 만족하여야 한다.
④ 분광 반사율 또는 분광 투과율의 측정 불확도는 최대치의 0.5% 이내로 한다.

> **분광광도계**
> 분광 반사율 또는 분광 투과율의 측정 불확도는 최대치의 0.5% 이내로 한다. KS 기준 분광광도계의 파장은 1nm 이내의 정확도를 유지해야 한다.

56 '관측자의 색채 적응 조건이나 조명, 배경색의 영향에 따라 변화하는 색이 보이는 결과'는 어떤 용어를 설명한 것인가?

① 색맞춤
② 색재현
③ 색의 현시
④ 크로미넌스

> **색의 현시(Color Appearance)**
> 관측자의 색채 적응 조건이나 조명, 배경색의 영향에 따라 변화하는 색이 보이는 결과를 색의 현시 또는 컬러 어피어런스라고 한다.

정답 46 ② 47 ① 48 ② 49 ④ 50 ④ 51 ③ 52 ③ 53 ③ 54 ③ 55 ④ 56 ③

57 표준광 A에 대한 설명으로 틀린 것은?

① 백열전구로 조명되는 물체색을 표시할 경우에 사용한다.
② 표준광 A의 분포 온도는 약 2856K이다.
③ 분포 온도가 다른 백열전구로 조명되는 물체색을 표시할 필요가 있을 경우 완전 방사체 광을 보조 표준광으로 사용할 수 있다.
④ 주광으로 조명되는 물체색을 표시할 경우에 사용한다.

표준광 A
• 주광으로 조명되는 물체색을 표시할 경우에는 표준광C를 사용한다.
• CIE 표준광은 CIE에서 규정한 측색용 표준광으로 A, B, C, D65, D가 있다.
 – 표준광A : 색온도 2856K(백열등, 텅스텐램프)
 – 표준광B : 색온도 4774K(직사 태양광)
 – 표준광C : 색온도 6744K(북위 40° 지점 흐린 날 오후 2시경 평균적인 주광)
 – 표준광D : 색온도 6504K(일정하게 맞춰 놓은 인공광, D50, D55, D60, D65, D70, D75)
• CIE C광은 2004년 이후 표준광으로 사용하지 않는다.
• 표준광 D65는 상관 색온도가 약 6500K인 CIE 주광이다.

58 색채를 효과적으로 재현하기 위하여 가장 우선적으로 해야 할 것은?

① 소재의 특성 파악
② 색료의 영역 파악
③ 표준 샘플의 측색
④ 베이스의 종류 확인

조색
색채를 효과적으로 재현하기 위해서는 표준 샘플의 측색이 가장 우선적으로 이루어져야 한다.

59 염료에 대한 설명으로 옳은 것은?

① 인디고는 가장 최근의 염료 중 하나로, 청바지의 색을 내는 데에 이용하게 되었다.
② 염료를 이용하여 염색하는 구체적인 방법은 피염제의 종류, 흡착력 등에 의해 정해지는 것은 아니다.
③ 직물섬유의 염색법과 종이, 피혁, 털, 금속 표면에 대한 염색법은 동일하다.
④ 효율적인 염색을 위해서는 염료가 잘 용해되어야 하고, 분말의 염료에 먼지가 없어야 한다.

① 인디고는 인류에게 가장 오래된 염료 중 하나로, 청바지의 색으로 잘 알려져 있다.
② 염료를 이용하여 염색하는 구체적인 방법은 피염제의 종류, 흡착력 등에 의해 정해진다.
③ 직물섬유의 염색법과 종이, 피혁, 털, 금속 표면에 대한 염색법은 다르다.

60 ICC 프로파일 사양에서 정의된 렌더링의도(rendering intent)의 특성에 관한 설명 중 틀린 것은?

① 상대색도(Relative Colorimetric) 렌더링은 입력의 흰색을 출력의 흰색으로 맵핑하여 출력 한다.
② 절대색도(Absolute Colorimetric) 렌더링은 입력의 흰색을 출력의 흰색으로 맵핑하지 않는다.
③ 채도(Saturation) 렌더링은 입력측의 채도가 높은 색을 출력에서도 채도가 높은 색으로 변환한다.
④ 지각적(Perceptual) 렌더링은 입력 색상 공간의 모든 색상을 유지시켜 전체색을 입력색으로 보전한다.

ICC 프로파일(렌더링 의도)
지각적 렌더링은 전체 색간의 관계는 유지하면서 출력 색역으로 색을 압축한다.
• 상대색도 렌더링 : 입력의 흰색을 출력의 흰색으로 매핑하여 출력한다. 따라서 원본 컬러에 가까운 컬러로 이미지 데이터를 인쇄할 때 선택한다.
• 절대색도 렌더링 : 입력의 흰색을 출력의 흰색으로 매핑하지 않는다.
• 채도 렌더링 : 입력측의 채도가 높은 색을 출력에서도 채도가 높은 색으로 변환한다.

---

4 제4과목 : 색채 지각론

61 노란색 물체를 바라본 후 흰색의 벽을 보았을 때 남색으로 물체를 인지하게 된다. 이러한 현상을 최소화하기 위한 예로 옳은 것은?

① 노란색의 방향 유도등
② 청록색의 의사 수술복
③ 초록색의 비상계단 픽토그램
④ 빨간색과 청록색의 체크무늬 셔츠

부의 잔상
원래의 감각과 반대의 밝기나 색상을 띤 잔상으로 자극이 사라진 뒤에도 광자극의 색상, 명도, 채도가 정반대로 느껴지는 현상이다.

62 회색바탕에 검정 선을 그리면 바탕의 회색이 더 어둡게 보이고 하얀 선을 그리면 바탕의 회색이 더 밝아 보이는 효과는?

① 맥스웰 효과
② 베졸드 효과
③ 푸르킨예 효과
④ 헬름홀츠 효과

베졸드 효과
베졸드 효과는 대표적인 동화현상이다.

63 추상체와 간상체에 대한 설명이 틀린 것은?

① 간상체와 추상체는 둘 다 빛에너지를 전기 에너지로 변환시킨다.
② 간상체는 추상체보다 빛에 민감하므로 어두운 곳에서 주로 기능한다.
③ 간상체에 의한 순응이 추상체에 의한 순응보다 신속하게 발생한다.
④ 간상체와 추상체는 스펙트럼 민감도가 서로 다르다.

추상체와 간상체
추상체에 의한 순응이 간상체에 의한 순응보다 신속하게 발생한다.

64 헤링의 색채지각설에서 제시하는 기본색은?

① 빨강, 남색, 노랑, 청록의 4원색
② 빨강, 초록, 파랑의 3원색
③ 빨강, 초록, 노랑, 파랑의 4원색
④ 빨강, 노랑, 파랑의 3원색

헤링의 색채 지각설
헤링의 색채지각설의 기본색은 빨강, 초록, 노랑, 파랑의 4원색이다.

65 자극의 세기와 시감각의 관계에서 자극이 강할수록 시감각의 반응도 크고 빠르므로 장파장이 단파장보다 빠르게 반응한다는 현상(효과)은?

① 색음(色陰)현상
② 푸르킨예현상
③ 브로커 슐처현상
④ 헌트 효과

색채지각 효과
브로커 슐처현상은 자극의 세기와 시감각의 관계에서 자극이 강할수록 시감각의 반응도 크고 빠르므로 장파장이 단파장보다 빠르게 반응한다는 현상이다.

66 색의 중량감과 가장 관계가 깊은 것은?

① 색상   ② 명도
③ 채도   ④ 순도

색의 중량감
색의 중량감에는 명도가 관여한다.

67 인간의 눈에서 색을 식별하는 추상체가 밀집되어 있는 부분은?

① 중심와
② 맹점
③ 시신경
④ 광수용기

눈의 구조
인간의 눈에서 상이 가장 정확하게 맺히는 부분이며 색을 식별하는 추상체가 밀집되어 있는 부분은 중심와이다.

68 경영색에 대한 설명으로 옳은 것은?

① 거울과 같이 불투명한 물질의 광택면에 비친 대상물의 색
② 부드럽고 미적인 상태를 나타내는 색
③ 투명하거나 반투명 상태의 색
④ 여러 조명기구의 광원에서 보이는 색

경영색
경영색은 거울에 비춰진 상을 보면서 실제와 같은 존재감을 느끼는 색으로 어떤 물체 위에서 빛이 투과하거나 흡수되지 않고 거의 완전반사에 가까운 색이다.

69 다음 중 색채의 잔상 효과와 관련이 없는 것은?

① 맥콜로 효과(McCollough Effect)
② 페히너의 색(Fechner's Comma)
③ 허먼 그리드 현상(Hermann Grid Illusion)
④ 베졸트 브뤼케 현상(Bezold−Bruke Phenomenon)

색의 잔상 효과
베졸드 브뤼케현상은 색의 동화현상이다.

70 빛의 특성과 작용에 대한 설명이 틀린 것은?

① 적색광인 장파장은 침투력이 강해서 인체에 닿았을 때 깊은 곳까지 열로서 전달되게 된다.

② 백열물질에서 방출되는 에너지의 양과 분포는 물체의 온도에 따라 달라진다.

③ 물체색은 빛의 반사량과 흡수량에 의해 결정되어 모두 흡수하면 검정, 모두 반사하면 흰색으로 보인다.

④ 하늘의 청색빛은 대기 중의 분자나 미립자에 의하여 태양광선이 간섭된 것이다.

> **빛의 특성**
> 하늘의 청색빛은 빛의 파동이 미립자와 충돌하여 빛의 진행 방향이 대기 중에서 여러방향으로 분산되어 퍼져 나가는 빛의 산란으로 인한 것이다.

71 빨강, 노랑, 초록, 파랑의 원색을 4등분하여 회전판 위에 배열시킨 뒤 1분에 3천회 이상의 속도로 회전시켰을 때 나타나는 현상과 관련이 없는 것은?

① 회전속도가 빠를수록 무채색처럼 보인다.

② 눈의 망막에서 일어나는 생리적인 혼색방법이다.

③ 혼색된 색의 밝기는 4원색의 평균값으로 나타난다.

④ 색자극들이 교체되면서 혼합되어 계시감법 혼색이라 한다.

> **회전혼색**
> 회전혼색은 중간혼색과 병치혼색과 관련있으며 계시감법 혼색이 아니다.

72 물체색에 있어서 음의 잔상은 원래 색상과 어떤 관계의 색으로 나타나는가?

① 인접색　　　　② 동일색
③ 보색　　　　　④ 동화색

> **음성 잔상(음의 잔상)**
> 원래의 감각과 반대의 밝기나 색상을 띤 잔상으로 자극이 사라진 뒤에도 광자극의 색상, 명도, 채도가 정반대로 느껴지는 현상이다.

73 빛의 3원색에 대한 설명으로 옳은 것은?

① 마젠타, 파랑, 노랑

② 빨강, 노랑, 녹색

③ 3원색을 혼합했을 때 흰색이 됨

④ 섞을수록 채도가 높아짐

> **빛의 3원색**
> 빛의 3원색은 가법혼색으로 R(빨강), G(초록), B(파랑)이며 3원색을 섞을수록 명도가 높아진다.

74 보색에 관한 설명 중 틀린 것은?

① 색상환에서 가장 거리가 먼 색은 보색관계에 있다.

② 서로 혼합하여 무채색이 되는 2가지 색채는 보색관계에 있다.

③ 색료 3원색의 2차색은 그 색에 포함되지 않은 원색과 보색 관계에 색이 있다.

④ 감산혼합에서 보색인 두 색을 혼합하면 백색이 된다.

> **보색**
> 가산혼합에서 보색인 두 색을 혼합하면 백색이 된다.

75 어떤 물건의 무게가 가볍게 보이도록 색을 조정하려 할 때 가장 적합한 방법은?

① 채도를 높인다.　　② 진출색을 사용한다.
③ 명도를 높인다.　　④ 채도를 낮춘다.

> **색의 무게감**
> 색의 무게감에는 명도가 관여하며 명도가 높을수록 가볍고 명도가 낮을수록 무겁게 보인다.

틀리기 쉬운 문제

76 다음 설명과 관련이 없는 것은?

> 흑과 백의 병치가법혼색에서는 흑과 백의 평균된 회색으로 보이지만, 흑백이지만 연한 유채색이 보이는 현상

① 페히너의 색(Fechner's Comma)

② 주관색(Subjective Colors)

③ 벤함의 탑(Benham's Top)

④ 리프만 효과(Liebmann's Effect)

> **리프만 효과**
> 색상의 차이가 커도 명도의 차이가 작으면 색의 차이가 쉽게 인식되지 않아 색이 희미하고 불명확하게 보이는데 이를 리프만 효과라고 한다.

77 다음 색채 중 가장 팽창되어 보이는 색은?

① N5　　　　　　② S1080-Y10R
③ L* = 65의 브라운 색　　④ 5B 6/9

> **팽창색**
> 색이 팽창되어 보이려면 명도가 높을수록 무채색보다 유채색이, 찬 색보다 따뜻한 색이 팽창되어 보인다. 따라서 S1080 - Y10R은 따뜻하고 밝은색이다.

78 영 · 헬름홀츠의 3원색설에서 노랑의 색각을 느끼는 원인은?

① Red, Blue, Green을 느끼는 시세포가 동시에 흥분
② Red, Blue를 느끼는 시세포가 동시에 흥분
③ Blue, Green을 느끼는 시세포가 동시에 흥분
④ Red, Green을 느끼는 시세포가 동시에 흥분

> **영-헬름홀츠의 3원색설**
> 노랑의 색각은 Red, Green을 느끼는 시세포가 동시에 흥분으로 일어난다.

79 연극무대 색채 디자인 시 가장 원근감을 줄 수 있는 배경색 / 물체색은?

① 녹색 / 연파랑　　② 마젠타 / 연분홍
③ 회남색 / 노랑　　④ 검정 / 보라

> **색의 대비**
> 색의 대비는 명도, 채도, 색상의 대비가 강할수록 배경색과 물체색에서 가장 큰 원근감을 줄 수 있다.

틀리기 쉬운 문제
80 두 색의 조합 중 본래의 색보다 채도가 높아 보이는 경우는?

① 5R 5/2 – 5R 5/12　　② 5BG 5/8 – 5R 5/12
③ 5Y 5/6 – 5YR 5/6　　④ 5Y 7/2 – 5Y 2/2

> **색의 대비**
> 색의 대비에서 색상, 명도, 채도의 차이가 클수록 두 색의 조합에서 본래의 색보다 채도가 높아 보인다.

5　제5과목 : 색채 체계론

81 "인접하는 색상의 배색은 자연계의 법칙에 합치하며 인간이 자연스럽게 느끼므로 가장 친숙한 색채 조화를 이룬다."와 관련된 것은?

① 루드의 색채 조화론　　② 저드의 색채 조화론
③ 비렌의 색채 조화론　　④ 쉐브럴의 색채 조화론

> **루드의 색채 조화론**
> 루드의 색채 조화론은 자연 관찰을 통해 도출해 냈으며(색상의 자연스러운 질서) 현재의 색채 조화론에 있어 중요한 원리의 하나가 되었다.

82 로맨틱(Romantic)한 이미지를 표현하기에 적합한 배색은?

① 중성화된 다양한 갈색계열에 무채색으로 변화를 준다.
② 어둡고 무거운 색조와 화려한 색조의 다양한 색조들로 보색대비를 한다.
③ 차분한 색조의 주조색과 약간 어두운색의 보조색을 사용한다.
④ 밝은 색조를 주조색으로 하고, 차분한 색조를 보조색으로 한다.

> **로맨틱 이미지**
> 로맨틱 이미지는 고명도, 따뜻한 색으로 밝은 색조를 주조색으로 하고 차분한 색조를 보호색으로 한다.

83 KS A 0011(물체색의 색이름)의 유채색의 기본색이름 – 대응 영어 – 약호의 연결이 맞는 것은?

① 주황 – Orange – O
② 연두 – Green Yellow – GY
③ 남색(남) – Purple Blue – PB
④ 자주(자) – Red Purple – RP

> **색이름**
> ① 주황 – Orange – O
> ② 연두 – Yellow Green – YG
> ③ 남색(남) – Bluish Violet – BV
> ④ 자주(자) – Reddish Purple – RP
> ※ 이문제는 옳은 연결이 1번이며 문제가 잘못 출제되었다.

84 색의 잔상들이 색의 실제 이미지를 더 뚜렷하고 선명하게 보이게 하는 배색 방법은?

① 보색에 의한 배색
② 톤에 의한 배색
③ 명도에 의한 배색
④ 유사색상에 의한 배색

> **색의 배색**
> 색의 실제 이미지를 더 뚜렷하고 선명하게 보이게 하는 배색은 보색에 의한 배색이다.

정답 70 ④ 71 ④ 72 ③ 73 ③ 74 ④ 75 ③ 76 ④ 77 ② 78 ④ 79 ③ 80 ② 81 ① 82 ④ 83 ① 84 ①

85 먼셀 색체계의 설명으로 옳은 것은?

① 무채색은 H V/C의 순서로 표기한다.
② 헤링의 반대색설에 따라 색상환을 구성하였다.
③ 색의 3속성에 의한 표시방법으로 한국산업표준(KS A0062)에 채택되었다.
④ 흰색, 검정색과 순색의 혼합에 의해 물체색을 체계화하였다.

> **먼셀의 색체계**
> ① 유채색은 HV / C의 순으로 표기한다.
> ②, ④ 먼셀의 색체계의 내용으로 틀렸다.

86 파버 비렌의 색채 조화론에 대한 설명이 틀린 것은?

① 색채의 미적효과를 나타내는 데 톤(Tone), 하양, 검정, 회색, 순색, 틴트(Tint), 세이드(Shade)의 용어를 사용한다.
② 비렌은 다빈치, 렘브란트 등 화가의 훌륭한 배색 원리를 찾아 자신의 색삼각형에서 보여주었다.
③ 헤링의 이론을 기초로 제작되었으며, 이들 형태에 쉽게 접근하기 위해 창안된 것이 ISCC-NIST 시스템이다.
④ 색채 조화의 원리가 색삼각형 내에 있음을 보여주고 그 원리를 항상 '직선 관계는 조화한다'고 하였다.

> **파버 비렌의 색채 조화론**
> 파버 비렌은 헤링의 이론을 기초로 하지 않고 오스트발트 색체계를 수용하고 있다.

87 관용색이름, 계통색이름, 색의 3속성에 의한 표시가 틀린 것은?

① 벚꽃색 – 흰 분홍 – 2.5R 9/2
② 대추색 – 빨간 갈색 – 10R 3/10
③ 커피색 – 탁한 갈색 – 7.5YR 3/4
④ 청포도색 – 흐린 초록 – 7.5G 8/6

> **색의 표기**
> 청포도색 – 흐린 초록 – 7.5G 8/6의 경우 청포도색은 7.5G 8/6에 명도가 8이며 채도가 6이므로 흐린 초록과의 연결이 틀렸다.

88 다음 중 혼색계에 대한 설명으로 틀린 것은?

① 색편 사이의 간격이 넓어 정밀한 색좌표를 구하기가 어렵다.
② 수학, 광학, 반사, 광택 등 산업규격에 의하여야 하는 단점이 있다.
③ 수치적인 데이터 값을 보존하기 때문에 변색 및 탈색 등의 물리적인 영향이 없다.
④ 수치로 구성되는 기기가 반드시 있어야 한다.

> **혼색계**
> 혼색계는 물리적 영향을 받지 않아 정확한 측정이 가능하며 색표계 간에 정확히 변환시킬 수 있다는 장점이 있다.

89 CIE(국제조명위원회)에 의해 개발된 XYZ색표계에 관한 설명으로 틀린 것은?

① CIE에서는 색채를 X, Y, Z의 세 가지 자극치의 값으로 나타냈다.
② XYZ 삼자극치 값의 개념은 색시각의 3원색 이론(3 Component Theory)을 기본으로 한다.
③ XYZ 색표계는 측색에서 가장 기본적인 표색계로 3자극값 표구고에서 다른 표색계로 수치계산에 의해 변환할 수 있다.
④ X는 녹색의 자극치로 명도 값을 나타내고, Y는 빨간색의 자극치, Z는 파란색의 자극치를 나타낸다.

> **XYZ 색표계**
> X는 빨강과 관련된 양, Y는 초록과 관련된 양, Z는 파랑과 관련된 양으로 자극치를 나타낸다.

90 다음 오스트발트 색표배열은 어떤 조화 유형인가?

> c – gc – ic, ec – ic – nc

① 유채색과 무채색의 조화
② 순색과 백색의 조화
③ 등흑계열의 조화
④ 순색과 흑색의 조화

> **오스트발트 색표계**
> 알파벳 뒤의 기호가 같은 색으로 이루어진 흑색양이 같은 계열의 조화 유형으로 등흑색계열의 조화이다.

91 국제조명위원회의 CIE 표준 색체계의 설명으로 틀린 것은?

① 표준 관측자의 시감 함수를 바탕으로 한다.
② 색을 과학적으로 객관성 있게 지시하려는 경우 정확하고 적절하다.
③ 감법혼색의 원리를 적용하므로 주파장을 가지는 색만 표시할 수 있다.
④ CIE 색도도 내의 임의의 세 점을 잇는 3각형 속에는 세 점의 색을 혼합하여 생기는 모든 색이 들어있다.

CIE 표준 색체계
CIE 색체계는 감법혼색이 아니라 가법혼색의 원리를 적용하고 있다.

92 먼셀의 색채 조화원리에 대한 설명이 틀린 것은?

① 중간채도(/5)의 반대색끼리는 같은 면적으로 배색하면 조화롭다.
② 중간명도(5/)의 채도가 다른 반대색끼리는 고채도는 좁게, 저채도는 넓게 배색하면 조화롭다.
③ 채도가 같고 명도가 다른 반대색끼리는 명도의 단계를 일정하게 조절하면 조화롭다.
④ 명도, 채도가 모두 다른 반대색끼리는 고명도·고채도는 넓게, 저명도·저채도는 좁게 구성한 배색은 조화롭다.

먼셀의 색채 조화원리
명도, 채도가 모두 다른 반대색끼리는 고명도, 고채도는 좁게 저명도, 저채도는 넓게 구성한 배색이 조화롭다.

93 NCS 색체계의 설명 중 틀린 것은?

① NCS 색체계의 기본개념은 헤링(Edwald Hering)의 색에 대한 감정의 자연적 시스템에 연유한다.
② NCS 색체계의 창시자는 하드(Anders Hard)이고, 법적 권한은 스웨덴표준연구소에 있다.
③ NCS 색체계는 흰색, 검정색, 노랑, 빨강, 파랑, 녹색의 6가지 기본색을 기초로 한다.
④ NCS 색체계는 보편적인 자연색이 아니고, 유행색이 변하는 Trend Color에 중점을 둔다.

NCS 색체계
NCS 색체계는 자연색을 기본으로 질서있고 조화롭게 배열되어 있어 색의 선택이나 배색에 편리한 색체계로 알려져 있다.

94 그림의 NCS 색삼각형의 사선이 의미하는 것은?

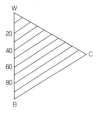

① 동일하양색도
② 동일검정색도
③ 동일유채색도
④ 동일반사율

NCS 색삼각형
색삼각형 W. 의 화이트의 양이 같은 동일 하얀색도이다.

95 12색상환을 기본으로 2색, 3색, 4색, 5색, 6색 조화를 주장한 사람은?

① 문·스펜서
② 요하네스 이텐
③ 오스트발트
④ 먼셀

요하네스 이텐의 조화론
요하네스 이텐은 대비현상에서 2색 또는 2가지 이상의 색을 혼합하여 얻어진 결과가 무채색이 되면 그 색들은 서로 조화한다고 하였고 이에 2색, 3색, 4색, 5색, 6색 조화의 원리를 주장하였다.

96 DIN 색체계에서 어두움의 정도에 해당하는 것은?

① T
② S
③ D
④ R

DIN 색체계
DIN 색체계에서 색상을 T, 포화도(채도)를 S, 암도(명도)를 D로 표기하였다. 표기방법은 색상 : 포화도 : 암도 = T : S : D의 3가지 기호로 표기한다.

---

97 다음 중 색채표준방법이 나머지와 다른 것은?

① RGB 색체계
② XYZ 색체계
③ CIE L*a*b* 색체계
④ NCS 색체계

색채표준방법
①, ②, ③은 혼색계이며, ④ NCS색체계는 현색계이다.

98 먼셀표기인 "10YR 8/12"의 색에 대한 설명으로 옳은 것은?

① 명도가 12를 나타낸다.
② 명도가 10보다 밝은 색이다.
③ 채도가 10인 색보다 색의 순도가 높은 색이다.
④ 채도는 10이다.

먼셀의 표기법
먼셀표기 10YR 8/12는 색상이 10YR, 명도 8, 채도 12인 색이다.

99 L*C*h 색공간에 대한 설명이 틀린 것은?

① L*은 L*a*b*와 마찬가지로 명도를 나타낸다.
② C*는 크로마이고, h는 색상각이다.
③ C*값은 중앙에서 0이고 중앙에서 멀어질수록 커진다.
④ h는 +b*축에서 출발하는 것으로 정의하여 그 곳을 0°로 정한다.

CIE L*c*h 색공간
L* c* h 색공간은 L* c* b* 색공간에 먼셀 등의 현색계에서 볼 수 있는 색상환과 3속성의 개념을 도입하여 조정한 색공간으로 L*은 명도를 C* 는 중심에서 특정색까지의 거리와 채도를 h는 색상의 종류를 나타낸다.

100 오방색의 연결이 틀린 것은?

① 동쪽 – 청
② 남쪽 – 백
③ 북쪽 – 흑
④ 중앙 – 황

오방색
동쪽 – 청, 남쪽 – 적, 중앙 – 황, 서쪽 – 백, 북쪽 – 흑을 가리킨다.

07회 기출문제

---

1 제1과목 : 색채 심리 · 마케팅

01 색채의 지각과 감정 효과에 대한 설명 중 틀린 것은?

① 낮은 천장에 밝고 차가운 색을 칠하면 천장이 높아 보인다.

② 자동차의 겉 부분에 난색계통을 칠하면 눈에 잘 띈다.

③ 좁은 방 벽에 난색계통을 칠하면 넓어 보이게 할 수 있다.

④ 욕실과 화장실은 청결하고 편안한 느낌의 한색계통을 적용하는 것이 일반적이다.

색채의 감정과 지각 효과
③의 경우 색의 진출과 후퇴의 감정에 관한 문제로 좁은 방을 넓게 보이게 하려면 색의 후퇴에 관련된 난색보다 한색, 고채도보다 저채도, 고명도보다 저명도일 경우 후퇴되어 보이며 넓어 보인다.

02 제품의 색채선호에 대한 설명 중 틀린 것은?

① 자동차는 지역환경, 빛의 강약, 자연환경, 생활패턴 등에 따라 선호 경향이 다르게 나타난다.

② 제품 고유의 특성 때문에 제품의 선호색은 유행을 따르지 않는다.

③ 동일한 제품도 성별에 따라 선호색이 다르다.

④ 선호 색채는 사용자의 라이프 스타일을 반영한다.

제품의 색채 선호도
색채 선호는 사회적. 문화적, 환경적 영향을 받으며 성별, 연령, 지역, 교양, 소득수준 기타 일반적인 선호 경향과 특정 제품에 따라 선호색이 다르며 유행에 따라서도 다를 수 있다.

03 시장세분화의 목적에 대한 설명으로 틀린 것은?

① 시장기회의 탐색을 위해

② 변화하는 시장수요에 수동적으로 대처하기 위해

③ 소비자의 욕구를 정확하게 충족시키기 위해

④ 자사와 경쟁사의 강약점을 효과적으로 평가하기 위해

세장세분화는 변화하는 시장수요에 능동적으로 대처하기 위함이다.

04 소비자 구매심리 과정 중 신제품, 특정상품 등이 시장에 출현하게 되면 디자인과 색채에 시선이 끌리면서 관찰하게 되는 시기는?

① Attention

② Interest

③ Desire

④ Action

소비자 구매심리 과정(AIDMA 법칙)
• 판매 촉진과 효과적인 광고 집행을 위해 소비자의 구매심리 과정을 파악할 수 있는 방법
• 주의(Attention) → 관심(Interest) → 욕구(Desire) → 기억(Memory) → 행동(Action)
 – **주의** : 신제품 출시 시 제품의 우수성, 디자인, 서비스로 소비자의 관심을 유도
 – **관심** : 타사 제품과 차별화로 소비자 흥미를 유발
 – **욕구** : 제품 구입으로 발생하는 이익, 편리함으로 구매 욕구가 생기는 단계
 – **기억** : 제품의 광고, 정보 등의 효과로 소비자가 기억하고 구매를 결정하게 되는 단계
 – **행동** : 소비자가 직접 제품을 구입하는 행동이 이루어지는 단계

05 마케팅 전략에 활용할 수 있는 소비자 행동요인과 가장 거리가 먼 것은?

① 준거집단

② 주거지역

③ 수익성

④ 소득수준

소비자 행동 요인
소비자 행동에 영향을 미칠 수 있는 외적, 환경적 요인으로 사회적, 문화적 요인과 내적, 개성적인 요인으로는 개인적, 심리적 요인으로 구분이 가능하다.
• **사회적 요인** : 준거집단, 대면집단
• **문화적 요인** : 사회계층, 하위문화
• **개인적 요인** : 나이, 생활주기, 직업, 경제적 상황, 개성, 자아개념
• **심리적 요인** : 지각, 동기유발, 학습, 신념과 태도

정답 01 ③ 02 ② 03 ② 04 ① 05 ③

06 포커에서 사용하는 '칩' 중에서 고득점의 것을 가리키며, 매우 뛰어나거나 매우 질이 좋다는 의미의 형용사로도 사용되는 컬러는?

① 골드
② 레드
③ 블루
④ 화이트

> 포커에서 사용하는 칩 중에서 고득점을 가리키며 수익성과 재무구조가 탄탄한 대형 우량주를 '블루칩'이라고 한다. 매우 질이 좋은 의미의 형용사로도 사용되는 컬러는 블루이다.

07 최신 트렌드 컬러의 반영이 가장 효과적인 상품군은?

① 개성을 표현하는 인테리어나 의복과 같은 상품군
② 많은 사람들의 공감이 필요한 공공 상품군
③ 첨단의 기술이 필요한 정보통신 상품군
④ 어린이들의 호기심을 유발할 필요가 있는 유아 관련 상품군

> **최신 트렌드 컬러**
> 유행색에 가장 민감한 품목은 패션 용품이다.

08 소비자의 의미에 대한 설명으로 옳지 않은 것은?

① 잠재적 소비자(Prospects) : 제품이나 서비스를 구매할 가능성이 있는 집단
② 소비자(Consumer) : 브랜드나 서비스를 구입한 경험이 없는 집단
③ 고객(Customer) : 특정 브랜드를 반복적으로 구매하는 사람
④ 충성도 있는 고객(Loyal Customer) : 특정 브랜드에 대해 신뢰를 가지고 구매의사 결정에 직접적인 영향을 주는 구매자

> **소비자의 의미**
> 브랜드나 서비스를 구입한 경험이 있는 집단

09 색채와 연관된 인간의 반응을 연구하는 한 분야로 생리학, 예술, 디자인, 건축 등과 관계된 항목은?

① 색채 과학
② 색채 심리학
③ 색채 경제학
④ 색채 지리학

> **색채 심리학**
> 색채와 연관된 인간의 반응을 연구하는 분야인 색채심리학은 색을 지각하는 생리학적 접근부터 색의 미학적 접근 등 광범위하다.

---

10 색채 정보수집 방법의 설명으로 틀린 것은?

① 색채정보를 수집하기 위해 표본조사 방법이 가장 흔히 적용된다.
② 표본추출은 편의(Bias)가 없는 조사를 위해 무작위로 뽑아야 한다.
③ 층화표본추출은 상위집단으로 분류한 뒤 상위집단별로 비례적으로 표본을 선정한다.
④ 집락표본추출은 모집단을 모두 포괄하는 목록을 가지고 체계적으로 표본을 선정하는 방법이다.

> **색채 정보수집 방법**
> 층화표본추출은 모집단을 상위집단이 아닌 여러 하위집단(각각을 '층'이라 칭함)으로 나누고, 각 층을 모집단으로 간주하여 미리 할당된 수에 따라 각 층에서 표본을 추출한다. 이때 층마다 별개의 추출법을 써도 상관없다. 최후에 얻은 자료를 정리하고 이를 토대로 모집단에 대해 추측을 한다. 소비자의 지역적 특성에 따른 소비자의 자동차 색채선호 특성 등을 조사할 때 쓰인다.

11 제품의 라이프 스타일과 색채계획을 고려한 성장기에 대한 설명으로 옳은 것은?

① 디자인보다는 기능과 편리성이 중시되므로 대부분 소재가 갖고 있는 색을 그대로 활용하여 무채색이 주로 활용된다.
② 경쟁제품과 차별화하고 소비자의 감성을 만족시켜 주기 위하여 색채를 적극적으로 활용하여 제품의 존재를 강하게 드러내는 원색을 주로 사용하게 된다.
③ 기능과 기본적인 품질이 거의 만족되고 기술개발이 포화되면 이미지 콘셉트에 따라 배색과 소재가 조정되어 고객의 자신이 원하는 이미지의 제품을 선택하게 된다.
④ 색의 선택에 있어 사회성, 지역성, 풍토성과 같은 환경요소가 개입되니 시작하고 개개의 색보다 주위와의 조화가 중시된다.

> **제품 수명주기**
> • 도입기 : 아이디어, 광고 홍보, 상품화 단계로 신제품이 시장에 진출되는 시기로 수익성이 낮다.
> • 성장기
>   – 해당 제품의 색채 등을 다양화 하면서 생산비용이 증가하지만 제품의 인지도, 판매량, 매출도 함께 증가하는 시기이다.
>   – 유사제품이 등장하고 시장이 확대되는 시기로 브랜드의 우수성을 알리고 대형시장에 침투해야 한다.
> • 성숙기
>   – 생산 비용은 상대적으로 줄어들고 매출이 상한선까지 올라가는 시기로 이익이 최대로 증대되고 동시에 하강하기 시작하는 시기이다.
>   – 기업 간의 치열한 경쟁으로 가격, 광고, 유치경쟁이 치열 한 시기로 세분화된 시장에 맞는 색채의 세분화, 차별화된 마케팅, 광고 전략이 필요하다.
> • 쇠퇴기 : 매출과 생산비용이 모두 하락하고 새로운 상품으로 대체되거나 소멸하여 새로운 대처 방안을 모색해야 한다.

12 국제적 언어로 인지되는 색채와 기호의 사례가 틀린 것은?

① 빨간색 소방차
② 녹색 십자가의 구급약품 보관함
③ 노랑 바탕에 검정색 추락위험 표시
④ 마실 수 있는 물의 파란색 포장

국제사회에서 색을 통해 정보를 전달하는 색은 주로 안전색이며, ④의 경우 마실 수 있는 물의 파란색 포장은 일반적인 색의 연상과 관련이 있다.

13 컬러 마케팅의 역할이 가장 돋보일 수 있는 마케팅 전략은?

① 제품 중심의 마케팅   ② 제조자 중심의 마케팅
③ 고객 지향적 마케팅   ④ 감성소비시대의 마케팅

컬러 마케팅의 역할
• 고객 만족과 경쟁력 강화
• 브랜드 또는 제품에 특별한 이미지를 창출하여 기업의 인지도 상승
• 브랜드 가치 상승으로 기업의 이미지 통합(아이덴티티)를 만들어 경쟁 제품과 차별화
• 상품의 소비 유도로 기업의 판매 촉진과 수익 증대에 기여

14 파버 비렌(Birren, Faber)이 연구한 색채와 형태의 연상이 바르게 연결된 것은?

① 파랑 – 원   ② 초록 – 삼각형
③ 주황 – 정사각형   ④ 노랑 – 육각형

파버 비렌의 색채와 도형의 교류현상
• 빨강 – 정사각형   • 주황 – 직사각형
• 노랑 – 역삼각형   • 초록 – 육각형
• 파랑 – 원   • 보라 – 타원형
• 검정 – 마름모   • 회색 – 모래시계

15 색의 심리적 효과에 대한 설명으로 옳은 것은?

① 고명도의 색은 가볍게 느껴진다.
② 빨간 조명 아래에서는 시간이 실제보다 짧게 느껴진다.
③ 난색계의 밝고 선명한 색은 진정감을 준다.
④ 한색계의 어둡고 탁한 색은 흥분감을 준다.

색의 심리적 효과
• 고명도는 가벼움, 저명도는 무거움을 느끼게 한다.
• 장파장에서는 실제 시간보다 길게 느껴진다.
• 난색계의 밝고 선명한 색은 흥분감을 준다.
• 한색계의 어둡고 탁한 색은 진정감을 준다.

16 브랜드의 기능에 대한 설명으로 옳지 않은 것은?

① 자기만족과 과시심리를 차단하는 기능
② 한 기업의 제품이나 서비스를 구별되게 하는 기능
③ 속성, 편익, 가치, 문화 등을 통해 어떤 의미를 전달하는 기능
④ 브랜드를 통해 용도나 사용 층의 범위를 나타내는 기능

브랜드는 자기만족과 과시심리를 충족시키는 기능을 한다.

17 색채 시장조사 방법 중 설문지 작성에 관한 내용으로 잘못된 것은?

① 설문지 문항 중 개방형 문항은 응답자가 자신을 생각을 자유롭게 응답하는 것이다.
② 설문지 문항 중 폐쇄형은 두 개 이상의 응답 가운데 하나를 선택하도록 하는 것이다.
③ 쉽게 응답할 수 있는 질문을 먼저 구성한다.
④ 각 질문에 여러 개의 내용을 복합적으로 구성한다.

설문지 작성 시 각각의 질문에서는 하나의 내용만을 구체화해야 하며, 전문지식을 요구하거나 특정 견해 및 특정 행위를 유도하는 질문은 피해야 한다.

18 마케팅의 기본 요소인 4P가 아닌 것은?

① 소비자 행동
② 가격
③ 판매촉진
④ 제품

마케팅의 기본 요소 4P
마케팅 구성요소는 다음의 4가지가 약자 4P로 표기된다. 제품(Product), 가격(Price), 유통(Place), 촉진(Promotion)이며, 이를 조합하여 기업이 표적시장에서 판매를 촉진시키고 최대의 세일즈 목표를 달성하게 하는 것이 마케팅 믹스이다.

정답 06 ③ 07 ① 08 ② 09 ② 10 ③ 11 ② 12 ④ 13 ④ 14 ① 15 ① 16 ① 17 ④ 18 ①

19 색채가 가지고 있는 이미지의 질적인 면을 수량적, 정량적으로 수치화하여 감성을 구분하는 기준으로 활용하기에 적합한 색채조사기법은?

① SD법
② KJ법
③ TRIZ법
④ ASIT법

> **SD법**
> • 미국의 심리학자 찰스 오스굿이 개발하였다.
> • 정서적 색채 이미지를 정량적·객관적으로 측정할 때 사용된다.
> • 반대되는 의미의 형용사를 서로 짝지어 상대적인 비교 평가가 가능하다. 예를 들어 '크다–작다', '가볍다–무겁다', '좋다–나쁘다', '여성적인–남성적인', '화려한–수수한' 등의 형용사를 5~7단계의 거리척도로 사용한다.

20 색채치료에 대한 설명으로 틀린 것은?

① 인간의 신진대사 작용에 영향을 주거나 그것을 평가하는데 색을 이용하는 의료 방법이다.
② 색채치료에서 색채는 고유한 파장과 진동 수를 갖는 에너지의 한 형태로 인식한다.
③ 현대 의학에서의 색채치료 사례로 적외선 치료법이 있다.
④ 일반적으로 파랑은 혈압을 높이고 근육긴장을 증대하는 색채치료 효과가 있다.

> **색채치료**
> 색채치료에는 일반적으로 빨강이 혈압을 높이고 근육긴장을 증대하는 효과가 있으며 파랑은 단파장으로 심신을 안정시키고 혈압을 낮추며 근육긴장을 이완시키는 효과가 있다.

---

② 제2과목 : 색채 디자인

21 디자인의 개발에서 산업 생산과 기업의 정책에 영향을 끼치지 않는 시장상황은?

① 포화되지 않은 시장
② 포화된 시장
③ 완료된 시장
④ 지리적 시장

> 지리적인 시장 상황은 디자인 개발 시 산업 생산과 기업의 정책에 영향을 주지 않는다.

22 색채계획에 관한 설명 중 틀린 것은?

① 국제 유행색위원회에서는 매년 색채 팔레트의 50% 정도만을 새롭게 제시하고 있다.
② 공공성, 경관의 특징 등을 고려한 계획이 요구되는 것은 도시 공간 색채이다.
③ 일시적이며 유행에 민감하며 수명이 짧은 것은 개인 색채이다.
④ 색채계획이란 색채디자인의 목표를 달성하기 위해 시장과 고객 분석을 통해 색채를 적용하는 과정이다.

> **유행색**
> 1963년도 설립된 '국제유행색위원회'는 매년 2회 협의회를 개최하여 2년 후의 색채방향(S/S 봄·여름, F/W 가을·겨울)을 분석하여 유행색을 제안하고 있다. 제안된 유행색은 약 24개월 전 각 국가별 색채예측을 시작으로, 소재전시회(약 12개월 전) → 박람회(약 6개월 전)를 거쳐 본 시즌에 소비자에 전달되어 판매가 되는 과정을 거친다. 따라서 유행색이 제시되는 시점과 실제 소비자들이 착용하는 시기에는 차이가 있으며, 보통 2년 정도 앞서 유행색이 예측된다. 또한 매년 색채 팔레트의 30% 정도만을 새롭게 제시하고 있다.

[틀리기 쉬운 문제]
23 기업의 이미지 통합계획으로 기업의 이미지를 시각적으로 인지하고 기억하도록 하는 시각디자인의 분야는?

① 일러스트레이션(Illustration)
② C.I.P(Corporation Identity Program)
③ 슈퍼 그래픽 디자인(Super Graphic Design)
④ BI(Brand Identity)

> **C.I.P(기업 이미지 통합 정책)**
> 로고, 심벌, 캐릭터뿐 아니라 명함 등의 서식류와 외부적으로 보이는 사인 시스템에서 기업의 이미지를 일관성 있게 관리하는 것이다.
>
> **BI**
> 기업의 이미지 통합 계획이 아닌 상품의 이미지와 관련된 아이덴티티 디자인 분야이다.

24 실내 색채계획으로 거리가 가장 먼 것은?

① 작은 규모의 현관은 진한 색을 사용하는 것이 바람직하다.
② 천장은 아주 연한색이나 흰색이 좋다.
③ 거실은 밝고 안정감 있는 고명도, 저채도의 중성색을 사용한다.
④ 벽은 온화하고 밝은 한색계가 눈을 편하게 한다.

> 실내 색채계획 시에 작은 규모의 현관은 연한 색(밝은색)을 사용해야 답답한 느낌을 줄일 수 있다.

25 2차원에서 모든 방향으로 펼쳐진 무한히 넓은 영역을 의미하며 형태를 생성하는 요소 기능을 가진 것은?

① 점　　　　　　② 선
③ 면　　　　　　④ 공간

디자인 요소 - 형태(면)
- 면은 선분과 선분을 이어 만든 2차원적인 평면으로 모든 방향으로 펼쳐진 무한히 넓은 영역을 의미하며, 길이와 폭, 위치, 방향을 가지고 두께는 없다.
- 공간을 구성하는 단위이며, 공간 효과, 형태를 나타내는 데 매우 중요한 요소이다. 면의 종류에는 직선적인 면, 기하학적인 면, 유기적인 면, 평면과 곡면이 있다.
- 면의 형성 중 적극적인 면과 관련 있는 것은 점의 확대, 선의 이동, 너비의 확대가 있다.

26 오스트리아에서 전개된 아르누보의 명칭은?

① 유겐트 스틸　　② 스틸 리버티
③ 아르테 호벤　　④ 빈 분리파

아르누보(Art Nouveau)의 나라별 명칭
- 유겐트 스틸(Jugend Stil) - 독일
- 스틸 리버티(Stile Liberty) - 이탈리아
- 아르테 호벤(Arte Joven) - 스페인
- 빈 분리파(Wien Secession) - 오스트리아

27 다음 설명은 형태와 기능에 대한 포괄적 개념으로서의 복합기능 중 어디에 해당되는가?

보석세공용 망치와 철공소용 망치는 다르다.

① 방법　　　　　　② 필요
③ 용도　　　　　　④ 연상

빅터 파파넥(복합기능 6가지)
"디자인은 의미 있는 질서를 만드는 노력이다"라고 하여 형태와 기능의 조화를 포괄하는 개념의(복합기능) 6가지를 연결지어 설명하였다. 그 기능이 바로 방법, 용도, 필요성, 텔레시스, 연상, 미학이다.
- **방법(Method)** : 재료, 도구, 공정의 상호작용을 말한다.
- **용도(Use)** : 용도에 적합한 도구 사용을 말한다.
- **필요성(Need)** : 일시적 유행에 좌우되지 않고 경제적, 심리적, 정신적, 기술적, 지적 요구가 복합된 디자인이 필요하다는 것을 말한다.
- **텔레시스(Telesis)**: 특수한 목적 달성하기 위해 자연과 사회의 변천작용에 대한 계획적이고 의도적인 이용을 말한다.
- **연상(Association)** : 인간의 마음속에 자리 잡은 충동과 욕망의 관계를 말한다.
- **미학(Aesthetics)** : 디자이너가 가지고 있는 가장 중요한 것으로 형태나 색채를 실체화하여 우리를 흥미롭고 감동시켜 의미 있는 실체로 만드는 것을 말한다.

28 디자인(Design)의 목적과 관련이 적은 것은?

① 인위적이고 합목적성을 지닌 창작행위이다.
② 디자인과 심미성을 1차 목적으로 한다.
③ 기본목표는 미와 기능의 합일이다.
④ 형태는 기능에 따른다.

디자인 목적
디자인의 목적은 형태의 미(심미성)와 기능의 미(기능성)의 합일이다. 미적인 아름다움인 심미성과 실용적인 기능성이 통합되어 인간의 근본적인 삶을 더욱 윤택하고 편리하게 하는 것이다. 디자인은 보다 사용이 쉽고, 편리하도록 아름다운 생활환경을 창조하는 조형행위이며 특정 문제에 대한 목적을 마음에 두고, 이의 실천을 위하여 세우는 일련의 행위 개념이다.

29 색채디자인의 목적과 거리가 가장 먼 것은?

① 최대한 다양한 색상 조합을 연출하여 시선을 자극한다.
② 색채의 체계적 계획을 통한 색채 상품으로서의 고부가가치를 창출한다.
③ 기업의 상품 가능성을 높여 전략적 마케팅을 성공적으로 이끈다.
④ 원초적인 심리와 감성적 소구를 끌어내어 소비자의 구매욕구를 자극한다.

색채디자인 시 최대한 다양한 색상의 조합을 연출한다고 하여 반드시 긍정적인 효과를 불러일으키는 것은 아니다.

30 바우하우스의 기별 교장과 특징이 옳게 나열된 것은?

① 1기 : 그로피우스 - 근대디자인 경향
② 2기 : 그로피우스 - 사회주의적 경향
③ 3기 : 한네스 마이어 - 표현주의적 경향
④ 4기 : 미스 반 데 로에 - 나치의 탄압

바우하우스
- 1기 : 그로피우스 - 표현주의적 경향
- 2기 : 그로피우스 - 근대디자인 경향
- 3기 : 한네스 마이어 - 사회주의적 경향
- 4기 : 미스 반 데 로에 - 나치의 탄압

정답 19 ① 20 ④ 21 ④ 22 ① 23 ② 24 ① 25 ③ 26 ④ 27 ③ 28 ② 29 ① 30 ④

31 근대디자인의 역사에 지대한 영향을 끼친 바우하우스 디자인학교의 설립연도와 설립자는?

① 1909년 월터 그로피우스
② 1919년 월터 그로피우스
③ 1925년 하네스 마이어
④ 1937년 하네스 마이어

> **바우하우스**
> 독일 공작연맹의 이념을 계승하여 발터(월터) 그로피우스를 초대학장으로 하여 1919년 독일의 바이마르 공화국 시절 설립된 미술공예학교로 오늘날 디자인 교육원리를 확립하였으며, 1933년 나치에 의해 강제 폐교되었다.

32 제품 색채 기획 단계에 해당 되지 않은 것은?

① 시장 조사
② 색채 분석
③ 소재 및 재질 결정
④ 색채 계획서 작성

> 소재 및 재질 결정은 기획이 아닌 색채디자인 단계에서 진행된다.

33 디자인 원리 중 비례의 개념과 거리가 먼 것은?

① 객관적 질서와 과학적 근거를 명확하게 드러내는 구성형식이다.
② 기능과는 무관하나 미와 관련이 있어, 자연에서 훌륭한 미를 가지는 형태는 좋은 비례 양식을 가지고 있다.
③ 회화, 조각, 공예, 디자인, 건축 등에서 구성하는 모든 단위의 크기와 각 단위의 상호관계를 결정한다.
④ 구체적인 구성형식이며, 보는 사람의 감정에 직접적으로 호소하는 힘을 가지고 있다.

> **비례**
> 비례는 기능과도 밀접하여, 자연 가운데 훌륭한 기능을 가지고 있는 것의 형태는 좋은 비례 양식을 가진다.

34 상업용 공간의 피사드(Facade) 디자인은 어떤 분야에 속하는가?

① Exterior Design
② Multiful Design
③ Illustration Design
④ Industrial Design

> **파사드 디자인(Facade)**
> 파사드는 건축물의 주 출입구가 있는 정면부를 의미하며, 정면부 공간을 독자적으로 디자인하는 것을 파사드 디자인이라고 한다. 실외 인테리어(Exterior Design)에 속한다.

35 디자인의 조건에 해당되지 않는 것은?

① 합목적성
② 심미성
③ 통일성
④ 경제성

> **디자인의 조건**
> 디자인의 조건으로는 합목적성, 경제성, 심미성, 독창성, 문화성, 지역성, 친환경성이 있다.
> • **합목적성** : 의도하는 작품을 실용상의 목적과 용도, 효용성에 맞게 디자인하는 것
> • **심미성** : 합목적성, 실용성과는 대립되는 개념으로 색채, 형태 등 조화와 아름다움에 대한 추구
> • **경제성** : 최소한의 비용과 노력으로 최대의 효과를 얻고자 하는 경제학적 원칙을 디자인에도 적용한 원칙

36 색채디자인 평가에서 검토대상과 내용이 잘못 연결된 것은?

① 면적효과 – 대상이 차지하는 면적
② 거리감 – 대상과 보는 사람과의 심리적 거리
③ 선호색 – 공공성의 정도
④ 조명 – 조명의 구분 및 종류와 조도

> 색채디자인 평가에서 선호색은 공공성의 정도가 아닌 특정의 개인 또는 단체가 여러 가지 색 중에서 특별히 가려서 좋아하는 색을 말한다.

37 멀티미디어 디자인의 특징과 거리가 가장 먼 것은?

① One-Way Communication
② Usability
③ Information Architecture
④ Interactivity

> 멀티미디어 디자인은 One-Way Communication이 아닌 Two-Way Communication에 해당된다. 정보를 일방적으로 전달하는 대중 매체와는 달리 멀티미디어는 오디오, 음성, 문자, 동영상, 그림 등 하나 이상의 미디어들을 정보 수신자의 의견까지 쌍방향으로 제공한다.

틀리기 쉬운 문제
38 디자인의 요소가 아닌 것은?

① 구성   ② 색
③ 재질감   ④ 형태

> **디자인 요소**
> 디자인 요소는 크게 형태 색채, 질감으로 나누며 인간의 감각적 자극의 순서는 색채 → 형태 → 재질감 순이라 할 수 있다.

39 패션디자인의 색채계획에서 세련되고 도시적인 느낌의 포멀(Formal) 웨어 디자인에 주로 이용되는 색조는?

① Pale 톤   ② Vivid 톤
③ Dark 톤   ④ Dull 톤

> **포멀(Formal) 웨어 디자인**
> 포멀 웨어란 공식적인 장소에서 입는 정식 복장의 총칭을 일컫는다. 세련되고 도시적인 느낌을 표현하기 위해서는 채도가 낮은 차분한 느낌의 중명도 색조가 잘 어울린다. 따라서 점잖은 이미지가 강한 Dull 톤이 적합하다.

40 디자인에 있어 미적 유용성 효과(Aesthetic Usability Effect)의 설명 중 틀린 것은?

① 디자인이 아름다운 것은 사용하기 좋다고 인지된다.
② 디자인이 아름다운 것은 창조적 사고와 문제해결을 촉구한다.
③ 디자인이 아름다운 것은 비교적 오랫동안 사용된다.
④ 디자인이 아름다운 것은 지각반응을 감퇴시킨다.

> 디자인이 아름다운 것은 지각반응을 증가시킨다.

---

③ 제3과목 : 색채관리

41 어떤 색채가 매체, 주변 색, 광원, 조도 등이 다른 환경에서 관찰될 때 다르게 보여 지는 현상은?

① 컬러 어피어런스(Color Appearance)
② 컬러 맵핑(Color Mapping)
③ 컬러 변환(Color Transformation)
④ 컬러 특성화(Color Characterization)

> **컬러 어피어런스(Color Appearance)**
> 어떤 색채가 관측자의 색채 적응조건이나, 조명, 매체, 배경색 등에 따라 다르게 보이는 현상을 의미하며, 메타메리즘(Metamerism) 현상으로도 불린다.

42 다음 중 안료를 사용하지 않는 것은?

① 플라스틱 염색
② 인쇄잉크
③ 회화용 크레용
④ 옷감

> **안료**
> 안료는 물 및 대부분의 유기용지에 녹지 않는 분말상의 불용성 착색제를 말한다. 안료는 소재에 대한 표면 친화력이 없으며, 별도의 접착제를 필요로 한다. 전색제와 섞어서 도료, 인쇄잉크, 그림물감 등에 사용된다. 안료를 사용한 색재료의 예로 유성페인트, 수성페인트, 자동차 코팅 등이 있으며 옷감은 염색 시 염료를 사용한다.

틀리기 쉬운 문제
43 맥아담의 편차 타원을 정량화하기 위해서 프릴레, 맥아담, 칙커링에 의해 만들어진 색차는?

① CMC(2:1)
② FMC-2
③ BFD(1:c)
④ CIE94

> **FMC-2**
> 맥아담(MacAdam)의 편차 타원을 정량화(수식으로 표시)하기 위해서 프릴레(Friele), 맥아담 치커링(MacAdam, Chickerin)에 의해 만들어진 색차식이다.

---

44 저드(D. B. Judd)의 UCS 색도그림에서 완전 방사체 궤적에 직교하는 직선 또는 이것을 다른 적당한 색도도상에 변환시킨 것은?

① 방사 휘도율
② 입체각 방사율
③ 등색온도선
④ V(λ) 곡선

> **등색온도선**
> CIE 1960 UCS 색도 그림 위에서 완전 복사체 궤적에 직교하는 직선 또는 이것을 다른 적당한 색도그림 위에 변환시킨 것이다.

틀리기 쉬운 문제
45 다음 중 담황색을 내기 위한 색소는?

① 안토시안
② 루틴
③ 플라보노이드
④ 루테올린

> **플라보노이드**
> 흰색, 노란색, 빨간색, 파란색을 띠는 색소로 플라본이라는 화합물과 연관되어 있다. 앵초꽃 또는 나라꽃에서 추출된 플라본은 원래 무색이나 옥소크롬을 첨가하면 노란색을 띠고, 하나를 더 첨가하면 퀘르세틴이 되어 오렌지색을 띤다.

46 컬러시스템(Color System)에 대한 설명 중 틀린 것은?

① RGB 형식은 컴퓨터 모니터와 스크린 같이 빛의 원리로 색채를 구현하는 장치에서 사용된다.
② 컴퓨터 그래픽스 작업이 프린트로 출력되는 방식은 CMYK 색조합에 의한 결과물이다.
③ HSB 시스템에서의 색상은 일반적 색 체계에서 360° 단계로 표현된다.
④ Lab 시스템은 물감의 여러 색을 혼합하고 다시 여기에 흰색이나 검정을 섞어 색을 만드는 전통적 혼합방식과 유사하다.

> **컬러 시스템**
> Lab 색체계는 CIE(국제조명위원회)에서 1976년 추천한 색체계로, 모든 분야에서 물체의 색을 나타내는 데 사용되는 빛을 기반으로 한 색광혼합을 기본으로 하는 표색계이다. 컬러시스템은 색료혼합을 기본으로 한다.

47 광원에 따라 색채의 느낌을 다르게 보이는 현상 이외에 광원에 따라 색차가 변화는 현상은?

① 맥콜로 효과
② 메타메리즘
③ 하만 그리드
④ 폰-베졸트

> **메타메리즘(Metamerism)**
> 어떤 색채가 관측자의 색채 적응조건이나 조명, 매체, 배경색 등에 따라 다르게 보이는 현상을 의미하며 메타메리즘 현상으로 불린다.
> ① **맥콜로 효과** : 대상의 위치에 따라 눈을 움직이면 잔상이 이동하여 나타나는 현상
> ③ **하만 그리드** : 검은색과 흰색 선이 교차되는 지점에 하만도트라는 회색 점이 보이는 현상
> ④ **폰-베졸트** : 특정 색이 인접되는 색의 영향을 받아 인접 색에 가까운 색이 되어 보이는 동화 현상

48 디지털 영상출력장치의 성능을 표시하는 600dpi 란?

① 1inch당 600개의 화점이 표시되는 인쇄영상의 분해능을 나타내는 수치
② 1시간당 최대 인쇄 매수로 나타낸 프린터의 출력 속도를 표시한 수치
③ 1cm당 600개의 화소가 표시되는 모니터 영상의 분해능을 나타낸 수치
④ 1분당 표시되는 화면수를 나타낸 모니터의 응답 속도를 표시한 수치

> **DPI**
> dpi(dot per inch)란 1인치당 몇 개의 점(Dot)으로 이루어져 있는지의 단위이다. 가장 일반적으로 프린터의 해상도에 사용되는 단위이다.

틀리기 쉬운 문제
49 모니터의 색 온도에 대한 내용으로 틀린 것은?

① 6500K와 9300K의 두 종류 중에서 사용자가 임의로 색온도를 설정할 수 있다.
② 색 온도의 단위는 K(Kelvin)를 사용한다.
③ 자연에 가까운 색을 구현하기 위해서는 색 온도를 6500K로 설정하는 것이 바람직하다.
④ 색 온도가 9300K로 설정된 모니터의 화면에서는 적색조를 띠게 된다.

> **모니터 색 온도**
> 모니터의 색 온도는 6,500K와 9,300K 두 종류이며 9,300K로 설정하면 화면이 청색조를 띠고 6,500K로 설정하면 자연에 가까운 색으로 구현된다.

50 '트롤란드(Troland, 단위 기호 Td)'는 다음의 보기 중 어느 것의 단위인가?

① 역치   ② 광택
③ 망막조도   ④ 휘도

> **트롤란드(Troland)**
> 망막 상에서 조도를 등가적으로 나타내는 것으로 정한 양. 휘도 1cd/㎡의 광원을 면적 1㎟의 동공을 통하여 볼 때의 망막 조도를 단위로 하여 이것을 1트롤란드(단위 기호 Td)라 한다.
> ① 역치 단위 : mV
> ② 광택 단위 : GU
> ④ 휘도 단위 : cd/㎡

51 한국산업표준(KS) 인용규격에서 표준번호와 표준명의 표기가 틀린 것은?

① KS A 0011 물체색의 색 이름
② KS B 0062 색의 3속성에 의한 표시 방법
③ KS C 0075 광원의 연색성 평가
④ KS C 0074 측색용 표준광 및 표준광원

> 색의 3속성에 의한 표시 방법(HV/C)은 KS A 0062이다.

52 CCM 소프트웨어에 대한 설명 중 옳은 것은?

① 배합 비율은 도료와 염료에 기본적으로 똑같이 적용된다.
② 빛의 흡수계수와 산란계수를 이용하여 배합비를 계산한다.
③ Formulation 부분에서 측색과 오차 판정을 한다.
④ Quality Control 부분에서 정확한 컬러런트 양을 배분한다.

> CCM 소프트웨어 기능 중 Formulation 부분은 컬러런트의 정보를 이용한 단가계산, 자동으로 배색하기 위한 비율을 빛의 흡수계수와 산란계수를 이용하여 계산, 색채의 시편을 측정, 오차 부분 수정 등의 기능을 하며 Quality Control 부분은 측색, 색소 입력, 색 교정 등의 기능을 한다.

53 색채 측정기 중 정확도 급수가 가장 높은 기기는?

① 스펙트로포토미터   ② 크로마미터
③ 덴시토미터   ④ 컬러리미터

> **스펙트로포토미터**
> • 분광식 측색기로 3자극치와 분광데이터로 표기하여 정확한 색채 값 산출이 가능하고, 가장 정확도 급수가 높다.
> • 물체색, 투명색의 측정이 가능하고 표준 광원의 변환이 가능하다.
> • 조건등색의 표현이 가능하다.

54 일정한 두께를 가진 발색층에서 감법혼색을 하는 경우에 성립하는 색료의 흡수, 산란을 설명하는 원리는?

① 데이비스–깁슨 이론(Davis–Gibson Theory)
② 헌터 이론(Hunter Theory)
③ 쿠벨카 문크 이론(Kubelka Munk Theory)
④ 오스트발트 이론(Ostwald Theory)

> **쿠벨카 문크 이론**
> CCM(컴퓨터 자동 배색)의 기본원리는 색소 단위 농도당 반사율의 변화를 연결 짓는 과정에서 쿠벨카 문크 이론을 적용한다. 쿠벨카 문크 이론은 광선이 발색층에서 확산, 투과, 흡수될 때와 일정한 두께를 가진 발색층에서 감법혼합을 하는 경우에 성립하는 원리이다.

55 다음 중 육안 검색 시 사용하는 주광원이나 보조 광원이 아닌 것은?

① 광원C
② 광원 D$_{50}$
③ 광원A
④ 광원 F8

> **육안 검색 시 사용하는 표준광원**
> CIE에서 규정한 측색용 기준광으로 CIE 표준광에는 표준광 A와 D$_{65}$가 있고, D$_{50}$, D$_{55}$, D$_{75}$를 비롯한 주광, 그리고 기타의 광 B와 F8이 있다.

56 백화점에서 산 흰색 도자기가 집에서 보면 청색 기운을 띤 것처럼 달라 보이는 이유는?

① 조건등색
② 광원의 연색성
③ 명순응
④ 잔상현상

> **광원의 연색성**
> 연색성이란 광원에 따라 물체의 색이 달라지는 효과를 의미하며, 물체의 색 인식에 영향을 준 광원의 특성을 말한다. 연색성이 생기는 까닭은 광원마다 방사하는 빛의 파장분포가 달라 동일 물체로부터 반사되는 빛의 파장분포가 달라지기 때문이다.
>
> **조건등색**
> 메타메리즘은 색채의 분광 반사율 스펙트럼이 서로 다른 두 시료가 특정한 광원 아래에서 같은 색으로 보이는 경우를 말한다. 즉, 조명에 따라 두 견본이 같게도 다르게도 보인다는 뜻이다.

57 인쇄에 관한 설명 중 틀린 것은?

① 인쇄잉크의 기본 4원색은 C(Cyan), M(Magenta), Y(Yellow), K(Black)이다.

② 인쇄용지에 따라 망점 선수를 달리하며 선수가 많을수록 인쇄의 품질이 높아진다.

③ 오프셋(offset) 인쇄는 직접 종이에 인쇄하지 않고 중간 고무판을 거쳐 잉크가 묻도록 되어있다.

④ 볼록판 인쇄는 농담 조절이 가능하여 풍부한 색을 낼 수 있고 에칭 그라비어 인쇄가 여기에 속한다.

인쇄
그라비어 인쇄는 오목 인쇄에 속한다. 인쇄판이 오목하게 패인 부분에 잉크를 묻혀 인쇄하는 방법이다. 사진 인쇄에 적합하며 인쇄 품질이 높아 포장, 건재 인쇄 등에 널리 사용되고 판의 제작비가 높아 적은 양의 인쇄에는 적절하지 않다.

58 회화나무의 꽃봉오리로 황색염료가 되며 매염제에 따라서 황색, 회녹색 등으로 다양하게 염색되는 것은?

① 황벽(黃蘗)
② 소방목(蘇方木)
③ 괴화(槐花)
④ 울금(鬱金)

• **황벽** : 황색의 식물성 염료
• **소방목** : 홍화보다 순적색을 띠는 콩과 식물인 소목
• **울금** : 생강과 구근초의 뿌리에서 색소를 추출한 황색의 식물성 염료

59 다음의 (   )에 적합한 용어는?

색채관리는 색채에 대한 종합적인 계획이나 관리, 목적에 맞는 색채의 (   ), (   ), (   ) 규정 등을 총괄하는 의미이다.

① 기능, 조명, 개발
② 개발, 측색, 조색
③ 조색, 안료, 염료
④ 측색, 착색, 검사

색채관리
색채에 대한 종합적인 계획이나 관리, 목적에 맞는 색채의 개발, 측색, 조색 등을 총괄하는 의미이다.

60 색채를 16진수로 표기할 때 바르게 연결된 것은?

① 녹색 – FF0000
② 마젠타 – FF00FF
③ 빨강 – 00FF00
④ 노랑 – 0000FF

16진수법에 의한 색채 표기
• 빨강 – FF0000
• 마젠타 – FF00FF
• 초록 – 00FF00
• 파랑 – 0000FF

4 제4과목 : 색채 지각론

61 환경색채를 계획하면서 좀 더 부드러운 분위기가 연출되도록 색을 조정하려고 할 때 가장 적합한 방법은?

① 한색계열의 색을 사용한다.
② 채도를 낮춘다.
③ 주목성이 높은 색을 사용한다.
④ 명도를 낮춘다.

환경색채 시 부드러운 분위기 연출에는 한색보다 난색, 저명도보다 고명도, 고채도보다 저채도의 색이 적합하다.

62 동일한 크기의 두 색이 보색대비 되었을 때 강한 대비효과를 줄이는 방법이 아닌 것은?

① 두 색 사이를 벌린다.
② 두 색의 경계를 애매하게 만든다.
③ 두 색 사이에 무채색의 테두리를 넣는다.
④ 두 색 중 한 색의 크기를 줄인다.

보색대비
보색대비란 보색 관계인 두 색을 인접시켰을 때 서로의 영향으로 본래의 색보다 채도가 높아져서 색이 더욱 뚜렷해 보이는 현상을 말하며 ④의 경우 두 색 중 한 쪽의 크기를 줄이면 면적대비까지 일어나므로 더욱 강한 대비효과가 나타난다.

63 간상체와 추상체의 시각은 각각 어떤 파장에 가장 민감한가?

① 약 300nm, 약 460nm
② 약 400nm, 약 460nm
③ 약 500nm, 약 560nm
④ 약 600nm, 약 560nm

간상체와 추상체
• **간상체**
주로 명암을 판단하는 시세포로, 이 세포 속에는 로돕신(Rhodopsin)이라는 물질이 있어서 어두운 곳에서 주로 기능하며 명암을 판단한다. 단파장에 민감하며 507nm의 빛에 가장 민감하다.
• **추상체**
주로 색상을 판단하는 시세포(광수용기)이다. 삼각형으로 생겨 원뿔세포 또는 원추세포라고도 부른다. 해상도가 높고, 주로 밝은 곳(명소시)이나 낮에 작용한다. 망막의 중심부에 밀집해 있으며 0.1Lux 이상의 밝은색을 감지하는 세포로, 추상체의 시각은 555nm의 빛에 가장 민감하다.

64 2가지 이상의 색을 시간적인 차이를 두고서 차례로 볼 때 주로 일어나는 색채대비는?

① 동시대비
② 계시대비
③ 병치대비
④ 동화대비

계시대비
계시대비란 어떤 색을 잠시 본 후 시간적인 차이를 두고 다른 색을 보았을 때, 먼저 본 색의 영향으로 나중에 본 색이 다르게 보이는 현상을 말한다.

65 색을 혼합할수록 명도가 높아지는 3원색은?

① Red, Yellow, Blue
② Cyan, Magenta, Yellow
③ Red, Blue, Green
④ Red, Blue, Magenta

가법혼색
색을 혼합하면 할수록 밝아지는 혼색은 빛의 혼합인 가법혼색이며 가법혼색의 3원색은 빨강(Red), 초록(Green), 파랑(Blue)이다.

66 색상, 명도, 채도 모두에서 나타나는 것으로 특히 프린트 디자인이나 벽지와 같은 평면 디자인 시 배경과 그림의 관계를 고려해야 하는 현상은?

① 동화현상
② 대비현상
③ 색의 순응
④ 면적 효과

동화현상
색 동화란 대비 현상과는 반대로 각각 다른 색이 서로 인접한 색의 영향을 받아 인접 색에 가까운 색으로 보이는 현상이다. 동화현상은 점이나 선의 크기와 밀접한 관계가 있으며 이와 동시에 관찰의 거리에도 영향을 받는다. 가까이서 보면 식별이 가능한 점과 선도 일정한 거리를 두고 보면 바탕과 점이나 선이 혼합되어 동화현상이 일어난다.

67 복도를 길어 보이게 할 때, 사용할 적합한 색은?

① 따뜻한 색
② 차가운 색
③ 명도가 높은 색
④ 채도가 높은 색

진출과 후퇴
복도가 길어 보이도록 하는 것은 색의 진출과 후퇴의 효과로 후퇴색의 선택이 필요하며 난색보다 한색, 고채도보다 저채도가 적합하다.

68 색채 지각 중 눈의 망막에서 일어나는 착시적 혼합이 아닌 것은?

① 감법혼색
② 병치혼색
③ 회전혼색
④ 계시혼색

중간혼색
중간혼색이란 두 색 또는 그 이상의 색이 섞였을 때 눈의 착시적 혼합을 나타내는 것을 말한다. 중간혼색에는 인상파 화가들이 자주 사용했던 점묘화법과 같은 병치혼색이 있고, 회전 원판에 색을 칠한 다음 고속으로 회전시켜 색이 혼합된 것처럼 보이는 회전혼색이 있다. 감법혼색은 중간혼색과 관련이 없다.

69 잔상(After Image)에 대한 설명으로 틀린 것은?

① 잔상의 출현은 원래 자극의 세기, 관찰시간, 크기에 의존한다.
② 원래의 자극과 색이나 밝기가 반대로 나타나는 것은 음성잔상이다.
③ 보색잔상은 색이 선명하지 않고 질감도 달라 면색(面色)처럼 지각된다.
④ 잔상현상 중 보색잔상에 의해 보게 되는 보색을 물리보색이라고 한다.

잔상
인간의 지각과정에서 서로 반대색으로 느끼는 잔상이 나타나는 현상은 심리보색으로 잔상현상 중 보색잔상에 의해 보게 되는 보색은 물리보색이 아니라 심리보색이다.

70 진출하는 느낌을 가장 적게 주는 색의 경우는?

① 따뜻한 색보다 차가운 색
② 어두운색보다 밝은 색
③ 채도가 낮은 색보다 채도가 높은 색
④ 저명도 무채색보다 고명도 유채색

71 색의 혼합에 대한 설명 중 틀린 것은?

① 2장 이상의 색 필터를 겹친 후 뒤에서 빛을 비추었을 때 혼색을 감법혼색이라 한다.
② 여러 종류의 색자극이 눈의 망막에서 겹쳐져 혼색되는 것을 가법혼색이라 한다.
③ 색자극의 단계에서 여러 종류의 색자극을 혼색하여 그 합성된 색자극을 하나의 색으로 지각하는 것을 생리적 혼색이라 한다.
④ 가법혼색은 컬러인쇄의 색분해에 의한 네거티브필름의 제조와 무대조명 등에 활용된다.

72 빛의 특성과 작용에 대한 설명 중 간섭에 대한 예시로 옳은 것은?

① 아지랑이
② 비눗방울
③ 저녁노을
④ 파란하늘

73 다음 중 공간색이란?

① 맑고 푸른 하늘과 같이 끝없이 들어갈 수 있게 보이는 색
② 유리나 물의 색 등 일정한 부피가 쌓였을 때 보이는 색
③ 전구나 불꽃처럼 발광을 통해 보이는 색
④ 반사물체의 표면에 보이는 색

74 색의 속성 중 우리 눈에 가장 민감한 속성은?

① 색상
② 명도
③ 채도
④ 색조

75 회전원판을 2등분하여 S1070-R10B와 S1070-Y50R의 색을 칠한 다음 빠르게 돌렸을 때 지각되는 색에 가장 가까운 색은?

① S1070-Y30R
② S1070-Y80R
③ S1070-R30B
④ S1070-R80B

76 눈의 구조에서 빛이 망막에 상이 맺힐 때 가장 많이 굴절되는 부분은?

① 망막
② 각막
③ 공막
④ 동공

77 다음 중 가장 부드럽게 보이는 색은?

① 5R 3/10　　　　② 5YR 8/2
③ 5B 3/6　　　　④ N4

> **먼셀 색표기**
> 부드럽게 보이는 색은 한색보다 난색, 저명도보다 고명도, 고채도보다 저채도이다.
> ① 5R 3/10 명도 3, 채도 10의 어두운 빨강
> ② 5YR 8/2 명도 8, 채도 2의 밝은 주황
> ③ 5B 3/6 명도 3, 채도 6의 진한 파랑
> 따라서 부드러운 이미지에 가장 적합한 색은 5YR 8/20다.

78 색료의 3원색 중 Yellow와 Magenta를 혼합했을 때의 색은?

① Green　　　　② Orange
③ Red　　　　④ Brown

> **색료 혼합**
> • 시안(Cyan) + 마젠타(Magenta) = 파랑(Blue)
> • 마젠타(Magenta) + 노랑(Yellow) = 빨강(Red)
> • 노랑(Yellow) + 시안(Cyan) = 초록(Green)

79 최소한의 색으로 더 이상 쪼갤 수 없거나 다른 색을 섞어서 나올 수 없는 색은?

① 광원색　　　　② 원색
③ 순색　　　　④ 유채색

> **원색**
> • 색의 혼합에서 기본이 되는 색으로 더는 분해할 수 없거나 다른 색의 혼합에 의해서 만들 수 없는 기초색으로 기본색, 기준색, 표준색 등 최소한의 색을 의미한다.
> • 빛(색광)의 3원색은 빨강(Red), 초록(Green), 파랑(Blue)이고, 색료(안료)의 3원색은 시안(Cyan), 마젠타 (Magenta), 노랑(Yellow)이다.

틀리기 쉬운 문제

80 명소시와 암소시의 중간 정도의 밝기에서 추상체와 간상체 모두 활동하고 있는 시각상태는?

① 잔상시　　　　② 유도시
③ 중간시　　　　④ 박명시

> **박명시**
> • 박명시는 명소시와 암소시의 중간 정도의 밝기에서 추상체와 간상체가 모두 활동하고 있어 색 구분의 정확성이 떨어지는 시각 상태를 말한다.
> • 날이 저물어 어두움이 시작될 때 쉽게 찾아볼 수 있으며, 명소시와 암소시의 밝기가 중간 정도이기 때문에 물체의 상이 흐리게 보이며 박명시의 최대 시감도는 555~507nm이다.

---

5 | **제5과목 : 색채 체계론**

81 5YR 4/8에 가장 가까운 ISCC-NIST 색기호는?

① s-BR
② v-OY
③ v-Y
④ v-rO

> 5YR 4/8은 명도 4, 채도 8인 중명도 중채도의 주황색이다. ②, ③, ④은 Vivid톤의 고채도이며 ①은 Strong톤으로 BR이 Brown 색상을 의미하므로 보기 중 가장 가까운 색에 해당된다.

82 오스트발트의 색체계에서 등색상 삼각형의 수직축과 평행 선상의 색의 조화는?

① 등백색 계열
② 등순색 계열
③ 등가색환 계열
④ 등흑색 계열

> **오스트발트의 색체계**
> 오스트발트 색체계의 등색상 삼각형의 수직축과 평행선상에 있는 색의 조화는 등순계열이다.

83 Magenta, Lemon, Ultramarine Blue, Emerald green 등은 어떤 색명인가?

① ISCC-NBS 일반색명
② 관용색명
③ 표준색명
④ 계통색명

> **색명**
> 관용색명은 Magenta, Lemon, Ultramarine Blue, Emerald green 등과 같이 옛날부터 습관적으로 전해 내려오는 색명으로 주로 동식물, 광물, 지명과 인명 등의 이름으로 유래한 것들로서 색채의 감성전달이 가장 빠르게 연상된다.

정답 **70** ① **71** ③ **72** ② **73** ② **74** ② **75** ② **76** ② **77** ② **78** ③ **79** ② **80** ④ **81** ① **82** ② **83** ②

기출문제 07회 **2-307**

84 L*c*h* 체계에 대한 설명이 틀린 것은?

① L*a*b*와 똑같은 L*은 명도를 나타낸다.
② c*값은 중앙에서 멀어질수록 작아진다.
③ h는 +a*축에서 출발하는 것으로 정의하여 그곳을 0°로 한다.
④ 0°는 빨강, 90°는 노랑, 180°는 초록, 270°는 파랑이다.

L*c*h* 체계
CIE L*c*h*의 L*은 반사율 명도를, c*은 채도를, h는 각 색상을 나타내는 값이며 색상에 있어서는 빨강을 0°, 노랑을 90°, 초록을 180°, 파랑을 270°로 표시하는데, c*값은 중앙에서 멀어질수록 채도가 높아지며 중앙에 가까워질수록 낮아진다.

85 한국전통색에 대한 설명으로 틀린 것은?

① 음양오행사상을 표현하는 상징적 의미의 표현수단이다.
② 오정색은 음에 해당하며 오간색은 양에 해당된다.
③ 오정색은 각각 방향을 의미하고 있어 오방색이라고도 한다.
④ 오간색은 오방색을 합쳐 생겨난 중간색이다.

한국의 전통색
오정색이 양, 오간색은 음에 해당한다. 오방색으로는 동방의 청색, 서방의 백색, 남방의 적색, 북방의 흑색, 중앙은 황색이 있으며 오간색은 녹색, 벽색, 자색, 유황색, 홍색 등이 있다.

86 한국전통색명 중 소색(素色)에 대한 설명이 옳은 것은?

① 눈이나 우유의 빛깔과 같이 밝고 선명한 색
② 거친 삼베색
③ 무색의 상징색으로 전혀 가공하지 않은 소재의 색
④ 전통한지의 색으로 누렇게 바랜 책에서 느낄 수 있는 색

한국전통색명
소색(素色)은 염색을 하지 않은 소재의 색으로 가공하지 않은 무색의 무명이나 삼베 고유의 색을 뜻한다.

87 오스트발트 색입체의 설명으로 틀린 것은?

① 일그러진 비대칭 형태이다.
② 정삼각 구도의 사선배치로 이루어진다.
③ 쌍원추체 혹은 복원추체이다.
④ 보색을 중심으로 배치하였기 때문에 색상이 등간격으로 분호하지는 않는다.

오스트발트 색입체
오스트발트 색입체는 각 색상마다 보색 중심의 정삼각 구도를 사선 배치한 좌우대칭 복원추체(마름모형) 모양으로, 단면을 자르면 등색상면을 보인다.

88 오스트발트 색채조화원리 중 ec – ic – nc는 어떤 조화인가?

① 등순색 계열
② 등백색 계열
③ 등흑색 계열
④ 무채색의 조화

오스트발트 색채조화원리
오스트발트 등색상 삼각형에서 하양과 순색인 W–C의 계열은 모두 뒤에 알파벳이 동일하기 때문에 등흑색계열이며, 순색에서 검정인 C–B의 계열은 앞의 기호가 같으므로 등백색 계열이다.

89 색체계의 설명으로 옳은 것은?

① 현색계는 1931년에 국제조명위원회에서 정한 X, Y, Z계의 3자극 값을 기본으로 한다.
② 현색계는 물리적 측정 방법에 기초하여 표시하는 방법으로 X, Y, Z 표색계라고도 한다.
③ 혼색계는 color order system이라고도 하는데, 인간의 색지각에 기초하여 물체색을 순차적으로 보기 좋게 배열하고 색입체 공간을 체계화한 것이다.
④ 혼색계는 변색, 탈색 등의 물리적 영향이 없다.

현색계와 혼색계
현색계는 먼셀과 NCS와 같이 인간의 색지각에 기반하여 실제 눈에 보이는 물체색이나 투과색으로 현실에 존재하는 재현할 수 있는 색을 말하며, 혼색계는 측색기로 어떤 파장의 빛을 반사하는가에 따라 색의 특징을 판별하는 방법으로 CIE와 XYZ, LAB, HunterLab, RGB 색체계 등이 있다.

90 NCS 색체계에서 S6030−Y40R이 의미하는 것이 옳은 것은?

① 검정색도(Blackness)가 30%의 비율
② 하양색도(Whiteness)가 10%의 비율
③ 빨강(Red)이 60%의 비율
④ 순색도(Chromaticness)가 60%의 비율

> **NCS 색체계**
> NCS 색체계의 표기방법에서 S6030−Y40R은 검정색도 60%를, 30은 유채색도 30% 의미하므로 백색량은 10%가 된다. Y40R은 빨강이 40% 인 노랑을 의미한다.

91 다음 중 시감 반사율 Y값 20과 가장 유사한 먼셀 기호는?

① N1
② N3
③ N5
④ N7

> **시감 반사율**
> 시감 반사율은 물체면에서 반사하는 광속과 물체면에서 입사하는 광속 의 비율을 말하며 N1~N3은 저명도, N4~N6은 중명도, N7~N9는 고명 도이다. N5는 중간명도로서 시간 반사율이 18% 정도이다.

92 먼셀 색체계에서 P의 보색은?

① Y
② GY
③ BG
④ G

> **먼셀 색체계**
> 10색상을 배열시킨 색상환에서 서로 마주보고 있는 두 색이 보색이며, 각각 R−BG, YR−B, Y−PB, GY−P, G−RP으로 연결된다.

93 일반적으로 색을 표시하거나 전달하는 방법에 관한 설명 중 틀린 것은?

① 개나리색, 베이지, 쑥색 등과 같은 계통색 이름으로 표시할 수 있다.
② 기본색이름이나 조합색이름 앞에 수식형용사를 붙 여서 아주 밝은 노란 주황, 어두운 초록 등으로 표시 한다.
③ NCS 색체계는 S5020−B40G로 색을 표기한다.
④ 색채표준이란 색을 일정하고 정확하게 측정, 기록, 전달, 관리하기 위한 수단이다.

> **색명법**
> 개나리색, 베이지, 쑥색 등과 같이 옛날부터 전해 내려오는 동물, 식물, 광물, 지명, 인명 등은 계통색명이 아니라 관용색명으로 표시할 수 있다.

94 다음의 명도 표기 중 가장 밝은 색채는?

① 먼셀 N = 7
② CIE L* = 65
③ CIE Y = 9.5
④ DIN D = 2

> **명도 표기**
> DIN의 명도 숫자가 낮을수록 밝음을 나타내며, 암도 D는 20이므로 밝기 는 약 8 정도로 밝은 색채이다. CIE 색체계에서는 Y가 명도이며 최고치 는 100에 가까운 수치이나 9.5는 아주 어두운색이다.

95 먼셀 색체계에 관한 설명으로 틀린 것은?

① 현재 우리나라 산업표준으로 제정되어 사용하고 있다.
② 5R 4/10의 표기에는 명도가 4, 채도가 10이다.
③ 기본색상은 Red, Yellow, Green, Blue, Purple 이다.
④ 색입체를 수평으로 절단한 면은 등색상면의 배열이다.

> **먼셀 색체계**
> 먼셀의 색입체를 수평으로 절단하면 동일한 명도의 각기 다른 채도의 10 색상이 나타나며 수직으로 절단하면 무채색 축을 중심으로 동일색상면 이 나타난다.

96 KS 기본색이름과 조합색이름을 수식하는 방법에 대한 설명이 틀린 것은?

① 조합색이름은 기준색이름 앞에 색이름 수식형을 붙여 만든다.

② 색이름 수식형 중 '자줏빛'은 기준색 이름인 분홍에만 사용할 수 있다.

③ '밝고 연한'의 예와 같이 2개의 수식형용사를 결합하여 사용할 수 있다.

④ 부사 '매우'를 무채색의 수식형용사 앞에 붙여 사용할 수 있다.

KS 기본색이름과 조합색이름
부사 '매우'는 무채색이 아닌 유채색의 수식 형용사 앞에 붙여 사용할 수 있다. 무채색의 수식 형용사로는 '밝은', '어두운'이 있으며 '아주'를 수식 형용사에 붙여 사용할 수 있다.

97 파버 비렌(Birren, Faber)의 색채조화원리 중 색채의 깊이와 풍부함이 있어 렘브란트가 작품에 시도한 조화는?

① WHITE - GRAY - BLACK

② COLOR - SHADE - BLACK

③ TINT - TONE - SHADE

④ COLOR - WHITE - BLACK

파버 비렌(Birren, Faber)의 색채조화원리
• WHITE - GRAY - BLACK : 무채색의 자연스러운 조화
• COLOR - SHADE - BLACK : 렘브란트의 회화 기법 같은 색채의 깊이와 풍부함을 가진 배색 조화
• TINT - TONE - SHADE : 레오나르도 다빈치에 의해 시도된 가장 세련된 배색으로 음영계열의 배색 조화
• COLOR - TINT - WHITE : 인상파의 그림처럼 밝고 깨끗한 느낌의 배색 조화

98 문·스펜서의 조화론에 대한 설명으로 틀린 것은?

① 배색의 아름다움을 계산으로 구하고 그 수치에 의하여 조화의 정도를 비교하는 방법이다.

② M은 미도, O는 질서성의 요소, C는 복잡성의 요소를 의미한다.

③ 조화이론을 정량적으로 다룸에 있어 색채연상, 색채기호, 색채의 적합성은 고려하지 않았다.

④ 제2부조화와 같이 아주 유사한 색의 배색은 배색의 의도가 좋지 못한 결과로 판단되기 쉽다.

문·스펜서의 조화론
제1부조화는 유사한 색의 부조화이며 제2부조화는 다른 색의 부조화를 의미한다. 따라서 ④의 설명은 제1부조화에 해당된다.

99 NCS 체계를 구성하고 있는 기초적인 6가지 색은?

① 흰색(W), 검정(S), 노랑(Y), 주황(O), 빨강(R), 파랑(B)

② 노랑(Y), 빨강(R), 녹색(G), 파랑(B), 보라(P), 흰색(W)

③ 시안(C), 마젠타(M), 노랑(Y), 검정(K), 흰색(W), 녹색(G)

④ 빨강(R), 파랑(B), 녹색(G), 노랑(Y), 흰색(W), 검정(S)

NCS 체계
NCS 표색계는 헤링의 반대색상에 기초하여 Yellow, Blue, Red, Green의 4가지 색상을 기본으로 각 색상마다 10단계로 분할하여 총 40단계로 구분한다. 4가지 색상에 White와 Black을 추가하여 기본 6색으로 규정한다.

100 여러 가지 색체계의 표기 중 밑줄의 성격이 다른 것은?

① S2030-Y10R

② L*=20.5, a*=15.3, b*=−12

③ Yxy

④ T : S : D

색체계의 표기법
① NCS 표기법으로 S2030-Y10R이란 흑색량 20%, 순색량 30%, 10%의 빨강이 들어간 노랑을 의미한다. 20% 흑색량은 명도를 나타낸다.
② L*=20.5, a*=15.3, b*=−12 : L*은 반사율을 나타내고 a*, b*은 색상과 채도의 정도를 나타낸다.
③ Yxy : Yxy 색표계를 구성하며, Y는 명도를 나타낸다.
④ DIN의 색표시상에서 T:S:D는 색상:포화도 : 암도를 나타내므로 T는 색상을 의미한다.

08회 기출문제

1 제1과목 : 색채 심리 · 마케팅

01 색채의 상징에 대한 설명이 틀린 것은?

① 국기에서의 빨강은 정열, 혁명을 상징한다.
② 각 도시에서도 상징적인 색채를 대표색으로 사용할 수 있다.
③ 차크라(Chakra)에서 초록은 사랑과 "파" 음을 상징한다.
④ 국기가 국가의 상징이 된 것은 1차 세계대전 이후이다.

> **색채의 상징**
> 국기의 색채는 국제 언어로 인지되는 색채이며 민족적 색채로 인지되기도 한다. 국기의 상징은 같은 색이라도 상징 의미가 다르며 영국의 국기가 1277년, 프랑스의 국기가 1790년에 첫 국기로 제정되었으므로 제차 세계대전(1914년)보다 이전이다.

02 색채 조사를 실시하는 목적과 방법에 대한 설명 중 틀린 것은?

① 현대 사회 트렌드가 빠르게 변화되어 색채 선호도 조사실시 주기가 짧아지고 있다.
② 선호색에 대한 조사 시 색채 견본은 최대한 많이 제시하여 정확성을 높인다.
③ SD법으로 색채 조사를 실시할 경우 색채를 평가하는 반대되는 의미를 갖는 형용사 쌍으로 조사한다.
④ 요인 분석을 통한 색채 조사는 색의 삼속성이 어떤 감성요인과 관련이 높은지 분석하기 적절한 방법이다.

> **색채 조사**
> 색채의 선호와 조화를 예전에는 1차원적으로 취급했으나 현대에는 상호 관련 하에 다원적으로 보는 경향이 많아지고 있다. 따라서 색채 견본은 최소로 사용하여 직접 선호도를 조사하는 것이 정확성을 높일 수 있다.

03 브랜드 색채 전략 중 관리 과정 설명으로 틀린 것은?

① 브랜드 설정, 인지도 향상 – 브랜드 차별화
② 브랜드 의사결정 – 브랜드명 결정
③ 브랜드 로열티 확립 – 상품 충성도
④ 브랜드 파워 – 매출과 이익의 증대

> **브랜드 색채 전략**
> • **브랜드 설정, 인지도 향상** : 브랜드 아이덴티티 전략, 브랜드 차별화 전략
> • **브랜드 이미지 구축** : 브랜드의 긍정적 이미지를 구축을 위한 브랜드 포지셔닝
> • **브랜드 충성도 확립** : 브랜드 충성도, 브랜드 로열티 확립
> • **브랜드 파워** : 매출과 이익의 증대, 지속적이고 차별화된 보너스 제공

04 매슬로우(A.H. Maslow)의 마케팅 욕구에 해당하지 않는 요인은?

① 자아실현
② 소속감
③ 안전과 보호
④ 미술감상

> **매슬로우(A.H. Maslow)의 마케팅 욕구 5단계**
> • **1단계** : 생리적 욕구(배고픔, 갈증, 원초적 욕구)
> • **2단계** : 안전 욕구(위험, 보호, 안전)
> • **3단계** : 사회적 욕구(소속감, 사랑)
> • **4단계** : 존경 욕구(자존심, 인식, 지위)
> • **5단계** : 자아실현 욕구(자아개발 실현)

정답 01 ④ 02 ② 03 ② 04 ④

05 마케팅에서 시장세분화의 기준 중 인구통계학적 속성과 관련이 없는 것은?

① 소비자 계층을 묘사하는 데 효과적인 정보 제공
② 시장을 세분화할 수 있는 정보 제공
③ 물가지수 정보 제공
④ 소비자 라이프스타일 정보 제공

> **시장 세분화 기준**
> • 지리적 변수 - 지역, 도시규모, 기후, 인구밀도, 지형적 특성 등
> • 인구학적 변수 - 연령, 성별, 직업, 소득, 교육수준, 종교, 가족규모 등
> • 심리적 욕구 변수 - 사회계층, 개성, 생활양식 등
> • 행동 분석적 변수 - 구매동기, 브랜드 충성도, 사용경험, 경제성, 품질 등

06 색채 시장조사 방법에 대한 설명 중 틀린 것은?

① 회사의 내부 자료와 타기관의 외부 자료를 1차 자료로 이용하는 것이 좋다.
② 설문지 조사는 정확성, 신뢰도의 측면은 장점이지만 비용, 시간, 인력이 많이 드는 단점이 있다.
③ 스트리트 패션의 색채조사는 일종의 관찰법이다.
④ 설문에 답하도록 하는 질문지법에는 색명이나 색 견본을 제시하는 것이 좋다.

> **색채 시장조사 방법**
> 색채 시장(기호) 조사란 어떤 대상물의 색채분포나 경향, 소비자의 라이프 스타일, 소비자의 생활에서 일관된 색채에 대한 기호나 선호 이미지, 생활 지역에 대한 객관적인 자료 등을 조사하는 것을 의미한다. 따라서 회사 내부 자료와 타기관의 외부 자료는 색채 시장조사 시 참고로만 이용한다.

07 표본조사 방법에 관한 설명 중 틀린 것은?

① 표본은 편의(Bias)가 없는 조사를 위해 무작위로 추출된다.
② 집락표본 추출은 모든 표본단위를 포괄하는 대형 모집단을 이용한다.
③ 표본에 관련된 오차는 모집단의 크기에 좌우되는 것이 아니라 표본의 크기에 따른다.
④ 조사방법에는 직접 방문의 개별면접조사와 전화 등의 매체를 통한 조사가 있다.

> **표본조사 방법**
> 표본조사 방법은 색채 정보 수집 방법 중 가장 많이 사용하는 조사법이다. 조사 대상의 집단 가운데 일부분을 무작위 추출하고 그 결과를 토대로 집단 전체를 집계하는 방법이다. 집락(군집) 표본 추출법은 표본 추출 시 모집단을 하위 집단으로 구획하여 대형 모집단을 이용하는 게 아닌 하위 집단을 뽑는다. 또한 모집단을 모두 포괄하는 목록을 가지고 체계적으로 선정해야 한다.

08 색의 감정효과에 대한 설명이 옳은 것은?

① 강력한 원색은 피로감이 생기기 쉽고, 자극시간이 길게 느껴진다.
② 한색계통의 연한 색은 피로감이 생기기 쉽고, 자극 시간이 길게 느껴진다.
③ 난색계통의 저명도 색은 진출되어 보인다.
④ 한색계통의 저명도 색은 활기차 보인다.

> **색의 감정효과**
> ② 한색계통의 연한 색은 시원하며 차분함과 안정감을 주며, 시간이 짧게 느껴진다.
> ③ 난색계통의 저명도 색은 후퇴되어 보인다(난색계통의 고명도 색은 진출되어 보인다).
> ④ 한색계통의 저명도 색은 침착하고 무거워 보인다.

09 색채 치료에 관한 설명 중 틀린 것은?

① 색채를 이용하여 인간의 오감을 자극하여 정신적 스트레스와 심리증세를 치유하는 방법이다.
② 인도의 전통적인 치유 방법에서는 인체를 7개의 차크라(chakra)로 나누고 각 차크라에는 고유의 색이 있다.
③ 색채 치료의 일반적 경향에서 주황은 신경계를 강화시키며 근육에너지를 생성시키고 소화 기간의 활력을 준다.
④ 빛은 인간에게 중요한 에너지 근원이 되고 시각을 통해 몸속에서 호르몬 생성을 촉진시킨다.

> **색채 치료**
> 색채 치료의 일반적 경향에서 신경계를 강화시키며 근육에너지를 생성시키고 소화 기관의 활력을 주는 색은 노랑이다. 주황은 소화계 영향, 체액 분비, 성적 감각 자극, 식욕 촉진을 일으킨다.

10 소비자의 구매심리과정을 바르게 나열한 것은?

① 주의 → 흥미 → 욕망 → 기억 → 행동
② 흥미 → 주의 → 욕망 → 기억 → 행동
③ 주의 → 흥미 → 기억 → 욕망 → 행동
④ 흥미 → 주의 → 욕망 → 행동 → 기억

> **소비자 구매심리 과정**
> 판매 촉진과 효과적인 광고 집행을 위해 소비자의 구매심리 과정을 파악할 수 있는 방법으로 그 과정은 다음과 같다.
> 주의(Attention) → 관심(Interest) → 욕구(Desire) → 기억(Memory) → 행동(Action)

11 다음이 설명하는 색채 마케팅 전략의 요인은?

21세기 디지털 사회는 디지털 패러다임을 대표하는 청색을 중심으로 포스트모더니즘의 다양한 복합성을 수요함으로써 테크노 색채와 자연주의 색채를 혼합시킨 색채 마케팅을 강조하고 있다.

① 인구 통계적 환경　　② 기술적 환경
③ 경제적 환경　　　　④ 역사적 환경

색채 마케팅 전략
- 색채 마케팅이란 컬러의 심미적 요소를 활용하여 소비자에게 상품이나 서비스를 효과적으로 홍보하고 소비 심리를 자극시켜 판매 효율을 증진시키는 마케팅 기법으로 색을 과학적, 심리적으로 이용하여 구매를 유도하는 기업 경영전략이다.
- 디지털 사회의 기술 진보와 포스트모더니즘의 복잡하고 다양한 시대 상황에 맞춰 자연주의 색채와 테크노 색채를 혼합시킨 색채 마케팅이 활성화되고 있으며, 환경보호 및 인간존중 사상이 확대되면서 제품, 매장, 홈페이지 등에 특정 색채 중심의 그린 마케팅이 각광 받고 있는 것은 기술적·자연적 환경과 관련된 내용이다.

12 형광등 또는 백열등과 같은 다양한 조명 아래에서도 사과의 빨간색이 달리 지각되지 않는 현상은?

① 착시　　　　　　② 색채의 주관성
③ 페흐너 효과　　　④ 색채 항상성

색채 항상성
색채 항상성(Color Constancy)은 우리 망막에 미치는 빛 자극의 물리적 특성이 변하더라도 대상 물체의 색채가 변하지 않고 그대로 유지된다고 지각하는 것으로, 조명 조건을 바꿔 빛 자극을 다르게 하더라도 변하지 않는 색채 감각을 말한다.

13 시장세분화(Market Segmentation)의 조건으로 옳은 것은?

① 유통가능성, 접근가능성, 실질성, 실행가능성
② 유통가능성, 안정성, 실질성, 실행가능성
③ 색채선호성, 계절기후성, 실질성, 실행가능성
④ 측정가능성, 접근가능성, 실질성, 실행가능성

시장 세분화 조건
시장 세분화란 시장을 상이한 제품을 필요로 하는 독특한 구매집단으로 분할하는 방법으로 소비자의 수요층을 일정 기준에 따라 분할하는 마케팅 전략이며 시장 세분화의 조건으로는 측정 가능성, 실행 가능성, 접근 가능성이 있다.

14 컬러 마케팅의 직접적인 효과로 보기 어려운 것은?

① 브랜드 가치의 업그레이드
② 기업의 아이덴티티 형성
③ 기업의 매출 증대
④ 브랜드 기획력 향상

컬러 마케팅 효과
- 고객 만족과 경쟁력 강화
- 브랜드 또는 제품에 특별한 이미지를 창출하여 기업의 인지도 상승
- 브랜드 가치 상승으로 기업의 이미지 통합(아이덴티티)를 만들어 경쟁 제품과 차별화
- 상품의 소비 유도로 기업의 판매촉진과 수익 증대에 기여

틀리기 쉬운 문제
15 소비자 의사결정 과정에 해당하지 않는 것은?

① 정보탐색
② 대안평가
③ 흥미욕구
④ 구매결정

소비자 구매 의사결정 과정
- 소비자 구매 의사 결정은 소비자의 직업, 교육수준, 연령, 성별, 제품 구매 여부, 사용경험, 소득, 사회계층, 기호 등에 따라 다르며 구매 욕구를 느낄 때 아래와 같은 과정을 통해 이루어진다.
- 문제인식 → 정보탐색 → 대안평가 → 구매 → 구매 후 평가

16 인도의 과거신분제도에서 가장 높은 위치의 계급을 상징하는 색부터 차례대로 나열한 것은?

① 빨강 → 노랑 → 하양 → 검정
② 검정 → 빨강 → 노랑 → 하양
③ 하양 → 노랑 → 빨강 → 검정
④ 하양 → 빨강 → 노랑 → 검정

인도의 과거신분에 따른 4계급 상징색
- 1계급 브라만(성직자) : 흰색
- 2계급 크샤트리아(왕족, 무사) : 빨강
- 3계급 바이샤(평민) : 노랑
- 4계급 수드라(하층민, 원주민 노예) : 검정

17 제품의 라이프 사이클 단계로 ( )에 들어갈 알맞은 것은?

> 도입기 → 성장기 → ( ) → 쇠퇴기

① 정체기
② 상승기
③ 성숙기
④ 정리기

제품의 라이프 사이클 단계
제품의 라이프 사이클 단계는 도입기 → 성장기 → 성숙기 → 쇠퇴기로 되어 있다.
- **도입기** : 상품이 출시되는 시기로 매출은 늘지 않고 생산 비용이 높은 시기이다.
- **성장기** : 해당 제품의 색채가 다양화되고, 광고를 통해 제품 판매와 이윤이 급격히 상승된다.
- **성숙기** : 가장 오랜 기간 동안 수익과 마케팅의 문제 발생되고 생산 비용은 상대적으로 줄고 매출이 상한선까지 올라갔다가 하강하기 시작하는 시기이다.
- **쇠퇴기** : 매출과 생산 비용이 모두 하락하며 제품이 사라지는 시기이다.

18 연령에 따른 색채 선호에 관한 연구 조사 결과 설명으로 틀린 것은?

① 연령별 색채 선호는 색상에서 가장 뚜렷한 차이를 보인다.
② 아동기에는 장파장인 붉은색 계열의 선호가 높으나 어른이 되면서 단파장의 파란색 계열로 선호가 변화하는 경우가 많다.
③ 유아는 가장 최근에 인지한 색을 선호하는 경향이 높다.
④ 유아기에는 선호하는 색채가 소수의 색채에 집중되나 연령이 증가하면서 다양한 색채로 선호 색채가 변화한다.

연령에 따른 색채 선호
생후 6개월부터 원색을 구별할 수 있으며 연령이 낮을수록 장파장에 반응한다. 어린이는 고명도의 색, 유채색, 단순한 원색 계열과 밝은 톤을 좋아하고 성인이 되면서 파랑, 녹색과 같은 단파장 색채를 좋아하는 경우가 많다.

19 색채 시장조사 기법 중 서베이(Survey) 조사에 대한 설명으로 틀린 것은?

① 일반 소비자들의 제품구매 및 이용 상황에 대한 정보를 수집하고 분석하는 방법이다.
② 설문지를 이용하여 표본으로 선정된 조사대상자들은 대상으로 자료를 수집하는 방법이다.
③ 특정 상황에서 직접적으로 관찰하여 자료를 수집하는 방법이다.
④ 기업의 전반적 마케팅 전략수립의 기본 자료를 수집하기 위한 조사로 활용된다.

서베이 조사법
- 마케팅 조사 중 가장 많이 이용되는 방법이다.
- 시장의 전반적인 상황과 기업의 마케팅 전략 수립과 관련한 전반적인 기본자료 수집이 목적이다.
- 소비자의 제품 구매 등에 대해 조사원이 직접 거리나 가정을 방문하여 질의응답, 설문조사를 통해 정보를 수집한다.

20 어떤 소리를 듣게 되면 색이나 빛이 눈앞에 떠오르는 현상은?

① 색광   ② 색감
③ 색청   ④ 색톤

색청
색채와 인간의 다른 감각 간의 교류현상으로 메시지와 의미를 전달하는 특성을 가진 것을 공감각이라고 한다. 그 중 색청은 소리를 통해 색채를 느끼고, 색채를 통해서도 소리를 연상하는 현상을 말한다. 대표적으로 색채와 소리의 조화를 발견한 뉴턴(Newton)이 있다.

② 제2과목 : 색채 디자인

21 색조에 의한 패션디자인 계획 중 Deep, Dark, Dark Grayish와 관련이 없는 것은?

① 전체적으로 화려함이 없고 단단하며 격조있는 느낌
② 안정되면서도 무거운 남성적 감정을 느끼게 함
③ 복고풍의 패션트렌드와 어울리는 색조
④ 주로 스포츠웨어나 테마의상 제작에 사용

색조(Deep, Dark, Dark Grayish)
저명도에 속하는 Deep, Dark, Dark Grayish 톤은 다소 무겁고 딱딱한 이미지를 지니고 있다. 따라서 화려함보다는 격조 있고, 안정적이면서 남성적인 감정을 느끼게 한다. 복고풍 패션트렌드와 잘 어울리는 색조이지만 스포츠웨어나 테마의상 제작에 사용되는 색조와는 거리가 있다. 스포츠웨어나 테마의상에 잘 어울리는 색조는 고채도의 Vivid, Light 색조가 있다.

22 1919년 독일 바이마르에서 창립된 바우하우스와 관련이 없는 것은?

① 설립자는 건축가 월터 그로피우스이다.

② 교과는 크게 공작교육과 형태교육으로 나누어져 있었다.

③ 1923년 이후는 기계공업과 연계를 통한 예술과의 통합이 강조되었다.

④ 대칭형의 기계적 추상형태와 기하학적 직선을 지향하였다.

> **바우하우스**
> • 독일 공작연맹의 이념을 계승하여 월터 그로피우스를 초대학장으로 하여 1919년 독일의 바이마르 공화국 시절 설립된 미술공예학교이자 오늘날 디자인 교육원리를 확립하였으며, 1923년 이후는 기계공업과 연계를 통한 예술과의 통합이 강조되었다. 그리고 1933년 나치에 의해 강제 폐교되었다.
> • 완벽한 건축물이 모든 시각 예술의 궁극적인 목표라 선언하고 예술창작과 공학기술을 통합하고자 주장한 새로운 예술교육기관이며 연구소였으며 공방교육을 통해 미적조형과 제작기술을 동시에 가르쳤다.
> • 마이어는 예술은 집단 사회의 모든 사람이 쉽게 이해할 수 있어야 한다고 주장하였다.
> • 데사우(Dessau)시의 바우하우스는 수공 생산에서 대량 생산용의 원형 제작이라는 일종의 생산 시험소로 전환되었다.
> • 과거문화에 연루되지 않고 고루한 것을 과감하게 타파하기 위해 새로운 예비교육, 공작교육, 형태교육 등을 실시하였다.
> • 예술가의 가치 있는 도구로서 기계를 적극적으로 활용하였으며 인간이 기계에 의해 노예화되는 것을 막고 기계의 장점은 취하면서도 결점은 제거하려 하였다.
> • 제품의 대량생산을 위해 굿 디자인의 개념을 설정하였으며 현대건축, 회화, 조각, 디자인 운동에 영향을 주었다.
> • 바우하우스에 지대한 영향을 끼친 20세기 초 미술운동은 구성주의, 표현주의, 데스틸 등이 있다.

23 굿디자인의 조건에 대한 설명 중 틀린 것은?

① 합목적성 : 디자인의 지성적 요소를 결정하며 개인 성향이 강하게 나타난다.

② 심미성 : 디자인의 감정적 요소를 결정하며 국가, 집단별로 다르게 나타난다.

③ 독창성 : 리디자인도 창조에 속한다.

④ 경제성 : 최소의 투자로 최대의 효과를 얻는다.

> **굿 디자인 요건**
> • **독창성** : 창조적이며 개성을 추구하는 디자인이다.
> • **기능성(합목적성)** : 실제 목적에 합당한 역할과 작용이 가능하도록 하는 디자인을 한다.
> • **경제성** : 최소한의 재물, 자원, 노력, 시간을 투자하여 최상의 디자인을 한다.
> • **심미성** : 아름다움을 느끼는 미적 의식으로 주관적, 감성적인 특성을 지닌다.

24 인간의 건강을 증진시키기 위한 액티브디자인 가이드라인이 개발된 도시는?

① 런던   ② 파리

③ 뉴욕   ④ 시카고

> **액티브디자인 가이드라인**
> 뉴욕시는 도시전문가, 교통전문가, 건축 및 도시설계 전문가와 함께 Active Design Guidelines(활동적인 도시를 위한 건축 가이드라인)을 제작해 각 지역과 전 세계에 배포하고 있으며, 이를 도시 디자인에도 적용하고 있다. 이 가이드라인은 급증하는 비만문제를 줄이기 위한 노력으로 시행되고 있으며 다양한 형태의 도시디자인을 통해 보행이나 자전거 이용 활성화를 유도하고 있고 커뮤니티, 거리, 도시공간 등을 어떻게 디자인해야 하는지를 안내하고 있다.

25 설계도 보완을 위해 작업순서 방법, 마감 정도, 제품규격, 품질 등을 명시하는 것은?

① 견적서

② 평면도

③ 시방서

④ 설명도

> **시방서**
> 설계도 보완을 위해 작업 순서와 그 방법, 마감 정도, 제품규격, 품질 등을 명시하는 것을 말한다.

26 다음의 (   )에 알맞은 말은?

> 인류의 역사는 창조력에 의해 인간이 만든 도구의 역사와 맥을 같이 하며, 자연에 대응하기 위한 도구적 장비에 관한 것이 곧 (   ) 디자인의 영역에 해당된다.

① 시각

② 환경

③ 제품

④ 멀티미디어

> **제품디자인 개념**
> 제품디자인은 인간의 생활에 필요한 도구를 만드는 디자인으로, 새로운 제품의 아이디어 개발 단계에서부터 최종 생산 단계까지 제품의 색채계획은 실용성, 심미성, 조형성, 경제성의 가치를 반영할 수 있도록 해야 한다.

27 건물공간에 따른 색의 선택에 관한 설명 중 가장 적합하지 않은 것은?

① 사무실은 30%의 반사율을 가진 은회색(Warm Gray)이 적당하다.
② 상점에서 상품자체가 밝은 색채를 가진 경우 일반적으로 그 상품을 부드럽게 보이기 위해 같은 색채를 배경으로 한다.
③ 병원 수술실은 연한 청록색을 사용한다.
④ 학교색채에 있어 밝은 연녹색, 물색의 벽은 집중력을 높여준다.

> **건물 공간에 따른 색의 선택**
> 상점에서 상품 자체가 밝은 색채를 가진 경우 그 상품이 돋보일 수 있도록 색상과 색조 대비 차이를 활용한 색채를 배경으로 한다.

28 컬러 이미지 스케일 사용의 장점을 가장 옳게 설명한 것은?

① 색채의 이성적 분류가 가능
② 감성을 객관적이고 논리적으로 판단
③ 유행색 유추가 용이
④ 다양한 색명의 사용이 가능

> **컬러 이미지 스케일**
> 색채계획 시, 색채가 주는 정서적 감성을 객관적이고 논리적으로 판단할 수 있도록 언어로 표현한 좌표계로 디자인 방법론으로 활용하기 위해 개발된 것을 말한다.

틀리기 쉬운 문제

29 다음에서 설명하는 미술사조는?

> 나는 창조적인 활동을 자유로운 표현이라고 생각한다.

① 구성주의
② 바우하우스
③ 큐비즘
④ 데스틸

> **구성주의**
> • 제1차 세계대전을 전후로 러시아 모스크바를 중심으로 일어난 추상주의 예술운동으로 산업주의와 집단주의에 입각한 사회성을 추구하였으며, 입체파나 미래파의 기계적 개념과 추상적 조형을 주요 원리로 삼아 일어난 아방가르드 운동의 하나이다.
> • 세잔은 인상주의 대표작가이지만 입체파, 미래파, 신조형주의, 구성주의, 절대주의에 많은 영향을 주었다. 또한 그는 구성주의에 대하여 다음과 같이 말했다. "나는 창조적인 활동을 자유로운 표현이라고 생각한다. 그리고 자유로운 표현이란 어떠한 물음도 제기되지 않는 활동을 말한다."

30 근대디자인사에서 가장 먼저 일어나 운동으로 예술의 민주화를 주장한 수공예 부흥운동은?

① 아르누보
② 미술공예운동
③ 데스틸
④ 바우하우스

> **미술공예운동**
> • 근대디자인사에서 가장 먼저 일어난 19세기 후반 영국에서 윌리엄 모리스와 존 러스킨을 중심으로 일어난 수공예 미술운동이다.
> • '산업 없는 생활은 죄악이고, 미술 없는 산업은 야만이다'라는 심미적 이상주의 사상에 뿌리를 두고 있다.
> • 18세기 영국을 중심으로 일어난 산업혁명의 대량생산으로 인한 생산품의 질적 하락과 예술성 저하로 윌리엄 모리스가 주축이 된 미술공예운동이다.
> • 윌리엄 모리스는 예술의 민주화와 생활화를 주장하였고 근대디자인의 이념적 기초를 마련했다.

31 멀티미디어의 가장 큰 특징은?

① 매체의 쌍방향적(Two-Way Communication)
② 정보 발신자의 의견만을 전달
③ 소수의 미디어 정보를 동시에 포함
④ 디자인의 모든 가치기준과 방향이 미디어 중심으로 변화

> **멀티미디어 특징**
> • **쌍방향** : 정보를 일방적으로 전달하는 대중 매체와는 달리 멀티미디어는 오디오, 음성, 문자, 동영상, 그림 등 하나 이상의 미디어들을 정보 수신자의 의견까지 쌍방향으로 제공한다.
> • **사용자 경험 중시** : 항해, 상호작용성, 사용자 인터페이스, 정보설계 등 사용자 편의성을 극대화하는 사용자 경험이 중시된다.
> • **사용자 중심** : 사용자의 편의성과 인터페이스 등 사용자의 경험 측면이 중요시 되고 디자인의 가치 기준이 사용자 중심으로 변한다.

32 생태학적 디자인의 지속가능한 개발(Sustainable Development)이 의미하는 것은?

① 기술을 지속적으로 사용하여 자연을 보존한다.
② 자연이 먼저 보존되고 인간과 환경이 조화되는 개발을 한다.
③ 기술을 지속적으로 발전시켜 인간 사회를 개발시킨다.
④ 인간, 기술, 자연을 지속적으로 개발한다.

> **지속가능한 디자인**
> 자연이 먼저 보존되고 인간과 환경이 조화되는 개발을 의미한다. 디자인의 전 과정에서 환경적, 경제적, 사회적 영향을 고려한 디자인이다.

33 기능적 디자인에서 탈피, 모조 대리석과 같은 채색 라미네이트를 사용, 장식적이며 풍요롭고 진보적인 디자인을 추구한 것은?

① 반디자인
② 극소주의
③ 국제주의 양식
④ 멤피스 디자인 그룹

멤피스
• 1981년 이탈리아 산업디자이너들이 결성한 진보적인 디자인 그룹으로 당시 모더니즘의 기능주의, 상업화된 디자인의 획일적이고 인위적인 시각 표현을 탈피하고자 하였다.
• 팝아트 운동 등에 영감을 받아 라미네이트, 합판, 플라스틱 등 다양한 소재를 사용하여 화려한 장식과 과감한 다색 배합과 유희성을 바탕으로 낙천적이고 자유분방한 실험적 디자인을 추구하였다.
• 이들의 작품은 전통적인 공예상점에서 비싼 가격에 팔리는 한정된 수량의 제품을 생산하는 한계를 벗어나진 못했다.

34 감성공학에 대한 설명으로 옳은 것은?

① 일본의 소니(Sony)사에서 처음으로 감성공학을 제품에 적용하였다.
② 인간의 감성을 정량적으로 분석, 평가하는 기술이다.
③ 감성공학의 최종적인 목표는 제품 생산자의 정서적 안정을 위한 것이다.
④ 감성공학과 제품이 구매력과는 상관관계가 없다.

감성공학
인간의 감성을 정량적으로 분석, 평가하고 이를 제품이나 환경 설계에 적용하여 인간의 삶을 더욱 편리하고 안락하며 쾌적하게 개발하려는 기술이다.

35 사용자와 디지털 디바이스 사이에서 효과적으로 커뮤니케이션 할 수 있도록 디자인하는 분야는?

① 애니메이션 디자인
② 모션그래픽 디자인
③ 캐릭터 디자인
④ 인터페이스 디자인

사용자 인터페이스 디자인(UI 디자인)
사용자와 디지털 디바이스 두 개체 간의 효과적으로 커뮤니케이션할 수 있도록 사용자 편의성의 극대화를 궁극적 목표로 디자인하는 분야를 말한다.

36 상업 색채계획의 기초 기준이 되는 색의 속성으로 묶은 것은?

① 색의 시인성 – 색의 친근성
② 색의 연상성 – 색의 상징성
③ 색의 대비성 – 색의 관리성
④ 색의 연상성 – 색의 대비성

상업 색채계획의 기초 기준
상업 색채계획에서 가장 기초 기준이 되는 색의 속성은 시인성과 친근성이다. 얼마나 눈에 잘 띄고, 고객들에게 친근함을 전달할 수 있는지가 가장 중요하기 때문이다.

37 디자인에 있어 색채계획(Color Planning)의 정의로 가장 적합한 것은?

① 색현상을 과학적으로 연구하여 빛과 도료의 원리를 밝혀내는 것이다.
② 색채 적용에 디자이너 개인의 기호를 최대한 반영하기 위한 설득과정이다.
③ 디자인의 적용 상황을 연구하여 그것을 구체화하기 위한 색채를 선정하고 적용하는 과정을 말한다.
④ 모든 건물이나 설비 등에서 색채를 통한 안정을 찾고 눈이나 정신의 피로를 회복시키고 일의 능률을 향상시키는 목적을 갖는 활동이다.

색채계획의 정의와 목적
• 색채 계획은 1950년대 미국에서 보급되었다. 과학 기술의 발전에 따른 생산방식의 공업화로 색채의 생리적 효과를 활용한 색채조절에 의한 디자인 방식이 주목받기 시작하였으며, 인공적인 착색 재료와 착색 기술이 발달하면서, 자유롭게 색의 표현이 가능하게 되고, 소재나 제품에 착색이 일반화되면서 색채계획이 발달하게 되었다.
• 색채계획의 효과로 제품의 차별화, 제품 이미지 상승효과, 주변환경과 조화로운 도시경관 조성 및 심리적 쾌적성 증진, 지역 특성에 맞는 통합 계획으로 이미지 향상, 작업 능률이 향상, 피로도 경감, 안전색채 사용으로 사고나 재해를 감소, 유지관리 비용 절감 등이 있다.
• 색채계획 시 가장 중요한 부분은 색채 목적을 정확히 인식하고 시장조사와 색채심리, 색채전달계획을 세워 디자인을 적용해야 한다.
• 색채 적용 시 대상을 검토할 때는 대상과 보는 사람과의 거리인 거리감, 대상의 움직임 유무, 개인용과 공동 사용을 구분하는 공공성의 정도 등을 고려해야 한다.

38 그림과 같이 동일 면적의 도형이라도 배열에 따라 크기가 달라 보이는 현상은?

① 이미지
② 형태지각
③ 착시
④ 잔상

> **착시**
> 시각적 착각을 말하며 실제 대상과 다르게 인식되는 현상을 의미한다. 착시의 종류로 길이의 착시, 방향의 착시, 크기의 착시, 면적의 착시, 거리의 착시, 배열의 착시, 바탕과 도형의 반전(루빈스의 컵) 등이 있다. 길이는 같은데 방향성이 다른 표시로 인해 길이가 차이 나 보이는 경우에 길이의 착시라고 한다.

39 그리스인들이 신전과 예술품에서 아름다움과 시각적 질서를 얻기 위한 수단으로 사용한 비례법으로 조직적 구조를 말하는 체계는?

① 조화
② 황금분할
③ 산술적 비례
④ 기하학적 비례

> **황금분할**
> 신전과 예술품에서 아름다움과 이상적인 비례 '황금분할'이라는 비례법을 적용하였다.

[틀리기 쉬운 문제]
40 디자인 요소에 대한 설명으로 틀린 것은?

① 형(Shape)은 단순히 우리 눈에 비쳐지는 모양이다.
② 현실적인 형태에는 이념적 형태와 자연적 형태가 있다.
③ 면의 특징은 선과 점 자체로는 표현될 수 없는 원근감과 질감을 표현할 수 있다.
④ 디자인의 실제적 선은 길이, 방향, 형태 외에 표현상의 폭도 가진다.

> 디자인 요소에서 현실적인 형태에는 인위적 형태와 자연적 형태가 있다.

---

③ 제3과목 : 색채관리

41 전기분해의 원리를 이용하여 물체의 표면을 다른 금속의 얇은 막으로 덮어씌우는 방법은?

① 응용도금
② 무전해도금
③ 화학증착
④ 전기도금

> **전기도금**
> 금속이나 비금속의 겉에 금이나 은 등 다른 금속을 얇게 입히는 것을 말하며, 처리방법의 종류에는 전기도금(전기분해의 원리 이용), 무전해도금(화학변화를 이용), 응용도금(녹는점이 낮은 금속 제품을 넣는 방식), 화학증착(휘발성 금속염을 증발시켜 화학반응을 이용) 등이 있다.

42 광원의 변화에 따라 색이 다르게 보이는 정도를 나타내는 것은?

① CII
② CIE
③ MI
④ YI

> **색변이 지수(CII, Color Inconsistency Index)**
> • 색채는 광원에 따라 변하는 것으로 보이게 되는데, 색변이 지수(CII)는 광원에 따른 색채의 불일치를 나타내는 지수를 의미한다.
> • 지수가 높을수록 안정성과 선호도가 낮아 바람직한 색채로 평가될 수 없음을 의미한다.
> • CII에서는 백색의 색차가 거의 느껴지지 않는다.

43 CIE Colorimetry 기술문서에 정의된 특별 메타메리즘 지수(Special Metamerism Index)에 관한 설명으로 틀린 것은?

> 기준 조명 및 기준 관찰자 하에서 동일한 삼자극치값을 갖는 두 개의 사료의 반사스펙트럼이 서로 다를 경우 메타메리즘 현상이 발생한다.

① 조명 변화에 따른 메타메리즘 지수가 있다.
② 시료 크기 변화에 따른 메타메리즘 지수가 있다.
③ 관찰자 변화에 따른 메타메리즘 지수가 있다.
④ CIE LAB 색차값을 메타메리즘 지수로 사용한다.

> **메타메리즘 지수(Special Metamerism Index)**
> • 메타메리즘은 색채의 분광 반사율 스펙트럼이 서로 다른 두 시료가 특정한 광원 아래에서 같은 색으로 보이는 경우를 말한다. 즉, 조명에 따라 두 견본이 같기도 다르게도 보인다는 뜻이다.
> • 메타메리즘은 광원의 차이에 따른 메타메리즘과 관찰자의 시야에 따른 메타메리즘으로 구분된다.
> • 메타메리즘 지수는 기준광에서 같은 색인 메타머(Metamer)가 피시험광에서 일으키는 색차로 나타내는데, 이때 CIELAB 색차식을 사용하게 된다. 표준광 A, 표준광 D₆₅, 표준광 C가 평가에 적합한 광원이다.

44 다음 ( )안에 들어갈 적합한 것은?

육안 조색 시 색채관측을 위한 (㉠)광원과 (㉡)lx 조도의 환경에서 작업을 하면 좋다.

① ㉠ D65, ㉡ 1000
② ㉠ D65, ㉡ 200
③ ㉠ D35, ㉡ 1500
④ ㉠ D15, ㉡ 100

육안조색 관측조건
· 50cm 정도의 거리에서 측정 각은 광원을 0°로 보았을 때 45° 또는 광원과 90°를 이루도록 한다.
· 측정광원은 D65, 1,000lx 이상 사용, 관찰시야는 2° 시야 적용, 벽면이 먼셀 명도 N5~7(L*:45~55 무광택의 무채색) 공간의 부스 안에서 기준 색상과 시료 색상을 조색하고 비교, 육안 조색은 3인 이상 실시하는 것이 바람직하다.

45 유기안료의 일반적인 특징이 아닌 것은?

① 유기안료는 인쇄잉크, 도료 등에 사용된다.
② 무기안료에 비해 빛깔이 선명하고 착색력이 크다.
③ 무기안료에 비해 내광성과 내열성이 크다.
④ 유기용제에 녹아 색의 번짐이 나타나기도 한다.

유기안료는 유기용제에 녹아 색이 번지는 단점이 있으며 내광성, 내열성, 내후성이 낮다.

유기안료 특징
· 탄소가 중심 원소이거나 탄소가 많이 들어간 분자들을 총칭한다.
· 불에 타는 성질이 있다(가연성).
· 물에 녹는 레이크(Lake) 안료와 물에 녹지 않는 금속 화합물 형태로 구분한다.
· 색상이 선명하고(채도가 높고) 착색력이 높다.
· 종류가 많아 다양한 색상의 재현이 가능하다.
· 인쇄잉크, 도료, 플라스틱 착색, 섬유수지날염 등으로 나뉜다.

46 RGB 잉크젯 프린터 프로파일링의 유의사항으로 잘못된 것은?

① 프린터 드라이버의 소프트웨어 설정에서 이미지의 컬러를 임의로 변경하는 옵션을 모두 활성화해야 한다.
② 잉크젯 프린팅 시에는 프로파일 타깃의 측정 전 고착 시간이 필요하다.
③ 프린터 드라이버의 매체설정은 사용하는 잉크의 양, 검정 비율 등에 영향을 준다.
④ 프로파일 생성 시 사용한 드라이버의 설정은 이후 출력 시 동일한 설정으로 유지해야 한다.

RGB 잉크젯 프린터 프로파일링
프린터 드라이버의 소프트웨어 설정에서 이미지 컬러를 임의로 변경하는 옵션을 모두 활성화할 필요가 없고, 프로파일 생성 시에 사용한 드라이버의 설정은 이후 출력 시 동일한 설정으로 유지해야 한다.

47 육안조색의 방법 중 틀린 것은?

① 시편의 색채를 D65광원을 기준으로 조색한다.
② 샘플색이 시편의 색보다 노란색을 띨 경우, b*값이 낮은 도료나 안료를 섞는다.
③ 샘플색이 시편의 색보다 붉은색을 띨 경우, a*값이 낮은 도료나 안료를 섞는다.
④ 조색 작업면은 검정색으로 도색된 환경에서 2000lx 조도의 밝기를 갖추도록 한다.

육안조색 시 조색 작업면은 검정색으로 도색된 환경에서 2000lx 이상 4000lx에 가까운 조도의 밝기를 갖추도록 한다.

48 특정 조건에 따라 발색되는 모든 색을 포함하는 색도 그림 또는 색공간 내의 영역은?

① Color Gamut
② Color Equation
③ Color Matching
④ Color Locus

Color Gamut
특정 조건에 따라 발색되는 모든 색을 포함하는 색도그림, 또는 색공간 내의 영역

정답 38 ③ 39 ② 40 ② 41 ④ 42 ① 43 ② 44 ① 45 ③ 46 ① 47 ④ 48 ①

49 CIE에서 지정한 표준 반사색 측정 방식이 아닌 것은?

① D/0
② 0/45
③ 0/D
④ 45/D

CIE에서 지정한 표준 반사색 측정 방식
- d/0 : 분산 조명을 조사하고, 90° 수직으로 반사된 조명을 관측한다.
- 0/45 : 수직 방향에서 조명을 비추고 45° 각도에서 관찰한다.
- 0/d : 90° 수직 방향에서 조명을 비추고 분산 조명을 평균값으로 관측한다.
- 45/0 : 45° 방향에서 조명을 비추고 90°에서 수직으로 관찰한다.

50 측색결과 기록 시 포함해야 할 필수적인 사항에 해당하지 않은 것은?

① 측정시간
② 색채측정 방식
③ 표준광의 종류
④ 표준 관측자

측색결과 필수 첨부사항
- 조명과 수광 조건 등 색채 측정방식(45/0, 0/d 등)
- 표준광원의 종류(백열등, 형광등, LED 등)
- 광원이 재현하는 색온도 및 광원의 조도(lx)
- 조명환경 및 표준 관측자의 시야각(CIE 1931년 2° 시야 또는 CIE 1964년 10° 시야)
- 등색함수의 종류
- 측정에 사용한 기기명

51 측정하고자 하는 시료의 가시광선 분광반사율을 측정하고 인간의 삼자극효율 함수와 기준 광원의 분광광도 분포를 사용하여 색채값을 산출하는 색채계는?

① 분광식 색채계
② 필터식 색채계
③ 여과식 색채계
④ 휘도 색채계

분광식 색채계
정밀한 색채의 측정장치로 물체의 분광 반사율, 분광 투과율 등을 파장의 함수로 측정하는 계측기, 측색기이다.

52 CRI(Color Rendering Index)에 관한 설명으로 틀린 것은?

① 정확한 색 평가를 위해서는 CRI 90 이상의 조명이 권장된다.
② CCT 5000K 이하의 광원은 같은 색온도의 이상적인 흑체(Ideal Blackbody Radiator)와 비교하여 CRI 값을 얻는다.
③ 높은 CRI 값이 반드시 좋은 색 재현을 의미하지 않을 수 있다.
④ 백열등(Incandescent Lamp)은 낮은 CRI를 가지므로 정확한 색 평가를 위한 조명으로 사용되지 않는다.

백열등(Incandescent Lamp)은 높은 CRI(연색지수)를 가지므로 정확한 색 평가를 위한 조명으로 사용한다.

연색지수 CRI(Color Rendering Index)
- '연색지수'는 시험(인공) 광원이 기준광과 어느 정도 비슷하게 물체색을 보여 주는지를 표시하는 지수로, 시험광원이 얼마나 기준광과 비슷하게 조사되는가를 나타낸다. 연색지수 100에 가까울수록 색이 자연스럽게 보인다. 광원의 연색지수가 90 이상이면 연색성이 좋다고 평가된다.
- 연색지수를 구하기 위해 사용되는 시험색은 스펙트럼 반사율을 아는 물체색이다.
- 광원의 연색성을 나타내는 것을 목적으로 한 지수이다.
- 연색 평가지수는 Ra로 표기한다.
- 평균 연색 평가지수는 규정된 8종류의 시험색에 대한 특수연색평가지수의 평균값에 해당하는 연색 평가지수이다.
- 특수 연색 평가지수는 규정된 시험색의 각각에 대하여 기준광으로 조명하였을 때와 시료광원으로 조명하였을 때의 색차를 바탕으로 광원의 연색성을 평가한 지수이다.

53 모니터나 프린터, 인터넷을 위한 표준 RGB 색공간을 지칭하는 용어는?

① BT.709
② NTSC
③ sRGB
④ RAL

sRGB 색공간
- 1996년 MS사, HP사가 협력하여 만든 모니터, 프린터, 인터넷에 사용할 목적으로 개발된 색공간이다. 8비트 이미지 색공간으로 국제적으로 통용되는 기본적인 색공간이다.
- BT.709와 동일한 RGB 색좌표를 갖는다.
- 국제 전자기술위원회(IEC: International Electrotechnical Commission)에 의해 표준화되었다.
- 좁은 색공간과 Cyan, Green의 색 손실이 많아 CMYK 출력의 컬러를 충분히 재현할 수 없어서 이를 보완하기 위해 Adobe사에서 Adobe RGB 색공간을 만들었다.

54 CCM(Computer Color Matching)에 대한 설명으로 틀린 것은?

① CCM의 특징은 분광 반사율을 기준색에 맞추어 일치시키는 것이다.
② 분광 반사율을 이용한 것을 광원에 따라 색채가 일치하기도 하고 달라지기도 한다.
③ 사용되는 색료의 양을 정확하게 지정하여 발색에 소요되는 비용을 정확히 산출할 수 있다.
④ 수십 년의 경험과 기술을 필요로 하지 않으며 정보의 공유가 가능하다.

> 광원이 바뀌어도 분광반사율을 기준색으로 시료색을 일치시켜 무조건 등색(아이소머리즘)을 조색할 수 있다.

틀리기 쉬운 문제
55 색채 소재의 분류에 있어 각 소재별 사례가 잘못된 것은?

① 천연수지 도료 : 옻, 유성페인트, 유성에나멜
② 합성수지 도료 : 주정 도료, 캐슈계 도료, 래커
③ 천연염료 : 동물염료, 광물염료, 식물염료
④ 무기안료 : 아연, 철, 구리 등 금속 화합물

> **합성수지 도료**
> 합성수지 도료는 비닐이나 아크릴, 실리콘, 우레탄, 고무 등의 성분으로 구성된 내알칼리성 도료로, 콘크리트나 모르타르의 마무리 도료에 주로 사용된다.
>
> **천연수지 도료**
> 자연에서 얻은 성분으로 생산되는 도료이다. 옻, 유성페인트, 유성에나멜, 캐슈계 도료, 주정도료 등의 액체 종류와 셀락, 코펄 등의 고체 종류가 대표적이다.

틀리기 쉬운 문제
56 사물이나 이미지를 디지털 정보로 바꿔주는 입력장치가 아닌 것은?

① 디지털 캠코더
② 디지털 카메라
③ LED 모니터
④ 스캐너

> LED 모니터는 출력장치이다.

틀리기 쉬운 문제
57 RGB 색공간의 톤 재현 특성 관련설명으로 가장 거리가 먼 것은?

① Rec.709(HDTV) 영상을 시청하기 위한 기준 디스플레이는 감마 2.4를 톤 재현 특성으로 사용한다.
② DCI-P3는 감마 2.6을 기준 톤 재현 특성으로 사용한다.
③ ProPhotoRGB 색공간은 감마 1.8을 기준 톤재현 특성으로 사용한다.
④ sRGB 색공간은 감마 2.0을 기준 톤 재현 특성으로 사용한다.

> **RGB 색공간의 톤 재현 특성**
> sRGB 색공간은 감마 2.2를 기준 톤 재현 특성으로 사용한다.

58 육안조색을 할 때 색채관측 시 발생하는 이상 현상과 가장 관련 있는 것은?

① 연색현상
② 착시현상
③ 잔상, 조건등색현상
④ 무조건 등색현상

> **육안조색 시 발생하는 이상현상**
> 육안조색은 측색기 없이 조색할 수 있다는 장점은 있으나, 오차가 심해 정밀도가 떨어질 수 있고 메타메리즘=조건등색(분광 분포가 다른 두 색자극이 특정한 관측 조건에서 같은 색으로 보이는 현상)이 발생할 가능성도 있다.

59 CIE 삼자극값의 Y값과 CIE LAB의 L*값과 관계를 가장 잘 설명한 것은?

① 둘 다 밝기를 나타내는 좌표값으로 서로 비례한다.
② 둘 다 밝기를 나타내는 값이지만, L*값은 Y의 제곱에 비례한다.
③ 둘 다 밝기를 나타내는 값이지만, L*값은 Y의 세제곱에 비례한다.
④ 둘 다 밝기를 나타내는 값이지만, Y값은 L*의 세제곱에 비례한다.

> **CIE 삼자극 Y값과 CIELAB의 L*값의 관계**
> CIE 삼자극값과 CIELAB의 L*값 모두 밝기를 나타내는 값이다. Y값은 L*의 세제곱에 비례한다.

정답 49 ④ 50 ① 51 ① 52 ④ 53 ③ 54 ② 55 ② 56 ③ 57 ④ 58 ③ 59 ④

60 효과적인 색채 연출을 위한 광원이 틀린 것은?

① 적색광원 – 육류, 소시지
② 주광색광원 – 옷, 신발, 안경
③ 온백색광원 – 매장, 전시장, 학교강당
④ 전구색광원 – 보석, 꽃

> 할로겐, 고압수은램프 – 보석, 꽃

---

4 제4과목 : 색채 지각론

61 채도를 가장 강하게 느낄 수 있는 대비는?

① 보색대비
② 면적대비
③ 명도대비
④ 계시대비

> **보색대비**
> 색의 대비는 대비 방법에 따라 두 개의 색을 동시에 볼 때 일어나는 동시 대비와 시간적 차이에 의해 일어나는 계시대비로 크게 나눌 수 있다. 보색대비란 보색 관계인 두 색을 인접시켰을 때 서로의 영향으로 본래의 색보다 채도가 높아져 색이 더욱 뚜렷해 보이는 현상을 말하며, 면적대비는 동일한 색이라도 면적이 크고 작음에 따라서 색이 다르게 보이는 현상으로, 색채의 양적대비라고도 한다. 명도대비는 명도가 다른 두 색이 서로 대조가 되어 두 색 간의 명도 차가 크게 보이는 현상을 말한다.

62 채도대비를 활용하여 차분하면서도 선명한 이미지의 패턴을 만들고자 할 때 패턴 컬러인 파랑과 가장 잘 조화되는 배경색은?

① 빨강
② 노랑
③ 초록
④ 회색

> **채도대비**
> 채도대비란 채도가 다른 두 색이 인접해 있을 때 서로에게 영향을 주어 채도 차가 더욱 크게 일어나는 현상이다. 즉, 채도 차가 클수록 뚜렷한 대비 현상이 나타난다. 채도대비는 유채색과 무채색의 대비에서 가장 뚜렷하게 일어난다. 따라서 파랑과 가장 잘 조화되는 배경색은 무채색인 회색이다.

63 연령이 높아질수록 가장 약하게 인지되는 파장은?

① 400nm
② 500nm
③ 600nm
④ 700nm

> **파장**
> 연령이 높아질수록 난색계열의 색을 더 쉽게 인식하며, 단파장에 대한 민감도가 떨어진다. 가시광선의 파장 영역은 약 390~780nm이며, 크게 장파장, 중파장, 단파장으로 나누어진다. 따라서 연령이 높아질수록 가장 약하게 인지되는 파장은 단파장인 400nm이다.

64 색과 색채지각 및 감정효과에 관한 연결이 옳은 것은?

① 난색 : 진출색, 팽창색, 흥분색
② 난색 : 진출색, 수축색, 진정색
③ 한색 : 후퇴색, 수축색, 흥분색
④ 한색 : 후퇴색, 팽창색, 진정색

> **색과 색채지각 및 감정효과**
> 같은 거리에 있는 물체가 색에 따라서 다른 거리감이 느껴지기도 하는데 가깝게 보이는 색을 진출색, 멀리 보이는 색을 후퇴색이라고 한다. 난색이 한색보다, 밝은 색이 어두운색보다. 채도가 높은 색이 채도가 낮은 색보다. 유채색이 무채색보다 더 진출해 보이는 효과가 있다. 또한 실제보다 크게 보이는 색을 팽창색, 실제보다 작게 보이는 색을 수축색이라고 하는데 주로 명도의 영향을 받으며 명도가 높을수록 커보이고 낮을수록 작아 보이는 현상이다. 흥분과 진정의 감정적인 효과는 주로 색상과 관련이 있는데 한색 계열의 저채도의 색은 심리적으로 침착되는 진정 작용을 하며 난색 계열의 고채도의 색은 심리적으로 흥분감을 유도하며 맥박을 증가시킨다.

65 색의 혼합에 관한 설명 중 틀린 것은?

① 감산혼합의 2차색은 가산혼합의 1차색과 같은 색상이다.
② 가산혼합의 2차색은 감산혼합의 1차색보다 순도가 높다.
③ 감산혼합의 2차색은 가산혼합의 1차색보다 순도가 높다.
④ 가산혼합의 2차색은 1차색보다 밝아진다.

> **색의 혼합**
> 가산혼합은 혼합된 색의 명도가 혼합 이전의 평균 명도보다 높아지는 색광의 혼합을 말하며, 감산혼합은 출판이나 인쇄, 프린트 등에 적용되어 활용되고 있는데, 인쇄나 프린트를 할 때는 색의 3원색인 시안(Cyan), 마젠타(Magenta), 노랑(Yellow) 잉크에 검정(Black)을 추가하여 인쇄를 출력해 출판물을 만들어 내는 것이다. 따라서 감산혼합의 2차색과 가산혼합의 1차색은 같은 색이다.

66 인간의 색지각 능력을 고려할 때, 가장 분별하기 어려운 것은?

① 색상의 차이
② 채도의 차이
③ 명도의 차이
④ 동일함

> **인간의 색지각 능력**
> 인간은 약 200가지의 색상을 구별할 수 있으며, 색의 3속성 중에서도 명도에 가장 민감하게 반응하여 약 500단계의 명도를 구별할 수 있다. 따라서 인간은 색상과 명도에 비해 20단계의 채도 정도만 구분할 수 있기에 채도를 가장 분별하기 어렵다.

67 가산혼합에 대한 설명 중 틀린 것은?

① 혼합하면 원래의 색보다 명도가 높아진다.
② 2원색은 황색(Y), 적색(R), 청색(B)이다.
③ 모든 색을 같은 양으로 혼합하면 흰색이 된다.
④ 색광혼합을 가산혼합이라고도 한다.

가산혼합
가산혼합은 혼합된 색의 명도가 혼합 이전의 평균 명도보다 높아지는 색광의 혼합을 말하며, 색광의 3원색은 빨강(Red), 초록(Green), 파랑(Blue)이다.

68 색의 심리적 기능에 대한 설명이 틀린 것은?

① 밝은 회색은 실제 무게보다 가벼워 보인다.
② 어두운 파란색은 실제 무게보다 가벼워 보인다.
③ 선명한 파란색은 차가운 느낌을 준다.
④ 선명한 빨간색은 따뜻한 느낌을 준다.

색의 심리적 기능
색의 3속성 중에서는 명도가 중량감에 가장 큰 영향을 미친다. 명도가 높을수록 가벼워 보이며, 명도가 낮을수록 무거워 보인다. 따라서 어두운 파란색은 실제 무게보다 무거워 보인다.

69 색채혼합에 대한 설명 중 틀린 것은?

① 컬러텔레비전은 병치혼색의 원리가 적용된다.
② 감법혼합은 색을 혼합할수록 명도와 채도가 낮아진다.
③ 회전혼합은 명도와 채도가 두 색의 중간 정도로 보이며 각 색의 면적이 영향을 받는다.
④ 직조 시의 병치혼색 효과는 일종의 감법혼합이다.

색채혼합
많은 색의 점들을 조밀하게 병치하여 서로 혼합되어 보이도록 하는 방법은 가법혼합이다

70 색순응에 대한 설명이 옳은 것은?

① 밝은 곳에서 갑자기 어두운 곳으로 들어갔을 때 시간이 경과하면 어둠에 순응하게 된다.
② 조명에 의해 물체색이 바뀌어도 자신이 알고 있는 고유의 색으로 보인다.
③ 어두운 곳에서 밝은 곳으로 나오면 눈이 부시지만 잠시 후 정상적으로 보이게 된다.
④ 중간밝기에서 추상체와 간상체 양쪽이 작용하고 있는 시각의 상태이다.

색순응
색순응은 색광에 대하여 눈의 감수성이 순응하는 과정 또는 그런 상태를 말하는 것으로, 조명에 의해 물체색이 바뀌어도 자신이 알고 있는 고유의 색으로 보이게 되는 현상이다.

71 붉은 사과를 보았을 때 지각되는 빛의 파장에 가장 근접한 것은?

① 380nm ~ 400nm ② 400nm ~ 500nm
③ 500nm ~ 600nm ④ 600nm ~ 700nm

빛의 파장
파장의 영역은 380~780nm만을 망이 색채 감각을 가진다고 하여 이 부분을 가시광선이라고 부른다. 빨강은 620~780nm, 주황은 590~620nm, 노랑은 570~590nm, 초록은 500~570nm, 파랑은 450~500nm, 보라는 380~450nm에 속한다.

틀리기 쉬운 문제
72 가시광선의 파장영역 중 단파장영역에 대한 설명으로 틀린 것은?

① 굴절률이 작다. ② 회절하기 어렵다.
③ 산란하기 쉽다. ④ 광원색은 파랑, 보라이다.

단파장영역
단파장에는 파랑 450~500nm, 보라 380~450nm가 있으며, 굴절률이 크고 산란이 쉽다.

73 빨간색의 사각형을 주시하다가 노랑 배경을 보면 순간적으로 보이는 색은?

① 연두 띤 노랑 ② 주황 띤 노랑
③ 검정 띤 노랑 ④ 보라 띤 노랑

부의 잔상
빨간색을 보다가 노랑 배경을 보면 순간적으로 부의 잔상에 의해 빨간색의 보색인 초록계열의 색이 보이게 된다.

74 헤링(Hering)의 반대색설에 대한 설명에 등장하는 반대색의 짝이 아닌 것은?

① 흰색 – 검정
② 초록 – 빨강
③ 빨강 – 파랑
④ 파랑 – 노랑

> **헤링(Hering)의 반대색설**
> 1872년 독일의 심리학자이며 생리학자인 헤링(Hering)은 〈색채 지각에 관한 연구〉에서 기본색이 빨강, 노랑, 초록, 파랑의 4색이라고 주장하였다. 그는 인간의 망막에는 3개의 시세포질이 있으며, 눈에는 노랑-파랑, 빨강-녹색, 검정-하양 물질이 존재한다고 가정하였다.

75 작업자들의 피로감을 덜어주는데 가장 효과적인 실내 색채는?

① 중명도의 고채도 색
② 저명도의 고채도 색
③ 고명도의 저채도 색
④ 저명도의 저채도 색

> **효과적인 실내 색채**
> 고명도에 속하는 난색은 심리적으로 느슨함과 여유를 주며, 저채도는 자극도 적다. 따라서 작업자들의 피로감을 덜어주는 데 가장 효과적인 실내 색채는 고명도의 저채도 색이다.

76 정의 잔상(양성적 잔상)에 대한 설명으로 옳은 것은?

① 색자극에 대한 잔상으로 대체로 반대색으로 남는다.
② 어두운 곳에서 빨간 성냥불을 돌리면 길고 선명한 빨간원이 그려지는 현상이다.
③ 원자극과 같은 정도의 밝기와 반대색의 기미를 지속하는 현상이다.
④ 원자극이 선명한 파랑이면 밝은 주황색의 잔상이 보인다.

> **정의 잔상(양성적 잔상)**
> 정의 잔상은 양성 잔상이라고도 하며 망막에 색의 자극이 흥분된 상태로 지속되고, 자극이 없어져도 원래의 자극과 동일한 상이 지속적으로 느껴지는 현상이다.

77 색의 물리적 분류가 잘못 연결된 것은?

① 광원색 : 전구나 불꽃처럼 발광을 통해 보이는 색이다.
② 경영색 : 거울처럼 완전반사를 통하여 표면에 비치는 색이다.
③ 공간색 : 맑고 푸른 하늘과 같이 순수하게 색만이 있는 느낌으로 서 깊이감이 있다.
④ 표면색 : 반사물체의 표면에서 보이는 색으로 불투명감, 재질감 등이 있다.

> **색의 물리적 분류**
> 색의 물리적 분류로 광원색, 물체색, 투과색, 면색, 표면색 등이 있다. 공간색은 물체나 면의 성질이 없고 투명감을 동반하며 색 자체에 거리감과 두께감이 있어 용적색이라고도 한다. 맑고 푸른 하늘과 같이 순수한 색만이 있는 느낌으로서 깊이감이 있는 것은 평면색, 면색이다.

틀리기 쉬운 문제
78 직물의 혼색에 관한 설명으로 틀린 것은?

① 염료를 혼색하여 착색된 섬유에서 가법혼색의 원리가 나타난다.
② 여러 색의 실로 직조된 직물에서는 병치혼색의 원리가 나타난다.
③ 염료의 색은 섬유에 침투하여 착색되므로 염색 후의 색과 일치하지 않을 수 있다.
④ 베졸드는 하나의 실색을 변화시켜 직물 전체의 색조를 변화시킬 수 있다고 하였다.

> **직물의 혼색**
> 섬유의 착색은 일반적으로 염색을 이용한다. 염색된 섬유는 실이 되거나 실이 된 후에 염색하기도 하는데 섬유에서 실을 엮어낼 때 다른 색의 실이 섞이면 섬유에 의한 병치 혼색이 나타난다.

79 교통표지나 광고물 등에 사용된 색을 선정할 때 흰 바탕에서 가장 명시성이 높은 색은?

① 파랑
② 초록
③ 빨강
④ 주황

> **명시성**
> 명시도는 두 색을 배색했을 경우 멀리서 구별되어 보이는 정도이며 색상과 명도의 차이가 클수록 높아진다. 흰색 바탕에서 가장 명시성이 높은 것은 초록색으로 비상구 방향을 나타내는 표지나 대피소 등의 안전색채에 사용된다.

80 전자기파의 존재를 이론적으로 유도하여 그 속도가 광속도와 일치한다는 사실을 발견하면서 빛의 전자기파설을 확립한 학자는?

① 맥스웰(James Clerk Maxwell)
② 아인슈타인(Albert Einstein)
③ 맥니콜(Edward F. Mc Nichol)
④ 뉴턴(Isaac Newton)

> **맥스웰(James Clerk Maxwell)**
> 1865년 맥스웰(James Clerk Maxwell)은 전자기장의 기초 방정식인 맥스웰 방정식을 이용하여 전자기파의 전파 속도가 광속도와 같고 전자기파가 횡파라는 사실을 입증하였다.

---

5 제5과목 : 색채 체계론

81 CIE 색체계의 설명이 틀린 것은?

① 국제조명위원회에서 1931년 총회 때에 정한 표색법이다.
② 모든 색을 XYZ라는 세 가지 양으로 표시할 수 있다.
③ Y는 색의 순도의 양을 나타낸다.
④ x와 y는 삼자극치의 XYZ에서 계산된 색도를 나타내는 좌표이다.

> **CIE 색체계**
> CIE 시스템이란 1931년에 국제조명위원회(CIE)가 제정한 표준 측색 시스템이다. CIE 균등 색공간이라는 균등 색차 색도 시스템을 기초로 한 측색 시스템으로 빛의 3원색인 R(적), G(녹), B(청)를 X, Y, Z의 양으로 나타낸다. X는 색상과 Y는 채도의 값으로 계산된 색도를 나타낸다.

82 NCS 색체계의 표기법에서 6가지 기본 색의 기호가 아닌 것은?

① W
② S
③ P
④ B

> **NCS 색체계의 표기법**
> NCS 색체계는 인간이 구별할 수 있는 빨강(R), 노랑(Y), 파랑(B), 초록(G)의 4가지 유채색과 흰색(W), 검정(S)의 2가지 무채색을 합하여 모두 6가지 색을 기본색으로 한다.

83 먼셀 색체계에 관한 설명으로 옳은 것은?

① 색의 3속성에 따른 지각적인 등보도성을 가진 체계적인 배열
② 심리, 물리적인 빛의 혼색실험에 기초를 둔 표색
③ 표준 3원색인 적, 녹, 청의 조합에 의한 가법혼색의 원리적용
④ 혼합하는 색량의 비율에 의하여 만들어진 체계

> **먼셀 색체계**
> 먼셀의 색의 3속성인 색상(Hue), 명도(Value), 채도(Chroma)로 색을 기술하였고, 색상을 각각 빨강(R), 노랑(Y), 초록(G), 파랑(B), 보라(P)의 다섯 가지 색을 기본으로 한다. 이것은 다시 10등분되어 100색상으로 분할된다. 색상은 무채색을 제외한, 스펙트럼에서 나타나는 무지개색을 포함해서 파장의 변화에 따라 보이는 모든 색을 포함한다.

84 색채표준화의 대상이 아닌 것은?

① 광원의 표준화
② 물체 반사율 측정의 표준화
③ 색의 허용차의 표준화
④ 표준관측자의 3자극 효율함수 표준화

> **색채 표준화**
> 색채 표준은 색이 가지는 감성적, 생리적, 주관적인 부분을 보다 정량적으로 다루고 물리적으로 증명하여 색을 정확하게 측정, 전달, 보관, 관리 및 재현하기 위한 것이다. 색의 허용차와는 관련이 없다.

85 오스트발트 색채조화론의 설명 중 틀린 것은?

① 무채색의 조화 – 무채색 단계 속에서 같은 간격의 순서로 나열하거나 일정한 규칙에 따라 변화된 간격으로 나열하면 조화됨
② 등백색 계열의 조화 – 두 알파벳 기호 중 뒤의 기호가 같으면 하양의 양이 같다는 공통요소를 지니므로 질서가 일어남
③ 등순색 계열의 조화 – 등색상 3각형의 수직선 위에서 일정한 간격의 순서로 나열된 색들은 순색도가 같으므로 질서가 일어나 조화됨
④ 등가색환에서의 조화 – 색상은 달라도 백색량과 흑색량이 같음으로 일어나는 조화원리임

오스트발트 색채조화론
- 순색량(C) + 백색량(W) + 흑색량(B) = 100이라는 공식에 따라 색상 번호로 백색량과 흑색량을 붙여 나타낸다.
- **등백계열** : B와 평행선상에 있는 색으로 백색량이 모두 같은 색의 계열. 오스트발트 색표기에서 백색량을 나타내는 문자가 같은 것을 말한다.
- **등흑계열** : CW와 평행선상에 있는 색으로 흑색량이 모두 같은 계열. 알파벳 뒤의 기호가 같은 색으로 이루어진 흑색량이 같은 계열의 조화이며 흑색을 나타내는 문자가 같은 것을 말한다.
- **등순계열** : WB와 평행선상에 있는 색으로 순색의 혼합량이 모두 같은 계열. 수직축에 평행한 직선 위의 색은 백색량과 순색량의 비가 같아서 조화한다.

86 L*a*b* 색공간 읽는 법에 대한 설명으로 옳은 것은?

① L* : 명도, a* : 빨간색과 녹색방향, b* : 노란색과 파란색방향
② L* : 명도, a* : 빨간색과 파란색방향, b* : 노란색과 녹색방향
③ L* : R(빨간색), a* : G(녹색), b* : B(파란색)
④ L* : R(빨간색), a* : Y(노란색), b* : B(파란색)

L*a*b* 색공간 읽는 법
L*a*b* 색공간에서 L*는 명도, a*는 색상, b*는 채도를 표시한다. L*는 밝고 어두움을 나타내고 a*와 b*는 색의 방향을 나타내는데, +a*는 빨간색(R), –a*는 녹색(Green), +b*는 노란색(Yellow), –b*는 파란색(Blue) 방향을 표시한다.

87 먼셀기호 2.5PB 2/4과 가장 근접한 관용색명은?

① 라벤더
② 비둘기색
③ 인디고블루
④ 포도색

먼셀기호와 관용색명
색을 먼셀기호로 표시할 때는 색상(Hue), 명도(Value), 채도(Chroma)의 속성을 H V/C 순서로 기록한다. 2.5PB의 명도 2, 채도 4의 저명도, 저채도의 파란색 계열로 보기 중 인디고블루와 가장 가깝다.

88 슈브럴(M. E, Chevreul)의 색채 조화론 중 "전체적으로 하나의 주된 색을 이루는 배색은 조화한다."라는 것으로, 색이 가지는 여러 속성 중 공통된 요소를 갖추어 전체 통일감을 부여하는 배색은?

① 도미넌트(Dominant)
② 세퍼레이션(Separation)
③ 톤 인 톤(Tone In Tone)
④ 톤 온 톤(Tone On Tone)

슈브럴(M. E, Chevreul)의 색채 조화론
쉐브럴은 저서 〈색채 조화와 대비의 원리〉에서 '혼색의 법칙', '색채 조화의 원리'를 발표하였고 색의 동시 대비와 계시대비를 밝혔다. 세퍼레이션(Separation)은 분리 배색의 효과로 대립하는 두 색이 부조화하거나 그 대비가 유사 또는 보색일 경우에 두 색을 분리될 수 있도록 하는 배색을 말한다. 톤 인 톤(Tone In Tone) 배색은 유사 색상의 배색처럼 톤과 명도의 느낌을 일정하게 유지하면서 색상을 다르게 하여 변화를 주는 배색을 말한다. 톤 온 톤(Tone On Tone) 배색은 동일 색상에서 두 가지 톤의 명도차를 크게 둔 배색을 말한다.

89 한국산업표준에서 유채색의 수식 형용사로 틀린 것은?

① 선명한(Vivid)
② 해맑은(Pale)
③ 탁한(Dull)
④ 어두운(Dark)

한국산업표준에서 유채색의 수식형용사 Pale은 '연한'을 의미한다.

90 관용색명에 대한 살명으로 틀린 것은?

① 시대, 장소, 유행 등에서 이름을 딴 것과 이미지의 연상어에 기본적인 색명을 붙여서 만든 것은 관용색명에서 제외된다.

② 계통색 이름을 따르기 어려운 경우는 관용색 이름을 사용해도 된다.

③ 습관상으로 오래전부터 사용하는 색 하나하나의 교유색명과 현대에 와서 사용하게 된 현대색명으로 나뉜다.

④ 자연현상에서 유래된 색명에는 하늘색, 땅색, 바다색, 무지개색 등이 있다.

> **관용색명**
> 관용색명이란 습관상 사용되는 개개의 색에 대한 교유색명으로 동물, 식물, 광물, 자연대상물, 지명, 인명 등의 이름을 따서 만든 것이다. 시대사조나 유행에 따라 좌우되기도 하며 색채 전달이 다소 불안정하다.

91 혼색계의 특징이 아닌 것은?

① 물리적 영향을 받지 않아 정확한 색의 측정이 가능하다.

② 빛의 가산혼합의 원리에 기초하고 있다.

③ 수치로 구성되어 감각적인 색의 연상이 가능하다.

④ 수치로 표시되어 변색, 탈색의 물리적 영향이 없다.

> **혼색계의 특징**
> 혼색계는 색광을 표시하는 표색계로, 빛의 가산 혼합 원리를 기초로 한 표색계이다. 빛의 체계를 등색 수치나 감각으로 표현한 체계로 우리가 경험하는 모든 색에 일치하는 결과를 얻을 수 있다. 혼색계의 단점은 실제 현색계의 색표와 대조하여 차이가 많고 감각적 검사로 반드시 오차가 발생하며, 측색기가 필요하다는 점이다.

틀리기 쉬운 문제

92 배색된 채색들이 서로 공용되는 상태와 속성을 가지는 색채 조화 원리는?

① 대비의 원리
② 유사의 원리
③ 질서의 원리
④ 명료의 원리

> **색채 조화 원리**
> • 유사의 원리 : 공통성의 원리라고도 하며 배색에 사용되는 색채 상호 간에 공통되는 성질이 있으면 조화한다는 원리
> • 질서의 원리 : 균등하게 구분된 색공간에 기초를 둔 오스트발트나, 문·스펜서의 조화 이론에 근거한 것으로 원칙에 의해 규칙적으로 선택된 색으로 유채색은 거의 모든 무채색과 조화를 이룬다는 원리
> • 명료의 원리 : 비모호성의 원리 또는 명백성의 원리라고도 하며 배색의 선택에서 애매함이 없고 명확한 색의 배색은 조화한다는 원리

93 오스트발트의 색입체를 명도 축의 수직으로 자르면 나타나는 형태는?

① 직사각형
② 마름모형
③ 타원형
④ 사다리형

> **오스트발트의 색입체**
> 오스트발트의 색체계의 등색상면은 정삼각형 형태인데, 이 등색상 삼각형을 무채색 축을 중심축으로 해서 차례로 세워 배열하면 복원추체 모양이 된다. 따라서 수직으로 단면을 자르면 마름모형의 등색상면이 된다.

틀리기 쉬운 문제

94 먼셀 표기법에 따른 설명이 옳은 것은?

① 10R 3/6 : 탁한 적갈색, 명도 6, 채도 3

② 7.5YR 7/14 : 노란 주황, 명도 7, 채도 14

③ 10GY 8/6 : 탁한 초록, 명도 8, 채도 6

④ 2.5PB 9/2 : 남색, 명도 9, 채도 2

> **먼셀 표기법**
> 먼셀 기호로 표시할 때는 색상(Hue), 명도(Value), 채도(Chroma)의 속성을 H V/C 순서로 기록한다.
> ① 10R 3/6 : 탁한 적갈색, 명도3, 채도 6
> ③ 10GY 8/6 : 연한 연두, 명도8, 채도6
> ④ 2.5PB 9/2 : 연한 파랑, 명도9, 채도2

95 오스트발트 색체계와 관련 깊은 이론은?

① 문-스펜서 조화론
② 뉴턴의 광학
③ 헤링의 반대색설
④ 영·헬름홀츠 이론

> **오스트발트 색체계**
> 오스트발트의 색상환은 헤링의 4원색(빨강, 노랑, 초록, 파랑)을 기준으로 보색대비에 따라 4분할을 하고 다시 중간에 4가지 색상(주황, 연두, 청록, 보라)을 배열한 8색을 기준으로 하고 있다.

96 NCS의 색체계에 대한 설명으로 틀린 것은?

① NCS는 스웨덴 색채연구소가 연구하고 발표하여 스웨덴과 노르웨이 등의 국가 표준색 제정에 기여하였다.

② 뉘앙스라는 개념을 사용하며 검은색도, 순색도로 표시한다.

③ 헤링의 4원색 이론에 기초한다.

④ 국제표준으로서 KS에도 등록되었다.

> **NCS의 색체계**
> NCS의 색체계는 국제표준으로서 KS에 등록된 것이 아닌, 스웨덴 색채연구소가 1964년부터 1972년까지 연구하고 발표하여 스웨덴과 노르웨이의 국가 규격으로 채택하여 사용하고 있는 색체계이다.

정답 85 ② 86 ① 87 ③ 88 ① 89 ② 90 ① 91 ③ 92 ② 93 ② 94 ② 95 ③ 96 ④

97 색채조화에 대한 설명으로 틀린 것은?

① 색채조화는 상대적인 색을 바르게 선택하여, 더욱 좋은 효과를 얻는 것을 의미한다.
② 색채조화는 주관적인 판단이나 일시적인 평가를 얻기 위한 것이다.
③ 색채조화는 조화로운 균형을 의미한다.
④ 색채조화는 두 색 또는 그 이상의 색채연관효과에 대한 가치평가를 말한다.

색채조화
색채조화는 색상, 명도, 채도별로 결합하여 조화를 이루며 개인적이고 주관적인 색채조화의 평가를 일반적이고 객관적인 원리로 체계화하기 위한 것이다.

98 음양오행사상에 오방색과 방위가 잘못 연결된 것은?

① 동쪽 – 청색
② 중앙 – 백색
③ 북쪽 – 흑색
④ 남쪽 – 적색

음양오행사상
음양오행사상의 오방정색은 동쪽 – 청색, 남쪽 – 적색, 중앙 – 황색, 서쪽 – 백색에 해당한다.

99 Yxy 색체계에서 중심부분의 색은?

① 백색
② 흑색
③ 회색
④ 원색

Yxy 색체계
Yxy 색체계는 양적인 표시인 XYZ 표색계로 색채의 느낌과 밝기의 정도를 판단할 수 없어서 XYZ 표색계의 수식을 변환하여 얻은 것이다.

100 상용 실용색표의 설명으로 옳은 것은?

① 색채의 구성이 지각적 등보성에 따라 이루어져 있다.
② 어느 나라의 색채 감각과도 호환이 가능하다.
③ CIE 국제조명위원회에서 표준으로 인정되었다.
④ 유행색, 사용빈도가 높은 색 등에 집중되어 있다.

상용 실용색표
상용 실용색표는 PCCS, DIN, Pantone 색체계 등이 대표적인 상용 실용색표에 해당된다.

1 제1과목 : 색채 심리 · 마케팅

01 일반적인 색채의 지각과 감정효과에 대한 설명으로 틀린 것은?

① 난색계열은 따뜻해 보인다.
② 한색계열은 수축되어 보인다.
③ 중성색은 면적감에 가장 많은 영향을 미친다.
④ 명도가 낮은 색은 무거워 보인다.

색채의 지각과 감정효과
색의 온도감은 색상의 속성이 가장 많이 좌우하며 장파장의 난색은 빨강, 주황, 노랑, 단파장의 한색은 파랑, 남색, 청록이며 따뜻하지도 차갑지도 않은 중성색은 연두, 초록, 보라, 자주 · 자주색이다. 면적감은 색의 '팽창과 수축'에 관련된 것으로 중성색이 아닌, 난색, 고명도, 유채색 등이 많은 영향을 미친다.

02 색채 마케팅 전략의 영향 요인 중 비교적 관계가 가장 적은 것은?

① 인구 통계적, 경제적 환경
② 잠재의식, 심리적 환경
③ 기술적 자연적 환경
④ 사회, 문화적 환경

색채 마케팅 전략에 영향을 미치는 요인
• **인구 통계적 · 경제적 환경** : 소비자의 연령, 거주지역별 인구, 학력과 소득 등 다양한 인구통계학적 정보와 함께 전반적인 산업 성장 상황, 경기 흐름 등 시대별 경제상황을 감안하여 색채 마케팅 전략을 수립하는 것이 중요하다.
• **기술적 · 자연적 환경(환경문제와 환경운동의 영향)** : 디지털 사회의 기술 진보와 포스트모더니즘의 복잡하고 다양한 시대상황에 맞춰 자연주의 색채와 테크노 색채를 혼합시킨 색채 마케팅이 활성화되고 있으며, 환경보호 및 인간존중 사상이 확대되면서 제품, 매장, 홈페이지 등에 특정색채 중심의 그린마케팅이 각광 받고 있다.
• **사회 · 문화적 환경(라이프스타일)** : 직장과 생활의 균형(워라밸), 주말 · 저녁 등 여가시간의 활용 등 시시각각 변화하는 다양한 형태의 가치관 및 생활패턴 또한 색채 마케팅 전략 수립 시 반영해야 할 요소이다.

03 연령에 따른 색채 기호를 설명한 것으로 가장 거리가 먼 것은?

① 색채 선호는 인종, 국가를 초월하여 거의 비슷한 경향을 보인다.
② 노화된 연령층의 경우 저채도 한색 계열의 색채를 더 잘 식별할 수 있고 선호도도 높다.
③ 지식과 전문성이 쌓여가는 성인이 되면서 점차 단파장의 색채를 선호하게 된다.
④ 고령자들은 빨강이나 노랑과 같은 장파장 영역의 색채에 대한 선호도가 높아진다.

연령에 따른 색채 기호
생후 6개월부터 원색을 구별할 수 있으며, 연령이 낮을수록 장파장에 반응한다. 어린이는 고명도의 색, 유채색, 단순한 원색 계열과 밝은 톤의 난색 계열의 채색을 좋아하고 성인이 되면서 파랑, 녹색과 같은 단파장 색채를 좋아하는 경우가 많다.

04 기억색을 설명하는 것으로 옳은 것은?

① 대상의 표면색에 대한 무의식적인 추론에 의해 결정되는 색채
② 물체의 색채가 변하지 않고 그대로 유지된다고 지각하는 것
③ 조명에 의해 물체색이 다르게 보이는 것
④ 착시 현상에 의해 일어나는 색 경험

기억색
기억색은 대상의 표면색에 대해 무의식적 추론을 통해 결정되는 색채를 말한다. 물체의 색채가 변하지 않고 그대로 유지되는 것은 항상성이라고 하며, 조명에 의해 물체색이 다르게 보이는 것은 연색성, 착시 현상에 의해 일어나는 색 경험은 잔상 또는 착시 현상이라고 한다.

정답 01 ③ 02 ② 03 ② 04 ①

05 생후 6개월이 지난 유아가 대체적으로 선호하는 색채는?

① 고명도의 한색계열
② 저채도의 난색계열
③ 고채도의 난색계열
④ 저명도의 난색계열

> **유아의 선호 색채**
> 생후 6개월부터 원색을 구별할 수 있다. 연령이 낮을수록 장파장에 반응하며 밝은 색을 선호한다. 따라서 생후 6개월이 지난 유아는 고채도의 난색계열을 선호한다.

06 소비자의 구매행동 중 소비자에게 가장 폭 넓게 영향을 미치는 요인은?

① 사회적 요인
② 심리적 요인
③ 문화적 요인
④ 개인적 요인

> **소비자 구매행동 – 문화적 요인**
> • 사회계층 : 신념, 태도, 가치관 등이 유사한 수준의 집단으로 상품선택에 대한 정보나 영향력이 크다.
> • 하위문화 : 종교, 지식, 도덕, 법률, 생활습관, 사고방식 등 사회의 구성원으로서의 집단이다. 상당한 규모로 특정 제품에 대한 하위시장을 형성한다.

07 색채 마케팅을 위한 마케팅의 기초이론에 대한 설명 중 틀린 것은?

① 마케팅이란 개인이나 집단이 상호 제품과 가치를 창출하고 교환하여 그들의 욕구를 충족시키는 사회적 관리의 과정이다.
② 마케팅의 기초는 인간의 욕구에서 출발하는데 욕구는 필요, 수요, 제품, 교환, 거래, 시장 등의 순환 고리를 만든다.
③ 인간의 욕구는 매우 다양하므로 제품에 따라 1차적 욕구와 2차적 욕구를 분리시켜 제품과 서비스를 창출하는 것이 좋다.
④ 마케팅의 가장 기초는 인간의 욕구(needs)로, 매슬로우는 인간의 욕구가 다섯 계층으로 구분된다고 설명하였다.

> **색채 마케팅의 기초이론**
> 마케팅이란 개인 또는 조직의 목표를 충족시키는 교환이 이루어지도록 아이디어, 제품, 서비스, 가격결정, 촉진, 유통까지 계획하고 실천하는 모든 과정이다. 매슬로우는 인간의 욕구를 5단계로 분류하였으며, 인간의 욕구는 매우 다양하므로 1차적 욕구와 2차적 욕구를 분리시키지 않고 기본적인 욕구부터 상위 욕구까지 충족시키기 위해 노력해야 한다.

08 비렌(Birren Faber)의 색채 공감각에서 식당 내부의 가구 등에 식욕이 왕성하도록 유도하기 위한 색채는?

① 초록색   노란색
③ 주황색   ④ 파란색

> **비렌(Birren Faber)의 색채 공감각/색채 심리 효과**
> 색채학자 파버비렌은 색채와 형태의 관련성을 연구하여 노란색은 역삼각형, 빨강은 사각형, 파랑은 원형, 주황색은 직사각형, 녹색은 육각형으로 설명하였다. 색에 따라서 맛을 느끼기도 하는데 일반적으로 빨강, 오렌지색, 주황과 같은 난색 계열이 식욕을 돋우고 파랑과 같은 한색 계열은 식욕을 감퇴시킨다.

09 색채 심리 효과를 고려하여 색채 계획을 진행하고자 할 때 옳은 것은?

① 면적이 작은 방의 한 쪽 벽면을 한색으로 처리하여 진출감을 준다.
② 효과적이고 실용적인 배색으로 건물을 보호 유지하는데 도움을 준다.
③ 아파트 외벽 색채 계획 시, 4cm×4cm의 샘플을 이용하여 계획하면 실제 계획한 색상을 얻을 수 있다.
④ 노인들을 위한 제품의 색채 계획 시 흰색, 청색 등의 색상차가 많이 나는 배색을 실시하여 신체적 특징을 배려한다.

> **색채 심리 효과**
> ① 한색은 진출감이 아닌, 후퇴감을 줌으로 면적이 작은 방의 한 쪽 벽면은 난색으로 처리한다.
> ③ 아파트 외벽과 같은 넓은 부분을 4cm×4cm의 샘플을 이용하면 샘플보다 더 밝고 채도가 높아 보일 수 있으므로 계획한 색상과 차이가 있을 수 있다.
> ④ 나이가 들수록 한색 계열보다 난색 계열이 더 인식하기 쉽고 선호하므로 노인들을 위한 제품 색채 계획 시 대비와 채도가 높은 유채색을 사용하는 게 좋다.

10 운송 수단의 색채 설계에 관한 배색 조건과 가장 거리가 먼 것은?

① 항상성과 안전성
② 계절의 조화
③ 쾌적함과 안정감
④ 환경의 조화

> **배색 조건**
> 운송 수단의 색채 설계는 안전성이 가장 우선되어야 하고, 빛 자극의 물리적 특성이 변하더라도 물체색이 변하지 않고 유지되는 항상성이 중요하다. 또한 쾌적함과 안정감을 제공해야 하며, 운송 수단의 특징에 맞는 환경에 적합하게 조화를 이루어야 한다. 계절의 조화와는 관련이 없다.

11 유행색의 심리적 발생요인이 아닌 것은?

① 안전 욕구
② 변화 욕구
③ 동조화 욕구
④ 개별화 욕구

유행색의 심리적 발생요인
유행색은 색채전문가 또는 전문기관에서 일정기간, 계절 동안 특별히 사람들이 선호할 것으로 예측하는 색을 말한다. 유행색의 심리적 발행 요인에는 인간의 다양한 욕구, 즉 새로운 색으로 변화를 주고 싶은 '변화 욕구', 다른 사람과 비슷한 색을 공유하고 싶은 '동조화 욕구', 다른 사람보다 앞서가고 싶은 '개별화 욕구' 등이 있다. 안전 욕구는 유행색의 심리적 발생요인이 아닌 인간의 기본 욕구인 생활보전 욕구와 관련이 있다.

12 소비자에 대한 심리접근법의 하나인 AIO법으로 측정할 수 없는 것은?

① 의견
② 관심
③ 심리
④ 활동

AIO 측정법(사이코그래픽스 Psychographics)
활동(Activity), 관심(Interest), 의견(Opinion)을 기준으로 구분하여 측정한다. 연령, 성별, 소득 직업 등이 동일한 집단의 사람이라도 심리적 특성이 서로 다름을 기초로 시장을 나누는 방식이다. 심리 도법 혹은 사이코그래픽스라고도 불리며 소비자가 어떻게 시간을 보내고, 어떤 일을 중요하게 생각하며, 어떤 견해를 갖고 있는지를 척도로 수치화하는 것이다. 이 측정 방식은 시장에 대해 풍부한 정보를 주는 장점이 있지만 세분화의 경계가 모호하여 측정이 어렵다는 단점도 있다.

13 풍토색에 대한 설명으로 틀린 것은?

① 특정지역의 기후와 토지의 색을 의미한다.
② 그 지역에 부는 바람과 내리 쬐는 태양의 빛과 흙의 색을 뜻한다.
③ 지리적으로 근접하거나 기후가 유사한 국가나 민족의 색채 특징은 유사하다.
④ 도로환경, 옥외광고물, 수목이나 산 등 그 지역의 특성을 전달하는 색채이다.

풍토색
풍토색이란 토지의 상태, 지질, 기후가 반영된 색이며, 일광은 그 토지의 위도와 큰 관계가 있다. 도로환경, 옥외광고문, 수목이나 산 등은 그 지역의 특성을 전달하는 지역색에 해당한다.

14 색채 마케팅에서 시장세분화 전략으로 이용되며 인구 통계적 특성, 라이프 스타일, 특정 조건 등을 만족하는 집단을 대상으로 하는 마케팅은?

① 대중 마케팅
② 표적 마케팅
③ 포지셔닝 마케팅
④ 확대 마케팅

소품종 대량생산에서 다품종 소량생산 체제로 변하면서 최근 시장은 표적 마케팅이 각광 받고 있다.

표적 마케팅
• **1단계 시장 세분화** : 세분화된 시장 중에서 수요층별로 분할하여 집중 마케팅을 하는 것을 말한다.
• **2단계 시장 표적화** : 여러 세분화된 시장 중에서 기업이 특정 하나 또는 그 이상의 세분화된 시장을 선정하는 과정을 말한다.
• **3단계 시장의 위치선정** : 타사 제품과 차별화할 수 있는 마케팅 믹스를 개발하는 단계이다.

15 SD법의 첫 고안자인 오스굿이 요인분석을 통해 밝혀낸 3가지 의미공간의 대표적인 구성요인에 해당 되지 않는 것은?

① 평가요인
② 역능요인
③ 활동요인
④ 심리요인

SD법 의미 요인분석
• **평가요인** : 좋다~나쁘다, 아름답다~추한
• **역능차원** : 크다~작다, 강한~약한
• **활동차원** : 빠르다~느리다, 능동적인~수동적인

16 시장세분화(Market Segmentation)에 대한 설명이 틀린 것은?

① 시장세분화란 다양한 욕구를 가진 전체 시장을 일정한 기준하에 공통된 욕구와 특성을 가진 부분 시장으로 나누는 것을 말한다.
② 기억이 구체적인 마케팅 활동을 하는 세분시장을 표적시장(Target Market)이라 한다.
③ 치약은 시장세분화의 기준 중 행동분석적 속성인 가격 민감도에 따라 세분화하는 것이 좋다.
④ 자가용 승용차 시장은 인구통계학적 속성 중 소득에 따라 세분화하는 것이 좋다.

시장세분화(Market Segmentation)
시장 세분화란 시장을 상이한 제품을 필요로 하는 독특한 구매집단으로 분할하는 방법으로 소비자의 수요층을 일정 기준에 따라 분할하는 마케팅 전략이다.
치약은 시장세분화의 기준 중 행동분석적 속성인 가격 민감도에 따라 세분화하는 것이 아닌 사용경험, 경제성, 품질, 브랜드 충성도 등에 따라 세분화하는 것이 좋다.

17 AIDMA 단계에서 광고 효과가 가장 크게 나타나는 단계는?

① 행동　　　　　　② 기억
③ 욕구　　　　　　④ 흥미

> **소비자 구매심리 과정(AIDMA 아이드마 법칙)**
> 판매 촉진과 효과적인 광고 집행을 위해 소비자의 구매심리 과정을 파악할 수 있는 방법이다.
> 주의(Attention) → 관심(Interest) → 욕구(Desire) → 기억(Memory) → 행동(Action)
> ① **주의** : 신제품 출시로 소비자 관심을 끌기 위해 제품의 우수성, 디자인, 서비스로 주목을 끈다.
> ② **관심** : 타사 제품과 차별화로 소비자 흥미를 유도한다.
> ③ **욕구** : 제품 구입으로 발생하는 이익, 편리함으로 구매 욕구가 생기는 단계이다.
> ④ **기억** : 제품의 광고, 정보 등의 효과로 소비자가 기억하고 구매를 결정하게 되는 단계이다.
> ⑤ **행동** : 소비자가 직접 제품을 구입하는 행동이 이루어지는 단계이다.

18 색채 라이프 사이클 중 회사 간의 치열한 경쟁으로 가격, 광고, 유치경쟁이 일어나는 시기는?

① 도입기　　　　　② 성장기
③ 성숙기　　　　　④ 쇠퇴기

> **제품 수명주기(제품의 라이프사이클)**
> 도입기 → 성장기 → 성숙기 → 쇠퇴기 순이다.
> • **도입기** : 아이디어, 광고 홍보, 상품화 단계로 신제품이 시장에 진출하는 시기로 수익성이 낮다.
> • **성장기** : 해당 제품의 색채 등을 다양화하면서 생산비용이 증가하지만, 제품의 인지도, 판매량, 매출도 함께 증가하는 시기이다.
> • **성숙기** : 생산 비용은 상대적으로 줄어들고 매출이 상한선까지 올라가는 시기로 이익이 최대화 증대되고 동시에 하강하기 시작하는 시기이다. 기업 간의 치열한 경쟁으로 가격, 광고, 유치경쟁이 치열한 시기로 세분된 시장에 맞는 색채의 세분화, 차별화된 마케팅, 광고 전략이 필요하다.
> • **쇠퇴기** : 매출과 생산비용이 모두 하락하고 새로운 상품으로 대체되거나 소멸한다. 새로운 대처 방안을 모색해야 한다.

19 소비자 행동에 영향을 미치는 사회적 요인 중 하나로 개인의 태도나 의견, 가치관에 영향을 미치는 집단은?

① 거주 집단　　　　② 준거 집단
③ 동료 집단　　　　④ 희구 집단

> **소비자 행동에 영향을 미치는 사회적 요인**
> 소비자 행동에 영향을 미칠 수 있는 요인 중 사회적 요인에는 개인의 태도나 의견, 가치관, 의사결정, 행동 등에 영향을 미치는 준거 집단이 있고, 개인의 구매 행동에 가장 밀접한 영향을 미치는 중요한 집단인 대면 집단이 있다.

20 색채조사 자료의 분석을 위한 기술 통계분석 설명으로 틀린 것은?

① 특징화시키거나 요약시키는 지수를 추출하기 위한 가장 단순한 방법은 빈도분포, 집중 경향치, 퍼센트 등이 있다.
② 모집단에 어떤 인자들이 있는지 추출하는 방법을 요인분석이라 한다.
③ 어떤 집단의 요소를 다차원공간에서 요소의 분포로부터 유사한 것을 모아 군으로 정리하는 것을 군집분석이라 한다.
④ 인자들의 숫자를 줄여 단순화하는 것을 판별분석이라 한다.

> 인자들의 숫자를 줄여 단순화하는 것은 주성분 분석이라 한다.

2 　제2과목 : 색채 디자인

21 디자인 사조들이 대표적으로 사용하였던 색채의 경향이 틀린 것은?

① 옵아트는 색의 원근감, 진출감을 흑과 백 또는 단일 색조를 강조하여 사용한다.
② 미래주의는 기하학적 패턴과 잘 조화되어 단순하면서도 세련된 느낌을 준다.
③ 다다이즘은 화려한 면과 어두운 면을 동시에 갖고 있으면서, 극단적인 원색대비를 사용하기도 한다.
④ 데스틸은 기본 도형적 요소와 삼원색을 활용하여 평면적 표현을 강조한다.

> 기하학적 패턴과 잘 조화되어 단순하면서도 세련된 느낌을 주는 디자인 사조는 구성주의이다.
>
> **미래주의**
> 20세기 초 이탈리아에서 일어난 전위예술운동으로 기존의 낡은 예술을 모두 부정하고 기계가 지닌 차갑고 역동적이며 다이나믹한 미를 창조할 것을 주장하며, 주로 하이테크 소재로 색채를 표현한 예술사조이다. 스피드감이나 운동감을 표현하기 위해 시간의 요소를 도입하려고 시도하였다. 대표작가는 보치오니, 필리포 토마소 마리네티, 카를로 카라이다.

22 전통적 4대 매체에 해당되지 않는 것은?

① 신문　　　　　　② 라디오
③ 잡지　　　　　　④ 인터넷

> **전통적 4대 매체** : 신문, 라디오, 잡지, TV 광고

23 디자인의 조건 중 독창성에 대한 설명으로 틀린 것은?

① 디자이너의 창의적인 감각에 의하여 새롭게 탄생한다.
② 부분적으로 이미 존재하는 디자인을 수정 또는 모방하여 사용한다.
③ 대중성이나 기능보다는 차별화에 중점을 두어야 한다.
④ 시대양식에서 새로운 정신을 찾아 창의력을 발휘한다.

디자인 조건(독창성)
• 다른 사람과는 다른 새롭고 창의적인 감각으로 새로운 것을 창조하는 것을 말한다. 기능이나 대중성보다는 차별화에 중점을 두는 최종적으로 생명을 불어넣을 수 있는 디자인조건이다.
• 디자이너의 창조성은 주어진 정보와 새로운 지식과 경험을 바탕으로 상상력을 결합시켜 새로운 디자인을 개발하는 것이다.

틀리기 쉬운 문제

24 윌리엄 모리스(William Morris)가 중심이 된 디자인 사조에 관계가 먼 것은?

① 예술의 민주화·사회화 주장
② 수공예 부흥, 중세 고딕 양식 지향
③ 대량생산 시스템의 거부
④ 기존의 예술에서 분리

미술공예운동(Arts and Crafts Movement)
• 근대 디자인사에서 가장 먼저 일어난 19세기 후반 영국에서 윌리엄 모리스와 존 러스킨을 중심으로 일어난 수공예 미술운동이다.
• '산업 없는 생활은 죄악이고, 미술 없는 산업은 야만이다.'라는 심미적 이상주의 사상에 뿌리를 두고 있다.
• 18세기 영국을 중심으로 일어난 산업혁명의 대량생산으로 인한 생산품의 질적 하락과 예술성 저하로 윌리엄 모리스가 주축이 된 미술공예운동이다.
• 윌리엄 모리스는 예술의 민주화와 생활화를 주장하였고 근대 디자인의 이념적 기초를 마련했다.
• 윌리엄 모리스는 중세 역사와 고딕 예술양식에 관심이 많았다.
• 기계생산을 부정하고 사회주의 이념을 표방하였으며 수공예의 공예를 높은 수준의 예술로 여기며 사회개혁운동을 전개시켰다.
• 중세 사회처럼 예술 활동과 노동을 일치시켜 이상 사회를 만들어 보려 하였으나 순수한 인간의 노동력만으로 디자인하고자 했던 모리스 작업은 과거로 회귀하는 듯한 시대착오적인 기계의 부정이라는 한계와 모순을 드러내어 많은 사람들의 공감을 받지 못했다.

25 감정적이고 역동적인 스타일을 강조하고, 건축에서의 거대한 양식, 곡선의 활동, 자유롭고 유연한 접합 부분 등의 특색을 나타낸 시기는?

① 르네상스 시기
② 중세 말기
③ 바로크 시기
④ 산업혁명 초기

바로크 양식(Baroque)
• 바로크란 '비뚤어진 진주'라는 뜻으로 허세가 있고 지나치게 과장되어 있다는 부정적인 표현이다.
• 17~18세기에 유행한 양식으로 역동적이며 남성적인 성향으로 어둠의 대비를 극대화시켰다.
• 건축은 베르사이유 궁전과 같이 화려하고 과장된 표면 장식이 특징이다.
• 감정적이고 역동적이며 화려한 의상을 선보였다.
• 유명 작가로는 루벤스, 렘브란트가 있다.

26 도구의 개념으로 물건을 창조 및 디자인하는 분야는?

① 시각디자인   ② 제품디자인
③ 환경디자인   ④ 건축디자인

제품디자인
제품디자인은 인간의 생활에 필요한 도구를 만드는 디자인으로, 새로운 제품의 아이디어 개발 단계에서부터 최종 생산 단계까지 제품의 색채계획은 실용성, 심미성, 조형성, 경제성의 가치를 반영할 수 있도록 해야 한다. 소비자의 라이프스타일과 선호도뿐만 아니라 사용상의 편리함, 유지관리의 용이함을 우선적으로 고려해야 한다.

27 인테리어 색채계획에 관한 내용으로 가장 관계가 없는 것은?

① 적용될 대상의 기능과 목적에 부합하여야 한다.
② 유사색 배색계획은 다채롭고 인위적으로 보이기 쉽다.
③ 전체적인 이미지를 선정한 후 사용색을 추출하는 방법도 있다.
④ 사용색의 소재별(재료적) 특성을 고려할 필요가 있다.

인테리어 색채계획에서 유사색 배색계획은 다채롭고 인위적이기보다는 무난하고 친근하며 자연스럽게 보이기 쉽다.

28 색채계획에 앞서 색채를 적용할 대상을 검토할 때, 고려해야 할 조건에 대한 설명으로 틀린 것은?

① 거리감 – 대상과 사물의 거리
② 면적효과 – 대상의 차지하는 면적
③ 조명조건 – 광원의 종류 및 조도
④ 공공성의 정도 – 개인용, 공동사용의 구분

> 색채 적용 시 검토해야 할 조건에서 거리감이란 대상과 보는 사람과의 거리를 말한다.

29 어떤 목표에 도달하기 위해서 자연과 사회의 과정을 의도적으로 목적에 맞게 실용화하는 것은?

① 방법(Method)
② 평가(Evaluation)
③ 목적지향성(Telesis)
④ 연상(Association)

> **목적지향성, 텔레시스(Telesis)**
> 특수한 목적 달성하기 위해 자연과 사회의 변천작용에 대한 계획적이고 의도적인 이용을 말한다.

30 21세기 정보화 및 다양한 미디어가 확산됨에 따라 멀티미디어 디자이너에게 요구되는 자질로 가장 거리가 먼 것은?

① 청각 정보의 시각화 능력
② 시청각 정보의 통합능력
③ 추상적 개념이 구체화 능력
④ 특정한 제품의 기술적 능력

> 특정한 제품의 기술적 능력은 멀티미디어 디자이너에게 요구되는 자질이 아니라 기술에 관련한 전문가 즉, 엔지니어에게 요구되는 자질이다.

31 실내디자인에 대한 설명으로 틀린 것은?

① 건물의 내부에서 사람과 물체와 공간의 관계를 다루는 디자인이다.
② 인간 기본생활에 밀접한 부분인 만큼 휴먼 스케일로 취급되어야 한다.
③ 선박, 자동차, 기차, 여객기 등의 운송기기 내부를 다루는 특별한 영역도 포함된다.
④ 20세기에 들어서면서 건축물의 실내 구조의 주체와 분리하여 내장한다는 의미를 지닌다.

> 실내디자인은 20세기에 들어서면서 건축물의 실내를 구조의 주체와 일치시켜 내장한다는 의미를 지닌다.

32 디자인의 속성에 대한 설명 중 틀린 것은?

① 기능이란 사물이 작용할 수 있는 능력이며 디자인의 가치면에서 보면 효용 또는 실용이라 해석할 수 있다.
② 디자인은 기능성과 심미성의 이원적 개념이 대립하거나 융합하면서 발전한다.
③ 심미성이란 아름다움과 추함을 구별하여 아름다움의 본질을 찾아내는 것이다.
④ 기능성과 심미성 중 하나를 선택해야 한다.

> 디자인의 속성에서 디자인의 목적은 기능성과 심미성의 합일이다.

33 멀티미디어의 조건으로 적절하지 않은 것은?

① 상호작용적이어야 한다.
② 디지털과 아날로그 형태로 생성, 저장, 처리된다.
③ 다수의 미디어를 동시에 표현한다.
④ 영상회의, 가상현실, 전자출판 등과 관련이 있다.

> 멀티미디어는 디지털 형태로 생성, 저장, 처리되어야 한다.
> **멀티미디어 조건**
> • **쌍방향** : 정보를 일방적으로 전달하는 대중 매체와는 달리 멀티미디어는 오디오, 음성, 문자, 동영상, 그림 등 하나 이상의 미디어들을 정보 수신자의 의견까지 쌍방향으로 제공한다.
> • **사용자 경험 중시** : 항해, 상호작용성, 사용자 인터페이스, 정보설계 등 사용자 편의성을 극대화하는 사용자 경험이 중시된다.
> • **사용자 중심** : 사용자의 편의성과 인터페이스 등 사용자의 경험 측면이 중요시되고 디자인의 가치 기준이 사용자 중심으로 변한다.

34 일정한 목적에 도달하는데 적합한 대상 또는 행위의 성질을 말하며, 원하는 작품의 제작에 있어서 실제의 목적에 알맞도록 하는 것은?

① 합목적성
② 경제성
③ 독창성
④ 질서성

> **합목적성**
> • 의도하는 작품을 실용상의 목적과 용도, 효용성에 맞게 디자인하는 것을 말한다. 객관적이고 합리적이며 과학적인 접근이 요구된다.
> • 미적 조형과 기능, 실용성 사이에서 균형을 이루어야 한다.
> • 소비자의 요구사항과 디자이너로서의 전문적인 의견을 적절히 조율해야 한다.

35 게슈탈트의 그루핑 법칙과 관련이 없는 것은?

① 보완성
② 근접성
③ 유사성
④ 폐쇄성

> **형태 지각 심리(게슈탈트 법칙)**
> • **근접의 법칙** : 사람이 사물을 인지할 때, 가까이에 위치한 물체들을 하나의 묶음으로 인지한다는 법칙이다.
> • **유사의 법칙** : 형태, 색채 등 유사성이 있는 요소들이 그렇지 않은 것들보다 더 눈에 잘 띄는 법칙이다.
> • **폐쇄의 법칙** : 기존의 지식들을 바탕으로 부분이 연결되어 있지 않아도 완성시켜 인지한다는 법칙이다.
> • **대칭의 법칙** : 대칭의 이미지들은 다소 떨어져 있어도 한 그룹으로서 인식하게 된다는 법칙이다.
> • **연속의 법칙** : 각 요소들이 같은 방향으로 운동을 계속하는 경향과 관련이 있을 때 이것이 하나의 배열단위로 보는 법칙이다.

틀리기 쉬운 문제
36 독일공작연맹, 바우하우스를 중심으로 한 모던 디자인의 경향으로 옳은 것은?

① 유기적 곡선 형태를 추구한다.
② 영국의 미술공예운동에 기초를 둔다.
③ 사물의 형태는 그 역할과 기능에 따른다.
④ 표준화보다는 다양성에 기초를 두었다.

> **모더니즘**
> 산업화, 도시화에 따라 등장한 새로운 문화운동으로, 물체의 형태는 그 역할과 기능에 의해 결정되어야 한다는 사고에 따라 형태와 기능의 합일적 결합을 이상으로 하는 사상이다.

37 '형태는 기능에 따른다' 라는 말을 한 사람은?

① 루이스 설리반
② 빅터 파파넥
③ 윌리엄 모리스
④ 모홀리 나기

> **루이스 설리반(Louis Sulivan)**
> "형태는 기능을 따른다."라며 기능성을 주장한 미국의 근대건축가이다. 기능에 충실하고 기능이 만족스러울 때 저절로 형태가 아름답다는 뜻으로 해석할 수 있다.

38 바우하우스 교육기관의 마지막 학장은?

① 한네스 마이어(Hannes Meyer)
② 월터 그로피우스(Walter Gropius)
③ 미스 반 델 로에(Mies van der Rohe)
④ 요셉 앨버스(Joseph Albers)

> **바우하우스(Bauhaus)**
> 독일 공작연맹의 이념을 계승하여 발터 그로피우스를 초대학장으로 하여 1919년 독일의 바이마르 공화국 시절 설립된 미술공예학교이자 오늘날 디자인 교육원리를 확립하였으며, 1923년 이후는 기계공업과 연계를 통한 예술과의 통합이 강조되었다. 그리고 1933년 마지막 학장 미스 반 델 로에를 끝으로 나치에 의해 강제 폐교되었다.

39 타이포그래피(Typography)를 가장 잘 설명한 것은?

① 그림형태로 이루어진 글자의 조형적 표현
② 광고에 나오는 그림의 조형적 표현
③ 글자에 의한 모든 커뮤니케이션의 조형적 표현
④ 상징에 의한 커뮤니케이션의 조형적 표현

> **타이포그래피(Typography)**
> • 활자 또는 활판에 의한 인쇄술을 가리키는 말로 오늘날에는 주로 글자와 관련된 디자인을 말한다.
> • 글자체, 글자크기, 글자간격, 인쇄면적, 여백 등을 조절하여 전체적으로 읽기에 편하도록 구성하는 표현 기술을 말한다.
> • 포스터, 아이덴티티 디자인, 편집 디자인, 홈페이지 디자인 등 시각디자인에 활용된다.

40 생태학적 디자인 원리와 거리가 먼 것은?

① 환경 친화적인 디자인
② 리사이클링 디자인
③ 에너지 절약형 디자인
④ 생물학적 단일성을 강조하는 디자인

> **생태학적 디자인**
> 생태학적으로 건강하고 유기적으로 전체에 통합되는 인간환경의 구축을 목표로 자연과 조화롭게 공생 및 상생의 관계를 유지할 수 있도록 디자인하는 것을 말한다. 환경 친화적 디자인, 재활용·재사용을 위한 리사이클링 디자인, 에너지 절약형 디자인 등이 있다.

41 고체성분의 안료를 도장면에 밀착시켜 피막 형성을 용이하게 해주는 액체 성분의 물질은?

① 호분
② 염료
③ 전색제
④ 카티온

전색제
전색제는 비히클(Vehicle) 이라고도 하며, 고체 성분의 안료를 대상물체의 도장면에 밀착시켜 피막 형성을 용이하게 해주는 액체 성분을 말한다. 전색제의 종류는 건성유, 보일유, 합성수지(페놀 수지, 요소 수지, 멜라민 수지 등)가 있다.

틀리기 쉬운 문제

42 다음 중 보조 표준광의 종류가 아닌 것은?

① D_{50}
② D_{55}
③ D_{65}
④ B

보조 표준광
CIE에서 규정한 측색용 표준광으로 A, C, D_{65}가 있고, 보조 표준광으로는 D_{50}, D_{55}, D_{75}, B가 있다.

43 프린터를 이용해 출력한 영상물의 색 표현에 영향을 주는 것을 가장 거리가 먼 것은?

① 잉크 종류
② 종이 종류
③ 관측 조명
④ 영상 파일 포맷

프린터 출력 영상물 색 표현에 영향을 주는 것
컬러 잉크젯 프린터의 재현 색상에 영향을 미치는 것은 프린터 드라이버의 설정, 용지의 종류, 잉크의 종류 등이 있다.

44 CCM(Computer Color Matching) 조색의 특징이 아닌 것은?

① 광원이 바뀌어도 색채가 일치하는 무조건 등색을 할 수 있다.
② 발색에 소요되는 비용을 정확히 산출할 수 있으며 경제적이다.
③ 재질과는 무관하므로 기본재질이 변해도 데이터를 새로 입력할 필요가 없다.
④ 자동 배색 시 각종 용인 들에 의하여 색채가 변할 수 있으므로 발색공정에 대한 정확한 파악과 철저한 관리가 선행되어야 한다.

CCM 조색 시 기본재질이 변하면 데이터를 새로 입력해야 한다.

CCM(Computer Color Matching)
• CCM은 컴퓨터를 이용하여 정밀하게 조색하는 것으로, 컴퓨터 장치로 측색하여 구성된 조색제(염료, 안료, 색소 등 착색제)를 정밀한 비율로 자동 조정, 공급하여 배색하는 시스템이다.
• CCM은 분광광도계와 컴퓨터의 발달로 색채 분석과 색채 배합 예측이 가능해짐에 따라 등장하게 되었으며, 조색시간을 단축할 수 있고, 소재의 변화에 따른 신속한 대처가 가능하며, 다품종소량생산에 적합하다.
• CCM 장비를 이용한 조색 시스템에서 가장 중요한 요소는 정확한 색료 데이터베이스 구축이다.
• 각 색료들의 분광학적인 특성을 분석하여 단위 농도당 분광 반사율의 변화를 입력하고 그 색채에 대한 처방을 자동으로 산출할 수 있다.
• 광원이 바뀌어도 분광반사율을 기준색으로 시료색을 일치시켜 무조건 등색(아이소머리즘)을 조색할 수 있게 된다.
• CCM은 색료의 양을 정확하게 지정할 수 있어 최소의 컬러런트로 조색함으로 원가 절감이 가능하여 경제적이며, 비숙련자도 장비교육을 통해 조색을 할 수 있다.
• CCM으로 정확한 색을 만들기 위해서는 작업 과정상 여러 요인에 의해 색채가 변할 가능성을 고려하여 발색 공정과 관련한 정확한 파악 및 철저한 관리가 선행되어야 한다.

45 디지털 색채변환방법 중 회색요소 교체라고 하며, 회색부분 인쇄 시 CMY 잉크를 사용하지 않고 검정 잉크로 표현하여 잉크를 절약하는 방법은?

① 포토샵을 이용한 컬러변환
② CMYK 프로세스 색상분리
③ UCR
④ GCR

GCR (Gray Component Removal)
회색요소 교체라고도 한다. 회색 부분을 인쇄할 경우 CMY 잉크를 사용하지 않고 검정 잉크로 표현함으로써 잉크를 절약할 수 있다.

46 표준 백색판에 대한 설명으로 틀린 것은?

① 충격, 마찰, 광조사, 온도, 습도 등의 영향을 받지 않고, 표면이 오염된 경우에도 세척, 재연마 등의 방법으로 오염들을 제거하고 원래의 값을 재현시킬 수 있는 것으로 한다.

② 분광 반사율이 거의 0.7 이상으로, 파장 380nm~700nm에 걸쳐 거의 일정해야 한다.

③ 균등 확산 반사면에 가까운 확산 반사 특성이 있고, 전면에 걸쳐 일정해야 한다.

④ 표준 백색판은 절대 분광 확산 반사율을 측정할 수 있는 국가교정기관을 통하여 국제표준으로의 소급성이 유지되는 교정값을 갖고 있어야 한다.

> 표준 백색판은 백색 기준물의 분광 반사율도 국제 측정의 표준과 일치되도록 0.9 이상으로, 파장 380~780nm에 걸쳐 거의 일정해야 한다.

47 컬러 비트 심도에 대한 설명으로 틀린 것은?

① 10비트는 1024개의 톤 레벨을 만들 수 있다.

② 비트 심도의 수가 클수록 표현할 수 있는 색의 수가 많아진다.

③ 스캐너는 보통 10비트, 12비트, 14비트의 톤 레벨을 갖는다.

④ RGB 영상에 채널별 8비트로 재현된 색의 수는 사람이 인지할 수 있는 색상의 수보다 적다.

> RGB 영상에 채널별 8비트로 재현된 색의 수는 약 1600만 컬러로 사람이 인지할 수 있는 색상의 수보다 많다.

48 LCD와 OLED 디스플레이의 컬러 특성에 대한 설명으로 틀린 것은?

① LCD 디스플레이 고유의 화이트 포인트는 백라이트의 색온도에 좌우된다.

② OLED 디스플레이가 LCD보다 더 어두운 블랙 표현이 가능하다.

③ LCD 디스플레이의 재현 색역은 백라이트 특성에 영향을 받는다.

④ OLED 디스플레이의 밝기는 백라이트의 특성에 영향을 받는다.

> OLED 디스플레이의 밝기는 형광성 유기화합물에 전류를 흘려 빛을 내는 자체발광 현상을 이용한 광원으로 백라이트(후광장치) 사용이 불필요하다.

49 다음 설명에 가장 적합한 염료는?

> 일명 카티온 염료(cation dye)라고도 하며 색이 선명하고 착색력이 좋으나, 알카리 세탁이나 햇빛에 약한 단점이 있다.

① 반응성 염료

② 산성 염료

③ 안료 수지 염료

④ 염기성 염료

염기성 염료
가장 오래된 합성염료이다. 양이온으로 되어 있어 카티온(Cation) 염료라고도 한다. 색이 선명하고 물에 잘 용해되어 착색력이 좋으나 햇빛, 세탁, 알칼리에 약한 성질이 있다.

50 표면색의 시감비교 시 관찰자에 대한 설명이 틀린 것은?

① 관찰자는 미묘한 색의 차이를 판단하는 능력을 필요로 한다.

② 관찰자가 시력보정용 안경을 사용하는 경우에는 안경렌즈가 가시 스펙트럼 영역에서 균일한 분광투과율을 가져야 한다.

③ 눈의 피로에서 오는 영향을 막기 위해서는 진한 색 다음에는 바로 파스텔 색을 보는 것이 효율적이다.

④ 밝고 선명한 색을 비교할 때 신속하게 비교결과가 판단되지 않으면 관찰자는 수 초간 주변시야의 무채색을 보고 눈을 순응시킨다.

> 표면색의 시감비교 시 눈의 피로에서 오는 영향을 막기 위해 진한 색이나 선명한 색의 검사 후에는 연한 색이나 보색, 조색 및 관찰은 피하는 것이 바람직하다.

51 다음 색차식 중 가장 최근에 표준 색차식으로 지정된 것은?

① $\Delta E00$

② ΔE^*ab

③ CMC(1:c)

④ CIEDE94

가장 최근 지정된 표준 색차식
ΔE00(CIEDE2000)이라고도 하며 산업현장에서 색차 평가를 바탕으로 인지적인 색차의 명도, 채도, 색상 의존성과 색상과 채도의 상호간섭을 통한 색상 의존도를 평가하여 발전시킨 색차식으로 가장 최근(2020년 기준)에 표준 색차식으로 지정되었다.

52 KS A 0065 기준에 따르는 표면색의 시감 비교 환경에서 육안 조색 진행에 관한 설명으로 옳은 것은?

① 인간의 눈을 기준으로 조색하는 방법이므로 CCM 결과보다 항상 오차가 심하고 정밀도가 떨어진다.
② 숙련된 컬러리스트의 경우 육안 조색을 통해 조명 변화에 따른 메타메리즘을 제거할 수 있다.
③ 상황에 따라서는 자연주광 조건에서 육안 조색을 해도 된다.
④ 현장 표준색보다 2배 이상 크게 시료를 제작하여 비교하여야 정확한 색 차이를 알 수 있다.

> **KS A 0065 기준에 따르는 육안조색**
> 일반적인 색 비교 시 자연주광 또는 인공주광 중 어떠한 것을 사용해도 무방하지만 자연주광의 특성은 변하기 쉽기 때문에 쉽고 관측자의 판단은 주변의 착색물에 의해 영향을 받기 때문에 엄격하게 관리된 색 비교용 부스 안의 인공조명을 이용하는 것이 좋다.

53 다음 설명에 해당하는 장비의 명칭은?

> 물체의 분광반사를, 분광 투과율 등을 파장의 함수로 측정하는 계측기

① 색채계
② 분광광도계
③ 분광복사계
④ 광전 색채계

> **분광광도계(Spectrophotometer)**
> 정밀한 색채의 측정장치로 물체의 분광 반사율, 분광 투과율 등을 파장의 함수로 측정하는 계측기, 측색기이다.

54 다음 설명에 해당하는 조명방식은?

> 광원 빛의 10~40%가 대상체에 직접 조사되고, 나머지가 천장이나 벽에서 반사되어 조사되는 방식으로 그늘짐이 부드러우며 눈부심이 적은 편이다.

① 반직접조명
② 반간접조명
③ 국부조명
④ 전반확산조명

> ① **반직접조명** : 반투명의 유리나 플라스틱을 사용하여 광원의 60~90%가 사물에 직접 조사되고, 나머지는 천장이나 벽으로 조사되도록 하는 조명방식이다. 약간의 그림자와 눈부심이 발생한다.
> ③ **국부조명** : 광원의 빛의 90% 이상을 천장이나 벽에 부딪혀 확산된 반사광으로 빛을 이용하는 방식이다. 직접 조명보다는 밝기가 약하고 조명효율이 떨어지나, 눈부심이 적고 그림자가 생기지 않아 차분하고 온화한 분위기를 연출할 수 있다.
> ④ **전반확산조명** : 확산성 덮개를 사용하여 모든 방향으로 빛이 은은하게 퍼져 확산되도록 하는 방식으로, 직접광과 반사에 의한 확산광 모두가 적정하게 얻어져 입체감이 있고 눈부심이 거의 없다.

55 혼색에 대한 설명으로 틀린 것은?

① 2종류 이상의 색 자극이 망막의 동일지점에 동시에 혹은 급속히 번갈아 투사하여 생기는 색자극의 혼합을 가법혼색이라 한다.
② 감법혼색에 의해 유채색을 만들어 낼 수 있는 2가지 흡수 매질의 색을 감법혼색의 보색이라 한다.
③ 색 필터 또는 기타 흡수 매질의 중첩에 따라 다른 색이 생기는 것을 감법혼색이라 한다.
④ 가법혼색에 의해 특정 무채색 자극을 만들어낼 수 있는 2가지 색 자극을 가법혼색의 보색이라 한다.

> 감법혼색에 의해 무채색을 만들어 낼 수 있는 2가지 흡수 매질의 색을 감법혼색의 보색이라 한다.

56 다음 중 RGB 컬러 프로파일과 무관한 장치는?

① 디지털 카메라
② LCD 모니터
③ CRT 모니터
④ 옵셋 인쇄기

> **RGB 컬러 프로파일 장치**
> • RGB 형식은 컴퓨터 모니터와 스크린, 디지털 카메라, 스캐너와 같이 빛의 원리로 색채를 구현하는 입출력 디바이스의 색체계로 사용된다.
> • CMY 색체계는 감법혼색의 원리에 의해 정육면체 공간 내에서 모든 색들이 정의되는 체계를 의미하며, 컬러 프린터, 옵셋 인쇄 등 주로 출력과 관련된 장치에 활용된다.

57 색채의 소재에 관한 설명이 틀린 것은?

① 색소는 고유의 특징적인 색을 지닌다.
② 안료는 착색하고자 하는 소재와 작용하여 착색된다.
③ 염료는 용해된 액체 상태에서 소재에 직접 착색된다.
④ 색소는 사용되는 방법과 물질의 상태에 따라 크게 염료와 안료로 구분한다.

> 염료는 착색하고자 하는 소재와 작용하여 착색된다.

58 색에 관한 용어 중 표면색에 대한 설명이 옳은 것은?

① 광원에서 나오는 빛의 색
② 빛을 반사 또는 투과하는 물체의 색
③ 빛을 확산 반사하는 불투명 물체의 표면에 속하는 것처럼 지각되는 색
④ 깊이감과 공간감을 특정 지울 수 없도록 지각되는 색

> **표면색**
> 빛을 확산 반사하는 불투명 물체의 표면에 속하는 것처럼 지각되는 색. 표면색은 보통 색상, 명도, 채도 등으로 표시한다.

틀리기 쉬운 문제

59 컬러 측정 장비를 이용해 테스트 컬러의 CIE LAB 값을 계산하고자 할 때 반드시 필요한 값은?

① 조명의 조도
② 조명의 색온도
③ 배경색의 삼자극치
④ 기준 백색의 삼자극치

> 컬러 측정 장비를 이용해 테스트 컬러의 CIE LAB값을 계산하고자 할 때 반드시 필요한 값은 기준 백색의 삼자극치이다.

60 플라스틱 소재의 특성 중 틀린 것은?

① 반영구적인 내구력 때문에 환경오염을 일으킬 수 있다.
② 옥외에서 사용되는 경우 변색이나 퇴색될 수 있다.
③ 방수성, 비오염성이 뛰어나고 다른 재료와의 친화력이 좋다.
④ 가벼우면서 낮은 강도로 가공과 성형이 용이하다.

> 플라스틱은 가벼우면서 높은 강도로 가공과 성형이 용이하다.

---

4 제4과목 : 색채 지각론

61 전자기파에 대한 설명 중 옳은 것은?

① X선은 감마선 보다 짧다.
② 자외선의 파장은 적외선 보다 짧다.
③ 라디오 전파는 적외선 보다 짧다.
④ 가시광선은 레이더 보다 길다.

> **전자기파**
> • 색은 파장이 380~780nm인 가시광선(Visible Light)을 말하며, 자외선과 적외선도 넓은 의미에서 포함한다.
> • 가시광선에서 380nm 보다 짧은 파장 영역은 자외선 (UV) 영역이고, 780nm보다 긴파장 영역은 적외선(IR) 영역이다.
> • 감마선 → X선 → 자외선 → 가시광선 → 적외선 → 라디오 전파 순으로 파장의 길이가 길어진다.

틀리기 쉬운 문제

62 빛에 대한 눈의 작용에 관한 설명 중 틀린 것은?

① 밝은 상태에서 어두운 상태로 바뀔 때 민감도가 증가하는 것을 명순응이라 하고, 그 반대 경우를 암순응이라 한다.
② 밝았던 조명이 어둡게 바뀌면 처음에는 아무것도 보이지 않다가 시간이 지나면서 대상을 지각할 수 있게 되는데 이는 어둠 속에서 보내는 시간이 길어지면서 민감도가 증가하기 때문이다.
③ 간상체와 추상체는 빛의 강도가 서로 다른 조건에서 활동한다.
④ 간상체 시각은 약 507nm의 빛에 가장 민감하며, 추상체 시각은 약 555nm의 빛에 가장 민감하다.

> **빛에 대한 눈의 작용**
> 순응에는 명순응, 암순응, 박명시 등이 있다. 명순응은 어두운 곳에 있다가 밝은 곳으로 나오면 처음에는 눈이 부시지만 곧 잘 볼 수 있게 된다. 이는 민감도가 증가하는 것으로, 추상체(원추세포)의 활동으로 일어난다. 반대로 명소시에서 암소시의 상태로 갑자기 변화하면 잠시 동안은 어두운 곳이 잘 보이지 않는다. 그러나 시간의 경과와 함께 곧 어두운 빛에 적응하게 되는데 이러한 시각의 상태를 암순응이라고 한다.

63 색조의 감정효과에 관한 설명 중 틀린 것은?

① Pale 색조의 파랑은 팽창되어 보인다.
② Grayish 색조의 파랑은 진정효과가 있다.
③ Deep 색조의 파랑은 부드러워 보인다.
④ Dark 색조의 파랑은 무겁게 느껴진다.

> Deep 색조는 고채도, 저명도로 부드러운 느낌보다 딱딱하고 무거운 느낌을 준다.

정답 52 ③ 53 ② 54 ② 55 ② 56 ④ 57 ② 58 ③ 59 ④ 60 ④ 61 ② 62 ① 63 ③

64 헤링이 주장한 4원색설 색각이론 중에서 망막의 광화학 물질 존재를 가정한 내용과 관련이 없는 것은?

① 노랑–파랑물질
② 빨강–초록물질
③ 파랑–초록물질
④ 검정–흰색물질

> **헤링(Ewald Hering)의 4원색설 색각이론**
> 1872년 독일의 심리학자이며 생리학자인 헤링(Ewald Hering)은 〈색채지각에 관한 연구〉에서 기본색이 빨강, 노랑, 초록, 파랑의 4색이라고 주장하였다. 그는 인간의 망막에는 3개의 시세포질이 있으며, 눈에는 노랑·파랑 물질, 빨강·녹색 물질, 검정·하양 물질이 존재한다고 가정하였다. 망막에 빛이 들어올 때 분해와 합성의 반대 반응이 동시에 일어나, 그 반응의 비율에 따라 여러 가지 색이 보이게 된다는 색지각설이다.

65 가시광선 중에서 가장 시감도가 높은 단색광의 색상은?

① 연두
② 파랑
③ 빨강
④ 주황

> **가시광선**
> 시감도는 인간이 지각할 수 있는 가시광선이 주는 밝기의 감각이 파장에 따라 달라지는 정도를 나타내는 것이다. 주간에 가장 밝게 느끼는 최대 시감도는 555nm의 연두색이고, 야간의 최대 시감도는 507nm의 초록색이다.

66 병치혼색과 가장 거리가 먼 것은?

① 직물의 무늬
② 모니터의 색재현 방법
③ 컬러 인쇄의 망점
④ 맥스웰의 색 회전판

> **병치혼색**
> 병치혼색은 두 개 이상의 색을 병치시켜 일정 거리에서 바라보면 망막상에서 혼합되어 보이는 색이다. 텔레비전이나 컴퓨터의 컬러 모니터, 모자이크 벽화, 직물에서의 베졸드 효과, 망점에 의한 원색 인쇄 등에 활용된다. 맥스웰의 색 회전판은 회전 혼합에 해당된다.

67 다음 중 심리적으로 흥분감을 가장 많이 유도하는 색은?

① 난색 계열의 저명도
② 한색 계열의 고명도
③ 난색 계열의 고채도
④ 한색 계열의 저채도

> **색의 감정효과**
> 난색은 색상환의 빨강, 주황, 노랑 등의 장파장을 가리키며 주로 고명도, 고채도의 따뜻하게 느껴지는 색이다. 교감신경을 자극해 생리적인 촉진 작용이나 흥분 작용을 일으킨다고 하여 흥분색이라고도 불린다. 반대로 한색은 청록, 파랑, 남색 등 단파장의 색상을 가리키며 저명도, 저채도의 차갑게 느껴지는 색이며, 진정색이라고도 한다.

틀리기 쉬운 문제
68 색팽이를 회전시켜 무채색으로 보이게 하려 한다. 색면을 2등분하여 한쪽에 5Y 8/12의 색을 칠했을 때 다른 한 면에 가장 적합한 색은?

① 5R 5/14
② 5YR 8/12
③ 5PB 5/10
④ 5RP 8/8

> 5Y 8/12는 명도 8, 채도 12의 고명도, 고채도의 노랑이다. 무채색으로 보이기 위해 보색이 위치해야 하므로 노랑의 보색인 파랑인 5PB가 가장 적합하다.

69 혼색의 원리와 활용 사례 연결이 옳은 것은?

① 물리적 혼색 – 점묘화법, 컬러사진
② 물리적 혼색 – 무대조명, 모자이크
③ 생리적 혼색 – 점묘화법, 레코드판
④ 생리적 혼색 – 무대조명, 컬러사진

> **혼색의 원리와 활용**
> 혼색에는 물리적 혼색과 생리적 혼색의 2종류의 과정이 있다. 물리적 혼색에는 무대조명, 스튜디오 조명, 컬러 인쇄, 컬러사진에 활용되며, 생리적 혼색은 점묘화법, 색팽이, 모자이크 등에 활용된다.

70 먼저 본 색의 영향으로 나중에 보는 색이 다르게 보이는 대비는?

① 동시대비
② 계시대비
③ 한난대비
④ 연변대비

> **계시대비**
> 색의 대비는 대비방법에 따라 두 개의 색을 동시에 볼 때 일어나는 동시대비와 시간적 차이에 의해 일어나는 계시대비로 크게 나눌 수 있다. 계시대비란 어떤 색을 잠시 본 후 시간적인 차이를 두고 다른 색을 보았을 때, 먼저 본 색의 영향으로 나중에 본 색이 다르게 보이는 현상을 말한다.

71 색채에 대한 설명으로 틀린 것은?

① 색채는 감각기관인 눈을 통해서 지각된다.
② 색채는 물체라는 개념이 따라다니기 때문에 지각적 요소가 포함되어 있다.
③ 색채는 빛 자체를 심리적으로만 표시하는 색자극이다.
④ 색채는 색을 경험하는 것으로 생겨난다.

색채는 심리적으로만 표시하는 것이 아닌, 물리적 · 생리적 · 심리적인 현상에 의해 성립되는 시감각을 색채라고 한다.

72 혼색에 대한 설명으로 옳은 것은?

① 병치혼색의 경우 혼색의 명도는 최대 면적의 명도와 일치한다.
② 컬러 인쇄의 경우 일부분을 확대하여 보면 점의 색은 빨강, 녹색, 파랑으로 되어 있다.
③ 색유리의 혼합에서는 감법혼색이 나타난다.
④ 중간혼색은 감법혼색의 영역에 속한다.

① 병치혼색의 경우 색 면적과 거리에 비례하고 색점이 작을수록 혼색되는 거리가 짧아 혼색이 잘 되어 보이므로 명도와는 관련이 없다.
② 컬러 인쇄는 색료의 3원색인 시안(Cyan), 마젠타(Magenta), 노랑(Yellow)으로 되어 있고, 빨강, 녹색, 파랑은 빛의 3원색이다.
④ 중간혼색은 생리적 착시적 혼합으로 직접적인 물리적 혼합의 감법혼색의 영역이 아니라 중간혼합, 회전혼합, 병치혼합 등과 같은 빛이 시신경을 자극하여 혼색되어 보이는 것으로 가법혼색의 영역에 속한다.

73 색자극의 순도가 변하면 색상이 다르게 보이는 색채지각효과는?

① 맥콜로 효과
② 애브니 효과
③ 리프만 효과
④ 베졸트 브뤼케 효과

애브니 효과
애브니 효과(Abney Effect)는 색자극의 순도(선명도)가 변하면 같은 파장의 색이라도 그 색상이 다르게 보이는 현상을 말한다.

74 잔상과 관련된 다음 예시 중 성격이 다른 것은?

① 수술복   ② 영화
③ 모니터   ④ 애니메이션

색의 잔상
잔상은 크게 정의 잔상과 부의 잔상으로 구분된다. 정의 잔상은 자극이 이동 후에도 시신경에 그 현상이 계속 남아 있어 그 현상을 그대로 느끼는 현상이며, 영화나 TV 모니터의 영상, 애니메이션이 대표적인 예이다. 부의 잔상은 원래의 감각과 반대의 밝기나 색상을 띤 잔상으로, 자극이 사라진 뒤에도 광자극의 색상, 명도, 채도가 정반대로 느껴지는 현상을 말한다. 대표적 예로 수술실의 의사 가운이 초록색으로 사용되는 이유도 음성 잔상을 없애 수술 시 시각 피로를 줄이기 위함이다

75 RGB 시스템을 사용하지 않는 디지털 디바이스는?

① Laser Printer
② LCD Monitor
③ OLED Monitor
④ Digital Camera

Laser Printer는 시안(Cyan), 마젠타(Magenta), 노랑(Yellow)의 CMY 시스템을 사용하는 디지털 디바이스이다.

76 다음 중 흑체복사에 속하는 것은?

① 태양광   ② 인광
③ 레이저   ④ 케미컬라이트

흑체복사
빛은 물체에 닿으면 일부는 흡수되어 열로 변하며, 빛을 가장 이상적으로 흡수하는 물체는 흑체(Black Body)이다. 흑체복사에 속하는 것은 태양광이다.

77 색채의 감정적인 효과에서 온도감에 주로 영향을 받는 요소는?

① 색상   ② 채도
③ 명도   ④ 면적

색채의 감정적인 효과
온도감, 흥분과 진정에 영향을 미치는 것은 색상이며, 색의 중량감에 가장 큰 영향을 미치는 것은 명도이다. 색의 경연감, 화려함과 순수함에 영향을 미치는 것은 채도이다.

정답 64 ③ 65 ① 66 ④ 67 ③ 68 ③ 69 ③ 70 ② 71 ③ 72 ③ 73 ② 74 ① 75 ① 76 ① 77 ①

78 양성적 잔상에 대한 설명으로 옳은 것은?

① 원래의 자극과 같은 색으로 느껴지기는 하나 밝기는 다소 감소되는 경우를 '푸르킨예 잔상'이라 한다.
② 원래의 자극과 밝기는 같으나 색상은 보색으로, 채도는 감소되는 경우를 '헤링의 잔상'이라 한다.
③ 원래의 자극과 같은 정도의 밝기나 색상의 변화를 느끼는 경우를 '코프카의 전시야'라 한다.
④ 원래의 자극과 같은 정도의 자극이 지속적으로 느껴지는 경우를 '스윈들의 유령'이라 한다.

양성적 잔상
양성 잔상 또는 정의 잔상이라고도 하며 망막에 색의 자극이 흥분된 상태로 지속되고, 자극이 없어져도 원래의 자극과 동일한 상이 지속해서 느껴지는 현상을 말한다.
① 원래의 자극과 밝기는 같지만 물체색의 밝기가 변화되어 보이는 현상으로 붉은색은 어둡고, 녹·청색은 밝게 보이는 '푸르킨예 잔상'이라고 한다.
②, ③ 원래의 감각과 반대의 밝기나 색상을 띤 잔상으로, 자극이 사라진 뒤에도 광자극의 색상, 명도, 채도가 정반대로 느껴지는 현상의 음성 잔상 또는 부의 잔상이라고 한다.

79 보색에 관한 설명 중 옳은 것은?

① 혼색했을 때 무채색이 되는 두 색을 말한다.
② 두 개의 원색을 혼색했을 때 나타나는 색을 말한다.
③ 색상환에서 비교적 가까운 색 간의 관계를 말한다.
④ 혼색했을 때 원색이 되는 두 색을 말한다.

② 원색과 원색을 혼합한 것은 2차색(중간색)이라고 한다.
③ 색상환에서 비교적 가까운 색 간의 관계는 유사색이라고 한다.
④ 원색은 두 색을 더는 분해할 수 없는 색으로, 혼색 시 나타나지 않는다.

80 다음 중 주목성과 시인성이 가장 높은 색은?

① 주황색
② 초록색
③ 파란색
④ 보라색

주목성과 시인성
주목성은 사람들의 시선을 끄는 성질로, 시각적으로 잘 띄어 주목을 이끄는 것을 말한다. 빨강, 주황, 노랑과 같이 고명도, 고채도의 색이 주목성이 높으며, 무채색보다는 유채색이, 한색계보다는 난색계가, 저채도 보다는 고채도가 주목성이 높다. 시인성이란 대상의 식별이 쉬운 성질, 물체의 색이 얼마나 뚜렷이 잘 보이는가의 정도를 말하며 명시도, 가시성이라고도 한다.

---

5 제5과목 : 색채 체계론

81 먼셀 표기법 10YR 7/4에 대한 설명으로 옳은 것은?

① 녹색 계열의 색상이란 것을 알 수 있다.
② 숫자 7은 명도의 정도를 말하며, 명도범위는 색상에 따라 범위가 다르게 나타난다.
③ 숫자 4는 채도의 정도를 말하며, 일반적인 단계로 1.5~9.5 단계까지 있다.
④ 숫자 10은 색상의 위치 정도를 표기하고 있으며, 반드시 기본색 표기인 알파벳 대문자 앞에 표기 되어야 한다.

먼셀 표기법
색을 먼셀 기호로 표시할 때는 색상(Hue), 명도(Value), 채도(Chroma)의 3속성을 H V/C 순서로 기록한다.
① 10YR은 주황 계열의 색상인데 노란색 쪽으로 치우쳐 있음을 말한다.
② 숫자 7은 명도의 정도를 말하며, 명도범위는 색상과는 관련이 없다.
③ 숫자 4는 채도의 정도를 말하며, 채도의 단계는 1~14까지이다.

82 전통색 이름과 설명이 옳은 것은?

① 지황색(芝黃色) : 종이의 백색
② 담주색(淡朱色) : 홍색과 주색의 중간색
③ 감색(紺色) : 아주 연한 붉은색
④ 치색(緇色) : 스님의 옷색

① 지황색(芝黃色) : 누런 황색, 영지(靈芝)
② 담주색(淡朱色) : 어두운 주황색, 담적색
③ 감색(紺色) : 어두운 남색

83 NCS 색체계에 대한 설명으로 옳은 것은?

① 색상체계는 W-S, W-C, S-C의 기본척도로 나누어진다.
② 파버 비렌과 같이 7개의 뉘앙스를 사용한다.
③ 기본척도 내의 한 지점은 속성 간의 관계성에 의해 색상이 결정된다.
④ 하양색도, 검정색도, 유채색도를 표준표기로 한다.

① 색상체계는 빨강(R), 노랑(Y), 파랑(B), 초록(G), 흰색(W), 검정(S)을 기본척도로 한다.
② NCS는 사람들이 지각하는 상대적인 색상과 뉘앙스(Nuance)로 색상에 대한 정보를 전달한다.
④ NCS 색공간은 삼차원 모델이며, 인간이 구별할 수 있는 빨강(R), 노랑(Y), 파랑(B), 초록(G)의 4가지 유채색과 흰색(W), 검정(S)의 2가지 무채색을 합하여 모두 6가지 색을 기본색으로 한다.

84 DIN 색채계의 설명으로 옳은 것은?

① 색상(T), 포화도(S), 암도(D)로 표현한다.

② 1930~40년대 덴마크 표준화 협회가 제안한 색체계이다.

③ 어두움의 정도(D)는 0부터 14까지 숫자들로 주어진다.

④ 등색상면은 흑색점을 정점으로 하는 정삼각형이다.

> ② DIN 색채계는 1955년 독일공업규격위원회에서 채택되었으며, 오스트발트 체계를 기본으로 하여 실용화에 주안점을 두고 개발된 색채계이다.
> ③ 어두운 정도(명도)는 0~10까지의 11단계(10은 검은색)로 나누었다.
> ④ 오스트발트 색체계의 등색상면이 정삼각형 형태이다.

85 문·스펜서가 미국 광학회 학회지에 발표한 색채조화론과 관련이 없는 것은?

① 고전적 색채조화론의 기하학적 형식

② 색채조화에 있어서의 면적

③ 색채조화에 있어서의 미도측정

④ 색채조화에 따른 배색 기법

> **문·스펜서의 색채 조화론**
> 문(P. Moon)과 스펜서(D.E. Spencer)에 의한 색채 조화의 과학적이고 정량적 방법이 제시된 조화론이다. 그들은 과거의 색채 조화론을 연구한 후 먼셀 시스템을 기본으로 하는 색채 조화론을 발표하였다. 그들이 발표한 3편의 논문은 『고전적인 색채 조화론의 기하학적 공식화』, 『색채 조화의 면적의 문제』, 『색채 조화에 적용되는 미도』이다.

86 다음이 설명하는 배색방법은?

> 같은 톤을 이용하여 색상을 다르게 하는 배색기법을 말한다.

① 톤 온 톤(Tone on Tone) 배색

② 톤 인 톤(Tone in Tone) 배색

③ 카마이외(Camaieu) 배색

④ 트리콜로르(tricolore) 배색

> **톤 인 톤(Tone in Tone) 배색**
> 톤 인 톤(Tone in Tone) 배색은 유사 색상의 배색처럼 톤과 명도의 느낌은 일정하게 유지하면서 색상을 다르게 하여 변화를 주는 배색을 말한다. 톤 인 톤 배색은 온화하고 부드러운 이미지를 준다.

87 먼셀 색체계에서 7.5YR의 보색은?

① 7.5BG

② 7.5B

③ 2.5B

④ 2.5PB

> 먼셀 색체계로 표기 시 7.5YR에서 YR의 보색은 B이다. 따라서 7.5YR의 보색은 7.5B이다.

88 한국산업표준(KS)에서 규정하고 있는 계통색명에 대한 설명으로 옳은 것은?

① 색이름 수식형은 빨간, 노란, 파란 등의 3종류로 제한한다.

② 필요시 2개의 수식 형용사를 결합하거나 부사 '아주'을 수식 형용사 앞에 붙여 사용할 수 있다.

③ 기본색이름 뒤에 색의 3속성에 따른 수식어를 이어붙여 표현한다.

④ 유채색의 기본색이름은 빨강, 노랑, 녹색, 파랑, 보라 5색이다.

> **한국산업표준(KS) 계통색명**
> • 기본색이름의 조합 방법
> – 기본색 이름의 수식형 : 빨간, 노란, 파란, 흰, 검은
> – ( )속의 색이름을 포함한 단음절 색 이름형 : 적, 황, 녹, 청, 자, 남, 갈, 회, 흑
> – 수식형이 없는 2음절 색이름에 '빛'을 붙인 수식형 : 초록빛, 보랏빛, 분홍빛, 자줏빛 등
> • 기본색이름 뒤가 아닌 앞에 색의 3속성에 따른 수식어를 이어 붙여 표현한다.
> • 유채색의 기본색이름은 빨강, 주황, 노랑, 연두, 초록, 청록, 파랑, 남색, 보라, 자주, 분홍, 갈색 12색이다.

89 다음 중 채도에 대한 설명이 틀린 것은?

① 톤을 말한다.
② 분광 곡선으로 계산될 수 있다.
③ 최고 주파수와 최저 주파수의 차이 정도를 말한다.
④ 물지적인 측면에서 특정 주파수대의 빛에 대하여 반사 또는 흡수 하는 정도를 말한다.

채도는 색의 선명도를 나타내며, 색의 맑음/탁함, 색의 강/약, 순도, 포화도 등으로 다양하게 해석된다. 톤은 명도와 채도를 말한다.

90 다음 중 JIS 표준색표에 관한 설명이 아닌 것은?

① 색채규격은 미국의 먼셀 표색계를 사용하고 있다.
② 색상은 40 색상으로 분류되고 각 색상을 한 장으로 수록한 형식이다.
③ 1972년 스웨덴 색채연구소에서 개발한 색표이다.
④ 한 장의 등색상면은 명도와 채도별로 배열되어 있다.

JIS(Japan Industrial Standard)는 일본공업규격의 표준색 표로 1949년에 일본공업표준조사회의 심의를 거쳐 정해진 일본 국가 규격이다. 스웨덴 색채연구소에서 개발한 색표는 NCS 색체계이다.

91 CIE LAB 색체계에 대한 설명으로 틀린 것은?

① a*와 b* 값은 중앙에서 바깥으로 갈수록 채도가 감소한다.
② a*는 Red − Green, b*는 Yellow − Blue 축에 관계된다.
③ a*b*의 수치는 색도 좌표를 나타낸다.
④ L* = 50은 Gray이다.

CIE LAB 색체계
a*와 b*의 값이 커질수록 중앙에서 바깥쪽으로 수치가 이동하여 채도가 증가하고, a*와 b*의 값이 작을수록 중앙으로 이동하여 무채색에 가까워진다.

92 슈브뢸(M.E.Chevreul)의 색채조화론이 아닌 것은?

① 동시대비의 원리
② 도미넌트 컬러
③ 세퍼레이션 컬러
④ 오메가 공간

슈브뢸(M.E.Chevreul)의 색채조화론
슈브뢸(M.E.Chevreul)은 그의 저서 『색의 조화와 대비의 법칙』에서 처음으로 대비 현상에 관해 설명하였다. 색채의 유사 조화와 대비 조화를 구별했으며 이러한 색의 대비에 기초한 배색 이론은 색의 3속성과 색의 체계에 대한 의식을 새롭게 하였다. 색의 오메가 공간은 문·스펜서의 색채조화 이론과 관련 있다.

93 혼색계(Color Mixing System)에 대한 설명이 틀린 것은?

① 정량적 측정을 바탕으로 한 색체계이다.
② 시지각적으로 색표를 만들기 위한 색체계이다.
③ 물리적인 빛의 혼색 실험을 기초로 한다.
④ CIE 색체계가 대표적이다.

시지각적으로 색표를 만들기 위한 색체계는 현색계이다.

94 오스트발트(W. Ostwald) 색체계의 특징이 아닌 것은?

① 색체계가 대칭인 것은 『조화는 질서와 같다』는 전제에서 생겨났기 때문이다.
② 같은 계열을 이용하여 배색할 때 편리하다.
③ 혼합하는 색량의 비율에 의하여 만들어진 체계이다.
④ 지각적인 등보도성을 지니는 장점이 있다.

오스트발트(W. Ostwald) 색체계는 동일 색상을 지닌 색들을 배열해 놓아 동색조의 색 선택에 편리하고, 확실한 배색이 가능하다는 장점이 있다.

95 한국인과 백색에 관한 설명으로 옳은 것은?

① 조작하지 않은 있는 그대로의 색이라는 의미이다.

② 소복으로만 입었다.

③ 위엄을 표하는 관료들의 복식 색이었다.

④ 유백, 난백, 회백 등은 전통개념의 배색에 포함되지 않는다.

한국인과 백색
한국인의 백색은 순백, 수백, 선백 등 혼색이 전혀 없는 색을 의미하고, 결백과 진실, 순결, 출산 등을 뜻한다. 상중의 백의는 사별을 뜻하기도 하지만 세속을 벗고 새로운 삶의 세계를 기원하는 의미이다.

96 CIE 색도도에 대한 설명으로 틀린 것은?

① 색도도 내의 두 점을 잇는 선 위에는 포화도에 의한 색 변화가 늘어서 있다.

② 색도도 바깥 둘레의 한 점과 중앙의 백색점을 잇는 선 위에는 포화도의 변화만으로 된 색 변화가 늘어서 있다.

③ 어떤 한 점의 색에 대한 보색은 중앙의 백색점을 연장한 색도도 바깥 둘레에 있다.

④ 색도도 내의 임의의 세 점을 잇는 삼각형 속에는 세 점의 혼합에 의한 모든 색이 들어 있다.

CIE 색도도
CIE 시스템은 균등 색공간이라는 균등 색차 색도 시스템을 기초로 한 측색 시스템으로 빛의 3원색인 R(적), G(녹), B(청)를 X, Y, Z의 양으로 나타냈으며, 이 중에 X와 Y를 각각 X축, Y축으로 도표를 만든 것이 색도도이다. 색도도 내의 두 점을 잇는 선 위에는 두 점을 혼합하여 생기는 색의 변화가 늘어서 있다.

틀리기 쉬운 문제
97 ISCC-NIST 색명법의 톤 기호의 약호와 풀이가 틀린 것은?

① vp – very pale

② m – moderate

③ v – vivid

④ d – deep

ISCC-NIST 색명법에서 deep은 d가 아니라 dp이다.

98 NCS 색체계 색삼각형과 색상환에서 표시하고 있는 색에 대한 설명으로 옳은 것은?

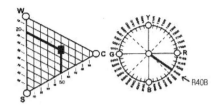

① 유채색도 50% 중 Blue는 40%의 비율이다.

② 흰색도는 20%의 비율이다.

③ 뉘앙스는 5020으로 표기한다.

④ 검정색도는 50%의 비율이다.

NCS 색체계 색삼각형과 색상환
NCS는 사람들이 지각하는 상대적인 퍼센트인 색상과 뉘앙스(Nuance)로 색상에 대한 정보를 전달한다. 색삼각형의 위에서 아래로 흰색(W)과 검정(S)의 그레이 스케일을 나타내고, 삼각형의 오른쪽 꼭짓점에서는 채도(C)를 표기한다. 등색상 삼각형에서의 모든 색에 대한 합은 W(%) + S(%) = 100%이 된다. 그림의 색상환은 S2050-R40B를 의미하며 색의 뉘앙스 S2050은 검정색도 20%, 순색도 50%를 의미하고, R40B는 빨강에 40%의 파란색의 비율을 나타낸다.

99 CIE 표준 색체계의 설명으로 틀린 것은?

① XYZ 색체계가 대표가 된다.

② CIE는 R,G,B의 3원색을 기본으로 한다.

③ 감법원리와 관계가 깊다.

④ CIE Yxy 색도도 중심은 백색이다.

CIE 표준 색체계
가법혼색의 원리인 R(적), G(녹), B(청)를 X, Y, Z의 양으로 나타낸 것

100 먼셀 색체계의 색상환에서 서로 마주보고 있는 색으로 배색했을 때 나타나는 효과는?

① 명도대비

② 채도대비

③ 보색대비

④ 색조대비

먼셀의 색상환에서 마주보는 색은 보색 관계이다.

정답 89 ① 90 ③ 91 ① 92 ④ 93 ② 94 ④ 95 ① 96 ① 97 ④ 98 ① 99 ③ 100 ③

10회 기출문제

1 제1과목 : 색채 심리 · 마케팅

01 마케팅 전략 수집 절차에서 다음에 해당하는 영역은?

> 시장의 수요측정, 기존 전략의 평가, 새로운 목표에 대한 평가

① 상황분석
② 목표설정
③ 전략수립
④ 실행계획

02 SD법(Semantic Differential Method)에서 사용되는 형용사의 배열의 올바른 예시는?

① 크다 - 작다
② 아름다운 - 시원한
③ 커다란 - 슬픈
④ 맑은 - 늙은

03 색채 마케팅 전략을 수립하기 위한 마케팅 믹스의 기본요소에 속하지 않는 것은?

① 제품(Product)
② 위치(Position)
③ 촉진(Promotion)
④ 가격(Price)

04 심리학자들에 의한 색채와 음향에 관한 연구결과를 설명한 것 중 틀린 것은?

① 낮은 소리는 어두운색을 연상시킨다.
② 예리한 소리는 순색에 가까운 밝고 선명한 색을 연상시킨다.
③ 플루트(Flute)의 음색에 대한 연상 색상은 다양하게 나타났지만 라이트 톤에 집중되는 경향이 있다.
④ 느린 음은 대체로 노랑을, 높은 음은 낮은 채도의 색을 연상시킨다.

05 표적마케팅의 3단계 순서가 옳은 것은?

① 시장 표적화 → 시장 세분화 → 시장의 위치 선정
② 시장 세분화 → 시장 표적화 → 시장의 위치 선정
③ 시장의 위치 선정 → 시장 표적화 → 시장 세분화
④ 틈새 시장분석 → 시장 세분화 → 시장의 위치 선정

06 색채시장조사의 과정에서 컬러 코드(Color Code)가 설정되는 단계는?

① 콘셉트 확인 단계
② 조사방침 결정단계
③ 정보 수집단계
④ 정보 분류 · 분석단계

07 색채 마케팅 전략 중 표적시장 선택의 시장공략 설명으로 틀린 것은?

① 무차별적 마케팅 - 세분시장 사이의 차이를 무시하고 한 개의 제품으로 전체시장을 공략
② 차별적 마케팅 - 표적시장을 선정하고 적합한 제품을 생산하여 판매
③ 집중 마케팅 - 소수의 세분시장에서 시장점유율을 높이기 위한 전략
④ 브랜드 마케팅 - 브랜드 이미지 통합 전략

08 매슬로우(Maslow)의 욕구 단계 중 다음에 해당되는 것은?

> 식자재 구매에 있어서 원산지를 확인하는 행위

① 생리적 욕구
② 안전욕구
③ 사회적 욕구
④ 자아실현의 욕구

09 색채 시장조사의 자료수집 방법 중 관찰법에 대한 설명으로 틀린 것은?

① 조사의 신뢰도를 높이기 위해 소비자의 행동을 직접적으로 관찰하는 방법이다.
② 특정 지역의 유동인구를 분석하거나 시청률이나 시간, 집중도 등을 조사하는데 적절하다.
③ 특정효과를 얻거나 비교를 통해 정확한 정보를 얻고자 할 때 사용하는 방법이다.
④ 특정 색채의 기호도를 조사하는데 적절하다.

10 기업의 경영마케팅전략 중 기업에 대한 이미지를 구체적으로 기억하게 해주는 대표적인 수단은?

① 기업의 CI(Corporate Identity)
② 기업의 외관 색채
③ 기업의 인테리어 컬러
④ 기업의 광고 색채

11 중국에서 하늘에 제사를 지낼 때 황제가 입었던 옷의 색이며, 갈리아에서는 노예들이 입었던 옷의 색은?

① 하양   ② 노랑
③ 파랑   ④ 검정

12 문화에 따른 색의 상징성이 틀린 것은?

① 불교에서 노랑은 신성시되는 종교색이다.
② 동양 문화권에서는 노랑을 겁쟁이 또는 배신자를 상징하는 색으로 연상한다.
③ 가톨릭 성화 속 성모마리아의 청색망토로 파랑을 고귀한 색으로 연상한다.
④ 북유럽에서는 초록인간(Green Man)신화로 초록을 영혼과 자연의 풍요로움으로 상징한다.

13 시장세분화를 위한 생활유형연구를 중심으로 소비자의 컬러 소비 형태를 연구하고자 할 때 적합한 연구방법은?

① AIO
② SWOT
③ VALS
④ AIDMA

14 프랑크 H. 만케의 색경험 피라미드 반응 단계 중 유행색을 설명하기 위한 배경으로 적절한 단계와 인간의 반응은?

① 2단계 : 집단무의식
② 3단계 : 의식적 상징화, 연상
③ 4단계 : 문화적 영향과 매너리즘
④ 5단계 : 시대사조, 패션, 스타일의 경향

15 색채와 문화에 대한 설명 중 틀린 것은?

① 북구계 민족들은 연보라, 스카이블루, 에메랄드 그린 등 한색계열의 색을 선호한다.
② 흐린 날씨의 지역 사람들은 약한 난색계를 좋아한다.
③ 에스키모인은 녹색계열과 한색계열의 색을 선호한다.
④ 라틴계 민족은 난색계의 색을 선호한다.

16 시장 세분화(Market Segmentation)의 기준이 될 수 없는 요인은?

① 인구 통계적 특성
② 지리적 특성
③ 역사적 특성
④ 심리적 특성

17 색채의 공감각적 특징을 옳게 연결한 것은?

① 비렌 – 빨강 – 육각형
② 카스텔 – 노랑 – E 음계
③ 뉴턴 – 주황 – 라 음계
④ 모리스 데리베레 – 보라 – 머스크향

18 색채의 사회적 역할에 관한 설명 중 틀린 것은?

① 특정한 사회에서 통용되는 색에 대한 고정관념은 다를 수 있다.
② 사회가 고정되고 개인의 독립성이 뒤쳐진 사회에서는 색채가 다양하고 화려해지는 경향이 있다.
③ 사회의 관습이나 권력에서 탈피하면 부수적으로 관련된 색채연상이나 색채금기로부터 자유로워질 수 있다.
④ 사회 안에서 선택되는 색채의 선호도는 성별에 따른 차이뿐만 아니라 연령별로 다르게 나타난다.

19 색채치료에 관한 사항 중 틀린 것은?

① 색채를 이용하여 물리적, 정신적인 영향으로 환자의 상태를 호전시키는 치료방법이다.
② 남색은 심신의 완화, 안정에 효과적이다.
③ 보라색은 정신적 자극, 높은 창조성을 제공한다.
④ 색의 고유한 파장과 진동은 인간의 신체조직에 영향을 미친다.

20 제품 라이프 스타일 종류의 사이클 설명 중 옳은 것은?

① 패션(Fashion)은 주기적으로 몇 차례 등장하여 인기를 얻다가 관심이 낮아지는 파형의 사이클을 나타낸다.
② 스타일(Style)은 천천히 시작되어 점점 인기를 얻어 유지하다가 다시 천천히 쇠퇴하는 형상의 사이클을 나타낸다.
③ 패드(Fad)는 급격히 열광적으로 시장에서 받아들여지다가 곧바로 쇠퇴하는 사이클을 나타낸다.
④ 클래식(Classic)은 일부 계층에서만 받아들여져 유행하다 사라지는 형상의 사이클을 나타낸다.

---

2 | 제2과목 : 색채 디자인

21 색채디자인의 매체전략 방법과 거리가 먼 것은?

① 통일성(Identity)
② 근접성(Proximity)
③ 주목성(Attention)
④ 연상(Association)

22 시대별 디자인의 방향에 대한 설명으로 거리가 먼 것은?

① 1830년대 : 부가장식으로서의 디자인
② 1930년대 : 사회적 기술로서의 디자인
③ 1980년대 : 경영전략과 비즈니스로서의 디자인
④ 1910년대 : 기능적 표준 형태로서의 디자인

23 건축양식, 기둥형태 등의 뜻 혹은 제품디자인의 외관형성에 채용하는 것으로 시대와 지역에 따라 유행하는 특정한 양식으로 말하기도 하는 용어는?

① Trend
② Style
③ Fashion
④ Design

24 디자인 요소인 색의 세 가지 속성을 설명 순서대로 바르게 나열한 것은?

> ⓐ 색의 이름
> ⓑ 색의 맑고 탁함
> ⓒ 색의 밝고 어두움

① ⓐ 색조 ⓑ 명도 ⓒ 채도
② ⓐ 색상 ⓑ 채도 ⓒ 명도
③ ⓐ 배색 ⓑ 채도 ⓒ 명도
④ ⓐ 단색 ⓑ 명도 ⓒ 채도

25 입체에 대한 설명으로 틀린 것은?

① 입체의 유형 중 적극적 입체는 확실하게 지각되는 형, 현실적인 형을 말한다.
② 순수입체는 모든 입체들의 기본요소가 되는 구, 원통 육면체 등 단순한 형이다.
③ 두 면과 각도를 가진 방향으로 이동하거나 면의 회전에 의해서 생긴다.
④ 넓이는 있지만 두께는 없고, 원근감과 질감을 표현할 수 있다.

26 시각디자인의 커뮤니케이션 기능과 종류가 잘못 연결된 것은?

① 지시적 기능 – 화살표, 교통표지
② 설득적 기능 – 잡지광고, 포스터
③ 상징적 기능 – 일러스트레이션, 패턴
④ 기록적 기능 – 영화, 심벌마크

27 디자인의 특성에 따른 색체에 관한 설명 중 틀린 것은?

① 패션 디자인에서 유행색은 사회, 경제, 문화적 요인을 고려한 유행 예측색과 일정기간 동안 많은 사람들이 선호하는 색으로 나눌 수 있다.
② 포장 디자인에서의 색채는 제품의 이미지 및 전체 분위기를 나타내는 중요한 역할을 한다.
③ 제품 디자인은 다양한 소재의 집합체이며 그 다양한 소재는 같은 색채로 적용되는 것이 가장 효과적이다.
④ 광고 디자인은 상품의 특성을 분명히 해주고 구매충동을 유발하는 색채의 적용이 필요하다.

28 주조색과 강조색에 관한 설명 중 틀린 것은?

① 주조색이란 전체의 70% 이상을 차지하는 것으로 전체 색채효과를 좌우하는 역할을 한다.
② 주조색은 분야별로 선정방법이 동일하지 않고 다를 수 있다.
③ 강조색이란 전체의 30% 이상을 차지하는 것으로 디자인 대상에 변화를 주는 역할을 한다.
④ 강조색은 시각적인 강조나 면의 미적인 효과를 위해 사용한다.

29 색채계획 시 고려할 조건 중 거리가 먼 것은?

① 기능성　　　　② 심미성
③ 공공성　　　　④ 형평성

30 처음 점이 움직임을 시작한 위치에서 끝나는 위치까지의 거리를 가진 점의 궤적은?

① 점증　　　　② 선
③ 면　　　　④ 입체

31 그린디자인의 디자인 방법이 아닌 것은?

① 재료의 순수성 및 호환성을 고려하여 디자인한다.
② 각각의 조립과 분해가 쉽도록 디자인한다.
③ 재활용을 고려한 디자인으로 많은 노동력과 복잡한 공정이 요구된다.
④ 폐기 시 재활용률이 높도록 표면처리 방법을 고안한다.

32 산업이나 공예, 예술, 상업이 잘 협동하여 디자인의 규격화와 표준화를 실천한 디자인 사조는?

① 구성주의
② 독일공작연맹
③ 미술공예운동
④ 사실주의

33 메이크업(Make-Up)을 하기 위한 가장 중요한 3대 관찰 요소는?

① 이목구비의 비율, 얼굴형, 얼굴의 입체 정도
② 시대유행, 의상과의 연관성, 헤어스타일과의 조화
③ 비용, 고객의 미적 욕구, 보건 및 위생 상태
④ 색의 균형, 피부의 질감, 얼굴의 형태

34 근대 디자인의 역사에 대한 설명 중 틀린 것은?

① 독일공작연맹은 규격화를 통해 생산의 양 증대를 긍정하면서 동시에 질 향상을 지향하였다.
② 미술공예운동은 수공예 부흥운동, 대량생산 시스템의 거부라는 시대 역행적 성격이 강하다.
③ 곡선적 아르누보는 오스트리아 빈을 중심으로 발전하였다.
④ 아르데코는 복고적 장식과 단순한 현대적 양식을 결합하여 대중화를 시도하였다.

35 다음 (　　)에 가장 적합한 말은?

> 디자인이란 인간생활의 목적에 알맞고 (　　)적이고 미적인 조형을 계획하고 그를 실현한 과정과 그에 따른 결과로 정의될 수 있다.

① 자연　　　　② 실용
③ 환상　　　　④ 상징

36 디자인 사조(思潮)에 대한 설명이 옳은 것은?

① 미술공예운동은 윌리엄 모리스의 노력에 힘입어 19세기 후반 예술성을 지향하는 몇몇 길드(Guild)와 새로운 세대의 건축가, 공예 디자이너에 의해 성장하였다.
② 플럭서스(Fluxus)란 원래 낡은 가구를 주워 모아 새로운 가구를 만든다는 뜻으로 저속한 모방예술을 의미한다.
③ 바우하우스(Bauhaus)는 신조형주의 운동으로서 개성을 배제하는 주지 주의적 추상미술운동이다.
④ 다다이즘(Dadaism)의 화가들은 자연적 형태는 기하학적인 동일체의 방향으로 단순화시키거나 세련되게 할 수도 있다고 하였다.

37 자극의 크기나 강도를 일정방향으로 조금씩 변화시켜 나가면서 그 각각 자극에 대하여 '크다/작다, 보인다/보이지 않는다.' 등의 판단을 하는 색채디자인 평가방법은?

① 조정법　　　　② 극한법
③ 항상법　　　　④ 선택법

38 에스니컬 디자인(Ethical Design), 베네큘러 디자인(Vernacular Design)의 개념은 어떤 디자인의 조건을 충족시키기 위한 것으로 설명되는가?

① 합목적성　　　　② 독창성
③ 질서성　　　　　④ 문화성

39 흐름, 끊임없는 변화, 움직임을 뜻하는 라틴어로 1960년대에서 1970년대에 걸쳐 주로 독일의 여러 도시를 중심으로 일어난 국제적 전위예술운동은?

① 플럭서스　　　　② 해체주의
③ 페미니즘　　　　④ 포토리얼리즘

40 개인의 개성과 호감이 가장 중요시 되는 분야는?

① 화장품의 색체디자인
② 주거공간의 색채디자인
③ CIP의 색채디자인
④ 교통표지판의 색채디자인

（3）　제3과목 : 색채관리

41 자연주광 조명에서의 색비교에 대한 설명으로 잘못된 것은?

① 북반구에서의 주광은 북창을 통해서 확산된 광을 사용한다.
② 진한 색의 물체로부터 반사하지 않는 확산 주광을 이용해야 한다.
③ 시료면의 범위보다 넓은 범위를 균일하게 조명해야 한다.
④ 적어도 1,000lx의 조도가 되어야 한다.

42 색채계에 대한 설명으로 틀린 것은?

① 색채계란 색을 표시하는 수치를 측정하는 계측기를 뜻한다.
② 광전 수광기를 사용하여 종합 분광특성을 적절하게 조정한 색채계는 광전 색채계이다.
③ 복사의 분광 분포를 파장의 함수로 측정하는 계측기는 분광 광도계이다.
④ 시감에 의해 색 자극값을 측정하는 색채계를 시감 색채계라 한다.

43 제시 조건이나 재질 등의 차이에 따라 변화를 보이는 주관적인 색의 현상은?

① 컬러 프로파일
② 컬러 캐스트
③ 컬러 세퍼레이션
④ 컬러 어피어런스

44 광원에 대한 측정은 인간의 눈을 기준으로 이루어지는 것을 광측정이라 한다. 4가지 측정량에 해당되는 것은?

① 전광속, 선명도, 휘도, 광도
② 전광속, 색도, 휘도, 광도
③ 전광속, 광택도, 휘도, 광도
④ 전광속, 조도, 휘도, 광도

45 표면색의 시감 비교 방법으로 틀린 것은?

① KS A 0065로 정의되어 있다.
② 정상 색각인 관찰자를 필요로 한다.
③ 자연주광 혹은 인공광원에서 비교를 실시한다.
④ 인공의 평균 주광으로 D50은 사용할 수 없다.

46 가소성 물질이며, 광택이 좋고 다양한 색채를 낼 수 있도록 착색이 가능하며 투명도가 높고 굴절율은 유리보다 낮은 소재는?

① 플라스틱　　　　② 금속
③ 천연섬유　　　　④ 알루미늄

47 입력 색역에서 표현된 색이 출력 색역에서 재현 불가할 때 ICC에서 규정한 렌더링 의도에 대한 설명으로 잘못된 것은?

① 지각적(Perceptual) 렌더링은 전체 색간의 관계는 유지하면서 출력 색역으로 색을 압축한다.
② 채도(Saturation) 렌더링은 입력 측의 채도가 높은 색을 출력에서도 채도가 높은 색으로 변환한다.
③ 상대색도(Relative Colorimetric) 렌더링은 입력의 흰색을 출력의 흰색으로 매핑하며, 전체 색간의 관계를 유지하면서 출력색역으로 색을 압축한다.
④ 절대색도(Absolute Colorimetric) 렌더링은 입력의 흰색을 출력의 흰색으로 매핑하지 않는다.

48 대상에 따라 구분해서 사용하는 경면 광택도 측정에 대한 설명이 틀린 것은?

① 85° 경면 광택도 : 종이, 섬유 등 광택이 거의 없는 대상에 적용
② 75° 경면 광택도 : 도장면, 타일, 법랑 등 일반적 대상물의 측정
③ 60° 경면 광택도 : 광택범위가 넓은 범위를 측정하는 경우에 적용
④ 20° 경면 광택도 : 비교적 광택도가 높은 도장면이나 금속면끼리의 비교

49 조건등색지수(MI)를 구하려 한다. 2개의 시료가 기준광으로 조명 되었을 때 완전히 같은 색이 아닐 경우의 보정 방법은?

① 기준광으로 조명되었을 때의 삼자극치(Xr1, Yr1, Zr1)를 보정한다.
② 시험광(t)으로 조명되었을 때의 삼자극치(Xt2, Yt2, Zt2)를 보정한다.
③ 기준광(r)과 시험광(t)으로 조명되었을 때의 각각의 삼자극치를 모두 보정한다.
④ 보정은 필요 없고, MI만 기록한다.

50 분광 반사율에 대한 설명으로 옳은 것은?

① 동일 조건으로 조명하여 한정된 동일 입체각 내의 물체에서 반사하는 복사속과 완전 확산 반사면에서 반사하는 복사속의 비율
② 동일조건으로 조명 및 관측한 물체의 파장에 있어서 분광 복사 휘도와 완전 확산 반사면의 비율
③ 물체에서 반사하는 파장의 분광 복사속과 물체에 입사하는 파장의 분광 복사속의 비율
④ 입사한 복사를 모든 방향에 동일한 복사 휘도로 반사한 비율

51 염료와 안료에 대한 설명으로 틀린 것은?

① 일반적으로 염료는 수용성, 안료는 비수용성이다.
② 일반적으로 염료는 유기성, 안료는 무기성이다.
③ 불투명한 채색을 얻고자 하는 경우 안료를 사용하고, 투명도를 원할 때는 염료를 사용한다.
④ 불투명하게 플라스틱을 채색하고자 할 때는 안료와 플라스틱 사이의 굴절률 차이를 작게 해야 한다.

52 ISO 3664 컬러 관측 기준에 대한 설명으로 틀린 것은?

① 분광분포는 CIE 표준광 D50을 기준으로 한다.
② 반사물에 대한 균일도는 60% 이상, 1200lux 이상이어야 한다.
③ 투사체에 대한 균일도는 75% 이상, 1270cd/m^2 이상이어야 한다.
④ 10%에서 60% 사이의 반사율을 가진 무채색 유광 배경이 요구된다.

53 천연 수지 도료에 대한 설명 중 틀린 것은?

① 케슈계 도료는 비교적 저렴하다.
② 주정 에나멜은 수지를 알코올에 용해하여 안료를 가한다.
③ 셸락 니스와 속건 니스는 도막이 매우 강하다.
④ 유성 에나멜은 보일유를 전색제로 하는 도료이다.

54 시각에 관한 용어와 설명이 바르게 연결된 것은?

① 가독성 – 대상물의 존재 또는 모양의 보기 쉬움 정도
② 박명시 – 명소시와 암소시의 중간 밝기에서 추상체와 간상체 양쪽이 움직이고 있는 시각의 상태
③ 자극역 – 2가지 자극이 구별되어 지각되기 위하여 필요한 자극 척도상의 최소의 차이
④ 동시대비 – 시간적으로 근접하여 나타나는 2가지 색을 차례로 볼 때에 일어나는 색 대비

55 디지털 프린터의 디더링 기법에 대한 설명으로 틀린 것은?

① AM 스크리닝은 닷의 위치는 그대로 두고 크기를 변화시킨다.
② FM 스크리닝은 닷 배치는 불규칙적으로 보이도록 이루어진다.
③ 스토캐스틱 스크리닝은 AM 스크리닝 기법이다.
④ 에러 디퓨전은 FM 스크리닝 기법이다.

56 메타메리즘에 관한 설명으로 틀린 것은?

① 메타메리즘이 나타나는 경우 광원이 바뀌면서 색채가 얼마나 차이가 나는지 알려주는 지수를 메타메리즘 지수라고 한다.
② CCM을 하는 경우에는 아이소메릭 매칭을 한다.
③ 육안으로 조색하는 경우 메타메릭 매칭을 한다.
④ 분광반사율 자체를 일치하게 하여도 관측자에 따라 메타메리즘 현상이 일어나는 경우가 있다.

57 ICC 기반 색채관리시스템에 대한 설명으로 틀린 것은?

① CIEXYZ 또는 CIE LAB을 PCS로 사용한다.
② 색채변환을 위해서 항상 입력과 출력 프로파일이 필요하지는 않다.
③ 운영체제에서 특정 CMM을 선택하는 것은 가능하다.
④ CIE LAB의 지각적 불균형 문제를 CMM에서 보완할 수 있다.

58 먼셀의 색채개념인 색상, 명도, 채도와 유사한 구조의 디지털 색채 시스템은?

① CMYK
② HSL
③ RGB
④ LAB

59 색채를 효과적으로 재현하기 위해 다른 과정보다 우선되어야 하는 것은?

① 재현하려는 표준 표본의 색채 소재(도료, 염료 등) 특성 파악
② 재현하려는 표준 표본의 측색을 바탕으로한 색채 정량화
③ 색채 재현을 위한 원색의 조합비율 구성
④ 색채 재현을 위해 사용하는 컬러런트의 성분 파악

60 안료의 특징으로 옳은 것은?

① 채색 후에 물이나 습기에 노출되면 색이 보존되지 않는다.
② 물이나 착색과정의 용제(溶劑)에 의해 단일분자로 녹는다.
③ 착색하고자 하는 매질에 용해되지 않는다.
④ 피염제의 종류, 색료의 종류, 흡착력 등에 따라 착색 방법이 달라진다.

---

4 제4과목 : 색채 지각론

61 정육점에서 사용된 붉은 색 조명이 고기를 신선하게 보이도록 하는 현상은?

① 분광반사
② 연색성
③ 조건등색
④ 스펙트럼

62 인쇄에서의 혼색에 대한 설명으로 틀린 것은?

① 망점인쇄에서는 잉크가 중복인쇄로서 필요에 따라 겹쳐지기 때문에 감법혼색의 상태를 나타낸다.
② 잉크량을 절약하기 위해 백색 잉크를 사용해 4원색을 원색으로서 중복 인쇄한다.
③ 각 잉크의 망점 크기나 위치가 엇갈리므로 병치 가법의 혼색 상태도 나타난다.
④ 망점 인쇄에서는 감법혼색과 병치 가법혼색이 혼재된 혼색이다.

63 베졸드(Bezold)효과에 대한 설명으로 틀린 것은?

① 배경에 비해 줄무늬가 가늘고, 그 간격이 좁을수록 효과적이다.
② 어느 영역의 색이 그 주위색의 영향을 받아 주위색에 근접하게 변화하는 효과이다.
③ 배경색과 도형색의 명도와 색상차이가 적을수록 효과가 뚜렷하다.
④ 음성적 잔상의 원리를 적용한 효과이다.

64 다음 (   )에 들어갈 내용으로 알맞게 짝지어진 것은?

간상체 시각은 약 (   )nm의 빛에 가장 민감하여, 추상체 시각은 약 (   )nm의 빛에 가장 민감하다.

① 400, 450
② 500, 560
③ 400, 550
④ 500, 660

65 저녁노을이 붉게 보이는 것은 빛의 어떤 현상 때문인가?

① 반사
② 굴절
③ 간섭
④ 산란

66 조명광의 혼색이나, 텔레비전 또는 컴퓨터 모니터의 혼색에 해당되는 것은?

① 가법혼색
② 감법혼색
③ 중간혼색
④ 회전혼색

67 색의 3속성 중 대상물과 바탕색과의 관계에서 시인성에 영향을 주는 순서를 바르게 나열한 것은?

① 채도차 → 색상차 → 명도차
② 색상차 → 채도차 → 명도차
③ 채도차 → 명도차 → 색상차
④ 명도차 → 채도차 → 색상차

68 색채의 경연감에 관한 설명이 틀린 것은?

① 밝고 채도가 낮은 난색은 부드러운 느낌을 준다.
② 색채의 경연감은 주로 명도와 관련이 있다.
③ 채도가 높은 한색은 딱딱한 느낌을 준다.
④ 어두운 한색은 딱딱한 느낌을 준다.

69 다음 곡선 중에서 양배추의 분광반사율을 나타내는 것은?

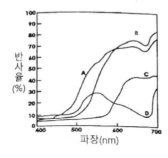

① A
② B
③ C
④ D

70 다음 중 병치 혼색이 아닌 것은?

① 인상파 화가의 점묘화
② 컬러 인쇄의 망점
③ 직물에서의 베졸드 효과
④ 빠르게 도는 색팽이의 색

71 푸르킨예 현상에 대한 설명 중 옳은 것은?

① 조명이 점차 어두워지면 빨간색이 다른 색보다 먼저 영향을 받는다.
② 암소시에서 명소시로 이동할 때 생기는 지각현상을 말한다.
③ 낮에는 빨간 사과가 밤이 되면 밝은 회색으로 보인다.
④ 어두운 곳에서의 명시도를 높이기 위해서는 초록색보다는 주황색이 유리하다.

72 색채에 대한 느낌을 가장 옳게 설명한 것은?

① 빨강, 주황, 노랑 등의 색상은 경쾌하고 시원함을 느끼게 한다.
② 장파장 계통의 색은 시간의 경과가 느리게 느껴지고, 단파장 계통의 색은 시간의 경과가 빠르게 느껴진다.
③ 한색계열의 저채도 색은 심리적으로 마음이 가라앉는 느낌을 준다.
④ 색의 중량감은 주로 채도에 의하여 좌우된다.

73 물체에 적용 시 가장 작아 보이는 색은?

① 채도가 높은 주황색
② 밝은 노란색
③ 명도가 낮은 파란색
④ 채도가 높은 연두색

74 노트르담 대성당의 스테인드글라스 제작기법에서, 원색으로 이루어진 바탕 그림 사이에 검은색 띠를 두른 것을 발견하게 되는데 이는 어떤 대비를 약화시키려는 시각적 보정작업인가?

① 색상대비
② 연변대비
③ 명도대비
④ 한난대비

75 색채의 감정효과 중 리프만 효과(Liebmann's effect)와 관련이 높은 것은?

① 경연감
② 온도감
③ 명시성
④ 주목성

76 두 개 이상의 색필터 또는 색광을 혼합하여 다른 색채감각을 일으키는 것은?

① 색의 지각
② 색의 혼합
③ 색의 순응
④ 색의 파장

77 작은 면적의 회색이 채도가 높은 유채색으로 둘러싸일 때 회색이 유채색의 보색 색상을 띠어 보이는 것은?

① 색음현상
② 애브니 효과
③ 피프만 효과
④ 기능적 색채

78 유채색 지각과 관련된 광수용기는?

① 간상체
② 추상체
③ 중심와
④ 맹점

79 감법혼색을 응용하는 것이 아닌 것은?

① 컬러 TV
② 컬러 슬라이드
③ 컬러 영화필름
④ 컬러 인화사진

80 도로 안내 표지를 디자인할 때 가장 중점을 두어야 하는 것은?

① 배경색과 글씨의 보색대비 효과를 고려한다.
② 배경색과 글씨의 명도차를 고려한다.
③ 배경색과 글씨의 색상차를 고려한다.
④ 배경색과 글씨의 채도차를 고려한다.

---

5 ⟩ 제5과목 : 색채 체계론

81 문·스펜서(Moon·Spencer)의 색채조화론 중 색상이나 명도, 채도의 차이가 아주 가까운 애매한 배색으로 불쾌감을 주는 범위는?

① 유사조화
② 눈부심
③ 제1부조화
④ 제2부조화

82 먼셀 색체계를 규정한 한국산업표준은?

① KS A 0011
② KS A 0062
③ KS A 0074
④ KS A 0084

83 ISCC-NIST의 색기호에서 색상과 약호의 연결이 틀린 것은?

① RED - R
② OLIVE - O
③ BROWN - BR
④ PURPLE - P

84 다음 중 한국의 전통색명인 벽람색(碧藍色)이 해당하는 색은?

① 밝은 남색
② 연한 남색
③ 어두운 남색
④ 진한 남색

85 NCS 색체계의 S2030-Y90R 색상에 대한 옳은 설명은?

① 90%의 노란색도를 지니고 있는 빨간색
② 노란색도 20%, 빨간색도 30%를 지니고 있는 주황색
③ 90%의 빨간색도를 지니고 있는 노란색
④ 빨간색도 20%, 노란색도 30%를 지니고 있는 주황색

86 NCS 색체계의 설명 중 틀린 것은?

① NCS 표기법으로 모든 가능한 물체의 표면색을 표시할 수 있다.
② 색상삼각형의 한 색상은 섬세한 차이의 다른 검정색도와 유채색도에 의해서 변화된다.
③ 노르웨이, 스페인, 스웨덴의 국가 표준색을 제정하는 데 기여하였다.
④ 업계 간 원활한 컬러 커뮤니케이션을 위해 Trend Color를 포함한다.

87 다음 중 국제표준 색체계가 아닌 것은?

① Munsell
② CIE
③ NCS
④ PCCS

88 DIN 색체계와 가장 유사한 색상 구조를 갖는 색체계는?

① Munsell
② NCS
③ Yxy
④ Ostwald

89 먼셀 색체계의 기본 5색상이 아닌 것은?

① 연두
② 보라
③ 파랑
④ 노랑

90 혼색계 시스템의 이론에 기초를 둔 연구를 한 학자들로 나열된 것은?

① 토마스 영, 헤링, 괴테
② 토마스 영, 헬름홀츠, 맥스웰
③ 슈브뢸, 헬름홀츠, 맥스웰
④ 토마스 영, 슈브뢸, 비렌

91 오스트발트 색입체의 특징으로 틀린 것은?

① 시지각적으로 색상이 등간격으로 분포하지 않는다.
② 순색의 백색량, 순색량은 색상마다 같다.
③ 모든 색상의 순색은 색입체 상에서 동일한 위치에 있다.
④ 등순계열의 색은 흑색량과 순색량이 같다.

92 우리의 음양오행사상에 의한 색체계는 오방정색과 오방간색으로 분류하는데 다음 중 오방간색이 아닌 것은?

① 청색   ② 홍색
③ 유황색   ④ 자색

93 CIE 색체계의 특성이 아닌 것은?

① 동일 색상을 찾기 쉬워 색채 계획 시 유용하다.
② 인쇄로 표현할 수 있는 색의 범위가 한정적이다.
③ 색을 과학적이고 객관성 있게 지시할 수 있다.
④ 최종 좌표 값들의 활용에 있어 인간의 색채시감과 거리가 있다.

94 CIE 색체계의 색공간 읽는 법에 대한 설명이 틀린 것은?

① Yxy에서 Y는 색의 밝기를 의미한다.
② L*a*b*에서 L*는 인간의 시감과 같은 명도를 의미한다.
③ L*C*h에서 C*는 색상의 종류, 즉 Color를 의미한다.
④ L*u*v*에서 u*와 v*는 두 개의 채도 축을 표현한다.

95 PCCS 색체계에 대한 설명으로 옳은 것은?

① 일반교육 및 미술교육 등 색채교육용 표준체계로 색채관리 및 조색을 과학적으로 정확히 전달하기에 적합한 색체계이다.
② R, Y, G, B, P의 5색상을 색영역의 중심으로 하고, 각 색의 심리보색을 대응시켜 10색상을 기본색상으로 한다.
③ 명도의 표준은 흰색과 검은색 사이를 정량적으로 분할한다.
④ 채도의 기준은 지각적 등보성이 없이 절대수치인 9단계로 모든 색을 구성하였다.

96 CIE L*u*v* 색좌표에 대한 설명이 틀린 것은?

① L*은 명도차원이다.
② u*와 v*는 색상축을 표현한다.
③ u*는 노랑 - 파랑 축이다.
④ v*는 빨강 - 초록 축이다.

97 먼셀 색체계의 색채표기법으로 옳은 것은?

① 19:pB   ② 2.5PB 4/10
③ Y90R   ④ 2eg

98 관용색명과 일반색명의 설명으로 틀린 것은?

① 관용색명은 옛날부터 전해 내려오는 습관상으로 사용하는 색 하나하나의 고유색명이라 정의할 수 있다.
② 관용색명에는 동물 및 식물, 광물 등의 이름에서 따온 것들이 있다.
③ 일반색명은 계통색명이라고 하며, 감성적인 표현의 방법이라 할 수 있다.
④ ISCC-NIST 색명법은 미국에서 공동으로 제정한 색명법으로 일반색명이라 할 수 있다.

99 아래 그림의 오스트발트 색채체계에서 보여지는 조화로 맞는 것은?

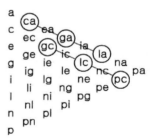

① 등백 계열의 조화
② 등흑 계열의 조화
③ 등순 계열의 조화
④ 등가색환 계열의 조화

100 슈브뢸(M. E. Chevreul)의 색채조화론에 대한 설명으로 옳은 것은?

① 색의 조화와 대비의 법칙을 사용한다.
② 조화는 질서와 같다.
③ 동일 색상이 조화가 좋다.
④ 순색, 흰색, 검정을 결합하여 4종류의 색을 만든다.

1 제1과목 : 색채 심리 · 마케팅

01 소비자의 욕구와 구매 패턴에 대응하기 위한 마케팅 전략의 단계가 옳은 것은?

① 다양화 마케팅 → 대량 마케팅 → 표적 마케팅
② 대량 마케팅 → 다양화 마케팅 → 표적 마케팅
③ 표적 마케팅 → 대량 마케팅 → 다양화 마케팅
④ 다양화 마케팅 → 표적 마케팅 → 대량 마케팅

02 인간의 선행경험에 따라 다른 감각과 교류되는 색채감각을 경험하게 된다. 이에 대한 설명 중 틀린 것은?

① 뉴턴은 분광실험을 통해 발견한 7개 영역의 색과 7음계를 연결시켰으며, 이 중 C음은 청색을 나타낸다.
② 색채와 모양의 추상적 관련성은 요하네스 이텐, 파버비렌, 칸딘스크, 베버와 페흐너에 의해 연구되었다.
③ '브로드웨이 부기우기'라는 작품은 시각과 청각의 공감각을 활용하였으며, 색채 언어의 가능성을 보여주었다.
④ 20대 여성을 겨냥한 핑크색 스마트 기기의 시각적 촉감을 부드러움이 연상되며, 이와같이 색채와 관련된 공감각을 활용하면 메시지와 의미를 보다 정확하게 전달할 수 있다.

03 프랑스의 색채학자 필립 랑클로(Jean Philippe Lenclos)와 관련이 가장 높은 학문은?

① 색채지리학
② 색채인문학
③ 색채지역학
④ 색채종교학

04 일반적으로 '사과는 무슨 색?'하고 묻는 질문에 '빨간색'이라고 답하는 경우처럼, 물체의 표면색에 대해 무의식적으로 결정해서 말하게 되는 색은?

① 항상색
② 무의식색
③ 기억색
④ 추측색

05 색채마케팅에 대한 설명으로 옳지 않은 것은?

① 대중이 특정 색채를 좋아하도록 유도하여 브랜드 또는 제품의 가치를 높이는 것
② 색채의 이미지나 연상 작용을 브랜드와 결합하여 소비를 유도하는 것
③ 생산단계에서 색채를 핵심 요소로 하여 제품을 개발하는 것
④ 새로운 컬러를 제안하거나 유행색을 창조해나가는 총체적인 활동

06 색채 마케팅 전략을 수립하는데 있어서 생활유형(Life Style)이 대두된 이유가 아닌 것은?

① 물적 충실, 경제적 효용의 중시
② 소비자 마케팅에서 생활자 마케팅으로의 전환
③ 기업과 소비자 간의 커뮤니케이션 장애 제거의 필요성
④ 새로운 시장 세분화(Market Segmentation) 기준으로서의 생활유형의 필요

07 색채 조사를 위한 표본 추출 방법으로 틀린 것은?

① 대규모 집단에서 소규모 집단을 뽑는다.
② 무작위로 표본추출 한다.
③ 편차가 가능한 많이 나는 방식으로 한다.
④ 모집단에 대한 정확한 이해가 선행되어야 한다.

08 일반적인 포장지 색채로 올바르지 않은 것은?

① 민트(mint)향 초콜릿 – 녹색과 은색의 포장
② 섬세하고 에로틱한 향수 – 난색계열, 흰색, 금색의 포장 용기
③ 밀크 초콜릿 – 흰색과 초콜릿색의 포장
④ 바삭바삭 씹히는 맛의 초콜릿 – 밝은 핑크와 초콜릿색의 포장

09 사회 · 문화 정보의 색으로서 색채정보의 활용사례가 잘못 연결된 것은?

① 동양 : 신성시되는 종교색 – 노랑
② 중국 : 왕권을 대표하는 색 – 노랑
③ 북유럽 : 영혼과 자연의 풍요로움 – 녹색
④ 서양 : 평화, 진실, 협동 – 하양

10 색채 시장조사의 자료수집 방법으로 적합하지 않은 것은?

① 조사연구법
② 패널조사법
③ 현장관찰법
④ 체크리스트법

11 제품 포지셔닝(Positioning)에 대한 설명으로 옳은 것은?

① 제품의 품질, 스타일, 성능을 제품의 가격보다도 우선적으로 고려해야 된다.
② 제품이나 브랜드를 고객의 마음속에 경쟁제품보다 유리한 위치를 점하도록 하는 노력이다.
③ 경쟁사의 브랜드가 현재 어떻게 포지셔닝 되어 있는지를 파악할 필요는 없다.
④ 제품의 속성 보다는 제품의 이미지를 더 강조해야 유리하다.

12 제품 수명주기 중 성장기의 설명으로 틀린 것은?

① 색채 마케팅에 의한 브랜드 이미지 상승
② 시장 점유의 극대화에 노력해야 하는 시기
③ 새롭고 차별화된 마케팅 및 광고 전략 필요
④ 유사 제품이 등장하면서 시장이 확대되는 시기

13 색채의 공감각에 대한 설명 중 틀린 것은?

① 색의 농담과 색조에서 색의 촉감을 느낄 수 있다.
② 소리의 높고 낮음은 색의 명도, 채도에 의해 잘 표현된다.
③ 좋은 냄새의 색들은 Light Tone의 고명도 색상에서 느껴진다.
④ 쓴맛은 순색과 관계가 있고, 채도가 낮은 색에서 느껴진다.

14 기업의 마케팅 전략을 수립하는 SWOT 분석과정에 해당되지 않는 것은?

① 기회
② 위협
③ 약점
④ 경쟁

15 색채별 치료효과에서 대머리, 히스테리, 신경질, 불면증, 홍역, 간질, 쇼크, 이질, 심장 두근거림 등을 치료할 때 효과적인 색채는?

① 파랑
② 노랑
③ 보라
④ 주황

16 군집(Cluster) 표본추출 과정에 대한 설명이 아닌 것은?

① 모집단을 모두 포괄하는 목록을 가지고 체계적으로 선정 해야 한다.
② 모집단을 하위 집단으로 구획하여 하위 집단을 뽑는다.
③ 잠정적 소비계층을 찾기 위해서는 전국적인 소비자 모두가 모집단이 된다.
④ 편의가 없는 조사가 되기 위해서는 표본을 무작위로 뽑아야 한다.

17 구매의사결정의 설명으로 틀린 것은?

① 소비자의 구매의사결정과정은 욕구의 인식, 정보의 탐색, 대안의 평가, 구매의 결정, 구매 그리고 구매 후 행동의 6단계로 구성된다.

② 구매 결정에 필요한 정보는 우선 내적으로 탐색한 후 부족하다고 판단되면 외적으로 추가 탐색한다.

③ 특정 상품 구매는 다른 요인에 의해서도 영향을 받지만 점포의 특징과도 밀접한 관계가 있다.

④ 소비자는 구매 후 다른 행동을 옮길 수 있지만 인지 부조화를 느낄 수가 없다.

18 다음은 마케팅정보 시스템 중 무엇에 관한 설명인가?

> – 기업을 둘러싼 마케팅 환경에서 발생하는 일상적인 정보를 수집하기 위해서 기업이 사용하는 절차와 정보원의 집합을 의미
> – 기업의 의사결정에 영향을 미칠 가능성이 있는 기업 주변의 모든 정보를 수집하는 것

① 내부정보 시스템
② 고객정보 시스템
③ 마케팅 의사결정지원 시스템
④ 조직특성 세분화

19 시장 세분화 기준 설정 방법이 아닌 것은?

① 지리적 세분화
② 인구 통계학적 세분화
③ 심리 분석적 세분화
④ 조직특성 세분화

20 마케팅의 변천된 개념에 대한 설명이 틀린 것은?

① 제품 지향적 마케팅 : 제품 및 서비스의 생산과 유통을 강조하여 효율성을 개선

② 판매 지향적 마케팅 : 소비자의 구매유도를 통해 판매량을 증가시키기 위한 판매기술의 개선

③ 소비자 지향적 마케팅 : 고객의 요구를 이해하고 이에 부응하는 기업의 활동을 통합하여 고객의 욕구 충족

④ 사회 지향적 마케팅 : 기업이 인간 지향적인 사고로 사회적 책임을 다하는 것

---

2 제2과목 : 색채 디자인

21 인간의 피부색을 결정하는 피부 색소가 아닌 것은?

① 붉은색 – 헤모글로빈(Hemoglobin)
② 황색 – 카로틴(Carotene)
③ 갈색 – 멜라닌(Melanin)
④ 흰색 – 케라틴(Keratin)

22 제품을 도면에 옮기는 크기와 실제 크기와의 비율은?

① 원도
② 척도
③ 사도
④ 사진도

23 세계화의 지역화가 동시적 가치인식이 되는 시대에서 디자인이 경쟁력을 갖기 위한 방법으로 거리가 먼 것은?

① 지역적 특수가치 개발
② 유기적이고 자생적인 토속적 양식
③ 친자연성
④ 전통을 배제한 정보시대에 적합한 기술 개발

24 환경이나 건축분야에서 토착성을 나타내며, 환경 특성인 지리, 지세, 기후 조건 등에 의해 시간적으로 축적되어 형성된 자연의 색을 뜻하는 것은?

① 관용색
② 풍토색
③ 안전색
④ 정돈색

25 미국을 중심으로 발전된 사조로 묶인 것은?

① 팝아트, 구성주의
② 키치, 다다이즘
③ 키치, 아르데코
④ 옵아트, 팝아트

26 디자인의 기본원리 중 조화(Harmony)의 특징에 해당하는 것은?

① 점이
② 균일
③ 반복
④ 주도

27 상품을 선전하고 판매하기 위해 판매현장에서 사용되는 디자인 형태는?

① POP(Point Of Purchase) 디자인
② PG(PictoGraphy) 디자인
③ HG(HoloGraphy) 디자인
④ TG(TypoGraphy) 디자인

28 유행색의 색채계획에 대한 설명으로 틀린 것은?

① 과거에서 현재까지의 유행색 사이클을 조사한다.
② 현재 시장에서 주요 군을 이루고 있는 색과 각 색의 분포도를 조사한다.
③ 전문기관의 데이터베이스를 중심으로 임의의 색을 설정 하여 색의 경향을 결정한다.
④ 컬러 코디네이션(Color Coordination)을 통해 결정된 색과 함께 색의 이미지를 통일화 시킨다.

29 다음 중 비례에 대한 설명으로 틀린 것은?

① 좋은 비례의 구성은 즐거운 감정을 느끼게 한다.
② 스케일과 비례 모두 상대적인 크기와 양의 개념을 표현 한다.
③ 주관적 질서와 실험적 근거가 명확하다.
④ 파르테논 신전 등은 비례를 이용한 형태이다.

30 색의 심리적 효과 중 한색과 난색의 조절을 통해 주로 느낄 수 있는 것은?

① 개성
② 시각적 온도감
③ 능률성
④ 영역성

31 다음 색채디자인은 제품의 수명 주기 중 어느 단계에 해당되는가?

> A사가 출시한 핑크색 제품으로 인해 기존의 파란색 제품들과 차별화된 빨강, 주황색 제품들이 속속 출시되어 다양한 색채의 제품들로 진열대가 채워지고 있다.

① 도입기
② 성장기
③ 성숙기
④ 쇠퇴기

32 러시아 구성주의자인 엘 리시츠키의 작품을 일컫는 대표적인 조형언어는?

① 팩투라(Factura)
② 아키텍톤(Architecton)
③ 프라운(Proun)
④ 릴리프(Relief)

33 바우하우스(Bauhaus) 교수들이 미국으로 건너와 뉴 바우하우스를 설립한 동기는?

① 학교와 교수들 간의 이견
② 미국의 경제성장을 동경
③ 입학생의 감소로 운영의 어려움
④ 나치의 탄압과 재정난

34 패션 색채계획에 활용한 '소피스티케이티드 (Sophisticated)' 이미지에 대한 설명이 옳은 것은?

① 고급스럽고 우아하며 품위가 넘치는 클래식한 이미지와 완숙한 여성의 아름다움을 추구
② 현대적인 샤프함과 합리적이면서도 개성이 넘치는 이미지로 다소 차가운 느낌
③ 어른스럽고 도시적이며 세련된 감각을 중요시 여기며 지성과 교양을 겸비한 전문직 여성의 패션스타일을 대표하는 이미지
④ 남성정장 이미지를 여성패션에 접목시켜 격조와 품위를 유지하면서도 자립심이 강한 패션 이미지를 추구

35 형태구성 부분 간의 상호관계에 있어 반복, 점이, 강조 등의 요소를 사용하여 생명감과 존재감을 나타내는 디자인 원리는?

① 조화
② 균형
③ 비례
④ 리듬

36 색채관리의 순서가 옳은 것은?

① 색의 설정 → 발색 및 착색 → 배색 → 검사
② 배색 → 색의 설정 → 발색 및 착색 → 판매
③ 색의 설정 → 발색 및 착색 → 검사 → 판매
④ 색의 설정 → 검사 → 발색 및 착색 → 판매

37 디자인 사조에 대한 설명 중 틀린 것은?

① 몬드리안을 중심으로 한 데스틸은 빨강, 초록, 노랑으로 근대적인 추상 이미지를 실현하고자 하였다.
② 피카소를 중심으로 한 큐비스트들은 인상파와 야수파의 영향을 받아 색의 대비를 적극적으로 활용하였다.
③ 구성주의는 기계 예찬으로 시작하여 미술의 민주화를 주장, 기능적인 것, 실생활에 유용한 것을 요구했다.
④ 팝아트는 미국적 물질주의 문화의 반영이며, 근본적 태도에 있어서 당시의 물질문명에 대한 분위기와 연결되어 있다.

38 빅터 파파넥(Victor Papanek)의 복합기능(Function Complex) 중 특수한 목적을 달성하기 위한 자연과 사회의 변천작용에 대한 계획적이고 의도적인 실용화를 의미하는 것은?

① 텔레시스(Telesis)
② 미학(Aesthetics)
③ 용도(Use)
④ 연상(Association)

39 르 꼬르뷔제의 이론과 그의 사상에서 가장 중요시한 것은?

① 미의 추구와 이론의 바탕을 치수에 관한 모듈(Module)에 두었다.
② 근대 기술의 긍정적인 면을 받아들이고, 개성적인 공예가 되어야 한다고 주장하였다.
③ 새로운 건축술의 확립과 교육에 전념하여 근대적인 건축 공간의 원리를 세웠다.
④ 사진을 이용한 방법으로 새로운 조형의 표현 수단을 제시하였다.

40 신문 매체를 활용하는 데 있어서의 장점이 아닌 것은?

① 대량의 도달 범위
② 높은 CPM
③ 즉시성
④ 지역성

---

3 제3과목 : 색채관리

41 색채를 발색할 때는 기본이 되는 주색(Primary Color)에 의해서 색역(Color Gamut)이 정해진다. 혼색 방법에 따른 색역의 변화에 대한 설명 중 틀린 것은?

① 조명광 등의 혼색에서 주색은 좁은 파장 영역의 빛만을 발생하는 색채가 가법혼색의 주색이 된다.
② 가법혼색은 각 주색의 파장영역이 좁으면 좁을수록 색역이 오히려 확장되는 특징이 있다.
③ 백색원단이나 바탕소재에 염료나 안료를 배합할수록 전체적인 밝기가 점점 감소하면서 혼색이 된다.
④ 감법혼색에서 시안은 파란색 영역의 반사율을, 마젠타는 빨간색 영역의 반사율을 노랑은 녹색 영역의 반사율을 효과적으로 감소시킨다.

42 감법 혼색의 경우 가장 넓은 색채영역을 구축할 수 있는 기본색은?

① 녹색, 빨강, 파랑
② 마젠타, 시안, 노랑
③ 녹색, 시안, 노랑
④ 마젠타, 파랑, 녹색

43 디지털 컬러 사진에 대한 설명으로 틀린 것은?

① 이미지 센서의 원본 컬러는 RAW 파일로 저장할 수 있다.
② RAW 이미지는 ISP 처리를 거쳐 저장된다.
③ RAW 이미지의 컬러는 10~14비트 수준의 고비트로 저장된다.
④ RAW 이미지의 색역은 가시영역의 크기와 같다.

44 천연 진주 또는 진주층과 닮은 외관을 부여하기 위해 사용하는 진주광택 색료에 대한 설명 중 틀린 것은?

① 진주광택 색료는 투명한 얇은 판의 위와 아래 표면에서의 광선의 간섭에 의하여 색을 드러낸다.
② 물고기의 비늘은 진주광택 색료와 유사한 유기 화합물 간섭 안료의 예이다.
③ 진주광택 색료는 굴절률이 낮은 물질을 사용하여야 그 효과를 크게 할 수 있다.
④ 진주광택 색료는 조명의 기하조건에 따라 색이 변한다.

45 육안조색과 CCM 장비를 이용한 조색의 관계에 대한 설명 으로 옳은 것은?

① 육안조색은 CCM을 이용한 조색보다 더 정확하다.
② CCM 장비를 이용한 조색 시스템에서 가장 중요한 요소는 정확한 색료 데이터베이스 구축이다.
③ 육안조색으로도 무조건등색을 실현할 수 있다.
④ CCM 장비는 가법 혼합 방식에 기반한 조색에 사용한다.

46 KS A 0064에 따른 용어의 설명이 틀린 것은?

① 광원색 : 광원에서 나오는 빛의 색, 광원색은 보통 색자극값으로 표시한다.
② 색역 : 특정 조건에 따라 발색되는 모든 색을 포함하는 색도 좌표도 또는 색공간 내의 영역
③ 연색성 : 색필터 또는 기타 흡수 매질의 중첩에 따라 다른 색이 생기는 것
④ 색온도 : 완전복사체의 색도와 일치하는 시료복사의 색도표시로, 그 완전복사체의 절대온도로 표시한 것

47 채널당 10비트 RGB 모니터의 경우 구현할 수 있는 최대 색은?

① 256×256×256
② 128×128×128
③ 1024×1024×1024
④ 512×512×512

48 광원에 대한 설명으로 틀린 것은?

① 동일한 물체색이 광원에 따라 색이 달라지는 효과를 메타메리즘 이라고 한다.
② 광원의 연색성을 이용하면 보다 효과적인 색채연출이 가능하다.
③ 어떤 색채가 매체, 주변 색, 광원, 조도 등이 다른 환경에서 관찰될 때 다르게 보이는 현상을 컬러 어피어런스라고 한다.
④ 광원은 각각 고유의 분광특성을 가지고 있어 복사하는 광선이 물체에 닿게 되면 광원에 따라 파장별 분광곡선이 다르게 나타난다.

49 표면색의 시감 비교 방법에 대한 설명으로 틀린 것은?

① 일반적인 색 비교를 위해 자연주광 또는 인광주광 어느 것을 사용해도 된다.
② 관찰자는 무채색 계열의 의복을 착용해야 한다.
③ 관찰자의 시야 내에는 시험할 시료의 색 외에 진한 표면 색이 있어서는 안된다.
④ 인공주광 D65를 이용한 비교 시 특수 연색평가수는 95 이상이어야 한다.

50 디지털 색채 시스템에 대한 설명으로 옳은 것은?

① RGB : 빛을 더할수록 밝아지는 감법혼색 체계이다.
② HSB : 색상은 0으에서 360° 단계의 각도값에 의해 표현된다.
③ CMYK : 각 색상은 0에서 255까지 256단계로 표현된다.
④ Indexed Color : 일반적인 컬러 색상을 픽셀 밝기 정보만 가지고 이미지를 구현한다.

51 연색성에 관한 설명 중 옳은 것은?

① 연색성이란 인공의 빛에서 측정한 값을 말한다.
② 연색지수 90 이하인 광원은 연색성이 좋다.
③ A 광원의 경우 연색성 지수가 높아도 색역이 좁다.
④ 형광등인 B 광원은 연색성은 낮아도 색역을 넓게 표현한다.

52 'R(λ)=S(λ)×B(λ)×W(λ)'는 절대분광반사율의 계산식이다. 각각의 의미가 틀린 것은?

① R(λ)=시료의 절대분광반사율
② S(λ)=시료의 측정 시그널
③ B(λ)=흑색표준의 절대분광반사율 값
④ W(λ)=백색표준의 절대분광반사율 값

53 ICC 프로파일에 포함되어야 할 필수 태그로 틀린 것은?

① copyrightTag
② MatrixColumnTag
③ profileDesciptionTag
④ mediaWhitePointTag

54 ICC 기반 색상관리시스템의 구성 요소로 틀린 것은?

① Profile Connection Space
② Color Gamut
③ Color Management Module
④ Rendering Intent

55 Isomerism에 대한 설명으로 가장 옳은 것은?

① 어떤 특정 조건의 광원이나 관측자의 시감에 따라 색이 일치하는 것을 말한다.
② 특정한 광원 아래에서는 동일한 색으로 보이나 광원의 분광 분포가 달라지면 다르게 보인다.
③ 표준광원 A, 표준광원 D 등으로 분광분포가 서로 다른 광원을 이용하여 평가한다.
④ 이론적으로 분광 반사율이 정확하게 일치하는 완전한 물리적 등색을 말한다.

56 일반적인 안료와 염료에 대한 설명으로 틀린 것은?

① 안료는 물이나 유지에 용해되지 않는 성질이 있는데 비하여 염료는 물에 용해된다.
② 무기안료와 유기안료의 분류기준은 발색성분에 따른다.
③ 유기안료는 무기안료에 비해서 내광성과 내열성이 우수한 장점이 있다.
④ 염료는 물 및 대부분의 유기용제에 녹아 섬유에 침투하여 착색되는 유색물질을 일컫는다.

57 모니터에서 삼원색의 가법혼색으로 만들어지는 모든 색을 포함하는 색공간 내의 재현 영역을 무엇이라고 하는가?

① 색입체(Color Solid)
② 스펙트럼 궤적(Spectrum Locus)
③ 완전 복사체 궤적(Planckian Locus)
④ 색영역(Color Gamut)

58 국제조명위원회(CIE) 및 국제도량형위원회(CIPM)에서 채택 하였으며, 밝은 시감에 대한 함수를 V(λ)로 표시하는 것은?

① 분광 시감 효율
② 표준 분광 시감 효율 함수
③ 시감 반사율
④ 시감 투과율

59 물체의 분광 반사율, 분광 투과율 등을 파장의 함수로 측정 하는 계측기는?

① 분광 복사계
② 시감 색채계
③ 광전 색채계
④ 분광 광도계

60 색채 영역과 혼색방법에 관한 설명이 틀린 것은?

① 모니터 화면의 형광체들은 가법혼색의 주색 특징에 따라 선별된 형광체를 사용한다.
② 감법혼색은 각 주색의 파장영역이 좁을수록 색역이 확장 된다.
③ 컬러프린터의 발색은 병치혼색과 감법혼색을 같이 활용한 것이다.
④ 감법혼색에서 시안(Cyan)은 600nm 이후의 빨간색 영역의 반사율을 효과적으로 감소시킨다.

61 카메라에 쓰는 UV 필터와 관련이 있는 파장은?

① 적외선
② X-선
③ 자외선
④ 감마선

62 색필터를 통한 혼색실험에 관한 설명 중 틀린 것은?

① 노랑과 마젠타의 이중필터를 통과한 빛은 빨간색으로 보인다.
② 감법혼색과 가법혼색의 연관된 관계를 이해하는데 도움이 된다.
③ 필터의 색이 진해지거나 필터의 수가 증가할수록 명도가 낮아진다.
④ 노랑 필터는 장파장의 빛을 흡수하고 시안 필터는 단파장의 빛을 흡수한다.

63 가법혼합의 결과에 관한 설명 중 틀린 것은?

① 파랑과 녹색의 혼합 결과는 시안(C)이다.
② 녹색과 빨강의 혼합 결과는 노랑(Y)이다.
③ 파랑과 빨강의 혼합 결과는 마젠타(M)이다.
④ 파랑과 녹색과 노랑의 혼합 결과는 백색(W)이다.

64 다음 (   )에 들어갈 색의 속성을 순서대로 옳게 나열한 것은?

> 색 면적이 극도로 작을 경우는 (   )과(와)의 관계가 중요하고, 색 면적이 클 경우는 (   )과(와)의 관계가 중요하다.

① 명도, 색상
② 색상, 채도
③ 채도, 색상
④ 명도, 채도

65 동일지점에서 두 가지 이상의 색광 또는 반사광이 1초 동안에 40~50회 이상의 속도로 번갈아 발생되면 그 색자극들은 혼색된 상태로 보이게 되는 혼색방법은?

① 동시혼색
② 계시혼색
③ 병치혼색
④ 감법혼색

66 눈에 대한 설명 중 틀린 것은?

① 외부에서 들어오는 빛의 양을 조절하는 구실을 하는 것은 홍채이다.
② 수정체는 빛을 굴절시킴으로써 망막에 선명한 상이 맺도록 한다.
③ 망막의 중심부에는 간상체만 있다.
④ 빛에 대한 감각은 광수용기 세포의 반응에서 시작된다.

67 색채의 운동성에 관한 설명으로 옳은 것은?

① 진출색은 수축색이 되고, 후퇴색은 팽창색이 된다.
② 차가운 색이 따뜻한 색보다 더 진출하는 느낌을 준다.
③ 어두운색이 밝은 색보다 더 진출하는 느낌을 준다.
④ 채도가 높은 색이 무채색보다 더 진출하는 느낌을 준다.

68 색광의 가법혼색이 적용되는 그라스만(H. Grassmann)의 법칙이 아닌 것은?

① 빨강과 초록을 똑같은 색광으로 혼합하면 양쪽의 빛을 함유한 노란색광이 된다.
② 백색광이나 동일한 색의 빛이 증가하면 명도가 증가하는 현상이다.
③ 광량에 대한 채도의 증가를 식으로 나타낸 법칙이다.
④ 색광의 가법혼색 즉, 동시ㆍ계시ㆍ병치혼색의 어느 경우이든 같은 법칙이 적용된다.

69 무거운 작업도구를 사용하는 작업장에서 심리적으로 가볍게 느끼도록 하는 색으로 가장 효과적인 것은?

① 고명도, 고채도인 한색계열의 색
② 저명도, 고채도인 난색계열의 색
③ 저명도, 저채도인 한색계열의 색
④ 고명도, 저채도인 난색계열의 색

70 색을 지각하는 요소들의 변화에 의해 지각되는 색도 변하게 된다. 다음 중 변화요인과 관련이 없는 것은?

① 광원의 종류
② 물체의 분광 반사율
③ 사람의 시감도
④ 물체의 물성

71 백화점에서 각각 다른 브랜드의 윗옷과 바지를 골랐다. 매장의 조명 아래에서는 두 색이 일치하여 구매를 하였으나, 백화점 밖에서는 두 색이 매우 틀려 보이는 현상은?

① 조건등색
② 항색성
③ 무조건등색
④ 색일치

72 색의 느낌을 설명한 것으로 틀린 것은?

① 대부분의 사람들이 자연과 연결되어 색을 느낀다.
② 색은 그 밝기와 선명도에 따라 느낌이 달라진다.
③ 명도와 채도를 조화시켰을 때 아름답고 편안하다.
④ 색은 언제나 아름답고 스트레스를 푸는 데 효과적이다.

73 색의 잔상에 대한 설명으로 틀린 것은?

① 앞서 주어진 자극의 색이나 밝기, 공간적 배치에 의해 자극을 제거한 후에도 시각적인 상이 보이는 현상이다.
② 양성 잔상은 원래의 자극과 색이나 밝기가 같은 잔상을 말한다.
③ 잔상은 원래 자극의 세기, 관찰시간, 크기에 의존하는데 음성 잔상보다 양성 잔상을 흔하게 경험하게 된다.
④ 보색 잔상은 색이 선명하지 않고 질감도 달라 하늘색과 같은 면색처럼 지각된다.

74 색의 지각과 감정효과에 대한 설명으로 옳은 것은?

① 멀리 보이는 경치는 가까운 경치보다 푸르게 느껴진다.
② 크기와 형태가 같은 물체가 물체색에 따라 진출 또는 후퇴되어 보이는 것에는 채도의 영향이 가장 크다.
③ 주황색 원피스가 청록색 원피스보다 더 날씬해 보인다.
④ 색의 삼속성 중 감정효과는 주로 명도의 영향을 가장 많이 받는다.

75 색채의 지각적 특성이 다른 하나는?

① 빨간 망에 들어 있는 귤은 원래보다 빨갛게 보인다.
② 회색 블라우스에 검정 줄무늬가 있으면 블라우스 색이 어둡게 보인다.
③ 파란 원피스에 보라색 리본이 달려 있으면 리본은 원래 보다 붉게 보인다.
④ 붉은 벽돌을 쌓은 벽은 회색의 시멘트에 의해 탁하게 보인다.

76 병치 혼색과 관련이 있는 색채 지각 특성은?

① 보색대비
② 연변대비
③ 동화현상
④ 음의잔상

77 색채대비 및 감정 효과에 대한 설명 중에서 틀린 것은?

① 인접한 두 색이 서로 영향을 미쳐서, 채도가 높은 색은 더욱 높아지고 채도가 낮은 색은 더욱 낮아 보이는 현상을 채도대비라 한다.
② 면적대비에서 면적이 작아질수록 색상이 뚜렷하게 나타나게 한다.
③ 색채의 온도감은 장파장의 색에서 따뜻함을, 단파장의 색에서 차가움을 느끼게 한다.
④ 명도대비는 명도의 차이가 클수록 더욱 뚜렷이 나타나며, 무채색과 유채색에서 모두 나타난다.

78 애브니 효과에 대한 설명으로 옳은 것은?

① 파장이 같아도 색의 명도가 변함에 따라 색상이 변화하는 것을 말한다.
② 빛의 강도가 높아질수록 색상이 같아 보이는 위치가 다르다.
③ 애브니 효과 현상이 적용되지 않는 577nm의 불변색상도 있다.
④ 주변색의 보색이 중심에 있는 색에 겹쳐져 보이는 현상이다.

79 동시대비에 대한 설명 중 틀린 것은?

① 색차가 클수록 대비현상은 강해진다.
② 자극과 자극 사이의 거리가 가까울수록 대비현상은 약해진다.
③ 자극을 부여하는 크기가 작을수록 대비의 효과가 커진다.
④ 시점을 한 곳에 집중시키려는 색채지각과정에서 일어난다.

80 다음 중 색에 관한 설명이 틀린 것은?

① 순색은 무채색의 포함량이 가장 적은 색이다.
② 유채색은 빨강, 노랑과 같은 색으로 명도가 없는 색이다.
③ 회색, 검은색은 무채색으로 채도가 없다.
④ 색채는 포화도에 따라 유채색과 무채색으로 구분한다.

---

5 제5과목 : 색채 체계론

81 먼셀 색입체의 특성으로 틀린 것은?

① 색지각의 3속성으로 구별하였다.
② 색상은 둥근 모양의 색상환으로 배치하였다.
③ 세로축에는 채도를 둔다.
④ 색입체가 되도록 3차원으로 만들어져 있다.

82 NCS 색삼각형에서 S–C축과 평행한 직선상에 놓인 색들이 의미하는 것은?

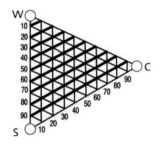

① 동일 하양색도(Same Whiteness)
② 동일 검정색도(Same Blackness)
③ 동일 명도(Same Lightness)
④ 동일 뉘앙스(Same Nuance)

83 1916년에 발표된 오스트발트 색체계의 바탕이 된 색지각설은?

① 하트리지(H. Hartridge)의 다색설
② 영 · 헬름홀츠(Young · Helmholtz)의 3원색설
③ 헤링(E. Hering)의 반대색설
④ 돈더스(F. Donders)의 단계설

84 파버 비렌(Faber Birren)의 색채조화론에 대한 설명으로 옳은 것은?

① 총 9개의 톤으로 이루어져 있다.
② 각 기준이 되는 톤을 직선으로 연결하면 조화롭다.
③ 색상의 변화에 대해서는 다루고 있지 않다.
④ 실질적인 업무보다는 이론과 설문조사를 위한 것이다.

85 색상을 기준으로 등거리 2색, 3색, 4색, 5색, 6색 등으로 분할하여 배색하는 기법을 설명한 색채학자는?

① 문 · 스펜서
② 오그덴 루드
③ 요하네스 이텐
④ 저드

86 한국산업표준(KS A 0011)에서 사용하는 '색이름 수식형 – 기준색 이름'의 연결이 옳은 것은?

① 빨간 – 자주, 주황, 보라
② 초록빛 – 연두, 갈색, 파랑
③ 파란 – 연두, 초록, 청록
④ 보랏빛 – 하양, 회색, 검정

87 혼색계의 설명으로 옳은 것은?

① 대표적으로 먼셀 색체계가 있다.
② 현색계는 색, 혼색계는 색채를 표시하는 색체계이다.
③ 심리, 물리적인 빛의 혼합을 실험하는 것에 기초를 둔 것으로 CIE 표준 색체계가 있다.
④ 색료에 의해서 물체색의 표준을 정하고 표준색표에 번호나 기호를 붙여서 표시한 체계이다.

88 CIE L*a*b* 색좌표계에 색을 표기할 때 가장 밝은 노란색에 해당되는 것은?

① $L^*=0$, $a^*=0$, $b^*=0$
② $L^*=+80$, $a^*=0$, $b^*=-40$
③ $L^*=+80$, $a^*=+40$, $b^*=0$
④ $L^*=+80$, $a^*=0$, $b^*=+40$

89 CIE XYZ 삼자극치의 개념의 기반이 된 색지각의 3원색이 아닌 것은?

① Red
② Green
③ Blue
④ Yellow

90 한국산업표준(KS A 0011)에 의한 물체색의 색이름 중 기본 색명으로만 나열된 것은?

① 빨강, 파랑, 밤색, 남색, 갈색, 분홍
② 노랑, 연두, 갈색, 초록, 검정, 하양
③ 회색, 청록, 초록, 감색, 빨강, 노랑
④ 빨강, 파랑, 노랑, 주황, 녹색, 연지

91 Yxy 색체계에서 사람의 시감 차이가 실제 색표계의 차이가 가장 많이 나는 색상은?

① Red
② Yellow
③ Green
④ Blue

92 문 · 스펜서(P. Moon &D. E. Spencer)의 색채 조화론의 설명으로 틀린 것은?

① 균형있게 선택된 무채색의 배색은 아름다움을 나타낸다.
② 작은 면적의 강한 색과 큰 면적의 약한 색은 조화롭다.
③ 조화에는 동일조화, 유사조화, 면적조화가 있다.
④ 색상, 채도를 일정하게 하고 명도만 변화시키는 경우 많은 색상 사용 시보다 미도가 높다.

93 DIN 색체계에 대한 설명으로 틀린 것은?

① 24가지 색상으로 구성되어 있다.
② 채도는 0~15까지로 0은 무채색이다.
③ 16 : 6 : 4와 같이 표기하고, 순서대로 Hue, Darkness, Saturation을 의미한다.
④ 등색상면은 흑색점을 정점으로 하는 부채형으로서 한 변은 백색에 가까운 무채색이고, 다른 끝은 순색이다.

94 먼셀 기호 5YR 8.5/13에 대한 설명이 옳은 것은?

① 명도는 8.5이다.
② 색상은 붉은 기미의 보라이다.
③ 채도는 5/13이다.
④ 색상은 YR 8.5이다.

95 저드(D. B. Judd)가 요약한 색채조화론의 일반적 공통원리에 포함되지 않는 것은?

① 질서의 원리
② 독창성의 원리
③ 유사성의 원리
④ 명료성의 원리

96 NCS 색체계의 색표기 중 동일한 채도선의 m (Constant Saturation) 값이 나머지와 다른 하나는?

① S6010-R90B
② S2040-R90B
③ S4030-R90B
④ S6020-R90B

97 P.C.C.S의 특징으로 옳은 것은?

① 최고 채도치가 색상마다 각각 다르다.
② 각 색상 최고 채도치의 명도는 다르다.
③ 색상은 영·헬름홀츠의 지각원리와 유사하게 구성되어 있다.
④ 유채색은 7개의 톤으로 구성된다.

98 먼셀의 색입체를 수직으로 자른 단면의 설명으로 옳은 것은?

① 대칭인 마름모 모양이다.
② 보색관계의 색상면을 볼 수 있다.
③ 명도가 높은 어두운색이 상부에 위치한다.
④ 한 개 색상의 명도와 채도 관계를 볼 수 있다.

99 다음 중 청록색 계열의 전통색은?

① 훈색(熏色)
② 치자색(梔子色)
③ 양람색(洋藍色)
④ 육색(肉色)

100 세계 각국의 색채표준화 작업을 통해 제시된 색체계와 그 특성을 연결한 것은?

① 혼색계 : CIE의 XYZ 색체계 – 색자극의 표시
② 현색계 : 오스트발트 색체계 – 관용색명 표시
③ 혼색계 : 먼셀 색체계 – 색채교육
④ 현색계 : NCS 색체계 – 조화색의 선택

12회 기출문제

기사

01 환경문제를 생각하는 소비자를 위해서 천연재료의 특성을 부각시키거나 제품이 갖는 환경보호의 이미지를 부각시키는 '그린마케팅'과 관련한 색채마케팅 전략은?

① 보편적 색채전략
② 혁신적 색채전략
③ 의미론적 색채전략
④ 보수적 색채전략

02 색채정보 분석방법 중 의미의 요인분석에 해당되지 않는 것은?

① 평가차원(Evaluation)
② 역능차원(Potency)
③ 활동차원(Activity)
④ 지각차원(Perception)

03 제시된 색과 연상의 구분이 다른 것은?

① 빨강 – 사과
② 노랑 – 병아리
③ 파랑 – 바다
④ 보라 – 화려함

04 SD(Semantic Differential)법에 관한 설명 중 틀린 것은?

① 이미지의 심층 면접법과 언어 연상법이다.
② 이미지의 수량적 척도화의 방법이다.
③ 형용사 반대어 쌍으로 척도를 만들어 피험자에게 평가하게 한다.
④ 특정 개념이나 기호가 지니는 정성적 의미를 객관적, 정량적으로 측정하는 방법이다.

05 환경주의적 색채마케팅에 대한 설명으로 거리가 먼 것은?

① 재활용된 재료의 활용을 색채마케팅으로 극대화한다.
② 대표적인 색채는 노랑이다.
③ 경제적이고 효과적인 색채마케팅을 강조한다.
④ 많은 수의 색채를 쓰기보다 환경적으로 선별된 색채를 선호한다.

06 색채와 촉감 간의 상관관계가 잘못된 것은?

① 부드러움 – 밝은 난색계
② 거칠음 – 진한 난색계
③ 딱딱함 – 진한 한색계
④ 단단함 – 한색 계열

07 외부 지향적 소비자 가치관에 있어서 가장 중요한 사항은?

① 기능성
② 경제성
③ 소속감
④ 심미감

08 색채조사를 위한 표본추출 방법에서 군집(집락, Cluster) 표본 추출을 설명한 것으로 옳은 것은?

① 표본을 선정하기 전에 여러 하위집단으로 분류하고 각 하위집단별로 비례적으로 표본을 선정한다.
② 모집단의 개체를 구획하는 구조를 활용하여 표본추출 대상 개체의 집합으로 이용하면 표본추출의 대상 명부가 단순해지며 표본추출도 단순해진다.
③ 조사결과에 크게 영향을 미치는 변수를 기준으로 하위 모집단을 구분하는 것이 좋다.
④ 지역적인 특성에 따른 소비자의 자동차 색채 선호 특성 등을 조사할 때 유리하다.

09 색채시장조사 방법 중 개별 면접조사에 대한 설명으로 틀린 것은?

① 개별 면접조사는 심층적이고 복잡한 정보의 수집이 가능하다.
② 개별 면접조사는 조사자와 참여자 간의 관계 형성이 쉽다.
③ 개별 면접조사가 전화 면접조사보다 신뢰성이 높다.
④ 개별 면접조사는 조사비용과 시간이 적게 들고 조사원의 선발에 대한 부담이 없다.

10 색채 정보 수집에서 가장 많이 사용되는 방법은?

① 패널 조사법
② 현장 관찰법
③ 실험 연구법
④ 표본 조사법

11 라이프스타일의 분석방법인 사이코그래픽스(Psychographics)에 대한 설명으로 옳은 것은?

① 라이프스타일을 측정하기 위해 일반적으로 사용하는 방법으로 심리적 특성과 사회적 특성을 혼합한 것이다.
② 사이코그래픽스 조사는 활동, 관심, 의견의 세 가지 변수에 의해 측정된다.
③ 조사대상자에 대해 동일한 조사항목과 그와 관련한 질문에 대한 답으로 평가한다.
④ 어떤 특정 제품이나 상표에 대한 소비자들의 태도나 행동과 같은 구체적인 라이프스타일은 알 수 없다.

12 마케팅 믹스에 대한 설명으로 옳은 것은?

① 시장을 세분화하는 방법
② 마케팅에서 경쟁 제품과의 위치 선정을 하기 위한 방법
③ 마케팅에서 제품 구매 집단을 선정하는 방법
④ 표적시장에서 원하는 결과를 얻기 위해 가능한 수단을 활용하는 방법

13 효과적인 컬러 마케팅 전략수립 과정의 순서가 옳은 것은?

| a. 전략수립 | b. 일정계획 |
| c. 상황 분석 및 목표설정 | d. 실행 |

① a → c → b → d
② c → b → a → d
③ c → a → b → d
④ a → c → d → b

14 개인과 색채의 관계에 대한 용어의 설명이 틀린 것은?

① 개인이 소비하는 색과 디자인의 선택을 퍼플러 유즈(Popular Use)라고 한다.
② 개인의 기호에 따른 색이나 디자인 선택을 컨슈머 유즈(Consumer Use)라고 한다.
③ 개인의 일시적 호감에 따라 변하는 색채를 템포러리 플레져 컬러(Temporary Pleasure Colors)라고 한다.
④ 유행색은 주기를 갖고 계속 변화하는 색으로 트렌드 컬러(Trend Color)라고 한다.

15 색채조절 효과에 대한 설명으로 옳은 것은?

① 바닥면에 고명도의 색을 사용하여 안정감을 높인다.
② 빨강과 주황은 활동성을 높이고 마음을 진정시키는 역할을 한다.
③ 회복기 환자에게는 어두운 조명과 따뜻한 색채가 적합하다.
④ 주의 집중을 위한 작업 현장은 한색계열의 차분한 색조로 배색한다.

16 마케팅에서 소비자 생활유형을 조사하는 목적이 아닌 것은?

① 소비자의 선호색을 조사하기 위해
② 소비자의 가치관을 조사하기 위해
③ 소비자의 소비 형태를 조사하기 위해
④ 소비자의 행동 특성을 조사하기 위해

17 색채선호의 원리에 대한 내용으로 틀린 것은?

① 선호색은 대상이 무엇이든 항상 동일하다.
② 서양의 경우 성인의 파란색에 대한 선호 경향은 매우 뚜렷한 편이다.
③ 노년층의 경우 고채도 난색계열의 색채에 대한 선호가 높은 편이다.
④ 선호색은 문화권, 성별, 연령 등 개인적 특성에 따라 차이가 있다.

18 문화에 따른 색채 발달의 순서로 옳은 것은?

① 하양 → 초록 → 회색 → 파랑
② 하양 → 노랑 → 갈색 → 파랑
③ 검정 → 빨강 → 노랑 → 갈색
④ 검정 → 파랑 → 주황 → 갈색

19 색채와 음악을 연결한 공감각의 특성을 잘 이용하여 브로드웨이 부기우기(Broadway Boogie Woogie)라는 작품을 제작한 작가는?

① 요하네스 이텐(Johaness Itten)
② 몬드리안(Mondrian)
③ 카스텔(Castel)
④ 모리스 데리베레(Maurice Deribere)

20 시장 세분화의 변수가 아닌 것은?

① 지리적 변수
② 인구 통계적 변수
③ 사회, 문화적 변수
④ 상징적 변수

---

② **제2과목 : 색채 디자인**

21 옥외광고, 전단 등 제품의 판매촉진을 위한 광고 홍보활동을 뜻하는 것은?

① POP(Point Of Purchase) 광고
② SP(Sales Promotion) 광고
③ Spot 광고
④ Local 광고

22 인간이 사용하기에 원활해야 하고, 디자인 기능과 관련된 인간의 신체적 조건, 치수에 관한 학문은?

① 산업공학
② 인간공학
③ 치수공학
④ 계측제어공학

23 윌리엄 모리스가 미술공예운동에서 주로 추구한 수공예의 양식은?

① 바로크
② 로마네스크
③ 고딕
④ 로코코

24 아이디어 발상에 많이 활용되는 창조기법으로 디자인 문제를 탐구하고 변형시키기 위해 두뇌와 신경 조직의 무의식적인 활동을 조장하는 것은?

① 시네틱스(Synectics)
② 투입-산출 분석(Input-Output Analysis)
③ 형태분석법(Morphological Analysis)
④ 브레인스토밍(Brainstorming)

25 디자인 사조와 색채와의 연결이 틀린 것은?

① 아르누보 : 밝고 연한 파스텔 색조
② 큐비즘 : 난색의 따뜻하고 강렬한 색
③ 데스틸 : 빨강, 노랑, 파랑
④ 팝 아트 : 흰색, 회색, 검은색

26 저속한 모방 예술이라는 뜻의 독일어에서의 유래한 것은?

① 하이테크
② 키치디자인
③ 생활미술운동
④ 포스트모더니즘

27 병원 색채계획 시 고려사항으로 거리가 먼 것은?

① 병실은 안방과 같은 온화한 분위기
② 수술실은 정밀한 작업을 위한 환경 조성
③ 일반 사무실은 업무 효율성과 조도 고려
④ 대기실은 화려한 색채적용과 동선체계 고려

28 바우하우스의 교육 이념이 아닌 것은?

① 인간이 기계에 의해서 노예화가 되는 것을 방지한다.
② 인간에 의한 규격화된 합리적인 양식을 추구한다.
③ 기계의 이점은 유지하면서 결점만 제거한다.
④ 일시적인 것이 아닌 우수한 표준을 창조한다.

29 시각디자인에서 메시지의 전달을 위해 회화적 조형 표현을 이용하는 영역은?

① 포스터
② 신문광고
③ 문자디자인
④ 일러스트레이션

30 건물의 외벽 등을 장식하는 그래픽이미지 작업은?

① 사인보드
② 화공기술
③ 슈퍼그래픽
④ POP 광고

31 Good Design 조건에 대한 설명 중 틀린 것은?

① 독창성 : 항상 창조적이며 이상을 추구하는 디자인
② 경제성 : 최소의 인적, 물적, 금융, 정보를 투자하여 최대의 효과를 가져올 수 있는 디자인
③ 심미성 : 아름다움을 느끼는 미적 의식으로 주관적, 감성적인 디자인
④ 합목적성 : 디자인 원리에서 가리키는 모든 조건이 하나의 통일체로 질서를 유지하는 디자인

32 시각적 질감을 자연 질감과 기계 질감으로 분류할 때 '자연 질감'에 속하지 않는 것은?

① 나뭇결무늬
② 동물털
③ 물고기 비늘
④ 사진의 망점

33 네덜란드에서 일어나 신조형주의 운동으로, 화면을 수평, 수직으로 분할하고 삼원색과 무채색을 이용한 구성이 특징인 디자인 사조는?

① 큐비즘
② 데스틸
③ 바우하우스
④ 아르데코

34 환경적 요소뿐만 아니라 사회 · 윤리적 이슈를 함께 실현하는 미래 지향적 디자인은?

① 범용 디자인
② 지속 가능 디자인
③ 유니버설 디자인
④ UX 디자인

35 수공의 장점을 살리되, 예술작품처럼 한 점만을 제작하는 것이 아니라 어느 정도의 양산(量産)이 가능하도록 설계, 제작하는 생활조형 디자인의 총칭을 의미하는 것은?

① 크라프트 디자인(Craft Design)
② 오가닉 디자인(Organic Design)
③ 어드밴스 디자인(Advanced Design)
④ 미니멀 디자인(Minimal Design)

36 색채계획에 따른 주조색, 보조색, 강조색의 배색에 대한 설명이 틀린 것은?

① 주조색 : 전체의 70% 이상을 차지하는 색이다.
② 주조색 : 전체적인 이미지를 좌우하게 된다.
③ 보조색 : 색채계획 시 주조색을 보완해주는 역할을 한다.
④ 강조색 : 전체의 30% 정도이므로 디자인 대상을 변화시키기 어렵다.

37 디자인 대상 제품이 시장 전체에서 가격, 색채 등이 어느 위치에 있는지를 확인하는 방법은?

① 타키팅(Targeting)
② 시뮬레이션(Simulation)
③ 프레젠테이션(Presentation)
④ 포지셔닝(Positioning)

38 단시간 내에 급속도로 생겼다가 사라지는 유행을 의미하는 것은?

① 트렌드(Trend)
② 포드(Ford)
③ 클래식(Classic)
④ 패드(Fad)

39 기계가 지닌 차갑고 역동적 아름다움을 조형예술의 주제로 사용하고, 스피드 감이나 운동을 표현하기 위해 시간의 요소를 도입하려고 시도한 예술운동은?

① 구성주의
② 옵아트
③ 미니멀리즘
④ 미래주의

40 독일의 베르트하이머(Wertheimer)가 중심이 된 게슈탈트(Gestalt) 학파가 제창한 그루핑 법칙이 아닌 것은?

① 근접 요인
② 폐쇄 요인
③ 유사 요인
④ 비대칭 요인

3 제3과목 : 색채관리

41 육안조색 시 자연주광 조명에 의한 색 비교에 대한 설명으로 틀린 것은?

① 북반구에서의 주광은 북창을 통해서 확산된 광을 사용한다.
② 붉은 벽돌 벽 또는 초록의 수목과 같은 진한 색의 물체에서 반사하지 않는 확산 주광을 이용해야 한다.
③ 시료면의 범위보다 넓은 범위를 균일하게 조명해야 한다.
④ 적어도 4000lx의 조도가 되어야 한다.

42 진공으로 된 유리관에 수은과 아르곤 가스를 넣고 안쪽 벽에 형광 도료를 칠하여, 수은의 방전으로 생긴 자외선을 가시광선으로 바꾸어 조명하는 등은?

① 백열등
② 수은등
③ 형광등
④ 나트륨등

43 육안검색에 대한 설명으로 틀린 것은?

① 시료면, 표준면 및 배경은 동일 평면상에 있는 것이 바람직하다.
② 자연광은 주로 남쪽 하늘 주광을 사용한다.
③ 육안 비교 방법은 표면색 비교에 이용된다.
④ 시료면 및 표준면의 모양이나 크기를 조정할 필요가 있는 경우에는 마스크를 사용한다.

44 조건등색(Metamerism)에 대한 설명 중 틀린 것은?

① 조명에 따라 두 견본이 같게도 다르게도 보인다.
② 모니터에서 색 재현은 조건 등색에 해당한다.
③ 사람의 시감 특성과는 관련이 없다.
④ 분광반사율이 달라도 같은 색 자극을 일으킬 수 있다.

45 컬러에 관련한 용어 설명으로 틀린 것은?

① Chrominance : 시료색 자극의 특정 무채색 자극에서 색도차와 휘도의 곱

② Color Gamut : 특정 조건에 따라 발색되는 모든 색을 포함하는 색도 좌표도 또는 색공간 내의 영역

③ Lightness : 광원 또는 물체 표면의 명암에 관한 시지각의 속성

④ Luminance : 유한한 면적을 갖고 있는 발광면의 밝기를 나타내는 양

46 도장면, 타일, 법랑 등 광택 범위가 넓은 범위를 특정하고, 일반적 대상물에 적용하는 경면광택도 특정에 적합한 것은?

① 85도 경면광택도[Gs(85)]

② 60도 경면광택도[Gs(60)]

③ 20도 경면광택도[Gs(20)]

④ 10도 경면광택도[Gs(10)]

47 프로파일로 변환(convert to profile) 기능에 대한 설명으로 틀린 것은?

① 목적지 프로파일로 변환 시 절대색도계 렌더링 인덴트를 사용하면 CIE LAB 절대수치에 따른 변화를 수행한다.

② sRGB 이미지를 AdobeRGB 프로파일로 변화하면 이미지의 색영역이 확장되어 채도가 증가한다.

③ 변환 시 실제로 계산을 담당하는 부분을 CMM이라고 한다.

④ 프로파일로 변환에는 소스와 목적지에 해당하는 두 개의 프로파일이 필요하다.

48 평판 인쇄용 잉크를 틀린 것은?

① 낱장 평판 잉크

② 오프셋 윤전 잉크

③ 그라비어 잉크

④ 평판 신문 잉크

49 색료에 관한 설명으로 틀린 것은?

① 안료는 주로 용해되지 않고 사용된다.

② 염료는 색료의 한 종류이다.

③ 도료는 주로 안료를 사용하여 생산된다.

④ 플라스틱은 염료를 사용하여 생산된다.

50 프린터의 색채 구성에 관한 설명으로 틀린 것은?

① 프린터의 해상도는 dpi라는 단위로 측정된다.

② 모니터와 컬러 프린터는 색영역의 크기가 같다.

③ 컬러 프린터는 CMYK의 조합으로 출력된다.

④ 색영역(Color Gamut)은 해상도와 다르다.

51 정확한 색채측정에 대한 설명이 틀린 것은?

① SCI 방식은 광택 성분을 포함하여 측정하는 방식이다.

② 백색 기준물을 먼저 측정하여 기기를 교정시킨 후 측정 한다.

③ 측정용 표준광은 CIE A 표준광과 CIE D_{65} 표준광이다.

④ 기준물의 분광 반사율은 측정방식(Geometry)과 무관한 일정한 값을 갖는다.

52 색영역 맵핑(Color Gamut Mapping)을 설명한 것은?

① 디지털 기기 내의 색체계 RGB를 L*a*b*로 바꾸는 것

② 디지털 기기 내의 색체계 CMYK를 L*a*b*로 바꾸는 것

③ 매체의 색영역과 디지털 기기의 색영역 차이를 조정하여 맞추려는 것

④ 색공간에서 디지털 기기들 간의 색차를 계산하는 것

53 CIE LAB 색체계에서 색차식을 나타내는 계산식으로 옳은 것은?

① $\Delta E^*ab = [(\Delta L^*)^2 + (\Delta a^*)^2 + (\Delta b^*)^2]1/2$

② $\Delta E^*ab = [(\Delta L^*)^2 + (\Delta C^*)^2 + (\Delta b^*)^2]1/2$

③ $\Delta E^*ab = [(\Delta a^*)^2 + (\Delta b^*)^2 + (\Delta H^*)^2]1/2$

④ $\Delta E^*ab = [(\Delta a^*)^2 + (\Delta C^*)^2 + (\Delta H^*)^2]1/2$

54 조명의 CIE 상관색온도(Correlated Color Temperature)는 특정 색공간에서 조명의 색좌표와 가장 가까운 거리에 있는 완전 복사체(Planckian Radiator)의 색온도값으로 정의된다. 이때 상관색온도를 계산하기 위해 사용되는 색좌표로 옳은 것은?

① x, y 좌표
② u′, v′ 좌표
③ u′, 2/3v′ 좌표
④ 2/3x, y 좌표

55 CCM(Computer Color Matching)의 장점이 아닌 것은?

① 정확한 아이소머리즘을 실현할 수 있다.
② 위지위그(WYSIWYG)를 구현할 수 있으며 측정 장비가 간단하다.
③ 육안조색보다 감정이나 환경의 지배를 받지 않는다.
④ 롯트별 색채의 일관성을 갖는다.

56 색채 측정기에 대한 설명으로 옳은 것은?

① 색채계는 분광 반사율을 측정하는데 사용한다.
② 분광 복사계는 장비 내부에 광원을 포함해야 한다.
③ 분광기는 회절격자, 프리즘, 간섭 필터 등을 사용한다.
④ 45° : 0° 방식을 사용하는 색채 측정기는 적분구를 사용한다.

57 반투명의 유리나 플라스틱을 사용하여 광원빛의 60~90%가 대상체에 직접 조사되는 방식으로, 그림자와 눈부심이 생기는 조명방식은?

① 전반확산조명
② 직접조명
③ 반간접조명
④ 반직접조명

58 색채의 소재에 대한 설명 중 틀린 것은?

① 음료, 소시지, 과자류 등에 주로 사용되는 색료는 유독성이 없어야 한다.
② 유기물질로 이루어진 종이의 경우 가시광선뿐만 아니라 푸른색에 해당되는 빛을 거의 다 흡수한다.
③ 직물 섬유나 플라스틱의 최종 처리 단계에서 형광성 표백제를 첨가하는 것은 내구성을 갖게 하기 위해서이다.
④ 형광성 표백제는 태양광의 자외선을 흡수하여 푸른 빛 영역의 에너지를 가진 빛을 다시 방출하는 성질을 이용한다.

59 디지털 입력 시스템에 관한 설명으로 옳은 것은?

① PMT(광전배증관 드럼스캐닝)는 유연한 원본들을 스캔할 수 있다.
② A/D컨버터는 디지털 전압을 아날로그 전압으로 전환시킨다.
③ 불투명도(Opacity)는 투과도(T)와 반비례하고 반사도(R)와는 비례한다.
④ CCD 센서들은 녹색, 파란색, 빨간색에 대하여 균등한 민감도를 가진다.

60 색 비교를 위한 작업면의 조도에 대한 설명으로 틀린 것은?

① 자연주광을 이용하는 경우 적어도 2000lx의 조도를 필요로 한다.
② 색 비교를 위한 작업면의 조도는 1000~4000lx 사이로 한다.
③ 어두운색을 비교하는 경우의 작업면의 조도는 2000lx 이하가 적합하다.
④ 균제도는 80% 이상이 적합하다.

61 연극무대에서 주인공을 향해 파랑과 녹색 조명을 각각 다른 방향에서 비출 때 주인공에게 비춰지는 조명색은?

① Cyan
② Yellow
③ Magenta
④ Gray

62 색에 관한 설명 중 틀린 것은?

① 회색은 명도의 속성만 가지고 있다.
② 검은색이 많이 섞을수록 채도는 낮아진다.
③ 빨간색은 색상, 명도와 채도의 3속성을 모두 가지고 있다.
④ 흰색을 많이 섞을수록 채도가 높아진다.

63 색채 자극에 따른 인간의 반응에 관한 용어 설명이 틀린 것은?

① 순응 : 조명 조건이 변해도 광수용기의 민감도는 그대로 유지되는 상태
② 명순응 : 어두운 곳에서 갑자기 밝은 곳으로 이동 시 밝기에 적응하기까지 상태
③ 박명시 : 명·암소시의 중간 밝기에서 추상체와 간상체 양쪽이 작용하고 있는 시각 상태
④ 색순응 : 색광에 대하여 눈의 감수성이 순응하는 과정

64 디지털 컬러 프린팅 시스템에서 Cyan, Magenta, Yellow의 감법혼색 중 3가지 모두를 혼합했을 때 얻을 수 있는 컬러 코드 값은?

① (0, 0, 0)
② (255, 255, 0)
③ (255, 0, 255)
④ (255, 255, 255)

65 빨간 빛에 의한 그림자가 보색의 청록색으로 보이는 현상은?

① 색음현상
② 애브니현상
③ 폰 베졸드 효과
④ 색의 동화

66 색채의 무게감은 상품의 가치를 인상적으로 느끼게 하는데 이용된다. 다음 중 가장 무거워 보이는 색은?

① 흰색
② 빨간색
③ 남색
④ 검은색

67 회전 원판을 이용한 혼색과 연관성이 전혀 없는 것은?

① 오스트발트 색체계
② 중간혼색
③ 맥스웰
④ 리프만 효과

68 푸르킨예 현상과 관련이 없는 것은?

① 간상체 시각과 추상체 시각의 스펙트럼 민감도가 서로 다르기 때문이다.
② 어두운 곳에서 명시도를 높이려면 녹색이나 파랑을 사용 하는 것이 좋다.
③ 어두운 곳에서는 추상체가 반응하지 않고, 간상체가 반응하면서 생기는 현상이다.
④ 망막의 위치마다 추상체 시각의 민감도가 다르기 때문에 생기는 현상이다.

69 의사들이 수술실에서 청록색의 가운을 입는 것과 관련한 색의 현상은?

① 음성 잔상
② 양성 잔상
③ 동화현상
④ 헬슨-저드 효과

70 의류 직물은 몇 가지 색실로 다양한 색상을 만들어 내고 있다. 이와 관련된 혼색방법이 아닌 것은?

① 가법혼색
② 감법혼색
③ 병치혼색
④ 중간혼색

71 초록 바탕의 그림에 색상차이에 의한 강조색으로 사용하기 좋은 색은?

① 흰색
② 빨간색
③ 파란색
④ 주황색

72 색의 온도감에 대한 설명이 틀린 것은?

① 색의 온도감은 색의 3속성 중 색상에 가장 큰 영향을 받는다.
② 중성색은 연두, 녹색, 보라, 자주 등이다.
③ 한색은 가깝게 보이고 난색은 멀어져 보인다.
④ 교감신경을 자극하여 흥분작용을 일으키는 색은 난색이다.

73 컬러 인쇄 3색 분해 시, 컬러필름의 색들을 3색 필터를 이용하여 색 분해 하는 원리는?

① 회전혼색
② 감법혼색
③ 보색
④ 병치혼색

74 색의 감정 효과에 대한 설명으로 옳은 것은?

① 고채도의 색은 강한 느낌을 주고 저채도의 색은 부드러운 느낌을 준다.
② 고명도, 저채도의 색은 화려하다.
③ 고명도, 고채도의 색은 안정감이 있다.
④ 고명도의 색은 안정감이 있고 저명도의 색은 불안정하다.

75 색채의 성질에 대한 설명으로 틀린 것은?

① 색채가 밝을수록 그 색채의 면적은 더욱 크게 보인다.
② 난색계는 형상을 애매하게 하고, 한색계는 형상을 명확히 한다.
③ 무채색에서는 흰색이 시인성이 가장 높고, 검은색은 시인성이 가장 낮다.
④ 명도대비는 색상대비보다 훨씬 빠르게 느껴진다.

76 다음 중 채도대비에 대한 설명이 틀린 것은?

① 채도가 다른 두 색을 인접했을 때, 채도가 높은 색의 채도는 더욱 높아져 보인다.
② 채도대비는 유채색과 무채색 사이에서 더욱 뚜렷하게 느낄 수 있다.
③ 저채도 바탕 위에 놓인 색은 고채도 바탕에 놓인 동일 색보다 더 탁해 보인다.
④ 채도대비는 3속성 중에서 대비효과가 가장 약하다.

77 주위 조명에 따라 색이 바뀌어도 본래의 색으로 보려는 우리 눈의 성질은?

① 순응성
② 항상성
③ 동화성
④ 균색성

78 간상체와 추상체에 관한 설명 중 옳은 것은?

① 간상체에 의한 순응이 추상체에 의한 순응보다 신속하게 발생한다.
② 간상체와 추상체는 빛의 강도가 동일한 조건에서 가장 잘 활동한다.
③ 간상체는 그 흡수 스펙트럼에 따라 세 가지로 구분되며, 각각은 419mm, 531mm, 558mm의 파장을 가진 빛에 가장 잘 반응한다.
④ 간상체 시각은 약 500mm의 빛에, 추상체 시각은 약 560mm의 빛에 가장 민감하다.

79 달토니즘(Daltonism)으로 불리는 색각이상 현상에 대한 설명으로 옳은 것은?

① M 추상체의 결핍으로 나타난다.
② 제3색약 이라고도 한다.
③ 추상체 보조장치로 해결된다.
④ Blue~Green을 보기 어렵다.

80 다음 중 진출색의 조건으로 틀린 것은?

① 차가운 색이 따뜻한 색보다 진출되어 보인다.
② 밝은색이 어두운색보다 진출되어 보인다.
③ 채도가 높은 색이 채도가 낮은 색보다 진출되어 보인다.
④ 유채색이 무채색보다 더 진출하는 느낌을 준다.

---

5 제5과목 : 색채 체계론

81 단청의 색에서 활기찬 주황빛의 붉은색으로 생동감이 넘치는 색의 이름은?

① 석간주
② 뇌록
③ 육색
④ 장단

82 DIN 색체계의 설명으로 옳은 것은?

① 5:3:2로 표기하며 5는 색상 T, 3은 명도 S, 2는 포화도 D 를 의미한다.
② 색상을 주파장으로 정의하고 24개로 구분한다.
③ 먼셀의 심리 보색설을 발전시킨 색체계이다.
④ 혼색계 색체계로 다양한 색채를 표현할 수 있다.

83 반대색조의 배색에 대한 설명으로 옳은 것은?

① 톤의 이미지가 대조적이기 때문에 색상을 동일하거나 유사하게 배색하면 통일감을 나타낼 수 있다.
② 뚜렷하지 않고 애매한 배색으로 톤 인 톤 배색의 종류이며 단색화법이라고도 한다.
③ 색의 명료성이 높으며 고채도의 화려한 느낌과 저채도의 안정된 느낌이 명쾌하고 활기찬 느낌을 준다.
④ 명도차가 커질수록 색의 경계가 명료해지고 명쾌하며 확실한 배색이 된다.

84 CIE Yxy 색체계에서 내부의 프랭클린 궤적선의 변화를 나타내는 것은?

① 색온도
② 스펙트럼
③ 반사율
④ 무채색도

85 관용 색명에 대한 설명 중 틀린 것은?

① 식물에서 색명 유래
② 광물에서 색명 유래
③ 지명에서 유래한 색명 유래
④ 형용사 조합에서 유래

86 광물에서 유래한 색명이 아닌 것은?

① Chrome Yellow
② Emerald Green
③ Prussian Blue
④ Coblt Blue

87 중명도, 중채도인 탁한(Dull) 톤을 사용한 배색 방법은?

① 카마이외(Camaieu)
② 토널(Tonal)
③ 포카마이외(Faux Camaieu)
④ 비콜로(Bicolore)

88 CIE 1931 색채 측정 체계가 표준이 된 후 맥아담이 색자극들이 통일되지 않은 채 분산되어 있던 CIE 1931 xy 색도 다이어그램을 개선한 색체계는?

① CIE XYZ
② CIE L*u*v*
③ CIE Yxy
④ CIE L*a*b*

89 먼셀 색체계의 색표시 방법에 따라 제시한 유채색들이다. 이 중 가장 비슷한 색의 쌍은?

① 2.5R 5/20, 10R 5/10
② 10YR 5/10, 2.5Y 5/10
③ 10R 5/10, 2.5G 5/10
④ 5Y 5/10, 5PB 5/10

90 NCS 색체계에 대한 설명이 옳은 것은?

① 하양, 검정, 노랑, 빨강, 파랑, 초록을 기본색으로 정하였다.
② 일본의 색채 교육용으로 채택하여 사용되고 있다.
③ 1931년에 CIE에 의해 채택되었다.
④ 각 색상마다 12톤으로 분류시켰다.

91 NCS의 색표기 S7020-R30B에서 70, 20, 30의 숫자가 의미 하는 속성이 옳게 나열된 것은?

① 순색도 - 검정색도 - 빨간색도
② 순색도 - 검정색도 - 파란색도
③ 검정색도 - 순색도 - 빨간색도
④ 검정색도 - 순색도 - 파란색도

92 색채조화를 위한 올바른 계획 방향이 아닌 것은?

① 색채조화는 주변 요인에 영향을 받으므로 상대적이기 보다 절대성, 폐쇄성을 중시해야 한다.
② 공간에서의 색채조화를 위해서는 시간의 흐름에 따른 변화를 고려해야 한다.
③ 자연의 다양한 변화에 따른 색조개념으로 계획해야 한다.
④ 조화에 영향을 주는 변수와 인간과의 관계를 유기적으로 해석해야 한다.

93 문-스펜서(P.Moon &D.E. Spencer) 조화의 분류가 아닌 것은?

① 눈부심
② 오메가 공간
③ 분리효과
④ 면적효과

94 CIE Yxy 색체계에서 순수파장의 색이 위치하는 곳은?

① 불규칙적인 곳에 위치한다.
② 중심의 백색광 주변에 위치한다.
③ 말발굽형의 바깥 둘레에 위치한다.
④ 원형의 형태로 백색광 주변에 위치한다.

95 오스트발트(W. Ostwald) 색체계에 대한 설명으로 옳은 것은?

① 24색상환을 사용하며 색상번호 1은 빨강, 24는 자주이다.
② 색체계의 표기방법은 색상, 검정량, 하얀량 순서이다.
③ 아래쪽에 검정을 배치하고 맨 위쪽에 하양을 둔 원통형의 색입체이다.
④ 엄격한 질서를 가지는 색체계의 구성원리가 조화로운 색채선택을 가능하게 한다.

96 문 · 스펜서(P. Moon &D. E. Spencer) 색채 조화론의 미도 계산 공식은?

① $M = \dfrac{O}{C}$
② $W + B + C = 100$
③ $\dfrac{Y}{Yn} > 0.5$
④ $\Delta E^{*}uv = \sqrt{(\Delta L^{*})^{2}+(\Delta u^{*})^{2}+(\Delta v^{*})^{2}}$

97 우리나라 옛사람들의 백색의 개념을 생활 속에서 나타내는 색이름은?

① 구색
② 설백색
③ 지백색
④ 소색

98 먼셀 색체계의 명도 속성에 대한 설명으로 옳은 것은?

① 명도의 중심인 N5는 시감 반사율이 약 18%이다.
② 실제 표준 색표집은 N0~N10까지 11단계로 구성되어 있다.
③ 가장 높은 명도의 색상은 PB를 띤다.
④ 가장 높은 명도를 황산바륨으로 측정하였다.

99 먼셀 색체계의 활용상 특성으로 옳은 것은?

① 먼셀 색표집의 표준 사용연한은 5년이다.
② 먼셀 색체계의 검사는 C광원, 2° 시야에서 수행한다.
③ 먼셀 색표집은 기호만으로 전달해도 정확성이 높다.
④ 개구색 조건보다는 일반 시야각의 방법을 권장한다.

100 현색계에 대한 설명 중 옳은 것은?(문제 오류로 확정답안 발표시 1, 2, 4번이 정답처리 되었습니다.)

① 색편의 배열 및 색채 수를 용도에 맞게 조정할 수 있다.
② 산업 규격 기준에 CIE삼자극치(XYZ 또는 L*a*b*)가 주어져 있다.
③ 눈으로 표본을 보면서 재현할 수 없다.
④ 현색계 색채 체계의 색역(Color Gamut)을 벗어나는 표본이 존재할 수 있다.

10~12 기출문제 정답 및 해설

기사

01 ②	02 ①	03 ②	04 ④	05 ②
06 ②	07 ④	08 ②	09 ③	10 ①
11 ③	12 ②	13 ③	14 ④	15 ②
16 ①	17 ②	18 ②	19 ②	20 ③
21 ②	22 ②	23 ②	24 ②	25 ④
26 ④	27 ③	28 ②	29 ④	30 ②
31 ③	32 ①	33 ①	34 ③	35 ②
36 ①	37 ②	38 ④	39 ①	40 ①
41 ④	42 ②	43 ④	44 ④	45 ②
46 ①	47 ③	48 ②	49 ②	50 ①
51 ④	52 ④	53 ②	54 ②	55 ①
56 ④	57 ②	58 ②	59 ②	60 ②
61 ②	62 ②	63 ②	64 ②	65 ①
66 ①	67 ④	68 ②	69 ④	70 ④
71 ①	72 ③	73 ③	74 ②	75 ③
76 ②	77 ②	78 ②	79 ①	80 ②
81 ③	82 ②	83 ②	84 ①	85 ②
86 ④	87 ④	88 ④	89 ①	90 ②
91 ④	92 ①	93 ①	94 ③	95 ④
96 ②	97 ②	98 ②	99 ②	100 ①

1   제1과목 : 색채 심리 · 마케팅

01 ② 틀리기 쉬운 문제

마케팅 전략 수집 절차

마케팅의 궁극적인 목표는 기업 이윤의 극대화이며, 이를 위해 기업은 소비자의 요구와 만족을 충족시켜야 한다. 마케팅 전략은 이러한 마케팅 목표 달성을 위한 최적의 실천전략을 말한다. 마케팅 전략 수립은 ① 상황분석 → ② 목표설정 → ③ 전략수립 → ④ 일정계획 → ⑤ 실행이라는 5단계의 과정으로 진행된다.

• **상황분석** : 경쟁사 브랜드 매출 및 제품디자인 마케팅 전략의 변화 추이를 파악하여 포지셔닝 분석
• **목표설정** : 시장의 수요측정, 기존 전략의 평가, 새로운 목표에 대한 평가, 글로벌 마켓에 출시하게 될 상품일 경우 전 세계 공통적인 색채 환경을 사전에 조사

• **전략수립** : 자사 브랜드를 중심으로 사회, 문화, 소비자의 라이프 스타일 등의 동향을 파악하고 키워드를 도출하며 이미지 매핑하는 단계
• **실행계획** : 과거 몇 시즌 동안 나타났던 디자인 트렌드의 변화 추이를 분석하여 미래에 나타나게 될 트렌드를 예측하는 단계

02 ①

SD법(Semantic Differential Method)

• 미국의 심리학자 찰스 오스굿이 개발하였다.
• SD법 조사는 정서적 색채 이미지를 정량적 · 객관적으로 측정할 때 사용된다.
• 반대되는 의미의 형용사를 서로 짝지어 상대적인 비교 평가가 가능하다. 예를 들어 '크다-작다', '가볍다-무겁다', '좋다-나쁘다', '여성적인-남성적인', '화려한-수수한' 등의 형용사를 5~7단계의 거리척도로 사용한다.

03 ②

마케팅 믹스 기본요소

마케팅 구성요소는 다음과 같은 4가지이며, 약자 4P로 표기된다. 제품(Product), 가격(Price), 유통(Place), 촉진(Promotion) 총 4가지 구성요소를 조합하여 기업이 표적시장에서 판매를 촉진시키고 최대의 세일즈 목표를 달성하게 하는 것이 마케팅 믹스이다.

04 ④

뉴턴(Newton)은 색채와 소리의 조화를 발견한 대표적인 사람이다. 느린 음은 대체로 노랑을, 높은 음은 낮은 채도가 아닌 높은 채도의 색을 연상시킨다.

05 ②

표적마케팅의 3단계

소품종 대량생산에서 다품종 소량생산 체제로 변하면서 최근 시장은 표적마케팅이 각광 받고 있다.

• **1단계 시장 세분화** : 세분화된 시장 중에서 수요층별로 분할하여 집중 마케팅을 하는 것을 말한다.
• **2단계 시장 표적화** : 여러 세분화된 시장 중에서 기업이 특정한 하나 또는 그 이상의 세분화된 시장을 선정하는 과정을 말한다.
• **3단계 시장의 위치 선정** : 타사 제품과 차별화할 수 있는 마케팅 믹스를 개발하는 단계이다.

06 ②

색채 시장 조사 과정

구분	내용
1. 콘셉트 선정 · 확인	자사의 조사대상 고객을 선정하고 콘셉트를 설정 · 확인한다.
2. 조사방향 결정	조사 분야와 조사 방법을 선택, 선정하여 조사를 위한 컬러코드를 선정한다.
3. 정보 수집	조사방법에 따라 조사대상, 장소, 시기를 설정하고 샘플 및 필요한 기기를 준비한다.
4. 정보의 취사선택	정보를 수집 · 분석 · 평가하여 불필요한 자료를 제거한다.
5. 정보의 분류	정보를 색상별, 타깃별, 지역별 등 항목별로 분류 정리한다.
6. 정보의 분석 및 활용	분류된 정보의 분석결과를 기업의 상품기획, 영업부문 등 차기 계획에 활용한다.

07 ④ 틀리기 쉬운 문제

표적시장 선택의 시장공략
- **무차별적 마케팅** : 세분시장 사이의 차이를 무시하고 한 개의 제품으로 전체시장을 공략
- **차별적 마케팅** : 표적 시장을 선정하고 적합한 제품을 생산하여 판매
- **집중 마케팅** : 소수의 세분시장에서 시장점유율을 높이기 위한 전략

08 ② 틀리기 쉬운 문제

매슬로우의 욕구 5단계
- **1단계** : 생리적 욕구(배고픔, 갈증, 원초적 욕구)
- **2단계** : 안전 욕구(위험, 보호, 안전)
- **3단계** : 사회적 욕구(소속감, 사랑)
- **4단계** : 존경 욕구(자존심, 인식, 지위)
- **5단계** : 자아실현 욕구(자아개발 실현)

09 ③ 틀리기 쉬운 문제

현장 관찰법
- 조사자가 현장에서 소비자의 행동을 직접 관찰하여 정보를 수집하는 방법으로, 특정지역 유동인구의 분석, 시청률 등을 조사하는 데 활용된다.
- 직접 관찰을 통해 정확한 정보를 수집할 수 있다는 장점이 있으나, 정보 수집 과정에서 시간과 비용이 많이 소요되며 관찰 대상자가 관찰을 의식해 평소와는 다른 반응을 보이기도 하는 단점이 있다.

10 ①

CI
통일된 기업 이미지, 기업문화, 미래의 모습과 전략 등을 일컫는 용어로 CIP 혹은 CI로 표현한다. CIP의 역할은 기업의 비전을 바탕으로 기업 이미지를 통일시켜 특히 외적으로 우리 기업을 타 기업과 식별, 기업 이미지 통일, 잠재 고객 확보, 경쟁 우위 확보를 들 수 있으며 내적으로는 기업이 추구하는 비지니스 철학, 정체성을 함께 공유하고 인식하여 경영 이념 확립, 기업에 대한 애사심 고취, 업무 능률 향상을 색채연상 및 상징을 통해 극대화시킬 수 있다.

11 ③

문화에 따른 '파랑'의 의미
- **중국** : 하늘에 제사를 지낼 때 황제가 입었던 옷의 색
- **갈리아** : 노예들이 입었던 옷의 색
- **일본** : 영화 속의 천민의 색, 귀신과 친구를 상징하는 색
- **미국** : 남자 아기를 의미하는 색

12 ②

동양 문화권에서 노랑은 신성한 색채를 의미하며, 미국에서는 겁쟁이나 배신자를 의미하고 말레이시아, 시리아, 태국, 아일랜드, 브라질 등에서는 혐오색으로 인식한다.

13 ③

VALS
Value and Life Style을 뜻하며 소비자의 유형을 욕구 지향적, 외부 지향적, 내부 지향적인 분류로 구분하여 생활 유형을 측정하는 방법이다.

14 ④

프랑크 H. 만케의 색경험 피라미드 반응 단계
프랑크 H. 만케(Frank H. Mahnke)는 외부 세계에서 받은 자극은 내면세계 즉, 심리의 반응과 연관이 있으므로 우리가 색을 경험하도록 하게 한다고 보았다. 자극 일부는 의식적인 수준에서, 다른 일부는 무의식적인 수준에서 작용한다고 주장하였다.
- **1단계** : 생물학적 반응
- **2단계** : 집단 무의식
- **3단계** : 의식적 상징화(연상)
- **4단계** : 문화적 영향과 매너리즘
- **5단계** : 시대사조 및 패션 스타일의 영향
- **6단계** : 개인적 관계

15 ②

흐린 날씨의 지역에서는 단파장의 색을 선호하며, 채도가 낮은 회색을 선호한다. 라틴계인 이탈리아, 스페인 등에서는 풍부한 일조량으로 빨강, 주황, 노랑의 선명한 난색계통을 좋아한다.

16 ③

시장 세분화(Market Segmentation)의 기준
- **인구학적 변수** : 연령, 성별, 직업, 소득, 교육수준, 종교, 가족규모 등
- **지리적 변수** : 지역, 도시규모, 기후, 인구밀도, 지형적 특성 등
- **행동 분석적 변수** : 구매동기, 브랜드 충성도, 사용경험, 경제성, 품질 등
- **심리적 욕구 변수** : 사회계층, 개성, 생활양식 등

17 ②

① **비렌** : 비렌은 빨강을 정사각형으로 보았다.
③ **뉴턴** : 뉴턴(Newton)은 색채와 소리의 조화를 발견한 대표적인 사람이다. 주황은 음계 '레'이며, 남색이 '라'이다.
④ **모리스 데리베레** : 빨강을 머스크향으로 연계시켰다.

18 ②

색채의 사회적 역할
인류 학자 베를린과 카이(Berlin & Kay)의 1969년 연구에 따르면 문화가 발달할수록 '흰색, 검정 → 빨강 → 노랑, 녹색 → 파랑, 갈색 → 보라, 핑크, 오렌지, 회색'으로 색이름의 진화 과정을 보인다. 따라서 사회가 고정되고 개인의 독립성이 뒤쳐진 사회에서는 색채가 다양하고 화려해지기보다 획일화, 단순화되는 경우가 많다.

19 ②

색채치료
색채치료는 고유한 파장과 진동수를 가진 에너지의 형태인 색채 처방과 반응을 연구한 것으로, 색채를 이용하여 환자에게 물리적·정신적인 영향을 주어 환자의 건강을 호전시키려는 방법을 말한다. 남색은 살균, 구토와 치통 완화를 주며 파랑이 진정 효과, 호흡계, 정맥계 영향, 피로 회복, 해독 등의 작용을 한다.

20 ③

제품 라이프 스타일 종류의 사이클
- **유행(Fashion)** : '~풍', '~식'으로 쓰이며, 일정한 주기를 가지고 있는 유행스타일을 말한다.
- **플로프(Flop)** : 제품의 수명이 오래가지 않고 도입기에서 끝나는 유행이다.
- **패드(Fad)** : 단시간에 나타났다가 사라지는 짧은 주기의 유행이다. 특정 하위문화 집단 내에서만 유행하는 특성이 있다. 예) 2002년 월드컵 기간에 유행했던 빨간색 티셔츠
- **트렌드(Trend)** : 유행의 경향, 흐름을 말하는 것으로 어느 특정부분의 유행을 말한다.
- **클래식(Classic)** : 시간적 제한 없이 유행을 타지 않아 지속적으로 받아들여지는 스타일을 말한다.

---

2 제2과목 : 색채 디자인

21 ②

근접성(Proximity)은 디자인의 시지각적 특징인 형태 지각 심리와 관련된 법칙이다.

22 ②

1980년대 : 사회적 기술로서의 디자인

23 ②

Style
건축양식, 기둥 형태 등의 뜻 혹은 제품디자인의 외관형성에 채용하는 것으로 시대와 지역에 따라 유행하는 특정한 양식을 말한다.

24 ②

색의 3속성
- **색상** : 색의 이름
- **채도** : 색의 맑고 탁한 정도
- **명도** : 색의 밝고 어두운 정도

25 ④ **틀리기 쉬운 문제**

입체
- 입체는 3차원적인 개념으로 면이 이동한 자취로서 여러 개의 평면이나 곡면으로 둘러싸인 형상을 말한다.
- 길이, 너비, 깊이, 형태와 공간, 표면, 방위, 위치 등을 가지며 디자인 조형 요소 중 물체가 점유하는 공간을 말한다.
- 적극적 입체는 확실히 지각되는 형, 현실적 형을 말한다.
- 순수입체는 모든 입체들의 기본요소가 되는 구, 원통 육면체 등 단순한 형이다.
- 두 면과 각도를 가진 방향으로 이동하거나 면의 회전에 의해서 생긴다.

26 ④

시각디자인의 기능
- **지시적 기능** : 화살표, 교통표지, 신호, 문자, 도표, 활자 등
- **설득적 기능** : 애니메이션, 포스터, 잡지 광고, 신문 광고 등
- **상징적 기능** : 심볼마크, 일러스트레이션, 패턴 등
- **기록적 기능** : 영화, 사진, TV, 인터넷 등

27 ③

제품 디자인은 다양한 소재의 집합체이며 그 다양한 소재는 다양한 색채로 적용되는 것이 가장 효과적이다.

28 ③

강조색이란 전체의 5~10% 차지하는 것으로 디자인 대상에 변화를 주는 역할을 한다.

29 ④

색채계획 시 고려할 조건

색채 디자인 계획 수립 시, 공공성의 정도와 면적효과, 대상과 보는 사람과의 거리감, 조명 조건 등 전체적인 조화를 고려해야 하며 기능성, 안전성, 식별성도 함께 고려해야 한다. 또한 유행에 민감한 색채보다는 지속적인 유지가 가능한 색채를 선택하는 것이 바람직하다.

30 ②

선

- 선은 점이 이동한 자취 및 궤적을 말한다.
- 선은 길이와 위치, 넓이를 가지고 있으며 두 점을 연결시켜 준다. 크게 직선(수직선, 사선, 지그재그선), 곡선(원, 타원, 와선 등)으로 나뉜다.
- 선은 폭이 넓어지면 면이 되고, 굵기를 늘리면 공간 또는 입체가 된다. 따라서 선은 방향이나 굵기, 모양 등에 의해 다양한 시각적 느낌을 만들어 낼 수 있다.
- 선의 동작 특성에 영향을 끼치는 것은 점의 운동의 속도, 깊이, 방향, 강약 등이다. 직선이 가늘면 예리하고 가벼운 표정을 가진다.
- 직선은 단순, 남성적, 명확, 확실하며 정적인 느낌이다.

31 ③

재활용을 고려한 디자인으로 많은 노동력과 복잡한 공정이 요구되지 않는다.

그린디자인의 디자인 방법

그린디자인이란 환경오염 문제를 고려하여 건강하고 조화로운 환경을 추구하는 디자인이다. 디자인 과정에서 재활용, 재사용, 절약, 제품수명 연장 등이 고려되며, 에너지와 자원의 효율성을 높인다.

32 ②

독일공작연맹

- 1907년 독일 건축가인 헤르만 무테지우스를 중심으로 결성되어 예술가, 건축가뿐만 아니라 공업이나 상업에 종사하는 다양한 직업군의 전문가들이 협력하여 만든 디자인 진흥 단체이다.
- 우수한 미적 기준을 표준화하여 대량생산하고, 수출을 통해 독일의 국부 증대를 목표로 하였다.
- 합리적이고 단순한 디자인을 추구하였으며 미술과 산업의 협력으로 공업 제품의 질을 높이고 규격화를 실현하여 대량 생산에 의한 양을 긍정하여 모던 디자인, 디자인 근대화 탄생의 발판을 마련하였다.

33 ①

메이크업의 3대 관찰 요소

배분(이목구비의 비율), 배치(얼굴형), 입체(코, 볼 등 입체 부위 관찰)

34 ③ `틀리기 쉬운 문제`

직선적 아르누보는 오스트리아 빈을 중심으로 발전하였다.

35 ②

디자인

디자인이란 이와 같이 계획, 설계를 통해 인간생활의 목적에 맞고 실용적이면서 미적인 조형 활동을 계획하고 그를 실현한 과정과 그에 따른 결과로 정의될 수 있다.

36 ① `틀리기 쉬운 문제`

디자인 사조

- 미술공예운동은 윌리엄 모리스의 노력에 힘입어 19세기 후반 예술성을 지향하는 몇몇 길드(Guild)와 새로운 세대의 건축가, 공예 디자이너에 의해 성장하였다.
- 키치란 원래 낡은 가구를 주워 모아 새로운 가구를 만든다는 뜻으로 지속한 모빙에술을 의미한다.
- 데스틸은 신조형주의 운동으로서 개성을 배제하는 주지주의적 추상미술운동이다.
- 큐비즘 입체주의 화가들은 자연적 형태는 기하학적인 동일체의 방향으로 단순화시키거나 세련되게 할 수도 있다고 하였다.

37 ②

극한법

자극의 크기나 강도를 일정방향으로 조금씩 변화시켜 나가면서 그 각각 자극에 대하여 서로 반대어 쌍, 상반되는 이미지 또는 자극을 비교하는 방식으로 '크다/작다, 보인다/보이지 않는다.' 등의 판단을 하는 색채디자인 평가방법이다.

38 ④

문화성

지역의 고유한 민족적, 지리적, 토속적 환경이 생활습관, 전통과 결합되면서 여러 대(代)를 거쳐 형태의 세련미와 사용상의 개선이 이루어지며 나타나게 된 인간 중심의 디자인을 말한다. 베네큘러 디자인, 에스닉 디자인, 엔틱 디자인이 문화성과 관련된 디자인 방법이다.

39 ①

플럭서스

- 라틴어로 '변화', '흐름', '움직임'이라는 뜻으로 1960년대 초부터 1970년대에 걸쳐 독일 중심으로 일어난 극단적인 반예술적 전위예술 운동이다.
- 전반적으로 불안한 느낌의 회색조, 붉은 색, 어두운 톤이 주를 이룬다.

40 ①

개인의 개성과 호감이 중요한 분야

미용디자인은 인체의 아름다움을 표현하는 디자인으로 대상의 특징을 분석하여 개인의 미적 요구와 시대적 유행, 보건위생상의 안전과 기능성, 사회활동에 도움이 되어야 함 등을 종합적으로 고려한 색채를 계획한다. 미용디자인의 범위는 일반적으로 헤어스타일, 메이크업, 네일케어, 스킨케어 등이다. 외적 표현수단으로서의 퍼스널 컬러는 매우 중요한 미용디자인의 한 부분이다.

41 ④
적어도 2,000lx의 조도가 되어야 한다.

42 ③ 틀리기 쉬운 문제
복사의 분광 분포를 파장의 함수로 측정하는 계측기는 분광 복사계이다.

43 ④
컬러 어피어런스
어떤 색채가 관측자의 색채 적응조건이나, 조명, 매체, 배경색 등에 따라 다르게 보이는 현상을 의미하며, 메타메리즘(Metamerism) 현상으로 불리기도 한다.

44 ④
광측정
인간의 눈을 기준으로 물체의 광도를 측정하는 방법은 전광속, 광도, 휘도, 조도 등이 있다.

구분	의미	단위
전광속	광원이 방사하는 총 에너지량이다.	루멘(lm)
광도	광원이 일정한 방향으로 방사하는 에너지량으로, 단위 입체각으로 각 1루멘의 에너지를 방사하는 광원의 광도가 1칸델라이다.	칸델라(cd)
휘도	광원이 단위면적당 입체각으로 복사하는 밝기 또는 반사면의 밝기를 의미하며, 단위면적당 1cd의 광도가 측정된 경우 1cd/㎡라고 한다.	칸델라/제곱미터 (cd/㎡) 혹은 니트(nt)
조도	광원이 단위면적에 입사하는 에너지로, 1㎡에 1루멘의 광속이 입사된 경우 1lx라고 한다.	럭스(lx)

45 ④
CIE에서 규정한 측색용 기준광. CIE 표준광에는 표준광 A, D_{65}가 있고, D_{50}, D_{55}, D_{75}를 비롯한 주광, 그리고 기타의 광 B와 F8이 있다. 따라서 인공의 평균 주광으로 D_{50}은 사용할 수 있다.

46 ①
플라스틱의 장점
- 대량생산이 가능하고 가격이 저렴하다.
- 광택이 좋고 다양한 색상의 착색이 가능하여 고운 색채를 낼 수 있다.
- 가볍고 성형이 자유롭다.
- 투명도가 높고 굴절률 낮아 유리, 도자기, 목재 등의 대체품으로 사용된다.

- 전기절연성이 우수하다.
- 내수성, 내투습성이 우수하고 산, 알칼리 등에 부식이 잘 되지 않는다.

플라스틱의 단점
- 자외선에 약하며 변색되기 쉽다.
- 환경호르몬이 발생한다.
- 정전기가 일어나기 쉽다.
- 온도와 압력에 변형이 일어나고 흠집이 발생하며 깨지기 쉽다.
- 수명이 영구적이어서 폐기가 어려워 환경문제를 야기한다.

47 ③ 틀리기 쉬운 문제
렌더링 의도는 입출력 장비의 색채 구현 영역이 서로 달라 어떤 색공간의 색정보를 ICC 프로파일을 사용하여 변환할 때 사용한다. 상대색도(Relative Colorimetric) 렌더링은 입력의 흰색을 출력의 흰색으로 매핑하며, 지각적 렌더링이 전체 색간의 관계를 유지하면서 출력 색역으로 색을 압축한다.

48 ② 틀리기 쉬운 문제
45° 경면 광택도 : 도장면, 타일, 법랑 등 일반적 대상물의 측정
물체를 거울면에 비춰보며 측정하는 방법
- **85° 경면 광택도** : 종이, 섬유 등 광택이 거의 없는 대상
- **60° 경면 광택도** : 광택 범위가 넓은 범위를 측정하는 경우
- **45° 경면 광택도** : 도장면, 타일, 법랑 등 일반 대상물
- **20° 경면 광택도** : 도장면, 금속명 등 비교적 광택도가 높은 물체끼리 비교

49 ②
조건등색지수(MI)
- 조건등색지수란 조건등색쌍의 조건등색도를 표시하는 지수이다.
- 2개의 시료가 기준광으로 조명되었을 때 기준 관측자 또는 연령별 평균 관측자가 조건등색쌍을 완전히 등색이 아니라고 판단하는 경우에는 시험광으로 조명되었을 때의 3자극값이 같도록 보정을 한 후, 각각의 지수를 구한다.

50 ③
- **분광 반사율** : 물체에서 반사하는 파장의 분광 복사속과 물체에 입사하는 파장의 분광 복사속의 비율
- **분광 입체각 반사율** : 동일 조건으로 조명하여 한정된 동일 입체각 내의 물체에서 반사하는 복사속과 완전 확산 반사면에서 반사하는 복사속의 비율
- **복사 휘도율** : 동일조건으로 조명 및 관측한 물체의 파장에 있어서 분광 복사 휘도와 완전 확산 반사면의 비율
- **완전확산반사면** : 입사한 복사를 모든 방향에 동일한 복사 휘도로 반사한 비율

51 ④ 틀리기 쉬운 문제
불투명하게 플라스틱을 채색하고자 할 때는 안료와 플라스틱 사이의 굴절률 차이를 크게 해야 한다.

52 ④

ISO 3664 컬러 관측 기준
- 분광분포는 CIE 표준광 D50을 기준으로 한다.
- 반사물에 대한 균일도는 60% 이상, 1200lux 이상이어야 한다.
- 투사체에 대한 균일도는 75% 이상, 1270cd/ 이상이어야 한다.
- 10%에서 60% 사이의 반사율을 가진 무채색 무광 배경이 요구된다.

53 ③

셸락 니스와 속건 니스는 도막이 물러지기 쉽다.

54 ② 틀리기 쉬운 문제

시각에 관한 용어
- **가독성** : 문자, 기호 또는 도형의 읽기 쉬움 정도
- **박명시** : 명소시와 암소시의 중간 밝기에서 추상체와 간상체 양쪽이 움직이고 있는 시각의 상태
- **자극역** : 자극의 존재가 지각되는가의 여부의 경계가 되는 자극 척도상의 값
- **동시대비** : 공간적으로 근접하여 나타나는 2가지 색을 차례로 볼때에 일어나는 색 대비

55 ③

스토캐스틱 스크리닝은 FM 스크리닝 기법이다.

56 ④ 틀리기 쉬운 문제

광원이 바뀌어도 분광반사율이 완전히 일치하면 무조건 등색(아이소머리즘)을 실현할 수 있게 된다. 따라서 메타메리즘 현상은 일어나지 않는다.

57 ②

색채변환을 위해서 항상 입력과 출력 프로파일이 필요하다.

ICC 기반 색채관리시스템
입력 장치와 출력 장치는 빛을 혼색하는가 혹은 물감이나 잉크를 혼색하는가에 따라 전혀 다른 색공간을 구현하는데, 이러한 색의 불일치를 색역 매핑 등을 통해 해소하고자 사용하는 시스템이 색채관리시스템이다.

58 ②

디지털 컬러 시스템
먼셀의 색채개념인 색상, 명도, 채도와 유사한 구조의 디지털 색채 시스템은 HSV 색체계이다. 색상(H), 명도(V), 채도(S)를 중심으로 구성한 색채 모형으로 명도(V) 대신 밝기(Brightness)를 써서 HSB라고도 하며, 명도(Lightnees)를 사용해서 HSL이라고 표현하기도 한다.

59 ②

색채를 효과적으로 재현하기 위해서는 재현하려는 표준 표본의 측색을 바탕으로 한 색채 정량화가 우선시 되어야 한다.

60 ③

안료의 특징
- 비수용성이다.
- 불투명하다.
- 무기물이다.
- 소재에 대한 친화력이 없어 고착제(접착제)를 사용한다.
- 은폐력이 높다.
- 플라스틱, 고무, 유성 페인트에 쓰인다.
- 수지에 용해되지 않고 빛을 산란시킨다.

 제4과목 : 색채 지각론

61 ②

연색성
연색성은 광원에 따라서 물체의 색감에 영향을 미치는 현상으로, 같은 물체 색이라도 광원의 분광에 따라 다른 색으로 지각되는 것을 말한다. 즉, 어떤 조명으로 보느냐에 따라 그 색감이 달라지는 현상을 말한다. 연색성의 예로 정육점에 붉은색 조명을 하여 고기가 싱싱하게 보이게 하는 것이다.

62 ②

인쇄에서의 혼색
인쇄는 감법혼색으로 색료의 3원색은 시안(Cyan), 마젠타(Magenta), 노랑(Yellow)이며 모두 혼합하면 검정에 가까운 색이 된다. 잉크의 양을 절약하기 위해서는 백색 잉크가 아닌 검정 잉크를 추가하여 4원색을 원색으로써 중복 인쇄하게 된다.

63 ④

베졸드(Bezold) 효과
베졸드(Bezold) 효과는 대표적인 동화현상이다. 베졸드는 하나의 색만 변화시켜도 양탄자 디자인의 전체 색조를 변화시킬 수 있다는 것을 발견하였으며, 면적이 작거나 무늬가 가늘 때 생기는 효과로써 배경과 줄무늬의 색이 비슷할수록 그 효과가 커진다.

64 ②

간상체와 추상체
망막에는 추상체와 간상체라는 두 가지의 중요한 광수 용기가 있다. 추상체가 가장 민감하게 반응하는 파장은 560nm이고, 간상체가 가장 민감하게 반응하는 파장은 500nm이다.

65 ④

산란
빛의 산란은 빛이 매질에 닿아 불규칙하게 흩어져 버리는 현상으로, 태양의 빛은 대기 중의 질소나 산소 분자에 의해 산란된다. 새벽빛의 느낌, 낮의 태양광선, 구름, 저녁노을, 파란 하늘 등 하루의 대기 변화를 느낄 수 있는 것과 관계가 있다.

66 ①

가법혼색

가법혼색은 혼합된 색의 명도가 혼합 이전의 평균 명도보다 높아지는 색광의 혼합을 말한다. 두 종류 이상의 색광을 혼합할 경우 빛의 양이 증가하기 때문에 명도가 높아진다는 뜻에서 가법이나 가산이라는 단어를 사용한다. 가법혼색은 빛의 혼합으로 조명, 컬러 TV가 해당된다.

67 ④ 〔틀리기 쉬운 문제〕

시인성

시인성이란 대상의 식별이 쉬운 성질, 물체의 색이 얼마나 뚜렷이 잘 보이는가의 정도를 말하며 명시도, 가시성이라고도 한다. 색의 3속성 중에서 배경과 대상의 명도 차이가 클수록 잘 보이게 되고, 명도차가 있으면서 색상 차이가 크고 채도 차이가 있으면 시인성이 더 높다.

68 ②

색채의 경연감

색의 경연감이란 부드럽고 딱딱한 느낌을 말한다. 색의 경연감은 채도와 명도에 의해 좌우되며, 부드러운 느낌은 고명도의 저채도의 난색계열이며, 딱딱한 느낌은 저명도의 고채도의 한색계열이다.

69 ④ 〔틀리기 쉬운 문제〕

분광반사율은 빛에 의하여 물체의 색을 결정하는 광원의 성질로 빛을 반사하는 파장별 세기를 말한다. 각각 A – 레몬, B – 오렌지, C – 토마토, D – 양배추의 분광반사율 곡선을 나타낸다.

70 ④

빠르게 도는 색팽이의 색은 회전 혼색에 속한다.

병치 혼색

병치 혼색은 두 개 이상의 색을 병치시켜 일정 거리에서 바라보면 망막상에서 혼합되어 보이는 색이다. 텔레비전이나 컴퓨터의 컬러 모니터, 모자이크 벽화, 직물에서의 베졸드 효과, 망점에 의한 원색 인쇄 등에 활용된다.

71 ①

푸르킨예 현상

푸르킨예 현상은 암순응되기 전에는 빨간색 꽃이 잘 보이다가 암순응이 되면 파란색 꽃이 더 잘 보이게 되는 것으로 광자극에 따라 활동하는 시각 기제가 바뀌는 것이다. 주위의 밝기에 따라 물체 색의 명도가 달라 보이는 것으로 밝은 곳에서는 장파장 계열의 색이, 어두운 곳에서는 단파장 계열의 색이 상대적으로 밝게 보인다.

72 ③

① 경쾌하고 시원한 느낌은 청록, 파랑, 남색 등의 한색계열이며, 빨강, 주황, 노랑 등의 난색은 따뜻하게 느껴지는 색이다.
② 빨간 계열의 장파장은 시간이 길게 느껴지고 속도감이 빠르게 느껴지며, 파란 계열의 단파장의 색은 시간이 짧게 느껴지고 속도감이 느리게 느껴진다.
④ 색의 중량감은 주로 명도에 의하여 좌우된다.

73 ③

색의 면적

동일한 형태, 동일한 크기라도 색에 따라 크기가 변화하여 보이는 경우가 많다. 실제보다 크게 보이는 색을 팽창색, 실제보다 작게 보이는 색을 수축색이라고 한다. 주로 명도의 영향을 받는데 명도가 높을수록 커 보이고 낮을수록 작아 보이며, 저명도, 저채도, 한색 계열이 후퇴해 보이고 작아 보인다. 따라서 명도가 낮은 파란색이 물체에 적용 시 가장 작아 보인다.

74 ②

연변대비

연변대비란 두 색이 인접해 있을 때 서로 인접되는 부분이 경계로부터 멀리 떨어져 있는 부분보다 색상, 명도, 채도의 대비 현상이 더욱 강하게 일어나는 현상을 말한다. 연변대비의 예로 노트르담 대성당의 스테인드글라스 제작기법을 보면 원색으로 이루어진 바탕 그림 사이에 검은색 띠를 두른 것이 발견되는데 이는 연변대비를 약화하려는 시각적 보정 작업이다.

75 ③ 〔틀리기 쉬운 문제〕

리프만 효과(Liebmann's Effect)

리프만 효과는 그림과 바탕의 색이 서로 달라도 그 둘의 밝기 차이가 크지 않을 때, 그림으로 된 문자나 모양이 뚜렷하지 않게 보이는 현상이다. 색상의 차이가 커도 명도의 차이가 작으면 색의 차이가 쉽게 인식되지 않아 색이 희미하고 불명확하게 보이는 것을 말한다. 따라서 명도의 차이와 관련이 높기에 명시성과 관련이 높다.

76 ②

색의 혼합

색채 혼합이란 서로 다른 성질의 색이 섞이는 것으로 두 개 이상의 색료나 잉크, 색광 등을 혼합하여 새로운 색을 만들어 내는 것을 말한다.

77 ①

색음현상

색음현상이란 색을 띤 그림자라는 의미로, 괴테가 발견하여 괴테 현상이라고도 한다. 어떤 빛을 물체에 비추면 그 물체의 그림자가 빛의 반대 색상(보색)의 색조를 띠어 보이는 현상을 말한다.

78 ②

추상체

망막에는 추상체와 간상체라는 두 가지 중요한 광수 용기가 있다. 그 중 추상체는 망막의 중심부에 모여 있으면서 색상을 구별해 준다. 간상체가 흑백 필름의 역할이며, 컬러 필름은 추상체의 역할을 한다.

79 ①

감법혼색

감법혼색은 혼합된 색의 명도나 채도가 혼합 이전의 평균 명도나 채도보다 낮아지는 색료의 혼합을 말한다. 감법혼색에는 물감, 페인트, 인쇄 잉크가 있으며 컬러 TV는 가법혼색의 종류이다.

80 ②

명시성

색의 명시도는 인간의 눈이 채도의 차(20단계 구분)보다 명도의 차(500단계 구분)를 더 세분되게 느끼기 때문에 같은 조건이라면 채도 차보다 명도차가 클 때 명시도는 높아진다. 따라서 도로 안내 표지를 디자인할 때는 채도차보다 명도차를 더 고려해야 한다.

5 제5과목 : 색채 체계론

81 ③

문 · 스펜서(Moon · Spencer)의 색채소화론

문(P. Moon)과 스펜서(D.E. Spencer)에 의한 색채 조화의 과학적이고 정량적 방법이 제시된 조화론이다. 조화는 미적 가치를 가지는 것이라 하였고, 부조화는 미적 가치가 없는 것으로 규정하였다. 부조화는 배색할 때 원하지 않는 색의 차이가 생겨 배색의 결과가 불쾌하게 보이는 경우에 부조화가 발생한다. 즉, 아주 가까운 색들의 배색으로 인한 제1부조화(First Ambiguity), 유사 배색과 같은 공통 속성도 없으며 대비 배색처럼 눈에 띄게 차이가 있는 제2부조화(Second Ambiguity), 극단적인 반대색의 눈부심의 부조화(Glare)를 말한다.

82 ②

먼셀 색체계

현재 전 세계적으로 가장 많이 쓰이고 있으며, 지각색을 체계화하여 표시하는 방법으로 한국, 일본, 미국 등에서 표준 체계로 사용되고 있다. 우리나라의 경우, 한국산업규격 KS A 0062 색의 3속성에 의한 표시 방법에서 먼셀 색체계의 색표기에 근거하여 색을 표시하고 있다.

83 ②

OLIVE는 O가 아닌 OI이다.

84 ①

벽람색(碧藍色)은 밝은 남색에 해당한다.

85 ③

NCS 색체계에서는 색을 색상과 뉘앙스(Nuance)로 표현할 수 있다. S2030은 제2집, 검정색도 20%, 순색도 30%를 나타내고, Y90R은 90%의 빨간색도를 가진 노란색을 의미한다.

86 ④

NCS 색체계

NCS는 스웨덴 색채 연구소가 1964년부터 1972년까지 연구하고 발표하여 스웨덴과 노르웨이의 국가 규격으로 채택하여 사용하고 있다. NCS 표색계는 노르웨이, 스페인, 스웨덴의 표준색을 제정하는 데 기여하였으며, 영국 런던의 모든 지하철 노선에 NCS 색상이 적용되는 등 유럽을 비롯한 전 세계에서 사용되며 먼셀 표색계와 가장 호환성이 좋은 색체계로써 활용도도 크게 기대되고 있다. 시대에 따라 변하는 유행색(Trend Color)이 아닌 보편적인 자연색을 기본으로 한 표색계이다.

87 ④

PCCS 색체계는 국제표준색체계가 아닌 일본색채연구소가 1964년에 일본색연배색체계(Practical Color Coordi-nate System)의 명칭으로 발표한 것으로, 색채 조화를 주목적으로 한 컬러 시스템이다.

88 ④

DIN 색체계

DIN 색체계는 1955년 독일공업규격위원회에서 채택된 표색계는 오스트발트 체계를 기본으로 하여 실용화에 주안점을 두고 개발된 색 표색계이다. DIN 표색계는 색의 3속성의 변수가 뚜렷하고, 오스트발트의 24색상을 기준으로 하였으며 채도에 명도의 단계가 도입된 오스트발트 표색보다 좀 더 현실적이고 실제적이다. 색상은 24개의 색상으로 구성하고, 채도는 0~15까지로 16단계(0은 무채색), 명도(어두운 정도)는 0~10까지로 11단계(10은 검은색)로 나누었다. 색상을 T, 포화도(채도)를 S, 암도(명도)를 D로 표기하였다. 색상:포화도:암도=T:S:D와 같이 3가지 기호로 표기한다.

89 ①

먼셀은 색의 3속성인 색상(Hue), 명도(Value), 채도(Chroma)로 색을 기술하였고, 색상을 각각 빨강(R), 노랑(Y), 초록(G), 파랑(B), 보라(P)의 다섯 가지 색을 기본으로 하였다. 이것은 다시 10등분되어 100색상으로 분할된다. 따라서 연두는 기본 다섯 가지 색상이 아니다.

90 ②

혼색계 시스템

혼색계는 색광을 표시하는 표색계로, 빛의 가산 혼합 원리를 기초로 한 표색계이다. 빛의 체계를 등색 수치나 감각으로 표현한 체계로, 우리가 경험하는 모든 색에 일치하는 결과를 얻을 수 있다. 혼색계의 종류에는 CIE 표준 표색계(1931)가 가장 대표적인 혼색계이며, CIE의 XYZ, Hunter Lab, CIE의 L*a*b*(1976), CIE의 L*u*v*(1976) 등이 있다.

91 ④

오스트발트 색입체
오스트발트의 색체계의 등색상면은 정삼각형 형태인데, 이 등색상 삼각형을 무채색 축을 중심축으로 해서 차례로 세워 배열하면 복원 추체 모양이 된다. 오스트발트의 기호 표시법은 순색량(C)+백색량(W)+흑색량(B)=100이라는 공식에 따라 색상 번호로 백색량과 흑색량은 붙여 나타낸다. 등순계열은 WB와 평행선상에 있는 색으로 순색의 혼합량이 모두 같은 계열이고, 등흑계열은 CW와 평행선상에 있는 색으로써 흑색량이 모두 같은 계열이다. 따라서 등순계열의 색은 순색량이 같은 것이지 흑색량과 순색량이 같지 않다.

92 ①

오방간색
녹(綠), 벽(碧), 홍(紅), 자(紫), 유황(硫黃) 색을 말하고 음에 해당하며 땅을 의미한다. 초록은 청황색으로 동방의 간색이고, 홍색은 적백색으로 남방의 간색이고, 벽색은 청백(담청)색으로 서방의 간색이고, 자색은 적흑색으로 북방의 간색이고, 유황색은 황흑색으로 중앙 간색이며 이를 오방간색이라고 한다.

93 ①

CIE 색체계의 특성
색공간에서 지각적인 색통합이 가능하여 동일 색상을 찾기 쉬운 것은 현색계이다. CIE는 현색계가 아닌 혼색계이다.

94 ③

L*은 명도를, C*는 중심에서 특정색까지의 거리와 채도를, h는 색상의 종류를 나타낸다.

95 ④ 　틀리기 쉬운 문제

PCCS 색체계
일본색채연구소가 1964년에 일본색연배색체계(Practical Color Coordi-nate System)의 명칭으로 발표한 것으로, 색채 조화를 주목적으로 한 컬러 시스템이다. 이 체계는 톤의 개념이 도입된 것이 특징인데, 실질적인 배색 계획이 적합하여 배색 조화를 얻기 쉽고 계통색명과도 대응시킬 수 있어, 일본에서는 디자인계와 교육계에 널리 보급되어 있다.
① 일본에서 디자인계와 교육계에 널리 보급되어 있다.
② NCS의 4원색을 기준으로 삼고 색상은 색의 3원색 C, M, Y와 색광의 3원색 R, G, B, 심리의 4원색 빨강(R), 노랑(Y), 초록(G), 파랑(B)을 기본색으로 놓고, 서로 반대쪽에 위치시켜 2등분하여 8색을 만든다.
③ 흰색과 검정 사이를 절반으로 나누어 '흰색–중간 회색–검정'의 3단계로 나눈 뒤 또 그사이를 '흰색–밝은 회색–중간 회색–어두운 회색–검정'의 5단계로 나누고 사이사이 중간을 0.5 단계가 될 때까지 분할해 17단계의 명도 단계로 구분한다.

96 ②

CIE L*u*v* 색좌표
L*은 반사율이 아닌 인간의 시감과 동일한 명도이며, 단계별로 명도를 느낄 수 있다. u*는 노란색– 파란색 축을, v*는 빨간색– 초록색 축을 나타낸다. 선진국에서 산업 규격으로 널리 사용되고 있다.

97 ②

먼셀 색체계의 색채표기법
색을 먼셀 기호로 표시할 때는 색상(Hue), 명도(Value), 채도(Chroma)의 3속성을 H V/C 순서로 기록한다.

98 ③ 　틀리기 쉬운 문제

- **기본색명** : 한국산업규격(KS A 0011)에 기재된 기본적인 색의 구별을 나타내기 위한 기복색의 이름이다. 우리나라는 12개의 유채색과 3개의 무채색으로 기본색을 규정하고 있다.
- **관용색명** : 습관상 사용되는 개개의 색에 대한 고유색명으로 동물, 식물, 광물, 자연대상물, 지명, 인명 등의 이름을 따서 만든 것이다. 계통색명이란 기본색명에 색의 3속성(색상, 명도, 채도)이 드러나도록 수식어를 붙여 표현하는 색이름을 말한다.

99 ②

오스트발트 색채체계
오스트발트의 색채계의 등색상면은 정삼각형 형태인데, 이 등색상 삼각형을 무채색 축을 중심축으로 해서 차례로 세워 배열하면 복원 추체 모양이 된다. 오스트발트의 기호 표시법은 순색량(C)+백색량(W)+흑색량(B)=100이라는 공식에 따라 색상 번호로 백색량과 흑색량은 붙여 나타낸다. 등순계열은 WB와 평행선상에 있는 색으로 순색의 혼합량이 모두 같은 계열이고, 등흑계열은 CW와 평행선상에 있는 색으로써 흑색량이 모두 같은 계열이다. 따라서 그림의 단일 색상면 삼각형 내에서 동일한 흑색을 가지는 색채를 일정한 간격으로 선택하여 배색하면 조화를 이룬다는 것이 등흑 계열의 조화이다.

100 ①

쉐브럴(M. E. Chevreul)의 색채조화론
쉐브럴(Chevreul)의 색채 조화론에서는 색채 유사 조화와 대비 조화를 구별했으며 이러한 색의 대비에 기초한 배색 이론은 색의 3속성과 색의 체계에 대한 의식을 새롭게 하였다. 색상환에서 서로 인접한 색상들처럼 대비가 작은 색들은 시각적으로 섞이는 경향이 있으므로 유사색은 적은 양을 분산시켜 사용하는 것이 바람직하며, 주요 색상이 원색일 때 최상이 될 수 있다고 주장하였다.

01 ②	02 ①	03 ①	04 ③	05 ③
06 ①	07 ③	08 ④	09 ④	10 ④
11 ②	12 ③	13 ④	14 ④	15 ①
16 ③	17 ③	18 ④	19 ④	20 ①
21 ④	22 ①	23 ④	24 ②	25 ④
26 ②	27 ①	28 ③	29 ③	30 ②
31 ②	32 ③	33 ④	34 ③	35 ④
36 ③	37 ①	38 ①	39 ①	40 ②
41 ④	42 ②	43 ②	44 ③	45 ②
46 ③	47 ③	48 ①	49 ④	50 ②
51 ③	52 ③	53 ②	54 ②	55 ④
56 ③	57 ③	58 ②	59 ④	60 ②
61 ③	62 ①	63 ④	64 ①	65 ②
66 ③	67 ④	68 ③	69 ④	70 ④
71 ①	72 ④	73 ③	74 ①	75 ③
76 ③	77 ②	78 ③	79 ②	80 ②
81 ③	82 ①	83 ③	84 ②	85 ③
86 ④	87 ①	88 ④	89 ④	90 ②
91 ③	92 ③	93 ③	94 ①	95 ②
96 ①	97 ②	98 ②	99 ③	100 ①

1 제1과목 : 색채 심리·마케팅

01 ②
마케팅 전략 단계
대량 마케팅 → 제품(다양화) 마케팅 → 표적 마케팅 → 개인 맞춤 마케팅
- **대량 마케팅**
  - 시장세분화를 하지 않고 전체 시장에 대해 한 가지 마케팅 믹스만 제공하는 것이다.
  - 생산, 유통, 광고, 재고관리 등 비용 절감이 가능하다.
  - 대량생산, 대량유통, 대량판매를 하는 마케팅이다.
- **제품 마케팅** : 제품의 품질, 서비스, 구매자 중심의 시장, 상호만족으로 고객 성향에 맞춘 다양화 마케팅이라고 부르기도 한다.
- **표적 마케팅** : 소품종 대량생산에서 다품종 소량생산 체제로 변하면서 최근 시장은 표적 마케팅이 각광받고 있다.

02 ①
색채와 공감각
뉴턴(Newton)은 색채와 소리의 조화를 발견한 대표적인 사람이다. 그는 분광 실험을 통해 '빨강-도, 주황-레, 노랑-미, 녹색-파, 파랑-솔, 남색-라, 보라-시'와 같이 색을 7음계와 연계시켰다. C음은 청색이 아닌 빨강이다.

03 ①
색채 지리학
프랑스의 장 필립 랑크로(Jean Philippe Lenclos)는 수십 년에 걸친 여행과 현장 분석, 체계적인 조사를 통해 다양한 주거지의 색채 범위를 살펴보고, 지형, 기후, 빛, 사회문화적 관습, 지역 전통, 건축 기술과 같은 여러 요소가 각 나라와 각 지방의 풍경마다 서로 다른 건축적 개성과 특징적인 색채를 부여한다는 '색채 지리학'의 개념을 발전시켰다.

04 ③
기억색
보통 '바나나'를 '노란색'이라고 말하는데 노란색은 우리가 본 많은 바나나의 표면색 중 하나에 불과하다. 이처럼 대상의 표면색에 대해 무의식적 추론을 통해 결정되는 색채를 기억색이라고 한다.

05 ③
생산단계에서 색채를 핵심 요소로 하여 제품을 개발하는 것은 제품 디자인에 대한 설명이다.

06 ①
단순히 물적 충실, 경제적 효용의 중시로 생활유형이 대두된 것이 아니라 소비자의 가치관, 소비형태, 행동특성을 조사하여 색채마케팅에 더 나은 기준을 삼기 위함이다.
소비자 생활유형(Life Style)
라이프 스타일은 개인의 동기, 시간, 사전학습, 재화, 사회계층 등 여러 가지를 고려한 개성과 가치를 반영하여 세상을 살아가는 방식이다. 즉 소비자가 어떤 방식으로 시간과 재화를 사용하면서 세상을 살아가는가에 대한 선택을 의미한다. 가족 수, 지역, 생활주기, 소득, 직장 등을 바탕으로 다양한 라이프 스타일이 존재한다.

07 ③
색채 조사를 위한 표본 추출 방법
색채 정보 수집 방법 중 표본(연구) 조사법은 색채 정보 수집 방법 중 가장 많이 사용하는 조사법이다. 조사 대상의 집단 가운데 일부분을 무작위 추출하고 그 결과를 토대로 집단 전체를 집계하는 방법이다. 조사 대상의 속성이 복잡 다양해 모든 특성을 고려한 표본 선정은 어려우므로 표본은 무작위로 추출하며 표본 선정은 올바르고 정확하며 편차가 없는 방식으로 해야 한다.

08 ④
바삭바삭 씹히는 맛의 초콜릿 포장지는 밝은 핑크보다 주황색이 더 잘 어울린다.

09 ④
서양에서 흰색은 결백, 순결을 의미한다. 평화, 진실, 협동은 파랑과 관련이 있다.

10 ④ 틀리기 쉬운 문제

체크리스트법은 아이디어 발상법에 속한다.

색채 정보 수집 방법

색채 시장조사의 자료수집 방법에는 실험 연구법, 서베이 조사법, 패널 조사법, 현장 관찰법, 질문지법, 포커스 그룹 조사법, 표본(연구) 조사법이 있다.

11 ②

포지셔닝이란 제품이나 브랜드를 소비자들 마음속에 유리한 위치를 차지하게 만드는 과정을 말한다.

12 ③

도입기에 새롭고 차별화된 마케팅 및 광고 전략이 필요하다.

제품 수명주기

• **도입기** : 아이디어, 광고 홍보, 상품화 단계로 신제품이 시장에 진출하는 시기로 수익성이 낮다.

• **성장기**

 − 해당 제품의 색채 등을 다양화하면서 생산비용이 증가하지만 제품의 인지도, 판매량, 매출도 함께 증가하는 시기이다.

 − 유사제품이 등장하고 시장이 확대되는 시기로 브랜드의 우수성을 알리고 대형시장에 침투해야 한다.

• **성숙기**

 − 생산 비용은 상대적으로 줄어들고 매출이 상한선까지 올라가는 시기로 이익이 최대로 증대되고 동시에 하강하기 시작하는 시기이다.

 − 기업 간의 치열한 경쟁으로 가격, 광고, 유치경쟁이 치열한 시기로 세분화된 시장에 맞는 색채의 세분화, 차별화된 마케팅, 광고 전략이 필요하다.

• **쇠퇴기** : 매출과 생산비용이 모두 하락하고 새로운 상품으로 대체되거나 소멸한다. 새로운 대처 방안을 모색해야 한다.

13 ④

쓴맛은 순색보다 올리브그린(Olive Green)과 마룬(Brown–Maroon)색에서 느껴진다.

색채의 공감각

색은 식욕을 자극하여 식욕을 증진시키거나 감퇴시키는 역할을 한다. 색에 따라서 맛을 느끼기도 하는데 일반적으로 빨강, 오렌지색, 주황과 같은 난색계열은 식욕을 돋우고 파랑과 같은 한색계열은 식욕을 감퇴시킨다.

14 ④

SWOT 분석

• 기업의 내 · 외부 환경 분석을 통해 강점(Strength)과 약점(Weakness), 기회(Opportunity)와 위협(Threat) 요인을 규정하고 이를 바탕으로 마케팅 전략을 수립하는 기법이다.

• 학자에 따라서 외부환경을 강조한다는 점에서 위협, 기회, 약점, 강점을 TOWS라 부르기도 한다.

15 ①

색채별 치료효과

노랑은 피로 회복, 신경계 강화, 맑은 정신에 효과적이며, 보라는 불면증 치료, 신진대사의 균형, 두뇌와 신경계에 효과적이다. 주황은 소화계 영향, 체액 분비, 성적 감각 자극, 식욕 촉진에 영향을 준다.

16 ③ 틀리기 쉬운 문제

군집(Cluster) 표본추출 과정

군집 표본추출법은 표본 추출 시 모집단을 하위 집단으로 구획하여 하위 집단을 뽑는다. 모집단을 모두 포괄하는 목록을 가지고 체계적으로 선정해야 한다. 편의가 없는 조사가 되기 위해서는 표본을 무작위로 뽑아야 한다.

17 ④

구매의사결정

구매 후 행동에 대하여 '잘못된 구매가 아닐까?' 하는 의구심이 드는 것으로 실제 제품 구매 후 기대치에 못 미치고 만족하지 못할 때 구매 당시의 확신과 심리적 부조화 현상이 일어나는 것을 인지 부조화라고 한다. 따라서 소비자는 구매 후 다른 행동을 옮길 수 있으며 인지 부조화를 느낄 수 있다.

18 ④ 틀리기 쉬운 문제

마케팅 정보 시스템

• 마케팅 정보 시스템은 마케팅과 관련된 필요한 정보를 수집하고 분석하여 마케팅 의사결정자에게 적시에 제공하는 시스템이다.

• 마케팅 정보 시스템은 내부 정보 시스템, 마케팅 의사결정 지원 시스템, 고객정보 마케팅 인텔리전트 시스템 혹은 조직 특성 세분화(기업의 의사결정에 영향을 미칠 수 있는 기업 관련 마케팅 정보를 수집), 마케팅 조사 시스템이 있다.

19 ④

시장 세분화 기준

• **지리적 변수** : 지역, 도시 규모, 기후, 인구밀도, 지형적 특성 등

• **인구학적 변수** : 연령, 성별, 직업, 소득, 교육수준, 종교, 가족 규모 등

• **심리적 욕구 변수** : 사회계층, 개성, 생활양식 등

• **행동 분석적 변수** : 구매동기, 브랜드 충성도, 사용 경험, 경제성, 품질 등

20 ①

생산 지향적 마케팅

제품 및 서비스의 생산과 유통을 강조하여 효율성을 개선

21 ④

케라틴은 머리털, 손톱, 피부 등 상피구조의 기본을 형성하는 단백질이다.

22 ②

척도

도면상의 길이와 실제 길이와의 비를 척도라고 한다.

23 ④

전통을 배제한 정보시대에 적합한 기술만을 개발하는 것은 디자인 경쟁력을 갖기 위한 방법과는 거리가 있다. 전통과 현대 기술이 결합되어 우리만의 문화성 특수가치를 높여 나아가야 할 것이다.

24 ②

풍토색

풍토색이란 서로 다른 환경적 특색을 지닌 지역적 특징의 색을 말하며 그 지역의 환경 특성인 지리, 지세, 기후조건 등이 축적되어 형성된 특유의 풍토로 형성된 자연의 색이다.

25 ④

미국을 중심을 발전된 사조

• 옵아트
  – '옵티컬 아트'의 약어. 1960년대 미국을 중심으로 일어났던 추상 미술의 한 방향이다.
  – 색조의 강한 대비감, 선의 구성과 운동, 색의 진출과 후퇴 등 광학적 효과를 활용하여 색채의 시지각 원리에 근거를 두고 시각적 환경과 지각, 착시 효과 등 심리적 효과를 적극적으로 활용하여 새로운 이미지를 표현하였다.
  – 명암대비가 있는 자극적인 색채를 선택하여 색면의 대비나 선의 구성으로 발생하는 운동성이 우리 눈에 주는 착시현상을 최대한 극대화시키는 것이 특징이다.

• 팝아트
  – '파퓰러 아트(대중 예술)'의 줄인 말. 1960년대 미국 뉴욕을 중심으로 등장하였으며, 추상 표현주의 등 엘리트 문화를 반대하며 대중적 이미지를 차용하여 유희적이고 소비사회, 물질주의 문화에 대한 비판을 제시하였다.
  – 매스미디어와 광고 등에 등장하는 상업적이고 대중적인 시각이미지를 적극적으로 수용하고자 하였으며 형상의 복제, 표현기법의 보편화, 역동적인 속도, 개방성과 낙관적인 분위기 등이 특징이다.

26 ②

조화

• 공간, 색채, 재질 등 두 개 이상의 성질이 다른 요소들이 혼합되어 전체적으로 어울리는 느낌을 주는 미적 현상을 말한다.
• 디자인의 조화는 여러 요소들의 통일과 변화의 정확한 배합과 균형에서 온다.
• 유사, 대비, 균일, 강화와 관련 있는 디자인의 조형 원리이다.

27 ①

POP(Point Of Purchase) 디자인

POP는 '구매 시점'을 뜻하며, POP는 광고 상품이 소비자에 의하여 최종적으로 구입되는 판매 현장인 소매상의 상점이나 그 주위에서 이루어지는 일체의 광고, 옥외의 간판, 포스터, 상점 내의 진열장이나 천장 선반 따위에 달린 페넌트 따위가 모두 포함되는 상업적 디스플레이에 활용된다.

28 ③

유행색

• 유행색은 어느 계절이나 일정 기간 주기적으로 반복되며 다수의 사람들이 선호하는 색을 말한다. 또한 기업, 단체 능에서 사람들이 선호할 것이라고 예측하는 예상색을 의미하기도 한다.
• 유행색이 제시되는 시점과 실제 소비자들이 착용하는 시기에는 차이가 있으며, 보통 2년 정도 앞서 유행색이 예측된다.
• 유행색의 색채계획은 과거에서 현재까지의 유행색 사이클을 조사하며, 현재 시장에서 주요 군을 이루고 있는 색과 각 색의 분포도를 조사한다. 컬러 코디네이션을 통해 결정된 색과 함께 색의 이미지를 통일화시킨다.

29 ③

비례란 객관적 질서와 과학적 근거를 명확하게 드러내는 구성형식이다.

30 ②

시각적으로 차가운 색은 한색, 따뜻한 색은 난색, 시각적 온도감을 느낄 수 없는 색을 중성색이라 한다.

31 ② 틀리기 쉬운 문제

제품의 수명주기의 성장기

• 해당 제품의 색채 등을 다양화하면서 생산비용이 증가하지만 제품의 인지도, 판매량, 매출도 함께 증가하는 시기이다.
• 유사제품이 등장하고 시장이 확대되는 시기로 브랜드의 우수성을 알리고 대형시장에 침투해야 한다.

32 ③

프라운(Proun)

엘 리시츠키는 러시아 구성주의의 대표 작가이자 새로운 기하학적 회화 스타일을 구축한 인물로 '프라운'이라는 대표적인 조형 언어를 창조하였다.

33 ④

뉴 바우하우스

라즐로 모홀니 나기 교수는 바우하우스에서 포토그램과 포토몽타쥬 등을 교육하였으나 나치의 탄압과 재정난으로 미국으로 건너와 1937년 시카고의 디자인 대학인 뉴 바우하우스의 교수이자 교장이 되었다.

34 ③

소피스티케이티드(Sophisticated)

어른스럽고 도시적이며 세련된 감각을 중요시 여기며 지성과 교양을 겸비한 전문직 여성의 패션스타일을 대표하는 이미지이다.

35 ④ 〔틀리기 쉬운 문제〕

리듬

그리스어 'rheo(흐르다)'에서 유래한 말로 반복, 방사(중심부에서 밖으로 퍼져나감), 점진 등 연속적으로 되풀이되어 규칙적인 반복을 만들어 내는 요소와 운동감을 말한다. 음악, 무용, 영화 등의 예술에서도 중요한 원리가 된다.

36 ③

색채관리의 순서

색의 설정 → 발색 및 착색 → 검사 → 판매

37 ①

데스틸은 제1차 세계대전 중 네덜란드에서 발생한 신조형주의 운동으로, 개성을 배제하는 주지주의적 유럽 추상미술의 지도적 역할을 했던 양식이며, 색채의 선택은 검정, 회색, 하양과 작은 면적의 빨강, 노랑, 파랑의 순수한 원색으로 표현한 디자인 사조이다.

38 ①

텔레시스(Telesis)

특수한 목적 달성하기 위해 자연과 사회의 변천작용에 대한 계획적이고 의도적인 이용을 말한다.

39 ①

르 꼬르뷔제의 이론

모더니즘의 대표적인 건축가 르 꼬르뷔지에 그는 '집은 인간이 살기 위한 기계'라고 하며 인간을 위한 인체공학적 특성을 반영하여 만든 건축 공간의 기준 척도로 모듈을 사용하였고, 공간절약형 주거 건축법 등 다양한 이론을 정립하였다

40 ② 〔틀리기 쉬운 문제〕

CPM은 1000회 노출당 비용을 의미하는 'cost per 1000 impressions'의 약자이다. CPM 광고를 게재하는 광고주는 광고가 1000회 게재될 때 지급하려는 금액을 설정하고 광고를 게재할 특정 광고 게재 위치를 선택하고 광고가 게재될 때마다 비용을 지급하는 형식이다. 때문에 CPM 광고는 디지털 광고와 연관이 깊다.

---

3 **제3과목 : 색채관리**

---

41 ④ 〔틀리기 쉬운 문제〕

감법혼색에서 시안은 빨간색 영역의 반사율을, 마젠타는 초록색 영역의 반사율을 노랑은 파란색 영역의 반사율을 효과적으로 감소시킨다.

42 ②

감법혼색의 기본색

감법혼색에 이용하는 기본 흡수 매질의 색. 보통 시안(스펙트럼의 빨간 부분 흡수), 마젠타(스펙트럼의 초록 부분 흡수), 노랑(스펙트럼의 파란 부분 흡수)의 3색을 사용한다.

43 ② 〔틀리기 쉬운 문제〕

RAW 이미지는 ISP 처리를 거쳐 저장되지 않는다.

디지털 컬러 사진

• RAW, 날 것이라는 의미를 가지고 있는 것처럼 필름 센서에서 받아들인 데이터를 각 제조사별 특정한 포맷으로 저장한 이미지 정보 덩어리를 말한다. 고비트로 저장되어 파일 용량이 매우 크지만 촬영 시의 데이터를 그대로 가지고 있기 때문에 색감이 뛰어나고 보정 시 관용도가 높다는 장점이 있는 포맷이다.

• ISP는 카메라 센서로부터 들어오는 RAW 데이터를 가공하여 주는 이미지프로세싱 과정을 말한다.

44 ③

진주광택 색료는 굴절률이 높은 물질을 사용하여야 그 효과를 크게 할 수 있다.

45 ②

① 육안조색은 CCM을 이용한 조색보다 더 정확도가 떨어진다.
③ CCM 장비를 이용한 조색으로 무조건등색을 실현할 수 있다.
④ CCM 장비는 감법 혼합 방식에 기반한 조색에 사용한다.

46 ③

연색성

광원에 고유한 연색에 대한 특성

47 ③

비트

컬러 채널당 8비트를 사용하는 경우 각 채널당 256단계, 10비트를 사용하는 경우 각 채널당 1024단계의 계조가 표현된다.

48 ①

동일한 물체색이 광원에 따라 색이 달라지는 효과를 연색성이라고 한다.

49 ④ 〔틀리기 쉬운 문제〕

인공주광 D65를 이용한 비교 시 특수 연색평가수 85이상, 평균 연색평가수 95이상의 성능을 충족시켜야 한다.

50 ②

① RGB : 빛을 더할수록 밝아지는 가법혼색 체계이다.
③ RGB : 각 색상은 0에서 255까지 256단계로 표현된다.
④ Indexed Color : 24비트 컬러 중에서 정해진 256 컬러를 사용하는 컬러시스템으로 컬러 색감은 유지하면서 이미지의 용량을 줄일 수 있어 웹게임 그래픽용 이미지를 제작하는 데 많이 사용된다.

51 ③ 틀리기 쉬운 문제

① 연색성이란 광원에 따라 물체의 색이 달라지는 효과를 의미하며 물체의 색 인식에 영향을 준 광원의 특성을 말한다.
② 연색지수 90 이상인 광원은 연색성이 좋다.
④ 형광등인 B 광원은 연색성이 높고 색역을 좁게 표현한다.

52 ③ 틀리기 쉬운 문제

절대분광반사율의 계산식

절대분광반사율 계산식은 R(λ)= S(λ) x B(λ) x W(λ)이다. R(λ)은 시료의 절대분광반사율, S(λ)는 시료의 측정 시그널, B(λ)는 흑체의 분광방사 휘도, W(λ)는 백색표준의 절대분광반사율값을 뜻한다.

53 ②

ICC 프로파일 필수 태그

- copyrightTag
- profileDesciptionTag
- mediaWhitePointTag

54 ②

ICC 기반 색상관리시스템의 구성 요소

- Profile Connection Space
- Color Management Module
- Rendering Intent

55 ④

무조건 등색(아이소머리즘, Isomerism)

- 분광반사율이 완전히 일치하여 어떤 조명(광원)이나 관측자에게도 항상 같은 색으로 보이는 것을 의미한다. 무조건 등색은 CCM에서 발생하기 쉽고, 육안 조색의 경우에는 메타메리즘이 발생하기 쉽다.
- 조색의 궁극적인 목표는 무조건 등색(아이소머리즘)이다.

56 ③

무기안료는 유기안료에 비해서 내광성과 내열성이 우수한 장점이 있다.

57 ④

색영역(Color Gamut)

색역(색영역)이란 색을 생성할 수 있는 디바이스에서 표현 및 생산이 가능한 색의 전체 범위를 Yxy계를 이용하여 표현한 것을 말한다. 주어진 색 공간이나 특정한 장치에 제한을 받게 되면 이것이 색역이 된다.

58 ②

표준 분광 시감 효율 함수(표준 비시감도)

원추세포가 독자적으로 작동하는 밝은 곳(100cd/㎡ 이상)에서 보는 평균적인 비시감도로서 국제조명위원회(CIE) 및 국제도량형위원회(CIPM)에서 채택한 값. 양의 기호 V(λ)로 표시한다.

59 ④

분광 광도계

정밀한 색채의 측정장치로 물체의 분광 반사율, 분광 투과율 등을 파장의 함수로 측정하는 계측기. 측색기이다.

60 ② 틀리기 쉬운 문제

'감법 혼색의 주색'은 특정한 파장을 효율적으로 감소시키는 특성을 가진 색료를 의미한다. 노랑은 400~500nm의 파랑의 반사율을 집중적으로 감소시키고, 마젠타는 500~600nm의 초록색 영역의 반사율을 집중적으로 감소시키며, 시안은 600nm 이후의 빨강 영역의 반사율을 감소시키므로 시안, 마젠타, 옐로우가 가장 넓은 색역을 차지하게 된다.

4 **제4과목 : 색채 지각론**

61 ③

자외선

자외선(Ultra Violet)은 UV-A, UV-B, UV-C가 있으며, 자외선의 기본적인 성질은 우리눈에 보이는 영역인 가시광선과 같다.

62 ④

색필터를 통한 혼색실험

색 필터의 혼합에서도 감법 혼합의 원리가 적용되고, 컬러 슬라이드나 아날로그 영화 필름, 색채 사진 등은 모두 이 방법의 원리가 적용된다. 노란 필터는 단파장은 흡수하고, 시안 필터는 장파장의 빛을 흡수한다.

63 ④

가법 혼색 색광의 3원색은 빨강(Red), 초록(Green), 파랑(Blue)이며 모두 합치면 백색광이 된다.

가법혼합

- 빨강(Red) + 초록(Green) = 노랑(Yellow)
- 초록(Green) + 파랑(Blue) = 시안(Cyan)
- 파랑(Blue) + 빨강(Red) = 마젠타(Magenta)

64 ①

면적대비

면적대비란 동일한 색이라도 면적이 크고 작음에 따라서 색이 다르게 보이는 현상으로, 색채의 양적대비라고도 한다. 동일한 색이라도 면적이 커지면 명도가 증가하고, 동일한 색이라도 면적이 커지면 채도가 증가하며, 면적이 커질수록 색이 뚜렷해진다.

65 ②

계시혼색

동일 지점에서 두 가지 이상의 색자극을 반복시키는 계시 혼합의 원리에 의해 색이 혼합되어 보이는 것으로 중간 혼합의 일종이다.

66 ③

망막은 안구벽의 가장 안쪽에 있는 얇고 투명한 막으로써 시신경이 분포되어 있는 조직이다. 망막에는 추상체와 간상체라는 두 가지 중요한 광수 용기가 있다.

67 ④

① 진출색은 팽창색이 되고, 후퇴색은 수축색이다.
② 따뜻한 색이 차가운 색보다 더 진출해 보이는 효과가 있다.
③ 밝은 색이 어두운색보다 더 진출해 보이는 효과가 있다.

68 ③

그라스만(H. Grassmann)의 법칙은 광량에 대한 채도가 아닌 명도의 증가를 식으로 나타낸 법칙이다.

69 ④

색의 감정 효과
색의 3속성 중 명도가 중량감에 영향을 미친다. 명도가 높을수록 가벼워 보이며, 명도가 낮을수록 무거워 보인다. 무겁게 느껴지는 순서로는 검정, 파랑, 빨강, 보라, 주황, 초록, 하양의 순서이다. 따라서 가볍게 느끼기 위해서는 고명도의 저채도인 난색계열이다.

70 ④

물체의 성분은 색을 지각하는 데 큰 영향을 주지 않는다. 색의 지각은 단순히 빛의 작용과 망막의 자극으로 인해 생겨나는 물리적인 차원에만 국한되지 않으며 심리적, 생리적으로 받아들이는 과정도 모두 포함하고 있다.

71 ① `틀리기 쉬운 문제`

조건등색
조건등색이란 광원에 따라서 물체의 색감에 영향을 미치는 현상으로, 같은 물체색이라도 광원의 분광에 따라 다른 색으로 지각된다. 즉, 어떤 조명으로 보느냐에 따라 그 색감이 달라지는 현상이다.

72 ④

색은 언제나 아름답고 스트레스를 푸는 데 효과적이지 않다. 오히려 색으로 인해 흥분할 수 있으며 스트레스를 받을 수 있다. 밝고 선명한 색은 활발한 운동감을 주며, 어둡고 저채도의 색은 차분하고 침착감을 느끼게 한다.

73 ③

색의 잔상
자극한 빛의 밝기와 색도, 시간, 눈의 상태에 따라 잔상 시간이 다르게 나타나며, 잔상을 짧은 시간에 이루어지고 크게 정의 잔상(양의 잔상)과 부의 잔상(음성 잔상)으로 구분된다. 음성 잔상은 원래의 감각과 반대의 밝기나 색상을 띤 잔상으로, 자극이 사라진 뒤에도 광자극의 색상, 명도, 채도가 정반대로 느껴지는 형상이며, 양의 잔상은 망막에 색의 자극이 흥분된 상태로 지속되고, 자극이 없어도 원래의 자극과 동일한 상이 지속해서 느껴지는 현상이다. 양성 잔상을 흔하게 경험하는 것은 아니다.

74 ①

② 크기와 형태가 같은 물체가 물체색에 따라 진출 또는 후퇴되어 보이는 것은 명도의 영향이 가장 크다.
③ 색의 팽창과 수축은 주로 명도의 영향을 받는데 명도가 높을수록 커 보이고 낮을수록 작아 보인다. 따라서 주황색이 청록색보다 더 부하게 보인다.
④ 색의 3속성인 색상, 명도, 채도 등의 영향에 따라 다양한 외부의 반응과 함께 색의 경험에서 오는 심리적이거나 감정적인 효과를 느끼지 명도의 영향을 가장 많이 받지 않는다.

75 ③

③ 애브니 효과로 색자극의 선명도가 변하면 같은 파장의 색이라도 그 색상이 다르게 보이는 현상을 말한다.

색채의 지각적 특성
배졸드 효과는 하나의 색만을 변화시키거나 더함으로써 양탄자 디자인 전체의 색조를 변화시킬 수 있다는 사실을 발견한 베졸드의 이름을 딴 것이다. 색을 직접 섞지 않고 색점을 배열함으로써 전체 색조를 변화시키는 효과이다. 색의 동화 효과, 줄눈 효과, 전파 효과와 같은 의미이며, 병치 혼색을 베졸드 효과라고도 한다.

76 ③

병치 혼색
병치 혼색은 서로 다른 색자극을 공간적으로 인접시켜 혼색되어 보이는 방법을 말하며, 색점을 나열하거나 직물의 직조에서 보이는 것을 말한다. 동화현상이란 대비 현상과는 반대로 인접한 색의 영향을 받아 인접 색에 가까운 색으로 보이는 현상이다. 따라서 두 가지 모두 중간혼색으로 같은 색채지각 특성을 가진다.

77 ②

면적대비란 동일한 색이라도 면적이 크고 작음에 따라 색이 다르게 보이는 현상으로, 색채의 양적대비라고도 한다. 동일한 색이라도 면적이 커지면 명도가 증가하고, 면적이 커지면 채도가 증가하며, 면적이 커질수록 색이 뚜렷해진다.

78 ③

애브니 효과
애브니 효과는 색자극의 순도(선명도)가 변하면 같은 파장의 색이라도 그 색상이 다르게 보이는 현상을 말한다. 1920년 애브니는 단색광에 백색광을 더해 감으로써 이 현상을 발견하였으며 파장이 동일해도 색의 채도가 달라지면 색상이 달라 보이는 효과를 말한다.

79 ②

동시대비
동시대비란 인접해 있는 두 가지 이상의 색을 동시에 볼 때 일어나는 현상으로, 서로의 영향으로 인해 색이 다르게 보이는 대비 현상을 말한다. 동시 대비 현상은 색차가 클수록 강해지고, 색과 색 사이의 거리가 멀어질수록 약해진다.

80 ②

유채색은 빨강, 노랑과 같은 색으로 명도가 없는 색이 아닌, 명도가 있는 색을 말한다.

5 제5과목 : 색채 체계론

81 ③

먼셀 색입체의 특성

먼셀의 색입체는 색상(H), 명도(V), 채도(C) 등 색의 3속성에 기반을 두고 여러 가지 색을 질서 정연하게 배치한 3차원이 표색 구조물이다. 색입체의 중심은 명도로 세로축에 배치하고, 주위의 원주 방향에 색상, 중심의 가로축에서 방사상으로 늘이는 축을 채도로 구성하였다. 따라서 세로축은 채도가 아닌 명도이다.

82 ①

NCS 색삼각형

색공간을 수직으로 자른 등색상면으로써 동일 색상을 지닌 색들을 배열해 놓은 NCS 등색상 삼각형이다. 색삼각형의 위에서 아래로 흰색(W)과 검정(S)의 그레이 스케일을 나타내고, 삼각형의 오른쪽 꼭짓점에는 채도(C)를 표기한다. 색삼각형에서 W–C축과 평행한 직선상에 놓인 흰색과 순색의 사선 배치에는 동일 검은색도가 놓이게 된다. 따라서 S–C축과 평행한 직선상에 놓인 색들은 동일 하양색도를 의미한다.

83 ③

오스트발트 색체계

오스트발트의 색상환은 헤링의 4원색(빨강, 노랑, 초록, 파랑)을 기준으로 보색 대비에 따라 4분할 하고 다시 중간에 4가지 색상(주황, 연두, 청록, 보라)을 배열한 8색을 기준으로 하고 있다.

84 ②

파버 비렌(Faber Birren)의 색채조화론

- 파버 비렌(Faber Birren)의 색채조화론의 기본 구조는 순색(Color), 흰색(White), 검정(Black)을 삼각형의 꼭짓점에 두며, 오스트발트 색체계를 수용하고 있다.
- 총 9개가 아닌, 비렌의 색 삼각형은 순색(Color), 흰색(White), 회색(Gray), 검정(Black), 명색조(Tint), 암색조(Shade), 톤(Tone)의 7가지 범주로 나누어 표현하였다.
- 색삼각형의 연속된 선상에 위치한 색들을 조합하면 그 색 간에는 관련된 시각적 요소가 포함되어 있으므로 서로 조화한다는 원리이다.
- 색상의 변화에 대해서도 다루고 있다.
- 응용 분야에 적합한 이론으로써 실질적 업무에 사용된다.

85 ③

요하네스 이텐

요하네스 이텐(Johannes Itten)은 대비현상에서 2색 또는 그 이상의 색을 혼합하여 얻어진 결과가 무채색이 되면 그 색들은 서로 조화한다고 하였다. 노랑, 빨강, 파랑의 1차색과 그 사이에 혼합색인 주황, 보라, 초록의 2차색을 배치한다. 그리고 다시 1차색과 2차색 사이에 3차색을 배치하여 만든 12색상환이 요하네스 이텐의 색상환이다.

86 ④

① 빨간 – 자주, 주황
② 초록빛 – 연두, 갈색
③ 파란 – 하양, 회색, 검정

87 ③

① 먼셀 색체계는 대표적인 현색계이다.
② 현색계가 색채를 표시하는 것이다.
④ 색표에 의해서 물체색의 표준을 정하고 표준색표에 번호나 기호를 붙여서 표시한 체계는 현색계이다.

88 ④ **틀리기 쉬운 문제**

CIE L*a*b* 색좌표계

$L*$은 밝고 어두움을 나타내고 $a*$와 $b*$는 색의 방향을 나타내는데, $+a*$는 빨간색(Red), $-a*$는 녹색(Green), $+b*$는 노란색(Yellow), $-b*$는 파란색(Blue) 방향을 표시한다. 100은 흰색, 0은 검은색을 의미한다. 즉, 가장 밝은 명도는 $+8200$이고 노란색은 b가 $+$인 $L*=+80$, $a*=0$, $b*=+40$이 가장 밝은 노란색이다.

89 ④

국제조명위원회(CIE)는 RGB 색체계와 이것을 선형 변환한 XYZ 표색계를 발표하였다.

90 ②

한국산업표준(KS A 0011)에 의한 물체색의 색이름

기본색명이란 한국산업규격(KS A 0011)에 제시된 기본적인 색의 구별을 나타내기 위한 기본색의 이름이다. 우리나라는 12개의 유채색과 3개의 무채색으로 기본색명을 규정하고 있다. 유채색의 기본색명은 빨강, 주황, 노랑, 연두, 초록, 청록, 파랑, 남색, 보라, 자주, 분홍, 갈색이며, 무채색의 기본색명은 하양, 회색, 검정이다.

91 ③

Yxy 색체계

양적인 표시인 XYZ 표색계로 색채의 느낌과 밝기의 정도를 판단할 수 없어서 XYZ 표색계의 수식을 변환하여 얻은 것이다. 매캐덤(McAdam)이 색도 다이어그램을 변형하여 제작한 것으로, XYZ의 변환 비율을 각각 x, y, z라고 할 때 Y는 반사율을 나타내고 x, y는 색상과 채도의 값으로 계산된 색도를 나타내는 좌표이다. 사람의 시감 차이와 실제 색표계의 차이가 가장 많이 나는 색상은 색도도의 크기가 가장 큰 초록 계열이다.

92 ③

문 · 스펜서(P. Moon &D. E. Spencer)의 색채 조화론

문(P. Moon)과 스펜서(D. E. Spencer)에 의한 색채 조화의 과학적이고 정량적 방법이 제시된 조화론이다. 조화는 배색 관계가 애매하지 않고, 색의 조합이 간단한 기하학적 관계를 중시하여 미적 가치가 있는 명쾌한 배색을 말하며, 동일 조화, 유사 조화, 대비 조화의 세 가지로 분류한다.

93 ③

16 : 6 : 4와 같이 표기하고, 순서대로 Hue, Darkness, Saturation이 아닌, 색상을 T, 포화도(채도)를 S, 암도(명도)를 D로 표기하고, 순서대로 T(Farbton), S(Sattigungsstufe), D(Dunkelstufe)를 의미한다.

DIN 색체계

1955년 독일공업규격위원회에서 채택된 표색계는 오스트발트 체계를 기본으로 하여 실용화에 주안점을 두고 개발된 색표계이다. DIN 표색계는 색의 3속성의 변수가 뚜렷하고, 오스트발트의 24색상을 기준으로 하였으며 채도에 명도의 단계가 도입된 오스트발트 표색보다 좀 더 현실적이고 실제적이다.

94 ① 틀리기 쉬운 문제

② 색상은 주황이다.
③ 채도는 13이다.
④ 색상은 5YR이다.

먼셀 색체계의 색 표기법

색을 먼셀 기호로 표시할 때는 색상(Hue), 명도(Value), 채도(Chroma)의 3속성을 H V/C순서로 기록한다.

95 ②

저드(D. B. Judd) 색채조화론의 일반적 공통원리

미국의 색채학자 저드(D. B. Judd)는 색채 조화론에서 '정서 반응은 사람에 따라 다르고 동일인이라도 주어진 환경에 따라 다르다'라고 하였다. 저드는 색채 조화의 구성을 간단한 법칙에 따라 규정하는 것에는 한계가 있지만, 과학적으로 증명되지 않는 수많은 불완전한 기록과 부분적인 연구 중에서도 원칙이 분명한 배색을 선택하기 위한 선행 연구를 종합하여 질서의 원리, 유사성의 원리, 친근성의 원리, 명료성의 원리의 4가지로 유형화하였다.

96 ① 틀리기 쉬운 문제

① S6010−R90B m = 10/(30+10) = 0.25
② S2040−R90B m = 40/(40+40) = 0.50
③ S4030−R90B m = 30/(30+30) = 0.50
④ S6020−R90B m = 20/(20+20) = 0.50

NCS 색체계의 색표기

NCS 색체계에서는 색을 색상과 뉘앙스(Nuance)로 표현할 수 있다. S2030−Y90R에서 S는 제2집(Second Edition)을 표시하고, 2030은 검정 기미 20%와 순색 기미 30%를 나타낸다. Y90R은 순색의 색상을 기호화한 것인데, 기본 색상 R의 기미가 90% 정도인 노란색(10%)을 나타낸다. 흑색량 + 순색량 = Nuance(뉘앙스)로, 톤의 개념으로 사용된다.

97 ②

P.C.C.S의 특징

일본색채연구소가 1964년에 일본색연배색체계(Practical Color Coordi−nate System)의 명칭으로 발표한 것으로, 색채 조화를 주목적으로 한 컬러 시스템이다. 이 체계는 톤의 개념이 도입된 것이 특징인데, 실질적인 배색 계획에 적합하여 배색 조화를 얻기 쉽고 계통색명과도 대응시킬 수 있어, 일본에서는 디자인계와 교육계에 널리 보급되어 있다. 오스트발트 시스템과 마찬가지로 24색상으로 한다. 여기에는 색광과 색료의 3원색이 포함되어 있다. 명도는 흰색과 검정 사이를 절반으로 나누어 '흰색−중간 회색−검정'의 3단계로 나눈 뒤 또 그사이를 '흰색−밝은 회색−중간 회색−어두운 회색−검정'의 5단계로 나누고 사이사이 중간을 0.5 단계가 될 때까지 분할해 17단계의 명도 단계로 구분한다. 채도는 모든 색의 채도치를 1s부터 9s까지 9단계로 구성하였다.

98 ②

① 수직으로 자른 단면이 대칭인 마름모 모양인 것은 오스트발트의 색입체이다.
③ 세로축이 명도이며, 명도가 높은 어두운색은 아래에 위치한다.
④ 한 개의 색상의 명도와 채도가 아닌, 여러 단계의 명도를 볼 수 있다.

먼셀의 색입체

먼셀의 색입체는 색상(H), 명도(V), 채도(C) 등 색의 3속성에 기반을 두고 여러 가지 색을 질서 정연하게 배치한 3차원의 표색 구조물이다. 색입체의 중심은 명도로 세로축에 배치하고, 주위의 원주 방향으로 색상, 중심의 가로축에서 방사상으로 늘이는 축을 채도로 구성하였다. 먼셀의 색입체는 마치 나무가 성장하면서 커지는 듯한 모습을 본따 먼셀의 색입체 컬러 트리(Munsell Color Tree)라고도 불린다.

99 ③

전통색

• 훈색(熏色) − 보라색계열
• 치자색(梔子色) − 노란색계열
• 양람색(洋藍色) − 청록색계열
• 육색(肉色) − 빨간색계열

100 ①

세계 각국의 색채표준화 작업

현색계의 종류는 먼셀(Munsell)의 표색계와 오스트발트(Ostwald) 색표계가 가장 대표적인 현 색계이며, KS(한국산업규격), NCS(스웨덴 국가표준색체계), DIN(독일공업규격), OSA/UCS(the Optical Society of America's Uniform Color Scales) 등이 있으며, 혼색계의 종류는 CIE 표준 표색계(1931)가 가장 대표적인 혼색계이며 CIE의 XYZ, Hunter Lab, CIE의 L*a*b*(1976), CIE의 L*C*h*(1976), CIE의 L*u*v*(1976) 등이 있다.

01 ③	**02** ④	**03** ④	**04** ①	**05** ②
06 ②	**07** ③	**08** ②	**09** ④	**10** ④
11 ②	**12** ④	**13** ③	**14** ①	**15** ④
16 ①	**17** ①	**18** ③	**19** ②	**20** ④
21 ②	**22** ②	**23** ③	**24** ①	**25** ④
26 ②	**27** ④	**28** ②	**29** ④	**30** ③
31 ④	**32** ④	**33** ②	**34** ②	**35** ①
36 ④	**37** ④	**38** ④	**39** ④	**40** ④
41 ④	**42** ④	**43** ④	**44** ④	**45** ③
46 ②	**47** ②	**48** ③	**49** ④	**50** ②
51 ④	**52** ③	**53** ①	**54** ③	**55** ②
56 ③	**57** ④	**58** ③	**59** ①	**60** ③
61 ①	**62** ②	**63** ①	**64** ④	**65** ①
66 ④	**67** ④	**68** ④	**69** ①	**70** ②
71 ④	**72** ③	**73** ③	**74** ①	**75** ②
76 ③	**77** ②	**78** ④	**79** ①	**80** ①
81 ④	**82** ②	**83** ①	**84** ①	**85** ④
86 ③	**87** ②	**88** ③	**89** ②	**90** ④
91 ④	**92** ①	**93** ③	**94** ③	**95** ④
96 ①	**97** ④	**98** ①	**99** ②	**100** ①~④

1 제1과목 : 색채 심리 · 마케팅

01 ③

의미론적 색채전략이란 주어진 이데올로기를 반영하는 색채마케팅 전략을 말하며 그린마케팅은 공해 요인을 제거하여 상품을 제조 · 판매해야 한다는 소비자 보호 운동을 통하여 인간 삶의 질을 높이려는 기업 활동을 말하는데 이는 의미론적 색채전략과 관련이 있다.

02 ④

SD법 의미 요인분석 (대표적 구성요인 3가지)
- **평가요인** : 좋다–나쁘다, 아름답다–추한
- **역능차원** : 크다–작다, 강한–약한
- **활동차원** : 빠르다–느리다, 능동적인–수동적인

03 ④

색채에 대한 심리적 현상은 어린 시절에는 구체적인 사물이나 자연 현상과 연관되는 경우가 많지만 점차 성인이 되면서 보다 광범위하게 추상적. 사회적 연상 경향을 보인다. 보기의 사과, 병아리, 바다는 구체적인 사물이지만 화려함은 구체적 사물이 아닌 추상적인 것이다.

04 ① 틀리기 쉬운 문제

SD(Semantic Differential)법
- 미국의 심리학자 찰스 오스굿이 개발하였다.
- SD법 조사는 정서적 색채 이미지를 정량적 · 객관적으로 측정할 때 사용된다. 반대되는 의미의 형용사를 서로 짝지어 상대적인 비교 평가가 가능하다. 예를 들어 '크다–작다', '가볍다–무겁다', '좋다–나쁘다', '여성적인–남성적인', '화려한–수수한' 등의 형용사를 5~7단계의 거리척도로 사용한다.
- 제품, 색상, 음향, 감촉 등 여러 가지 정서적 의미를 느낄 수 있는 자극이라면 모두 SD법의 개념으로 사용이 가능하다.
- 설문대상의 수를 증가시킬수록 정확도는 높아진다.
- 대상 이미지가 친숙할수록 정확한 결과를 얻을 수 있다.
- 색채의 의미 공간(형용사 척도)을 효율적으로 정의하기 위해서는 그 공간을 대표하는 차원의 수를 최소화해야 한다.

05 ②

환경주의적 색채 마케팅의 대표적인 색채는 초록색이다.

06 ②

색채와 촉감
촉각적 감각은 색채로 그 느낌을 전달할 수 있다. 명도가 높은 색은 부드러운 느낌을 주며, 저 채도의 어두운색은 단단하고 딱딱한 느낌을 준다. 빨강, 주황과 같은 난색계열은 메마른 건조한 느낌을 주며, 파랑, 청록과 같은 한색계열은 습하고 촉촉한 느낌을 준다. 거친 느낌은 진한 난색계보다 진한 한색계열이다.

07 ③

외부 지향적 소비자
시장에서 가장 높은 비중을 차지하며 타인을 의식하여 구매하는 소비자이다. 그 외 가치관에는 소속지향형, 경쟁지향형, 성취자형이 있다.

08 ② 틀리기 쉬운 문제

군집(집락) 표본 추출법
표본 추출 시 모집단을 하위 집단으로 구획하여 하위 집단을 뽑는다. 모집단을 모두 포괄하는 목록을 가지고 체계적으로 선정해야 한다. 편의가 없는 조사가 되기 위해서는 표본을 무작위로 뽑아야 한다.

09 ④

개별 면접조사
- 응답자와 면접을 통해 조사하는 방법으로 심층적이고 복잡한 정보를 수집할 수 있는데 반해 조사의 비용과 시간이 많이 소요된다.
- 조사자와 참여자 간의 관계 형성이 쉽다.
- 표본의 대표성이 잘 드러나는 조사방법이다.

10 ④

- **색채 정보 수집** : 색채 정보 수집 방법에는 실험 연구법, 서베이 조사법, 패널 조사법, 현장 관찰법, 질문지법, 포커스 그룹 조사법, 표본 조사법이 있는데 이 중 가장 많이 사용되는 방법은 표본(연구) 조사법이다.
- **표본 조사법**
  - 색채 정보 수집 방법 중 가장 많이 사용하는 조사법이다. 조사 대상의 집단 가운데 일부분을 무작위 추출하고 그 결과를 토대로 집단 전체를 집계하는 방법이다.
  - 일반적으로 큰 표본이 작은 표본 보다 정확도가 더 높으나, 수집 과정에서 시간과 비용이 증가한다.
  - 조사 대상의 속성이 복잡 다양해 모든 특성을 고려한 표본 선정은 어려우므로 표본은 무작위로 추출하며 표본 선정은 올바르고 정확하며 편차가 없는 방식으로 한다.
  - 표본선정은 연구자가 대규모의 모집단에서 소규모의 표본을 뽑아야 한다.
  - 표본은 모집단을 모두 포괄할 목록을 반드시 가지고 있어야 한다.
  - 적정표본의 크기는 조사대상의 변수도, 연구자의 감내가 가능한 허용오차의 크기 및 허용 오차 범위 내의 오차가 반영된 조사결과의 확률을 고려하여 결정한다.
  - 표본조사법은 확률적 표본 추출과 비확률적 표본 추출로 나뉜다.

11 ②

활동(Activity), 관심(Interest), 의견(Opinion)을 기준으로 구분하여 측정한다.

AIO 측정법(사이코그래픽스 Psychographics)
연령, 성별, 소득 직업 등이 동일한 집단의 사람이라도 심리적 특성이 서로 다름을 기초로 시장을 나누는 방식이다. 심리 도법 혹은 사이코그래픽스라고도 불리며 소비자가 어떻게 시간을 보내고, 어떤 일을 중요하게 생각하며, 어떤 견해를 갖고 있는지를 척도로 수치화하는 것이다. 이 측정 방식은 시장에 대해 풍부한 정보를 주는 장점이 있지만 세분화의 경계가 모호하여 측정이 어렵다는 단점도 있다.

12 ④

마케팅 믹스
마케팅 구성요소는 다음과 같이 4가지이며, 약자 4P로 표기된다. 제품(Product), 가격(Price), 유통(Place), 촉진(Promotion)이며, 이를 조합하여 기업이 표적시장에서 판매를 촉진시키고 최대의 세일즈 목표를 달성하게 하는 것이 마케팅 믹스이다.

13 ③

마케팅 전략 수립의 과정
마케팅 전략 수립은 상황분석 → 목표설정 → 전략수립 → 일정계획 → 실행이라는 5단계의 과정으로 진행된다.

14 ①

개인이 소비하는 색과 디자인을 선택하는 것을 컨슈머 유즈(Consumer Use)라고 한다. 퍼플러 유즈(Popular Use)는 집단이 선호하는 색에 따라 구매활동을 하는 것을 말한다.

15 ④

색채조절 효과(색채를 기능적이고 합리적으로 사용하여 얻을 수 있는 결과)
- 조명의 효율이 높다.
- 과학적인 색채 계획으로 인해 자연스럽게 일할 기분이 생겨난다.
- 신체의 피로, 특히 눈의 피로를 막아준다.
- 작업 원기를 높이고 일의 능률을 향상시켜 준다.
- 안전색채를 사용함으로써 안전이 유지되며 사고와 재해가 줄어든다.
- 생활 의욕을 고취해 준다.
- 주의력과 집중력을 향상한다.
- 정리정돈과 질서 있는 분위기를 연출시킨다.

16 ① 틀리기 쉬운 문제

소비자 생활 유형(Life Style)
라이프 스타일은 개인의 동기, 시간, 사전학습, 재화, 사회계층 등 여러 가지를 고려한 개성과 가치를 반영하여 세상을 살아가는 방식이다. 즉 소비자가 어떤 방식으로 시간과 재화를 사용하면서 세상을 살아가는가에 대한 선택을 의미한다. 가족 수, 지역, 생활주기, 소득, 직장 등을 바탕으로 다양한 라이프 스타일이 존재한다. 소비자 생활 유형을 측정하는 목적으로는 소비자의 가치관, 소비형태, 행동특성을 조사하여 색채마케팅에 더 나은 기준을 삼기 위함이다.

17 ①

선호색은 대상이 무엇이든 항상 동일하지 않고 개인별, 연령별, 지역적·문화적 영향 및 구체적 대상에 따라 차이가 있다.

18 ③

문화에 따른 색채 발달의 순서
색채의 발달은 인지의 발달을 의미한다. 문화와 문명이 발달할수록 인간이 접할 수 있는 색깔이 다양해지고 언어를 색으로 표현하려는 언중 의식은 새로운 단어를 창조하고 기존에 사용하고 있는 언어의 기능을 새롭게 변화시키고 있다. 따라서 색채어의 발달도 다양해진다. 인류 학자 베를린과 카이(Berlin & Kay)의 1969년 연구에 따르면 문화가 발달할수록 '흰색, 검정 → 빨강 → 노랑, 녹색 → 파랑, 갈색 → 보라, 핑크, 오렌지, 회색'으로 색 이름의 진화 과정을 보인다고 하였다.

19 ②

색채와 청각

서양화가 몬드리안은 색채와 음악을 이용한 작품을 발표하였는데 〈브로드 웨이 부기우기〉는 노랑, 빨강, 청색, 밝은 회색을 사용하여 뉴욕의 브로드웨이가 전하는 생생하고 역동적인 움직임을 표현하여, 시각과 청각의 조화를 통한 색채 언어의 가능성을 시사해 주었다.

20 ④

시장 세분화의 변수

• **지리적 변수** : 지역, 도시규모, 기후, 인구밀도, 지형적 특성 등
• **인구학적 변수** : 연령, 성별, 직업, 소득, 교육수준, 종교, 가족규모 등
• **심리적 욕구 변수** : 사회계층, 개성, 생활양식 등
• **행동 분석적 변수** : 구매동기, 브랜드 충성도, 사용경험, 경제성, 품질 등

---

2   **제2과목 : 색채 디자인**

---

21 ②

SP(Sales Promotion) 광고

옥외광고, 전단 등 제품의 판매촉진을 위한 모든 광고, 홍보활동을 뜻하는 것으로 단기적인 프로모션 활동을 의미한다. 4대 매체(TV, 라디오, 신문, 잡지)를 통한 쿠폰 광고, 프리미엄 및 이벤트 광고를 비롯하여 4대 매체를 제외한 전단, 옥외 광고, 교통 광고 등을 포함한 광고이다.

22 ②

인간공학

인간의 동작 기능이나 특성을 연구하고, 안전하면서 정확하고, 편하게 조작할 수 있는 기계의 설계, 작업 방법 및 작업 환경의 설정 등을 목적으로 하는 학문을 말한다.

23 ③

미술공예운동(Arts and Crafts Movement)

• 근대디자인사에서 가장 먼저 일어난 19세기 후반 영국에서 윌리엄 모리스와 존 러스킨을 중심으로 일어난 수공예 미술운동이다.
• '산업 없는 생활은 죄악이고, 미술 없는 산업은 야만이다.'라는 심미적 이상주의 사상에 뿌리를 두고 있다.
• 18세기 영국을 중심으로 일어난 산업혁명의 대량생산으로 인한 생산품의 질적 하락과 예술성 저하로 윌리엄 모리스가 주축이 된 미술공예운동이다.
• 윌리엄 모리스는 예술의 민주화와 생활화를 주장하였고 근대 디자인의 이념적 기초를 마련했다.
• 윌리엄 모리스는 중세 역사와 고딕 예술양식에 관심이 많았다.
• 중세 사회처럼 예술 활동과 노동을 일치시켜 이상 사회를 만들어 보려 하였으나 순수한 인간의 노동력만으로 디자인하고자 했던 모리스 작업은 과거로 회귀하는 듯한 시대착오적인 기계의 부정이라는 한계와 모순을 드러내어 많은 사람의 공감은 받지 못했다

24 ①

시네틱스(Synectics)

• 1944년 미국의 윌리엄 고든(William Edwin Gordon)이 개발한 아이디어 발상법이다.
• 서로 관련이 없어 보이는 것을 결부시키거나 합성하여 새로운 것을 도출해 낸다. 문제를 보는 관점을 완전히 달리하여 여기서 연상되는 점과 관련성을 찾아 아이디어를 발상하는 방식이다.
• 전문가 집단을 조직하여 해결방안을 도출해 내는 방식이다.

25 ④

팝 아트

전체적으로 어두운 톤 위에 혼란한 강조색을 사용하였다.

26 ②

키치

키치는 사전적으로 '저속한', '대중 취미의', '대상을 모방하다'라는 다양한 뜻이 있으며, '낡은 가구를 모아 새로운 가구를 만든다'는 뜻으로 저속한 모방예술을 의미한다.

27 ④

대기실은 기다리는 시간이 지루하지 않도록 차분한 단파장의 한색계열 색채적용과 동선체계를 고려한다.

28 ②   틀리기 쉬운 문제

바우하우스의 교육 이념

• 독일 공작연맹의 이념을 계승하여 발터 그로피우스를 초대학장으로 하여 1919년 독일의 바이마르 공화국 시절 설립된 미술공예학교이자 오늘날 디자인 교육원리를 확립하였으며, 1923년 이후는 기계공업과 연계를 통한 예술과의 통합이 강조되었다. 그리고 1933년 마지막 학장 미스 반 델 로에를 끝으로 나치에 의해 강제 폐교되었다.
• 예술창작과 공학기술을 통합하고자 주장한 새로운 예술교육기관이며 연구소였으며 공방교육을 통해 미적조형과 제작기술을 동시에 가르쳤다.
• 예술가의 가치 있는 도구로서 기계를 적극적으로 활용하였으며 인간이 기계에 의해 노예화되는 것을 막고 기계의 장점은 취하면서도 결점은 제거하려 하였다.
• 일시적인 것이 아닌 우수한 표준을 창조하였다.

29 ④   틀리기 쉬운 문제

일러스트레이션

회화, 사진, 도표, 도형 등 문자 이외의 그림요소를 말하며 신문, 잡지의 기사 및 책 내용의 이해를 돕기 위해 구체적인 그림으로 표현하는 것을 말한다. 주제를 명확하게 시각화하는 것으로 커뮤니케이션 언어로서 독자적인 장르이다.

30 ③

슈퍼 그래픽

건물의 외벽, 아파트 등 대형 벽면에 그린 그림으로 크기 제한에서 자유롭고, 짧은 시간 내 적은 비용으로 환경개선이 가능하다.

31 ④

합목적성

실제 목적에 합당한 역할과 작용이 가능하도록 하는 디자인이다.

32 ④

사진의 망점은 기계적 질감이다.

33 ②

데스틸

- 데스틸은 제1차 세계대전 중 네덜란드에서 발생한 신조형주의 운동으로, 개성을 배제하는 주지주의적 유럽 추상미술의 지도적 역할을 했던 양식이며, 색채의 선택은 검정, 회색, 하양과 작은 면적의 빨강, 노랑, 파랑의 순수한 원색으로 표현한 디자인 사조이다. 입체파와 추상주의를 중심으로 제작된 잡지의 이름에서 유래하였다.
- 화면의 정확한 수평ㆍ수직 분할, 공간적 질서 속에 색 면의 위치와 배분, 3원색과 무채색을 이용한 단순한 구성이 특징이다.
- 대표적 예술가는 몬드리안, 테오 반 데스부르크가 있으며, 몬드리안은 강한 원색 대비를 통해 화면의 비례를 강조하였으며, 바우하우스와 국제주의 양식에 많은 영향을 주었다.

34 ②

지속 가능 디자인

자연이 먼저 보존되고 인간과 환경이 조화되는 개발을 의미한다. 디자인의 전 과정에서 환경적, 경제적, 사회적 영향을 고려한 디자인이다.

35 ①

크라프트 디자인(Craft Design)

- 손으로 직접 제작하는, 수공예(핸디 크래프트) 제품의 디자인을 말한다.
- 수공의 장점을 살리되, 예술작품처럼 한 점만을 제작하는 것이 아니라 어느 정도의 양산이 가능하도록 설계, 제작하는 생활조형 디자인의 총칭을 의미한다.

36 ④

강조색

전체의 5~10% 정도를 차지하며 디자인 대상에 악센트를 주어 신선한 느낌을 만들고 전체적인 변화를 주기 위한 색이다.

37 ④

포지셔닝(Positioning)

제품에 대한 소비자의 인지도를 제품의 위치나 시장 상황에서 차지하고 있는 자사의 전략적 제품의 위치를 말한다. 이는 타사와 차별화하여 새로운 기회를 포착할 수 있도록 도와주는 마케팅 기법으로 소비자들은 특정 제품의 포지셔닝을 이해하면 구매로 이어진다. 이는 가격, 인상, 감성, 지각 등 복합적으로 영향을 미쳐 형성된다.

38 ④

패드(Fad)

단시간에 나타났다가 사라지는 짧은 주기의 유행이며 특정 하위 문화 집단 내에서만 유행하는 특성이 있다. 예) 2002년 월드컵 기간 유행했던 빨간색 티셔츠

39 ④

미래주의

20세기 초 이탈리아에서 일어난 전위예술운동으로 기존의 낡은 예술을 모두 부정하고 기계가 지닌 차갑고 역동적이며 다이나믹한 미를 창조할 것을 주장하며, 주로 하이테크 소재로 색채를 표현한 예술 사조이다. 스피드감이나 운동감을 표현하기 위해 시간의 요소를 도입하려고 시도하였다. 대표작가는 보치오니, 필리포 토마소 마리네티, 카를로 카라이다.

40 ④ 틀리기 쉬운 문제

형태 지각 심리(게슈탈트 법칙)

'게슈탈트'란 독일어로 '형태', '형상'을 의미한다. 게슈탈트 법칙은 게슈탈트 심리학파가 제시한 심리학 용어로 형태를 지각하는 법칙을 말한다. 막스 베르트하이머가 1923년에 제기한 이론이며 이후 여러 사람들에 의해 발전되었다.

- **근접의 법칙** : 사람이 사물을 인지할 때, 가까이에 위치한 물체들을 하나의 묶음으로 인지한다는 법칙이다.
- **유사의 법칙** : 형태, 색채 등 유사성이 있는 요소들이 그렇지 않은 것들보다 더 눈에 잘 띄는 법칙이다.
- **폐쇄의 법칙** : 기존의 지식들을 바탕으로 부분이 연결되어 있지 않아도 완성시켜 인지한다는 법칙이다.
- **대칭의 법칙** : 대칭의 이미지들은 다소 떨어져 있어도 한 그룹으로서 인식하게 된다는 법칙이다.
- **연속의 법칙** : 각 요소들이 같은 방향으로 운동을 계속하는 경향과 관련이 있을 때 이것이 하나의 배열단위로 보는 법칙이다.

---

③ 제3과목 : 색채관리

41 ④ 틀리기 쉬운 문제

적어도 2000lx의 조도가 되어야 한다.

42 ③

형광등

- 형광등은 저압의 수은 방전으로 발생한 자외선을 유리관 안쪽에 코팅된 형광물질에 의해 가시광선으로 변환시켜 빛을 내는 방식의 광원이다. 형광물질의 종류에 따라 다양한 색을 만들어 낼 수 있다.
- 삼파장 형광등은 빛의 3원색인 Red, Green, Blue 빛을 적절하게 분포시켜 기존 형광등의 푸른빛 색감을 조정하여 백색도를 높인 등이다.
- 수명이 길고, 전력효율이 높아 거실과 침실 등에 많이 사용된다.
- 눈에는 백색으로 보이는 빛이 필름에서는 청록색으로 보인다는 특징이 있다.
- 일반 작업의 경우 그림자를 피하기 위해서 백열등보다 형광등을 많이 사용한다.

43 ②

자연광은 일출 후 3시간부터 일몰 3시간 전까지 검사하고, 직사광선을 피한 북쪽 하늘 주광을 사용한다.

44 ③

조건등색(Metamerism)
메타메리즘은 색채의 분광 반사율 스펙트럼이 서로 다른 두 시료가 특정한 광원 아래에서 같은 색으로 보이는 경우를 말한다. 즉, 조명에 따라 두 견본이 같기도 다르게도 보인다는 뜻이다. 사람의 시감 특성과 관련이 있다.

45 ③ 틀리기 쉬운 문제

Iightness : 물체 표면의 상대적인 명암에 관한 색의 속성
광원 또는 물체 표면의 명암에 관한 시지각의 속성은 밝기(시명도) Brightness에 관한 설명이다.

46 ②

경면광택도란 물체를 거울면에 비춰보며 측정하는 방법이다.
- **85° 경면 광택도** : 종이. 섬유 등 광택이 거의 없는 대상
- **60° 경면 광택도** : 광택 범위가 넓은 범위를 측정하는 경우
- **45° 경면 광택도** : 도장면, 타일, 법랑 등 일반 대상물
- **20° 경면 광택도** : 도장면, 금속명 등 비교적 광택도가 높은 물체끼리 비교

47 ② 틀리기 쉬운 문제

sRGB 이미지를 AdobeRGB 프로파일로 변화하면 이미지의 색영역이 확장되지만 채도 변화와는 상관이 없다.

48 ③

그라비어 잉크는 오목 인쇄용 잉크이다.

49 ④

플라스틱은 유기안료를 사용하여 생산된다.

50 ②

모니터의 색영역이 컬러 프린터 색영역보다 크다.

51 ④

기준물의 분광 반사율은 측정방식(Geometry)에 따라 다양한 값을 갖는다.

52 ③

색영역 맵핑(Color Gamut Mapping)
색역은 같은 기종의 디바이스라 하더라도 각각의 매체마다 구현에 차이가 있는데. 색역이 일치하지 않는 색채 장치 간에 색채의 구현이 효과적으로 이루어지도록 조절하는 기술을 색역 맵핑이라고 한다. 즉 색공간을 달리하는 장치들의 색역을 조정하여 재현 가능한 색으로 변환시키는 작업으로, 입력 디바이스가 생성한 색채 영상의 색채를 출력 디바이스가 생성하는 색역 내에서 재생시키는 것을 말한다.

53 ①

CIE LAB 색체계에서 색차식을 나타내는 계산식

$$\Delta E^{*}ab = \sqrt{(\Delta L^{*})^2 + (\Delta a^{\bullet})^2 + (\Delta b^{\bullet})^2}$$
$$= \sqrt{(L_1^{*} - L_2^{*})^2 + (a_1^{\bullet} - a_2^{\bullet})^2 + (b_1^{\bullet} - b_2^{\bullet})^2}$$
$$= [(\Delta L^{*})^2 + (\Delta a^{\bullet})^2 + (\Delta b^{\bullet})^2]^{\frac{1}{2}}$$

54 ② 틀리기 쉬운 문제

상관색온도
완전 복사체의 색도와 근사하는 시료 복사의 색도 표시로, 그 시료 복사에 색도가 가장 가까운 완전 복사체의 절대 온도로 표시한 것이다. 이때 적용되는 색공간은 CIE 1960 UCS(u,v)이다.

55 ②

CCM(Computer Color Matching)
- CCM은 컴퓨터를 이용하여 정밀하게 조색하는 것으로, 컴퓨터 장치로 측색하여 구성된 조색제(염료, 안료, 색소 등 착색제)를 정밀한 비율로 자동 조정 · 공급하여 배색하는 시스템이다.
- CCM은 분광광도계와 컴퓨터의 발달로 색채 분석과 색채 배합 예측이 가능해짐에 따라 등장하게 되었으며, 조색시간을 단축할 수 있고, 소재의 변화에 따른 신속한 대처가 가능하며, 다품종 소량생산에 적합하다.
- 각 색료들의 분광학적인 특성을 분석하여 단위 농도당 분광 반사율의 변화를 입력하고 그 색채에 대한 처방을 자동으로 산출할 수 있다.
- 광원이 바뀌어도 분광반사율을 기준색으로 시료색을 일치시켜 무조건 등색(아이소머리즘)을 조색할 수 있게 된다.
- CCM은 색료의 양을 정확하게 지정할 수 있어 최소의 컬러런트로 조색함으로 원가 절감이 가능하여 경제적이며, 비숙련자도 장비교육을 통해 조색을 할 수 있다.
- 제품의 품질을 균일하게 관리하기 쉬우며 메타메리즘을 효율적으로 예측하고 미리 차단하여 색을 정확하게 재현하며 효율적인 조색제(컬러런트) 운영이 가능하다. 따라서 과학적인 염색과정 관리로 보정 계산역량이 향상되어 시험 생략 및 현장 처방이 가능한 장점이 있다.

56 ③

① 색채 측정기는 색채계, 또는 측색계라고도 불리는 측색기이다. 어떤 대상의 색을 색채 측정기를 활용하여 색상, 명도, 채도를 측정할 수 있다. 또한 측색을 통해 색채를 객관적으로 규명하여 색을 관리하고, 소통할 수 있다.
② 분광 복사계는 다양한 광원으로 측색이 가능하다.
④ 45° : 0° 방식을 사용하는 색채 측정기는 적분구를 사용하지 않는다.

57 ④

조명방식
- **직접조명** : 반사갓을 사용하여 광원의 빛을 모아 빛의 90% 이상이 직접 작업면에 조사하는 방식으로, 에너지 효율이 좋으나 눈부심이 있을 수 있고 균등한 조도 분포를 얻기 힘들며 그림자가 생기기 쉽다.
- **반직접조명** : 반투명의 유리나 플라스틱을 사용하여 광원의 60~90%가 사물에 직접 조사되고, 나머지는 천장이나 벽으로 조사되도록 하는 조명방식이다. 약간의 그림자와 눈부심이 발생한다.
- **간접조명** : 광원의 빛의 90% 이상을 천장이나 벽에 부딪혀 확산된 반사광으로 빛을 이용하는 방식이다. 직접조명보다는 밝기가 약하고 조명효율이 떨어지나, 눈부심이 적고 그림자가 생기지 않아 차분하고 온화한 분위기를 연출할 수 있다.
- **반간접조명** : 반직접조명과 반대로, 광원의 빛의 10~40%가 사물에 직접 조사되고, 나머지는 천장이나 벽으로 조사되도록 하는 조명방식이다. 그늘짐이 부드럽고 눈부심도 적다.
- **전반확산조명** : 확산성 덮개를 사용하여 모든 방향으로 빛이 은은하게 퍼져 확산되도록 하는 방식으로, 직접광과 반사에 의한 확산광 모두가 적정하게 얻어져 입체감이 있고 눈부심이 거의 없다.

58 ③

직물 섬유나 플라스틱의 최종 처리 단계에서 형광성 표백제를 첨가하는 것은 더욱 희게 보이게 하기 위해 사용하며 한도량을 넘으면 백색도가 줄고 청색이 되어 버린다.

59 ①

② A/D컨버터는 아날로그 전압을 디지털 전압으로 전환시킨다.
③ 불투명도(Opacity)는 투과도(T)와 비례하고 반사도(R)와는 반비례한다.
④ CCD 센서들은 녹색, 파란색, 빨간색에 대하여 각각의 민감도를 가진다.

60 ③

어두운색을 비교하는 경우의 작업면의 조도는 2,000lx 이상, 4000lx에 가까운 조도가 적합하다.

4 제4과목 : 색채 지각론

61 ①

가법혼색
가법혼색은 혼합된 색의 명도가 혼합 이전의 평균 명도보다 높아지는 색광의 혼합을 말한다. 색광의 3원색은 빨강(Red), 초록(Green), 파랑(Blue)이며 모두 합치면 백색광이 된다.
- 빨강(Red) + 초록(Green) = 노랑(Yellow)
- 초록(Green) + 파랑(Blue) = 시안(Cyan)
- 파랑(Blue) + 빨강(Red) = 마젠타(Magenta)

따라서 초록(Green) + 파랑(Blue)이 비추어지면 주인공에게 시안(Cyan) 색이 비추어진다.

62 ④

원색에 다른 색을 섞으면 채도는 떨어진다. 흰색을 많이 섞을수록 채도는 낮아지고 명도는 높아진다.

63 ①

순응이란 색에 있어서 감수성의 변화를 순응이라고 하며, 순응은 조명의 조건에 따라 광수용기의 민감도가 변화하는 것을 말한다.

64 ④ 틀리기 쉬운 문제

감법혼색의 색료의 3원색인 Cyan, Magenta, Yellow를 모두 섞으면 검은색이 된다.
① (0, 0, 0) – 흰색
② (255, 255, 0) – 파란색
③ (255, 0, 255) – 초록색

65 ①

색음현상
색음현상이란 색을 띤 그림자라는 의미로, 괴테가 발견하여 괴테현상이라고도 한다. 어떤 빛을 물체에 비추면 그 물체의 그림자가 빛의 반대 색상(보색)의 색조를 띠어 보이는 현상을 말한다.

66 ④

색채의 중량감
색의 중량감은 동일한 형태, 동일한 크기라도 색에 따라 가벼워 보일 수도 혹은 무거워 보일 수도 있는 것을 말한다. 색의 3속성 중에서 명도가 중량감에 가장 큰 영향을 미친다. 명도가 높을수록 가벼워 보이며, 명도가 낮을수록 무거워 보인다. 따라서 가장 무거워 보이는 색은 명도가 가장 낮은 검은색이다.

67 ④

회전혼색

회전 혼합은 동일 지점에서 두 가지 이상의 색자극을 반복시키는 계시 혼합의 원리에 의해 색이 혼합되어 보이는 것으로 중간 혼합의 일종이다. 리프만 효과는 그림과 바탕의 색이 서로 달라도 그 둘의 밝기 차이가 크지 않을 때, 그림으로 된 문자나 모양이 뚜렷하지 않게 보이는 현상을 말한다. 따라서 회전혼색과는 관련이 없다.

68 ④

푸르킨예 현상

체코의 생리학자 푸르킨예(Jan Evangelista Purkyne)가 발견하여 그의 이름을 딴 것으로 간상체와 추상체 지각의 스펙트럼 민감도가 달라 일어나는 현상이다. 명소시(주간시)에서 암소시(야간시)로 이동할 때 생기는 것으로 광수용기의 민감도에 따라 낮에는 빨간색이 잘 보이다가 밤에는 파란색이 더 잘 보이는 현상이다. 따라서 망막의 위치마다 추상체 시각의 민감도가 다르기 때문에 생기는 현상이 아닌, 간상체시각과 추상체시각의 스펙트럼민감도가 서로 다르기에 나타나는 현상이다.

69 ①

음성 잔상

부의 잔상이라고도 하며, 원래의 감각과 반대의 밝기나 색상을 띤 잔상으로, 자극이 사라진 뒤에도 광자극의 색상, 명도, 채도가 정반대로 느껴지는 현상이다. 수술실의 의사 가운이 초록색이나 청록색으로 사용되는 이유도 음성 잔상을 없애 수술 시 시각 피로를 줄이기 위함이다.

70 ②

중간혼색이란 두 색 또는 그 이상의 색이 섞였을 때 눈의 착시적 혼합을 나타내는 것을 말한다. 중간혼색에는 가법혼색과 병치혼색이 포함된다. 감법혼색은 두 종류 이상의 색을 혼색할 경우 순색의 강도가 어두워진다는 뜻에서 감법이나 색료의 혼합이라는 단어를 사용한다. 따라서 이와 관련된 혼색 방법이 아닌 것은 감법혼색이다.

71 ②

강조색은 서로 반대색상을 사용한다. 따라서 초록 바탕의 그림에 색상차이에 의한 강조색으로 사용하기 좋은 색은 빨간색이다.

72 ③ 　틀리기 쉬운 문제

색의 온도감

따뜻하게 느껴지는 색을 난색(Warm Color), 차갑게 느껴지는 색을 한색(Cool Color)이라고 한다. 난색은 색상환의 빨강, 주황, 노랑 등의 장파장을 가리키며, 교감신경을 자극해 생리적인 촉진 작용이나 흥분 작용을 일으킨다고 하여 흥분색이라고도 불린다. 이와는 반대로 한색은 청록, 파랑, 남색 등 단파장의 색상을 가리키며 진정색이라고도 한다. 초록과 보라는 중성색이라고 한다. 무채색에서는 저명도 색이 따뜻하게 느껴지고, 고명도 색은 시원하게 느껴진다. 따라서 한색보다 난색이 가깝게 느껴진다.

73 ③ 　틀리기 쉬운 문제

컬러 인쇄는 색의 3원색인 시안(Cyan), 마젠타(Magenta), 노랑(Yellow) 잉크에 검정(Black)을 추가하여 인쇄를 출력해 출판물을 만들어내는 것이다. 컬러인쇄 3색 분해 시, 컬러필름의 색들을 3색 필터를 이용하여 색 분해를 하는 기본적인 원리는 보색 관계이다.

74 ①

② 고명도, 저채도의 색이 아닌 고명도, 고채도의 색이 화려하다.
③ 고명도, 고채도의 색은 안정감보다 흥분감을 준다. 한색 계열의 저채도의 색이 심리적으로 침착되는 작용을 한다.
④ 명도가 낮을수록 안정감을 준다.

75 ②

빨강, 주황, 노랑과 같이 고명도, 고채도의 색이 주목성이 높으며, 무채색보다는 유채색이, 한색계보다는 난색계가, 저채도보다는 고채도가 주목성이 높다.

76 ③

채도 대비는 유채색과 무채색의 대비에서 가장 뚜렷하게 일어나며, 무채색 사이에서는 일어나지 않는다. 동일한 색을 채도가 낮은 바탕에 놓았을 때는 선명해 보이고, 채도가 높은 바탕에 놓았을 때는 탁해 보인다.

77 ②

항상성

색의 항상성이란 광원의 강도나 모양, 크기, 색상이 변하여도 물체의 색을 동일하게 지각하는 현상이다. 특히 광원으로 인하여 색의 분광반사율이 달라졌음에도 불구하고 동일한 색으로 인식하는 것을 말한다. 대상의 표면색에 대한 무의식적 추론에 의해 결정되는 색채이며, 동일한 심리적 상태이면 주변 환경이 달라져도 같은 색채로 지각하는 현상이다.

78 ④

간상체와 추상체

간상체와 추상체의 파장별 민감도곡선은 흡수 스펙트럼의 차이에 의해 달라진다. 간상세포는 원추세포에만 존재하며 시각이 가장 예민한 중심와 쪽에는 없다. 507nm의 빛에 가장 민감하며 단파장에 민감하다. 포유류는 간상체가 발달하여 어둠 속에서도 물체를 쉽게 식별한다. 추상세포는 해상도가 높고, 주로 밝은 곳(명소시)이나 낮에 작용한다. 망막의 중심부에 밀집해 있으며 0.1Lux 이상의 밝은색을 감지하는 세포로, 추상체의 시각은 555nm의 빛에 가장 민감하다.

79 ①

달토니즘(Daltonism)

선천색맹으로 적록색맹이며 색을 인식하는 추상체 이상으로 색의 인식이나 식별이 어려운 상태를 말한다. L 추상체는 적색, M 추상체는 녹색, S 추상체는 파란색 중 L 추상체와 M 추상체의 이상현상이다.

80 ①

진출색

같은 거리에 있는 물체가 색에 따라서 거리감이 다르게 느껴지기도 하는데 가깝게 보이는 색을 진출색이라고 한다. 난색이 한색보다, 밝은 색이 어두운색보다, 채도가 높은 색이 채도가 낮은 색보다, 유채색이 무채색보다 더 진출해 보이는 효과가 있다.

---

5   제5과목 : 색채 체계론

81 ④

① 석간주 – 적색계열
② 뇌록 – 초록계열
③ 육색 – 적색계열

82 ② `틀리기 쉬운 문제`

DIN 색체계

DIN 색체계는 색의 3속성의 변수가 뚜렷하고, 오스트발트의 24색상을 기준으로 하였으며 채도에 명도의 단계가 도입된 오스트발트 표색보다 좀 더 현실적이고 실제적이다. 색은 24개의 색상으로 구성하고, 채도는 0~15까지로 16단계(0은 무채색), 명도(어두운 정도)는 0~10까지로 11단계(10은 검은색)로 나누었다. 색상을 T, 포화도(채도)를 S, 암도(명도)를 D로 표기하였다. 표기 방법은 색상:포화도:암도=T:S:D의 3가지 기호로 표기한다.

83 ①

② 뚜렷하지 않고 애매한 배색으로 톤 인 톤 배색이 아닌 카마이유 배색의 종류이다.
③ 색의 명료성이 높으며 고채도의 화려한 느낌과 저채도의 안정된 느낌이 가독성이 높아진다.
④ 명도차가 아닌 채도차가 커질수록 색의 경계가 명료해지고 명쾌하며 확실한 배색이 된다.

84 ①

CIE Yxy 색체계

색도도는 X, Y, Z의 3가지 기본 자극치를 3각 곡선 도형으로 만들어 색의 좌표상 위치를 파악할 수 있는 색지도이다. 실존하는 모든 색은 색도도의 말굽형 안에 표현이 가능하며, 이를 단색광 궤적이라고 한다. 색도도 안에 있는 모든 점은 혼합색을 나타내며, 모든 색은 색도도 위의 점들로 나타낼 수 있으므로 xy 색도도라고도 한다. 순수 파장의 색은 말굽형의 바깥 둘레에 나타나며, 말굽형의 가장자리 부분은 스펙트럼의 궤적을 나타내고 가장 밑부분은 스펙트럼상에서는 나타나지 않는 자주의 주변임을 가리킨다. 내부의 궤적선은 색온도를 나타내고, 보색은 중앙에 위치한 백색점 C를 두고 마주 보고 있으며 서로 보색관계에 있는 두 색을 잇는 선분은 백색점을 지난다.

85 ④

관용색명

관용색명이란 습관상 사용되는 개개의 색에 대한 고유색명으로 동물, 식물, 광물, 자연대상물, 지명, 인명 등의 이름을 따서 만든 것이다.

86 ③

Prussian Blue는 지명에서 유래된 색명으로 깊고 진한 파란색이다.

87 ②

토널(Tonal) 배색

토널 배색은 톤의 형용사형으로 색의 어울림, 색조라는 뜻이다. 도미넌트 배색이나 톤 인 톤 배색과 같은 종류이지만, 중명도, 중채도의 덜(Dull) 톤을 이용한 배색 방법을 말한다. 중명도, 중채도의 색상으로 배색하기 때문에 안정되고, 편안하고 수수한 이미지를 준다.

88 ③ `틀리기 쉬운 문제`

CIE Yxy 색체계

양적인 표시인 XYZ 표색계로 색채의 느낌과 밝기의 정도를 판단할 수 없어서 XYZ 표색계의 수식을 변환하여 얻은 것이다. 매캐덤(MaAdam)이 색도 다이어그램을 변형하여 제작한 것으로, XYZ의 변환 비율을 각각 x, y, z라고 할 때 Y는 반사율을 나타내고 x, y는 색상과 채도의 값으로 계산된 색도를 나타내는 좌표이다.

89 ②

색을 먼셀 기호로 표시할 때는 색상(Hue), 명도(Value), 채도(Chroma)의 3속성을 H V/C 순서로 기록한다. 따라서 가장 비슷한 색의 쌍은 10YR 5/10, 2.5Y 5/10이다.

90 ①

NCS 색체계

NCS는 스웨덴 색채 연구소가 1964년부터 1972년까지 연구하고 발표하여 스웨덴과 노르웨이의 국가 규격으로 채택하여 사용하고 있다. 색상, 명도, 채도 3가지로 분류하였고, 인간이 구별할 수 있는 빨강(R), 노랑(Y), 파랑(B), 초록(G)의 4가지 유채색과 흰색(W), 검정(S)의 3가지 무채색을 합하여 총 6가지 색을 기본색으로 하였다.

91 ④

NCS의 색표기

NCS 색체계에서는 색을 색상과 뉘앙스로 표현할 수 있다. S2030–Y90R에서 S는 제2집(Second Edition)을 표시하고, 2030은 검정기미 20%와 순색 기미 30%를 나타낸다. Y90R는 순색의 색상을 기호화한 것인데, 기본 색상 R의 기미가 90% 정도인 노란색(10%)을 나타낸다. 흑색량 + 순색량 = Nuance(뉘앙스)로, 톤의 개념으로 사용된다.

92 ①

색채조화

색채조화는 색채 미의 보편적인 법칙과 원리를 확립하는 것이 목적이다. 사회적, 문화적 요소 등과 수많은 요소에 따라 다르게 표현될 수 있으며, 개인적이고 주관적인 색채조화의 평가를 일반적이고 객관적인 원리로 체계화하기 위한 것이다. 따라서 색채조화는 주변요인의 영향을 받으므로 전대성이 아닌 산대성과 개방성을 중요시해야 한다.

93 ③

문・스펜서(P.Moon &D.E. Spencer) 조화

문(P. Moon)과 스펜서(D. E. Spencer)에 의한 색채 조화의 과학적이고 정량적 방법이 제시된 조화론이다. 그들은 과거의 색채 조화론을 연구한 후 먼셀 시스템을 기본으로 하는 색채 조화론을 발표하였다. 문(P. Moon)과 스펜서(D. E. Spencer)는 오메가 공간, 색채 조화의 구분, 색의 면적에 의한 조화, 색의 미도에 의한 조화를 설정하였다.

94 ③

CIE Yxy 색체계

색도는 X, Y, Z의 3가지 기본 자극치를 3각 곡선 도형으로 만들어 색의 좌표상 위치를 파악할 수 있는 색지도이다. 실존하는 모든 색은 색도의 말굽형 안에 표현이 가능하며, 이를 단색광 궤적이라고 한다. 색도 안에 있는 모든 점은 혼합색을 나타내며, 모든 색은 색도도 위의 점들로 나타낼 수 있으므로 xy 색도라고도 한다. 순수 파장의 색은 말굽형의 바깥 둘레에 나타나며, 말굽형의 가장자리 부분은 스펙트럼의 궤적을 나타내고 가장 밑부분은 스펙트럼상에서는 나타나지 않는 자주의 주변임을 가리킨다.

95 ④

오스트발트(W. Ostwald) 색체계

① 우측 회전 순으로 번호를 붙여 24색상환으로 완성하였다. 1은 노랑이며, 24는 황록이다.
② 색체계의 표기방법은 순색량(C) + 백색량(W) + 흑색량(B) = 100이라는 공식에 따라 색상 번호로 백색량과 흑색량을 붙여 나타낸다.
③ 아래쪽에 검정을 배치하고 맨 위쪽에 하양을 둔 마름모형의 색입체이다.

96 ① 틀리기 쉬운 문제

문・스펜서(P. Moon &D. E. Spencer) 색채 조화론의 미도 계산 공식

배색 시 아름다움의 척도로써, 배색의 아름다움을 계산하고 그 수치에 의하여 조화의 정도를 비교하는 정량적 처리 방법이다. 배색의 질서성과 복잡성을 수치로 계산한 조화의 정량적 기준을 마련하고 시도한 것이다. 복잡성의 요소(C) = 색 수 + 색상차가 있는 색의 조합 수 + 명도차가 있는 색의 조합 수 + 채도차가 있는 색의 조합 수, 질서성의 요소(O) = 색의 3속성별 통일 조화 + (색상의 미적 계수) + (명도의 미적 계수) + (채도의 미적 계수). 미도(M)는 복잡성의 요소(C)가 최소일 때 최대가 되며, 미도가 0.5 이상 되면 좋은 배색이 된다.

$$미도(M) = \frac{(질서성의 요소(O))}{(복잡성의 요소(C))}$$

97 ④

우리나라 옛사람들의 백색의 개념

백색은 혼색이 없고 아주 희다는 뜻으로 백정, 순백, 선백, 소색 등으로 불렸으며, 백의민족인 우리 민족이 백색을 많이 사용했던 유래는 유교 사상의 영향이었다. 소색은 무명이나 삼베 고유의 색을 의미한다.

98 ①

먼셀 색체계의 명도 속성

색을 표현할 때 색상을 배제하고 밝은 색, 어두운색으로 구분하는 것이다. 명도는 물체 표면의 상대적인 명암에 관한 색의 속성을 말한다. 색지각에 있어서 색이 밝고 어두운 정도를 나타내는 명암 단계를 말한다. 먼셀은 단계를 11단계로 구분하여 흰색을 10, 검정을 0으로 규정하고 있다. 하지만 빛의 특성상 완전한 흰색과 검정은 존재하지 않으므로 실제로 지각되는 명도는 1.5~9.5 사이의 색이 된다. 단계에 따라 저명도 N1~N3, 중명도 N4~N6, 고명도 N7~N9로 구분하며 명도의 중심인 N5는 시감반사율이 약 18%로 정해져 있다.

99 ② 틀리기 쉬운 문제

일반적인 육안으로 광원을 측정할 때는 D65를 기준으로 한다. 그러나 먼셀 색표와 비교・검사하기 위해서는 국제규격의 C광원을 사용하여 검사하며 관찰 각도는 2° 시야를 사용한다.

100 ①~④

현색계

색채(물체의 색)를 순차적으로 배열하고 색입체 공간을 체계화한 것이다. 색표를 미리 정하여 번호와 기호를 붙이고 측색하려는 물체를 색채와 비교 할 수 있도록 표준화한 체계이며, 대표적인 현색계에는 먼셀 표색계와 NCS 표색계, pccs 표색계가 있다. 색상, 명도, 채도의 색의 3속성에 의해 정량적으로 분류되고 색표화하여 나타낸 것이다. 현색계는 실제 눈에 보이는 물체색과 투과색 등으로 눈으로 보고 비교 검색이 가능하며, 현실에 있는 색들을 기준으로 하므로 조건 등색이나 광원의 영향을 받으며 눈의 시감을 통해서 색체계 간의 변화를 만들기 때문에 정밀한 색좌표를 구하기 어려운 특징이 있다. 따라서 이문제는 문제 오류로 보기 전체가 정답으로 인정된다.

※ 문제 오류로 전부 정답처리되었습니다.

자격증은 이기적!

합격입니다.

자격증은 이기적!

이기적으로 공부하면
단기간에 합격할 수 있습니다.

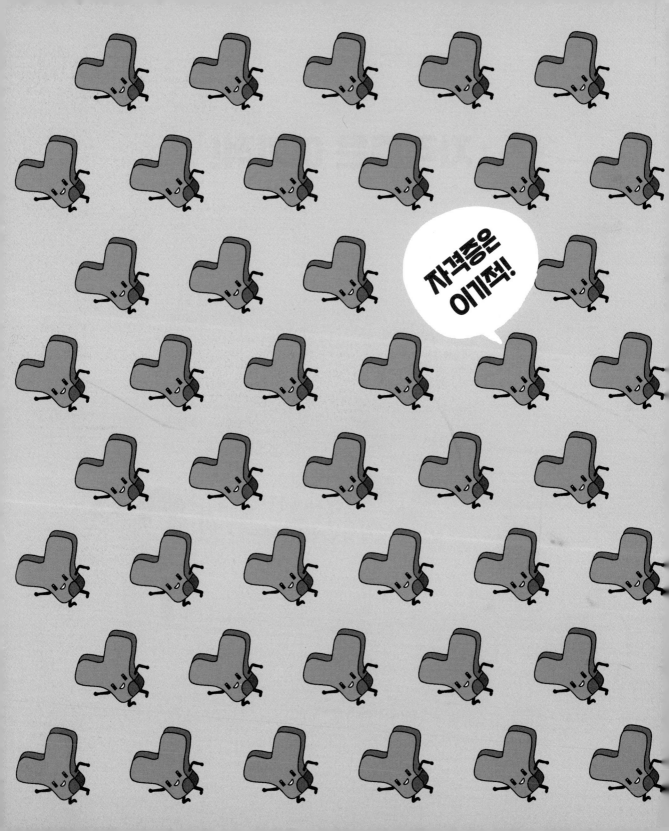